Pancho Villa

Una biografía narrativa

Pancho Villa

Una biografía narrativa

Paco Ignacio Taibo II

© 2006, Francisco Ignacio Taibo II
Derechos reservados
© 2006, Editorial Planeta Mexicana, S.A. de C.V.
Avenida Insurgentes Sur núm. 1898, piso 11
Colonia Florida, 01030 México, D.F.

Primera edición: agosto de 2006
Segunda reimpresión: noviembre de 2006
ISBN: 970-37-0334-8

Impreso en los talleres de Litográfica Ingramex, S.A. de C.V.
Centeno núm. 162, colonia Granjas Esmeralda, México, D.F.
Impreso y hecho en México – *Printed and made in Mexico*

www.editorialplaneta.com.mx
www.planeta.com.mx
info@planeta.com.mx

Por un breve tiempo, también los bandidos
tienen su reino, su justicia, su ley.
RAMÓN PUENTE

El cantar de gesta de la revolución
cabalga en el corcel de Villa.
MAURICIO MAGDALENO

No lo entienden. Harán de él caricaturas,
semblanzas de un detalle o de un aspecto de
su persona; fabricarán con él leyendas y novelas.
RAMÓN PUENTE

T. Roosevelt: Villa es un asesino y un bígamo.
John Reed: Bueno, yo creo en la bigamia.
T. Roosevelt: Me alegra mucho saber que cree en algo.
Es muy necesario para un hombre joven creer en algo.
(Citado por Granville Hicks)

Amigo, la historia de mi vida se tendrá
que contar de distintas maneras.
PANCHO VILLA

*Este libro es para Jorge Belarmino Fernández Tomás,
que venía a mi casa al menos una vez por semana
para que le contara esta historia, a fin de impedir que
yo la estropeara; y para Pino Cacucci, que cuando
se enteró de que estaba escribiendo una biografía
de Pancho, se declaró villista eterno.*

ENTRAR EN LA HISTORIA

I

Aquí se cuenta la vida de un hombre que solía despertarse, casi siempre, en un lugar diferente del que originalmente había elegido para dormir. Tenía este extraño hábito porque más de la mitad de su vida adulta, 17 años de los 30 que vivió antes de sumarse a una revolución, había estado fuera de la ley; había sido prófugo de la justicia, bandolero, ladrón, asaltante de caminos, cuatrero. Y tenía miedo de que la debilidad de las horas de sueño fuera su perdición.

Un hombre que se sentía incómodo teniendo la cabeza descubierta, que habiendo sido llamado en su juventud "el gorra chueca" no solía quitarse el sombrero ni para saludar. Cuando después de años de estar trabajando en el asunto el narrador tuvo la visión de que Villa y sus sombreros parecían inseparables, Martín Luis Guzmán, en *El águila y la serpiente*, la corroboró: "Villa traía puesto el sombrero [...] cosa frecuente en él cuando estaba en su oficina o en su casa". Para darle sustento científico al asunto el narrador revisó 217 fotografías. En ellas sólo aparece en 20 sin sombrero (y en muchos casos se trataba de situaciones que hacían de la ausencia del sombrero obligación: en una está nadando, en otras cuatro asiste a funerales o velorios, en varias más se encuentra muerto y el sombrero debe de haberse caído en el tiroteo. En las 197 restantes porta diferentes sombreros; los hay stetsons texanos simples, sombreros de charro, gorras de uniforme federal de visera, enormes huaripas norteñas de ancha falda y copa alta, tocados huicholes, sombreros anchos de palma comprimida, texanos de tres pedradas, salacots y gorras de plato de las llamadas en aquellos años rusas. Su amor por el sombrero llegó a tanto que una vez que tuvo que ocultar su personalidad, consiguió un bombín que lo hacía parecer "cura de pueblo".

Esta es la historia de un hombre del que se dice que sus métodos de lucha fueron estudiados por Rommel (falso), Mao Tse Tung (falso) y el subcomandante Marcos (cierto); que reclutó a Tom Mix para la Revolución Mexicana (bastante improbable, pero no imposible), se fotografió al lado de Patton (no tiene mucha gracia, George era en aquella época un tenientillo sin mayor importancia), se ligó a María Conesa, la vedette más importante en la historia de México (falso; trató, pero no pudo) y mató a Ambrose Bierce (absolutamente falso). Que compuso "La Adelita" (falso), pero lo dice el "Corrido de la muerte de Pancho Villa", que de pasada le atribuye también "La cucaracha", cosa que tampoco hizo.

Un hombre que fue contemporáneo de Lenin, de Freud, de Kafka, de Houdini, de Modigliani, de Gandhi, pero que nunca oyó hablar de ellos, y si lo hizo, porque a veces le leían el periódico, no pareció concederles ninguna importancia porque eran ajenos al territorio que para Villa lo era todo: una pequeña franja del planeta que va desde las ciudades fronterizas texanas hasta la ciudad de México, que por cierto no le gustaba. Un hombre que se había casado, o mantenido estrechas relaciones cuasimaritales, 27 veces, y tuvo al menos 26 hijos (según mis incompletas averiguaciones), pero al que no parecían gustarle en exceso las bodas y los curas, sino más bien las fiestas, el baile y, sobre todo, los compadres.

Un personaje con fama de beodo que sin embargo apenas probó el alcohol en toda su vida, condenó a muerte a sus oficiales borrachos, destruyó garrafas de bebidas alcohólicas en varias ciudades que tomó (dejó las calles de Ciudad Juárez apestando a licor cuando ordenó la destrucción de la bebida en las cantinas), le gustaban las malteadas de fresa, las palanquetas de cacahuate, el queso asadero, los espárragos de lata y la carne cocinada a la lumbre hasta que quedara como suela de zapato.

Un hombre que cuenta al menos con tres "autobiografías", pero ninguna de ellas fue escrita por su mano.

Una persona que apenas sabía leer y escribir, pero cuando fue gobernador del estado de Chihuahua fundó en un mes 50 escuelas.

Un hombre que en la era de la ametralladora y la guerra de trincheras usó magistralmente la caballería y la combinó con los ataques nocturnos, los aviones, el ferrocarril. Aún queda memoria en México de los penachos de humo del centenar de trenes de la División del Norte avanzando hacia Zacatecas.

Un individuo que a pesar de definirse a sí mismo como un hombre simple, adoraba las máquinas de coser, las motocicletas, los tractores.

Un revolucionario con mentalidad de asaltabancos, que siendo general de una división de 30 mil hombres, se daba tiempo para esconder tesoros en dólares, oro y plata en cuevas y sótanos, en entierros clandestinos; tesoros con los que luego compraba municiones para su ejército, en un país que no producía balas.

Un personaje que a partir del robo organizado de vacas creó la más espectacular red de contrabando al servicio de una revolución.

Un ciudadano que en 1916 propuso la pena de muerte para los que cometieran fraudes electorales, inusitado fenómeno en la historia de México.

El único mexicano que estuvo a punto de comprar un submarino, que fue jinete de un caballo mágico llamado *Siete Leguas* (que en realidad era una yegua) y cumplió el anhelo de la futura generación del narrador, fugarse de la prisión militar de Tlatelolco.

Un hombre al que odiaban tanto, que para matarlo le dispararon 150 balazos al coche en que viajaba; al que tres años después de asesinarlo le robaron la cabeza; y que ha logrado engañar a sus perseguidores hasta después de muerto, porque aunque oficialmente se dice que reposa en el Monumento a la Revolución de la ciudad de México (esa hosca mole de piedra sin gracia que parece celebrar la defunción de la revolución aplastada por una losa de 50 años de traiciones), sigue enterrado en Parral.

Esta es la historia, pues, de un hombre que contó, y del que contaron, muchas veces sus historias, de tantas y tan variadas maneras que a veces parece imposible desentrañarlas.

El historiador no puede menos que observar al personaje con fascinación.

II

En la memoria de los supervivientes las vacas son más grandes, las montañas más altas, las llanuras siempre interminables, el hambre mayor, el agua más escasa, el miedo, apenas un destello fugaz. No exagera el que cuenta, es un problema de las pocas luces del que escucha. El narrador ha tratado de escuchar en medio de este rumor interminable e inmenso que surge del villismo y de la figura de Pancho. Siente que en ocasiones lo ha logrado, no siempre.

José María Jaurrieta, que acompañó a Villa durante su etapa guerrillera durante tres años, dijo: "Si el lector ha pasado una temporada en el campo, especialmente en la noche, cuando es más desesperante la soledad, habrá observado que la fogata tiene el poder supremo de reunir y hacer hablar a los hombres".

Villa contó sus historias centenares de veces en torno de esas fogatas, en las horas muertas durante los viajes en tren, en las interminables cabalgatas. Y otros contaron a otros lo que él les había contado. Y éstos a otros. Y así lo seguimos contando.

Pancho Villa hablaba como si supiera que durante un centenar de años sería sujeto de apasionados amores populares, de enconados odios burgueses y material magistral para novelas que nunca se escribieron. Pero no, lo suyo no es conciencia histórica predatada, lo suyo es simple pasión de magistral narrador oral que sabe que en el detalle está la credibilidad y que toda historia contada se mejora y se empeora, pero las versiones no tienen por qué parecerse absolutamente, obligatoriamente. No existe la historia, existen las historias.

Todo contador de historias sabe que la verosimilitud, la apariencia de verdad de su efímera y personal verdad, a fin de cuentas está en el detalle. No en lo que se dijo, que habría de volverse frase propiedad y uso de eso que llaman la historia, sino en cómo se contó el anillo con una piedra roja falsa que alguien movía con una mano gesticuladora, cómo se habló del color de las botas. El contador de historias sabe que el número exacto es esencial: 321 hombres, 11 caballos y una yegua, 28 de febrero; que la supuesta precisión de la exactitud, así sea falsa, amarra la historia que ha de ser contada, la solidifica, la fija en la galería de lo verdadero de verdad.

Es sabido que no necesariamente las historias más repetidas son las más ciertas; son sólo eso: las más repetidas. Y es conocido y evidente que a lo largo de una vida una persona será muchas personas, con los ecos del que fue cruzándose con el que es, o con el que parece ser.

El que escribe conoce y respeta estas maneras de recuperar el pasado. Pero más allá del respeto, es difícil hacer historia con estos materiales. Optó tanto por tratar de establecer "qué fue realmente lo que pasó", como por dejar muchas veces al lector tomar la decisión, o gozar como él gozó el moverse entre narraciones muchas veces contradictorias. Por eso a lo largo de la historia aparecerán tantas versiones que desafinan en el detalle.

Mientras escribía este libro el narrador sufrió y peleó con este universo de maravillosos cuenteros y "mentirosos" villistas que fueron sacados a patadas de la historia oficial, y regresaron a la historia social y popular por los gloriosos caminos del cuento, la anécdota, la narración oral y la leyenda.

No menos mentirosos fueron sus opositores, pero apelaron y siguen apelando al documento fraudulento, al parte militar que exageraba pero quedaba en el archivo, a la nube de humo que ocultaba, al silencio oficial, a la versión obligatoria, al historiador a sueldo. Mentían desde el poder.

III

El villismo y Villa en particular generan una doble mirada, incluso entre sus admiradores, en el mejor de los casos condescendiente. Una combinación de admiración, repulsión, fascinación, miedo, amor, odio. Para el civilizado (algunas escasas veces) lector del siglo xxi, la venganza social, el furor, el desprecio por la vida propia y ajena, la terrible afinidad con la violencia, desconciertan y espantan. Acercarse a Villa en busca de Robin Hood y encontrarse con John Silver suele ser peligroso. Mucho mejor es narrarlo.

Para aquellos a quienes gustaría que el pasado funcionara como una Biblia, una ruta guía, una lección transparente, un manual para corregir el presente, este es el libro equivocado. El pasado es esa caótica historia que se lee conflictivamente desde el hoy y obliga al historiador medianamente inteligente a contar y no a juzgar, a no masticar, ordenar y manipular la información para cuadrarla a una hipótesis. Sobre todo, a no censurar. Que el lector asuma la interpretación, el juicio de la historia, la afinidad, el amor o la reprobación. Esa es su responsabilidad. Partamos del supuesto de que Pancho Villa no se merece una versión edulcorada de sí mismo, ni se la merece el que escribe después de haberle dedicado cuatro años de su vida, y no se la merecen desde luego los lectores.

IV

Las fotografías han sido tratadas como material informativo y no como ilustraciones, por eso tienen una distribución muy irregular a lo largo del libro, concentrándose en ciertos momentos de la vida del personaje y prácticamente desapareciendo en otros.

La literatura sobre la revolución ha sido usada en el mismo sentido; se trató de separar la crónica de la ficción (Campobello, Rafael F. Muñoz, Azuela, Martín Luis Guzmán), pero esta última a ratos mostraba la certeza, la riqueza informativa, la reflexión y la impresión subjetiva que se escondía en la crónica y en la historia, y así vino a dar a estas páginas.

Lamentablemente, la voz de Villa que se emplea con frecuencia en el texto entre comillas no es del todo su voz, muchas veces es la voz que le han prestado sus secretarios, sus biógrafos y sus amanuenses. Sin embargo, algo queda.

Notas

a)   Agradecimientos. Cuando uno no tiene becas ni sueldos del programa nacional de investigadores, ni ayudantes, ni salario universitario, ni horas pagadas para la investigación, ni estudiantes que hacen labor de "negros", lo que uno tiene son buenos amigos, maravillosos amigos, por ejemplo: Paloma Saiz, Marina Taibo III (que hizo todo el trabajo de reconstrucción fotográfica), Lilia Pérez  Franco, Eduardo Suárez, Pedro Salmerón, Jesús Vargas, Rubén Osorio, Ana Lucía González (en Guadalajara), Luis Iván Carlos (en Chihuahua), Roberto Orozco, Gerardo Segura, Alfonso Vázquez (en Saltillo), Raúl Zorrilla, Claudia Rivers, David Romo y Juan F. Álvarez (en El Paso), José Rómulo Félix Gastélum (en Hermosillo), Rosina (en Gómez Palacio), Gabriel y Quevedo (el otro, en Aguascalientes), Alejandro Jiménez del archivo de *El Universal*, las bibliotecarias del Basave, Alejandro Padilla, la dirección del diario *La Prensa*, el personal de la Biblioteca de México, la doctora Cristina Adler (en Gijón), Carlos Montemayor, Agustín Sánchez, Diego y Patricia Valadés.

b)   Los libros se hacen con otros libros o contra otros libros. Quede aquí entonces un elogio a la estupenda biografía de Villa escrita por Friedrich Katz. La abrumadora y maravillosa erudición de Katz hace de su libro lo más cercano posible a una Biblia del villismo. Me vi obligado a leer su Villa por segunda vez cuando había terminado la última fase de mi investigación, para no contaminarme, y aun así encontré en esta segunda lectura decenas de pistas y claves para la interpretación del personaje. Mientras estaba escribiendo tuve que preguntarme muchas veces: ¿por qué hacer una nueva biografía de Villa si la de Katz es un libro monumental? Y afortunadamente me respondí: porque quizá los enfoques son diferentes; mientras Katz hizo una muy completa sociología del villismo, yo seguí fielmente al personaje, tratando de que no se me escapara de las manos la "historia de vida". Espero que mi versión le guste.

Muchas veces a lo largo de la investigación fui sorprendido por la lucidez de Jorge Aguilar Mora. Su libro *Una muerte sencilla, justa, eterna*; sus prólogos a *Cartucho*, *Gringo rebelde*, las memorias de Vargas Arreola y las notas sobre Martín Luis Guzmán, me sorprendieron una y otra vez. *Una muerte sencilla…* es un libro que contiene una de las pocas lecturas originales de la Revolución Mexicana escrita en los últimos tiempos, quizá por eso ha sido ignorado y ninguneado por una academia que, en el mejor de los casos, podría ser calificada de mediocre. Varias veces me vi siguiendo sus ideas, sus aproximaciones informativas y narrativas y sus pistas. Muchas gracias.

Un tercer libro resultó un invaluable aliado en esta investigación: la tesis de Pedro Salmerón sobre la División del Norte. Un excelente trabajo de geopolítica y sociología.

Tengo que agradecer a los tres autores el oxígeno que me proporcionaron, que sepan que este libro fue escrito al lado de los suyos. No puede decirse lo mismo de otros muchos.

c) Esposas y compañeras, excluyendo relaciones casuales. Una lista bastante incompleta de los "amores de Villa" daría los siguientes resultados:

María Isabel Campa (duranguense), fines de los años 90. Dolores Delgado, con la que se casó en Lerdo, Durango, el 17 de agosto de 1909. Petra Espinoza (o Petra Vara) de Santa Bárbara, Chihuahua, rapto y boda en Parral antes de la revolución. Asunción Villaescusa (la relación debe de haber sido en 1910.) Luz Corral, de San Andrés, se casa por la iglesia el 20 de mayo de 1911; se recasará con ella en Chihuahua el 16 de octubre de 1915, boda civil. Esther Cardona Canales, de Chihuahua. Piedad Nevárez, de Ciudad Jiménez (1912). Juana Torres, de Torreón, Coahuila; boda civil y religiosa el 7 de octubre de 1913. Paula Alamillo, de Torreón (1913). Guadalupe Coss, de Ciudad Guerrero, boda religiosa el 16 de mayo de 1914. Macedonia Ramírez, de Nazas, Durango (1914). Librada Peña, de Valle de Allende, matrimonio en Santa Bárbara, Chihuahua (1914). María Dominga de Ramos Barraza, Guadalupe, Zacatecas (enero de 1915). Margarita Sandoval Núñez de La Barca, Jalisco (1915). Francisca Carrillo, de Matamoros, Coahuila, donde se casaron en 1916. María Hernández. María Isaac Reyes, boda religiosa en 1919. María Arreola Hernández. Cristina Vázquez se casó con él en Santa Bárbara, Chihuahua. Guadalupe Perales (o Guadalupe Peral), de Rancho Arroyo de Santiago (hacia 1915). María Leocadia. Guadalupe Valderrama (o Balderrama), de Santa Isabel. Aurelia Severiana Quezada, apodada la Charra (1916). Soledad Seáñez, distrito de valle de Allende, Chihuahua, boda religiosa 1 mayo 1919. Austreberta Rentería, de Parral, Chihuahua, boda civil 22 de junio de 1921. Manuela Casas, en Santa Rosalía, boda por la iglesia en 1922. Gabriela Villescas (El Mimbre). María Amalia Baca. Paz Villaseñor. (Louis Stevens: *Here comes Pancho Villa*, tiene un buen registro de los amores de Villa, al igual que Carrasco: *Vida del general Francisco Villa*, "Pancho Villa tuvo 19 esposas y a todas les cumplió", "Las esposas de Francisco Villa".)

d) Hijos. La lista sería la siguiente:

Reynalda Villa Campa, n. 1898. Felícitas Villa Delgado, n. 1910. Micaela Villa Espinoza, n. septiembre 1911. Luz Elena Villa Corral, n. 25 febrero 1912. Esther y Francisco Villa Cardona, n. 1912, gemelos. Agustín Villa Villaescusa, n. 1912-1913. Águedo Villa Nevarez, n. 1913? Juana María Villa Torres, n. 1914? Evangelina "X" Alamillo, n. 1914? Octavio Villa Coss, n. 13 octubre 1914. Ernesto Villa Ramírez, n. 1916? Miguel Villa Seáñez, n. 1916? Celia Villa Peña, n. 28 enero 1915. Alicia Sandoval Núñez, n. 1916. Francisco Carrasco, n. 1917. Eleno Villalva Reyes, n. 12 julio 1920. Antonio Villa Seáñez, n. 1920. Miguelito Villa Arreola, n. mayo 1920. Martín "X" Vázquez, n.? Francisco Villa Rentería, n. 1922. Trinidad Casas, n. 1922. Hipólito Villa Rentería, n. 1923 (póstumo). Guadalupe Villa Quezada, n.? "X" Villa Quezada, n.?, Ernesto Nava, n.?

e) Las citas que sobraron y que no fueron usadas al inicio del libro.

"Aquel gigante conmovedor que era Villa", José C. Valadés.

"La historia no es una ciencia exacta, divaga, hay que dejársela a los soñadores, que la recomponen por instinto", Patrick Rambaud.

"No me importa lo que escriban sobre mí mientras sea la verdad", declaraciones de Francisco Villa al *Chicago Tribune*, 31 de marzo de 1915.

LOS QUE NO TIENEN HISTORIA

Alguna vez, el que sería Pancho Villa le dijo al periodista Silvestre Terrazas: "Si mi madre se retrasa 24 horas más de parto, nazco adivino". No está muy claro por qué un retraso en el nacimiento podría producir tal género de transmutación, conversión o futuro oficio, pero nada estará demasiado claro en lo que será una historia dominada por los cuentos, las leyendas, los chismes y las versiones, muchas de ellas contradictorias y enfrentadas. Lo que parece claro es que el acontecimiento se produjo el 5 de junio de 1878 a las tres de la tarde.

Algunos de los que ahí no estaban, narrarían años más tarde, con grandes licencias y abundantes disparates, que ese día "cayó una tormenta y durante los relámpagos hubo un cambio en el tamaño, el color y el curso de Venus: una advertencia del cielo que significaba las dificultades que enfrentaría el recién nacido"; o que "cuando nació, era un monstruo de más de cinco kilos de peso, tenía el cabello rojizo y unos enormes ojos de búho".

El lugar que produciría tan delirantes invenciones no parecía gran cosa. Un punto situado cerca del fin del mundo, un pequeño caserío, ni a rancho llegaba, llamado La Coyotada, a cuatro kilómetros del verdadero rancho, Río Grande, y a ocho kilómetros de San Juan del Río (una minúscula población del estado de Durango, en el centro norte de México). Todo dentro de los inmensos terrenos de la hacienda de Santa Isabel de Berros.

La Coyotada no tenía más de cinco o seis casas de adobe y tejas, sin ventanas, con pequeñas troneras para la ventilación, a orillas del río San Juan. El escenario estaba presidido por una enorme roca que a causa de la erosión había creado algo que semejaba la cabeza de un pato y dominaba el pequeño valle.

En una de esas cabañas aislada en una lomita nacería el que habría de ser registrado por sus padres Agustín y Micaela como Doroteo Arango Arámbula y luego bautizado en la iglesia católica como José Doroteo.

Estos son los hechos, pero...

Durante mucho tiempo los nativos de Durango se disputaron con los chihuahuenses desinformados la región natal de Villa. Una vez el autor escuchó a un chihuahuense decir a su esposa, nacida en Durango, una frase que, en el reconocimiento y derrota, dejaba zanjado el debate: "En Durango habrá nacido, pero en Chihuahua se hizo guerrillero". A lo que su esposa contestaba cantando el corrido de Pancho Villa escrito por Ángel Gallardo, que a la letra dice: "Durango, Durango, tierra bendita, donde nació Pancho Villa, caudillo inmortal".

Para hacer de esta disputa inocente algo más barroco, se metieron en el asunto los colombianos aportando exóticos datos respecto del lugar de nacimiento del joven: el Doroteo Arango/ futuro Pancho Villa colombiano, era, según un diccionario editado en 1965, hijo de padre colombiano, Agustín (nativo de Antioquia), y madre mexicana. Pancho, según esto, nació en Medellín (Colombia) y cuando tenía cuatro años sus padres viajaron a Maracaibo (Venezuela) y luego a México, donde se establecieron en Durango. Esta loca versión se había originado en la barcelonesa enciclopedia Sopena en los años treinta.

En esta conjura surrealista terciaron los estadounidenses, quienes también reclamaron la nacionalidad del futuro personaje. Varios soldados del 10º batallón de Caballería juraron en 1914, y decían que otros de sus compañeros podían confirmarlo, que Pancho participó en la campaña de 1882 contra los indios (de ser así, tendría cuatro años) siendo estadounidense, negro y sargento primero. Su nombre real era Goldsby y se incorporó al ejército en Maryland. Goldsby/ Villa tuvo problemas en Fort Davies y cruzó el Río Grande para volverse bandido en México bajo el nombre de Rondota. Era un negro de color muy claro y podía pasar por mexicano. Los testigos decían que lo habían reconocido por fotografías y cruzaron la frontera para hablar con él. Que Pancho Villa gozó conversando con ellos y no negó la historia que le contaban (¿Cómo la iba a negar? ¡Le habría encantado!).

Para hacer esta historia aún más absurda, en 1956 Maurilio T. Álvarez sugirió que Villa era centroamericano. Sus argumentos no eran demasiado consistentes, decía que "babeaba", que "usaba sombrero a media cabeza, como se usa en las pampas (que como todo el mundo sabe están en Centroamérica) y no como lo llevan hacia delante los nobles hombres del campo norteño"; argumentaba que a Pancho y a sus hermanos los conocían con el mote de "los guatemaltecos", que nadie en Durango o en Chihuahua da el trato de "muchachito" a otra persona y que además hablaba con "vocablos no usuales en México".

Por su parte, el historiador soviético Lavretsky (seudónimo de Iósif Grigulévich) aseguraba que Villa "era un mestizo de origen español e indígena tarahumara", y el estadounidense John Eisenhower decía que "Villa era un indio, no había españoles en su pasado". Estas últimas afirmaciones dejan mucho que desear, porque en Durango no habitan tarahumaras y porque Doroteo no tenía rasgos indígenas; era lo que los nativos de Durango llaman "un güero requemao", blanco, de pelo castaño.

Para que las cosas no fueran tan sencillas uno de sus biógrafos, Federico Cervantes, aseguraba que era descendiente de vascos, basado en el origen sin duda vasco del apellido Arango, que quiere decir en eusquera "detrás del valle", y el sin duda origen vasco del apellido Arámbula.

Pero no sólo el origen nacional de Doroteo Arango estuvo y está a perpetua discusión. A lo largo de los años la identidad de su padre ha sido sujeto de mil y una especulaciones.

Reconstruyamos. Agustín Arango y Micaela Arámbula, de la que tenemos una descripción muy escasa: "era muy blanca", se casan el 5 de mayo de 1877 (un año y un mes antes del nacimiento de Doroteo) en San Fermín de Pánuco, no muy lejos de Río Grande. Los cuatro abuelos de Pancho son campesinos de la zona. En los siguientes años la pareja tiene otros cuatro hijos: María Ana, nacida en Río Grande, 1879; José Antonio, nacido en El Potrero de Parra, 1880; María Martina, nacida en Río Grande, 1882; y José Hipólito, nacido en El Mezquite, en 1883. La variación en los lugares de nacimiento indica que la pareja de campesinos, muy pobres, trabajaban como medieros en las tierras de la hacienda e iban cambiando de casa siguiendo labores y cosechas.

El padre, Agustín Arango, probablemente morirá o abandonará a su familia en 1884-1885 o, tras haberla abandonado en esas fechas, morirá en 1892 en el mineral de San Lucas. Lo que todos acuerdan es que su desaparición o muerte deja en la miseria a su mujer y sus cinco hijos. El personaje ha sido una sombra, nadie lo conoció, ninguno de los muchos testigos que hablaron de la infancia de Villa lo recuerda o lo menciona, el propio Villa en sus versiones autobiográficas lo resuelve con una frase: "Mi padre murió cuando todos éramos muy pequeños".

Ese nebuloso personaje, Agustín Arango, ¿era el padre de Doroteo?

Villa, muchos años más tarde, le confesó a la periodista Esperanza Velázquez que el apellido Arango era de su abuelo materno, que él era hijo de un judío español apellidado Germán. Su madre no se lo contó: "Yo llegué a descubrir, ya grande, que mi verdadero apellido no era ni Villa, ni Arango. Y me enteré, hasta hace pocos años, quién era mi verdadero padre. Hace algunos años que revolucionaba por Parral, tuve conocimiento de un anciano que conocía bien a mi madre y a mi abuelo. De acuerdo con su relato, mi padre se apellidaba Germán y yo ignoro por qué mi madre se acostumbró a llevar el apellido de Villa. Así que mis hijos y yo, somos germanos".

Pero la historia no era muy coherente, ni Arango era el apellido de su abuelo materno ni su madre usó nunca el apellido Villa.

Para hacerlo más complicado, el propio Villa ofrecería otra información en la versión de su biografía dictada a Bauche Alcalde: "Mi señor padre, don Agustín Arango, fue hijo natural de Jesús Villa". Y para seguir esta tradición caótica recién inaugurada, uno de sus biógrafos, Ramón Puente, decía que Villa se llamaba originalmente Doroteo Arango Germán ("el verdadero nombre de la madre de Doroteo era Micaela Germán, no Micaela Arámbula. Y debido a que Agustín Arango no era su verdadero padre, sino su padrastro, Francisco Villa debería llevar el apellido de su madre y llamarse Doroteo Germán"). No quedará allí la cosa. Antonio Castellanos lo llama Francisco Germán y de pasada cambia el lugar de nacimiento a una ranchería llamada Gorgojito, y Montes de Oca cuenta: "El padre del cabecilla fue un rico hacendado apellidado Fermán. Fue producto de amoríos pasajeros con una moza simpática del lugarejo, Micaela Arámbula. El progenitor no lo reconoció y un sujeto llamado Trinidad Arango, que pasaba por abuelo, se encargó de criarlo". Y si esto no bastara, el historiador folclórico estadounidense Haldeen Braddy, escribe que Agustín Arango había "consolado" a la madre de Doroteo, Micaela Arámbula, después de que ésta fue abandonada por el padre de la criatura (el hecho es que Agustín se casó con Micaela 13 meses antes de que el niño naciera). Y si el lector no tiene suficiente, el hermano de Doroteo, Hipólito, decía que "nuestros padres fueron Agustín Villa y Micaela Arámbula: las constancias de nuestros bautizos están en los archivos parroquiales de San Juan del Río, Durango". El argumento sería válido si no fuera porque las actas de nacimiento están corregidas para que diga "Villa" donde decía "Arango".

¿Entonces?

Uno de los más acuciosos historiadores del villismo, Rubén Osorio, trató de desentrañar la historia de los "germanes" y descubrió en la zona de San Juan del Río la existencia de un hacendado llamado Luis Fermán, cuya familia era originaria de Liechtenstein. Es tradición oral en esa familia que Villa era hijo ilegítimo de Luis y de Micaela, quien algún tiempo trabajó en la hacienda de la Ciénaga de San José de Basoco como sirvienta. Si bien cualquier historia familiar no por compartida es cierta, ésta da sustento al asunto de los "germanes" que ronda la historia familiar de Villa. También es cierto que las fotos que reproduce Osorio de un supuesto medio hermano de Doroteo Arango muestran un notable parecido.

Un argumento parece desmentir toda la historia y enviarnos hacia el principio, el simple principio de Agustín y Micaela. Doroteo, Antonio e Hipólito se parecen mucho. ¿La herencia materna?

En fin, fuese hijo del desvanecido Agustín o hijo ilegítimo del hacendado Fermán, el hecho es que hacia 1884 o 1885, Doroteo tendría entre seis y siete años cuando se produjo el abandono o la muerte de su padre.

Según Nicolás Fernández, uno de sus futuros lugartenientes que dependía de una memoria poco confiable, el terrateniente López Negrete le había arrendado una yunta al padre de Doroteo para que sembrara, y al morir éste dejó una deuda de 300 pesos que pasó a su familia. López Negrete los mandó llamar a la hacienda de Santa Isabel de Berros y le dijo a la madre que tenían que pagar la deuda. Doroteo tendría diez años y la asumió. Con esas precisiones que vuelven loco al historiador porque aparentan credibilidad donde no la hay, Nicolás Fernández contaría 40 años más tarde que el primer año Doroteo pagó 50 pesos con maíz y 25 con frijol.

Parece ser que forzado por la muerte o la desaparición de su padre, el mayor de los Arango, que debería tener entre ocho y doce años, trabajó como leñador ayudado por sus hermanos menores. "Mientras era leñador tuve muy pocos amigos y mis conversaciones las sostenía conmigo mismo, cuando no era con el burro, mi amigo de siempre". El burro se llamaba *Canelo*, aunque Guillermo Martínez lo llamará *Maximiliano*.

Poca historia tienen los que no tienen historia. Pero en el caso de Doroteo Arango, futuro Pancho Villa, la ausencia de historia se encuentra reemplazada por la abundancia de historias. Una familia de campesinos sin tierra, una mujer sin hombre y cinco niños, hambre, miseria. El futuro secretario de Villa, Enrique Pérez Rul, narra que el jefe le contaba que debía levantarse a las tres de la mañana porque la labor quedaba a más de 15 kilómetros y había que empezar a las cinco. Frío en invierno, un calor terrible en verano.

Montes de Oca, que en los años 1930 entrevistó a vecinos de aquella zona de Durango, apunta que el joven Doroteo trabajó en el campo, hacía mandados o se dedicaba a la recolección de maíz.

Curiosamente, hacia 1889 o 1890, cuando tenía once o doce años, aparece un burro de nuevo. Comprado con la ayuda de un amigo de la familia, el comerciante Pablo Valenzuela, con el animal andará Villa vendiendo baratijas por los pueblos. "Aburrido de ser leñador me hice luchón en el comercio". Con las ganancias pudo comprar sarapes para que sus hermanos durmieran cubiertos en el suelo. La ropa: "huaraches, calzón de manta, sombreros de petate, rebozos".

Montes de Oca dice que Doroteo estuvo en la escuela de San Juan del Río. Duró en ella sólo ocho días. Dirigía el plantel don Francisco Lireno, quien tenía el apodo de "el *maistro* que te ama", porque se dedicaba a declarar su amor a todas las mujeres que se le cruzaban. Un compañero recordaba a Arango y "decía que era muy travieso y muy aplicado". Quizás era mucho recordar para los ocho días que pasó en el colegio. Pero Pancho Villa, en una entrevista al *New York Times* en 1914, ni siquiera admitía esos ocho días y asentaba: "No fui a la escuela ni un día en toda mi vida".

Los testigos parecen coincidir en que era un precoz y admirable jugador de cartas y "un verdadero mocetón", "de constitución robusta", y que se metía en frecuentes riñas. Y por contar, también se cuenta que su primer amor fue una campesina de familia muy pobre, adolescente alta y morena llamada María Encarnación Gómez, quien luego trabajó de sirvienta en la hacienda.

Hay una historia que no por falsa deja de tener gracia: en San Juan del Río, uno de los locales le contó a José María Jaurrieta que una vez, de niños, hicieron una competencia a ver quien hacía la raya más recta y ganó Doroteo con mucho, y luego les explicó: "Ustedes ven el suelo, yo veo la meta". Puede ser que en materia de hacer rayas Doroteo Arango viera la meta, pero en aquella sociedad cerrada, dominada por la miseria, de su futuro poco podía ver.

NOTAS

a)   Fuentes: Sobre el nacimiento. Silvestre Terrazas: *El verdadero Pancho Villa.* Haldeen Braddy: *The paradox of Pancho Villa.* Earl Shorris: *El estigma del Quinto Sol.* Otto Schuster: *Pancho's Villa shadow.* Schuster reproduce en su libro una foto de la casa donde nació; otra, tomada en los años 30, se encuentra en el archivo de *El Universal*, y en los años 50, por órdenes de Martín Luis Guzmán, se fotografió de nuevo la casa. Las ocho fotos se encuentran en su archivo (Caja 11 exp. 1). El autor visitó la casa en 2004, cuando era un museo de sitio del INAH, centro de la múltiple peregrinación laica villista.

La casa natal en La Coyotada.

Las actas de nacimiento y bautismo, copias certificadas, en facsimilar, se reproducen en multitud de libros: Federico Cervantes: *Francisco Villa y la revolución, El centenario del nacimiento de Francisco Villa.* Pere Foix: *Pancho Villa.* Vilanova: *Muerte de Villa.* Rubén Osorio: *La familia secreta de Pancho Villa.*

Acta de nacimiento: "En San Juan del Río, a 7 de julio de mil ochocientos setenta y ocho, ante mí, Jesús Quiñones, Juez del Estado Civil, se presentó Agustín Arango en unión de los testigos Gregorio *Asevedo* e Ignacio Alvarado y *espuso*: que la tarde del 5 de junio anterior, nació en Río Grande un niño que ha de llamarse Doroteo, que es hijo legítimo de Agustín y de Micaela Arámbula, y son sus abuelos *paternales* Antonio Arango y Faustina Vela y maternos Trinidad Arámbula y María de Jesús Álvarez, nacidos todos y vecinos de dicho punto. Y yo, el presente juez, mandé levantar esta acta que leí al interesado y testigos nombrados quienes estuvieron conforme en su contenido y firmado conmigo uno de los testigos, sin haberlo hecho el otro. Damos fe Jesús Quiñones, Ignacio Alvarado, rúbricas".

Fe de bautismo: "En la parroquia de San Juan del Río, a los siete días del mes de julio de 1878, yo, el presbítero José Andrés Palomo, cura encargado de esta Villa, bauticé solemnemente a un niño que nació en el Río Grande el día cinco del pasado, y le puse por nombre José Doroteo. Es hijo legítimo de Agustín Arango y de Micaela Arámbula: sus abuelos paternos Antonio Arango y Feliciana Vela; los maternos Trinidad Arámbula y María de Jesús Álvarez. Fueron padrinos Eugenio Acevedo y Albina Arámbula, a quienes advertí el parentesco espiritual y obligaciones de su cargo. Y para que conste la firmo. J. Andrés Palomo, rúbrica".

Para las referencias al Pancho Villa colombiano ver la carta de I. Castillo a *Siempre* y "Aseguran que nació en Colombia Pancho Villa". Y Mario Delagos: "Pancho Villa y la enciclopedia". Para el estadounidense *New York Times*: "Say Villa is American". Para el Villa centroamericano: Maurilio T. Álvarez: "Pancho Villa"; y además: Iósif Grigulévich: *Pancho Villa.* John Eisenhower: *Intervention! The United States and the Mexican revolution.*

Sobre la muerte de Agustín Arango. Margarita Caballero: "Siete Leguas". Valadés: "La vida íntima de Villa". Shorris: *El estigma…* Sobre el "verdadero" padre de Doroteo: Esperanza Velázquez: "El secreto del nacimiento de Francisco Villa". Manuel Bauche: *Pancho Villa, retrato autobiográfico.* Ramón Puente: *Francisco Villa.* Antonio Castellanos: *Francisco Villa su vida y su muerte.*

Toda la información sobre la conexión Fermán/ Pancho Villa en Rubén Osorio: *La familia secreta…* Osorio investigó minuciosamente y ordenó gran cantidad de información sobre el origen e infancia de Pancho y sus hermanos. Osorio encontraría una inconsistencia más, absolutamente irrelevante, pero una más en esta historia de desacuerdos. "Sorprende encontrar en estas actas, hechas el mismo día, una discrepancia notoria en el nombre de la abuela paterna: Faustina en el acta civil y Feliciana en el acta religiosa. La discrepancia se repite en la fe de bautismo de sus hermanos: la abuela también es Feliciana en el caso de José Hipólito; mientras que es Faustina en los casos de José Antonio, María Ana y María Martina.

La versión de Hipólito Villa en: "Pide justicia un hermano de Villa". Sobre las actas alteradas, de nuevo Osorio: *La familia secreta…* Y en medio de este caos, José C. Valadés: "La vida íntima…", decía que Doroteo Arango nunca había existido y argumentaba: "Ninguna prueba ha sido encontrada hasta ahora de que en la familia Villa hubiera existido alguna persona apellidada Arango; ni tampoco ningún Arango protegió a Francisco, como dice otra versión. Lo más probable es que lo de Arango haya sido inventado por los enemigos políticos del general, haciendo una dislocación fácil del nombre del estado de Durango".

La voz de Villa en Ramón Puente: "Memorias de Francisco Villa". Bauche: *Villa*, y Martín Luis Guzmán: *Memorias de Pancho Villa.*

Sobre los días de infancia: "Algunas noticias desconocidas relata el profesor Montes de Oca…" y José G. Montes de Oca: "Francisco Villa a través del alma popular". Ramírez de Aguilar: "Vida y hazañas del audaz guerrillero Pancho Villa". Juvenal: *¿Quién es Francisco Villa?.* Guillermo Martínez: "En las garras de la muerte. Pancho Villa". Valadés: "La vida íntima…". Y además: *New York Times* 31 de enero de 1914, Herrera Vargas: "Durazo decapitó…", Rubén Osorio: "El origen de Doroteo Arango o Francisco Villa". Osorio entrevistando a Manuel Quiñones. José Maria Jaurrieta: *Con Villa.*

b)   Las cosas que tiene uno que leer: "Durante la etapa de la lactancia —sin género de duda— (estaba ahí para confirmarlo), debe haber sido amamantado por la madre, estableciéndose efectivamente la relación madre-hijo que este género de relación determina entre ellos" (la misma que la de millones de millones de humanos). Y el autor cambia de tema, una vez que constató que Villa fue lactante, "sin género de duda". Eugenio Toussaint: *Quién y cómo…*

DOS

A TIROS PARA CUIDAR LA HONRA

Existe una foto que llena de sorpresa a los villómanos, se trata de un Doroteo Arango mitad niño mitad adolescente, mirando amable a la cámara, muy blanco de tez, con el pelo muy corto, y lleva una camisa blanca sin cuello, cubierta por algo que parece ser un chaleco. ¿Por quién, cómo y dónde fue tomada? Imposible saberlo. La foto llega a nuestros días gracias a John Reed, que quién sabe de dónde la sacó y la reprodujo en el *Metropolitan Magazine* en 1914. ¿Es falsa? Vaya usted a saber. Si ese es el joven Doroteo, la foto no refleja los acontecimientos que en esos años le han de cambiar la vida.

El profesor Montes de Oca cuenta que hacia 1892 —tenía Villa catorce años—, jugando a las cartas Doroteo perdió todo el dinero que tenía y al no poder seguir la partida se fue a la hacienda de la Ciénaga de Basoco, del municipio de San Juan, robó el mejor tronco de mulas que servía para jalar el carruaje de los Fermán y lo vendió en Canatlán, por lo que fue perseguido. Tratando de reparar el error regresó con los compradores, se robó las mulas por segunda vez y las devolvió. Parece ser que el asunto no funcionó, porque tuvo que irse a refugiar en la sierra de la Silla.

Otros autores que bucearon en la infancia de Villa lo hacen bandolero a esa misma edad, cuando capturado por los patrones de una hacienda en Guanaceví por abigeato, lo azotaron y lo tuvieron tres meses detenido. Núñez, el hijo del mayordomo de la hacienda, cuenta que Doroteo trabajaba como sembrador a los quince años en Guagojito (*sic*) con su amigo Francisco Benítez y se unió a la gavilla de Parra, que practicaba el abigeato. Manuel Valenzuela, jefe de la Acordada —los temidos rurales—, detuvo a Villa y a Benítez, fusiló al segundo y puso a Villa en la cárcel de Canatlán, donde lo defendió Pablo Valenzuela y fue liberado.

En otra versión, en la que se mezclan los juegos de cartas y el amigo Benítez, se cuenta que en un juego de naipes bajo un árbol (esas maravillosas precisiones de la memoria de los que se lo contaron a otros, que lo contaron al que lo cuenta para que luego llegue el autor y lo escriba) se peleó con Francisco Benítez y cuando éste trató de apuñalarlo, en el forcejeo Villa le clavó su propio puñal. Lo capturaron y lo llevaron a la cárcel de Canatlán, de donde lo sacó Pablo Valenzuela, un comerciante que luego le dio trabajo de arriero.

Son demasiadas las historias que nos hacen pensar que antes de septiembre de 1894 el joven Doroteo Arango tuvo sus encontronazos con la ley y el orden de los hacendados porfirianos. Pero la versión de Pancho Villa de su tránsito de niño campesino a bandolero había de ser radicalmente diferente. Contada con peque- ñas variantes en una docena de versiones, puede resumirse en la siguiente, en la que se cruzan los textos pero se mantiene la voz, una voz, un lenguaje muy formal, al gusto de los transcriptores de las palabras de Villa.

Vivía yo, en 1894, en la hacienda de Gogogito, municipalidad de Canatlán, en el estado de Durango, y era mediero de los poderosos señores López Negrete [...] El 22 de septiembre de ese año había yo venido a mi casa de labor [...] y al llegar se me presentó un cuadro que por sí solo bastó para hacerme comprender el brutal atentado que se pretendía consumar en las personas de mi familia: mi madre en actitud defensiva y suplicante, abrazaba a mi hermana Martina; frente a ella se erguía imperioso don Agustín López Negrete.

Con la voz angustiada, pero resuelta, mi madre le decía al amo en aquellos momentos:

—¡Señor retírese usted de mi casa! ¿Por qué quiere llevarse a mi hija? ¡No sea usted ingrato!

Loco de furor, salí de la pieza y corrí hacia la cercana habitación de mi primo Reynaldo Franco; descolgué una pistola que pendía de una estaca clavada en la pared y, volviéndome apresuradamente, disparé el arma sobre don Agustín, a quien herí en la pierna derecha ("le puse balazos de los cuales le tocaron tres"). A los gritos que daba aquel hombre pidiendo auxilio acudieron cinco mozos armados con carabinas cuyos cañones me apuntaron resueltamente.

—¡No maten a ese muchacho —les gritó el amo—, llévenme a mi casa!

Obedecieron los mozos en silencio y tomando al herido en silla de manos lo condujeron al carruaje que poco después se perdía rumbo a la casa grande, en la hacienda de San Miguel de Berros, distante cinco kilómetros de Gogogito. Cuando en mi azoramiento me vi libre, sabiendo que aquel hombre iba muy mal herido, sólo pensé en huir; monté mi caballo y sin más idea que alejarme, me fui a buscar refugio en la sierra de la Silla, que está frente a la hacienda de Gogogito.

Pero ni siquiera ésta, que habría de ser la versión oficial del villismo, per- maneció fijada con precisión. Pancho contó a otro de sus biógrafos que no se trataba del patrón de la hacienda, sino de su hijo, el que trataba de robarse a su hermana: "Una noche lo descubrí rondando nuestra casa. Lo regañé, nos insultamos y nos dimos de golpes. En la lucha que sostuvimos cuerpo a cuerpo pude arrebatar la pistola que llevaba, disparé e hice blanco. Me di cuenta de lo que había hecho; creí que lo había matado, pues cayó al suelo sin sentido".

Según el general Almazán, basado en los cuentos de un vecino llamado Parrita, los sucesos se produjeron en la hacienda de la Sauceda cuando Doroteo se encontró a su hermana Martina, que le dijo que el patrón López Negrete había intentado abusar de ella. Doroteo, que traía una pistola prestada por la autoridad de El Charco, le disparó dos tiros sin darle, cosa grave tratándose de un hacendado, y salió huyendo.

La historia se haría pública mucho años más tarde cuando el propio presidente Francisco Madero la contó a los periodistas para justificar el tormentoso pasado de Pancho Villa: "Lo que pasó es que uno de los hombres más ricos, quien por consiguiente era uno de los favoritos en estas tierras, intentó la violación de una de las hermanas de Villa y éste la defendió hiriendo a este individuo en una pierna".

Luis Aguirre Benavides, en marzo de 1915, registra en la prensa la historia del enfrentamiento con López Negrete que da inicio a la carrera de bandido de Pancho, pero una nota de la redacción pone en duda la versión diciendo que la historia fue fraguada por Villa para esconder su "borrascoso pasado".

Jesús Vargas, uno de los más precisos estudiosos del villismo, no da por buena la versión de Pancho y argumenta que de ser esto cierto las autoridades judiciales de San Juan del Río hubieran lanzado exhortos a todo el estado de Durango y a Chihuahua solicitando la aprehensión de Doroteo Arango, y no se han encontrado en los archivos esos materiales. "Por otra parte resulta increíble aceptar que no quedara registrado en ningún libro de historia del estado de Durango un acontecimiento de esta magnitud, cuando la familia López Negrete era de las más importantes". Y concluye: "El general Villa se encargó de inventar esta página de su vida, porque desde que él se inició en el movimiento revolucionario vivió como una afrenta constante el que lo señalaran por su pasado de bandolero".

Fueran dos balazos o tres, fuera el hacendado López Negrete o su hijo, fuera herido el abusador o no, el caso es que la historia tiene demasiadas fuentes paralelas que tienden a confirmar que en 1894 Doroteo Arango se confrontó definitivamente con el poder de la hacienda. Lo cuenta Villa (con su estilo y en varias versiones), lo cuentan testigos de muy diversa procedencia, lo contó la propia Martina a Francisco Piñón, y el argumento de que no trascendió a los archivos judiciales porque no hubo denuncia ni el caso se ventiló públicamente, tiene muchas explicaciones, entre otras que el propio hacendado o su hijo, herido o sólo tiroteado, no quiso hacerlo por pudor, vergüenza o sentido del ridículo. No dejaba bien parado a un latifundista que un peón adolescente lo hubiera tiroteado y herido por andar persiguiendo a una chamaquita de doce años.

La historia entronca en términos de leyenda con aquellas que Eric Hobsbawn recoge en *Bandidos*, donde el bandolero se vuelve tal por afrenta al honor. "Pancho Villa defendiendo el honor de la hermana violada constituye la excepción en aquellas sociedades en las que los señores y sus secuaces hacen lo que les da la gana con las mujeres campesinas".

Demos por buena la historia, las historias, sus variantes; pero dejemos la sombra de la duda. Una más.

NOTAS

La foto de Villa adolescente en Aurelio de los Reyes.

a)   Fuentes:

Con Villa en México, testimonios de camarógrafos americanos en la revolución, reproducida del *Metropolitan Magazine*.

Sobre los primeros acto de bandolerismo de Doroteo: Montes de Oca: "Pancho Villa hizo un pacto con el diablo". Schuster: *Pancho's Villa shadow.* Teodoro Torres: *Pancho Villa, una vida de romance y tragedia.* Colección Vito Alessio Robles, T. XIII: Testimonio de José Ma. Núñez. Juan Andreu Almazán: *Memorias.* No existe constancia en los archivos judiciales de Durango de ninguna de estas historias.

Sobre el conflicto con López Negrete: Manuel Bauche Alcalde: *Pancho Villa, retrato autobiográfico*, prólogos de Guadalupe y Rosa Helia Villa. Martín Luis Guzmán, *Memorias de Pancho Villa.* Ramón Puente: *Villa en pie, vida de Francisco Villa contada por él mismo*, "Memorias de Francisco Villa", "La verdadera historia de Pancho Villa". (Sobre la manera en que fueron escritas las "autobiografías" se dará cuenta en capítulo posterior.)

La versión que dice que el tiroteado fue el hijo del hacendado en Puente/ Muñoz: *Rayo y azote.* Nicolás Fernández (en Urióstegui: *Testimonios del proceso revolucionario en México*) coincide: "El que iba a cobrar era el hijo del hacendado. Villa se prestó la pistola de un tío suyo, hermano de su madre, le dio un balazo en la pierna y se la quebró".

Además: Alberto Calzadiaz: *Hechos reales de la revolución*, tomo 1. Luis Aguirre Benavides: "Francisco Villa íntimo". Francisco Madero en *El Paso Morning Times*, abril 1911. Eric Hobsbawn: *Bandidos.* José C. Valadés: "La vida íntima de Villa". Jesús Vargas: "El aguafuerte de la revolución".

En algunas versiones, por ejemplo la de Ramón Puente, Martina se vuelve la otra hermana, Mariana. Villa, consistentemente, repitió a lo largo de su vida varias veces que la agraviada era Martina, de doce años. Por cierto que el primo Reynaldo se vuelve Romualdo en la versión de Martín Luis Guzmán. (Mariana le contó a Piñón la historia de López Negrete, PHO (Programa de Historia Oral) 1/9.)

Osorio: *La familia…* cuenta que en 1901 Martina Arango (tiene 19 años) registró como hija natural a la niña Petra Arango (luego se casaría con el villista Juan Martínez). En la versión Valadés: "La vida íntima…", Micaela andaba voluntaria de amores, pero luego el hacendado anónimo se la llevó y más tarde la devolvió. Villa, enfadado, lo hirió en una reyerta.

Rodrigo Alonso, autor de un libro muy poco fiable, *Francisco Villa, el Quinto Jinete del Apocalipsis*, dice que tiempo después la hermana seguía trabajando de sirvienta en el rancho del supuesto violador.

El hacendado López Negrete era tío de la actriz Dolores del Río. ¿Pudo Villa haberla conocido o visto en su infancia? (Benjamín Herrera: *Chihuahua, cuna y chispa de la Revolución Mexicana*).

b)   Otra versión. Miguel Contreras Torres, el director de cine (entre otras muchas, hizo dos películas sobre Villa: *Revolución* y *Pancho Villa vuelve*), elabora una versión mucho más folklórica y jacarandosa en la que López Negrete se vuelve Pérez Negrete: "Regresa Doroteo a su casa. En ese momento sale Pérez Negrete sonriente, con aire de triunfo y se encamina a montarse en su caballo. Doroteo monta rápido en el suyo (¿cuál?) [...] saca su reata y galopando va al encuentro del patrón. Doroteo dispara contra él, encabritándose el caballo de Don Valentín y saliendo éste herido en el hombro, lo que le hace tirar el revolver que empuña. Doroteo disparará dos tiros más sobre el mozo Policarpo (¿y éste de dónde salió?) que va a sacar la carabina que porta para defender al patrón. Policarpo cae sin sentido al suelo y queda como muerto. Pérez Negrete al sentirse herido va a huir, mas Doroteo vuelve a usar su reata (¿cuándo la usó por primera vez?) y con certera puntería la tira a donde Valentín (¿o sea Agustín?), lazándolo y desprendiéndolo con violencia del caballo. Furioso y enloquecido, Doroteo lo arrastra más de 200 metros. Cuando ve que sólo es una masa de tierra, sangre y polvo, suelta la reata, se baja y desata a don Valentín, que aunque débil todavía respira y se queja levemente. Doroteo lo deja sin sentido en el camino. El muchacho, transfigurado por la ira, fatigada la respiración y con los ojos que parecen los de un puma, le da un puntapié al cuerpo inerme y exclama colérico: ¡Pa'que así te enseñes a no burlarte de los probes! (*Nace un bandolero.*)

TRES

"LO QUE TIENE DE ATENUANTE ES EL SENTIMENTALISMO, LO QUE TIENE DE LUZ ES LA IMAGINACIÓN"

Quizá de todos los biógrafos de Villa el que ha retratado mejor los años oscuros de su juventud, despojándolos de demagogia, romanticismo y anécdotas cortadas a partir del Pancho Villa históricamente futuro, es Ramón Puente, que resume: "Su historia antes de la revolución es vulgar, llena de crueldad y de infamias; lo que tiene de pintoresco es el paisaje; lo que tiene de atenuante es el sentimentalismo con el que actúa en muchos de sus actos, lo que tiene de luz es la imaginación que brilla algunas veces sobre aquellas sombras; por ella mira transformarse en felicidad la miseria del pobre, y en liberalidad y en espíritu de empresa la tacañería y la ruindad del rico".

Un autor anónimo, en uno de los muchos folletos que se editaron sobre Pancho Villa, afirma que no hay material de apoyo para contar la primera etapa de su biografía, pero que no están mal las leyendas, porque no tienen leyenda los que no se la merecen. John Reed insistiría: "Es casi imposible obtener datos exactos sobre su vida como bandido".

Cuando el narrador inicia este capítulo encuentra un rompecabezas de más de 850 notas sobre los años 1894 a 1910, la etapa del "Villa bandolero", en las que abundan las fechas equivocadas dadas alegremente por multitud de testigos, los contrasentidos, los nombres cambiados, la ambigüedad; pocos elementos para fijar la historia, anclas que permitan amarrarla y ordenar este caos de versiones que es el villismo. Eso, y una enorme leyenda manufacturada a posteriori. La teoría de la leyenda (sólo la tiene quien se la merece) no me parece del todo injusta. Pero Pancho merece también una historia.

Siguiendo las narraciones que Pancho Villa refirió a sus varios biógrafos, en septiembre de 1894, a partir del tiroteo contra López Negrete "anduve varios días errante, casi sin comer, y bebiendo agua de los charcos, internado en la sierra del Gamón". Viviendo a salto de mata, oculto en las cañadas que según Ramón Puente "llevan nombres pavorosos: cañón del Diablo, cañón de las Brujas, cañón del Infierno". En 2004 el autor recorrió aquellas geografías y no son terribles los cañones y los cerros, sólo sus nombres, la soledad y el aislamiento; las grandes distancias en que no se ven rastros humanos lo son más.

El adolescente sabe que lo están buscando, siente que es víctima de gran acoso. Come carne asada de vacas robadas, sin sal. Vive con la ropa hecha jirones, sin zapatos.

Su futuro amigo, Nicolás Fernández, registra: "A los cuatro meses lo agarraron, pues Villa no conocía más allá de San Juan del Río y no hallaba por donde irse". Pancho dirá: "Un día me vi sorprendido por mi inexperiencia, por tres hombres armados a quienes no pude resistir. Con toda clase de precauciones y todo lujo de crueldades se apoderaron de mí y me condujeron a San Juan del Río, internándome en la cárcel a las siete de la noche".

Doroteo Arango pensaba que los rurales lo iban a fusilar aplicándole la ley fuga; si esa intención existe, tampoco tienen prisa. A la mañana siguiente lo sacan a moler un barril de nixtamal. Le sacude un tremendo golpe en la cabeza a un guardia con la mano del metate y sale corriendo. "Trepé a escape el cerro del Remedio que está a espaldas de la cárcel y cuando dieron aviso al jefe de la policía ya era tarde para darme alcance".

Habrá sobre su primera fuga de la cárcel una segunda versión. Su tía Luz Arango, que tenía una casa que colindaba con la cárcel, le pidió ayuda a Eulogio Salazar y le echaron cuerdas a un patio. Trepando la barda logró fugarse. Permaneció varios días escondido en la casa enfrente de la prisión, cubierto por un montón de ropa sucia; luego robó un potro y huyó a las montañas. En la zona de la sierra del Gamón "pasé hasta el año siguiente".

El jovencísimo Doroteo Arango contará años más tarde varias historias sobre los meses que pasó en soledad en la sierra de Durango: que fue capturado por siete hombres, pero como tenía su pistola bajo la frazada se les escapó cuando muy tranquilos estaban cortando elotes. O que al inicio de 1896 seguía en la sierra de la Silla y le echaron a la Acordada de Canatlán. Les tendió una emboscada en un lugar que se llama El Corral Falso y "les abrí fuego matándoles tres rurales y siete caballos". O que se trasladó a la sierra del Gamón y se robó una docena de vacas ("me llevé doce reses") y se instaló en el cañón del Infierno, donde pasó cinco meses, vendiendo una parte de la carne a madereros que le daban a cambio frijoles, tortillas y café.

Más bien habría que pensar en un joven de diecisiete o dieciocho años aprendiendo a sobrevivir en la más terrible de las soledades, robando vacas, sintiendo sobre la nuca el aliento de los rurales, malcomiendo, eternamente buscando agua, cambiando aquí y allá cueros y carne, probablemente desarmado. Desconfianza, soliloquio, monólogo interior. Para vivir tan aislado hay que aprender a pensar en voz baja. Hay que aprender a hablar solo y luego hay que aprender a contar historias, las mismas historias que se cuenta a sí mismo, a los accidentales seres humanos con los que se cruza, arrieros, leñadores, otros perseguidos como él. Serán dos años de vida errante y en solitario.

En su época de bandolero serrano aprendió bastante de botánica, plantas que matan y curan.

Conozco las hierbas, sé cuáles alimentan y cuáles curan; la cola de coyote para cerrar las heridas, el simonillo para cuando hagas bilis y las barbas de elote para cuando duelen los riñones de mucho andar a caballo; la flor de tabachín quita la tos y la raíz de tumbavaquero te fortalece el corazón; hay yerbas que te duermen y otras que alegran como licor. Después de una asoleada, si te sale sangre por las narices búscate hojas de primavera.

Conocía la que sana las heridas estancando la sangre, la que limpia las llagas chupándoles la pus y la que puesta en cataplasma alivia las pasmadas del caballo.

¿Cuál es la visión del mundo del Doroteo previllista? ¿Qué es el mundo para ese adolescente encerrado en un territorio extraordinariamente limitado, organizado en torno a una docena de grandes haciendas con una extraordinaria influencia social, jurídica, política? Tan sólo algunos poblados, un centenar de rancherías, la miseria del peonaje, varios jueces y la temible Acordada, los rurales, una fuerza policiaca que responde al poder de los hacendados tanto como al lejano poder central. Un mundo con muy pocas opciones, también con muchas distancias y pocos horizontes. Más tarde, en Chihuahua, la perspectiva se enriquecerá.

Hacia agosto de 1896 se une a la gavilla de Ignacio Parra y Refugio Alvarado, el *Jorobado*. Su amigo Jesús Alday los presenta. "Oiga, güerito [...] Nosotros sabemos matar y robar, se lo decimos para que no se asuste". Ya poco puede asustar al personaje de dieciocho años.

Ignacio Parra es un caudillo, nativo también de la región de Canatlán, famoso porque había estado con Heraclio Bernal, el mítico Rayo de Sinaloa, quizás el bandido social más famoso de la historia de México. Parra era el sobreviviente de un grupo de cinco hermanos que se fueron retirando o murieron en las andanzas a lo largo de 20 años.

Villa, según Puente, que le edulcora el lenguaje, años más tarde contaría:

Parra, viéndome tan muchacho y considerándome enteramente sin experiencia, sólo me ocupaba en quehaceres de mozo: yo era el encargado de cuidar su caballo, lo mismo que el de su segundo, a quien le decían por apodo el Jorobado; ponía la lumbre, hacía el café, tatemaba la carne y casi siempre me despachaba a los mandados cuando había que surtirnos de algunas mercancías. Así pronto aprendí a distinguir las huellas de todas las cosas: las rodadas de los diferentes vehículos, el rastro de las víboras y las señales de las bestias. [...] También me fijaba en el cielo y pronto aprendí igualmente a distinguir el rumbo de los vientos, las nubes que traían agua y las que sólo iban a pasar sin dejar la bendición de la lluvia; conocía con toda exactitud la hora del día por la altura del sol, y por la observación de las estrellas y la luna, sobre todo de las guardias del carro, me guiaba por la noche.

Con la gavilla de Parra, Doroteo sube hacia las Nieves y Canutillo en Durango, luego rondan por Parral, Chihuahua. Tienen una confrontación con "doscientos" rurales que los persiguen cerca de su natal Canatlán. Se refugian en la sierra, "los cerros de la Cocina". La Acordada no se anima a perseguirlos. Se les atribuye el asalto a una diligencia que salió de El Oro el 21 de octubre de 1896. Robos de mulas, y a mineros. Villa recordará esa etapa como aquella en la que reparte dinero a manos llenas. En 1897, durante diez meses, la banda tiene multitud de éxitos y se hace de dinero. Doroteo le da auxilio económico a su madre, le pone una sastrería a un viejo pobre y medio ciego, vive socorriendo a "quien pudiera y a quien lo necesitara". En una de las muchas confrontaciones le dan un balazo que le deja una huella en la tetilla. Nuevamente vuelve a tener conexiones con el hombre que le regaló el burro y lo sacó de la cárcel, don Pablo Valenzuela, posiblemente porque lo usa para vender el producto de sus robos.

Probablemente en esos años llega al puerto de Mazatlán, en Sinaloa, "donde conocí el mar y me quedé muy admirado".

Hacia fines del 97 o inicios del 98 Doroteo se enfrentó a balazos con Refugio Alvarado, porque se dice que aquél lo insultó. Alvarado deja la banda y morirá poco después a tiros en el malpaís de Ocotlán. Más tarde el joven Arango se separa de Parra. Se cuenta que se hicieron de palabras porque Parra asesinó en un camino a un viejo vendedor de pan y a Doroteo el acto le pareció absurdo y salvaje, más brutal que de costumbre. Muchos años después, Pancho le confesará a Antonio Díaz Soto y Gama: "Al principio no tenía yo el corazón duro".

Parra habría de morir el 24 de noviembre del 98 atrapado por los rurales, que lo cosieron a tiros y luego lo ahorcaron en el Puerto del Alacrán. Un corrido popular dejará memoria de su muerte atrapado por la Acordada, que "como quien caza a un venado/ no dejó de echarle tiros/ hasta que lo vio tirado".

Doroteo Arango, durante esos años, mantiene relaciones esporádicas con María Isabel Campa, una muchacha de Durango con la que tendrá una hija en 1898, Reynalda. María Isabel muere poco después al caer de un caballo. Doroteo enviará dinero a los padres de María para que mantengan a su hija.

Se acerca a la zona donde se estableció su familia en Río Grande. Vuelve al abigeato, usa la casa del viejo Retana como cuartel para esconderse. Utiliza la tienda de Pablo Valenzuela como banco, vende ahí cueros y carnes secas. En la región de la Silla, en las cercanías de Satevó, hace amistad con Manuel Baca y Telésforo Terrazas; se le conocía como el Güero. "Muy humilde y servicial, pero muy hosco en cuanto a comunicar sus planes o sus ideas", decía de él Miguel Nevárez, de Santa Clara. El 1º de noviembre de 1899 el jefe político de San Juan del Río informaba haber visto dos bandidos, Doroteo Arango y Estanislao Mendía, "que se dirigían hacia Guagojito (sic) donde tenían familia".

Jesús Vargas sitúa al inicio del siglo a Doroteo Arango actuando, sólo o en compañía, en una zona más al norte de la que había estado con los Parra, que incluía "Villa Ocampo, Indé, Las Nieves, Santa María del Oro, Guanacaví, Providencia, todos estos del estado de Durango, así como Santa Bárbara, San Francisco del Oro, varios pueblos de la región de Balleza, Huejotitlán, El Tule".

Hay una foto. A caballo, muy erguido. A su espalda una pared de ladrillos descascarados. Sonriente, bigote fino, ceja poblada, delgado, con mucho pelo aborregado, vestido de chaquetilla y chaleco blanco, reata y fusil colgando de la silla. Un pre Villa al que le falta el futuro empaque. "Villa a los 22 años" dice en el negativo.

En 1901, al inicio del año, Arango es capturado por las autoridades, acusado del robo de dos burros y su carga. Lo iban a entregar a Octaviano Meraz, jefe de la gendarmería de Durango, pero un juez ordena que le lleven a Canatlán, con lo que le salva la vida, porque de Meraz se decía que primero colgaba y luego averiguaba. Dos meses más tarde queda libre por falta de pruebas. Katz sugiere que Pablo Valenzuela, con el que Villa tenía negocios de ganado robado, fue quien lo protegió. Los funcionarios se quejan porque el Güero pertenece a la cuadrilla de Mendía y al quedar libre seguirá en las mismas.

El 8 de marzo Doroteo es detenido de nuevo por asaltar a Ramón Reyes y quitarle los dos rifles que llevaba (o por haber robado un caballo y asesinado a Roque Castaño). Lo entregan al ejército, que está haciendo una leva de reclutas forzosos. Montes de Oca sugiere que durante ese año de la vida del joven, tras haber sido condenado a muerte, ingresó al ejército. El licenciado Florentino Soto, juez de la causa, le solicitó el perdón al presidente municipal de San Juan, Manuel Díaz Coudier, a cambio de que ingresara en el ejército para "pelear con los indios alzados de Mochis" en el vecino estado de Sinaloa, donde el gobierno central tenía sus bases para la guerra de exterminio contra los yaquis en Sonora. Vargas, Calzadíaz, López Valles, Guillermo Martínez y Katz hablan de su fuga el 22 de marzo de 1902, cuando se escapa de los cuarteles del segundo regimiento (o del decimoprimero, o del decimocuarto, según cada uno de los autores) y se levantan búsquedas por tratarse de un "bandido peligroso". Tejía bozales y cabrestrantes para el capitán Plata y cuando tuvo suficientes hizo una cuerda uniéndolos y se fue escalando el muro del cuartel. ¿Sucedió así? La historia se parece sospechosamente a historias anteriores.

Tras haber escapado del ejército, Doroteo abandonó Durango y se estableció en las cercanías de la ciudad de Parral, Chihuahua, atraído por la bonanza de la plata y el gran desarrollo de la ganadería. Jesús Vargas registra:

La voracidad de las compañías deslindadoras, la impunidad y el despojo en contra de los colonos o rancheros, quienes durante generaciones habían sido dueños de sus pequeñas propiedades, fue la causa de un resquebrajamiento social que años después se revirtió contra los grandes propietarios y contra los acaparadores. [...] Las bandas de abigeos sólo eran una parte de un sistema en el que también participaban algunas autoridades judiciales, policías, funcionarios de los gobiernos y muy especialmente los respetables ganaderos que se encargaban de adquirir y luego comerciar con el ganado que sustraían.

Y será en ese momento que Doroteo Arango decida llamarse Pancho Villa. "Al pasarme a Chihuahua, queriendo que se perdiera mi huella mudé mi nombre por el de Francisco Villa." ¿Por qué tomó ese nombre? Existe una docena de versiones, muchas de ella originadas en el propio Villa, que las contó a estos o aquellos.

Castellanos dirá que tomó el apellido Villa en recuerdo de un Agustín Villa, un hombre de su pueblo, escribano que había ayudado a su madre mientras él andaba perseguido; los primos de Villa coinciden con esta versión. Nellie Campobello contará que tomó el apellido de un pariente de Villa Ocampo, Martín Villa. El propio Villa contará a sus biógrafos Puente, Martín Luis y Bauche que: "Mi señor padre, don Agustín Arango, fue hijo natural de don Jesús Villa, y por ilegitimidad de su origen llevaba el apellido de su padre que era el de Arango". Por lo tanto, al tomar el nombre de Villa recuperaba su apellido natural. Benjamín Herrera dice que el apellido le viene de que era realmente hijo de un tal Juan López Villa. El general José B. Reyes relataba que su padrino, de nombre Francisco Villa, de Zacatecas, había estado en el origen; que una vez se lo preguntó a Villa y este le dijo: "Yo era un calavera cuando joven y él me enseñó a vivir entre las gentes", y por eso tomó el nombre. Montes de Oca dirá que a su paso por el ejército conoció a un soldado, "muy notable por su valor", de ese nombre, y al morir éste, Doroteo adoptó su apellido. Como puede verse, hay para escoger.

Sin embargo, la versión más extendida y más defendida, es que Doroteo tomó su nombre de un bandido que estaba con él en la época de la gavilla de Parra y que murió por esa época. José María Núñez va más allá y dice que tomó su nombre para que la fama del viejo delincuente lo acompañara.

Pero esta versión no se sostiene. Francisco Villa (el primero) no murió en la época de la gavilla de los Parra sino que se fugó a Estados Unidos hacia 1893. Y además, si Doroteo toma el nombre para volverse un desconocido, para clandestinizarse, para alejarse de su pasado, para establecerse en una nueva región lejos de su fama de bandido y sus cuentas pendientes con la ley, ¿por qué habría de tomar el nombre de un bandolero medianamente famoso?

Sea buena alguna de las siete razones anteriormente citadas (la información como niebla, el exceso de información como desinformación), el caso es que el nombre de Pancho Villa habría de ser uno de los que lo acompañarían en el futuro y poco a poco se iría apropiando de él hasta hacerlo suyo.

No sería el único nombre que iba a usar. Nellie Campobello recordaba que un tío suyo le había contado que cuando se encontraba trabajando en una mina cerca de Las Bocas (Villa Ocampo) había llegado el Gorra Gacha (al que le decían así por su costumbre de usar el sombrero hasta las cejas cuando no le tenía confianza al interlocutor) con otros dos y se habían puesto a cocinar carne seca. El Gorra Gacha no era otro que Villa, y refiriéndose a él dijo el tío de Nellie, con una sabiduría que sin duda le cedió la escritora, que "no tenía nombre, sólo era un rifle, un caballo y un gorro aplastado".

Sea quien fuere el que le prestó el nombre, lo claro es que en esta etapa de su vida lo usó a ratos, y a ratos utilizó otros nombres y apodos, porque uno es y no es, se llama y deja de llamarse, dependiendo en donde ande. Aguilar Mora, en medio de tanta precisión "bien informada", es más preciso en la abstracción cuando dice: "El nombre era un espacio vacío cuya función se determinaba según las necesidades y las pasiones del momento: el agradecimiento, la asunción de un linaje guerrero, la restauración de una legitimidad negada a un padre bastardo [...] Detrás de la máscara había una multitud, una efervescencia, una turbulencia de rostros".

Parece ser que el movimiento hacia el norte y el cambio de nombre también estaban ligados al intento de Pancho Villa de abandonar el bandolerismo y la vida fácil pero terrible a punta de pistola, cuando llegó a Parral hacia el primer trimestre de 1902 con su amigo Luis Orozco, que al poco rato lo abandonó. El renovado Pancho Villa, de 24 años, trabajó como peón en la construcción de la Plaza Juárez y firmaba con ese nombre la lista de raya; luego obtuvo un empleo de minero en El Verde. Un accidente producido por la caída de una roca sobre su pierna —que mal curada acabó por gangrenarse—, lo obligó a dejar el trabajo. Mientras estaba herido, al borde de la muerte por el envenenamiento de la sangre, se quedó sin dinero y se vio obligado a vender el caballo, el rifle. Pasó hambre. Unas viejecitas impidieron la amputación que un médico quería hacerle y le curaron la pierna con yerbamora.

Cuando empezaba a reponerse, Santos Vega, un pequeño patrón, le prestó 20 pesos para comer y comprarse una cuchara de albañil (muchos pesos eran en aquellos años) y lo contrató, a pesar de que aún cojeaba y estaba agotado por la larga convalecencia. Otras fuentes dirán que consiguió trabajo de ladrillero con Ismael Rodríguez, propietario de una pequeña fábrica de ladrillos, y Pancho era el encargado de batir el lodo.

Multitud de versiones lo harán minero en varias partes de Chihuahua. El pagador de las minas de Santa Eulalia contará años más tarde que Villa trabajó en ellas (Mina Vieja, Gasolina, la Velardeña). Se dice, aunque parece más bien una leyenda elaborada en el futuro, que en esa época conoció a uno de los mineros más ricos del mundo, Pedro Alvarado. En la familia Alvarado se contaba que Villa le pidió trabajo en la mina La Palmilla y trabajó como minero unos meses, pero luego enfermó y Alvarado lo estuvo ayudando hasta su curación.

Su corta vida en la normalidad social se agota rápidamente. Harto de la proletaria legalidad, de la dura vida del minero o el albañil, con salario de miseria, decide volver a la tierra de nadie. Fuera así o porque, como él dice, estaba siendo investigado por la policía, vuelve a huir, ahora con su compadre Eleuterio Soto, el Sordo.

Por esos meses morirá su madre. Pancho Villa contó la historia muchas veces y al menos cinco versiones se recogieron al paso de los años. Cada una aporta variantes.

Informado por uno de sus hermanos de que su madre se encontraba muy grave, "para alcanzar su última bendición partí para Santa Isabel [...] acompañado de un amigo de confianza que se quedó a esperarme en un rancho vecino". Le llevaba 200 pesos. La encontró tendida en la cama rodeada de candelabros; llorando le besó las manos al cadáver, o no pudo verla porque había mucha gente, o "sólo me tocó verla tendida ante la puerta de la calle donde se había agolpado la gente que iba al duelo", o "cual sería mi amargura al traspasar la puerta del rancho y ver a mi madrecita tendida; caí de rodillas y lloré como un muchachito. Al besar una de sus manos yertas, oí voces ahí afuera que gritaban: ¡Agárrenlo!", o "en el momento en que me preparaba a desmontar oí un grito que dijo "¡Agárrenlo!". Total, que se abre camino pistola en cada mano hasta su caballo. "Tumbé a dos pelados durante el zafarrancho".

Según habría de recordar muchos años después, caminaría sin rumbo. Ya dentro de la sierra, bajo una lluvia torrencial. Nunca había visto tales relámpagos. De haberlo seguido los rurales lo hubieran encontrado, porque los relámpagos iluminaban los cerros. Se quedó al pie de un encino y se dijo a sí mismo en medio del llanto, en una versión contada al médico Ramón Puente años más tarde: "¿Por qué no puedo ser como los demás? Ellos con miserias y todo viven felices al lado de sus gentes". En la mañana su caballo lo despertó jalándolo, porque le había amarrado la brida al tobillo. Oyó un ruido de arrieros llevando ganado "y me alejé mucho, muy lejos".

En los últimos años ha aprendido rudimentariamente a escribir y leer. Aprende a firmar copiando el dibujo de su firma que otra persona le ha hecho. "Cuánto papel escrito tenía en mis manos y que yo guardaba cuidadosamente para que alguien más venturoso que yo me los descifrara; y a escribir, en la arena, en la tierra, en donde quiera que veía yo oportunidad de ejercitar mi inquieta caligrafía. Tenía yo 27 años de edad y uno de mis goces más intensos lo experimenté el día en que enlazando letras, vi que aquellos signos me hablaban. Siempre llevaba yo conmigo un rimero de papeles escritos, de cualquier naturaleza que fueran, de ellos sacaba yo mis modelos ortográficos". A un periodista estadounidense le contará más tarde, con una leve variación en su edad: "Tenía 25 años cuando pude escribir mi nombre". El testimonio de Villa es apoyado por los serranos de Namiquipa, que dicen que hacia esas fechas mal escribía y mal leía.

Continuó actuando en la zona de Parral. Estableció relaciones, negocios y amistades con Miguel y Quirino Baca, que le compraban vacas robadas y las negociaban en el rastro; se hizo amigo del indio yaqui Gorgonio Beltrán, de los hermanos Trinidad, Samuel y Juan Rodríguez, que tenían cuentas con la justicia en el distrito Hidalgo, por abigeos. Muchos años más tarde un diario de Estados Unidos recogería la acusación de que "un hombre llamado Arango, pero oculto bajo el nombre Villa", había asesinado por la espalda a Rafael Reyes, rico lugareño de Parral, enemigo de Miguel Baca Valles; las autoridades iniciaron investigaciones, pero Villa se había esfumado.

Va cambiando de nombre como quien cambia de camisa. Como Salvador Heredia compra una casa en Balleza, como Antonio Flores vende ganado robado en Valle de Rosario.

Por esos días Villa va a encontrar a un nuevo y muy singular personaje, se trata de Tomás Urbina, al que conoce en San Bernardo, Durango, y con el que se asocia para robar vacas de las grandes haciendas. Los acompañan Eleuterio Soto y Sabás Baca.

Urbina era un mestizo tarahumara, nativo de Congregación de las Nieves, Durango, que tenía ocho años más que Villa. Hijo de padre desconocido y de Refugio Urbina Reyes, de la que tomará los apellidos. Iletrado, de joven se ganaba la vida como peón de hacienda, luego como contratista en la manufactura de adobes por quincena o por mes. En verano era adobero, ladrillero, pero en invierno, cuando no hay trabajo en la construcción, se dedicaba al abigeato. Casado en 1896 con Juana Lucero. Debía "muchas vidas", entre ellas la del español Ramírez, de Canutillo. Nellie Campobello, siempre afortunada en sus imágenes, dirá que "la sierra, el sotol y la Acordada" lo hicieron como era; añadirá que a Urbina "lo cuidaba el santo niño de Atocha" y lo describirá como hombre de "pantalón ajustado negro, blusa de vaquero y el sombrero grande". Vito Alessio Robles sumará tres adjetivos: "arisco, hosco, hostil". John Reed, que lo conocerá años después, completará el retrato: "Era un hombre fornido, de estatura mediana, de piel color oscuro, caoba, barba negra dispersa hasta los pómulos, que no ocultaban del todo la ancha boca, delgada, sin expresión, las abiertas ventanas de la nariz, los diminutos y brillantes ojos festivos de animal". Urbina será el gran amigo, compadre y compañero de Pancho Villa en esos años.

De todas las anécdotas que vivieron juntos, a Villa le gustaba contar que Urbina era hombre de sueño pesado. Una vez que eran perseguidos por los rurales en las sierras de Durango llevaban una semana sin que les dieran reposo. "Más tardábamos nosotros en desmontar, que los rurales en aparecer de nuevo a lo lejos y obligarnos a reasumir la jornada angustiosa [...] Los caballos se nos caían de fatiga. Mi compadre Urbina, más y más rendido, cabeceaba a ratos hasta zafarse de la montura [...] Finalmente una mañana nos creíamos seguros [...] en un paraje alto como una atalaya". Pactan que primero Urbina duerma dos horas y luego Villa tome su turno. Urbina vestía una camisa rosa a la que le faltaba el botón del cuello. Aparecieron los perseguidores y Villa trató desesperadamente de despertar a su compadre. Imposible. "Le agarré la cabeza y la moví fuertemente, su sueño siguió igual". Comienza a ensillar los dos caballos. Ya desesperado le dispara dos tiros al lado de la oreja y ni así. Terminó amarrándolo al caballo y escapándose por la sierra. Todo el tiempo que duró la fuga Urbina siguió durmiendo.

Será un par de años en que se les atribuye multitud de ataques y atentados: un joyero de Parral llamado Dehlberg fue atracado por Villa y otro hombre, cuando estaba cerrando su tienda en la noche. Se robaron plumas y relojes, pero las mejores joyas ya estaban en la caja fuerte y no se las pudieron llevar. Al joyero le cortaron el cuello. A ellos los atraparon semanas después vendiendo los relojes, pero pudieron escapar.

En diciembre de 1903, en Valle de Allende, la gavilla de Villa, formada entre otros por sus compadres Urbina y Eleuterio Soto, Sabás Baca y un tal Gallardo, viene conduciendo un rebaño de vacas robadas para venderlas a Miguel Baca Valles, que tenía un rancho en las inmediaciones de Parral. Sorpresivamente son atacados por la retaguardia por 40 rurales que les hacen cuatro muertos y los dispersan. Se dice que Villa logró ocultarse en la zona porque tenía una mujer por ahí.

Villa en aquellos años frecuentaba el paradero de arrieros de Baca Valles, en las afueras de la ciudad de Parral, barrio del Conejo. Baca le compraba el ganado robado a un cuarto de su valor.

Villa se moverá por el inmenso territorio alternando trabajos "legales" con actos de bandidaje. Lo mismo se le puede encontrar un día administrando una carnicería en Parral con el producto de sus robos de ganado, que como lo conocerá Pat Quin cuando trabaja como vaquero en un rancho gringo en Chihuahua. "Su trabajo de vaquero era a tiempo parcial, hacía otras cosas y yo no le preguntaba". Lo mismo se cruzará con Antonio Fernández pasando por el distrito de Galeana como jefe de un grupo que robaba vacas en la hacienda de Palomas, que con Nicolás Fernández, caporal de la hacienda de Valsequillo y trabajador en las haciendas de Terrazas, cuando rifle en mano le exigirá un caballo para huir de la Acordada. Quizás en la misma huida en la que habría de perder un sombrero que había comprado a crédito en la tienda de Guillermo Baca en Parral. Quizás en la misma huida en que conocerá a Maclovio Herrera cuando trae detrás una partida de rurales y necesita agua, pastura, comida.

A partir de 1904 la banda estará dirigida por otro sorprendente personaje, un desertor del ejército, José Beltrán, el Charro, llamado así porque montaba caballo negro y usaba traje de charro plateado. El grupo tenía fama de que compartía lo robado con los pobres. Formaban parte, además de Beltrán, Villa, Urbina, Jesús Seáñez y Rosendo Gallardo. Tenían conexiones en toda la región de Parral y Santa Bárbara, hasta Guanaceví, Durango, y toda la parte norte del río Sextín, siendo estos minerales donde usualmente se ponían a cubierto para vender el ganado, la mulada y la caballada que robaban. Se les acusaba de haber robado el rancho de Terrero en el distrito de Hidalgo, donde hirieron a un tal Sotero Duarte y a un niño. Luego saquearon un pueblo llamado Los Charios, en Durango.

El 21 mayo de 1904 a las seis de la mañana, en Villa Ocampo, un poblado agrícola de 1,500 habitantes que sólo contaba con dos guardias, el Charro Beltrán, Rosendo Gallardo y Arcadio Regalado se presentaron a cobrar una deuda de sangre a Gabino Anaya, un viejo rico del pueblo, que tenía casas, un rancho y ganado en la zona.

Anaya había hecho en el pasado algunos tratos con Beltrán no muy claros ni muy lícitos. Cuando El Charro fue a reclamarle, se negó a pagarle y, siguiendo una tradición entre los ricos que se movían en los terrenos fronterizos de la ley, lo denunció, de tal manera que Beltrán primero fue a dar a la cárcel y luego fue metido en un cuartel como soldado de leva. Ahora regresaba.

A las seis de la mañana Beltrán y su grupo le exigían a Gabino diez mil pesos, que era la parte que al Charro le tocaba del viejo negocio. Lo detuvieron y lo colgaron de un árbol, junto a su sobrino Francisco Aranda, durante todo el día, hasta que a las seis o siete de la tarde salió la esposa de don Gabino y les dijo que lo soltaran, que ella les iba a decir dónde tenía el dinero su esposo. Los bajarían del árbol a cambio de que ella les entregara las llaves, y en ésas estaban cuando casualmente pasó un policía, quien notando que estaban sucediendo cosas extrañas se introdujo a la casa y desde un lugar bien protegido comenzó a disparar. Se sumaron refuerzos. Los bandidos huyeron. En el tiroteo quedaron dos rurales heridos, en una mano el jefe de la Acordada y en el estómago el policía Braulio Soto, que murió al día siguiente. Tuvo mejor suerte Gabino Anaya, quien quedó malherido de quince puñaladas y terminó salvándose.

El tío de Nellie Campobello verá llegar a los bandidos en su huida: "Allí llegaron salpicados de sangre, cansados, creían que habían matado a don Gabino, tenían hambre, les di carne seca, gordas de harina. Cuando hablaron y comieron me encargaron que los despertara antes de salir el sol; se amarraron los caballos a los pies y se pusieron a dormir. Ya empezaba a salir el sol y ya los cordones de la Acordada andaban rondando en busca de ellos, y los bárbaros no habían despertado; arrastrándome de panza llegué y moví al primero. Levantaron la *polvadera*".

Para la persecución, como el caso había sonado mucho en los periódicos, se juntaron los miembros de las acordadas de Indé y Parral y se organizó una gran persecución, en la cual capturaron a Rosendo Gallardo y encontraron a Elías Flores en el mineral de Magistral. Cuando lo aprehendieron, sin mayor trámite lo fusilaron, aunque no tuviera nada que ver con el asunto. Luego, en las inmediaciones de la hacienda de la Rueda también encontraron a un miembro de la banda que no había estado en el asalto a la casa de Anaya, Jesús Seáñez, con quien procedieron de la misma manera.

Meses más tarde, ya en 1905, la gavilla tuvo el atrevimiento de entrar a Parral. Beltrán se había citado con Villa y otros miembros de la banda en el mesón Las Carolinas, en un acto de atrevimiento y desprecio a los rurales. Fue delatado y cercado por Ismael Palma, el jefe de la Acordada, y varios de sus hombres. Beltrán se batió como nadie, solo y su alma, pero murió acribillado. Villa, que se había retrasado, escuchó la balacera cuando iba llegando y pudo escapar. El entierro de Beltrán fue pardeando la tarde y se dice que Villa lo vio de lejos.

El grupo haría un asalto más, a la hacienda La Estanzuela, donde asesinaron a un estadounidense, a su esposa y a la criada en los momentos en que estaban cenando en el comedor. Luego, con los rurales muy alborotados en la zona, el grupo se desperdigó y Villa marchó hacia el norte del estado.

Quizá en ese nuevo intervalo de su vida vuelve a la "legalidad". Trabaja como subcontratista del ferrocarril Chihuahua-Pacífico. Vende y alquila recuas de mulas a los contratistas del ferrocarril. Transporta comida de uno a otro punto de la línea en construcción. Más tarde contará que en una ocasión tuvo a su cargo setecientos mil pesos de los pagadores de las minas y el Ferrocarril del Noroeste, y en otra una custodia de 36 barras de plata y seis de oro. No hay duda de que Pancho Villa, cuando no está asaltando, es un hombre honrado, y esto, aunque parece absurdo, es coherente con el personaje.

Roberto Fierro lo verá pasar transportando mulas que traía de Durango: "Sumamente fuerte, roja se le veía la cara, quemado del sol". Es la época en que conoce a Albino Frías. Y probablemente a fines de 1905-1906 haya cruzado la frontera y, como Ramón Puente dice, trabajará en Nuevo México, Colorado y Arizona en las minas y en las faenas de las vías férreas.

Pero también hacia 1905, un mayor del ejército contaba que andaba detrás del asaltante y gavillero Pancho Villa en la zona que cubría, de Juárez a Las Orientales (100 kilómetros al sudeste de Ojinaga) y hasta Galeana, en la vertiente norte del estado de Chihuahua, y que se había enfrentado varias veces a él y sufrido algún descalabro porque Villa era "muy astuto". Un diario de Estados Unidos lo situará en esa época por el pueblo de Álamos de Cerro Gordo, distrito de Hidalgo, en el sur de Chihuahua. Se dice que allí dio muerte al agricultor Ramón López, que regresaba de Parral de vender una carreta de quesos, y le quitó 800 pesos. Luego cometió varios delitos menores por esa zona. Se hacía llamar en aquel tiempo Rayo Saucedo. También se cuenta que lo atraparon con otro compinche destazando una res robada en la hacienda de Bustillos, de la familia Madero Zuloaga (en el centro del estado). Lo detuvieron y encerraron para entregarlo a la Acordada, pero uno de los niños del hacendado lo salvó diciéndole a su padre que lo soltara, que tenía hambre. Creó con el hacendado y su mujer, doña Mercedes, una relación amistosa que duró para siempre.

O sea que estaba en el noreste, en el sur, en el centro de Chihuahua, estamos hablando de un millar de kilómetros, en malos caminos y a caballo. O sea que estaba en todos lados, cosa muy frecuente a lo largo de esta historia.

Pero lo que los diferentes retazos de información hacen evidente, es que hacia 1906 llegó a la ciudad de Chihuahua, la capital del estado, para establecerse. Primero se relacionó con la familia Rodríguez, propietaria de una tienda, y se puso de acuerdo con el dueño para que le guardara una cantidad de dinero. A veces se quedaba a dormir en el mostrador. Luego rentaría un cuarto a Nicolás Saldívar en la calle Décima del barrio de Puerto de San Pedro, en las afueras de la ciudad; un solar sin barda en el que había tres piezas de adobe. Saldívar era un carnicero independiente, que mataba reses en su casa, no en el rastro, y con el que Villa había tenido negocios, llevándole vacas. Ahí aprendió el oficio de fustero (el que hace fustes para sillas de caballo). Tenía una novia, Herminia Zaragoza, quinceañera a la que regalaba pasteles comprados a Francisco Torres.

Más que vivir en Chihuahua, entraba y salía de la ciudad, con extraños negocios y grandes altibajos de dinero. Llegaba a la casa de Saldívar, a cuyo hijo le compró unos zapatos de 10 pesos, de los cuales pagó cuatro y luego saldó la deuda en uno de sus viajes; caía por la casa de Nicolás Rodríguez, que tenía en el bajo una tienda de abarrotes en la que Villa se quedaba a veces a dormir. Nicolás lo vio allí escribiendo notas. "Pancho no era analfabeto, pues infinidad de veces le vi escribir recados sobre el mostrador de la tienda". Pero lo que hacía realmente bien eran las sumas y las restas, inclusive las multiplicaciones, y sabía sacar intereses.

De cualquier manera Villa continuaba acompañando la vida legal con operaciones de robo y tráfico de ganado, para lo cual contaba, entre otras, con una relación comercial con los hermanos Abraham y Santiago González, que introducían ganado en el rastro de Chihuahua.

En 1906 comprará el terreno donde estaba el jacal de la calle Décima. Un amplio solar en el que "había vivido de rentado, en el que había edificado tres piezas de adobe, encaladas, una minúscula cocina y un extenso machero para mis caballos. Yo mismo levanté las bardas del corralón y construí las caballerizas y doté a mis bestias de un suntuoso abrevadero y pesebre". Se dice que la casa es "el punto de cita de caporales, carniceros, gente a caballo que nadie sabe qué busca, pero entra y sale a todas horas". Puente describe la casa: "A medio construir, desmantelada y miserable en su *mueblaje*, pero donde quiera hay monturas y carabinas y en el corral se divisan numerosos caballos".

Existe una fotografía de aquellos años en Chihuahua. Un Villa flaco, elegante, traje de tres piezas, chaquetilla a lo charro, botines, corbata, fino bigote, flor en el ojal, el brazo derecho apoyado en una repisa, curiosamente sin sombrero y peinado. Será su época de negociante. Instala una carnicería. "Un año matando ganado honradamente en el rastro de la ciudad y luego vendiendo la carne en mi expendio". Cae en garras de funcionarios que le sacan dinero y lo exprimen. Demasiada competencia "legal", amparada en negocios turbios, cohechos y poderes. Le entrega el negocio a José Saldívar y vuelve a los llanos y los cerros. Curiosamente, en su zona natal, en Durango.

Un periódico chihuahuense del 6 de marzo de 1907 daba noticia de que se perseguía una gavilla formada por Gumersindo Ortega (ex gendarme montado), Sotero Aguilar, Doroteo Arango y José Gallegos, "que merodean por San Juan del Río y Canatlán y habían cometido varios asaltos. Parece que los vecinos los protegen". En sucesivas ediciones da cuenta de la disolución del grupo cuando el jefe Gumersindo Ortega fue muerto en un encuentro con la gendarmería y Rito Pérez fue aprehendido. José Gallegos se encontraba escondido en la sierra, pero su padre había dicho que lo presentaría. Sotero Aguilar y Alejandro (sic) Arango "huyeron hacia Chihuahua, se cree que rumbo a Estados Unidos".

El 5 de noviembre de 1907 el jefe político de la ciudad de Durango le solicitó al jefe político de Indé la aprehensión de los bandidos Matías Parra, Sotero Aguilar, Doroteo Arango, Refugio Avitia, Cesáreo Díaz, Salvador N. y José Gallegos (que después de todo no se había presentado a la policía), acusándolos de haber robado en el rancho Salais 22 mulas y caballos. También señalaba que habían escondido lo robado en la casa de una mujer de "mala nota" apellidada Medrano.

La banda, como parece común en toda la historia, se dispersará y Villa volverá a cabalgar con su compadre. A principios de 1908 Villa y Urbina se enfrentaron a tiros y dejaron por muertos al hacendado de Guadalupe de Rueda, Aurelio del Valle, y a su amigo José Martínez. Del Valle, en una historia muy común en aquellos años, había usado al compadre de Villa, Eleuterio Soto, en negocios no muy lícitos y luego, en vez de pagarle lo denunció a la policía; iban a fusilarlo, pero finalmente se limitaron a incorporarlo forzosamente al ejército. Villa estuvo juntando dinero para sacarlo y lo logró varios meses después; luego fue a cobrarle la deuda al hacendado. Poco después del ataque capturaron a Urbina en Las Nieves, pero no por esto sino por el robo de una vaca. Iban a fusilarlo, pero sólo lo cintarearon. Villa se instaló en Parral mientras tanto y cuando Soto salió del cuartel, para celebrarlo se reunieron y robaron trescientas vacas en la hacienda de Matalotes.

Los tres compadres, Urbina, Soto y Villa, actuaban en las cercanías de Chihuahua, en el que sería luego su rancho El Fresno, y cuando la cosa se ponía fea subían a la sierra Azul, donde llegaron a hacerse una pequeña fortaleza.

Ignacio Muñoz recordaba muchos más tarde que en 1908 llegaron al pueblo de Cruces, donde trabajaba en una tienda, tres personajes: Telésforo Terrazas, Manuel Baca y uno al que le decían Güero, que le dejó un dinero en depósito a cuenta de un ganado que le tendría que entregar más tarde. El recibo se lo hizo a nombre de Pancho Villa.

En la futura historia, construida sobre los fragmentos de las malas memorias de decenas de testigos, Pancho Villa desaparece y reaparece a kilómetros de distancia; estuvo en tantos lados, tantos lo vieron. Tres bandidos que llevaban una recua de mulas fueron señalados a las autoridades de Parral y cerca de Minas Nuevas los tirotearon; uno de ellos fue atendido en secreto por una familia humilde en esa localidad, era Villa. Frank M. King conoció a Villa en las minas de oro de Dolores, donde tenía su centro de operaciones y rentaba convoyes de mulas en las zonas mineras. El propio Villa lo confirmará cuando cuenta que anduvo por el mineral de Santa Eulalia, donde trabajó año y medio con un tal Willy, que era el gerente; a Villa lo llamaban el Minero. Lo descubrieron sus "incansables perseguidores de Durango" y se echó al monte "sin caballo, ni pistola, ni rifle" y permaneció "oculto en calidad de morrongo" en casa de Miguel Baca Valles, en Parral. Hay vagas noticias que dicen que sumó una nueva cicatriz en una de las persecuciones.

En 1909 el grupo robó en el rancho de Valsequillo de la viuda de Marcelo Guerra, en el distrito de Hidalgo, y en agosto asaltó Valle del Rosario, donde quemaron los archivos del pueblo. Villa se robó el sello municipal, que usaría más tarde para legalizar papeles falsos que amparaban propiedades de ganado.

Mantiene durante este año relaciones con Petra Espinoza (o Petra Vara), una mujer de Parral de 28 años (Villa tiene 31) a la que rapta y luego esposa. Rosa Helia Villa, la nieta de Pancho, la describe como "guapa, desinhibida y de cuerpo tentador".

Hacia 1909 la maestra de Santa Inés, Julia Franco, recordaba que llegó a Santa Inés un vendedor de mulas y caballos, se juntó la gente a comprar y luego el hombre retó a los lugareños a tirar y se dedicaron a tumbar objetos colocados en las ramas de un encino. Y escuchó a alguno decir: "Ni hablar, es bueno este Pancho Villa para el rifle".

M. L Burkhead, que tenía una agencia de automóviles en El Paso, Texas, lo conoce y se relaciona con él en la frontera; lo contrata por tres dólares a la semana para que lo ayude en un negocio de peleas de gallos. Desde tres años antes, Villa, de talante jugador, se había metido en las peleas de gallos en Chihuahua.

En marzo de 1910 un tal Antonio Flores asalta el rancho Santa Rita de Valle del Rosario, cerca de Parral, y roba a la viuda de Flores 28 reses, las cuales después vende a un tal Sidronio Derat. Quizá lo más notable de toda la historia es la muy precisa, pintoresca y poco ortográfica descripción de los animales robados: "2 buelles pintos de osco, 2 buelles granisos de negro, 2 buelles moros, 2 buelles pintos de colorado, 3 buelles prietos, 3 buelles colorado canario, 1 baca bragada de colorado, 1 baca colorada, 2 bacas prietas, 2 bacas oscas, 2 bacas pintas de negro, 1 buey osco rosillo, 1 baca granisa de negro, 2 buelles pintos de negro, 1 buey barroso, 1 buey prieto frontino".

La policía, siguiendo su pista, detiene a un tal Alfredo Villa, acusado de haber atacado la hacienda de Talamantes, pero los testigos dicen que no era él. Interrogan a Sidronio, que confirmó que el vendedor era Antonio Flores, pero no recordaba lo que había pagado por las reses. Así llegan hasta Jesús Vara, que supuestamente era cuñado de Villa, casado con Petra Vara, con la que tenía "una relación constante". Jesús denuncia que Antonio "había estado alojado en su casa tres o cuatro días". Pero cuestionado sobre la propiedad de un caballo mostró una singular carta: "Señor Jesús Vara: Apreciable señor la presente es con el fin de saludar a usted y a su familia, pues ya lo saludé ahora le digo lo siguiente que le había *envitado* a aquí a Chihuahua pero *aora* le digo que no puedo estar seguramente en esta *asta* mayo yo *despachare* a Petrita por ustedes viendo yo a esta por *aora* no se ofrece más. *Ay* le mando el certificado del caballo sin más por *aora*. Francisco Villa."

Comparando la carta con la lista de las reses robadas, un perito dictaminó que Antonio Flores y Pancho Villa eran el mismo y se libraron órdenes de aprehensión en junio de 1910. El retrato policial que se elaboró del personaje lo describía así: "Estatura regular, grueso de cuerpo, color blanco, pelo y cejas de color castaño oscuro, ojos claros, frente grande, nariz y boca regulares, barba poblada, se rasura y usa bigote color huero, casado, como de 28 años de edad, sin señas particulares visibles".

Mientras esto sucedía Villa no había estado inactivo y tras haberse escondido por un tiempo en el rancho de La Parra, propiedad de Chon Yáñez en El Tule, en mayo de 1910 la banda atacó el rancho de San Isidro en el distrito de Hidalgo. Dan muerte al patrón Alejandro Muñoz y a su hijo. Se hacen de un botín de mil pesos. Villa se introdujo en esa casa presentándose como A. Castañeda.

Y el 25 de mayo hay una nueva orden de aprehensión contra él, dictada en San Isidro de las Cuevas, como "Francisco Villa cuyo nombre es Alfredo […] por los delitos de robo y homicidio".

Mientras es perseguido en el sur del estado por robo de ganado y por homicidio, Doroteo Arango, alias Arcadio Regalado, alias Salvador Heredia, alias Pancho Villa, alias Gorra Gacha, alias el Güero, alias la Fierona", alias A. Castañeda, alias el Minero, alias Rayo Saucedo, alias Antonio Flores, alias Alfredo, no permanece inmóvil, va de Chihuahua a San Andrés, a la Ciénaga de Ortiz, hacia el noroeste del inmenso estado. El 23 de junio de 1910 el velador del ferrocarril detiene a Villa en Madera "por faltas que le cometió", le quitan 250 pesos y una pistola, pero en una hora lo liberan. Parece que Villa se quejó, porque un funcionario de Madera le mandó al jefe político de Ciudad Guerrero una nota en la que argumenta que no hay tal, que "lo tratamos con demasiadas consideraciones".

Poco después Villa y Urbina se apoderaron de 62 mulas en la hacienda de Torreón de Cañas. Los persiguieron y se armó el tiroteo en la hacienda La Jabonera. Los rurales mataron a varios de los hombres de Villa y recuperaron las mulas. Los dos compadres logaron escapar.

Hacia el verano de 1910 Pancho Villa es un hombre al que se le están acabando los seudónimos y las zonas en las que puede vivir con relativa tranquilidad; se le están agotando los refugios; tiene varias cicatrices. Por dormir al sereno en la sierra sujeto a los grandes calores y los grandes fríos, sufre de reumatismo; no es grande su fama ni capitanea un grupo importante de hombres al margen de la ley, pero tiene una inmensa cantidad de contactos y relaciones a lo largo de Chihuahua y Durango: esposas y compadres, gente que le debe favores, socios y compinches, aliados en desventuras. Sus nombres: Tomás Urbina, el yaqui Gorgonio, Eleuterio, Trini Rodríguez, Maclovio Herrera, los Baca, Nicolás Fernández; serán parte de la futura historia. Ha vivido como bandolero, que de vez en cuando abandona la pistola para trabajar dentro del orden porfiriano y su ley, pero las circunstancias, azares y accidentes y su propio temperamento se lo impiden.

No es del todo justo el retrato que hará de él Martín Luis Guzmán: "Trató de ser obrero, esconderse para trabajar en los túneles de las minas; su desamparo no se lo permitió. Quiso ser artesano, convertirse en albañil: la legalidad de la ilegalidad que lo acorralaba se lo impidió. Quiso ser pequeño industrial, poner una curtiduría; la injusticia de la injusticia lo estorbó. Intentó ser pequeño comerciante, tener una carnicería; el acaparamiento y la persecución armada no se lo consintieron". Parecería, según este retrato, que Doroteo Arango, en esos 17 años de vida "a salto de mata", hubiese buscado la legalidad y las fuerzas más oscuras de la sociedad porfiriana lo hubieran impedido. No parece ser la historia que hemos contado hasta ahora. Es cierto, Villa era producto de las fuerzas más oscuras de la sociedad porfiriana, pero no de aquellas superficiales sino de esas más profundas que hacían de un campesino pobre un condenado a una vida de presidio, carne de trueque en las grandes haciendas, carne de cañón del ejército, obrero hambriento de las nuevas minas y las industrias. Contra esto reacciona Pancho Villa y lo hace al modo del desesperado, jugándose la vida durante 17 años y quitando la de otros, engañando, robando, a veces a ladrones mayores que él, a veces a otros casi tan miserables como él, y siempre buscando un destino individual que nunca alcanza, pisando la raya que separa las apariencias de la ley y el orden del desorden y el bandidaje.

Sin embargo, esta historia que como bien dice Puente es "vulgar, llena de crueldad y de infamias", "lo que tiene de pintoresco es el paisaje" y "lo que tiene de atenuante es el sentimentalismo con el que actúa en muchos de sus actos", será leída de diferente manera al paso de los años. Se elaborará el mito del Villa bandido extraordinariamente popular entre las masas campesinas del norte de México. Y dirán lo que sigue.

Cervantes: "Tenía 22 años y su fama cundió por los estados de Durango y Chihuahua", o "Villa cobró fama en toda la frontera". Desde la academia de la historia se dará sustento a la tesis: Mark G. Andersen habla del "notorio bandido" que había ganado "preeminencia y aprobación entre las masas del centro-norte de México", y J. Mason Hart dirá: "El campesinado mexicano adjudicó presto a Villa el papel de buen ladrón, nuevo Robin Hood que robaba a los ricos opresores para dárselo a los pobres". Hans Werner Tobler: "Como ladrón de ganado pronto se convirtió en el más famoso bandido del norte", Eisenhower: "Fue bandido por 16 años. Durante ese tiempo creció entre el pueblo la leyenda de que era un Robin Hood mexicano". Incluso Friedrich Katz, en uno de sus primeros trabajos, dirá: "Vivía en la conciencia popular como una especie de Robin Hood". Y Ricardo Pozas añadirá: "Uno de los bandidos sociales más famosos de esta parte del país".

Cuando la prensa estadounidense comienza a mostrar un gran interés por su figura, la imagen se construye. Al inicio de 1914 hay un artículo en *The Sun* que dice: "Antes de la revolución era un bandido conocido, el terror de las montañas, y se había puesto precio a su cabeza. Díaz y sus soldados habían tratado de capturarlo durante años". En esa lógica va el poema que le dedicó Santos Chocano: "Caes… caes… bandolero divino […] Un demonio y un ángel en rebeldes porfías/ Disputáronse el signo de tu oculta intención". Ni el propio

John Reed se salvó: "Los pastores de cabras que acampaban en las colinas, en las noches cantaban junto al fuego interminables baladas sobre las hazañas románticas de Pancho Villa. Amigo de los pobres. Él era el Robin Hood de México". Como se ha visto, nada más lejos de la realidad.

Villa, en la etapa de bandolero, nunca esgrimió un programa social, nunca trató de cambiar el mundo más allá de la distancia del tiro de su carabina, nunca capitaneó una gran banda (los hombres que cabalgaron con él no solían ser más de una decena), pero tampoco fue rural ni se sumó a la Acordada, no fue pistolero de caciques ni hombre de los hacendados. Aguilar Mora (contando que Nellie Campobello no tenía reparo alguno en hablar de Pancho Villa como bandido) lo dirá mejor: "Era el gesto del oprimido que recoge, como arma de combate, los términos con los que el enemigo pretende despreciarlo, acorralarlo, excluirlo". Sin embargo su voz predicará en el desierto.

¿Qué patético conflicto tienen las buenas conciencias de la narración y la historia con los bandoleros? Si son generosos y amables, caballerosos y burlones, si reparten el dinero de sus robos, los historiadores los perdonan. Pero si son hoscos y terribles y la violencia que generan es brutal, muchas veces arbitraria, guiada por una lógica de supervivencia en la que al enemigo herido se le remata para que no regrese a tu vida como vengador de agravios; si este bandolero es sucio, de sangre, claro, no puede entrar en la historia.

Recuperado y santificado por Eric Hobsbawn en dos de sus libros (*Bandidos* y *Rebeldes primitivos*), el bandolero social será la excepción. Será el representante bárbaro, pero consciente, de la rebeldía agraria. Y el propio Hobsbawn caerá en la trampa y así caracterizará al primer Pancho Villa, contando sólo con las *Memorias de Francisco Villa*, de Martín Luis Guzmán, como material documental.

Una de sus reflexiones, sin embargo, permitirá marcar la diferencia: "Las sociedades campesinas distinguen muy claramente entre los bandoleros sociales que merecen [...] aprobación y aquellos que no". Villa gozaba de muy poco reconocimiento social en su época de bandolero, a lo más de una red, extendida a lo largo de Chihuahua y el norte de Durango, de contactos, compadres, cómplices, compinches, amigos, beneficiados sueltos que recibieron una vaca, un puñado de pesos, una máquina de coser. Su reconocimiento era el de un personaje que cambiaba de nombre y de vidas con frecuencia, desaparecía por largas temporadas, cambiaba de oficio. En sus acciones hubo poca generosidad hacia los pueblos; robó a los hacendados, pero no los confrontó; mató rurales, pero no organizó su destrucción; robó a los ricos, pero pocas veces para entregar a los pobres. Si bien no construye reconocimiento social en esos años, sí construye la red y la ética, las reglas del juego y los odios a la oligarquía. La palabra se cumple, no se traiciona a un compadre, no se le roba a un pobre (a no ser que haya extrema urgencia, porque además hay poco que robar), no se viola a una mujer y sí en cambio se la seduce, se casa uno con ella, por la iglesia, por el juez, con varias si es necesario; no se respeta a los ricos ni a los curas sino a los maestros de escuela; se protege a los niños. Junto a esta ética, Villa creó un estilo: cambia de nombre como de sombrero, si va a dormir en una casa, que sea una que tenga patio y ventana para salir huyendo; no duerme uno en el lugar donde se acuesta; el caballo debe estar presto, la pistola cargada y uno debe aparecer donde nadie lo espera.

En una sociedad en la cual los grandes hacendados ejercían el derecho de pernada, se azotaba a los "infractores", se robaban las tierras de las comunidades mediante falsos deslindes, se arrancaban los derechos históricos de pastos y agua; en la cual los rurales y la Acordada eran un grupo de pistoleros con casi menos ley que la de los hombres a los que enfrentaban; en la cual por deudas un hombre era condenado a ser arrancado de su tierra y a servir en el ejército en guerras de exterminio contra las últimas rebeliones indígenas; en la cual la legalidad republicana la presidía un dictador que se reelegía fraudulentamente, ¿quiénes eran los bandoleros? O más bien: ¿por qué tiene que ser más amable y socialmente aceptable el bandolerismo burgués que el de los pobres del campo?

En 1910 la familia Terrazas y sus parientes y socios en Chihuahua poseían millón y medio de vacas, caballos, borregos y chivos, mientras que el 95.5% de los habitantes de Chihuahua no tenía propiedad alguna. Revisando el catálogo del bandidaje de estado porfiriano que registra Carleton Beals, llega uno a la conclusión de que también en esto del bandidaje hay clases: bandidos burgueses y bandidos pobres.

Pancho Villa, ese "tipo alto, vigoroso, vestido ordinariamente de charro", era sencillamente, a mediados de 1910, un superviviente, un bandido pobre y no demasiado afortunado.

NOTAS

a)   Fuentes: Puente: *La verdadera historia* (la cita de apertura) y "Vida, muerte y hazañas del general Francisco Villa". Son esenciales para reconstruir esta etapa de la vida de Villa los hallazgos de Jesús Vargas en "El aguafuerte…", que se ha dedicado con minucia a tratar de resolver el rompecabezas, fijando algunos de los datos clave que permiten una reconstrucción parcial de la historia.

La voz de Villa en Bauche: *Villa.* Martín Luis: *Memorias.* Y Puente: "Memorias" y *Francisco Villa.* Nicolás Fernández en Píndaro Urióstegui: *Testimonios del proceso revolucionario en México,* y en la entrevista de Francisco L. Urquizo: "Francisco Villa y Nicolás Fernández".

La segunda versión respecto de la fuga: Eulogio Ortiz PHO 1/37 y José C. Valadés: "Vida íntima de Villa". Para el encuentro con la gavilla de Ignacio Parra: Antonio Avitia en *Los Alacranes alzados* sitúa erróneamente el encuentro entre 1891 y 1892, igual que Calzadíaz, que lo hace en 1901, "con los cuales anduvo hasta mediado 1902" (*resulta imposible porque Parra ya estaba muerto en esa fecha.*) Guadalupe Villa localizó rastros del origen de la gavilla de los Parra en 1883. En el Archivo Histórico de Durango hay varias noticias sobre Ignacio Parra anteriores al encuentro con Villa: En 1886 el prefecto de Canatlán decía de Ignacio Parra que tenía 21 años de "malísimos antecedentes" y de "haber andado con la gavilla de Bernal", detenido el 9 de octubre en precautoria y liberado el 11, a quien había metido de leva en el regimiento 13 y su madre interpone recurso legal contra esto; existe el expediente militar de su supuesto reclutamiento voluntario. En febrero de 1893 hay una denuncia de que Parra anda en el malpaís de Nombre de Dios, hay intentos de capturar a su gavillla, atrapan a uno de sus hombres, Santos Barrio. En mayo de 1893 Parra andaba perseguido por San Juan del Río y el 17 de marzo del 94 en Sierra Mojada, tratan de aprehenderlo, se dice que lo acompañan su hermano Vicente y Refugio Alvarado. Nuevas denuncias en mayo del 94. Sin embargo no existe documentación de la época en la que supuestamente cabalgó con Villa. El corrido de la muerte de Parra en Avitia: *Corrido histórico mexicano*.

Los archivos históricos de Durango se encuentran en proceso de catalogación, por lo tanto los hallazgos del narrador pueden considerarse incompletos. El autor no pudo locali-

La foto a los 22 años.

zar las referencias a su delito, captura, leva y fuga. Friedrich Katz: *Pancho Villa*. Vargas: *A sangre y fuego con Pancho Villa*. Calzadíaz: *Hechos reales de la revolución,* tomo 1. Víctor Ceja: *Cabalgando…* Medina: *Cuando el rencor estalla*. Rivas: *El verdadero Pancho Villa*. Guillermo Martínez: *En las garras de la muerte*. Ramón Puente en Muñoz: *Rayo y azote*.

Sobre el cambio de nombre, a más de los anteriores: Castellanos: *Francisco Villa su vida y su muerte,* cuya versión coincide con la de los primos de Villa. Nellie Campobello, en la entrevista que le concedió a Emanuel Carballo. José María Núñez (que se lo contó a Vito Alessio: *Manuscritos*). Pere Foix: *Pancho Villa*. Nellie Campobello: "Perfiles de vida". Y sólo para el registro, la más delirante de las versiones: Rivas: *El verdadero…*, que obtiene su información de viejos durangueños y chihuahuenses al inicio de los años 70; dice que Villa se llamaba Francisco Villa Franco, que cambió su nombre por el Doroteo Arango tras el tiroteo de El Gogogito y después recuperó su verdadero nombre y anduvo falsificando y ocultando su acta de nacimiento.

Pancho Villa (el primero) ha dejado un vago rastro. Guadalupe Villa encontró un escueto "se indulta al reo Francisco Villa por el tiempo que le falta de cumplir de su condena", fechado en 1884 (en el periódico oficial no se dice de qué era reo.) En el Archivo Histórico de Durango hay referencias: en septiembre 1890: "Ningún bandido con la excepción de Bernal, nos había dado y nos da más guerra que Francisco Villa", perseguido por los partidos de Cuencamé y Mapimí; el informante dice que en ese momento está en Reyes, en casa de Inés N., "con quien [Villa] tiene relaciones ilícitas" (carta al coronel Juan Saldaña). En 1891 lo buscaban en Zacatecas por "ser autor de varios crímenes". En enero de 1891 se retransmitía la petición de Lerdo a Las Sauceedas: que colaboraran con un tal Antonio Salas que lo venía siguiendo. (Archivo Municipal Saltillo, 134/4.) Los rastros del personaje se remontan hasta 1893, en que se registra: "Francisco Villa ya se encuentra actualmente en El Paso".

Las citas de Aguilar Mora están sacadas de *Una muerte sencilla...*, que en el capítulo "El nombre de Villa" arroja una serie de inteligentes miradas sobre el asunto.

Sobre la primera estancia en Parral: Bauche: *Villa*. Ceja: *Cabalgando...* Martín Barrios: *Biografía de un balcón*. Valadés: "La vida íntima de Villa". Haldeen Braddy: "Pancho Villa's hidden loot". Jesús Vargas: *Pedro Alvarado y Victoria Griensen*. Carrasco: *Vida del general Francisco Villa*, ofrece una versión similar pero con fechas posteriores. Puente: *Las verdaderas memorias*. Raimundo Salas: *Semblanza militar de los cc generales de división Maclovio Herrera y Francisco Murguía*.

Muerte de la madre: contada al coronel Jaurrieta, al mayor Juan B. Muñoz y al general Enrique León Ruiz en Canutillo, 1921. Calzadíaz: *Hechos reales de la revolución*, tomo 1. Contada a Ramón Puente, contada a Luz Corral: *Pancho Villa en la intimidad*. Contada a Manuel Bauche: *Villa*. Contada nuevamente a Puente: *La verdadera historia*. Contada a J. M. Jaurrieta: *Con Villa*.

La escritura: Bauche: *Villa*. Villa a Frazier Hunt, Luz Corral: *Pancho*. Calzadíaz: *Hechos reales de la revolución*, tomo 1. Rivas especula diciendo que como para escribir había primero que leer, Villa, según esto, debería haber pasado tres años en la primaria. Luz Corral: "Me consta que sabía leer y escribir cuando lo conocí". Calzadíaz: "Villa desde el año de 1902 [...] ya sabía leer y escribir, mal si se quiere, pero sabía".

Urbina. Hay muchas dudas respecto de la fecha de nacimiento de Tomás Urbina: 1867 o 1877 según Campobello: *Así fue la Revolución Mexicana* y el apéndice biográfico de la *Historia de la Revolución Mexicana* de Salvat. El narrador ha utilizado la de 18 agosto 1870, que proporciona su biógrafo De la O HHolguín: *Tomás Urbina, el guerrero mestizo*. Nellie Campobello: *Cartucho*. Vito Alessio Robles: "Convención revolucionaria de Aguascalientes". Benjamin Herrera: "Cómo murió Urbina, compadre de Villa". Martín Luis Guzmán: *El águila y la serpiente*. John Reed: *México Insurgente*.

La gavilla de Beltrán: *The Sun*, en marzo de 1914, después del caso Benton, publicó un artículo fuertemente antivillista para equilibrar los artículos de John Reed, titulado "Villa bandido, asesino y consumado hombre malo" (que reproduce Aurelio de los Reyes en *Con Villa en México*), basado en declaraciones de exiliados de El Paso que lo habían conocido. Vargas: *Aguafuerte* (que rescata las notas del 23 y 29 de mayo de 1904 y el testimonio

La firma de Pancho Villa.

de Jesús Ortiz Ávila). Juan Gualberto Amaya: *Madero y los verdaderos revolucionarios de 1910*. Rivas: *Verdadero*. Campobello: *Cartucho*. Celia Herrera: *Francisco Villa ante la historia*, sitúa erróneamente (en 1902) una historia de la banda que no me merece credibilidad.

Chihuahua: Peterson y Knoles: *Intimate recollections by people who knew him*. Wasserman: *Capitalistas, caciques y revolución*. Roberto Fierro PHO 1/42. Campobello: *Apuntes sobre la vida militar de Francisco Villa*. Puente: "La verdadera historia de Pancho Villa". *The Sun*: "Villa bandido" (la historia suena a falsa). Luz Corral PHO/23. Bauche: *Villa*.

Rubén García: "Una anécdota de Villa...", cuenta una historia no muy creíble: Villa conoce en Parral al estadounidense Elfego Baca, de Socorro, Nuevo México, y hacen

Pancho Villa,
carnicero en
Chihuahua.

negocio con mulas robadas. Elfego un día se entera de que anda por Parral un tal Gillette, al que las autoridades de Kansas han puesto el exorbitante precio de 50 mil dólares a su cabeza y tras andarlo controlando le propone a Villa que lo secuestre y se lo lleve a la frontera. Villa se llamaba entonces "Pancho Jaime". Villa cumplirá su palabra y le llevará a Gillette atado.

Evolución 6, 20 marzo y 3 abril 1907, citado por Jesús Vargas. Archivo Histórico de Parral, expedientes del Juzgado Primero de lo Penal del Distrito Hidalgo, número 47 con fecha 23 de marzo de 1910 y el número 53 con fecha 23 mayo 1910. Ceja: Cabalgando... Jesús Vargas: "Villa en Chihuahua" en Pancho Villa, la revolución y la ciudad de Chihuahua. Benjamín Herrera: "Villa era un hombre agradecido". Calzadíaz: Hechos reales de la revolución, tomo 6. Margarita Caballero: "Siete Leguas". Camerino Rodríguez: Un villista en los últimos días de la revolución. McGaw: "Did Villa ride a motorcycle or a mule in his raid on Columbus in 1916?". Rivera Marrufo PHO 1/64.

Sobre Petra Espinoza: Rosa Helia Villa: Itinerario de una pasión. Katz: Pancho Villa. Hay testimonios que suman un nuevo matrimonio en esos años, con Dolores Delgado, con quien se casaría en Lerdo, Durango, el 17 de agosto de 1909. Tuvo una hija llamada Felícitas que años más tarde decía que Pershing era su padrino (Braddy la entrevistó, Luz Corral decía que era una impostora). Aunque suene extraño, puede ser cierto.

Sobre los alias: testimonio de Ortiz: Doroteo Arango, decía mi padre, constante-mente se cambiaba de nombre. Se hizo llamar Antonio Flores, nombre que tomó de su tío Antonio Flores Arango, sobrino de su señor padre; este nombre lo usó cuando se llevó una partida de 28 reses del fierro de la señora Guadalupe Prieto viuda de Flores. En ese tiempo, decía mi padre, "es el mismo, el mismito, no puede ser otro".

Villa como Robin Hood: Federico Cervantes: Francisco Villa y la revolución. Mark G. Andersen: Villa's revolution by headlines. J. Mason Hart: El México revolucionario. Hans Werner Tobler: Transformación social y cambio político 1876-1940. Katz: Deutschland. Eisenhower: Intervention! Ricardo Pozas: Revolucionarios. The Sun: "Villa bandido". John Reed: México Insurgente. Medina: Cuando el rencor estalla.

Y además: McGaw: South West Saga. Guadalupe Villa: "De cómo...". Adolfo Carrasco: "Vida del general Francisco Villa". Ignacio Alvarado Álvarez: "Pancho Villa, el ideólo-go". Víctor Orozco: Diez ensayos sobre Chihuahua. Juan Andreu Almazán: Memorias, Vida, muerte y hazañas del general Francisco Villa, "Cómo Doroteo Arango se volvió Pancho Villa". Elías Torres: Vida y hazañas... Secundino Alvidrez: Villa entrevistado por Rubén Osorio: Pancho Villa, ese desconocido. Knight: La Revolución Mexicana. Martín Luis Guzmán: "Villa y la revolución". Carleton Beals: Porfirio Díaz. Soto y Gama: "Villa". Puente: "Vida de Francisco Villa contada por él mismo".

b)   Villa hará una relectura de su vida previa a partir de su incorporación a la revolución. Valadés: "Treinta años de vida política. Memorias del general Antonio I. Villarreal": "Algún comensal, dirigiéndose al general Villa, hizo observar que el general Villarreal podía ser considerado como uno de los primeros revolucionarios antiporfiristas, ya que se había iniciado en las luchas políticas desde 1905. Villa, al escuchar esta observación, dijo con toda ingenuidad: "Para ese tiempo, ya hacía varios años que yo andaba sublevado contra Porfirio Díaz". Y a continuación el jefe de la División del Norte explicó cómo antes de 1904, y siendo prófugo de la justicia, había tenido varios encuentros con las fuerzas rurales". Villa (en *The Sun*): "Aprendí a luchar en una escuela dura. Diecinueve años de guerra con el gobierno de Porfirio Díaz, que me quería quitar la vida, me enseñaron más de una treta, y ahora uso esos conocimientos para la causa del pueblo".

En una entrevista dada a Urbano Flores Urbina en julio de 1914, Villa contará cómo fue que se metió a la revolución: "Un capitán federal burló a una hermana mía y entonces juré vengar esa honra, lo que motivó mi levantamiento en las serranías de Chihuahua, con un puñado de hombres resueltos; pero jamás asalte a *naiden*, mi único objetivo era atacar pequeños destacamentos federales para hacerme de parque, así anduve algunos años hasta que llegó el movimiento del señor Madero" (U. Flores: "Remembranzas").

c) Pacto con el diablo. José Montes de Oca recogió una leyenda que circulaba por Durango en esos años: "Al norte de San Juan del Río, frente al rancho Menores de Abajo, existe una eminencia natural, en forma de cofre (donde) viven magos, hechiceros, brujos y el Diablo mismo, a quien, dando promesa de entregarle el alma a la hora de la muerte, proporciona la gracia que se le pide, mediante una yerbita prodigiosa que se toma. Y por eso, los jóvenes de la región son, unos, famosos tahúres que nunca pierden; otros, jinetes consumados; otros, afortunados conquistadores de mujeres; otros, invencibles en las riñas; otros, mercaderes en perpetua bonanza. Villa también fue a la entraña del monte e hizo pacto con el Bajísimo; y lo que pidió para toda su vida, en cambio de su ánima, fue ser valiente y tener mando de gente [...] El Diablo estaba acompañado de militares, papas, cardenales, reyes, mujeres alegres, sabios y legiones de individuos de todas las razas que cantaban y reían con locura. Villa no se amedrentó con el espectáculo infernal, y se libró con inteligencia de los perros de siete colores y de los chivos pintos que pretendían detenerlo. Con toda calma hizo el convenio con Satanás y tuvo su don [...] Para entrar al castillo, que se encuentra dentro de la altura, no se debe llevar rosario, ni reliquias de santo, ni pensar en Dios. Es necesario maldecir, *echar vigas* y renegar de la Santísima Trinidad".

Un dibujo anónimo publicado en *Excélsior* 9 julio 1934 ilustraba el pacto de Villa con el diablo.

CUATRO

DE SIBERIA A LAS QUINCE LETRAS

Un personaje más bien cuadrado, regordete, de traje de tres piezas y Stetson, decía en junio de 1910 a un grupo de señoritas progresistas y por tanto anti-rreeleccionistas:

> …pisotean el pacto constitucional encarcelando a los escritores independientes, confiscando imprentas, amordazando a los escritores públicos y consignando al servicio de las armas a ciudadanos que forman en los clubes políticos. ¿Y para qué seguir? Es muy posible que esto suceda en Rusia; pero en Rusia no hay constitución que ampare a sus habitantes, por eso digo que estamos peor que allá. No faltará quien nos hable de las horrorosas prisiones de Siberia, olvidando que nosotros tenemos el Valle Nacional, San Juan de Ulúa y Tres Marías que, como horrorosas, no las envidiarían los carceleros del autócrata de todas las Rusias.

Este personaje que describía la negra situación por la que pasaba la República Mexicana era José Abraham Pablo Ladislao González Casavantes. Era también el portavoz, el hombre fuerte del maderismo en Chihuahua. Y el maderismo era ese eufórico movimiento de clases medias un tanto tímidas y un algo ilustradas que pretendía sacar del poder a Porfirio Díaz, el casi eterno dictador.

Abraham González era el fundador y presidente del Club Antirreeleccionista Benito Juárez de Chihuahua, creado en julio de 1909. Era el hombre de Francisco Madero. Y Madero era ese hacendado hijo de hacendados, espiritista, educado por los jesuitas, estudiante de agricultura en escuelas estadounidenses y de negocios en escuela de París, de 37 años, que se había propuesto romper la espina dorsal de la dictadura con un lema muy simple: "sufragio efectivo, no reelección", que traducido al lenguaje cotidiano significaba "no fraude electoral y que Díaz se vaya de una buena vez". Un lema que convocó a buena parte de la disidencia social y política que no había sido captada previamente por el magonismo, que desde el inicio del siglo había enfrentado a la dictadura militarmente. Una disidencia más suave, marcada por la combinación de elogios al dictador y reclamaciones a su vocación de eternidad, a su lastre para la "modernidad", a los abusos de los "suyos", como se lee bien en el *bestseller* que Madero escribió en 1908: *La sucesión presidencial de 1910*.

Madero llegó a Chihuahua en enero de 1910 en campaña electoral. Existe una versión, sin duda falsa, de que Madero y Pancho Villa se conocieron en esa ocasión. Abraham le habría presentado a Villa en el hotel Palacio. Si es así, nadie más los vio, ni siquiera el que lo cuenta. Hubiera resultado muy peligroso para Madero asociarse en público en plena campaña electoral con un notorio bandido.

Los acontecimientos se suceden con rapidez: en abril la convención que promueve la fórmula Madero-Vázquez Gómez por el Partido Antirreeleccionista. En junio las elecciones, Madero encarcelado acusado de subversivo, mecanismos que dan la victoria nuevamente a Porfirio Díaz con la ayuda de un potente fraude. En Chihuahua gana Díaz por 351 votos a 35 (dentro de un sistema indirecto de electores), a Madero no le cuentan votos, hay irregularidades sin fin.

Madero sale de la cárcel, se exilia y lanza el Plan de San Luis desde San Antonio, Texas (fechado el 5 de octubre, último día de Madero en San Luis, pero promulgado más tarde): "He designado el domingo 20 de noviembre entrante para que, de las 18 horas (hasta la hora dada) en todas las poblaciones de la república se levanten en armas". La oposición blanda se endurece. Las dictaduras sólo se derrocan a tiros. La red electoral se transmuta. Abraham González, que recibirá un nombramiento de coronel que le manda Madero desde Estados Unidos, llevaba un buen tiempo tras el fraude electoral, buscando hombres dispuestos a alzarse en armas y había elegido para jefe militar de la rebelión en Chihuahua a Manuel Salido. Comienza a buscar cuadros militares. ¿En qué momento y cómo pone los ojos en Pancho Villa? No es sencilla decisión la de asociar un bandido a un movimiento político sujeto al bombardeo de la prensa que la dictadura puede lanzarle para fomentar su desprestigio.

Se cuenta que Villa le parecía a Abraham "importante pero peligroso". Lo peligroso es claro, pero ¿lo importante? Villa nunca había sido hombre de grandes hazañas ni de grandes grupos. Era un gran tirador, conocía Chihuahua como nadie, era un hombre de acción arriesgado; pero eso no es suficiente. ¿Qué veía en él Abraham que otros no veían? ¿Qué indicadores tenía de que el bandido Pancho Villa aceptaría volverse el revolucionario Villa?

¿Cómo se encontraron? Sobre el tema abundan las versiones. Supuestamente se conocían previamente de la época en que Abraham era tratante de ganado y Villa cuatrero. Probablemente algún negocio habrán hecho juntos.

Según el testimonio de Rayo Sánchez Álvarez, Villa había sido presentado a Abraham por Victoriano Ávila; según otros, había sido contactado por el coronel Lomelín. En la versión de Abraham, contada por Silvestre Terrazas, él lo mandó citar; Medina cuenta que Pancho se enteró de que Abraham andaba haciendo reuniones y fue a verlo. Puente dice que Villa fue el que propició la reunión con Abraham. Siendo esa reunión el eje de esta historia, curiosamente, en las autobiografías que le escribieron, Villa pasará por encima de ella sin darle mayor importancia.

Silvestre Terrazas afirmó que Abraham González había intentado varias veces una reunión con Villa y éste se había negado. ¿Por qué cambió Villa de opinión y finalmente aceptó la reunión?

Abraham tiene al entrevistarse con Villa 46 años, unos estudios incompletos de enseñanza media en la ciudad de México y un curso comercial en Indiana, del que regresó hablando un fluido inglés. En 1887 retorna a Chihuahua y tiene multitud de oficios: cajero de banco, administrador de tranvías, negocios de minas, agente ganadero por cuenta de unos estadounidenses; no hay nada que lo haga destacar, no tiene un discurso muy radical, aunque curiosamente es partidario del voto femenino. Fabela lo describe: "Alto, robusto, un poco abultado de vientre, moreno de tez sin ser oscuro, bigote tupido y entrecano". Puente completa: "Ojos de un café claro con pequeñas salpicaduras verdes, tiene una movilidad impresionante y una expresión que se contradice y esa parece ser la causa de su constante rodar por las órbitas ligeramente salientes". Era soltero, "su novia era la revolución".

Cómo se fraguó la reunión es francamente oscuro y la fecha lo será también; la única precisión la tenemos en un autor generalmente no muy confiable en esto de la exactitud, Antonio Castellanos, que dice que fue "una noche de agosto" (varias fuentes fecharán la reunión en octubre, lo que por los acontecimientos que se narran más tarde no parece cierto).

El lugar también será objeto de discrepancia. Unos dicen que fue en la casa de Villa, en el número 500 de la calle Décima; Villa dirá que se hizo en las oficinas del Club Antirreeleccionista en Chihuahua (en la casa número 259 de la calle Tercera) "a las nueve de la noche, en un cuarto donde no más había una mesa con papeles y unas cuantas sillas".

Terrazas ofrece una descripción de esta primera reunión: "Desconfiado como el que más, Villa concurrió a la cita acompañado de uno de sus hombres de mayor confianza: el tuerto Domínguez, llegando al obscurecer, sin encontrar a don Abraham. Esperaron en el amplio zaguán, en largo asiento de cantera y adobe, cubriendo sus rostros con grandes sarapes y tocados con enormes huicholes [...] Un rato después llegó el jefe del antirreeleccionismo regional y más adivinando que viendo los dos bultos de ensarapados, entró calmosamente, dirigiendo un saludo colectivo a los visitantes". Villa completa: "El cuarto estaba a oscuras y sacamos el *cuete*". No está mal esto de la desconfianza en un hombre que ha sobrevivido muchos años gracias a ella y que en esos momentos tiene varias órdenes de captura. Abraham contaría más tarde que sacó cerillos y llaves para entrar en su despacho y aquellos que lo seguían desenfundaron. Los calmó. Luego habría de proponerles que se sumaran a una revolución que aún no había sido anunciada y les leería fragmentos de el Plan de San Luis.

¿Qué pasa en ese cuarto? ¿Tan fuerte es la palabra de Abraham para ganarse a Villa? ¿Es lo que Villa ha estado buscando en estos últimos años y finalmente encuentra? Una razón que justifique y le dé sentido a una vida en el límite, donde la pistola y el riesgo andan de la mano. Un sentido para la acción. Villa no tiene formación política. Algunas fuentes dicen que previamente leyó el Plan de San Luis en una cueva donde estaba escondido, otras que había tenido contacto con el magonismo chihuahuense. Hasta donde sabemos ambas cosas son falsas.

Sin embargo no será la última vez que a Pancho lo deslumbre el discurso de un personaje, siempre y cuando le explique lo que previamente él tiene en la cabeza de una manera caótica y el hombre despliegue junto a su vehemencia, sinceridad.

El hecho es que, en esto que Vargas llama "algo así como la fábula de San Francisco de Asís y el lobo", no dándole mucha credibilidad a la idea de que Villa haya adoptado una idea sólo con una conversación, más allá de que los futuros testimonios de Pancho y Abraham lo avalen, se produce un cambio radical en la historia. Villa lo dirá de manera más simple: Abraham González le pareció un hombre de "listura" y lo convenció.

Y de la noche a la mañana era un revolucionario sin revolución, un bandido jubilado, fuera de la ley pero no fuera de la justicia, un vengador de agravios. ¿Era tan difícil la transición?

Mientras esperaba la convocatoria de Abraham, Villa protagonizaría un acto que habría de significar su definitivo rompimiento con su doble vida semiclandestina en la ciudad de Chihuahua.

Claro Reza tenía 22 años. Era alto, delgado, de complexión robusta, nariz aguileña, ojos cafés, ceja y bigote negros, muy poblados, simpático, violento, amante de la charrería. Estaba casado y tenía tres hijos. Políticamente inquieto y ligado al antirreeleccionismo. Pero también tenía una vida secreta: Reza era miembro de la policía reservada. La prensa lo delataría involuntariamente más tarde: "... este agente, ex presidiario, estaba comisionado por la Jefatura Política para aprehender o denunciar a unos abigeos".

Villa cuenta: "Claro y yo vendíamos ganado robado a Enrique Creel, quien un día se negó a pagarnos el precio convenido, entonces las autoridades me persiguieron por abigeo". Reza va a dar a la cárcel por el robo de unos burros (o por el robo de 22 cabezas de ganado) y negocia su libertad con Juan Creel diciendo que si lo sueltan y lo meten a los rurales les entrega a Villa. "Los Creel sobornaron a mi compadre Claro para que me traicionara". Detenido junto con Pablo López y otro, fue condenado a cuatro años y ocho meses, pero salió semanas más tarde, comprometido con el jefe de los rurales, el mayor Santos Díaz, a trajinarse a sus cómplices.

Un día en que Villa iba a entrevistarse con Abraham González, fue cercado junto con Soto y Sánchez por un grupo de 25 rurales al mando de Claro Reza. A las cuatro de la mañana, cuando los rodeados estaban decididos a abrirse camino a tiros, los rurales se retiraron. ¿Rehuyeron el tiroteo? ¿O Claro iba a entregar a Villa, pero se debatía entre dos fidelidades?

Se ha dicho, aunque no parece tener mucho sustento, que Reza estaba en el secreto del futuro alzamiento (el llamado de Madero aún no se había promulgado) y a pesar de que se había juramentado para callarse lo andaba divulgando.

Villa, en una de sus entradas a Chihuahua, se encontró a Claro Reza rodeado de algunas personas en la calle 22 esquina Zarco, a las puertas del expendio de carne número 14, enfrente de la cantina "Las Quince Letras". (¿Y cuáles serían esas 15 letras? Porque hijodelachingada tiene 16, aunque chingatumadre o Vivachihuahua tienen 13.)

El encuentro se produjo un día 8 de septiembre. Era un "jueves a las 10 de la mañana, cuando desembocaron por aquel lugar tres individuos desconocidos, jinetes en unas cabalgaduras de colores, colorado, negro, golondrino y tordillo, respectivamente" (curiosa crónica periodística que hace que tres jinetes vengan en cuatro caballos).

Villa se le acercó y le dijo: "Claro, baja que tengo un asunto que arreglar contigo", y Claro le respondió "Seguro", y bajó hacia un "canal" a donde Villa lo siguió y sin advertencia previa le descargó la pistola. Le metió dos tiros ("dos balas de calibre 44 y el casco de cobre de una bala explosiva", diría la autopsia). Todas las heridas que Claro recibió eran mortales. Si sacó la pistola, no le dio tiempo a usarla. Uno de los compañeros de Villa desmontó, tomó a Pancho del brazo y se lo llevó.

Sin que nadie les estorbara el paso, Villa y sus dos compañeros se fueron tranquilos, retadores, a paso de caballo, hasta salir por la garita poniente. Un corrido cantaría más tarde que se detuvieron a comer un helado. Probablemente fue cierto.

Ocho gendarmes montados salieron en su persecución "y telefónicamente se dio orden a las autoridades de los pueblos cercanos para que procedieran desde luego al arreglo de una batida". Se juntaron para perseguirlos cincuenta hombres, poco tiempo después del tiroteo. Villa había sido claramente identificado.

A pesar de hallarse perseguido y de que su nombre andaba en todas las comidillas de Chihuahua, Villa continuó entrando a la ciudad y mantuvo nuevas reuniones con Abraham, que tras el llamado del 5 de octubre había intensificado los preparativos. Ramón Puente cuenta que cierta vez que había ido a visitar a un pariente enfermo vio que en la casa de la calle Décima estaba Villa y andaba haciendo acopio de armas y monturas. No sería la única vez. Jesús Trinidad Reyes recuerda que asistió a una fiesta nocturna en la que Villa se hizo compadre del carnicero José Alcalá, y que Villa ya andaba perseguido. Lo recuerda como muy simpático, y que repartió bolo a los niños, pero que tenía a alguien vigilando afuera mientras estaba de parranda. Otros testigos cuentan que un niño como de unos diez años servía de vigía en la cercanía de la puerta. "Ahí viene el doctor", eran las palabras claves para salir de estampida.

NOTAS

a)   Fuentes: Almada: *Vida, proceso y muerte de Abraham González y La revolución en el estado de Chihuahua.* Puente: *La dictadura.* Castellanos: *Francisco Villa su vida y su muerte.* Terrazas: *El verdadero.* Calzadíaz: *Hechos* reales *de la revolución,* tomo 1 (junto con Puente en "Villa", cuenta el supuesto encuentro de Villa con Madero en 1910). Salvador Villalobos: "Las primeras armas de la revolución". Puente: "La verdadera historia de Pancho Villa por su médico y srio. RP". Bonilla: *Diez años.* Romo: *Ringside seat to a revolution.* Luz Corral: *Pancho Villa en la intimidad.* Pere Foix da una versión del discurso de Abraham a Villa muy poco fiable.

Abraham González.

Claro Reza. Almada: *Revolución.* M. Luis Guzmán: *Memorias.* Katz: *Pancho Villa,* citando al gobernador Alberto Terrazas. Puente: *Francisco Villa* (data el asesinato en julio de 1910). Testimonio de Soledad Armendáriz en Osorio: *Pancho Villa, ese desconocido.* Martín H, Barrios: "El Plan de San Luis y los levantamientos...", Vargas: *A sangre y fuego...* En la versión de Calzadíaz los hechos no se produjeron frente a la cantina sino frente a una carnicería (Ceja: *Cabalgando...*: la carnicería estaba enfrente de la cantina). *El Correo de Chihuahua* 10 de septiembre de 1910, J. Trinidad Reyes: "Villa as avenger: The murder of Claro Reza". Pascual García Orozco: *La estampida del centauro.* Terrazas: *El verdadero.* John Reed: *México Insurgente.*

Por cierto que el hermano de Claro, Cruz Reza, sería villista y moriría en combate en 1917.

CINCO

LA REVOLUCIÓN

Durante las semanas siguientes al atentado contra Claro Reza, Pancho Villa anduvo a salto de mata por la sierra Azul en las cercanías de Chihuahua. En un lugar llamado La Estacada creó un primer campamento y se acercó a Santa Isabel y a San Andrés, reclutando entre amigos y conocidos, relaciones de su vida pasada, a un grupo de entre 15 y 20 hombres, hombres con algo de honor, porque esto era una revolución, y de mucha confianza; financió de su bolsillo las monturas, los rifles y el parque. ¿Qué les decía? ¿Repetía los argumentos de Abraham González? ¿Los mezclaba con sus propias experiencias? Vamos a hacer una revolución…

El historiador inglés Alan Knight, en uno de los arranques de facilismo que le son frecuentes, dirá que para Villa "la revolución significó un cambio de título aunque no de ocupación". No hay tal, Villa se tomaría muy seriamente el compromiso que había aceptado y trataría de descifrar sus significados. ¿Qué era una revolución? ¿A quién había que tirar del gobierno? ¿Cuál era el nuevo orden que había que poner chingándose al anterior?

Hacia los primeros días de octubre Villa se acercó a la capital del estado. Con sus 15 compañeros llegó al rancho de Montecillo, a 15 kilómetros de la ciudad, y luego se escurrió clandestinamente a Chihuahua para entrevistarse con Abraham, que buscaba tener a Villa y a sus hombres cerca para que lo protegieran la víspera del levantamiento armado, de la revolución más anunciada del planeta y citada para el 20 de noviembre. Villa entró a Chihuahua como tantas veces lo había hecho y clandestinamente se estableció el 4 de octubre en su casa de la calle Décima.

A Pancho le preocupaba además la situación de su hermano Antonio, que había sido llevado por el ejército de leva meses antes, por culpa de los caciques de Durango, sin que pudiera evitarlo. Estaba en un batallón en la ciudad de Chihuahua y Villa armó triquiñuelas para que lo cambiaran por otro.

El gobernador del estado, ante los movimientos de "gente extraña" en diferentes puntos de Chihuahua, pidió al gobierno federal que le enviara más rurales, a lo que el centro respondió que no contaba con efectivos pero que lo autorizaba a que reclutara en el estado y liberó fondos.

Nada se sabe de los movimientos clandestinos de Villa durante octubre. Al iniciarse noviembre le mandó a su compadre Tomás Urbina un mensaje que incluía las proclamas de Madero y lo invitaba a unirse a él para levantarse en armas.

Probablemente el 10 de noviembre se produjo en Chihuahua una reunión entre Abraham González, Cástulo Herrera —dirigente de los caldereros de la ciudad— y el agrarista Máximo Castillo. Ahí se trazaron los planes para un asalto a la capital, coordinando las diferentes partidas y sugiriendo usar dinamita para tomar los cuarteles de los regimientos 3º y 12º. En una reunión posterior en la calle Décima, Abraham puso a Villa a las órdenes de Cástulo y les informó que mientras tanto él actuaría en el noreste del estado, cerca de Ojinaga, buscando un paso fronterizo para Madero, que se encontraba en Estados Unidos tratando de contrabandear armas y municiones. Villa salió de inmediato de la ciudad acompañado por Tomás Urbina. Martín Luis Guzmán dirá que cuando Pancho Villa se alejó de Chihuahua se le salieron las lágrimas. Es posible. Villa era un hombre de emociones fáciles y fuertes. No sería la última vez que llorase ante Chihuahua.

De nuevo en el campamento de la sierra de la Estacada, el 17 de noviembre se enteró de que se estaba reuniendo un grupo en la hacienda de Chavarría, cerca del poblado de San Andrés, para atacarlos. El capataz de la hacienda, un tal Domínguez, iba a ser nombrado juez de la Acordada y decía a todo el que quisiera oírlo que los iba a perseguir sin descanso. Villa bajó de su escondite con ocho hombres y hacia la una y media de la tarde se armó el tiroteo. "Domínguez al sentirse herido salió del cercado y en la carrera le pegamos dos tiros más. Tuvo alientos para brincar otro cercado, tras del cual cayó. Me acerqué a quitarle el rifle que ya no tenía fuerzas para palanquear, y era de tanta ley aquel hombre, que se me prendió a las mordidas. Llegó mi compadre (Urbina) y lo remató con un tiro de pistola en la cabeza". Quedó muerto otro de los rurales, un tal Remigio, y Bartolo, uno de los atacantes. Al grupo de Villa se le acusó de haberse llevado mil pesos, pero años más tarde uno de los ocho dirá que nomás se llevaron una silla de montar.

Probablemente fue el primer enfrentamiento armado de la revolución en Chihuahua, porque tres días antes, en la población de Cuchillo Parado, un grupo de maderistas encabezados por Toribio Ortega se había alzado, pero sin enfrentarse a los federales.

Dos días después del choque en la hacienda de Chavarría, varias partidas se reunieron con el propósito de atacar Chihuahua cumpliendo el plan original. El punto de encuentro fue según unos la cañada de Mena, según otros la ranchería la Cueva Pinta, ambas en las estribaciones de la sierra Azul. Estaban Cástulo Herrera y el grupo de Máximo Castillo. Pancho Villa arribó con su veintena de hombres en la noche. Máximo Castillo refleja el efecto que la presencia de Villa, "bandido famoso", produce en estos insurrectos políticos, agraristas, dirigentes sindicales, hombres de convicción social: "¿Será posible que haya venido a formar parte con bandidos?". No parecen los maderistas de primera hora hacer mucho caso de aquella máxima de Ramón Puente: "De este género de bandidos brotan los héroes del momento [...] el hombre prudente no va a las revoluciones". Villa parece ignorar las miradas recelosas.

En la reunión del día siguiente se leyó el Plan de San Luis de Madero, que habría de servir como bandera de la insurrección programada nacionalmente para el 20 de noviembre. El número reducido de hombres que habían podido reunir, apenas 375 combatientes, y la poca calidad del armamento, así como la falta de municiones, probablemente fueron los argumentos que los hicieron desistir del ataque a Chihuahua. Se decidió entonces tomar el pequeño pueblo de San Andrés, por cuyas inmediaciones había estado rondando la partida de Villa. Al caer la tarde, bajo el mando de Cástulo Herrera la columna tomó rumbo. Pancho Villa llevaba el mando de la primera compañía con Eleuterio Armendáriz como su segundo y 29 hombres a su cargo.

El día 21 la columna ocupó San Andrés sin combatir, porque la guarnición de soldados federales se había concentrado en otro punto y los rurales huyeron sin presentar combate. Villa puso orden entre los jubilosos que andaban tirando tiros al aire, como si hubiera mucho parque. "Nadie me vaya aquí a tirar un balazo". Cástulo Herrera no parecía brillar por sus dotes de mando. Villa se detuvo ante una tiendita para ponerle una herradura a su caballo. Le pidieron a la propietaria un préstamo forzoso en comida. Se produjo el siguiente diálogo:

—Señor, soy una pobre viuda que lucha a brazo partido para mantener a mis hijos, como puede decirle todo el pueblo que me conoce y muchos de los que a usted acompañan; pero estoy dispuesta a ayudarlos, hasta donde me sea posible.

—Está bueno. Dele a cada uno de mis muchachos café y azúcar y una poca de harina. En cuanto a ropa, no nos hace falta; quién sabe a cuántos nos toque enfriar balas y con lo que traemos no estamos tan mal para presentarnos al enemigo.

A través de una rendija Pancho observa a una muchacha tejiendo en la trastienda, se llama Luz Corral. Poco más tarde ella sale a ayudar a su madre a hacer las cuentas, que Villa les firmará, pagaderas al triunfo de la revolución. A Luz le tiembla el lápiz.

Por ahí se les suma Martín López, un jovencito de diecisiete años de origen campesino, de oficio panadero en la ciudad de Chihuahua, que alguna vez había sido azotado por meterse accidentalmente al potrero de un latifundista. Villa lo nombrará tesorero y pagador de su futura brigada, porque había estudiado "casi completa la primaria". Martín aseguraba que se alzó porque eran "bonitos los maderistas armados". Villa, que sabía cosas raras sobre los hombres, le dirá años más tarde al periodista estadunidense Frazier Hunt: "Siempre he creído que los hombres, como los caballos, cuando valen algo levantan la cabeza al menor ruido. Yo me fijé en que Martín siempre levantaba la cabeza para escuchar y fruncía el entrecejo".

De repente los rebeldes reciben la información de que un tren con tropas federales se acerca a San Andrés. Se dice que los maderistas habían sido advertidos de su salida con un sistema de globos y mensajes. Muy sofisticado parece el asunto para aquella partida aún sumida en el caos. Curiosamente las tropas del tren no andan tras ellos sino que se dirigen a sofocar el levantamiento en Ciudad Guerrero. Al mando del teniente coronel Yépez van dos compañías del 12º batallón, 170 hombres. Desconcierto. Villa con su gente, unos 30 hombres (algunas fuentes han de subir el número a un centenar) se cubrieron en las casas vecinas y se parapetaron tras unos cerros de leña que esperaban para ser transportados.

Al detenerse el carro número 81 ante la estación, Yépez descendió por una plataforma, quedando frente a Villa y sus parapetados, que les soltaron una descarga cerrada. Yépez cayó muerto con un tiro en la frente. El choque duró sólo unos minutos, siete soldados y tres pasajeros habían muerto y nueve militares estaban heridos. El tren volvió a ponerse en movimiento. Curiosamente, eran más los soldados del 12º batallón que los atacantes. Los supervivientes siguieron hacia Ciudad Guerrero. Un tal Pascual Orozco chocaría más tarde con ellos en Pedernales.

Es el primer combate contra el ejército y sólo ha durado unos minutos. La primera victoria sabe a poco y sabe a mucho.

Tras dos días en San Andrés los maderistas avanzan hacia Santa Isabel, donde la tropa federal se ha esfumado y ahí se reorganizan. Villa será el jefe de una compañía de 50 hombres, de los más de 200 que forman la columna. En sus memorias Villa hará subir el número hasta 500 e ignorará el mando de Cástulo. No tiene buena opinión de su jefe. Cástulo "nunca se distinguió por su don de mando", es indeciso, titubea.

Allí se procede a uno de los primeros actos de la revolución: cambian a las autoridades del pueblo. Algunos villistas saquean tiendas. Máximo Castillo se pone furioso. Esos son los bandidos haciendo de las suyas.

La brigada, con 227 hombres, avanza hacia Chihuahua. Van haciendo exploraciones sin saber muy bien lo que tienen enfrente. Cástulo Herrera manda a Santos Estrada con 20 hombres de avanzadilla y a Villa con 10 hombres para buscar otras partidas de insurgentes que pueden estar esperándolos para asaltar la capital. Villa logra penetrar hasta las primeras casas de Chihuahua, pero no descubre otros grupos maderistas. Porque no existen.

En Chihuahua lo que los esperan son los federales. El 25 de noviembre han llegado a la ciudad refuerzos, el gobierno cuenta con 1,800 soldados dirigidos por Juan Navarro, un viejo general, un poco apoltronado pero con 50 años de experiencia. En todo el estado se han reorganizado los rurales y los nuevos auxiliares. El ejército puede imponer una terrible derrota a las partidas maderistas, que tienen pocas municiones y están desordenadas.

Y con la clara idea de que militarmente tenían la ventaja, a las seis de la mañana salió de Chihuahua una columna de 700 hombres encabezada personalmente por el general Navarro, que se dirigía hacia el oeste para recuperar San Andrés. Poco después ordenó que la caballería, 100 hombres al mando de un oficial federal que aparecerá muchas veces a lo largo de la historia por contarse, el coronel Trucy Aubert, regresara a Chihuahua porque recibió rumores de que hacia allá se dirigían algunos grupos maderistas.

El grupo de Trucy, cinco kilómetros al suroeste de Chihuahua, cerca del rancho Las Escobas, fue atacado desde el cerro Picachos del Tecolote, un cerrito picudo y pedregoso. Aunque reportaba que se trataba de 300 hombres, no serán sino los 20 hombres de la descubierta de Santos Estrada que parapetados tras unos cercos de piedra abrieron fuego. Aubert pidió apoyo a la columna de Navarro, que regresó sobre sus pasos. Cuando los maderistas estaban a punto de retirarse sin bajas y habiendo dejado heridos a varios federales, llegó el grupo de Villa, que desconocía la situación, y se volvió a armar el combate cuando entró a defender a sus compañeros. "Mis ningunos conocimientos en el arte de la guerra, la sangre impetuosa de mis muchachos, un loco deseo de afrontar desde luego los mayores peligros", lo metieron en la trampa. Con 23 cuates presentó combate. Al escuchar el tiroteo, Santos regresó con su partida.

Villa dirá años más tarde: "Tomé posesión del cercado norte del bajío y bien parapetados abrimos fuego sobre el enemigo. El 20° batallón empezó a avanzar sobre nosotros. El número abrumador de nuestros enemigos casi nos arrollaba. Llegamos a verlos a diez pasos de nosotros. La infantería y la caballería nos acorralaban por todas partes".

Cástulo Herrera, advertido del enfrentamiento, decidió no reforzarlos; cuentan que dijo: "Que mueran cuatro y no que mueran cinco". La columna de Navarro continuó progresando. Los emboscados resistieron, pero sufrieron 11 bajas, ocho muertos y tres heridos, entre ellos el propio Santos. El tiroteo había durado 90 minutos. Los maderistas eran excelentes tiradores, pero la superioridad numérica en su contra era enorme.

Villa continúa narrando: "Cuando vi que nueve de mis hombres estaban muertos y que no nos quedaba ni un caballo, comprendí la inutilidad de que todos muriéramos allí". Le costó un enorme esfuerzo lograr que su gente se retirase, le decían que aún les quedaba parque y estaban haciendo mucha matazón de federales. Decidieron romper el cerco por el norte. En la retirada dejaron sobre las improvisadas trincheras un montón de sombreros que hicieron que los federales "gastaran bala a lo pendejo", y ellos descendieron por la parte trasera del cerro.

Si Navarro les echa encima la caballería, cosa que por torpeza no hizo, Villa no lo cuenta y este libro no se hubiera escrito. Pancho se retiró cojeando, "yo llevaba la pierna izquierda perforada de un balazo". Tenía "una pierna atravesada" y se retiraba caminando cuando lo recogió Ceferino López y se lo llevó en ancas. Tras él han quedado muertos su compadre Eleuterio Soto, el Sordo,

José Sánchez, su gran amigo, y Leónides Corral, que habían sido gavilleros con Villa años antes.

El balance final es de 15 revolucionarios muertos y tres capturados. Según los partes del ejército, mueren seis federales y reportan algunos heridos, pero el periodista Ramírez de Aguilar dirá que no es cierto. "Yo vi en el hospital civil de Chihuahua dos salas llenas de heridos federales [...] entrevisté a más de 20. Los federales sufren como 100 bajas entre muertos y heridos".

El ejército se repliega hacia Chihuahua, los revolucionarios vuelven a San Andrés. Al encontrase el campo de batalla muy cerca de la capital, fueron muchos mirones a ver "la matazón", a caballo, en carro, en coche, en bicicleta.

Pancho Villa no debe estar muy contento, ha perdido a varios de sus grandes amigos y Cástulo no los apoyó en el combate. Y sin embargo los 30 pelados con sus rifles le dieron una buena paliza a 800 federales. En medio de la rabia que debe de andar rumiando, tiene también una sensación de orgullo. La partida de Cástulo Herrera se fragmenta en muchos grupos. Villa se va a San Andrés donde lo reciben muy bien y lo abastecen. ¿Cuántos hombres lleva consigo?

Combates aquí y allá entre las fuerzas del gobierno y pequeños grupos de alzados en toda Chihuahua. Pascual Orozco ha tomado Villa Guerrero. Bajo la presión de este levantamiento múltiple cuyas reales dimensiones no alcanza a descubrir, el general Navarro renuncia a controlar el occidente de Chihuahua y se encierra en la ciudad durante una semana. La capital se llena de hacendados que huyen de las zonas de combate. Terrazas, el mayor latifundista de Chihuahua, envía a la ciudad de México en 17 cajas fuertes sus títulos de propiedad. La seguridad del dinero antes que la propia.

En esas extrañas condiciones, una comisión del gobernador de Chihuahua, formada por los licenciados Gándara y Muñoz Salas, se presenta en San Andrés el 2 de diciembre a proponer un plan de paz. Ante la ausencia de una dirección política, porque Madero y Abraham González se encuentran en Estados Unidos, el último en Presidio, Texas, frontera con Ojinaga, hablan por los revolucionarios Cástulo Herrera y el ingeniero Vázquez Valdés. Villa, Tomás Urbina y Trinidad Rodríguez (Trini, compadre de Villa, chihuahuense de 28 años, otro de sus amigos abigeos) no deben tener nada claro lo que se está jugando, la revolución tiene apenas un par de semanas de vida. ¿No se trataba de acabar con el mal gobierno? Tienen un sentido del tiempo diferente, esto acaba de empezar. Apenas si le han hecho cosquillas.

Sin capacidad para tomar decisiones, los negociadores se limitan a pactar un armisticio de un mes. Cástulo y Villa llevan la propuesta al padre de Orozco, que se la llevará a Pascual hijo en Ciudad Guerrero. Orozco la ignora, en cambio se comunica con Villa y Cástulo: "Acabo de tomar la plaza, véngase para ver en qué lo puedo ayudar de municiones". El 10 de diciembre se reúnen las dos columnas en Ciudad Guerrero. Orozco y Villa se encuentran en las afueras de la población y entran juntos a caballo a la ciudad. Buena tropa, bien montada, bien armada. Bajó la lógica de que el que tiene más hombres a sus órdenes manda, "pasé, pues, a ponerme a las órdenes de Orozco, quien no me pareció que tuviera tamaños de un jefe, pero era humilde y callado, y tuvo para mí una franca acogida", dirá Villa.

Roberto Fierro dejará un buen retrato de Pascual Orozco: "Alto, delgado, anguloso, *ensecado*"; lo de alto es por su metro ochenta de estatura, blanco, de pelo castaño, nariz aguileña, siempre con aspecto de hombre triste. Michael Meyer dirá en su biografía que no parecía un campesino mexicano ni siquiera gracias a su bigote, quizá por la costumbre de vestir como texano. Oriundo del distrito de Guerrero, muy castigado por el caciquismo, de oficio arriero, relativamente acomodado porque tenía ahorrados antes de la revolución 20 mil pesos.

Pascual Orozco (nacido en enero del 1882) era más joven que Villa e iba emergiendo en esos momentos como el caudillo militar del alzamiento campesino de Chihuahua. Era, según Puente, "un hombre de mediana edad pero que representa algo más, por la seriedad y dureza de sus facciones angulosas; apenas habla o se ríe de vez en cuando, y sus ojos, de un verde claro, tienen una frialdad impasible".

José de la Luz Blanco, otro de los jefes de la insurrección, cuenta que mientras se estaba informando de las negociaciones de paz, Villa, que era "un ranchero, segundo jefe del grupo, se dejó caer en un catre de campaña, acostándose boca arriba y poniéndose un sombrero en la cara". En esos momentos se estaba discutiendo las condiciones de la rendición de los federales y Villa reaccionó: "¿Es decir que ya no hay aquí con quien pelear? Vámonos para otra parte donde *haiga* pleito".

A las nueve de la noche se ha de producir una conferencia de jefes a la que asistieron Pascual Orozco, Cástulo Herrera, Francisco Salido, José de la Luz Blanco y Pancho Villa. Se decidió desechar la oferta de paz, ignorar el armisticio de un mes y buscar el encuentro con las tropas de Navarro. Cástulo, con 80 hombres, se irá a encontrar con Madero en Estados Unidos y a buscar municiones.

Hacia las ocho de la mañana del día siguiente, el 11 de diciembre, Francisco Salido, con unos 200 hombres, tomó contacto con las fuerzas del general Navarro en Cerro Prieto, al sureste de Guerrero: unos 900 soldados federales del 20º batallón. Salido trató de apoderarse del cerro desde el que se dominaba el pueblo a la espera de las restantes partidas.

Mientras la infantería federal iba ascendiendo el cerro bajo fuego nutrido, Salido y sus hombres pelearon a pecho descubierto, rodilla en tierra, casi sin tener donde cubrirse. La artillería federal hizo la diferencia y desfondó a los rebeldes que se replegaron para cubrirse en el rancho de Chopeque, cerca de Cerro Prieto. Tres horas y media duró el combate. Hasta ese momento sólo se habían reunido las tropas de Cos, Chacón y Francisco Salido, unos 450 maderistas.

Orozco se enfrentó a la caballería de Trucy Aubert en el llano. Llegó con 30 hombres a reforzar a Salido y se retiró con nueve; en la huida perdió su caballo.

Mientras tanto en el panteón del rancho seguía el combate y también en una casa de adobe. Salido murió al alcanzarlo una granada. Otras tres horas duró el enfrentamiento hasta que una parte de las fuerzas maderistas se retiró amparada por la oscuridad. Los que quedaron en la casa de adobe, cuando se les acabó el parque se asomaron saliendo a la puerta y se apoyaron en las paredes con los rifles mirando hacia abajo. El general Navarro ordenó el fusilamiento de los prisioneros. Las bajas habían sido importantes, muchos muertos maderistas, cerca de 80, y sólo 14 soldados federales.

Villa, que llegará tarde y no tomará parte en la acción, comentó más tarde: "Las luminarias encendidas por mis compañeros en la sierra guiaron nuestra retirada, y quedó el campo sembrado de cadáveres, en poder de los federales. La derrota nos abrumaba. Nuestro fracaso había sido enorme".

Esa misma noche, como a las 12, en un rancho llamado La Capilla, Villa y Orozco mantienen una entrevista. Orozco debe de haberle exigido disciplina y respeto al mando. A Villa no debe convencerlo mucho el subordinarse, ha pasado por la experiencia de ser dirigido por Cástulo, un jefe mediocre. Dicen que Orozco en principio decía de Villa que "era un pelado muy fino". Villa no decía nada. ¿Quién era Pascual Orozco? ¿La revolución? Sí. Pero qué mal la estaban haciendo. Un asalto a un tren que salió bien, pero que ni siquiera tomaron; un buen truco en Las Escobas, pero perdiendo; un desastre en Cerro Prieto. Cuántos buenos hombres desperdiciados, qué poca habilidad para hacerle daño a los federales. Debería ser de otra manera. No alcanza a entender cómo, pero sabe que no es así. Su experiencia de 17 años como bandolero y superviviente le dice que no es así.

El doctor Brondo recogerá la versión de Villa de aquella reunión: "Bueno, señores, ya que ustedes no encuentran muy de su gusto mi conducta, les diré que yo no nací para que me dieran órdenes ni se me hicieran reclamaciones. Pero no queriendo malquistarme con ustedes, opto por trabajar independientemente".

Mientras están conversando, llega un correo que trae la noticia de que un convoy de mulas con municiones y cincuenta hombres de escolta iba de Chihuahua hacia el campamento de Navarro. Villa aprovechará para alejarse y tratar de interceptarlo. Luego se enterará de que los informes del correo no eran precisos. No iban hacia el campamento de Navarro. De camino le aclararán que avanzan sobre San Andrés. Pancho llegará antes que ellos.

El 15 de diciembre una fuerza federal de 100 hombres a cargo del teniente coronel Martínez se aproximó a la partida de Villa en San Andrés. Un vecino del pueblo venía guiando a los federales. Villa fue sorprendido pensando que se trataba de la escolta de las mulas y no de ese grupo. Tras un tiroteo de 90 minutos los rebeldes se concentraron en la estación y en la noche se escabulleron subiendo a la sierra; el punto de cita era el rancho de la Olla. Sin bajas, pero pierden 24 caballos ensillados. Villa debe de estar muy enojado consigo mismo. Se ha dejado sorprender y ha perdido los caballos que tanto trabajo le había tomado conseguir. No sólo les faltan monturas, también municiones, las condiciones son críticas; "mis tropas iban todas a pie y sin frazadas, con aquel frío de diciembre en la sierra". Sin embargo, en medio de esa situación Villa no está desilusionado, lo tiene contento la lealtad de su gente; el hecho de que no se achican ni se amilanan, que reaparecen en cada concentración, que no sueltan las armas.

Se establece en un punto inaccesible de la sierra conocido como Las Playas mientras envía dos hombres a robarse la caballada del Corral de la Piedra, propiedad de unos parientes políticos de los Terrazas. Seis días pasan allá comiendo carne sin sal hasta que aparece el capitán Fuentes con muchos caballos. "La algarabía que hicieron mis muchachos al ver la caballada no es para ser descrita". Doman los potros, fabrican cabestros. "Éramos ya una chinaca en pelo". Bajan de la sierra rumbo a Ciénaga de Ortiz. Van robando caballos en los ranchos, de manera que al llegar a Satevó completan los necesarios. Allí derrotan a cincuenta rurales a los que quitan caballos y armas. Algunos se suman a Villa y a otros los fusila, "con recado expreso a Lucifer".

Según informes federales, el 3 de enero Villa entra en combate en Santa Cruz del Rosario. El 6 de enero, Villa, que ya trae un centenar de hombres armados (otras fuentes los harán subir a 300) y montados, ocupa Guadalupe en las cercanías de Santa Isabel y sigue moviéndose hacia el sur; toma el pueblito de Santa Cruz del Padre Herrera, enfrentándose a una milicia local que no resiste ni el primer empujón. Establecen campamento a seis leguas, en la sierra del Durazno, y ahí deja a su gente a cargo de su compadre Urbina.

Villa se mueve hacia Parral y va armando en el camino una red de apoyos, relaciones, abastos, recuerdos, solidaridad, reclutamiento. ¿De qué le habla a su gente? ¿Cómo le cuenta una revolución que apenas entiende?

En Parral entró disfrazado de carbonero; con el sombrero huichol hasta las cejas y tiznado, no hay quien lo reconozca. Lo acompañaban Encarnación Martínez y Albino Frías (cuñado de Pascual Orozco). Tomó buena nota de los 300 federales repartidos en tres cuarteles. Se alojó en casa de su comadre Librada Chávez y aprovechó para reanudar sus relaciones con Petra Vara; su segunda hija, Micaela, nacerá nueve meses más tarde.

Al salir de Parral el día 13 de enero, es reconocido por un vecino o un militar, o un vecino que era militar; en fin, los que lo cuentan aseguran que alguien lo reconoció. Pasaron la noche en el rancho El Tarais, cerca de un pueblo llamado Pajarito, en la casa de su amigo Juan Ramírez, en el lugar donde había estado el pesebre de un nacimiento, y usaron el musgo de almohada. Albino y él estaban dormidos y Encarnación había ido a dar pienso a los caballos cuando en medio de un frío espantoso Pancho Villa oyó pasos en el patio, y como "dormía con un ojo" le soltó un tiro en la cabeza a un oficial federal que estaba entrando al cuarto. Eran 33 jinetes del 7º regimiento de caballería que los habían seguido desde Parral a causa de la delación. En medio de gran confusión los soldados tirotearon la casa. Albino y él estaban tirados en el suelo mientras por encima de ellos volaban los balazos. Villa contaba que le dijo a Albino:

—¿Estás listo para morir?

A lo que el otro contestó:

—Si no queda de otra.

Villa se paró en la puerta primero. Y saltaron en medio de la noche disparando a bulto. Milagrosamente sólo "me dieron un balazo en el vientre que le rasgó de lado a lado, otro en la caja torácica del que me salía mucha sangre" (otros dirán que se llevó además un rozón de bala en una ceja).

Sólo le quedaba correr y correr, con los calzones de carbonero a medio amarrar y empapados de sangre, sudoroso y en el frío de la noche. Nevaba mucho. Pancho se enterró en medio de unos arbustos donde la tierra estaba floja. "Me fui a acurrucar en el monte, silencito". Varias veces los federales pasaron a su lado sin detectarlo a lo largo de la noche. Los soldados consiguieron detener a cuatro: Ramírez, el dueño de la casa, y sus hijos. Albino se había esfumado.

Al día siguiente inició el camino de regreso hacia Santa Cruz. "Llegué al lugar donde había dejado yo a mi gente, pues lo que es el campamento había desaparecido". La partida se había dispersado porque Albino lo había dado por muerto.

De nuevo se dedica a reunir gente para arriba y para abajo. Primero en Satevó. ¿Cómo lo hace? Va buscando pueblo a pueblo sus enlaces, sus capitanes: Fidel Ávila, Feliciano Domínguez (llamado el Tuerto porque tenía una nube en el ojo). Reúne finalmente 300 hombres.

Ocupa de nuevo Guadalupe y el 7 de febrero combate en una ranchería llamada La Piedra contra una caballería de los federales, haciéndole 12 bajas y sin sufrir ninguna, luego se retira llevándose pertrechos del enemigo.

No aprendió la lección y volvió a usar el disfraz de carbonero al entrar en esos días de invierno en Chihuahua, durmiendo muchas veces en un pequeño rancho que había comprado antes de la revolución, llamado La Boquilla, cuatro kilómetros al sureste de Chihuahua, donde reclutó un grupo de informadores formado sobre todo por lecheros. Fue alzando gente y armando una red que conseguía munición y agitaba. Lo de las municiones no era cosa menor. En México no había manera de comprarlas, no se producían, había que traerlas de contrabando desde la frontera con Estados Unidos y las redes de Villa no llegaban hasta allá; o *poquitearlas* en una lugar u otro, o quitársela a los cadáveres de los enemigos muertos.

Pancho retornó a su base natural, San Andrés, y rondó la tienda para hablar de nuevo con Luz Corral; le contó que había visto en casa de unos conocidos en Chihuahua un retrato suyo donde aparece sentada frente a una máquina de coser con su madre y sus hermanos. Le ofreció matrimonio hablándole de su vida errante y de que cuando acabara la revolución podría cumplirle. La familia tomó en sus manos el asunto y respondió que Luz lo pensaría.

Al inicio de febrero Francisco Madero, el dirigente del movimiento primero electoral, luego cívico y finalmente armado contra la dictadura de Porfirio Díaz, entraba a territorio mexicano más de dos meses después de haber llamado al alzamiento. Había pensado en ingresar con un pequeño grupo armado por el vecino estado de Coahuila, por la emblemática Ciudad Porfirio Díaz (luego Piedras Negras); barajó la posibilidad de organizar un desembarco en Veracruz y finalmente había decidido hacerlo por Chihuahua. Porque Chihuahua había sido la sorpresa. Paradójicamente, un estado en que la oposición burguesa no contaba, estaba lleno de partidas campesinas rebeldes. Era quizás el mejor de los lugares para poner pie en el país y darle dirección a la insurrección de centenares de pequeños grupos en toda la geografía de México. Por lo menos eso pensaba.

El 28 de febrero Villa se encuentra en el sur del estado. En las cercanías de Santa Rosalía (Camargo) destruye puentes y líneas telegráficas para incomunicar Chihuahua de Torreón. Recluta gente de la zona que suma a su partida, trae cerca de 300 hombres. "Mandé un correo al jefe de las armas y a los principales comerciantes de la localidad, pidiéndoles que me entregaran la plaza". Le contestaron: "Pase si tiene valor" y se inició el asalto de inmediato. Llegó a tomar casi la totalidad de la población, menos el cuartel. Fusiló al juez y al secretario del juzgado. Tras cuatro horas y media de combate desistió porque llegaba en auxilio del cuartel cercado el batallón 29 de caballería del coronel Blanquet y lo flanquearon. Villa se vio obligado a retirarse con el botín, comida y "algunos máusers". Eso sí, no tuvo bajas.

En la Boquilla, Camargo, donde se estaba construyendo una presa, desarmó a los 35 guardias de la compañía. Luego se aproximó el 5 de marzo a Pilar de Conchos.

Villa, mediante una carta firmada por su secretario González (que se había alzado en Bocoyna en diciembre y pocas semanas después se sumó a Villa), le pidió la plaza al capitán federal, que simplemente lo ignoró. Luego atacó la vecina fábrica de hilados de Talamantes. La operación era para conseguir ganado y provisiones. La prensa dirá que "se hizo notar el flamante armamento que usaban los atacantes, jinetes en magníficos caballos y monturas nuevecitas, algunas de manufactura estadounidense". ¿Será que los ojos de los observadores pecan de imaginativos? Las autoridades ofrecieron una recompensa a quien entregara vivo o muerto a Villa y eso provocó que detuvieran a un pobre hombre que se le parecía y que corrieran rumores, incluso por escrito, de que se había detenido al "famoso cabecilla".

Mientras tanto Madero ha entrado en Chihuahua y tiene su primer encuentro con el ejército federal el 6 de marzo en el poblado de Casas Grandes. Su columna de 800 hombres, con base en una información errónea se enfrenta a 500 federales bien armados y bien dirigidos, que los derrotan. El propio Madero queda herido en el brazo derecho y pierde 58 hombres, a más de varios detenidos, entre ellos 15 estadounidenses y dos alemanes que venían en la columna. Eduardo Hay, uno de sus oficiales, pierde un ojo y queda preso del ejército.

Orozco no se encontraba muy lejos de la zona de combate, sin embargo no fue convocado, quizá porque los consejeros militares de Madero pensaban que con las fuerzas que traía sería capaz de tomar la guarnición y eso reafirmaría su posición al frente de las partidas rebeldes.

Villa estableció una nueva base en Satevó con unos 300 hombres. Está en contacto con Abraham González, quien a su vez le reporta a Madero, estacionado ahora en la hacienda de Bustillos: "Dicen González y Villa que tienen 300 hombres mal armados y mal municionados y piden parque, estando pendientes de órdenes en Satevó. La comunicación es de fecha 9 [de marzo]".

Madero está paralizado. Los federales también lo están. Abraham González le escribe el 14 de marzo que tras haber balanceado la información militar sobre la guarnición de Chihuahua sugiere que "es más factible la toma de Ciudad Juárez", la ciudad fronteriza más importante del estado.

Había muerto en Villa Aldama Francisco Portillo, a quien Pancho estimaba. Villa vuelve a San Andrés. Ahí Pancho le dijo a la madre de Luz Correa que quería que le hiciera una camisa negra y le pidió a la hija que se la cosiera. Luego Villa andaba por ahí presumiendo de su camisa negra y diciendo que se la había hecho la Güera. El 21 de marzo Abraham se reunió con él en San Andrés. ¿De qué hablaron los dos hombres? No se han visto en cuatro meses, mucho tendrían que contarse. Para Villa, Madero podrá ser el jefe, pero la revolución es Abraham González. "Nos ordenó que estuviésemos aquí esperando noticias para la toma de Chihuahua".

Cuatro días más tarde, el 25, dándose el extraño nombre de Columna Liberal Unida, Villa le dirige una carta a Madero en Bustillos, en la que por primera vez le da el trato de presidente de la república: "Teniendo conocimiento que se han hecho tratados de paz entre Ud. y el tirano Porfirio Díaz, atentamente nos permitimos preguntarle [...] hasta qué grado es cierto esto, pues nosotros no rendiremos las armas hasta que Ud. no nos ordene, conocidas que son ya las declaraciones hipócritas del viejo Presidente Díaz [...] contamos con 600 hombres montados y armados, y estamos listos a marchar donde Ud. nos ordene".

Posiblemente en respuesta a su carta, Villa recibe en San Andrés un mensaje de Madero para que se entreviste con él en la hacienda de Bustillos. "Conocer a Madero era una de las cosas por las que yo tenía más interés, pues quería cerciorarme por mi vista quién era el hombre que dirigía aquella revolución". Horas después está hablando con Francisco Madero, que lo creía más viejo. "Treinta y tres años", dirá Villa (realmente treinta y uno). Madero comentó luego a sus amigos que él había pensado que Villa era un hombre de más edad, con una historia tan larga como esa. ¿Cuánta gente tienes? Villa: "Seiscientos mal armados". Madero estaba almorzando en el comedor de la hacienda una comida "frugal y vegetariana". Un comedor de vacas como Pancho Villa, debería ver con profundo recelo a un vegetariano como Panchito Madero. Madero queda en ir a verlo al día siguiente. ¿Qué impacto sufrió, qué sucedió en esta primera entrevista? Villa no deja registro de qué le pareció el personaje.

Villa recibirá a Madero en San Andrés con sus hombres formados. Madero traía como escolta a Máximo Castillo. El presidente sin república y el bandolero se dirigieron a la población desde el quiosco del pueblo. Dicen que Villa dijo con gran certeza: "En Chihuahua me llaman bandido y están en un error; los que gobiernan el estado son los verdaderos ladrones. Yo comparado con ellos soy un caballero". No sabemos nada de lo que Madero dijo en esa plaza, de las cosas que les contó a aquel montón de campesinos pobres y al flamante aunque algo desarrapado ejército de Pancho Villa, pero mucho debió imponerle el verbo de Madero a Villa para que aceptara por bueno el liderazgo de un herido catrín, un curro, un señoritingo que llevaba el brazo derecho en cabestrillo, tenía una voz aguda, usaba "un sarapito saltillero" y al que "tenían que montarlo, porque era muy chaparro y el caballo era uno de esos caballos árabes grandes, enmielado".

Madero, tras la reunión, lo invitará a unírsele en la concentración que estaba produciéndose en Bustillos. Allí se encuentran ya Pascual Orozco y algunos de los jefes menores. Villa aparecerá al día siguiente con doscientos hombres y anunciará la llegada de más. Su arribo causó un enorme interés entre los compañeros de Madero. Luis Aguirre Benavides, que será su secretario años más tarde, cuenta que Villa "tenía un pasado oscuro", había sido carnicero y otras "ocupaciones llenas de misterio" que lo prestigiaban como "hombre de audacia y conocedor del campo".

Madero "hizo que los dos jefes principales, Orozco y Villa, se dieran un abrazo […] toda vez que se habían distanciado". Unos días más tarde, el 29 de marzo, Abraham González le escribirá a Madero: "Le remito los nombramientos para los Sres. Estrada, Orozco y Villa a fin de que los reciban por su honorable conducto y al entregarlos les suplico les haga presentes mis felicitaciones no obstante que son merecedores de la distinción que se les hace". En ellos se nombra coronel a Orozco y mayores a Villa y Agustín Estrada.

Por cierto que a pesar del abrazo, las relaciones entre Villa y Orozco no deben andar demasiado bien porque Pascual se niega a fotografiarse junto a Villa, como lo registra una pequeña nota en el diario *El País*.

Será en esos primeros días de abril cuando se produzca una conferencia entre Madero y sus oficiales (el bóer Benjamín Viljoen, el italiano Garibaldi, Roque González Garza) y los dirigentes de las partidas campesinas (Orozco, Villa, Estrada y José de la Luz Blanco). Villa dice que no se puede tomar Chihuahua sin municiones, que se haga la guerra de guerrillas y se acerquen a la frontera donde se consiguen armas y parque. Orozco parecía decidido partidario de atacar Ciudad Juárez; Raúl Madero, el hermano menor del presidente, decía que Villa no estaba de acuerdo y su hermano lo mandó a convencerlo, para lo que usó la artimaña de retarlo: "¿No que usted es muy hombre y los suyos son muy cabrones y que quieren sacar a los federales de Juárez?" Y así Juárez y no Chihuahua sería el destino de la columna, que debe sumar unos dos mil hombres y está distribuida en Bustillos y San Andrés.

En 1910 la frontera era un inmenso colador. Para cubrir 630 kilómetros de frontera texana con Chihuahua, los estadounidenses contaban con sólo ocho aduaneros. Pero para acceder al colador había que tener una base al borde del río Bravo. Existe una fotografía que resulta atractiva porque explica en sí misma las relaciones que el maderismo comenzaba a crear con la frontera. Parece la foto de una reunión de hombres de negocios, muy serios, muy propios, debe de haber sido tomada al inicio de 1911. Los personajes son John Kleinmann (segundo desde la izquierda de la foto), un judío estadounidense mercader de armas de Presidio, Texas, y a su lado Abraham González y Toribio Ortega (tercero desde la derecha). Kleinmann vendería armas, municiones, uniformes y otras mercancías a los mexicanos a crédito y éstos le pagarían con ganado en Presidio. Los otros que se encuentran en la foto son rancheros y banqueros estadounidenses de Marfa y Shafter que estaban en el negocio.

El 6 de abril el periodista Ignacio Herrerías entrevista a Villa. El bandolero reconvertido lo mira "de soslayo, con actitud socarrona". Ramón Puente intenta otro retrato del personaje en los momentos previos a la marcha sobre Ciudad Juárez; dice que "impone" sin ser huraño, quizá por las dobles carrilleras de balas, la cara requemada por el sol, el bigote "un tanto alicaído". Juan Dozal, que viene con la tropa de Madero, llama a Villa "el viejo" en esos días; no es de extrañar, Villa tiene 31 años y está rodeado de jóvenes. Juan B. Muñoz, otro de los combatientes de la brigada de Villa hará una descripción más extraña, dice que "una especie de angustia lo iluminaba". Una foto de Villa probablemente tomada en esos días lo muestra montado sobre un caballo negro, con la doble carrillera de balas cruzada sobre el pecho y sombrero de charro. Tiene la mirada vaga, dormilona, como si no hubiera habido suficiente tiempo de descanso en esos días. Si imponía, si andaba socarrón o la angustia lo iluminaba, la foto no lo aclara.

Acompañando a Herrerías vienen Roque González Garza y un personaje singular entra en esta historia para quedarse en ella varios años. Se trata de Félix Sommerfeld, quien contacta a Villa por encargo de Madero pidiéndole una máquina de tren. Sommerfeld tiene 31 años, ha nacido en Alemania, donde estudió geología, o eso dice. A los 19 años emigra a Estados Unidos, combate en la guerra hispanoamericana, deserta y regresa a Alemania tras robarle a un amigo los 265 dólares del pasaje. Entra al ejército alemán, es oficial de reserva, hace la guerra de los bóxers en China. Viaja a México en 1902. "Tenía en Chihuahua importantes negocios mineros". Cuando estalla la revolución vive en Chihuahua, contacta con Madero y se ofrece como colaborador, al mismo tiempo consigue una representación parcial de la Associated Press. El cónsul estadounidense en Chihuahua, Lechter, lo calificará como un maderista de verbo, pero ideológicamente un autoritario y un monárquico. De él dirán, o él mismo dirá, que Madero lo nombró jefe de su servicio secreto para operar en Estados Unidos. Sommerfeld se mostrará pronto como un hombre de usos múltiples, incluso un habilísimo estafador.

Madero envía jaulas de ferrocarril a San Andrés para embarcar a los villistas y concentrarlos en Bustillos. Villa y Madero se entrevistarán nuevamente. Se cuenta que Villa le contó al presidente su vida, o la versión de su vida, de bandolero y tras una larga narración acabó llorando. Madero, conmovido, en respuesta el 7 de abril le dará un "indulto tan amplio como sea necesario al mayor Francisco Villa" por sus andanzas en el pasado. Ese día se inicia la marcha hacia Ciudad Juárez. Le ha tomado un mes a Madero reponerse del desastre de Casas Grandes.

Roque González Garza, jefe de Estado Mayor de la columna, tiene 25 años. Nativo de Saltillo, Coahuila. Huérfano desde los nueve años, empleado ferroviario y aprendiz de imprenta. Tiene quebrado un incisivo superior derecho. Valadés ofrecerá un buen retrato del personaje: "Al mismo tiempo que es nervioso, revela todo un carácter. Con el labio inferior saliente y que aprieta con fuerza como para dar mayor énfasis a sus palabras; con una barbilla recta, enérgica; con una frente alta, con dos entradas profundas y unos ojillos que brillan tras de los espejuelos [...] parece más un maestro de escuela que un político".

Roque deja unas notas sobre la marcha hacia Juárez, "hacía mucho frío, una cosa tremenda". Madero se bañaba en agua helada, en una zanja en la que había que romperle el hielo. Roque opera como "componedor" de las diferencias entre Villa y Orozco y los extranjeros. En la ruta Pancho y Pascual apostaron sus respectivos caballos con monturas muy buenas al que ganara en tiro al blanco con rifle. "Yo fui el juez [...] se puso el blanco y se sorteó quién tiraba primero. Orozco tiraba mucho muy bien con rifle, pero en esa ocasión no pegó exactamente en el blanco, sino que pegó un poquito al lado, en cambio Villa nomás se hincó y ¡pas! En el mero centro le dio, de manera que Orozco no tuvo más remedio que entregar su cabalgadura".

Una nueva concentración se produce en Estación Guzmán. Suena "El zopilote mojado", himno de batalla de la nueva revolución. Impresiona la disciplina del grupo de Villa. Muchos de las partidas traen las banderas rojas o el listón rojo de los magonistas. A Madero, que ha dado orden de usar la bandera tricolor, no le hace mucha gracia. Al menos un tercio de la columna son "colorados" magonistas.

En el camino hacia el norte, un día que Madero estaba conferenciando con J. de la Luz, se les apareció un estadounidense contratista del ferrocarril que venía a quejarse de que Villa le robó dos caballos. En esos momentos Villa pasaba por ahí y Madero lo increpó. Villa le dijo al gringo que era un rajón.

—Villa, ya te he dicho que no andes abusando de la fuerza.

—Oiga, oiga, ¿y ese tal por cual no le dijo que también le había robado esta pistola? —y sacándola invitó al estadounidense a ir detrás de una lomita a pegarse de tiros con él.

—Villa, vete, vete, anda —y rejego Villa se fue retirando, sin devolver caballos ni pistola, claro.

El 8 de abril se concentran en el rancho Las Varas, a las seis llega la columna principal, a las nueve de la mañana la de Villa y a las once el tren con la columna de Orozco.

Villa es enviado a buscar provisiones.

Madero ordena el avance hacia el norte por el noroeste y luego hacia Casas
Grandes. Las crónicas no parecen ponerse de acuerdo en quién lleva la vanguardia del ejército de unos dos mil hombres, si las columnas de Villa y Orozco o las
de José de la Luz y Garibaldi. En el sur, las tropas gubernamentales acantonadas
en Chihuahua permanecen inmóviles. Los federales abandonan Casas Grandes
y se reconcentran en Ciudad Juárez. Sólo dejan una fuerza de contención en la
estación Bauche, 17 kilómetros al oeste de la ciudad.

Allí se dará un combate el 15 abril. A los rebeldes los dirige Raúl Madero,
ingeniero, el menor de los hermanos, 22 años. Se produce un fuerte enfrentamiento que dura poco tiempo y deja sobre el terreno siete soldados muertos.
Villa dirá que apoyó a 100 hombres de José Orozco en el enfrentamiento. Los
rebeldes pierden al capitán estadounidense Oscar Creighton, que durante los
días previos había estado dinamitando los tramos de vía entre Ciudad Juárez y
Chihuahua para cortar las comunicaciones federales.

Al día siguiente del conflicto que había involucrado a la vanguardia se producirá una grave crisis en el cuerpo central del ejército. Madero estaba molesto
con los grupos magonistas que se habían unido a su columna. Las brigadas de
Alaniz, Salazar y García se proclamaban socialistas, habían tenido intervenciones
muy radicales en mítines y actos públicos donde se gritaban vivas al socialismo,
portaban la escarapela roja y de facto querían y tenían una relativa autonomía
respecto de Madero.

El asunto era más complicado que el de un caudillo único y una única
insurrección. Los magonistas se habían ganado históricamente el derecho a
la autonomía. Tras una oposición de casi 20 años, que incluía levantamientos
militares contra la dictadura de Díaz en 1906 y 1908, sus clubes y su diario,
Regeneración, los magonistas habían sembrado políticamente lo que hoy desde
una posición mucho más moderada Madero estaba recogiendo.

El día 14 Madero había tenido un choque verbal con algunos de los jefes
liberales que el 16, en Estación Guzmán, le entregaron una carta en la que
pedían su separación del ejército rebelde "por las buenas o por las malas […]
pues lo consideramos más tirano que Porfirio Díaz".

Orozco, Roque González Garza y el bóer Viljoen no querían el enfrentamiento, pero Garibaldi insistía en que era necesario disciplinar a ese nuevo ejército. Madero apeló entonces a Pancho Villa (que estaba al margen de cualquier
polémica política), y tras decirle que algunos jefes trataban de desconocerlo,
ordenó que los detuviera y tratara de hacerlo sin que corriera sangre. Villa ni

siquiera hizo preguntas y habrá de contar que "luego luego y con cuatrocientos hombres" se puso a la tarea. Suavemente, llegando con tropa armada hasta cercarlos, les dijo: "Dejen las armas y parque en el suelo", aceptando un café mientras se aclaraba el asunto. En menos de cuatro minutos todo había terminado. No hubo muertos, aunque sí uno que otro golpeado.

García, José Inés Salazar y Alaniz quedaron detenidos junto con otros tres jefes bajo vigilancia de la escolta personal de Madero que dirigía Máximo Castillo. Orozco medió para impedir un motín y ofreció garantías a los detenidos y que se regresaran los fusiles a la tropa. Los soldados recibirán de vuelta sus armas y pasarán a formar parte de diferentes brigadas.

Por su intervención Villa recibirá un regalo de Madero: una yegua negra retinta. Esta historia,z que ha de pasar sin pena ni gloria en la crónica tradicional villista, es fundamental, significa la ruptura personal, el odio encanijado, la confrontación permanente e histórica de Villa con el otro sector radical de la revolución. En México, país de desencuentros, se había producido uno que habría de cobrar graves deudas en el futuro. Pancho Villa no lo sabía.

El 20 de abril los rebeldes acamparon en las goteras de Ciudad Juárez ante unos desmoralizados federales que se habían quedado en la ciudad. Ese es el momento en que el dictador Porfirio Díaz aprovecha en la ciudad de México para declarar ante una delegación oaxaqueña que lo visita: "La revuelta en Chihuahua, caballeros, no es cosa de importancia. Si llegan a cinco mil, a pesar de mis años iré yo mismo al campo de batalla".

Notas

a)   Fuentes: Para los momentos previos al 20 de noviembre: Almada: *Vida, proceso y muerte de Abraham González.* Bonilla: *Diez años de guerra.* Bauche: *Villa.* Alan Knight: *La Revolución Mexicana.* Benjamín Herrera: "Cómo murió Urbina, compadre de Villa". Vargas: *A sangre y fuego…*

La reunión con Abraham en Chihuahua ha sido fechada erróneamente por Bauche el 17 de noviembre, cosa que repite Cervantes: *Francisco Villa y la revolución.* Alberto Calzadíaz: *Hechos reales de la revolución,* tomo 1 (basado en los testimonios de Manuel Machuca y Cirilo Pérez, que estaban allí y formaban parte del grupo de Pancho) la sitúa el 17 de octubre (aunque luego se infiere que es noviembre), pero Villa estaba el 17 de noviembre en su campamento en La Estacada y Cástulo se había alzado en armas en la sierra un día antes. Mucho más lógica es la fecha que da el texto de Serrano: *Episodios de la revolución en México,* libro que tiene la virtud de haber sido publicado en 1911, mucho más cerca de los acontecimientos. Además: Martín Luis Guzmán: "Villa y la revolución".

El choque en la hacienda de Chavarría ha sido recogido en muchos de los textos anteriores y además en Almada: *Revolución* 1, citando un documento desaparecido:

"Proceso en contra de Abraham González, Pascual Orozco y Pancho Villa y cómplices por los delitos de sedición y rebelión" y en Portilla: *Una sociedad en armas.*

La reunión del 19 de noviembre en Jesús Vargas: *Máximo Castillo y la revolución en Chihuahua,* que incluye las memorias de Castillo. Puente: *Villa en pie.* Friedrich Katz: *Pancho Villa,* sigue la versión de Antonio Ruiz. Calzadíaz: *Hechos reales de la revolución,* hace subir a 387 hombres el número de asaltantes de San Andrés. En versiones posteriores que se guían por el testimonio de Villa en Bauche, los 375 o 387 están bajo su mando. No hay tal. Además: Terrazas: *El verdadero Pancho Villa.* Almada: *Revolución.* Ceja: *Cabalgando…* Luz Corral: *Pancho Villa en la intimidad.* Calzadíaz: *Hechos reales de la revolución,* tomo 5. Frazier Hunt: *One american and his attempt at education.*

Hay un plano de Hurtado y Olín: *Estudios y relatos sobre la Revolución Mexicana,* que marca todas las escaramuzas de esa época. Los partes de los federales en Sánchez Lamego: *Historia militar de la Revolución Mexicana en la época maderista.* Los partes respecto de Villa en su ficha en el Archivo Histórico de la Secretaría de la Defensa Nacional, son escuetos. Puente: "La verdadera historia de Pancho Villa por su médico y srio. Ramón Puente". Portilla: *Una sociedad en armas,* cubre muy bien la visión de los federales, pero no utiliza fuentes de los revolucionarios; es extraño, como si la revolución hubiera sido contada por la dictadura. José F. Rojas: "Raúl Madero irá pronto a México".

El combate de los sombreros en Serrano: *Episodios,* narración de Urbina recogida por Terrazas: *El verdadero…* Bonilla: *Diez años de guerra.* Ramírez de Aguilar: "Vida y hazañas del audaz guerrillero Pancho Villa". Puente: "Vida de Francisco Villa contada por él mismo".

La comisión de paz: Nicolás Fernández en Urióstegui. Almada: *Revolución…* Sánchez Lamego: *Historia militar…* Fuentes Mares: *Memorias de un espectador.* Herrera: "Aquí Chihuahua." Orozco: Roberto Fierro PHO 1/42. Michael Meyer: *El rebelde del norte. Pascual Orozco y la revolución.* Amaya: *Madero.*

Pascual Orozco, foto de Otis Aultman.

Cerro Prieto. Valadés: "El movimiento de 1910 en Chihuahua. A partir del testimonio del general José de la Luz Blanco", se equivoca y sitúa allí a Cástulo Herrera, que se había ido a Estados Unidos para ver a Abraham. Heliodoro Olea: *Apuntes históricos de la Revolución de 1910-1911,* dice que Salido nunca se entrevistó con Orozco, que las partidas de rebeldes marchaban independientemente. B. Herrera: reproduce un croquis muy preciso de la batalla. Teodosio Duarte: *Memorias.* Vasconcelos en el *Ulises* hace un homenaje a Francisco D. Salido aprovechando para llamar palurdos a Villa y Orozco que "eludían la batalla". Rivas: ni Villa ni Orozco tomaron parte en este sangriento combate ya que habían tomado rumbos opuestos. Katz se sumará a esta duda y Víctor Santiago: "El primer combate de Villa en la revolución", también lo hará.

La separación de Orozco: Brondo: *La división del norte,* la rectifica Roque González Garza, PHO 1/18. Katz, citando su hoja de servicios, dice que fue por municiones, pero Almada dice que se pelearon y que Villa dejó a Orozco antes de la batalla de Cerro Prieto.

En sus memorias, *Villa/* Bauche invierte los acontecimientos, primero se produce el combate de Camargo y luego la emboscada del rancho del Tarais. Concepción López Valles y Humberto Payán: *Pancho Villa el centauro infinito.* Benjamín Herrera: *Chihuahua, cuna y chispa de la Revolución.* Regino Hernández Llergo: "Una semana con Francisco Villa en Canutillo". Cervantes oyó la historia de Villa años más tarde. Rivas, corrigiendo (contradice el parte de los militares): "Llegaron a una casa abandonada, fue Frías el que oyó el ruido de sables y pasos. Villa gritaba órdenes a soldados imaginarios. Las armas se les calentaron de tanto disparar. Se impuso la salida". Vargas: *A sangre y fuego...*

El ataque a Camargo y las acciones de marzo: Portilla: *Una sociedad en armas.* Calzadíaz: *Hechos reales de la revolución,* tomo 1. Bauche: Villa. B. Herrera: *Aquí Chihuahua.* Gonzalo G. Rivero: *Hacia la verdad.* Hay algunos telegramas de los federales en el Archivo Histórico de la Defensa que más que nada sirven para fijar las posiciones de Villa en este periodo. Celia Herrera sitúa lo acontecido el 13 de octubre de 1910. Vargas: *Máximo Castillo.* Alejandro Contla: "Mercenarios extranjeros en la Revolución Mexicana".

Madero aún vendado por la herida de Casas Grandes, con Braulio Hernández, Abraham González, Pascual Orozco. Foto de Otis Aultman.

El encuentro. Valadés: "Los tratados de Ciudad Juárez", incluye la correspondencia de Abraham con Madero y de Villa con Madero permitiendo fechar correctamente el proceso. Puente: "La verdadera historia de Pancho Villa". Valadés: *Imaginación y realidad,* reproduce el indulto que Madero le dará a Villa. Luis Aguirre Benavides: "Francisco Villa íntimo". Nicolás Fernández se reclama como el enlace entre Madero y Villa, lo cual no parece ser cierto; en su memoria los alzados con Orozco eran "20 mil hombres" (Nicolás Fernández en Urióstegui). *El País,* 4 de abril de 1911. Por cierto que Urbina no participará en esta parte de la campaña porque anda desprendido con una columna que actúa en el sur de Chihuahua y baja hacia Durango.

Un acercamiento del presidente.

Sommerfeld: Meyer: "Villa, Sommerfeld, Columbus y los alemanes". Sandos: "A German involvement in Northern Mexico". Katz: *Pancho Villa,* citando a Lechter. Valadés: *Imaginación.* Valadés: *Tratados.* Gonzalo Rivero: *Hacia la verdad.* Se reproduce una foto de él en el libro de Rivero, un Sommerfeld sin bigote, de rostro cuadrado, apenas con cuello, robusto, cejas pobladas.

El maderismo antes de la llegada de Villa. Madero y Abraham en un primer plano, tras ellos Garibaldi y Raúl Madero, en la extrema derecha Máximo Castillo.

Aunque la foto ha sido identificada como "Villa en sierra Azul" por Casasola, no fue sino hasta después del encuentro con Madero que Villa comenzó a ser fotografiado. Quizá la foto sea de Heliodoro J. Gutiérrez.

La foto ha sido identificada como "Villa combate federales en la sierra de Chihuahua"; por los mismo motivos que la anterior el narrador duda de su veracidad.

Roque González Garza.

Una vieja foto de Porfirio Díaz inaugurado el Hipódromo de Peralvillo

Además: Quevedo: *Los colorados*. Hall: *Revolución en la frontera*. Carleton Beals: *Porfirio Díaz*.

b)   Villa no sabía. Una de las muchas leyendas negras antivillistas dice que Pancho no estaba al tanto de los planes revolucionarios, simplemente andaba fugado por lo de Claro Reza y así lo sorprendió el alzamiento maderista. Siguiendo la secuencia de los hechos se habrá visto que no hay tal. Celia Herrera (la más antivillista de todos los antivillistas) sostiene que Abraham González nunca le pidió a Villa que participara en la revolución. De hecho, si Villa se incorporó, fue sólo por una coincidencia: estaba visitando a una novia en un pequeño rancho cuando una fuerza federal, creyendo que algunos revolucionarios se hallaban escondidos allí, lo atacó. Villa, convencido de que lo perseguían a él, devolvió los disparos y huyó. Entonces decidió unirse a Pascual Orozco junto con sus hombres. Orozco lo rechazó al principio porque no lo consideraba más que un bandido. Pero cuando estaban negociando, las tropas federales atacaron y Villa se sumó a los hombres de Orozco, el cual no pudo sino aceptarlo a regañadientes en su ejército. Se arrepentía de esta decisión, ya que más tarde Villa se robó la paga destinada a las tropas revolucionarias. (Teodoro Torres: *Pancho Villa, una vida de romance y tragedia*; y Celia Herrera: *Francisco Villa ante la historia*.)

c)   Los estadounidenses. Se ha dicho que la brigada de Villa había sido reforzada por un grupo de 15 estadounidenses entre los que se contaban los capitanes Tracy Richardson, Sam Drebden y Oscar Creighton. No es real, el grupo formaba parte de la brigada de Garibaldi. Lo que es cierto es que abundaban los voluntarios estadounidenses en el ejército maderista; 80 de ellos estaban en Casas Grandes cuando se produjo el primer choque.

Oscar Creighton, de Boston, pertenecía a una familia aristócrata y tenía educación universitaria; fue corredor de bolsa en Wall Street y ladrón de bancos. Formaba parte de la tropa de Garibaldi y creó su "escuadrón de demolición con 40 exploradores extranjeros". Sus más cercanos colaboradores fueron: Jack R. Rapide, "tiro rápido", Crum, O. Turner y John M. Madison. A Oscar Creighton le apodaban Dynamite King o Dynamite Devil. En 1951 el gobierno de México le otorgó la Legión de Honor. (Alejandro Contla: "Mercenarios extranjeros en la Revolución Mexicana". Lawrence Taylor: *La gran aventura en México, el papel de los voluntarios extranjeros en los ejércitos revolucionarios mexicanos*.)

d) Los más atravesados mexicanos. Hay un excelente texto de Francisco L. Urquizo, "Lo imprevisto", que da cuenta de los primeros rebeldes maderistas: "Muy malos soldados éramos cuando fuimos maderistas; no teníamos noción alguna de lo que pudiera ser la disciplina y la instrucción militar. Nuestros jefes lo eran más por su valor que por su pericia, era lo que vulgarmente se dice en el norte, los *más atravesados*. A la hora del combate eran los jefes los que lanzándose sobre el enemigo esgrimiendo su arma, daban el famoso grito aquel de *El que sea hombre que me siga*, y como aquello era una cuestión de honor, seguíamos al valentón aquel aún a través de la lluvia de balas con la que solían saludarnos los federales [...] En el combate, por instinto de conservación, gritaban todos, en diferentes tonos y tiempos: *Ábranse, ábranse*, para tomar en cierto modo una formación de tiradores. [...] Constituía aquello una democracia por demás graciosa y ocurrente [...] el jefe del grupo armado descansaba su confianza sobre su 'secretario', que era por lo general el más leguleyo del grupo y el encargado de redactar las pocas cartas que eran necesarias [...] No había uniformes ni insignias y el único distintivo era un listón tricolor que se usaba en lugar de las toquillas de los sombreros" (en *Cuentistas de la Revolución Mexicana*, de Xorge del Campo).

e) Villa y Tom Mix. Mix, nativo de Pennsylvania, 1880, falso ciudadano de El Paso. La historia de Mix combatiendo en la Revolución Mexicana bajo las órdenes de Pancho Villa surge de la biografía que escribió su esposa, donde cita una carta de la madre que cuenta una fantasiosa historia sobre cómo el "bandido" Madero le pidió a Tom que bajara a México. Mix sólo una vez hizo referencia al asunto diciendo que había bajado a ayudar a un amigo. Tenía pasado militar, había estado combatiendo en Cuba y Filipinas. Su supuesta intervención fue en Juárez en 1911. La historia es reputada como falsa por el periodista de El Paso Dale L. Walker, quien sostiene que la versión del Mix villista fue una invención de la oficina de relaciones públicas de los estudios cinematográficos para los que comenzó a trabajar en 1913. (Tuck: "¿Espía alemán?" García Riera: *Historia documental del cine mexicano*. Ronald Atkin: *Revolution México 1919-1920*. Braddy: *Cock of the walk*. Elías Torres: *Hechos*.) De todo esto ha surgido una muy divertida novela, *Tom Mix y Pancho Villa*, de Clifford Irving, que juega y rejuega fantásticamente con la relación entre los dos personajes.

Tom Mix.

f)   Los Madero. Además de Francisco son cuatro los hermanos que aparecen en esta historia: Emilio (1872), jefe de irregulares en el 10, posteriormente villista; Gustavo Adolfo (1875), hombre de negocios, cerebro político, ministro en el gabinete de transición, detenido y torturado hasta la muerte durante la decena trágica de 1913; Julio (1886) ingeniero, el hermano que se volverá carrancista; Raúl (1888), ingeniero, el villista más fiel.

SEIS

CIUDAD JUÁREZ: EL TERRIBLE EMBROLLO

Se decía que Villa se había despachado todo el avance hacia Ciudad Juárez montado en el caballo y sin dormir durante 24 horas y Martín López igual, para no ser menos. Traían encima el polvo de los caminos. Una foto atribuida a Jim Alexander así muestra a Villa: la cara tiznada, el caballo sudoroso, fiera la expresión. Pero las fotografías que narran mejor aquella extraña revolución, que iba de la frontera hacia Chihuahua y de regreso, en la que el gobierno estaba a la defensiva y los maderistas no se sabía bien en qué y para qué estaban, son dos fotos que retratan a los mirones.

Una de ellas, de autor anónimo, tomada cuando los maderistas ocuparon las márgenes del río Bravo, es una foto sorprendente, una gran panorámica. Los curiosos de El Paso han salido a ver a los rebeldes: mujeres endomingadas con sombrillas, niños con juguetes, perros, familias enteras. Pero lo sorprendente es que buena parte de los maderistas, con el río de por medio, están de pie, no han llevado a abrevar sus cabalgaduras, también han ido a observar a los otros mirones.

Una segunda foto muestra una multitud de ensombrerados y elegantes caballeros que desde la terraza, el *roof garden*, del hotel Paso del Norte en El Paso, contemplan Ciudad Juárez. Algunos poseen prismáticos, otros han trepado en bancos o colocado una silla sobre una mesa, para tener una mejor perspectiva de la futura batalla. El anuncio reza: "El único hotel en el mundo que ofrece a sus huéspedes un lugar seguro y confortable para ver la Revolución Mexicana". Se decía que con el derecho de acceso a la terraza, que costaba 25 centavos, se recibía una limonada.

Se cuenta que otro observatorio estaba situado en la torre de la oficina postal de El Paso.

David Romo reproduce otras cinco fotos de mirones, una de ellas de Hoffman. Tienen un enorme candor pero, como en todo, también muestran que en esto del fisgón revolucionario hay clases; mientras los mexicanos de El Paso contemplan la revolución de pie sobre el techo de los vagones de un tren detenido en la línea, la pequeña burguesía gringa, ensombrerada, con pamelas y sombrillas, tiene observatorios.

La primera aproximación para establecer el cerco la hace Raúl Madero. Villa lo alcanza el 16 de abril en tren, después del percance con los magonistas. El

20 de abril se establece finalmente el campamento al norte de Ciudad Juárez, en las márgenes del río, para poder dar agua a los caballos. El cuartel general se ubica al sur de la fundición de la Smelter (que está en el lado estadounidense), cerca de una mojonera que marca la frontera.

El cerco se produce sin que haya ningún tipo de hostigamiento por parte de los federales, que se limitan a esperar. Madero le manda una carta al general Juan J. Navarro pidiendo la rendición de la plaza. Muy en el estilo, lleno de amabilidades y circunloquios, del jefe de la insurrección. Por favor tome nota de que lo vamos a atacar… acepte la expresión de mi respeto y consideración…

La estructura defensiva de Ciudad Juárez es muy pobre, poco más de 800 federales (Navarro dirá en su parte militar que 675) con dos morteros y una ametralladora. Se protegen con un sistema de trincheras muy pobre y algunas barricadas cerrando las bocacalles. Tienen la ventaja de estar a la defensiva y de contar con la protección de las casas, además de que dominan las azoteas.

Enfrente se encuentran los maderistas, unos tres mil, organizados en partidas (Navarro los hace crecer a 3,500), irregularmente armados, la mayoría con Winchester 30-30, de menor alcance frente al fusil Mauser del ejército. La moral de los atacantes es alta porque en cinco meses de estar combatiendo al ejército ya le han perdido el respeto. Sin embargo tienen el defecto de ser una estructura grupal, tribal, con pequeños jefes, difícil de coordinar.

El novelista Francisco Urquizo, en aquellos días un joven maderista, ofrece un retrato de Francisco Villa: "Robusto, rubicundo, con amplia boca de labios gruesos que sonríen siempre mostrando dientes amarillentos y grandes como granos de maíz […] lleva el texano a media cabeza, hacia atrás. Dos cartucheras ciñen su cintura y otras dos se cruzan en su pecho a la bandolera". La descripción coincide plenamente con las fotografías. Los villistas parecen un arsenal humano, con dos cananas terciadas sobre el pecho, otra a la cintura, a veces doble, y chalecos con bolsas repletas de munición, morrales llenos de balas; ellos son su propia intendencia. Lo que no se puede cargar nadie te lo va a traer al frente de batalla. Van tocados con las famosas huaripas. Traen fusiles Mauser de cerrojo, que cada quien sabe a qué soldado federal muerto le ha quitado. En una fotografía, Villa, con sombrero de charro, está flanqueado por un güero que parece almacén de municiones; al lado está Manuel Ochoa y el jovencito que parece embarazado de tantas balas como carga encima es Martín López. Entre Villa y Martín está Miguel Saavedra. Sobre el sombrero de Martín la cabeza que asoma es la de Darío W. Silva (el futuro inventor de la silvanita y secretario de Villa); en el extremo derecho Casimiro Cázares y en el extremo izquierdo Telésforo Terrazas.

Las fotografías muestran una notable diferencia entre el Estado Mayor de Villa y el de Orozco. Los orozquistas, a los que no les faltan rifles, no traen cananas, parecen notablemente más elegantes, con chalecos y aun corbatas, la sobriedad del traje negro de Orozco y la gran diferencia: sombreros texanos.

Madero atiende primero en una cueva, luego en la llamada Casa de Adobe conocida también como la "casa blanca" o la "casa gris", a un par de kilómetros de El Paso y de Juárez. La caseta de adobe que funcionaría "como palacio nacional", diría Terrazas, y frente a cuya puerta se tomaron tantas y tantas fotos; una casucha con dos cuartos, rodeada de cuatro o cinco tenderetes y unos cuantos matorrales. Un toldo cubre una de sus dos entradas y muy pronto será adornado con banderas mexicanas. El calor es terrible.

Jimmy Hare, la estrella fotográfica de la revista *Collier*, se escurre, cruza la frontera, toma fotos de Orozco y de Villa al que califica, a falta de mejor adjetivo, de "notorio". Será uno de los muchos fotógrafos estadounidenses que cubran la batalla y a sus personajes. Por ahí han de aparecer otros fotógrafos atraídos por la folclórica imagen de una revolución que se realiza a unos metros de Estados Unidos: D. W. Hoffman, Walter H. Horne, un residente de El Paso de 28 años sin experiencia previa como fotógrafo, Homer Scott, propietario de la Scott Photo Company, y su colaborador Otis Aultman, del que se cuenta, sin que probablemente sea cierto, que trató de fotografiar a Villa y éste se lo impidió diciéndole que a él solo lo fotografiaban mexicanos y ningún pinche gringo iba a sacar dinero a sus costillas. Aultman convenció a un fotógrafo mexicano de que le tomara fotos a Villa con su cámara. Si la historia es cierta, probablemente se trata de la foto de Ignacio Herrerías en la que Villa, con los ojos semicerrados por el sol y una doble canana de balas, contempla la cámara; a su espalda la casa de adobe se encuentra sugerida.

La vestimenta de una parte de las tropas maderistas se hallaba en un estado desastroso. Una carta de Máximo Castillo a Madero lo ilustra bien: "Le dirijo a usted la presente para recomendarle a mis *umildes* soldados que tanto han sufrido desde que se *comensó* esta revolución principalmente que vestir pues todo el tiempo han andado desnudos [...] esperando los *ofresimientos* que muchas veces ustedes nos han hecho que llegando a una plaza de consideración se les uniformaría [...] *hase* dos días que usted les ordenó les dieran ropa pero no ha sido así y *asta* la presente no lo ha podido conseguir [...] yo recibí ayer 20 pesos para un vestido y no lo he comprado porque no quiero vestido para mí solo". Días más tarde Madero comprará camisas en El Paso, en la tienda La Ciudad de México. A Villa le toca una negra, a Reyes Robinson y a Cuco Herrera les tocan rojas. Villa les dice que con camisas de ese color los van a "blanquear".

Las tropas de Villa parecen ser la excepción, sus hombres están malamente uniformados pero repletos de balas. Villa es quizás el único de los mandos que está permanentemente preocupado por los detalles, el forraje para los caballos, las municiones, las botas.

Durante los primeros días la frontera está cerrada para los beligerantes. Villa organiza cuatro convoyes de 25 caballos para mantener el campamento abastecido de harina, azúcar, café, maíz y vacas, evadiendo las avanzadas federales. "Si no hubiera sido por los 100 caballos que yo llevaba nuestra columna se hubiera visto obligada a cambiar de campamento y desistir de tomar aquella plaza". Las patrullas van a Bauche a traer reses.

Ese mismo día 20 llegan dos representantes del gobierno, Oscar Braniff y Toribio Esquivel Obregón, enviados por el ministro de Hacienda Limantour, que ha sido encargado por Porfirio Díaz de abrir negociaciones con Madero. Díaz, fiel seguidor de la filosofía de que todo ha de cambiar para que todo siga igual, siempre está abierto a la conciliación. Los dos enviados hablan con el general Juan Navarro, un veterano de la guerra contra el imperio del siglo pasado, duro y despótico. Como muestra del desastre que reina en el terreno federal, Navarro, que tan sólo lleva un par de meses en Ciudad Juárez, no cuenta con un guía y desde luego no tiene idea de dónde se halla el campamento de Madero. Los manda a Bauche en vez de a la casa de adobe frente a la Smelter.

Madero, hombre titubeante y dado a la negociación, acepta un breve armisticio en la zona de Ciudad Juárez a Chihuahua, que se firma en las primeras horas del 23. El armisticio le daba un respiro a los sitiados pero también sosiego a los revolucionarios, porque podían cruzar a El Paso a comprar armas (que luego sería contrabandeadas, como las pistolas que entraban dentro de pacas de alfalfa), traer agua potable en barriles de madera (la del río era muy sucia por los drenajes) y adquirir medicinas, comida y pastura para las caballerías.

Aprovechando la tregua se abrieron las negociaciones. El 22 de abril los enviados del gobierno hicieron una primera oferta: renuncia del vicepresidente Corral, gobernadores interinos en los estados donde se habían producido alzamientos, salida del ejército de Coahuila, Sonora y Chihuahua, cuatro ministros nombrados por los maderistas. Y, desde luego, Porfirio Díaz seguiría en el poder.

Toribio Ortega, uno de los jefes rebeldes, decía que los jefes militares como José de la Luz Blanco, Orozco y Villa veían con desconfianza las negociaciones. En el Paso se rumoreaba que no habría lucha, que "todo lo estaban arreglando por convenios".

Silvestre Terrazas, el director de *El Correo de Chihuahua*, que algunas veces ha escrito sobre Villa, no lo conoce. Madero se lo presentará y será testigo de una conversación entre ambos. Villa pasaba a caballo con "una regular partida de caballería" y Madero lo detuvo para charlar con él. Villa pidió municiones y provisiones para su gente y aseguró que si lo dejaban acercarse a Juárez por ahí no pasaban los federales. Madero le dijo que pronto tendría de todo, pero no habló del ataque ni le puso fecha. Poco después le colocaron a Madero una línea telefónica, con un cable que cruzaba el río y conectaba la Casa de Adobe con El Paso.

El armisticio se prolongó seis días más, del 22 al 27. Mauricio Magdaleno diría: "La verdad es que todo lo ocurrido en Ciudad Juárez entre abril y mayo de 1911 se convirtió en un tan terrible embrollo que, aun descubiertas sus claves años después, sería sostenido motivo de enconadas discusiones y controversias". Habría que preguntarse cómo con tan largo armisticio no llegaron para los federales refuerzos del sur o de otros puntos de la frontera. Díaz apostaba a la negociación y sabía que si movía sus tropas comenzarían los tiros.

Mientras los negociadores negociaban, Madero dio a la publicidad una carta fechada el 24 de abril y dada a conocer el día siguiente en *El Paso Morning Times*, que decía: "Al coronel Francisco Villa, equivocadamente se le atribuye haber sido un bandido en tiempos pasados". Contaba la versión de por qué Villa se había vuelto bandolero (la honra de su hermana en peligro), señalaba que si en México hubiera justicia Villa no hubiera sido perseguido "y tuvo que huir y en muchas ocasiones tuvo que defenderse de los rurales que lo atacaron y fue en legítima defensa como él mató a algunos de ellos". Finalizaba señalando que la gente de Chihuahua estimaba a Villa y que había sido nombrado coronel por parte del gobierno provisional porque lo merecía, "porque es digno de él". Sin duda estaba respondiendo a críticas privadas sobre la presencia de un notorio bandolero en su entorno.

La caja maderista está vacía, como le informa Gustavo Madero a Pancho Madero. Hay escasez de recursos en los campamentos de Orozco y Villa. El peligro de que el ejército revolucionario comience a dispersarse es grande. El 26 de abril, la banda de música de Trinidad Concha, un desertor del ejército regular avecindado en El Paso, cruzó el río para dar una serenata en la Casa de Adobe ante una multitud.

El combate no comienza. ¿Cree Madero que es posible derrotar a la dictadura sin un solo triunfo militar? Según un informe de un agente estadounidense, el 25 apareció una declaración de Orozco, José de la Luz y Villa en que negaban habérsele insubordinado a Madero. El solo hecho de tener que declarar que no se insubordinan parece indicar las subterráneas tensiones en el campo maderista. No se puede olvidar que además el jefe de la guarnición federal ha sido la bestia negra de los revolucionarios tras los fusilamientos de Cerro Prieto.

El 27 de abril, quizá queriendo disminuir la tensión entre sus asesores civiles y los hombres de armas, Madero ratificó grados y otorgó nombramientos en el ejército revolucionario: general brigadier, Pascual Orozco; coroneles, José Garibaldi, Raúl Madero, Francisco Villa, José de la Luz Blanco, Agustín Estrada y Marcelo Caraveo; teniente coronel, Roque González Garza; mayores, Abelardo Amaya y Juan Dozal. Existe una fotografía que atestigua la ceremonia en la que Madero, desde el estribo de un automóvil, dirige la palabra a un grupo de hombres que se han quitado el sombrero, entre ellos Villa, Dozal y Raúl Madero. Curiosamente, no lo están mirando, todos ellos contemplan el suelo, tienen la mirada perdida, pero hay entre los personajes reconocibles (Villa, Federico González Garza, Pascual Orozco) y los anónimos, una expresión de arrobamiento cuasi religioso.

Los negociadores otorgan una nueva prórroga del armisticio, ahora de ocho días. A nadie le gustan los negociadores maderistas y los políticos que lo circundan: Pino Suárez, Madero padre, Venustiano Carranza, Vázquez Gómez, son ajenos al movimiento armado. Garibaldi dice que "todo sabía mal". Curiosamente, la posición más radical la expresará la madre del jefe de la revolución el 30 de abril, cuando le telegrafía: "Admitiendo Díaz continúe causarás disgusto general revolución continuará sacrificio tuyo inútil mantente firme".

La historia oficial y las historias tradicionales no gustan de la versión de un Madero espiritista y titubeante, perseguido por las pesadillas de los fantasmas y repleto de dudas; prefieren la imagen bobalicona de un Madero bondadoso, paternal y conciliador. Si bien ambas pueden ser ciertas, en el personaje no sólo se reúnen los primeros ingredientes, con sólo ellos no habría podido controlar a tres mil hombres armados que respondían a un centenar de pequeños caudillos y tenían fama ganada de broncos. Lo que sin duda contiene este pequeño personaje, junto con una notable habilidad para escuchar a demasiados y dudar en demasía, era una capacidad de convencimiento inmensa, una oratoria que calaba a fondo en sus escuchas. Quizá no se note en la lectura de sus discursos, por cierto bastante carentes de la retórica tan al gusto de la época y excesivamente bien educados, pero no queda duda. Si uno contempla cuidadosamente las fotos de los rostros de sus oyentes se comprueba el efecto magnético del verbo de Madero.

Sin embargo el efecto de sus prédicas dura poco.

El *impasse* se hace eterno, una revolución que no revoluciona. En la tienda de campaña que han colocado cerca de la Casa de Adobe los negociadores entran y salen, se intercambian telegramas con la ciudad de México vía El Paso. Han pasado casi tres semanas desde que los revolucionarios establecieron el cerco en torno a Juárez.

El 5 de mayo se celebra un gran acto en las filas rebeldes para conmemorar la victoria del ejército mexicano en Puebla combatiendo contra la invasión francesa del siglo XIX. Hay una maravillosa foto de Jimmy Hare en la que Juan Dozal, José de la Luz Blanco, Pascual Orozco, Pancho Villa, Emilio Madero y Roque González Garza escuchan atentamente el discurso de Madero, ausente en la imagen. Los personajes, sorprendentemente descubiertos (al fin y al cabo hombres de eternos sombreros), sorprendentemente desarmados (no hay cananas ni rifles ni pistolas con ellos) están al pie de una loma, con la rodilla avanzada en la subida, lo que produce una sensación de misa más que de mitin. Son los oficiales de la guerra campesina maderista. Fuera de foco dos mil revolucionarios los rodean en un cuadrado construido en una doble fila. Villa tiene la boca ligeramente entreabierta, en un gesto de plácido arrobamiento, de desconcierto. Cientos de ciudadanos de El Paso fueron a ver en ambos bancos del río la ceremonia cruzando por el viejo puente colgante. "Fue muy impresionante", dirá uno de ellos.

Una segunda y curiosa foto muestra en primer plano al mayor Raúl Madero rayando (encabritando) su caballo y sin duda posando, aunque no mire a la cámara. Muy a lo lejos, en tercerísimo plano, alejándose, apenas distinguible, Pancho Villa va a caballo y el fotógrafo parece ignorarlo. Eso era Villa entonces, alguien a quien los fotógrafos podían a veces ignorar.

La inacción produce todo tipo de tensiones. Una de ellas, muy grave, afectó a dos coroneles, Villa y Garibaldi. El único extranjero entre los altos oficiales de la insurrección (a pesar de que en las fuerzas maderistas militaban muchos) era Giuseppe Garibaldi, nieto del Garibaldi que había dirigido a los camisas rojas en la guerra de unificación de Italia. Tenía 31 años y había nacido en Australia; soldado de fortuna, había combatido en medio planeta hasta sumarse al maderismo. Días antes del encontronazo se habían tomado una foto, en buena ley, Orozco, el periodista Herrerías, Pancho Villa (con cananas cruzadas y ceño fruncido) y Garibaldi (con un coqueto sombrero de ala caída y amplia banda).

Al día siguiente de la ceremonia del 5 de mayo, un soldado villista que iba a hacer sus necesidades fisiológicas cruzó el campamento del coronel Garibaldi frente a un centenar de hombres de la llamada legión extranjera, y el coronel se disgustó y lo desarmó. El desarmado se reportó con Villa, que acusó a los gringos de Garibaldi de estar vendiendo armas y municiones. Había tensión entre ambos grupos porque días antes había amanecido muerto en el río el francés Jules Mueller que primero había estado con las tropas del italiano y finalmente con Pancho, y se intercambiaban acusaciones sobre la responsabilidad del asesinato.

Villa escribió una nota a Garibaldi pidiendo que le devolvieran el arma. Se dice que Garibaldi contestó al reverso del papel: "No entrego nada de rifle. Si usted es hombre, yo también lo soy. Pase usted por él". No sabía Garibaldi que había tocado herida. Villa había sobrevivido en el mundo sin dejar pasar uno solo de esos retos que cuestionaban su imagen. Garibaldi había propuesto un encuentro con Madero para zanjar el asunto, pero antes de que se produjera Pancho Villa se presentó en el campamento con varios hombres armados y se dice que le echó a Garibaldi el caballo encima, le dio un culatazo en la cabeza con la pistola y todavía lo regañó, lo desarmó y desarmó a los suyos, diciéndole que agradeciera que no lo fusilaba.

Madero llamó a Villa y le pidió cuentas por el desaguisado y Pancho le enseñó la nota. Aun así, Madero obligó a Villa a disculparse y llamó a Garibaldi. Ambos jefes se abrazaron en su presencia y luego Villa acompañó a Garibaldi a su campamento y le devolvió las armas.

No fue el único momento de tensión entre los jefes guerrilleros mexicanos y los extranjeros que asesoraban a Madero. Como asesor, por su experiencia militar, el jefe de la insurrección tenía a Benjamin V. Viljoen, un sudafricano de 43 años que tras la segunda guerra anglo-bóer había emigrado a Chihuahua y formó parte de una colonia de compatriotas en Julimes, Chihuahua, hasta establecerse como ganadero en Las Cruces, Nuevo México, de donde se unió a la revolución tres meses antes. Viljoen había sostenido en el campamento que con esas tropas Ciudad Juárez era imposible de tomar, enfrentándose a Pascual Orozco y a Villa, que eran partidarios del ataque.

Y a sobra de enfrentamientos, una conciliadora y nueva foto de familia. Ahora frente a la Casa de Adobe. En dos filas, los protagonistas de la revuelta maderista en el norte. De pie, Villa, Gustavo Madero, Francisco Madero padre, Garibaldi, Federico González Garza, José de la Luz Blanco reprimiendo un bostezo, Sánchez Azcona, Alfonso Madero y cuatro mirones, uno de ellos estirando el cuello para poder salir en la foto. Sentados: Venustiano Carranza, Vázquez Gómez, Madero, Abraham González, Maytorena, Fuentes Dávila y Pascual Orozco. Están ausentes de la fotografía quienes completaban el equipo de asesores políticos y militares rebeldes: Raúl Madero, Viljoen y Roque González Garza. Existe una segunda versión de la foto en la que Villa ha desaparecido, a la derecha de Carranza aparece Juan N. Medina, el padre de Madero se ha vuelto a conversar con alguien y Federico González Garza ha perdido el bombín.

Quizás era la foto que celebraba la reunificación entre los guerrilleros y los políticos, porque unas horas más tarde, el 6 de mayo, *El Heraldo Mexicano* tituló en una extra: "Madero declaró roto el armisticio". Villa ya es figura de primera plana en la prensa nacional, se registra que sus hombres, los de José de la Luz Blanco y los de Garibaldi, esperan las órdenes de Orozco para atacar.

¿Pero atacar, dónde? Madero decide continuar la guerra, pero para evadir la presión estadounidense, que exige que no se dispare a unos metros de su territorio, será en otro lado. ¿En el sur, en Chihuahua? Quizás abandonen las cercanías de Juárez y vayan hacia Sonora. Ordena los primeros movimientos de una marcha hacia el sur. Demasiadas indecisiones, demasiadas órdenes contradictorias. Se reciben entonces noticias de que Díaz renunciará, como quiera y cuando quiera, pero con algo tan vago como eso el zorro dictador ha logrado convertir a Madero en un manojo de dudas. José C. Valadés resume bien el sentir de la base maderista: "¡Qué de titubeos y dislates!"

El 7 de mayo se hace público un manifiesto de Porfirio Díaz. Les mandé a Carbajal, magistrado de la Suprema Corte, con espíritu de concordia, "la buena fe del gobierno se interpretó por los jefes rebeldes como debilidad". Nada de renunciar porque se dejaría sin jefe reconocido a la nación, me iré, pero "como conviene a una nación que se respeta", y finalmente: si no les gusta, el gobierno, contando con el ejército, "redoblará sus esfuerzos para sojuzgar la rebelión". Unos lo leerán como un anuncio de renuncia, otros, al revés. En el campamento, en los hoteles de El Paso, se interpreta de una y mil maneras.

El 7 de mayo dan a los sonorenses de Samaniego, un ex seminarista que suele combatir asociado con Pancho, orden de dispersión, les ordenan que vuelvan a Sonora. La gente de Villa los intercepta y los llama a retornar para pelar contra los federales, los pelones. ¿Quién dio esa orden? Parece ser que Guillermo Valencia, ayudante personal de Madero. Garibaldi también recibe la orden de movilizarse hacia Sonora. Esto desata las acciones. Orozco le asegura a Sommerfeld que el 8 atacará la ciudad.

Madero ordena que se retiren del frente las pocas piezas de artillería y en la noche comienza a escribir un manifiesto en el que se puede leer: "Ciudad Juárez no será atacada".

NOTAS

a) Fuentes: La batalla de Juárez ha tenido finalmente un libro, "1911", de Pedro Siller y Miguel Ángel Berumen, sobre todo la segunda parte, que gráficamente logra reunir materiales de gran calidad que narran la batalla en detalle. Desde el punto de vista de la riquísima aportación documental son esenciales los trabajos de José C. Valadés: *Imaginación y realidad de Francisco I. Madero,* "Los tratados de Ciudad Juárez" y "La insubordinación del general Orozco". La versión de los federales en AHSDN citado por Sánchez Lamego: *Historia militar de la Revolución Mexicana en la época maderista.*

Villa a caballo, foto de Jim Alexander.

Además: La voz de Villa en las *Memorias* de Bauche y Martín Luis Guzmán. Urquizo: *¡Viva Madero!* Heliodoro Olea: *Apuntes históricos de la Revolución de 1910-1911: de Bachíniva a Ciudad Juárez.* Calzadiaz: *Hechos reales de la revolución,* tomo 1. Toribio Esquivel: *Democracia y personalismo.* Mauricio Magdaleno: *Instantes de la revolución.* B. Herrera: *Chihuahua, cuna y chispa de la Revolución Mexicana.* Mantecón: *Recuerdos de un villista.* Dorado Romo: *Ringside seat to a revolution.* Powell citado por Boot: *The Savage Wars of Peace: Small Wars and the Rise of American Power.* Portilla: *Una sociedad en armas.* M.L. Burkehead (en Paterson): *Intimate.* Terrazas: *El verdadero Pancho Villa.* La carta de Madero sobre Villa en *El Paso Morning Times* del 25 abril de 1911.

Revolucionarios y mirones se contemplan con el río de por medio, autor anónimo, Southwest collection, El Paso PL.

Incidente con Garibaldi: B. Herrera: *Apuntes,* Bauche: *Villa. Heraldo Mexicano,* 6 mayo 1911. *New York Times:* "Americans disarm". Otra versión de Garibaldi en artículo "Cómo se efectuó la toma de Ciudad Juárez".

Viljoen: Bauche: *Villa.* Taylor: *La gran aventura en México, el papel de los voluntarios extranjeros en los*

El Estado Mayor
de Villa.

Madero hablando desde el automóvil.

El 5 de mayo 1911,
foto de Jimmy Hare.

Raúl Madero y Villa, 5 mayo 1911, autor
anónimo. La foto se volvería la base
para una estatua ecuestre de Madero en
Torreón.

ejércitos revolucionarios mexicanos. Karen Stein Daniel: "An Africa to New Mexico Connection: Another Look at the Boers".

b) Giuseppe *Pepino* Garibaldi, hijo de Riccioti. Tuvo su bautizo de fuego el año de 1897 contra Turquía defendiendo el bando de Grecia. Se traslada a Sudamérica; después de una breve estancia en Uruguay y Argentina, donde trabaja en la construcción de vías férreas, viaja a Sudáfrica donde por tres años (hasta 1902) combatió en la guerra anglo-bóer con los Imperial Light Horses. En 1903 se traslada a Venezuela y es nombrado coronel de artillería del ejército rebelde de Manuel Antonio Matos, participando en la batalla del Guapo. Hecho prisionero durante el asedio de Ciudad Bolívar, permaneció cautivo durante siete meses en la fortaleza de Puerto Cabello, de donde se fuga y regresa a Europa. A mediados de 1910, después de un corto ejercicio como inspector de las condiciones laborales de los obreros italianos en la zona del canal de Panamá, Garibaldi emigra a Chihuahua donde se dedica a la explotación de vetas de oro y plata, y trabaja en los talleres ferroviarios de Madera, Chihuahua. Al estallar la revolución viaja a El Paso donde se une a las fuerzas maderistas. Construye dos cañones: uno de 75 mm y otro de 50, que según los combatientes "más que servir espantaban". (Alejandro Contla: *Extranjeros*, entrevistado por Rivero: *Hacia la verdad. Episodios de la revolución.*)

c) Se ha hablado mucho de la "legión extranjera de Villa". No es exacto. Muchos de los extranjeros que combatían con el maderismo estaban encuadrados con Garibaldi y otros con Orozco. Creighton combatía con un cuerpo autónomo encuadrado en las tropas de Raúl Madero. Probablemente con Villa estuvieran Tex O'Reilly, Tracy Richardson y Sam Drebden, judío ruso que había sido soldado en China y actuaba como ametralladorista. (Timoyhy Turner: *Bullets, Bottles and gardenias.* Hyman E. Rosen: "Sam Drebden, warrior, patriot and hero". Alejandro Contla: *Extranjeros.* Lawrence Taylor: *La gran aventura en México.*)

d) Las fotografías de la Revolución Mexicana se han reorganizado con la complicidad de editores gráficos, ilustradores y redactores de pies de grabado para descontar a la historia. Al pie de la imagen se lee lo que no fue. Cambian las ciudades, cambian los tiempos, se trastocan los personajes. Las fotos están sistemáticamente mal identificadas, Villa en Ojinaga se vuelve Villa en Torreón, fotos de 1911 se vuelven fotos de los Dorados que no habrían de nacer sino años más tarde. La mayoría de las supuestas fotos de la rendición de Villa en Sabinas no son tales, lo que hay es un reportaje realizado días más tarde cerca de San Pedro de las Colonias vía a Tlahualilo, donde se reconcentraron los villistas. Cualquier caballo se vuelve la *Siete Leguas*, excepto la mismísima *Siete leguas*, que aparece anónima en la historia gráfica de la revolución de Casasola. La foto de Villa en 1912 sentado en el estribo de un vagón de tren, que supuestamente lo lleva detenido a la ciudad de México, sin revólver y sin caballo, sin corbata, camisa blanca bajo el ajado traje, realmente se tomó en 1913 en El Paso y es de Harry Blumenthal y no de Casasola. Fierro entrando a la ciudad de México en diciembre del 14 con Villa, al ser recortado el contexto, se vuelve Fierro en Pachuca. Nunca se da crédito a los fotógrafos y cuando se da es erróneo. Los autores de las fotos se cruzan, se mezclan y se desvanecen. Los archivos tienen reproducciones de fotos de otros autores diferentes de los signantes del archivo. Las identificaciones, fuera de los grandes personajes, son casi siempre inexactas y variables. El autor ha visto la misma foto con cinco pies de grabado diferentes. Y ni siquiera valen las muescas a mano sobre el negativo, porque muchas veces resultan falsas.

Orozco, Braniff, Villa, Garibaldi, alrededores de Ciudad Juárez, foto de Herrerías.

Villa, al fondo la Casa de Adobe, foto de I. Herrerías, mayo 1911.

Giuseppe Garibaldi, foto de J., Alexander.

Unos botones de muestra: un libro que es básicamente de fotos, como *Los niños villistas*, que reproduce 200 o 300 fotografías, no da mayor ni menor información sobre ellas, tan sólo del archivo de donde las tomaron. El Colmex, en su *Historia de la Revolución Mexicana*, tomo V, ilustra a Villa en 1915 con una foto de Pancho rendido en San Pedro de las Colonias en 1920 y usa como pie de grabado: "Villa escuchando informes". Libros como *Visión histórica de la frontera norte de México*, convierte una conversación de Pancho con el general Martínez durante su rendición, en una reunión de Villa con sus dorados.

Casa de Adobe, la plana mayor del maderismo: Villa, Gustavo Madero, Francisco Madero padre, Garibaldi, Federico González Garza, José de la Luz Blanco bostezando, Sánchez Azcona, Alfonso Madero; sentados: Venustiano Carranza, Vázquez Gómez, Madero, Abraham, A. Fuentes, Pascual Orozco, foto anónima.

Casa de Adobe, sin Villa. Foto de Hoffman. Berumen:*1911* 2, reproduce varias fotos de la Casa de Adobe vista a lo lejos y en relación con la frontera mexicana, la Asarco y el río.

Benjamin Viljoen.

La famosa foto de Orozco y Villa en la Elite antes de la toma de Ciudad Juárez, se vuelve "al triunfo de la revolución maderista", como si el helado que estaban tomando, fuera para celebrar la caída de Ciudad Juárez. En la *Historia Ilustrada de México* del INAH, Madero recibido en Cuernavaca al término de la revolución se vuelve Madero aplaudido en campaña electoral. En el libro de E. Krauze *Entre el ángel y el fierro,* de 157 fotos, hay apenas una decena en que se identifique a los fotógrafos, y de pasada existen una docena de errores en los pies de foto. Uno de ellos: el entierro de Abraham González se vuelve: "Apoteosis villista en Chihuahua". En uno de los portales de Terra se ilustra una foto de Villa con la de su hijo Agustín. En el libro de Rodrigo Alonso Cortés, *El quinto jinete*, se reproduce una foto de la que se dice que es Villa con Benton, "primero cordiales amigos". Conocemos un dibujo del rostro de Benton por F. Sommerfeld y no se parece en nada al supuesto "amigo Benton"; se trata de una foto con un vendedor de maquinaria gringo en Canutillo, cuando Benton llevaba más de cinco años muerto. Una foto de Villa en su tren al llegar a la ciudad de México es identificada como: "Villa y Plutarco Elíaz (sic) Calles" en el libro de López Valles y Payán. Katz hizo para Era un volumen titulado *Imágenes de Pancho Villa* que tiene los mismos defectos en cuanto a la ambigüedad de los pies de grabado, la ausencia de créditos y la falta de referencia de fechas. Incluso hay una foto muy dudosa cuyo pie reza: "Tropas villistas en Columbus", que muestra una columna de infantería. Ni se tomaron fotos del ataque a Columbus ni la columna villista era de infantería. El libro de Aurelio de los Reyes *Con Villa en México, testimonios de camarógrafos americanos en la revolución*, rescata más de un centenar de maravillosas fotos de archivos estadounidenses, pero las fotos son usadas como ilustración. En el libro de Eisenhower se reproduce una foto de autor desconocido localizada en los Washington National Archives, en la que se ve del lado derecho un tren cuyo techo está repleto de soldados sombrerudos, a la izquierda una vía y luego un confuso conglomerado de soldados uniformados. El pie dice "Villistas on the move". Pero la foto es de

1916, los soldados en el tren son carrancistas y los uniformados que contemplan al otro lado de la vía son los estadounidenses de la Punitiva. Hay una foto de Martín López; es una foto de estudio en la que está Marcos Corral con ese uniforme tan similar al de los estadounidenses de la primera guerra, Salvador Fuentes sentado y vestido de charro, y Martín con una mirada de escuincle engreído, medio imberbe, sin bigote, de verdad aniñado; en el libro de Mantecón la foto es mal identificada como "Los tres hermanos López". Y los libros supuestamente de consulta no están exentos: en la *Historia de la Revolución Mexicana*, de Salvat, por magia del pie de foto, Domingo Arrieta se vuelve Tomás Urbina y Rafael Buelna se transfigura en Topete.

Villa con Jimmy Hare, alrededores de Ciudad Juárez.

De poco sirve la identidad de las fotos establecida a partir de los archivos en que se recogieron. Fotos de Aultman (que podían ser de sus socios Dorman o Homer Scott en 1911) aparecen en el Casasola, en el archivo Wheelan, en la colección Nettie Mc Neely en la UTEP. Fotos de la colección de la Biblioteca Pública de El Paso pueden pertenecer a cualquier autor y no necesariamente ser de Aultman.

Jimmy Hare, el corresponsal de Colliers.

Pero de todos los fraudes el más importante es el que atribuye la autoría de las fotos del archivo Casasola a Agustín Víctor o a alguno de sus hijos. En el caso de la toma de Juárez y su prólogo las fotos que se atribuye y se le atribuyen, no fueron tomadas por él, que había tomado fotos de la salida de las tropas hacia el norte al inicio de la rebelión, pero nunca estuvo en Juárez. Probablemente sean de Heliodoro J. Gutiérrez. (Paula A. Barra: "No todos los balazos fueron fotografiados por los Casasola".)

La legión extranjera de Madero, entre otros Drebden y Richardson, cercanías de Ciudad Juárez, mayo 1911.

Un artículo de John Mraz ("Historia y mito del Archivo Casasola") pone en sus justos términos el asunto al establecer que Casasola, durante la revolución, siguió siendo el "foto periodista oficial" que siempre había sido y no el "fotógrafo de la revolución", y que para competir con las agencias extranjeras construyó una agencia en la que "compraron fotos, contrataron fotógrafos y, probablemente, robaron lo que pudieron" y en la que frecuentemente "tachaba el nombre del fotógrafo y ponía el suyo". La agencia devino archivo que contiene fotos de "más de 480 fotógrafos". Mraz termina señalando: "Pablo Ortiz Monasterio, el editor del libro más importante sobre el Archivo Casasola, *Jefes, héroes y caudillos: archivo Casasola*, hizo pasar fotos como si fueran de Casasola a pesar de que los investigadores de la Fototeca

Gustavo Madero y Villa en los
alrededores de Ciudad Juárez, 6
mayo 1911.

Villa en los cerros de las afueras de Ciudad Juárez,
mayo 1911, foto de Otis Aultman.

le dijeron que eran de Manuel Ramos, José María Lupercio o de R. Gutiérrez".

Es en este desorden en el que el narrador ha tenido que trabajar. Y es obligatorio señalar al único investigador serio, minucioso y cuidadoso que ha incursionado en el tema, Miguel Ángel Berumen. Sus libros: *1911 I, la Historia* y *II, Las imágenes*, así como *La cara del tiempo* y *Villa, la construcción del mito*, colaboran indudablemente a deshacer parcialmente el entuerto.

La iconografía villista está dispersa en multitud de archivos fotográficos. Destacan en particular los de los Casasola, el privado y el público, en la Fototeca de Pachuca. Es interesante la serie de álbumes que hay en el archivo Torreblanca. En el AGN, en el centro de información gráfica, existen el Fondo E. Díaz y el de Derechos Autorales, el Revolución y el Fondo Osuna, ambos del INEHRM (en la galería 7 del AGN). Uno muy interesante en la UTEP, el W.B. Hornaday: *Mexican revolution photograph collection*, el Aultman en la Biblioteca Pública de El Paso, el Wheelan en Texas A&M University. Hay fotos interesantes en el archivo de Gildardo Magaña en el CESU y en la Benson Latin American Collection.

SIETE

CIUDAD JUÁREZ: LA BATALLA

Un par de días antes los rebeldes habían capturado el informe de un oficial federal, el coronel Manuel Tamborell, que decía que los revolucionarios no podían tomar Ciudad Juárez, sólo servían para asaltar rancherías y robar gallinas. Benjamín Herrera lo vuelve una carta en la que afirma que dice: "¿Por qué no tratan ustedes de entrar a Ciudad Juárez? Ustedes están impuestos a tomar ranchitos indefensos para robarse los marranos y comerse las gallinas. Sabemos que los residentes de El Paso, Texas, les están enviando: ropa, armas, parque y lonches. Lo que les deberían de traer son huevos, que mucha falta les hacen. Si son hombres traten de atacar la plaza. ¡Aquí los esperamos!" Fuera o no exactamente así, el caso es que los revolucionarios creyeron en esa carta, que reflejaba con bastante precisión la mentalidad del ejército federal, que no entendía por qué Porfirio Díaz los mantenía a la defensiva. No es difícil imaginar lo que las palabras de Tamborell produjeron en Pancho Villa. Olea cuenta que el mucho más mesurado Orozco dijo: "Esto no se puede aguantar". Pero parecía que tendrían que aguantarlo porque la decisión de Madero los alejaría de la ciudad fronteriza.

El día 8 de mayo, mientras Madero preparaba la retirada, se produjeron enfrentamientos en las líneas. El teniente federal Francisco Puga contará que a las 8:30 de la mañana cayeron los primeros disparos sobre su trinchera y el general Navarro dirá en su parte que a las 10:30 "las avanzadas rebeldes rompieron el fuego", pero no debería ser significativo. De cualquier manera, a las 12:30 de la mañana Madero, que en esos momentos estaba negociando con Braniff, envió una nota a Navarro diciendo que el ataque había sido accidental.

Pero aquello sólo había sido el prólogo. En algún momento del inicio de la tarde comenzó una balacera de regulares dimensiones. Se ha contado que se intercambiaron insultos gruesos de trinchera a trinchera que terminaron en tiroteo (pero las líneas estaban lo suficientemente separadas para que los insultos no se escucharan claramente), o que exploradores federales se acercaron a menos de 700 metros y se les hizo fuego (pero los federales no hicieron ninguna exploración en aquellas tres semanas), o que "una pelada" amiga de los rebeldes cruzó el río, los federales la detuvieron y los maderistas trataron de rescatarla, o que una partida de caballería insurrecta compuesta de 30 jinetes se acercó al molino de harina al oeste de Ciudad Juárez y fue tiroteada (pero las tropas del cerco no actuaban como caballería, las monturas estaban siempre a retaguardia), o que unos maderistas se habían bajado a saquear las hortalizas de unos chinos y los federales les dispararon.

No debe de haber sido así. Es más factible, y la mayoría de los testimonios parece confirmarlo, que el inicio de los combates en Ciudad Juárez surgió de una provocación de las filas maderistas, una provocación muy organizada. Y todos los que algo sabían o supieron señalan a los instigadores del asunto: Pascual Orozco y Pancho Villa. Ante los titubeos de Madero, Orozco y Villa, probablemente juntos, resolvieron obligar forzar el inicio del combate. Nellie Campobello cuenta que Pancho y Pascual "se decidieron a aconsejar a los muchachos que provocaran a las avanzadas federales. Primero uno de los revolucionarios les tiraría un balazo. Si los federales contestaban, mandarían ocho o más balazos. Se acercarían diez hombres a las avanzadas enemigas. Si la balacera cundía, irían por 50 hombre más y de ese modo harían que se generalizara el combate".

Para encubrir su responsabilidad, según unos se fueron a dormir a El Paso (en el hotel Fisher, en la esquina de San Antonio y El Paso); según otros, sólo se fueron a comer; según unos terceros, Orozco se metió en una peluquería en el lado estadounidense. De manera que cuando se inició el tiroteo estaban del otro lado.

Una foto, que se ha difundido enormemente, los sitúa supuestamente el 8 de mayo en la Elite Confectionary tomándose una malteada de fresa o un *Elite baseball*, helado de vainilla cubierto de jarabe de chocolate, cosa muy probable en el caso de Villa, que había descubierto su amor por los helados de fantasía en esos días. La fotografía de Scott refleja a un Orozco y a un Villa con los sombreros sobre las rodillas, los platillos del postre vacíos, y ellos sentados juntos en una mesa y rodeados de un grupo de revolucionarios como ellos, también desarmados. Tienen cara de serios, lo cual no es raro en la mayoría de las fotos de Orozco y tampoco en las fotos de Ciudad Juárez de Villa. ¿Es esa la foto de la coartada? ¿O fue tomada en los días previos?

El caso es que, como diría Adolfo Gilly, en el porvenir se irrumpe con tumulto, y a las cuatro de la tarde del 8 de mayo dos muchachos de Casas Grandes del contingente sonorense del ex seminarista Samaniego, que vestían unas camisolas de colores vistosos, azul y rojo, salieron de la acequia que les servía de trinchera y comenzaron a avanzar disparando hacia las líneas federales. Uno de ellos quedó herido de muerte.

En el posterior parte militar, Orozco con abundante cinismo diría: "No se sabe quiénes iniciaron el tiroteo", pero "los nuestros tomaron por asalto una trinchera enemiga". Poco después, quince soldados de la tropa del mayor José Orozco, el grupo del capitán Reyes Robinson, alias Camisa Colorada, bajaron hacia el río disparando y provocando a los federales. Avanzando paralelos al río Bravo, rebasaron la compuerta de la que se desprende el canal de irrigación.

El punto del choque fue un lugar llamado El Molino o Molino de Trigo de Montemayor, frente a una garita aduanal. Los federales que los enfrentaron eran soldados del 20° batallón, que pidieron refuerzos.

Garibaldi cuenta que al iniciarse los disparos, pequeños grupos se iban infiltrando desde el oeste de la ciudad, parapetándose en terraplenes de ferrocarril, casas de adobe, fosas de riego, en las orillas del río.

Orozco dice: "Ordené al mayor Orozco sostuviera a los que habían atacado. El enemigo creyó que era un ataque generalizado y envió refuerzos y se trabó el combate, se tomó el margen del río hasta la cuatro de la tarde". La declaración prueba que estaba metido en el asunto. ¿Cómo habría podido dar órdenes al mayor Orozco si estaba en El Paso?

Madero recibió noticia de que se verificaban combates entre avanzadas revolucionarias y federales y dio órdenes apremiantes para que se hiciera cesar el fuego, enviando emisarios con banderas blancas. A las 4:15 el capitán maderista Campa se presentó con Navarro para obtener un cese al fuego, en lo que el oficial federal estuvo de acuerdo, no sin reclamar que cesaran el fuego primero quienes lo estaban atacando.

La ofensiva maderista progresó a pesar de que sólo estaban involucrados pequeños grupos. Los rebeldes del mayor Orozco tomaron algunas de las casetas aduanales y las entradas de Juárez a El Paso. Las balas cruzaban la frontera y había heridos del lado estadounidense. Los enviados de Porfirio Díaz se trasladaron de El Paso a Juárez "a comunicar a Navarro arreglo cesación hostilidades. El jefe del Estado Mayor que estaba en cuartel general, nos tomó por testigos de que se hallaba sosteniendo defensiva, y que descargas de los federales no tenían más objeto que repeler asaltantes". Cuando Madero se comunica diciendo que no ha ordenado el ataque, Navarro dirá, hablando de sí mismo en tercera persona: "Mientras las tropas del general Navarro obedecían, las del señor Madero no lo hicieron". Aun así el general federal suspende el fuego hacia las 5:30. Las notas en los periódicos del día siguiente titularán: *Madero: "No me obedecen"*.

Tras varias horas de tiros, Villa y Orozco tomaron un taxi para regresar al lado mexicano. Cruzando el río por el puente del Columpio, llegaron en coche a las cercanías de la Casa de Adobe, donde Madero les reclamó lo que estaba sucediendo. Se dice que a pesar de que aceptaron formalmente la orden de Madero de ordenar el cese el fuego, enviaron más tropas a ampliar la brecha.

Al parecer a Madero sólo le hacían caso las tropas de José de la Luz Blanco, que permanecían en el campamento. Cástulo Herrera fue usado también como parlamentario y entró por el puente internacional de El Paso con permiso de las autoridades de Estados Unidos. Tres veces habló Madero con Villa y Orozco. Villa entonces utilizó el argumento definitivo: "Lo que usted nos pide es ya un imposible, la gente está muy exaltada".

Madero intentó varias veces detener el tiroteo y lo discutió con sus subordinados, pero recibía extraños comentarios de Orozco: que sólo eran unos cuantos, que ya había dado órdenes de detenerlos, y así. Tras una acalorada discusión en la que intervinieron Orozco, Villa y Blanco, Madero intentó utilizar su recurso definitivo: mandó formar la tropa que se encontraba en el campamento y le habló. Hay que parar la ofensiva, existe un pacto, un armisticio, se está violando la tregua, que el combate deshonra. Obtuvo algunos aplausos, pero no más que eso. Luego, nada. Incluso algunos de los que oyeron el discurso, más tarde se fueron a la línea de fuego.

Al caer la noche Madero desiste. Si quiere seguir dirigiendo la revolución tiene que asumir que la revolución se ha vuelto armada y no negociadora. Dicen que dijo:

—Pues si es así, qué le vamos a hacer.

Se cuenta que Villa y Orozco se abrazaron.

Orozco dio órdenes de formar en el campamento, y la columna avanzó hacia la zona de combate. Madero los despidió con un nuevo discurso. Las crónicas no dicen que les haya pedido tiempo para al menos negociar la rendición de la plaza con Navarro.

A las 6:30 de la tarde los federales cañonearon destruyendo algunas casas. Las tropas de Orozco tomaron las últimas casetas aduanales y los puentes. Una serie de fotos de autores estadounidenses registran a los maderistas ocupando los pasos fronterizos. Sonrientes y sorprendidos, como si la cosa no fuera con ellos. Los disparos de los federales apuntan ahora de sur a norte, las balas perdidas vuelan hacia territorio de Estados Unidos. El coronel Steaver, de la guarnición de El Paso, envía un ultimátum a los federales y a Madero. "Si las balas pasaban al lado americano se vería obligado a intervenir para evitarlo, de acuerdo con instrucciones que había recibido de su gobierno". Es absurdo, resulta imposible evitar que las balas perdidas crucen la frontera dada la relación entre El Paso y Juárez, creada por el río, que hace una gran curva cortando la frontera. Mientras Juárez está apelotonada, con casas bajas de adobe en la zona fronteriza que forman un chipote, El Paso culebrea a su alrededor.

En el primer *round* la zona norte de la ciudad quedó en manos de los maderistas, porque Raúl Madero también entró por la zona de los puentes en el mismo ataque de oeste a este. La ciudad se encontraba sin agua a causa de un sabotaje realizado por vecinos maderistas.

A las 12 de la noche Navarro recibe a Roque González Garza como parlamentario. Ya no se propone el alto el fuego, sino una capitulación. No la acepta. Al regresar hacia el lado estadounidense, González Garza es tiroteado.

A las 2:30 de la mañana Orozco recibe la confirmación de Madero para realizar el asalto general. Media hora después se reinicia la ofensiva.

El plan de Orozco establece un ataque múltiple para ir cercando a los federales y reduciendo su territorio. Villa, con 650 hombres, avanzará por el sur entrando por el cementerio hacia la estación del ferrocarril central; por ahí lo verá pasar el capitán Olea cuando vaya a tomar posiciones. Félix Terrazas y el mayor Amaya irán a la derecha, hacia la cárcel. Garibaldi, con 480 hombres, reforzaría las tropas del mayor José Orozco por el barrio de Bellavista. Y Pascual Orozco, con 500, se colocaría en una línea paralela al río en contacto con la fuerza de Garibaldi, hacia la aduana, cortando la frontera, para hacer que fueran los federales quienes dispararan sobre Estados Unidos. De la Luz Blanco permanece en la reserva con 250 hombres y Marcelo Caraveo queda estacionado en Bauche, estableciendo el bloqueo de Juárez para evitar la llegada de refuerzos desde Chihuahua. Eso significaba que en el ataque directo no habrían de participar más de mil 750 maderistas.

A eso de las tres de la madrugada se realizó una junta de jefes del núcleo de Villa. Tras haber coordinado a los grupos en las cercanías del cementerio, a las cuatro de la madrugada su brigada se aproximó a las bodegas de la casa Ketelsen. Una ametralladora le cerraba el paso. El encontronazo fue muy fuerte y fueron rechazados con muchas bajas. Orozco le informó a Madero que Villa había tenido que replegarse. Pero Pancho sólo había dado un rodeo, sus hombres se atrincheraron cerca de la Estación Central usando durmientes de ferrocarril y concentraron su fuego en una escuela donde estaban refugiados los federales. Entre los sonorenses de Villa venían mineros de El Tigre, que improvisaron bombas. Allí rescataron al joven Martín López, que había sido capturado poco antes y al que tenían preso y amarrado.

En otras zonas de la ciudad, hacia esas mismas horas de la madrugada los revolucionarios fueron buscando tomar contacto. Los federales se habían fortalecido en sus cuarteles y en el suroeste de la ciudad. Se utilizaban bombas de mano. Los cañones del ejército no les servían. Navarro lo reconoció: "El mortero destrozaba casas y los ahuyentaba pero aparecían en esas o en otras. Los morteros se iban moviendo en la zona cercada". El problema era similar para los revolucionarios, Madero tres veces mandó retirar la artillería que se había emplazado.

Quienes provocaron la batalla habían sufrido muchas bajas. El grupo de Terrazas y José Orozco comenzó con 46 hombres y a las siete de la mañana siguiente sólo les quedaban 15.

Al amanecer del día 9 la situación es difícil de describir. El frente de batalla es ambiguo, han sido más de 12 horas de combates, tiroteos, encuentros y repliegues. ¿Dónde está el frente? Adán Mantecón dirá: "Íbamos taladrando paredes". El fotógrafo Jimmy Hare cuenta que, tomadas de una construcción, los rebeldes tenían barretas con las que avanzaban perforando el interior de las casas. Cuando los federales se dan cuenta "desatan un fuego asesino". Él va siguiendo a las tropas de Garibaldi y Raúl Madero. El primero registra que se estaban usando barretas, de las que habían conseguido 300, terminadas en punta por uno de sus extremos, de acero de tres cuartos de pulgada, con las que perforaban el adobe de las casas; los francotiradores los cubrían desde los techos.

Todo el avance se hizo con música; sonaban guitarras y pianolas que se encontraron en las casas. Alguien descubrió puros y un fonógrafo y se pusieron a fumar y a oír música mientras hostigaban a los federales. La gente se turnaba para regresar al campamento a comer. Francotiradores por todos lados, identificados por la cinta tricolor en el sombrero. En medio del caos los revolucionarios ejecutan una pequeña venganza: la casa del general Navarro es saqueada.

Las imágenes de la mañana del 9 de mayo: el combate casa por casa, el hombre que dispara con el rifle dando la vuelta a la esquina, sin asomarse a ver a qué le tira, a su lado un compadre espera pacientemente su turno sentado en el suelo, los hombres agazapados en las azoteas. Hay una excelente foto de Jimmy Hare que muestra a un revolucionario corriendo, cruzando solitario la calle principal de Ciudad Juárez hacia el hotel México. Pocas fotos como esa para transmitir la sensación de peligro, la fragilidad del personaje, las balas pueden salir de cualquier lado. Mucho parque se quemó en esos días. Poco después podrían verse en las filmaciones de Salvador Toscano las casas de una Ciudad Juárez desolada, perforadas como colador por los balazos, las ruinas del adobe reventado a cañonazos. No cabe un impacto más en las fachadas, parecen contaminadas de una extraña viruela.

A lo largo de la mañana del 9 prosigue el tiroteo en medio de un tremendo calor. La ciudad sigue sin agua. Los maderistas progresan lentamente. La Cruz Roja estadounidense interviene para recoger heridos de ambos bandos y los lleva a El Paso.

Villa y Orozco estaban desconectados. Orozco le envió una nota a Madero: "El coronel Villa no lo he visto ni he tenido comunicación; ayer en la mañana tuvo un encuentro con el 20º batallón por el lado sur y no he tenido más noticias, los soldados del 20 se regresaron a su puesto". Villa estará todo el día combatiendo frente a la escuela, hasta que al oscurecer logra tomarla y desde ahí hostiga el corralón de los Cowboys (donde está metido Navarro) y las barricadas. Los federales se concentran hacia el cuartel general.

El coronel Tamborell, autor de la famosa nota en que se hablaba de lonches y huevos, fue herido en un brazo a las nueve de la mañana. A la una de la tarde fue capturado por los rebeldes, pero lo liberó una escolta de caballería cuando iba amarrado codo con codo rumbo a una barbería enfrente de la Aduana. Volvió al combate y entonces recibió un tiro en la frente.

Los rebeldes se turnan para regresar al campamento de la Casa de Adobe para comer. Los defensores no han comido ni bebido; se hallan sometidos a un inmenso calor, sin agua, sin abastos, con una población hostil y rodeados de sombrerudos que aparecen cruzando en medio de las casas y les disparan desde las azoteas. Se combate a muy corta distancia. También a gritos. Mientras los federales llaman a los rebeldes robavacas, los rebeldes contestan con un "Muera el mal gobierno". Van cayendo los reductos. Orozco y Garibaldi toman el norte de la ciudad. La brigada de la legión extranjera ocupa la plaza de toros y luego la pierde. Las tropas del mayor Orozco se acercan al cuartel general. Garibaldi retoma la plaza de toros. Se dice que Villa ha soltado a los presos de la cárcel municipal. Los federales se han hecho fuertes en las azoteas, la Misión de Guadalupe, el Palacio Municipal y en el edificio de La Fama.

Al amanecer del 10 de mayo los maderistas comienzan una nueva ofensiva. Casa por casa van avanzando, cae la iglesia. Hacia las nueve de la mañana el general Juan J. Navarro, para evitar que corten a los grupos de defensores y queden aislados entre sí, ordena el repliegue de todas las fuerzas que le quedan hacia lo que sería la comandancia, situada en el cuartel del 15° batallón. Cuenta: "La gente estaba agotada por el cansancio, el hambre y la sed". El cerco se ha estrechado. Tienen un pozo de agua pero está azolvado, por más que intentan reabrirlo no lo logran.

Serían las diez de la mañana cuando Villa y su gente descubren que en la zona del mercado se está montando una columna federal de caballería para realizar un contraataque. Los tirotean y los obligan a dar media vuelta. Villa, con parte de su brigada, se repliega al cuartel general. ¿En busca de instrucciones? ¿A dormir un rato porque ha estado combatiendo toda la noche? Una nota de Madero a Orozco parece explicarlo:

Celebro que tomaran el cuartel del catorce (que había sido abandonado al amanecer). Me informan que también la Aduana está ya en nuestro poder, ¿es cierto? (lo era) Me dicen que la explosión que se escuchó minutos después de las nueve a. m. fue una escuela con fuerzas enemigas que voló. Le agradeceré confirmarme la noticia. Villa aquí está: dice desalojó a unos treinta voluntarios de un cuartel y rechazó a 300 soldados que salieron del cuartel grande, pero a ese edificio no le ha podido hacer nada por falta de artillería […] De todos modos necesitamos obrar con vigor y tratar a la gente con energía, mandando fusilar a algunos de esos que prefieren dedicarse al pillaje que ir a combatir, así como a los que corren frente al enemigo […] Tengo aquí unos 200 hombres de Casas Grandes y más de 100 de Villa. Si los necesita mándeme decir para mandárselos, pero siempre que pueda utilizarlos en el combate, si no ya sabe que se dedican al pillaje.

La respuesta de Orozco debe de haber sido que enviara a José de la Luz Blanco y mantuviera a Villa en reserva, porque en el parte de Orozco se registra que en las siguientes horas de la mañana un refuerzo de 250 hombres llegados de Casas Grandes tomó la escuela de niñas y que las tropas de Villa han sido puestas en reserva para impedir la fuga de los sitiados.

Hacia mediodía, unos dirán que a las 11:30, otros que a las 12:10, otros que a las 12:30, la guarnición del ejército federal en Ciudad Juárez se rinde. Asoma la bandera blanca por las ventanas del cuartel. Unos dirán que Navarro le entregó su espada al capitán Caraveo, otros que a las tropas del mayor Félix Terrazas; Garibaldi dirá que se la entregó a él, aunque Rivero dirá que no hubo espada por ningún lado, que Navarro la había dejado en el cuarto de banderas.

Quizá uno de los testimonios más serios, el de Roque González Garza, sea el que se ajuste más a la verdad. Roque cuenta que estaba en el cuartel general y entonces Madero le ordenó levantar a Villa, que estaba dormido porque había combatido toda la noche. Juntos llegan a tiempo para ver la rendición. Según Roque, Garibaldi fue el primero en entrar y recibir la rendición de Navarro.

Villa vuelve a montar su caballo y junto con el teniente coronel González Garza retorna a la Casa de Adobe para llevarle a Madero la noticia. "¿Qué me dices, Pancho?", dirá Francisco Madero ante una victoria que no buscó, que no merece. Y no da crédito a la noticia. Hay en el archivo de Aultman una foto —durante mucho tiempo se le atribuyó a Otis, pero fue tomada por Jimmy Hare— que muestra una cabalgata impetuosa en medio de los árboles: Roque González Garza lleva una bandera nacional, Madero con sombrero, y a su derecha Pancho Villa endomingado (había dormido finalmente) con dos cananas sobre su traje, avanzando hacia la ciudad.

Para evitar que se fugaran y se confundieran con la gente, Villa ordenó que los soldados federales fueran encuerados y llevados a la cárcel; mucha gente de El Paso, al conocer la noticia de la rendición, acudió a contemplar el inusitado desfilar de federales en calzoncillos.

El número de heridos y muertos que produjo la batalla será motivo de debate. El general Navarro, que en su condición de detenido tiene pocas posibilidades de hacer un resumen, dirá un mes más tarde en su parte que perdió 35 muertos y 37 heridos, y que los maderistas sufrieron 400 muertos y 200 heridos. Abraham González dirá que los federales tuvieron 100 muertos y 137 heridos y los maderistas sufrieron 15 muertos y 50 heridos. Las bajas reales deben haber estado en medio de las dos estimaciones, que exageraban el número de enemigos heridos o muertos y disminuían los propios. La prensa de El Paso dará la cifra de trescientos entre muertos y heridos de ambos bandos.

Ciudad Juárez estaba en manos de la rebelión maderista. La victoria era militarmente poco significativa porque la guarnición de Juárez sólo representaba una décima parte de la guarnición del estado de Chihuahua, y a su vez era insignificante en el contexto nacional. Pero era la primera gran victoria de la revolución.

O por lo menos eso parecía en aquellos momentos de júbilo.

Notas

a)   Fuentes: Los tres días de combates está recogidos en las memorias de Villa (versiones Bauche y Martín Luis Guzmán, con ligerísimas variantes.) En el parte de Orozco reproducido por Cervantes: *Francisco Villa y la revolución*, hay un error de fechas, y donde dice "abril" debe decir "mayo". El parte del general Navarro (escrito un mes después de los hechos desde El Paso), también en Cervantes. Calzadíaz: *Hechos reales de la revolución*, tomo 1, y Armando Chávez: "Villa y la toma de Ciudad Juárez", tienden a magnificar el papel de Villa y le dan un papel protagónico excesivo.

La decisión de Orozco y Villa de provocar el enfrentamiento y los acontecimientos del día 8, con muchas variantes en: Campobello: *Apuntes sobre la vida militar de Francisco Villa.* Berumen-Siller: *1911*, I y II. Benjamín Herrera: *Chihuahua, cuna y chispa de la Revolución Mexicana.* Heliodoro Olea: *Apuntes históricos de la Revolución de 1910-1911: de Bachíniva a Cd. Juárez.* Rivero: *Hacia la verdad.* Puente: *Villa.* R. A. Ugalde: *Vida de Pascual Orozco.* Hare citado en Cecil Carnes: *Jimmy Hare News Photographer.* Valadés: "Los tratados…"

Foto en la Elite Confectionary, Berumen la identifica como de Scott aunque está en el archivo de Otis Aultman. Los gustos de Villa por los helados en Romo: "Ringside seat to a revolution".

Algunas fuentes añaden, entre los conspiradores que iniciaron el combate, a José de la Luz Blanco y Garibaldi, lo que no debe ser cierto porque sus tropas no intervendrán en la provocación.

Existe una discrepancia entre los horarios en que se produjeron los combates en Juárez. Mientras que fuentes federales hablan de que desde las primeras horas de la mañana hubo tiroteos, casi todas las fuentes maderistas parecen establecer el inicio de la provocación y los combates a primeras horas de la tarde, aunque con divergencias también en las horas.

Tiradores maderistas en las azoteas.

La versión de que el "camisa colorada" era el capitán Reyes Robinson y que "fue uno de los primeros que entraron en la toma de Ciudad Juárez" fue dada por una certificación de Pascual Orozco al propio capitán el 18 de noviembre de 1911, que registra Almada: *Revolución 1.* Quizá su intervención dio origen al mito de que dos revolucionarios con camisas roja y azul iniciaron los combates.

Las fuentes discrepan sobre el número de hombres que formaban la brigada de Villa durante el ataque, las cifras van de 650 a 200, incluyendo y excluyendo a los sonorenses de Samaniego.

Disparando contra los federales, foto de Robert Dorman.

Siller: *1911* recoge varios testimonios que parecen mostrar que los maderistas ejecutaron al coronel Tamborell después de que salió herido del cuartel.

La última intervención de Villa en los combates debe de haber sido cuando obligó a replegarse en la mañana del 10 a la caballería de Navarro a su cuartel. Villa, en Bauche, habla de ella; Navarro no lo comenta, pero Olea lo confirma.

Raúl Madero y los suyos en Ciudad Juárez.

Madero y Villa entrando a Juárez. En otras versiones de la foto se ve claramente a Roque González Garza con la bandera y a Abraham González. La foto se atribuyó a Aultman, aunque Berumen la identifica como de Jimmy Hare. La presencia de Roque en estos últimos instantes en Roque González Garza: PHO 1/18.

Además: Giuseppe Garibaldi: "Cómo se efectuó la toma de Ciudad Juárez" y "El héroe Giusseppe Garibaldi" (en *Chihuahua, textos para su historia*). Alberto Heredia: "Ataque y toma de Ciudad Juárez" en Altamirano: *Chihuahua 3*, basado en los periódicos de El Paso, que equivoca las fechas y hace que los acontecimientos sucedan el 9, 10 y 11 de mayo en lugar del 8, 9 y 10 (quizá porque utiliza las fechas de edición de los diarios). Adán Mantecón: *Recuerdos de un villista.* Juan Gualberto Amaya: *Madero y los auténticos revolucionarios de 1910.* David Romo: "Ringside seat to a revolution". Adolfo Gilly: *Arriba los de abajo* ("No construir el porvenir con obediencia y paciencia, virtudes mexicanas de los tiempos de sombra, sino irrumpir en él con tumulto"). Hay un excelente testimonio desde el punto de vista de Madero de los tres días de combates en Toribio Esquivel: *Democracia y personalismo.* Lawrence Taylor: "El fracaso de la campaña militar porfirista en 1911". Oscar J. Martínez: *El auge de una ciudad fronteriza a partir de 1948.* Salvador Toscano: *Memorias de un mexicano.* Un muy buen plano de la batalla de Ciudad Juárez en el informe de los militares "Campaña de 1910 a 1911".

OCHO

"LE HAN HECHO TONTO TODA ESTA BOLA DE CURROS"

Tras la rendición de los federales se produce un hecho de sangre que pondrá nerviosos a los liberales maderistas y que habla del carácter de Villa. Un grupo de soldados le entrega detenido a Pancho un civil, el viejo dueño de una ferretería. Cuando trata de averiguar por qué la gente lo ha detenido, el personaje le dice que "él había matado a más maderistas que los propios federales". Con un rifle de salón calibre 22 había estado actuando como francotirador desde la parte de arriba de su negocio (otros, más anticlericales, dirán que desde la iglesia) durante los tres días de combate. Ahí mismo, sin dudar, Villa sacó su pistola y le dio un tiro en la cabeza.

Luego Villa se dedicó a resolver el terrible caos que deja tras de sí una batalla. Mandó un grupo de diez hombres para que hicieran una fosa común en el cementerio y organizó una brigada para recoger los cadáveres. Fue a la panadería de José Muñiz y le ordenó que pusiera a todos sus panaderos a trabajar. A las cinco de la mañana siguiente repartirá diez costales de pan en la cárcel a los soldados federales y luego a sus tropas; los que no alcanzan comida son enviados a "hacer fajina" por ahí.

Un observador registrará que un día después del combate verá pasar conversando al coronel Pancho Villa y a Abraham González frente a la Aduana, "enlazados los brazos de uno y otro por sus espaldas, platicando con natural cordialidad". Abraham había recibido noticias de saqueos por parte de las tropas de Villa y le estaba reclamando de muy buen modo. Villa le dijo que los detendría. Abraham: "Nos deshonra". Villa le responderá que sí, que deshonra, pero que a la tropa le faltan alimentos, medicinas y jabón, que los caballos necesitan pasturas, pero que pondrá en orden a su gente.

Esa misma tarde se realiza el funeral del famoso coronel Tamborell. Madero, que quiere quedar bien con el ejército derrotado, le ordena a su hermano Raúl que lo represente haciendo una guardia a nombre de los maderistas; ni Villa ni Orozco estarán presentes. Y no es que sean faltos de generosidad, porque ese mismo día Villa le dirá en la cárcel al general Navarro que "todo sentimiento de rencor había desaparecido" y "sólo quedaba admiración", lo abrazará e invitará a nueve de sus oficiales encarcelados a comer en la casa Ziegler de El Paso, bajo palabra de que lo acompañarán de regreso a la cárcel. No es pues falta de estilo, sino que una cosa es la generosidad y otra andar perdonando al que dijo que no tenían huevos.

En los periódicos se publican cábalas. Tienen trece letras los nombres de Pancho I. Madero, Francisco Villa, Pascual Orozco, José Garibaldi, José Luz Blanco, aunque para que cuadre hay que volver Pancho a Madero y Francisco a Villa, quitarle el "de" a De la Luz y tornar Giuseppe en José. Con eso especula un diario de la ciudad de México. Esas cosas a Madero, de vocación espiritista, deberían gustarle.

El día se va en las pequeñas tareas. El Paso estaba funcionado como retaguardia sanitaria de los revolucionarios triunfantes; previamente habían sido atendidos allí los heridos de Casas Grandes, y ahora estaban bajo cuidados médicos los heridos de los tres días de combate. Villa irá de visita a uno de aquellos hospitales improvisados con su compadre José Ávila y se fotografiará muy serio rodeado de enfermeras.

El 12 de mayo Roque Estrada estaba en la cantina del hotel Sheldon en el Paso cuando llegó Pascual Orozco y lo acompañó con una cerveza. Orozco estaba enfurecido con Madero. Su secretario, José Córdoba, había ido a verlo con la petición de que se entregaran alimentos para las tropas y Madero le respondió con un "que se aguanten". La conversación culminó cuando Orozco dijo la enigmática frase de que "Madero está muy redondo para huevo".

Estuviera o no redondo para huevo, esa mañana Madero anuncia su gabinete y suma un nuevo factor de discordia entre sus filas al nombrar ministro de Guerra a Venustiano Carranza. El político de Coahuila poco había tenido que ver con la guerra, en la primera parte de la campaña no se le había visto en Chihuahua y durante los combates de Ciudad Juárez no había pisado territorio mexicano, pues permaneció en el hotel Sheldon como un civil más. No era la mejor selección en un campamento lleno de guerreros.

La ronda de conversaciones del enfurecido Pascual Orozco continúaba. A media mañana visitó en su hotel en El Paso a Toribio Esquivel (curiosamente, un representante del enemigo en las conversaciones de paz). Orozco llegó con una escolta a la que pidió que regresara media hora más tarde. Esquivel cuenta que se quejó de que sus tropas estaban pasando hambre y de que alrededor de Madero había muchas personas de "poco juicio". Se dijo que los enviados de Díaz, Braniff y Toribio Esquivel advirtieron el descontento y cultivaron a Orozco. Madero así lo pensaría más tarde.

Villa contará que en una "misteriosa cita nocturna" Orozco le propuso ajusticiar a Navarro, responsable de los fusilamientos de Cerro Prieto. Aunque Villa el día anterior había hecho sus paces con el general, es cierto que la herida de Cerro Prieto estaba abierta, que Orozco había perdido a un tío y Villa a tres de sus mejores amigos y compadres. Que existía voluntad entre la tropa de que Navarro fuera juzgado en un consejo de guerra, era evidente; lo testimonia el telegrama que ese mismo día Albino Frías envió a Madero pidiendo que se mandara a Navarro a ver a las viudas de los huérfanos de los fusilados, que se le garantizaría la vida.

Pero es muy probable que ese no haya sido el argumento fundamental, ni tampoco el nombramiento de Venustiano Carranza como ministro de Guerra, cosa que a Villa debería interesarle bien poco (aunque quizá Orozco esperaba que el nombramiento recayera en él mismo), sino el problema de la falta de comida para la tropa y el desprecio en general para el ejército popular que Madero y sus asesores expresaban. El caso es que se citaron para la mañana siguiente ante la sede del gobierno.

Al amanecer del día 12 se formaron las tropas del mayor José Orozco y el capitán Olea ante la Aduana. Al rato llegó Orozco con su Estado Mayor y poco después Villa con 50 de sus hombres, que formó en la otra banqueta en hilera de dos en fondo.

Hay un par de fotos de H. J. Gutiérrez que muestran a las tropas de Villa y Orozco ante el cuartel general. En una parecen tranquilos, algunos sentados en los bordes de las banquetas, otros apoyados en sus rifles. Son unos doscientos y no hay muestras de tensión. En la segunda, que saldría publicada poco después, se nota curiosidad más que tensión, mientras una multitud de hombres armados rodea, algunos intentando mantener una formación y mezclados con niños y mirones, las oficinas de la Aduana.

Como a las 10 de la mañana Madero apareció acompañado por Abraham González y su escolta, que dirigía Máximo Castillo. Al parecer la presencia de tropas armadas lo desconcertó. Ingresó en el edificio seguido por Orozco y Villa.

Lo que sucedió después habría de mover muchos tinteros y gastar abundante cinta de máquina de escribir y cartuchos de tinta de impresora en los siguientes noventa años. La historia fue contada y recontada por los protagonistas, los amigos de los actores y los historiadores; fue usada como material de combate político y descalificación, muestra de la vocación de traición y falta de lealtad de unos, de la inocencia de otros. Particularmente en los siguientes cinco o seis años habría de ser usada y vuelta a usar. Hurgando entre una veintena de versiones el narrador intenta con dificultad ordenar los hechos.

Madero, el día después, suavizando los hechos para combatir el alud alarmista de la prensa que lo debilitaba en las negociaciones con la dictadura, dirá que Orozco "se quejaba de que sus tropas no tenían bastantes alimentos y quería echarle la culpa a las personas designadas por mí para abastecer al ejército; pero la verdad es que en los almacenes tenemos provisiones de sobra, así es que la falta es del proveedor de su cuerpo, que no se ha ocupado en cumplir con su deber. También me manifestó que no le agradaban las personas que había designado como consejeros (se refiere a Venustiano Carranza), pero le contesté que no era él quien debía indicarme a quienes debía designar".

Otras fuentes señalan que además de la reclamación de que "no se estaba dando de comer a la gente", Orozco y Villa dijeron que la tropa pedía un juicio en un consejo de guerra para el general Navarro. De las palabras se pasó a los empujones y Abraham González fue a dar al suelo producto de un empellón. El periodista Gonzalo Rivero asentaría que lo que sucedió en el interior del edificio no duró "más de seis minutos".

En un determinado momento Orozco trató de tomar a Madero del brazo, pero éste se le escurrió y fue hacia la puerta. Villa, que traía la pistola en la mano, se le atravesó, y Madero le gritó: "¿Y cómo, Pancho? ¡Tú también estás en mi contra!"

Castillo, que se encontraba en el exterior, narrará: "Observé que Villa traía al señor Madero estirándole un brazo y que el señor Madero se resistía". Villa estaba intentando sacar a Madero y le decía: "Camine, camine". Un par de guardias los separaron. Madero daba voces: "¡Fusilen a Villa!"

Madero fue hacia un automóvil que se encontraba estacionado en la banqueta. En pleno drama, Orozco salió del edificio con una pistola escuadra en la mano. Ya había demasiadas armas por ahí. Roque González Garza sacó la suya y amenazó a Orozco. La llegada de Villa impidió que comenzara el tiroteo. Orozco siguió a Madero y dijo: "Dese por preso, señor Madero". Éste se zafó y fue a dar contra Villa, que estaba en la entrada. Forcejearon.

Mientras Castillo y Orozco se enfrentaban pistola en mano. Madero se subió en el coche, Orozco se quedó en el estribo, sin saber bien qué hacer. Los guardias de Castillo lo apuntaban. Raúl Madero encaró a Orozco con una pistola y Abraham González lo abrazó inmovilizándolo. Todo esto ha sucedido en segundos, en muy pocos segundos, en medio de gritos, amenazas y pistolas que salen a relucir, ante la desconcertada presencia de varios centenares de hombres armados.

Madero se subió al techo del carro estacionado y hablando hacia las filas de soldados rebeldes les dijo que Orozco y Villa lo querían deponer. El periodista estadounidense Timothy Turner recuerda que la tropa en la calle gritaba mueras a Navarro y que Madero les dijo que no permitiría un linchamiento, que era su prisionero. Luego preguntó a los soldados: "¿A quién obedecen ustedes, a mí o a Orozco?" Los gritos de respuesta son desiguales, lo mismo dicen que a él, que a Orozco; algunos contestan: "A los dos". Orozco, desde abajo del automóvil, insistía: "Dese usted preso, Madero". En una conversación un tanto absurda Madero le dijo que no usara su pistola. Orozco insistió en que si hacía falta la usaría. Madero le ofreció entonces, y parece que todo el acto se produjo intercambiando gritos, mezclados con los gritos de otros, con diez pequeñas escenas paralelas sucediéndose, que se dieran allí mismo un abrazo y terminaran esa historia. Orozco, encabronado, le reclamó: "Usted es un hombre inútil, inservible, no es capaz de dar de comer a la gente… ¿Cómo podrá ser presidente? Usted es un embustero".

Madero no le respondió y en cambió habló a la tropa: "Está arreglado todo, en un momento habrá comida y vestido". E insistía en que Orozco le diera la

mano. Los propios oficiales de Orozco, Olea y José Orozco, obligaron a Pascual
a que le diera la mano al presidente. Madero contará más tarde: "Orozco y yo
nos estrechábamos las manos quedando todo olvidado, pues yo tuve en cuenta
que si es cierto que acababa de cometer una falta, en cambio había prestado
grandes servicios a la Patria". En su propia versión Villa estaba sorprendido;
cuando reaccionó ordenó que los hombres formados en la calle regresaran a sus
cuarteles. Unos momentos más tarde Madero firmó allí mismo un cheque por
40 mil pesos para que se comprara en El Paso comida para la tropa.

Las fuentes villistas dicen que ya de nuevo en el interior del edificio, Villa
le pidió a Madero que ordenara fusilarlo, porque no merecía vivir después de
ese arrebato.

Después del choque Madero decidió proteger a Navarro:

Como temí que algunos soldados mal aconsejados fuesen a cometer algún ultraje
al Gral. Navarro, lo llevé desde un principio a mi casa; pero como no podía estar
constantemente a su lado y con lo que pasó, llegué a temer que se le ultrajase en
mi ausencia y para evitarlo, lo llevé personalmente a la orilla del río para que pa-
sase a territorio americano, en donde sigue siendo mi prisionero de guerra, bajo su
palabra de honor […] En honor de Orozco debo decir que él mismo me propuso
que obrásemos de esta manera desde un principio y aun el mismo Villa, cuando le
manifesté mi intención de perdonarle la vida a Navarro, me dijo con toda sumisión
que lo que yo hiciera estaba bien hecho.

Navarro contará: "A Madero le debo la vida […] me condujo en automóvil
hasta el vado, frente a Washington Park", y de ahí el general cruzó a caballo a
Estados Unidos.

Madero haría una declaración ese mismo día aclarando a la prensa lo sucedido. Lo atribuye a que Orozco actuó "por la adulación y mal aconsejado por
personas interesadas en traer la desunión entre nosotros", y aclara: "Por consiguiente, no es exacto que ni por sólo un instante haya pensado yo, ni ofrecido,
hacer que dimitan de sus cargos los Consejeros que designé hace pocos días, ni
que ninguno de ellos fuera huyendo a El Paso". Y remata con una muestra de
confianza, más para la galería que para sí mismo, pues aún no debía de haberse
despejado la tensión: "Este acontecimiento, de por sí desagradable, me ha venido
a proporcionar un dato más para estar seguro de que cuento con mis soldados en
cualquier caso que sea y que los jefes, aunque por un momento pueden llegarse
a extraviar, no se atreven nunca a desobedecer mis órdenes".

La reacción de los políticos que acompañan a Madero es inmediata. "Alfonso"
(que le da el trato de "muy querido hermano") le escribe a Madero que los responsables de las conspiraciones son "Esquivel y Braniff con sus conversaciones
con los jefes con los que discuten tus nombramientos". Sugiere que mande en
comisión a sus oficiales a "expediciones" y se quede con Villa ("pues éste no

discute tus órdenes"), creando con él un regimiento "Supremos Poderes", tal como en su día había hecho Benito Juárez, dependiente del presidente.

Madero culpa del motín a los enviados de Díaz: Braniff y Esquivel. Cuando el secretario de Madero, Sánchez Azcona, le dice a Esquivel en El Paso que mejor no vaya por Juárez, Esquivel asegura que no es cierto que haya comprado a Orozco y sólo reconoce que ha hablado con él para suavizar su rechazo a la causa común de la paz. Braniff le escribirá a Madero en el mismo sentido. Pero el presidente rompe relaciones con ellos convencido, como diría Roque González Garza, de que "los comisionados de Don Porfirio estaban haciendo una labor de zapa tremenda".

Al día siguiente, el 13 de mayo, tras el conato de insubordinación hay un tenso ambiente en el entorno maderista. Todos tienen opiniones contra todos. Sólo Madero ha recobrado la ecuanimidad. El bóer Viljoen le escribirá una nota en la que además de advertirle que "los emisarios federales están tratando de indisponer a sus oficiales contra usted", aprovecha para sugerirle que se libre de Pancho Villa: "Sería sabio encontrar alguna excusa para despachar a Villa a algún lugar o bien sacarlo de Juárez, y a la más rápida oportunidad librarse de él [...] quiero sugerir que llame a sus oficiales incluyendo Orozco, Blanco, Villa, Garibaldi, y otros que tengan influencia con los hombres y formalmente discutir con ellos el nombramiento del gabinete, así como los nombramientos de los mandos militares en Juárez, desarmándolos de la acusación de que no se les reconoce. Esto es necesario porque están en Juárez, la plaza que han capturado. Sería bueno nombrar a Orozco Ministro de Guerra. Creo que sería sabio encontrar alguna excusa para despachar al señor Villa a cualquier lugar de manera de alejarlo de Juárez, y a la primera oportunidad debe librarse de éste hombre; será un detrimento para ti siempre que tenga poder".

Ese día, tan sólo 24 horas después del incidente, Roque González Garza, otro de los personajes que actuaban buscando la distensión, acompañó a Villa a El Paso y tuvo que escucharlo expresar su enfado contra el presidente. Pero Sánchez Azcona, que era secretario de Madero, tenía otra percepción, pensaba que la confrontación dejó dos hondas huellas en Villa, "una ilimitada admiración y un profundo afecto hacia el iniciador del movimiento". La verdad, según los hechos que habrán de narrarse, tenía mucho de las dos cosas. A Villa, sin embargo, le queda un cierto resentimiento contra Orozco, que sentía que lo había embarcado. El periodista Guillermo Martínez, que estaba por allí, registra la *muina* del coronel Villa y una sola frase que mostraba su desconfianza respecto de Orozco. Villa decía: "Es muy *callao*", y nada más.

Dos días más tarde Madero le escribe a Pascual Orozco una carta que se hará pública (y que probablemente haya sido escrita para que así lo fuera): "La fantasía popular y nuestros adversarios han dado dimensiones que no tienen [...] Si bien es cierto que tuvimos una discusión relativamente acalorada, muy lejos estuvimos de abrigar la idea de desunirnos [...] Nunca he puesto en duda

su lealtad a mi gobierno". Orozco le responde: "Nuestra unión es indestructible".
El incidente ha quedado zanjado.

Madero, tras el breve interludio, puede volver a la dirección de la rebelión.
No ha tomado ninguna disposición militar para avanzar sobre la capital del estado, intuye que la pura caída de Ciudad Juárez es suficiente para derribar a la
dictadura. Juárez no tenía trascendencia militar, pero de los 31 estados y entidades que componían México, 26 tenían movimientos armados activos de mayor
o menor intensidad, guerrillas y partidas. Las líneas férreas estaban cortadas al
norte de Saltillo, no se podía llegar del Distrito Federal a Guadalajara. La toma
de La Piedad por los rebeldes impedía acceder a Manzanillo. La vía a Chihuahua
estaba bloqueada desde Aguascalientes, el ferrocarril a Laredo cortado al norte
de San Luis. Pachuca y Cuernavaca estaban tomadas por partidas de insurrectos.
Al igual que Iguala, Cuautla, Colima, Mazatlán, Tepic. Es cierto, no eran fuerzas
significativas. Es cierto, los federales no habían movilizado a 14 mil de sus 30
mil soldados. Es cierto, eran *latrofacciosos*, chusma, robavacas, como decía la
prensa porfirista, estaban mal armados y apenas si dirigidos militarmente. Pero
la dictadura se desmoronaba.

El 17 de mayo Madero anuncia el cese de hostilidades por cinco días al
conocerse la renuncia de Porfirio Díaz. El *New York Times* registra que el coronel
Villa parecía "no estar contento con nada". El mismo Villa que ese mismo día, a
las 3:30 de la tarde, cruzó el puente internacional y entró en El Paso. Iba armado
y enfurecido. Garibaldi estaba en el *lobby* del Shelton en El Paso cuando vio a
Villa discutiendo con el encargado del hotel. Villa, que estaba fuera de control,
le preguntó el nombre de dos gringos que lo había acusado de cobarde. Antes
de que Garibaldi pudiera responder Villa fue capturado por el *sheriff* de El Paso
y otros dos hombres que lo desarmaron y lo pusieron sin ceremonias del otro
lado de la frontera. El servicio secreto prohibió a Villa volver a entrar a El Paso
armado.

Esa noche, para celebrar la victoria se realizó un banquete en la Aduana
de Ciudad Juárez. Villa contará años más tarde, probablemente alegrando los
diálogos con base en futuros acontecimientos:

> Estaba sentado a la mesa todo cortado y la verdad es que no saborié la comida. Llegó
> la hora de los espiches y toa la bola de políticos habló de lo lindo. Los únicos que
> permanecimos mudos fuimos Orozco y yo. Al notar esto, Maderito se levantó de su
> asiento y dirigiéndose a mí con las siguientes palabras:
> —¿Qué te parece, Pancho? Ya se acabó la guerra. ¿No te da gusto?
> Yo me negué a pronunciar palabra, pero Gustavo, que estaba cerca de mí, me
> indicó en voz baja:
> —Ándele, caporal, diga algo.
> Por fin decidí levantarme y recuerdo perfectamente que me dirigí al señor
> Madero ni más ni menos.
> —Usted, señor, ya echó a perder la revolución.

—A ver, Pancho, ¿por qué?

Sencillamente porque a usted le han hecho tonto toda esta bola de curros y tanto a usted como a todos nos van a cortar el pescuezo.

—Bueno, Pancho, dime, en tu concepto, ¿qué sería lo más prudente hacer?

Que me dé usted autorización para colgar a toda esta bola de políticos y que siga la revolución adelante.

La cara que pusieron todos los curros, al grado que azorado el jefe de la revolución me contestó:

—¡Qué bárbaro eres, Pancho! ¡Siéntate, siéntate!

En esos momentos dirigí mi vista a Gustavo Madero que me hacía con sus puños cerrados un ademán de justificación a mi dicho.

Pero no todo es tan suave ni tan festivo, tan condescendiente y tan amable. Existe una supuesta carta de Madero en la que hablando sobre sus irregulares de Chihuahua dice: "El coronel Francisco Villa, ese está separado del mando y no conviene dárselo por ningún motivo pues es hombre peligroso". La veracidad del documento es relativamente discutible, pero la actitud del caudillo de la revolución parecería confirmarla. La palabra *peligroso* suele circular asociada a Villa en el entorno de Madero.

Un día más tarde Raúl Madero visitará a Villa y le pedirá que vaya a entrevistarse con su hermano Francisco. Pancho visita a Madero en el edificio de la Aduana. El presidente provisional de la revolución lo propondrá, o será el propio Villa quien haga el ofrecimiento, pero de esa reunión salen con el acuerdo que Pancho habrá de licenciarse del ejército rebelde. Madero le propone a su hermano Raúl para que se haga cargo de sus tropas y le ofrece 25 mil pesos. Villa no los acepta. Años más tarde dirá: "No había defendido la causa por interés de dinero, sino sólo para conseguir con el triunfo las garantías que nos negaban a los pobres, o sea, que yo me retiraba a vivir de mi trabajo, si las dichas garantías me las ofrecía él, puesto que la revolución ya había triunfado". Finalmente, tras la insistencia de Madero, acepta 11,500 pesos plata (Villa recordará que sólo aceptó 10 mil), lo que queda reflejado en dos documentos, un acuerdo del Gobierno provisional de la República firmado por Madero en que se dice que el dinero corresponde a "gastos hechos por Villa en favor de la Revolución, así como sus sueldos y gratificación correspondiente por el tiempo que ha prestado servicios a la causa", y una nota de la Secretaría de Gobernación en la que está de acuerdo en que los fondos dados a Villa "sean considerados como fondos de licenciamiento". Curiosamente, hay una condicionante: "Esta suma será pagada tan pronto como el C. Coronel Francisco Villa con su familia, se encuentre radicado en Los Ángeles, California". De tal manera que Villa ha aceptado no sólo el abandono de su brigada, sino también el exilio. Nunca más se hablará de ello, Villa no lo mencionará y Madero parecerá olvidarlo. Villa hará entrega formal del mando de su brigada a Raúl Madero y con una parte de los 11,500 pesos comprará mil 500 hectolitros de maíz para las viudas de su tropa de San Andrés.

Existe una foto de pancho Villa después de los combates, es un Villa endomingado y rasurado, sobre un caballo blanco que parece de cartón. Villa ha dejado la cara hosca de los días anteriores, parece contento.

El 21 de mayo se firman los Tratados de Ciudad Juárez. Porfirio Díaz y el vicepresidente Corral renunciarán, un oscuro personaje llamado Francisco León de la Barra, ministro de Relaciones Exteriores, será el presidente provisional encargado de convocar a elecciones. Las tropas revolucionarias serán licenciadas.

Y ese mismo día un grupo de soldados maderistas de la brigada de Pancho Villa, entre los que se cuentan su secretario José B. García y el capitán Manuel Ochoa, le escriben una carta a Madero en la que le plantean una serie de agravios y dudas. No es justo abandonar a las viudas. ¿Nos vamos a la ciudad de México? No sabemos a qué atenernos. Muchos no tenemos recursos para regresar a nuestras casas. No tenemos ninguna garantía de su programa.

No hay constancia de que hayan recibido respuesta.

El historiador inglés Alan Knight trata de obtener una visión de conjunto del problema militar (del cual la situación de Villa y sus hombres eran un buen ejemplo) y dice: "El problema principal yacía en el ejército maderista, pues era una auténtica hidra militar, con docenas de cabecillas individuales que ejercían autoridad personal en las distintas regiones y desafiaban cualquier intento de coordinación". Se equivoca totalmente. Lo que ha descrito es un ejército popular que podía ser organizado si se le daba respuesta social a sus demandas. El problema no estaba allí, estaba en su inverso, porque las negociaciones habían dejado intacta la armazón, la estructura, los mandos, las querencias reaccionarias, autoritarias y oligárquicas del ejército federal porfiriano. Y eso le iba a costar la vida al maderismo y a Pancho Madero, su figura rectora.

NOTAS

a)   Fuentes. Caso Mestas: Olea: *Apuntes*. Luis Aguirre Benavides: "Francisco Villa íntimo". *The Sun*: "Villa, asesino, bandido y consumado hombre malo". Luis y Adrián Aguirre Benavides: *Las grandes batallas de la División del Norte*.

La insubordinación de Orozco y Villa está registrada en Bauche: *Villa*. Urquizo: ¡*Viva Madero!* Y de manera muy completa en Valadés: "Los tratados de Ciudad Juárez". Las cartas de Madero, Braniff, Esquivel, Pascual Orozco, Viljoen y "Alfonso" en José C. Valadés: "La insubordinación del general Orozco". Las versiones de Abraham

Villa repeinado, después de la batalla.

Posando para D. W. Hoffman en los días posteriores a la toma de Ciudad Juárez.

González y su propia reconstrucción en Roque Estrada: *La revolución y Francisco I. Madero*. Bonilla Jr.: *El régimen maderista*, Toribio Esquivel: *Democracia y personalismo*. Luis Aguirre Benavides: *De Francisco I. Madero a Francisco Villa*. Jesús Vargas: *Máximo Castillo*. Siller y Berumen: *1911*. La voz de Navarro en Gonzalo Rivero: *Hacia la verdad*. Timothy Turner: *Bullets, Bottles and Gardenias*. La versión de Villa en Bauche: *Villa*, y en la de Martín Luis Guzmán recogida según Katz: *Pancho Villa* de la "Hoja de servicios", escrita en 1912 en la cárcel y por lo tanto muy anti Orozco. Un año más tarde Villa narrará que el enfrentamiento fue originado en una conspiración de Orozco para que él matara a Madero y luego lo liquidaran a él. No parece tener sustento. Versiones orozquistas en Michel Meyer: *El rebelde del norte. Pascual Orozco y la revolución*. Ugalde: *Vida de Pascual Orozco*. Y Quevedo: *Los colorados*.

En la versión de Gualberto Amaya: *Madero y los auténticos revolucionarios de 1910* (delirantemente pro orozquista) Orozco es el que salva a Madero: "Orozco, hombre por los cuatro costados, no iba a permitir que el señor Madero y sus acompañantes fueran acribillados a balazos por la gente de Villa, y a él se debió que dichos señores salvaran la vida".

Las fotos de Gutiérrez en el AGN/INEHRM.

Los enviados de Porfirio al paso del tiempo le pidieron a Orozco que deshiciera las "calumnias" según las cuáles ellos habían sido los promotores del motín. Pascual Orozco,

Los hermanos Federico y Roque González Garza ante Ciudad Juárez.

en una carta a Braniff, reconoció que "mi disgusto con Madero fue enteramente personal [...] nunca me dio usted dinero ni me hizo ninguna proposición".

El balance de la situación nacional en Ferrer de M.: *Vida de Francisco I. Madero*.

El conflicto en El Paso con Garibaldi: "Americans disarm…", W. Tovar: "Ciudad Juárez, baluarte de la Revolución Mexicana". Garibaldi: *A toast to rebellion*. Muchas versiones le atribuyen a Villa haber ido con la intención de matar a Garibaldi, porque había declarado a la prensa cosas que le molestaban o porque tenía celos del papel protagónico del italiano en el último momento del combate. Me quedo con la versión del propio Garibaldi.

La carta de Madero que descalifica a Villa en *Madero, su obra*, de Alfredo Álvarez, citado por Mena Brito: *El lugarteniente gris de Pancho Villa*.

Madero y el general Navarro en Juárez, mayo 1911.

Y además: Urbano Flores: "Remembranzas". Almada: *La revolución en el estado de Chihuahua* 1.

Mantecón: *Recuerdos de un villista*. Herrera: *Chihuahua, cuna y chispa de la Revolución Mexicana*, "El fatídico trece y la revolución". Nápoles: "El Paso women nursed Villa's wounded troops back in 1910". Sánchez Azcona: *La etapa maderista de la revolución*. Guillermo Martínez: "En las garras de la muerte. Pancho Villa". Roque González Garza PHO 1/18. Jaurrieta: *Con Villa, memorias de campaña*. Alan Knight: *La Revolución Mexicana*.

NUEVE

VIENDO PIRÁMIDES

Villa, aunque se encuentra ya licenciado, jubilado de la guerra por orden presidencial, no renunciará a la entrada triunfal de los maderistas en Chihuahua. El 23 de mayo desfilan ante Abraham González y el general Rábago. Van por la avenida Juárez. Villa encabeza un grupo en el que marchan Martín López, Nicolás Fernández, Andrés U. Vargas, Trinidad Rodríguez, Manuel Ochoa.

Al día siguiente se licencian los irregulares ante Abraham. Nicolás Fernández recuerda: "Nos dio caballo ensillado, carabina y cincuenta pesos" (como las dos primeras cosas ya las tenían, que quede en lo tercero). Sólo 650 permanecerán activos bajo el mando de Orozco como una fuerza regional.

Un grupo de veteranos se reunirá con el gobernador interino para pedirle tierras. Abraham los corta en seco con un "en su debido tiempo" y sugiere que se verá la posibilidad de poner a la venta tierras nacionales. Los combatientes, no contentos con la respuesta, van a entrevistarse con Villa. Le piden que interceda por ellos. Uno de ellos le pregunta si los latifundistas habían comprado sus terrenos a la nación. Villa les dio instrucciones a los albañiles que le estaban arreglando la casa para que siguieran sin él y encabezó el grupo que retornó a entrevistarse con el gobernador. Nuevamente la respuesta fue: hay que esperar. Jesús Vargas comenta: "En el caso particular de Chihuahua fue ésta una aberración porque en las estadísticas de la época se tenían contabilizadas más de cuatro millones de hectáreas como terrenos nacionales".

Y eso referido a las tierras baldías. La Chihuahua porfirista era el clan Terrazas y lo seguía siendo. Luis Terrazas, según el periodista Silvestre Terrazas (con el que no tenía ningún parentesco) era "el mayor ganadero del mundo". Propietario de dos millones y medio de hectáreas, más otras propiedades menores compartidas con su yerno Creel, o propiedad de su hijo Luis. Dueño de medio millón de ovejas, 25 mil caballos, el transporte urbano en Chihuahua, Juárez y Parral; el 70 por ciento de la producción de la harina, la mitad del ganado de Chihuahua, el teléfono y la electricidad, el monopolio de la remolacha y la única cervecería. Todo ello ligado por una pasmosa estructura de ramificaciones matrimoniales y parentescos, alianzas, negocios y compadrazgos que se extendía a Coahuila y Nuevo León.

Sin duda el maderismo armado había moderado a la oligarquía derrotando a sus más inmediatos representantes, pero no había tocado su esencia.

No le faltaba razón a los magonistas que decían que la revolución había sido de mentiras y el 24 de mayo lanzaban un manifiesto diciendo que la lucha armada proseguía. Pero era una propuesta muy minoritaria y la mayoría de los chihuahuenses estaban dispuestos a darle tiempo y confianza al gobierno de Madero. Ellos y buena parte de la nación. La cámara de Salvador Toscano registra la marcha triunfal hacia el sur de Francisco Madero, el tren rodeado de curiosos eufóricos, la fiesta de las fiestas, la dictadura que se va. Villa de alguna manera se estaba perdiendo la celebración de la victoria. Una fiesta a la que debería haber sido invitado.

Mientras tanto, acompañado de cinco de sus compañeros, entre los que estaban su secretario Tomás Franco y Martín López, tomó el tren el 25 de mayo hacia San Andrés para poner en orden su relación con la Güera Luz Corral. La familia de Luz les concedió el permiso y la mujer se fue a Chihuahua a comprar el vestido de novia mientras Villa se quedó en San Andrés arreglando "lo demás". Luz retornará al pueblo con lo único que puede conseguir por la premura, un traje que era originalmente para "una señorita de Camargo". La compra desparramó el rumor de que Villa se iba a casar.

El 27 de mayo Francisco Villa y Luz Corral se casan a las 12 de la mañana en la iglesia de San Andrés; el padrino, en representación del gobernador Abraham González, es Fortunato Casavantes. El cura, de apellido Muñoz, ha tenido un curioso intercambio de palabras con Villa:

—¿Coronel, usted se va a confesar?

—Mire, para confesarme necesitaría usted más de ocho días, y la boda va a ser mañana. Además, necesitaría un corazón más grande que el mío para decirle todo lo que el señor me ha dado licencia de hacer.

Una semana después, el 9 de junio de 1911, miles de chihuahuenses reciben festivamente al gobernador interino Abraham González que llega de Ciudad Juárez. Al día siguiente tomará posesión y ese mismo día, el 10 de junio Villa llegará a Chihuahua procedente de Santa Isabel. Va a preparar una corrida de toros de beneficencia para viudas e hijos de revolucionarios. Un Pancho vestido de charro, con botonadura de plata, es vitoreado al descender del tren.

No sabemos quiénes fueron los toreros ni de dónde venían los toros, pero sí sabemos que la corrida, suspendida por mal tiempo el domingo 11 de junio, se volvió dos, que se harían el 18 y el 25. En la primera la entrada fue buena en sol y regular en sombra. Villa estuvo en su palco con Abraham González y otras autoridades. Se juntaron $232.50, y en la del siguiente domingo $173.87. En la noche Villa y Pedro Muñoz organizaron un baile en la Quinta Espinoza, donde danzaron 100 parejas hasta el amanecer.

El 17 de junio se ha de producir una historia que revela al nuevo Pancho Villa, hombre de orden. A las 2:45 de la tarde, en la calle Carlos Fuero, frente a la estación del Pacífico, se armó una gresca entre los hermanos Mendoza y Teodoro García, al que le dieron dos puñaladas y una le afectó un pulmón.

Los atacantes echaron a correr dejando a García comatoso. Pancho Villa, que iba pasando, detuvo a uno de ellos, Jesús, y tras entregarlo al jefe del patio del ferrocarril, montó en el caballo y se lanzó a perseguir al otro, Florencio, al que finalmente alcanzó. Luego reunió a los dos hermanos y se los llevó en coche a la comisaría.

Luz y Pancho se fueron a vivir a la casa de la calle Décima # 500, donde habían vivido esporádicamente los últimos años, pero tuvo que adaptarla, sobre todo porque no vivirían solos. Los acompañarían los dos hermanos varones de Pancho: Antonio e Hipólito; Martín López, el "Chamaco"; los parientes de José Sánchez, muerto en el cerro del Tecolote, al que Villa le había prometido cuidar de su familia, o sea su madre, de 65 años, y tres hermanas muy jóvenes; y el niño José Dolores Palomino, hijo de un revolucionario del mismo nombre muerto en Casas Grandes.

La casa estaba en la falda de los cerros fuera de la ciudad y las adaptaciones le dieron una forma extraña: un zaguán con escalera que daba a un segundo piso, donde había una recámara; abajo, una pieza destinada a oficina, otra recámara, la sala y dos piezas más que servían como comedor y cocina. Pancho se compra una guitarra y a Luz le compra una máquina de coser Singer. Todo parece indicar que Villa ha encontrado la tranquilidad y el aposento. Tan es así que el 27 de junio se entrevista en la quinta de Nombre de Dios de Federico Moye con sus viejos enemigos, con los que "tenía antiguos resentimientos", Rosendo Romero y Zeferino Legarreta, a los que abraza después de la conversación y dan por zanjadas deudas del pasado. Villa "declaró después que tiene el firme propósito de no ejercer venganza personal alguna contra sus antiguos enemigos, a los que perdona los ataques que le hicieron objeto".

Sus viejos compañeros lo extrañan. El 17 de julio el *Padre Padilla*, un diario local, recoge peticiones de que se le nombre jefe de armas en Ciudad Juárez sustituyendo a José de la Luz Blanco, pero el asunto no prospera.

La noche del 23 al 24 de julio Pancho Villa y Luz Corral salen hacia la ciudad de México en su viaje de bodas. Un par de días antes *El Correo de Chihuahua* informaba a sus lectores que el coronel Villa tenía que tratar "importantes asuntos con el señor Madero", y aprovecharía "la oportunidad para pasearse algunos días en la capital de la república".

La ciudad de México no sólo lo impresiona sino que lo pone nervioso. La miseria y el contraste "era como sepulcro encalado donde todo por dentro se vuelve gusanera". Villa y Luz hacen turismo, van a las pirámides de Teotihuacán, visitan museos, acuden a la Basílica de Guadalupe. Durante tres semanas la pareja vivió en el hotel Iturbide.

Ramón Puente pondrá en boca de Villa la siguiente reflexión: "Palacios muy hermosos al lado de viviendas sucias y miserables; carruajes y caballos de lujo junto a infelices indios casi desnudos, harapientos y cargando en las espaldas con el mecapal su mercancía; centros de vicio en todas partes —las pulquerías—, más repugnantes que las tabernas de los pueblos y donde la gente se embriaga con un licor nauseabundo y embrutecedor; rateros por donde quiera y multitud de muchachitos papeleros durmiendo sin abrigo en el marco de la puerta de los potentados".

En algún momento del viaje Villa se entrevistó con el presidente Madero en Tehuacán, Puebla. ¿De qué trataron los "importantes asuntos" de que se hablaba? No lo sabremos, no hay registro de esa conversación. Días más tarde la pareja regresó a Chihuahua. Villa resumirá: "Aquella capital tan alabada me dio más tristeza que alegría y no podía comprender cómo se le hacían tantos elogios sin reparar ante sus manchas que saltan a la vista".

Al regreso de la ciudad de México "me hundí de nuevo en la borrosa burguesía de los negocios particulares". Es curioso que Villa, en sus muchas versiones biográficas, apenas hable de aquellos meses y los trabajos a que se dedicaba. Luz Corral dará un dato: "Se levantaba a las cuatro de la mañana e iba a un rancho llamado La Boquilla a escoger el ganado". Desde el 7 de julio Villa había pedido una licencia para que se le permitiera ser introductor de ganado en la ciudad. Vacas pues, era el asunto, como en la época de cuatrero, nomás que sin robarlas. Vacas que vendía, entre otros, al estado, como demuestra una requisición que le hace al secretario de Gobierno, el 9 de agosto, por trescientos pesos a cambio de diez reses. La Boquilla, también llamado Las Ánimas, era un rancho dividido en dos secciones, en las cercanías de la ciudad de Chihuahua. Fue comprado antes de la revolución y, curiosamente, era vecino de propiedades de Luis Terrazas y Juan Creel.

Todo es tranquilidad. Practica la escritura: "Cuando me encontré en mi casa comencé a tomar mis primeras lecciones de lectura y a ejercitar mi mano, que se encontraba más torpe de lo que yo imaginaba, en escribir mi nombre". Sigue organizando peleas de gallos e incluso tiene una pequeña gallera para criarlos. Monta un caballo llamado *Garañón*.

¿Es todo tan apacible como parece? En septiembre se hace de un nuevo compadre bautizando un hijo a Fidel Ávila en Satevó. Por cierto que el 27 de septiembre el presidente municipal de Satevó se quejaba amargamente de que Villa apoyaba a la gente amante de vivir de lo ajeno "e insubordinada" y era insoportable el "bandolerismo y el abigeato".

Las elecciones locales en Chihuahua le pasan en blanco. Dos viejos compañeros de armas se enfrentan. Pascual Orozco presenta su candidatura frente a la de Abraham González, protegido de Madero, luego retira su nombre y le deja paso a Abraham, que gana el 20 de agosto por abrumadora mayoría.

Orozco aparece en aquellos días como una figura enigmática. Jefe de los irregulares de Chihuahua y por lo tanto de las fuerzas clave del maderismo para conservar el orden, molesto con Abraham González, coqueteado por la oligarquía, descontento por la ausencia de una reforma agraria real, recibe la orden de ir a Sinaloa a combatir un alzamiento local acaudillado por un personaje conocido como el "Agachado". Los orozquistas interpretan el hecho como un intento de alejar a su jefe de filas y se producen manifestaciones de dos mil personas en Chihuahua en las que interviene Córdoba, el secretario de Orozco. No está claro si Orozco obedece órdenes o se niega. Finalmente Madero lo deja en Chihuahua.

En el mes de septiembre Villa viajará por segunda vez a la ciudad de México respondiendo a un llamado de Madero. Se encuentran presentes en el castillo de Chapultepec, mansión del presidente, Gustavo Madero, José de la Luz Blanco y Urbano Flores. Villa come con Madero en el alcázar del castillo. Parece ser, aunque las versiones fueron escritas después de la ruptura con Orozco y por tanto pueden estar influidas por futuros acontecimientos, que Pascual será el tema central de la conversación. Madero le pregunta cuál es la actitud del personaje. Villa resume la voz popular: "Orozco se pasea mucho con don Juan Creel y con Alberto Terrazas y usted sabe bien quiénes son esos señores. Eso es todo lo que le puedo decir". Madero le pregunta si, en caso de que Orozco se levante, él seguirá siendo fiel, de lo que recibe seguridades. "No cuento con ningún elemento, porque usted me los retiró todos, pero cuando sea necesario tengo mucha gente que podré levantar".

El 4 de octubre regresa Villa de la capital tras haberse detenido en Camargo, acompañado de Fidel Ávila, Agustín Moreno y Francisco Vega. En Camargo la gente le hizo fiesta, confundidos porque pensaban que era su cumpleaños. Mientras Villa estaba en la ciudad de México nacerá una hija suya, Micaela, en septiembre de 1911, hija de Petra Espinoza, la mujer de Parral. Y en algún momento de ese año Villa mantendrá relaciones con la chihuahuense Esther Cardona Canales, con la que tendrá el año siguiente unos gemelos que murieron de muy corta edad.

De regreso Villa en Chihuahua, tomó posesión como gobernador Abraham González. Aprovechando la ocasión se reunieron en la ciudad muchos maderistas de la vieja guardia. El patio de la casa de Villa estaba lleno de caballos y dormían hombres en el suelo y en la cocina. Tres días después se hará público que el presidente Madero ha incluido en su gabinete a Abraham como ministro de Gobernación. El presidente renunciaba así a mantener una pieza clave en el norte a cambio de fortalecer su ejecutivo. Quedará como gobernador interino Aureliano González.

El 24 de octubre Villa se casó ante un juez con Luz Corral en su casa de la calle Décima. La boda civil no se había efectuado antes porque cuando se casaron en San Andrés aún no habían sido nombradas autoridades.

Una semana más tarde Madero se presentó en Chihuahua. La candidatura de Pino Suárez para la vicepresidencia no había gustado, los maderistas locales preferían con mucho a Vázquez Gómez. La tensión era grande, Madero pensaba que podía convencerlos, intervino en un acto público con Orozco y Abraham, y fue abucheado.

Villa parece estar al margen de la polémica, pero una vez que Madero asume la presidencia el 6 de noviembre, Pancho le escribe pidiendo se castigue a los verdaderos responsables del robo del Banco Minero y se acabe con los atropellos de la dinastía Creel. El tema del robo del Banco Minero había hecho correr mucha tinta y provocado gran tensión en el estado. Antes de la revolución se había denunciado un robo de trescientos mil pesos y fueron detenidos ciudadanos por decenas y se torturó a inocentes, en una verdadera conspiración desde el poder para fabricar culpables. La voz popular atribuía el robo a uno de los propietarios del banco, Juan Creel.

Villa, en la carta, recuerda "las promesas que nos hizo a todos sus partidarios durante la revolución" y espera que ahora, como presidente, recuerde "que una de las principales causas porque se combatió fue la falta de garantías y opresión que gravitaba sobre el pueblo chihuahuense, con los desmanes y atropellos de que fuimos víctimas por parte de la dinastía Creel", y pide que "resplandezca la justicia [...] pues todavía yacen en la prisión, desde hace más de tres años, unos infelices jóvenes que no tienen más culpa que haberse prestado como instrumentos inconscientes de los verdaderos responsables de ese robo". No hay constancia de que Villa haya recibido respuesta, aunque los detenidos serían liberados.

Notas

El 25 de noviembre un revolucionario que había combatido con las armas a Porfirio Díaz, Emiliano Zapata, se alza contra Madero en el lejano estado de Morelos. Promulga un plan, el de Ayala, que pide la devolución de la tierra a las comunidades campesinas saqueadas por los terratenientes. A Villa la noticia le pasa en blanco. El país es el norte. En otros países, pasan cosas extrañas.

a)   Fuentes. Se puede seguir una buena parte de la historia en *El Correo de Chihuahua* y *El Padre Padilla* (edición facsimilar editada por el gobierno de Chihuahua). La mejor fuente para esta etapa es Jesús Vargas: "La fragua de los tiempos". Además Calzadíaz: *Hechos reales de la revolución,* tomo 1. Nicolás Fernández/ Urióstegui. Salvador Toscano: *Memorias de un mexicano.* Bauche: *Villa.* Osorio: *La familia.* Luz Corral: *Pancho Villa en la intimidad* y PHO 1/23, Archivo Histórico Municipal de Chihuahua. Muñoz/Puente: *Rayo y azote.* Salmerón: *La división del Norte.* Stanley Ross: *Madero.* HHolguín: *El guerrero mestizo.* Antonio Vilanova: *Muerte de Villa,* que registra opiniones varias sobre Villa y el clero. Ramón Puente: "Vida de Francisco Villa contada por él mismo".

Sobre el clan Terrazas: Wasserman: *Capitalistas, caciques y revolución.* Nota 6 de Osorio a Katz: "Villa: el gobernador revolucionario de Chihuahua". Un mapa del latifundismo chihuahuense en el epílogo del libro de Jesús Vargas sobre Máximo Castillo.

El segundo viaje registrado en Bauche: *Villa*. Martín Luis Guzmán: *Memorias*. Urbano Flores: "Remembranzas"; la prensa permite fecharlo.

Hay varias versiones sobre cuándo compró Villa la casa de la calle Décima; se dice que el 20 de junio de 1911 y que lo hizo pagando seis mil pesos, pero también hay datos que apuntan a que lo hizo en 1906 y que en 1911 sólo amplió el terreno y la construcción.

b)   Urbina también había sido licenciado con grado de coronel, sus hombres tomarán haciendas de latifundistas que habían huido durante la revolución. Será comisionado como jefe de armas de irregulares en el norte de Durango. El 12 de junio de 1911 se casa por segunda vez con Juana Lucero (sin haberse divorciado).

DIEZ

INDECISIONES

¿Estaba Pascual Orozco siendo "cultivado" por la oligarquía de Chihuahua? ¿Iba por la libre? ¿Quería levantarse contra el gobierno? Estas eran las preguntas que Villa se había traído de la ciudad de México tras el encuentro con Madero, y no eran fáciles de resolver. No lo son ahora, al paso de tantos años.

Existen muchas historias que cuentan que Pascual Orozco había sido *tocado* por la oligarquía que le ofreció poder y dinero. Puede decirse que son versiones a posteriori, en que el mito popular refuerza la versión oficial; puede argumentarse que Orozco rechazó ser gobernador cuando se lo propuso Madero y que tenía dinero propio. Pero no hay duda de que el coqueteo existió y de que, cuando más tarde Orozco formó gobierno, incluyó a los oligarcas y se apoyó en ellos.

Oscar Lesser, un comerciante de Chihuahua, diría: "A Pascualito se le subió el poder a la cabeza, se volvió fanfarrón. Empezó a ir a fiestas, se volvió parrandero, tomaba y andaba con mujeres. Yo creo que lo echaron a perder las malas compañías". Teodosio Duarte contaría historias de cuando Orozco aceptaba dinero de los ricos en las cantinas de Chihuahua, como una vez en que el Chale Ketelsen le dio un cheque de mil pesos para pagar una cuenta. Máximo Castillo diría más tarde, decepcionado: "Aceptaba dinero de los mismos ladrones que habían dejado a los pobres sin un pedazo de tierra"; y el cónsul estadounidense Lechter afirmaba que Orozco "se conformaba con la consideración monetaria".

Decían que Pascual Orozco afirmaba en aquellos días: "Cuando veo huacales, me acuerdo de las gallinas". El autor no ha podido desentrañar los ocultos sentidos de la frase, pero parece que para los chihuahuenses de 1910 tenía sentido.

Si la génesis de lo que será el alzamiento de Pascual Orozco se presenta como caótica, es porque lo es. Quizá la única manera de desentrañarla será siguiendo el curso de los pequeños acontecimientos.

El 16 diciembre de 1911 se levanta en armas el coronel Antonio Rojas, un sonorense de 22 años reputado como valiente y atravesado, que había sido miembro del Estado Mayor de Orozco. Tras saquear el mineral de Dolores, donde tenía viejas cuentas con el presidente municipal, proclamó presidente a Vázquez Gómez y a Orozco vicepresidente, lo que creó una situación incómoda a este último, jefe de los rurales en Chihuahua, obligándolo a declarar lo obvio: que lo combatiría.

A fines de mes Rojas pretendía rendirse después de un choque en que había sido derrotado. El levantamiento era un acontecimiento menor, más parecía un conflicto local enmascarado de político; Rojas no tenía más de 25 hombres en armas y huyó al estado de Sonora, donde fue capturado y enviado a la penitenciaria de Chihuahua. Paralelamente, el magonista Blas Orpinel, fue también aprehendido y enviado a prisión. El 26 de enero Orozco renunció al mando de los rurales en Chihuahua, pero no le aceptaron la renuncia.

Pancho Villa no era ajeno a las tensiones que recorrían el estado. Intentaba ser fiel a su nueva vida en la legalidad y el 15 de enero de 1912 había abierto una carnicería, pero el 31 de enero le escribió al presidente Madero una carta, acusando al jefe de armas de Parral, José de la Luz Soto, y al gobernador interino de la muerte de Ignacio Chaparro, así como del intento de asesinato de Agustín Moreno, dos combatientes que habían estado con Pancho durante la toma de Ciudad Juárez.

> Hace tiempo que he querido hablar, pero hablar con entereza y con justicia; y no lo había hecho porque esperaba un resultado satisfactorio de las autoridades locales; pero ahora veo que el mal reside en el Gobierno General, he creído conveniente dirigirme al Primer Magistrado [...] Quise constituirme de revolucionario a ciudadano, pero parece que su política y su gobierno no ofrecen garantías a los hombres independientes [...] Es una vergüenza nacional señor Madero contemplar, sin tomar parte en la materia, que el caciquismo sigue imperando, que los gobernantes, desde el más alto, hasta el más bajo continúen el sistema regresivo del antiguo régimen.

Se despide con una advertencia: "Esta será la última vez que yo me queje ante las autoridades, pues en los sucesivos no responderé de los actos que mi gente pacífica y trabajadora crea conveniente ejecutar en defensa propia".

El 31 de enero un acontecimiento iba a caldear aún más el ambiente. En Ciudad Juárez el capitán Juan I. Martínez se levantó en armas con un grupo de rurales, deteniendo a su jefe, Agustín Estrada, y al grito de "Viva Zapata" tomaron la ciudad haciendo público un manifiesto en el que nombraban a Emilio Vázquez Gómez presidente provisional. Pascual Orozco, jefe de los Rurales en Chihuahua, fue a Juárez a controlar el alzamiento.

Villa se muestra inquieto por la situación, pero no debe tener claro cómo se están alineando las fuerzas. Sin duda tiene agravios y quejas contra el nuevo gobierno maderista, pero tampoco halla afinidades con los grupos alzados, ni siquiera debe tener claro cuáles eran los "lados". Aun así, comienza a establecer contacto con "su" gente, porque el 2 de febrero convoca en su casa de Chihuahua, "sin excusa ni pretexto", a varios de sus ex compañeros: los Vargas, Faustino Borunda, José Rodríguez. Y establece contacto con Manuel Chao. Reparte tareas: conseguir armas y caballos, rehacer contactos.

Esa misma noche del 2 febrero, en la ciudad, Refugio Mendoza, capitán de rurales, pero ex jefe de acordadas y terracista, tomó el control de los cuarteles, desarmó a la policía y a las cinco de la mañana atacó la penitenciaría tratando de liberar a Rojas y Orpinel. Los chihuahuenses se despertaron con la noticia de que un grupo armado había asaltado la penitenciaría de Chihuahua y después de un intenso combate habían quedado muertos y heridos entre los asaltantes y los guardianes del penal. "Durante la mañana han recorrido varias calles de la población acudiendo al lugar del tiroteo, dando y llevando disposiciones superiores, los señores don Máximo Castillo y capitán don Ricardo Terrazas, acompañados de diez o doce rurales arma al brazo y pendientes de cualquier emergencia, evitándose todo desorden fuera del lugar citado y listos en la vigilancia del refuerzo de agentes de la autoridad."

Todo resulta muy confuso. Los amotinados hablaron con el gobernador, que les dijo que tenían que meterse a la cárcel; luego pidieron cobijas a la autoridad militar y se las entregaron. El gobernador interino Aureliano González, espantado, terminó ordenando que Rojas y Orpinel quedaran libres.

El mismo día del asalto a la penitenciaría de Chihuahua, un grupo con el profesor Braulio Hernández a la cabeza, Juan B. Porras y Pedro Loya, firmó a las diez de la noche en el panteón de Santa Rosa, en las afueras de la ciudad, un nuevo plan revolucionario que se conoció como Plan de Santa Rosa, en el que se desconocía al presidente Madero. ¿Estaban asociados al levantamiento?

Villa cuenta: "Yo estaba en mi casa en la calle Décima cuando se inició el tiroteo […] Como a las 10 de la mañana se presentaron 60 hombres armados a las órdenes de Faustino Borunda". Le pidieron que se pusiera al mando, porque Orozco les dio órdenes de atacar la penitenciaría. "Yo no sé nada de esto. Pasen para que les den de comer".

En la versión oficial villista, si es que el villismo puede tener una versión oficial, elaborada a tenor de futuros acontecimientos, se cuenta que Pancho celebró una reunión en Palacio con Aureliano González, el gobernador interino. Pascual Orozco se encontraba en esa reunión y se opuso a que se reorganizaran los irregulares sin su consentimiento, coordinación y mandato, pasando por encima de él. Rayo Sánchez Álvarez llegó en esos momentos y contó que un enviado de Orozco, su secretario José Córdoba, andaba llamando a desconocer al gobierno en la hacienda de Guadalupe y que se insurreccionó el cuartel. Por cierto que varios mandos de los irregulares, entre ellos los nativos de Namiquipa, dieron un paso al frente diciendo que no estaban de acuerdo (Andrés U. Vargas, Juan B. Muñoz, Candelario Cervantes) y se fueron a ver a Villa a Chihuahua.

Se dice que Villa dijo: "Si usted, compañero Orozco, tiene planeado traicionar al gobierno quítese la careta y sea franco conmigo".

Pero esta conversación nunca se produjo, es imposible, porque Orozco se encontraba en esos momentos en Ciudad Juárez. Lo posible que es que Villa haya visto al gobernador Aureliano y recibido comunicación telegráfica o telefónica de Orozco pidiéndole perseguir a Rojas, que para esos momentos había salido de Chihuahua y se internaba en la sierra. Hay registro de que se consultó con Abraham González en el ministerio de Gobernación de la ciudad de México y se comisionó a Villa para que persiguiera a Rojas. Se cuenta que Villa le dijo entonces al gobernador "andan muy mal" y pidió permiso para levantar gente en todo el estado.

En las posteriores versiones villistas se cuenta que cuando estaba a punto de salir recibió una nota de Orozco diciendo que persiguiera a Rojas sin entrar en combate, "no me gaste ni un cartucho". Según esto, Villa le contestó con otra nota diciendo que él no es "parapeto de sinvergüenzas. Ahí le dejo a usted su gente y yo me retiro al desierto para probar a usted que soy hombre de honor". Resulta poco creíble si vemos la carta que Villa le escribirá a Orozco posteriormente.

El 3 de febrero el general Pascual Orozco, jefe de las Fuerzas Rurales del estado, se presentó en Ciudad Juárez y con gran facilidad sometió al orden a los que se habían insubordinado tres días antes. Dejó un nuevo contingente de rurales al mando del coronel Marcelo Caraveo para mantener el orden y regresó a Chihuahua llevando consigo, en calidad de detenidos, a varios de los jefes del motín del día 31 de enero.

Todo está en juego: por un lado los pequeños alzamientos magonistas, los movimientos de Orozco, que desea renunciar a perseguir a los que quieren nombrarlo vicepresidente de la república, los oscuros movimientos y acciones del gran dinero chihuahuense, los conflictos particulares del ejército licenciado, los irregulares maderistas, la disidencia de Vázquez Gómez, la rebelión zapatista. No está claro quién es quién y de qué lado va a quedar.

El 4 de febrero Aureliano González renuncia porque es "insostenible la situación". Un día después Abraham González, en México, renuncia a la Secretaría de Gobernación y con Silvestre Terrazas, el director de *El Correo de Chihuahua*, decide regresar al norte. Un día después, el 6 de febrero, Madero le ofrece el gobierno de Chihuahua a Pascual Orozco como interino. Orozco no lo acepta. Interroga en cambio al tío de Madero sobre cuál es la política agraria del presidente. Madero contesta que hay terrenos nacionales que pueden ser vendidos a precio de "tarifa" y con facilidades.

Un día después Villa le escribe a Pascual Orozco una nota:

Siendo imposible permanecer por más tiempo indiferente al movimiento actual, hoy salgo para la sierra a reconocer mi gente, tanto para ponerla al corriente de los sucesos que se desarrollan en esta capital y a la vez evitar que se cometan actos que puedan complicar más la triste situación por que atraviesa nuestro estado [...] Como siempre cuente con mi ayuda si mañana puede ser útil en algo; voy confiado en su carácter, y no dudo que a la brevedad posible arregle el estado actual de cosas, ya sea haciendo conocer al pueblo de Chihuahua los verdaderos ideales que persiguen los que andan levantados en armas, que según decir, todo el ejército regular está de acuerdo a que se cumplan las promesas de la revolución pasada.

No hay duda de que Villa coincide con las críticas de los alzados al maderismo y con la petición de las demandas incumplidas de la revolución del 10. ¿Pero está él dispuesto a levantarse contra Madero? ¿Qué espera de Orozco? ¿Que siga como hasta ahora sosteniendo al gobierno y que lo concilie con sus críticos? ¿Que se levante en armas? ¿Se sumaría Pancho a este levantamiento?

En principio, y mientras las cosas se aclaran, Villa envía enlaces para acá y para allá; Vargas es enviado a recoger caballos a la hacienda de los Zuloaga y Pancho sale de la ciudad con 11 hombres (los que trabajan con él en la carnicería) temiendo que lo fueran a enratonar.

En la hacienda del Charco se le suma Pablo López, el hermano de Martín, con 25 hombres. Se dirige hacia Satevó donde se le une Fidel Ávila. En Ciénaga de Ortiz ya eran 500.

En esos mismos días Abraham González inicia su lentísimo retorno. En Camargo encuentra a la guarnición al borde del levantamiento. Con la ayuda de Feliciano Domínguez, el tuerto, los convence de que se mantengan fieles al gobierno. Al ir rumbo a Chihuahua lo bloquea un tren de pasajeros ardiendo. Se ve obligado a regresar a Torreón, ir a Piedras Negras y de ahí cruzar a Estados Unidos para tomar un tren a El Paso y luego cruzar a Ciudad Juárez. Ahí se detiene desconfiando de Orozco. Silvestre Terrazas se le adelanta y arriba a Chihuahua.

El 10 de febrero *El Correo* se pregunta: ¿dónde está Villa? Y especula que se le ha visto por el rumbo de Santa Isabel, que se dirige a Parral "con objeto de pedir la plaza" o que anda por Santa Bárbara. Pero Villa se encuentra en Satevó y ese mismo día fecha un críptico manifiesto a los habitantes de Chihuahua:

> Con motivo de no tener garantías (*¿De quién? ¿De los alzados? ¿De Madero?*) salí con disposición de reunir nuestras tropas, para saber qué resultado tiene este estado de cosas en que se encuentra actualmente el estado [...] es de todo punto necesario e indispensable que se aclare esto, porque en la actualidad sufrimos la más lamentable desgracia por tantas dificultades en que atravesamos en este último período que parece misterio. ¡Si hay alguno que con la máscara que se pone el hipócrita para cubrir las apariencias trata de engañar al pueblo! ¡Es un infame! ¡Es un miserable! ¡Es un traidor a la patria! (*¿Habla de Orozco al que le ha descubierto un doble juego?*).

El manifiesto irá calzado con su firma junto con 500 firmas más de tropa.

El 12 de febrero Abraham llega a Chihuahua y reasume su cargo confiado en las seguridades que le había dado el general Pascual Orozco, con quien se reúne inmediatamente para que le presente un informe de la situación. Se dice que Abraham se encontraba "muy alarmado por los acontecimientos de Ciudad Juárez y la excarcelación de Antonio Rojas" y que "llamó a todos los elementos adictos al gobierno para que, de acuerdo con los dueños y administradores de haciendas y ranchos, se armaran, a fin de combatir a las gavillas". Sin embargo la situación no era tan grave, el levantamiento de Juárez se había resuelto y el grupo de Rojas no tenía mayor importancia. Quedaban dos signos de interrogación en el mapa político militar de Chihuahua, la posición de Pancho Villa y la de Pascual Orozco, con sus continuas renuncias y sus coqueteos con la oligarquía local. Ambos podían ser catalizadores de los pequeños grupos y del amplio descontento. ¿Sabía Abraham algo más de lo que se hacía público?

No ayudaban mucho los rumores extraoficiales o las noticias propagadas por la prensa. El 14 de febrero *El Correo* informaba que el coronel Francisco Villa, con alguna gente que se decía leal al gobierno, se dirigía a Parral a rescatar a su compadre Agustín Moreno (padre), quien se encontraba procesado.

El 16 de febrero el gobierno de Chihuahua promulgó una ley agraria que suponía facilidades para la irrigación, un banco agrícola, edificios escolares. Sin duda el proyecto, preparado desde antes, intentaba quitarle base social a los magonistas, pero también estaba dentro de la lógica moderada del maderismo.

Un día más tarde un par de noticias parecía aclarar el panorama. Rojas amenazaba con volver a la capital y Francisco Villa, "de quien algunos llegaron a decir que no era leal al gobierno constituido, no obstante que desde las páginas del periódico se había insistido en su lealtad", andaba detrás del primero por el rumbo de Santa Isabel.

Pero la tranquilidad duró sólo unas horas, el 18 de febrero se alzaban en Casas Grandes dos importantes grupos magonistas con José Inés Salazar y Emilio Campa a la cabeza. Orozco, del que se dice que había presentado nuevamente su renuncia y que le pidieron la aplazara hasta fin de mes (realmente la había presentado desde el 26 de enero de 1911 pero Abraham González había negociado con Abraham y Madero no hacerlo hasta el día 1° de marzo), no los enfrenta sino que retira de esa zona a Marcelo Caraveo.

Durante una semana *El Correo de Chihuahua* dará noticias del juego del gato y el ratón entre Villa y el coronel Rojas. Que Villa había estado en "la hacienda del Charco, acompañado de cerca de seiscientos hombres [...] dispuestos a combatir fielmente a las órdenes del gobierno constituido". Pero Rojas se estaba moviendo hacia el norte para unirse a Salazar y Campa. Que Villa seguía a las órdenes del gobierno aunque lo contrario habían dicho los que "sólo se han ocupado en llevar y traer chismes muy censurables, y por los cuales se quería hacer ver que el coronel Villa abrazaba la causa del desorden". Que Rojas estaba en Santo Tomás y Villa avanzaba hacia la sierra para "dar alcance y batir a los levantados".

El 25 de febrero Luz Corral dio a luz en Chihuahua a su hija Luz Elena. Algunas fuentes dirán que Villa retornará a la capital del estado para entrevistarse con Abraham y ver a su hija recién nacida, pero como se verá no sucede tal cosa.

Dos días después los colorados de Salazar, que habían saqueado las colonias mormonas cerca de Casas Grandes, avanzaron hacia Estación Guzmán —que fue tomada fácilmente porque Orozco dio orden a los defensores de que no combatieran— y asaltaron Ciudad Juárez. Saquearon algunos barrios y se produjeron incendios; "las banderas rojas flameaban". Orpinel y Rojas se les unieron con 300 hombres. Se dice que públicamente han propuesto a Pascual Orozco como jefe de la revuelta. Paradójico que los alzados propongan como su caudillo al que es formalmente jefe de las tropas irregulares de Chihuahua, formalmente el encargado de reprimirlos.

¿Y Villa? *El Correo* se pregunta: "¿Dónde está Villa? No hay noticias de Villa […] Hace tres o cuatro días salió rumbo a la Sierra para hacer la persecución de Rojas […] Camina el tren en que van las fuerzas, con bastantes precauciones, yendo muy despacio". Pero Villa no estaba en Ciudad Guerrero (en el noroeste) persiguiendo a Rojas, había creado su base en San Andrés muy cerca y al sudeste de Chihuahua. Ahí lo localizaría finalmente *El Correo* (29 febrero), afirmando: "Las personas que lo conocían a fondo, desde luego aseguraban que apoyaría al gobierno, pues decían: ¡Villa podrá ser todo lo que gusten, pero es hombre leal, y aprecia su palabra de honor; no es un traidor!". Se contaba que cada vez que llegaba a un pueblo ordenaba que se cerraran las cantinas, prohibiendo la venta de licor. Y se decía que en el quiosco de San Andrés había leído un manifiesto del gobernador Abraham González.

Katz recoge una historia poco viable, pero posible, según la cual Villa llegó hasta la hacienda del británico Benton el 29 de febrero y le pidió dinero. Benton se negó y dijo que lo mataran, que no daría nada. Villa contestó que era para una acción de gobierno y se llevaron ocho caballos, armas y municiones. Benton dijo que pediría guardias armadas al gobernador y que si no se las daban las pediría a otro gobierno.

El 1° de marzo se produjo la renuncia tan anunciada. Pascual Orozco se retiró del mando de las milicias chihuahuenses. Su situación era muy complicada, cada vez más sus amigos, sus conocidos, sus aliados, estaban del otro lado. Al día siguiente se hará público su manifiesto: "Son mis propósitos alejarme del campo de la política, donde no quiero enervar mis energías, ni fomentar con mi humilde personalidad el espíritu de partido que según parece fecundiza en todas partes del país […] Sólo volveré a colaborar con mi humilde contingente y de valor escaso, si el pueblo, el soberano entre los soberanos, me llamara a su lado a laborar por y para él". ¿Qué estaba diciendo? Que se iba a la vida privada, pero si el "pueblo" lo llamaba volvería.

Ese mismo día, sábado 2 de marzo, el "pueblo" se movilizó. Manifestación en Chihuahua de unas 400 personas "a quienes previamente se había repartido cerveza", que avanzan hacia la plaza Hidalgo pidiendo la renuncia de Madero y de Abraham y apoyando a Orozco. En los carteles que portaban se podía leer: "El pueblo de Chihuahua desconoce al gobierno traidor de Madero", "El pueblo de Chihuahua confía en Pascual Orozco, su única esperanza". La manifestación ha sido organizada por los hombres de los terratenientes. En la plaza habla un tal Antonio Cortázar, conocido por sus nexos con el porfirismo. Abraham les contesta desde el balcón, se intercambian gritos. En Juárez los magonistas le piden a Orozco que se haga cargo de la rebelión.

Abraham González, tras enviar el mensaje a Villa y desconfiando plenamente ya de Pascual Orozco, se escondió en la ciudad en casa de la señora Moye y su hijo Ramón. Los rumores lo situarán en el consulado estadounidense. Villa había intentado por dos medios sacar a Abraham de Chihuahua para evitar que quedara atrapado. En una carta le ofrecía refugio en casa de su compadre José Alcalá, el carnicero, pero a Abraham no le parecía segura; y también le dio la misión a Martín López de ir a Chihuahua para controlar los movimientos de los colorados y que tratara de averiguar dónde estaba escondido Abraham González, rescatarlo y sacarlo de allí. No lo logró.

Corría el rumor en Chihuahua de que el gobernador, Abraham González, había solicitado el auxilio de Pancho Villa, pidiéndole que con sus tropas se presentara en la ciudad de Chihuahua. La historia era cierta. Pancho se encontraba en San Andrés y "cuando mis fuerzas estaban listas para marchar a la Sierra Madre, recibí órdenes del gobernador Abraham González de regresar a la capital". Tomaron dos trenes y se embarcaron con todo y caballos. Espiridión Duarte lo esperaba en Las Ánimas, a donde Villa llegó a la una de la madrugada y le dio noticias de que en la capital Orozco estaba *casi* alzado. Los movimientos de Villa no pasaron inadvertidos en Chihuahua gracias a los informes de los ferrocarrileros.

La noche del 2 al 3 de marzo, en un baile en el Teatro de Los Héroes, se le informó a Pascual Orozco que Villa venía hacia Chihuahua. Orozco, que no tenía ningún mando formal, fue al cuartel y sin problemas comenzó a dar órdenes para enfrentar a la brigada de Pancho. Da la sensación de que lo que provoca la final definición de Orozco de ponerse al mando de los alzamientos militares contra el gobierno es el retorno de Villa a Chihuahua, de quien piensa que apoyará al gobernador y supone que resulta incontrolable.

A las siete de la mañana del 3 de marzo Villa dio órdenes de entrar en Chihuahua y a eso de las ocho y media, en un lugar conocido como Puente Blanco o Palo Blanco o Rancho Blanco, las avanzadas del teniente coronel Félix Terrazas, unos 200 hombres, abrieron fuego desde las lomas cercanas, la Penitenciaria y los cuarteles contra los exploradores de Villa al avistarlos y sin previo aviso. Los tiroteos se sucedieron en las serranías cercanas y cerca del rancho de Las Ánimas cuando arribaron más hombres a reforzar a los primeros. Para Villa las condiciones son pésimas, se encuentra con muy poco parque y no sabe lo que tiene enfrente. ¿Orozco se ha levantado finalmente? ¿Está la ciudad en manos de los colorados? "Di órdenes de que se retirara mi gente para evitar derramamiento de sangre". En una carta redactada apresuradamente y enviada a *El Paso Morning Times* (que aparecerá publicada una semana más tarde) narra el tiroteo y declara que sostendrá al gobierno constituido, que no queden dudas al respecto. "En lo íntimo de mi carácter guerrero, me parecía deshonroso no haber peleado". Se retira hacia Satevó.

Orozco le mandó una nota a Salazar informándole del choque con Villa, en la que termina diciendo: "Los espero a todos violentamente aquí". Mandó notas a otros caudillos rebeldes y las partidas de Benjamín Argumedo y Cheché Campos se replegaron hacia Chihuahua desde La Laguna y Coahuila.

La prensa de Chihuahua hizo mucho ruido ante la "derrota de Villa" diciendo que se había vencido al bandolero. Circularon rumores en El Paso según los cuales Abraham González había abandonado la capital y se había unido a Villa, que traía 1820 hombres (contra sólo los 600 que Orozco comandaba en Chihuahua). Mientras las habladurías los situaban fuera de la ciudad, "individuos a caballo y otros a pie, anduvieron el sábado por la tarde en busca del ciudadano gobernador del estado, según se nos dice, con objeto de aclarar lo relativo a un mensaje (a Villa) que se decía había sido sorprendido, con lo cual no estaba conforme la guarnición de Chihuahua, deseando aclarar este asunto con el señor González".

La confrontación en las afueras de Chihuahua ha hecho correr mucha tinta. Un historiador revisionista y biógrafo de Orozco, Michael Meyer, dirá que Villa le pidió a Orozco que lo aceptara y Orozco se negó con la respuesta de que "no se admiten bandidos en las filas de este movimiento". El general Juan Gualberto Amaya (no muy riguroso en sus libros), afirma que Villa no pretendía enfrentarse con Orozco, sino sumarse a sus tropas, pero que éste lo había rechazado de una manera tajante, y que Villa, al darse cuenta de que no era perseguido, envió una carta a Orozco con un campesino, en la que decía que lamentaba que su cercanía de Chihuahua con tropas había sido malinterpretada. La historia suena como totalmente falsa confrontada con la carta que el propio Villa había escrito a la prensa el día 3.

Y Villa andaba desaparecido en medio de una nube de rumores. El 5 de marzo se dirá que "un particular" recibió un telegrama en que le decía que iba hacia Durango y que en un mes estaría de regreso para "llevar a cabo sus propósitos".

NOTAS

a)   Fuentes: Jesús Vargas es quizás el único historiador que ha estudiado minuciosamente los acontecimientos previos a la revuelta orozquista desde una óptica chihuahuense. He podido contar con el original de sus escritos en "La fragua de los tiempos. Francisco Villa, el aguafuerte de la revolución", y me ha prestado las notas de *El Correo de Chihuahua* durante el periodo de febrero-marzo de 1912.

Orozco y el dinero: Osorio: *Pancho Villa, ese desconocido.* Juan B. Rosales PHO 1/116. Vargas: "Máximo Castillo". Lechter citado por Katz: *Pancho Villa.* La argumentación en contra de Michael Meyer: no fue por dinero, Orozco era un hombre acomodado, o básicamente acomodado. No era que quisiera ser gobernador de Chihuahua, se lo propuso el Congreso del estado y lo rechazó. Se mantuvo al margen de los movimientos antimaderistas previos e incluso los reprimió.

Sánchez Lamego: *Historia militar de la Revolución Mexicana en la época maderista 2. Padre Padilla*, 17 diciembre 1911. Rubén Osorio: "The Death of a President and the Destruction of the Mexican Federal Army, 1913–1914". Archivo histórico municipal Chihuahua, expediente 21 caja 9. Bauche: *Villa*. Vargas: *A sangre y fuego…* Calzadíaz: *Hechos reales de la revolución*, tomo 1 y 5. Erasmo Solís: "La nobleza del guerrillero por antonomasia de la revolución". Terrazas: *El verdadero Pancho Villa*. Cervantes: *Francisco Villa y la revolución*. Almada: *Abraham*.

La carta de Villa a Orozco será publicada en *El Correo* un mes después, ya con la ciudad en manos de la rebelión orozquista.

Una visión muy ajustada de Pascual Orozco y las conexiones originales de los colorados con el magonismo en la novela de Arturo Quevedo: *Los colorados. Primera parte*, y Michel Meyer: *El rebelde del norte Pascual Orozco y la revolución*. Para una versión ortodoxa anti-orozco el folleto de Ramón J. Puente: *Pascual Orozco y la revuelta de Chihuahua*.

La confrontación en las afueras de Chihuahua: Carta a los periódicos de Chihuahua, 3 de marzo, publicada en *El Paso Morning Times* del 10 marzo 1912. SRE LLE735R, L26. Juan Gualberto Amaya: *Madero y los auténticos revolucionarios de 1910*. Ramón Puente: *La*

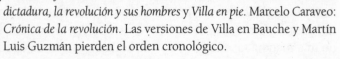

dictadura, la revolución y sus hombres y *Villa en pie*. Marcelo Caraveo: *Crónica de la revolución*. Las versiones de Villa en Bauche y Martín Luis Guzmán pierden el orden cronológico.

Abraham González tras haber salido de su escondite.

b) El secretario y asistente de Orozco, un personaje descrito por todos los que lo conocieron como un "intrigante profesional", José Córdoba (a) José Coadurán, está muy bien descrito en Puente: *Pascual…*, que incluye una fotografía.

c) Indecisión. Jesús Vargas: "En ese mundo nuevo, no solo tenía que luchar contra el estigma del bandido, sino contra sí mismo, contra la formación: modo de pensar y actuar que le habían dejado muchos años de vivir en la marginalidad, desde los dieciséis años, viviendo en el sobresalto constante y la persecución, interactuando con otros sujetos de su misma condición y modo de pensar, hombres cerreros, desconfiados, cuyas vidas se regían por un código de valores muy simple, muy elemental, en cuyas claves se magnificaba la lealtad inquebrantable, la solidaridad obligada en los momentos difíciles, la discreción frente a las autoridades policiacas y donde, en sentido contrario, se tenía como la falta más deleznable del ser humano: la traición. Francisco Villa vivió un conflicto de definición, o mejor dicho de indefinición respecto

Pascual Orozco, foto de Otis Aultman.

a la posición que debería de asumir ante los acontecimientos que se desencadenaron en el estado de Chihuahua, a principios de 1912: ponerse de inmediato a disposición del gobernador Abraham González en defensa de su gobierno, o sumarse a los alzados chihuahuenses que desde el mes de febrero de ese año le habían declarado la guerra al presidente Madero".

ONCE

LA REVUELTA DE LOS COLORADOS

El 6 de marzo de 1912 en El Vergel, Pascual Orozco, ante tres mil hombres en armas, aceptó finalmente la dirección de la revuelta contra el gobierno de Madero en medio de vivas y aplausos. Ahí estaban Máximo Castillo, los Quevedo, Emilio Campa, José Inés Salazar, Rojas, Orpinel. Se firmó el pacto de la Empacadora donde se hablaba vagamente de la adhesión al Plan de San Luis reformado por el de Tacubaya y con anexos del Plan de Ayala. Era un plan francamente progresista, que fijaba la jornada laboral, destruía las tiendas de raya, repartía la tierra, prohibía el trabajo de menores; notablemente influido por los ex magonistas. El congreso local reconoció a Orozco y desconoció a Abraham, como si se tratara de un simple trámite administrativo. Pascual integró su gobierno con una mezcla de radicales magonistas, vazquistas, zapatistas y científicos y oligarcas de Chihuahua. Un extraño cóctel: revolucionarios con un programa agrario radical que se sientan a la mesa con individuos de una oligarquía de terratenientes, que sería la última en facilitar este programa. Todos unidos por su odio contra Madero. Complicado de explicar, sin duda complicado. La historia posterior tendrá dificultades para ajustar los adjetivos a los hechos.

Villa dirá más tarde: "Orozco tenía mucha fama y era bien querido, considerando algunos de buena fe que su rebelión era patriótica. En los primeros días de aquel pronunciamiento era difícil encontrar voluntad para defender al gobierno".

Mientras se firmaba el pacto de la Empacadora se recibirían noticias del coronel Francisco Villa según las cuales le telegrafiaba a un amigo diciendo que iba hacia Durango, pero regresaría en un mes. ¿Eran noticias reales o Villa estaba desinformando a sus enemigos? Un día más tarde se filtraba a la prensa la carta que Villa había escrito a Orozco en febrero (como si fuera de los primeros días de marzo) y se presentaba como muestra de la "duplicidad" del personaje. En Chihuahua, mientras comenzaba a organizarse un ejército, la prensa dio cuenta de que "uno de los primeros actos de las fuerzas al mando del general Orozco, será la persecución que desde luego se haga al jefe Francisco Villa".

Villa, a la búsqueda de una base social, estableció su campamento en Santa Veracruz, donde llegó a reunir hasta 500 hombres. Allí recibió una inesperada visita, Pascual Orozco padre, quien por iniciativa propia o siguiendo instrucciones de su hijo venía a convencerlo de que se retirara de la contienda.

—¡Cómo tiene usted gente, coronel! —dirá Orozco.

Meriendan juntos. Dicen que el viejo dijo:

—Usted sabe que mi hijo y yo le hemos apreciado siempre.

Le propone que no secunde a los maderistas y le ofrece 300 mil pesos para que se vaya a Estados Unidos a vivir en paz.

—Yo no sé si este gobierno es bueno o malo, porque todavía no es tiempo de que nadie lo aprecie en sus hechos —dirá Villa, y remarcando que a él nadie lo compra, remata—: Y si algún día fuimos amigos ahora vamos a tener que darnos muchos balazos.

Villa, asesorado por alguno de sus hombres, pensó en quedarse con el viejo Pascual como rehén para rescatar a Abraham González (a quien suponía detenido en Chihuahua) y luego mandar decir a Orozco que si atentaba contra don Abraham se lo cobraría con su padre. El viejo Orozco le dijo a Villa que Abraham había cruzado hacia Estados Unidos. Villa le creyó. Estaba nevando y hacía mucho frío; el padre de Orozco no tenía con que cubrirse y Villa le dio su cobija. El viejo se subió al coche y partió a Chihuahua.

En Chihuahua se seguía especulando sobre el paradero de Villa, quien a partir de la entrevista, viejo zorro, comenzó a moverse de nuevo. Se decía que "se encontraba en las cercanías de Satevó, por las sierras del lugar, después de haber estado acampando con su gente en las proximidades de la hacienda del Charco". Y se informaba que había salido a buscarlo una columna de 500 hombres al mando del capitán Severino Muñoz. También se hacía pública una carta abierta del capitán Agustín Moreno, un viejo amigo y compañero, que lo invitaba a corregir el error de apoyar a Madero, "la nueva dictadura", y sumarse al "partido que proclama para presidente de la república al señor licenciado don Emilio Vázquez Gómez" porque es "completamente potente".

Villa se alejó de la capital retirándose por Satevó y Valle de Zaragoza bajo persecución de partidas orozquistas. Se le unieron dos viejos maderistas extranjeros, el francés Charpentier, aquel que había construido el cañón que nunca funcionó y que tenía una casa de cambio en Chihuahua, y Thomas Fountain, un estadounidense que había estado del lado de los huelguistas en Cananea y que en 1910 peleó con Urbina.

Una de las partidas que los perseguían, la tropa del teniente coronel Toribio Reza, los alcanza y choca con ellos en La Boquilla el 15 marzo, "una batalla de poca monta". Los villistas —de alguna manera ha de llamarlos el narrador a partir de ese momento— se hacen de armas y caballos para sustituir el caballo de Pancho que quedó muerto en la refriega, pero ante la superioridad de los colorados tienen que replegarse. J. Inés Salazar reporta a Pascual Orozco: "Villa derrotado completamente, ocho muertos y seis heridos enemigos. Los nuestros ilesos y bandera triunfante".

La derrota y las noticias de que todo Chihuahua está en manos de los colorados, desalientan a la partida y Villa sufre una enorme merma de gente. De los 500 hombres con que contaba se va quedando sólo con 60. Mantiene contacto con Luz Corral en Chihuahua mediante leñadores, lecheros, carboneros, preocupado por lo que pueda pasarle a Luz y a su hija recién nacida, a la que nunca ha visto.

Logra despistar temporalmente a sus perseguidores.

Decide moverse hacia el sur. De Balleza marcha a la ciénaga de Olivos y mientras los rumores decían que Villa y Urbina se habían unido al sur del estado, para lo que se envió una columna al mando de los capitanes colorados Oropeza y Yáñez, Pancho hizo cierto el rumor y se adelantó a sus perseguidores bajando hacia Parral. En el camino se le sumó Gorgonio Beltrán con una docena de hombres y en las goteras de Parral, Trinidad Rodríguez y sus hermanos. Villa se enteró de que habían usado las casas de algunos de ellos como cuarteles y se burló: "No le hace, muchachos. Ya verán qué cara nos van a pagar la renta".

Entró en la plaza disfrazado, pulsando el ambiente y buscando a uno de los oficiales de irregulares maderistas del 10, Maclovio Herrera, un campesino y arriero de Hidalgo del Parral llamado el sordo por razones obvias, de cejas muy pobladas, ligeramente tartamudo, del que algunos decían que era "valiente hasta la ciega temeridad".

En Parral la situación era confusa, las tropas de la guarnición no se habían definido. Villa dirá que J. de la Luz Soto, con el que ha tenido muy malas relaciones en los meses pasados, mantenía sospechosas relaciones telegráficas con Orozco. Puente dirá que J. de la Luz: "por temor a Villa se vio en el triste caso de hacerse solidario en la defección". Entre Maclovio y él, un 24 de marzo reúnen unos 500 hombres y logran desarmar a las tropas de la guarnición deteniendo a J. de la Luz.

Ese mismo día el gobierno sufrirá una terrible derrota, una columna al mando del general González Salas, ministro de la Guerra, es destruida cuando el tren en la que se aproxima recibe de frente una máquina cargada de dinamita a la altura de Rellano, que deshace el convoy. Durante años se hablará de "el tren de la muerte". Aunque las bajas de los federales son relativamente pocas, sólo murieron 22, la desorganización es tremenda. Los colorados aprovechan el caos. Salas se suicidaría tiempo después.

Villa, mientras tanto, aprovecha los recursos de Parral para organizar una amplia recluta. Vuelven a las armas Urbina, Fidel Ávila y Nicolás Fernández.

Si se esperaba el saqueo, tal cosa no sucedió; las tropas de Villa muy disciplinadas, conservaron el orden, pero era la hora de la revolución y sin tocarse el corazón reunió a los ricos de Parral y les sacó un préstamo forzoso de 100 mil pesos. Expropió caballos y municiones y fue sobre los fondos del Banco Minero, cuya expropiación se justificaba fácilmente porque era propiedad de Creel, quien estaba claramente del lado de la revuelta orozquista. El gerente del banco, Chávez Domínguez, contaría más tarde de las amenazas contra él y sus hijos y de cómo le sacaron 50 mil pesos.

Con el botín obtenido pagó a los soldados de su brigada 67 mil pesos, a razón de 1.50 pesos diarios; compró uniformes, monturas y frenos, comida y forraje. Entregó tres mil pesos a Urbina, tres mil pesos para los voluntarios de Guadalupe y Calvo, dos mil pesos a Fountain para que hiciera un nuevo cañón, dos mil pesos a Natividad García, dos mil a Miguel Baca Ronquillo y dos mil a los Herrera. Y siguiendo una de sus costumbres de la época de bandolero hizo un entierro de cinco mil pesos en plata en la sierra de Santa Bárbara.

Y aprovechando el respiro que le dieron sus enemigos, le pidió a Fischbein, un conocido sastre de Parral, que le hiciera un traje. Fischbein le dijo que tenía que quitarse la canana y la pistola, si no, no le podría tomar medidas. Villa aceptó con desgano. El sastre aseguraba que Pancho medía 1.64 y tenía los hombros inclinados. "Le prometí ir a su cuartel en tres días para los ajustes. Ese fue el día que Campa ataca la ciudad y no le cumplí".

El novelista Rafael Muñoz reconstruye las advertencias de un colorado de las fuerzas de Campa a un compañero cuando se aproximaban a Parral: "No conoces a Villa, es el tipo más mañoso que hay. Si al amanecer estaba en Parral al mediodía puede encontrarse 80 kilómetros al norte o al sur [...] A Villa no lo apresará nadie [...] Lo derrotaremos, sí, pero tomarlo…"

Al amanecer del 2 abril, mil 500 hombres de Emilio P. Campa atacaron la ciudad. Campa era un gran jefe guerrillero, reputado como valiente, audaz y loco. Villa estableció una defensa en el perímetro de la ciudad. "Decidí permanecer en la plaza y sostenerme". Él mismo defendía la estación y Maclovio, la parte baja de la ciudad. A las cinco de la mañana aparecieron las caballerías del enemigo y a las siete ya se estaba combatiendo. Nellie Campobello cuenta: "Villa defendía la plaza. Regados en los cerros los soldados resistían el ataque. El pueblo ayudaba a Villa. Le mandaban cajones de pan a los cerros, café, ropas, vendas, parque, pistolas, rifles de todas marcas". Las putas de Parral les llevaban comida y agua a la primera fila de combate.

Villa, que está en la estación con Martiniano Servín (un ex militar federal de 25 años, artillero salido del Colegio Militar, nacido en Toluca, maderista de la primera época), le dijo:

—Con cien hombres de infantería me toma usted ese cerro a sangre y fuego. Yo me sostengo aquí en la estación con estos veinticinco hombres, y primero pasan sobre mí que dejarles yo este flanco mientras toma usted el cerro.

A los 20 minutos oyó el clarín, Servín había tomado el cerro "con dos ametralladoras y un cañón". La caballería enemiga, bajo el fuego de la ametralladora de Tom Fountain, comenzó a dispersarse. Con sus hombres Villa cargó a caballo y los colorados huyeron. Retornando al pueblo apoyó a Maclovio, que se estaba batiendo en la parte baja de Parral. Nuevamente corrieron los colorados. Quedaban sobre el terreno cien prisioneros, armas y parque; un enorme botín para una fuerza que no controlaba sino el terreno que ocupaba.

Todavía se escuchaban los últimos disparos cuando Villa volvió al cuartel para que Fischbein terminara con las pruebas del traje. Pancho estaba muy tranquilo: "No te preocupes, las balas de las que hay que preocuparse son las que no se oyen".

A la mañana siguiente un lechero le lleva un recado de Campa: "Desgraciado, dentro de cuatro días me tienes aquí para quitarte el orgullo". El 8 de abril aparecieron en las cercanías cinco mil colorados al mando de José Inés Salazar. Villa resistió con 160 hombres desde medio día hasta las 11 de la noche y luego rompió el cerco. "Reuní a la gente que pude y con ella me salí de Parral".

Salazar tomó prisionero al ametralladorista de Villa, Thomas Fountain, y lo fusiló a pesar de las protestas del cónsul de Estados Unidos. Se salvó otro de los estadounidenses, Richard Coleman, porque tenía entre los oficiales un amigo que intercedió por él. Los colorados saquearon Parral. Ninguna de las dos acciones contribuirá a darle popularidad a los insurrectos.

Villa estaba indignado. En algún momento después del fusilamiento de Tom Fountain, Villa escribió una nota a la prensa en la que afirmaba que, extranjero combatiendo con los orozquistas que cayera en sus manos, lo fusilaría. La declaración provocó airadas reacciones entre los representantes diplomáticos estadounidenses.

Villa reconcentró a su gente en Villa de Santiago, luego se desplazó a Santa Bárbara, donde compró caballos. En Santa Bárbara, un testigo ocular cuenta que a su columna se sumó el boticario con todo y medicinas, y viajaba un montón de muchachas en las ancas de los caballos, junto con un acordeón y varias guitarras. Salió de Santa Bárbara porque sospechaba que los colorados lo tenían ubicado y fue al rancho de los Obligados a donde llegó el 14 abril. Se retiró luego hacia Las Nieves, donde encontraba Urbina con 400 hombres. "Compadre, organice usted su fuerza para que nos dirijamos mañana a Torreón".

En Las Zarcas, alguien registra, o inventa, una conversación filosófica entre Villa y Tomás Urbina:

Urbina: Hay que ser desconfiados, Pancho.

Villa: Pura desconfianza engendra desconfianza. Tenemos que confiar, tener fe cuando le entremos a los balazos. Confiar cuando salimos al campo raso.

En el camino se reúne con Maclovio Herrera. Las reflexiones de Maclovio son más prosaicas: "Cada prisionero que deja uno en libertad es un enemigo del que hay que seguir cuidándose. No tiene sentido eso de dejarlo vivo".

Con estos materiales se va haciendo la lógica de la guerrilla.

Una carta de Madero dirigida a Pancho Villa "en el campo de operaciones" y fechada el 10 de abril llega a sus manos: "He sabido que te has portado como los hombres y como los leales, dándole un ejemplo al traidor de Orozco. Te felicito calurosamente […] Espero te pongas a las órdenes del general en jefe que lo será el general Victoriano Huerta […] Tu ayuda va a ser muy importante y muy eficaz". Siguiendo instrucciones se dirige hacia al sudeste. En Torreón, en los límites entre Durango y Coahuila, se están concentrando las fuerzas del presidente. En esos mismos días ha establecido sus cuarteles la División del Norte comandada por el general Victoriano Huerta.

En Mapimí, a 60 kilómetros de Torreón, Villa encontró la vanguardia de la División del Norte comandada por Raúl Madero, que llevaba un grupo de irregulares ferrocarrileros con él. Hay una foto que los muestra, caminando y extrañamente desarmados. Raúl Madero anda forrado con una especie de chaqueta o gabán de lana cruda y Villa con traje, chaleco gris y huaripa. Pancho, respecto de algunas fotos de 1911, ha engordado. Se ven contentos los viejos camaradas, debían quererse bien, porque sonreían mucho.

Villa valorará de manera importante la pequeña campaña que acaba de realizar. Meses después, en una carta a Madero le dirá: "Mire señor, si yo no estoy al frente de la tropa del gobierno cuando *redotaron* la tropa, toman *Torrión* y sacan más de un millón de pesos y muchos elementos de guerra y se habrían hecho muy peligrosos". Insinuaba que al haber detenido la progresión de la rebelión orozquista hacia el sur en Parral, Orozco se había quedado sin recursos para comprar parque. Aunque la apreciación resulta muy discutible, lo cierto, como dice Villa, es que "le di tiempo al gobierno para que se organizara".

Deja a sus tropas a cargo de Urbina en Mapimí y se va hacia Torreón con sólo una escolta. Al paso por Bermejillo, 20 kilómetros adelante se encuentra con Trucy Aubert, viejo enemigo, el oficial federal que manejaba la caballería de Navarro en los primeros combates de 1910. Hay una foto que no parece demostrar enemistad.

El 18 de abril Huerta informa a Madero. Los restos de los federales que combatieron y fueron derrotados en Rellano están hechos un desastre. Van llegando las brigadas de los irregulares: Aguirre Benavides, Raúl Madero. Termina así la carta: "Suplico a usted me haga el favor de autorizarme, en carta, para que yo pueda dar a Villa, que se titula coronel (*es curioso, Huerta debería saber que el nombramiento de Villa se lo dio el propio Madero ante Ciudad Juárez en mayo de 1911*), el título de brigadier, pues voy a poner algunos grupos de fuerzas a sus órdenes y quiero halagarlo con ese calificativo que creo me dará buen resultado. Suplico contestación".

El 21 de abril Villa se encuentra en Gómez Palacio, la ciudad hermana de Torreón, y le escribe a Madero: "Según indicaciones de su grata estoy a las órdenes del gral. Huerta".

El personaje que entra en escena, Victoriano Huerta, merece un instante de atención. Ha nacido en 1844 en Colotlán, Jalisco, hijo de mestizo e india huichol. Adoptado como secretario por un oficial, estudia en el Colegio Militar. Sirve como teniente encargado de fortificaciones, luego estará bajo el mando de Bernardo Reyes. Nueve años trabajando como cartógrafo, haciendo estudios geográficos y mineralógicos en el ejército. En 1893 pasa al activo como coronel a cargo de la represión de revueltas antiporfirianas en Guerrero. Regresa al pasivo. Dos años en la topografía. En 1900 participa en la liquidación de la insurrección yaqui, en 1903 en la represión de la guerra de castas en Yucatán. Ha servido en las dos grandes guerras sucias del fin de siglo mexicano. Por su condición de reyista termina desplazado del ejército (puesto en disponibilidad); se le atribuyen negocios turbios en Monterrey a la sombra de su padrino. Es casi un espectador en la revuelta maderista de 1910 (en 1911 es jefe en Morelos y Guerrero). Jefe de la escolta en la huida de Porfirio Díaz a Veracruz. En el interinato de De la Barra estará encargado de la persecución de los zapatistas que no se habían desarmado. Fernández McGregor lo describe así:

> Era de estatura media, cuadrado, vigoroso, con aspecto de soldadón; tenía las piernas cortas y zambas del bulldog, ancho de pecho, los brazos más largos de lo normal; se paraba sólidamente sobre los talones con los pies bien separados; su cara de indio ladino parecía pétrea; usaba el cabello cortado en cepillo, y sus pupilas inquisitivas le bailaban en las conjuntivas irritadas tras unos lentes oscuros que se le resbalaban a menudo de la nariz, por el sudor alcohólico que le rezumaba de toda la faz; los tomaba nerviosamente con el pulgar y el índice para volver a calárselos abriendo los resortes que los ajustaban y repetía el acto hasta convertirlo en un tic. Su voz era marcial, pero hablaba con el dejo socarrón del pelado, empleando sus mismos giros burdos.

Ignacio Muñoz, para demostrar que Huerta no era un borracho utiliza una cita no muy afortunada del general Gorostieta: "Nunca vi en mi azarosa vida de soldado, un cerebro más resistente que el de mi general Huerta. Podía tomar hasta tres botellas de coñac en un solo día y su lucidez no se opacaba nunca". Manuel Bonilla rescata el retrato de Huerta que un amigo de ambos le hizo: "Ambicioso, de poquísimos escrúpulos, empedernido dipsómano, ladino y taimado, para quien la vida humana tenía un valor insignificante. Era además un hábil mimetista […] era valiente y no carecía de ingenio".

Como se ha visto ni la trayectoria ni los retratos eran generosos con el personaje.

¿Qué impresión le causa a Villa este primer contacto con el general Victoriano Huerta? Ramón Puente rescata esta reflexión de Pancho: "Con Huerta me dio la corazonada de que no obraba por la buena, ni nos quería a los maderistas. Su cara, sus modos y su constante uso de la bebida (casi siempre se veía borracho, y entre la tropa federal no era un secreto que también fumaba marihuana) no me infundieron nunca ni la menor tranquilidad". En un primer encuentro Villa le pide fusiles Mauser para deshacerse de las carabinas 30-30 y uniformar el parque. Huerta no responde a la demanda y Villa compra municiones con lo que le ha sobrado de las expropiaciones de Parral. Le quedan 7,400 pesos que le entregará a Huerta. Finalmente, el 2 de mayo el general pasa revista a la columna de Villa en Torreón, que consta de cuatrocientos hombres. Otros quinientos vienen con Urbina.

Pasan cinco días en Torreón, Villa se hospeda en el Mesón de San Mateo, en Gómez Palacio. Justino Palomares, editor de un periódico que ha estado en las últimas ediciones criticando fuertemente a Villa, se encuentra al coronel frente a su oficina preguntando por él. Ingeniosamente, Palomares dice que Palomares "salió a cobrar unas deudas". Villa lo recluta como secretario. Por unos días Palomares se hará cargo de su correspondencia sin revelar su personalidad: Cartas a México, telegramas al "chaparrito" Madero: "Con el cariño de siempre [...] Soy sincero hasta la muerte". Una carta a su hermana en Durango. Durante esos días trabajando como amanuense mantienen una buena relación. Villa al final le preguntará si no lo extraña la ausencia del tal Palomares y él confiesa. Villa le pregunta por qué no se lo había dicho antes. "Por puro miedo". Villa se ríe. Las instrucciones que Madero le reitera son sumarse a la columna de Huerta.

Cuando Huerta se convenció de que los colorados estaban escasos de armas por el cierre de la frontera y que él había reunido una tropa importante en número, decidió pasar a la acción. La fuerza se integró con dos brigadas de infantería, una de caballería mandada por Rábago, la artillería de Rubio Navarrete, todas ellas de fuerzas regulares (o dicho de otra forma, el viejo ejército de la dictadura porfiriana reciclado por Madero) y con las brigadas de Eugenio Aguirre Benavides, formada por ferrocarrileros, la de Emilio Madero, los carabineros de Nuevo León de Raúl Madero y la gente de Villa, que recibió el nombre de Cuerpo de Exploradores.

Para evitar sorpresas, y dado el desconocimiento del terreno que tenían los federales, Villa fue enviado abriendo el camino. Se dirá por tanto que "ninguno de los jefes de la División conocía el terreno en que iba a maniobrar, y de ahí que, como avanzada, fuese comisionado un guerrillero ligero, muy valiente y conocedor de la región: Francisco Villa".

Pancho avanzó hacia Bermejillo; el grueso de la División lo alcanzaría en cinco días. Llevaba 300 o 400 hombres. "Villa, siempre desconfiado de todo el mundo, siempre pernoctaba durante su marcha a no menos de dos o tres kilómetros de la punta de las fuerzas federales", acompañado de su amigo Margarito Barrera.

En Bermejillo recibe órdenes de tomar contacto con los colorados. "Huerta estaba borracho cuando me dio la orden". Villa intenta explicarle a Huerta que prefiere salir de noche para que la polvareda que levantan los caballos no lo delate. Se lo dice a Rábago. Lo ignoran. Le suman el 7º regimiento de caballería federal.

El día 8 de mayo se produce el primer encuentro contra los colorados de Cheché Campos y Argumedo, que son tomados por sorpresa en Tlahualilo. A la madrugada Pancho sorprende a las avanzadas de los colorados y hacia medio día los han derrotado. Cuando están en retirada Rábago llega a apoyarlo y bombardea, "con cuatro cañonazos que disparó, acabó el enemigo de desbandarse". Villa se hace con un gran botín de guerra: 600 caballos, diez carros de provisiones, monturas, rifles y municiones.

Huerta lo felicita, manda un parte elogioso.

Hay un par de fotos de la victoria de Tlahualilo. En una, Villa y parte de sus oficiales se retratan orgullosos ante una ametralladora capturada, extraordinariamente serios. En otra, un Villa distraído tiene la mirada perdida mientras el general Rábago contempla la cámara.

Un día después, el 9 de mayo, la Secretaría de la Defensa ratifica el ascenso a general brigadier que Huerta ha propuesto tres semanas antes. Años más tarde Villa le contará a Jaurrieta: "Llegué al cuartel general de Huerta en el Hotel Salvador. Vi reunidos a un liacho de jefes uniformados de gala [...] en todos los jefes federales se podía advertir un gesto de burla. Uno lo manifestaba más que otro, pero ninguno como un señor coronel García Hidalgo [...] Yo permanecía con la vista baja, muerto de vergüenza y cólera, pero de vez en cuando veía a aquellos viejos panzones que me choteaban de lo lindo. El único que permanecía con actitud de hombre serio fue mi amigo el general Rábago". Felipe Ángeles contará años después que Villa, imitando la voz de Huerta, que repetía frecuentemente las palabras y usaba un tono socarrón, le notificó su ascenso a general. Huerta le ordena hacerse un uniforme. Ramón Puente dice que para ridiculizarlo, someterlo, sojuzgarlo.

Su nuevo mando será conocido entre los oficiales de carrera como "general honorario", recalcando lo de "honorario", que Huerta usará frecuentemente. Villa no olvidará "la burla que despertaba entre los miembros del ejército mi generalato". Silencioso y cohibido, Pancho en el fondo pensaba que los federales como militares no valían para gran cosa; sólo tenía un cierto respeto por Rábago, el general de artillería. Fue a lo largo de aquellas semanas un hombre parco en palabras con los federales y dolido por las burlas. No era el único. Nicolás Fernández, que combatía en la tropa de Urbina, recuerda que los federales llamaban a los maderistas "comevacas" y "sebosos".

Manuel Bauche Alcalde le preguntará un par de años más tarde: "¿Era Huerta un verdadero general?"

Y Villa responderá: "Cuando estaba en su juicio dictaba muy buenas disposiciones".

—¿Y a qué hora del día empezaba a emborracharse? —insistirá Bauche.

Villa rematará con sentido del humor

—De las siete de la mañana en adelante.

El 12 de mayo, Villa, ahora general, es llamado a conferenciar con Aubert, Rábago y Emilio Madero. A Villa se le asigna el ala derecha de la División. Huerta le dice algunas tonterías sobre que no se mueva hasta que esté muerto, que Villa recordará indignado años más tarde. Como si tuvieran que decirle eso. Se encuentran con los orozquistas en Estación Conejos. Una columna de caballería colorada trata de flanquear a la División del Norte y se topa con los exploradores de Villa que andan en lo mismo. Las fuerzas se mezclan en la carga. Tremenda confusión, la ausencia de uniformes hace todo más caótico. Marcelo Caraveo manda a los colorados. Ambas fuerzas se repliegan para organizarse. Se dice que Villa y Caraveo casi chocan sus caballos. Villa contará: "Al ver que volvían riendas lancé sobre ellos mi caballería (800 hombres) a la carga y fue tal el ímpetu de mis soldados, que mezclándonos con ellos los matábamos a pistola". Los colorados se repliegan. Villa está afiebrado. El coronel García Hidalgo, jefe del Estado Mayor de Huerta, lo encuentra tirado en el suelo y lo reprende. Villa, encabronado, le dice que por qué no se va a batir a las tropas que él acaba de derrotar y que se mantienen a distancia. "Yo estaba ardiendo en calentura, tumbado en el suelo, y si no me retiraba es porque veía el enemigo ahí enfrente y no quería yo desamparar el puesto". El diálogo termina medio fuerte. Villa le dirá al coronel: "Usted es un badulaque y se me quita de enfrente, que no tengo ganas de más quebraderos de cabeza después de haber peleado todo el día".

Los cañones de la columna maderista serán la clave de la jornada. La artillería destruye materialmente a los colorados que han dejado sus cañones en Rellano, atrás, sobre la vía del tren. La ofensiva del centro federal los desmorona. Son cinco mil hombres que se repliegan en la noche en absoluto desorden. Los colorados perdieron más de 600 hombres. Quedó herido Trucy Aubert.

El general Huerta celebra la intervención de Villa en la primera parte de la jornada, le da un abrazo y lo felicita. Villa no puede dejar de pensar que si Huerta hubiera perseguido a los derrotados, ahí se acaba la rebelión orozquista.

Hay una foto después de la batalla en la que Emilio Madero parece hacer una broma por la que Villa ríe, mientras Huerta, muy tieso y con lentes oscuros, los contempla a ambos. Curiosamente, Villa no trae uniforme militar. O se hartó de él o todavía no se lo tienen listo.

Los médicos de la columna le dan unos "menjurjes", pero Villa se atiene a las fricciones de alcohol. Le dan órdenes de explorar 500 metros delante de los trenes sobre el flanco derecho. Villa le insiste a Huerta que coloque puestos avanzados.

Al día siguiente, en Escalón, Huerta le da órdenes de que apoyado por Rábago ataque por la derecha, y Emilio Madero lo hará por la izquierda. Entre los irregulares maderistas se dice que Huerta los está usando como carne de cañón sin desgastar a los federales. De nuevo se produce una maniobra de doble flanqueo, los colorados se retiran sin combatir.

La lentitud de Huerta resultaba exasperante. Se tomó más de una semana antes de avanzar. Al fin, el 21 de mayo, Huerta comisionó a Pancho para hacer una exploración. Avanzando hacia Rellano, Villa descubrió una mina en la vía férrea con 32 cajas de dinamita, y "ordené que les cortaran como 20 centímetros (de la línea de alambre que iba al detonador) y que volvieran a tapar la zanjita donde estaba enterrada la batería". El intento de repetir el tren de la muerte por parte de los colorados se frustró.

Apenas tendrá tiempo de gozar la travesura, pues esa noche intentaron atentar contra él. Lo hará un personaje que se presentó preguntando por el general Villa y al no hallarlo le disparó a un capitán de la división federal, huyendo luego en la oscuridad.

El 22 mayo se produce lo que será el enfrentamiento fundamental de la campaña, la confrontación en las lomas de Rellano. Los colorados se encuentran sin reservas de parque. Las fuerzas de asalto serán los batallones de Villa, de Raúl y Emilio Madero y de Eugenio Aguirre Benavides, más el 15° batallón de línea y los dragones del general Rábago. Huerta le ordena a Villa que avance protegiendo la colocación de la artillería, luego que tome el flanco derecho.

La artillería, con 36 cañones, golpeó el centro colorado. Los orozquistas no tenían posibilidad de fortificarse más que en un par de cerritos a los lados de la vía y la caballería maderista intentó una maniobra envolvente para ponerse a sus espaldas. Se produjo una contracarga de los colorados. La artillería siguió disparando contra la caballería colorada a pesar de que estaba mezclada con los suyos. A Huerta no le importaba. Villa y los irregulares se replegaron para reorganizarse. Avanzó por el centro la infantería federal y se produjeron nuevas cargas y contracargas mientras la artillería hacía estragos en las filas de los colorados. Huerta desgastaba a los irregulares y simultáneamente ejecutaba con las brigadas de pelones (los soldados de leva federales) su táctica. Se desmoronó el frente. Los orozquistas cubrieron sus trenes para replegarse, nuevamente Huerta los dejó retirarse.

La artillería es un arma terrible. Rafael Muñoz cuenta la historia de un grupo de colorados que vivió la batalla sufriendo el bombardeo sin haber podido disparar ni un balazo.

La noche pasó bajo una fuerte tensión. Se esperaba un nuevo enfrentamiento. Al amanecer del 23 la artillería volvió a actuar y los colorados, tras 22 horas de combate, se replegaron hacia Chihuahua. Dejaban sobre el terreno 600 bajas entre muertos y heridos. La División del Norte había disparado tres mil cañonazos y quemado un millón de cartuchos.

Después de Rellano, Huerta felicitó de nuevo a Pancho Villa y lo invitó a comerse unas gorditas de frijoles que "por cierto que estaban muy buenas"; Villa se zampó dos. Si las relaciones no eran amables, por lo menos no eran malas.

Hay una serie de fotos que muestran a Villa uniformado, una de ellas ante una pieza de artillería, como si tratara de demostrar el profundo respeto que le tiene a esa arma recién descubierta. Está rodeado de soldados federales desarmados, probablemente los artilleros de la División.

Continúan las exploraciones. Villa, sin poder actuar con profundidad en el territorio de los colorados, no sabe que el repliegue del enemigo ha sido hasta Chihuahua. En una de las salidas, cuando están bebiendo agua en un pozo descubre que hay siete cadáveres adentro. Emilio Madero, mientras los demás se ríen, dice que va a vomitar.

En esos días Tomás Urbina es detenido por los federales. En el campamento se ignoran los motivos. Quizá sea a causa de una protesta del embajador estadounidense contra Urbina, en que lo acusa de haber saqueado la empresa de la Compañía Tlahualilo. Villa, al conocer la detención, se aleja con su brigada cinco kilómetros y amenaza que si no sueltan a su compadre él se retira con su brigada de la División del Norte y ya le dará cuentas al presidente. Haciendo esto escribe un par de notas que envía a los hermanos Madero y a Rábago. Urbina fue liberado a las ocho de la mañana del día siguiente. Nunca le comunicarán por qué había sido detenido.

No sólo esto es motivo de descontento entre los irregulares maderistas. En el campamento, entre los oficiales federales se hablaba mal del presidente Madero y Huerta lo permitía. Además, militarmente se tachaba al general de indeciso, porque no rematabaa los colorados.

El 26 de mayo las tropas de caballería de Emilio Madero tomaron Jiménez, en el sur de Chihuahua. Villa fue enviado a Parral junto con el general Rábago y allí vivió una impresionante recepción popular que no se hizo extensiva al ejército regular.

Probablemente en esos días se relaciona con Piedad Nevárez, hija de un ganadero de Delicias que sabía tocar a Chopin en el piano. Aunque algunos sitúan la relación en Jiménez, será probablemente en Parral, en un banquete. La fama de Villa atraía. La cosa, muy al estilo Pancho, será fulgurante. Tras un encuentro en el jardín esa noche, él le lleva serenata. Evidentemente le ofrece matrimonio. Un cura los casa a la una y media de la madrugada.

Con Raúl Madero en
Mapimí.

Con Trucy Aubert
en Bermejillo.

Notas

a) Fuentes. Resulta esencial para la primera fase de la campaña la información de *El Correo de Chihuahua*. Vargas: *A sangre y fuego…* Martín Luis Guzmán: "Villa y la revolución". Bauche: *Villa*. Elías Torres: "El asesinato del americano Fountain". Quevedo: *Los colorados*. L. Taylor: *La gran aventura en México, el papel de los voluntarios extranjeros en los ejércitos revolucionarios mexicanos*. Federico Cervantes: *Francisco Villa y la revolución*. Ramón Puente: *Pascual Orozco y la revuelta de Chihuahua* y "Vida de Francisco Villa contada por él mismo". Fischbein en Peterson: *Intimate Recollections…* y "Louis Fischbein led unique". Nellie Campobello: *Apuntes*. Puede consultarse el expediente de Villa en el AHDN.

Se ha dudado de la autenticidad de la entrevista de Villa con el padre de Orozco, pero los testimonios son muchos y coincidentes. Quizá la iniciativa del viejo Orozco haya sido personal. Calzadíaz: *Hechos reales de la revolución*, tomo 5, la fecha el 2 de marzo, pero en esos momentos Abraham, uno de los temas de la conversación, no estaba escondido.

Rafael F. Muñoz, en la novela *Se llevaron el cañón para Bachimba* cuenta la primera y la segunda batalla de Rellano y los combates de los colorados con Villa en Parral. La breve campaña contra las fuerzas de Orozco, previa a su unión con Huerta, en AGN Presidente Madero Caja 47 exp. 1292-1. Abraham González coincidirá en que los combates de Parral que frenaron el avance hacia el sur fueron definitorios, en una carta a Madero citada por Katz: *Pancho Villa*.

Tlahualilo, una ametralladora capturada. La foto originalmente pertenecía al archivo de Austreberta Rentería.

Para los combates de Parral: Almada: *Revolución* 1. Alonso Cortés: *Francisco Villa, el Quinto Jinete del Apocalipsis.* Osorio: "The Death of a President…", testimonio de Roth. Nellie Campobello: *Cartucho* ("Los tres meses de Gloriecita"). Francisco Muro Ledezma PHO 1/97. Las fechas de los combates en Parral tienden a ser muy erráticas, además muchos autores confunden el primero con el segundo y viceversa.

El retrato de Huerta a partir de sus *Memorias* (*Yo Victoriano Huerta*), que no por posiblemente apócrifas dejan de estar bien informadas; debidas o atribuidas a Joaquín Piña. Genaro Fernández McGregor: *El río de mi sangre.* I. Muñoz: *Verdad y mito de la Revolución Mexicana* 4. Arenas Guzmán: *El régimen del general Huerta en proyección.* Manuel Bonilla: *El régimen maderista.* Arenas Guzmán recoge decenas de retratos de Huerta, algunos muy agudos. Prida: "Por instinto natural es mentiroso, pero procura aparentar que es no sólo sincero, sino hasta ingenuo". Vera Estañol (su colaborador): "Amoral por idiosincrasia, abúlico por los efectos del alcoholismo habitual, disoluto en su conducta personal y desordenado en el manejo de los negocios públicos". García Naranjo desde su óptica hiperconservadora dice que el "pueblo también, con esa clarividencia que le caracteriza, se dio cuenta de su vigorosa personalidad".

Con el general Rábago y Huerta en la campaña contra Orozco.

Villa en Rellano con Victoriano Huerta, 1912, Casasola.

Existe una historia oficial de la División del Norte federal realizada por encargo por José Juan Tablada (*Historia de la campaña de la División del Norte*), cuyo texto raya en la ignominia; panegírico de Victoriano

Después de Conejos, con Huerta y Emilio Madero. Casasola.

En Bermejillo, fines abril 1912, AGN.

Villa con uniforme federal, obsérvese la mirada chueca; Casasola.

Villa y los artilleros de la División del Norte federal, Casasola.

Tomás Urbina, campaña contra Orozco, 1912. Fondo José Guerra.

Huerta escrito después del golpe, fechado en septiembre del 13. Dice cosas como: "Con ansia, con anhelo, con desesperación, un pueblo buscaba a un hombre" (refiriéndose a Victoriano.) En sus 115 páginas no hay una sola mención de Pancho Villa.

La División del Norte: Martín Luis Guzmán: *Memorias*. Ramón Puente: *Villa en pie y Francisco Villa*. Bonilla: *10 años*. Silvestre Terrazas: *El verdadero Pancho Villa*. Francisco R. Almada: *Vida, proceso y muerte de Abraham González*. Jesús Vargas: *Máximo Castillo*. Alberto Calzadíaz: *Hechos de la revolución*, normalmente tan minucioso, en el tomo 1 se despacha el asunto en un par de páginas llenas de lugares comunes y sin testimonios directos, pero en el tomo 5, dedicado a Martín López, hay más información. Juan B. Rosales PHO 1/116. Gustavo Fernández: "Mi actuación en la Revolución Mexicana". Jaurrieta: *Con Villa*. Nicolás Fernández/ Urióstegui. Rubén Osorio: "The Death of a President and the Destruction of the Mexican Federal Army", 1913–1914. Vilanova: *Muerte de Villa*. Rubén Osorio: *La correspondencia de Francisco Villa*. Amaya: *Madero y los auténticos revolucionarios de 1910*. Quevedo: *Los colorados* 2. Palomares: *Anecdotario*. Ramón Puente: "Vida de Francisco Villa contada por él mismo".

La detención de Urbina en De la O: *El guerrero mestizo*. Katz: *Pancho Villa*. La historia de Piedad Nevár ez en Rosa Helia Villa: *Itinerario de una pasión*. Tienen un hijo, Águedo. Ella muere en el parto.

J. de la Luz Soto, capturado por Villa y enviado a la ciudad de México, terminaría asesinado allí en 1913 tras el golpe de Huerta.

DOCE

POR CULPA DE UNA YEGUA

Todo empezó con una yegua. Supuestamente. Una yegua inglesa pura sangre que pertenecía a Matilde Ramírez de Russek, esposa de un comerciante de la región. Cuando el 3 de junio Villa retornó de Parral a Jiménez, donde se encontraba el cuartel general de la División del Norte, Martín López le informó, entre otras muchas cosas, que una yegua requisada en una casa donde la tenían escondida, les había sido recogida por un oficial federal. Villa ordenó que la recuperaran, nadie iba a quitarle un caballo y nadie se podía llevar nada sin orden suya.

Sin hacerle demasiado caso al asunto Villa fue a recibir órdenes aquella tarde y tras comentarle al general Huerta lo de la yegua le pidió una orden para que se la entregaran. Fue expropiada en un acto de guerra y el que la reclamaba, el tal Russek, había sido al inicio de la rebelión orozquista proveedor de los colorados. "Me respondió con una arrogancia que ningún jefe debe tener y que yo no estaba en ánimo de sufrir. O sea que por unos momentos nos desacompasamos algo de palabra". Tras el intercambio de frases fuertes, el general Huerta le dirá que recoja la mentada yegua, que no necesita órdenes para eso. Villa alguna vez habría de insinuar que en esos momentos Huerta no estaba sobrio y que el general federal se había apropiado de un automóvil de Russek, quien, a cambio de que le devolviera la yegua, se lo había regalado. Otros añadirán que el auto "estaba bastante viejo y necesitaba reparaciones". Cierto o no, el caso es que "me devolvieron la yegua, que tanto papel han querido que juegue en el pretendido asesinato de que iba yo a ser víctima".

El encontronazo verbal, lo que Villa llama un "desacompasamiento de palabras", entre el federal y el guerrillero, debe de haber sido fuerte, porque Villa contará en el futuro que ese mismo día 3 de junio escribió un telegrama a Madero que le entregó al telegrafista de la columna diciéndole que quería operar solo, y que también le puso "un papel" a Huerta en el que le decía que no quería seguir sirviendo a su mando, porque "no creía que se le guardaran las consideraciones que creía merecer".

El telegrama nunca llegó a las manos de Madero.

Villa se retiró al hotel. Desde el principio de la campaña sufría de fiebres. "Esa noche me dieron unas fricciones de alcohol y en el hotel Charley Chi, por ser un lugar cerrado, me abrigaron muy bien con muchas frazadas y me echaron a sudar". Algunas malas lenguas le atribuyen a Piedad Nevárez la colaboración en las friegas de alcohol, pero sería Tomás Urbina el de las friegas. Villa dormía en un cuarto con varios de los integrantes de la brigada, entre ellos Baudelio Uribe, Sosa y Juan Rentería.

Al caer la noche aparecieron por el hotel unos oficiales federales que le pidieron se presentara ante el general Huerta y Villa se disculpó diciendo que estaba sudando y que si era urgente iría, si no, ya lo vería por la mañana.

Huerta se encendió y le dijo al teniente coronel Rubio Navarrete que Villa se iba a insubordinar y que "en prevención de un posible levantamiento" cercara a su gente. Y llegó a más: "Tome usted la fuerza necesaria, ametralle el cuartel de este hombre y no me deje de él ni las astillas".

Rubio Navarrete cuenta: "Era de noche. Me dirigí al cuartel del guerrillero para darme cuenta de la situación y lo encontré absolutamente tranquilo". Llegó incluso a asomarse al cuarto de Villa, al que encontró dormido. Regresó al cuartel a reportarle a Huerta y lo encontró también sumido en el sueño. Detuvo el ataque que se estaba preparando.

Al amanecer, a las siete y media u ocho de la mañana del 4 de junio de 1912, "y bien envuelto en mi cobija", Pancho se dirigió al vagón de tren que funcionaba como cuartel general, y mientras esperaba a Huerta, los coroneles Castro y O'Horan lo detuvieron. Lo hicieron bajar del carro de ferrocarril y, escoltado por hombres del batallón de Xico, lo condujeron a unos 150 pasos de las vías, hasta las tapias de un corral.

Villa no entendía lo que estaba pasando, se hallaba mareado, con fiebre, pensó que debía tratarse de un error. Al dar la vuelta a la esquina descubrió que estaba formada una escuadra para fusilarlo. "Me vino enseguida una grande indignación. Yo no era un traidor, ni siquiera un enemigo enmascarado, ni siquiera un prisionero."

No había habido consejo de guerra, no le habían formulado cargos, no lo habían enfrentado a ninguna acusación, no le habían permitido defenderse, ni siquiera le habían dado las 24 horas de rigor en capilla.

Los coroneles le ordenaron que se colocara contra la pared. Villa se dirigió a O'Horan: "Señor coronel, ¿quiere usted decirme por qué van a fusilarme? Y no pude continuar porque las lágrimas me rodaban de los ojos, sin saber yo ahora si aquel llanto era por la cercanía de mi fusilamiento o por el dolor de verme tratado de ese modo. Columbró que era por la ingratitud y las muchas desconsideraciones y no por miedo mío a la muerte".

Muchas veces los más fieros antivillistas recordaron el llanto del general ante el pelotón del fusilamiento, señalándolo como un gesto de cobardía. Villa no se disculpó y no entró en la polémica, le tenía demasiado (o demasiado poco) respeto a la muerte como para hacerlo; y alguna vez dijo que quizá sus lágrimas habían sido producto de la "cobardía, como han gritado tanto mis enemigos cuando me han huido".

O'Horan le pidió al otro coronel que esperara un momento, que le dejara hablar con Huerta. Poco después regresó y ordenó que se procediera con la ejecución.

Existe una foto. Con la mano en el sombrero y una pared de adobe a sus espaldas, Villa parece conversar con la media docena de soldados con uniforme federal que se han formado ante él. Las sombras son extraordinariamente largas, el sombrero ladeado parece impedir que el sol, muy bajo, le dé en los ojos. Las sombras registran a otros dos personajes que no aparecen en la foto pero que traen el kepí de los militares federales. Ha sido tomada por el doctor Pérez Alemán, médico de la División del Norte, que al enterarse de que iban a fusilar a Villa buscó su cámara y sacó varias fotografías. Una de ellas ha llegado hasta nosotros.

"Después de que repartí algunas prendas entre los soldados que iban a hacer fuego, dije algunas palabras despidiéndome de la tropa; se me colocó dando la espalda a un paredón, pero sin que aceptara yo que se me vendara y tomando por mi voluntad la postura de rodillas para mitigar así la caída del cuerpo".

¿Villa se arrodilló para llegar al suelo más rápido en el momento de la muerte? Los testigos parecen cambiar la versión de su memoria. El mismo Pérez Alemán cuenta que Villa, momentos antes de la ejecución, pidió un lápiz y escribió sobre la rodilla varios recados. El teniente coronel Rubio Navarrete, que había sido despertado al amanecer con la noticia, llegó en ese momento y registró que Villa estaba con una rodilla en tierra y parecía que sobre el muslo escribía algo.

"Estaba yo entregando mi reloj y un poco de dinero que llevaba a los soldados que me iban a fusilar cuando se presentó (Rubio)". El oficial interrumpió por segunda vez la ejecución y ordenó a los coroneles que lo esperaran hasta que hablara con Huerta, porque quería informarle al general que en la noche no había encontrado ningún síntoma ni prueba de amotinamiento.

Villa, con la muerte aplazada, dirá que pensó: "Yo nunca había tenido miedo de morirme, pero en aquella ocasión vi tan cerca mi fin, que me pasó como un relámpago por el pensamiento la idea de que todo el navegar de mi vida había sido para nada".

Huerta, mientras tanto, estaba sujeto a las presiones de Francisco Castro y los dos hermanos Madero, Emilio y Raúl, a los que quizá se sumó el general Rábago, que le pedían que detuviera la ejecución. Finalmente el general federal cedió (al fin y al cabo estaba hablando con los hermanos del presidente) y decidió suspender el fusilamiento.

Mientras tanto, en Jiménez la voz ha corrido ampliamente y los campamentos de los irregulares maderistas se encuentran muy agitados. Rubio Navarrete llegará con la noticia de la suspensión de la ejecución. Pancho Villa vuelve a la vida, él que casi la ha perdido tantas veces, una vez más. Agradecido, ordena a su gente que le ensillen el caballo y le traigan la espada y se los regala al oficial que ha traído la orden de suspender la sentencia, además le promete regalarle su casa en Chihuahua.

Rubio lo lleva ante Huerta, cuya única explicación a la pregunta de por qué lo quiere fusilar es: "Porque así lo demanda mi honor militar". Veinte minutos después lo escoltan detenido hacia la estación para tomar un tren hacia la ciudad de México. Allí Villa pide permiso al jefe del Estado Mayor de Huerta para despedirse de sus soldados, que se formaron frente al carro. "Yo suplico a ustedes que sean fieles siempre al gobierno constituido". "Ya está bueno, súbase usted", lo interrumpe Antonio Priani y jalándolo del brazo lo sube al tren. Ese jalón le costará la vida años más tarde.

Lo colocan en un vagón de carga añadido a la cola de los de pasajeros. La escolta va en el techo, Villa viaja en la caja. La consigna de Huerta es que sólo reciba agua durante el trayecto. Curiosamente, el conductor del tren se llama Rodolfo Fierro, quien años más tarde entrará de lleno en esta historia al lado de Villa.

El general Huerta envió al presidente Madero un telegrama dando cuenta de sus actos, donde ofrecía una versión bastante poco consistente: "En estos momentos parte el tren; lleva con carácter de procesado […] al jefe Villa". Lo acusa de haber cometido faltas graves: "apoderarse sin derecho alguno de bienes ajenos" y casi amotinarse cuando le ordenó la devolución de "los animales" porque fue de su cuartel, al de Huerta, que está a doscientos metros, y "armó a toda la fuerza a su mando (*¿estaba acaso desarmada?*), advirtiendo que estuvieran preparados para desobedecer" (*Villa, tomado por sorpresa, no hubiera podido hacerlo*). Tras informarle al presidente que "a Villa le he perdonado la vida ya dentro del cuadro que debía ejecutarlo por razón de haberme suplicado le oyese antes de ser pasado por las armas" (*extraña razón, lo perdoné porque me pidió que le escuchase*). Remata diciendo que Villa es "un hombre útil como combatiente", pero "a cada paso tiende a relajar la disciplina". Curiosamente, Huerta nunca se había quejado de Villa a lo largo de la campaña y no había antecedentes de la supuesta indisciplina.

Madero escribirá sobre el telegrama de Huerta un escueto: "Pase a la Secretaría de Guerra para que proceda conforme a la ley", y lo firmará. Como registra el futuro juez, la orden de procesamiento provenía de puño y letra del presidente. Madero había elegido entre Francisco Villa y Victoriano Huerta. Se equivocaba. Al día siguiente la noticia llegará a la ciudad de México: "El jefe de rurales F. Villa fue enviado a la capital por órdenes del general Huerta"; alarma y dudas, el boletín oficial no decía por qué lo habían detenido.

Huerta amenazó a los oficiales villistas con desmembrar sus brigadas e incorporarlas a otras tropas federales; se raparía el pelo a los irregulares, como pelones. ¡Qué ofensa! Precisamente a los soldados de leva del ejército se les solía llamar pelones porque al ser reclutados y despiojados se les cortaba el pelo al cero. La cosa no pasó a mayores por la presencia de Raúl y Emilio Madero.

Villa llegó a Gómez Palacio escoltado por 50 hombres. Luego a Torreón, al amanecer. Hacia mediodía, otro tren; pasa la noche en Monterrey en un cuartel. Lo acompañan los capitanes villistas Blas Flores y Encarnación Márquez, que luego habrán de declarar en el juicio. En la estación un desconocido grita "¡Viva Villa! ¡Mueran los pelones!"; no faltará una voz anónima que grite "¡Muera el traidor Villa!" Duermen en San Luis, luego otro tren lo lleva a la capital.

Años más tarde Pancho Villa volvió al lugar donde lo iban a fusilar y pintó una gran cruz blanca en la pared. Probablemente para que nunca se le olvidara.

NOTAS

a) Fuentes. La versión de Pancho Villa del conflicto con Huerta se puede seguir en la "autobiografía" de Bauche; muy similar, pero más minuciosa, en la de Martín Luis Guzmán; con variantes en los trabajos de Puente: *Villa en pie* y en la primera parte del libro escrito con Muñoz: *Rayo y azote*. Además en la deposición en juicio de Villa recogida en el libro de *El Centenario*. Aguirre Benavides: *Las grandes batallas…* Bonilla: *El régimen maderista* y Campobello: *Apuntes sobre la vida militar de Francisco Villa*. Las noticias sobre el nexo de los Russek con la rebelión de Orozco en Almada: *Revolución* 1. "Charley Chee" llamará John Reed (*México Insurgente*) al hotel.

El telegrama de Huerta a Madero y la versión de la detención contada por Rubio Navarrete en Cervantes: *Villa*. Además: Nicolás Fernández en Urióstegui: *Testimonios del proceso revolucionario en México*, Osorio: "Death of the President…". Ángel Rivas: *El verdadero Pancho Villa*. Martín Luis Guzmán: *El águila y la serpiente*. Vargas: *A sangre y fuego…* Luis Aguirre Benavides: *De Francisco I. Madero a Francisco Villa*. Calzadíaz: *Hechos reales de la revolución*, tomo 1.

Bonilla, disculpando el que Villa se hubiera arrodillado antes del fusilamiento, llegó a decir que: "Si hizo tal cosa es porque así acostumbran los que van a ser fusilados en el norte".

Las noticias de cómo Villa y Rodolfo Fierro se cruzaron por vez primera en Benjamín Herrera: "Cómo era y cómo murió el general Rodolfo Fierro". El viaje a la capital en Felix Delgado PHO 1/79 y en el Archivo Histórico de Durango.

Pancho Villa ante el pelotón de fusilamiento, 4 julio 1912. Foto del doctor Pérez Alemán, llamado por algunos Alemán Pérez.

b) Madero. Insisten multitud de autores en que la orden de suspender la ejecución vino del presidente Madero. No hay tal. No hay registro en los papeles de Madero ni se menciona nada en el telegrama que Huerta le envía a Madero de suspender la ejecución por sus órdenes, etc. Ver por ejemplo esta tesis: Jacinto B. Treviño en Fabela: *La victoria*. Cumberland: "Salvado de la muerte por una orden de Madero". Las memorias apócrifas de Huerta de Joaquín Piña lo afirman. Bonilla lo afirma. El *México Herald* lo afirmaba: fue salvado "por orden de Madero". Osorio: "Death of the President…": Raúl Madero telegrafió a su hermano el presidente acerca de la situación y, mientras Villa permanecía frente a la pared esperando al piquete de fusilamiento, una contraorden presidencial fue enviada a los cuarteles de Huerta".

Se ha dicho también que los hermanos Raúl y Emilio Madero trataron de comunicarse con el presidente en Chapultepec y que consiguieron una línea indirecta a través de Llorente, cónsul en El Paso. No sólo no hay constancia de tal cosa entre los papeles de Madero, sino que tampoco la hay en los de Llorente.

c)   Guillermo Rubio Navarrete saldrá a partir de aquí de esta historia. Bigote fiero con guías que apuntan hacia el cielo, general de artillería; fiel a Madero en los primeros momentos del golpe militar de 1913, utilizará sus cañones para atacar a los sublevados. Acabará plegándose al huertismo. Combatirá con los federales pero no contra Villa, sino en el noreste. Se licenciará al fin de la dictadura y pasará a la vida civil.

d)   Odios. Huerta odia a Villa y a la inversa. Muy discutible, Huerta no soporta a los maderistas; al fin y al cabo hombre del ejército derrotado de Porfirio, le molestan los maderistas, los irregulares, el ejército popular. Villa nunca estará a gusto con el ejército federal. Pero ¿odio? No parece justa la afirmación de Calzadíaz y muchos otros: "Desde el primer momento en que el destino puso a estos dos hombres el uno contra el otro el odio fue mutuo". Katz registra una rocambolesca historia de que Huerta trató de matar a Villa durante el viaje, dando órdenes al jefe de la guarnición de Torreón y luego al de la de San Luis Potosí de que detuvieran el tren y lo fusilaran; los jefes consultaron a ciudad de México y recibieron contraorden. No parece muy lógica. Si no lo fusiló cuando tenía todas las oportunidades, ¿para qué hacerlo por la puerta trasera? La fuente es una carta sin firma legible enviada a un petrolero estadounidense.

TRECE

TRAS LAS REJAS

Pancho Villa llegó a la ciudad de México el 7 de junio a las ocho de la noche. Lo precedía una información extraordinariamente confusa. Ni siquiera el diario maderista *Nueva Era* sabía por qué estaba detenido. Se decía que "responderá de los atropellos de sus soldados" que "cometieron atropellos en Tlahualilo". Otras versiones recogían una supuesta declaración del ministro de Relaciones Exteriores que anunciaba que había reclamaciones de extranjeros contra él. El *México Herald* contaba una inverosímil historia según la cual Villa había abofeteado a Victoriano Huerta dejándolo atontado y con una hemorragia nasal y el general había ordenado su fusilamiento, siendo salvado sólo por la influencia de Emilio y Raúl Madero.

Había un gentío cuando el tren de Laredo llegó a la estación de Buenavista, porque en la muy provinciana ciudad de México de 1912 la noticia había causado sensación. Uno de sus biógrafos, Edgcumb Pinchon, describe: "Viajando con una fuerte escolta, en un coche de tercera clase, y habiéndosele negado —por órdenes especiales de Huerta— comida, manta y los servicios de un barbero, Pancho Villa llega a la ciudad de México como un reo común. Sorprendido y furioso, encuentra que al llegar a la estación de Buenavista no hay ningún enviado de Madero para poner fin a sus humillaciones, sino que, por el contrario, es entregado a unos gendarmes que lo llevan en un auto al otro lado de la ciudad".

La prensa ya lo ha juzgado. Un periodista narra que el general de brigada Villa, "al ver el relámpago producido por el magnesio de una cámara fotográfica, instintivamente hizo ademán de llevarse la mano a la pistola que afortunadamente no traía". Una nube de reporteros lo asediaba con "preguntas que seguramente mucho les convendrían". No contestó.

Hay una confusa foto de su llegada a México tomada por Casasola donde se ve a lo lejos al detenido, apenas identificable, de no ser por el traje negro y el sombrero, conducido entre gendarmes. Sólo eso. Irá a dar al cuartel de zapadores durante unas horas y de allí a la penitenciaría de la ciudad de México, el siniestro palacio negro de Lecumberri, donde lo meterán en régimen de aislamiento en una celda que Villa describe como de "escasa luz y ventilación".

Cuatro días más tarde se inicia el proceso a cargo de un coronel y juez cuyos apellidos han sido recogidos por la historia: Méndez Armendáriz, que será llamado indistintamente Santiago y Juan José, quien le tomó una primera declaración y luego, a petición del reo, que quería algo de leer, le prestó un libro, *Los tres mosqueteros,* de Alexander Dumas.

Existe una foto de Villa conversando con Armendáriz en el interior de la crujía. El juez de espaldas, con un *canotier*, y Villa en camisa y con tirantes, las manos jugueteando con un papelito. Villa observa al juez de reojo. Hay rejas por todos lados.

—¿Sabe usted por qué está preso?

—No, señor, sólo sé que son intrigas de Huerta.

—Usted es un pícaro —me dijo el juez con altanería—, un bandido.

El juez Armendáriz no pareció obtener una primera buena impresión de Villa. Recordará más tarde que era "inculto y con un léxico reducido y raro" pues decía *motín* (de guerra) en vez de botín, aunque habría de reconocer que "contaba muchas anécdotas interesantísimas".

Pero no sólo el lenguaje villista tenía desconcertado al juez, más aun el carácter del juicio. Reconocía que no había elementos y que no sabía cómo proceder. ¿Por qué estaban juzgando a Francisco Villa? ¿Por robo? ¿Por haberse llevado un caballo? ¿Por insubordinación? Sólo tras conversar con el ministro de Guerra, González Salas, Armendáriz dictó el auto de formal prisión. La acusación formulada por el general Lauro Villar era por "insubordinación, desobediencia y robo". Por cierto que en ella ya ni se hablaba de la famosa yegua.

El juicio se inició el 11 de junio de 1912 y Villa amplió sus declaraciones una semana más tarde. Entonces el juez aumentó los cargos y lo acusó de "haber saqueado Parral". Villa parecía no entender nada. Reconoció que se había apoderado en Parral de más de 60 mil pesos (se vuelven 150 mil en su segunda declaración), tomó 50 mil en el Banco Minero y el resto a particulares. Requisó armas, caballos y municiones con una circular en la que decía que los que no las entregaran serían considerados traidores a la patria. El dinero se usó para pagar a la tropa, a razón de un peso con 50 centavos diarios (sería más tarde cuando se pagaría diferenciado a soldados y oficiales), y mantenimiento de la caballada. Que le entregó lo que le sobraba, unos 7,200 pesos a un oficial pagador de los federales al llegar a Gómez Palacio. Que enterró cinco mil pesos en la sierra de Santa Bárbara antes del combate con Orozco y que entregó tres mil pesos a Raúl Madero para pagar a sus irregulares. ¿Cuáles eran los delitos, pues? En la retaguardia enemiga había actuado como un oficial guerrillero, ni más ni menos. ¿Qué traían contra él?

Su primer abogado fue Guillermo Castillo Nájera, del despacho de Adrián Aguirre Benavides (hermano de los también oficiales irregulares maderistas y vinculado a Gustavo Madero) con el que nunca estará muy contento, porque dirá que éste nunca tomó el caso en sus manos. Castillo, en lugar de exculparlo, defiende a Villa con el argumento de que desconocía las ordenanzas, "acostumbrado a la guerra irregular". ¿Qué ordenanzas?

En su descargo se presentaron cartas del gobernador de Chihuahua, Abraham González, quien declaró que Villa tenía autoridad para recabar fondos de esa manera en campaña. Abraham también escribió cartas a Madero defendiéndolo y valorando ampliamente su campaña y pidiéndole "indulgencia"; en una carta a los jueces decía que las confiscaciones de Parral estaban autorizadas por él. De nada sirvió. El juicio, sin mayor coherencia, detenido por la ausencia de respuestas de Huerta a los cuestionarios que se le enviaban, se empantanó.

Parece ser que Madero, atrapado entre las presiones del ejército federal que había heredado del porfirismo y sus irregulares chihuahuenses, no sabía qué hacer e intentó un primer acercamiento a Villa. Se cuenta que le envío un estenógrafo y dos diputados, a los que Villa les dijo que los soldados federales vendían municiones a los colorados y que Huerta solía estar borracho y no quería combatir a Orozco. A Huerta le había tomado dos meses llegar de Torreón a Chihuahua y decían que había dicho: "Lo hice con tal lentitud que quedaron sorprendidos mis subordinados y el señor presidente". Madero pareció ignorar el reclamo de inocencia de Villa y su mensaje.

En otra versión Edgcumb Pinchon narra que el hermano del presidente, Gustavo Madero, tuvo una larga conversación en la cárcel con Villa y le llevó "mantas y una alfombra, una silla confortable y una pequeña mesa, una canasta con alimentos y vino, y un rimero de libros". La conversación, que parece una reconstrucción más imaginativa que verídica, puede haberse producido así:

—Gracias, señor; es usted muy amable al venir a verme y traerme todas estas cosas; pero, ¿por qué estoy aquí encarcelado?

—Mi general, ¿no comprende? El Presidente lo ha mandado a usted aquí para que lo juzgue una corte especial militar. Su condena o su libertad depende del veredicto de ese tribunal.

—¿Otra corte marcial?

—Lo siento, mi general, pero no tiene remedio. Huerta tiene un enorme concepto de las prerrogativas militares. Está furioso porque usted se le escapa. Si el Presidente lo perdonase, quién sabe si el viejo porfirista sería tan loco como para lanzar a sus tropas a una revuelta. Usted no quiere eso, ¿verdad? Sea paciente, amigo; ya verá que el tribunal será muy benévolo.

Los ojos de Pancho Villa miraban aparentemente y con fijeza la pared que tenía ante sí y parecía decir: "¿Así que ése es su proceder? ¿Así que ése es su proceder?". Pero se domina y dice con cortesía:

—Gracias, don Gustavo. Por favor, dígale al Presidente que le agradezco de todo corazón que haya suspendido la ejecución; y dígale también que no quiero que tenga dificultades por culpa mía y que en la montura o en la cárcel estoy a su disposición.

Hacia fines de junio, Pancho ha de conocer en la crujía B de Lecumberri a un oficial de los rebeldes zapatistas que habría de tener cierta influencia en su

vida. Se trata del coronel Gildardo Magaña, un joven michoacano de 22 años
que ha hecho estudios comerciales en Filadelfia, maderista de la primera hora
y hoy rebelde con los agraristas de Zapata, que han levantado el Plan de Ayala
contra Madero. Habiendo sido enviado por Emiliano a conectar con Orozco en
el norte, ha sido capturado a su paso por la ciudad de México.

Magaña dejará un retrato del encuentro: "Una tarde, al oscurecer, de improviso, un hombre de recia complexión abrió la puerta de la celda, penetró a ella
y volviendo a cerrarla, en tono marcadamente afable nos dijo: 'Oiga amiguito,
¿por qué lo guardaron? ¿Se le durmió el gallo?' Y se presentó como Francisco
Villa diciéndoles que sabía que eran zapatistas. Al día siguiente les mandó
dulces, cigarrillos, gaseosas y latas, parecía dueño de un estanquillo. Volvió a
entrevistarlos, tenía interés en saber qué pasaba con Zapata, por qué se le volteó a Madero. Villa les confiesa que la trae cruzada con Huerta: "Quiera Dios
que algún día salgamos de aquí y que nos encontremos de hombre a hombre".
Magaña dice que Villa lo sondeó sobre la posibilidad de organizar una fuga y
en cuántos días llegarían hasta la zona de Zapata. Pero terminaba diciendo que
él no quería pelear contra el gobierno.

El 7 de julio Villa le escribe al presidente Madero. Es la primera de 19
cartas que le enviará a lo largo de esos meses, en todas ellas mostrando desesperación y convencido de que está ahí porque Madero lo cree culpable de
infidelidad, y no por causas justas. Tras el obligatorio "saludarlo con el cariño
que siempre le he profesado" (Villa heredó de una cultura que le era ajena el
muy dudoso don de la formalidad), cuenta que los periódicos dicen que tiene
causas pendientes en Zacatecas y que no hay tal, no hay causas pendientes en
ningún lado. La ortografía y la sintaxis son extrañas.

El 30 de julio resumirá en otra carta: "Señor, yo no quiero *fabor*, quiero
justisia". Le pide audiencia, aunque sea tres minutos. "Yo soy *bictima* de *hingra-
titud* en esta cárcel".

Mientras el presidente hace oídos sordos, Villa se ahoga entre rejas. Magaña
contará posteriormente que él enseñó a Villa a escribir en la prisión, pero ha
sido narrado, y con detalles, que Villa sabía precariamente leer y escribir antes
de conocerlo, aunque no hay duda de que Gildardo Magaña debe de haber colaborado a mejorar lo que en aquella época se llamaban "sus luces". Lo exacto
es que Magaña será el culpable del descubrimiento por parte de Pancho de los
libros de historia. El zapatista estaba leyendo la *Historia de México*, de Niceto de
Zamacois. Gildardo le prestó uno de sus libros y Villa, tan dado a hacer frases,
agradeció diciendo que "el peor enemigo que uno tiene es la ignorancia". Villa
leyó el primer capítulo y quedó cautivado, "Tanto es así que se le olvidaba comer
[…] Puede decirse que no se ocupaba de otra cosa […] Durante horas y horas,
encerrado en su cuarto, permanecía dedicado empeñosamente a la lectura", y
luego seguía con velas de parafina hasta la una o dos de la mañana. Hay que
imaginar a aquel hombre semianalfabeto construyendo penosamente en sus

labios, palabra a palabra, tratando de encontrar significado a la frase. Cada capítulo que leía armaba una conversación con Magaña y luego regresaba a la lectura. Tenía sus versiones de las "politiquiadas" de Hernán Cortés en Cholula para hacerse de aliados contra los aztecas en la época de la conquista, y de lo valiente que era Morelos en la guerra de Independencia. Villa terminará leyendo todos los tomos de la historia. Y según confesaría más tarde a Ramón Puente, además "conocí algunos trozos del libro de don Quijote".

Pero su nueva afición no impedía que Villa se sintiera profundamente triste, vejado, traicionado, atrapado entre los muros que le negaban la libertad. Él lo dirá mucho mejor que el narrador pueda contarlo cuando en julio lo visitó el periodista Silvestre Terrazas, que lo estaba defendiendo desde las páginas de *El Correo de Chihuahua*: "Esta vida de encierro es un martirio para mí, completamente contrario a mi modo de ser, a mi vida errante […] Me parece que aquí me ahogo".

Magaña registra las mismas angustias: "El deseo de salir de la prisión era intensísimo […] Todos los días, unos más desesperadamente que otros, era la misma insistente plática: necesitamos *juir*".

Villa trataba de buscar aliados y mostraba su estupor por lo que estaba sucediendo. A mediados de julio le había escrito una carta a Abraham González, el único que en esta ratonera se había portado con decencia, donde tras recordarle que "a mí no me dominó el hambre ni la *encuerés* para servir a mi patria", le pedía ayuda para liberar una comisión en el despacho del señor Silva, pues andaba sin dinero. Parecía que los únicos que le daban la razón eran los norteños. En esos días llegaron a Palacio Nacional 50 mil firmas de Chihuahua y Durango para que Madero indultara a Villa.

Y seguían las cartas. Villa escribió una a García Peña, ministro de Guerra, pero lo único que obtuvo fue la respuesta de que el gobierno no trataba con bandidos. Sin embargo, el gobierno sí lo hacía. Sánchez Azcona, el secretario de Madero, a principios de agosto le contestaba a nombre del presidente, diciendo que no había podido organizar una triple entrevista entre él, el presidente y Huerta, porque el general se tuvo que ir de nuevo al norte y le aseguraba que se "le impartirá plena justicia". Villa contestó días después informando que los abusos no sólo se cometían con él sino también con su hermano, al que había capturado la policía reservada y "me lo quieren hacer orozquista", y eso después de que Orozco los había tenido tanto a Hipólito como a Antonio cinco meses presos hasta que se fugaron de Casas Grandes. Villa argumentaba diciendo que lo necesitaba libre porque él mantenía, además de la suya, dos familias de viudas de la pasada revolución, con niños. Gracias a la carta o no, las autoridades pusieron a Hipólito en libertad en seguida.

Mientras tanto, a pesar de la lentitud de las operaciones de Victoriano Huerta, en agosto cae Ciudad Juárez y la revuelta orozquista, totalmente derrotada, se desactiva en guerrillas.

Un mes más tarde, el 4 de septiembre, Villa insistía en que Madero le concediera una audiencia, aunque fuera por el teléfono que había en la cárcel. Y siempre, en todas las cartas, reclamaba la injusticia de su detención. Cuatro días más tarde Villa, desesperado, se ofrece para combatir en Chihuahua o en Morelos. El 12 de ese mismo mes Sánchez Azcona le escribía dándole largas: "Por acuerdo del presidente le contesta que no debe usted tener temor alguno, pues se hará en su caso como en todos una justicia amplia y debida". El 21 de septiembre Villa insiste de nuevo. No le reconocen el cargo militar de general de brigada y sin embargo está sujeto a proceso militar, "son abusones". "Si yo me hubiera insubordinado no lo estaría platicando el general", y cierra con un patético: "No le digo más, que da sentimiento ser víctima de la injusticia".

El 30 de septiembre Villa le escribe a Abraham crípticamente: "Le recomiendo se cuide mucho, pues tengo norte que ha quedado aquí algo de estos descarados, no le vayan a echar una ganzúa". Y sugiere que todo lo que le está sucediendo es un complot de Huerta al que "le han metido manos ocultas de nuestros enemigos".

No le falta razón a Villa en sus intuiciones. Huerta, en El Gato Negro, una taberna de Ciudad Juárez, probablemente alcoholizado, comentó que él podía revivir a Orozco y convertir a Madero, quien ahora parecía triunfante, en un montón de carne ensangrentada.

Al inicio de octubre se hizo cargo del proceso, "sin cobrarle", el abogado Antonio M. Castellanos (un pillo más bien dudoso, que no era abogado aunque lo lucía), que inmediatamente hizo público, en un manifiesto impreso, una carta abierta a Madero donde señalaba que no existen pruebas de nada y sólo acusaciones e intento de venganza contra su cliente. Castellanos solicitaba la libertad caucional, pero se estrelló ante la barrera de un Madero sordo y un sistema judicial lento e ineficiente. El 7 de octubre Villa le pide a Madero que lo traslade a un cuartel porque las condiciones en la cárcel son muy malas, y aclara que Castellanos lo está defendiendo gratis. Arguye para la petición de traslado "causas poderosísimas que en su tiempo explicaré", y a su abogado le dice que necesita "un lugar donde pueda comunicarme con más expansión con mis defensores".

¿Tiene Pancho miedo de un complot para matarlo? ¿Piensa que los oligarcas de Chihuahua que en su día apoyaron a Orozco quieren acabar con él y busca la seguridad de otra prisión? Todo es extremadamente confuso. Hay un golpe militar en proceso. Félix Díaz, sobrino del dictador, se ha alzado en Veracruz. El mismo Félix Díaz que había acusado a Madero de "haber improvisado generales arrancados de las gradas del patíbulo", en una clara referencia a Pancho. ¿Tiene Villa miedo de que si cae el maderismo los militares reaccionarios lo maten?

Castellanos (Jáuregui dirá más tarde que tomó el caso de Villa de oficio) trabajaba en el despacho de Bonales Sandoval, abogado íntimamente ligado a otro importante general de la dictadura, Bernardo Reyes, metido en todas las conspiraciones. ¿Están sondeándolo los militares porfirianos para que se sume a la conspiración? ¿A otra conspiración? ¿Acepta Villa involucrarse para saber más del asunto?

En esos días Villa se entrevista en la prisión con su hermano Hipólito y con algunos de sus hombres, Baudelio Uribe, Manuel Baca, Juan B. Muñoz, Juan B. Varas. En un momento, y con discreción, Villa les dice que regresen a Chihuahua, que él saldrá de "este gallinero. Si no he salido es por el respeto que le tengo al presidente, aunque la verdad es que ya me la está haciendo muy larga".

El 20 de octubre Castellanos escribe otro manifiesto público denunciando la actitud del diputado conservador Nemesio García Naranjo, que ha difamado a Villa diciendo que Abraham González quiere liberarlo para darle la dirección de las tropas territoriales de Chihuahua, "quiere un vengador" y Villa "se sublevará inmediatamente". ¿De dónde saca García Naranjo esta calumnia vil?, se pregunta Castellanos.

Villa ha empezado a escribir a máquina, quizá le resultaba más fácil teclear que manuscribir. El 24 de octubre Villa se sienta frente a una máquina que le prestan en la prisión y le escribe de nuevo a Madero felicitándolo porque "cayó Veracruz", tras la derrota del levantamiento del general Félix Díaz, porque "me pasaba las noches y los días pensando la suerte que me tocaría de caer en manos enemigas".

Y muestra su encabronamiento, recuerda que esos son los militares a los que Madero perdona y mantiene en su puesto. Y remata: "no por eso dejo de apreciarlo si ud. no cumple con ser legal conmigo [...] Me queda el consuelo de que no fui hoy de un partido y mañana de otro".

El 4 de noviembre Villa cambia de estrategia, si no lo quieren cambiar de prisión, que lo cambien de país. Y le pide a Madero que lo envíe a España hasta que se lleve a cabo la pacificación, dado que su juicio no se resuelve. ¿Por qué a España? ¿Qué sabe Villa de España? Obviamente habla de España porque no puede hablar de Estados Unidos. Villa sabe que no lo dejarán ir al norte, a un río de distancia de Chihuahua, el lugar del que lo quieren alejar. Parece ser que la propuesta no es vista con malos ojos porque Sánchez Azcona le responde que se está estudiando el asunto de enviarlo a España.

Finalmente el 5 de noviembre Sánchez Azcona la informa que Madero "siempre ha sabido que usted es un leal amigo suyo", confirma la disposición de traslado a la prisión militar de Santiago Tlatelolco y le dice que continúan las gestiones para su envío a España.

El 7 de noviembre, Pancho, que anda con un ataque de reumatismo, es trasladado a la prisión militar de Santiago Tlatelolco, al departamento de generales, donde permanece sin derecho a visitas. Aunque el aislamiento no debe ser muy rígido, porque ese mismo día le escribe a Abraham en Chihuahua: "Personas que me visitan [...] me dicen que dicen Terrazas y Creel que mientras yo viva no he de salir de la cárcel, cuésteles lo que les costare [...] yo seré víctima, pero me queda el consuelo de que no me monté en las calesas que me ofrecieron, ni tomé champaña como lo hicieron con Orozco".

Allí lo entrevista el reportero Ramírez de Aguilar, que lo describe vestido con "pantalones negros muy arrugados, saco y chaleco de color gris, sin cuello en la camisa, rapado de la cabeza y con una cachucha negra con visera de charol [...]. Me vio y tuvo, como siempre, algo malo que decir de los periodistas. Se quejaba de inexactitudes en las informaciones". Villa le cuenta su rutina al periodista: "Muy temprano un baño de agua helada, gimnasia, estudio, se perfeccionaba en la lectura y la escritura". La celda de Pancho está en la planta baja del edificio, al extremo de un corredor que viene a ser un pasaje privado.

Como no podía seguir sus cursos de lectura de historia de México, piensa en mejorar la mecanografía, porque está por esos días escribiendo un cuaderno con su historia militar en la época maderista. "Fui un día al juzgado a recoger una máquina de escribir para hacer mis primeros pininos mecanográficos; y dio la buena suerte que topara con el escribiente". Carlos Jáuregui, un muchacho de cara pálida, secretario del juzgado tercero de instrucción militar, que completaba su salario escribiendo cartas a los presos o haciendo copias de documentos a cambio de unos pesos.

Villa le dijo: "Oiga, muchachito, vengo por la máquina de escribir". A Jáuregui el personaje lo impresionó y en su futura narración habrá de confesar que "me temblaban las piernas de la emoción, pues ese hombre imponía con tamaños ojos que echaban lumbre". El empleado, que de tanto andar llenado papeles algo ha de saber de leyes, pensaba que Villa estaba preso por un abuso: "El juicio era injusto, el juez instructor (un tal Avelino Gavaldón) ni siquiera sabía cómo dictar el auto de formal prisión".

El 11 de noviembre, en otra carta a Madero, Villa agradeció las gestiones para el supuesto traslado a España, y remató: "Ud. ha de comprender el sufrimiento que me causa estar preso". Para un hombre que no solía dormir bajo techo, que vivió buena parte de su vida adulta envuelto en un sarape y con la rienda del caballo atada al tobillo, la cárcel debería resultar insoportable. Carlos Jáuregui lo anota: "Villa se consumía en la prisión".

El 26 de noviembre Villa le reitera a Madero que "me conceda el pase a una nación extranjera". Probablemente Madero no quería a Villa preso, pero cuidaba enormemente sus relaciones con los militares. Además, en el entorno del presidente se pensaba que la liberación de Villa podría "tener efectos nocivos en Chihuahua", como le escribía Emilio Madero a Sánchez Azcona.

Sin embargo un acontecimiento fundamental va a determinar los próximos pasos de Villa. En Santiago, el general Bernardo Reyes debe de haber hablado con él tratando de ganárselo para una futura asonada. ¿Cuánto conoció Villa del complot que estaba en marcha? Es imposible saberlo, pero varias fuentes coinciden en que Bonales le habló de un próximo cuartelazo y el general Reyes se lo comentó, así como el licenciado Antonio Tamayo, que lo invitó a unirse a un futuro golpe militar que se estaba preparando contra el gobierno de Madero y le ofreció que "en tres días estaría en libertad". Villa le pidió tres días para pensarlo.

Fue entonces cuando le dijo a su esposa Luz Corral que no fuera a ver más abogados ("no vayas a verle la cara a nadie") y se acercó a Carlos Jáuregui. Algunos dirán que fue Jáuregui el que le sugirió la fuga ("Le dije: Con todo respeto, mi general, ¿por qué no se fuga?"). En otras versiones sería Villa quien tomara la iniciativa. Pero todas las versiones coinciden en que cuando se despidieron aquella vez, Villa le dejó un billete de 100 o de 500 pesos. Para Jáuregui, que ganaba 54 al mes, fue un *shock*. No sabía qué hacer con el dinero, al grado de que se fue caminando hasta su casa en la Villa de Guadalupe aunque el tranvía costaba seis centavos. En los próximos días le dará cantidades que sumadas harán tres mil pesos.

El 18 de diciembre Castellanos le escribe nuevamente a Madero explicando que hay dos alternativas, o finalizar el consejo de guerra resolviendo a favor de Villa o que el consejo falle en su contra y entonces (de una vez) apelar a la presidencia para que proceda el indulto y el viaje al extranjero.

Villa ya no está en el asunto, ya ha tenido suficiente de legalidad maderista. Hipólito conseguirá dos pistolas calibre 44 y cartuchos que Jáuregui le pasa a Villa envueltos en un paliacate rojo. La fuga estaba preparada para el 23 de diciembre, pero Hipólito se temía que se tratara de una trampa y puso a su hermano a dudar. Villa, que se las pintaba para las desconfianzas, decidió seguir sin su hermano y le dijo a Jáuregui que preparara todo para el 26, limando los barrotes del juzgado, no sin antes advertirle que si se trataba de una emboscada, "se lo echaba al Güero". Jáuregui recordaba: "Este temor de Villa, esta desconfianza, fue constante". Pero con todo y que el plan implicaba que Villa abandonara la cárcel con un cierto disfraz, se negó a cortarse los bigotes con una tijera que le quiso prestar Jáuregui.

El 24 de diciembre Villa escribió su última carta desde la cárcel a Madero diciéndole: "El que a vos se dirige desde el antro de esta prisión conserva las mismas *hideas* y los mismos *prinsipios* para defender al gobierno", y le pidió que lo mandara a combatir a Orozco, al que se podría fregar "con alguna maña", o lo envíe a una nación extranjera. Le daba una oportunidad al presidente de actuar en justicia. Ocho años más tarde, conversando con Felipe Ángeles, a pesar del ferviente maderismo que habría de acompañarlo toda la vida, Villa recordaría el episodio con cierta rabia: "Madero no me puso libre porque no tenía pantalones".

En la carta hay una parte que parece darle a entender a Madero que el golpe militar está en marcha: "Solamente que usted quiera que perezca a manos del mismo enemigo y que de la noche a la mañana aparezca muerto […] Estas será mis últimas palabras si llegó a caer en manos de mis enemigos". Y termina diciendo que espera su contestación para "saber a qué atenerse". Pero no esperaría mucho.

El 26 de diciembre a las tres de la tarde huirá de la prisión. Villa dirá que la fuga fue a "maña y sangre fría". Se presentó al juzgado para practicar una diligencia. Las instalaciones estaban en el interior de la cárcel y mientras los presos declaraban tras una rejas, el personal civil lo hacía desde el otro lado. Se encontró a solas con Jáuregui y "entré al juzgado, atranqué la puerta con una varilla de fierro, levanté con toda mi fuerza la reja que ya estaba limada y me pasé al recinto de la oficina. Me quité la cachucha y la puse en la mesa del juez como recuerdo [...] Me calé la gorra y las gafas ahumadas que me había traído Carlitos Jáuregui; me enfundé el sobretodo y por una escalera de caracol me dirigí a la planta baja".

Villa, disfrazado con pantalón de casimir, camisa blanca, sobretodo, anteojos negros y bombín, "atravesó el salón, caminó por un pasillo que daba al patio y llegó hasta la puerta". A Jáuregui le preguntaron los guardias si ya se iba y contestó que sí, que iba con el doctor, señalando a Villa, que traía un pañuelo sobre la nariz, a practicar una diligencia.

Al llegar a la calle Villa preguntó por el coche. "Muchachito, si me engañas, aquí mismo te quedas con diez plomazos". En la plaza de Tlatelolco se encontraba el taxi que había contratado Jáuregui. Al chofer le dijeron que iban a Toluca a correrse una parranda y que volviera al día siguiente por ellos.

En Toluca se ha de quitar el bigote en una peluquería de mala muerte. Ahí tomarán un tren para ir a Guadalajara. Se detendrían en Irapuato, siempre usando Villa el seudónimo de Martínez. Un nuevo tren a Colima, donde viajaba también un telegrafista de la columna de Huerta, un tal Delgado, cuya presencia los puso nerviosos. Villa no salió del gabinete y simuló una enfermedad. Luego de Colima a Manzanillo, de ahí en barco a Mazatlán y en tren a Nogales, Sonora.

Se dice que al llegar a Tucson, Arizona, donde ha de pasar cuatro días, Villa le mandó una carta a Madero quejándose del poco caso que le había hecho, pero declarándose fiel; si esa carta se escribió, nunca fue a dar a los archivos. No era de buen gusto archivar las cartas de un prófugo. Villa llegará a El Paso el 4 de enero de 1913. No fue accidental la elección. El Paso es lo más cercano a Ciudad Juárez que se puede encontrar en la frontera sur de Estados Unidos; está a un paso, literalmente, de México.

Un mes más tarde los militares reaccionarios se levantarían contra Madero en la ciudad de México, siete semanas más tarde Francisco Madero sería asesinado.

Notas

a)   Fuentes: "El motivo de la aprehensión de Villa, *Nueva Era*, 8 junio 1912. *México Herald* 8 y 9 junio 1912. Nellie Campobello: *Apuntes sobre la vida militar de Francisco Villa*. Katz: *Pancho Villa*, citando a Aurora Ursúa: "Mis recuerdos del general Francisco Villa". Osorio en las notas a Katz: "Villa el gobernador revolucionario de Chihuahua". Cervantes: *Francisco Villa y la revolución*. Puente: *La dictadura, la revolución y sus hombres*.

Aguirre Benavides: *Las grandes batalllas*… Almada: *La revolución en el estado de Chihuahua* rescata un reportaje de *La Nación* en el que habla Adrián Aguirre Benavides. Osorio: "Death of the President…". Puente: *Villa en pie*. Elías Torres: *Vida y hechos*. Luz Corral: *Pancho Villa en la intimidad*. Quevedo: *Los colorados 2*. Calzadíaz: *Hechos reales de la revolución*, tomo 1. Terrazas: *El verdadero*… Bauche: *Villa*. Regino Hdz. Llergo: "Una semana con Francisco Villa en Canutillo". Magaña: *Emiliano Zapata y el agrarismo en México 3*. Ramón Puente: "Vida de Francisco Villa contada por él mismo". Edgcumb Pinchon: "Viva Villa" (la ausencia de referencias en la correspondencia a las visitas del hermano de Madero pone en duda la legitimidad de su testimonio).

Villa arriba a la ciudad de México para ser procesado, foto Casasola.

La correspondencia de Villa en la cárcel con Madero y las respuestas de Sánchez Azcona en nombre del presidente, así como las intervenciones del abogado Antonio Méndez Castellanos, se encuentran en dos expedientes del AGN en el Fondo Presidentes, Madero, Caja 47 exp. 1292-1 y caja 15 exp. 222-1. La correspondencia de Villa se amplía con los materiales que rescata Osorio: *La correspondencia de Pancho Villa*; las cartas a Abraham González también en el AGN.

Villa en Lecumberri conversa con el juez Armendáriz.

Muchos años después de la fuga de Villa existía en la pared de la celda de Tlatelolco una foto y un pequeño mural puesto por los supervivientes de la División del Norte que lo conmemoraban y allí iban a hacer guardias de honor.

La escapatoria de la cárcel ha sido narrada de manera minuciosa por el propio Carlos Jáuregui en la larguísima entrevista que le concedió en 1964 a Iturbe ("Cómo fue la fuga de Pancho Villa"), y se la contó a Martín Luis Guzmán, que la transcribe en *El águila y la serpiente*, con pequeñas variaciones en los detalles. Pancho Villa la cuenta en las memorias redactadas por Bauche. Hay dos versiones de Luis Aguirre Benavides en *Las grandes batallas de la División del Norte*. Terrazas recuerda la versión de Villa en *El verdadero Pancho Villa*. Dario W. Silva: "Cómo se fugó el gral. Francisco Villa". Luz Corral: *Villa en la intimidad*.

Existe una graciosa foto de la comisión investigadora de la fuga, donde un grupo de civiles y policías se encuentran en la celda sin saber muy bien a dónde mirar.

Carlitos Jáuregui.

b)   Los patrocinadores de la fuga. Se dijo en su día y todavía se repite que el presidente Madero de manera directa o indirecta colaboró en la fuga. (Vera Estañol: "Pudo fugarse por orden del presidente Madero". Vargas: *A sangre y fuego,* "La fuga se hizo por gestiones de Gustavo Madero"). Como puede verse siguiendo la secuencia de los acontecimientos, no hay ninguna prueba de tal cosa, al contrario.

     ¿Tuvieron los conservadores algo que ver con la fuga? Darío Silva y Katz recogen la versión de que Jáuregui era sobrino de Reyes (lo dice también el juez Armendáriz), y que a través de él Villa recibió dinero. Si la primera parte debe ser cierta, la segunda hipótesis parece muy discutible; el hecho de que no hubiera contactos posteriores parece desmentirla. El dinero salió obviamente de los guardaditos de Villa.

CATORCE

CRIANDO PALOMAS

El Villa que llegó a El Paso, Texas, el 3 de enero de 1913, era extraño: usaba bombín y, según algunos, parecía cura de pueblo. Se instaló bajo su primitivo nombre, Doroteo Arango, en un hotel en el sur de la ciudad, en un barrio conocido como "la pequeña Chihuahua", que según el periodista Larry Harris "era una zona de callejones oscuros, pestilencia, burdeles, fachadas desportilladas, hoteles baratos. Vivía allí una mayoría de mexicanos, pero también griegos y chinos. Durante años fue el centro de la permanente conspiración, las intrigas, los complots de los exilados mexicanos. Curiosamente, se encontraba a sólo tres calles del lujoso hotel Paso del Norte".

Luz Corral, convocada por Pancho, había llegado una semana antes de la fuga, y cuando se vieron por primera vez quedó sorprendida por la apariencia de su marido: "Capa española cruzada, sin bigote, lentes oscuros, una mascada al cuello; parecía un muchacho de 20 años". Vivirían en el Roma Hotel gracias a las gestiones del detective de la policía George Harold, un viejo conocido, acompañados por Carlos Jáuregui, un cocinero apodado el Güero y un joven compañero, amigo de Jáuregui, Darío Silva, que se encargaba de las traducciones al inglés, porque Villa apenas lo chapurraba. Hablaba un "inglés superficial" dirá Larry Harris, aunque años más tarde su secretario Pérez Rul será más drástico: "Habla inglés como yo hablo chino".

A los pocos días de llegar Villa se relacionó con un griego llamado Theodoro Kyriacopulos, personaje de novela fronteriza, dueño de la cantina Emporio, centro de reunión de espías, chismosos, revolucionarios de salón y demás fauna mexicana. Theodoro hablaba español mejor que el griego. De joven había vivido en Jiménez, donde era el propietario de una fábrica de refrescos. Kyriacopulos sería a lo largo de los años uno de los más fieles amigos y compadres de Villa.

Seis días después de llegar a El Paso le escribe una carta a Abraham González, que le será entregada en mano por su amigo Baca. Inicia con: "Soy el mismo Pancho Villa que ha conocido usted en otras épocas, sin pensar mal de los míos y muy sufrido en la desgracia", y luego le dice que le diga a Madero que no le causará problemas y se quedará a vivir en Estados Unidos y que si alguna vez lo necesita…

Pero la parte más importante de la carta es su advertencia sobre las cosas que le habían contado en la cárcel: "Le van a dar un cuartelazo [...] a mí me ofrecieron ponerme libre si secundaba dicho movimiento [...] no habiendo querido yo pertenecer a la traición". Y olvidando su oferta anterior de quedarse a vivir en los Estados Unidos, añade la sugerencia de que lo ponga a cargo de las milicias revolucionarias del estado de Chihuahua.

Abraham no tardará en responder: "Tenga usted paciencia. No pase a México porque nos compromete. Tan sólo espero que todos los que somos sus amigos arreglemos su negocio con el señor presidente para tener el gusto de ir a encontrarlo al río Bravo".

¿No le creían? ¿Estaban locos los maderistas? ¿No sabían distinguir entre amigos y enemigos?

Villa, mediante Kyriacopulos, se conectó con Enrique Llorente, abogado veracruzano y cónsul maderista, profesional del servicio diplomático desde 1906, al que reiteró las advertencias, quien en respuesta le informó que Madero no había dado órdenes de perseguirlo. La relación entre estos dos hombres durará muchos años.

El 20 de enero Villa insiste y vuelve a tomar la pluma, ahora para escribirle a Madero directamente: "Dada la situación que atraviesa el estado de Chihuahua y la que atravieso yo mismo", pide garantías para entrar en Chihuahua y que sean publicadas en los diarios de la capital, de lo contrario sus enemigos "me obligarán a levantarme en armas". Y fija plazos: si en un mes no le hacen caso "no le queda a usted ningún derecho de contar conmigo". Y remata señalando que "no necesito favor de usted ni del descarado juez que me juzgaba, ni de ninguna autoridad de la república; necesito nada más justicia". En la posdata pide que las garantías se extiendan para Carlitos Jáuregui, porque si no las hay para él, Villa no quiere las suyas. Pancho estaba harto, había pasado de pedir a amenazar. Cuando Madero leyó la carta se comunicó con Abraham González para que contactara a Villa, cosa que éste ya había hecho. Abraham, por cierto, en esos días le había mostrado a Silvestre Terrazas una carta de Villa en la que contaba que los "científicos" preparaban un golpe militar y pedía que lo autorizara para poner en pie de guerra 500 o mil hombres.

Pancho logró estar de incógnito en la ciudad fronteriza sólo 10 días. *El Paso Herald* del 13 enero 1913 reportaba que Villa estaba en la ciudad; el autor de la información decía que lo había visto en una cervecería y que mientras el periodista bebía cerveza, Villa comía caramelos, y *El Paso Times* publicó una pequeña nota: "Todas las dudas sobre el paradero del coronel Pancho Villa, el oficial voluntario del ejército que recientemente escapó de la prisión en la ciudad de México [...] desaparecieron anoche cuando fue localizado en South El Paso por un reportero del *Times*. Villa no habló al periodista. Se niega a comentar su fuga de la penitenciaría y cómo cruzó la frontera". El reportero, exagerando un poco, decía que Villa tenía cuatro guardaespaldas en el cuarto del hotel y estaba armado con dos revólveres y una enorme daga.

El jovencito Martín Barrios recuerda: "En Chihuahua la nueva se extendió como un reguero de pólvora incendiada". Su padre recortó un periódico con la noticia y lo guardó después de leerlo a su madre y su abuela. Y luego comentó: "Qué bueno que ya vuelve".

Pero no volvía. Luz Corral cuenta que una noche el abstemio Villa jugando le ganó unas cervezas a un grupo de amigos. No acostumbrado a beber, tras tomar algunas se puso a llorar recordando el paso por la cárcel, su nostalgia de Chihuahua y lo que les quedaba enfrente.

¿Quién era? ¿El revolucionario maderista que había tomado Cuidad Juárez? ¿El que había parado a los colorados de Orozco? ¿Un prófugo acusado de haberse robado una pinche yegua? Madero no lo quería, no le hacía caso, Abraham le daba largas. ¿De qué lado estaba? ¿Contra sus viejos amigos que no lo querían? ¿Con los mil y un conspiradores que querían chingarse al chaparro?

Abraham finalmente le envió un delegado, Aureliano González, ofreciéndole mandarle el sueldo de general acumulado durante esos meses y conservarle el grado. Villa le pidió prestados 1,500 pesos y le dijo que no quería sueldo porque *ellos* no iban a durar, que el golpe se venía encima.

Estaban dispuestos a perdonarlo, pero no tenían confianza. Isidro Fabela recordará más tarde una anécdota (cuya autenticidad no garantiza el narrador) que Abraham González le contó mientras Pancho estaba en El Paso: durante la revolución Villa había matado a un inocente y Abraham le dio un manotazo en plena cara y le quitó la pistola. Villa, suplicante, se la pidió. "Conste, don Abraham, que usted es el único que me ha pegado en la cara", le dijo.

—A Villa hay que tratarlo así —le decía Abraham a Fabela.

—¿Pero usted le tiene confianza?

—¿Confianza? Hasta cierto punto.

Silvestre Terrazas rescata una conversación con Abraham (que al narrador le parece verídica) en que le dijo hablando de Villa: "Quizá yo podría darle elementos para levantar esa gente… y después, ¿quién podría quitárselos?"

El 20 de enero finalmente Madero le escribe a Abraham González aprobando las medidas tomadas: "son correctas" y lo autoriza a que trate "el tema de la amnistía de Villa".

Pancho, mientras tanto, con su clandestinidad quemada por la prensa, se cambió a una casa en el 512 de la avenida Prospect, que se encuentra en una zona de la ciudad desde la que es fácil salir al río para cruzar hacia México. Dos detectives estadounidenses pasaron a buscarlo con quién sabe qué intenciones. Lo salvó su amigo George, detective también, que lo escondió. ¿Los estadounidenses lo iban a detener por haber entrado ilegalmente a Estados Unidos? ¿Estaba detrás el dinero de los Terrazas?

Villa, mientras tanto, no estaba dispuesto a esperar demasiado las medidas de Madero y Abraham y decidió actuar por sus medios. El primer problema era la gente. El 24 de enero celebró una junta en El Paso con Andrés U. Vargas, Manuel Baca y Julio Acosta, a los que instruyó que se reunieran con otros compañeros en Las Cruces, la hacienda de Santa Clara, Bachiniva, Carichic, Cusihuirachic, Santa Cruz de Herrera, Pedernales, Matachic, Huejotitlán, Satevó.

El segundo problema era el dinero. Aunque corrían fabulosos rumores sobre un tesoro que había escondido en el monte Franklin que corona la ciudad al norte, o que estaba recibiendo dinero de Raúl Madero, lo cierto es que ya estaban casi consumidos los fondos que había ocultado en el guardadito de Parral. Le pidió a su hermano Hipólito tres mil pesos para comprar armas y caballos. Y finalmente Abraham le envió a Baltazar Anaya con los mencionados 1500 pesos.

Queda el registro de los gustos alimenticios de Pancho Villa. Nina Kyriacopulos, la hija de su compadre Theodoro, cuenta que le gustaban los helados y las malteadas de fresa, y todos los días iba a la Elite Confectionary. Andaba siempre con palanquetas de cacahuate, de las que podía comerse medio kilo en un día, y comía barras de caramelo con frecuencia. ¿A qué hora se volvió aficionado a las latas de espárragos? En la terraza de su casa tenía palomas. Se decía que las usaba para comunicarse con Chihuahua y sus amigos, que las usaba como palomas mensajeras y que los pájaros cruzaban una y otra vez la frontera. La verdad es más prosaica. Como, según él, tenía el estómago delicado, había incorporado los pichones a su dieta.

Una entre las muchas leyendas que corrían, dice que un espía alemán se le había acercado para proponerle apoyo financiero a cambio de que él más tarde permitiera que los germanos pusieran bases de submarinos en México (Chihuahua no tiene costa) y que Villa arrojó al enviado por una escalera; o que un tal Maximilian Kloss se había entrevistado con él en el Emporio y Villa lo corrió.

El 9 de febrero se produce el cuartelazo en la ciudad de México. Tropas insurrectas liberan de la prisión a Félix Díaz y a Bernardo Reyes (sus antiguos compañeros de cárcel) y marchan sobre Palacio Nacional. Aunque en estos primeros días el golpe fracasa, los alzados se hacen fuertes en la Ciudadela. Villa seguirá los acontecimientos a través de las crónicas de Silvestre Terrazas, que desde la ciudad de México escribe diariamente para el *Correo de Chihuahua*. Se los había advertido. Madero peligra. ¿Y Abraham González? El carnicero Alcalá, por instrucciones de su compadre Villa, lo visitó para sugerirle que se fuera al monte desde el mismo 9 de febrero. Pero el general Rábago le había dado garantías y aunque desde El Paso el cónsul Llorente también lo presionó, Abraham permaneció en el gobierno de Chihuahua, aunque tomando medidas: trató de salvar la tesorería del estado, envió un llamado a Rosalío Hernández para que se moviera con sus irregulares hacia Coahuila y un mensaje a Pancho Villa.

Pancho, mientras tanto, en El Paso había reunido a un grupo de ocho hombres y tenía billetes de tren comprados para Columbus, a in de entrar a México por Palomas. En eso llegó Primitivo Uro, comisionado por Abraham para decirle que fuera a Sonora a entrevistarse con el gobernador Maytorena.

Horas después asesinarían, tras haberlo torturado, a Gustavo Madero. Victoriano Huerta (él precisamente, se diría Villa), pactando con los sublevados, se haría con el poder. Y el 22 de febrero los militares asesinaron al presidente Madero.

Luz Corral cuenta que, al saberlo, Villa, "chispeantes los ojos, se golpeaba el pecho, se mesaba los cabellos y lanzaba la injuria procaz y fuerte: ¡Traidores!". Ese mismo día, un Villa lloroso que juraba venganza subió al techo de su casa, abrió la jaula de sus palomas y salió de El Paso. No habría de saber que durante el motín los papeles de su juicio se quemaron en el incendio producido cuando los presos trataron de fugarse de la cárcel.

NOTAS

a)   Fuentes: Luz Corral: *Villa en la intimidad* y PHO 1/23. W. Tovar: "Ciudad Juárez, baluarte de la Revolución Mexicana". Larry Harris: *Strong man of the revolution.* Alberto Calzadíaz: *Hechos reales de la revolución,* tomo 1. Villa en Bauche. Almada: *La revolución en el estado de Chihuahua* 1. Terrazas: *El verdadero Pancho Villa.* Haldeen Braddy: "*Pancho Villa's hidden loot.* Nina Kyriacopulos en Paterson: *Intimate recollections.* Puente: *Villa.* Arellano: "*Siempre* descubre la última carta…". *El Paso Herald,* 13 de enero de 1913, Martín Barrios: "La fuga de Pancho Villa". Jesús Vargas: *La fragua…* (siguiendo la narración de Fabela). Katz: *Pancho Villa.* Romo: *Ringside seat to a revolution.*

Enrique Llorente sería despedido del servicio diplomático poco después del golpe militar, probablemente por su filiación maderista, pero acusado de tres cargos de estafa (en el Archivo de la SRE).

b)   El misterio de la casa de Villa en El Paso. Como siempre, en esta historia la diversidad de testimonios contradictorios hace muy difícil de identificar los hoteles y las casas en que vivió Villa en El Paso. Al llegar a la ciudad texana pudo haber vivido en el Roma Hotel en el #419 de

La foto, aunque ha sido identificada por Luz Corral como de "el día que lo nombraron gobernador", debe corresponder a los días en El Paso, cuando aún no le había crecido el bigote.

South El Paso esquina con Paisano, o en el hotel México en la esquina de South El Paso con la Segunda, e incluso en un hotel de la calle Prospect. Prospect sería la calle de una futura vivienda y el testimonio de Romo parece ser el más fidedigno.

Nina K. dice que su casa estaba en el 1610 de North Oregon y que se la rentó a Luz. Tres casas de un piso y ellos vivían en la de en medio. Villa la escogió para así cruzar el río sin pasar por los pasos fronterizos y entrar a México cuando quisiera. Pero en esa época Kyriacoupulos vivía en el 510 de Prospect y la casa de Villa debería estar, si eran conjuntas, en el 508 o en el 512. Luz Corral y Braddy lo confirman. El narrador, acompañado por David Romo, estuvo decidiendo cuál sería su versión "oficial" y optó por el 512 de Prospect, que corresponde a las descripciones de Nina, aunque había una que les gustaba en South Oregon. ¿Una versión medio oficial es mejor que otra?

QUINCE

DOS LIBRAS DE CAFÉ MOLIDO, DOS DE AZÚCAR, UN COSTALILLO DE SAL Y VARIAS PINZAS

Cuenta Isidro Fabela que le preguntó una vez a Abraham González: "¿Usted es amigo del general Huerta?", a lo que Abraham contestó: "Él dice que sí". Fabela insistió: "¿Y usted?" Y Abraham remató: "Yo digo que no. Los federales no nos quieren". Los acontecimientos le iban a dar la razón al chihuahuense.

El mismo día que asesinó a Madero, Victoriano Huerta ordenó al general Rábago que detuviera al gobernador González. Abraham era la opción del contragolpe en un país donde el maderismo oficial se desmoronaba como una torre de papel. Eliminar a Abraham era acabar con el más radical de los posibles resistentes, ex ministro de Gobernación y heredero potencial de Madero. A las cuatro de la tarde del 22 de febrero, cuando el gobernador estaba dictando una carta, los militares tomaron el palacio de gobierno de Chihuahua y entraron a su despacho deteniéndolo y llevándolo a la zona militar. Rábago le dio su palabra de honor de que le respetaría la vida.

La noticia llegará a El Paso casi de inmediato. Villa reaccionará diciendo: "Los que se llamaban decentes eran más rencorosos que los mismos bandidos, comprendí que se iniciaba una guerra sangrienta". Siguiendo las instrucciones del ahora detenido gobernador de Chihuahua, tomó el tren a Tucson, Arizona, acompañado de Darío Silva y Jáuregui. Ahí se encontraron al gobernador Maytorena, quien había cruzado la frontera respondiendo así a los maderistas sonorenses que lo presionaban para que resistiera el golpe de Huerta. Poco antes de exiliarse había dicho: "Yo tengo relaciones de abolengo con todo el elemento que llaman científico, y mi estómago no está para andar comiendo carnes crudas en las montañas".

Un nuevo personaje apareció en escena. Adolfo de la Huerta, 31 años, comerciante, profesor de canto, diputado local sonorense, que se encontraba en Tucson para convencer a Maytorena de que regresara a encabezar la resistencia y descubrió la llegada a la ciudad de Pancho Villa. No se conocían aunque se habían escrito y De la Huerta decidió entrevistarlo antes que a su jefe político. Villa se encontraba en el hotel Willard, donde conversaron durante varias horas. De la Huerta, que llegaba de la ciudad de México, le contó con minucia la génesis del golpe de estado y los acontecimientos que se produjeron, le habló de la inocencia de Madero, de la traición de casi todos los generales. Sabía lo que contaba. Accidentalmente se encontraba en la ciudad cuando se produjo el golpe y se había presentado ante el presidente, incluso lo acompañó en los primeros momentos.

En una segunda entrevista Villa le contó que había 160 mil dólares del gobernador de Chihuahua comprometidos y que con eso se armaba un ejército, pero el dinero de Abraham había sido interceptado. De la Huerta le propuso a Villa entrar por Sonora; Villa argumentó que "en Chihuahua valgo diez por uno de lo que yo pudiera valer en Sonora". Finalmente De la Huerta consiguió de Maytorena mil pesos (casi dos mil según De La Huerta, 900 dólares).

Mientras Villa estaba consiguiendo dinero para "armar un ejército", en Chihuahua se reunieron los diputados locales a los que se sumaron los orozquistas y se dio por bueno el golpe. Qué frágil era el maderismo, qué vergonzante era la conciliación y el chaqueteo. Se ordenó la disolución de las milicias. Detuvieron al teniente coronel y compadre de Villa, Trinidad Rodríguez, acusándolo, junto con Abraham, de incitar a la rebelión y traficar con pertrechos de la nación. En algunos puntos de la región los revolucionarios maderistas reaccionaron: el 23 de febrero se alzaron en armas contra el nuevo régimen el profesor veracruzano Manuel Chao en Parral, Rosalío Hernández en Estación Cevallos, Toribio Ortega en Cuchillo Parado, Maclovio Herrera en Casas Grandes y Urbina en Rosario, Durango. Se produjeron combates en Parral, amenazada por Urbina y Chao, quienes ante la llegada de refuerzos federales se replegaron. Bajo amenazas Abraham firmó en prisión su renuncia.

Mientras tanto se estaba cocinando una nueva alianza. El 27 de febrero Pascual Orozco declaró que apoyaba al nuevo gobierno sin reservas. Y comisionados del general Huerta acudieron a conferenciar con él. El 3 de marzo se ofreció una amnistía a los colorados y se les invitó a colaborar con el nuevo gobierno. Al iniciarse la segunda semana después del golpe el convenio parecía haberse cerrado en Villa Ahumada. Orozco y sus generales pidieron que se les pagara sueldo a sus soldados desde el inicio de la insubordinación contra Madero, pagos a viudas, pago de deudas de campaña, incorporación de los grupos orozquistas al ejército federal como rurales y una ley urgente de reforma agraria. Las condiciones se aceptaron con la discrepancia de Máximo Castillo y de José Inés Salazar, uno porque exigía el reparto agrario inmediato, el otro porque dudaba profundamente de Huerta. Orozco impondrá su opinión diciendo que hay que aliarse con el más fuerte.

El 6 de marzo llegaron a Chihuahua dos oficiales comisionados por el presidente Huerta. El general Benjamín Camarena le exigió al general Rábago que pusiera bajo su custodia a Abraham González para llevarlo a la capital. A pesar de las garantías que Rábago había dado, lo entregó. Esa misma noche lo subieron a un tren con destino a la ciudad de México. Pasando estación Horcasitas, en el kilómetro 1562 de la línea férrea, a 47 kilómetros de Chihuahua, el tren se detuvo y soldados del 5º regimiento hicieron descender a Abraham González y lo asesinaron, enterrando superficialmente el cadáver. Ya es 7 de marzo cuando suben nuevamente al tren. Gracias a la indiscreción de un oficial borracho, el día 9 comenzó a correr el rumor de que lo habían asesinado.

Villa —según los informes consulares que empezaban a seguir sus huellas puestos al servicio del nuevo régimen— el 5 de marzo se encontraba en Douglas, Arizona, y esa misma noche viajó a El Paso.

Allí tomará sucesivamente una serie de medidas. Desmontó su casa y le pidió a Luz Corral que se fuera a San Andrés, en Chihuahua. Tenía muy poco dinero, aunque en esos momentos el recaudador de rentas de Ciudad Juárez, por órdenes de Abraham, le entregó seiscientos dólares más. Villa le pidió a un tal Muñiz sus caballos y le informó que se iba a trabajar al ferrocarril en California. Muñiz más tarde lo traicionará, y de los caballos, nada.

Es la revolución, es algo donde no se improvisa: La gente, el dinero, los caballos, las despedidas.

Pancho Villa, a las seis de la tarde del 7 de marzo, habló con Kyriacopulos y le dijo que iba a cruzar. Los compadres se despidieron. Poco después se encontró con el doctor J. Bush, al que conocía de la revuelta maderista, le informó que se iba a combatir a Huerta y le propuso que se le uniera. Bush dijo que lo apoyaría pero sin acompañarlo. Por cierto que le pidió que cuando tomara Chihuahua pusiera en libertad a un doctor americano de apellido Harle que estaba injustamente detenido en México. Villa le pidió que se lo anotara en una libreta que portaba cuyas páginas estaban aún en blanco. Los dos daban por bueno eso de que "va a tomar Chihuahua" algún día.

Con los ocho hombres que ha logrado reunir, y con los colorados y los federales enfrente, no es fácil hacer augurios promisorios. Friedrich Katz verá a Villa en esos momentos como un candidato de consenso de la clase media y las clases populares en la futura rebelión chihuahuense. No parece ser así. El Villa que cruzará la frontera no es más que un hombre cuyas relaciones, proyectos y recursos están por probarse. No es una carta para apostar por ella ni mucho menos. Es, sin duda, un hombre decidido y enfurecido, que resiente como una afrenta personal el asesinato de Madero, y lo resiente doblemente porque el asesino es el general que trató de matarlo a él también, Victoriano Huerta.

El dinero no alcanza más que para unos "caballitos flacos" y Jáuregui y González se apoderarán de dos caballos más en la pensión de la Estrella. Villa le dijo a Silva que alquilara por dos días otros en la pensión Greer. También se llevaron caballos de una casa en las calles Walnut y San Antonio. Villa, curiosamente, montará un caballo que le perteneció al coronel Mancilla, jefe de la plaza. Otros dirán que los caballos se los robaron a medianoche a los militares gringos en el cuartel.

Cuando Pancho se encuentra dispuesto a cruzar la frontera sabe, porque en El Paso se ha hecho público el asunto, que se ha cerrado un pacto entre los federales de Huerta y los irregulares de Pascual Orozco, y que se las tendrá que ver con ambos. No sabe sin embargo que la comandancia militar en la ciudad de México, después de que sus papeles se habían quemado, reabrió el proceso por insubordinación, citando que el prófugo se encontraba en El Paso, Texas. Y pese a que algunos historiadores así lo cuenten, no sabrá que su patriarca, Abraham González, al que cree preso, ha sido asesinado.

El 8 de marzo, hacia las seis de la tarde, ya oscureciendo, a poco más de dos semanas de la muerte de Madero, Pancho Villa cruzó la frontera y se internó en México.

Uno diría que cruzó por Los Partidos (al oriente de Ciudad Juárez); otro, que por el vado del Cordobés, frente al panteón del Venado; otros dicen que Villa se limitó a cruzar en el tranvía de El Paso para encontrarse en la casa de Isaac Arroyo con los que llevaban los caballos robados y alquilados; otro, que "salieron por el rumbo de East El Paso, calle Laurel, hasta la orilla, isleta de Córdoba".

Curiosamente, en esta historia en la que los testigos no parecen estar nunca de acuerdo, todos confirman el número 9. Nueve fueron los que cruzaron: Pancho Villa, Carlos Jáuregui (que lo viene acompañando desde la fuga de la cárcel), Darío W. Silva (su secretario), Juan Dozal (oficial en la pasada revuelta maderista, que cruza el río en armas por segunda vez, porque ya lo había hecho con Madero en 1911), Tomás Morales (el Tuerto, Villa en sus memorias lo llamará Tomás N.), Pedro Sapién (también llamado por algunos Miguel Septién), Miguel Saavedra y Manuel Ochoa (dos de sus oficiales de 1911 en Ciudad Juárez) y Pascual Álvarez Tostado (al que Villa registrará más tarde como "otro de nombre que no me acuerdo").

¿Qué llevan consigo los invasores aparte de su voluntad de hacer una revolución?

Ramón Puente dice que "nueve Winchester 30-30 flamantes" (pero Silvestre Terrazas matiza: "algunos de segunda mano"), 500 cartuchos por cabeza, dos libras de café molido, dos de azúcar, un costalillo de sal. Lamsford aumenta a la lista 36 pesos y un reloj de plata. Gildardo Magaña añade que no tenían ni un peso y los fumadores estaban desesperados pues no traían cigarrillos ni cerillos. Pero todos ellos están de acuerdo en que llevaban "varias pinzas corta alambre". ¿Pinzas para qué, si cruzaron por el río en una zona en la que no hay alambradas? La respuesta es obvia. Villa y sus hombres sabían que habrían de vivir sobre el terreno en las próximas semanas y no habría más ley en lo inmediato que la suya. Eran pinzas para cortar los cercados y robar vacas de los ranchos de los Terrazas y sus aliados, que carnearían con el costal de sal.

El caso es que la tropilla fantasma que cruzaba el río por todos lados iba a hacer una revolución manteniéndose de las vacas de los grandes hacendados y montada en caballos robados. Villa se internó en México al anochecer e inició una cabalgata hacia la historia. Una historia sorprendente, como habrán de demostrar futuros acontecimientos.

NOTAS

a) Fuentes: Villa en Puente. Muñoz: *Rayo y azote*. Luz Corral: *Pancho Villa en la intimidad*. Puente: *Villa en pie*. Martín Luis Guzmán: *Memorias*. Calzadíaz: *Hechos reales de la revolución*, tomo 1. Alvaro Obregón: *Ocho mil kilómetros en campaña*. Luis Aguirre Benavides: "Francisco Villa íntimo". De la O: *Tomás Urbina, el guerrero mestizo*. Almada: *Revolución en Chihuahua* 2. Nina K. en Peterson: *Intimate recollections by people who knew him*. Harris: *Strong man of the revolution*. Braddy: *Cock of the walk*. Silvestre Terrazas: *El verdadero...* Adolfo de la Huerta: *Memorias*. Sánchez Lamego: *Revolución constitucionalista* 1. Magaña: *Emiliano Zapata y el agrarismo en México* 4. Quevedo: *Los colorados. Segunda parte.* Villa/Bauche. W. Tovar y Bueno: "Ciudad Juárez, baluarte de la Revolución Mexicana". Jesús Vargas: "Los últimos días del gobernador Abraham González". Bush: *Gringo doctor.* Bonilla:*10 años.* Michael Meyer: *El rebelde del norte. Pascual Orozco y la revolución.* Puente: "Francisco Villa".

b) Victoriano Huerta. Michael Meyer en su intento revisionista de equilibrar la visión de los vencedores que predominó en los estudios sobre la Revolución Mexicana de los años priístas, hace un retrato de Huerta muy peculiar: "Indio huichol orgulloso de serlo, a quien le gustaba hacer sentir su poder a la alta sociedad de México, nacionalista apasionado, y que detestaba Estados Unidos tanto como quería a Japón como a Alemania. El hombre que hacía esperar largas horas a una delegación de banqueros y que, negándose a recibirlos, les hacía leer su texto a través de una puerta cerrada, es un desconocido para el historiador". Y le atribuye haber hecho concesiones al agrarismo revolucionario de Orozco, haber conquistado a Argumedo y Caraveo, haber hecho llegar el sonido del canto de sus sirenas hasta el mismísimo Zapata y haber conquistado a "todo el México político". Y culmina: "Sobre todo, cometió el error de perder". Meyer se pasa de generoso. Quizá habría que decir que a los banqueros los dejó fuera de su oficina porque ese día estaba borracho. Que Zapata le confiaba tanto como a un escorpión después de que fue él quien saboteó la conciliación zapatista con Madero. Que el agrarismo radical de Orozco sólo existió en el papel porque Huerta incumplió sus promesas a los colorados de una reforma agraria en Chihuahua. Y que a nadie puede extrañarle que haya conquistado al México "político", formado por una panda de oportunistas y gandallas.

c) Revisionistas. Una buena parte de los recientes (en los últimos 30 años) estudios extranjeros sobre la Revolución Mexicana se mueven bajo la obsesión de reinterpretarla, confrontándola con la arcaica versión oficial elaborada a lo largo de los años.

Desde perspectivas ideológicas incluso opuestas, Mason Hart y Alan Knight, Werner

Tobler y George Sandos, Michael Meyer, Richardson, Jean Meyer y Thomas Benjamin se han propuesto desentrañar y deshacer los mitos de la Revolución Mexicana, combatiendo los lugares comunes de la institucionalización histórica revolucionaria.

Los resultados han sido muy desiguales, mucho combate contra los molinos de viento de la historia de bronce y muchos lugares comunes que vendrían a sustituir a los viejos lugares comunes, pero sobre todo exceso de hipótesis a la búsqueda de confirmación, basadas en fuentes "nuevas" (archivos estadounidenses, fuentes de inteligencia extranjera, informes consulares, cartas y quejas de empresas radicadas en México); en resumen, los archivos del poder que ofrecen una perspectiva deformada.

Pero la historia de bronce había sido vapuleada en estos últimos años. La versión que el estado mexicano quería imponer, basada en un primitivo esquema de legitimación del priísmo como heredero de la lucha armada revolucionaria, borrando contradicciones, eliminando historias molestas, poniendo en el centro la silla presidencial y la institucionalización de la revolución a partir de la Constitución de 1917, había estado sujeta a búsqueda y captura por una lectura contaminada, por una versión popular resistente, un contra-mito popular que rescataba el magonismo y se negaba a que los restos de Calles y Villa descansaran juntos en el Monumento a la Revolución.

Quedaba pues la tarea central, volver a narrar la Revolución Mexicana sin concesiones ni versiones justificadoras del presente, sin intentos de censura edulcorada y sin vocaciones revisionistas que a priori lo único que pretendían era reivindicar a los "malos", tan injustamente tratados por la historia de bronce. En el caso del villismo un grupo de historiadores no tradicionales, poco académicos, como Rubén Osorio y Chuy Vargas, han estado reconstruyendo con eficacia desde abajo; y Aguilar Mora, Katz, Pedro Salmerón lo han hecho desde arriba

d)   Abraham. Meses más tarde, en septiembre de 1913, el cadáver de Abraham sería descubierto por el teniente coronel Eleuterio Hermosillo, en una tumba a flor de tierra. Hermosillo lo cambió a un lugar cercano para poder más tarde reconocerlo. A fines de febrero de 1914 se exhumaron los restos y se autentificaron ante notario. Rábago sería detenido en septiembre del 14 en la ciudad de México.

e)   El cruce. En esta historia repleta de versiones contradictorias, la fecha del cruce del Río Bravo, el Grande visto del lado de los cruzadores, ha sido proporcionada por dos docenas de autores y repetida por otro centenar. Mientras que Alberto Calzadíaz en el tomo 1 de *Hechos reales de la revolución*, dice que fue el 6 de marzo, en el tomo 5 dice que fue el 8. Acuerdan en el día 6 Ramón Puente en *Rayo y azote*, Katz en *Pancho Villa*, José C. Valadés en la *Historia de Revolución Mexicana* y Carlos Jáuregui citado por Arenas en *El régimen del general Huerta en proyección histórica*. Silvestre Terrazas, en *El verdadero Pancho Villa*, dirá que fue el 7, así como Adolfo de la Huerta en sus *Memorias*. Almada, en la *Historia de la Revolución en Chihuahua*, dirá que fue el día 9. W. Tovar y Bueno dirá que la noche del 12. Y William Lansford fechará el 23 de marzo. Cuando John Reed registra la entrada (casi un año más tarde, en febrero de 1914) curiosamente dice que fue el 20 de abril, que lo acompañaban dos ("El conquistador del norte"); cuando la reescribe en *México Insurgente*, los acompañantes se vuelven cuatro y se añaden tres caballos; y cuando la comenta en un artículo años más tarde habla de que "los ocho" se volvieron ocho mil. Ni siquiera John Reed está exento de escapar a la historia de las versiones. Tiendo a coincidir con el testimonio de Dario W. Silva y con Pedro Salmerón y Sánchez Lamego, basado en la cronología anterior y en los hechos posteriores.

Otro tanto sucede con el punto en que cruzaron.

f)   Harle. La madre de Harle vivía en Abilene, y cuando se enteró de la promesa de Villa le envió 500 dólares a Bush para ayudarlo, quien gastó en municiones para Mauser en la Shelton-Payne de El Paso y se las entregó a uno de los hombres de Toribio Ortega. Villa cumplirá su promesa y Harle se le unirá durante un tiempo como médico (*Gringo doctor*).

DIECISÉIS

LA CAMPAÑA DE CHIHUAHUA

La clave será la movilidad, piensa Villa, y así actuará. Movilidad para que los federales y los colorados no los detecten. Movilidad para llegar a todos los lugares donde puede poner hombres en armas. ¿Y cuáles son esos lugares? Buscará la sierra al sur y al oeste de Chihuahua, las poblaciones donde creó su primera base militar en 1911. ¿Y dónde están las armas? Para hacer una revolución se necesita un grupo de hombres armados y caballos. ¿De dónde sacarlos? Armas y sobre todo municiones. Y recursos, comida, pastura, cigarrillos, sarapes. Sombreros. ¿Y qué cosa es una revolución? ¿Qué sabe Francisco Villa de revoluciones cuando cruzan el rancho de las Flores hacia las 12 de la noche del día 8 de marzo? Sabe lo que aprendió en seis meses de revuelta maderista y en tres meses de campaña militar contra los colorados, pero eso es acerca de la guerra; ahora sabe también, y esto es más importante, lo que aprendió en años de bandolerismo y en seis largos meses de cárcel, donde todo el que ha leído algo sobre la historia de las revoluciones entiende que se aprende mucho. Sabe que ya llegó la hora de los pobres, que ahora la revuelta tiene enfrente claramente, sin estorbos, a los grandes hacendados y a los militares. Ahora no estará Madero para despojar de contenido social el alzamiento, ni Villa sentirá el yugo de estar encuadrado en el ejército regular. Sabe en negativo: lo que no se hizo, lo que quedó pendiente, el trágico destino de las conciliaciones con el enemigo. Sabe eso y sabe muchas cosas más que aún no sabe que sabe, pero que irán surgiendo lentamente en los próximos meses.

Tras una larga noche de marcha llegan el 9 de marzo a las cercanías de Samalayuca (rancho Ojo de Agua). "Viniendo a almorzar" a unos 45 kilómetros al sur de Juárez. Con las primeras luces se despliegan listos para combatir pensando que ahí podía haber rurales, pero no hay tal. Siguen hacia el rancho Las Amarguras, donde duermen. Vuelven a viajar de noche. Villa dirá que recorrían "terrenos en donde encontrábamos el agua sólo de tarde en tarde". Jáuregui, el menos acostumbrado a ese tipo de vida, está muerto de sed y Villa lo hace chupar una bala. Siguen a marchas forzadas.

"Francisco Villa con un grupo de gente armada se ha internado en territorio nacional", decía ese día la prensa de Chihuahua. Era como el llamado infantil de "ahí viene el coco".

El día 10, sin detenerse, arribarán a la hacienda del Carmen, propiedad de los Terrazas. Los campesinos les muestran un árbol donde eran atados y azotados los peones por faltas menores, le cuentan que el administrador de los Terrazas, un tal Salvatierra, ejercía el derecho de pernada con las doncellas. Villa lo condena a muerte y ordena su fusilamiento; destruye los libros de la hacienda, arenga a los peones para que nombren sus autoridades y entrega a la comisión las llaves de la casa grande, la tienda de raya, las bodegas y las trojes, para que tomen lo que necesiten para vivir. De la misma manera actúa poco después en San Lorenzo, otra hacienda de los Terrazas.

Al atardecer el grupo llegará a la hacienda Las Ánimas, de donde tiene que huir de una partida de ladrones comandados por un gringo llamado Kid Porras. Luego llegarán a El Saucito. Ahora sí, esto es la revolución. Toman la hacienda, reúnen a la gente. En el tiempo de descanso de aquella terrible cabalgata se escuchan cuitas y pesares y se actúa en consecuencia. La partida se dedica a herrar y domar caballos. Curiosamente, Valadés establece la capacidad de reclutamiento de Villa, no se encuentra en él que ofreciera rifles y municiones, sino que ofrecía caballo.

Villa no habrá de saberlo sino mucho después, pero por esos días Pascual Orozco entró con sus generales en la ciudad de México en medio de gran celebración y recibió de Huerta el grado de general brigadier.

Existe una fotografía particularmente interesante del encuentro entre Orozco y Huerta en la ciudad de México. Los personajes, trajeados de civil, se abrazan. Pascual Orozco le saca la cabeza a Victoriano Huerta, de tal manera que cuando se abrazan Huerta sólo le llega al pecho; no se miran, pareciera que hubiese cierta repulsión en el acto: el abrazo envenenado en versión mexicana.

El 14 de marzo, "a los cinco días, estábamos en la hacienda del Jacinto (San Jacinto), cerca de Rubio", unos 80 kilómetros al oeste de Chihuahua. Montaban con él 80 hombres, los ocho originales se habían multiplicado por 10.

El 15 de marzo arriban a territorio conocido. Villa celebrará: "A los siete días estábamos en San Andrés". Han cabalgado casi 500 kilómetros en una semana y no directamente, sino evitando las poblaciones y los caminos tradicionales, usando veredas, subiendo sierras, buscando ojos de agua. A lo bandido, a lo guerrillero.

Debió de suceder el 15 en la noche, cuando entraron al poblado. Villa venía haciendo alharaca y diciendo que se movieran para acá doscientos hombres, que atacaran esto y aquello, como si hubiera llevado un ejército consigo, pero no habría resistencia.

Ha cumplido la primera etapa de su proyecto, arribar a los pueblos de las estribaciones de la sierra Azul, hacerse de una base social en la sierra de Chihuahua; quizá el no lo diga así, quizá piense más en términos de buscar a su gente, montarla y armarla y de pasada ir haciendo la revolución contra los latifundistas que tanto querían a Orozco y que después tanto querían a Victoriano Huerta.

A José María Arámbula se le ocurre una idea chistosa y se la propone al general. Villa, que rápidamente tomará la estación, pedirá al telegrafista que lo comunique a la capital del estado con el jefe de armas, el general Rábago, uno de los pocos federales que respetaba de la campaña del 12.

—Gusto en saludarle.

—Igualmente, honorario Villa.

La conferencia fue de viva voz, unos dicen que usando el único teléfono que había en San Andrés, otros que se trató de una conferencia telegráfica, otros que por una cosa llamada telegráfono.

—Sabiendo yo que el gobierno que usted representa va a pedir la extradición mía, he resuelto venirles a quitar esas molestias.

Rábago insistía en llamarlo "mi honorario" y le ofreció 100 mil pesos y el reconocimiento del cargo de general a cambio de que se retirara a la vida privada. Dicen que Villa respondió: "Dígale al mariguano de Huerta que seré feliz cuando mi grado me lo reconozca el pueblo y que los 100 mil pesos se los beba de aguardiente".

La toma de San Andrés es crucial, porque allí Pancho tenía un guardadito de armas, un depósito que había escondido al inicio de la campaña contra Orozco y que en esos momentos era esencial.

Villa le preguntó al presidente municipal si iba a secundar la dictadura de Huerta. "A usted lo puso Abraham González", le recordó. El hombre le dio garantías de que sería fiel al legítimo gobierno.

Luego partieron hacia el sur, hacia Chavarría, donde Villa mandó mensajeros para convocar a su gente. Luego a Santa Isabel. Serán en esos momentos unos 150 hombres armados. En los últimos días se le han unido sus hermanos Antonio e Hipólito y también los hermanos Pablo y Martín López. Prepara una emboscada para atacar un tren, pero durante cuatro días no aparece nada sobre la vía. ¿Estarán las autoridades al tanto?

Hacia el 20 de marzo Villa llega a Satevó, donde suma otros quince reclutas. En el pueblo alguien le dice que hay una jovencita de la que se decía que había tenido un hijo suyo o de uno de sus hombres. La mandó a llamar y no la reconoció. Ella confesó que el padre de su hijo es el cura del pueblo, que además andaba diciendo que el niño era de Pancho Villa. Detiene al cura y Villa lo regaña en público, no por tener un hijo sino por andar renegando de la paternidad. Villa ordenó que lo fusilaran, pero las mujeres del pueblo le pidieron por él y Pancho lo llevó al quiosco y lo obligó a confesarse en público. "Y si el pueblo lo perdona, lo perdono yo". Parece ser que la opinión pública funcionó a favor del cura y la mayoría estaba porque no lo fusilaran, con lo que se salvó de milagro, nunca mejor dicho. Pero Villa no parecía quedar muy satisfecho con el resultado y le hizo repetir la confesión otras dos veces, aunque con el mismo resultado, visto lo cual se dio por rendido y simplemente lo obligó a reconocer como suyo al niño y hacerse responsable de su manutención.

Luego de nuevo sobre los caballos para ir a Tres Hermanos, donde se incorporó Benito Artalejo. De ahí a San Lorenzo buscando infructuosamente una partida de colorados. Se le unen personajes que harán historia en el villismo: Manuel Banda, alias el Chino, un jovencito de Torreón, de pelo muy corto, calmado en apariencia pero fiero, hijo natural de una cocinera que trabajaba en un restaurante de chinos, de ahí su apodo; un ferrocarrilero de 25 años, Manuel Madinabeytia, apodado el Muerto porque había nacido en un rancho de ese nombre en Durango, y sobre todo por lo serio que era.

Finalmente chocan con un grupo de colorados a los que destruyen al asaltar un tren cerca de Santa Isabel. Madinabeytia sugiere que le manden a los colorados muertos a Rábago en un vagón agregado al tren de pasajeros.

Villa sigue hacia San Juan de Santa Veracruz y junta sesenta hombres en Ciénaga de Ortiz y en los ranchos cercanos. Luego los valles de Satevó. Ordena a su compadre Fidel Ávila que levante a la gente en Pilar Conchos y Valle del Rosario.

Francisco Muro tenía 14 años cuando se sumó a la columna de Villa y cuenta: "Dondequiera que llegábamos mandaba repartir maíz, frijol. No traíamos soldaderas, las prohibía. Como marchábamos muy rápido a veces pasaban días sin comida".

A fines de mes tiene 410 hombres en armas y montados, sumando los 180 que cabalgan con él y los 230 que Fidel Ávila ha alzado. "Pues toda la gente era partidaria mía en esos rumbos". Ordena a Fidel que reúna gente en San José y San Juan de las Cuevas. Van y vienen correos y mensajeros por todo el estado. Andrés U. Vargas concentra en Los Cerritos un gran grupo. Reciben instrucciones de Villa: tomar un rancho, hacerse con ganado y caballos, dejando yeguas y vacas, ayudar a las familias de los que se incorporaban dejando víveres que se quitaran a los patrones de las haciendas. Otros van a Santa Ana, otros a Tomóchic. "Juntar elementos de guerra y boca es la consigna". Lo mismo sucedía en la región de Casas Grandes. Otros grupos reciben la orden de ubicar a los que tienen armas. Villa lo dirá muy bien: "Así me fui caminando por el pueblo".

La red de información comienza a funcionar de maravilla. Darío Silva cuenta: "Por vías ocultas le hicieron llegar a Villa la noticia de que venía un tren [...] indicándole que registrara bien el carro del express". En los primeros días de abril Villa, al mando de casi 200 hombres, asaltó el tren de la Mexican Northwestern al sur de Chihuahua. El botín fue cuantioso, 122 barras de plata, casi media tonelada, que valían casi 160 mil dólares. Entre los pasajeros viajaba un tal Isaac que traía órdenes de Rábago entre sus papeles. Villa será escueto en el asunto: "Lo apeamos y lo mandamos fusilar".

Mientras Villa estaba creando su pequeño ejército, la nueva dictadura de Huerta parece haberse consolidado. En el norte, sólo Coahuila rebelde está a la defensiva, y en Sonora un oscuro personaje llamado Álvaro Obregón, surgido del comercio y de las milicias maderistas, ha tomado Naco y Agua Prieta; en el sur, los zapatistas, que no se han plegado (a diferencia de los orozquistas), toman Metepec.

Los irregulares maderistas, los que Madero desmovilizó después de Ciudad Juárez y fueron carne de cañón en la campaña contra los colorados, se alzan en el sur de Chihuahua y el norte de Durango: Chao, Maclovio Herrera, Urbina, Rosalío Hernández. Urbina, que un mes antes estaba en la cárcel en Durango, operará hacia el sur de Chihuahua, tomará Jiménez y en pospuesta venganza quemará la tienda La Vencedora, de aquel Russek, el dueño de la yegua cuya expropiación casi le cuesta la vida a Villa en 1912.

Huerta, tratando de aprender de Porfirio Díaz, aplica la máxima de que todo lo que puedas negociar no lo confrontes, no combatas al que puedas comprar. Entra en contacto con ese grupo de rebeldes y les ofrece reconocerles grado de generales, les pagarán los haberes a ellos y a sus hombres desde el golpe y serán reconocidos los jefes y oficiales. Les mandan provisiones de boca por valor de dos mil pesos. En medio de una profunda desconfianza, los revolucionarios contraproponen que queden bajo su control los distritos de Indé (Durango) y Parral (Chihuahua). La Secretaría de Guerra no acepta la propuesta y las pláticas se cierran el 10 de abril. Dos semanas más tarde, el 23 de abril, los cuatro coroneles rebeldes toman Camargo,

Mientras tanto, Villa retorna a San Andrés con su cargamento de barras de plata y cuando está entrando al pueblo es tiroteado por sorpresa; siete de sus hombres mueren y se ve obligado a retirarse. Villa está enfurecido por la traición del presidente municipal. A él, el rey del sigilo, le han puesto una emboscada. Planea un contraataque, pero en la noche, pensando que es muy fácil que envíen refuerzos de Chihuahua y no queriendo perder la plata, "me retiré al monte de Sonoloapa con toda la gente", cada soldado cargando una barra. Se mueve a toda velocidad hacia el oeste de Chihuahua y captura Temósachic, Matachic, Santo Tomás y Galeana.

A lo largo de las siguientes dos semanas Villa estará desaparecido. Ocupa Bachíniva, a donde llegan los hermanos Murga y se mandan y reciben mensajeros de muchas rancherías y partidas rebeldes. Allí negocia un trato con los agentes mexicanos de la Wells Fargo. Villa propone cambiar las barras de plata tomadas en el asalto al tren por dinero; le ofrecen 50 mil dólares. Los términos del trato deberían permanecer confidenciales para que el gobierno mexicano de Huerta no acusara a la compañía de tener negociaciones con bandidos y para no estimular repeticiones del asunto. Una parte del trato secreto era que Villa se comprometía a no robar "trenes u oficinas (de la empresa) y no permitir que nadie bajo su mando lo hiciera". Villa, según la compañía, sólo devolvió a Mr. Qually 93 de las barras de plata y dijo que 28 se las habían robado sus hombres. Una barra de plata quedó bailando en medio de las cuentas. Sería más bien que los 50 mil dólares le parecían poco. Lo eran.

Cuando el gobierno pensaba que Pancho se encontraba por la sierra Tarahumara, el general Mercado, ex jefe militar de Parral que avanzaba hacia

Chihuahua con 900 hombres para hacerse cargo de la División del Norte federal en sustitución del general Rábago —que le parece a Huerta excesivamente blando (y además con vínculos con Félix Díaz)—, tomó contacto con fuerzas de Villa el 17 de mayo. Los villistas rehuyeron el combate y se desvanecieron. Ese mismo día Mercado arribó a la capital.

Tres días más tarde, el 20 de mayo, Villa aparece en el sureste de Chihuahua, en Camargo, ocupada por los rebeldes, donde lo reciben los niños de las escuelas con banderitas mexicanas. Más tarde el general Mercado despedirá a los maestros por haber promovido el acto y presentará cargos criminales contra ellos. Allí lo recibe Rosalío Hernández, quien es portador de un mensaje para Villa de Venustiano Carranza, el gobernador de Coahuila que se ha asumido como jefe de la rebelión contra Huerta y le envía un nombramiento de general brigadier. Villa ha permanecido aislado durante estas últimas semanas y debe desconocer el estado de la rebelión que ha prendido en otras partes del país. Pancho, que no debe tener buenos recuerdos de Carranza, aquel efímero ministro de Guerra que provocó el choque con Madero en Ciudad Juárez en 1911, debe de haber recibido el grado con sorpresa. ¿Quién es ese hombre para mandarle un nombramiento? Quizá le haya resultado más atractivo que Carranza haya revivido la ley Juárez. Promulgada en momentos de la intervención extranjera, la ley de enero de 1862 castigaba la traición, el motín militar, el alzamiento sedicioso, con la pena de muerte. De hecho condenaba a muerte por traición a Victoriano Huerta y a los militares que lo habían secundado en el golpe contra Madero y permitía fusilar sin causa a todos aquellos oficiales que secundaron el gobierno de los golpistas.

Mientras estaba en Camargo intercambiando noticias con los jefes del sur, los militares en Chihuahua recibían el 28 de mayo una extraña noticia. El jefe de armas de Ojinaga informaba que Toribio Ortega se encontraba en las afueras de la ciudad, en el noreste del estado, vendiendo vacas que le quitó a los hacendados y armando gente, y que Francisco Villa "viene en camino para unirse a Ortega y tomar el mando de esa gente".

Y Villa apareció el 29 de mayo en las afueras de Saucillo, al norte de Camargo, sobre el ferrocarril a Chihuahua, enfrentando a una columna de 1,500 hombres a las órdenes del general Romero. Los rebeldes, aunque en menor número, enfrentaron a los federales con una línea de tiradores y la caballería intervino apoyándolos cuando cargaron los infantes. Los federales se replegaron hacia Saucillo bajo la protección de su artillería, pero la carga los desbordó obligándolos a huir hacia Chihuahua. La brigada de Villa obtuvo un importante botín: ocho cajas de granadas para los cañones y 200 fusiles Mauser, mulas, caballos y hasta uno de los trenes del enemigo. Quedaron en manos de los rebeldes 116 prisioneros.

¿Cuáles son las armas de los rebeldes en ese momento? Han ido haciendo una variopinta colección de todo lo que cae en sus manos. Lo que se obtiene del enemigo derrotado y lo que se puede contrabandear. Villa usa un revólver

Colt calibre 44 de seis balas. Sus hombres en general traen fusiles Winchester 30/30 de palanca, seis tiros en el magazine, alcance de 500 metros (pero eficaz a no más de 200), que era muy popular en el norte, fácil de comprar, fácil de adquirir en la frontera al menudeo, de contrabandear, pero era un arma de caza de mediano alcance y que se calentaba mucho en combates prolongados, al grado de que no se podía sostener por el calor. La minoría tiene Remington 30/30 de 11 cartuchos de cargador. Y algunos, los más afortunados, han conseguido fusiles Mauser de 7 mm., que era el arma oficial del ejercito federal, con casi dos kilómetros de alcance y eficaz en 400-600 metros, fácil de comprar en Estados Unidos porque la empresa tenía una casa en Nueva York y los vendía al menudeo en cualquier parte del país. Además se habían apropiado en los combates de carabinas Mauser de cañón más corto y más ligeras que el fusil, con cinco cartuchos en el cargador.

Tras unos días de descanso, el 5 de junio Villa, con 700 hombres, deja Camargo para ir hacia el norte. ¿Por qué al norte, si los rebeldes pueden concentrar en el sur del estado al menos cinco brigadas de combatientes? Es difícil meterse en la cabeza de Pancho Villa y entender sus movimientos. ¿Todavía no está listo su pequeño ejército? ¿Quiere consolidar su zona de influencia al occidente de la capital? ¿Anda corto de municiones y trata de conseguirlas acercándose a la frontera?

Iba guiando Encarnación Márquez, que conocía bien la región. Y como un ejército fantasma los villistas recorrieron centenares de kilómetros sin ser descubiertos por federales o colorados. Tras 40 kilómetros de marcha llegaron al mineral de Naica. Avanzaron otros 30 kilómetros y el 6 de junio durmieron en Santa Gertrudis. Luego, 52 más a Satevó, donde se dieron un día de descanso. De ahí a Santa Isabel, otros buenos 60 kilómetros. Es una marcha endemoniada, una cabalgata infernal que quema hombres y bestias, de esas que sólo cuando se cuentan se puede creer que se han hecho. O ni así.

Quevedo Rivero lo contará mejor que el narrador cuando dice que cubrieron "una distancia de más de 200 kilómetros, que para Villa no significaba nada con ese peculiar estilo que tenía para montar: se apoyaba con todo el cuerpo en uno de los estribos, se ladeaba y así se ponía a devorar legua tras legua, luego se cambiaba para el otro estribo y seguido por sus demonios se comía el mapa de Chihuahua".

Villa llegó a San Andrés y el 11 de junio fue hacia Bustillos a la hacienda de los parientes de los Madero, que se volverá temporalmente una nueva base de operaciones. Allí los recibió la dueña de la hacienda, Luz Zuloaga de Madero. Curiosamente, el historiador británico Alan Knight atribuye la buena relación de Villa con doña Luz a lo mujeriego que era Pancho, olvidando mencionar que la mujer era una anciana. En Bustillos hay simpatía, comida y sobre todo buenas pasturas para los caballos, que necesitados estaban de ellas. La brigada se alojó en el casco de la hacienda y en el edificio de la matanza de reses.

Allí los encontró Toribio Ortega, el hombre que había iniciado la revuelta maderista en Cuchillo Parado y que se levantó en armas contra la nueva dictadura de Huerta; un pequeño comerciante de 33 años, tan flaco que parecía una sombra, "a quien los soldados llaman el Honrado". Un año más tarde John Reed diría que Toribio "es sin duda el corazón más sencillo y el soldado más desinteresado de México. Nunca fusila a sus prisioneros. Se ha negado a recibir de la revolución un solo centavo aparte de su escaso sueldo". Algunas fotos registran al curioso personaje: en una de ellas, de pie, extremadamente delgado dentro de su uniforme militar, parece más acentuado su estrabismo (tenía los ojos muy juntos), un bigote muy fino y grandes orejas. En la foto del Estado Mayor villista aparece con un gabán negro que le queda largo por todos los lados; abrochado hasta el cuello, parece un fantasma. A partir de ese momento Toribio y sus hombres coordinarán sus acciones con Pancho. Villa lo envía hacia la zona de Ciudad Juárez, probablemente con el encargo de organizar una red de contrabando de municiones.

La tranquilidad duró muy poco. Tan sólo un día después del arribo, el 13 de junio, la brigada Villa se enfrentó en Bustillos a una columna de federales y orozquistas, unos 500, que venían en dos trenes. A las tres de la tarde sonó botasilla y los villistas contemplaron formados, entre la hacienda y la vía del ferrocarril, la aproximación de dos trenes que llegaban desde el oeste. Villa ordenó que sus tropas se desplegaran tras las cercas a un lado y otro de la vía férrea y alineó a los tiradores tras unas bardas de piedra. Los federales, que no debían esperar un grupo tan grande de rebeldes, avanzaban en columna cerrada. Los plomearon a gusto. Los federales retrocedieron, a pesar de que contaban con una ametralladora, aunque luego volvieron a atacar bajo un fuego muy nutrido que finalmente los hizo huir en desbandada, perseguidos por los villistas a caballo. Tras una hora de combate les habían hecho 54 muertos, perdieron 60 fusiles y les capturaron un tren, mientras se fugaban en el otro con heridos sin precisar. Los villistas habían perdido un hombre y tenían siete heridos. No hubo prisioneros, quizá porque se les fusiló aplicando la ley Juárez. Villa escribirá su primer parte militar con la ayuda de su secretario, probablemente para hacer gala de su reciente nombramiento de general.

Tras la derrota de Bustillos, los federales reconcentran las guarniciones de la sierra en Chihuahua, van abandonando el sur, el occidente y el centro del estado. Villa los va a buscar en el noroeste, en Casas Grandes, y lo hace a toda velocidad. Tan es así que el 20 de junio atacan una guarnición federal de 400 soldados, colorados de las tropas de José Inés Salazar dirigidos por los hermanos Quevedo.

Se produjo una falsa rendición y a unos 40 metros de las posiciones abrieron fuego contra los villistas. Era una planicie. Todos pecho a tierra y varias horas de tiroteo sin resultado. A las nueve de la noche Villa dio la orden a sus jefes, "les doy media hora para tomar la plaza".

Fue un ataque nocturno a las dos posiciones clave de los colorados, unas trincheras de adobe, piedra y arena, y el cuartel que tenía claraboyas y la azotea fortificada. Era noche de tormenta, el ataque se hizo a la luz de los relámpagos. Los villistas sufrieron muchas bajas. El combate nocturno fue brutal, se produjo en medio de una gran confusión, los combatientes sólo se identificaban por el grito de viva Villa. Duró sólo 25 minutos. Finalmente sacaron a los defensores de la trinchera con bombas de dinamita.

Los villistas tenían un odio terrible contra los colorados. Eran como ellos, pero traidores, pasados de bando. Los cronistas usarán palabras gruesas, se habla de "exterminarlos". Ontiveros, uno de los rebeldes, dirá que "la hora de las represalias y del justo castigo había sonado". De los 400 hombres que los habían enfrentado sólo 200 llegaron a Ciudad Juárez.

¿Qué hacer con los prisioneros? No hay retaguardia, no hay cuarteles, no hay cárceles. Soltarlos, incorporarlos o fusilarlos. Villa no duda, no le tiene confianza a los colorados, no son soldados de leva federales, que se encuentran en la batalla sin deberla ni temerla. "Los mandé a formar de tres en fondo para que con una bala se fusilaran tres". Más allá de que el método no funcionó, la fama de implacable y bárbaro de Villa comenzó a propagarse. Cuestionado por el salvajismo del acto meses más tarde, Villa se limitó a responder que estaba escaso de municiones y preguntó si era menos bárbaro fusilarlos de uno en uno.

Villa ordenó el arresto de los comerciantes de Casas Grandes y Colonia Dublán para hacerse de fondos y obtuvo algo de dinero, incluso herraduras y clavos, prometiendo pagar todo una vez que hubiera tomado Chihuahua.

En las cercanías estaban las tropas de Máximo Castillo que era en esos momentos un lobo solitario. Según Castillo, Villa, desde el inicio de su campaña, cuando cruzó con ocho hombres el río Bravo, había recibido propuestas de colaboración de su parte. Máximo Castillo era uno de los pocos que, habiéndose rebelado contra Madero se alejó de Orozco; luego renegó de la alianza con el huertismo y se encontraba muy cercano e incluso en contacto con el zapatismo. Villa desconfiaba de Castillo por varias razones, no creía que hubiera roto del todo con los colorados y no estaba a favor de su idea del reparto agrario de las grandes haciendas. No quería que sus combatientes se volvieran campesinos. En su lógica, en época de guerra las haciendas de los terratenientes no están para repartirlas, están para esquilmarlas. Castillo trató de tomar contacto, le envió correos y no recibió respuesta. Castillo diría: "Sospeché que no estaba de acuerdo con mis ideales y que sería difícil entendernos; demasiado le conocía su mala conducta". Poco después del combate, y tras haber intentado una entrevista que se frustró, Villa envió dos grupos a combatir a los 100 hombres de Máximo y lo derrotó, fusilando a los hermanos Parra y sumando a su columna a varios de los prisioneros.

Tras el incidente con Castillo, que representa su total ruptura con el magonismo, Villa y su brigada fueron a la hacienda Corralitos, para luego establecerse en el pueblo de La Ascensión, tierra de colorados, cerca de la frontera, al sur de Palomas (México) y Columbus (Nuevo México) donde dominaba el norte y occidente de Chihuahua. Y ahí se explica su previo movimiento hacia el norte, en la intención de utilizar el vecino estado de Sonora, donde la revolución ha triunfado (a excepción del puerto de Guaymas), como retaguardia, lo cual le permitirá enviar heridos en coches de caballos y traer parque de vuelta. Desde La Ascensión va creando una red de contrabando, fundamentalmente de municiones, con contactos en Columbus, El Paso y la zona de Guadalupe, limítrofe con Texas, donde se encuentra ya Toribio Ortega. No hay duda de que la operación se había preparado con anticipación, porque a lo largo de los pasados abril y mayo se produjeron muchos arrestos en El Paso y en toda esa zona fronteriza de contrabandistas de armas, inclusive dos niños que estaban tratando de pasar 10 mil balas.

Villa dirá: "Me quedé muy cerca de dos meses sin librar acción, pero siempre organizando nuevos elementos, mientras que llegaba parque por conducto de los amigos que había dejado en El Paso como mis agentes".

Pero la operación más importante será enviar a Juan Dozal a cambiar ganado por municiones en Sonora. Dozal pidió que lo acompañara su hermano, y aunque Villa intuyó que iba a desertar, y Dozal lo negó, la columna se puso en marcha.

Se contaba que Pancho Villa había dado la orden de saquear de ganado las haciendas de los Terrazas y sus socios, y que la orden había sido "dejen los novillos". Cuando le preguntaron por qué, contestó: "Porque luego volveremos por ellos". Con ese botín se marchó hacia Sonora. Nicolás Fernández decía que llevaba "1,800 novillos de cuatro años para arriba" (deberían ser muchos menos si se saca cuentas del futuro intercambio, pero las cuentas de Nicolás siempre son exageradas). Dozal iba delante para armar el negocio, pasaría a Estados Unidos por Palomas y tomaría un tren estadounidense para ir a Douglas y cruzar a Sonora. El intermediario sería Plutarco Elías Calles, uno de los jefes de la insurrección que controlaba Agua Prieta y que hablaba inglés, al que le llevaban una carta de Villa. Calles le dijo que arrimaran el ganado a la línea y fue a arreglar una operación de puro trueque: vacas que pasan, caja con dos mil cartuchos que viene. Iban contando unas y otras y cambiando recibos con tres americanos. Nicolás abría las cajas para verificar. Se consiguieron así 30 mil o 35 mil cartuchos para carabina 30/30. "Me sobraron cien novillos, me dijeron pásalos y me los cambiaron por 50 pistolas" (pocas para tantos novillos).

Poco después Villa recibirá un recado de Dozal: "Ya no soy revolucionario, no quiero manchar mi honor, por eso me retiro a la vida privada. Detesto la revolución". Andrés Rivera, que lo acompañó, dice que los rebeldes sonorenses lo "envenenaron" con el argumento de que Villa era muy bueno en la guerra pero era un salvaje en la paz.

Desde La Ascensión, Villa desplegó una inmensa red de enlaces y contactos que cubría todo el estado, dejó descansar a la tropa y ordenó que domaran caballos. Formó un cuerpo de guías, una mezcla de escolta y grupo de choque que dirigía el mayor Francisco Sanz o Sáenz y del que formaban parte ese grupo de jóvenes muy atravesados y echados pa'lante que se les unieron en este par de meses: Benito Artalejo, Martín López, Ernesto Ríos, Marcos Corral, Pablo López.

Allí se le unirá otro personaje importante en la historia que será contada. En respuesta a una carta que le envió a Villa y que éste contestó convocándolo, aparecerá con ocho o nueve hombres y parque Juan N. Medina, que tiene 30 años, chihuahuense que viene de Sonora, ex subteniente de caballería del ejército, que había combatido durante el porfirismo contra los yaquis, y asqueado de aquello abandonó el ejército. Combatiente en la insurrección maderista, fue presidente municipal de Ciudad Juárez. Chaparrito (una foto meses más tarde lo mostraba al lado de Toribio Ortega, que le sacaba la cabeza), bigotón, de rostro afilado moreno claro, al que llamaban el Botitas por lo fino. Pero fino o no era un excelente organizador. Villa dirá de él "este chiquito vale lo que no valen juntos dos o tres grandes" y comentará que cuando él sea jefe de noche "podemos dormir sin zapatos", lo que hace pensar que durante muchos meses los villistas han dormido calzados y con la rienda del caballo amarrada al tobillo.

En un futuro memorando, el general Scott recordará que durante la etapa del acuartelamiento en La Ascensión, Villa tuvo un buen comportamiento con los estadounidenses que trataban de salir de México por Columbus/ Palomas, que les cambió caballos cansados y les dio dinero para sus necesidades y alojamiento.

En esos días Villa se encuentra con los enviados de Venustiano Carranza. Llegan a Columbus en coche y de ahí cruzan la frontera a caballo. Se trata de Adolfo de la Huerta, Juan Sánchez Azcona —el secretario privado de Madero con el que Villa intercambió cartas estando en prisión— y el capitán Alfredo Breceda. Le traen una copia del programa político que Carranza ha convertido en eje de la nueva revolución, el plan de Guadalupe, un documento muy sencillo que desconocía a Victoriano Huerta y a todos los que se habían hecho eco del golpe: diputados, gobernadores, presidentes municipales, militares; el plan nombraba primer jefe del nuevo ejército y presidente provisional al gobernador de Coahuila, Venustiano Carranza, quien se comprometía a convocar elecciones una vez que se hubiera derrocado a la dictadura. Villa lo leyó y sin más lo firmó y pidió a los suyos que lo firmaran. No tenía ningún interés en discutir planes o manifiestos. Breceda le comunicó luego que Carranza pensaba que el jefe en esa zona fuera el sonorense Álvaro Obregón, un teniente coronel maderista de 33 años, comandante militar de Hermosillo, y que las tropas de Chihuahua dependieran de él. Villa respondió que nada de eso, los de aquí son muy alebrestados, no les gusta que les envíen jefes. Dicen que dijo: "No me manden extranjeros", y luego añadió: "Aquí también hay hombrecitos con huevitos". Villa comentará más tarde: "No comprendía bien yo entonces por qué había de ser jefe de todos nosotros el dicho señor".

Los argumentos de Villa eran que quería autonomía de movimientos en Chihuahua y no que le pusieran jefes, y que en Coahuila Carranza se había mostrado militarmente como un incapaz. Durante la reunión estaban a 42 grados de temperatura. Villa, bromeando, dejó zanjado el asunto diciendo que hacía demasiado calor para pelear. Los enviados, elegantemente lo acusaron de haber cometido desmanes. Villa les explicó que su tropa no robaba, que si se necesitaban caballos, armas y parque los tomaban de donde los había, pero que no saqueaban a la población. Villa, en torno a las acusaciones de que se había abusado de mujeres, se rió de los enviados. "Respecto al tema de las mujeres ni se metan. Si quiere yo lo convido para que vayamos a recorrer todas las casas de este pueblo, y eso que estamos en zona de colorados. Es raro que un hombre se extralimite, si tienen mujer es por voluntad de ellas". Esto de que los villistas abusaban de las mujeres que denunciaba en su mensaje Carranza era un detalle chusco que la gente de la columna celebraba.

Breceda estaba espantado pensando que en cualquier momento Pancho lo iba a fusilar y salió medio huyendo del campamento con la mitad de su misión cumplida.

A La Ascensión también llegará, enviado por Carranza, que no sabía qué hacer con él, un tal Emil Holmdahl, encabezando un pequeño grupo de estadounidenses. Hijo de padres suecos nacido en Iowa, de 30 años, hizo con el ejército estadounidense la campaña de las Filipinas, donde aprendió a hablar español; soldado de fortuna en China, arribó a San Francisco en 1906 y le tocó el terremoto, del que se salvó milagrosamente al salir del hotel en que dormía después de que éste se colapsó. Soldado de fortuna en Honduras, terminó viajando a Mazatlán, México, donde estuvo a cargo de la conducción del tren de paga de la Southern Pacific. Capitán de rurales a cargo de 250 hombres, se vinculó a los revolucionarios maderistas en 1911, pero su ejército privado no entró en acción por la fuga del dictador.

Mientras tanto el 17 de junio, Urbina, con los jefes guerrilleros locales Calixto Contreras, Orestes Pereyra y Domingo Arrieta, asaltó Durango. Se contaba que durante el saqueo Urbina arrambló con el tesoro de Heraclio Bernal y medio mató a su viuda cerrando el ciclo del bandolerismo. Se le sumó en el ataque un grupo de jóvenes, encabezados por Rodolfo Fierro, maquinista de tren, quienes antes de los combates se habían robado una máquina en la estación.

La toma de Durango, las correrías de los coroneles Maclovio Herrera y Rosalío Hernández, que tenían acosada la guarnición de Chihuahua e impedían el paso de víveres, y el control de Pancho en el centro y norte de Chihuahua, habían logrado dejar cercadas las dos grandes ciudades del estado: Chihuahua y Ciudad Juárez. El general Rábago, desde Chihuahua, el 5 de julio, daba noticias del doble cerco, de la falta de dinero y alimentos y de la formación de dos batallones de voluntarios que armó la burguesía local, dirigidos nada menos que por los latifundistas Alberto Terrazas y Enrique Cuilty.

Entonces Huerta comenzó a darle la importancia que no le había dado a la rebelión chihuahuense y ofreció refuerzos. El 1° de julio de 1913 Orozco inició la campaña de Chihuahua saliendo de Torreón con Marcelo Caraveo y 1,192 colorados. Se fue enfrentando a pequeños grupos de rebeldes con éxito hasta derrotar a Rosalío Hernández y Maclovio en Camargo, y luego a Chao y Trinidad Rodríguez. El 22 de julio entró en Chihuahua con un tren en que llevaba grandes reservas de municiones con ametralladoras y artillería. En las fuerzas rebeldes se acusaba a Villa y Toribio Ortega de no haberse movido para detener a la columna de Orozco; ahora los federales se habían reforzado extraordinariamente en Chihuahua y pronto pasarían a la ofensiva.

Tras haber pasado casi mes y medio en La Ascensión, Villa entró en acción. ¿Por qué había dejado pasar tanto tiempo? Sin duda para municionar a su columna, montarla y establecer la retaguardia con Sonora. Pero no sólo eso. ¿Estaba contemplando el panorama? ¿Esperando el desenlace del avance ofensivo de Orozco? En sus memorias no da noticias de lo que pensaba durante este largo mes. El hecho es que una vez que había consolidado el noroeste, avanzó de nuevo hacia su zona en el sur, con toda calma.

En San Buenaventura se concentraron las brigadas de González Ortega, de Toribio, y las de Villa, y continuaron marchando hacia el sur. Sumaban algo más de un millar. Pancho nombró a José Eleuterio Hermosillo jefe de Estado Mayor, aunque pronto lo sustituyó por Juan N. Medina.

En el pequeño pueblo lo recibió un adolescente al que la gente había nombrado su portavoz para que ofreciera un discurso. A Villa le cayó simpático el muchacho y le dijo que cuando tomara Chihuahua enviaría por él.

Villa llegó a Las Cruces, mandó gente a Madera y cuatro días antes de la entrada de Orozco en Chihuahua, el 18 de junio, arribó a Namiquipa, donde fue recibido con júbilo, orquesta de cuerda en el quiosco del pueblo y gritos de ¡viva Villa! Allí se les unió el grupo de Andrés U. Vargas, y dejó atrás una partida a cargo de Candelario Cervantes y su hermano Hipólito Villa, encargados de robar y negociar ganado a cambio de municiones; su contacto era un estadounidense que tenía una tienda en Columbus, Samuel Ravel.

De nuevo en marcha hacia Bustillos, cruzando en medio de bosques de pinos e "inmensos plantíos de papas". Ahí ordenó el cierre de cantinas y mandó una comisión para que entrevistara al profesor del pueblo y que dijera cuáles eran las necesidades de los escolares. De ahí a la hacienda de Rubio. Retorna a Namiquipa. Con toda calma avanza hacia el sur y luego regresa esperando reacciones de los federales. Parece no tener ninguna prisa, probablemente les está diciendo: si me quieren, vénganme a buscar. Y parecería que eso iba a suceder, porque el general Mercado recibió información (por cierto errónea) de que Villa estaba en la zona de Casas Grandes, y ordenó a Orozco que lo atacara con una columna de mil jinetes, apoyado por ametralladoras y artillería. Pero Orozco, al igual que Villa, no parecía querer la confrontación en esos momentos, ofreció miles de pretextos y se quedó en Chihuahua.

Una circunstancia muy extraña sacará a Villa de su apatía militar: su hija Luz Elena muere en San Andrés el 14 de agosto de 1913. La versión más amable es que probablemente se debió a un ataque cardiaco. Luz Corral dirá que se le reventó una arteria, probablemente por los "sustos que vivió en la lactancia". Pero su esposa dirá más tarde que "cayó bajo la hoz de la muerte empuñada por malvada mano de mujer, al infiltrar el veneno en la debilidad de su ser", y años más tarde irá más allá de esta enigmática frase para decir llanamente que "la envenenaron en el pueblo". Villa se enteró en Namiquipa por uno de los correos con los que se comunicaba con su familia. La información sobre la muerte de la hija llegó en una carta de Luz Corral, que también le informaba que el pueblo había sido tomado por un grupo de colorados al mando del coronel Félix Terrazas y habían maltratado a su familia.

Villa ordena una marcha que se produce sin descanso y que durará un día y una noche. Francisco Muro recordaba que cuando Villa estaba enojado se le subía el sombrero y "ni arrimársele entonces". Arribarán a San Andrés poco antes del amanecer del 26 de agosto.

Terrazas había dicho al salir de Chihuahua que volvería "trayendo a Villa de las orejas", tenía una columna importante con un millar de infantes, cuatro ametralladoras, dos cañones y cinco trenes, pero parecía pensar que Pancho estaba mucho más al norte, porque no tenía una buena vigilancia y en el momento de iniciarse el combate estaba en su vagón de ferrocarril con una buena dotación de botellas de alcohol y un grupo de muchachas que las buenas lenguas decían que pertenecían a la Cruz Roja.

Villa voló un túnel del ferrocarril y levantó las vías a ambos lados de San Andrés, al oeste del río Santa Isabel, para atrapar a Terrazas. Al amanecer lanzó una carga de caballería que fue rechazada. Recibían fuego de los colorados que estaban bien parapetados y además contaban con dos cañones Mondragón de 75 mm., una variación del francés Saint Chaumond.

Pancho estaba preocupado porque no quería que cayera fuego sobre la población, una de sus bases naturales, donde además tenía a su familia. Cerró las pinzas en torno a los sitiados y los fue "tanteando". Escasos de parque, los 1,025 rebeldes de la brigada Villa, sin entrar en combate frontal, fueron tiroteando a los federales mientras estrechaban el cerco. No se podía avanzar. A las cinco de la tarde corrió el rumor de que se iniciaba el asalto. Los muchachos del cuerpo de guías, de pie y con pistola en mano, arengaban a la gente al grito de ¡viva Villa!, pero el fuego del enemigo detuvo el ataque.

Villa le dice a Medina que no se puede avanzar mientras a los colorados les funcione la artillería. Medina coincide. Benito Artalejo y el capitán estadounidense Emil Holmdahl (del que se dice en el parte que se llama Enrique y es "mexicano naturalizado"), en una acción suicida toman los dos cañones.

Debilitadas las posiciones, al oscurecer "pude lanzarme al ataque", que se hace en toda la línea y utilizando bombas de dinamita. Villa lo dirige personalmente. "Ordené para las doce de la noche una carga con bombas de mano, la que en menos de tres horas dio tan buen resultado, que la columna de Terrazas quedó completamente deshecha".

A las dos de la madrugada huyen los restos de los colorados. Terrazas lo hace a matacaballo con 30 supervivientes de los mil que habían formado su brigada. La persecución durará hasta bien avanzada la noche.

Han sido 18 horas de terrible combate. Villa hace el recuento del botín: dos cañones con 54 granadas (qué miseria), 421 rifles Mauser 7mm., cuatro ametralladoras y 20 mil cartuchos (que de muy poco han de servir puesto que en el combate ellos han quemado cerca de 100 mil). Los cinco trenes (once dirá Villa exagerando en su memoria) son importantes porque además traen abundantes provisiones de alimento, que iban destinadas a las empresas estadounidenses del occidente del estado. Villa ordenó repartir parte de la comida entre la gente del pueblo.

Los prisioneros fueron fusilados. En el parte de guerra (escrito por Medina como jefe de Estado Mayor y firmado por Villa) escuetamente se puede leer: "Se ejecutaron 237 colorados de acuerdo a la ley del 25 de enero y sólo se perdonó a la gente del arma de artillería que se sumó a la columna".

El encuentro con Luz Corral debe de haber sido muy intenso. Ella le tiene que contar los detalles de la muerte de la niña. Cuando están conversando, Martín López pasa rumbo al cementerio para fusilar a un coronel apellidado Mercado y a un grupo de hombres. Luz media con su marido para evitar que lo ejecuten, diciéndole a Pancho que se ha portado muy bien con la familia, impidiendo incluso que un soldado les quemara la casa. Villa los forma y les ofrece alternativas: los que quieran unirse a su columna "den dos pasos al frente, o se van para su casa y si vuelven a pelear contra mí no esperen que les salve la vida".

En el combate murió su amigo el capitán Encarnación Márquez, "por el cual lloré", quien había testificado a su favor en el juicio de 1912. Su velorio y el del capitán Natividad Rivera serán un gran acto público. A la cabeza, Villa, rodeado por los combatientes y el pueblo, marcha a pie hacia el camposanto. Los heridos son enviados a Corralito y de allí a un hospital en Agua Prieta, Sonora, por la ruta del cañón del Púlpito, en guayines; un viaje terrible en el que tenían que cruzar la sierra Madre. No había muchas otras opciones, Sonora era la única posible retaguardia para este ejército sin base fija, sin más geografía propia que la que pisa. Fidel Ávila será el responsable de estos viajes, trayendo municiones tras dejar a los heridos. También se va Luz fuera de la zona de combate, Pancho la envía a Palomas vía Madera, para de ahí cruzar a Estados Unidos. Al llegar a Palomas fue detenida, por lo que se quedó en la tropa de Máximo Castillo, quien la trató con decencia y la escoltó a la línea. La familia de Villa se establecerá nuevamente en El Paso.

De nuevo a Bustillos, donde permanecen varios días curando heridos. Villa tiene noticias de que se aproximan dos columnas de caballería que lo iban buscando, de mil hombres cada una, al mando de los generales Marcelo Caraveo y Jesús Mancilla, que salieron de Chihuahua una semana antes del combate de San Andrés buscándolo en el norte del estado. Mercado les había dado órdenes de que lo siguieran hasta atraparlo, deshacer su fuerza y matarlo, pero la red que Villa había trazado en los anteriores meses le permitía conocer los movimientos de la columna casi paso a paso y pudo tomar la decisión clave sabiendo dónde estaban sus perseguidores.

La opción era o combatir a las columnas de Caraveo y Mancilla y luego atacar Chihuahua o ir hacia el sur. Villa opta por el sur, para sumar fuerzas, grupos, otras brigadas con las que no podía contar si iba sobre Chihuahua. La artillería de Chihuahua lo preocupa después de ver lo que los dos cañoncitos les hicieron en San Andrés.

Villa se les escurre cargando lo que le había quitado a Terrazas, pero abandonando los trenes, que destruye (en otra versión los enviará a Madera con los heridos). Ordena la destrucción de los puentes ferroviarios "incendiando los pequeños y volando con dinamita los grandes, para que de esa manera se retardara la persecución. Yo mismo con una hacha y acompañado de dos oficiales me puse a rajar tablas para quemar unas alcantarillas, pero con tan mala estrella que el viento apagó el incendio y en esos instantes ya divisábamos el humo de las máquinas de nuestros enemigos".

Va a Los Arenales, vira hacia Bustillos, luego hacia el sur, gira al sureste, luego a Satevó y de nuevo al sur hacia Camargo. Otra cabalgata infernal.

De Villa se decía en aquella época que conocía de tal manera los caminos y las veredas, que había hecho a caballo Durango-Chihuahua en seis días. Se dice fácil, pero son cerca de 700 kilómetros. El propio Villa le contaría una vez a Silvestre Terrazas que conocía tan bien el terreno que podía conducir un grupo armado de Chihuahua a Mazatlán con los ojos vendados, de noche y sin que un solo día les faltara agua ni comida. En esos momentos, en Chihuahua, Pancho Villa ya es un puro mito. Se decía de él que cuando tenía frío no temblaba y que sabía cuándo iba a llover.

John Reed, el periodista estadounidense, contaría meses más tarde: "Villa fue el primero en pensar y en llevar a cabo las marchas relámpago de las caballerías […] ningún ejército mexicano había abandonado su base jamás; siempre se pegaba al ferrocarril y a los trenes de aprovisionamiento […] Fue el inventor en México de la más desmoralizadora forma de combate: el ataque nocturno". Es cierto, Villa estaba innovando la manera de combatir en esos años, pero excepto en lo de la base y la nocturnidad, Reed se equivocaba; en el siglo XIX las caballerías de Morelos, González Ortega, Mariano Escobedo y Leandro Valle, en la Independencia, la guerra de Reforma y las chinacas contra el Imperio, lo habían hecho. Lo que Villa estaba haciendo era reescribir la guerra de guerrillas a la mexicana sin conocer sus antecedentes históricos, y poco más tarde, cuando tuvo un ejército, no abandonó los principios básicos que había aprendido, sino que los combinó con las nuevas posibilidades de la artillería y el ferrocarril.

La vanguardia de la columna dirigida por Martín López, al pasar por Santa Gertrudis se enfrentó a un grupo de federales en la hacienda de un inglés llamado Benton. Cuando llegó el cuerpo de los villistas, el patrón huyó a Chihuahua con los soldados. En el camino a Camargo los alcanzará Fidel Ávila con 200 mil cartuchos traídos de Sonora.

En ruta hacia Camargo, Villa realiza un consejo militar en el que están todos los coroneles (Toribio Ortega, Fidel Ávila, Granados, Juan N. Medina) y mayores. Se discute si seguir a Camargo o regresar a buscar a los federales que los siguen, de lo que es partidario Toribio Ortega (sin saber que la columna de Caraveo y Mancilla ha regresado a Chihuahua), o evitar la confrontación, que es lo que propone Medina. Se acuerda este último plan. Además Villa, apoyado por Medina, propone organizar mejor el grupo, no en partidas dependientes de jefes, sino dándole a la brigada una unidad de mando.

El 15 de septiembre Villa llegó a Camargo donde se le unieron los Leales de Camargo de Rosalío Hernández, quien ha retomado la ciudad tras la derrota frente a Orozco. La recepción fue fantástica. Luego llega Maclovio Herrera con los 440 hombres de la brigada Benito Juárez. Todos juntos han de salir el 17 de septiembre rumbo al sur. En Jiménez se les une el compadre Urbina, quien cuenta a Villa que se ha topado con el que llaman presidente, Venustiano Carranza, quien le dijo que era el primer jefe e iba a rumbo a Sonora. Urbina, para no desengañarlo y hacerle un feo, le dio 60 pesos y una montura. Urbina viene de Durango con la brigada Morelos de 600 hombres y el producto del saqueo de la ciudad; se contaba que se había llevado el oro hasta en cajas de jabón. Su segundo es Faustino Borunda, del que el periodista estadounidense Harris decía: "Un hombre bajo, de rostro de querubín y ojos incansables. En ocasiones era impetuoso y alegre; luego irritable y hosco [...] no tenía mayor miedo a la muerte que a una lluvia de primavera". También vienen en su brigada Pablo Seáñez, José Rodríguez, un ranchero de 21 años de Satevó y sus tres guardaespaldas, llamados los mechudos.

Contra la imagen estereotipada de un movimiento de jóvenes rancheros de sangre caliente, los dirigentes de la revolución chihuahuense no lo eran. Villa tenía 35 años, 46 tenía Urbina, Rosalío era un viejo de barba blanca, Chao tenía 30, Maclovio Herrera cumpliría 35, Toribio Ortega 43 y Juan N. Medina 30. Ha llovido abundantemente sobre ellos, son hombres con historias, con muchas historias atrás.

Tras el encuentro se produce una reorganización y el compadre Urbina, vaya usted a saber por qué razones, presta a Rodolfo L. Fierro, que pasa a formar parte de la brigada Villa sin mando de tropa. Fierro y Villa se conocen, aunque probablemente Pancho no recuerde al ferrocarrilero que había estado en Juárez con las tropas de José de la Luz Blanco en 1910 y manejaba el tren en el que él fue conducido preso en 1912. Fierro tiene 28 años, ha nacido en Charay, Sinaloa, y nunca conoció a sus padres. Su padre desconocido; su madre se llamaba Justa López y tras dar a luz abandonó a su hijo. Era una india mayo, sirvienta en casa de los Fierro, que le darán apellido al pequeño. Incorporado al ejército como subteniente, hizo campaña contra los yaquis y participó en la represión y los envíos de esclavos. Intervino en la represión de la huelga de Cananea, pero formó parte de los militares mexicanos que dispararon contra los rurales estadounidenses. Su vida está cruzada por una tragedia personal. Casado en 1906 con una bellísima mujer, Luz Dessens, su esposa muere de parto un año más tarde y su hijita una semana después. Deja el ejército e ingresa al ferrocarril. Será reclutado para el antirreleccionismo por Madero y combatirá en 1910 con un grupo de mineros. Cuando se produjo el asesinato de Madero trabajaba en el ferrocarril como maquinista.

El villista Roberto Fierro, con el que por cierto no tenía parentesco, diría de él que "era un tipo rarísimo". Las descripciones de sus compañeros son interesantes: un hombre alto, robusto, con una cara redonda de tez morena que le daba el aspecto de un niño grande. Ojos de color claro y mirada eléctrica. Era un buen jugador de ajedrez. Ramón Puente será menos generoso: pálido, barbiescaso, mirada insolente; "era un perro fiel, pero un perro injertado en lobo".

Villa tiene más de 2,300 hombres bajo su mando directo, porque cuenta con la brigada de Urbina y ha recibido el visto bueno de Maclovio Herrera (alguien dirá que, como coronel, Villa tenía siete días más de antigüedad que él). Ha unificado las fuerzas de Chihuahua sin tener que usar como argumento el nombramiento de general brigadier que le dio Venustiano Carranza, al que no da demasiada importancia. Rosalío Hernández quedará cubriendo la retaguardia chihuahuense. Horas más tarde, los hombres de las brigadas, en columnas de caballería seguidas de carros y mulas con los enseres, siguen el camino de la vanguardia que avanza hacia Torreón.

Mientras Villa organiza su movilización, los grupos de La Laguna chocarán en la hacienda de Santa Clara, unos 18 kilómetros al oeste de Torreón, camino a Durango, contra los colorados y los federales que dirige Benjamín Argumedo. El 21 de septiembre Villa le escribe a Calixto Contreras que está en Pedriceña y le propone una concentración de los revolucionarios de Chihuahua y Durango en la hacienda La Loma. Villa dice que viene "con el fin de cooperar a la toma de la plaza de Torreón". ¿Quién invitó a quién? Se ha dicho que los laguneros invitaron a Villa, la carta a Contreras no menciona tal cosa, pero también deja traslucir que el asunto se ha hablado previamente.

La guarnición de Torreón será la primera importante a la que se enfrentará el recién estrenado caudillo. Tiene un puñado de combatientes, pero como John Reed diría más tarde, cuenta con algo más: "Sigilo, rapidez de movimientos, adaptación de los planes al carácter del terreno y de sus soldados, creación entre el enemigo de una supersticiosa creencia de que su ejército era invencible".

NOTAS

a) Fuentes: W. Tovar y Bueno ("Ciudad Juárez, baluarte de la Revolución Mexicana") da una ruta alternativa a los primeros pasos tras el cruce de la frontera: "Partido Romero, en el distrito Bravo, allí había una fiesta en casa de José Lucero, allí Villa completa los caballos que le faltan (¿?) robándoselos. Sigue su marcha a Bauche, La Punta, las Joyas y finalmente Satevó".

He seguido la ruta marcada coincidentemente por Puente: *Villa en pie;* Magaña: *Emiliano Zapata y el agrarismo en México* 4 (basada en el testimonio de Carlitos Jáuregui); Villa en Martín Luis Guzmán y Bauche Alcalde; Sánchez Lamego: *Historia militar de la revolución constitucionalista;* Valadés: *Historia general de la Revolución Mexicana* 2. Hay discrepancias respecto de la existencia de guarnición federal en San Andrés o si simplemente no combatió.

Pascual y Victoriano, 1913, Casasola.

La conversación con Rábago ha sido señalada por algunos autores en un lugar diferente, pero en los mismos días (W. Bueno: Estación Terrazas, Villa: Santa Isabel), he optado por San Andrés siguiendo la narración de Magaña, Puente, Vargas Arreola: *A sangre y fuego*, Federico Cervantes: *Villa.*

El cura de Satevó. Elías Torres: "Dicen que el niño es de usted" (la hace suceder en 1919). Cervantes y Puente, en *Villa en pie,* cuentan también la anécdota. Robleto (*La mascota de Pancho Villa*) reescribe la historia haciendo que la muchacha sea la primera novia de Villa.

El asalto al tren de plata en Rubén Osorio: "Death of the President". Kathleen Scalise: "Surprising new information on Pancho Villa comes to…". Quevedo: *Los colorados* 2. Magaña: *Emiliano Zapata.* Villa/Bauche. Calzadiaz: *Hechos reales de la revolución,* tomo 1 y 5. Sánchez Lamego: *Historia militar de la revolución constitucionalista.* Los autores fechan el acontecimiento el 3 o el 9 de abril y para variar nunca se ponen de acuerdo en el número de barras de plata, aunque es fácil deducirlo de las futuras negociaciones.

El alzamiento de otros grupos en Chihuahua en Sánchez Lamego, anexos 1, y en Pedro Salmerón: *La División del Norte*, donde se ofrece una larga exploración de los territorios, las condiciones sociales, las historias de los pueblos, las comarcas, las historias personales de los cuadros clave que se van reuniendo en torno a Villa: "El país de Urbina" (Tomás y el noroeste de Durango), "El país de Ortega"(Toribio y Cuchillo Parado), "Camargo, Jiménez, Hidalgo" (R. Hernández, Herrera y Chao) y "El país de Villa". Resulta la mejor historia compactada de los orígenes sociales y políticos de la División del Norte. Almada: *Revolución* 2. Federico Cervantes: *Villa.* Muñoz en versión Calzadíaz: *Hechos reales de la revolución,* tomo 1. Reed: *México Insurgente.* SRE LE806R L.1.

El punto de vista de los militares huertistas en Francisco R. Almada: *La revolución en el estado de Chihuahua* 2, que recupera "Rectificaciones históricas" del general Mercado editada en 1916. El autor pudo consultar una versión diferente del texto de Mercado, mecanográfica y anotada por Vito Alessio Robles, en la Biblioteca VAR en Saltillo.

Los combates en Bustillos en Cervantes: *Pancho Villa*, que reproduce el primer parte militar que Villa escribe. Quevedo dirá que las bajas de federales y colorados sólo fueron 24. Sánchez Lamego:

Anexo 1.

Luz Elena Villa.

Maclovio Herrera de joven, probablemente en 1911.

José Rodríguez, en esos momentos con la brigada Urbina.

Casas Grandes. Aguirre Benavides: *Grandes...* Ontiveros: *Toribio Ortega y la brigada González Ortega*. Villa/Bauche. Manuel Sáenz Tarango PHO 1/125.

Máximo Castillo. Vargas: *A sangre y fuego...* Jesús Vargas: *Máximo Castillo*.

La Ascensión. Anselmo Mancisidor: *Remembranzas*. Linda Hall: *Revolución en la frontera*. Jaurrieta: *Con Villa*. Praxedis Giner PHO 1/75. Nicolás Fernández en Urióstegui. Andrés Rivera PHO 1/63. Elías Torres: "No me manden extranjeros". Rubén García: *Anécdotas*. Breceda: *México revolucionario*. Quevedo: *Los colorados* 2. Haldeen Braddy: "General Scott on Pancho Villa.

Las memorias de Villa de Bauche Alcalde terminan esta etapa con la deserción de Dozal y saltan hasta al tren de Ciudad Juárez. Martín Luis cubre todo el proceso.

Saqueo de Durango y columna de Orozco. De la O HHolguín: *El guerrero,* y Alan Knight: *La Revolución Mexicana*. Sánchez Lamego: *Historia de la revolución* 1. Osorio: "Death...". Meyer: *Pascual Orozco*. Eulogio Salazar PHO 1/37 y Almada: *Revolución* II.

La muerte de su hija y San Andrés. Luz Corral: *Pancho Villa en la intimidad*. Osorio: *Pancho Villa, ese desconocido* (basado en entrevistas con Luz Corral en 1977 y Jesús Murga Carrillo en 1990). Francisco Muro PHO 1/97.

Parte de Villa en Cervantes: *Francisco Villa*. Ontiveros: *Toribio Ortega y la brigada González Ortega*. Versión de Juan B. Muñoz en Calzadíaz: *Hechos reales de la revolución,* tomo 1.

Sobre Holmdahl. McGaw: *South West Saga*. Stewart: "L. A. Soldier's ghost walks with Villa's head". L. Taylor: *La gran aventura en México, el papel de los voluntarios extranjeros en los ejércitos revolucionarios mexicanos*.

Sobre Borunda. Harris:*Strong...*

Sobre Rodolfo Fierro: Roberto Fierro PHO 1/42. Valadés: *Historia general de la Revolución Mexicana* 5. Benjamín Herrera: "Cómo era y cómo murió el general Rodolfo Fierro". Valadés: Testimonio de Juan M. Durán. Francisco Gil Piñón PHO 1/9. Puente: *Villa en pie*. Salmerón: *La división...* El autor ha visto una foto de Luz Dessens reproducida en Calzadíaz: *Hechos reales de la revolución*, tomo 3; efectivamente, era bellísima. Fierro firmaba R. L. Fierro, según se desprende de un vale del 6 de octubre de 1913 por 55 cobertores y 272 paquetes de cigarros (Archivo Histórico de Ciudad Juárez).

Y además: Puente: "Vida de Francisco Villa contada por él mismo". Darío W. Silva: "Villa arrollador". Francisco Muro PHO/1/97, "Importante entrevista con el doctor Samuel Navarro". Gabriel Ferrer: "General Maclovio Herrera". Terrazas: *El verdadero*... Puente/ Rafael Muñoz: *Rayo y azote*. I. Muñoz: *Verdad y mito de la Revolución Mexicana* 3. Manuel Sáenz Tarango PHO 1/125. Andrés Carlos González: "Two Encounters with Pancho Villa as told to his son Andy". Barragán: *Historia del Ejército y la Revolución Constitucionalista* 1, dice que Villa bajó hacia el sur a invitación de los jefes laguneros, es la única fuente que lo afirma.

Toribio Ortega.

b) Tomás Urbina acababa de salir de la cárcel cuando se produjo el golpe contra Madero. En una fiesta en septiembre del 12, Urbina, borracho de sotol, hizo disparos al aire y accidentalmente mató a un mirón, poco después asesinó en Las Nieves a José Delgado, huyó y fue capturado en Jiménez, donde lo juzgaron. Emilio Madero intervino y logró sacarlo bajo fianza. En el Archivo Histórico de Durango hay cartas de Madero y Abraham González haciendo gestiones para su liberación. (De la O: *El guerrillero mestizo*. Archivo Histórico de Durango, cartas del 3 y 7 de octubre de 1912.)

Manuel Madinabeytia.

c) Manuel Madinabeytia plantea un conflicto a causa de la ortografía de su apellido. El autor lo ha leído como Medinaveitia, Medina Veitia, Madinaveitia y Madinabeytia. Al no poder encontrar un documento firmado por él, optó por la extraña grafía que registra su expediente en el Archivo Histórico de la Defensa Nacional.

Rodolfo Fierro en Chihuahua. La foto fue tomada un año más tarde.

DIECISIETE

LA BATALLA POR LAS CIUDADES LAGUNERAS

Torreón, en Coahuila, era una ciudad relativamente moderna, de unos 30 mil habitantes, eje de una zona agraria importante llamada La Laguna, que se arma con dos ciudades vecinas, apenas a unos kilómetros, en el estado de Durango, separadas por el río Nazas: Gómez Palacio y Lerdo. La Laguna, esta extraña ciudad de tres cabezas producto de los absurdos de la historia, era clave para el gobierno por ser un nudo ferroviario que conectaba el norte y el noreste. Además estaba en ciernes la recolección de una parte de la cosecha del algodón, que representaba para quien la controlara un botín de varios millones de pesos. Aunque Huerta ya le había metido el diente apoderándose de la producción ya embalada del padre de Madero, que valía tres millones de pesos, quedaban importantes remesas de algodón.

Dos generales federales estaban a cargo de la resistencia en La Laguna, el general Bravo, al mando de la plaza, repleto de confianza porque había tundido seriamente los intentos previos de tomar la plaza por los revolucionarios de Durango, y el general Eutiquio Munguía, que había relevado a Bravo, a causa de su avanzada edad, en el mando de la División del Nazas, una mezcla de 3,500 federales y colorados. Contaban con algunos grandes cañones, aunque reportaban hallarse escasos de municiones. Quizá una de sus debilidades eran los conflictos entre irregulares y federales (en una borrachera y consiguiente reyerta había muerto un teniente coronel, y el general ordenó el fusilamiento de algunos jefes orozquistas).

Huerta había enviado una columna de refuerzo desde Saltillo, encabezada por Trucy Aubert, con 650 hombres, medio millón de cartuchos y 1,200 granadas de artillería, que desde su salida enfrentó vías de tren levantadas y el hostigamiento de pequeñas partidas.

Villa salió de Jiménez en tren con los 1,100 combatientes de su brigada, un automóvil y todos los caballos, y descendió en Bermejillo. Adelante lo esperaban Maclovio Herrera, con la brigada Juárez y 800 hombres, y Urbina, con la brigada Morelos y algo menos de mil. El 25 de septiembre durmieron en Mapimí. Se les iban sumando voluntarios. Luego, "centenares de jinetes hostigaron sus cabalgaduras y atravesando arenales, montes, mezquites, campos de labranza y vadeando tajos", llegaron a la hacienda de la Goma en la ribera izquierda del

Nazas. A Villa le había tomado 10 días hacer el trayecto Chihuahua-Torreón, como dice Aguilar Mora, "con menos trenes que Huerta y con mayor número de soldados".

El 26 de septiembre, en la hacienda de la Goma, Villa tuvo una primera conversación con Calixto Contreras para coordinar el ataque. Poco después cruzarían el río las tropas de Urbina y las de Villa, mientras Maclovio se quedaba en la ribera opuesta en la medida en la que sus objetivos, Torreón, Lerdo y Gómez Palacio quedaban a los dos lados del río y se pensaba avanzar paralelamente buscándolos. Al cruzar el Nazas, el río venía crecido y la corriente rompió el cable y se llevó el lanchón hasta Torreón con todo y el coche de Villa, que poco le había durado.

Al otro lado del río Nazas, cerca de Lerdo, se encuentra la Santísima Trinidad de la Loma de España, un gran casco de hacienda dedicado a la producción de vino que los patrones se apresuraron a abandonar. El 27 de septiembre se ocupó y se comenzó a preparar comida. A lo largo de la mañana, al llamado de Villa se habían concentrado Urbina, Maclovio, Toribio Ortega y los jefes de las partidas de revolucionarios laguneros, buenos para las escaramuzas, malos para las batallas: Eugenio Aguirre Benavides, de Parras, Coahuila, joven, blanco, gordo, alto; con anteojos que no ocultan un estrabismo tan fuerte que el ojo derecho casi se le oculta tras la nariz, 29 años, ex presidente municipal de Torreón, tiene más tipo de intelectual que de ranchero o soldado. Su brigada está formada por ferrocarrileros laguneros. Junto a él José Isabel Robles, de origen zacatecano, un joven maestro de escuela sorprendentemente culto; Orestes Pereyra, un hojalatero de la región, al que acompaña su jefe de Estado Mayor, Domingo Yuriar. Quizás el más interesante es Calixto Contreras, tarahumara nacido en Cuencamé, Durango, el más agrarista de todos, pausado al hablar, de rostro achinado, nariz gruesa y ojos rasgados y muy claros. (¿verdes, azules?; esa es la maldición del blanco y negro, los que no estuvieron ahí no lo podrán saber), potente bigote aunque poco pelo; viste de kaki azul con sombrero tejano, trae colgando un silbato de metal que usa para dar órdenes en combate. Cierra el grupo el muy respetado Juan E. García, de unos 50 años, nacido en Lerdo, considerado por todos "un hombre de honor", ex candidato maderista al gobierno de Durango. Todos ellos ex combatientes de la revolución maderista de 1910.

Algunos historiadores dicen exagerando que los hombres que allí estaban comandaban ocho mil o nueve mil combatientes; las fuentes federales hablan de seis mil a siete mil; Luis Aguirre Benavides, que haría la historia militar de esa etapa de la revolución, con mucho más sentido habla de cuatro mil a cinco mil (2,600 de Villa y un poco más de dos mil laguneros). Una de sus debilidades es que son fundamentalmente hombres de la guerra de guerrillas, sin experiencia en grandes batallas y apenas tienen artillería, cuatro cañones de 75 mm., los dos de San Andrés y dos más que llegaron de Agua Prieta.

La reunión en la casa principal de la hacienda tuvo por objeto lograr una organización eficiente, lo que supuso unificar el mando: para estos hombres orgullosos no fue asunto fácil. Se dice que fue la intervención de Medina la que convenció a los presentes de la necesidad de un mando único y de formar una única división que uniera a las brigadas y las hiciera actuar coordinadamente.

El primer candidato para dirigir la nueva fuerza será el coronel Juan E. García, pero no es mucha su experiencia militar y él o Calixto Contreras proponen a Pancho Villa, con el apoyo del compadre Tomás Urbina. Maclovio Herrera es el primero en abrazarlo para sellar el nombramiento. Villa ha pasado en seis meses de conducir a ocho solitarios hombres que cruzaban el río Bravo a dirigir una división.

No había acabado la asamblea cuando las avanzadillas de los irregulares colorados de Emilio Campa abrieron fuego contra la vanguardia de la división y la cañonearon.

Villa ordena el avance simultáneo por las dos orillas. Pancho, con el cuerpo principal que incluye a los laguneros, su brigada y la brigada de Urbina, iba hacia Torreón, mientras Maclovio avanzaba por la margen izquierda hacia Lerdo y Gómez enfrentando a los colorados de Campa. Villa piensa que la batalla principal se dará en Torreón y que las fuerzas de Campa "nomás los están tanteando". No se equivocaba el nuevo divisionario. Al día siguiente Maclovio chocó fuertemente contra los colorados al otro lado del río. En los primeros combates casi pierde la mano Luis Herrera, el hermano de Maclovio, en una carga contra los jinetes cerca del rancho de la Muerte. Luis, un ex jefe de estación de 37 años, era el eterno segundo jefe de la brigada Juárez desde noviembre de 1910. Los colorados se pliegan ante la posibilidad de quedar cortados de su base por el avance de las otras columnas. Son cuatro horas de enfrentamientos que se inician a las 10 de la mañana. Maclovio toma 18 prisioneros y ordena de inmediato que sean fusilados.

Villa dirá: "Durante este combate, divisábamos a mi caporal Maclovio Herrera, que se batía con Campa; pero como teníamos el Nazas de por medio, que en esos días corría muy caudaloso, ni él nos hubiera podido ayudar, ni nosotros habríamos podido mandarle auxilio".

El 29 de septiembre, hacia las 10 de la mañana, la brigada Villa tomó contacto con la columna del general federal Alvírez, que había sido mandado por Murguía para explorar y valorar lo que se le venía encima, con 550 hombres y dos piezas de artillería y que, como dice su jefe, se comprometió prematuramente. Villa apresuró a sus tropas para que cayeran sobre los federales con Urbina cubriendo su flanco. Quedaban en reserva Aguirre Benavides y las tropas de Domingo Yuriar. Poco a poco la caballería insurgente fue convergiendo sobre el poblado de Avilés, al poniente del rancho de Monterrey, a no más de 20 kilómetros de los cerros que dominan el acceso a Torreón por el sur.

El ataque fue relampagueante. Machuca cuenta: "Se lanzaban a rienda suelta de sus caballos contra los enemigos. Venían por la llanura en medio de nubes de polvo y gritos, sin dejar de disparar la carabina a las posiciones contrarias, luego regresaban a la retaguardia de donde se despedía otra avalancha, y así sucesivamente turnándose, volvían a la carga".

Villa dirá: "Le tomé la población a sangre y fuego en media hora, habiendo muerto él y toda su oficialidad [...] No puedo yo negar que el general Alvírez era un hombre valiente". Dos oficiales de su brigada, Joaquín Vargas y Pedro Ortega, llegaron a la comandancia de Alvírez y mataron al Estado Mayor y al general; su cadáver fue desnudado por la tropa. Luego Villa registra: "Conforme desembocaba en la plaza de Avilés vi tirado en el suelo, en el cubo de un zaguán, el cadáver del general Alvírez". Enfadado, ordenó que los que cometieran desmanes fueran fusilados sin causa y luego dio instrucciones de que sepultaran a Alvírez.

Desde el primer contacto la batalla sólo duró dos horas. A la una de la tarde los restos (muy escasos) de la columna de Alvírez estaban llegando a Torreón. Villa, en su parte, informa que los federales sufrieron 467 (487 según otras versiones) bajas. De la desbandada da cuenta el hecho de que la División del Norte tomó dos cañones, 532 fusiles, 150 mil cartuchos de Mauser 7mm. y 360 granadas de artillería.

Sólo se hicieron 25 prisioneros (seis oficiales y 19 soldados). Baca ordenó que se les fusilara, pero Agustín Estrada se los llevó con el argumento de que si no había orden firmada por Villa, nada de eso se podría hacer. Juan N. Medina, que venía actuando como jefe de Estado Mayor, intercedió con Villa para que no se fusilara a los artilleros y se les ofreciera incorporarse; así se salvaron Elías Torres y otros. Los demás fueron ejecutados.

Al mismo tiempo, del otro lado del río la brigada de Maclovio Herrera combatía contra las tropas de Campa, que abrieron las compuertas de las presas sobre el río Nazas a la altura de Tlahualilo para anegar Lerdo y frenar a los villistas. En esa noche las caballerías de Maclovio habían llegado a las goteras de Lerdo. La brigada se dedicó a la reparación de las presas, por eso no entraría en combate al inicio de la batalla de Torreón.

Las columnas de Villa descansaron en Avilés. Mal la tenía el general Munguía, que además de unas débiles defensas había dividido sus fuerzas: de cuatro mil hombres con que contaba una semana atrás, había mandado al general Ocaranza con mil soldados a intentar abrir el camino hacia Monterrey tratando de reparar las vías para darle paso a los refuerzos de Trucy Aubert, pero Ocaranza iba chocando con pequeñas partidas villistas y se estancó, por lo que no le permitirá a Munguía usar estas fuerzas en el combate. Había colocado 300 hombres en Sacramento, que también quedaron aislados; asimismo las acciones previas a la batalla mermaron brutalmente lo que se había revelado como su mejor fuerza combatiente, los jinetes colorados de Emilio Campa. Además, Munguía ha perdido casi la totalidad de los 550 hombres del general Alvírez en Avilés. A la hora de iniciar el combate no contará con más de 2,400 hombres y ha perdido dos cañones. De poco le habrá de servir que se hayan reorganizado las defensas sociales integradas por los ricos del pueblo y particularmente por la comunidad de comerciantes españoles. Pensar además en recibir refuerzos es absurdo, lo más cerca que llegará la columna de Trucy Aubert será a 218 kilómetros al oriente de Torreón.

El 30 de septiembre Villa ordenó el ataque a Torreón. Hacia las tres de la tarde según Villa, a las cinco según Munguía, los villistas avanzaron en dos columnas (una con Yuriar y la brigada Zaragoza de Aguirre Benavides, que conocía bien la ciudad, y la otra con Toribio Ortega con parte de la brigada Villa) por los cañones que cruzan los cerros y encontraron la primera línea de defensa. Villa no ordenó ataques frontales sino que fueran pulsando las defensas del enemigo y desgastándolo, no quería gastar inútilmente las vidas de sus hombres.

Un combatiente apellidado Gutiérrez Galindo fue a dar contra las defensas de la Casa Colorada en la compuerta del Nazas. El combate se volvió muy intenso, se disparaba por las aspilleras, alguno murió sosteniendo el cañón del fusil y otro rescató una ametralladora de los federales lazándola. Gutiérrez perdió el caballo, lo hirieron en una pierna y quedó aislado de sus compañeros; con la daga cortó la panza del animal y se metió en el vientre, rodeado de cadáveres de hombres y bestias. Allí pasó la noche y el día siguiente, luego que los villistas tomaron la Casa Colorada, salió de su escondite para que lo curaran.

Los puntos de resistencia de los federales se mantuvieron. Villa tomó la entrada al cañón del Huarache y esperó la noche. Al oscurecer encadenaron la caballería y Villa ordenó que las tropas, para identificarse fueran con la manga derecha arremangada hasta el codo y sin sombrero. En la oscuridad, pulgada a pulgada flanquearon a los defensores y tomaron el cerro. Luego caerían las defensas de la Polvareda y el cerro de la Cruz.

En las últimas horas de la noche se produjeron contraataques federales para recuperar las posiciones perdidas, con cierto éxito, porque para este ejército que estaba aprendiendo las artes siniestras de la guerra, una cosa era tomar un reducto y otra no irse a cenar y conservarlo. Vargas y Ortega, los rebeldes que en Avilés ejecutaron a Alvírez, quedaron aislados en el contraataque al cerro de la Cruz y se enterraron en el suelo. Durante 24 horas quedaron solos combatiendo, Villa los encontraría a la mañana siguiente, cuando arribaron los refuerzos, con los rifles al rojo, la culata de uno de ellos medio quemada, sin dormir y sin comer.

La mañana del primero de octubre se produjo otro contraataque a cargo del jefe colorado Benjamín Argumedo, que había sido usado por Munguía como reserva manteniendo la línea interior; atacó el cerro de la Polvareda, pero el fuego de ametralladora de los villistas le causó muchas bajas y su tropa salió huyendo. Fue uno de los pocos momentos en que las ametralladoras se usaron eficazmente en el combate, porque eran escasas en el ejército federal y más aún entre los villistas; había muchos modelos diferentes: Vickers, Colt y Lewis, que usaban distinta munición y consumían mucha.

El general Munguía reconstruyó las líneas, pero poco podía hacer porque del otro lado del río las tropas de Campa, que habían resistido los embates de Maclovio cubriendo el ingreso a Lerdo y Gómez Palacio, fueron desbordadas.

Faltaba un último empujón y Villa, sin perder tiempo, ordenó el avance. Como a las tres de la tarde del mismo día las defensas fueron flaqueando y un poco más tarde, con los refuerzos que representaban las tropas de Maclovio Herrera y García, ya se estaba combatiendo dentro de la estación de trenes. Villa personalmente conducía esa columna.

La resistencia se había desplomado hacia las nueve de la noche, una noche muy oscura, dirá el general Anaya, que mandaba una fuerza secundaria en Torreón, y a esa hora vio cómo todo se desmoronaba en torno a él.

Munguía, en su informe, dirá que al final de la tarde no pudo reunir a más de 100 defensores; decidió que una defensa casa por casa sería suicida e inició la retirada. Argumedo (de cuyo valor no se puede dudar porque muchas veces será el primero en entrar en combate, pero nunca será el último en salir de él) había juntado a los suyos antes y habían salido a caballo. La defensa se desmoronaba y el general Munguía abandonó Torreón por la carretera a Matamoros. Eutiquio Munguía será llevado a consejo de guerra en la ciudad de México a causa de esta derrota; allá dirá, como una de las atenuantes, que la colonia española de Torreón se desbandó arrastrando en su huida a soldados y tropa ya desmoralizada. Villa ordenó a José Isabel Robles que con su brigada, relativamente fresca, presionara a los que huían.

A las 10 de la mañana siguiente, 2 de octubre, Pancho Villa fue recibido en Torreón con bandas de música. ¿Cómo ve el flamante general la primera gran batalla en que se ha visto involucrado? Ha seguido sus reglas: presión continua, velocidad, ataques nocturnos, mucho derroche de valor estimulado por jefes y oficiales. No está mal, no está nada mal.

El botín es grande: 39 locomotoras y vagones abundantes, jaulas y plataformas. Aunque se dijo que los federales no tenían municiones, fueron capturados 492,800 cartuchos de 7 mm, que no servían a los Winchester, sólo a los Mauser con los que está rearmando a su ejército en cada combate y captura. Villa contará:

> Por más que el enemigo intentó destruir hasta donde le fue posible el mayor número de pertrechos, de los muchos que tenía, para que no cayeran en nuestras manos, la fortuna, que estaba de nuestra parte, nos permitió coger como cuatro carros de parque que contenían alrededor de millón y medio de cartuchos y que aunque estaban enfrente de la Fábrica de la Alianza que se empezó a quemar y donde la federación quiso destruir por medio del fuego una gran cantidad de armamento y municiones, aquel incendio no prosperó, y sólo se quemaron a trechos algunas

cajas de rifles y algunas de cartuchos, y a los carros aquellos no los alcanzó ni siquiera una chispa.

También capturaron cinco ametralladoras y 11 cañones. Pero sobre todo destacaban en el botín de guerra dos enormes cañones que quedaron abandonados en los patios de la estación y que tenían nombre. Uno de ellos era el *Rorro*, también llamado el *Chavalito*, que tenía 10 kilómetros de alcance, y el otro era el *Niño*. El sargento Domitilo Mendoza diría ante el *Niño*: "Nosotros nomás lo *víamos*, pero hasta miedo nos daba tentarlo", una pieza de artillería de 1,250 kilos, de 80 mm., que llega a tener hasta 26 kilómetros de alcance (serían menos, si se quiere precisión). Rafael F. Muñoz contará: "Era éste el cañón más grande de todo el ejército; se le traía siempre montado en una plataforma de ferrocarril y se le cuidaba como si fuera el hijo mimado de los hombres de armas; pintado de gris, con líneas de azul oscuro en los filos, levantaba su larga nariz al viento, y de vez en cuando resoplaba con gran estrépito por su enorme boquete. La plataforma se estremecía sobre los rieles y los artilleros conservaban difícilmente el equilibrio; diez o doce kilómetros al frente, caían los escupitajos del *Niño* en lluvia de plomo".

En la batalla ha sido herido Madinabeytia, del Estado Mayor de Villa, y murió Pedro Sapién, uno de los nueve que cruzaron el río con Pancho unos meses atrás.

Entre los candidatos a ser ejecutados se encontraban ocho comerciantes españoles que se decía habían sido tomados con las armas en la mano. Villa ordenó su inmediato fusilamiento porque estaba particularmente encabronado por las bajas sufridas. Una dama de Torreón, Guadalupe Cervantes, trató de salvarlos pidiéndole a Villa por su vida; Villa la botó con cajas destempladas, diciendo que había que fusilar a "todos los gachupines", no sólo a los ocho. La mujer fue al paredón donde se los iban a fusilar y le dijo al capitán que tenía una orden de Villa para impedirlo, buscó en su bolso y lo convenció llorando de que fueran con Villa, que ya menos enfurecido se sorprendió de la terquedad y valor de la mujer y perdonó la vida a los ocho tras meterles tremenda regañada.

Pero si esos se salvaron, no habría de suceder lo mismo con los soldados capturados durante la batalla, que habían sido concentrados en el poblado de Avilés y eran cerca de 500; una primera orden fue separar a los soldados de leva, a los que se invitó a incorporarse a las filas de los rebeldes. Quedaban 167 oficiales federales y combatientes colorados. Los tenían concentrados en la calle principal del poblado cerrada por escoltas por los dos lados. Los mayores Rodolfo Fierro y Pablo C. Seáñez (otros añaden al capitán Borunda) pidieron que se les permitiera a ellos hacerse cargo de la ejecución, pero Nicolás Fernández y Fernando Munguía, que estaban a cargo de la escolta, se negaron si no les entregaban una orden firmada por el propio Villa. Fierro retornó con el papel y "comienzan a matar prisioneros cada uno por su lado". Pero "sólo pudieron vaciar sus pistolas en una ocasión, lograron matar a unos 10 o 12 prisioneros", porque iniciada la matazón llegó contraorden. Juan N. Medina había convencido a Villa de que algunos prisioneros estaban dispuestos a sumarse a la División del Norte y citó a varios testigos. El parte oficial, que no suele ocultar nada en esto de los fusilamientos amparados en la ley del 25 enero, habla de que fueron fusilados 109 prisioneros, o sea que 58 se salvaron. ¿Volvió Fierro con Seáñez y Borunda a hacerse cargo de la ejecución? Ninguna fuente lo precisa.

Resulta falto de pudor a los ojos del lector contemporáneo este minucioso recuento sobre cuántos y quiénes fueron los prisioneros ejecutados en Avilés. El autor no puede librarse de esta misma actitud (¿qué importa si fueron 109 o 167 los fusilados de los que hoy leemos sin saber sus nombres?, ¿cómo habían llegado hasta allí?, ¿quiénes dejaban a un lado?, ¿quiénes eran?). Tres elementos lógicos imperaban entre Villa y la mayoría de sus coroneles (hay que excluir a Ortega, a Medina y a Agustín Estrada) respecto de los prisioneros capturados. La ausencia de retaguardia y por lo tanto de cárcel donde ponerlos, y un enemigo perdonado se volvía más sabio que antes. La retribución, porque los federales (que representaban a un estado supuestamente moderno) fusilaban de inmediato a todos los rebeldes que capturaban. La venganza contra el asesinato de Madero y Abraham González, la traición y el golpe de estado, que se hacía extensiva no sólo a los oficiales federales sino a los colorados, considerados traidores y probablemente más odiados aún porque venían de las mismas clases sociales, de la misma tierra, de la misma historia compartida con el villismo.

La de la Revolución Mexicana es una historia en la que mucho se mata y mucho se muere, en la que la vida humana parece valer muy poco y la supervivencia es tan accidental y casual como la muerte. Avitia rescata las frases en un corrido terrible: "Como saben que en México se mata y que a diario se muere por acá".

La historia ha llegado a nuestros días no mediante los testimonios de Fernández sino de un episodio que Martín Luis Guzmán incluyó en *El águila y la serpiente*, "La fiesta de las balas", uno de los más terribles y mejores cuentos en la narrativa de la revolución. Martín Luis se fue por los caminos de la ficción para contar en su más terrible brutalidad la matanza de 300 colorados por Fierro, el solo, usando tres pistolas, las dos suyas y la que su ayudante le iba recargando con las balas que ha tendido sobre una frazada, mientras le sueltan de diez en diez a los presos, en unos corrales contiguos; el que llegue a la barda y la salte se salva. Una larga, larga narración de la masacre. Pero parece que no fue como la cuenta.

A partir de ese momento la fama de Fierro como hombre de gatillo fácil (en un mundo en que muchos lo eran) y amante del asesinato corrió ampliamente. Poco después el general estadounidense Scott, en *Some Memories*, decía que se contaba de él que en Parral mató a 34 personas a tiros en una casa, uno por uno, porque "le daba gusto". La historia no era cierta, pero era creíble.

Cuando Carranza conoció el parte de la nueva División del Norte sobre la toma de Torreón, estaba con él Silvestre Terrazas. Venustiano, que había conocido a Villa en Juárez en 1911, pero no parecía haberlo registrado claramente, le pidió que le hiciera un retrato de Pancho. Terrazas dijo: "Hombre rudo si se quiere, pero de una inteligencia natural sumamente desarrollada en su vida azarosa, capaz de dar su vida por aquellos a quienes llamara amigos; desconfiado a carta cabal, tenía dotes guerreras de primer orden; muy susceptible, por lo que había que tratarlo con mucho tino".

NOTAS

a)   Fuentes. Sobre las confrontaciones previas: en julio Carranza trató de organizar a los grupos de Durango para tomar Torreón, pero el resultado fue un desastre absoluto; sin coordinación de mandos fueron derrotados. En esa batalla los orozquistas perdieron a uno de sus mejores generales, Cheché Campos, que fue capturado en las cercanías por una descubierta, la gente obligó a que lo fusilaran porque había cometido muchos desmanes en Torreón. (Vargas: *A sangre y fuego…* De la O: *Tomás Urbina, el guerrero mestizo.* Terrones Benítez: "Primera batalla de Torreón del 23 de julio al 2 de agosto de 1913".)

La asamblea de La Loma. Machuca: *La revolución en una ciudad del norte.* Ramón Puente: *La verdadera historia de Pancho Villa, Villa en pie* y *La dictadura, la revolución y sus hombres.* José Luis Aguayo: "Una nota para la División del Norte". Calzadíaz: *Hechos reales de la revolución,* tomo 1 y 5 (que confunde la hacienda de la Goma y la de la Loma). Victorio de Anda PHO 1/46. Brondo: *La División del Norte.* Martín Luis Guzmán: El *águila…* Vito Alessio Robles: *La Convención Revolucionaria de Aguascalientes.* La Hacienda de la Loma es hoy un museo de sitio del INAH, que contiene objetos villistas.

En la Loma se reunieron, además de los coroneles mencionados, una serie de cuadros que habrán de contar en posteriores páginas de esta historia. Con Villa venía Rodolfo Fierro; con Maclovio, su hermano Luis Herrera; con Urbina venían José Rodríguez, los hermanos Juan B. y Ramón Vargas, Faustino Borunda; con Aguirre Benavides, Enrique Santoscoy, Santiago Ramírez, Enrique Banda; con José Isabel Robles, Canuto Reyes (Salmerón: *La División del Norte,* donde en el capítulo "La tierra del algodón y del guayule", se repite, ahora centrándose en La Laguna, la historia social del villismo).

José Isabel Robles.

Luis Aguirre Benavides: *Grandes batallas de la división del norte,* contiene los partes de Medina, Villa y E. Munguía; Sánchez Lamego reconstruye la batalla en el tomo 3 de la *Historia militar de la revolución constitucionalista,* basado en el expediente que sobre los combates en La Laguna hicieron los federales, y en el tomo 4, segunda parte, se encuentran los partes de Argumedo, de Ocaranza y del general Munguía sobre la pérdida de Torreón; el de Villa a Venustiano

Orestes Pereyra.

Eugenio Aguirre
Benavides.

Maclovio Herrera.

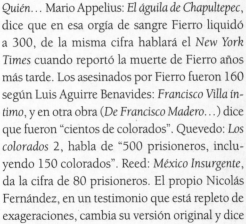

Estado Mayor de la brigada de Calixto Contreras
(en el centro de la foto), atrás con sombrero
Lorenzo Ávalos, a la izquierda de Calixto el jefe de
Estado Mayor, Mateo Almanza.

Carranza; y el del general Luis G. Anaya. El expediente del consejo de guerra contra Eutiquio Munguía por su derrota en Torreón en el archivo histórico de la Defensa Nacional.

Las fuentes villistas son abundantes. Calzadíaz: *Hechos reales de la revolución,* tomo 1 y 7 (lamentablemente confunde muchos datos, como atribuirle a Benjamín Argumedo los ataques de los colorados de Campa, o confundir las acciones en ambas riberas del Nazas). Vargas: *A sangre y fuego.* Machuca: *La revolución.* Antonio Avitia: *Los alacranes alzados. Historia de la revolución en el estado de Durango.* Ontiveros: *Toribio Ortega y la revolución en la región de Ojinaga.* Las *Memorias* de Villa de Martín Luis Guzmán. Hay un buen mapa de la batalla en el libro de Sánchez Lamego.

Sobre el *Niño.* Rafael F. Muñoz: "El Niño" en *Cuentos completos* y "Domitilo Mendoza, sargento primero", entrevista de Carlos Gallegos en Ontiveros: *Toribio Ortega.*

La matanza de prisioneros de Avilés no fue después del combate de Avilés como sugiere Calzadíaz, donde sólo hubo 25 prisioneros, sino después de la batalla de Torreón. "La fiesta de las balas" en Martín Luis Guzmán: *El águila y la serpiente.* Herrera: *Quién…* Mario Appelius: *El águila de Chapultepec,* dice que en esa orgía de sangre Fierro liquidó a 300, de la misma cifra hablará el *New York Times* cuando reportó la muerte de Fierro años más tarde. Los asesinados por Fierro fueron 160 según Luis Aguirre Benavides: *Francisco Villa íntimo,* y en otra obra (*De Francisco Madero…*) dice que fueron "cientos de colorados". Quevedo: *Los colorados* 2, habla de "500 prisioneros, incluyendo 150 colorados". Reed: *México Insurgente,* da la cifra de 80 prisioneros. El propio Nicolás Fernández, en un testimonio que está repleto de exageraciones, cambia su versión original y dice que Fierro "en Avilés mató a 500" (Urquizo: "Francisco Villa y Nicolás Fernández").

Además: Federico Cervantes: *Francisco Villa y la revolución.* Graziela Altamirano: "Los años de revolución" en *Durango, una historia compartida.* Elena Garro: *Revolucionarios mexicanos.* Múzquiz y Palomares: *Las campañas del norte (sangre y héroes). Narración de los sucesos más culminantes registrados en las batallas de Torreón, Durango, Gómez Palacio y San Pedro,* "Armas empleadas en la revolución", "La persecución de Villa". En Avitia: *Corrido histórico mexicano* 3, David Dueñas: "Españoles salvados del patíbulo por una dama" (Guadalupe Cervantes, recibió por esto una condecoración del gobierno de España); Elías Torres cuenta la historia en "La mujer que abofeteó a Villa", pero erróneamente la sitúa en la segunda batalla de Torreón que sucederá meses más tarde.

DIECIOCHO

TORREÓN, ORGANIZAR UNA CIUDAD

Tantas veces se les había alertado sobre los "bandidos" villistas que la población de las ciudades laguneras tenía miedo al saqueo. Pero el saqueo no se produjo. Tan sólo en las primeras dos calles de la población fueron asaltadas 10 o 15 tiendas y Villa lo detuvo rápido, se fusilaron saqueadores y a las 11 de la noche había guardias en cada esquina. Al día siguiente George C. Carothers, cónsul estadounidense en Torreón, le envió una nota a Villa pidiendo garantías para las propiedades estadounidenses y en respuesta recibió un pelotón de 25 hombres para que hicieran labor de custodia. A las 11 de la mañana Carothers hizo una inspección por la ciudad y todo lo que encontró fue por el suelo botas y ropa vieja, que los rebeldes debían haber cambiado por nueva. De ahí se dirigió al cuartel general y vio a Villa por primera vez y se declaró "benévolamente sorprendido" por el control que tenía la División del Norte. A diferencia de Durango, las tropas se comportaban correctamente. De la caja fuerte de la División había salido dinero en efectivo para pagar sueldos a los soldados rebeldes.

Carothers, que jugará un papel definitivamente interesante en la futura historia, residía en México desde 1899, decía de sí mismo ser negociante en minas y bienes raíces, agente consular desde 1900 y casado con una saltillense. Era bastante reaccionario, solía decir que bajo el gobierno de Porfirio Díaz había imperado la "ley y el orden", y que cuando Madero se levantó en armas, a los que lo conocían "les pareció una broma", y que su caída produjo gran "alivio" en la zona porque retornaba la tranquilidad. Carothers había estado a punto de ser despedido del servicio diplomático estadounidense porque era un jugador empedernido, lo que comprometía su imagen consular.

Casi de inmediato Villa procedió a una febril reorganización: el comercio abrió sus puertas; se limpiaron de escombros y cadáveres las calles; Emilio Madero organizó los servicios urbanos y la vida diaria de las poblaciones. Eusebio Calzada, con Rodolfo Fierro, se encargó de los trenes.

Villa se estableció en el hotel Salvador, y el mismo día 2, cuando estaba ante la puerta montado en Sangrelinda, su caballo de aquellos días, ante él se apareció un personaje alto y bien vestido, de modales aristocráticos, que se descubrió mostrando la calva. Villa debió verse desconcertado ante la ceremonia. Se trataba de Lázaro de la Garza, nacido en Laredo, Texas, que decía ser banquero.

El hombre le propuso ofrecerle una larga lista de los hacendados y ricos de La Laguna con la suma que podían aportar en calidad de préstamo forzoso al lado de su nombre. Se ofrecía de intermediario y de "director hacendario". La columna de los "préstamos" sumaba un millón de pesos. Villa, al que la idea de expoliar a los oligarcas locales le encantaba, debe haberse puesto muy contento con la lista, aunque miró a De la Garza atravesado. De entrada, no debió darle demasiada confianza el personaje.

Un día más tarde, el 3 de octubre, tras haber leído una carta de Lázaro de la Garza donde enumeraba sus éxitos financieros desde 1910, Villa creó la Comisión de Hacienda en Torreón con De la Garza a la cabeza como tesorero. Y el día 5, decretó un préstamo forzoso de tres millones de pesos a las empresas, los bancos y el gran comercio. Lo que quitaba con una mano lo repartía con la otra. Durante los siguientes días Villa recibió a decenas de personas a las que ayudó repartiendo dinero, entre otros, a dos hospitales de monjas.

Pero el enorme esfuerzo se dirigía a organizar la gran maquinaria de guerra que se había formado. Respetando a los jefes que la tropa había elegido, sin violentar las afinidades regionales de cada grupo, sin arañar susceptibilidades, sumando las pequeñas partidas, colocando a un subjefe aquí y allá, Villa dejó claro que él iba a dirigir la División. Con permiso de Calixto Contreras, Villa se llevó una parte de su brigada (la gente de Cuchillo Parado y Ojinaga) y volvió a dar forma a la brigada González Ortega con Toribio Ortega como coronel jefe y Porfirio Ornelas como segundo. El coronel José E. Rodríguez, prestado por Urbina, se hizo cargo de la brigada Villa y se reforzó el grupo de Eugenio Aguirre Benavides armando la brigada Zaragoza. Finalmente, Juan E. García recibió el mando de la reorganizada brigada Madero. El Estado Mayor de la División quedó a cargo del coronel Juan N. Medina, que no quería asumir mando de tropa porque los irregulares norteños eran "muy suyos", con el herido Manuel Madinabeytia como segundo.

Por esos días Villa, en un baile que le daban en el Casino de La Laguna, conoció a Juanita Torres, cajera de la Torreón Clothing Company, una empresa que había sido contratada para hacer uniformes a la tropa, propiedad del cuñado de los Aguirre Benavides, Lázaro Levy, y se dedicó a conquistarla.

Un retrato muestra a una joven de bella mirada y facciones graciosas vestida de blanco, regordeta, como casi todas las mujeres que le gustaban a Pancho Villa. Juanita, cuya edad los testigos no aciertan a precisar, pues dicen que tenía 18 o 23 años, era de "ojos aterciopelados". Se cuentan muchas historias de las resistencias de Juana Torres y las reticencias de la familia ante el acoso de Villa. Dicen que se refugió en casa del hermano de Eugenio Aguirre Benavides y que el doctor Villarreal le dio unas inyecciones para simular una enfermedad, y cuando Villa la vio convulsa se apenó. Juanita le dijo que se suicidaría si pretendía hacerla su amante y Villa accedió a casarse. Ha pasado menos de una semana desde que se conocieron. Martín Luis Guzmán recogió más tarde una versión de la curiosa relación de Villa con la institución matrimonial: "Tengo mi esposa legítima ante el juez del registro civil, pero también tengo otras legítimas ante Dios, o lo que es lo mismo, ante la ley que a ellas más les importa. Ninguna tiene pues que esconderse, porque la falta o el pecado, si los hay, son míos".

El periodista estadounidense Larry Harris dirá: "Las leyes del matrimonio y el divorcio eran tan complicadas para Villa como un problema de cálculo de Einstein para un niño pequeño. Nunca las entendió". Se equivoca, no eran complicadas: si una mujer te pedía que te casaras, pues te casabas y ya. Eso respecto del matrimonio, respecto del divorcio jamás necesitó leyes.

La boda civil y religiosa se celebró el 7 de octubre de 1913 ante el juez Lagrange. Fueron testigos el coronel Eugenio Aguirre Benavides y Lázaro Levy. Villa más tarde se llevó la hoja de la partida de matrimonio del libro de registros "como un recuerdo".

Se instalaron en un vagón Pullman que había sido capturado. Mientras se procedía a la reorganización de la ciudad y del ejército rebelde, a Villa se le veía poco; había flores en el Pullman y Pancho se cambiaba de camisa diariamente. Una foto registra a la pareja asomada a una ventana del vagón: Villa sonríe, una mujer no identificada, quizás una dama de compañía, aparece al lado.

La paradoja villista es que al fin ha capturado una gran ciudad, pero con Chihuahua, Ojinaga y Ciudad Juárez en manos federales en el norte, y con tropas de Huerta en el este y el sur, es una base muy peligrosa. Les ha dado grandes recursos económicos, armas, reclutas. Sirve para consolidar la fuerza que han estado construyendo, pero si esta fuerza no crea una base geográfica de operaciones más estable y con salida a la frontera para proveerse de municiones, quedará entrampada.

El 4 de octubre Villa había recibido noticia de que habían sido derrotadas en Camargo las fuerzas de Hernández por tropas federales que operaban desde Chihuahua. Ordenó entonces a Calixto Contreras que se quedara como jefe de armas en Torreón y a sugerencia de Medina dejó también atrás a Urbina, aunque se llevó parte de sus tropas diciendo a Urbina que necesitaba que le cubrieran la espalda. Enrique Pérez Rul, futuro secretario de Villa, cuenta que Urbina, "un hombre de alma atravesada", le había hecho la vida imposible a Medina y a Madinabeytia. J. Isabel Robles, que había perseguido a los derrotados de Torreón, se vería obligado a mantener la posición bloqueando el acceso de los federales de Saltillo.

Luego, Pancho comenzó a mover sus tropas hacia Chihuahua. El 5 de octubre salió hacia el norte el primer tren con la vanguardia de la recién nacida División del Norte, parte de su brigada. Pocos días después Villa los seguirá.

NOTAS

a) Fuentes: Investigation of Mexican Affairs. Anderson: *Pancho Villa revolution by headlines.* Knight: *La Revolución mexicana.* Aguirre Benavides: *De Francisco I. Madero...* Puig: *Entre el río Perla y el Nazas.* Vargas Arreola: *A sangre y fuego.* Calzadíaz: *Hechos reales de la revolución,* tomo 3 y 5. Papeles de Lázaro de la Garza, M 4. En 1938 se produjo un debate público en el que participaron Lázaro de la Garza, Enrique Pérez Rul y Juan B. Vargas, que aporta muchos materiales a esta historia.

Juanita Torres.

    Sobre Juanita Torres. Braddy: "Loves of Pancho Villa". Harris: *Strong man of the revolution.* La fecha de la boda en un pie de grabado en Marte R. Gómez: *Pancho Villa, un intento de semblanza.* Puente: *Villa en pie* y "La verdadera historia de Pancho Villa". Hay varias fotos más en Rosa Helia Villa: *Itinerario de una pasión.*

b) Saqueo. El saqueo estaba moralmente justificado entre los revolucionarios. "Hoy les llaman saqueadores/a los que la vida expusieron/ y ellos al pobre exprimieron,/ detrás de los mostradores". O: "Pues del saqueo y quemazón, los comerciantes se quejan y en las bodegas se añejan/ mercancías de a montón" (Jerónimo Seelno: "Tragedia de la defensa social y toma de Durango", en Avitia: *Corridos*).

DIECINUEVE

UN HUESO DURO DE ROER

Los trenes capturados ofrecían inmensas posibilidades pero no podían transportar a los cuatro mil 500 hombres que Villa movilizó hacia Chihuahua; en los vagones viajaron los estados mayores y la infantería. Ontiveros, de la brigada de Ortega, cuenta: "La caballería atravesó el inmenso desierto que se extiende desde Torreón a Jiménez, en seis días, pasando vicisitudes inenarrables. Caminando por un terreno árido y seco donde no había agua para los caballos; muchos no pudieron soportar tal escasez y quedaron en el desierto. La gente también sufrió mucho, pues no teniendo víveres ni habiendo en todo el camino donde adquirirlos, hubo regimientos que mataban las mulas y los caballos para comer carne".

Hacia el 12 o 13 de octubre Villa, en Jiménez, comenzó a diseñar la nueva ofensiva. En el campamento corrían los rumores de que se preparaba un atentado contra Pancho, quién sabe de dónde salían, pero se decía que era algo desde adentro, entre sus propios compañeros. Villa paró en seco las murmuraciones: "No hagan escándalo ni hagan acusaciones. No quiero rumores, quiero pruebas".

Con los primeros 300 mil pesos surgidos del expolio de la oligarquía lagunera Villa envió a Estados Unidos a su hermano Hipólito y a Carlitos Jáuregui para comprar municiones en la zona de Presidio, al otro lado de Ojinaga. Un testigo contará muchos años más tarde que "Candelaria y Presidio eran pueblos villistas" y que "al menos 30 personas en Presidio le vendían armas a Hipólito".

El 16 de octubre Villa regresó a Torreón en tren con sólo una parte de su escolta y a toda velocidad para resolver dos problemas en su retaguardia que podían ser graves. Rodolfo Fierro se había enfrentado en una casa de juego con uno de los oficiales de la brigada de Aguirre Benavides, García de la Cadena. Despojado de su pistola, se había batido en un duelo o había asesinado a traición, nunca quedará muy claro, al compañero de armas. En algo que se llamaba *el tártaro*, un enfrentamiento con cuchillo, Fierro había sacado una daga de la bota y a diez metros se la había lanzado a García de la Cadena matándolo. El hecho tensó la guarnición de Torreón. Aguirre Benavides ordenó que se le juzgara en consejo de guerra y lo iban a fusilar. La llegada de Villa impidió el fusilamiento, pero Aguirre amenazó con retirarse del movimiento y Pancho tuvo que apelar a toda su capacidad de convencimiento para que se mantuviera.

Villa necesitaba a Fierro en esos momentos, y ésta era la segunda razón de su viaje: tenía que conseguir urgentemente dinero para mantener en pie la División, y sobre todo para comprar municiones, y la operación económica de Lázaro no estaba funcionando como se debe. Le encargó a Fierro que fuera el cobrador de Lázaro de la Garza. Su pura presencia y su siniestra fama hicieron que muchos de los que dudaban en entregar las cuotas forzadas lo hicieran. De la Garza había elaborado las listas de manera muy arbitraria, excluyendo a sus amigos y conocidos, aunque allí estaban los que Villa había definido como "huertistas y reaccionarios". Los préstamos incluían los bancos Germánico de la América del Sur, Torreón, y de Londres y México.

Una operación importante para obtener dinero era tratar de vender el algodón que se había incautado. El problema era cómo hacerlo llegar a Estados Unidos si no había puntos fronterizos en poder de los rebeldes. Aún así se pusieron a disposición de Lázaro trenes para que acercaran las pacas de algodón a Chihuahua. Cuando los furgones con el algodón de Torreón llegaron finalmente a El Paso los hacendados propietarios trataron de impedir su venta y recuperarlos.

De la Garza se estaba volviendo una figura clave en el nuevo aparato villista, incluso se mezclaba en el financiamiento de las brigadas laguneras, la organización de la retaguardia, asuntos militares y relaciones entre las brigadas. Por esos días George C. Carothers, el ex cónsul estadounidense en Torreón, que estaba en la ciudad de México, conectó con él y le ofreció sus servicios; la relación no se concretó de inmediato.

Villa no podía estar mucho tiempo en Torreón, a pesar de que en esa ciudad lo ataba la relación con Juanita Torres. El día 20 regresó en tren a Jiménez advertido de que la columna que había salido de Chihuahua para batirlos, dirigida por el general Castro, no sólo controlaba Camargo sino que avanzaba. No había tal, la columna de Chihuahua había recibido órdenes del general Mercado de replegarse, porque Mercado no quería comprometer su fuerza en combates parciales. No le faltaba razón al estirado militar de carrera, que mientras tanto se dejaba retratar en la ciudad de Chihuahua rodeado de impecables y elegantes oficiales y con un casco prusiano puntiagudo, pero entre los colorados se le tachaba de cobarde y se decía que le tenía pánico a Villa y su inacción iba a costar cara.

Villa buscó al último de los caudillos del sur de Chihuahua, Manuel Chao, al que entrevistó en Jiménez y con el que discutió si quedaría dentro de la nueva División del Norte. La discusión fue fuerte. A Villa le caía bien Chao, ese singular "norteño" de 30 años que había nacido en Tuxpan, Veracruz, y había llegado muy joven a Chihuahua para trabajar como profesor de escuela, pero en el debate hubo un momento de tensión en que pareció que iban a echar mano a las pistolas. Chao terminó cediendo al empuje de Villa y Villa acabó abrazando al maderista de la primera época, "de corta estatura, calvicie prematura, correctas facciones [...] cordial y afable", de origen navarro y de fisonomía poco belicosa.

Villa ha logrado unificar las guerrillas de Chihuahua. Con la gente de Hernández y los 200 hombres que trae Chao, más los voluntarios que se han estado agregando, la División debe contar con 5,500 combatientes.

Los problemas del dinero y la retaguardia en Torreón parecen ser interminables. Trinidad Rodríguez le reporta que Urbina, que se había quedado en Torreón, se estaba guardando 100 mil pesos de lo que recolectaba Lázaro de la Garza. Villa, en presencia de Maclovio Herrera, Martiniano Servín, Rosalío Hernández y Fidel Ávila, le dijo a Trinidad:

—Amiguito, usted vea lo que hace; o me trae los 100 mil pesos que faltan, o toma sus providencias para que de Jiménez me remitan su cadáver.

Y de pasada mandó a sus segundos Martín López y Benito Artalejo a Torreón.

—Ese dinero es de la revolución y me responden que Trinidad le saque ese dinero a mi compadre Urbina.

El rumor de su arribo los precedió, porque cuando llegaron fue innecesario presionar a Urbina, que ya había devuelto el dinero.

El 23 de octubre, ante el repliegue de los federales, Villa entró de nuevo en Camargo. En la estación de tren se montó una reunión del Estado Mayor provisional. Villa proponía el ataque a Chihuahua. La opinión de los otros oficiales rebeldes era que iba a resultar un hueso duro de roer, la guarnición los superaba en número, contaban con lo mejor de los colorados de Orozco y les había dado tiempo de fortificar la ciudad y crear defensas. Villa impuso su opinión.

Al entrar en Camargo, el coronel Benjamín Yuriar había asesinado a un soldado en una pelea de burdel y luego reunió a su tropa y la puso en estado de alerta. Villa ya había tenido problemas con Yuriar porque no quería encuadrarse militarmente en la nueva estructura de la División, y cuando Pancho lo mandó llamar con Toribio Ortega, Yuriar los mandó a la chingada. Villa de inmediato envió a Benito Artalejo y a su escolta a detenerlo, le hicieron un juicio sumario y lo condenaron a muerte por insubordinación. Yuriar, con sangre fría, ordenó su propio fusilamiento.

Del 23 de octubre al 27 Villa permanece en Camargo y con la ayuda de Juan N. Medina reorganiza nuevamente la estructura militar de la División del Norte para el choque contra Mercado y Orozco en Chihuahua. Se fortalecen tres brigadas que dependerán directamente de Villa y no de otros caudillos: la González Ortega de Toribio, la Cuauhtémoc de Trinidad Rodríguez (al que había separado de las tropas de Urbina) y la propia brigada Villa (a cargo con frecuencia de José Rodríguez).

Las relaciones financieras con Torreón, a través de Lázaro de la Garza, se vuelven cada vez más importantes. En esos dos primeros meses cerca de un centenar de cartas y telegramas se cruzan, tratando los más variados problemas, incluso un par de ellos medio absurdos: cuando Villa le pide al financiero que use clave cuando habla de extranjeros y luego le dice que no la use porque perdió la clave. Calixto Contreras, el jefe de la guarnición, ha sustituido a Fierro en la labor de presionar el cobro de los préstamos forzosos. Y sin duda están funcionando porque el 26 de octubre, en Camargo, Villa le dirige una carta al periodista Silvestre Terrazas, que está en Ojinaga (territorio federal), pidiéndole arregle con la casa Shelton Payne de El Paso la compra de 200 rifles calibre .30 especial, con medio millón de balas, un millón de cartuchos de Mauser 7 mm., 300 mil 30/30 (lo que indica que ha tenido éxito en cambiar el armamento de la brigada al sustituir los viejos Winchester por los Mauser capturados), dos mil de calibre .44 y mil de calibre .38 (para las pistolas). Le envía cheques mediante Miguel Baca Ronquillo y dice que cubrirá la deuda cuando se lo indique.

De todos estos movimientos financieros surge un rumor, que incluso trasciende a la prensa. Que Villa traía consigo un carro con un millón y medio de pesos y monedas de plata que iba a mandar a Estados Unidos a través de Ojinaga, para meter en una cuenta de banco personal

En esos días Villa cena en casa de Rosalío Hernández. La mujer de Rosalío está embarazada y se comprometen formalmente a ser compadres cuando nazca el niño. Los compadres son esenciales en ese ejército cuyos lazos más que por la disciplina se construyen sobre la base de la fidelidad. Aguilar Mora dirá con tino que "para Villa [...] las relaciones familiares fueron determinantes, sobre todo en el nivel de las alianzas de compadrazgo y de paisanaje".

Con la red para conseguir municiones comenzando a funcionar y el ejército unificado, el 30 de octubre Villa ordenó el avance de los trenes y la caballería hacia Chihuahua. Finalmente, después de tanto andarse midiendo y sin haber logrado sacarlo de su base, Villa aceptó el reto de Mercado. Se acuartela en un lugar llamado Estación Consuelo, cerca de Bachimba, luego en Armendáriz. Se encuentra de nuevo con él, como asistente de Estado Mayor, el capitán Manuel Madinabeytia, repuesto de la herida de Torreón.

El 2 de noviembre Villa le envía una nota a Mercado dándole 24 horas para que se rinda o pidiendo que salga a combatir a terreno abierto, "fuera de la ciudad", para evitar víctimas inocentes. "De Ávalos al sur escojan las tropas el terreno que mejor les cuadre para campo de batalla y allí nos acercaremos yo y mi ejército". Mercado no sólo ignora la oferta sino que fortalece aún más su posición en Chihuahua. Se cavan nuevas loberas y trincheras. Los exploradores de Villa entraban y salían de los suburbios de la ciudad y le daban razón de trabajos y rumores: que Obregón venía de Sonora a unirse a Villa y que Mercado tenía problemas para poner de acuerdo a Castro y a los irregulares colorados, y que por eso el general Francisco Castro, que había llegado a principios de noviembre como refuerzo, dejó Chihuahua y salió rumbo al norte para hacerse cargo de la plaza de Ciudad Juárez.

El día en que se recibían mensajes y rumores, en el campamento de El Charco, 25 kilómetros al sur de Chihuahua, hacía un frío que despertaba a los muertos. La consigna era "¡Viva la revolución!". Y se contestaba con: "¡División del Norte!" Martín López corrió la voz de que cualquiera que llegara preguntando por Villa fuera detenido de inmediato. Se habían concentrado las brigadas de Villa, Toribio, Maclovio, Aguirre Benavides, Trinidad Rodríguez, Chao, que regresaba de Parral, y los Leales de Camargo de Hernández. Se presentaron en el campamento cientos de voluntarios que venían de todas partes de Chihuahua a sumarse, pero no se les podía armar.

Y de nuevo ese día repleto de acontecimientos, se hacía pública la noticia de que el presidente estadounidense Wilson estaba considerando la posibilidad de intervenir militarmente en México, utilizar la fuerza armada para "restablecer el orden", y se decía que contaba con el apoyo de su congreso. Villa no pareció darle demasiada importancia a la noticia. Su horizonte estaba limitado por Chihuahua.

Chihuahua, 40 mil habitantes, centro ferroviario hacia la frontera, y en construcción, hacia el occidente, el ferrocarril de Kansas City que llegaría a Sonora. La guarnición del general Salvador Mercado era de 6,300 hombres con las fuertes tropas de caballería de Orozco y José Inés Salazar (que curiosamente incluía a Reyes Robinson, aquel capitán que había montado en 1911 la provocación de Ciudad Juárez), una artillería colocada estratégicamente y un perímetro fortificado apoyándose en las líneas de cerros de norte, oriente y sur.

La deserción de un capitán de artillería ex federal, Rafael Torres, que había sido incorporado en Torreón, fue muy grave. El hombre entró a Chihuahua y le dio a Mercado una idea clara de las tropas que traía Villa (muchas menos de las que Mercado pensaba): poco más de cinco mil ("La fuerza que llevaba yo para el ataque de Chihuahua, consistía en cinco mil seiscientos hombres que se contaron uno a uno en una revista que tomamos en la calzada de Jiménez") y no 10 mil, y le informó además que los villistas no traían más de 200 balas por cabeza, una artillería sin artilleros, con poco parque y mal organizada.

Villa también contaba con buena información, constantemente paisanos, amigos, infiltrados, le ofrecían datos de lo que estaba pasando en Chihuahua. Tendrá que reconocer, en un consejo de guerra el 5 de noviembre en la estación Ávalos, que las fuerzas de los atacantes son inferiores a las de Mercado y las fortificaciones del enemigo importantes. Chao y Aguirre Benavides tratan de convencer a Villa de que el asalto es un error. Pero Pancho ha llegado muy lejos para retroceder.

Ese 5 de noviembre, a las cinco de la tarde, una inmensa línea de infantería de cuatro mil hombres de la División del Norte, avanzó en oleadas hacia la plaza, buscando forzar a las caballerías de colorados para que salieran a combatir a campo abierto. Previamente, los villistas habían cortado el agua a la ciudad. Conforme los infantes iban tomando posiciones, Servín tuvo que confirmarles que no les iba a meter un cañonazo por la espalda, que los cañones estaban bien apuntados y la distancia bien calculada.

El ataque inicial, esa tarde, fue de sur y oriente hacia la ciudad. A la hora de entrar en combate sonaba unánime el "¡Viva Villa!", pero se complementaba con el directo: "¡Hijos de la chingada!", o con el "¡Hijos de su terrazuda nana!", o el "¡Jijos de mala vida!"

Mercado comentó posteriormente que atacaron "con una furia sin precedente". Los rebeldes iban llegando a las faldas de los cerros, pero las cercas electrificadas los frenaron. No eran malas las posiciones que tomaron los villistas, pero la artillería del cerro de la Cruz, con cuatro baterías, hizo estragos en sus filas. La artillería villista de Servín no pudo dar respuesta, no tenía suficiente parque ni buenos artilleros y cada vez que se emplazaban las baterías los batían directamente. La infantería llegó a las primeras casas. La zona estaba defendida por viejos conocidos de Villa: el coronel Rojas y Marcelo Caraveo, a los que obligaron a replegarse. Parecía que se quebraba el frente, pero Landa resistió y finalmente los atacantes fueron rechazados.

Aun así, ha sido tal el ímpetu del primer ataque villista que de no ser por los contraataques nocturnos de la caballería de José Inés Salazar la ciudad hubiera quedado comprometida. Los colorados sabían lo que les iba a pasar si los capturaban y peleaban jugándoselo todo. De las 10 de la noche a las tres de la mañana continuó el duelo artillero por ambos lados. La mayoría de las tropas villistas no se habían enfrentado nunca a un serio fuego artillero. Fue milagroso que las columnas no se desbandaran.

En el interior de Chihuahua las contradicciones entre regulares e irregulares proseguían. Según Mercado, Orozco desapareció durante 24 horas.

El 6 noviembre el contraataque federal les permitió recuperar posiciones. Lo apoyaron con la artillería desde el cerro de Santa Rosa. Continuamente la caballería de los colorados hizo salidas. Los villistas llegaron al panteón, pero la artillería los obligó a replegarse. Nuevos contraataques, ahora de Orozco y el 15º batallón de regulares federales.

Villa contará: "Estando acampados en uno de los cerros cercanos, el coronel Samuel Navarro se acercó a leerme uno de los periódicos que acababan de traernos y del cerro de Santa Rosa nos disparaba un cañón cada vez con más puntería. Acabando de leerme lo más interesante me retiré de él para seguir dando órdenes a los combatientes en el momento en que el doctor Navarro fue herido mortalmente por fragmentos de un proyectil estando a milla y media de distancia de la línea de fuego. ¡Pobre Navarrito! A mí todavía no me toca". Navarro era el jefe de los servicios sanitarios de la División en el momento de su muerte y las noticias que Villa acababa de recibir eran muy graves: los federales habían recuperado Torreón. No tenía retaguardia. Su territorio se encontraba en plena batalla; como nunca, en mitad de la nada.

Quizá forzado por esas circunstancias Villa ordenó a Medina un ataque por el centro, pero los federales concentraron artillería y fusilería y el ataque fracasó; Madinabeytia fue herido nuevamente y evacuado a Camargo. J. B. Vargas cuenta que la acción "por su intensidad y fiereza y la resistencia del enemigo, costó más bajas a nuestras filas que los anteriores días de asalto".

A las siete de la tarde, ya con luz de luna, los villistas avanzaron y tomaron dos de los cerros que protegían a la ciudad por el sur, el Grande y el Coronel. Actuó allí la brigada de laguneros de Aguirre Benavides, quien tuvo que sobrellevar el encono que su enfrentamiento con Rodolfo Fierro en Torreón había producido y las malas lenguas de algunos de los chihuahuenses. Fierro decía que Aguirre Benavides y sus tropas no valían gran cosa, lo llamaba "chocolatero", término que había acuñado Villa para hablar de soldados de salón que sólo eran buenos para tomarse un chocolate. Pero frente a los cerros Aguirre dejó secos a sus detractores derrochando valor.

El día 7 Maclovio Herrera, ese personaje de rasgos finos, grandes cejas en arco y tremendo bigote, que en un mundo en el que la bravura, el desprecio por la vida y el amor al riesgo sobraban, era llamado el valiente y, por razones obvias, el sordo, se hizo cargo de la ofensiva y atacó la presa de Chuvíscar y a pesar de los contraataques de Orozco hizo retroceder a los federales. Todos hablaban del arrojo temerario de Maclovio, combatiendo en tierra plana, sin lugar donde cubrirse. A las tres de la tarde la caballería colorada y la federal hicieron un movimiento hacia la zona de la presa. La brigada de Maclovio Herrera resistió el impacto, pero se les iban acabando las municiones. Maclovio tuvo que impedir la desbandada fusil en mano y finalmente organizar una retirada en orden. Villa contaría que nuevamente tuvo que usar a la brigada de Eugenio Aguirre Benavides para sacar a Maclovio del compromiso, lo que "nos quebrantó mucho y desconcertó mi plan. De modo que en las restantes horas de luz no pudimos hacer más que sostenernos".

Todavía se combatió en la noche en el cerro de la Cruz, pero las ametralladoras de los federales detuvieron cualquier progresión.

A pesar de tres días de ataques continuos no se había logrado quebrar la resistencia de los federales. Villa se convenció de que no podía derrotar a los cercados y las municiones empezaban a escasear. Ordenó entonces el repliegue general y usando la oscuridad de la noche estableció el cuartel general en Estación Alberto, 30 kilómetros al sureste de Chihuahua.

Al amanecer del día 8 los federales cañonearon posiciones donde ya no había nadie, sin darse cuenta de que los villistas se habían retirado. Cuando descubrieron la situación, Mercado mandó en su persecución a las columnas de caballería de Caraveo y Salazar, a las que acompañó más tarde con infantería. Hacia las 11 de la mañana la caballería de los colorados chocó contra las tropas de Ortega, que recibieron el primer impacto, y como dice Vargas, "estuvieron a punto de arrollarnos". Villa descendió del vagón donde estaba almorzando y reorganizó personalmente las reservas. Por un lado se reunieron balas tomadas a los heridos y a los laguneros de Contreras, y a poco Maclovio Herrera y su brigada estaban en la primera línea de combate llevándole 18 mil balas a la brigada de Toribio. En el contraataque hicieron replegarse a los colorados hacia Chihuahua. Pero es un triunfo que más que una victoria, lo que hace es impedir la derrota.

A las seis de la tarde del 9 de noviembre la División del Norte había sido derrotada, y si seguía insistiendo toda la fuerza podía ser aniquilada. Dejaron en la retirada pocos pertrechos, pues habían agotado en cinco días de combate lo que traían. El parte de Mercado, que miente con singular alegría, da cifras de bajas villistas muy por encima de las reales: 800 muertos, sin contar los que "enterraban en las noches" (las cifras quizá puedan situarse en torno a los 400). A los derrotados los perseguirán las más exóticas calumnias publicadas en la prensa: "Todos esos cadáveres estaban bien vestidos y con ropa interior de seda". Se le recogieron a los muertos "banderas con inscripciones ridículas". Y se dirá canallescamente que: "De manera más descarada el bandido Villa animaba a sus chusmas repartiéndoles botellas de sotol (imposible imaginar a Villa, el furibundo abstemio, repartiendo alcohol a sus tropas) y diciéndoles que tendrían un mes de saqueo y la mujer más bonita que les gustara". Las bajas de los federales decían que fueron de 144 hombres.

En el parte de Mercado, además de reconocer el éxito de la artillería, se mencionaba que los colorados fueron clave en la defensa: Orozco, Caraveo, Salazar. Y que la burguesía local jugó un papel muy importante mediante Alberto Terrazas y Enrique Cuilty, coroneles de irregulares, y los hacendados Falomir, Creel y otros, que prestaron los tranvías para la rápida movilización de las tropas dentro de la ciudad. Al "obtenerse el triunfo" las bandas de guerra recorrieron las calles de la ciudad, donde "el entusiasmo era delirante".

Los rumores se desataron. Todo el mundo parecía tener la versión correcta; decían que Villa había huido hacia Sonora por Casas Grandes, o que estaba en las afueras de la ciudad y la iba a cercar por hambre. Se decía que Manuel Chao estaba muerto, que Villa iba hacia el sur o que Villa iba hacia el norte sobre Juárez. El general Castro, jefe de la guarnición de Juárez, ese día comenzó a cavar trincheras en la ciudad, mientras se celebraba el triunfo de Chihuahua con un desfile y repique de campanas.

Villa, mientras tanto, se desplazó hacia El Charco, 30 kilómetros al noroeste de Chihuahua. El servicio de exploración de los federales reportó que durante la noche estaban pasando fuerzas derrotadas en muy malas condiciones y sin decisión de rumbo hacia el norte. Salazar fue en su persecución, no estaba a más de 10 kilómetros de la derrotada División del Norte.

Notas

a)   Fuentes. En sus memorias versión Bauche, Villa no habla apenas del fracaso en Chihuahua; en cambio Martín Luis Guzmán le dedica un par de capítulos en la suya. Es esencial el general Salvador R. Mercado: "Los verdaderos acontecimientos sobre la destrucción de la División del Norte en el estado de Chihuahua", mecanográfico, anotado por Vito Alessio Robles. Calzadíaz: *Hechos reales de la revolución,* tomo 1, 3, 5 (con los testimonios de Darío W. Silva y Martín Rivera). *Melissa Sattley:* "Pancho Villa". Mancisidor: *Remembranzas.* Quevedo: *Los colorados,* 2. Luis y A. Aguirre Benavides: *Las grandes batallas de la División del Norte.* Ontiveros: *Toribio Ortega.* Sánchez Lamego: *Historia militar de la Revolución Constitucionalista,* 3. El parte de Mercado en *Chihuahua, textos de su historia,* 3. Almada: *Revolución en Chihuahua,* 2. La foto de Mercado en Kevin Brownlow: *The war, the west and the wildernes.*

Manuel Chao.

Las negociaciones de Lázaro de la Garza y la red de Villa de contrabando de armas en los papeles de Lázaro de la Garza, Wallet 3 A1, A2, A16, A17, A22, A30, A31, B32 y B34. Osorio: "Villa carries car of Money with him", *Correspondencia,* SRE LE-795 L.1.

Sobre Chao: I. Muñoz: *Cuentos.* Puente: *Villa en pie.* Villa más tarde dirá que Carranza estaba encandilando a Chao para que no actuara al unísono de Villa, pero parece una opinión fraguada tras futuros hechos.

Tomás Urbina, 1913.

Las valoraciones del número de combatientes han sido exageradas por ambos bandos al citar el número de contrarios. Calzadíaz: *Hechos reales de la revolución,* tomo 1, dice que en Chihuahua había 12 mil hombres entre federales y orozquistas; Ontiveros, que ocho mil. Los federales, a pesar de que por la deserción de Torres deberían tener datos precisos, dijeron después de la batalla que los villistas eran al menos ocho mil. Puente: *Vida de Francisco Villa contada por él mismo,* aporta el dato de los 5,600.

Hay una foto de la artillería federal cuya leyenda reza: "Fuerzas federales defendiendo Chihuahua de un ataque villista, cerro de Santa Rosa", pero los artilleros están al descubierto, cosa que no fue el caso.

Además: "Intervention considered". Elías Torres: *20 vibrantes episodios.* Luz Corral: *Villa en la intimidad.* Aguilar Mora, prólogo de Vargas: *A sangre y fuego.* Masser: "Siete años con el general Francisco Villa", "Chihuahua is in federal possession", "De frente los enemigos", "Chihuahua under fire 36 hours", "Troops rushed south", "Villa begins attack on Chihuahua", "Rebel leader demans surrender…", "Orozco frente a Villa", "Villa driven off by the federals", "Villa plans to starve Chihuahua", "¿Será atacada Juárez?"

Chocolateros. Los militares de retaguardia. A Villa se le atribuye el bautizo, por eso de que la vida les permitía tomarse su chocolate con toda calma. Chocolatero sería Juan Barragán (González Ramírez: *La revolución social de México*).

VEINTE

EL TREN DE TROYA

Ese 12 de noviembre la derrotada División del Norte estaba lamiéndose las heridas en un punto a unos cuantos kilómetros de la ciudad de Chihuahua cuando Villa, que le había dado vueltas en la cabeza a un plan enloquecido, decidió comentarlo con sus generales: dejar 1,500 hombres conteniendo a los defensores de Chihuahua y con otros 2,000 de a caballo lanzarse sobre Ciudad Juárez, que contaba con una guarnición relativamente pequeña. El plan era delirante. Estaban a mitad de la nada chihuahuense, sin retaguardia, y si marchaban hacia el norte tenían que dejar a sus espaldas a una guarnición enemiga que los superaba en número. Se verían obligados a mover cañones sin protección y llevar los heridos al sur o al oeste cruzando líneas enemigas. Ya ni siquiera tenía una posible retaguardia en Torreón. Y la caballería que fuera a Juárez debería marchar más de 400 kilómetros, bastantes más, porque no podían hacerlo en línea recta, sino esquivando poblaciones, evitando a como diera lugar ser detectados, abasteciéndose de agua en el camino. Parece que el plan le gustó a Maclovio, a Medina, a Toribio, a Chao y a Rodríguez porque "muertos de risa aprobaron mi opinión".

Villa ordenó entonces a Manuel Chao que regresara a su base de Parral con los heridos y las soldaderas y avanzó hacia El Saúz, a unos 60 kilómetros al norte de Chihuahua.

Hacia las cinco de la tarde del 13 de noviembre un destacamento avanzado llegó a la estación de El Cobre (10 kilómetros antes de El Saúz) y la tomó. Como se hacía habitualmente, los guerrilleros villistas controlaron el telégrafo y se emboscaron. Poco después avistaron un tren carbonero que venía de Juárez y lo capturaron engañando al maquinista con un semáforo rojo. Villa llegó a El Cobre y allí habría de enterarse de que por muy poco se le había escapado una parte de los ricos de Chihuahua que se fugaban a Estados Unidos vía Ciudad Juárez y que habían pasado anteriormente en un tren. Los villistas revisaron el tren recién capturado: una máquina, la número 511, una docena de furgones y siete u ocho góndolas cargadas de carbón, inútil para ellos.

¿De quién fue la idea de fabricar un moderno caballo de Troya? ¿Un tren de Troya? El crédito siempre se lo ha llevado Villa, pero al paso de los años parece ser que la sugerencia fue de Medina y Villa la aprobó con gran felicidad.

Las órdenes se cambiaron. Villa ordenó que Rosalío Hernández, Fidel Ávila y Toribio Ortega avanzaran hasta El Saúz y desde allí bloquearan cualquier intento de apoyo que proviniese de Chihuahua, inclusive levantando las vías. Luego ordenó que se vaciaran los carros de carbón y la descarga tomó toda la noche. Villa lo pondrá muy sencillo: "Nos vamos con dos mil hombres en este tren a tomar Ciudad Juárez".

A las 8 de la mañana del 14 de noviembre las brigadas de José Rodríguez, Maclovio Herrera, Eugenio Aguirre Benavides y del propio Villa, cerca de 1,800 hombres, comienzan a montar en el tren. Tratarán de atacar Ciudad Juárez por sorpresa. ¿Cómo se metieron dos mil hombres en un tren carbonero con todo y caballos? Uno de los combatientes dará una respuesta: "Nos instalamos todos dentro, quedando tan apretados que parecíamos sardinas; pero eso nos servía porque afuera hacia un frío que calaba los huesos".

Daniel R. Delgado, telegrafista de la División del Norte, fiscalizó las transmisiones, con el telegrafista habitual amenazado de fusilamiento si rompía las claves, y se entabló conexión con el cuartel general federal en Juárez pidiendo indicaciones. El primer reporte que enviaron decía: "Estoy descarrilado en este kilómetro, no hay vía telegráfica a Chihuahua ni camino de ferrocarril, porque lo han quemado los revolucionarios. Mándenme otra máquina para levantar". Le contestaron que no había máquina, que se arreglara como pudiera.

Nuevo telegrama a Juárez: "Se ve un polvo, como que vienen los revolucionarios. Necesito órdenes. E. Velázquez". En respuesta recibieron instrucciones de "regresar para atrás y en cada estación pida órdenes". La clave para que retornaran hacia Juárez era "K" ("no se modifica de la orden original"). Tras ellos va Martiniano Servín con la artillería tirada por mulas y caballos confiscados en las rancherías cercanas. Tiene órdenes de marchar día y noche hacia Juárez siguiendo la vía del tren.

En El Saúz: "K". En Estación Laguna: "K". Villa había mandado patrullas en avanzada para que detuvieran a los telegrafistas en cada estación y no dieran la alerta.

En Moctezuma se recibió de nuevo la contraseña "K". Luego los apachurrados rebeldes habrían de saber que uno de los telegrafistas de Chihuahua notó algo raro, pero el jefe de la guarnición lo tachó de cobarde y lo mandó al carajo.

En el interior del tren corrió la voz: órdenes de Villa, para distinguirse de los colorados arremangarse la camisa y hacer el sombrero chilaquil. La consigna es: "Villa/ Carranza". En la máquina van Fierro y Manuel Banda controlando al maquinista; los acompañan Villa, José Rodríguez y Maclovio.

Villa Ahumada: "K". Samalayuca: "K". Villa ordena que un hombre más viaje en la locomotora, con una daga en la mano y al lado del maquinista.

Poco después de la 1:30 de la madrugada el tren de Troya se deslizó silenciosamente en Ciudad Juárez y se detuvo en el cruce de las calles Comercio y del Ferrocarril. El general Mercado diría que Villa llevó el tren al corazón de la ciudad. Una legión de 1,800 fantasmas tiznados por la carbonilla salió de los vagones.

Es sorprendente el conocimiento que Villa tiene de las fuerzas que hay en Juárez y cómo están dispuestas. Sus orejas y espías lo han tenido al tanto y ha podido armar en la cabeza la operación mientras viajaba en el tren. La guarnición de Juárez era de 850 hombres sumando a los colorados del coronel Enrique Portillo, con dos cañones y dos ametralladoras.

Villa dio sus órdenes: tres columnas irán sobre los cuarteles. Maclovio Herrera atacaría el cuartel general de los federales, José Rodríguez iría a cazar a los colorados y el capitán Enrique Santoscoy y la brigada de Aguirre Benavides asaltarían la jefatura de armas y cerrarían los puentes.

De inmediato, y sin esperar el resultado de la batalla, Villa envió dos trenes al mando de Rodolfo Fierro al sur para recoger la artillería y el resto de la fuerza. Estableció con Medina el cuartel general en la estación.

Hacia las dos de la madrugada, arma en mano, las columnas se pusieron en movimiento. Una madrugada fría, la mayoría de la gente se había quedado en su casa. Los rebeldes entraron a la ciudad sigilosamente. Hacia las 2:15 se produjeron los primeros disparos. Frente al hospital civil un soldado de guardia dio el "¿Quién vive?" y le contestaron con un rugiente "¡Viva Villa!" y abundantes tiros.

Se combatía en los cuarteles del 15º batallón y en el de carabineros. El ataque al cuartel fue fulminante, no les dio tiempo de vestirse; la pequeña resistencia que se produjo fue apagada con bombas de dinamita. Mercado, en su informe posterior, hablando del descuido de la guarnición contaba que "los cañones estaban dentro de los cuarteles".

Villa, desde la estación, fue dando órdenes a través de Medina. Había puesto especial cuidado en que sus tropas supieran que en la medida de lo posible se debería evitar que muriera al jefe de la plaza. Francisco Castro era uno de los que habían intentado salvarlo cuando Huerta intentó fusilarlo. O al menos había intercedido por él.

Los invasores atraparán a una parte de la oficialidad en la casa de juegos de Touché y Hazan, en el hotel Tívoli, y en la casa de juegos de Cortina y Cruz. Parte de los oficiales fueron muertos cuando salían de la famosa calle del Diablo, donde había muchas cantinas y burdeles. Los soldados huyeron cruzando los puentes hacia Estados Unidos o simplemente se arrojaron al río.

El cuartel general se rindió a las 4:30 de la madrugada. Allí Maclovio capturó la banda militar del 15º batallón, una buena banda de 25 músicos, y ya con ella siguieron combatiendo y tocando mientras llegaban a la iglesia principal donde las campanas se echaron al vuelo. Conforme el rumor y la información circulaban y se sobreponían a los primeros momentos de desconcierto, los vecinos de Juárez se echaron a las calles al grito de "¡Viva Villa!"

Una comisión especial del Estado Mayor fue recorriendo las casas de juego y levantando los tapetes con el dinero y las fichas. En una de las mesas había cerca de 40 mil dólares. Aquí no hay saqueo, sino despojo organizado y muy bien organizado. Un informe semioficial registra que en el cuartel los rebeldes fueron directamente por el parque, "consistente en doce cajas de mil cartuchos cada una, inclusive el parque suelto que encontraron en el deposito de cananas, mil sacos, toda la ropa del mismo depósito; 300 vestidos amarillos, camisas, calzoncillos y zapatos; guantes, sacos de ración para echar el parque, repartiendo esta ración a razón de 300 cartuchos por plaza. Los archivos militares fueron quemados, con ese eterno odio de los que nada tienen contra los papeles oficiales, y se llevaron las máquinas de escribir a la nueva comandancia. El botín incluyó dos cañones del 75 (uno de ellos inutilizado), 135 granadas, 38 acémilas, un caballo y un par de ametralladoras.

La única resistencia real la protagonizó el coronel Portillo, atrincherado con unos 120 colorados en la plaza de toros, detrás del hipódromo. Villa atacó la posición con ametralladoras y en el primer enfrentamiento perdió 14 hombres. Procedió con cautela, no quería más bajas ni que las balas mataran los caballos del hipódromo. Hacia las seis de la mañana los villistas destruyeron este último foco de resistencia.

Cerca del amanecer, en El Paso los mexicanos se amontonaron en las garitas, pero las autoridades estadounidenses no les dieron entrada a México. Los villistas del exilio se juntaron en el Emporium de Kyriacopulos y por teléfono localizaron a Juan N. Medina. Luego fueron al 610 de South Oregon, la casa de Luz Corral, quien se encontraba despierta, y se armó la fiesta.

A las 12 de la mañana todavía recorrían las calles de Ciudad Juárez los de la derrotada banda del 15° regimiento, asimilados ahora a la brigada de Maclovio Herrera, haciendo sonar a todo poder su música.

Villa diría años más tarde que a Ciudad Juárez no había entrado en tren, le había caído del cielo.

NOTAS

El tren con el que se tomó
Ciudad Juárez, noviembre 1913.

a) Fuentes. Calzadíaz: *Hechos reales de la revolución,* tomo 1 y 5. Luz Corral: *Pancho Villa en la intimidad.* Vargas: *A sangre y fuego…* Sánchez Lamego: *Historia Militar de la Revolución Constitucionalista,* 3. Luis Aguirre Benavides: *De Francisco Madero…,* y *Grandes batallas.* Osorio: "Death…". Puente: *Vida de Francisco Villa contada por él mismo.* Bush: *Gringo doctor.* Villa/ Bauche, "Muttiny or attack?"

Juan N. Medina dijo que la idea de usar el tren fue suya (según testimonio de Mercado cuando Medina le pide avale sus hechos de armas ante la Secretaría de Guerra en 1923, pues Villa no lo había querido hacer. Sánchez Lamego: *Historia...*, Documentos, tomo IV). En su informe sobre la campaña de Chihuahua Mercado dice que el tren "por casualidad o malicia" llegó a manos de Villa.

Los telegrafistas de la División del Norte, entre ellos Moreno, Loreto y Armendáriz.

En esta historia de versiones resulta obvio decir que nadie se pone de acuerdo en cómo era la composición del tren. Calzadíaz: 30 góndolas de carbón; Almada: 12 furgones y ocho góndolas; Mercado: 13 furgones y siete góndolas; Osorio: 13 carros; Luis Aguirre Benavides: 12 carros y 10 góndolas de carbón.

Sánchez Lamego dice que la guarnición de Juárez era de 550 hombres, pero Mercado, en su informe, habla de 700; 850 dirá Tovar y Bueno. El narrador se queda con esta última cifra, avalada por el hecho de que hubo 700 prisioneros.

Además: Caraveo: *Crónica de la revolución.* Anderson: *Revolution.* Los informes del general Mercado, un segundo informe que cubre la toma de Ciudad Juárez y posteriores acontecimientos y el informe del cónsul Diebold sobre la toma de Ciudad Juárez en *Grandes batallas* y en Sánchez Lamego, 4. El personaje es identificado y comentado en Sánchez Lamego, 3. Juvenal: *¿Quién es Francisco Villa?* Tovar y Bueno: "Ciudad Juárez, baluarte de la Revolución Mexicana". Terrazas: *El verdadero...* Mancisidor: *Remembranzas.* Un resumen de los combates en el artículo de Luis Aguirre Benavides: "Villa cae sobre ciudad Juárez". Almada: *La revolución en el estado de Chihuahua,* 2, SRE L-E-715R. Cervantes: *Pancho Villa en la revolución.* Ceja: *Cabalgando...* (por cierto, dice que la banda del 15º regimiento tocaba la aún no compuesta "Marcha a Zacatecas").

La dirección de la casa de Luz Corral en El Paso en "Villa buys second car; license is issued here".

VEINTIUNO

CIUDAD JUÁREZ: LA CAPITAL VILLISTA

Los villistas han hecho 700 prisioneros. La victoria ha sido tan rotunda y *carente de bajas* que Villa actúa con relativa generosidad respecto de otras ocasiones a la hora de decretar los fusilamientos. Ordena que 11 de los detenidos sean ejecutados, seis oficiales federales (que incluyen al capitán Torres, el traidor de Chihuahua) y cinco de los colorados, entre ellos el coronel Portillo. Villa dirá que sólo fueron tres, que a los demás se les perdonó y se les dio salvoconducto. Los ecos de estos fusilamientos realizados a unos metros de la frontera producirán una reacción en Estados Unidos. El gobernador de Arizona se inquietó por el asunto y entabló correspondencia con Venustiano Carranza, que lo ignoró. Los mismos que habían colaborado con el asesinato de Madero ahora protestaban por oficiales golpistas ejecutados. Los ecos negativos llegarán hasta el propio presidente Wilson. Villa no les hará demasiado caso. Cuando algún periodista estadounidense se lo pregunte dirá escuetamente que él cumple con su deber y con órdenes de Carranza y de la ley de 1862.

Otis Aultman es uno de los primeros en cruzar el río para tomar fotografías de los restos de la batalla. Coincide con la visita del alcalde de El Paso, Kelly, que viene a visitar a Villa. Aultman los fotografía juntos. Villa declara: "Me gustaría visitar El Paso, pero necesito una afeitada y ropa limpia". No es el único fotógrafo presente, hay una serie de fotos de Pancho tomadas en esos días por Harry Blumenthal, que lo muestran sentado en el estribo de un vagón de tren. Villa sin corbata, la camisa arrugada, mal afeitado, sucio, con aire ausente. ¿Está agotado? Lo parece, pero también hay en las fotografías una cierta placidez, un algo de desconcierto.

El Paso Times sacó nueve ediciones extras el día después del asalto, y respondiendo a una de sus inquietudes, Villa los llamó por teléfono diciendo que no tenían de qué preocuparse, daría garantías a los extranjeros. El 16 de noviembre su foto aparece en la portada, un Villa con escaso bigote que debe haber sido tomada al inicio del año en El Paso, cuando se encontraba allí refugiado. ¿Al inicio del año? No ha pasado siquiera un año desde que dejó El Paso con los ocho compañeros, sólo ocho meses. Una eternidad.

Los comentarios sobre la ausencia de saqueo están en todos los periódicos estadounidenses, pareciera que se sorprendieran de que aquella turba de ensarapados armados hasta los dientes tuviera el comportamiento de un ejército disciplinado. Las quejas de algunos comerciantes no son producto del saqueo sino de expropiaciones ordenadas por Villa. Manuel Canales, español, se quejaba de que habían tomado su tienda y armado un organizado reparto de bienes por 35 mil dólares; lo mismo la harina de la Panadería Francesa de Paco Luiz, también español. Otros tenderos hispanos fueron expropiados (básicamente se tomaron alimentos para los dos mil hombres de la División). La Lloyds pagó 60 mil dólares en seguros. Los que deben haberse sentido profundamente ofendidos fueron los cantineros y vinateros de Ciudad Juárez, porque Villa ordenó la destrucción de bebidas embriagantes. Por la calle estaban tiradas barricas de pulque destripadas, cristales rotos de las botellas, garrafas estrelladas, y el olor a alcohol invadía toda la ciudad.

Villa llamó por teléfono al Emporium en El Paso y le dijo a los simpatizantes que se vinieran a saludar a los amigos. Silvestre Terrazas registrará: "Una verdadera avalancha de residentes de El Paso se precipitó sobre Ciudad Juárez. Era una romería". Muchos estadounidenses se sumaron al alud de mexicanos, venían a curiosear en los restos de la batalla y ver a los vencedores. Villa atendía en el edificio de la Aduana donde cientos de personas llegaban a felicitarlo. Para que la fiesta fuera completa, Pancho decretó una amnistía para los presos comunes.

Cuando Carranza, en Nogales, recibió el telegrama en que le informaban de la toma de Ciudad Juárez, pensó que era una broma de algún huertista de El Paso y no lo contestó. Poco después llegó un empleado de la Western Union para ponerle una línea directa telegráfica con Juárez y Villa le contó minuciosamente como había sido la toma de la ciudad, luego le pidió dinero para sostener la plaza y comprar armas que le permitirían parar lo que tarde o temprano le vendría encima desde Chihuahua. Carranza sacó la banda municipal a recorrer las calles de Nogales tocando y comisionó al hermano menor de Eugenio, Luis Aguirre Benavides, para que llevara a Villa dos maletas con 150 mil dólares (300 mil pesos, en billetes de 50 centavos), viajando en un tren estadounidense de Sonora a El Paso.

Si Torreón fue importante por la cosecha algodonera, Ciudad Juárez representaba la apertura de la frontera, legal o ilegalmente, tanto importaba. El novelista Francisco Urquizo dirá: "Era una puerta muy grande abierta en la frontera y por ella metió el general Villa cuanto más pudo: desde luego armas y municiones". Para poder hacerlo Villa necesitaba desesperadamente dinero, mucho dinero para vestir y alimentar a la División, para alimentar a los caballos, carbón para los trenes, pero sobre todo dinero para comprar municiones destinadas a sus hombres.

El periodista Silvestre Terrazas le dio cuenta de los cheques por 270 mil dólares que Villa le había mandado desde Torreón para comprar municiones y que no había podido cambiar porque los banqueros no los aceptaban. Villa le pidió que convocara a los banqueros de El Paso a una reunión. Silvestre organizó una cita para el día siguiente a las 11 de la mañana. Los banqueros de El Paso, siempre dispuestos a hacer negocios, acudieron sin temor a la Aduana. Sin embargo, habría de producirse una conversación áspera: Villa les preguntó por qué no habían aceptado los cheques y le respondieron que los bancos de Torreón no tenían fondos. Villa aseguró que esos cheques eran buenos y les dijo en plena cara:

—Ustedes están influidos por los científicos banqueros de allá y se ponen de acuerdo para ponernos dificultades a cuantos andamos exponiendo nuestras vidas para arrojar del poder a esos asesinos y ladrones.

Y advirtió que si la culpa era de los banqueros de Torreón los iba a colgar, y si era de ellos, les iba a cerrar las puertas de los negocios con México. Los hombres de Villa, sentados en poltronas, estaban gozando el rapapolvo que Villa les echaba a los hombres del dinero. José Rodríguez no aguantaba la sonrisa. Pancho dio por terminada la entrevista.

Lo más que sacará es la promesa de que hablarán con los presidentes de sus bancos. Francamente irritado, tendrá que apelar a todo lo que puede y encuentra rascando aquí y allá. A la banca de Juárez le sacó un préstamo forzoso de 100 mil pesos para pagar a la tropa, su amigo Kyriacopulos le prestó 10 mil dólares, 20 mil más salieron de la testamentaría de Sulviaga, 10 mil de la casa Hyman Krupp, cinco mil del Río Grande Valley Bank, avalados por las alhajas de la esposa de Lázaro de la Garza, y 10 mil del Texas Bank.

En esos días fugaces apareció por Ciudad Juárez Gildardo Magaña, que andaba en una gira por órdenes del general Emiliano Zapata para establecer relaciones con los caudillos del norte. Villa, refiriéndose a su fuga, lo recibe con un: "¿Pos qué pasó, amiguito, que a la mera hora no lo vide?" Viejos compañeros de prisión rememoran.

La conversación se centra en los temas del reparto agrario, la máxima preocupación de los zapatistas. Medina, que está presente, narra que a solicitud de Villa se entrevistó con Carranza para preguntarle su actitud ante la demanda de tierra de los pueblos, y que Carranza le contestó que "no era asunto de incumbencia de militares" y que debería abstenerse de repartos agrarios. Y le instruyó que le dijera a Villa que debería devolverse la tierra que repartió Abraham González en su día. Villa se mantuvo firme, eso no podía ser aunque lo dijera Carranza, pues para devolver la tierra había que quitársela a las viudas de los revolucionarios a las que se había repartido. Que eso no se iba a hacer. Magaña, que había estado en Tamaulipas al inicio de agosto, cuando se produjo el primer reparto agrario en el norte, en la hacienda de los Borregos, de mano de Lucio Blanco y Francisco Múgica, pensaba que ése iba a ser el punto de choque contra Carranza.

Villa deslizó en la conversación la idea de crear una junta para que en la medida en la que se dominara territorio se fuera repartiendo la tierra a los pueblos. Magaña pensaba, correctamente, que Villa daba preeminencia a lo militar, pero que era un "agrarista de corazón" y en su futuro informe sugería que había presión por el reparto agrario de los villistas duranguenses Calixto Contreras y Orestes Pereira y, fuera del villismo, de Máximo Castillo.

Simultáneamente a la llegada de Magaña aparecieron por Ciudad Juárez los enviados de Carranza. Luis Aguirre Benavides, que le traía el dinero pedido y que Villa ordenó le entregara a Rueda Quijano, pagador de la División del Norte; su hermano Adrián, al que conocía como abogado; Alfredo Breceda, que había sido el primer enlace con Carranza; y Francisco Escudero. Villa los invitó a comer junto con Eugenio Aguirre Benavides y Luz Corral. Escudero, responsable de relaciones exteriores con Carranza, era un borrachín y llegó tomado. Villa estaba sumamente molesto. Escudero, además un inconsciente, la tomó con Pancho:

—Se me hace que usted va a ser un Pascual Orozco.

Villa le contestó que él no traicionaba y no se juntaba con curros.

—Oiga usted, general, me han dicho que usted es muy matón y voy a ver si a mí me mata.

Villa se hartó y le dijo a Luz que se levantase.

—Usted no es hombre ni valiente, ni otra cosa que un desgraciado borracho que me está fastidiando y le advierto que no lo mando fusilar en el acto por la representación que tiene de mi jefe don Venustiano Carranza.

Otra historia haría que las relaciones con los enviados de Carranza no mejoraran. Venustiano se había enterado de que Villa estaba protegiendo al general Castro (que estuvo oculto en la casa del licenciado Urrutia y más tarde en la casa del cónsul alemán) y para establecer el principio de autoridad le envió un telegrama a sus representantes en el que ordenaba que Villa detuviera y fusilara al general Francisco Castro, de acuerdo con la ley del 25 de enero de 1862 y que lo hacía responsable si no lo detenía. Escudero le dijo a Luis Aguirre Benavides que le entregara el telegrama y de pasada le dijera a Villa: "Yo soy hombre y él es un bandido, y que se vaya a chingar a su madre".

Obviamente Luis ignoró el recado y se limitó a pasarle a Villa el telegrama. Éste, ignorando la orden de Carranza, cumplió con hacer un cateo formal. Esa misma noche Castro cruzó hacia El Paso, sólo para encontrarse que sus propios compañeros lo calumniaban diciendo que había vendido la plaza por 50 mil pesos y que su jefe, el general Mercado, lo acusaba de haber colaborado para desmoralizar a la guarnición, porque tiempo antes tenía relaciones con la esposa del mayor Hernández, uno de sus subordinados. La primera cosa era falsa, la segunda absolutamente cierta.

Los comisionados de Carranza cruzaron a El Paso y Escudero siguió dándole a la botella y armando escándalos, como cuando borracho dio una conferencia defendiendo los derechos estadounidenses sobre el canal de Panamá. Carranza lo llamó a Nogales y ante la negativa de Escudero de viajar, lo destituyó telegráficamente. Gracias a la destitución de Escudero, Pancho Villa ganará un excelente secretario, pues le pide a Luis Aguirre Benavides que se quede con él y éste acepta.

Y mientras atendía los mil y un problemas del ejército unificado, porque Servín y sus cañones y las tropas de Toribio y Ávila ya habían llegado a Juárez, Villa ganaba puntos en la prensa estadounidense al permitir la pelea de boxeo de Herrick y Hansom, que se celebrará en la plaza de toros el 23 de noviembre.

No frustrará la alegría un intento de atentado. Una tarde, cuando Villa dormía la siesta en un catre al lado de su despacho, trató de irrumpir en el cuarto un tipo con una navaja en la mano. Fabián Badillo lo tomó del cuello y Fierro le quitó la navaja. Forcejeando se escapó, pero le pegaron dos tiros en la entrada. Aunque se comentaba que lo había enviado Félix Díaz, nunca se supo realmente quién había organizado el atentado. El tipo acababa de llegar de El Paso.

El 31 de noviembre *El Paso Morning Times* daba noticia de que el general Scott, a cargo de la cercana guarnición de Fort Bliss, le remitió a Villa un folleto sobre "las reglas de la guerra". El periodista estadounidense John Reed, meses más tarde, habló con Villa del asunto. Dice que dijo: "¿Qué es esto de la Conferencia de la Haya? ¿Había allí algún representante de México? ¿Estaba alguien representando a los constitucionalistas? Me parece gracioso esto de hacer reglas de la guerra. No se trata de un juego. ¿Cuál es la diferencia entre una guerra civilizada y otra? Si usted y yo tenemos un pleito en una cantina no nos vamos a poner a sacar un librito para leer lo que dicen las reglas. Dice aquí que no pueden usarse balas de plomo, no veo por qué, hacen lo mismo que las otras". Andaba con el librito haciendo preguntas a sus acompañantes. Reed cuenta que el libro no tuvo mucho éxito. Villa fusilaba a los colorados diciendo que no era posible que un peón estuviera contra los suyos y fusilaba a los oficiales federales diciendo que eran hombres educados y se suponía que deberían saber lo que hacían.

Mientras tanto, ha pasado una semana en la nueva capital del villismo y hay rumores de que han mandado una columna huertista desde Chihuahua para expulsarlos.

"Ahora sí ya se chingaron", debe de haber dicho Villa. Tenía al fin una retaguardia, un punto de salida para comerciar el expolio de la oligarquía de Chihuahua, para cambiar por rifles y balas las vacas que les iba a robar, cambiar por uniformes y mantas y sombreros y caballos las pacas de algodón de los burgueses laguneros, la plata de las minas, y aunque no lo pudiera decir con esas palabras, bien sabía que había conquistado el centro simbólico de la Revolución Mexicana, porque Ciudad Juárez, aunque fuera un villorrio lleno de cantinas, de putas y de harapientos como él, de jugadores empedernidos y huevones, era la maravillosa ciudad con la que en 1911 habían tirado a Porfirio Díaz.

NOTAS

a) Fuentes. Luz Corral: *Pancho Villa en la intimidad.* Urquizo: *Fui soldado de levita.* Estrada: *Border Revolution*, "Killy meets Villa and goes to Juarez", "Men coming", "Villa will move on Chihuahua", "Head on the city streets". Mancisidor: *Remembranzas.* Darío W. Silva: "Cómo entró a Chihuahua". Papeles de Lázaro de la Garza, SRE LE864R L.5. *El Paso Times* 16 noviembre 1913.

Gildardo Magaña: *Emiliano Zapata y el agrarismo en México.* Gildardo escribió dos cartas a Zapata que el autor no ha localizado. No es el primer enviado de Zapata, el 29 de octubre de 1913 Zapata envió a Chihuahua una delegación presidida por el general Ángel Barrio para entrevistarse con Villa, promover el plan de Ayala y "adquirir pertrechos de guerra", de cuyo arribo no se tienen noticias. Magaña estaría después con Urbina en San Pedro de las Colonias (10/13 abril), luego fue a Monterrey y estuvo con Villa en Paredón (17 de mayo de 1914) y la toma de Saltillo. Regresó a Morelos y le rindió informe a Zapata el 26 de agosto (Sánchez Lamego: *Historia militar de la Revolución en la época de la Convención,* y *Generales de la revolución*).

Además: Andrés Rivera Marrufo PHO 1/63, "Rebel chief is declared a sport by local fans", "Un interesante libro de Scott". John Reed: *México Insurgente.* Aguirre Benavides: *De Francisco…* Martín Luis Guzmán: *Memorias.* Aguirre en Fabela: *La victoria de Carranza.* Mercado: *Los verdaderos acontecimientos.*

Las fotos de Harry Blumenthal serían falsamente identificadas como fotos de Casasola y llevarían en decenas de libros un pie que decía que se trataba de Villa al ser detenido en 1912.

Atrás de ellos
Juan N. Medina.

Con Toribio Ortega tras la toma de Ciudad Juárez. Probablemente tomada por Alexander & Green.

VEINTIDÓS

TIERRA BLANCA

La victoria le traerá a Pancho Villa multitud de nuevas y variadas complicaciones, pero sobre todo, muy poco tiempo para gozarla y menos para descansarla. No había pasado una semana de la toma de Juárez cuando un ranchero llegó a informarle de los avances de una gran columna de federales y colorados que venía de Chihuahua levantando, como acostumbraban, mucho polvo. La información no podía tener que ver con el reporte de Toribio Ortega de que el 13 de noviembre había chocado con un grupo de federales y se había replegado. Aquellos eran los exploradores que se habían enviado tras Villa después del fracaso de Chihuahua y no una fuerza seria. Tenía que ver con los rumores y la esperada ofensiva federal.

El general Mercado, tras la euforia que invadió a la capital del estado después de la victoria de Chihuahua, había tenido que tragar sapos y culebras por el golpe maestro de Villa en Juárez y tras una conferencia con Orozco y José Inés Salazar (que creían que era un inepto), pensaba que los jefes de los colorados señalaban poca disposición de sus tropas para el combate ("los generales Salazar, Mancilla, Caraveo, Orpinel y Rojas decían que a sus tropas era imposible hacerlas combatir"), pero, desoyéndolos, montó rápidamente una columna de cinco mil hombres que incluía una potente fuerza de artillería y la lanzó hacia Ciudad Juárez.

Gildardo Magaña estaba con Villa cuando unos vecinos de El Paso le pidieron que no enfrentara a los federales en Juárez. Villa ni lo quería ni lo iba a hacer. No se iba a enratonar. Pancho llamó al corresponsal de la Associated Press en El Paso y le informó que no pensaba guarecerse entre los muros, que no pasarían balas al lado gringo a causar bajas, como otras veces.

Ese no era el problema, Villa tenía que lidiar con una crisis interna. Maclovio Herrera había dejado la jefatura de sus tropas a su hermano Luis, envió el dinero que tenía en la caja de la brigada a Villa y muy encabronado se fue a El Paso, mandándole una carta a su jefe en la que acusaba a Juan N. Medina de presionarlo, decía que "le imponía restricciones" pidiéndole papeles y comprobantes, y que le tenía mala voluntad. Villa comisionó a Eugenio Aguirre Benavides, el más diplomático de sus coroneles, para que lo fuera a convencer.

Medina, que lo acompañó, hizo allí un encendido elogio de Maclovio. Todo terminó entre llantos y abrazos, muy al estilo Villa, y Maclovio regresó.

Pancho entonces mandó por delante a Fierro para que "me diera un día de ventaja". Fierro se llevó a Martín López y una grúa para levantar las vías delante de Candelaria. Antes de hacerlo incendió diez carros de ferrocarril que lanzó sobre el enemigo, que muy cerca había estado de alcanzarlo.

En medio de una tensión que iba por dentro, no se renunció a la apariencia de tranquilidad. El 20 de noviembre los villistas celebraron en Juárez el aniversario del levantamiento maderista. Intervinieron como oradores dos intelectuales recientemente incorporados: el periodista Manuel Bauche Alcalde, que venía de Sonora, y el médico zacatecano Ramón Puente (curiosamente ambos habrían de ser biógrafos de Villa en el futuro). Se encontraban también en Juárez Lázaro de la Garza y un exótico médico alemán, el doctor Rachsbaum, que había sido asimilado como jefe de cirujanos en la brigada sustituyendo al fallecido Navarro. En la noche se celebró un baile en la Aduana de Juárez en el que intervino la cantante de ópera Helen Marinde (esposa de Bauche). Manuel Bauche Alcalde era alumno del colegio militar y periodista. Cuando se produjo el golpe contra Madero se alzó; terminaría en Sonora y luego comprando armas en Estados Unidos, donde será detenido por violar las leyes de neutralidad; llegará con Villa acompañado de su hermano Joaquín, que se incorpora al ejército. El secretario de Villa, Pérez Rul, recordará la retórica de Bauche en los actos públicos, que rondaba el servilismo: "¡A la presencia del caudillo del pueblo, del inmortal Francisco Villa, las señoras deben ponerse de pie, los hombres deben descubrirse la cabeza y quedar en actitud reverente!". Villa le encargará poco después que se haga cargo de sacar un periódico, así nacerá *Vida Nueva*.

El 21 de noviembre Villa declaró a *El Paso Herald*: "La versión de que estoy pensando evacuar Ciudad Juárez es absolutamente falsa. Cuando lo haga, será solamente porque las balas me echen fuera y eso es muy poco probable".

En la noche ordenó que las tropas estuvieran listas para pasar revista al amanecer en la estación. Se realizó una reunión de mandos. Los informes eran coincidentes: estaban muy cortos de munición, alguien informó que había soldados con sólo seis cartuchos en la canana. Se habían presentado más de dos mil voluntarios, pero no había armas que darles. Adrián Aguirre telegrafió al padre de Madero en Nueva York y consiguió un préstamo de 10 mil dólares que se le entregó a Juan N. Medina. Por si acaso, se fijó un punto de reencuentro en la sierra en caso de derrota.

Villa le encargó a Medina que custodiara con 50 soldados la ciudad de Juárez (no podía desperdiciar más, aunque los rumores en *El Paso Times* harán subir esta cifra a mil 500), con una enorme tarea y una vital recomendación: que se encargue de los abastos, consiga municiones y por ningún motivo permita un incidente internacional. Deja a Rueda Quijano a cargo de la Aduana y el dinero. Le encarga a Medina apoyo: pastura, agua, armas, parque. Por ningún motivo quiere perder Juárez, la primera ciudad de la revolución maderista, la puerta a Estados Unidos.

En esos momentos existe un bloqueo legal para introducir en México, cualquiera de las partes beligerantes, armas y municiones. La aduana de El Paso reportaba un flujo continuo de contrabando hormiga de cartuchos y algunas detenciones. Se decía que Villa había logrado comprar 600 mil cartuchos, pero los compradores fueron denunciados y las municiones quedaron bloqueadas por los aduaneros gringos, y eso a pesar de la supuesta buena fe del jefe de aduanas estadounidense, Zachary Cobb, que más tarde casi abriría la frontera para Medina.

Ivor Thord-Gray, un aventurero y soldado de fortuna de origen anglosueco que viene a sumarse a la rebelión contra Huerta desde China, dará su primera impresión de Villa: "Aspecto hirsuto y descuidado. Era corpulento, de aspecto violento, vigoroso; su cabeza era grande y un poco redonda, su cara lucía un poco hinchada. Los labios eran grandes y fuertes, pero sensibles. El labio superior lo cubría con un sólido pedazo de bigote. Los ojos los tenía inyectados de sangre como si le faltara sueño. Un sombrero echado hacia atrás le ocultaba el cabello. Vestía unas polainas de cuero suave que le llegaban hasta las rodillas". Lo que Thord-Gray llama "polainas" son las famosas mitazas o chaparreras que serían parte del atuendo distintivo de Villa durante muchos años y que servían como protección en las piernas contra los huizaches y los mezquites. Ignacio Muñoz las describe: "… de grandes hebillas niqueladas, para ceñir las piernas y protegerlas contra las espinas de los chaparros".

Cuando Thord-Gray, intenta que Villa lo sume a su tropa, Villa dice algo de "espía gringo" y lo manda al diablo; curiosamente, más tarde lo recupera porque están reparando un cañón y Thord-Gray, que sabe algo de artillería, descubre que las agujas del percutor están rotas. Era un Mondragón de 70 mm que puso a funcionar. Aunque el sueco insiste en que la artillería no es lo suyo y trata de sumarse a la caballería, Villa lo mira sonriendo: caballería es lo que tiene, pero los cañones no funcionan.

Thord-Gray dirá: "Mucho antes del alba se despertó sigilosamente a la tropa […] Nadie parecía saber de qué se trataba". Comidos, listos para marchar y sin mujeres. Las tropas estaban con las cananas vacías a tres cuartas partes. A las cuatro de la mañana del 22 de noviembre las brigadas llegan a la cita y se forman frente a la estación. Supuestamente habían sido convocadas a una revista, pero "no era revista ni nada. Era que íbamos a dar órdenes". A las siete están formadas, a las 10 de la mañana comienzan a salir los trenes rumbo al sur. Un último consejo de guerra. Villa se hallaba enfermo esa mañana y demoró su salida al frente esperando un médico.

En el lado opuesto, Mercado había integrado la columna en etapas. Primero había enviado hacia el norte a J. I. Salazar y sus colorados; luego, una columna de infantería al mando del general José Luis Mancilla. Pascual Orozco, finalmente, no había querido incorporarse. En total 5,500 (algunas fuentes dicen 5,250) hombres con ocho cañones (que una exageración de *El Paso Times* hace subir a 40) y diez ametralladoras. Tomaron Villa Ahumada y luego sus vanguardias arribaron a una pequeña estación de tren llamada Tierra Blanca, una zona de matas de gobernadora y tierra salitrosa que le daba ese color blanquecino; les gusta porque domina el valle de Juárez y obliga a un enfrentamiento cara a cara. Se dice que desde las alturas de El Paso los villistas pudieron ver los últimos momentos del avance.

¿Quién había elegido el terreno, Salazar, o Villa, que en los días del inicio de la campaña de Chihuahua le había comentado a Dozal que le gustaba para una batalla? Lo cierto es que Villa había anunciado a la prensa un día antes que daría la batalla en los "médanos [...] al sur de Juárez". Villa fue el que ocupó la parte firme del terreno obligando a los federales a avanzar sobre un terreno desfavorable en el que se les hundían los pies en la arena.

Las fuerzas de Villa alcanzan los 6,200 hombres, ligeramente superiores al enemigo. Los mandos han cambiado poco respecto de Chihuahua: José Rodríguez (brigada Morelos), Rosalío Hernández (Leales de Camargo), Toribio Ortega (brigada Villa), Porfirio Ornelas, segundo de Toribio (brigada González Ortega), Maclovio Herrera (brigada Juárez), Aguirre Benavides (brigada Zaragoza) y la artillería de Martiniano Servín.

Villa ordena crear un frente de unos 18 kilómetros con la vía del tren como eje. Desde enfrente de Valverde, Texas, hasta los tanques de agua de Bauche, unos 30 kilómetros al sur de Ciudad Juárez. A la derecha de la vía hay una pequeña zona rocosa que forma una valla donde habrían de situarse Maclovio Herrera y Eugenio Aguirre Benavides; a la izquierda se sitúan José Rodríguez y los Leales de Camargo. En el centro Servín y los cañones, apoyados por la brigada Villa y la González Ortega. La reserva, poco más que el Estado Mayor, con Talamantes, Madinabeytia (al que ahora ya no llaman el Muerto, después de haber sobrevivido a dos heridas, sino el Japonés), lo que deja confundido a Thord-Gray, que más tarde escribió: "sorprendentemente, sin guardar reservas". Las órdenes previas a la batalla fueron muy simples: cortar la vía antes del primer tren enemigo y detrás del último. Con las locomotoras muertas, acabar con ellos.

Hay una serie de fotos previas a la batalla de Tierra Blanca tomadas por Otis Aultman sobre el terreno. Extrañamente, las fotografías no registran frenéticos preparativos, sino una extraordinaria calma. Pancho Villa se retrata con un camarógrafo, acepta entrevistas con periodistas estadounidenses, conversa con la tropa. Aparece en algunas fotos cubierto con un sarape hasta las cejas; debería estar haciendo mucho frío.

A las seis de la tarde se toman posiciones y al anochecer del 22, ya sobre el terreno, Villa arenga a sus generales. Les hace prometer el sacrificio máximo.

Como suele ocurrir en estas circunstancias, algunos cuentan que le oyeron a Pancho decir: "La gloria nos espera en el campo de batalla"; otros más apegados a la realidad que: "Si ganamos aquí, hasta la capital no nos paran". Luego Villa regresa a Juárez para revisar los abastos y el despliegue y retorna al frente en la noche en un tren de provisiones. Lleva 57 mil cartuchos que se requisaron a contrabandistas federales que huyeron abandonando la carga. Un pie de foto de *El Paso Times* da noticia de que siguen saliendo de la ciudad caballerías villistas. Toda la noche hay movimiento de trenes. Y persisten los rumores de que abandonaban Juárez para dejársela a los federales.

En las primeras horas de la noche la batería villista se logró acercar gracias a la protección de unas dunas a menos de dos mil metros de los cañones de los federales. Se pensaba en un ataque nocturno; a Villa le gustaban los combates nocturnos, entre otras cosas porque el soldado de leva en medio del caos desertaba. Pero a las diez de la noche oyeron los movimientos de una caballería que pensaron iba sobre ellos, aunque realmente sólo estaba tomando posiciones. Sin saber qué estaba sucediendo, Villa suspendió el ataque y ordenó sólo tiroteos esporádicos, sin gastar mucha bala, para no dejarlos dormir.

El 23 de noviembre los explotadores reportaron 11 trenes que avanzaban despacio sobre el eje de la vía, con infantería y pantallas de caballería que cubrían su avance. Durante el día no hay hostilidades. Villa cuenta: "En la tarde se miraban los trenes del enemigo a cuatro kilómetros. Cerró la noche". Los fanales de los trenes alumbraron las líneas villistas. Toda la noche transcurrió con esporádicos tiroteos. Victorio de Anda, un combatiente villista, recuerda que hacía mucho frío y Villa pasó repartiendo cobijas. "Hasta aquí nomás nosotros. Que vengan ellos. No vayan a fumar que los tenemos muy cerca", decía. "Al amanecer teníamos la infantería como a 100 metros".

El 24 de noviembre, no serían ni las cinco de la mañana cuando lo mejor de la caballería de los huertistas, los colorados de Salazar, se movió rápidamente y atacó con mucho empuje el ala derecha de Villa, donde se encontraba Maclovio Herrera, que por momentos se vio comprometido. El combate se generalizó. El ala izquierda, donde se hallaba José Rodríguez, cedió terreno. Los federales bajaron la artillería de los trenes con muchos problemas porque se atascaba en los arenales. Villa entonces adelantó el centro en una línea de tiradores dirigida por José San Román. Por ahí andaba a caballo cuando le cayó cerca una granada y el animal se zangoloteó. "¡Éntrenles!", gritaba.

La intención de los federales era clara, flanquearlos con la caballería y rematarlos en el centro. La caballería enemiga de Landa, haciendo una larga curva, trató de rodear el flanco izquierdo. Una y otra vez hasta hacer retroceder a Rosalío Hernández y a José Rodríguez. Querían llegar a los depósitos de agua de Bauche, pero no pudieron porque un contraataque los dispersó. Hacia las once de la mañana las cargas de los colorados y los regulares se habían detenido.

Thord-Gray cuenta que Villa "daba la impresión de no saber como manejar las distintas unidades". Estaba como atrabancado, cedía la iniciativa. Tras el intento de flanquearlos con la caballería, los federales bombardearon el ala derecha para ablandarla e hicieron avanzar su infantería cubierta por una lomita y con ametralladoras. El ala derecha aguantó, pero las ametralladoras hicieron su efecto. Se les enviaron refuerzos desde el centro. Villa dio a Servín la orden de disparar. Trord-Gray dice que sus dos cañonazos no provocaron bajas a los federales, pero les mostraron que estaban expuestos y los frenaron; habían pensado que Villa no tenía artillería. Los federales respondieron con su artillería, que causó muchas bajas y los obligó a replegarse. Thord-Gray pensaba que el general federal era idiota o excesivamente prudente. Rodean los dos flancos y entonces Villa contraataca por el centro. Al darse cuenta de que han creado un hueco, lanza a Porfirio Talamantes y algunos jinetes hacia los trenes. Porfirio quedará gravemente herido en la acción y morirá una semana más tarde en un hospital improvisado en el Tívoli de Juárez. Villa simula un repliegue para obligar a los federales a salir de la protección de los médanos, pero no caen en la trampa y siguen golpeando con artillería. Un nuevo ataque de los colorados por el centro, pero Villa personalmente interviene y los desarticula, cortándolos en dos, el contraataque de Rosalío deja en muy mal estado a las caballerías de Salazar.

Entre los villistas la escasez de municiones era muy peligrosa; muchas brigadas no tenían agua ni comida y no habían dormido en tres días. Cayó la noche del 24.

Villa manda un primer reporte a Medina, contándole las carencias de las tropas y la difícil situación. Medina logra enviar comida, agua y municiones, que ha estado comprando e infiltrando a través de la frontera. Días más tarde un periódico dará la noticia de que se habían acabado las municiones en las ferreterías de El Paso, todas se habían contrabandeado. Junto a los abastos salen de Juárez las únicas reservas de caballería. Son 280 hombres al mando del compadre de Villa, Manuel Ochoa, uno de los históricos, que acababan de llegar tras haber operado en la zona de Ojinaga y sin descansar salen hacia el frente de batalla. No son las únicas buenas noticias. Durante la noche Rodolfo Fierro y unos dinamiteros han volado las vías a espalda del enemigo. El daño es más psicológico que real porque pronto las repararán.

Y este enfrentamiento, que parece eternizarse, continuará el día 25. A las ocho de la mañana, Villa personalmente combate en las posiciones de los de Camargo y, protegiéndola con la caballería, retira a la tropa de infantería, "que estaba un poco agobiada por los federales". A las 10 de la mañana sale de Juárez un tren con agua. El Paso Times publicará a lo largo del día 9 ediciones extras que se leen en los dos lados de la frontera. Se combate en toda la línea. Un nuevo ataque de los colorados de Flores Alatorre por el ala izquierda, que José Rodríguez enfrenta cargando sobre ellos. Resultará herido por una bala de ametralladora en la rodilla. A lo largo del día son heridos también dos de los oficiales de la legión extranjera de Villa, Tracy Richardson y el capitán Emil Holmdahl, y muere el capitán Óscar Creighton, "The Dinamite Devil", volador de trenes y de puentes.

Hacia las 9:30 de la mañana Salazar mandó un mensaje a Mercado diciendo que los villistas cedían y que ellos habían avanzado seis kilómetros hacia Juárez. Parecía que la División del Norte iba a ser derrotada. Maclovio Herrera y su brigada, que habían sido muy castigados, tenían que cubrirse con montoncitos de piedras ante la imposibilidad de hacer trincheras.

El sargento Domitilo cuenta: "Ortega, en lo mero tupido de los balazos, ordenó que fuéramos a sacar *dentre* unos montones de arena a las brigadas Morelos y Zaragoza, que estaban *rodiadas* de changos. Él se puso mero adelante y al poco rato les hicimos una matazón y los echamos en corrida", pero la presión sobre las tropas de Herrera continuó.

Jeffrey Pilcher, que estudió a la caballería villista desde un estricto punto de vista militar, señalaba lo sorprendente que resultó la decisión tomada en ese instante por Pancho Villa, dado que sus caballerías habían jugado "un rol limitado hasta el tercer día del combate". La orden fue: "Que cada soldado cogiera un caballo". Tomó mucho tiempo organizarlo. Era lo único que podía hacerse ante la escasez de parque. Ortega y Ávila, a caballo, pasaron la voz recorriendo la línea. El aviso serían dos cañonazos disparados uno tras otro.

Maclovio llegó a ver a Villa cuando todo estaba listo y le dijo que ya tenía a los colorados en el cogote. Villa le respondió que ya iban y Herrera se retiró sonriendo. (Años más tarde, cuando se produzca la ruptura entre ambos, Maclovio le recordará a Villa que "es un cobarde que lo dejó tirado en Tierra Blanca" y que tuvo que ir por él, obligarlo a regresar al terreno de batalla.)

A las 3:30 (a las dos según otras fuentes) de la tarde Servín dio la señal con los cañonazos. Thord-Gray dice que salieron de la nada y que eran en principio unos 300 dirigidos por "un joven muy lúcido". Tras ellos todas las brigadas se comprometieron en ese asalto. Villa, comandando dos escuadrones de su escolta, cargó de frente sobre la vía con todo el Estado Mayor, seguido de miles de jinetes.

Al menos 500 metros separaban las líneas y la carga no tenía la intención de desgastar a la infantería con sucesivas aproximaciones. Era un vendaval, se jugaba todo o nada. Las brigadas villistas, al cargar, a más del eterno ¡Viva Villa! gritaban cosas muy raras: ¡Párense, no sean juilones!, o ¡Quiten freno!, quizá por la existencia de muchos ferrocarrileros entre sus filas.

El capitán federal Gaspar Ruiz dirá que "repentinamente la caballería villista se echó encima de nuestra infantería". Una carga tan brutal que "unos corrían y otros se enterraban en la arena para esconderse y allí los mataban con pistola".

Las fuerzas de Aguirre y Maclovio cubiertas en las rocas decidieron la batalla barriendo con fuego de ametralladoras y fusilería desde el flanco derecho.

Se produce la desbandada. Los federales huyen hacia los trenes. El general Mercado y Marcelo Caraveo, que llegaría tarde a la batalla por falta de agua y combustible para sus trenes, atribuyen la derrota a que la brigada Orozco y las caballerías de Salazar, introduciendo el pánico, "habían dado media vuelta y emprendían la retirada desorganizada". El general Mercado en su informe dirá que el enemigo fue reforzado por "gente llegada de Sonora", que incluye al general Ángeles y "filibusteros estadounidenses". Lo sorprendente es que también decía que los alcances de la artillería de Villa eran mayores que los suyos.

Rodolfo Fierro, "audaz hasta la temeridad" (diría Luis Aguirre Benavides, que no lo quería demasiado), se desprendió del centro de la carga y a matacaballo, con el Chino Manuel Banda y un grupo de 10 hombres, fue hacia uno de los trenes y, tras alcanzarlo cuando iba tomando velocidad, se pescó de la escalerilla del último carro y saltando por los techos de los vagones llegó al primero y le metió el freno de aire, bloqueando la vía. Dos de los trenes lograron escapar marcha atrás, pero sólo para chocar espantosamente con otro que venía a reforzarlos en la estación de Ranchería.

Cuando comenzó a oscurecer, el campo estaba en poder de los villistas. Villa no ordenó la persecución porque los caballos no habían bebido y comido en dos días.

El campo de batalla estaba sembrado de cadáveres. De la brutalidad y encono de la batalla hablan las cifras. De los 11 mil hombres que se enfrentaron durante tres días, más de dos mil quedaron muertos o heridos. Los federales habían dejado mil muertos y cerca de 600 heridos, siete cañones, más de 1,500 rifles, cinco máquinas de tren con sus vagones, 350 caballos, siete ametralladoras y más de 400 mil cartuchos y abundante munición para la artillería. Las bajas villistas eran importantes, 300 muertos y 200 heridos, pero comparadas con las de los federales resultaban muy pequeñas.

Sobre el terreno quedaron también 700 presos. La orden es inmediata: fusilar a los colorados y a los oficiales federales. Villa perdona a dos de ellos, uno porque su padre combatía en la División del Norte y otro porque lo convenció de que había ingresado forzado al ejército.

El sargento Domitilo pondrá el epílogo: "Yo me pasé como ocho días todo polviado, porque esa tierra blanca es como arena, pura arena y no había tiempo de bañarse".

El 25 en Ciudad Juárez los clarines anunciaban la victoria. El 26 los villistas llegaron en ocho trenes con todo el botín de guerra. Villa arribó más tarde con José Rodríguez herido, al que atendió en su casa de El Paso el doctor Garza Cárdenas. También traía a un "chamaco como de 12 años que había encontrado con medio cuerpo enterrado en la arena de los médanos y un hombro atravesado con una bala". Se llamaba Pedro Huerta y Villa terminó adoptándolo (en la versión del Times Pedro tenía 10 años y estaba sosteniendo el caballo de Villa cuando un proyectil mató al caballo y a él lo hirió).

Villa, en júbilo, a las 11 de la mañana del 26 recorre la población en un desfile con los cañones capturados, rodeado por una avalancha de gente; asisten caravanas de curiosos de los pueblos cercanos y mexicanos que cruzan de El Paso. La dueña de la tienda Ropa Boston, la señora Stalorof, le regaló a Villa una espada de plata con la inscripción: "Al vencedor de Tierra Blanca". *El Paso Herald* publicará en primera plana una foto de Villa rodeado de un océano de sombreros, la titula: "¡Viva Villa!". Pancho declara a la prensa: "Mandaré a mi ejército hacia la capital enseguida".

Tras organizar los hospitales de campaña, enterró a Creighton en El Paso "pagándolo de su bolsillo" (Villa nunca hizo grandes distingos entre su bolsillo y el bolsillo de la División del Norte, en ambas direcciones). El 27 de noviembre Villa asistió a la apertura del hipódromo. Lo acompañaron todos los generales de las brigadas y prestó para el acto su banda militar. El grito de ¡Viva Villa! sonaba por todos lados. "Golpeaba el riel y observaba hipnotizado a los jockeys". El hipódromo rompe récord de asistencia con cinco mil personas. Pan Zareta, un caballo hijo de Hoover, propiedad de un texano llamado Newman, ganó el handicap de Juárez.

Villa le encargará a Medina la administración de Ciudad Juárez. Los choques se producen casi de inmediato. Los comerciantes españoles se niegan a aceptar el dinero en papel de los constitucionalistas y Villa amenaza con expulsarlos. Medina, más eficaz, amenaza con cerrarles los comercios. Miles de dólares de provisiones cruzan desde El Paso. Los tenderos españoles ceden.

Sin embargo, la magnífica relación entre Pancho Villa y Medina se rompe en los primeros días de diciembre. Villa dirá: "Como vi que no obraba en justicia con poner personas honradas en la administración sino personas de su gusto, le mandé que quitara dos de ellas. Y como tenía 25 o 30 mil pesos que había colectado de préstamos que había conseguido en los bancos, decidió por no cumplir mis órdenes y llevar a cabo sus *chuequeos* al retirarse a los Estados Unidos". En realidad Medina había sido calumniado por personajes del círculo interno de Villa y fue acusado de robarse 14 mil pesos. Cruzó a El Paso para evitar el fusilamiento y Villa llamó por teléfono al *sheriff* de El Paso y mediante un intérprete sostuvo la acusación, provocando la detención de Medina, aunque fue liberado por falta de pruebas el día 5. El 12 de diciembre Medina se reunirá con Carranza en Hermosillo y el 23 de diciembre se establecerá de nuevo en El Paso, donde vivirá muy humildemente (lo del robo por tanto no debía ser cierto) y declarará que se retira de la lucha. Villa había perdido a uno de sus más eficaces y honestos colaboradores.

Para sustituirlo contaba con otra pieza clave. Como había hecho en Torreón, nombró a Eugenio Aguirre Benavides jefe de la guarnición de la plaza. Eugenio tiene que lidiar con el estilo más rasposo de los villistas. Luz Corral cuenta que una vez la mandó llamar diciendo que Martín López estaba encerrado en una cantina con sus amigos, entre ellos el hermano de Luz, José Corral, armando broncas y desmanes, y le pidió por favor que interviniera porque no quería armar una confrontación entre revolucionarios. Martín López, recién salido del hospital, había sido nombrado por Villa subcomandante de la plaza. Luz bajó de El Paso con su chofer y se personó en la puerta de la cantina. Mandó llamar a Martín y éste, que era como un hijo de los Villa, salió y se cuadró; cuando ella dijo que subiera al coche, sin chistar subió en silencio. Villa, al saberlo, le metió tremenda regañada y lo devolvió al ejército. "No me gusta esto de que usted se dedique a las copas".

Si Aguirre Benavides se hacía cargo del orden público, Villa, urgido de dinero para mantener operativa a la División del Norte, puso a su hermano Hipólito (que el 26 de noviembre era acusado por el cónsul huertista de andar en El Paso vendiendo "bienes robados") a exprimir Juárez. La ciudad más viciosa y putañera de aquel México debería quedar organizada. Aquí no había industriales ni hacendados a los que exigir préstamos forzosos e impuestos de guerra. John Kenneth Turner denunciaba: "Ciudad Juárez es el Montecarlo de América e Hipólito es su rey. Por cada partida de cartas, por cada giro de ruleta, hay que darle su parte a Hipólito", y menciona que se cobraba impuesto en el juego de keno, las loterías, las carreras, las peleas de box, de gallos, las casas de mala nota. Pero se equivocaba, no era el negocio personal de Hipólito sino el nuevo y muy útil sistema financiero de la División del Norte. La brigada Villa, por ejemplo, vivía de las ganancias de la casa de juego de El Viejo Tívoli, regentada por el propio Hipólito, e incluso un pelotón de soldados de esa brigada se hacía cargo de mantener el orden. Se cuenta que Rodolfo Fierro llegó un día en estado de ebriedad y uno de los cabos de guardia le marcó el alto, le dijo que por ningún motivo podía entrar a caballo y cortó cartucho a la 30/30.

—¿De veras eres muy hombrecito, mi cabo?

—Tanto como usted, y tengo órdenes de mi general Villa.

Al oír el nombre de Villa, Fierro se achicó.

Con la ciudad controlada, las tropas descansadas, la relación con El Paso en las mejores condiciones, un pequeño flujo de dinero corriendo hacia las arcas de la División del Norte y la red de contrabando de municiones operando, Villa se tomó su tiempo antes de iniciar la ofensiva sobre Chihuahua. Como dice el coronel Carlos Cervantes, para abastecernos en Juárez, "que nos hacía mucha falta".

A fines de mes Villa tendrá noticias de que Chihuahua está siendo abandonada por el general Mercado (la noticia se publicará el 1º de diciembre en el *Morning Times* y el dos en el *Herald*). Por una vez, a Villa y a su ejército de hombres agotados le fallan las exploraciones y le sobra malicia. ¿Estaba loco Mercado? Aún tenía un ejército importante y Chihuahua bien defendida se había mostrado difícil de tomar. ¿No sería una trampa? ¿No era una evacuación sino que iban hacia Juárez? Villa se lo tomará con calma y continuará sus preparativos ignorando la noticia. Finalmente, el 3 de diciembre se anuncia la salida del ejército rebelde hacia Chihuahua. Si en lugar de avanzar sobre Chihuahua hubiera ido hacia el sudeste y cortado la ruta Chihuahua-Ojinaga, hubiera acabado con Orozco y Mercado.

Pero Villa parece decirse que todo irá a su paso. Y Chihuahua, la capital, es primero.

<h2 style="text-align:center">NOTAS</h2>

a)   Fuentes. Para el prólogo a la batalla: Silvestre Terrazas: *El verdadero Pancho Villa*. Victorio de Anda, PHO 1/46. Gildardo Magaña: *Emiliano*, 3. José C. Valadés: *Historia de la Revolución Mexicana*, 3. Luis Aguirre: *De Francisco Madero...* Federico Cervantes: *Francisco Villa*. Mancisidor: *Remembranzas*. Puente: *Villa en pie. El Paso Herald*, 24 de noviembre de 1913.

Las fuentes directas sobre la batalla de Tierra Blanca son abundantes. Del lado federal los partes de Caraveo y Mercado en el anexo de Sánchez Lamego: *Historia*, 4-2. El informe del capitán Gaspar Ruiz en Tovar y Bueno: "Ciudad Juárez, baluarte de la Revolución Mexicana". General Salvador Mercado: *Los verdaderos...* Almada: *La revolución*, 2, repro-duce los informes telegráficos de colorados y federales. Del

Villa y Eugenio Aguirre Benavides hacia el frente poco antes de la batalla de Tierra Blanca, 22 de noviembre de 1913.

lado villista, Thord-Gray: *Gringo rebelde*. Calzadíaz: *Hechos reales*, 1. Aguirre Benavides (que estuvo allí) en *De Francisco Madero...* y en *Las grande batallas...*, donde incluye el par-te de Mercado. Federico Cervantes reproduce una excelente versión de "un testigo presencial" en el Anexo 5 de *Francisco Villa y la revolución*. Raimundo Salas: *Semblanza militar de los cc generales de división Maclovio Herrera y Francisco Murguía*. "Domitilo Mendoza, sargento primero", entrevista de Carlos Gallegos en Ontiveros: *Toribio Ortega*. Puente: *Villa*. Nellie Campobello: *Apuntes sobre la vida militar de Francisco Villa*. Martín Luis Guzmán, en las *Memorias de Pancho Villa*, hace una muy buena reconstrucción, pero Villa apenas si le dedica un par de páginas en su dictado a Bauche.

José Rodríguez, herido en Tierra Blanca.

Resultan muy interesantes las notas periodísticas de la batalla en los diarios estadounidenses *El Paso Herald* ("Rebels quit Juarez to battle federal only 15 miles away", "Villa in Juarez celebrates victory") y *El Paso Morning Times* ("Juarez Gay", "Villa prepares to give battle", "Villa quitting Juarez leaving the city to be retaken?", "Villa throws battle line, awaits enemy's

Al pie de un cerro, rodeado de la tropa, poco antes de la batalla, foto de Otis Aultman. *Magazine de Novedades*.

Villa organizando desde el techo de un tren, previo a Tierra Blanca, Otis Aultman.

Pancho Villa ensarapado, con Medina, previo a Tierra Blanca.

Villa entrevistado por un periodista estadounidense en Ciudad Juárez, antes de Tierra Blanca, foto de Otis Aultman.

Villa hacia Estación Mesa, previo a Tierra Blanca, foto de Otis Aultman.

Villa antes de Tierra Blanca con un fotoperiodista identificado por Berumen como W. H. Darborough, foto de Otis Aultman.

advance", "Villa salió anoche", "Federals temporary repulsed", "Generals Villa victory complete". Redding: "Rebels slain"), que reportan una batalla realizada a pocas millas de distancia.

Y además: Ignacio Muñoz: "Obra de caridad". Sánchez Lamego: *Historia*, 3. Felipe Talavera: "Batalla de Tierra Blanca". Herrera: *Quién...* Jeffery Pilcher: "Pancho Villa rides into mexican legend". Luz Corral: *Pancho...* Osorio: *Death of a president...* Aguilar Mora en el prólogo de Vargas: *A sangre y fuego...* Otto Schuster: *Pancho's Villa shadow.*

Después de la batalla: Guillermo Martínez: *En las garras...* Calzadíaz: *Hechos reales*, 5. Benjamín Herrera: *¿Quién...?* Kenneth Turner: "Villa como hombre de estado". Carlos Cervantes PHO 1/13. Notas sobre Bauche en el prólogo de Guadalupe Villa a las memorias de su abuelo Juvenal: *¿Quién es Francisco Villa?*

b) Zachary Cobb. Nacido en 1880 en Georgia, se muda a El Paso en 1901. Fiscal y congresista. En septiembre de 1913 tenía 33 años y era el encargado de la Aduana de El Paso. Usaba lentes, era "muy pequeño, delgado, parecía un pájaro", hiperkinético y hablador. Un poco más tarde Carothers lo hará entrar en su red de agentes en torno al villismo a cuenta del Departamento de Estado estadounidense. Victoria Lerner lo calificará de "funcionario provillista" y en esta primera etapa lo será, para volverse poco a poco un furibundo antivillista. (Martín Luis Guzmán: *Memorias...* Chalkley: *Zach Lamar Cobb: El Paso Collector of Customs and Intelligence during the Mexican Revolution, 1913-1918.* Victoria Lerner: "Una derrota diplomática crucial, la lucha villista por el reconocimiento diplomático estadounidense, 1914-1915".)

c) Ivor Thord-Gray. Nacido en Suecia en 1878, de padres aristócratas, Thord-Gray ingresa a la marina sueca a los 14 años. A fines de siglo se incorpora en Sudáfrica a los Fusileros Montados de El Cabo. En 1906 viaja a Filipinas donde se incorpora al ejército estadounidense que peleaba contra los moros de la isla de Mindanao. En 1909 se alista en la Legión Extranjera francesa y se traslada a Indochina. En 1911 lo encontramos peleando a favor del ejército italiano contra los turcos y sus aliados "los senusí" en Tripolitania. Al año siguiente, 1912, se encuentra al lado de las fuerzas insurrectas encabezadas por Sun Yat Sen, que intentaban establecer una república en China. En octubre de 1913, mientras tomaba unas copas en el bar del Club Alemán de Shanghai, se enteró por los periódicos de la lucha de Carranza en México. Salió inmediatamente en barco para San Francisco y de allí tomó el tren a El Paso, adonde llegó poco después de la toma de Ciudad Juárez. Thord-Gray dejará a Villa tras la batalla de Tierra Blanca, cuando éste le encarga que organice un contrabando de armas que se encuentran en Tucson y las lleve a El Paso. (Véase el excelente prólogo de Aguilar Mora en la edición de Era de *Gringo rebelde*. Adolfo Arrioja: *El sueco que se fue con Pancho Villa*. Alejandro Contla: "Mercenarios extranjeros en la Revolución Mexicana".)

d) Caso Medina. Villa/Bauche. "Medina in jail", "Medina is jailed in El Paso". Medina había tenido frecuentes roces con los jefes de la División; a más del reseñado con Maclovio, se contaba que una vez le pidió permiso a Urbina para observar la organización de su brigada y Urbina le contestó: "Lo que me quieran observar, que lo observe personalmente, y eso, del ombligo para abajo". Más tarde Villa le solicitó que se volviera a incorporar (en junio de 1914, cuando lo nombra presidente municipal de Ciudad Juárez).

Ivor Thord-Gray.

Villa con Fierro, José Rodríguez y el periodista Dean McGregor, 13 de noviembre de 1913. La foto corresponde por la fecha a los días posteriores a la toma de Ciudad Juárez, sin embargo, se ha dicho que el periodista estadounidense murió durante los combates de Chihuahua. ¿Murió en Tierra Blanca? Dean McGregor dejó dicho que si le tocaba la mala suerte se entregaran sus cámaras de fotos a Martín López y Rodolfo Fierro.

Villa con Toribio Ortega y Medina, foto de Aultman.

Flavio Tavares, Fierro, Villa, Toribio y Medina, poco antes de la ruptura, foto de W. Horne.

VEINTITRÉS

PANCHO GOBERNADOR

Los restos del derrotado ejército federal en Tierra Blanca arribaron a Chihuahua el 27 de noviembre. No sólo Villa sufría enormes carencias; el general Mercado tampoco tenía recursos, se quejaba amargamente de que sólo le había llegado una cuarta parte del dinero que necesitaba para pagar a la División, cubría sus deudas con vales, el comercio empezó a no fiarle alimentos, primero suplicó y luego amenazó. Sin resultado. Se produjeron actos de saqueo por parte de los colorados. Mercado culpaba a Orozco, decía que el coronel Rojas en persona había participado. En algunos asaltos a tiendas intervino la población.

El clima de descomposición era enorme y empezaba en la propia cabeza del ejército. El general Mercado estaba pensando en evacuar, abandonar la plaza. Con Villa dominando el norte y el acceso a Torreón cerrado por Urbina y Chao en Jiménez, Camargo y Parral, la idea era bastante desafortunada. Quedaba sólo una guarnición importante en Chihuahua: Ojinaga, en la frontera, 200 kilómetros al nordeste de Chihuahua, pero ir hacia allá significaría el aislamiento total. Entre los oficiales federales la idea de Mercado no era bien recibida, la opinión de sus generales era que Villa había sido rechazado en Chihuahua una vez y volvería a serlo.

Los colorados estaban enfrentados a Mercado y las versiones difieren. Marcelo Caraveo cuenta que al regresar de Tierra Blanca se había reunido con él y en medio de gran tensión le dejó claro que estaba en contra de abandonar Chihuahua. Mercado, en un alarde prusiano, amenazó con fusilarlo.

Mercado, por su parte, dice que los generales colorados Mancilla, Orpinel y Rojas no querían defender la ciudad, que incluso uno de ellos le dijo: "Es una blasfemia defender Chihuahua porque las tropas no han recibido su paga. Están desmoralizadas y no quieren pelear".

El hecho es que tan sólo dos días después Mercado dio la orden de marchar hacia Ojinaga con el absurdo argumento de que eso le permitiría "restablecer contacto con Huerta". Y dirá: "Determiné salir con todas las fuerzas a las orillas de la ciudad con el pretexto de ir a encontrar al enemigo".

Como si se tratara de una mala historia del capitalismo, quedaban ridículamente claras las prioridades: primero la propiedad, luego los propietarios, luego sus custodios. El primer grupo que abandonó Chihuahua estaba formado por 16 vagones arrastrados por mulas, protegidos por 150 soldados y repletos de barras de plata de la Indé Mining Company y de la Alvarado Mining Company. Nada menos que 617 barras, 740 mil dólares. Poco después salió un grupo de 153 civiles formado por los oligarcas de Chihuahua y sus familias, incluido Luis Terrazas a bordo de su carruaje personal, que llevaba cinco millones de pesos en oro (dos y medio millones de dólares). Los custodiaban (sin duda gracias a una recompensa económica de por medio) Pascual Orozco, Salazar y Caraveo.

Un día más tarde le seguiría el cuerpo principal del ejército con Mercado a la cabeza y 400 oficiales con sus familias, cinco mil soldados, la artillería y 1,200 soldaderas con niños, más todos los civiles que habían apoyado a la dictadura y temían al villismo.

Los últimos en salir lo hicieron el 30 de noviembre. Se produjeron muchas deserciones. Tras ellos, como huérfanos, quedaban 200 soldados para mantener el orden en la ciudad.

El 3 de diciembre la División del Norte comenzó su movilización hacia Chihuahua. Sabiendo Villa que los federales la habían abandonado, pero temiendo alguna treta, se moverá con calma y con cautela. A las seis de la tarde el propio Villa subió a uno de los trenes. En su huida los federales habían quemado puentes y levantado los rieles, lo cual obligó a la columna a la continua reconstrucción de tramos de la vía; además, la falta de carbón obligaba a parar cada rato para cortar leña. Antes de llegar a Villa Ahumada, una de las locomotoras se descarriló. Villa y el doctor De la Garza se arrojaron del tren. Pancho se tiró de cabeza, se dio tremendo porrazo y quería fusilar al maquinista; luego, como seguía muy enfadado, amenazó con fusilar a Fierro, que era el superintendente responsable de los ferrocarriles. Varios generales intercedieron para evitarlo.

Mientras se reparaba el tramo Villa seguía enfurruñado, y como le dijeron que los del pueblo se habían robado durmientes, vio pasar a un viejo con leña y lo culpó. En una de esas anécdotas que tanto gustan a los villistas, se cuenta que un niño del pueblo, llamado Tacho Arras (hasta el nombre ha pasado a la posteridad), se enfrentó al general y lo pateó en las espinillas porque quería matar a don Julián, que era el leñador y curandero del pueblo. Villa se ablandó y le dio la razón al niño. No se fusila a ladrones de madera.

Mientras las caballerías progresan y los trenes malamente avanzan, Villa, acompañado de Silvestre Terrazas y de su secretario, Luis Aguirre Benavides, continúa en un automóvil. El día seis estará en las cercanías de Chihuahua, en El Saúz. Terrazas recuerda que a lo largo de esas jornadas Pancho le hizo confidencias sobre sus problemas matrimoniales (tenían casi la misma edad, Silvestre era cinco años mayor) y le contó de su boda en Torreón, explicando que no la consideraba boda porque se había llevado el acta. ¿Y ahora tiene o no tiene dos esposas? Terrazas era católico militante y, literalmente, debe haber puesto el grito en el cielo ante la conducta de Villa, quien no hará mucho caso de sus consejos. Por cierto que un día antes había salido fotografiado en la portada de *El Paso Times* con Luz Corral. Villa muy serio, muy propio, muy formal, con un reloj en la mano; Luz muy seria también, vestida de negro.

En la última jornada se encontraron con un armón en el que venían dos alemanes residentes en Chihuahua, Oscar Lesser y Federico Moye, junto con otros vecinos de la capital, con la comisión de entregar la plaza y pedirle que no fusilara a los soldados que dejó tras de sí Mercado, que estaban esperando para rendirse. Villa aceptó esa sui generis rendición civil y garantizó la vida a la guarnición.

Al día siguiente, 8 de diciembre, domingo, las tropas del coronel Trinidad Rodríguez, en vanguardia de la División del Norte, entraron a Chihuahua; al atardecer lo hará el propio Pancho Villa con el grueso de las fuerzas. Silvestre Terrazas hace una crónica de la llegada de Villa. Una movilización popular "sin precedente", con la población volcada en las avenidas, en el Palacio de Gobierno, gritando vivas a la revolución. ¿Qué le cruza a Pancho por la cabeza? Hombre de emociones fáciles, que muy pocas veces recibió a lo largo de su vida reconocimiento por sus mejores actos, con la mente aún ocupada por las recientes batallas, no está acostumbrado al halago de la multitud, que a más de uno desquicia y a varios imbeciliza. ¿Qué piensa Pancho Villa ante el montón de pobres de toda pobreza como él, que celebran la victoria?

En el salón rojo de Palacio, Federico Moye le entrega el gobierno. Villa sale al balcón. "En medio de la gritería" el discurso no le da para más que para saludar a sus "hermanos de raza". Al terminar la recepción Villa le pide a uno de sus ayudantes que cite a los comerciantes de la ciudad, especialmente a los españoles. Hay que darle el nuevo orden a la capital tomada. Villa le propone a Silvestre Terrazas que sea gobernador. Silvestre, largo tiempo periodista de oposición, organizador de sindicatos y mutualidades católicas, declina porque dice que no goza del respeto de los hombres armados, los generales de Villa, pero acepta ser secretario general del gobierno. Allí mismo se celebra una reunión de los generales de la División del Norte para elegir a un gobernador. No se consulta a Carranza. ¿Por qué hacerlo si él no tomó Chihuahua? Están presentes Maclovio Herrera, José Rodríguez (la nueva estrella del villismo, que a los 21 años está recuperándose de su herida en Tierra Blanca) y Manuel Chao. Se escribe un decreto en el que se nombra a Pancho Villa gobernador y lo faculta para dejar sustituto en situaciones de guerra. Curiosamente, Villa firma su propio nombramiento. Ese mismo día los periodistas le preguntarán a Carranza en Sonora si es verdad que está distanciado de Villa, se limita a negar el rumor y afirma que dentro de poco visitará Chihuahua.

Uno de los primeros actos del gobernador fue establecer la ley seca para el ejército rebelde, con amenaza de fusilamiento al que encuentren bebiendo. En las siguientes semanas se dedicó a perseguir a los fabricantes clandestinos de sotol, a los que culpaba de las miserias de los obreros y campesinos de la región; detuvo a varios y destruyó las "vinatas" que tenían permisos especiales. Villa seguía manteniendo esa relación radical contra la bebida que había tenido en los últimos años. En lo personal decía que las cervezas sabían a meados, incluso aquellas que descorchaba a tiros tumbándoles la corcholata a cincuenta pasos. "Quién sabe que sería más feo, una purga de aceite o una cerveza", dirá. El historiador inglés Alan Knight produce una curiosa frase: "No bebía por razones personales y de moderación, que nada tenían que ver con un compromiso ideológico". ¿Y que sería un "compromiso ideológico" entonces?

El orden público se estableció de inmediato. John Reed apuntaría más tarde que en la noche había centinelas con linternas en cada esquina. "Chihuahua es más segura que Nueva York".

Al día siguiente, 9 de diciembre, se celebra la esperada reunión con los comerciantes de Chihuahua y Pancho Villa decreta la expulsión de los ciudadanos españoles, a los que acusa de haber colaborado con la dictadura. Ante las objeciones de Silvestre Terrazas, excluye algunos nombres de la lista, entre otros a las monjas hermanas de la Caridad que administraban hospitales. Dirá para justificar la excepción, sin duda sin acabar de creérselo: "Todos los días rezo mis tres credos que me enseñó mi madre". Excluye también a su amigo el diplomático Ángel del Caso. Villa declara a la prensa que les dará garantías a los extranjeros, incluidos los chinos, pero no a los españoles.

Recibe la visita de los cónsules extranjeros para pedirle garantías para los 200 federales que habían quedado custodiando la ciudad (garantías que ya habían sido dadas). Villa preguntó entonces que quién representaba a los españoles. Se identificó el cónsul inglés. "Dígales que hagan sus maletas. Cualquier español que dentro de cinco días esté en el territorio del estado, será llevado a la pared más cercana". El cónsul estadounidense Marion Lechter protestó diciendo que era un acto de barbarie. Villa le explicó lo que era la barbarie: además de haber esclavizado a los indios durante siglos, habían apoyado a Porfirio Díaz y a Huerta contra Madero. Cuando murió Madero hicieron banquetes jubilosos en todos los estados de la República. De pasada Lechter recibió un rapapolvo por la actitud del embajador Henry Lane Wilson durante el golpe militar. Finalmente Villa negoció con los cónsules y amplió el plazo a diez días. El cónsul Marion Letcher anunció que no trataría con Villa y lo haría sólo mediante otros funcionarios del gobierno. Finalmente las cosas no le salieron así.

Ese mismo día se publicó el decreto de expulsión firmado por Villa como "gobernador militar constitucionalista". En los considerandos se habla de la colaboración de la monarquía española con la dictadura de Huerta, el golpe y el asesinato de Madero y Abraham, y de cómo la Constitución avala la expulsión de extranjeros perniciosos. Consta el decreto de una cláusula única: se decreta en un "término de diez días la expulsión de los súbditos pertenecientes a la colonia española [...] quedando sujeta la propiedad de esos individuos a la intervención de las autoridades [...] como subsidio de guerra" (destinado al fondo de indemnización de viudas y huérfanos). Y se estaba hablando de capitales importantes, los valores de la colonia española en Chihuahua representaban ocho millones de pesos, básicamente en el comercio.

Y a la velocidad del rayo se suceden las medidas. Se liberan los impuestos aduanales en Ciudad Juárez y se ofrecen trenes militares para llevar a Chihuahua alimentos para una población que está sufriendo hambre y carestía. Ordena que se vendan a precio de costo en la calle los bienes de El Nuevo Mundo, propiedad de españoles: comida, azúcar, ropa. Promulga un decreto ofreciendo la amnistía a todos los federales que se entreguen con sus armas en 24 horas.

La expulsión de los españoles produjo mucho ruido negativo en la prensa estadounidense. Se afirmaba que Villa también iba a expulsar a los alemanes, se hablaba de fusilamientos y del secuestro de Luis Terrazas hijo; incluso se afirmó que Villa impedía que el cónsul Lechter enviara mensajes cifrados a su gobierno. La esposa de Lechter, de vacaciones en El Paso, tuvo que desmentir la noticia. Los informes de Lechter disminuyeron la histeria.

Desde el Palacio de Gobierno, donde se ha establecido, salen mensajes y edictos. Aunque Silvestre Terrazas lleva la mayor carga administrativa, Luis Aguirre Benavides, el secretario de Pancho, se quejaba de estar abrumado por el trabajo. Es mecanógrafo, tesorero, ayudante, consejero, desde las ocho de la mañana hasta altas horas de la noche. Consigue ayudantes. Un taquígrafo que trabajaba en las oficinas del gobierno, Miguel Trillo, de 30 años, taqui-mecanógrafo con Abraham González, que visto a la distancia nos parece un actor mexicano de película de serie B: bigote de aguacero caído, mirada despierta, "poco locuaz, quizá debido a su tartamudez". Enrique Pérez Rul, gordo y moreno, periodista y poeta, autor de versos épicos, conocido con el alias de Juvenal, y su hermano Julio Pérez Rul, que se hace cargo de la caja de los dineros gracias a su "inmaculada honradez". Villa suma a Soledad Armendáriz como mecanógrafa; la reconoció cuando entraba en Chihuahua. Bromean, ella vende seguros. Soledad cuenta que se produjo el siguiente diálogo:

—¿Quiere comprar uno?

—¿Me asegura que si lo compro no me matan?

—No, general, eso no se lo puedo asegurar.

—Entonces no se lo puedo comprar, en lo que ando no me sirve un seguro.

El periodista estadounidense John Reed verá a Villa gobernando pocos días después: "Estaba casi solo". "Yo acostumbraba ir algunas veces al palacio de gobierno, en la mañana temprano y esperarlo en su despacho. Silvestre Terrazas, secretario de gobierno, Sebastián Vargas, tesorero, y Manuel Chao, entonces interventor, llegaban como a las ocho, muy bulliciosos y atareados

[…] Villa llegaba a las ocho y media, se arrellanaba en una silla y les hacía leer en voz alta lo que había. A cada minuto intercalaba una observación, corrección o sugestión. De vez en cuando movía su dedo hacia atrás y hacia delante y decía: 'No sirve'". A Villa "le parecía que la mayor parte de los actos y costumbres de gobierno eran extraordinariamente innecesarios y enredosos".

Ese tal Francisco Villa. Chihuahua era la capital del mundo y sin embargo él seguía siendo el mismo. Sólo que esto era nuevo, diferente. Era el poder. Era la revolución. Y le gustaba.

En una de las muchas reuniones con el secretario de gobierno, a Villa, para medir el catolicismo de Silvestre Terrazas y probar sus límites, se le ocurrió decirle: "¡Qué buena está la catedral para hacer ahí un buen cuartel!". Silvestre, que tenía especial apego por el clero, se espantó; la medida podía causar un encontronazo con la iglesia católica y un alud de críticas en la prensa, y trató de disuadirlo, mientras Villa reía. Chao, en esos mismos días, había tomado como cuartel de sus tropas un convento sin consagración vigente, el templo del Nombre de Dios. Aguirre Benavides cuenta que en los siguientes días se acercaba frecuentemente a Villa doña Luz Zuloaga de Madero, la propietaria de Bustillos, a interceder por uno u otro sacerdote que había caído bajo la ira de Villa, y Pancho le contestaba: "Aunque no le tengo miedo al infierno, si le tengo miedo a sus reproches". Y sin mucho miedo al infierno, nombró a un cura obispo de Chihuahua, porque el obispo había huido. Y con él discutía de religión. "No es sagrado todo lo que se cobija debajo del nombre de la religión. Los malos sacerdotes son los peores hombres de este mundo".

El 10 de diciembre, segundo día de su gobierno, Villa dio órdenes "tremebundas contra el saqueo y pillaje". No se podían ocupar bienes particulares a menos que hubiera orden escrita del cuartel general. Y un día más tarde se emitió el decreto sobre los precios de la carne, el pan y la leche: "En vista de las aflictivas circunstancias que ha venido atravesando el pueblo chihuahuense" se fijaban los precios de la leche a 10 centavos el litro y el pan grande a ocho centavos y, la parte más radical del decreto, a 15 centavos el kilo de pulpa de res y a 10 la carne con hueso, en lugar de el peso que costaba en la etapa anterior. Reed comentaría: "Todos los días un destacamento de soldados es enviado a alguna de las haciendas de Terrazas donde un hato es capturado, llevado a la ciudad y sacrificado. La carne es entonces distribuida en varios mercados". Una semana más tarde la práctica se reproduciría en otras ciudades de Chihuahua, sobre todo en aquellas donde había un fuerte desempleo.

Y Pancho Villa parecía feliz, estaba inventando el villismo.

Aunque la vida de ciudad no era lo suyo. Terrazas narra que parecía ahogarse dentro de las casas, se levantaba antes de que saliera el sol, nadie sabía donde dormía.

Lo que sí se sabía es que en las tardes había recuperado su vieja pasión por los gallos. John Reed contaría que "todas las tardes, a las cuatro, se le encontraba en una gallera, donde hacía pelear sus propios gallos con la alegría de un muchacho".

El 12 de diciembre viene el golpe maestro, el que hará de la División del Norte una fuerza diferenciada de las otras que combaten a la dictadura militar de Huerta en Coahuila, Sonora o Durango: un decreto de confiscación de los bienes de la oligarquía de Chihuahua. El decreto enumeraba su complicidad en complots, asonadas y cuartelazos; su carácter de defraudadores del erario; y su posición de dominadores de la sociedad por medio siglo, con el engaño y por la fuerza. "Es llegada la hora de que rindan cuentas", y como "la posesión de sus bienes sólo ha servido para comprar traidores y asesinar mandatarios" decidimos "cortar el mal de raíz". Por lo tanto, se confiscan "los bienes muebles, inmuebles y documentación" de los siguientes "individuos: Terrazas (Luis) e hijos, hermanos Creel, hermanos Falomir, José María Sánchez, hermanos Cuilty, hermanos Luján, J. Francisco Molinar y todos los familiares de ellos y demás cómplices".

A posteriori se decidirá el destino de estos bienes. En principio, en cuanto a la tierra, una parte irá a las viudas y huérfanos de la revolución, luego a los combatientes, y se restituirán las propiedades arrebatadas por los latifundistas a los legítimos y primitivos dueños.

De un solo golpe, y aprovechando que con su fuga se habían colocado fuera de la ley de los constitucionalistas, estrictamente en territorio enemigo, Villa le había quitado a los Terrazas y los Creel siete millones de hectáreas, y otra buena parte a las 17 grandes familias de hacendados que controlaban dos tercios del inmenso territorio útil del estado. De un plumazo, literalmente, les había quitado innumerables empresas comerciales, vacas, borregos, cuentas bancarias, haciendas, molinos, caballos, carretas, cosechas, automóviles y, como añade Reed, "los magníficos palacios que habitaban en la ciudad".

Esto era sin duda la revolución.

El decreto no tocaba los intereses estadounidenses y de otros extranjeros y excluía a grandes propietarios que no se habían aliado con Huerta, como los Madero-Zuloaga de Bustillos o Pedro Alvarado y su fortuna de Parral; incluso se dice que a éste Villa le ofreció retornarle la mina La Palmilla que había perdido por las malas artes de unos empresarios.

Además, rompía la estructura de control del campo chihuahuense. A los rurales los habían sacado a tiros, ahora sacaban a patadas a muchos de los hacendados. Mágicamente, derechos de pastura, deslindes, derechos de agua, volvían a las comunidades y al poder de sus rifles.

Muy pronto se iba a hacer sentir uno de los efectos de la confiscación y las arcas vacías de la División del Norte comenzarían a llenarse, para de inmediato vaciarse con la compra de comida, ropa y municiones. A mitad del mes llegaban a El Paso caballos y ganado confiscado para venderse al otro lado de la frontera. Nueve mil vacas de los ranchos de Terrazas siguieron esa ruta para ser vendidas a rancheros estadounidenses a nueve dólares la cabeza, pagando ellos los derechos de importación. Un viejo conocido de la época de bandolero de Villa, Pat Quinn, actuó como intermediario. Con las ganancias comenzaron a comprarse municiones.

La gran lección de los tres últimos meses era clara: todo cuesta. Si tienes trenes, necesitas carbón, mecánicos, casas redondas y ferroviarios; si tienes caballos, necesitas pastura, herraduras y agua; si tienes hombres, requieres cuarteles, vacas, harina, maíz, frijoles, uniformes, capotes para los días de lluvia, botas, sombreros. Y si tienes cinco mil hombres listos para entrar en combate, necesitas diariamente ocho mil pesos para pagarles y que puedan enviar dinero a sus familias, y un millón de balas antes de que entren en acción, y eso en un país que no las produce. La División del Norte estaba urgida de poner a sus espaldas una enorme maquinaria de guerra y había que crearla. En diciembre nace el Banco del Estado de Chihuahua y pone en la presidencia a Lázaro de la Garza, para administrar los bienes expropiados; luego ira distribuyendo esa administración y controlándola parcialmente a través de la División del Norte. Villa reparte prebendas a sus amigos, pero los compromete en el mantenimiento del ejército. A Pablo López le da la concesión del monopolio del juego de gallos en Ciudad Juárez, pero no puede venderla o rentarla. De allí saldrá parte de la manutención de los oficiales del Cuerpo de Guías. Al griego Kyriacopulos le otorga el control de la lotería del keno en Juárez, pero tiene que pagar una parte de las ganancias a la brigada Villa. Por cierto que el griego, fiel de los fieles, se batió a puñaladas en su cantina de El Paso con un gachupín de los expulsados que andaba insultando a Villa. La cosa le salió barata, porque con una multa de 200 dólares salió de la cárcel.

Silvestre Terrazas cuenta que le llevaba a Villa los casos discutibles de las confiscaciones y Pancho dictaminaba. Un rico tenía dos hijos, uno había financiado al huertismo y otro era revolucionario; y Villa dictaminaba: confísquenle la mitad. Un rico cuyo cuñado había usado su fortuna para apoyar la rebelión de los colorados; y Villa decía: proceder a la confiscación y darle dieta de por vida al viejo, pero el cuñado no podrá tocar nada de ese dinero. Una especie de salomonismo ranchero, bastante justo por cierto.

Y no hay duda de que se trataba de un gobernador muy singular. Miguel Martínez Valles, un campesino pobre, tuvo la ocurrencia de ir a ver a Pancho Villa para pedirle un tronco de mulas para trabajar la tierra. Villa le dijo que no, pero cuando lo vio irse todo tristón, corrigió:

—Mira, muchacho, no te puedo dar lo que me pides, pero te puedo decir dónde hay unas mulas muy buenas. Vete a Catarinas al rancho de mi amigo Quirino Vaca y agarra allí un tronco de mulas, nomás no se lo vayas a decir a nadie porque si lo sabe don Quirino se va a enojar conmigo.

Dicho y hecho, y el gobernador que recomendaba robos quedó muy satisfecho con la solución.

Villa se ha vuelto la estrella de la prensa estadounidense. Es noticia, es exótico, es un triunfador, es original, insólito, es una amenaza, es terrible. El *New York Times* le dedica una página completa, con cinco fotos. El artículo, sin firmar, comienza: "Imagínense a un hombre de rostro vicioso, 35 años, necesitado de una afeitada, musculoso, cuerpo de andar torcido y ruda conversación, poco atractivo de cualquier manera que se le vea e incluso repulsivo, y tendrán una imagen del tipo al que pertenece Francisco Villa". Curiosamente, lo que las fotos muestran es un personaje afable y sonriente, desarmado (!), con traje de tres piezas y sombrero texano, trabajando en la estación de ferrocarril de Juárez. Tras registrar sus victorias y enfatizar "la carnicería" que ha hecho con los prisioneros federales, el anónimo autor dice que si Pancho llega a la ciudad de México como triunfador "reclamará su derecho a la presidencia. El sólo pensarlo hace que cada hombre de mente decente en México" se ponga nervioso. Hace una reseña de su vida de bandido previa a la revuelta maderista y en un alarde de racismo barato remata diciendo que era descrito por un ciudadano de El Paso como "mitad indio, mitad bestia".

Días más tarde Villa se verá obligado a responder en el periódico oficial del gobierno chihuahuense. Tras dejar clara su "estima por el pueblo y gobierno de Estados Unidos […] por la simpatía que abrigan hacia la causa constitucionalista", reiteró sus argumentos explicando que la expulsión de los gachupines se debía a su participación activa en apoyo de la dictadura de Huerta, tanto en el Distrito Federal durante la semana trágica como en Torreón durante los combates y como en Chihuahua. Salía al paso de declaraciones de los expulsados afirmando que en Chihuahua no había saqueos e informaba que no sólo los expulsó, también confiscó sus bienes, y que la expulsión incluso los protegía del odio justificado que por ellos sentía el pueblo de México. Señalaba que tenía como norma el respeto a las vidas e intereses de los extranjeros. Desmentía rumores sobre la persecución a ciudadanos alemanes. Respecto de las ejecuciones al por mayor, decía que no había habido tales y que se aplicaron "sólo en casos muy excepcionales".

Hipólito, su hermano, recordaría muchos años más tarde: "El indómito Pancho Villa temía más un ataque de la prensa que perder una batalla", quizá porque era un terreno que no conocía y cuyas reglas se le presentaban oscuras. ¿Por qué un día lo querían y al día siguiente lo calumniaban?

La continua presencia de Villa en la prensa estadounidense en los próximos meses, hará que el historiador M. G. Anderson elabore una teoría fantasmagórica. Al sacar de contexto las pequeñas historias, Pancho Villa se vuelve un personaje consciente de la complejidad de la situación y capaz de manipular y controlar a los medios estadounidenses. Parecería, leyendo a Anderson, que Villa había buscado a la prensa estadounidense en una operación de relaciones públicas y no a la inversa.

Los dos periódicos de El Paso, el *Morning Times* y el *Herald,* se mueven permanentemente entre el amor y el odio. A raíz del edicto de expropiación, y bajo la presión de los millonarios asilados en Estados Unidos, los artículos laudatorios, generalmente asociados con los triunfos militares, se alternan con calumnias y denuncias, algunas absurdas, que sugieren negocios turbios y un gran interés de Pancho por los bienes materiales. La compra de un automóvil para el gobierno de Chihuahua provoca un artículo en el que se dice que "es el segundo que compra en El Paso", un Packard placa 1896 de siete plazas, que sustituye a un Hudson placa 1837.

Pero si comenzaba a ver con suspicacia a los periodistas, Villa tenía debilidad por los fotógrafos estadounidenses, en particular por uno: Otis Aultman.

Nacido en Missouri, tiene 39 años en 1913, ha llegado a El Paso con una cierta experiencia de fotógrafo y un divorcio cinco años antes, para trabajar con Homer Scott. Fotografió la batalla de Casas Grandes y Juárez en 1911 (ahí tomó su primera foto de Villa) y la rebelión de Orozco en 1912. Estuvo en Juárez y Tierra Banca. Villa lo llamaba, por su pequeño tamaño, el Gallito. Un periodista amigo suyo lo describió como comedor voraz, pequeño, correoso y siempre necesitado de un corte de pelo. Había tenido una breve amistad con Villa, al que conoció durante el exilio en El Paso en 1912, en el restaurante del griego Kyriacopulos. En 1913 lo siguió de Ciudad Juárez a Chihuahua. Se decía de él que era el único hombre vivo que había insultado a Villa. Fue su fotógrafo más fiel. A Pancho no le gustaban los lujos, pero Aultman le regaló un retrete de porcelana para su tren. Los ayudantes de Villa pronosticaban la peor de las suertes cuando el general viera aquello. Pero Villa no sólo no se enfadó sino que quedó encantado con el aparato. Fascinado, tiró de la cadena repetidas veces.

—Gracias, Gallito —dicen que dijo a Aultman.

—Por nada —contestó Aultman.

—Mañana me cuentas cómo le hacen los gringos pa' bañarse en una chingadera tan chiquita.

Sea o no cierta la anécdota, la realidad es que Aultman logró los mejores retratos de Villa. Es el autor de la imagen azorada de Villa el 5 de mayo de 1911 y del retrato más amable que se le ha hecho.

Villa cumple viejas promesas. En Ciudad Juárez paga los caballos que él y los ocho se robaron en marzo para el cruce, y los paga al doble de su valor; en Chihuahua libera de la cárcel al doctor Charles Harle, aquel por quien hacía unos meses había intercedido el doctor Bush y cuya madre le había enviado dinero para municiones. Harle se sumará durante un tiempo a los servicios sanitarios de la División del Norte.

Poco a poco viejos conocidos van llegando a Chihuahua. El 15 de diciembre Raúl Madero, exiliado en Estados Unidos, llega a El Paso, y el 21 estará en Chihuahua con Villa. Era hermano del mítico Panchito y sin embargo resultaba campechano, sociable, querido, igualitario; un hombre que confraternizaba con la tropa. Villa lo sumará al ejército como segundo de la brigada de Aguirre Benavides. Ese mismo día George C. Carothers, el ex cónsul estadounidense en Torreón, aparece en Chihuahua como agente especial del Departamento de Estado estadounidense. Su misión abarca tres puntos: tratar de influir en Villa para detener la expulsión de extranjeros, las expropiaciones y los fusilamientos de prisioneros. Un tercer personaje llega en esos días por ahí, es el alemán Félix Sommerfeld, el periodista y "agente secreto" de Madero al que conoció en 1910 y que pasa a formar parte de la red financiera, primero como comprador en Estados Unidos de dinamita (lo que le deja cinco mil dólares de comisiones) y luego como intermediario ligado a Lázaro de la Garza en la compra de armas y municiones. Villa nunca sabrá que Sommerfeld tiene más empleadores que sombreros, se lo ha enviado Carranza posiblemente para espiarlo, es colaborador de la embajada alemana en Estados Unidos y mantiene turbias relaciones con negociantes estadounidenses representados por un oscuro cabildero llamado Sherbourne Hopkins.

En esos días Villa reorganiza su bigamia. Juanita Torres se instala con él en una casa de Chihuahua conocida como Quinta Prieto. Una de sus vecinas, Kate Taylor, contaba que en la quinta siempre había flores.

El cónsul Marion Lechter, en otra conversación con el gobernador Villa (con quien, según él, no se iba a reunir nunca), le expresó que había recibido quejas de mexicanos y extranjeros, a través de los canales oficiales, con motivo de la clausura de bancos. Villa le respondió que los quejosos se habían clausurado solos, que a algunos los mantenía el gobierno estadounidense refugiados en El Paso (Angoitia, gerente del Nacional de México; Juan A. Creel, del Minero de Chihuahua; Martín Falomir, de la Caja de Préstamos) y Winegar, de la sucursal del Banco de Sonora, estaba en Los Ángeles; que les dijera que regresaran a "cumplir sus compromisos", pero no le dijo qué haría con ellos si volvían. La prensa de El Paso, alimentada por los oligarcas y los deportados españoles, contaba horror y medio de lo que estaba sucediendo en Chihuahua. Pareciera que se trataba de una ciudad sin ley donde sólo imperaban el abuso y el despojo. Se contaba, entre mil falsas historias, una verdadera: el *Herald* reportaba que Villa tenía detenido a Luis Terrazas hijo y que le pedía a su padre medio millón de dólares para soltarlo.

¿Por qué se había quedado el heredero de los Terrazas en Chihuahua cuando su padre huyó con la fortuna familiar? Él era entonces el administrador de las haciendas familiares. ¿Había sido dejado atrás para negociar en nombre de la familia con el nuevo caudillo? El historiador Friedrich Katz piensa que el menor de los Terrazas creía que podía corromper a Villa. Más bien, su estancia en Chihuahua, cuando todos los parientes y amigos huyeron de la ciudad ante el avance de la División del Norte, tenía que ver con la manera de ser de Luis hijo, el "menos malo" de los Terrazas, desidioso, borracho, con fama de indolente y despreocupado. Originalmente se había refugiado en la casa del cónsul británico. De ahí lo sacó Villa, quien lo detuvo en los primeros días y se decía que lo había forzado a firmar cheques del Banco Minero; esto era falso, la institución bancaria estaba cerrada. Lo que Villa perseguía al detener a Luis era averiguar qué había de cierto en el rumor de que una fortuna en oro de los Terrazas había quedado escondida en Chihuahua. Simultáneamente sería usado como rehén, contra la posibilidad de que los hacendados chihuahuenses prófugos en Estados Unidos vendieran sus haciendas expropiadas a extranjeros y éstos pudieran reclamar las propiedades incautadas a través de sus gobiernos.

El 15 de diciembre el cónsul Marion Lechter volvió a ver a Villa y le transcribió una nota del Departamento de Estado en la que le informaban que los amigos de Terrazas habían intercedido ante el gobierno estadounidense pidiendo protección para él y su familia. Villa le contestó por escrito diciendo que le venía a la memoria la consideración que el gobierno de Huerta había tenido con Madero y Abraham González, y cómo el gobierno estadounidense había pedido "protección" para ellos. Y remató con un "no hay más camino que la justicia". Ese mismo día el gobierno de Villa desconoció los sueldos que se adeudaban a los funcionarios de la administración huertista.

Poco después, el 21 de diciembre, cruzará la frontera en El Paso un joven periodista de 26 años llamado John Reed, nacido en Portland, que viste un traje de pana amarillo brillante, dispone de cuenta de gastos, carga 14 diferentes clases de píldoras y vendajes. Él será el gran cronista de esta etapa. Viene a cubrir la revolución en México para el *Metropolitan Magazine* y el *World* de Nueva York. Lo acompaña la relativa fama de ser un hombre de la bohemia de izquierda del Greenwich Village y de haber escrito una serie de maravillosos reportajes sobre la huelga de Patterson. Lleva una semana dando vueltas por la frontera, ha estado en Presidio y en Ojinaga contemplando los restos de las fuerzas de Mercado.

Ese mismo día atestiguará en Juárez la revista de la brigada de Aguirre Benavides: "Dos mil jinetes y unos 500 de infantería" formados en una gran plaza, bulliciosos, casi uniformados, mejor al menos que los federales que ha visto en Ojinaga:

> [...] Al toque de corneta montaron sus pequeños caballos y se mantuvieron en posición de firmes lo más rígidos que podían. Formaban de a cuatro, y a la señal de una clarinada aflojaron riendas, azotaron las ancas, se inclinaron adelante y gritaron en las orejas de los caballos irrumpiendo en una carga ruidosa como el trueno [...] Así es como el general pasó revista a sus tropas.

Reed había visto de más. La brigada no tenía más de mil jinetes y estaban adquiriendo experiencia en desconcertar periodistas. Dos días después, al ser filmados por Homer Scott, se pusieron a disparar al aire. Los vecinos se asustaron y el operador de la cámara salió huyendo.

La prensa de El Paso hablaba del "socialismo villista" porque Pancho había nacionalizado los molinos de harina e inmediatamente la harina, que se vendía a nueve dólares el saco, se vendió a 1.50. Era un curioso socialismo en el que Villa controlaba el juego en Chihuahua y canalizaba las ganancias hacia la División del Norte, y en que reabría la cervecería de Chihuahua pero no lograba que la cerveza fuera bebible y tenía que volver a cerrarla. El diario *The Sun* se escandalizaba al enumerar el sistema de tranvías, las tiendas, la planta de energía eléctrica, la cervecería, una fábrica de ropa, el ferrocarril; todo estaba administrado por la División del Norte. Llegaban en la noche los billetes y las monedas. Villa echaba todo en una caja fuerte y sacaba lo que iba necesitando; no había más contabilidad. *The Sun* calificaba la situación como "socialismo bajo un déspota", aunque reconocía la justicia de muchos de los actos.

El 23 de diciembre el gobierno de Chihuahua enfrentó una crisis financiera producida por la falta de dinero circulante. Los campesinos, ganaderos y comerciantes no querían ir a los mercados. La plata, las monedas y los billetes estaban enterrados o guardados bajo los colchones. Fábricas había pocas y estaban cerradas, lo que eliminaba la posibilidad del trueque. Paralización comercial, amenaza de hambre. Villa simplificó el asunto: para reanimar una economía agonizante hay que poner dinero sobre las mesas, y decidió emitir billetes. Dos millones de pesos amparados por su firma. Los bancos de El Paso los daban por relativamente buenos y compraron a 18 y a 19 centavos de dólar (cuando la cotización del peso estaba oficialmente a 50 centavos). Villa pagó al ejército, decretó la obligación de aceptar el papel moneda y logró reactivar mínimamente la economía. Los comerciantes fijaron doble precio a los productos: si pagas con moneda villista, tanto; si pagas con papel huertista avalado por los bancos o con plata, la mitad. Pancho, entonces, apretó las tuercas: un decreto castigaba con 60 días de cárcel a quienes rechazaran o minusvaloraran su papel moneda. Y a partir del 10 de febrero la circulación de la moneda bancaria y la plata sería ilegal. Terminará sacando de los escondrijos el dinero.

La palanca de Villa es el nuevo ejército revolucionario. Reed contará: "Más tardó en tomar posesión del gobierno de Chihuahua que en poner a trabajar a sus tropas en la planta eléctrica, en los tranvías, en teléfonos [...] la planta del agua y el molino de harina de los Terrazas. Puso soldados como delegados administradores de las grandes haciendas que había confiscado. Manejaba el matadero con soldados [...] A mil de ellos los comisionó como policía civil [...] prohibiendo bajo pena de muerte los robos o la venta de licor al ejército [...] trató de manejar la cervecería con soldados, pero fracasó porque no pudo encontrar un experto en malta".

Villa explicaría: "Lo único que debe hacerse con los soldados en tiempo de paz es ponerlos a trabajar. Un soldado ocioso siempre está pensando en la guerra". Aunque él no era un soldado ocioso, uno de sus ojos miraba a los federales. Mientras Villa se dedicaba a descubrir las inmensas posibilidades de gobernar Chihuahua, los prófugos de la capital arribaron a Ojinaga.

La caravana con la plata de los mineros llegó el 6 de diciembre, cruzó a Presidio, Texas, y con escolta del ejército estadounidense fue llevada a Marfa y de allí en tren a Nueva York. Tres días más tarde Terrazas y los ricos de Chihuahua arribaron y fueron admitidos sin problemas en Estados Unidos, igual que las familias de generales y oficiales. En El Paso Luis Terrazas rentó un piso entero del hotel Paso del Norte; más tarde, el senador Albert B. Fall le prestó su mansión en la calle Arizona. En esa ciudad se establecieron dos de los hijos del general José Inés Salazar, así como la esposa del general Mercado. La esposa de Pascual Orozco viajó a San Antonio.

La gran odisea la había vivido la columna de Mercado. En siete trenes con abastos y artillería, viviendo el sabotaje de los ferrocarrileros, llegaron a las cercanías de Falomir, donde un puente cortado por los villistas los obligó a seguir por otros medios. Quemaron los trenes y 250 mil cartuchos. Iban por el camino robando caballos en los ranchos. Muertos de sed en la ruta, perdidos. Los zopilotes se dieron un banquete. Osorio cuenta: "La caravana parecía un festival folklórico mientras las ollas colgaban de los sarapes y los cerdos trota-ban al lado gruñendo su enfado por el mal trato; pollos y loros revoloteaban en jaulas provisionales o colgaban sobre albardas con las patas amarradas. Tras el ejército funcionarios, obreros, oportunistas y aventureros de todo tipo que había apoyado al régimen de Huerta y ahora temían por sus vidas". Bautizada por la prensa como "la caravana de la muerte", llegó a Ojinaga el 13 de diciem-bre. En el camino Mercado había perdido un millar de hombres.

El "soldado ocioso" Villa le daba vueltas a la cabeza analizando la situación militar. El general José Refugio Velasco, después de la retoma de Torreón el 9 de diciembre, presionaba hacia el norte con seis mil hombres. Mercado estaba en Ojinaga con la posibilidad de lanzar el zarpazo hacia Juárez. Villa dudaba. ¿A Torreón o a Ojinaga? Mandó a Maclovio Herrera a que se sumara a las tropas de Urbina y contuvieran en el sur a Velasco; cortó los telégrafos para impedir comunicaciones civiles y espionaje.

¿Irá personalmente hacia Ojinaga? Finalmente se decide por entregarle el mando de una columna de unos tres mil hombres a Pánfilo Natera, que había al-canzado el grado de general de brigada combatiendo en Zacatecas a la dictadura de Huerta y en esos momentos se encontraba en Chihuahua. Natera, pelo corto, bigotillo, parece más joven de lo que es, 31 años. ¿Por qué Villa le da el mando a un hombre ajeno a la División del Norte? ¿Una deferencia a Carranza?

El 24 de diciembre la columna con las brigadas de José Rodríguez, Toribio Ortega, Trinidad Rodríguez, y los destacamentos de Faustino Borunda, Díaz Couder y la artillería de Servín, salió hacia Ojinaga. Villa, que tenía un tren listo para marchar hacia el sur, decidió esperar los acontecimientos de Ojinaga y se quedó en la ciudad.

Celebra por tanto la Navidad en Chihuahua y casi le cuesta la vida. Al estar haciendo pruebas con pólvora sin humo, un cañón revienta y casi vuela a Villa y al Estado Mayor; quedan heridos varios mirones. Se entregan regalos de Navidad a los soldados, se reparten 15 pesos a todos los pobres de Chihuahua y se entregan varias de las mansiones de los barones agrarios, expropiadas, a los generales villistas; a la población se le condona el 50% de las contribuciones siempre que las paguen a tiempo. Le debería resultar divertido eso de ser gobernador.

John Reed llega a Chihuahua el 24 de diciembre y el 26 entrevista a Villa por primera vez. Llega antes que el gobernador a su despacho y se sienta con Silvestre Terrazas y Aguirre Benavides, que están trabajando. Suena el clarín advirtiendo de la llegada de Pancho Villa, que contempla al periodista y lo deja un rato sentado en la sala donde despacha con Silvestre. Luego comienzan a hablar. Reed habla un español bastante pobre ("mi español fragmentado"), Villa no habla inglés ("en 1913 Villa no hablaba ni entendía inglés"), Terrazas y Aguirre Benavides actúan como traductores. Reed cuenta: "Es el ser humano más natural que he conocido […] No habla mucho y es tan tranquilo que parece tímido (Reed aún no conocía bien a Villa, que sin duda lo estaba midiendo) […] Sus ojos nunca están quietos y parecen llenos de energía y brutalidad […] Tiene una manera torpe de caminar, ha andado mucho tiempo a caballo […] Es un hombre temible y nadie se atreve a poner en duda sus órdenes […] Es interesante verlo leer, o más bien, oírlo, porque tiene que hacer una especie de deletreo gutural, un zumbido con las palabras en voz alta".

A Villa parece gustarle el personaje porque Reed registra: "… hoy tuve una larga conversación con Villa y me prometió que yo iría a donde él fuese, día y noche", y le suministran un salvoconducto villista muy amplio que no sólo le permite moverse por el territorio sino usar trenes y telégrafo.

Sostendrán los días siguientes, en el Palacio, en la calle y en la Quinta Prieto, largas conversaciones. Villa: "El socialismo, ¿es una cosa posible? Yo sólo lo veo en los libros, y no leo mucho". El voto femenino: "¿Qué quiere usted decir con votar? ¿Significa elegir un gobierno y hacer leyes?". Se queda un rato pensando cuando Reed le dice que ya lo hacen en Estados Unidos y responde: "Bueno, si lo hacen allá, no veo por qué no deban hacerlo aquí". Reed comenta: "La idea pareció divertirlo enormemente. Le daba vueltas y más vueltas en su mente. Me miraba y se alejaba nuevamente". Le pregunta a su mujer que está poniendo la mesa para el almuerzo: "Oiga, venga acá. Escuche. Anoche sorprendí a tres traidores cruzando el río para volar la vía del ferrocarril. ¿Qué haré con ellos? ¿Los fusilaré o no?". "Oh, yo no sé nada de eso". "Lo dejo completamente a tu juicio". "Esos hombres trataban de cortar nuestras comunicaciones entre Juárez y Chihuahua. Eran traidores federales.

¿Qué haré, los debo fusilar o no?". "Oh, bueno, fusílalos". Durante los siguientes días consultó a las camareras y los cocineros sobre quién debería ser el futuro presidente de México.

Las notas de Reed recogen historias inéditas de ese personaje que parece producir anécdotas insólitas todos los días. "Una mañana me encontraba sentado en el palacio de gobierno esperando para hablar con él. De repente la puerta se abrió y entró un oficial. Era un hombre inmenso, coronel de Villa, un tipo de notorio mal carácter. Se tambaleaba al caminar. Era evidente su estado de ebriedad". Debería tratarse de Fierro. Villa lo fueteó en el rostro, el otro hizo ademán de tirar de la pistola, pero lo pensó mejor y al día siguiente vino a disculparse.

Chihuahua tiene 40 mil habitantes. Pancho crea 50 escuelas. John Reed dice que le oyó decir a Villa con frecuencia que cuando pasó por una esquina había visto un grupo de niños jugando; era de mañana, estaban jugando porque no iban a la escuela. Eso era suficiente para intentar poner allí una escuela. Francisco Uranga cuenta que Pancho mandó llamar a unos maestros que conocía, les rogó que se presentaran en la estación del ferrocarril y lo fueran a ver en la noche a su tren, les dijo que era la profesión que más admiraba y les dio alimentos que traía en el tren: azúcar, maíz, frijoles. Jesús Briones Gutiérrez cuenta que el gobernador Villa los visitó en la escuela y les pidió que fueran "hombres de bien", que estudiaran mucho; luego le regaló cincuenta centavos a cada estudiante. En esos días Villa mandó a estudiar a Estados Unidos a seis de sus hijos adoptados (Francisco Piñón entre ellos, al que le cumpliría la promesa hecha en San Buenaventura), a una academia militar en California. Los seguirán otros seis, hijos o huérfanos de revolucionarios, pagando Villa de su bolsillo o de ese bolsillo común que comparte con la revolución. Carlos Jáuregui será el encargado de llevarlos.

Y de repente el gobernante se aburre y desaparece, se va a un rancho cercano a sembrar, a herrar caballos. Su secretario, Pérez Rul, registra: "Se pasa días enteros consagrado a las fatigas del campo [...] sin preocuparse para nada de los asuntos administrativos del ejército o el gobierno".

John Reed toma nota de que Villa tiene dos mujeres. La que lo acompañó durante los años de proscrito (Luz Corral), que vive en El Paso, y "una joven delgada, como una gata, que es la señora de su casa en Chihuahua (Juanita Torres). Villa no hace un misterio de ello". Un día el periodista estadounidense le preguntó sobre su fama de violador. Villa "tiró de su bigote y se me quedó mirando fijamente largo rato con una expresión inescrutable".

—Dígame: ¿ha conocido usted alguna vez a un esposo, padre o hermano de una mujer que haya violado? ¿O siquiera un testigo?

A veces Villa "mandaba buscar a Luis León, el torero, llamaba personalmente por teléfono al matadero preguntando si tenían algunos toros bravos en el corral [...] corríamos a caballo hasta los grandes corrales de adobe. Veinte vaqueros separaban al toro de la manada, lo derribaban y ataban para recortarle los cuernos. Entonces Villa, Luis León y todos los que querían, tomaban las capas rojas profesionales del toreo y bajaban a la arena. Luis León, con la cautela del conocedor; Villa tan porfiado y tosco como el toro, nada ligero con los pies, pero rápido como un animal con el cuerpo y los brazos. Villa iba directamente hasta el animal enfurecido y lo golpeaba atrevido en la cara, y así practicaba por media hora el deporte más grande que jamás he visto. Algunas veces los cuernos recortados del toro alcanzaban a Villa en las sentaderas de sus pantalones y lo lanzaban a través del coso; entonces se revolvía y cogía al animal por los cuernos y luchaba con él, bañado en sudor el rostro, hasta que cuatro o cinco compañeros se colgaban de la cola del toro y lo arrastraban bramando".

Hacia el fin del año Villa, acompañado por Raúl Madero, Rodolfo Fierro y Luis Aguirre Benavides, viajó a Ciudad Juárez para estar más cerca de los acontecimientos de Ojinaga y para pasar la fiesta con su otra familia, y cruzó a El Paso. Se decía que traía una carga de oro y plata que cambió por 750 mil dólares y que compró 12 mil uniformes y 17 automóviles para la División del Norte. Le gustaban los Dodge porque podían moverse en carreteras que no eran más que una senda de lodo. Se reunió con banqueros y con los propietarios estadounidenses de las minas, para garantizarles seguridades y pedirles que las reabrieran. El periodista Larry Harris cuenta que El Paso recibió a Villa con bandas y confeti, invitaciones y halagos, "pero Villa sonreía y decía: 'No'".

Pasó la cena de fin de año en Ciudad Juárez, en el cuartel general en la calle Lerdo con Luz, su hija Reynalda, Carlitos Jáuregui y los miembros del Estado Mayor. El 1° de enero habló con Carranza por teléfono a Hermosillo.

El 3 de enero se reabrieron las cantinas en Chihuahua, coincidiendo con un éxodo masivo de chinos de Ciudad Juárez hacia los puentes, originado por el rumor de que Villa había decretado la expulsión de los chinos del estado de Chihuahua. Los agentes estadounidenses los detuvieron en el puente de Santa Fe y no los dejaban entrar. Villa declaró a la prensa que protegería a los ciudadanos chinos de Chihuahua y que no había habido tal decreto de expulsión. Lo que sí hubo, y quizá por los vericuetos del chisme y el rumor había producido la desbandada, fue una declaración suya de que afectaría los intereses comerciales japoneses si su gobierno continuaba vendiendo armas a Huerta. Eso le iba a crear problemas personales, porque en Juárez, como cuenta Luz Corral, tenían "tres cocineros japoneses (para la legión de amigos y compañeros que comían con ellos). Tanaka, que había sido cocinero de Madero, Takiuchi y Fuchibari" (llamados también Tacuchi y Fucho barata).

Y mientras celebraba que en un mes se hubiesen producido 17 decretos que cambiaron a la revolución en el norte, Villa esperaba en Juárez noticias de Ojinaga, donde los combates se habían iniciado el último día del año.

NOTAS

a) Fuentes. El mejor texto sobre el abandono de Chihuahua por los federales es Osorio: "The Death of a president…" Los informes de Caraveo y el general Mercado en Sánchez Lamego: *Historia.* 4-2. Y en Aguirre: *Las grandes batallas…* Caraveo: *Crónica de la revolución.* Quevedo: *Los colorados.* 2. General Salvador Mercado: "Los verdaderos acontecimientos sobre la destrucción de la División del Norte en el estado de Chihuahua", "Federals flee with 5,000,000 in cash". Almada: *Revolución* II. Sánchez Lamego: *Historia militar de la Revolución Constitucionalista,* 3. Aguirre Benavides: *De Francisco Madero…* Jesús María de la Garza en Osorio: *Pancho Villa, ese desconocido.*

Oscar Lesser dice que Mercado aceptó 50 mil dólares por no combatir (suena absurdo porque después sí combatió en Ojinaga). Mercado terminó exiliado en Las Cruces, Nuevo México. Dos años más tarde escribiría su folleto tratando de explicar los desastres chihuahuenses.

El gobierno en Chihuahua. Silvestre Terrazas: *El verdadero Pancho Villa.* Palomares: *Anecdotario.* Marte R. Gómez: *Pancho Villa, un intento de semblanza.* John Reed: *México Insurgente,* "El conquistador del norte", "Con Villa en México", "El legendario Villa" (en Rufinelli). Alan Knight: *La Revolución Mexicana.* Edmond Behr: "Pancho Villa from bandit to military dictator", "Villa confiscates spaniards wealth, protests are filled". Katz: *Pancho Villa,* "Amnesty offered by general Villa", "Villa did not refuse to accept messages in code from consul Lechter". Brondo: *La División del Norte.* Martín Luis Guzmán: "Villa y la revolución". Vilanova: *Muerte de Villa.* Archivo histórico Ciudad Juárez Caja 382. Medina, "Villa bandit and brute". Decreto de confiscación en el *Periódico Oficial,* 21 de diciembre de 1913, "Millions are confiscated". Marte R. Gómez: *La reforma agraria en las filas villistas.* Jesús Vargas: *Pedro Alvarado.* Nina Kyriacopulos, Burkehead, Pat Quin, Kate Taylor en Jessie Patterson y Thelma Kox: *Intimate,* "Con motivo de una falsa información que publica *El Paso Morning Times,* el general Francisco Villa explica su conducta respecto a los sucesos de Chihuahua", "Inexactitudes de *El Paso Morning Times*", "Pide justicia un hermano de Villa", "Villa buys second car; license is issued here". M. G. Anderson: *Pancho Villa's revolution by headlines,* "Assails Villa is taken to hospital", "Villa keeps promise". Palomares: *Anecdotario de la revolución,* "Real Bullets", "Socialism is being tried in Chihuahua". Rosentone: *John Reed, un revolucionario romántico.* Osorio: *La correspondencia de Francisco Villa.* Herrera: *Quién…,* "Villa comes to visit his wife", "Villa in Juárez to visit family". Beatriz Nastri: "Chile con asadero, plato preferido de Pancho Villa". Luz Corral: PHO 1/23 y *Pancho Villa en la intimidad.* Romo: *Ringside seat to a revolution.* Antonio Avitia: *Los alacranes alzados. Historia de la revolución en el estado de Durango.* Enrique Borrego: "Francisco Villa gobernador de Chihuahua". Miguel Martínez Valles, Francisco Uranga, Soledad Armendáriz en Osorio: *Pancho Villa, ese desconocido.* Thord-Gray: *Gringo rebelde.* Sandos: "A German involvement in Northern Mexico". Meyer: "Villa, Sommerfeld, Columbus y los alemanes". Tuck: "Pancho Villa was a German Agent?"

b) Aultman. Mary A. Sarber: "Aultman, Otis A." y *Photographs from the Border: The Otis A. Aultman Collection*. Harris: *Strong man*. Aurora Nuñez y Amanda Taylor: "Otis A. Aultman Captured Border History in Pictures". Más tarde Aultman trabajaría para el International News Service y Pathé News como camarógrafo.

El gobierno villista en Chihuahua.

c) Los trabajos de John Reed sobre la Revolución Mexicana están recogidos en *México Insurgente*, su autobiografía *Almost 30*, dos cuentos y dos viñetas en *Hija de la revolución*, un artículo inédito y los artículos periodísticos directos y menos elaborados para *Metropolitan Magazine, New York World, The Masses, New York Times, New York American*, que rescata Jorge Ruffinelli en su antología comentada *Villa y la Revolución Mexicana*. Hay además multitud de trabajos biográficos sobre Reed que dedican amplios capítulos a su experiencia mexicana: Granville Hicks: *John Reed. La formación de un revolucionario*. Tamara Hovey: *Testigo de la revolución*. Richard O'Connor y Dale L. Walker: *El revolucionario frustrado*. Robert Rosentone: *John Reed un revolucionario romántico*. Jim Tuck: *Pancho Villa and John Reed*.

Villa y Sommerfeld en Ciudad Juárez, la foto de Aultman es posterior a su encuentro en Chihuahua.

La manera en que Reed editó sus artículos para elaborar *México Insurgente* hace difícil seguir la continuidad de sus cuatro meses en México. Una cronología más o menos precisa diría:

16 de diciembre en El Paso, renta un coche, va a Presidio, escribe "Endimión" (en *Hija de la revolución*), "En la frontera" (*México Insurgente*), Ojinaga (*México Insurgente*), El Paso ("El Paso", inédito, en Ruffinelli). 21 de diciembre Ciudad Juárez ("Con Villa en México"). 24 de diciembre Chihuahua (el 26 entrevista a Villa por primera vez, "Hoy tuve una larga entrevista con Villa" (26, nota al *Metropolitan Magazine*). El 1° de enero se va a Jiménez, estará con Urbina mientras se producen los combates de Ojinaga.

Probando una motocicleta Indian en Ciudad Juárez, foto de Aultman.

Con Luz en Ciudad Juárez, diciembre de 1913, enero de 1914.

d) Inventar el villismo. Gilly: "México, este país donde la independencia se desbordó en revuelta agraria, el liberalismo en magonismo y la revolución en sueños socialistas" (*Arriba los de abajo*); y por qué no seguir y

Otis Aultman.

Otis Aultman.

decir, donde la forma de rebelión más individual y asocial, más primitiva, el bandolerismo, devino villismo.

e) ¿Villa socialista? Los criterios para definir lo que Villa hizo en su mes de gobernador de Chihuahua, y que algunos periódicos estadounidenses calificaron como socialismo, han resistido todos los análisis teóricos. La nacionalización de los bienes de la oligarquía chihuahuense y de los comerciantes españoles, colocarlos bajo una sui generis administración militar, y las medidas de abaratamiento brutal de los productos de consumo a la población: harina, carne, deudas fiscales, ropa, son la esencia del villismo. ¿Cómo llamarlo?

¿Villa fourierista? J. Mason Hart describe su idea de orden social como tal. Habla de la influencia de Otilio Magaña (que debe ser una mezcla de Gildardo y Montaño) en la cárcel y de sus ideas anarquistas. No fue demasiada la influencia dado el poco tiempo que pasaron juntos. Y define el fourierismo villista como: "Una sociedad de gobiernos democráticos locales que controlara la producción y los servicios de consumo, cuya defensa armada se basara en milicias". El narrador no ha podido encontrar huellas de este fourierismo en la historia y los hechos.

"El sueño de Pancho Villa". La idea de Villa de las colonias militares (¿los presidios del siglo XVIII?). A los veteranos de la revolución establecerlos en haciendas mixtas con tierra y pequeñas empresas, financiadas en su arranque por el Estado, trabajarán y recibirán instrucción militar. (Reed: *México Insurgente.*)

VEINTICUATRO

OJINAGA, UN RÍO LLENO DE SANGRE Y CABALLOS MUERTOS

Las tropas al mando de Natera que Villa había enviado a Ojinaga arribaron a las goteras de la población el 31 de diciembre y encontraron una fuerza federal con la moral baja y enormes conflictos internos, aunque dispuesta a pelear. En Ojinaga el general Mercado sufría por sus eternos conflictos con los mandos de los colorados y la carencia de dinero para pagar a sus tropas. Contaba sin embargo, a pesar de los desastres previos, con una guarnición significativa de 4,500 hombres (de los 10 mil que en su día tuvo la División del Norte Federal y los tres mil que habían acompañado a Orozco y a otros generales colorados en la marcha hacia el norte). Sumando al "sorprendido" de Juárez, el general Castro, que llegará de El Paso, en Ojinaga tendrá Mercado 12 generales federales y colorados bajo su mando. Los otros: Orozco, Mancilla, Landa, Aduna, Romero, López, Salazar, Caraveo, Terrazas, Rojas y Orpinel. Muchos generales, demasiados.

Natera, siguiendo los consejos de Villa, acometió a la población en una serie de ataques nocturnos durante las tres primeras noches y al amanecer del día 4 lanzó un ataque general que no sólo fracasó, sino que un contraataque de la caballería de Salazar lo obligó a replegarse. Ciento treinta villistas capturados fueron fusilados de inmediato.

Caos y desconcierto en el campamento villista, conflictos entre Natera y Toribio Ortega. Martín López decía que había que volver a Chihuahua. Trinidad Rodríguez y Borunda sostenían que había que bajar hacia Jiménez. Sólo la terquedad y el carácter de Servín los mantuvieron allí. Se hablaba de que Natera debería fusilar a Toribio. La tarde del día 4 de enero se envió una comunicación a Villa relatándole la situación.

Mientras esto sucedía, en Ojinaga saltó a la prensa una nueva y sorprendente noticia: Villa había firmado un contrato con la empresa cinematográfica estadounidense Mutual. Tras la captura de Juárez, hombres de Villa se habían aproximado a los camarógrafos que los estaban filmando y les habían ofrecido un trato. Pancho Villa les permitiría acompañarlos en sus campañas, les daría caballos, escoltas y comida, si aceptaban compartir las ganancias al 50%. Los camarógrafos se comunicaron con sus empresas y sólo una pensó que podría sacar dinero del asunto, se trataba de la Mutual Film Corporation, presidida por Harry Aitken, que acababa de contratar a Griffith para filmar *El nacimiento de una nación*. La empresa envió un representante, Frank Thayer, y un abogado, Lessing, a negociar con Villa en Ciudad Juárez. Las condiciones que acordaron eran un adelanto de 25 mil dólares y el 20% de los ingresos de taquilla a cambio de la exclusiva para filmar movimientos de tropas, batallas y operaciones militares de la División del Norte. Los villistas otorgaban cuatro salvoconductos para personas que asumieran los riesgos bajo su propia responsabilidad, además transporte y comida, pero nada de recibos de hoteles en México. Las cuatro personas se pondrían militarmente a las órdenes de Villa.

El 3 de enero de 1914, la oficina de la Mutual en Nueva York se adelantó a la firma del contrato y lo hizo público. Villa se encontraba en esos momentos en Juárez negociando y esperando los resultados de los combates. A las ocho de la noche del día 4 de enero se recibió la noticia de la derrota que los rebeldes habían sufrido en Ojinaga y de inmediato Pancho ordenó a Rosalío Hernández que se preparara con la brigada de Camargo y se comunicó telegráficamente con Maclovio Herrera, que iba hacia el sur, para que a marchas forzadas regresara en tren con su brigada. El día 5, hacia las dos de la tarde, salió Villa de Juárez en ferrocarril, rumbo a Chihuahua, acompañado de Raúl Madero y Luis Aguirre Benavides. Allí cambiaron al ferrocarril en construcción hacia San Sóstenes. Siguieron a caballo en una noche de frío intensísimo.

En las fotos Raúl Madero siempre parece tener más frío que los demás, lleva sobre el traje un sarape de Saltillo y debajo, apenas encubierta, una bufanda. Se dice que cuando le preguntaron por qué era tan friolento, dijo que después del asesinato de su hermano Pancho siempre tenía frío, pero las fotos de 1911 lo muestran siempre cubierto con chalecos de lana, capotes y sarapes.

Sin Pancho en Ciudad Juárez, el contrato con la Mutual fue firmado en El Paso el 5 de enero por Eugenio Aguirre Benavides a nombre de Villa, y por Gunther Lessing, el abogado, a nombre de Thayer. Las reacciones en la prensa fueron muy negativas, el *New York Times* dijo: "El salvaje de Pancho Villa ha firmado un contrato para compartir ganancias con las imágenes de las batallas reales", y el huertista *El País*, en la ciudad de México, lo trató peor: "La parte infame es que se especulará con sangre de mejicanos". Aitken movilizó hacia El Paso a sus camarógrafos, entre ellos un italiano que había cubierto la guerra de los Balcanes; con ellos iba el fotógrafo John Davidson Wheelan.

En tres días los refuerzos de Villa, unos 1,500 hombres de las dos brigadas, la de Maclovio Herrera y los Leales de Camargo, se concentraron en un pequeño poblado llamado La Mula. Viajaban ligeros, sin alimentos; tomaron unas reses en las cercanías y comieron carne asada sin sal.

El 9 de enero Villa hizo una marcha de 48 kilómetros en diez horas hacia la hacienda de San Juan, punto de concentración de la División. Los testigos dirán que "al llegar Villa renace la animación" y que su llegada provoca "mucho gusto" entre la gente. En el campamento se canta una nueva canción: "Aquí está Francisco Villa/ con sus jefes y oficiales/ es el que viene a ensillar/

a los mulas federales". Villa recorre las hogueras hablando con todos. Le lee la cartilla a Toribio por no haber seguido sus consejos al salir de Chihuahua. "Siéntanse seguros de que otra gallina no me la vuelve a llevar el coyote". Los rumores de que Pancho Villa se ha puesto al mando de la División del Norte para atacar Ojinaga llegan a los sitiados.

A las seis de la mañana del día siguiente suena botasilla y se pasa revista. Para verlos, para que lo vean. Se reparten municiones a razón de 200 por cabeza. Luego se reúne el consejo de guerra y se ordena la aproximación a Ojinaga, a distancia fuera del alcance de la artillería. Las brigadas de Rosalío, Toribio Ortega y Maclovio deberían formar un semicírculo en torno a Ojinaga, dejando libre tan sólo la frontera con Estados Unidos. Se atacará sin sombrero y la contraseña será el número uno. Pena de muerte a los que corran. En la noche: barrerlos.

Al anochecer del 10 de enero las posiciones en torno a Ojinaga habían sido tomadas, la artillería estaba a una distancia de 2,500 metros. El día 11 transcurrió en medio de una tensa espera. Villa dejó en reserva una columna, la de Pánfilo Natera (las brigadas Morelos y Contreras, unos 700 hombres) y preparó un ataque nocturno. Teodosio Duarte comentará: "Le dijo a sus hombres, 'Les doy dos horas de plazo para tomar Ojinaga. El que dé un paso atrás me lo matan por la espalda. ¿Están ustedes contentos con las órdenes que he dictado?'". Estaba soplando un viento helado del norte.

El mayor McNamee, comandante de las tropas en Presidio, dirá que a las seis de la tarde, ya oscureciendo, empezó el combate. Cañoneo por ambos lados, fuego de fusilería.

Fue un ataque con varias columnas empujando a los federales rumbo al río. Maclovio Herrera y Hernández a través del camposanto y la garita, la brigada Villa por la Cañada Ancha, en el norte el coronel Trinidad Rodríguez a través del rancho San Francisco. Villa y la escolta, Madero y Luis Aguirre estaban en un cerrito. Villa comentó: "Parece una olla de frijoles hirviendo". En el momento de iniciarse el ataque unos villistas infiltrados entre la población subieron al campanario de la iglesia y comenzaron a tocar las campanas.

Hacia las 8:30 un mensajero del lado estadounidense informó que los federales estaban cruzando la frontera. Los soldados huertistas tiraban los rifles para huir más deprisa, se tiraban al río y nadaban. Algunos oficiales les dispararon. El general Mercado dirá en su informe: "Es la primera vez en nuestra historia militar, que muy cerca de dos mil hombres de nuestras fuerzas huyen a los primeros disparos", pero el capitán Manuel Espinosa, en el suyo, afirmará que Mercado fue de los primeros en desertar. Rodolfo Fierro, desde el otro lado, dirá: "Es chistoso ver a los federales correr hacia el río cuando cargamos".

Siguió el pánico. Un ejército entero se lanzó en medio de la noche a cruzar el río Bravo: armas, sangre, cadáveres, caballos. Villa dio órdenes de detener a los líderes de los colorados, era muy importante no dejarlos huir. Mandó patrullas a caballo, pero se habían esfumado. Orozco, que dejó en Ojinaga su espada de mango de oro abandonada, parece ser que se escondió en Shafter, 20 millas al norte de Presidio, para luego huir a San Antonio, donde lo esperaba su mujer. De ahí a Nueva Orleans, desde donde telegrafió a Huerta y éste envió un barco para recuperarlo. Terrazas y Orpinel se rindieron al ejército estadounidense. Caraveo, herido en un combate a fines de diciembre, abandonó la plaza ("yo salí con el grueso de mi brigada, pero no me fue posible continuar con toda ella") y él y Rojas se abrieron camino con un grupo y siguieron hacia el oriente; tres días después se reportaron a Huerta desde Cuatro Ciénagas, cerca de Monclova. Salazar logró escapar y cruzó el río Bravo. Cuando se encontraba a bordo de un tren rumbo a Eagle Pass fue detenido por los estadounidenses y enviado a Fort Bliss.

Las tropas estadounidenses en Presidio detuvieron a 3,352 oficiales y soldados (entre ellos nueve generales) y a 1,607 mujeres, acusados de violar las leyes de neutralidad. Se montó un hospital de emergencia en la escuela. Luego en caravana fueron hacia Marfa, muchos de los detenidos hambrientos, heridos y enfermos, y finalmente fueron concentrados en Fort Bliss.

La División del Norte federal había desaparecido, y en el combate de Ojinaga los villistas habían sufrido sólo 35 bajas. Villa fue generoso en la victoria y amnistió a los prisioneros. El botín era cuantioso: 14 cañones, 100 mil balas, 2 mil Máuser. Rodolfo Fierro, en un intento por llevar la noticia a Ciudad Juárez, trató de viajar por el lado estadounidense de la frontera y fue detenido en Marfa; finalmente llegó vía El Paso para dar cuenta a Eugenio Aguirre Benavides, quien declaró a la prensa: "Nuestra estrella refulge más brillante que nunca". Y es cierto, era la estrella de la División del Norte, pero también era la estrella de Villa, que con su sola presencia había convertido la derrota de Ojinaga en victoria.

Una oleada de fotógrafos estadounidenses, que incluía a los camarógrafos de la Mutual, cruzó el río para fotografiar los cadáveres y vender más tarde postales a los curiosos. La Mutual llevó ocho camarógrafos y dos fotógrafos a Ojinaga, encabezados por Karl von Hoffman, del que se había dicho que era el "fotógrafo de prensa más intrépido de Estados Unidos".

Justo al amanecer del día posterior a la batalla, Pancho Villa y Pánfilo Natera fueron retratados juntos. Sobreviven dos fotografías, la versión con sombrero y la versión sin sombrero; para la segunda toma el fotógrafo debió haberles pedido que se los quitaran. En la versión con sombrero Villa estaba hablando y Pánfilo parecía triste. Están llenos de tierra. En la versión sin sombrero tienen los pelos parados, los ojos cansados, como si llevaran sin dormir mucho tiempo.

Mientras los camarógrafos de la Mutual se dedicaban a Villa y sus tropas, Wheelan recogió la tragedia de los derrotados en una larguísima serie de fotografías que muestran con una mezcla de candor y patetismo a los federales, las mujeres y los niños, en los campamentos improvisados del otro lado del río.

El periodista Bertram B. Caddle fue el primer corresponsal en llegar: "Cuando encontré a Villa en sus cuarteles estaba de muy buen humor". Villa, que andaba muy generoso, se apresuró a dar el crédito de la victoria en Ojinaga a Natera y a Toribio Ortega, porque ellos habían desgastado a los defensores en los combates de diciembre. "Cuando él llegó estaban agotados".

Un día después de la batalla, bajo un cielo sin nubes, en las afueras de Ojinaga, pasa revista la División del Norte: José Rodríguez, Villa, Raúl Madero, Trinidad Rodríguez. Los jóvenes generales y coroneles villistas han adoptado el traje de tres piezas de su jefe; unos, los más garbosos, prescindirán de la corbata; todos usarán sombreros texanos, pero cada sombrero es diferente, cada sombrero marca al personaje. Los camarógrafos de la Mutual están filmando.

Aitken pareció decepcionado cuando se mostró la película sobre la batalla de Ojinaga en Nueva York. No había batalla. Como lo reportó el *New York Times*, la película no daba testimonio del combate, sólo se veía a Villa al atardecer guiando sus tropas a la batalla y sonriendo. Otra toma mostraba a Villa al frente de sus tropas fuera del campo de batalla a la mañana siguiente. De esas imágenes saldría más tarde la fotografía en la que Villa lleva la rienda en la mano derecha guiando a la columna y a lo lejos se ven los caseríos de Ojinaga, una foto que por la fuerza de la imagen y la manera como Villa cabalga resulta enormemente atractiva. A la derecha de Villa avanza un carro jalado por una recua de mulas. Lo acompaña Raúl Madero y un poco más atrás Rodolfo Fierro. Villa parece muy serio, con mirada fiera. Una foto que se ha reproducido cien mil veces, pero siempre con un pie de foto erróneo.

Un crítico de cine dijo de la película de la Mutual sobre Ojinaga que sólo era la historia de un montón de casas con una iglesia en medio. Villa y Ortega se quitan los sombreros cuando se los pide el camarógrafo. "Posaron mansamente". En el estreno de la película en Nueva York se encontraba el padre de Francisco Madero, que descubrió en la película a su hijo Raúl. "No sabía que estaba combatiendo". El viejo tuvo que salir de la sala y su otro hijo, Alfonso, fue a calmarlo.

Villa permanecerá varios días en Ojinaga, dando descanso a las tropas y consiguiendo préstamos de amigos gringos del otro lado de la frontera (a Luis lo manda por 500 dólares a casa de un "conocido suyo"). Aunque sus primeras declaraciones serán: "Iremos hacia Torreón", no parecía tomárselo con prisa.

NOTAS

a) Fuentes: John Klingemann: *Francisco Villa and the battle of Ojinaga*, contiene la mejor información sobre la batalla previa de las fuerzas de Natera. John Reed: *México Insurgente* y "El conquistador del norte" (en Ruffinelli). Sánchez Lamego/*Historia*, 3. Los informes de Mercado, Caraveo y el capitán Espinosa en Sánchez Lamego: *Historia*, 4-2,

Las defensas de los federales
en Ojinaga.

Aguirre Benavides y Gunther
Lessing, 3 de enero de 1914.

Villa y Natera versión con
sombrero. Foto de la Mutual.

Villa y Natera, versión sin
sombrero. Foto de la Mutual.

Villa inspeccionando el botín.

"Villa will direct charge of the rebels", "Salió Villa a Ojinaga". Villa/Bauche. Raimundo Salas: *Semblanza militar de los cc generales de división Maclovio Herrera y Francisco Murguía*. Aguirre B.: *De Francisco Madero*... Pere Foix: *Pancho Villa* (reproduce íntegras las "Mañanitas de Francisco Villa"). Martín Luis Guzmán: *Memorias*... Teodosio Duarte: *Memorias de la revolución*. Vicente Martínez Alvarado PHO 1/73. Brondo: *La División del Norte*, "Starshine brights, says gen Benavides". Almada: *Revolución* II, "Maj. Fierro tells of federal flight". Bertram B. Caddle: "Villa directs his army at Ojinaga" y "Villa begins march to Torreón". Tovar y Bueno: "Ciudad Juárez, baluarte de la Revolución Mexicana". Cervantes: *Francisco Villa y la revolución*. Calzadíaz: *Hechos reales*, 1. Rubén Osorio: "Ojinaga, materiales para una exposición" y "The Death of a President and the Destruction of the Mexican Federal Army". Anselmo Mancisidor: *Remembranzas*. Es interesante el documental de Enrique Madrid "The Devil Swing: la Junta de los Ríos".

Salvador Mercado, en "Los verdaderos acontecimientos sobre la destrucción de la División del Norte en el estado de Chihuahua", cuenta sus penurias y las broncas tras su paso por la frontera en Presidio y luego en Fort Bliss. La descomposición es tremenda. Hay un desplegado de Mercado titulado: "El general Mercado contesta a varios irregulares", donde se intercambian finuras ("cobardes, asesinos, traidores, corruptos") entre él, Castro y los colorados.

El contrato de cine. Brownlow: *The war, the west and the wildernes*. Orellana: *La mirada circular. El cine estadounidense de la Revolución mexicana*, "Villa signs movie contract is report". De los Reyes: *Con Villa en México, testimonios de camarógrafos americanos en la revolución*. Mark Gronlund Anderson: *Pancho Villa revolution by headlines*. Una copia del contrato se encuentra en el archivo Venustiano Carranza en Condumex.

La mayoría de los autores afirma que Villa demoró el asalto a Ojinaga para permitir que los de la Mutual llegaran a Presidio y que renunció a un ataque nocturno para que se pudiera filmar la batalla. Esta historia falsa se origina en un artículo del *New York Times* del 8 de enero de 1914 que decía que Villa retrasaba el asalto para permitir que llegaran a Presidio las cámaras, lo que permitió que los federales recibieran cartuchos, fusilaran prisioneros y el general Mancilla pudiera desertar al lado americano. Probablemente el origen de la información era la oficina de prensa de la Mutual en Nueva York.

Las fuentes se contradicen en la hora del inicio del combate y en la duración; los informantes dicen que fue a las seis, a las 7:30 de la tarde, que avanzaron a las ocho de la noche, a las nueve. Y que duró "poco más de una hora", "tan sólo media hora", "el frente federal se desmoronó justo antes de las 8", "a las 10:15 había terminado", "el combate duró un poco más de dos horas", "el combate duró 1:05" y "la batalla sólo duró 45 minutos". Dejémoslo en que inició al oscurecer y en no más de dos horas las defensas federales se habían desplomado totalmente.

Villa con el botín capturado en Ojinaga, entre Raúl Madero y Pánfilo Natera.

Puede ser que Pascual Orozco haya abandonado la plaza unos días antes de empezar el combate de Ojinaga, aunque su biógrafo Michael Meyer dice que estaba allí. Rubén Osorio dice que junto con algunos camaradas había cruzado el río Bravo y se había escondido con amigos en las minas de Shafter, Texas.

Revista de la División del Norte, afueras de Ojinaga. Foto de la Mutual probablemente de John Davidson Wheelan.

Rafael F. Muñoz escribió un cuento sobre el primer cerco a Ojinaga, "El hombre malo", pero sitúa la historia en Nochebuena y plantea un inexistente cerco inactivo de los rebeldes a causa de la tormenta. Aunque no funciona como información histórica por sus inexactitudes, lo hace bellamente como atmósfera.

Otro punto de vista.

Para el destino de los refugiados. Gerald G. Raun: "Refugees or Prisoners of War: The Internment of a Mexican Federal Army after the Battle of Ojinaga, December 1913-January 1914". Glenn Willeford: "American Red Cross Activities at the Battle of Ojinaga December 1913-January 1914". Berumen le mostró al autor la serie de fotos de John Davidson Wheelan en la Colección Texas A&M University Archives. Véase también "Pictures of Ojinaga battle" y el *New York Times* del 22 de enero de 1914.

La foto ha sido identificada falsamente como "Villa en Torreón", es parte del material de la Mutual y fue tomada a la salida de Ojinaga. *Excélsior* la identifica erróneamente como "San Carlos, camino a Torreón". Berumen: *Pancho Villa, la construcción del mito,* piensa que la foto fue tomada antes de la batalla; el autor piensa que después, tras la revista del 11 de enero, la ropa es la misma. J. Davidson Wheelan fotografiando para la Mutual. Sobre el material de la Mutual ver *Los rollos perdidos de Pancho Villa,* documental de Gregorio Rocha.

VEINTICINCO

EL GRINGO VIEJO Y EL MUERTO INCÓMODO (BIERCE Y BENTON)

A fines de mayo de 1913, un hombre que empezaba a sentir la vejez sobre su espalda le escribió una carta a un amigo diciendo: "Intento ir a México, donde gracias a Dios algo se está haciendo y en general quizás a América del Sur". Era un escritor famoso, sus *Obras reunidas* acababan de ser organizadas para la publicación y parecía estar en paz con la literatura, aunque quizá no tan bien con la vida, que había sido un desastre últimamente. Llevaba mucho tiempo separado de su mujer, sus dos hijos habían muerto, uno por suicidio después de una relación amorosa fallida y el otro por una profunda intoxicación alcohólica.

Ambrose G. Bierce, autor de los muy famosos *Cuentos de soldados y civiles* y *El diccionario del diablo*, le cedió los derechos de su tumba en California a su hija Helen (clara señal de que no pensaba ser enterrado allí), recorrió los lugares en los que había luchado durante la guerra civil y viajó hacia el sur.

Llegó a Nueva Orleans el 24 de octubre y en una entrevista anunció que había dejado de escribir y se marchaba hacia Sudamérica. La palabra México debió haber sido mencionada porque le preguntaron:

—¿Por qué va a México?

—Me gusta el juego, quiero verlo.

El "juego" era la revolución.

Pasó por San Antonio y de allí fue a Laredo. Antes de este viaje hacia el sur, la nada y el abandono de la palabra escrita. Bierce además de literato, era un famoso periodista de la cadena Hearst, aunque detestaba a William Randolph Hearst, su patrón, latifundista en México que intrigaba sistemáticamente contra la revolución. Bierce había escrito un largo texto contra él, pero a causa de que no quería avergonzar a la vieja madre de Hearst lo dejó guardado con el propietario de un hotel en Laredo antes de cruzar la frontera. Parecía evidente que tenía el plan de regresar. Poco después el manuscrito fue secuestrado.

En algún momento de su viaje escribió: "Quiero bajar y ver si los mexicanos pueden disparar derecho". A fines de noviembre cruzó el río en El Paso hacia Juárez y se dice que obtuvo credenciales de observador de las tropas villistas, aunque nadie en el cuartel general parecía recordarlo y ninguno de sus colegas periodistas lo vio. Curiosamente, a Bierce no le gustaba Villa; alguna vez había dicho que era un bandido sin mayor interés. Se dice que estuvo en Tierra Blanca, pero de ser así, llegó tarde a la batalla. Aun así se cuenta que no sólo estaba interesado en observar la batalla sino que participó en ella y que después de haberse burlado de unos combatientes adolescentes, tomó un rifle, apuntó y mató a un soldado federal a cierta distancia. Friedrich Katz dice que los revolucionarios estaban tan encantados que le dieron al viejo un sombrero villista como premio por su puntería.

Se cuenta que llegó a Chihuahua el 16 de diciembre de 1913 con 1,500 dólares en las alforjas, en los días en que Villa era el gobernador. Carothers y Lechter nunca lo vieron ahí, tampoco lo vieron los restantes reporteros estadounidenses, sus colegas, que sin duda lo hubieran reconocido, no en balde el viejo era todo un personaje a sus 71 años.

Se cuenta que envió una carta a la esposa de su sobrino el 26 de diciembre, pero la carta desapareció luego; en ella decía: "Trenes llenos de tropas salen de Chihuahua diariamente. Espero ir el día que viene a Ojinaga parcialmente por tren", y añadía: "Si oyes que me pusieron contra una pared de piedra mexicana y me hicieron harapos a tiros, toma nota de que pienso que es una buena manera de partir de esta vida, mucho mejor que morir de viejo, de enfermedad o caer de las escaleras del ático. Ser gringo en México ¡es eutanasia!". Muchos piensan que esa carta no fue escrita en Chihuahua sino en El Paso, que Bierce nunca cruzó la frontera y se la dio a alguien para que la enviara desde México. Si es así, ¿cómo sabía que las tropas villistas se estaban moviendo hacia Ojinaga?

Se asegura, y con razón, que el invierno era muy severo, que la primera parte del viaje se podía hacer en ferrocarril hasta San Sóstenes, luego había que viajar a caballo, en auto o en coche de mulas. Un clima así tuvo que haber afectado a Bierce, que sufría de ataques de asma. Algunos dicen que murió por enfermedad y que le quitaron el dinero que traía encima y lo enterraron en cualquier sitio.

Norman Walker, el reportero de *El Paso Herald* que cubría para su periódico la batalla de Ojinaga, estaba convencido de que Bierce nunca había estado allí, pero el capitán Salvador Ibarra, de la brigada de Toribio Ortega, recuerda haberlo acompañado cuando comenzaba el sitio, aunque luego lo perdió de vista. El capitán Emil Holmdahl oyó decir que habían matado a "un gringo viejo" durante la batalla, pero Holmdahl, herido en Tierra Blanca, no estaba en Ojinaga. Gregory Mason dice que vio a un gringo con barba en el Estado Mayor de Villa, pero Bierce no tenía barba. Carothers investigó con Villa y este negó conocerlo. Braddy preguntó años más tarde a viejos villistas y nadie lo reconoció.

Se dijo que había muerto de una bala o de enfermedad en Ojinaga, que muchos de los muertos fueron quemados con queroseno frente a la Iglesia de Jesús; otros simplemente cubiertos de vigas y fragmentos de las casas destruidas, o enterrados en las trincheras. Y así desapareció.

Muchos años después, un residente de Marfa llamado J. Alfred Roosevelt dijo que Bierce había pasado el río con los fugitivos federales, que murió en el camino y tropas de caballería lo enterraron en una fosa común. Un hombre le contó a Abelardo Sánchez una historia parecida, pero ambas carecen de susten- to. ¿Por qué iba Bierce a huir con los federales si estaba con los villistas?

Su desaparición causó un enorme revuelo, el gobierno de Estados Unidos abrió una investigación oficial que tuvo ecos en el gobierno de Carranza, entre todos los periodistas estadounidenses que seguían a la División del Norte e incluso entre las tropas de Villa. Nada. Bierce, en consistencia con su vida y su literatura, se había desvanecido.

Más de quince años después, en 1929, un discípulo y amigo de Bierce, Alphonse Dazinger de Castro, contó que en 1925 le escribió a Villa pidiendo una entrevista en su hacienda en Chihuahua, pero Villa no contestó (difí- cilmente podría haber contestado, la hacienda estaba en Durango y Villa en esos momentos estaba muerto). Aun así se presentó en la hacienda y Villa "le contó" que Bierce había sido expulsado del pueblo, junto a un peón que lo acompañaba, por haberlo criticado y hablado bien de Carranza. "Hipólito" y "Reyes" le contaron más tarde que luego Pancho había mandado dos hombres tras ellos y los habían ajusticiado. La historia, por alienígena que suene, tuvo cierto éxito. Quizás había sido tomada de un texto de Bernardo Calero pu- blicado en 1928, que contaba la teoría de que Villa mandó a matar a Bierce, porque "le dijo que él se quería ir con Carranza". Pero en esos días Villa y Carranza no estaban enfrentados. La teoría del asesinato de Bierce la terminó de elaborar el periodista Elías Torres, que decía que Faustino Borunda había sido el ejecutor, de donde la tomó luego McGaw en *South West Saga*.

Una supuesta versión de un testigo ocular, Patrick Reardon, un soldado de fortuna, aseguraba que Bierce acompañó a Villa en el camino de Juárez a La Laguna, que pararon en un poblado llamado El Mocho y hacia las dos de la tarde los federales atacaron el pueblo y una bala alcanzó a Bierce en un costado. Pidió agua y un rifle y lo dejaron apoyado en una pared, donde lo encontraron muerto al día siguiente cuando el cuerpo principal de los villistas llegó. Pero las columnas villistas no hicieron el trayecto de Ciudad Juárez a La Laguna, sino que se concentraron en Chihuahua y las vanguardias nunca se detuvieron en un lugar llamado El Mocho.

En los siguientes años su abogado recibió una carta en la que le asegura- ban que Bierce había sido visto en la guerra europea. Su viuda, aunque con- trató a todo tipo de médiums, no obtuvo mejores resultados en la búsqueda. En los siguientes años había de vérsele en el Matto Grosso de Brasil, en el café Gambrinus de la ciudad de México, en algún lugar de Sudamérica o viviendo en San Luis Potosí bajo el nombre de don Ambrosio.

Pancho Villa, ignorando que luego le cargarían el asesinato de un escritor que nunca había visto y al que no había leído, dejó Ojinaga. Había ordenado que las brigadas fueran a diferentes bases: la Zaragoza a Chihuahua, los de Rosalío a Camargo, Maclovio se establecería en Jiménez pensando ya en la futura ofensiva contra Torreón.

Tras haber anunciado en falso que viajaría a Ciudad Juárez ("Villa tiene el hábito de hacer lo inesperado", diría *El Paso Herald*), viajó a Chihuahua en automóvil con Raúl Madero, Luis Aguirre Benavides y Fierro. Una noche helada. Asunto peligroso porque podía haber partidas sueltas de colorados. Fueron con los fanales apagados la mitad del trayecto. Arribaron a la capital la tarde del 16 de enero.

Allí se encontraron con un enviado de Carranza, el licenciado Jesús Acuña, que traía en las manos el nombramiento de Manuel Chao como gobernador de Chihuahua; la medida había sido tomada sin consultar a Villa y a los generales de la División del Norte. Villa debe haberse sentido profundamente ofendido ("contrariado", dirán las crónicas), no porque despreciara a Chao y le pareciera una mala medida, sino por la forma como se hacía el nombramiento. Además, Acuña le pedía que contuviera la emisión del papel moneda, las famosas "sábanas", pero a Villa, a quien no le llegaba el papel de Sonora, no le había quedado de otra. Pocos días más tarde saldrán los billetes conocidos por la gente como "dos caritas" porque traían los rostros de Madero y Abraham González, ya firmados por Manuel Chao como gobernador.

El 17 de enero se produjo una conferencia telegráfica entre Villa y Carranza, en la que Carranza, después de disculparse porque habiendo estado enfermo había pospuesto esta comunicación, le dijo que los indultos que Villa hizo en Ojinaga eran "inconvenientes", que había que aplicar la ley de enero de 1862, y declaró que deberían ser "inflexibles". Curiosamente, la fama de sanguinario alcanzaría a Villa, pero no a Carranza. Luego habló de municiones de artillería y movimientos de cobertura. Villa le contestó con frases repletas de la fórmula "estimado jefe", "al que saluda con el cariño y respeto de siempre", y explicó el porqué de los indultos, pero dejó claro que si se lo pedía, "a éstos los fusilo y a los demás también". Luego comentó que era "un hombre que obedece sus órdenes" y ha puesto a Chao como gobernador, aunque era una "iniciativa" de Carranza y no una orden. Carranza terminará cediendo en el asunto de los indultados.

Villa parece estar dispuesto a tragar pequeños sapos con tal de mantener en buena forma la relación, aunque luego hablará con Chao y lo regañará, según Silvestre Terrazas, "severamente, haciéndole saber que su designación como gobernador era de su absoluto desagrado".

En esos días Villa recibió respuesta de una carta que le envió a Emiliano Zapata, el caudillo de la rebelión en el sur, mediante Magaña y después de la batalla de Tierra Blanca. Zapata le contestaba en una misiva repleta de advertencias sobre los falsos revolucionarios que no practicaban el lema de "tierra y libertad". Mencionaba una referencia de Villa sobre entrar a la capital de la

República y barrer "a sangre y fuego" con científicos, militares y clericales, y concordaba con Villa en que en 1911 se "fracasó porque al entrar en México no se decapitó a sus enemigos, y éstos al final vencieron". Decía que sabía que Pancho pronto tomaría Chihuahua y que empezaría "la repartición de tierras al pueblo", y le citaba partes del Plan de Ayala. Soledad Armendáriz, que era la secretaria del secretario de Villa, contará que Pancho le escribió una respuesta a Emiliano Zapata proponiéndole unir la revolución del sur con la del norte y se la envió con Darío Silva.

Necesitado urgentemente de dinero para montar la futura campaña, Villa aumentó la presión sobre Luis Terrazas hijo a fin de averiguar la historia del dinero oculto en el Banco Minero de Chihuahua, haciendo caso omiso de las presiones que le llegaban por diferentes conductos (un telegrama de Bryan del Departamento de Estado a Carothers, pidiendo que interceda con Villa, y cartas del senador Albert B. Fall pidiendo a Lázaro de la Garza que intervenga para lograr la liberación de Terrazas).

Se decía que el viejo Terrazas había dejado más de medio millón de pesos en oro escondidos en Chihuahua para cubrirse en caso de que algo le pasara a la caravana en la que huyó de la ciudad, o para que Luis hijo tuviera fondos suficientes para "tratar con Villa". Pancho envió a Raúl Madero a conversar con el detenido. Terrazas insistía en que desconocía la existencia del tal dinero. Villa se entrevistó personalmente con él. Se dice que le dijo:

—Como es hombre rico y como todo su dinero es dinero que los pobres le dejaron a guardar para cuando hiciéramos la revolución, ha llegado el momento de que me lo entregue. Créame que es muy grande la escasez de mis tropas.

Luis le contestó que de rico nomás le quedaba la fama y Villa lo acusó de antipatriota. Luego lo intentará Luis Aguirre Benavides, que fracasó, a pesar de que usó como argumento disuasorio una botella de coñac.

Se ha atribuido a Rodolfo Fierro el mérito de la confesión de Terrazas, pero fueron los hombres del Estado Mayor, Manuel Madinabeytia y Manuel Tostado y Baca los que lo sacaron del encierro, lo montaron en una mula y lo llevaron al desierto, donde lo colgaron de un árbol hasta que perdió el sentido. Convencido de que la cosa iba en serio, Luis confesó que sabía dónde estaba el dinero: en una de las columnas de las bóvedas del Banco Minero. Si "pica con una barra el techo del cuartito lloverá oro". Villa envió a Luis Aguirre Benavides con Raúl Madero y un mecánico llamado Manuel Espinosa con su broca eléctrica. Efectivamente, después de un rato de explorar comenzaron a caer los hidalgos de oro de 10 pesos por el agujero, "un torrente maravilloso" e interminable. Como sucedió el día de San Antonio de Padua, 17 enero, Villa anduvo chanceando que se había producido el milagro de San Antonio.

El dinero fue llevado a la Quinta Prieto. Luis lo contó: 30 bolsas de oro, casi 600 mil pesos oro. Después de cubrir las más apremiantes necesidades de la División del Norte, con lo que sobró Villa organizó un sui generis reparto a sus generales. Trinidad Rodríguez salió de allí con el sombrero repleto. Rosalío Hernández llenó un paliacate colorado. Luego Villa le entregó 10 mil a Luis Aguirre Benavides con el argumento de: "Si nos lleva la chingada en esta aventura, no está bien que deje a los suyos en el desamparo". Villa, mediante la pluma de Martín Luis Guzmán, diría: "Entreveía yo que sería mal camino para nuestra revolución salir de ella enriquecidos los hombres revolucionarios que mandaban, y estimé bueno mostrar a los que venían conmigo mi desinterés frente al montón de oro del Banco Minero de Chihuahua. Porque según mi pensamiento, ellos harían lo mismo con los […] subordinados y éstos con la gente de la tropa. Por eso tomaba yo grande empeño en que mi desinterés se conociera y en que todos tuvieran noticia de que ni una sola moneda de todo aquel montón de oro había sido para mi persona".

Aultman parece confirmar esta versión: "Pancho era uno de los hombres más completamente honestos que conocí. Si te debía dinero, siempre te pagaba, quizá robándoselo a alguien más. El amor al dinero no fue uno de sus pecados. Alguna vez tuvo millones y los arrojó al viento como confeti".

Una buena parte del dinero viajó de inmediato a El Paso para que Sommerfeld, "hombre cumplido", lo utilizara en la compra de materiales de guerra. Luis Terrazas hijo volvió a su prisión a la espera de que su padre pagara un rescate de 500 mil pesos.

Villa usaba una pistola calibre .44 que cargaba en la cintura. Como "todos los villistas", dirá Nicolás Fernández. Y un día en Chihuahua, narra Silvestre terrazas, al inicio de 1914 se puso a demostrarle a sus compañeros su formidable puntería tratando de quebrar la rama de un árbol de unos 60 centímetros de grosor que estaba a 100 o 200 metros de distancia; los primeros dos tiros dieron en la rama sin quebrarla y Villa comentó que estaba "muy chambón ese día".

Liberado de la carga del gobierno, Villa se dedicó a organizar la futura campaña de Torreón. El 21 de enero dio órdenes de que comenzara la concentración de tropa y llamó a la brigada Zaragoza, 1,500 hombres de caballería, que operaba como guarnición de Juárez. Los laguneros de la brigada serían esenciales actuando en su tierra. Villa le ordenó a Eugenio Aguirre Benavides que dejara el mando de Juárez a Fidel Ávila y se reuniera con sus hombres en Chihuahua.

Justo entonces Rodolfo Fierro mató a un oficial del Estado Mayor de esa brigada, un tal Vela. Las ya deterioradas relaciones de los laguneros con Fierro desde el asesinato de Enrique García de la Cadena en Gómez Palacio, llegaron al límite. Eugenio pidió a Villa que el crimen fuera castigado y en el duelo de Vela la brigada Zaragoza hizo una demostración pública pidiendo el castigo del asesino. Villa se negó diciendo que Fierro era sumamente útil y que si algún día había que subir a la sierra Fierro lo seguiría y Aguirre no. Villa ordenó entonces a Eugenio que le entregara el mando de la brigada a Raúl Madero y estuvieron a punto de salir de las fundas las pistolas. Una reunión providencial en la que participaron los hermanos Aguirre Benavides, Raúl Madero y Villa, sirvió para descargar tensión. Villa acusó a Eugenio de que su hermano (el abogado Adrián) le había cobrado honorarios sin hacer nada cuando estuvo preso en México y que se dedicaba al contrabando de ganado asociado a un tal Gabino Vizcarra, lo que era un vulgar chisme. Al final se produjo una reconciliación a lo Villa, con abrazos y lágrimas por parte de los presentes, pero de alguna manera las relaciones con Eugenio Aguirre habían quedado lastimadas.

El hijo adoptivo de Villa, Francisco Piñón, recuerda que durante una visita a la casa de Pancho, asistió en el jardín a un regaño de Villa a Rodolfo:

—General Fierro, una vez más me han traído la queja de que anoche en estado de ebriedad hirió usted a balazos a una persona. Es una lástima que un hombre tan valiente como usted lo es, se convierta en un verdadero animal cuando está tomado. Y sólo porque salimos a campaña y lo necesito, no procedo contra usted. Pero le advierto que es la última vez que se lo tolero, una queja más en contra suya y lo mando fusilar. ¿Está claro?

El periodista Larry Harris se preguntaba, dado que las peleas entre Fierro y Villa habían sido muchas, por qué no lo mató. El asunto sigue siendo un misterio. El caso es que la fama de Fierro iba muy por delante de sus hechos. John Reed diría: "Durante dos semanas que estuve en Chihuahua, Fierro mató a quince ciudadanos a sangre fría".

Entre el alud de curiosos personajes que llegaron a Chihuahua atraídos por la estrella ascendente del villismo aparece por allí el poeta peruano José Santos Chocano, que a sus 38 años había llegado a México en 1912 como comisionado diplomático del gobierno de Perú para entrevistarse con el presidente Madero. Expulsado a Europa en junio de 1913 por el gobierno de Huerta tras haber publicado "Sinfonía heroica", poema dedicado a la memoria del presidente Madero, escapó a La Habana. En enero de 1914 se incorporó a las fuerzas de Carranza en la ciudad de Hermosillo y fue comisionado para que se trasladara a Estados Unidos a hacer propaganda en favor del constitucionalismo. Le traía a Villa un mensaje de los escritores españoles Benito Pérez Galdós y José Echegaray: "… que un abrazo fraternal termine la lucha", que a Villa debió parecerle absurdo. ¿Darle un abrazo fraternal a Victoriano Huerta? Santos Chocano, pedante y autosobrevaluado, trató de acomodarse en el villismo, de cuyo caudillo solía decir que era el hombre de acción, mientras que él era la inteligencia ("para el pensamiento estaba yo"). Más allá de colaborar en folletos y decir discursos bastante ampulosos, escribió un poema, que a Villa debió parecerle al menos interesante:

Caes… caes… bandolero divino […]/ Un demonio y un ángel en rebeldes porfías/ disputáronse el signo de tu oculta intención […]/ Olvidar no podrías tus gloriosas locuras,/ ni rendirte al acaso ni dar un paso atrás,/ que cuando se desprende también de las alturas,/ la piedra cae a plomo y el rayo hace zigzags.

El 24 de enero Villa estaba enfermo en Chihuahua, debería estar valiéndole madre que cuatro días antes el cha de Persia hubiera reconocido al gobierno

de Victoriano Huerta, tenía un ataque de reuma y una gripe por andar durmiendo al sereno la víspera de Ojinaga. Al día siguiente le escribió a Carranza.
Le dijo que aunque su deseo era movilizarse velozmente y recuperar Torreón,
"me ha sido del todo imposible por falta de elementos de guerra y aunque
tengo mucha gente, carezco de armas y parque en cantidad suficiente para asegurar el éxito". Carranza le había dicho que fuera sobre Torreón sin dilación,
pero Villa pidió unos días para pertrecharse, "unos diez días más". Y le informó: "quiero ir a Ciudad Juárez para activar la importación de los elementos
que necesito, regresándome violentamente y emprender la marcha al sur". Ese
mismo día viajó a Ciudad Juárez. Lo acompañaba Tomás Urbina, que venía de
recuperar Mapimí en las cercanías de Torreón y traía importante información
sobre la situación de las tropas del general Velasco. Sin duda el viaje en tren,
en un tiempo récord de nueve horas, sirvió para que los dos compadres pusieran en orden lo que había sucedido después de su separación. Urbina también
estaba enfermo, quizá, como Villa, aquejado de fiebres reumáticas, recuerdo
de su vida de bandolero en las sierras de Durango. Los periódicos hablaban
de que venían a negociar el canje de rehenes con el clan Terrazas. Lo cierto es
que la familia Terrazas cruzó la frontera, aunque no haya registro de ninguna
conversación.

De pasada Villa ordenó en Juárez, dejando bien claro que Chao podía ser
gobernador, pero en Chihuahua mandaba la División del Norte, que se liberara de impuestos de importación el café, la mantequilla, la carne enlatada,
el jabón, la sal, las velas, el azúcar, el arroz, "para beneficio de los pobres de
Chihuahua". Llamó a los banqueros a reabrir sus oficinas en Chihuahua y dio
el visto bueno para multitud de tratos de venta de reses a rancheros estadounidenses de Columbus, Fort Worth, Portales.

Villa debe haber aprovechado para negociar con las compañías mineras.
Su territorio se encontraba en una zona minera en la que el 78% de la propiedad era estadounidense y en 1913 había descendido el precio del oro y la
plata y se temía que se produjeran cierres. Pancho necesitaba a las minas funcionando y pagando impuestos; favoreció a la American Smelting a cambio de
carbón y puso a funcionar los ferrocarriles que sacaban el mineral. En cierta
medida el villismo proporcionaba estabilidad y las empresas movieron sus
cabilderos para apoyar a Villa ante el presidente Wilson, aunque no dejaron
de regatear préstamos y colaboración. Por cierto, el representante en México
de los Guggenheim decía que prefería tratar con Chao que con Villa o Urbina.
Analizadas a lo largo de los años, estas relaciones de mutua conveniencia produjeron en algunos historiadores la curiosa teoría de que Villa era muy conservador; William Meyers dirá que "cuanto más se ha escrito sobre Villa menos se
sabe sobre él", y Victoria Lerner dirá que la simpatía que en esa etapa le tenía
el gobierno estadounidense se debía a las conexiones con el gran capital de los
Guggenheim y Rockefeller.

Además de sentarse con banqueros e industriales, Villa dio órdenes de que se hicieran compras de carbón y abrió los cuarteles al reclutamiento. En todos los campamentos de las brigadas de la División del Norte había carteles en que se podía leer "se solicitan altas" y fluyó el reclutamiento para ir a recuperar Torreón. Incluso se editaron carteles en inglés solicitando ametralladoristas, dinamiteros y ferroviarios: "Atención gringo, por oro y por gloria, *come and ride with* Pancho Villa".

El doctor Encarnación Brondo cuenta que Villa dedicó dinero y esfuerzos a montar una estructura sanitaria; llegaron muchos médicos estadounidenses, que ganarían entre ocho y 10 pesos diarios. La brigada sanitaria de la División del Norte la dirigirá el doctor Andrés Villarreal, al que Villa ha dado grado de coronel. A fines de febrero se adecuarán trenes hospitales, con mesas de hierro fijadas al suelo, anaqueles en las paredes para medicinas, carro dormitorio y hasta un escusado "de doble acción y maroma".

En medio de aquellas frenéticas jornadas de trabajo y organización, una extraña noticia asomó en la prensa de El Paso: Villa ha sido operado. Más tarde los diarios informarían que salió muy bien, pero nunca dirían de qué trató la operación. ¿Una vieja herida que volvía a dar lata? Villa sufría frecuentemente de oclusiones intestinales y padecía estreñimiento crónico, ¿tendría que ver con esto? Porque su última enfermedad había sido una fiebre reumática, que no tiene operación posible.

En esos días la Mutual le ofrece un uniforme con el argumento de que para posar necesita un cierto aire de marcialidad. ¿Cómo tomó Villa el asunto? Multitud de fotos dan fe de sus nuevos uniformes, uno de ellos claro, el otro azul marino; entre ellas una en la que el fotógrafo está tomando a un camarógrafo que está filmando a Villa. ¿Le gustaba el uniforme? No está tan claro. No debería hacerle demasiada gracia y sin embargo en todas las fotos está sonriendo. ¿Se ríe de sí mismo? ¿No le recuerda aquel uniforme de federal que tanto le hizo sufrir en la campaña contra Orozco? La gorra sí le debe de haber gustado. La oficina de prensa de la Mutual publicó en la prensa estadounidense un anuncio ilustrado con fotos de Villa con y sin uniforme, "antes y después", en el que decía: "El uniforme es propiedad de la Mutual Film Corporation. Villa se lo pone únicamente cuando aparece en escenas marciales para esta compañía".

Y de nuevo en esos días se produce una situación extraña. El abogado Bonales Sandoval, que lo defendió en 1912, llega a Juárez para tratar de obtener una entrevista con Villa. Es público que Bonales es un hombre del general Félix Díaz, enemistado con Huerta, y que su visita tiene segundas intenciones. La prensa estadounidense lo registra rápidamente: "Quieren provocar un rompimiento", dirá *El Paso Herald*. ¿Un rompimiento con quién? ¿Entre Villa y Carranza? Villa no lo recibe argumentando que está enfermo y Bonales regresa a El Paso, donde declara: "Mi visita fue personal". Villa le contará a Carranza en una carta: "Está aquí José Bonales Sandoval […] a quien hemos reconocido como uno de los coautores del cuartelazo, […] tuvo parte en el asesinato de Gustavo Madero al que yo quería bien". Tras comentarle que viene como espía de Félix Díaz añade que "no lo he fusilado, porque propone traer a Félix Díaz para que voltee una parte del ejército federal y así ver si los fusilo a los dos". Y termina pidiéndole instrucciones a Carranza.

Pero atrás quedó el rumor de que Bonales venía a ofrecerle a Villa la presidencia de México. Pancho hizo declaraciones a la prensa de El Paso el 29 de enero. "No tengo ninguna ambición de ser presidente de la República si triunfa nuestra causa […] soy un soldado a las órdenes de mi jefe". Ya en Chihuahua, John Reed le preguntará varias veces "por mandato de mi periódico", si quería ser presidente de México: "Ya le he dicho a usted muchas veces que no hay ninguna posibilidad de que yo sea presidente de México. ¿Tratan los periódicos de crear dificultades entre mi jefe y yo? Esta es la última vez que contesto esa pregunta. Al próximo corresponsal que me haga esa pregunta, haré que lo azoten y lo envíen a la frontera." Reed concluye: "Su lealtad a Carranza era perfectamente obstinada".

Ese mismo día Villa se tomó una serie de fotos y película con los camarógrafos de la Mutual. Los fotógrafos pretendían que Villa lanzara su caballo al galope y luego lo frenara. Eso lo sabe hacer y lo hace muy bien, los pocos fotogramas que se han conservado lo muestran dominando el caballo en algún lugar de Ciudad Juárez. Se contaba que Villa, para cobrarle más a los de la Mutual, había descubierto que si se ponía a contraluz obligaba al fotógrafo a repetir la toma y por tanto podía cobrarla dos veces. Otra toma, otra caja de balas. La historia no es cierta porque el pago de la Mutual había sido ya entregado a la firma del contrato, pero no por falsa deja de ser bonita. Lo que si es cierto es que Raoul Walsh, que había sido contratado como director por la Mutual, decía que Villa cuando lo filmaban le daba un fuetazo al caballo y pasaba a 90 por hora ante la cámara; que la palabra "despacio" fue la que más se usó en la filmación. "Cuando lo queríamos fotografiar rayaba su caballo un instante y después volvía a cabalgar".

La prioridad es conseguir dinero. La confiscación de las pieles de la Finnegan Brown Co. de Ciudad Juárez le dará a los villistas 100 mil dólares que rápidamente se utilizaron para comprar armas. Se calculaba, quizás exageradamente, que el hipódromo, los cabarés, los burdeles, las casas de juego, los bares, le daban a Villa en Juárez 300 mil dólares mensuales. De lo único que se negó a sacar dinero fue del tráfico de drogas, al que se oponía fuertemente, llegando a colaborar con la policía estadounidense en el asunto.

Aumentó el control sobre las haciendas expropiadas, se contaba que se habían apropiado de la hacienda Salazar en las cercanías de Palomas y fusilaron al hacendado y nombraron comisionando a Simón Maldonado como interventor de la hacienda Búfalo, encargándole que cuidara de los intereses de la gente que trabajaba en esa hacienda, pero también de que la hiciera producir para la revolución.

La prensa estadounidense decía que la fortuna de la División del Norte ascendía a cinco millones de dólares y hablaban de "el arcón de Villa". Pero como se llenaba, se vaciaba. En esos días Villa le pidió a los dueños de La Popular, en El Paso, que le prestaran 50 mil dólares para pagar a la tropa. Desconcertados, los propietarios aceptaron la propuesta tras muchas vacilaciones, basados en que Villa era "hombre de palabra". Una semana más tarde Mauricio Schwarz recibió un recado citándolo en los patios del ferrocarril y contempló sorprendido una caja que venía a su nombre repleta de monedas de plata.

El movimiento económico en esa esquina de la frontera era inmenso. Una sola empresa, la Shelton Payne Arms, facturó en 1913 un millón cien mil dólares. Los que hicieron su agosto fueron los intermediarios. En enero De la Garza y Sepúlveda, su ayudante, ganaron dos millones de pesos de comisiones en la compra de billetes de banco villistas.

El 3 de febrero, ante el anuncio de que el presidente de Estados Unidos, Woodrow Wilson, había levantado el embargo de armas a México, Villa declaró: "La mitad de la fuerza de Huerta depende de su capacidad de conseguir armas en el extranjero" (Huerta también las estaba consiguiendo en Japón y Francia). Los periodistas registran que Villa recibió la noticia con júbilo lanzando su sombrero al aire y gritando: "Ya se va a acabar la guerra". Cuando le pidieron un comentario dijo que aunque el anuncio favorecía a todas las partes, iba a ser muy dañino para Huerta. Villa estaría pensando en que la frontera era territorio de la revolución, y tan era así que en el noticiero cinematográfico *Animated Weekly* del 25 de febrero de 1914 se veía a rebeldes mexicanos jubilosos viendo entrar a México un embarque de municiones que cruzaba la frontera en Ciudad Juárez; en esos mismos días le llegaban a Villa 461 mil cartuchos a través de Galveston.

Mientras Villa se dedica a la reorganización militar, el gobierno de Manuel Chao continúa en la línea que había marcado el primer gobierno revolucionario. Chao nacionalizó en la práctica la banca de Chihuahua cancelando, por caducas, sus concesiones. El gobierno se hace del Banco Minero, Banco de Sonora, Banco Comercial Refaccionario, la sucursal del Banco Nacional. Se incautan los bienes. Y Silvestre Terrazas, que continuaba como secretario del gobierno, ordenó que se salvaran las bibliotecas de los ricos que estaban en casas ocupadas por los oficiales de la División del Norte. Enormes bibliotecas se depositaron en la biblioteca municipal de Chihuahua y de pasada Silvestre recuperó más de 30 pianos.

El 10 de febrero se estableció la Agencia Financiera y Comercial de la División del Norte. Villa la formalizó en una carta dirigida al saqueador burgués de Torreón, Lázaro de la Garza, en la cual lo hacía responsable junto a Fidel Ávila e Hipólito Villa. Se establecieron en un edificio de ladrillo de un piso en la calle Lerdo, en Ciudad Juárez. La casa estaba conectada a la línea telegráfica del ferrocarril. Es el instrumento de Villa para mantener operativo el ejército sin pasar por el gobierno; por ahí circulará el dinero de las casas de juego de Juárez y la venta del ganado de los Terrazas. Poco a poco se irá reuniendo un equipo de colaboradores interesante, entre ellos Sommerfeld, Sepúlveda, Farías, el mecánico estadounidense Royce G. Martin (futuro dueño de Electric Autolite, que se haría millonario fabricando bujías), al que Villa nombra "agente fiscal". Royce, a lo largo de los años siempre describió su trabajo para Pancho de manera vaga. Había perdido la punta de un dedo en una bronca con revólver con un dueño de una casa de juego en Juárez, al que probablemente estaba pidiendo contribución para la revolución.

Una de las primeras medidas fue estrechar relaciones con la Hyman Krupp Co. de El Paso, a la que la Agencia le compró 40 mil uniformes, abrigos y botas; la empresa ofrecía un amplio crédito y aceptaba moneda villista a 35 centavos de dólar (no a cincuenta, el cambio oficial). Oscar Lesser cuenta que Villa lo buscó y le pidió un favor, que le presentara a Jaime (Hyman) Krupp, comerciante de mayoreo de El Paso. Se subieron al tren y viajaron a Juárez. A la mañana siguiente se entrevistaron.

—Señor Krupp, necesito con urgencia para mis tropas 150 mil dólares en ropa y en equipos que usted tiene en su tienda y puede surtirme.

Krupp dijo que con gusto lo surtiría, pero Villa aclaró que no tenía dinero y quería crédito. Lesser dijo: "Yo pensé que se había vuelto loco. Era imposible que el señor K, sin conocerlo, accediera".

—Señor Krupp, la única garantía que puedo darle es mi palabra. Confíe usted en mí, si gano, le pago, y si pierdo usted pierde.

Krupp aceptó diciendo:

—Usted va a ganar.

Unos meses después Villa regresó y le pagó en oro. Además le ofreció un contrato para pavimentar Ciudad Juárez, que Krupp no aceptó.

Villa personalmente recibió en esos días en Juárez la visita de varios comerciantes de armamentos a los que hizo grandes pedidos. El 4 de febrero entraban a Juárez, importados por Krakahuer, Zork y Moye, 30 mil cartuchos y siete cajas de rifles; ese mismo día R. Hernández metió 75 mil balas y un día más tarde *El PasoTimes* reportaba el contrabando hormiga de municiones para el villismo, en el que estaban involucradas mujeres y niños; se pagaban ocho dólares por mil balas y dos o tres centavos por cartucho. Tal era la euforia armamentista que entre tantas verdades y rumores le llegaba a Huerta la noticia de que Villa se acababa de comprar un blindado y le enviaban una foto a través del sistema consular del gobierno. Lamentablemente (para Pancho) la historia no era cierta.

Todo parecía ir sobre ruedas hasta que apareció en El Paso William Benton, un personaje muy conflictivo (unos dicen que en el momento de producirse su encuentro con Villa tenía 45 años, otros invierten los números y dicen que 54). Había nacido en Escocia y alrededor de 1892 llegó a buscar oro en Durango. Le fue bien, se casó con una mexicana de familia rica y compró un rancho para criar ganado, Los Remedios, cerca de Santa Isabel. El rancho fue creciendo hasta alcanzar 129 mil hectáreas, muchas de ellas robadas a las comunidades vecinas de Santa Rosalía y Santa María de Cuevas, las que en 1908 lo acusaban de que cercaba los potreros, limitaba el acceso a las aguas y no permitía los arrendamientos tradicionales de los pueblos para sembrar alimentos. En vísperas de la revolución Benton se quejaba en la prensa del "bandidaje endémico de Chihuahua" y antes de la revolución había recibido amenazas de muerte de campesinos rebeldes, los "anarquistas enemigos de la propiedad", y cuatreros, y vivía bajo la protección de los rurales. En 1910 el rancho llegó a valer un millón de dólares y el ganado otro tanto.

Algunos autores han dicho que él y Villa habían sido amigos; nada más lejos de la realidad. Cuando el alzamiento maderista Villa le había pedido a Benton dinero contra un vale cuando pasaba cerca de su hacienda. Benton apeló a Cástulo Herrera quien, siguiendo instrucciones de Madero de que no quería conflicto con extranjeros, le dio la razón. El asunto casi termina a tiros. Un año más tarde Benton denunciaría ante Abraham González a Villa como cuatrero en el breve periodo en que Villa fue carnicero en Chihuahua. En 1912 de nuevo tuvieron un encontronazo en el que Benton se salvó de milagro, cuando se puso bajo la protección de la revuelta de Pascual Orozco. Thord-Gray mencionaba que se decía que había hecho comentarios desagradables sobre las mujeres estadounidenses en el club de periodistas extranjeros en Chihuahua y que un periodista gringo le había dado una bofetada, y que en febrero de 1914 había colaborado con los federales. Luis Aguirre Benavides lo describe: "Era Benton el tipo de extranjero odioso, consciente de la superioridad de su raza, atrabiliario y despótico, que hacía padecer a los peones los rigores de los encomenderos".

El 15 de febrero Benton le dijo a su hermano que "iría a ver a Villa y le diría lo que pensaba de él". Viajó de Chihuahua a Juárez y anduvo por ahí diciendo que "no le tenía miedo a nadie". Parece ser que después de un primer intento frustrado llegó a las oficinas de Villa en el cuartel de la calle Lerdo, acompañado por un estadounidense. Probablemente iría algo bebido, porque tenía fama de ser muy aficionado al whisky. Dejó a su compañero en la puerta, sentado en una banca. Según sus amigos estaba desarmado, pero parece ser que escondida traía una pistola belga con cartucho cortado. Benton venía vestido de caqui con un uniforme similar al del ejército estadounidense. Los escoltas le vieron porte militar y lo dejaron pasar. Benton llegó "hasta dentro" del cuartel.

En la habitación de Villa y en la contigua se encontraban Pancho, Luis y Eugenio Aguirre Benavides, Rodolfo Fierro, Hipólito, un peluquero (que otras fuentes vuelven el chofer Eustaquio) y Carlos Jáuregui, que iba a llevar a Estados Unidos al hijo adoptivo de Villa, Francisco Piñón, de 13 años. Luz Corral, que en esos días llevaba la comida en loncheras de El Paso a Ciudad Juárez, arribaría un poco más tarde.

Cuatro de los testigos han dejado registro de lo que pasó entonces; desde luego, registro contradictorio. Quizá la versión más colorida es la del adolescente Piñón:

Había ambiente familiar. Benton entró por sorpresa.

—¿Quién es el general Villa? (no se conocían personalmente.)

—Yo soy, a sus órdenes.

—Quiero que me extienda un salvoconducto para sacar mi ganado de la hacienda de Los Remedios, porque no quiero que me lo sigan robando.

Villa se puso en pie y encabronado por la manera altanera de Benton, le soltó en seco:

—No, señor, ustedes los extranjeros tienen la obligación de sufrir igual que todos los mexicanos, porque ustedes se han enriquecido con el sudor del rostro de los mexicanos —y le negó el permiso.

Entonces Benton le "reclamó a Villa de forma muy soez" y Villa le contestó muy fuerte. Luis Aguirre Benavides y Piñón contarán que en un determinado momento de la discusión que iba subiendo de tono, Benton se llevó la mano a la pistola.

Villa y Rodolfo Fierro se lanzaron sobre él forcejeando y Fierro le disparó dos tiros. El *New York Times* sería muy preciso (¿de dónde sacó la información?) y diría que Benton recibió un tiro en el estómago y un segundo cuando cayó al suelo. Aunque al paso de los años, quizá recordando esas ingratas habilidades, se diría que Rodolfo le había hundido en la espalda la daga que siempre traía con él.

El cuerpo del escocés quedó a mitad de la sala. Lo envolvieron en una alfombra y lo amarraron con unos mecates. Poco después arribó Luz Corral con un cocinero y un mesero que pasaron al comedor a poner la mesa. Villa le dijo a su mujer que no entrara a la pieza contigua porque tenía allí un prisionero. "Es un inglés que venía dizque a matarme", enojado porque le habían confiscado la hacienda de Los Remedios. Se organizó la comida.

¿Salió vivo Benton del cuartel de la calle Lerdo? Lo más probable es que el escocés estuviera muerto cuando lo sacaron. En lo que todos están de acuerdo es en que Villa le encargó a Rodolfo Fierro y a Manuel Banda que se llevaran el cadáver y lo transportaran en tren a la cercana estación de Samalayuca. Fierro le disparó un balazo en la nuca antes de enterrarlo. En posteriores versiones, Carothers y Ramón Puente dicen que Benton estaba vivo y tuvo un diálogo con Fierro, que hablaba algo de inglés: "Fierrito, haz el hoyo más grande, porque de aquí a la noche me sacan los coyotes".

Poco tiempo después, probablemente alertada por el amigo que había quedado en la puerta, llegó la esposa de Benton a preguntar por él. Y el 19 de febrero, haciéndose eco de la información de que Benton había ido a visitar a Villa y desapareció, la embajada británica pidió al Departamento de Estado estadounidense que intercediera. Estados Unidos dio instrucciones al cónsul estadounidense en Juárez para que se entrevistara con Villa. Carothers mismo lo hizo, retornó a El Paso e informó a su gobierno: "Villa me informa que Benton no está arrestado, dice que sospecha que está en un complot para matarlo. Yo creo que será detenido hasta mañana que Villa marche al sur y entonces será puesto en libertad".

Los periódicos de El Paso comenzaron a airear el asunto e incluso acusaron a Villa de haberlo matado personalmente. Según los agentes comerciales villistas, tras la campaña estaban los agentes de Huerta.

El día 20, sin dar demasiada importancia a la muerte de Benton, Villa salió hacia Chihuahua para preparar la campaña de Torreón. Pero el 21, ante las dimensiones que estaba tomando el asunto, ya en Chihuahua, le envió un telegrama a Carranza: "Martes 16 [...] inglés William Benton trató de asesinarme en Ciudad Juárez, pero debido a la violencia con la que obré pude desarmarlo personalmente y lo entregué a un consejo de guerra para que lo juzgara el cual lo condenó a muerte. Con este motivo prensa enemiga en Estados Unidos anda haciendo gran escándalo. El citado Benton además del atentado contra mi persona ha cometido varios crímenes amparado por Terrazas". Un segundo telegrama a Lázaro de la Garza en Juárez explicaba que había ejecutado a Benton porque había intentado asesinarlo, y no había considerado su nacionalidad. Pedía que le explicara esto a Carothers y a la prensa estadounidense.

Más tarde Villa ofreció que le mostraría la tumba al cónsul de Estados Unidos y Adrián Aguirre Benavides redactó una condena de muerte del consejo de guerra, que nunca se había producido, y del que fue miembro Eduardo Andalón. Pero al mostrar el cuerpo y entregarlo a la viuda iba a presentarse un problema, Benton nunca había sido fusilado, como Villa había dicho públicamente. Por órdenes de Pancho, Luis Aguirre Benavides visitó al doctor Villarreal y conversó con él sobre la posibilidad de desenterrar a Benton y refusilarlo, pero el doctor dijo que se notaría que lo habían fusilado cuando estaba muerto.

La presión estadounidense proseguía. El día 22 el cónsul informaba que Villa se negaba a mostrar el cadáver y el Departamento de Estado urgía a Carothers que presionara a Villa para que entregara el cuerpo. Carothers pensaba en esos momentos, y así lo informaba, que el consejo de guerra se había hecho después de la muerte de Benton. Villa debería estar sorprendido. ¿A quién le podía importar si lo habían fusilado, ejecutado con consejo de guerra o nomás baleado? ¿Quién le había mandado a Benton a meterse en su casa con la pistola en la mano? Y Benton ni gringo era y además había sido colorado y porfiriano y terracista. En eso parecían coincidir Villa y el gobierno estadounidense, que mientras mantenía las presiones en público animado por la prensa, recibía informaciones de su embajada en Londres de que Benton era "hombre de mala reputación", lo que en lenguaje diplomático equivale a decir que era un mero delincuente, como sugiere Aguilar Mora.

Carranza sacará a Villa del embrollo. Primero nombrará una comisión investigadora mexicana (impidiendo el acceso a una internacional) con Felipe Ángeles, Miguel Silva (que terminará trabajando en la brigada sanitaria de la División del Norte) y Ramón Fraustro, y luego dará órdenes a Villa de que no se haga el peritaje forense.

El 28 de febrero Carranza contestó a los estadounidenses que las reclamaciones las debería haber hecho el Foreign Office británico a él. Carranza le dirá a John Reed: "A Estados Unidos les digo que el caso Benton no es de su incumbencia. Benton era súbdito británico. Responderé a los enviados de la Gran Bretaña cuando vengan a mí con la representación de su gobierno. ¿Por qué no vienen a mí? ¡Inglaterra tiene un embajador en la ciudad de México, que acepta ser invitado a comer con Huerta, se quita el sombrero para saludarlo y estrecha su mano! […] El asesinato de Benton se debió a un ataque depravado sobre Villa de un enemigo de los revolucionarios".

Pero los estadounidenses seguían presionando, en una verdadera guerra diplomática que involucraba hasta al secretario de Estado Bryan, incluyendo ahora las preguntas sobre la desaparición de un americano llamado Bauch de la cárcel de Juárez, que Villa negaba se encontrara en Chihuahua, aunque ciertamente había estado detenido, pero que había sido puesto en libertad. Corrían rumores de que Villa lo había matado por ser un espía huertista. Carranza creó una segunda comisión investigadora que descubrió que Gustavo Bauch no era estadounidense, era súbdito alemán, ferrocarrilero, que había muerto en una reyerta con el capitán Ladislao Reyes y estaba enterrado en Ciudad Juárez.

No quedaría ahí la cosa. En El Paso se celebraron mítines antivillistas por el caso Benton y la prensa estadounidense mantuvo la presión. *Los Angeles Times* llamaba a Villa en esos días "bandido y asesino". Incluso *The World*, para equilibrar las crónicas de su corresponsal John Reed, muy pro villistas, publicará un artículo negativo, basado en una investigación realizada en El Paso entre exiliados, que sacan a la luz el pasado de bandolero de Villa; verdades, mentiras y medias verdades.

Notas

a)   Fuentes. El caso Bierce. El recuento más inteligente es el de Glenn Willeford: "Ambrose Bierce, *The Old Gringo*: Fact, Fiction and Fantasy", que al ir desmontando las anteriores versiones deja como única posible la que compartimos, que Bierce murió en Ojinaga de enfermedad o bala y fue enterrado en una de las muchas tumbas colectivas.

La versión de que Villa anduvo cargando a Bierce durante un año para luego asesinarlo se origina en el texto de Bernardo Calero: "La doble muerte del general Francisco Villa", en el libro de Adolph De Castro, *Portrait of Ambrose Bierce*, y en el artículo de José Antonio Ramos: "Ambrose Bierce soldado de Villa". Y la reproduce de una manera más fantástica Elías Torres en "El último chiste lo dirá usted en la otra vida a Carranza", que a su vez es citado como fuente fidedigna por McGaw en *South West Saga*.

Ambrose Bierce.

Paul Fatout: *Ambrose Bierce, the devils lexicographer*, "Villa killed Bierce in 1913, friend says", "Tells of Bierce dying in battle in Mexico". Richard O'Connor: *Ambrose Bierce*. Carey Mc Williams: *The mysteries of Ambrose Bierce*. Roy Morris Jr.: *Ambrose Bierce alone in bad company*. "Ambrose Bierce and Pancho Villa", de Don Swaim, es un bonito cuento que reproduce una larga y supuesta conversación entre Villa y Bierce en el combate de Ojinaga. No hay que olvidar Carlos Fuentes: *Gringo viejo* y su versión cinematográfica *Old Gringo*, con un Gregory Peck como Bierce que no tiene mala estampa.

"Dos caritas", salen el 10 de febrero del 14, ya firmados por Manuel Chao como gobernador.

El breve periodo entre Ojinaga y la muerte de Benton es tratado en: Aguirre B.: *De Francisco Madero...* Almada: *Revolución* II, "Villa starts advance south". Francisco Piñón en Osorio: *Pancho Villa, ese desconocido*. Reed: *México Insurgente*. La toma de Mapimí en el *Archivo Histórico de Durango*. Brondo: *La División del Norte*. Romo: *Ringside seat to a revolution*. Hart: *El México revolucionario*. Hall y Coerver: *Revolución en la frontera*, "$5,000,000 in cash in Villa war chest". Terrazas: *El verdadero...*, "Villa waves his hat in joy".

Cartel de reclutamiento.

Oro del Banco Minero: Reed: *México Insurgente*. Aguirre B.: *De Francisco Madero...* Martín Luis Guzmán: *Memorias* y "Villa y la Revolución". Nicolás Fernández en Urióstegui: *Testimonios del proceso revolucionario en México*. Jaurrieta: *Con Villa, memorias de campaña*. Luis Terrazas junior escribirá una confesión fechada en 1916 y producida tras su liberación ya en Estados Unidos, don-

Villa con el uniforme nuevo, entre sus acompañantes Raúl Madero y Rodolfo Fierro. La foto es de los fotógrafos de la Mutual.

de morirá poco después (citado por Katz: *Villa*). Papeles de Lázaro de la Garza 9A1, 9A3. Aultman en versión Harris: *Strong...* Osorio: *Correspondencia*. Pistola: Aguirre Benavides: *Grandes batallas...* Terrazas: *El verdadero...* Martín Luis Guzmán cuenta con detalles la relación entre Pancho y su pistola en *El águila y la serpiente*. Minas: Katz citando la historia de los Guggenheim de O'Connor. William K. Meyers: "Pancho Villa and the multinationals. United States interests in villista Mexico". Victoria Lerner: "Una derrota diplomática crucial, la lucha villista por el reconocimiento diplomático estadounidense, 1914-1915".

Ciudad Juárez 29 de enero de 1914. Fotos de la Mutual, quizá fotogramas de la película. Se atribuyen a J. M. Davis.

Fotografiado fuera del cuartel de la calle Lerdo en Ciudad Juárez, con el uniforme nuevo.

Foto de Otis Aultman, Villa con el otro uniforme nuevo en Ciudad Juárez.

Cine. *The New York Times*, 11 de febrero. Orellana: *La mirada circular*. Bronlow: *The war, the west and the wildernes*. Bonales y presidencia: "Quieren provocar un rompimiento". Juan Barragán: *Historia del Ejército y la Revolución Constitucionalista*, 1. Almada: *Revolución* II. Marte R. Gómez: *Pancho Villa, un intento de semblanza*, "Villa would not accept presidency". Reed: *México Insurgente*.

Para la oficina financiera. Papeles de Lázaro de la Garza N 10 y H 1. Aguirre: *De Francisco Madero...* Vargas/*A sangre y fuego...* McGaw: *Southwest*. Estrada: *Border Revolution*. Katz: *Pancho Villa*. SRE LE781R L8(3).

El caso Benton. Francisco Gil Piñón: "La muerte de William Benton". Gil Piñón PHO 1/9 y su testimonio en Osorio: *Pancho Villa, ese desconocido* (en los testimonios de Piñón, Luz Corral se encontraba en el cuarto, sentada en la cama platicando con Villa, pero en el testimonio de Luz ella dice que llegó un poco más tarde). Aguirre Benavides: *Grandes...*, y la misma versión en *De Francisco Madero a...* La versión de Villa en las *Memorias...* de Martín Luis Guzmán está contaminada por las explicaciones oficiales que Pancho tuvo que dar posteriormente. Puente: *Dictadura*. Elías Torres tiene tres versiones: "Hoguera humana", "El silencio se impone", y reproduce una de Louis Stevens en: "Ahí viene Pancho Villa". Barragán: *Historia del Ejército*, 1. Eduardo Andalón PHO 1/80. Knight: *Revolución*. Eisenhower: *Intervention! The United States and the Mexican revolution*, "Benton was slain by pistol shots in Villa's office". Salmerón: *La División del Norte*. Algunos autores llaman a la Hacienda de Benton Santa Gertrudis. Wasserman da el tamaño de la hacienda, aunque en el cuadro del latifundio chihuahuense de Vargas aparece como de 59 mil hectáreas. Almada: *Revolución*, 2. *The Sun*, 7 de marzo de 1914. Herrera: *Cómo era...* Vargas: *A sangre...* SRE/LE 784 R, L.15 (2), Investigation on Mexican affaires. Breceda: *México revolucionario*. Thord-Gray: *Gringo rebelde* (prólogo de Aguilar Mora). Reed: *México Insurgente*. Papeles de Lázaro de la Garza B5. Mark Gronlund Anderson: *Pancho Villa's revolution by headlines*.

Katz rescata el testimonio de un mercenario gringo de la División del Norte que estaba en el cuarto contiguo, que dice que asistió a una discusión sobre el ganado de Benton y se oyó un tiro y cuando entraron a la oficina el escritorio tenía un agujero por donde Villa había disparado sentado. Los hechos se dice que sucedieron en la calle Comercio de Juárez, o en la casa de Hipólito (la "Casa Ochoa", dice Almada). El autor, siguiendo a Piñón, Aguirre y Martín Luis Guzmán, da por bueno el cuartel de la calle Lerdo, que era donde Villa se quedaba normalmente.

Elías Torres, cuyas versiones no suelen ser muy confiables, dice que en la habitación se encontraban Gabino Vizcarra y Andrés Farías de la Agencia Financiera, recibiendo órdenes para darle una ayuda económica a una viuda que estaba allí mismo con su hija; y que Fierro estaba en el cuarto de al lado lustrándose las botas.

Sobre Bauch. Archivo Federico González Garza 34/3315. Cumberland: *La Revolución Mexicana. Los años constitucionalistas.*

Ciudad Juárez, foto de Alexander & Green en Ciudad Juárez enero de 1911.

El sello de la Oficina Financiera.

Pancho e Hipólito.

Benton, dibujado por "su amigo" F. Sommerfeld en El Paso, publicado en *Los Angeles Times.*

VEINTISÉIS

1914. RESTOS Y MEDALLAS

Cuando Villa retornó a Chihuahua encontró pegado en las paredes de la capital un decreto diciendo que las monedas de plata y los billetes bancarios serían considerados falsos y no podrían cambiarse por billetes villistas. Su campaña financiera había sido seguida sabiamente por Chao. Y ahora sí habían aparecido los quejosos, llorosos, usureros de pueblo. El gobierno respondía que haría una concesión con algunos y que podrían pasar unos días más tarde a cambiar dinero a la tesorería; corrió el rumor y la oficina de recaudaciones de la tesorería se colapsó. Se había logrado el objetivo de hacer plenamente circulante el dinero villista.

Y como si el caso Benton no fuera poco, reportaron a Villa las actividades de uno de sus allegados, Manuel Baca, mejor conocido como Mano Negra, que había fusilado a varias personas en el cerro de Santa Rosa, en las afueras de Chihuahua. En un caso se trataba de un hombre al que Villa había dejado en libertad, de apellido Torres, y Baca se había apropiado de su casa y de todos sus muebles y lo había fusilado por una venganza personal. Incluso un par de días antes, sólo la intervención del hermano de Pancho, el mayor Antonio Villa, había impedido que Baca fusilara a unos colorados que estaban en el cuartel del 12° regimiento. Villa le advirtió a Baca que el próximo fusilado sería él si continuaban esos actos.

El 22 de febrero Villa intervino públicamente en la capital en la ceremonia luctuosa del aniversario del asesinato de Madero y Pino Suárez en el Teatro de los Héroes: "Tomaremos Torreón con nuestros dientes si es necesario (lo debe haber pensado mejor y corrigió sobre la marcha), pero no creo que lo sea. Estamos bien armados y bien aprovisionados; guiados por el santo espíritu de Madero probaremos que somos invencibles". Pero la campaña no se iniciaba, Villa se estaba tomando con una lentitud inusual la preparación de su próxima acción bélica. Entre otras cosas porque había algunas ceremonias pendientes.

John Reed ha regresado tras pasar un tiempo con los hombres de Urbina en el sur y poner base en El Paso, donde, mientras redactaba sus crónicas, vivió los ecos del caso Benton. El día que el escándalo estalló tenía pensado fotografiarse con Villa. "Mañana me sacaré una foto con él, uniformado (le escribía a su editor). No vaya usted a decir que soy un oficial de este ejército: sólo dígalo en broma […] los mexicanos no entienden muy bien estas cosas, y el resultado puede ser que me expulsen a la frontera. Y aparte de todo no quiero posar como un héroe de guerra cuando en verdad no estoy combatiendo". Su presencia en Chihuahua le permitirá ser testigo de esas ceremonias.

Villa va a ser condecorado por los oficiales de artillería de su ejército por valentía en el campo de batalla. Reed describe magistralmente el salón de audiencias del Palacio de Gobierno de Chihuahua: "Brillantes arañas de luces, pesados cortinajes y papel tapiz americano de colores chillones"; cuatro bandas de música estaban sonando simultáneamente. Villa llegó caminando. "Vestía un viejo uniforme caqui sencillo: le faltaban varios botones. No se había rasurado, no llevaba sombrero y tenía el pelo sin peinar. Caminaba con pasos ligeros, un poco encorvado, con las manos en los bolsillos de sus pantalones". Se mostró desconcertado, saludaba a un compadre aquí y a otro allá. Entre la fiesta y el caos: bandas, aullidos de la multitud, oficiales de artillería muy uniformados. "Villa titubeó un momento, tirando de su bigote y, al parecer, muy molesto". Manuel Bauche recitó, más que leyó, un discurso pletórico de metáforas. Hablaron oficiales que ensalzaron y adularon, lo que en México se llama *lambisconear*. "Y durante todo esto, Villa, cabizbajo en el trono, con la boca abierta, recorría todo en su derredor con sus pequeños ojos astutos. Bostezó una o dos veces, pero la mayor parte del tiempo parecía meditar, con algún intenso divertimento interno, como un niño pequeño en una iglesia que se pregunta qué significa todo aquello. Sabía, desde luego, que era lo correcto; quizá sintió una ligera vanidad […] pero al mismo tiempo le fastidiaba". Le entregaron la medalla, hubo vítores y fanfarrias. Villa abrió la caja y soltó: "Esta es una miserable pequeñez para darla a un hombre por todo el heroísmo de que hablan ustedes". Muchos lo oyeron y sus palabras desinflaron un tanto a la audiencia. Se hizo el tonto con su discurso, dijo nada más que no tenía palabras y que su corazón estaba con ellos. Y le turnó a Chao la palabra con un codazo, que para eso era maestro de escuela.

Sin embargo, más tarde se dejaría fotografiar por Otis Aultman en Ciudad Juárez con la medalla orgullosamente puesta encima. Bob Mc Nellis decía que Aultman era el único fotógrafo en el que Villa confiaba. Una posada foto de medio cuerpo, con una guerrera azul marino y en tres cuartos; luego una serie de tres fotos, la primera en la puerta de una casa, muy rígido, con un uniforme de paño oscuro, un mirón se ha colado en el campo visual medio oculto tras un árbol. De alguna manera se ha acostumbrado a los rituales de la fama, aunque todavía no sabe qué se espera de él. Ese mismo día se tomaría otra foto con uniforme y medalla con Luz Corral. Villa se ve extraordinariamente serio.

En esa época Pancho añade una relación matrimonial a las que mantiene con Luz y con Juanita. Se trata de Guadalupe Coss, de Ciudad Guerrero; la relación se produce en Chihuahua, era ella una chica católica que conoció. Se contaba que su padre se oponía a la relación pero Villa se la ganó jugando a las cartas. Los casará en el tren de Villa el obispo de Chihuahua.

Poco después el general de la División del Norte participaría en otra ceremonia, ésta tan llena de significado para él, que haría tensarse a la ciudad de Chihuahua poco antes de la salida hacia Torreón. Los restos de Abraham González habían sido localizados y era hora de traerlos a la ciudad.

El 25 de febrero Pancho Villa, acompañado del gobernador Manuel Chao y de los parientes de Abraham, tomó un tren especial que recorrería el camino que Abraham recorrió un año antes hacia la muerte. El tren chocó en la estación y Villa se salió de sus casillas. Le atribuyó la responsabilidad a Rodolfo Fierro, que se había emborrachado el día anterior y no lo había preparado. Pancho lo destituyó como superintendente de los ferrocarriles y, tras detener el tren de pasajeros de Juárez, hizo descender a la gente y subir a la comitiva. El tren llegó hasta la Estación Horcasitas.

Poca cosa ha quedado de Abraham: unos cuantos huesos pelados e incompletos. El reconocimiento lo hacen por la ropa, la cartera, unas tarjetas, un talonario de cheques con su letra, unos cabellos grises, un pedazo de sobretodo medio verdoso. Reed registra: "Villa estuvo en piè, silencioso al lado de la tumba, mientras le corrían lágrimas por las mejillas".

Ponen los restos en una urna blanca. Silvestre Terrazas, que lo acompaña, cuenta: "Villa […] sin desprenderse un momento de los restos no hablaba. Tan sólo lloraba". Miles de personas se habían congregado en la estación de Chihuahua. El féretro fue llevado a hombros primero a la casa de la Calle 14. La multitud se apelmazó, Villa los miró y con un seco "¡Recúlense!", se abrió camino.

Esa noche Abraham será velado en el Teatro de los Héroes. Reed cuenta: "El hecho de que Villa deteste las ceremonias pomposas, inútiles, hace más impresionante su presencia en los actos públicos. Tiene el don de expresar fielmente el sentir de la masa popular". En el centro del escenario el féretro. Dos horas de velada con discursos, niñas que cantan, piano. Villa "con los ojos fijos en la caja de madera, no se movía". Repentinamente, mientras se estaba ejecutando el "Largo" de Haendel, Villa bajó del palco, llegó al escenario, tomó la urna, ahora en el silencio, y cruzó con ella hasta el Palacio, donde se velaría. Una masa compacta le abrió paso. Villa llegó con la urna al salón, "se despojó de la espada y la tiró ruidosamente a un rincón. Tomó su rifle de la mesa y se dispuso a hacer la primera guardia".

Hay una curiosa foto del acto en el Palacio de Gobierno, en la que se encuentra ante el féretro la plana mayor del villismo: Maclovio Herrera, Toribio Ortega, Pancho Villa, José E. Rodríguez, el gobernador Manuel Chao y el secretario de gobierno Silvestre Terrazas. Se encuentran descubiertos, pero curiosamente han depositado sus sombreros sobre el féretro. ¿En gesto de cortesía? ¿En un último adiós?

El entierro se celebrará la mañana siguiente. Suenan las campanas de los templos y las salvas de la artillería de la División del Norte. Se han congregado diez mil personas en Chihuahua. Marcha fúnebre, Villa se niega a subir a un automóvil y camina a pie, en el centro de la polvareda que levantaba el cortejo. Hay una foto en la que se ve la carroza fúnebre tirada por caballos negros y se observa a un Villa sin sombrero que camina detrás del coche y antes de los estandartes de los gremios. Una escolta de hombres a pie flanquea el carro. Pancho perdido en medio de la multitud, solo. Al llegar al panteón de Regla, Villa se pone en los hombros el féretro y lo carga.

Por encargo de Pancho, Rosher, uno de los camarógrafos de la Mutual, filma el funeral de Abraham González, pero como no trae película, sólo simula hacerlo dándole vueltas a la manivela. Poco sabía de lo que estaba atestiguando, lo que a Villa le parecía importante a él no le interesaba mayormente. Cuando años más tarde lo recuerda, cuenta que el muerto había sido atropellado por un tren.

Y a partir de ese momento una febril organización que bajaba de la frontera hasta Chihuahua. En los últimos días de febrero, un alud de correspondencia y telegramas viajó de El Paso a Juárez y a Chihuahua. Órdenes, sugerencias, contraórdenes, ofertas. Lázaro de la Garza había informado a Villa que Sommerfeld había conseguido un cañón de 75 mm con 100 granadas, a quince dólares cada una. Iban además, mediante Alfonso Madero, 160 cajas de municiones en un coche. Villa le pidió 100 kilos de pólvora. Al día siguiente les urgía a que la pólvora que estaba en El Paso a nombre de Raúl Madero entrara rápido a México. La pólvora de El Paso era de grano grueso y Villa necesitaba pólvora fina, que sólo se conseguía en Nueva York. Instruye a De la Garza para que urgentemente la consiga junto con partes de ametralladora.

Villa estaba vendiendo algodón e ixtle y había frenado la venta de ganado cuando el precio bajó. Como De la Garza le informaba que el dinero de las compras sobrepasaba el de las ventas, le envía con Hipólito 100 mil pesos oro.

Algunas voces decían que había que reanudar el embargo y además el viejo Terrazas estaba metiendo presión a los aduaneros estadounidenses a través de Cobb, so pretexto del secuestro de Luis *junior*. Se ordenó a los agentes apresurar los envíos. De la Garza informaba que le habían confiscado un millón de cartuchos que afortunadamente venían para ser pagados en destino. Luego lo que llegaba al cuartel general en Juárez eran 100 rifles y cincuenta cajas de proyectiles 30/40, doscientos rifles Sheerlton y una ametralladora Colt de 7 mm, y arribaba a El Paso uno de los aviones que se había comprado a la Glenn H. Curtiss en California, un bimotor de dos plazas. En el hotel Orndorf de El Paso, Raúl Madero reclutó dos pilotos, Jefferson De Villa, oriundo de Martinica, y el estadounidense Edwin Charles Parsons, de 21 años, que había sido vaquero y minero, con salarios de 250 y 200 dólares mensuales en oro y por adelantado.

Hipólito era el promotor de la recién nacida fuerza de aviación villista. Pancho no parecía compartir su entusiasmo. Pocos días más tarde "sus pilotos le informaron que no podrían volar sobre la sierra chihuahuense por la poca visibilidad, a causa de la neblina. Villa estuvo en desacuerdo con ellos, insistiendo en que si él podía ver lo suficiente como para cruzar las montañas sobre un caballo, ellos deberían poder hacer lo mismo montados en sus aeroplanos".

A fines de febrero de 1914 Villa parece estar concentrado en una amplia correspondencia con la Agencia Financiera para comprar todo tipo de cosas: material para la artillería (febrero 23), cartuchos, pólvora y cable, material de artillería que urge, se envían dos mil dólares para comprar botas en El Paso (febrero 24), la pólvora para Raúl Madero para manufacturar bombas urge y también los cartuchos, nitrocelulosa (febrero 26), uniformes y botas de la Casa Krupp (febrero 27), rifles, balas, la pólvora urge (febrero 28). Finalmente, el último día de febrero Lázaro de la Garza le dice a Villa en un telegrama que le enviará el aeroplano y anunciaba que ahora podía pagar todas las cuentas. Villa detuvo entonces los gastos: "No estamos en condiciones de hacer desembolsos sino es para las cosas absolutamente indispensables": municiones y provisiones. Y ordenó mantener las compras en lo indispensable. En los siguientes días trató de poner orden entre sus agentes y ordenó que sólo se compraran municiones de Mauser 30/40 porque se estaba haciendo un caos con las municiones de calibres diferentes. En los talleres de Chihuahua de la Compañía Industrial Mexicana se estaban reparando los cañones capturados a lo largo de la campaña; muchos no funcionaban porque al huir los huertistas se habían llevado los cierres. Villa creía que serían la clave de la batalla futura en Torreón. La correspondencia con El Paso y Juárez es particularmente activa la primera quincena de marzo. Villa o Chao (que como gobernador ha asumido la tarea de organizarle a la División su retaguardia), piden ácido y detonadores, y envían dinero; piden revólveres y pólvora y tratan de vender ganado en Estados Unidos; piden municiones y sillas de montar. Compran pistolas usadas. Parece ser un gran éxito cuando el 6 de marzo Lázaro de la Garza envía mil libras de pólvora. Entre la correspondencia que llega a Villa, el Rio Grande Valley Bank & Trust Co. de El Paso, le informa que el Banco de Londres de Torreón rehusó pagar el cheque que le había entregado después de la primera batalla en La Laguna, diciendo que había sido obtenido por la fuerza. Villa tenía un motivo más para ir a Torreón.

Y mientras abastece a la División, Pancho comienza a dictarle a Bauche Alcalde, utilizando a Trillo como taquígrafo, la historia de su vida. Bauche fechará el prólogo el 27 de febrero. "La tragedia de mi vida comienza…"

Por esos días Villa mantendrá relaciones con María Dominga de Ramos Barraza, una duranguense cuya alcahueta tía se la lleva a Villa desde Jiménez. La chica, más tarde quería casarse y languidecía de tristeza. Villa por una vez se negó, debía parecerle su situación matrimonial ya demasiado complicada; dijo: nadie la forzó, "por sus propios pies ha llegado hasta mi presencia", y no habrá matrimonio. Tendrán un hijo llamado Miguel en enero de 1915.

En los primeros días de marzo, John Reed, que se encontraba en Nogales, escucha en el entorno de Carranza comentarios como: "Como hombre de combate, Villa lo ha hecho muy bien, en verdad. Pero no debe intentar mezclarse en los asuntos de gobierno; porque, desde luego, usted sabe, Villa es solamente un peón ignorante".

Y Chao, cuya obra de gobierno generalmente se niega, atribuyéndosele a Villa, continuaba revolucionando Chihuahua. Publicó un decreto para la distribución de tierras a viudas, veteranos inválidos, huérfanos: fragmentó algunas haciendas y las repartió en granjas de 25 hectáreas que no podían ser vendidas en diez años y no podían ser embargadas por deudas personales.

El 14 de marzo Villa pasa revista a la brigada sanitaria, que incluía el hospital rodante que había creado y que dirigía el doctor Andrés Villarreal, un médico que había estudiado en la Johns Hopkins. El tren tenía una gran sala de operaciones y podía atender hasta 1,400 heridos. Todo parecía listo.

Será en esos días que en Chihuahua la escolta de Villa y su grupo de choque, el Cuerpo de Guías, adquiera una dimensión más importante y a partir de ahí una resonancia mítica. Jesús M. Ríos recibe el mando del Cuerpo de Guías del mayor Sáenz. Les dan como sede el antiguo cuartel de los rurales. Villa ordena que se organicen unas caballerizas para seiscientos caballos, dos por hombre, y manda confeccionar un nuevo uniforme: un Stetson 5x y cazadora verde olivo. Tenían una talabartería que les hacía sillas y mitazas. Los arman con Máuser 7 mm y pistola Colt .44. El nuevo grupo comienza a ser llamado los Dorados.

Si algo forma parte de la niebla villista es el origen de la palabra "dorados". Abundan las versiones. J. B. Vargas dirá que el nombre lo tomó Villa de los bandidos llamados plateados de la novela *El Zarco*, de Altamirano, que alguna vez le contó Puente; pero Puente no sería de sus confianzas sino mucho más tarde. Se dirá que el nombre venía de la cazadora caqui (color pinole) que llevaban, pero al principio traían una cazadora verde y sólo mucho más tarde se consigue el uniforme caqui, por más que se insista en que el nombre se debía a "los uniformes de *clicot* [...] se vislumbraban dorados por la acción del sol". Ignacio Muñoz dirá que era por la escarapela metálica que usaban en la parte delantera del sombrero texano, "oficial de órdenes" decía. Será, pero en una foto tomada un año más tarde los Dorados todavía no usan texano, usan casi todos ellos huaripas y sombreros de charro. J. B. Vargas ofrecerá una nueva explicación: los llamaban Dorados por las monedas de oro que derrochaban, lo cual resulta muy difícil de creer porque en aquel momento no tenían muchas monedas, menos aún de oro. Juan B. Muñoz dice que la brigada Villa, con toda la División, pasó revista en Torreón poco antes de la batalla de Zacatecas y que la escolta de Trinidad Rodríguez llevaba en un listón el letrero: "Escolta de Trinidad Rodríguez, Dorados", y que Villa le dijo a Trini que le iba a robar el nombre para su escolta y éste respondió que estaba bien y él llamaría a los suyos "plateados" (nombre que finalmente tomó la escolta de Urbina). El hecho es que meses antes los Dorados, conocidos con ese nombre, habían tenido su bautizo de sangre en Torreón.

NOTAS

a) Fuentes. Calzadíaz: *Hechos reales de la revolución,* tomo 1. Cervantes: *Francisco Villa y la revolución.* Reed: *México Insurgente* y carta a Hovey (en Ruffinelli). El autor no ha podido fechar la ceremonia y el desfile de la medalla, pero Reed debe haber escrito su texto entre el 23 y el 27 de febrero, *Army and Navy Journal.*

Para los restos de Abraham. Terrazas: *El verdadero...* Brondo: *La División del Norte* (que dirá erróneamente que sucedió el 23 de febrero). Almada: *Vida, proceso y muerte de Abraham González.* Luz Corral: *Pancho Villa en la intimidad.* Reed: *México...* Orellana: *La mirada circular.*

Avión. Taylor: "El cuerpo de aviadores de Pancho Villa. Los aviadores extranjeros de la División del Norte. 1914-1915", y Carlos Cantú: *Los halcones dorados de Villa.*

Los movimientos financieros. Hall: *Revolución en la frontera.* Papeles de Lázaro de la Garza, B 9 a B 14, B 16, B 19, B 25 y B26, C 1 a C 16, C 18, I 5. Chalkley: *Zach Lamar Cobb.* Almada: *Revolución,* 2.

Desfile ante el Palacio de Gobierno, con Manuel Chao.

María Dominga. Rosa Helia Villa: *Itinerario de una pasión,* la relación la sitúan en Guadalupe, Zacatecas, erróneamente. Martín Luis Guzmán cuenta la historia cambiándole el nombre por el de Conchita del Hierro; J. K. Turner la exagera: "... fue secuestrada por cincuenta soldados que la condujeron al pueblo de Jiménez".

Berumen la identifica como una foto de F. C. Hecox.

Los Dorados. J. B. Vargas, uno de los pocos supervivientes, dedica la primera parte de su libro, *A sangre y fuego,* a contar historias de 60 de los dorados, uno a uno, y escribe además un artículo que reproduce I. Muñoz: *Verdad y mito de la Revolución Mexicana,* 3, titulado "Memorias de un dorado", que añade nuevas informaciones sobre esta escolta-grupo de choque-re-

Villa con la medalla de los artilleros de la División del Norte. Foto de Otis Aultman.

El general y el mirón oculto. Otis Aultman, Ciudad Juárez, febrero de 1914.

Villa y Luz Corral, Ciudad Juárez. Foto de Otis Aultman.

A la salida del Palacio de Gobierno con José Rodríguez. Foto de El Gran Lente.

Villa en el centro de la multitud. Foto de la Mutual.

Edwin Charles Parsons, el primer piloto de Villa.

serva privilegiada. La foto del grupo es muy posterior, fue tomada en la estación de Zacatecas en 1915. Hay una segunda foto de los Dorados con Villa tomada en Lagos de Moreno, es en la que están numerados y a cuyos números hace referencia Vargas. Además: Jaurrieta: *Con Villa...* Harris: *Pancho Villa and the Columbus raid.* El testimonio de Juan B. Muñoz en Calzadíaz: *Hechos reales de la revolución,* tomo 1. Rito Rodríguez: "Como nació el nombre de los Dorados de Villa".

b)   Los pasos de John Reed pueden reconstruirse de la siguiente manera: sale de Chihuahua y va a Jiménez (1° de enero, "Soldados de fortuna" en *Hija de la Revolución*); Magistral-Santa María del Oro-Las Nieves (entrevistas con Urbina, hacia el 9 de enero), La Cadena (atrapado en las escaramuzas, narrado en *México Insurgente*). Chihuahua (1° de febrero), El Paso (7 de febrero, carta Hovey, 17 de febrero, 3ª carta a Hovey, "Vivir en El Paso cuesta una fortuna, pero yo necesito una buena habitación y montones de cigarrillos"). Ciudad Juárez-Chihuahua (23-27 de febrero, ceremonia de la medalla, y 26 de febrero en el entierro de Abraham). El Paso (27 de febrero, escribe "El conquistador del norte" para *The World*). Nogales (2-4 de marzo, "Carranza, una estampa", 5ª parte *México Insurgente*). Chihuahua (hacia el 10 de marzo, el 16 viajará con la División del Norte para narrar la batalla de Torreón). La foto de la que habla no existe, pero Reed finalmente se tomará una similar en el prólogo a la batalla de Torreón.

c)   Las falsificaciones. Trajeron frito a Villa los falsificadores de los dineros revolucionarios emitidos por el gobierno de Chihuahua. Hay un informe muy interesante titulado "Explicación para conocer los bonos falsos del estado de Chihuahua en la emisión del gral. Francisco Villa" (en el Archivo Municipal de Ciudad Juárez).

Guadalupe Coss. Se decía que se habían casado el 16 de mayo del 14, lo que resulta imposible porque Villa se encontrará en Paredón (Duarte: *Memorias, Siete leguas*). Su hijo Octavio Villa Coss, apadrinado por Felipe Ángeles, nacerá el 13 de octubre de 1914. Guadalupe abandonó a Villa posteriormente y regresó a casa de sus padres.

VEINTISIETE

LAS AUTOBIOGRAFÍAS, LOS "AUTOBIÓGRAFOS"

Posiblemente después de la batalla de Ojinaga, en enero de 1914 (Alberto Calzadíaz dirá que precisamente el 14 de enero), Pancho Villa, por decisión propia o a petición del periodista, comenzó a dictarle sus memorias a Manuel Bauche Alcalde. El 27 de febrero Bauche fechó el prólogo de lo que sería un libro. El manuscrito cubre la juventud de Villa, sus años de bandolero, la revolución maderista y la campaña contra Orozco, y el inicio de la revuelta contra Huerta, para llegar hasta poco después de la toma de Ciudad Juárez (15 de noviembre de 1913) y ocupa 218 páginas en cinco cuadernos.

El dictado fue tomado por Miguel Trillo en taquigrafía, pero no con un método tradicional, porque "a los signos taquigráficos corrientes Trillo añadió otros de uso propio", dirá Guadalupe Villa, la nieta del general, que junto con su otra nieta, Rosa Helia, editaría el manuscrito en 2003.

Con este material Manuel Bauche redactó su versión de las memorias, pero sin poder escapar a una retórica que abandona el lenguaje original de Villa y lo dota de una ampulosidad temeraria: "Los infortunados niños que nacen en la gleba", o "mi pensamiento va hacia un miraje que reproduce escenas de una vida soñada y presentida", o "la risueña alborada de una primavera que florece". Horror. El uso desmedido de la garigoleada frase, los añadidos de una docta explicación del porfirismo puesta en labios de Villa, o de supuesta información "culta", como la ubicación del Transvaal, que a Pancho debería resultarle algo cercano a Marte, le quitan solidez al manuscrito. Villa, además, ajusta su historia a la Historia. Frecuentemente los acontecimientos, al ser narrados, se adaptan a cosas que sucedieron después. Aún así, el documento resulta enormemente valioso para el que intenta reconstruir esta historia y está repleto de maravillosas anécdotas.

Lamentablemente Villa y Bauche suspendieron el trabajo en vísperas de la batalla de Torreón y luego la relación entre ambos se deterioró profundamente y no volvieron a la labor.

No será el de Bauche el único intento de producir una "autobiografía" de Pancho Villa. Ramón Puente, el médico cirujano y oftalmólogo zacatecano nacido en 1879, maderista de la primera época, autor de un libro muy crítico sobre la rebelión de Orozco, que se había sumado al villismo en abril del 14 tras haber estado con Buelna, escribirá también unas memorias de Villa narradas en primera persona: *Vida de Francisco Villa contada por él mismo*, que se publicarán en Los Ángeles en 1919. Aunque sus editores digan que "es un relato dictado a su médico de cabecera Ramón Puente", el autor aclara que Villa alguna vez le dijo: "Le voy a platicar algunos hechos para que usted los guarde en su memoria". Varios autores (Jesús Vargas, F. Katz) han señalado que las memorias de Puente tienen su origen en los mencionados cuadernos, que le fueron entregados por Austreberta Rentería mediante Nellie Campobello en la década de los años 30. Guadalupe Villa insiste: "Debe destacarse que tanto Puente como Campobello utilizaron la misma información contenida en los cuadernos de Bauche". Pero Puente, mucho antes de la muerte de Villa (1923), ya había publicado varias versiones del texto (que luego se reproduciría como la primera parte de *Rayo y azote*, de Rafael F. Muñoz, y se volvería a publicar en *Excélsior* en 1957) y no hay duda de que había tenido una larga conversación con Pancho en el invierno de 1915, tras la disolución de la División del Norte.

Además de esta primera versión y sus variantes (una segunda en *El Gráfico* en 1923 y una tercera en *El Demócrata* de julio-agosto de 1923, titulada "Memorias de Pancho Villa"), Puente publica en 1931, en *Excélsior*, una biografía en tercera persona: "La verdadera historia de Pancho Villa", y en Los Ángeles, como libro: *Hombres de la Revolución. Villa (sus auténticas memorias)*. En 1936 edita "Francisco Villa" (en un volumen que recoge también las biografías de Madero, escrita por Sánchez Azcona y la de Emiliano Zapata de Octavio Paz) y un año más tarde (1937) *Villa en pie* (en la que vuelve sobre "La verdadera historia de Pancho Villa" corrigiéndola levemente y usando los materiales dictados a Bauche sobre la juventud de bandolero). A esto se añade una brevísima biografía de Villa en *La dictadura, la revolución y sus hombres*, en 1938.

Los muchos textos de Puente, en que canibalizó frecuentemente trabajos previos, son de una riqueza inmensa. Si bien las partes narradas por Villa de los primeros años son paralelas y muy ajustadas a la versión de Bauche, las reflexiones de Puente constituyen uno de los mejores materiales sobre Pancho que se hayan escrito. Lamentablemente, el lenguaje de Villa cuando Puente lo hace hablar en primera persona es un lenguaje neutral, periodísticamente enfriado.

De todas las "autobiografías", la que habría de ser más conocida fue la que escribió Martín Luis Guzmán. En 1936 publicó la primera parte de las "Memorias de Pancho Villa" en un folletín en el diario *El Universal*; le siguió "El hombre y sus armas", en diciembre del 37, en *El Nacional*, que luego, en 1938, aparece editado por Botas, que un año después publica "Campos de Batalla", en 1940 "Panoramas Políticos" y en 1951 "La causa del pobre". La versión definitiva, que reunía todas las anteriores, sería editada como libro por la Compañía General de Ediciones y llegaba hasta la preparación de la batalla de Trinidad (1915).

Martín Luis, en el prólogo de las *Memorias*, contaba cómo había procedido para escribir el libro: utilizó los cuadernos de Bauche, la hoja de servicios de Villa en el maderismo (la que Villa escribió en la cárcel), un manuscrito de 103 hojas a lápiz (pensaba que era el original sobre el que trabajaría después Bauche). A esto sumaría una investigación muy minuciosa y sus propias experiencias en el villismo. Finalmente, en las dos terceras partes finales, tuvo que tocar de oído.

¿Por qué Martín Luis no terminó la historia y la dejó ocho años antes de la muerte de Pancho? Aguilar Mora ofrece una explicación: "Había una necesidad estructural: la retórica de esa obra era triunfalista. ¿Cómo iba a hablar de Villa en su etapa de derrota?".

Más allá de su calidad como fundadora de un género en que la historia se vuelve narrativa, esa cosa que luego habría de llamarse nuevo periodismo, como material para el historiador es maravilloso.

Guzmán decía que el problema mayor era que en la versión de Bauche el lenguaje de Villa se había perdido, lo cultivaron, lo censuraron, le dieron sintaxis ajena. Curiosamente, en cuanto al lenguaje resultaba difícil saber cuál era más fiel: Villa pasado por Trillo taquigráfico, por Bauche redactor, o recuperado por Guzmán, que como diría el novelista Rafael F. Muñoz, "con más Martín Luis que Pancho Villa". Porque la habilidad de Martín Luis Guzmán no estaba en el diálogo, el monólogo, el registro verbal, sino en la reconstrucción de la anécdota y de la manera de pensar del personaje. Le construye a Villa un lenguaje explicativo, reiterativo, circular, terriblemente racional, un lenguaje de licenciado de tercera. Y peor todavía, el Villa que habla en esas páginas se excede en historicidad. Pareciera conocer al dedillo las futuras consecuencias de sus actos y en esa medida los explica a priori. Aguilar Mora resiente:

> Guzmán tomó la decisión de seguir las líneas del estilo anterior, sin dejar de modificarlo en cada frase, basándose, sin duda, en su conocimiento del habla de Villa. Su decisión fue desastrosa porque se olvidó de la diferencia fundamental de un habla coloquial y de un discurso narrativo. ¿Qué parecido encontró Guzmán entre esas Memorias de Francisco Villa escritas por Manuel Bauche Alcalde y su recuerdo del habla de Villa? A lo mucho tuvieron que haber sido frases sueltas o incluso una retórica que el mismo Villa adoptaba para comunicarse con los curros como Guzmán, retórica que no era, sin embargo, el habla verdadera de Villa, el habla con la cual Villa hubiera contado su historia.

Aún así, no le faltaría razón a Martín Luis cuando, señalando el vacío histórico que se pretendía hacer en torno a la figura de Villa y la ausencia de estatuas, diría en el 58: "Su monumento es mi libro".

Los villistas de pro no querían a Martín Luis, recordaban sus inconsistencias políticas, su abandono del jefe Pancho en un momento difícil. No fue mucho más fiel Bauche que Martín Luis. En medio de esto, el gran olvidado es Puente.

Más allá de que en las "autobiografías" se recuperen muchas anécdotas importantes, que contienen un caudal significativo de información y abundantes versiones de Villa sobre su pasado, su voz se ha perdido. Es imposible volver al lenguaje original, reducido por la taquigrafía de Trillo, edulcorado o formalizado a ratos por la prosa de Bauche, revisado libremente por la de Martín Luis Guzmán o ignorado por Puente.

La historia puede ser reconstruida, este libro lo intenta, pero tratar de reconstruir el lenguaje de Pancho Villa a través de los materiales existentes es tarea imposible. Sabemos por centenares de testimonios que era un hipnotizador de rancheros con la palabra, un versátil contador de anécdotas; "era una tarabilla", diría Domitilo Mendoza, que fabricaba palabras y readaptaba otras; su lenguaje estaba poblado de dichos populares, muchas veces incomprensibles, de ingeniosos neologismos, de palabras ajenas, de distorsiones: *suinchar* por *cinchar* y por *chingar*, *duana* por *aduana*, *valumoso* por *voluminoso*, *redotar* por *derrotar*.

Roberto Fierro nos ha dejado el testimonio de que "Luz Corral era muy mal hablada". ¿Lo era Pancho Villa? Lo era, pero moderaba su lenguaje en un gesto de cortesía y educación tradicional, ante mujeres que respetaba, ante las clases medias y el poder político. Imitaba la educación que tan ansiosamente buscaba. Para un fanático de la educación como él, la búsqueda del lenguaje, el lenguaje de los periódicos, de los ilustrados, de los maestros de pueblo, de la clase media, era la búsqueda del lenguaje real. Lo propio, el lenguaje de uno, era una tristeza producto de la falta de educación. Tendrían que venir los antropólogos y los lingüistas a reivindicarlo. Ese lenguaje formal era el verdadero también para sus detractores, que se fascinaban mostrando la "incultura" de Villa cuando lucía una sintaxis novedosa en sus cartas de amor. El lenguaje agrario norteño, para los civilizados, era una perversión, una muestra de incultura.

Al paso de los años, Villa, bajo influencia de todo eso y de sus múltiples secretarios y amanuenses, González, José García, Carlitos Jáuregui, Darío Silva, Luis Aguirre Benavides, Bauche Alcalde, Pérez Rul, Jaurrieta, Gómez Morentín, Miguel Trillo, fue adquiriendo un lenguaje más formal y, sin embargo, extraño, en el que por fortuna sobrevivían los giros populares norteños y se asomaban una y otra vez arcaísmos, neologismos, palabras refabricadas y adaptadas. Un lenguaje que sólo podemos intuir.

Notas

a) Fuentes. Calzadiaz: *Hechos reales de la revolución,* tomo 1. Katz: *Pancho Villa.* Guadalupe Villa: "De cómo Villa concibió su historia: una aproximación a sus memorias". Zacarías Márquez: "Martín Luis Guzmán, fragmentos autobiográficos". Prólogo a *Memorias de Pancho Villa* de Martín Luis Guzmán. Jaime Ramírez Garrido: *Axkaná: Martín Luis Guzmán.* "Domitilo Mendoza, sargento primero", entrevista de Carlos Gallegos en Ontiveros: *Toribio Ortega.* Rafael F. Muñoz PHO 1/25. Jorge Aguilar Mora: "El fantasma de Martín Luis Guzmán". Jesús Vargas: *Chihuahuismos.* Roberto Fierro PHO 1/42.

Bauche se alejará de Villa en junio del 14 tras un conflicto que Villa tiene con su hermano Joaquín, acusado de cobardía en la batalla de Paredón. Al producirse la escisión entre Villa y Carranza se quedará del lado de los carrancistas. Colaborará con Pablo González y Alvarado en 1916, y terminará su carrera en el servicio exterior en 1919 como cónsul en Berna y luego en Berlín. (Juvenal: *¿Quién es Francisco Villa?* Guadalupe Villa en el prólogo de Bauche/ Villa.)

Manuel Bauche Alcalde.

Puente, tras la disolución de la División del Norte (fines de 1915) se exilia en Los Ángeles, se vuelve agente de Villa, edita la revista *La Semana* y mantiene correspondencia con Villa durante la etapa de Canutillo. Regresará a México en 1934 cuando se produce la apertura cardenista. Jorge Aguilar Mora, en *Una muerte sencilla, justa, eterna,* comenta su novela *Juan Rivera.*

Ramón Puente.

Rafael F. Muñoz completaría en *Rayo y azote* la versión de Puente tras las derrotas de 1915; pasa de una voz en primera a la voz en tercera y está escrito a vuelapluma, probablemente en 1927 y no en 1947, como dice equivocadamente en las líneas que hacen la transición de los autores en el libro.

Por si este caos fuera poco, hay noticias vagas de una cuarta versión de la autobiografía de Pancho Villa, también dictada a Miguel Trillo durante los años del retiro en Canutillo, cuyos cuadernos, si es que existieron, están definitivamente perdidos (véase notas del capítulo 60).

Martín Luis Guzmán.

VEINTIOCHO

TORREÓN: EL PRÓLOGO

Pronto, en el México insurrecto comenzará a cantarse una nueva canción llamada "La cucaracha". Victoriano Huerta, en algunas fotos oficiales, cuando no traía uniforme militar y usaba frac, parecía una cucaracha a decir de los cantores, que le recordaban también sus hábitos de borracho y marihuano: *La cucaracha, la cucaracha, ya no puede caminar, porque no tiene, porque le falta, marihuana pa' quemar. Pobrecito de Madero, casi todos le han fallado. Huerta el ebrio bandolero, es un buey para el arado.*

La pieza, que se había popularizado meses antes entre las tropas de Pablo González, la había compuesto, usando su recuerdo de canciones infantiles, un veracruzano, Rafael Sánchez Escobar, que tocaba el piano en un burdel.

Posiblemente eso tocaba la banda militar, entre otras muchas cosas (sin duda la obligatoria "Las tres pelonas"), cuando el domingo 15 de marzo, a las cuatro de la tarde, llegó a Chihuahua procedente de Ciudad Juárez un tren que llevaba un personaje al que esperaban con honores militares y guardia de honor de caballería el gobernador de Chihuahua Manuel Chao y Pancho Villa, general de la División del Norte.

El general Felipe Ángeles descendió del tren y se produjo el siguiente diálogo:

—Mi general, vengo a ponerme a sus órdenes.

—No, mi general, yo seré quien me ponga a las suyas —dirá Pancho Villa.

Como dos caballeros bien educados, se abrazan.

¿A qué se debe la deferencia de Villa? Pancho, como bien sabemos, suele respetar a muy pocas personas sobre la faz de la tierra, y un día antes le ha enviado dos telegramas a Lázaro de la Garza, diciéndole que cuando Felipe Ángeles llegue a Ciudad Juárez haga tratos con él como si fuera su representante.

Quizá la respuesta está en la biografía de ese hombre delgado, enjuto, elegante, que va a cumplir 45 años. Felipe de Jesús Ángeles nació en un pueblo del estado de Hidalgo, hijo de un ex militar convertido en agricultor acomodado. A los 13 años entró al Colegio Militar, de donde salió como teniente de ingenieros. Ascendió por escalafón en el ejército, más por antigüedad que por méritos. Retornó al Colegio como profesor y enseñó balística, matemáticas, artillería. Al inicio del siglo viajó a Francia para estudiar la manufactura de los cañones Schneider Canet de 75 mm que Porfirio Díaz había comprado; en 1902 volvió para estudiar los Saint Chaumond-Mondragón. Teniente coronel, viajó a Estados Unidos para estudiar la pólvora sin humo. La revolución lo sorprenderá con grado de coronel. Más profesor que militar, no interviene en la represión del alzamiento del 10. Madero lo nombra director del Colegio Militar pero sorpresivamente, el 3 de agosto de 1911, lo envía a reprimir el alzamiento zapatista en Morelos con cuatro mil soldados. Retorna a la ciudad de México para combatir el golpe militar. Detenido el 18 de febrero junto con Madero y Pino Suárez en Palacio Nacional, ve cómo los sacan para asesinarlos. Le salva la vida el hecho de que es general de brigada, "perro no come perro", dirá Huerta. Pero considerado "dudoso" por el nuevo orden, le quitan la dirección del Colegio y le dan órdenes de que vaya como agregado militar a Bélgica, aunque poco después lo detienen de nuevo y lo encierran en Santiago Tlatelolco acusado de haber ordenado el fusilamiento de un menor durante los combates de La Ciudadela. La legación francesa le levanta un nuevo cargo por haber ordenado el fusilamiento de un súbdito francés. En el juicio no se le prueba nada, pero Huerta lo mantiene en la cárcel hasta que negocia con su abogado el exilio encubierto a Francia como comisionado para seguir estudios de artillería. El 31 de julio lo dejan libre. En Francia habrá de ser conectado por Carranza mediante Juan Sánchez Azcona. Ángeles decide entonces ponerse al servicio de la revolución y llega a Sonora el 16 de octubre de 1913. Carranza lo nombra ministro de guerra y marina. El nombramiento no le gusta a Obregón y a otros generales revolucionarios y Carranza se desdice y lo convierte en viceministro.

Ése es el personaje. ¿Y qué de esta corta historia es lo que atrae a Villa? Más profesor que soldado, más observador que hombre de acción. Cuando un general se suma a la División del Norte, aporta su brigada. Ángeles no lleva más que cuatro jovencitos oficiales ex federales que estudiaron bajo su dirección en el Colegio Militar y han desertado de la federación: el capitán de artillería José Herón González, llamado Gonzalitos por su pequeño tamaño, nacido en Huauchinango, que había sido asistente en la campaña de Morelos; Gustavo Bazán; el sobrino de Felipe, Alberto Ángeles; Federico Cervantes, al que le encargan de inmediato que se ponga a fabricar bombas para el solitario avión de los villistas (ese día Villa le había telegrafiado a Lázaro de la Garza, quien andaba consiguiendo otro avión, que lo necesitaba "en 24 horas o nunca"). El capitán Cervantes, luego uno de los biógrafos de Pancho y de Ángeles, deja la primera impresión de su contacto: "Villa era un hombre que imponía".

Es muy confusa la manera como Ángeles llegó a vincularse a la División del Norte. Había pedido a Carranza repetidamente que le diera comisión de combate, a lo que Carranza se había negado para no enfrentarse con los revolucionarios de Sonora, que no veían bien a este oficial de carrera, por maderista que fuera. Ángeles debería sentirse asfixiado en el ambiente de las pequeñas intrigas de Hermosillo, no había venido de Europa para observar la revolución. Parece ser que el origen de la historia es un telegrama que Ángeles le envió a Villa felicitándolo por el triunfo de Ojinaga y en el cual probablemente sugirió que le interesaba sumarse a la División del Norte. Villa, en respuesta, le telegrafió a Carranza (que en esos momentos viajaba acompañado de Ángeles hacia Chihuahua) pidiéndole que lo comisionara a la División del Norte para hacerse cargo de la artillería en la futura etapa de la guerra, y a Carranza le pareció una buena manera de librarse de él. En Agua Prieta se separaron. Carranza siguió su viaje cruzando la sierra para no entrar en Estados Unidos, siguiendo la tradición juarista de la guerra contra el imperio de no dejar ni un momento de pisar territorio mexicano, y Ángeles viajó en tren por Estados Unidos a El Paso y de ahí a Juárez y Chihuahua, donde todo culmina con un banquete.

¿Y qué veía Villa en este hombre? Sin duda, que había permanecido fiel a Madero hasta el último momento, cosa que Villa, entre muchas otras cosas, sabía apreciar, pero sobre todo, que era un artillero. Y Villa necesitaba poner en funcionamiento los cañones que a lo largo de los últimos meses le había quitado al ejército de Huerta. Necesitaba que fueran tan efectivos como lo habían sido contra él. Se decía que Felipe Ángeles era el mejor artillero de México. ¿Lo sería?

En los momentos previos a la salida de Chihuahua de la División del Norte, Aitken, el representante de la Mutual, viajó de Juárez a Nueva York, donde al ser entrevistado por la prensa contó que traía en las manos un contrato para hacer "La vida del general Francisco Villa", filme que sería dirigido nada menos que por D. W. Griffith (finalmente lo dirigió Christy Cabanne), con Raoul Walsh en el papel de Villa. Villa cobraría 500 dólares en oro al mes por la filmación de "sus batallas y sus ejecuciones". "Es un hombre serio que conduce los negocios de su ejército de una manera sistemática y ordenada", dirá Aitken.

Villa ha puesto a su disposición un vagón de ferrocarril adaptado por los carpinteros de la División. Será usado en la campaña por otros fotógrafos y periodistas estadounidenses: John Reed, John William Roberts de *El Paso Times*, Timothy Turner (el autor de *Botellas, balas y gardenias*), que trabajaba para la AP y un cocinero chino llamado Foing. Les pusieron un excusado y una mesa de madera con una vieja Remington, incluso un cuarto oscuro para que los fotógrafos revelaran. Pero gente de cine, sólo los de la Mutual. *The Sun* comentaba que Carranza estaba muy molesto porque sin ninguna delicadeza rechazaron a sus camarógrafos en el territorio villista, a causa de la exclusiva.

Mientras negociaba con Hollywood, Villa pedía a Wilson que liberara a la activista social estadounidense Mother Jones. Katz registra la carta en marzo de 1914 en el periódico *Appeal To Reason,* sugiriendo que las peticiones de Wilson para que Villa liberara a Terrazas, podrían tener salida en un canje, por razones de "consideración humanitaria", si él soltaba a esa mujer de 80 años. Si John Reed tuvo que ver en el asunto, o si simplemente se trataba de la respuesta de Villa a una petición que la revolucionaria estadounidense le había dirigido a su "amigo el general Francisco Villa", no está claro.

John Reed, que ha seguido los preparativos, comenta la víspera la situación del ejército: "Los hombres de Villa han conseguido rápidamente uniformes, instrucción, paga, y se han disciplinado. Él va a pelear con cañones, oficiales, telégrafos y una máquina de escribir. El ejército del norte se está volviendo respetable, profesional. No va a distinguirse ni ser auténticamente mexicano". Villa lo hubiera linchado si lo lee. ¿De verdad ha cambiado esa División del Norte tras la victoria de Ojinaga hace dos meses o John Reed peca en un ataque de folclorismo? Lo de la máquina de escribir no es nuevo, desde la insurrección maderista las partidas sumaban un secretario que solía llevar a la espalda de su caballo su máquina; lo de los telégrafos ha sido parte de la guerrilla villista desde su origen; lo de los oficiales nace con la revolución en 1910: la única forma de hacer eficaces las partidas fue crear una potente cadena de mandos; lo de los uniformes es obligatorio para no andarte dando tiros en la noche con tus compañeros; las botas son fundamentales para dejar el huarache y proteger los pies; y, finalmente, lo de la paga es esencial para un ejército que deja a sus familias atrás y hay que mantenerlas. Las pagas son poco diferenciadas: un soldado gana diariamente 1.50, un cabo 1.75, un sargento segundo 2 pesos, un teniente 3.50, un capitán 5, un mayor 8 y los coroneles 10 pesos diarios, poco más que los aviadores. La artillería que Villa posee se la ha arrebatado en su totalidad a los huertistas en diversos combates y es difícil pensar que se pueda tomar Torreón sin ella. Queda pues lo de la instrucción. Es cierto, en estos meses en los cuarteles se ha enseñado a usar un Mauser a los que no sabían tirar y se ha insistido mucho en que reconocieran los clarines de órdenes, pero no mucho más. Es un ejército muy disciplinado, terrible ante la deserción o la debilidad en combate, pero como el propio Reed dice: "Cuando el ejército de Villa entra en combate no se preocupa de saludar a los oficiales".

Los preparativos culminan cuando los últimos 1,100 rifles comprados por Sommerfeld en Estados Unidos cruzan la frontera.

La figura clave en el complejo movimiento de los trenes de la División del Norte es Eusebio Calzado, un amigo de Madero; Villa lo ha puesto a cargo de la complicada relojería sustituyendo a Rodolfo Fierro, al que Villa ha degradado por enésima vez por haber matado a un ferrocarrilero cuando estaba borracho en el barrio de Santo Niño, motivo por el que le abrieron un juicio del que se salvará por acontecimientos posteriores. En esos momentos Villa estaba muy enfadado con él.

John Reed registra:

Un mexicano fornido y corpulento de gran bigote, vestido con un sucio traje marrón, abierto el cuello de la camisa, empujaba a patadas las mulas [...] Yo había salido en ese momento de la espléndida antesala del Palacio del gobernador, donde había estado durante muchas horas, sombrero en mano, con muchos funcionarios, capitalistas, promotores y generales, esperando inútilmente a [...] Francisco Villa. Miré al hombrón meter las mulas en el vagón de ganado. Un inmenso sombrero le descansaba en la nuca; de su boca, perfectamente abierta, salía un chorro de maldiciones. Estaba lleno de polvo. El sudor le corría por la cara. Cada vez que intentaba guiar a una mula por la plancha ésta se resistía.

—¡Chingada! ¡Vamos, hija de la chingada! —bramaba el hombrón y pateaba con fuerza a la mula en la barriga. El animal resopló y al final subió la plancha.

—¡Amigo! —le gritó a un soldado que pasaba—, dame un poco de agua. El hombre sacó una cantimplora que el otro empinó.

—¡Hey, no necesitas bebértela toda! —le gritó el soldado a Pancho Villa.

Un día después de la llegada de Ángeles, el 16 de marzo, la División del Norte salió hacia el sur. Un espectáculo extraño. Los trenes estaban despedazados, quemados en muchas esquinas, repletos de agujeros de bala. Una foto de Aultman muestra los techos de varios vagones en los que no cabe una persona más. En los trenes villistas los caballos eran los únicos que iban cómodamente en el interior de los vagones, los demás en el techo; incluso había jóvenes que colgaban sus hamacas entre las ruedas y viajaban jugándose la vida, lamiendo casi las vías y el polvo. En el techo había cocinas, anafres y mujeres que cocinaban tortillas en latas de aceite. Otra foto de autor anónimo muestra el techo de un tren donde está montada una pequeña tienda de campaña y hay tendederos de ropa, sillas de montar y una docena de pelados dando vueltas.

Chava Flores glosará el acontecimiento en una canción: *Ahí va el tren, ahí va el tren, entre el humito devisé ya a Pancho Villa*; y Manuel Maples Arce, uno de los mejores poetas mexicanos, dejará para nuestra memoria colectiva: *Trenes militares/ que van hacia los cuatro puntos cardinales/ al bautizo de sangre/ donde todo es confusión [...] trenes sonoros y marciales/ donde hicimos cantando la revolución*. Pero quizá la mejor imagen la proporciona el soldado villista Félix Delgado: "Los trenes estuvieron saliendo, saliendo, saliendo".

John Reed narra: "Cuando Villa salió de Chihuahua para Torreón, clausuró el servicio de telégrafos al norte, cortó el de trenes a Ciudad Juárez y prohibió bajo pena de muerte que nadie llevara o transmitiera a los Estados Unidos informes de su salida. Su objetivo era sorprender a los federales y su plan funcionó. Nadie, ni aún en su Estado Mayor, sabía cuándo saldría Villa de Chihuahua [...] todos creíamos que tardaría dos semanas más en salir".

Además de la tropa y el tren sanitario, van 29 cañones con 1,700 granadas. A las seis y media de la tarde arranca el tren del Estado Mayor con Villa; acompaña a Pancho como su médico de cabecera el doctor Rauschbaum, que ha venido insistiendo en que si quiere controlar los arrebatos de furia deje de comer carne. Villa se lo tomó en serio, aunque para él una dieta sin vaca era un sacrificio terrible. Estaba inaguantable. Afortunadamente, en vista de que el carácter no mejoraba, dejó de lado el consejo al poco rato.

A las tres de la madrugada, ya del 17, llegan a Santa Rosalía de Camargo, justo a tiempo para la boda de Rosalío Hernández, de la que Villa será padrino. Villa, gran bailador, se pasa la noche dándole a la polka. Reed registra exagerando un poco: "... bailó continuamente sin parar, dijeron, toda la noche del lunes, todo el día martes y la noche, llegando al frente el miércoles en la mañana con los ojos enrojecidos y un aire de extrema languidez". La prensa estadounidense frivoliza: "Villa es experto en tango argentino y en el maxixe".

El 18, a eso de las nueve de la mañana, sumados los Leales de Camargo de Rosalío Hernández, en la estación del tren, entre fiestas y gritos de la multitud, salieron de la ciudad para llegar a Jiménez a mediodía.

Villa encuentra en los andenes del tren a dos viejitos que andan preguntando por él y muy ceremoniosamente los besa en la frente, son sus padrinos (el cronista no da sus nombres, ¿será acaso el viejo Pablo Valenzuela?) y les da una ayuda en dinero. Todos los pobres del pueblo se acercan y Villa comisiona a dos mayores de su brigada para que repartan alimentos.

Si los pobres se acercan a Villa, los burgueses se alejan. El historiador inglés Alan Knight toma nota de que el avance de Villa hacia La Laguna estuvo marcado por la fuga de la oligarquía. En Piedras Negras, de acuerdo con el flujo de burgueses refugiados en los hoteles, un hacendado británico comentaba que por donde andaba Pancho "los de mejor clase (con los que comerciaba) se habían ido".

El primer tren va rodando con mucho cuidado, es un tren explorador; tras él, un tren de reparaciones. Luego, jaulas con la caballería, los trenes de avituallamiento, los furgones pintados de blanco de la brigada sanitaria (cuarenta carros caja con mesas de operaciones e instrumental quirúrgico), plataformas con cañones grandes y chicos, coches de pasajeros para la infantería y los oficiales.

El 18 de marzo se llega a Escalón, una estación de tren en un llano árido y blanco. Son las cinco de la tarde. La brigada de Maclovio Herrera va por delante. Orestes Pereira y José Isabel Robles salen de Durango. Otros grupos comienzan a aproximarse a la zona de concentración, son las brigadas de Calixto Contreras y los hermanos Arrieta. Villa va a poner sobre el terreno a la División del Norte que triunfó por primera vez en Torreón, pero ahora fogueada, aguerrida, aumentada y artillada.

Un día más tarde están concentrados en Yermo. John Reed describe: "Un tanque de agua averiado, con un poquito de líquido sucio y alcalino; una estación ferroviaria demolida, que pulverizaron los cañones de los orozquistas hace años. No hay agua a 60 kilómetros ni forrajes". Villa manda traer 12 enormes carros tanques con agua de Chihuahua.

19 de marzo. Estación Conejos. Llegan a las cuatro de la tarde. Mucho frío. Reed de nuevo: "Conejos era exactamente lo mismo que Yermo, sólo que no tenía tanque de agua". El periodista estadounidense encuentra a Pancho "recostado en un carro, con las manos en los bolsillos. Llevaba un sombrero viejo, doblado hacia abajo, una camisa sucia, sin cuello y un traje oscuro, maltratado y brilloso por el sudor. Hombres y caballos habían brotado como por arte de magia frente a él en aquella planicie". En la noche Villa va recorriendo los campamentos, cena carne asada con la tropa del coronel Andrés U. Vargas. "Mira, tú traes mucha gente nueva. Hay que ayudarles a entrar en calor, para que tengan ánimo".

Villa ha desplegado la brigada Juárez de Maclovio Herrera con 1,300 hombres, la brigada Zaragoza de Eugenio Aguirre Benavides y Raúl Madero con 1,500, la brigada González Ortega de Toribio Ortega con 1,200, la brigada Cuauhtémoc a cargo de Trinidad Rodríguez con 400, la brigada Madero del coronel Máximo García, que hace unos meses sustituyó a su hermano muerto, con 400 hombres, los Leales de Camargo de Rosalío Hernández con 600, la brigada Villa de José Rodríguez con 1,500, la brigada Guadalupe Victoria del coronel Miguel González con 400 (o 550 según algunos) y fragmentos de tropas de Durango a cargo del coronel Mestas, unos 500 hombres, más la escolta de Villa, a los que ahora llaman Dorados, que cuenta junto al Estado Mayor unos trescientos hombres. A eso habría que sumar auxiliares, artilleros, sanitarios. Más de ocho mil hombres y pronto ha de contar también con las brigadas de Urbina, José Isabel Robles y Contreras.

La concentración genera alarma. No en balde produce, dirá Reed, "una espesa nube de polvo de cinco kilómetros de largo y cerca de uno de ancho que se mezclaba con el humo negro de las locomotoras". Por el telégrafo portátil escucharon un mensaje de Benjamín Argumedo, donde el colorado, que está en Mapimí, le telegrafía a Velasco en Torreón informando que se aproxima la polvareda.

El general federal Velasco ha colocado guarniciones en un arco externo, tratado de evitar que Villa se le colara como en la primera batalla de Torreón. Tiene tropas en Bermejillo, 40 kilómetros al norte en la vía del ferrocarril; al noroeste en Mapimí, a 61 kilómetros; al noreste en Tlahualilo y en un segundo escalón en Sacramento, protegiendo la vía del ferrocarril a Monterrey.

Villa organiza. Reed cuenta: "Se dispuso a escuchar el informe de un oficial del Estado Mayor que llegó corriendo a caballo: le dio una orden concisa sin vacilar y el oficial partió. Dio instrucciones al señor Calzada, gerente del ferrocarril, sobre el orden que habían de seguir los trenes hacia el sur. Indicó al señor Uro, intendente del ejército, qué provisiones debían ser distribuidas en los trenes con tropas. Al señor Muñoz, director del telégrafo, le dio el nombre de un capitán federal" (muerto hacia unos días por Urbina) y le dio orden de conectar los hilos y mandar un mensaje falso a Velasco diciendo que estaba en Conejos y pedía órdenes. "Parecía estar en todo".

El 20 de marzo la brigada de Aguirre Benavides sale de Conejos a las cinco de la mañana en dirección sureste con el objetivo de tomar Tlahualilo y comenzar el cerco de las ciudades laguneras. El resto avanza sobre la vía del tren. La infantería en los trenes, la caballería desplegada.

Urbina ha recibido la orden de apoderarse de Mapimí y se mueve sorpresivamente desde Las Nieves. Villa, con la voz de Martín Luis Guzmán, cuenta: "Las fuerzas de mi compadre Urbina pasaron de Pelayo, pasaron de Hornilla, pasaron de La Cadena y se echaron encima de Mapimí. Y sucedió entonces que viendo el enemigo que no nos deteníamos delante de su centro y de su derecha sintió el peligro de que la guarnición de Mapimí se viera cortada, de modo que abandonó aquella plaza con la gran prisa del miedo". Urbina viene con un terrible ataque de reuma. Reed cuenta que viaja con máquina de escribir, cuatro sables, una damajuana de cincuenta litros de sotol para combatir el reuma y un fierro para marcar reses.

Poco antes de la toma de Mapimí, en su brigada se desata una epidemia de viruela negra que deja en cuadro a la Morelos; aun así toman el poblado el 21 de marzo. El norte está afectado por las enfermedades producto de las condiciones sanitarias y la guerra; hay epidemias de viruela, regresa el tifus, la fiebre amarilla. Un corrido anónimo se preguntaba "¿Será por el fin del mundo? ¿Ya están próximos los días?"

Las avanzadillas de la brigada de Toribio Ortega toman contacto con los federales en la estación de Peronal, un destacamento de 300 colorados al mando de Benjamín Argumedo. Todo fue verlos y atacar, con una carga de caballería fulminante, en arco. Los colorados se dieron a la fuga. En la persecución se produjo un segundo encontronazo en Bermejillo con 300 rurales, de los que 106 quedaron en el terreno muertos. El camino estaba sembrado de cadáveres de hombres y caballos. Los rurales se fugan y son perseguidos, de los 300 sólo se salvan 30.

Simultáneamente cae Tlahualilo en manos de Eugenio Aguirre Benavides. Villa dirá que "en ataque de mucha furia, y, según yo creo, con movimientos de grande pericia, pues logró su hazaña contra los traidores haciéndoles cerca de 60 muertos y sin sufrir él más de 14 bajas entre muertos y heridos".

El cuerpo central de la División se establece el 21 en Bermejillo. Reed verá a Villa en su carro de ferrocarril: "Estaba dividido por tabiques en dos cuartos, las cocinas y la recámara del general [...] de tres por siete, donde se reunían los 15 generales de la División del Norte. Estaba pintada de gris oscuro". En las paredes hay un retrato de Carranza, uno de Fierro, otro de Villa, fotos de artistas de variedad. Un elemento de su descripción sorprende porque habla de la sobriedad de los mandos de la revolución norteña: "Dos literas doble ancho de madera, plegadas contra la pared, en una de las cuales dormían Villa y el general Ángeles; en la otra, José Rodríguez y el doctor Rauschbaum, médico de cabecera de Villa".

Siguiendo su costumbre de hablar con los hombres que va a combatir, y probablemente aconsejado por Ángeles, que piensa que Velasco quizá oiga razones, Villa conversa con el general Velasco por teléfono desde Bermejillo.

José Refugio Velasco tiene 63 años, de joven combatió al imperio de Maximiliano, acaba de ser promovido a general de la División del Nazas tras haber rescatado Torreón. Vasconcelos le atribuye la frase: "Nosotros defendemos a un traidor que es Huerta, pero del otro lado, con Villa no hay sino forajidos". Cumberland hace un retrato elogioso de él, dice que había estado contra el golpe militar, pero "era un hombre disciplinado" (palabra que pone al autor de este libro particularmente nervioso cuando sirve para justificar a un militar golpista), que era el único de los generales federales capaz de ponerse a la ofensiva y que su victoria al rescatar Torreón fue el único respiro de Huerta en esos meses. La División del Nazas a su mando cuenta con unos siete mil soldados, 19 cañones y 35 ametralladoras y fusiles ametralladora.

Ángeles tomó la palabra primero tratando de convencer a Velasco de que rindiera la plaza. Ni caso le hizo y Villa se puso al teléfono.

—¿Francisco Villa? —preguntó Velasco.

—Servidor de usted.

—Pues allá nos veremos, prepárennos de cenar.

—Si no quiere molestarse nosotros iremos. ¡Tantas tierras que he andado sólo para venir a verlo! —respondió Pancho, y la conversación se fue agriando hasta que se produjo un duelo de palabras que Villa cerró con un: "Usted debe ser algún majadero de esos que ya no se usan".

Para Velasco la prioridad era mantener abiertas las comunicaciones al oriente y ordenó al coronel Juan Andreu Almazán que se fortaleciera en Sacramento, sobre la vía del ferrocarril, y concentrara a los grupos dispersos derrotados. Tendría además el refuerzo de destacamentos de infantería que estaban siendo recogidos en tren desde Hipólito.

Villa, en Bermejillo, estaba preocupado por la comida de la División. Conversó con Roque González Garza: ¿Qué ganado hay para que coma la tropa? ¿Pastura para los caballos? Le pidió por telégrafo a Chao en Chihuahua, que estaba operando como su retaguardia, que mandara más caballos y ganado. Ante la lentitud de la respuesta se sucedían los reproches telegráficos. Eduardo Andalón tendrá una extraña perspectiva de la batalla de Torreón, la de andar "acarreando ganado" hacia el frente una y otra vez, para darle de comer a toda la raza.

En Bermejillo se celebra un consejo de guerra contra un cigarrero que había delatado a villistas que fueron detenidos y torturados. Lo condenan a muerte y lo fusilan.

John Reed cuenta: "Hoy, en el campo, cuando llega el ejército para acampar de noche, Villa tira las bridas de su caballo a un asistente, se echa el sarape sobre los hombros y se va, solo, a buscar el abrigo de los cerros. Parece que nunca duerme. Cuando retorna en la mañana viene de una dirección distinta". Su secretario Pérez Rul lo confirma: "Villa anochecía en un lugar y amanecía en otro muy distante". Silvestre Terrazas se hace eco de estos hábitos repletos de precauciones de Pancho. "Villa desconfiaba de todo. Comía siempre donde menos se lo esperaban y él tomaba los tacos de mano, sin dejar que pasaran por otras manos".

El 21 de marzo Villa está pensando en paralelo a Velasco. Los contendientes parecen sincronizados. En la mañana ordena a Aguirre Benavides que tome Sacramento sobre la vía del ferrocarril central para aislar Torreón de Monterrey. Había que cortar el paso ferroviario de posibles refuerzos antes de operar sobre Gómez Palacio y Torreón. Desde Bermejillo había insistido a los mandos de la División del Noreste que cortaran la ruta. Villa contará más tarde: "Pablo González, que hacía más de un mes estaba comprometido conmigo para no dejar pasar federales, me dejó pasar once trenes".

El colorado Juan Andreu Almazán se hace cargo de la guarnición de Sacramento. Está crudo de alcohol y sueño por las últimas parrandas que han tenido en Torreón, donde la oficialidad ha estado festejando en congales quién sabe qué. Poco antes del ataque ha concentrado su caballería y sumado un centenar de rurales que habían huido en Tlahualilo y cerca de 200 infantes. En la tarde llegan unos 600 infantes del coronel Meraz, que habían venido siendo reconcentrados desde Hipólito, pero prosiguen hacia Torreón. Contreras Torres, comentado las memorias de Almazán, dice que al general Velasco no le gustaba el coronel colorado, pensaba que era un tránsfuga y "estaba a prueba".

Comienza el combate a las 17:45. Almazán, por los prismáticos, ve que lo que pensaban era el polvo levantado por unas vacas, eran "los villistas que vienen a matacaballo". Pide que se comuniquen al tren de Meraz para que regrese y organiza sus dragones, un cuerpo veterano bien armado y bien montado, para que se preparen a flanquear a los que cargan, una vez que choquen contra las defensas en un tajo, pero la oleada villista los flanquea y los barre.

Se combate cuerpo a cuerpo. Almazán reconoce a Raúl Madero. Ordena a uno de sus ametralladoristas que le haga fuego, el oficial le dice que corre el riesgo de matar a los suyos y Almazán contesta: "Ni modo de escogerlos". Los federales se repliegan al casco de la hacienda de Sacramento y se hacen fuertes en los edificios, las azoteas, tras pacas de algodón, en los corrales de la hacienda.

El primer golpe les ha resultado favorable. Los federales frenan la brigada de Aguirre y las tropas de Trinidad Rodríguez, que apenas si pueden tomar la iglesia. Éstos, supuestamente traen varias piezas de artillería de montaña, pero se han estropeado en el viaje y muchas de las bombas de dinamita no funcionan. Aguirre no pide refuerzos, pero Villa, al recibir los primeros informes, ordena la salida de Rosalío y los de Camargo.

Se combate en la noche. Curiosamente, los villistas no han cortado el teléfono y Almazán habla con Velasco, quien le dice que va a fusilar a Meraz y le ordena que se sostenga. Almazán piensa que "por ser demasiados los atacantes se estorbaban entre sí". Al amanecer, a pesar de la llegada de los de Camargo, se ha frenado el ataque villista.

Villa tiene que decidir si comienza el ataque a las tres ciudades laguneras o espera el desenlace de la terrible batalla que se está librando en Sacramento. Aguirre Benavides y Madero le aseguran que tomarán Sacramento en horas. Villa decide entonces iniciar el avance sobre Gómez Palacio. El 22 de marzo llegan los primeros trenes a El Vergel, tras ellos una línea de varios kilómetros de máquinas y vagones, a los flancos la caballería. Están a 39 kilómetros de Gómez Palacio. Reed registra que el primer carro del tren de reparaciones, que va a la vanguardia, era una plataforma blindada de acero sobre la cual iba emplazado el *Niño*, "con un armón abierto detrás lleno de granadas. Le seguía un carro blindado rebosante de soldados, después un carro de raíles de acero y cuatro más cargados con durmientes de ferrocarril. Venía enseguida la locomotora, el maquinista y fogonero con sus cartucheras colgando y sus rifles a la mano. Seguían después dos o tres carros caja con soldados y sus mujeres [...] Al frente, tendidos boca abajo en el otro extremo de la plataforma, iban dos hombres con linternas examinando cada metro de vía, buscando alambres que podían significar minas plantadas para volarlos".

Al tren hospital traen heridos de Sacramento, entre ellos a Trinidad Rodríguez, con dos balazos en el tórax; su brigada ha sido muy castigada. Está herido también el mayor Isaac Arroyo. Un poco más tarde llega herido el coronel Máximo García, está grave, tiene un balazo en el vientre.

En El Vergel Villa convoca a la tropa y ordena revisar vagón por vagón de la larguísima columna de trenes que llega, moviliza a todos los auxiliares que tenían otras funciones: caballerangos, telegrafistas, ferrocarrileros, mirones, cocineros, reparadores de vía, pero también a los que se andaban haciendo ojo de hormiga. El resultado es que reúne 1,500 hombres. Villa les suelta uno de sus fulgurantes discursos. Quedarse atrás es traición, los que den un paso al frente podrán ir a pelear, los que no, les prometo que no verán al enemigo porque ahora mismo los fusilamos. Con los obligados voluntarios forma tres batallones, dos de ellos avanzan hacia el frente dirigidos por dos jóvenes que será parte de la futura historia, el coronel Mateo Almanza y el teniente coronel Santiago Ramírez, un ferrocarrilero que se unió a Villa en San Andrés; el tercero, dirigido por José San Román, se queda en Bermejillo de reserva.

La aproximación a Gómez Palacio se produce en un arco de cinco kilómetros. A las seis de la tarde están a la vista. Desde Santa Clara en adelante la línea férrea está destruida. Reed comenta: "Estábamos solamente a 12 kilómetros de Gómez Palacio [...] era increíble que nos dejaran acercar tanto sin ofrecer alguna resistencia". En Santa Clara Villa se encuentra con un grupo de campesinos y les pregunta si han visto pasar al bandido de Pancho Villa por ahí. "Ni lo permita Dios", dirá uno.

Urbina llega con los restos de su brigada de Mapimí. Cojeaba a causa de las fiebres reumáticas, "se apoyaba en dos soldados. Tenía un rifle en la mano, un Springfield viejo de desecho, con las miras bajas, y llevaba una cartuchera doble en la cintura".

Mientras tanto, en Sacramento Almazán espera la llegada de refuerzos en un tren de Torreón, pero Velasco parece preferir consolidar las defensas que exponer más tropas en lo que se había iniciado como una batalla secundaria. La deserción de una compañía de exploradores decidirá el combate. Dirigidos por su capitán Alfonso Durón, que había sido discípulo de Felipe Ángeles, los soldados federales cambian de bando. Félix Delgado cuenta que comenzaron a mezclarse al grito de ¡Viva Villa!, y los exploradores sacaban bandera blanca y tiraban las armas.

Almazán se repliega sobre Torreón mientras Madero y Aguirre Benavides entran al rancho. Se acabó Sacramento. En el repliegue Almazán se encuentra con una exploración de las caballerías del general federal Reina. Sólo ha salvado 200 hombres y de ellos únicamente 60 ilesos.

Ya no queda ninguna guarnición ni enfrente ni en los flancos de los villistas

NOTAS

a)   Fuentes:

Un discípulo anónimo de Posada en 1919 dejó la imagen grabada de la tarántula-cucaracha-calavera: la tarántula calavera huertista.

Felipe Ángeles.

Felipe Ángeles. Cervantes: *Felipe Ángeles en la revolución.* Slattery: *Felipe Ángeles and the mexican revolution.* La hoja de servicios bastante desarrollada en Sánchez Lamego: *Generales…* y en el AHSD en cancelados y de pensiones. Mena Brito: *Felipe Ángeles federal.* Odile Guilpain: *Felipe Ángeles y los destinos de la Revolución Mexicana.* Matute: *La Revolución Mexicana, actores, escenarios y acciones.* Federico Cervantes PHO 1/1. José G. Escobedo: *La batalla de Zacatecas (treinta y dos años después).* Adolfo Gilly: "Felipe Ángeles: *Cada cual morirá por su lado*".

La leyenda negra de Ángeles. La historia del niño fusilado en los combates en La Ciudadela. Calero, su abogado, dice que no era un niño, sino un joven de 18-20 años que estaba intentando amotinar a los soldados en pleno combate para que se pasaran a los alzados contra Madero; que el juicio no probó nada, pero no lo declaran inocente; que Huerta negoció con su abogado el exilio y que Ángeles no dio su palabra de permanecer neutral.

Su llegada a Chihuahua. Vito Alessio Robles dice que fue Luis Cabrera el que le envió a Carranza la proposición y que luego éste se arrepintió, pero ya era tarde. Calzadíaz: *Hechos reales de la revolución*, tomo 1, dice que Villa lo invito en respuesta de una felicitación de Ángeles por la batalla de Ojinaga; Guilpain dice que lo hizo a "instancias de Villa y por deseo propio". Barragán dice que Villa lo pidió para que se hiciera cargo de la artillería ante la próxima batalla de Torreón. Salmerón dice que fue Maytorena el que le sugirió se sumara a Villa.

La prensa estadounidense caricaturizó de una manera brutal la relación de Villa con la Mutual.

Cine. Brownlow: *The war, the west and the wildernes*. Aitken entrevistado por el *New York Times* el 11 de marzo. Aurelio de los Reyes: *Con Villa en México*. García Riera: *Historia documental del cine mexicano*. *The Sun*, 5 de abril de 1914 (en De Los Reyes).

Además: Papeles de Lázaro de la Garza B 61, C 60 y C 61, C 64, C 82. Barragán: *Historia del Ejército y la Revolución Constitucionalista*. Puente: *Villa en pie*. Reed: *México Insurgente*, "El conquistador del norte", cartas a Hovey (en Ruffinelli). Apolonio Gómez PHO 1/58. Terrazas: *El verdadero Pancho Villa*. Maples Arce: *Poemas interdictos*. Brener: *La revolución en blanco y negro*. Félix Delgado PHO 1/79. Roque González Garza, Porfirio Ramos, Enrique Pérez Rul: *La batalla de Torreón*. Aguirre: *De Francisco Madero… Reel Life* 24 de mayo de 1914. Brondo: *La División del Norte*. Calzadíaz: *Hechos reales de la revolución*, tomo 1. Machuca: *La revolución en una ciudad del norte*. Knight: *La Revolución Mexicana*. Martín Luis Guzmán: *Memorias*. De la O HHolguín: *Tomás Urbina, el guerrero mestizo*. Avitia: *Corrido histórico mexicano*, 3. Santos Valdés: "Sangre y metralla: la toma de Torreón". L. Taylor: *La gran aventura en México*. Ontiveros: *Toribio Ortega y la revolución en la región de Ojinaga*. Eduardo Andalón PHO 1/80. Guillermo Sánchez de Anda: "Chao, revolucionario en dos países". Vasconcelos: *La Tormenta*. Cumberland: *La Revolución Mexicana. Los años constitucionalistas*. Sánchez Lamego: *Historia militar de la Revolución Constitucionalista*.

Tomás Urbina, ante Torreón. Foto del Metropolitan Magazine.

Los federales en la guarnición de Torreón. AGN.

La conversación con Velasco tiene tres versiones, bastante similares: Villa en Martín Luis Guzmán. Pérez Rul en Brondo, Roque. Terrazas: *El verdadero…* Terrones Benítez: "La última batalla de Torreón". Roque González Garza: "Versión taquigráfica de una conversación entre Villa y Zapata". Juvenal: *¿Quién es Francisco Villa?* Magaña: *Emiliano Zapata y el agrarismo en*

Trinidad Rodríguez, jefe de la brigada Cuauhtémoc.

México, 4. *Almazán:* "Memorias". Contreras Torres: "Almazán contra Villa. Torreón, la tumba del ejército de Huerta". Calzadíaz: *Hechos reales de la revolución,* tomo 1.

Una División del Norte aguerrida y armada. La foto no tiene mayor identificación.

b) La División del Norte. ¿Con cuantos hombres entraría Villa en combate en Torreón? Varios autores hablan de siete mil. Santos Valdés da 7,900, los mismos que Magaña. No serían menos de los 8,100 del primer recuento, más las brigadas faltantes, otros 2,500, más los 1,500 que recupera entre los auxiliares (a no ser que estos estuvieran previamente contados entre los efectivos de las brigadas). No menos de 10,500, no más de 12,000.

Villistas descansando. El autor, tras una conferencia en Durango, recibió en la mano la foto anterior. Una mujer le dijo que sabía que estaba escribiendo una historia de Villa y que aquí le traía una foto de su padre y un grupo de compañeros de la División del Norte; se alejó antes de que el narrador pudiera anotar los datos del personaje y sus amigos.

VEINTINUEVE

TORREÓN: LA BATALLA

Adán Uro, el intendente de la División del Norte, decía que "los porfiristas le platicaban a usted de París, de Londres, de Moscú; pero no conocían Zacatecas ni Torreón". Era cierto, pero ahora los porfiristas se llamaban huertistas y tenían una nueva cara, la del general Refugio Velasco, que no sólo conocía bien Torreón sino también lo que Villa le había hecho a los generales Bravo y Munguía el año anterior.

Atacando desde el norte, Villa tenía que enfrentar primero las defensas de Gómez Palacio, la artillería situada en los cerros y los edificios fortificados. Formuló un plan muy sencillo que revisó Ángeles y se presentó al consejo de los generales. Al atardecer del 22 de marzo se progresó cautelosamente en un frente de cinco kilómetros de ancho con el ferrocarril como eje. A cuatro kilómetros de la ciudad se ordenó desmontar y encadenar la caballada, para avanzar en línea de tiradores protegidos por la artillería.

Repentinamente los cañones federales abrieron fuego desde posiciones encubiertas que los villistas no identificaban y la respuesta de la vanguardia, mandada por el coronel André U. Vargas, con Pablo Seañez por delante, al grito de "¡Ahí está el enemigo!", fue lanzarse en una carga suicida desobedeciendo las órdenes de descabalgar. Villa diría: "Se me soltaron de la mano en su impaciencia de emprender el ataque". Tras ellos, los batallones novatos de infantería se sumaron a la carga. Los ansiosos llegaron a las primeras casas de Gómez Palacio. La artillería federal reaccionó lentamente, pero las "ametralladoras en la Casa Redonda y el Panteón hacen mucho daño". Los villistas alcanzaron posiciones a diez metros de las aspilleras en el panteón. La artillería villista, que no había descubierto los cañones federales, aún no encontraba emplazamiento; además Ángeles no se atrevía a disparar porque las posiciones estaban entremezcladas.

Maclovio Herrera avanzó bajo el bombardeo de la artillería federal del cerro de La Pila, que le hizo muchas bajas, y milagrosamente salvó la vida cuando un obús mató su caballo. Villa mandó llamar al general José Rodríguez y le metió una tremenda regañada. Rodríguez se reunió a su vez con sus coroneles, entre ellos André U. Vargas, que estaba muy enfadado porque las bombas de dinamita no explotaban, y amenazó con fusilarlos si volvían a incumplir órdenes.

Se han apoderado de los suburbios de Gómez Palacio pero a gran costo. La cifra de muertos oscila entre 35 y 125 (según quién los cuente) y hay más de 200 heridos. Para Villa ha quedado claro que las defensas de Velasco son cosa seria. Esa noche John Reed intenta llegar a la primera línea, la contraseña es Zaragoza-Guerrero, los villistas llevan los "sombreros levantados al frente".

A las seis de la mañana del 23 de marzo Ángeles emplazó la artillería en San Ignacio, un cerrito al oeste de Gómez Palacio. Poco a poco los villistas han logrado identificar las defensas federales: la Casa Redonda, el corral de Brittingham, a la izquierda las chimeneas de la jabonera La Esperanza, color rosa claro, a la derecha de la vía el cerro de La Pila, coronado por un depósito de agua.

A consecuencia de los enfrentamientos de la noche anterior la tropa de Maclovio andaba caliente y desde el amanecer comenzaron a intercambiar disparos en su zona. Villa, tras haber pulsado las defensas de Gómez Palacio, pensaba que había que flanquearlas y mandó a Maclovio a tomar Lerdo, a unos pocos kilómetros al oriente de Gómez Palacio. Se encontraba en esos momentos con los Dorados cerca de las baterías de Ángeles, que aún no habían puesto a tiro la artillería federal.

Maclovio ordenó que encadenaran la caballería al pie del cerro de San Ignacio y en línea de tiradores comenzaron a avanzar. Cuando empezaba a desplegar a su brigada hacia Lerdo, en la salida del cañón del Huarache aparecieron en su costado los dragones de caballería del general federal Reina, que cargaban a sable tratando de cortarle el espacio a Maclovio envolviéndolo y aprovechando que sus hombres estaban descabalgados. Al ver Villa que los federales flanqueaban a Maclovio y que corría peligro la artillería, "tratando de reparar mi yerro" se lanzó con su escolta hacia la caballería federal para frenar a Reina. Contará: "De pronto vimos nuestro flanco derecho amenazado por una caballería que avanzaba a toda rienda. En esos momentos de prueba no disponía de más fuerzas de reserva que los muchachitos de mi escolta, a quienes les ordené que se lanzaran al encuentro de Peña (Reina), cuya fuerza despedía relámpagos por el brillo de los sables. [...] Pronto se convirtió aquel llano en un remolino de polvo inmenso donde no se oía más que el tronar de las 44 de mis muchachos y salir *azoraos* para uno y otro lado caballos ensillados sin pelado". Aguilar Mora dirá: "Su capacidad para usar la velocidad como el arma decisiva de su caballería, no sólo era un instrumento militar, era la prolongación de su propia vida". Pancho Villa, en plena cabalgada, le dice a los Dorados que aguanten los disparos hasta el último momento, porque se enfrentan con soldados de sable. Los federales eran hábiles con las espadas, pero más los Dorados con las pistolas calibre .44 y las automáticas .38. A esta carga frenética, a la cual al grito de "¡Viva Villa!" se han sumado espontáneos, se añaden las tropas de Maclovio Herrera, que también avanzan gritando cuando ven pasar a su lado a caballo a los Dorados. Allí quedó aniquilada la caballería del general Federico Reina y su propio jefe, un hombre de unos

55 años que combatía con un kepí francés cubriéndole la cabeza, a quien se llevaron mortalmente herido.

Se cuenta que en esa carga de caballería los Dorados iban cantando. El asunto no debe ser cierto. ¿Cómo iban a estar cantando si muchos de ellos, los que no traían la rienda amarrada en la muñeca izquierda, la traían entre los dientes para usar las dos pistolas al mismo tiempo? Lo que sí debe ser cierto es que durante la carga apareció una mujer gritando leperadas y desnuda. Fea, ella, loca, sin duda, y los villistas casi sin frenar la cabalgadura le tiraban monedas de 20 centavos de plata, que pesaban 8 décimas de gramo, con el gorro frigio de un lado irradiando y el águila y el nopal del otro, y le aventaban centavos y le aventaban besos de las bocas arriendadas.

A pesar de que muchos testimonios lo sitúan al frente de la carga de caballería, Villa, varios años después, dirá en otra versión que "me encontraba en el techo de un furgón presenciando el encuentro con el Jesús en la boca. Por fortuna la caballería federal se retiró". Haya o no estado al frente de la carga, o lo haya ocultado por pudor, el hecho es que así se contó. Un misionero baptista que regresó a Estados Unidos tras la batalla de Torreón pintaba a Villa en la prensa estadounidense como un "un guerrero al que se le ve siempre cabalgando entre sus tropas a mitad de una carga". Reed, en la prensa estadounidense, colaboró a establecer la imagen del general combatiente: "Cuando la pelea es más encarnizada, cuando la avalancha de hombres morenos invaden intrépidos, con rifles y bombas de mano, las calles barridas de balas de una ciudad tomada por asalto, Villa está entre ellos como un simple soldado".

Tiempo después, Ángeles, que había sido testigo de los hechos, decía que los Dorados eran la mejor fuerza de caballería que había y sólo podía compararlos con las tropas del coronel federal Peña, que había hecho huir a Pablo González de Monterrey.

Victorioso, Maclovio tomó posiciones en los suburbios de Lerdo. Villa envió en su apoyo a la brigada de Toribio Ortega. En Lerdo los esperaban los colorados de Benjamín Argumedo en las huertas y las casas de los suburbios de la ciudad. No se podía esperar apoyo de la población, los federales habían decretado que si salía un solo disparo de una de las casas, la casa sería demolida con todo y sus habitantes.

Se estableció el cerco. Villa decidió posponer el ataque hasta que fuera noche cerrada. Mientras tanto, se seguía combatiendo ante las defensas de Gómez Palacio, que resistieron varios embates de los revolucionarios. El cerro de La Pila, apoyado por las ametralladoras emplazadas en las bardas de la jabonera La Esperanza, parecía inexpugnable. Los federales huidos de Sacramento reforzaron la posición.

Al caer la noche Maclovio tomó Lerdo. Villa, en voz de Martín Luis Guzmán, dirá que con "ímpetu incontenible". Pero otra cosa serán las defensas de Gómez Palacio. John Reed registra que vio pasar a Villa "con un cigarro puro en la mano (y se extrañó, porque Villa nunca fumaba, sin darse cuenta de que era para encender la mecha) y una bomba en la otra". Iba al asalto del cerro de La Pila.

> Abrían fuego con artillería sobre la pequeña fila de hombres que subían el cerro. Sin embargo, ellos seguían ascendiendo por el negro pedregal. El círculo de llamas se había roto en muchos lugares, pero no cedía. Así se sostuvo hasta que pareció unirse con la maligna ráfaga que procedía de la cima. Pero entonces, repentinamente, todo pareció extinguirse casi completamente, quedando sólo luces individuales que iban cayendo cuesta abajo; aquellos que habían logrado sobrevivir. Y cuando pensé que todo se había perdido, maravillándome ante el heroísmo inútil de aquellos peones que subían por el cerro frente a la artillería, he aquí que el flameante círculo empezó a subir otra vez, poco a poco, lamiendo el cerro.

Villa intervino al frente de un grupo de antiguos barreteros de Ojuela que trataban de desalojar a los defensores a bombazos de dinamita. Ahí actúa la nueva brigada con Santiago Ramírez a la cabeza apoyando con fusilería desde el flanco el ataque de Villa y los de las bombas. El zapatista Magaña dirá asombrado: "Mientras duró el asalto no dominó la oscuridad un solo instante". Aquella noche atacaron el cerro siete veces y sufrieron 125 muertos. Pero La Pila no cayó.

A las 8 de la mañana del 24 de marzo Eugenio Aguirre Benavides llegó al campamento situado en El Vergel con los cuatro mil hombres que habían intervenido en los combates de Sacramento y tres trenes de provisiones que le había capturado a los federales. Hubo un nuevo conato de salida de la caballería federal y Villa nuevamente montó a caballo; todo quedó en amenazas.

Será un día de calma. "No quiero tropas cansadas", dirá Villa. Mientras se trata de volver a emplazar la artillería, Pancho reunirá a sus generales y les bajará los humos: el enemigo es fuerte, las fortificaciones son poderosas. Se acuerda traer a las brigadas de Durango, cercar realmente Torreón. Los durangueños de Calixto, Ceniceros y los Arrieta (que desobedecerán parcialmente la orden y enviarán un pequeño contingente) son llamados a acercarse a la zona de combates. José Isabel Robles sube hacia Torreón desde Durango.

Ese día John Reed dará en falso la noticia de la caída de Torreón basado en lo que ha visto del ataque de la noche anterior: "Torreón es ocupada en terrible batalla". Fecha la crónica en El Vergel. Villa, en palabras de Martín Luis Guzmán, dirá: "Toda aquella tarde y toda la mañana del día siguiente nos contemplamos nosotros y el enemigo en observación de mucha calma. Ni ellos se agitaban con nuestros tiroteos ni nosotros nos agitábamos con los suyos". Los heridos villistas fueron movilizados en trenes a los hospitales de Jiménez, Santa Rosalía, Chihuahua. Villa recorrió los campamentos; Desiderio Madrid recuerda que andaba con la tropa de Porfirio Ornelas y Villa los formó y les dio la mano uno a uno preguntándoles su nombre y de dónde eran.

El avión de los villistas estará activo pero será ineficaz. Parsons y De Villa realizaron misiones de patrullaje y bombardeos. Sus bombas no funcionaban, tenían que lanzarlas a gran altitud y soltarlas con una mano mientras con la otra manipulaban el tren de aterrizaje del avión. También trataron de enseñar a volar a algunos oficiales villistas. Parsons cuenta: "Le tenían miedo mortal a los aviones y no los culpo, yo no me sentía muy a gusto en ellos tampoco. Podía meterlos en la cabina y darles clases de instrumentos, pero eran muy pocos los que se animaban a volar conmigo. Aquellos que lo hicieron iban asustados, petrificados, mareados y lanzando gritos de '¡Madre de Dios!' y otras cosas que no me atrevo a repetir. Cuando aterrizaba, el ocasional alumno se hacía el muy macho delante de sus amigos, pero era casi imposible convencerlo de volver a volar".

A pesar de los primeros fracasos Villa parecía insistir en entrar por la puerta del frente. Había topado con unas defensas bien diseñadas y se había dado cuenta que la artillería federal era superior en los emplazamientos y la calidad de las granadas. Ángeles reportaba que para que la artillería de la División del Norte fuera eficaz había que acercarla mucho más, y para eso había que quitarles el cerro de La Pila. Y allá irían Maclovio Herrera, la brigada Villa y la brigada Zaragoza.

A partir de las tres de la tarde del 25 de marzo, durante cuatro horas se produjo un tremendo duelo de artillería. Tres cañonazos del *Niño* hicieron blanco en el fuerte de La Pila. Empezó el ataque a las 8:45. José Rodríguez, Tomás Urbina y Maclovio dirigieron a sus hombres en la oscuridad al asalto del cerro: "una colina larga y estéril", a decir de Brondo; un cerro no muy alto, de no más de 50 metros, que culmina en un depósito de agua, pero de casi un kilómetro de largo y con pendientes de hasta 30 grados, casi sin vegetación, que habían convertido en un fortín con trincheras, parapetos de piedra y mezcla, nidos de ametralladoras, cañones de montaña y guarnecido por 500 federales. Sobre ellos fueron los dos mil hombres en tres columnas.

Villa recorrió el frente con Luis Aguirre Benavides y su escolta en el momento en que se iniciaba la batalla. El estruendo era tremendo. A las ametralladoras, la fusilería y los cañones se sumaban las bombas de dinamita. Las brigadas villistas avanzaban a pie. El problema era que antes de entrar en contacto con las faldas del cerro había una llanura de "regular distancia". Iban en línea de tiradores de 100 hombres por brigada y a trescientos metros una segunda línea y luego una tercera. Las luces mostraban que el avance era incierto, se contenía. Tenían que avanzar a descubierto mil metros. Los federales habían situado cinco fortines en lo alto del cerro. El ataque de la izquierda se retrasó. Villa dirá: "Era aquella la función de armas más enconada que habían mirado mis ojos". La maniobra general falló porque el ala izquierda se retrasó y el ala derecha estaba agotada. Reed tomará las palabras de un testigo: "Fue terrible. Entramos allá a pie. Estaban dentro del tanque de agua; habían hecho agujeros para los rifles. Tuvimos que subir y meter los cañones de los nuestros por los agujeros […] Y luego el corral, tenían tres mil rurales y cinco ametralladoras para barrer el camino". Maclovio limpió de enemigos el espacio entre Lerdo y Gómez Palacio. Hacia medianoche caen en manos de los villistas dos de las cinco posiciones del cerro. Los de Camargo y la Zaragoza estaban a la espera, y una vez que el cerro cayera desbaratarían las defensas de Gómez Palacio. Villa habló con Maclovio: "Si no falla la izquierda, Gómez es nuestro mañana". No era el único en pensarlo; esa noche el general en jefe federal, Velasco, ordenó que la artillería que tenía en Gómez Palacio se concentrara en Torreón. A lo largo de la noche Villa se encontró varias veces con Ángeles y fueron consultando. La primera fase de la batalla parecía definirse a favor de la División del Norte.

El centro, con las brigadas González Ortega y Guadalupe Victoria, que habían avanzado sobre la vía del tren, tenía una misión de distracción. La brigada Ortega llevó la peor parte porque atacó la Casa Blanca. Las descargas acertaban a la caballería de bocas de fusiles "invisibles". Los villistas llegan a tocar la pared del edificio pero no pudieron desalojar a los federales. "Las pérdidas son enormes". Tienen que replegarse. Se combate toda la noche sin éxito. Ángeles pide apoyo para que la artillería no quede desguarnecida cuando los atacantes se repliegan. Ortega, con los agotados restos de su brigada, lo apoya.

Los federales también han sido muy golpeados en este terrible día de combates: Almazán registra que dos de sus mejores oficiales están heridos, el general Ocaranza en la cara y el general Ricardo Peña en el abdomen, herido de muerte. (Villa se llevaba las manos a la cabeza: "¡Lo que nos hizo batallar ese diablo de Peña!") Eran los dos mejores generales federales. Además, el segundo de Velasco, el general Agustín Valdés, estaba enfermo.

A lo largo de la noche van llegando a la cita las brigadas de Durango, primero Severino Ceniceros y hay noticias de que se aproxima Calixto, que entrará por Lerdo. Ha sido, según los autores de la historia de la batalla, Roque González Garza, Pérez Rul y Ramos, el día más terrible de la guerra.

Al amanecer del 26 un contraataque federal que duró dos horas les permitió recuperar los dos fortines perdidos en el cerro de La Pila. La División del Norte abandonaba lo ganado. John Reed registra una desbandada que no narran otras fuentes villistas: "Después de andar a caballo doce horas el día anterior, pelear toda la noche y toda la mañana bajo un sol abrasador y presa de la tensión del pavor al atacar una fuerza atrincherada y frente al fuego de artillería y ametralladoras, sin comer, sin beber, sin dormir, la fortaleza del ejército había cedido repentinamente". Se produce la estampida. "De repente, se les plantaron enfrente tres hombres a caballo, obstruyéndoles el paso, levantando los brazos y gritando '¡Vuélvanse, no han salido, regresen por favor!'. A dos no los pude reconocer, el tercero era Villa". La artillería villista estaba avanzada y al venir sobre ellos una carga de caballería, el jefe de los avantrenes, un tal Aldama, intentó enganchar las piezas creando gran confusión. Ángeles sacó la pistola para impedir la desbandada y enfrentó a la caballería hasta que fue apoyado por otras fuerzas.

Villa ordenó el avance de la brigada Contreras, con dos mil hombres, para cubrir el hueco, pero se retrasaron. En medio del caos Ángeles emplazó artillería a 1,200 metros de las posiciones federales. Llegó José Isabel Robles con 1,500 hombres, desarrapados, con cinco o diez cartuchos por cabeza, sin zapatos, con "viejos rifles Springfield". Se presentó ante Villa, que le informó de la dureza de la batalla. "A morir venimos, mi general", contestó Robles no exento de teatralidad, pero tampoco de certeza.

Los reparadores de la línea férrea han traído hasta las afueras de Gómez Palacio al *Niño* y al *Rorro* (que ha sido rebautizado por la plebe como el *Chavalillo*). Vuelven a bombardear el cerro de La Pila, pero una batería federal oculta los centra y los obliga a replegarse, siendo bombardeados los reparadores.

John Reed cuenta que Villa había pasado la noche corriendo de un lado para otro de las líneas, pero "no se le notaban trazas de cansancio". Vestía "un traje viejo, oscuro, sin cuello y con un sombrero de fieltro muy usado". En un determinado momento Pancho ordenó un repliegue hacia El Vergel para ordenar la situación. Se ha perdido La Pila, casi los dejan sin cañones. No se tienen noticias de los Arrieta.

Hacia las cuatro de la tarde la caballería federal se acercó a 800 metros de las líneas villistas. Villa ordenó que se contuviera el fuego. Se frotaba las manos, iba a poder enfrentar a los federales a caballo sin la protección de sus cañones; la situación lo atrae profundamente. Pero no hay nada de eso, la caballería enemiga se repliega hacia el centro de Gómez Palacio.

Una nueva reunión de generales. Villa es optimista, piensa que no resistirán otra pérdida del cerro de La Pila y nuevamente manda un avance en tres columnas. La derecha hacia el cerro al mando de Maclovio, el centro sobre la vía mandado por Urbina, en la izquierda se estrena José Isabel Robles. Cuando se prepara el ataque, Villa nota el silencio de las líneas enemigas. Avanza hacia la Casa Redonda. Silencio. Los federales se han replegado a Torreón, ni siquiera han recogido sus muertos. A las 9 de la noche van entrando a Gómez Palacio los exploradores. "Estaban las calles sembradas de hombres y bestias, lo mismo que las calles, los fortines y las laderas del cerro".

En la noche, desde El Vergel Villa le comunica a Carranza la caída de Gómez Palacio. Queda Torreón enfrente, a unos miles de metros y con un río de por medio. Se toman nuevas posiciones. Villa se va a dormir al tren.

¿Qué ha sucedido? ¿Cuál es la explicación del abandono de Gómez Palacio por los federales? A las nueve de la mañana había comenzado todo cuando transportaron heridos y elementos de guerra cruzando el río sin que los villistas se dieran cuenta. A las cuatro de la tarde hubo un desfile en Torreón. Almazán no se explica por qué si se había recuperado La Pila se abandona la ciudad. El diario de Valdés tampoco da razones y sólo habla de una reorganización de las fuerzas federales por la pérdida de mandos. Entre las bajas federales se encuentran los generales Peña y Reina, y heridos graves el general Ocaranza y Víctor Huerta, hijo de Victoriano. Se dice que la retirada había sido prevista, que las defensas de Gómez Palacio sólo tenían el sentido de desgastar a los villistas, que habían cumplido su papel, que la batalla definitiva se daría en Torreón. Se dice, pero el ejército atacante interpreta que ha ganado la mitad de la batalla, y de alguna manera los sitiados interpretan lo mismo.

Tras ellos no sólo han dejado desolación. Reed contará que los federales envenenaron los canales de riego con arsénico, pero afortunadamente la corriente lo disolvió en el agua; sin embargo han muerto hombres y caballos. La gente andaba caliente porque se decía que los heridos villistas que estaban presos fueron quemados vivos cuando Velasco se retiró a Torreón.

Si alguien siguió la historia de la batalla en los periódicos no se ha enterado de gran cosa. Ese día en la ciudad de México los lectores de *El Diario* podían enterarse de que una mujer había sufrido 2,025 ataques de epilepsia en cinco días y que la División del Norte, gracias al empuje de Velasco y sus federales, se retiraba hacia Bermejillo. Y el 27 *El Diario* titulaba, cuando Lerdo y Gómez Palacio estaban en posesión de Pancho Villa: "Se confirma que los revolucionarios fueron rechazados en las cercanías de Torreón por las fuerzas del general Velasco". El 28 el *Periódico Oficial de Coahuila* contaba una batalla en Santa Clara, en las cercanías de Torreón, en la que Villa había sido derrotado y afirmaba que su División huía "diezmada y profundamente abatida hacia Chihuahua". La batalla era "el punto final de la rebelión".

Mientras esas cosas se leían en el México controlado por Victoriano Huerta, Ángeles daba a Carranza noticia de la caída de Gómez Palacio: "Estoy encantado de los jefes de estas tropas y sobre todo del general Villa, que es un buen general y sobre todo un hombre de gran corazón y de altos vuelos". Era la primera acción de armas en que actuaban juntos.

En el mismo momento de la caída de Gómez Palacio, un importante tráfico de telegramas comenzó a salir del campamento de El Vergel hacia Ciudad Juárez y las oficinas de la Agencia Financiera de la División del Norte. Al menos una docena de telegramas enviará Villa la noche del 26 y el 27 de marzo, destinados a Lázaro de la Garza, hablando de venta de algodón y compra de municiones. Villa se encuentra particularmente preocupado por la ropa y los uniformes de que carecen las brigadas de Durango, y el desabastecimiento de víveres del ejército, a lo que tendrá que sumar ahora las necesidades de la población ocupada.

El 27 de marzo, hacia las siete de la mañana, Pancho Villa ordena que avancen los trenes y sale del campamento de El Vergel con Ángeles y Urbina. En la estación de Gómez Palacio hay tres locomotoras volcadas: una a causa de un cañonazo, las otras tumbadas por los federales para cerrar el paso. Villa distribuye a las tropas por la ciudad. Los saqueos que se habían producido en la noche (Reed se sumó al saqueo y se robó una mula) se detienen. "Cuando Villa y su Estado Mayor entraron a Gómez todo volvió a la normalidad".

Villa se pasó el día llevando heridos a los trenes. Reed registra el reparto de comida entre los pobladores hambrientos; será su último testimonio. A partir de este momento abandonará la División del Norte, luego de haber dejado tras de sí varias de las mejores crónicas que se hayan escrito en México sobre la revolución, urgido de pasar sus mensajes, que la censura villista bloqueaba para impedir que en México se conociera la real situación de la campaña. John fecha su última crónica el 27 en Gómez Palacio y sale de la zona de combates en el techo de un tren hospital. Llegará a El Paso, donde escribirá su última crónica el 30 de marzo. En su autobiografía, *Casi treinta años*, dejará una posdata mexicana: "Descubrí que las balas no son tan aterradoras, que el temor a la muerte no es una cosa tan grande y que los mexicanos son maravillosamente simpáticos". A Pancho Villa le pasará inadvertida la fuga de "Juanito".

Un soldado de la brigada Zaragoza le entregó a Raúl Madero un mapa. ¿Sirve para algo? Madero se lo llevó a Ángeles, que estudió el asunto. Era un croquis de las defensas de Gómez Palacio y las de Torreón. De ser fiel, aún quedaban fuertes defensas en pie. A la hora de comer Villa decidió volver a comunicarse con Velasco. Ángeles le había contado que recordaba que Velasco no se había portado tan mal con Madero y lo había reconocido hasta el último momento. De acuerdo con Villa, Felipe Ángeles redactó una nota en la que le pedían la plaza para su "ejército democrático" y se le envió mediante el cónsul inglés.

Velasco rechazó la oferta. Entre la oficialidad federal se comentaba la propuesta de Villa, había optimismo, se decía que habrían de llegar refuerzos, que ya estaban en San Pedro de las Colonias y con ellos "perseguirán a Villa hasta Chihuahua". Velasco era muy negativo al respecto, pensaba que los refuerzos estaban cerca, pero de ahí no pasarían.

Leves cañoneos sobre la estación de Gómez Palacio, los trenes villistas se repliegan. Villa telegrafía a De la Garza pidiendo haga compras de emergencia, usando los fondos de la División del Norte, para la población de La Laguna; compras "de gran importancia", porque en la zona había "mucha hambre": café, azúcar, arroz, manteca. Que procurará comprar en Estados Unidos alejándose de la frontera para evitar la inflación y los abusos de los comerciantes fronterizos. Domitilo Mendoza recuerda: "Una vez en Gómez Palacio mandó traer ropa, zapatos, sombreros y cosas de comida para unas gentes muy pobres, que salieron a pedirle ayuda. A todos les dio algo y los pobres se iban muy contentos con la cobija llena de maíz y frijol".

Se ha producido una pausa, sin quererla unos ni otros. Los ejércitos han quedado agotados del primer encontronazo. Villa, en voz de Martín Luis Guzmán, dirá: "Todavía no salían de su cansancio las tropas enemigas, ni las nuestras".

El 28 de marzo se produce un bombardeo federal inefectivo desde los cerros que rodean Torreón, que dura ocho horas. Los villistas ni siquiera responden para no gastar municiones. Reunión de generales para estudiar el plan de ataque a Torreón. En la tarde, en medio de la tolvanera, las brigadas villistas toman posiciones bajo un tiroteo que tampoco responden. La artillería villista comienza a zumbar a las 6 de la tarde. Nuevamente la pesadilla de los cerros artillados y fortificados. A las 10 de la noche comienza el asalto. Las brigadas de Chihuahua habían llevado el peso de la batalla y Villa dispuso que fueran ahora las brigadas de Durango las que atacaran los tres cerros: la de Carrillo, el de Calabazas; la de Severino Ceniceros, el cañón del Huarache; y la de Calixto Contreras debía avanzar sobre el cerro de La Polvareda. En el primer ataque, a las 10 de la noche y con muchas bajas, toman el cañón de Huarache y también la posición del cerro de La Polvareda, tras dos horas de combate. Hacia las tres de la mañana cae en manos de los duranguenses el cerro Calabazas, donde les habían resistido con fuego de ametralladoras e iluminándolos con cohetes. Calixto Contreras resultó herido en la cara en uno de los asaltos.

Las fuerzas que los ocuparon, poco disciplinadas, una vez tomado el objetivo se dispersaron para comer y descansar sin fortalecerse. En Calabazas, Carrillo, hombre de los hermanos Arrieta, desobedeció la orden de fortificarse. A las cinco de la mañana, un contraataque en el que participaron los colorados de Benjamín Argumedo les arrebató dos de las tres posiciones ganadas en la noche. Argumedo era todo un personaje, en las fotos aparecía orejón, siempre con una mascada amarrada de alrededor de la cabeza cerrándole boca, como si tuviera dolor de muelas; la explicación es que tenía un miedo horrible a que si lo mataban se le metieran moscas en la boca.

Hacia las siete de la mañana sólo quedaba Santa Rosa en manos de la División del Norte. Y en ese mismo momento una fuerza de caballería de dos mil federales con dos trenes trató de salir de la ciudad. Los villistas los hicieron replegarse.

El corresponsal del *Houston Post* describe a Pancho Villa cubierto de polvo y sudor, a caballo, con una mascada roja al cuello. Recorría las filas en todas direcciones, jurando, vitoreando, maldiciendo e invocando a todos los santos. Pancho ordenó la detención de Carrillo por desobedecer órdenes. A sus hombres se les dio la opción de tomar la posición perdida o ponerse frente al paredón. Los oficiales de Carrillo aceptaron la propuesta. Sus tropas fueron sumadas a las de Servín y se les advirtió que el que corriera sería tiroteado. El coronel sanitario Andrés Villarreal era uno de los miembros del consejo de guerra que a las cinco de la tarde condenó a Carrillo a pena de muerte.

Villa ordenó entonces que la brigada Juárez de Maclovio lanzara una carga de caballería sobre cerro de Santa Rosa al norte de Torreón y al oeste de Calabazas, donde todavía se estaba combatiendo.

Robles y Eugenio Aguirre Benavides, sin embargo, habían entrado en la ciudad dándole vuelta a las defensas y se hacían fuertes en un combate casa a casa cerca de la Alameda. Los federales, acostumbrados a los ataques nocturnos, no esperan el ataque diurno. José Isabel Robles, herido en una pierna, se negó a dejar la posición y sólo pidió un médico que le cortara la hemorragia. Escenario dantesco, edificios en llamas.

Después de enterarse de que Robles estaba herido, Villa recibió un informe del coronel Toribio de los Santos de que había tenido un enfrentamiento en la línea entre Hipólito y San Pedro, donde lo había dejado Aguirre Benavides como contención; comentaba que había chocado con la vanguardia de fuerzas federales que venían de Monterrey. Los informes de los capturados decían que se trataba de una columna grande que avanzaba en tres trenes para reforzar la guarnición de Torreón. Villa se jugó la batalla y decidió mandar a Toribio Ortega y a Hernández a contener esa fuerza, apenas sin reposo después de 10 días de batalla. y les ordenó que destruyeran la vía. Al inicio de los combates en las ciudades laguneras, Villa había estado insistiéndole telegráficamente al general Pablo González, de las fuerzas carrancistas del nordeste, para que cortara el tráfico ferroviario y el posible apoyo de Monterrey a Torreón quemando los puentes, cosa que no había hecho. Villa estaba que se lo cargaba la chingada con Pablo González. La prensa de la ciudad de México dará la noticia de que Villa se ha retirado ante el avance de la columna del general Moure (que viene desde Monterrey). Por cierto, aprovechan para dar la también falsa noticia de la muerte de Zapata.

Se estanca el avance en la zona de la Alameda, pero los federales no logran sacar a los villistas de allí. Villa ordena que retiren de la línea a José Isabel Robles, quien se niega a pesar de la hemorragia.

A las 12 del día se intensifica la batalla, cuenta la urgencia de que la plaza caiga antes de que arriben los refuerzos. Villa y Urbina atacan hacia el centro de Torreón. Los carabineros de Indé contaban que ese fue el único día en que vieron a Pancho correr. Estaba repartiendo agua en las primeras líneas en un carrito con botes, acompañado del coronel José Rodríguez, y en un ataque de los federales con ametralladoras Villa salió corriendo; los hombres se lo reclamaron y se comprometió a guiarlos en la próxima ofensiva.

Vuelve a caer a las tres de la tarde el cerro Calabazas. A las cuatro de la tarde se avanza sobre el cerro de La Cruz. Cesa el fuego a las ocho de la noche. Villa da descanso al ejército y él mismo se retira con Ángeles a dormitar en el cuartel general. Calma mortal en todas las líneas desde las nueve de la noche. En la oscuridad un grupo de aventureros un tanto locos se infiltra y llega al mercado de Torreón, donde roban comida y retornan a sus líneas.

Amanece el 30 de marzo y a las cinco de la mañana, sin órdenes precisas, tiroteos de los federales calientan la línea de fuego. Las brigadas de la División del Norte avanzan. Se combate en las cercanías del Hospital, en el cañón del Huarache, en el fuerte de La Polvareda, que es tomado.

Las acciones se detienen hacia la una de la tarde, cuando llega un correo con una nota para el cónsul estadounidense. Carothers, que ha estado durante la batalla en el campamento de Villa, recibe un mensaje del vicecónsul británico H. Cunnard, que le transmite a Pancho. Velasco solicita mediante ellos una conferencia. Cuando Roque González Garza y el capitán Enrique Santoscoy van hacia el Nazas, aparece un soldado federal con una bandera blanca y dice que llevará a Santoscoy a ver al general Velasco. Quieren desarmarlo y vendarlo; acepta la venda, pero se niega a ser desarmado. Lo conducen por vericuetos, sube una escalera, le quitan la venda, reconoce a Velasco y reconoce el cuarto del hotel San Carlos. Se cuenta que a Santoscoy de naturaleza le temblaban mucho las manos y Velasco lo interpretó como que tenía miedo, lo cual hizo que, indignado, el mensajero le explicara al general federal que él era así de naturaleza y por culpa del café. Velasco le proponía a Villa una tregua de 48 horas para levantar heridos y muertos y evitar una epidemia. Al regreso de Santoscoy, Villa y Ángeles estudiaron el asunto y concluyeron que había segundas intenciones, que era un truco para dar tiempo a la llegada de los refuerzos de Monterrey y se negaron a aceptar la tregua. Villa contestará la nota diciendo que el armisticio sólo puede favorecer a Velasco porque a sus heridos él los ha enviado en tren a Jiménez y Parral y a los graves a Chihuahua, y que por tanto sólo le queda a Velasco la rendición. Esta vez será el diplomático británico el encargado de llevar la nota. Horas después se reanudaron los combates.

En la tarde se rinden 300 federales en el cerro Calabazas, pidiendo ser llevados a presencia de Villa. La gente de Carrillo dispara contra los rendidos y sólo 50 llegarán vivos a Gómez Palacio.

Noche relativamente tranquila. Se reciben informes de que Chao envía desde Chihuahua una brigada de 1,000 hombres de infantería. "Yo no necesito aquí tan grande guarnición, en tanto que a usted sí le hacen falta esas fuerzas de infantería que ahora le mando".

El 31 de marzo será un día tranquilo, dentro de lo que cabe. Villa se halla enfermo. Se da descanso a las tropas, duelos de artillería y tiroteos intermitentes. A las tres de la tarde la caballería de Argumedo saca a las tropas de José Isabel Robles de sus posiciones, pero estos hombres, con un contraataque, recuperan lo perdido. Un tren con abastos comprados por la Oficina Financiera sale de Ciudad Juárez.

Al día siguiente una gran partida de federales quiere romper el cerco para huir por la cuesta de La Fortuna. El fuego de la División del Norte los rechaza. ¿Qué está sucediendo? ¿Los colorados quieren dejar la plaza? Al fin un par de excelentes noticias: Toribio de los Santos reporta que han parado a los federales que venían de San Pedro, a donde se han replegado después del combate. Un respiro; por ahora los sitiados de Torreón no recibirán refuerzos; en cambio Villa recibe las tropas que manda Chao desde Chihuahua a las órdenes de Benito Artalejo y Martín López. Villa pasa revista, a muchos los saluda por su nombre y de mano, eran veteranos de la campaña de Chihuahua, el batallón Cazadores de la Sierra de la brigada Villa, que se habían quedado como guarnición en la capital.

Durante la tarde ataques infructuosos en el ala izquierda. Bombardeos e intercambio de fuego de artillería. Villa habla con los oficiales de la brigada Carrillo y les dice que tienen que tomar los fuertes que por culpa de su jefe se perdieron. Se forma un batallón bajo las órdenes de Martiniano Servín y como una concesión hacia sus tropas Villa suspende la ejecución de Carrillo y lo envía a Chihuahua detenido.

Los villistas atacarán ese día con un signo distintivo, irán remangados hasta el codo. Praxedis Giner dice que se trató de un "formidable ataque por el centro". El ala derecha toma el cañón del Huarache y por la izquierda se llega hasta el centro de la ciudad. A media noche cesa el fuego. Ha muerto Benito Artalejo combatiendo en torno a la presa del Coyote donde peleó cuerpo a cuerpo. Luis Herrera toma el mando de la nueva brigada. El coronel Manuel Banda, el chino, que habitualmente recorría la retaguardia en motocicleta para frenar a los que huían bajo fuego o trataban de desertar ("Los que no entraban a la pelea los hacía entrar o los quebraba"), ese día no encontró "marrulleros".

Nuevamente un ataque nocturno, tan usado a lo largo de estas dos semanas porque neutralizaba la eficacia de la artillería federal. A las dos de la mañana Miguel González toma el cerro Calabazas y Eladio Contreras La Polvareda. En la izquierda caen dos cuarteles. El cerco se va cerrando. Ha sido el día en que se han sufrido más bajas en toda la batalla. Una carnicería.

La revista estadounidense *Army and Navy Journal* analizará sorprendida las tácticas de Villa: ataques nocturnos con signos de identificación, sombrero, las mangas alzadas, usando bombas de dinamita con lanzador de correas, hombres bien armados con ametralladoras de apoyo. Y establecen la habitual posición de Villa en los ataques: "Villa se coloca ligeramente a retaguardia del centro de la línea de fuego". Lo que más les interesa es la seriedad de la División del Norte en la organización de los abastos, "hasta tiene un tren de agua". Pero no sólo para los analistas militares la batalla de Torreón resultaba apasionante. En esos días, en Ibar City, Florida, se habían organizado públicamente apuestas sobre cuánto podrían resistir a Villa los federales en Torreón, según denunciaba el consulado huertista de Tampa.

Y Villa, según su secretario Trillo, llevaba 19 horas sin dormir. Madinabeytia contará mucho más tarde que Villa estaba muy preocupado por el elevadísimo número de bajas que había tenido la División del Norte e incluso estaba considerando la retirada a causa de eso. ¿Pero retirarse a dónde? Tenían Gómez Palacio y Lerdo en su poder. Replegarse a Chihuahua le hubiera dado un respiro a los federales, que hubiesen unido sus dos divisiones (la de Torreón y la de San Pedro). Quizá cambiase de estrategia en lugar de seguirse rompiendo los dientes contra las defensas. Sin duda las bajas eran excesivas. El capitán Andrés Nieto diría: "Al ver tantos muertos parecía que íbamos perdiendo la batalla".

Lo que Villa no sabía era que mientras él dudaba, los federales, igual o más desgastados que los villistas y sin posibilidad de recibir refuerzos, estaban analizando su huida. Villa no sabría que de dos millones de cartuchos que tenían los federales al empezar la batalla, sólo les quedaban 250 mil. El argumento de Velasco, exagerando la situación, es que ya no había municiones en los almacenes, aunque sí abundantes granadas de artillería. Debería pesarle más la sangría tremenda entre sus mandos y sus tropas.

Aun así el día 2 abril amaneció con los signos contrarios a lo que la jefatura federal estaba pensando. A las cinco de la mañana un contraataque retomó el cerro de Calabazas. A mediodía creció el cañoneo y estuvo a punto de morir Tomás Urbina, porque en la casa donde dormía cayeron cuatro granadas. Se transmitió la orden de conservar posiciones y dar descanso a las brigadas. Entre el día anterior y el 2, se habían recibido en el hospital 420 heridos. A lo largo de la mañana los federales atacaron Santa Rosa, que defendió con éxito el coronel Mateo Almanza de la brigada Morelos.

Y en una acción contradictoria con los combates de la mañana, que tuvieron como sentido construir una protección, hacia las cuatro de la tarde, cubiertos por el polvo de una tremenda tolvanera que venía del norte, Velasco y cerca de cuatro mil hombres salieron hacia Viesca (en la línea férrea de Saltillo) cubiertos por la caballería del colorado Argumedo.

Dos horas después las avanzadas villistas reportarán incendios en la parte de Torreón que dominan los federales. Se especula que están incendiando las reservas de municiones y abandonado la plaza.

Villa se reúne con Ángeles, se dan órdenes de no atacar y dejar una salida. Algunos analistas militares hablarán de la inconsistencia táctica de Villa, cuyo objetivo era liquidar la División del Nazas y no la toma de Torreón, y los dejó salir. Pero Villa y sus hombres sin duda estaban asustados por sus propias bajas. Pancho ganará con la victoria un respiro.

A las 10 de la noche un vecino confirma la fuga. "Esta noticia corre por Gómez Palacio y los campamentos, pero no causa alegría ninguna porque se tenían deseos vehementes de aniquilar al enemigo". A las 11 de la noche Carothers informa que los federales han huido. Se dan órdenes para tomar la ciudad al día siguiente, pero los grupos de vanguardia lo hacen de inmediato. A lo largo de la noche el pueblo saquea Torreón. Machuca describe cómo grupos sueltos de soldados rompían candados de tiendas escogidas, sacaban comida, llegaba la plebe detrás de ellos y acababa de arrasar. Hubo saqueos en casas de ricos, muy pocos, sólo de aquellos que se había comprobado actuaban con el gobierno activamente. Los soldados abrieron las puertas y dejaron que la población arrasara con lo que encontraba.

Tras la primera explosión Villa prohibió el saqueo e incluso fusiló frente a una tienda a un saqueador para sentar ejemplo. Maclovio detuvo a los saqueadores en el cuartel de Velasco.

Según Alberto Calzadíaz ha habido 1,781 hombres muertos y hay 1,937 heridos (Villa reportará en el mensaje a Carranza 1,500 heridos); es escalofriante y poco común la cercanía de las dos cifras (se debe referir a heridos graves, hospitalizados), sumándolas representan casi un tercio de la División del Norte. Sus cifras de las bajas federales son exageradas. Da ocho mil entre muertos, heridos, presos y desertores (serían realmente menos de seis mil). Cuando los federales abandonaron Torreón dejaron 400 heridos graves que no habían recibido atención médica. En el portal de la casa clavaron un letrero diciendo que volverían y que encomendaban los heridos a Villa y a los cónsules extranjeros. No fueron molestados y sí curados. Entre los detenidos fueron fusilados algunos oficiales y la tropa fue remitida a Chihuahua. Carothers, más tarde, declararía en Ciudad Juárez que Villa se "portó bien", respetando la palabra de no fusilar prisioneros y atender a los heridos.

Fuera cual fuese la valoración de los generales y coroneles villistas, no hay ninguna duda de que combatían en la primera línea de fuego. En el diario del doctor Encarnación Brondo se registra que por la avanzada sanitaria o el tren hospital pasaron a lo largo de la batalla de Torreón el coronel Máximo García, jefe de la brigada Madero, con una herida grave en el abdomen que le afectó el riñón; el coronel Trinidad Rodríguez, de la brigada Cuauhtémoc, que salió por su pie tras la curación (traía dos balazos en el tórax); el general José Isabel Robles, herido en un muslo; el general Calixto Contreras, herido en el cuello; el coronel Odilón Hernández, con una herida en el flanco; y el coronel Triana (ex cura, joven de cara sonrosada, sobrino de Martín), que recibió una limpia herida en el pecho. A ellos habría que sumar la muerte de Benito Artalejo.

El doctor Encarnación Brondo también rescata la terrible historia de Guadalupe Muñoz, que tenía una herida en el ombligo y el proyectil se le había quedado dentro; a pesar de las recomendaciones médicas andaba por ahí conversando, bebiendo agua, fumando. Cuando se murió, el doctor lo encontró con una tortilla de trigo en la mano, a la que le había dado varios mordiscos.

La matanza había sido terrible. Villa dirá años más tarde: "Los muertos de Torreón hubo que enterrarlos en la noche para que la gente no se alarmara".

Pancho Villa entró a las nueve de la mañana del 3 de abril de 1914 a Torreón y puso su cuartel en los Bancos de Londres y México. Aplausos en las calles. Fiesta popular. Un vecino dirá: "En ninguna parte aparecen las clases pudientes"; o se han ocultado o salieron con el enemigo. Desfilan las brigadas, se hacen de cuarteles en la ciudad. Eugenio Aguirre Benavides es nombrado jefe militar de la plaza. Al día siguiente de la ocupación de Torreón, en las ciudades laguneras amaneció publicado un bando en el que quedaba prohibido tomar bebidas embriagantes. Los violadores serían pasados por las armas sin averiguación.

A la una de la tarde Villa conferenció durante hora y media por telégrafo con Carranza (que se encontraba en Ciudad Juárez desde el día 29); no se conoce el contenido de la conversación, pero salió muy contento de la oficina.

Los federales han dejado 100 mil pacas de algodón de la cosecha de 1913, que no se habían podido transportar por la situación de guerra. Inmediatamente Villa lo decomisa y lo envía a Estados Unidos para venderlo. Una oficina de "algodón decomisado", engranada con la Oficina Financiera de la División del Norte, encargada de recoger, transportar y vender el algodón, se instaló desde los primeros días. Estrada cita que las exportaciones de algodón a través de El Paso en el año 1914 fueron de 2,152,373 dólares (todas ellas y en todo el año; lo que Villa obtuvo puede ser mucho menos). Sin embargo el dinero se iba tan pronto como llegaba. El 4 de abril Lázaro de la Garza se quejaba de la falta de fondos mientras andaba consiguiendo botas, polainas, granadas y tratando de que Chao le enviara ganado para vender en Estados Unidos. Le había llegado el primer tren con algodón y al día siguiente Villa movería 60 vagones más cargados de algodón hacia la frontera. Se había comprado en El Paso, a la Three States Grocery, un carro de manteca y grasa. Y para calzar a las brigadas laguneras se habían hecho pedidos en la Endicott, Johnson & Co de 27,624 pares de botas, y en Leonnard de Nueva York de 2,500 sombreros. Como una fuente de ingresos extra, Villa decidió poner casas de juego en Torreón y encargó su administración al padre de Maclovio, José de Luz Herrera.

Sin apenas respiro, y tras haber mandado tropas hacia Viesca en persecución de Velasco, el 3 de abril Villa ordenó que detuvieran a los españoles de la ciudad y los concentraron en el sótano del Banco de La Laguna.

Algunos de los gachupines dueños de las haciendas y del gran comercio se habían armado previamente a la batalla y había armado a sus empleados para apoyar a los huertistas. Civiles dispararon contra las tropas durante la entrada a la ciudad y allí mismo los detuvieron y los fusilaron, fue el caso de un tal Garmendia, dueño de una tienda de ropa. Villa tenía conocimiento del asunto y andaba caliente porque alguien le había contado que los gachupines de Torreón nomás le pagaban ocho centavos a sus trabajadores, cosa que lo había hecho gritar: "Desgraciados gachupines, si nomás los agarro los quemo a todos". En la reunión que se celebró, a pesar de la intercesión de Carothers, Villa no perdona. Tras establecer que su colaboración con los huertistas era terrible y sería mucho favor fusilarlos, decretó el destierro. En 48 horas subirían a un tren de cinco vagones hacia la frontera. Levantó la pena a aquellos que no tuvieron colusión con los huertistas y que simpatizaban con la revolución. Muy pocos se salvaron, entre ellos Joaquín Serrano, que era padre de Manuel Banda y había colaborado con la revolución. Un corrido anónimo registra la expulsión de los gachupines: "Cuando a México vinieron, Villa les dijo formal: ¿Verdá que nada trajeron? Eso mismo han de llevar". Un tren especial se llevó a 900 de ellos a El Paso. Las autoridades estadounidenses, mediante el secretario de Estado Bryan, protestaron en telegramas que Villa no se dignó contestar y reenvió a Lázaro de la Garza para que se los mandara a Carranza. Dos meses más tarde Villa permitiría el regreso de los españoles que no hubieran apoyado al gobierno huertista, explicando que las expulsiones se hicieron en situación de guerra y que sin duda hubo injusticias. Aún así dejaba claro que los que había apoyado a los traidores "deberán eximirse prudentemente de volver".

En los trenes de la División del Norte que retornaban del norte llegaba harina, sal, manteca vegetal, con lo que se surtió a las panaderías y se organizó la entrega gratuita de pan a la población; también se repartía, por órdenes de Villa, frijol y maíz en raciones de dos kilos.

"Torreón lleno de escombros, de basura, de caballos muertos, de casas que presentan las huellas de los metrallazos. Torreón puerco y mal oliente, con cara de novedad y regocijo a pesar de todo". Villa no se anda con chiquitas y edita un bando: "Será multada en suma no menor de 100 pesos la persona que no asee su casa por dentro y por fuera, así como la parte de la calle que le corresponda; y eso a más tardar para las 12 del día 5 de abril". Ese mismo domingo 5 de abril en que *El Diario*, en la ciudad de México, dedicaba su cabeza principal a decir que "Torreón está definitivamente fuera de peligro".

Quedaba un último problema por resolver. Villa le escribió a Carranza quejándose de la actitud de los hermanos Arrieta, que no colaboraron en Torreón en los más angustiosos momentos. Hacía su queja extensiva a Martín Triana, compadre de los Arrieta. "Hombres como Triana sólo sirven para desprestigiar nuestra causa". Villa había dado órdenes de detención contra Martín Triana por haber abandonado a su gente en combate, ocultarse en la noche en la retaguardia y por un intento de robo. Carranza le pedía explicaciones del conflicto con esos jefes militares que se cubrían bajo su manto (Triana había ido a Chihuahua a buscarlo y los Arrieta, en eterno conflicto con Urbina y Contreras, tenían miedo de que Villa les desarmara sus brigadas). Villa, ignorando los consejos del corrido ("Viva don Francisco Villa/ que peleó con valor/ que liberta al hombre pobre/ y fusila al que es traidor") decidió no tensar las relaciones con Carranza y dio los incidentes por temporalmente olvidados.

El equipo de la Mutual siguió a Villa a Torreón sin mayor éxito. La filmación de la batalla de Torreón fue un fracaso. Raoul Walsh cuenta que filmaron parte de la batalla, pero que el material se estropeó y tuvieron que rehacerlo en Estados Unidos. Nuevamente corrió la voz de que Villa accedió a convertir un ataque nocturno en uno diurno y que el camarógrafo tuvo un enfrentamiento muy fuerte con Villa, que acabó cediendo. La historia es absurda. Aún así, realizaron una película que hoy se ha perdido, a excepción de unos fragmentos recogidos en un documental. Se divide en dos partes. Una primera con tomas reales o fabricadas de la batalla de Torreón y una segunda actuada por Walsh como el joven Villa (*Pancho Villa early life*), donde se cuenta la historia de su hermana violada por unos federales y se ve cómo al paso del tiempo Villa encuentra su venganza en la revolución. *La batalla de Torreón* y *La vida del general Villa* se estrenaron en el teatro Lyric de Nueva York y luego "con lleno completo, en la sala Shubert".

Si la historia de la batalla más terrible de esta fase de la Revolución Mexicana se inició con Adán Uro explicando cómo los porfiristas no sabían dónde estaba Torreón, no está mal que termine con el novelista Francisco Urquizo dialogando poco después de los hechos con una vecina de la ciudad:

—Cuánto miedo hemos pasado con los combates y cada vez que decían que venía Villa. Y dime, tú, ¿dónde dejaron a la indiada?

—¿A cuál indiada?

—Pues los indios que decían que traía Villa para tomar Torreón. Nos contaron que Francisco Villa se acompañaba de todos los indios bárbaros; que los traía sueltos por delante y venían arrasando cuanto encontraban.

—Ah, vamos, algo así como los cosacos del Don.

—¿Don quién?

—Otros indios de por allá; de otra parte.

NOTAS

a) Fuentes. Una narración muy precisa del lado villista en el folleto de Roque González Garza, Porfirio Ramos y Enrique Pérez Rul: *La batalla de Torreón*, en la versión original incluye mapas (se reproduce en Aguirre Benavides: *Grandes...*); en torno a esta minuciosa versión giran muchas reconstrucciones (entre ellas las *Memorias* de Villa en la versión de Martín Luis Guzmán, que incluye elementos nuevos). John Reed, de una manera más impresionista y desde la base, la contará en dos momentos, en las crónicas del *New York World* que reproduce Ruffinelli en *Villa y la Revolución Mexicana*, y en *México Insurgente*. Una película de ficción retrata a Reed con gran talento, Paul Leduc: *México Insurgente*. Terrones Benítez: "La última batalla de Torreón, Coah." Magaña: *Emiliano...*, le dedica un largo capítulo en el tomo 4. Santos Valdés: "Sangre y metralla. La toma de Torreón". Calzadíaz: *Hechos reales de la revolución*, tomo 1 y 8 (contiene multitud de testimonios villistas).

Para la versión de los federales, SRE LE- 795 L.1 (informes consulares). Sánchez Lamego: *Historia militar de la Revolución Constitucionalista*, 5, rescata los partes de Velasco (muy poco interesantes) y los de algunos jefes de brigadas y regimientos federales. Las *Memorias* de Juan Andreu Almazán (utiliza además de sus recuerdos el diario del general Valdés, subjefe de la guarnición), las rebate Miguel Contreras Torres: "Torreón, la tumba del ejército de Huerta". Andreu Almazán dice que la historia de los heridos villistas quemados vivos es falsa; el autor coincide con él.

Además Machuca: *La revolución en una ciudad del norte*. "Domitilo Mendoza, sargento primero", entrevista de Carlos Gallegos en Ontiveros: *Toribio Ortega*. Palomares: *Anecdotario de la revolución*. *El Diario* de la ciudad de México del 26 de marzo al

5 de abril, resulta muy poco confiable, como toda la
prensa de la época. "En Torreón los rebeldes han sufrido una derrota radical", periódico oficial de Coahuila.
Nieto: *Un villista más*. Informes del escribiente de correos Catalino Ramírez que sale con los españoles expulsados, en *Grandes batallas...* Adán Uro PHO 1/41.

La artillería de Ángeles antes de entrar en
acción en Gómez Palacio.

Múzquiz y Palomares: *Las campañas del norte (sangre y
héroes). Narración de los sucesos más culminantes registrados en las batallas de Torreón, Durango, Gómez Palacio y
San Pedro*. Jaurrieta: *Con Villa...* Desiderio Madrid en
Osorio: *Pancho Villa, ese desconocido*. Brondo: *La División
del Norte*. Vargas: *A sangre y fuego con Pancho Villa* (y el
prólogo de Aguilar Mora). Martínez y Chávez: *Durango:
un volcán en erupción*. Taylor: "El cuerpo de aviadores
de Pancho Villa". Carlos Cantú: *Los halcones dorados de
Pancho Villa*. Aguirre B.: *De Francisco Madero...* Praxedis
Giner PHO 1/75. Urquizo: *Memorias de campaña*,
"Paints Villa as hero". Antonio Avitia: *Corrido histórico
mexicano*, 2. Katz: *Pancho Villa*. SRE LE 791R L.41 (1)
y LE 781R L.7. Cervantes: *Pancho Villa en la revolución*.

Reed entre Pancho Villa y Toribio Ortega,
Metropolitan Magazine.

Regino Hernández Llergo: "Una semana con Francisco
Villa en Canutillo". Carlos Samper: "Cuando Villa tuvo
miedo". Terrazas: *El verdadero...* Harris: *Strong...* Juan
Barragán: *Historia del Ejército Constitucionalista*, 1.

Para las tramas financieras de la División del Norte.
Papeles de Lázaro de la Garza C 23, C 32, C 41, C 93
a C 110, D 12, D 21, I 13. Estrada: *Border Revolution*. J.
B. Vargas: "Memorias de un dorado" en Muñoz: *Verdad
y mito de la Revolución Mexicana*, 3. Hall: *Revolución en
la frontera*.

Raoul Walsh como el joven Villa.

Cine. Aurelio de los Reyes: *Con Villa en México*.
Orellana: *La mirada circular*. Hay una película de
Gregorio Rocha que se dedica a seguir la pista de los
rollos perdidos de la Mutual. Dennis Harvey: "The lost Reels of Pancho Villa".

b) ¿Cantaban los Dorados? En los recuerdos de Vargas obsesivamente cantaban "La
Adelita". Muñoz añade que cantaban "La cucaracha" y "El torito" acompañados de toques de trompeta, pero eran canciones de marcha, no de combate. (Vargas: "Memorias
de un dorado", en Muñoz: *Verdad y mito de la Revolución Mexicana*, 3.)

c) Las canciones y las soldaderas con canción. No es casual que pocas de las soldaderas míticas de la Revolución Mexicana fueran de la División del Norte, que solía

dejar atrás a las soldaderas cuando combatía y muchas veces les impedía el acceso al frente. Eso no quita que le cantaran a todas. "La Adelita", Adela Velarde, de Ciudad Juárez, era enfermera de las tropas de la brigada Domingo Arrieta en la División del Centro, de Durango, y actuaría en la batalla de Torreón. A fines de 1913 la brigada Arrieta estaba combatiendo en Sinaloa y el director de la banda, Luis S. Reyes, recogió una melodía popular, hizo un arreglo para banda y la tropa le fue poniendo la letra: "Popular entre la tropa…". Tenía Adela un novio, el sargento zacatecano Antonio del Río (Pagés lo llama Pancho Portillo) que murió en Torreón al cruzar la línea de fuego llevando una cantimplora. Los Dorados se apropiaron en Torreón de la canción y la hicieron su himno. Hay una maravillosa grabación del Trío González hecha en Nueva York en 1919.

Petra Herrera,
La Valentina.

"La Valentina" (*Valentina, Valentina, rendido estoy a tus pies, si me han de matar mañana, que me maten de una vez*) era según algunos Valentina Ramírez, una soldadera de la División del Noroeste en las tropas de Ramón Iturbe; según otros se trataba de Petra Herrera.

"La cucaracha", como se ha contado anteriormente, no era soldadera a pesar de lo que algunos puedan suponer: era Victoriano Huerta. "Jesusita", la de la polka, aunque estuviera en Chihuahua no parece tener nada que ver con la Revolución; la canción fue compuesta en la Navidad de 1916 por Quirino Mendoza y Cortés.

Foto de otra
Valentina.

La danza de "Las tres pelonas" fue compuesta algunos años antes de que estallara la Revolución y ésta la hiciera suya. La letra es posterior a la música. Isaac Calderón escribió "Las tres pelonas" como una ocurrencia inspirada en sus hijas Ángela, Leonor y María. Siendo muy niñas fueron víctimas de la epidemia de tifus que asoló México en los años de 1892 a 1895, y por tal causa fueron peladas al rape; al verlas Calderón, le causaron tanta gracia que compuso en su honor la danza que llamó originalmente "Mis tres peloncitas".

Cuando Francisco Villa quería oír esta canción, que era su favorita, hacía señas a una de las bandas de su tropa y levantaba tres dedos con su mano en alto, con lo que estaba indicando que a lo largo de tres horas seguidas le tocaran "Las tres pelonas". Villa se divertía como loco escuchando sus notas y siguiendo la letra. Nunca habría de saber que Isaac Calderón sería fusilado en 1915, a la edad de 55 años, en Salvatierra, Guanajuato, por un grupo de villistas que ni siquiera sabían quién era ese hombre.

Marieta, la de "No seas coqueta", se llamaba María del Carmen Rubio, era natural de Oaxaca, nacida en 1896, y la hirieron dos veces en la batalla de Torreón. El autor no ha encontrado registro de cuándo se hizo la canción. (José Pagés Llergo: "El origen de la Adelita". Baltasar Dromundo: "Romance norteño de la Adelita". Antonio Ocampo: "No existió la Adelita", "El origen de la Adelita". Ana Cecilia Treviño: "Adelita, la inspiradora de la canción no es mito". Baltasar Dromundo: *Francisco Villa y la Adelita*. Avitia: *Corrido histórico mexicano*, 2. Jaurrieta: *Con Villa…* Antonio Avitia: *Los alacranes alzados*, *The mexican revolution corridos*. Juan Cervera: "Historia de *Las tres pelonas*; recordando a Isaac Calderón", "Heroin of Mexican revolt dies".)

d)   Reed. Después de la crónica fechada el 27 en Gómez Palacio, "El país entero en ruinas", John Reed llega a El Paso el 30 de marzo donde escribe otras dos crónicas, la última fechada el 3 de abril. Se establece en Nueva York, donde escribe *México Insurgente,* que se publicará en julio de 1914 (en México, hasta 1954). En los siguientes meses escribirá otras crónicas mexicanas: "Las causas de la Revolución Mexicana", 26 de abril de 1914; "¿Qué sucede en México?", 9 de junio de 1914; "La persecución de Villa", 16 de abril de 1916; "Villa legendario", 7 de mayo de 1917.

John Reed.

TREINTA

LA RECUA DE GENERALES

Los trenes de la División del Norte subían a Parral, Chihuahua y Juárez transportando heridos. Dos mil quinientos de ellos habían sido atendidos o estaban atendiéndose en los hospitales de las ciudades de Chihuahua. Torreón había resultado la batalla más terrible y sangrienta de esa segunda Revolución Mexicana que apenas cumplía un año.

Y los mismos trenes bajaban desde Juárez con provisiones. Villa, en Torreón, con ayuda de la pequeña estructura que se había creado en esos meses, trataba de gobernar el territorio: lo mismo le informaba a Fidel Ávila que los hacendados que restaban ("los científicos", decía despectivamente) estaban intentando vender a los gringos ganado de la hacienda de Santa Clara y que tratara de impedirlo, que respondía a las ofertas de Sommerfeld (era posible comprar cañones) y Lázaro de la Garza ("fusiles que vienen de Alemania"). Pero la clave estaba en vender el algodón de La Laguna para comprar municiones. Como siempre, la urgente necesidad de recuperar las municiones gastadas.

Hipólito fue denunciado por estar vendiendo en Marfa bienes robados por Villa en Torreón, que hacía cruzar desde Ojinaga. Poco después viajaría a Nueva York y se establecería en el hotel Astoria con una potente cuenta de cheques en el Guaranty Trust para hacer compras directas de municiones a los fabricantes. Los hermanos Madero recibieron 100 mil dólares. Felix A. Sommerfeld recibió por contratos para proveer municiones en tres semanas cinco cheques por un total de 180 mil dólares.

Tras la batalla, Eugenio Aguirre Benavides, jefe de la plaza, creó la Comisión de Agricultura de La Laguna y se hizo cargo de las haciendas decomisadas a huertistas y porfiristas, en muchos casos haciendas abandonadas por sus propietarios o que se habían dejado inactivas. Según usos y costumbres, se siguió trabajando con medieros. El golpe principal fue dirigido contra la familia Luján, pariente del subsecretario de Hacienda de Huerta, a la que se expropiaron 15 mil hectáreas de riego de 17 ranchos familiares; uno de ellos se le entregó a Roque González Garza para que lo trabajara, a cambio del 30% de lo obtenido pagadero a la comisión. El decreto había sido importante, se hablaba de medio centenar de haciendas; algunas se entregaron a aparceros pobres. En agosto del 14 Lázaro de la Garza recibió la hacienda de La Concha, que manejó durante tres meses. Hubo de todo, entregas a campesinos sin tierra, rentas a grandes agricultores, tratos con medieros, entregas a militares villistas (como San Juan de Casta, que se dio a los hermanos Máximo y Benito García y con ella pagaban a su brigada), y en otros casos, como en Santa Teresa, de Rafael Arozamena, se le permitió mantener sus bienes a cambio de un pago de impuestos en oro por paca de algodón negociado a través de los consulados extranjeros en El Paso, y parece que no fue el único. Todo el entramado estaba dirigido a mantener activa la tierra, reparar los más evidentes agravios sociales y financiar a la División del Norte.

División del Norte que necesitaba una reestructuración: al nombrar a Eugenio Aguirre Benavides jefe militar de Torreón, Villa dio el mando de su brigada, la Zaragoza, a Raúl Madero; formó además dos nuevas brigadas con los nuevos voluntarios que acudían a los cuarteles: la de Pedro Bracamonte, que llevaba su apellido, y la Guerrero, dirigida por Agustín Estrada, uno de los maderistas de Ciudad Guerrero que había hecho la revolución de 1910 con Orozco.

Ahora quedaba por definir militarmente la situación. ¿Debería dejar descansar a la División del Norte tras la cruenta y agotadora batalla de Torreón? ¿O, por el contrario, había que rematar a los federales?

El ejército huertista había estado concentrando tropas en San Pedro de las Colonias, un núcleo que seguía creciendo con refuerzos que llegaban de Saltillo y la ciudad de México, los mismos que Toribio de los Santos y más tarde Toribio Ortega habían contenido para que no llegaran a Torreón. Para el 5 de abril eran un núcleo importante. El general de Maure tenía 1,700 hombres y cuatro cañones, el general García Hidalgo con 1,700 y dos cañones, el general Maas con 1,300 hombres y cuatro cañones, el general Romero con 500 hombres, y otros 800 soldados al mando de diversos jefes menores y partidas de irregulares colorados. En total seis mil hombres y muchos generales, demasiados, sin unidad de mando, cada uno dirigiendo su columna.

Estaban además los fugados de Torreón dirigidos por Velasco, que se recomponían en Viesca. De tal manera que a poca distancia de Torreón, en San Pedro, unos 55 kilómetros al noreste, y en Viesca, poco más de 60 kilómetros al sudeste, Villa tenía la amenaza de dos ejércitos federales que podían reunirse en cualquier momento. No dudó.

El mismo día que se tomó Torreón salió en tren la vanguardia de la brigada Robles y luego, rápidamente, Villa comenzó a mover hacia San Pedro una serie de tropas al mando de Urbina (que tendría la primera dirección de las operaciones): las brigadas de Contreras, José Rodríguez y Rosalío Hernández.

Así como John Reed se había sorprendido al ver a Villa peleando con una mula, el doctor Encarnación Brondo verá a Maclovio Herrera peleándose con los caballos cuando tratan de subirlos de nuevo a los trenes. Estos generales que trabajan de caballerangos estaban creando una nueva tradición.

Las tropas de Urbina serán las primeras en tomar contacto el día 6 de abril. Los federales se habían parapetado en el pueblo de San Pedro utilizando pacas de algodón, usando trincheras hechas con troncos e incluso muebles. A unos 500 metros del atrincheramiento se produjo el primer tiroteo. Los revolucionarios se replegaron y se protegieron en bordos y tajos de la zona. Rafael F. Muñoz hará un retrato de los hombres de las brigadas de Durango: "Estaban acostumbrados a las temperaturas extremas y al polvo; sin demostrar fatiga o impaciencia, pasaban inmóviles las horas escondidos entre las piedras de los cerros, con la carabina reclinada en los muslos, y bebían a pequeños sorbos el agua tibia traída desde el río, mientras el polvo blanco que iba cayendo les formaba, con el sudor, gruesas máscaras sobre la piel de lodo".

El general Velasco, en Viesca, se dio cuenta de que de la unión de las dos columnas dependía su supervivencia y envió a Benjamín Argumedo con 600 jinetes a los generales que se encontraban en San Pedro, diciéndoles que para unirse a ellos necesitaba municiones. El día 7 de abril Argumedo intentará pasar hacia Viesca 30 carros con balas. Descubierto, las tropas de Urbina lo rechazaron y lo obligaron a que regresara con fuertes pérdidas a San Pedro.

Argumedo lo intentará de nuevo al día siguiente, el 8, esta vez apoyado por la artillería. Los federales montaron una diversión para que el convoy pudiera salir hacia Viesca. La operación les salió bien, aunque con fuertes bajas. Medio millón de cartuchos le llegó a Velasco.

A la mañana siguiente Villa llegará a las cercanías de San Pedro con el resto de la artillería. No ha pasado una semana desde el fin de los combates en Torreón. Lo acompañan Felipe Ángeles y Candelario Cervantes, quien manda a los Dorados (herido en un brazo en Torreón, la bala no tocó hueso). Villa, Ángeles y Urbina recorren la línea y deciden que hay que resolver rápidamente, nada de cerco, un ataque frontal.

A las cuatro de la madrugada del 10 de abril, viernes santo, Villa lanzó el ataque desde el poniente y el norte del pueblo. Se progresaba, sobre todo en la zona del panteón que defendía García Hidalgo, pero muy lentamente. Rafael Muñoz habla del "loco entusiasmo" de los atacantes. El ala que combatía en la zona del cementerio llevaba muchas horas sin beber agua. En esos momentos, al caer la tarde, serían las seis o las siete, Velasco se acercó a San Pedro con una cortina de protección que le hacían la caballería de Almazán y la de Argumedo. Villa ordenó el repliegue ante la llegada de los refuerzos federales, porque ponía en peligro la artillería y su ala derecha.

Los federales alcanzaban ahora la cifra de 12 mil hombres, con 22 generales; los restos de tres divisiones, una de ellas en formación, la del Nazas, la del Norte, la del Bravo. El orgulloso ejército de Victoriano Huerta. Esta primera batalla había durado 14 horas, de las cuatro de la madrugada a las seis de la tarde.

La artillería de Ángeles enfiló las líneas enemigas y bombardeó con gran precisión hasta agotar los obuses.

Juan Andreu Almazán pensaba que tras Torreón los villistas estaban desgastados, pero no se había creado un perímetro defensivo en San Pedro. Se defendía mal y sobre todo no se contraatacaba. El caso es que los que iban llegando a San Pedro se hacinaban en las cercanías de la estación.

Pancho Villa (con palabras de Martín Luis Guzmán) dirá: "… fue un acto militar no impedir a Velasco su reunión con las tropas enemigas […] no es ley de guerra que dos ejércitos juntos valgan más que dos separados". Pero el discurso era más una justificación que una realidad, el caso es que al no poder impedir la reunión de los dos ejércitos federales tenía ahora un hueso más duro de roer.

Las posiciones que se habían ganado en la mañana se perdieron en la noche, cuando los villistas fueron desalojados de las cercanías del panteón. La plaza entera era un camposanto, ardían casas. Los incendiarios eran soldados federales que seguían las órdenes del general Maas, porque, según se le explicó a Velasco, "la población es muy revolucionaria".

Villa situó el cuartel general en Concordia, un pueblito situado a 12 kilómetros sobre la vía férrea, al oeste de San Pedro. Desde ahí llamó a las tropas que había mantenido en reserva en Torreón. Serán más de 14 mil hombres cuando se reúnan.

Juan Andreu Almazán, en el campo federal, contempla que lo que parecía una victoria, la unión de los dos ejércitos, no pasa de desastre. "Aquello no era un ejército, era una masa informe de seres abúlicos y desesperanzados". Todos los generales les daban órdenes a él y a Benjamín Argumedo porque "éramos las escoltas a caballo que les podían permitir salvarse".

El día 13 de abril permaneció en calma, pero durante la noche, utilizando nuevamente el ataque nocturno que en otras ocasiones les había dado tan buenos resultados, a las 3:30 de la madrugada los villistas atacaron en todo el perímetro defensivo. Usaban de nuevo bombas de dinamita. El ataque tomó por sorpresa a los defensores. En algunos puntos los federales se desbandaron y los oficiales dispararon contra sus propios soldados. El eje del ataque de nuevo progresó por el lado del panteón, donde se encontraban los restos de la División del Nazas. Incapaz de impedir la desbandada de sus tropas, el coronel Pedro Villalobos se suicidó.

Durante el combate Villa se encontraba muy cerca de la primera línea. En un determinado momento el ayudante de Pancho, Rafael Castro, se bajó del caballo para recoger el sombrero que se le había caído al general. Volaban las balas en torno a Villa y su escolta; Castro recibió un rozón en la sien y se desplomó. Dos miembros de la escolta, Jaurrieta y José Fernández, se agacharon a ayudarlo a montar de nuevo, pero Fernández fue herido en la pierna y a Jaurrieta en ese momento le mataron el caballo. Villa percibía el silbido de las balas.

Hacia las 10 de la mañana los federales conservaban únicamente el centro de la población. Velasco estaba herido en un brazo y le entregó el mando al general Romero, quien no lo aceptó, luego al general Maas. En la zona del panteón se estaba quebrando el frente. Se dieron las primeras órdenes de evacuación, que no se ejecutaron de inmediato. Hacia las tres de la tarde dos cargas de la caballería de Argumedo y de Almazán fracasaron, los partes dicen que algunos soldados de Argumedo estaban borrachos. Del lado villista se transmitió la orden a lo largo de todo el frente: "Arreciar el ataque porque los federales se están pandeando". Comienza la evacuación hacia Saltillo. Se queda cubriéndola el coronel Mateos. Los revolucionarios avanzan hasta el centro de la población iluminados por edificios incendiados; las alas enemigas lanzan cargas de caballería contenidas y rechazadas. En la noche los federales, que se retiran en desorden, logran sacar de la población un tren en el que viaja Velasco.

La mañana del 14 los villistas entraron a San Pedro en medio de las llamas. El combate había terminado. Villa decidió no perseguir a los que huían porque la División del Norte estaba quemada, consumida por la larguísima batalla de Torreón, las inmediatas marchas y estos cuatro días de enfrentamientos en San Pedro.

El parte del general Villa a Carranza es lacónico. Da cuenta de haber derrotado a los 12 mil federales que se concentraron en San Pedro e informa que éstos, en su huida, intentaron quemar la población; dice que recuperó 12 cañones del enemigo y reporta que la División del Norte sufrió 650 heridos (entre las bajas, Martín López, que apenas había retornado del hospital de Chihuahua hacía una semana y tendría que regresar a él otros 22 días) y unas 3,500 bajas federales entre "muertos, heridos, prisioneros y dispersos". El parte de García Hidalgo informa que llegó a Saltillo con 500 de 1,700 hombres que originalmente tenía. Si Villa es escueto, Ángeles, informando a Carranza, no lo será. Si no fuera por la expectación mundial que había por la toma de Torreón, sería más importante la batalla de San Pedro de las Colonias. "Todos los generales de confianza de Huerta estaban en San Pedro y por telegramas recogidos en el cuartel general [...] aquí cifraba Huerta el sostenimiento de su gobierno". Pocos días más tarde Villa le diría en Torreón a Felipe Ángeles: "Para ganar esta batalla he tenido que *arriar* una recua de 22 generales".

Ambos le piden a Carranza que movilice a Pablo González, a cargo de la División del Noreste, para que remate a las fuerzas federales que huyen. Pablo González, nuevamente, no se moverá.

Un testigo observará cómo Villa se reúne con los ricos del pueblo en la estación ferroviaria de San Pedro, "vestido con un traje caqui plomo, con el cuello de la camisa desabrochado; todo él descuidado [...] los ojos de una viveza incomparable". Intentó convencerlos de que vendieran mercancías y alimentos al precio. La gente llevaba diez días sin comer y los federales no los habían dejado salir de sus casas. "Háganlo por caridad si no por patriotismo". Se ofrecía a conseguirles el paso de mercancías de Juárez sin pago de aduanas. "Mientras duran estas cosas, no capitalicen; confórmense con ganar algo y ayuden al pueblo".

NOTAS

a) Fuentes. Archivo Lázaro de la Garza D 40, D 44 y D 47. María Vargas-Lobsinguer: "La comarca Lagunera, de la revolución a la expropiación de las haciendas". Harris: *Strong…* Luis y Adrián Aguirre Benavides: *Las grandes batallas de la División del Norte* (por cierto, Aguirre sitúa los primeros enfrentamientos el 5 de abril y no el 6). Juan Andreu Almazán: *Memorias*. Rafael F. Muñoz: "De hombre a hombre" (en *Cuentos completos*). Encarnación Brondo Whitt: *La División del Norte*. Alberto Calzadíaz: *Hechos reales de la revolución*, tomos 1, 5 y 8 con abundantes testimonios directos. Martín Luis Guzmán: *Memorias de Pancho Villa*. Federico Cervantes: *Felipe Ángeles en la revolución*, incluye el escueto parte de Villa y el de Ángeles. Sánchez Lamego: *Historia militar de la Revolución Constitucionalista*, 5, con los partes de los federales Velasco y García Hidalgo y de varios coroneles jefes de cuerpo. Reyes Mireles: *San Pedro de las Colonias*.

Las tropas villistas saliendo de Torreón.

Sánchez Lamego dice que las fuerzas de los federales sólo llegaron a 7 mil, pero sus propias cuentas no le salen. Da también como número de la fuerza final de la División del Norte 12 mil, pero Villa en su parte habla de 16 mil, cifra que parece exagerada. Por muchos reclutamientos que se hubieran hecho en Torreón en tres días, difícilmente podrían haber cubierto el hueco de los más de cuatro mil muertos y heridos.

TREINTA Y UNO

DESAMORES

Mientras Villa estaba aún combatiendo en San Pedro de las Colonias, el primer jefe, Venustiano Carranza, hizo su arribo a la ciudad de Chihuahua el 12 de abril de 1914. Venía de Ciudad Juárez y fue recibido por Manuel Chao en la estación del ferrocarril con guardia y mirones, cantando el himno nacional. Una foto en la que todo son sonrisas registra el encuentro. Después de la ceremonia de recepción, el primer jefe se trasladó a la Quinta Gameros acompañado de su Estado Mayor. Luego vinieron ceremonias en Palacio, donde dijo un discurso en el balcón. Vivas al gran ausente, Pancho Villa, por parte del público, abrieron y cerraron su discurso. Finalmente hubo una velada en el Teatro de los Héroes.

Y si el primer jefe se bañaba en multitudes en Chihuahua, a Villa le sucedía lo mismo cuando regresó de San Pedro a Torreón. Sería una recepción en grande: una densa multitud que aplaude y vitorea. Todos querían conocerlo. Los cilindreros tocaban "La Adelita" y había millares de personas rodeando los campamentos para recibir comida.

Torreón es un buen lugar para que las agotadas brigadas de la División del Norte repongan fuerzas. Villa, mientras tanto, se encargará de cobrar una vieja deuda. Cuando la primera ocupación de Torreón había pedido un empréstito forzoso a comerciantes y agricultores; una parte del dinero había sido cobrada en cheques —que no fueron pagados cuando se presentaron a su cobro en Ciudad Juárez— de los siguientes bancos: Nacional de México, Londres, La Laguna y el Germánico de la América del Sur, . Pancho declaró públicamente que querían quitarle a la División del Norte medio millón de pesos y ordenó la intervención de los bancos. Más tarde comisionó al coronel Gabino Durán para que se hiciera cargo de las minas de Batopilas, entre ellas la Tres hermanos y la Morelos. El oro y la plata fueron directamente a la tesorería de la División del Norte.

Villa saldrá finalmente de Gómez Palacio y llegará a Chihuahua, sin avisar, la noche del 19 de abril. La prensa, decepcionada porque no se pudo montar una recepción popular, se quejará pues "le habían suplicado que se sirviera avisar de su llegada", y registrará que "ayer domingo a las 10 de la noche" llegó Pancho que viene a "saludar a nuestro primer jefe". Sólo estarán en la estación Terrazas y Chao.

"Nuestro primer jefe", Venustiano Carranza, tiene 54 años, originalmente un estudiante de medicina que dejó la carrera por una enfermedad de los ojos; tenía la esclerótica manchada, por eso usaba constantemente lentes oscuros que sólo se quitaba para leer. Terrateniente medio, político porfiriano, con una mediocre actuación en el alzamiento de 1910, del que salió con el nombramiento de ministro de Guerra y luego de gobernador de Coahuila. Cuando el maderismo se desmoronó a raíz del golpe militar de Huerta, fue el único gobernador que resistió y sobrevivió (Abraham González fue capturado y asesinado, y Maytorena, en Sonora, se exilió inicialmente), y esto lo convirtió en el eje en torno al cual se aglutinó la revolución. Entre sus virtudes, su consistente nacionalismo y su terquedad; entre sus defectos, su extraño antimaderismo y su ausencia de sensibilidad social. Se decía de él que escuchaba dormido y luego repetía lo que sus ayudantes habían dicho. Federico Cervantes lo describirá así: "Adusto, corpulento, de edad madura pero erguido y austero; de pocas palabras, parco en ademanes, trato sereno pero frío". Se decía de él que los mosquitos no lo picaban.

La esperada entrevista debe haberse realizado la mañana del 20 de abril. Es la primera vez que se ven desde Ciudad Juárez en 1911. Villa se hará acompañar de Ángeles.

Hablaron un rato en privado. Cambiaron impresiones sobre la situación militar y Villa echó pestes de Pablo González, denunciando que no remataba las operaciones y no cumplía los acuerdos. El novelista Urquizo dirá que "la entrevista fue cordial", pero Aguirre Benavides comentará que a Villa, Carranza no le gustó mucho por autoritario y seco. John Reed, que lo había entrevistado un par de meses antes, decía de Venustiano: "Pareciera como si lo hubieran colocado allí, advirtiéndole que no se moviera".

Más tarde Villa le dirá a Silvestre Terrazas: "Este hombre no nos llevará a buen fin; dio en su vida ya cuanto podía dar". Curiosamente, Villa confiesa que la reflexión le surgió de ver cómo usaba sus lentes y cierta torpeza o indecisión al moverlos. Y le contará a Ramón Puente que "jamás me miraba derecho y toda su conversación se reducía a revolcarme nuestras diferencias de origen". Parece ser que Carranza, a quien "se le ponían los pelos de punta al pensar en la alianza de Villa con los hermanos y el padre de Madero", dijo que el maderismo hacía muchas promesas, que al pueblo "no había que hacerle promesas, porque no era la misma lucha que cuando Madero y nada tenía que ver con el agrarismo de Zapata".

"Mi primer impulso fue de respeto hacia aquel anciano [...] Lo abracé muy conmovido, pero a las pocas palabras que hablamos mi sangre se empezó a helar, porque comprendí que no le podría abrir el corazón, pues para él no era yo un amigo, sino un rival".

J. B. Vargas dirá (aunque confundiendo el momento con las intervenciones posteriores en un banquete en el que Villa no estaba) que Carranza hablaba de un gobierno fuerte tras la revolución, de alguna manera dando por entendido que sería su gobierno. Villa, en contrapunto, recordaba que tras la victoria de Madero se retiró a la vida privada y una vez que se chingaran a Huerta lo volvería a hacer.

No favorecerá la relación que en el entorno de ambos haya gente que se dedica a la pequeña conspiración. El autor sólo conoce una foto del encuentro. Están los dos de pie: Carranza con bombín; no se miran, sino que parecen tratar de rehuirse buscando algo en los lados opuestos de la imagen.

El 22 de abril los diarios anuncian que al día siguiente Carranza, Villa, Ángeles y Chao, verían una prueba de explosivos, pero el hecho no se producirá porque ese mismo día Estados Unidos ataca Veracruz. So pretexto de un incidente trivial sucedido una semana antes en Tampico, cuando un grupo de marinos estadounidenses del *US Dolphin* que cargaban gasolina en una zona restringida, fue detenido. El gobierno de Wilson y el de Huerta han sostenido una serie de reclamaciones y disculpas. El almirante estadounidense, en el más pleno estilo imperial, exigía que izaran la bandera de su país en la playa mexicana y les ofrecieran los 21 cañonazos de saludo. La Casa Blanca lo apoyó. Dimes y diretes diplomáticos, pero el pretexto era suficiente para que el presidente Wilson iniciara la tan anunciada intervención en México. La flota estadounidense avanzó rumbo a Tampico. Mientras tanto, Huerta había organizado una compra importante de armas vía Nueva York-Hamburgo, que venía en el *Ipiranga* (el barco en el que Porfirio Díaz había abandonado México en 1911). La flota estadounidense recibió instrucciones de apoderarse de la aduana de Veracruz e impedir su acceso. Bombardeo y posterior desembarco. Flaco favor le estaba haciendo Wilson a los constitucionalistas.

Ese 22 de abril Carranza se deslindó, públicamente y en una nota diplomática, del gobierno de Huerta, que "no representa a la nación", pero denunció el bombardeo y el desembarco como una "violación de la soberanía nacional" y un "atentado para la integridad y la independencia de México", invitando a suspender los actos de invasión y a tratar con el gobierno legítimo, el suyo. Villa ya había comentado los primeros incidentes de Tampico cuando estaba en Torreón, declarando que el enfrentamiento era un conflicto entre Wilson y Huerta, y en una declaración particularmente desafortunada dijo que la División del Norte sofocaría alzamientos antiestadounidenses.

Esa noche el doctor José Ma. Rodríguez, médico carrancista, atendía a Villa de un malestar estomacal y se quedó a cenar con él y Ángeles, y cuenta que ambos se quejaban de que Carranza no hubiera consultado con nadie su manifiesto. Ángeles le sugirió a Villa que fueran a Ciudad Juárez para suavizar la confrontación con los estadounidenses.

Probablemente Villa informó a Venustiano Carranza de sus intenciones de viajar con Ángeles a Ciudad Juárez, porque se reunieron en la estación y se les vio paseando en los andenes discutiendo el caso Veracruz. Carranza tenía miedo de que Villa fuera a hacer una burrada. Las fuentes carrancistas insisten en que "les encomendó que a su llegada a dicha ciudad evitaran hacer declaraciones o comentarios" sobre la invasión.

Villa, abordado por la prensa en la estación, se abstuvo de emitir opiniones personales de carácter diplomático. Dirá: "Debo obedecer órdenes del señor Carranza, que es mi jefe".

George Carothers, que tras haber sido privado de su calidad de diplomático por el gobierno de Huerta el 8 de abril, había sido reclutado por el presidente Wilson como "agente especial", se encontraba en la frontera el 23 de abril y cuenta que se había creado un estado de gran alarma en El Paso, que los militares y los rumores decían que Villa venía con nueve trenes para atacar la ciudad, y el ejército de Fort Bliss enfiló los cañones hacia la ciudad mexicana. "Cuando Villa llegó a Juárez fui a verlo de inmediato y lo encontré con una pequeña guardia en su casa, a unos 200 metros de la frontera. Dijo que ningún acto de Huerta cambiaría su amistad hacia los Estados Unidos, y que después del telegrama de Carranza viajó a la frontera para asegurarse de que las relaciones eran cordiales". Carothers cruzó la línea fronteriza y envió desde El Paso un telegrama al jefe del Departamento de Estado: "Acabo de comer con Villa [...] Dice que no habrá guerra entre los Estados Unidos y los constitucionalistas [...] una guerra que ninguno de los dos desea. Dijo también que 'Ningún borrachín lo meterá en una guerra con sus amigos' y que [...] 'podían quedarse en Veracruz y no dejarle pasar ni agua a Huerta'".

Villa, con ayuda de Ángeles, hará una declaración escrita que circuló el propio George Carothers, en la que decía confiar en que la invasión no implicaba una guerra con México y de alguna manera disculpaba a Carranza porque "solamente ha tratado de defender la dignidad de la República". Horas más tarde se entrevistará con Hugh Lenox Scott, jefe adjunto del Estado Mayor del ejército estadounidense, un viejo militar de carrera de 61 años que había estado en las últimas expediciones contra los apaches, Cuba y Filipinas y luego fue jefe de la patrulla de la frontera con México. Villa le trae de regalo unos tapetes de lana. Hablarán de Veracruz en la lógica de Pancho de distender la situación y dar garantías a los estadounidenses. Scott escribirá un mes más tarde un perfil de Villa para sus superiores: "Es un hombre que cumple su palabra [...] es un mexicano analfabeta y amoral [...] recibe consejos y mejora si se los da gente a la que respete [...] un líder de hombres potente [...] ha impedido saqueos [...] es el más fuerte carácter que se ha desarrollado en México en la presente revolución". Villa, Ángeles, Carothers y Scott cenaron ese 23 en el carro de ferrocarril de Pancho.

Al día siguiente se publicaron declaraciones de Pancho en el *New York Times*: "México tiene bastantes perturbaciones para ir a buscar la guerra con un país extranjero. No queremos ni andamos buscando guerra y solamente deseamos las relaciones más estrechas con nuestros vecinos del norte. El pueblo mexicano no tiene al borrachín Huerta como su representante". En *El Paso Morning Times* del 24 de abril, añade leña al fuego: las declaraciones de Carranza eran un "grave error", la invasión facilita el bloqueo armamenticio contra Huerta, etcétera. Sin lugar a dudas está aprobando la invasión y debilitando la postura de Carranza.

¿De donde sale la profunda simpatía de Villa por Estados Unidos? ¿No valora lo grave que ha sido la invasión? Para Pancho, en este último año Norteamérica ha sido la retaguardia de Chihuahua. De ahí salen las balas y de ahí ha salido la manteca y la harina para hacer pan y dar de comer a los hambrientos en La Laguna. De los 300 extranjeros que combaten en la División del Norte más de la mitad son estadounidenses, por la Revolución Mexicana han muerto Creighton, Drebden y Fountain, sus amigos. Y con una primaria lógica de: los enemigos de mis enemigos son mis amigos, también ellos están combatiendo a Huerta en Veracruz. Y a fin de cuentas, ¿la guerra del 47 contra los gringos? ¿Cuál guerra? Él no estaba allí. ¿El sentido de la historia? ¿Y Veracruz? ¿Dónde está Veracruz? ¿En qué parte del otro mundo que ignora está Veracruz?

Carothers se entrevista de nuevo el 25 de abril con Villa, que le entrega una "Declaración estrictamente confidencial para que llegue a conocimiento del presidente Woodrow Wilson por conducto del cónsul George C. Carothers". En la carta, que matiza mucho más su posición, quizá bajo influencia de Ángeles, reconoce la grandeza y la simpatía hacia la Revolución Mexicana del pueblo americano, cree en la sinceridad de las declaraciones de Wilson de que no quiere una guerra, culpa a Huerta de querer lanzar a la guerra a México contra EUA. Dice que la declaración de Carranza es "personal", pero es "muy disculpable la digna altivez del jefe mexicano", y le señala a Wilson que tiene que estar a la altura porque las naciones latinoamericanas lo observan. Cierra: "Puedo asegurarle que nuestro jefe, el señor Carranza, se encuentra animado del más vivo deseo de evitar dificultades entre nuestros respectivos países, y nosotros, secundando su patriótico impulso [...] nos encontramos en la misma disposición [...] de defender la dignidad de la República, sin que por ningún motivo pueda ser considerado como un acto hostil al gobierno americano".

Carothers se ha vuelto el gran intermediario. A partir de ese momento, el secretario de Villa, Enrique Pérez Rul, lo constata. "Viajaba en compañía de Villa, comía en su mesa, gozaba de espléndidas concesiones, tenía influencia con el caudillo y aun le servía de consejero en muchas ocasiones". Otro de los secretarios de Villa, Luis Aguirre Benavides, lo calificará como "excelente amigo nuestro". Knight lo definirá, exagerando, como la "eminencia gris" de Pancho Villa. Pero este extraño personaje, miope, pequeño comerciante e industrial fracasado, jugador empedernido, cónsul menor en una ciudad perdida como Torreón, se tomará de la mano de Villa para hacer su carrera diplomática como "agente secreto de Wilson", lo que le permitirá tener acceso a los principales protagonistas de la Revolución Mexicana. Villa lo reclutará además como comprador de armas y 15 días después de este encuentro, George C. Carothers, con un nuevo sombrero, andará por la frontera comprando armas para la Agencia Financiera de la División del Norte y cobrando las comisiones respectivas.

Villa, que intentaba aprovechar esos días en Juárez para reorganizar las finanzas de la oficina financiera con Lázaro de la Garza y la compra y contrabando de armas nuevamente bloqueadas por el gobierno estadounidense, tuvo que posponer la operación al recibir un llamado de Carranza para reportarse en Chihuahua y rendir cuenta de su intromisión en las relaciones internacionales del constitucionalismo.

El 27 de abril la prensa de Chihuahua anunciará: "Hoy en la tarde llegará el señor general Villa". Poco después de su llegada se entrevistará con Carranza en el despacho del segundo piso de la Quinta Gameros y en una conversación de la que no hay registro muy probablemente le reclamará sus declaraciones de Juárez. Los carrancistas dirán que "esta reprimenda acabó de herir la susceptibilidad de Villa y desde ese día se terminó la cordialidad entre ambos jefes", por más que el 30 abril aparezcan en los periódicos las siguientes palabras de Pancho: "Son absolutamente falsas las noticias propagadas por la prensa de que ha habido disgustos entre el jefe supremo del Ejército Constitucionalista, el señor Carranza, y yo".

En los próximos días Villa recibe señales de los colorados (Marcelo Caraveo) y de los federales (Joaquín Maas) proponiéndole unirse todos para repudiar la invasión, pero no quiere saber nada de "los asesinos de Madero". Ángeles responde una carta de viejos compañeros que desde el huertismo lo invitan a sumar fuerzas contra la intervención estadounidense, diciendo que confía en la sensatez del pueblo americano y que con Huerta nada. Remata diciendo: "Y si todo fracasa, muramos cada quien por nuestro lado". Villa también le contestará en el mismo sentido una carta a Caraveo.

Parecía que el ambiente interno entre los constitucionalistas se había sosegado, pero los enfrentamientos entre Villa y Carranza no habrían de terminar allí. Resulta poco menos que imposible desentrañar con precisión los acontecimientos de las primeras horas de la mañana del 30 de abril, envueltos en una docena de versiones que contienen multitud de pequeñas discrepancias. Parece ser que al amanecer Villa citó a Chao en su casa en la Quinta Prieto, donde vivía con Juanita. Miguel Alessio, siguiendo la versión de Breceda, dirá que Carranza estaba en su paseo matutino cuando descubrió guardias del batallón de Sonora, a cargo de Pedro Bracamonte (muy poco común, estando los Dorados con Villa en Chihuahua), ante la casa de Pancho y trató de averiguar qué pasaba. Breceda, enviado por Carranza, se encontró a Manuel Chao sentado en una silla en la entrada, quien le dijo que Villa quería fusilarlo. Felipe Ángeles, mientras tanto, estaba por ahí escribiendo una carta. Carranza, mediante el capitán Dávila, le pidió entonces a Villa que lo fuera a visitar a Villa Gameros. Aquí las versiones de los carrancistas son poco creíbles. Dávila habrá de contar que se encontró a Villa fuera de la casa, a mitad de la banqueta, paseando solo, con un abrigo abotonado hasta el cuello y que entre risa y broma lo citó a la reunión con Carranza.

La entrevista entre Villa y Carranza en Villa Gameros fue tormentosa. Hay una versión de Breceda muy rupestre, dictada a Mena Brito, en la que nunca se puede sacar en claro cuáles eran las razones de la discrepancia de Villa con Chao, sólo que Villa, en lenguaje rústico, insistía ante Carranza una y otra vez que lo dejara *cuetear* a Chao, fusilarlo. Urquizo añadirá: "Tuvo lugar el choque irremediable entre aquellas dos enormes voluntades. Contaban los ayudantes del primer jefe que nunca lo habían visto tan indignado. Hubo palabras fuertes, voces desacompasadas de uno y otro, amenazas, a punto estuvieron de llegar a las pistolas y por fin el viejo Carranza doblegó la rebelde voluntad de Villa y le obligó a poner en libertad a Chao."

Villa se retiró indignado y cuando iba a salir de la casa se encontró con el secretario de gobierno, Silvestre Terrazas, que venía de su casa tras haberse enterado de que había problemas entre Pancho y Chao. Silvestre le propuso acompañarlo, se les unieron un par de asistentes de Carranza (Breceda o Barragán o Espinosa Mireles, Terrazas no recordará). Villa no habló en el camino gran cosa, quizá porque no le gustaba la compañía. Aguirre Benavides dirá después que "Villa me contó que efectivamente habían tenido una conversación poco amistosa sobre el asunto, pero que al final todo terminó satisfactoriamente". Terrazas dará razón de una conversación con Chao, al que Villa encuentra sentado en el interior de su casa esperándolo. Villa le lanzó "expresiones muy duras". Chao, "muy sereno", lo miraba de frente. ¿Y cuáles eran las razones de la furia de Villa contra el gobernador de Chihuahua Manuel Chao, que habían provocado el choque con Carranza? Unos dirán que todo se debía a las demoras de Chao en enviar alimentos a los combatientes en Torreón, pero si ese era el problema debió ventilarse entre los protagonistas días antes. Aguirre Benavides dice que se debía a que Chao tomaba medidas sin consultar a Villa. Obregón meterá su cuchara diciendo que Chao se había negado a pagar un vale contra la tesorería del estado firmado por Villa para una señora a la que no conocía. Suenan como argumentos muy endebles para explicar la furia de Villa. Terrazas piensa que habían envenenado a Villa respecto de Chao, porque Pancho lo acusaba de haber intentado derrocarlo en la jefatura de la División del Norte y de preparar un golpe militar para matarlo. Chao, sereno, fue demostrando que eran calumnias. Su frialdad lo salvó. Hablaban en tono subido. Siguieron explicándose.

—Yo he demostrado mi completa lealtad hacia usted. Déjese de creer en chismes e intrigas —dijo Chao.

Villa remató con un:

—Es cierto, compañerito. Tienes razón.

Y la tormenta se fue disolviendo. No hay duda de que en esa conversación, o en una anterior, Villa amenazó con fusilar a Chao, pero tampoco hay duda de que la cosa nunca fue más allá y Bracamonte no recibió ninguna orden. Tampoco parece haber duda de que Carranza o sus hombres de confianza, en la medida en que se iban produciendo los choques entre Villa y el primer jefe, trataron de ganar a Chao para su partido, y que en las filas de Villa los chismes y los rumores proliferaban.

A raíz del enfrentamiento, Terrazas, cuya lealtad a Villa no parecía estar a discusión, presentó su renuncia, pero Pancho lo convenció de que no tenía sentido. Incluso las relaciones con Chao mejoraron notablemente y para disipar rumores ambos paseaban por Chihuahua tomados del brazo a las seis de la mañana, poco antes de que Villa saliera para Torreón. A raíz de la confrontación, y para que no quedaran dudas, Chao renunció al gobierno que pronto sería ocupado por Fidel Ávila y regresó a la División del Norte en vísperas de futuras batallas. A Chao, Villa le debería parecer bastante salvaje, pero en las confrontaciones con Carranza siempre tomó su partido, quizá porque para su proletaria alma de profesor rural Carranza parecía un aristócrata poco confiable.

Breceda dirá más tarde que a consecuencia de esta confrontación algunos generales de la División del Norte le pidieron a Carranza permiso para fusilar a Villa, y que Carranza se negó y cita entre los que lo propusieron a Maclovio y Luis Herrera, Rosalío Hernández, Pánfilo Natera y Martín Triana. La historia es sin duda falsa. Martín Triana había desertado de la División del Norte en Torreón y Natera no estaba en Chihuahua, como probablemente tampoco estarían Maclovio y Hernández.

El 1° de mayo se celebró un banquete en el Teatro de los Héroes, dado a Carranza por los jefes de la División del Norte. Como estaba programado, las tensiones de esos últimos días hacían difícil suspenderlo. Según alguno de los concurrentes había un "ambiente verdaderamente helado y molesto". Villa se excusó diciendo que estaba resfriado. Urquizo, en sus *Memorias,* dirá: "... un banquete regularmente concurrido, que hubiera sido mejor que no lo hubieran hecho, porque ahí, a la hora de los discursos, uno o dos de los concurrentes más allegados a Villa se desbordaron al hablar, y casi llegaron hasta a faltarle el respeto al jefe". Parece ser que hubo una intervención de Eugenio Aguirre Benavides, pero la gota que derramó las poco contenidas aguas del vaso fue el discurso del recién ascendido mayor Enrique Santoscoy. Después de extrañarse del poco maderismo de Carranza, remató: "Los hombres de la División del Norte quieren que se respeten las doctrinas sociales por las que hemos luchado; quieren que impere la justicia social y que se consagre el derecho al voto; quieren que se repartan las tierras a los campesinos... Por eso los hombres de la División del Norte entran al combate al grito de ¡Viva Madero!" Federico Cervantes dirá que don Venustiano "abandonó el salón trémulo de ira".

Curiosamente, los villistas le ponían a Carranza enfrente la figura de Madero, pero también el programa social, que no era precisamente de Madero. Se trataba de pisarle dos callos distintos de un solo pisotón.

El 2 de mayo hubo una fiesta en casa de Antonio Villa para celebrar que pronto se casaría. Chao asistirá con Pancho para demostrar que el enfrentamiento entre ambos es cosa pasada. De alguna manera los encontronazos con Carranza han trascendido. Poco después una situación menor creará nuevas tensiones. Habían llegado a Torreón unos carros con material para la primera jefatura y Primitivo Uro, proveedor general, se hizo cargo pensando que eran de la División del Norte. Carranza montó en cólera y trató de detener a Uro. Villa reaccionó echando sapos y culebras. Finalmente los mediadores impidieron que la sangre llegara al río.

En esos días se realizó una junta convocada por Carranza en la que éste le ordenó a Villa que no avanzara hacia el sur, como eran sus planes, rumbo a Zacatecas, sino que virara hacia el este y tomara Saltillo, en la zona donde operaba Pablo González. Ángeles discutió la propuesta argumentando que los federales del Noreste estaban derrotados después del combate de San Pedro y que Pablo González se bastaría para rematarlos. Villa, a regañadientes, se sometió a la opinión de Carranza. Aunque decía: "No creo que se necesite el auxilio de mis fuerzas para consumar la toma de Saltillo". El único argumento que parecía convencerlo era que Saltillo era el punto de salida de las cuencas carboníferas de Coahuila y los trenes necesitaban alimento.

La propuesta era cuando menos extraña en la perspectiva de cómo la revolución estaba creciendo en México. Tres grandes fuerzas se movían de norte a sur, la División del Noroeste de Álvaro Obregón, que había descendido de Sonora hacia Sinaloa; la División del Norte de Villa, que había bajado por el centro del país, de Chihuahua a Torreón; y la División del Noreste de Pablo González, que controlaba Monterrey y Piedras Negras. La lógica decía que había que hacerlas converger hacia la ciudad de México acosado desde el sur por el zapatismo.

Alguien tan poco sospechoso de simpatizar con Villa como Alberto J. Pani, el hombre de los dineros de Carranza, daría más tarde las verdaderas razones de éste: "Considerando peligroso para la revolución que fuera el indisciplinado y atrabiliario general (Villa) quien se posesionara de la capital de la República, o con el fin de nivelar los avances de las tres divisiones [...] el primer jefe [...] quiso detener la marcha de la División del Norte [...] ordenando al general Villa asaltara Saltillo que pertenecía a la jurisdicción militar asignada al general (Pablo) González". Poco después Obregón relataría la visita de "Breceda [...] quien era comisionado por la primera jefatura para manifestar el deseo del señor Carranza de que hiciera yo todo el esfuerzo para activar mi avance sobre el centro del país; porque empezaba a sospechar de la conducta de Villa y de Ángeles".

Pancho dejará Chihuahua y su viciada atmósfera y el 3 de mayo estará en Torreón. La rabia lo debería estar cocinando por dentro, porque Urquizo relata que un día más tarde estaba comiendo en el restaurante del hotel Torreón y en la mesa cercana un oficial estaba bebiendo vino cuando apareció Villa con cuatro o cinco hombres de su Estado Mayor. Mandó a llamar al oficial, que debería ser un artillero de origen federal de los reincorporados, y tras decirle que había un decreto vigente que condenaba a pena de muerte a los que consumieran alcohol en campaña, allí mismo le descerrajó dos tiros. Urquizo quedó asombrado de la frialdad del asunto.

El 5 de mayo Villa pasó revista a 15 mil hombres en Torreón, eran los que partirían pocos días después para tomar Saltillo y las guarniciones de La Laguna. Al día siguiente Carranza y su gabinete, acompañados por Manuel Chao, salieron para Torreón. El gobernador Chao contestará en el tren una entrevista de prensa para *Vida Nueva*, respondiendo a las informaciones de *El Paso Morning Times* en las que se hablaba de las tensiones en la cúpula del constitucionalismo. Chao desmintió que hubiera fricciones entre él y Villa. Los reciben en la estación de Torreón algunos generales: Eugenio Aguirre Benavides, Orestes Pereyra, Calixto Contreras. Urquizo señala: "… el primer jefe acusó una frialdad bien marcada". No hubo desfile de tropas. Miguel Alessio Robles registra que mientras estaban en Torreón ni Toribio Ortega ni Ángeles fueron a saludar a Carranza. De Villa se decía que estaba fuera de Torreón, "creo que había salido a las Nieves". Carranza se hospedó en el Banco de Coahuila. Los hombres de su equipo veían brujas debajo de la mesa, pensaban que Villa quería detenerlos. Esa noche se reforzó la guardia del alojamiento del primer jefe. Al día siguiente, y sin despedirse, Carranza y su Estado Mayor salieron hacia Durango a cobijarse bajo el manto de los hermanos Arrieta.

Villa, mientras tanto, enfrentaba un problema grave porque a raíz de la intervención en Veracruz se había reactivado el embargo a las exportaciones de armas y municiones hacia México. Villa ordenó que los gastos de la Oficina Financiera se recortaran y rehusó el pedido de dinero para reparar automóviles, porque todo se necesitaba para el ejército. De la Garza pensaba, y lo mismo Carothers, que el embargo se solucionaría favorablemente y en poco tiempo podrían pasar cantidades limitadas de cartuchos. Villa puso a Sommerfeld y Carothers a comprar material bélico y le sugirió a De la Garza que usara sus relaciones con Cobb, el jefe de aduanas en El Paso, para meter las municiones a través de Ciudad Juárez. Lázaro de la Garza habló con Cobb y Pershing en Fort Bliss, contándoles que el embargo sólo favorecía a Huerta, que ya estaba fabricando municiones en México. "Nosotros, con parque, en poco tiempo llegaremos a la capital. Ambos se comprometieron a informar a aduanas y guerra. Sommerfeld sale para Washington con mismo fin". De no conseguirse, habrá "arreglos violentos para traer parque de Europa o de Estados Unidos por Matamoros vía Cuba… Estas personas se muestran deseosas de ayudarnos".

En esa misma semana se hizo pública la noticia de que Chao sería sustituido por Fidel Ávila y el 13 de mayo Chao entregó el gobierno de Chihuahua a

Terrazas para que éste a su vez se lo entregara a Ávila y se fue con Villa a batir a los federales. Otros cambios no tan visibles afectaron a la administración villista. Federico González Garza será el consejero de Fidel Ávila en el gobierno de Chihuahua, y casi de inmediato recluta a Manuel Bonilla para que se haga cargo de la secretaría de gobierno en Juárez, bajo Tomás Ornelas. Los viejos maderistas se unían fuertemente al villismo. Siguiendo los papeles de Federico González Garza hacia la mitad de 1914, puede responderse a la pregunta de quiénes y cómo administraban los territorios del villismo. González Garza desde la secretaría del gobernador Ávila, Bonilla desde la secretaría de Tomás Ornelas en Ciudad Juárez, Miguel Díaz Lombardo en Washington; pero los ejes políticos y militares estaban en Villa y el cuartel general de la División del Norte, y los comerciales en la Agencia Financiera en Juárez y El Paso. Paralelamente, se había creado en Chihuahua un servicio secreto muy eficaz dirigido por Héctor Ramos, con agentes en la frontera que mantenían bajo control los movimientos de colorados y felicistas.

NOTAS

a) Fuentes:

Almada: *Revolución* II, "Opiniones del general Villa". Barragán: *Historia del Ejército y la Revolución Constitucionalista.* Aguirre Benavides: *De Francisco Madero…* Puente: *Memorias de Francisco Villa* y *Vida de Francisco Villa contada por él mismo.* Reed: *México Insurgente.* Richmond: *La lucha nacionalista de Venustiano Carranza. 1893-1920.* Federico Cervantes: *Felipe Ángeles en la Revolución Mexicana.* Urquizo: *Recuerdo que…* Terrazas: *El verdadero Pancho Villa.*

Entre Manuel Chao y Venustiano Carranza, el licenciado Jesús Acuña; atrás de Chao el joven Pablo Seañez.

Meyer: *Huerta.* José Ma. Rodríguez: "Cena con los grales. Ángeles y Villa", "Villa es solamente un soldado". Aguirre Benavides: *De Francisco Madero…* Anderson: *Revolution…* Bryan a Lansing, vol. 2, correspondencia. *El Paso Morning Times* 24 de abril de 1914. Haldeen Braddy: "General Scott on Pancho Villa". Eisenhower: *Intervention.* Declaraciones de Carothers al subcomité del senado, "Declaración estrictamente confidencial para que llegue a conocimiento del presidente Woodrow Wilson por conducto del cónsul George C. Carothers" (facsimilar en Amaya/*Convención*). Juvenal: *¿Quién es Francisco Villa?* Knight: *Revolución*, "La lealtad del señor general Villa".

Villa en Chihuahua, febrero-marzo de 1914; a su lado Ruiz y Fierro.

Incidente Chao. Almada: *Revolución*, 2, lo fecha el 30 de abril, lo mismo que Calzadías: *Hechos reales de la revolución,*

Villa y Carranza en Chihuahua, abril de 1914

Villa hace declaraciones a la prensa sobre la invasión de Veracruz, Ciudad Juárez, abril de 1914.

Conferencia de prensa con Carothers en Ciudad Juárez sobre la intervención, abril de 1914.

La prensa estadounidense caricaturiza las relaciones de Estados Unidos con Huerta y Villa.

tomo 3. Miguel Alessio señala "uno de los días del mes de mayo". Urquizo, por error, lo sitúa justo después de la primera entrevista con Carranza, al igual que Calzadíaz: *Hechos reales de la revolución*, tomo 1. Martín Luis Guzmán: *Memorias*, ya sin apoyo del texto de Villa/Bauche, fecha al revés el incidente con Chao y el conflicto en torno a la invasión de Veracruz. Vargas: *A sangre y fuego*. Miguel Alessio Robles: "Alvaro Obregón como militar", siguiendo la versión de Breceda. Terrazas: *El verdadero...* José Ma. Rodríguez: "Amenaza de fusilar al general Chao". Aguirre Benavides: *De Francisco Madero...* Urquizo: *Páginas de la revolución*. Obregón: *8 mil...* Sobre la versión de que los generales de la DN querían fusilar a Villa, Mena Brito: *El lugarteniente gris de Pancho Villa*, I. Muñoz: *Verdad y mito de la Revolución Mexicana*, 3, hará un retrato bastante terrible de Mena Brito: dueño de la vinatería El Perico, apenas si sabe escribir, empleado de Huerta hasta junio de 1913, ladrón de mulas en Campeche, falso coronel. Y otras lindezas por el mismo estilo. Al estructurar temáticamente la información se pierden la secuencia de los hechos y las relaciones causa-efecto. Véase el desastre en la biografía de Carranza de Richmond, que por cierto resuelve la revolución antihuertista sin narrar un solo combate militar.

Además: Alberto J. Pani: *Apuntes autobiográficos*. Cervantes: *Ángeles*, "Hoy en la tarde llegará el señor general Villa". Brondo: *La División del Norte*. Urquizo: *Memorias*. Vito Alessio Robles: "Gajos de memoria". Urquizo: "Pancho Villa, Torreón y el Chino Banda", "Ayer salieron para Torreón el señor Carranza y su gabinete", "Un diario amarillista y bufón acoge y narra tontas especies". Papeles de Lázaro de la Garza E 5, E 14, E 20, E 21, E 29, E 30, H 14, H 15, H 16, H 18. Mason Hart: *El México revolucionario. Gestación y proceso de la Revolución Mexicana.*

Basta con ver la guía de documentos relativos a México en los archivos USA de Berta Ulloa para ver la incansable actividad del bueno de George C. Carothers como cónsul primero y después como agente confidencial.

b) Curiosamente, las armas de *Ypiranga* llegaron finalmente a Puerto México, en el sur de Veracruz, o sea que de poco sirvió la intervención veracruzana, si ese era su objetivo, aunque esas armas y municiones por problemas de transporte ferroviario nunca se distribuyeron en el centro norte del país. (Cumberland: *La Revolución Mexicana. Los años constitucionalistas.*)

c) Soldaderas, moscos y Zepelin. La amenaza de invasión estadounidense provocaba un furioso encono nacional. El profesor García de Letona, desde Saltillo, había propuesto a mediados de febrero un plan a Huerta para detener la invasión que por lo delirante merece la pena recoger aquí: asociar las fuerzas en conflicto, hacer una alianza con Japón, electrificar la República, armar con bombas de mano a 150 mil soldaderas, preparar cultivos de fiebre amarilla y soltar jaulitas repletas de moscos en sus campamentos, inocular de rabia a los perros y echárselos, comprar un Zepelin mediante suscripción nacional. La toma de Saltillo por los constitucionalistas parece que hizo que el profesor dejara de lado el proyecto que había difundido en Coahuila profusamente en un cartel titulado "Capítulos de un plan de defensa nacional contra una posible invasión estadounidense".

●

TREINTA Y DOS

PAREDÓN

El 11 de mayo se anunció en *Vida Nueva*, el diario de los villistas en Chihuahua, que el dictador Victoriano Huerta había dicho que saldría en persona a combatir a Pancho Villa, y como si este absurdo rumor hubiera sido el disparador, ese mismo día comenzó el despliegue de la División del Norte en Torreón rumbo a la operación que Carranza les había ordenado. Maclovio Herrera con la brigada Benito Juárez y Felipe Ángeles con la artillería, que constaba ya de 36 piezas. Villa consultó con Ángeles y decidió llevar todos los cañones y una buena parte de la fuerza de la División del Norte, en la lógica de que mejor que sobrara que faltara. Se movilizarán más de 10 mil hombres.

Villa incorporó a la División a Vito Alessio Robles, un personaje de 35 años que tenía una trayectoria interesante. Martín Luis Guzmán dirá que le dijo: "Amigo, han sido muchas las navegaciones, pero ahora se quedará dentro del reposo de mis fuerzas que sólo se mueven para pelear". Vito Alessio se moverá en territorio conocido porque era nativo de Saltillo. Teniente coronel en el ejército porfirista, siendo jefe de policía del DF con Madero, fue enviado a Italia en 1912 como agregado militar. Al darse el golpe regresó a México y solicitó separarse del Ejército. Huerta trató de convencerlo de no tramitar su solicitud, pero él insistió y en agosto de 1913 lo logró, para viajar obviamente hacia el norte, pero dos meses más tarde lo detuvieron los federales y lo encarcelaron en la ciudad de México, de donde fue liberado en diciembre para ser detenido en enero y llevado al siniestro castillo de San Juan de Ulúa en Veracruz, donde lo dejarán incomunicado. ¿De qué se le acusa? De nada. Finalmente en libertad, partió a San Luis Potosí donde se sumará a las tropas rebeldes de Carrera Torres. Su hermano Miguel estará en el Estado Mayor de Carranza. Vito Alessio, hombre de honor como pocos, tiene una extraña mirada de perro triste, extremadamente ojeroso. Será uno de los más fieles narradores de la futura historia.

El avance se verá pronto interrumpido: 250 kilómetros al oriente de Torreón, rumbo a Saltillo, la vía había sido destruida a lo largo de 20 kilómetros por los federales, una destrucción a fondo, con durmientes quemados y rieles torcidos. Los trenes se congestionaron en un tramo de 10 kilómetros, de Estación Hipólito a Estación Sauceda. Ahí quedó atrapado el tren de Villa que en el fanal ostentaba un 303, pintado el primer tres de verde y el último de rojo para producir una bandera mexicana; el tren de Calixto llevaba en la punta de la máquina la calavera de un hombre adornada con un lazo rojo, de los colorados. A esos no se les perdona. Allí se atrancaron la brigada Zaragoza de Aguirre Benavides, la del general José Isabel Robles, la González Ortega de Toribio Ortega, los de Camargo de Rosalío Hernández y la gente de Durango de Severiano Ceniceros. En medio del desastre que hay en Hipólito, Villa se indigna cuando encuentra que con las brigadas viajan millares de soldaderas. A mentadas de madre declara que las mujeres no se arrimarán a la zona de combate.

El 15 de mayo Villa, que está comiendo en su tren con Aguirre Benavides, Toribio y el licenciado Jesús Acuña, recibe a Vito Alessio Robles, que llega a verlo con un reporte de Felipe Ángeles, quien se encuentra de vanguardia en la Estación Sauceda, a 19 kilómetros, y controla a los federales a través de exploradores. Informa que en una estación llamada Paredón, cruce del tren Torreón-Monterrey y del Saltillo-Piedras Negras hay unos cinco mil federales con 10 piezas de artillería al mando del general Ignacio Muñoz (que habían salido de Saltillo para cubrir la plaza), son muchos para avanzada y pocos para parar a la División del Norte. El general Maas cuenta con otros ocho mil o 10 mil con ametralladoras y artillería en Saltillo, donde se le han juntado los restos de las tropas derrotadas en las últimas batallas, y de reserva tienen a Pascual Orozco con unos dos mil jinetes en Ramos Arizpe. Ángeles piensa que no darán combate en el pueblito de Paredón, sino que se replegarán hacia Saltillo porque Monterrey está en manos de Pablo González y Murguía ha tomado Piedras Negras.

Ángeles propone mandar unos dos mil hombres a cortar el tren al sur de Paredón y avanzar con el grueso de la División del Norte, unos ocho mil hombres. Habría que mandar a la artillería haciendo una curva por el norte porque no puede pasar por el cañón de Josefa. Villa de inmediato adopta el plan, ordena que la gente baje de los trenes, manda a Toribio Ortega y sus dos mil hombres de a caballo a copar Paredón por el sur y ordena se mueva la artillería. Dicen que en esos momentos pensaba y decía: "¿Se imaginarán ellos que yo no voy a pasar, por la sorpresa de encontrarme 20 kilómetros de vía levantada?"

Durante la noche, y hasta la madrugada, Villa se la pasa recorriendo los vivaques de las diferentes brigadas para pulsar el ánimo.

La mañana del 16 de mayo, de La Sauceda, a unos 40 kilómetros de Paredón, parten las brigadas de caballería. A lo largo de la noche del 16 al 17 la División del Norte se concentra en Fraustro, a unos tres kilómetros de Paredón, un pueblito que no llega a los mil habitantes en una zona árida. Dicen que Villa pensará: "Están dados. Durante una semana nos hemos aproximado a ellos en una columna de trenes, no hacen exploraciones, no quieren pelear. Este es un enemigo vencido". Pancho pasa revista, circula la contraseña.

Amaneciendo el 17, y sin apenas haber descansado de una travesía de más de 45 kilómetros a caballo hecha en día y medio, se empieza a mover la División: brigadas Villa, Juárez, Morelos, Madero, Chao, Durango, Victoria, Zaragoza, Ceniceros, Melchor Ocampo y Cazadores de la Sierra. Los Dorados fueron fragmentados y distribuidos en las diferentes brigadas. Villa encargó al general Trinidad Rodríguez la captura de los trenes enemigos y ordenó marchar a media rienda al resto de la columna sobre la vía férrea. Urquizo recordará: "Una enorme y alta polvareda. Legiones y legiones de jinetes desfilan por diversos caminos en varias columnas".

Villa ha anunciado que se lanzará una granada como señal. Serían las 10 de la mañana cuando Roque González Garza hizo estallar una bomba. Una esquirla accidentalmente le hirió la mano, lo que causara que Villa lo regañe por imprudente y que se tenga que echar la batalla con el brazo en cabestrillo. En respuesta a la explosión, ocho mil jinetes villistas, "en una nube de polvo" y en una línea de cuatro kilómetros se lanzaron a la carga.

Los federales, sorprendidos, apenas si pudieron disparar dos andanadas de su artillería. Vito Alessio Robles cuenta: "Los tiros del enemigo son cortos, no nos alcanzan". Federico Cervantes dirá: "Al tomar contacto con el enemigo la caballería de la División del Norte se precipitó sobre él [...] barrían al enemigo y hasta lo desbordaban por los flancos". Unos dirán que la brigada Contreras llevó el peso de la primera línea, otros que fue la brigada Zaragoza con Raúl Madero la que actuaba como punta. Urquizo remata: "Fue una carga brutal, como se acostumbraba en la División del Norte. Jinetes a rienda suelta sobre el enemigo un tanto desprevenido. Choque soberbio entre los hombres libres del norte y la gente del sur, reclutada de leva, para defender a Huerta. En vano dispararon sus fusiles, sus cañones, sus ametralladoras".

Jorge Aguilar Mora interpreta: "La ventaja de Villa estaba en la combinación del movimiento del caballo con el de las carabinas. Era un doble movimiento que aumentaba geométricamente la velocidad de su ataque [...] el movimiento de los caballos villistas tenía una articulación mucho más efectiva que la de los dragones federales: estos usaban el ritmo tradicional de una aceleración progresiva mientras que los villistas se desplazaban con arranques súbitos y altos inesperados. Este ritmo quebrado era necesario y complementario del arma de media distancia que los federales no sabían usar".

La caballería villista, en esta tremenda carga, llegó hasta las trincheras. La artillería federal poco pudo hacer ante el alud y tuvo que suspender el fuego intentando replegar sus piezas, pero ya se estaba peleando en los parapetos. Cayó el coronel Miguel González, jefe de la brigada Victoria. El general federal Muñoz trató de replegarse a su tren pero fue barrido. Al desmoronarse la resistencia el general federal Osorno intentó salvar parte de sus fuerzas subiéndola a los trenes para huir hacia Saltillo, pero la salida de Paredón hacia Saltillo estaba en una cuesta y los trenes iban muy lento. Las caballerías villistas los alcanzaron y los obligaron a pelear. En los trenes los federales tenían montadas ametralladoras en el techo y parecían abrirse paso, pero una mina voló la vía y la locomotora del tren de vanguardia descarriló. Con bombas de mano atacaron los vagones, tres kilómetros de trenes atascados al sur de la estación en la ruta hacia Saltillo.

La batalla ahora se da en torno a la estación, donde se concentran dos mil hombres de la caballería de los colorados. Cuando intentan un contraataque, Villa ordena una carga final. Maclovio y José Rodríguez se lanzan de frente. El choque no se produce, los federales se repliegan sin más. Nomás verlos venir, se rajan.

Durante la batalla de Paredón el coronel André U. Vargas, de la brigada Villa, será protagonista de una de esas historias que harían la delicia de los narradores de ficción. Cuando carga su brigada, al atacar a los federales en las lomas que están al sur de la vía que va de Sauceda a Paredón, le matan el caballo de un tiro en la frente; como iba galopando salió volando por arriba del caballo y se puso tremendo chingadazo en la cara. Le dieron otro caballo y en cuanto lo montó, se lo mataron de nuevo y de vuelta al suelo. Estaba verdaderamente encabronado y entonces una bala enemiga le rozó la frente. Cuando se estaba secando la sangre, su asistente, que estaba prometiendo conseguirle un nuevo caballo, fue alcanzado por una bala y quedó muerto en el acto, desplomándose a sus pies; por si fuera poco, su ayudante Juan B. Muñoz traía un tiro en el brazo izquierdo y no sabía cuándo se lo habían dado. A partir de ese momento, y en broma, sus compañeros le decían "el difunto", y nadie quería sentarse a comer o dormir a su lado.

Urquizo contará la historia de otro de los protagonistas de la batalla de Paredón: El Chino Manuel Banda, que jugaba un papel muy jodido en la brigada con la que el novelista cabalgaba. La brigada Contreras había ganado fama en combates anteriores de ser enormemente indisciplinada, los federales la llamaban "la brigada carreras". El papel de Banda era colocarse atrás de los combatientes en una motocicleta, disparando contra los que huían para impedir deserciones y fugas por pánico. Curiosamente, Machuca, que lo conoció antes de la revolución, decía que Banda, hijo natural de un español de Torreón, ferrocarrilero, que había ganado su apodo porque su mamá trabajaba en un restaurante de chinos, no mataba una mosca.

Miguel Alessio Robles hará el resumen de la batalla de Paredón. "El combate resultó de una precisión matemática". En media hora los federales retrocedían en desorden. La batalla se había definido. Se rindieron a centenares; los soldados volteaban el fusil y lo alzaban con la culata hacia arriba en señal de rendición, tiraban la gorra de plato y buscaban ropa de campesino, o se encueraban y en camisa y calzoncillos andaban buscando el perdón. Brondo dirá que vio a un solo hombre traer bajo la mira de su carabina a 15 o 20 prisioneros.

Cuando el polvo aún no ha descendido sobre la tierra, Villa ordena que las brigadas de José Isabel Robles y Toribio persigan a los derrotados, lo que hacen hostigándolos durante toda la tarde y haciendo una gran carnicería en Zertuche, donde capturan varios trenes y no se detienen sino hasta las puertas de Saltillo.

Villa instala su cuartel general en unos mezquites, un kilómetro al sur de la estación, en las cercanías de Fraustro, y ordena que desfilen los prisioneros y los cañones capturados. Las bajas de los federales ascienden a 500 muertos y 2,101 heridos y prisioneros. Se han capturado diez cañones, ametralladoras, tres mil rifles y mucho parque.

Felipe Ángeles, que arribará con la artillería después de la batalla, le propone a Villa que le permita salvar a los prisioneros y formar un batallón. Villa accede, pero muchos oficiales son fusilados a pesar de las peticiones del propio Ángeles y de Federico Cervantes para que se los prestaran a fin de reencuadrarlos en la División del Norte. Aun así, Cervantes logró salvar del paredón a varios oficiales de artillería que aceptaron cambiar de bando. Villa ordenó que a los detenidos les dieran harina y que se hicieran cargo de la reparación de las vías.

Al final de la batalla Villa y su Estado Mayor estaban comiendo con Jesús Acuña y Juan Dávila, de la comitiva de Venustiano Carranza (Acuña sería nombrado poco después gobernador de Coahuila), cuando presentaron ante ellos a un grupo de oficiales huertistas prisioneros. Villa confirmó la orden de fusilamiento allí mismo. Acuña se escandalizó y pidió que no se hiciera en su presencia. Villa, molesto por esa actitud (que los fusilen, pero donde uno no lo vea), dijo que la lucha era sin cuartel y lo mismo hubiese sucedido con ellos si la batalla hubiera terminado de modo contrario, y ordenó la ejecución. Se aplicó a rajatabla la ley Juárez. "Seguimos comiendo". Ángeles logrará una de las pocas excepciones al impedir que Fierro fusile a un oficial prisionero. Villa lo mandó a llamar y le preguntó por qué, Ángeles le explicó que estaba herido y no se fusila a los heridos, se les cura. A Villa le pareció bueno el argumento, ley Juárez a los traidores oficiales de Huerta, pero primero ley humanitaria.

Las bajas federales incluían al general Osorno, de quien se dijo que se escondió en un tanque vacío y cuando lo descubrieron no hallaban como sacarlo. Como les entró la prisa, volaron el tanque. En la rebusca, entre los cadáveres aparece otro general federal, Muñoz, al que dos oficiales prisioneros reportaron haber visto muerto en la cumbre del cerro de San Francisco. Muñoz estaba muy gordo y le costó mucho trabajo intentar escapar en la desbandada. Villa le pidió a Ángeles, que los había conocido, que confirmase sus muertes.

J. B. Vargas recorre el desolado campo de batalla. Come con Ángeles; oye a un chamaquillo criticar a la artillería federal que no corregía el tiro y cuyas andanadas caían a la espalda de los que cargaban; ve al general Trinidad Rodríguez llorando porque topó con un cuadro terrible: una soldadera y sus dos hijas pequeñas, una de brazos, la otra de unos siete años, a los lados de su madre, muertas por las balas que habían perforado los vagones de tren;

busca al doctor Rauschbaum para que cure a Roque González Garza. Llega a un rancho a unos tres kilómetros de Paredón donde contempla un tremendo encontronazo entre Urbina y Maclovio Herrera, con Orestes Pereyra tratando de evitar que se maten mientras suena la música de las bandas, que son el motivo de la disputa, a ver quién se las queda. Vargas media diciendo que lo resuelva el cuartel general y le echa la bronca a los oficiales de ambos por estar calentando en lugar de apaciguando. Maclovio y Urbina, sabido era que ambos tenían muy malas pulgas, aceptaron la salomónica decisión. Más tarde Urbina le consultó a Villa si podía fusilar a la banda de música militar (la que se quería llevar Maclovio). Villa le dijo que no, que se quedara con esa banda. Urbina insistía diciendo que tenía muchas. Villa terminará prohibiéndolo.

Vargas, en su rondar, se enteró de que el coronel Joaquín Bauche Alcalde había sido desarmado y destituido de su cargo como jefe de Estado Mayor de la brigada Chao por orden de Villa, porque los colorados lo hicieron correr y le quitaron la bandera de una de las secciones de su brigada. Curiosamente, esta historia no hará que Joaquín Bauche abandone las filas del villismo, pero si que su hermano Manuel, el biógrafo de Villa, se separe de Pancho. Un periodista histórico del maderismo, Luis Malváez (que llegó a Juárez a fines de abril como comisionado de Rafael Buelna), se hará cargo de la dirección de *Vida Nueva*; lo acompaña el médico zacatecano Ramón Puente, el otro futuro biógrafo de Pancho.

Tiempo después, cuando Miguel Alessio Robles conversa sobre la batalla de Paredón con Carranza, éste echa sapos y culebras contra Felipe Ángeles. Carranza decía que Ángeles se había llevado el mérito y que había sido él quien trazó el plan de la batalla de Paredón y dio instrucciones de cómo conducir la batalla. Lo cual era absurdo, Carranza nunca estuvo en contacto con la División en su marcha hacia el este. Parece ser un motivo de permanente encono entre Carranza y los hombres de la División del Norte esta extraña voluntad de dirigir la guerra desde lejos que tiene el primer jefe, y que ante los villistas le da tan poco resultado. Al paso de los meses Miguel Alessio Robles habrá de hablar con Felipe Ángeles, que le mencionaba que la más notable de las batallas de la ofensiva había sido Paredón y contaba que él le había presentado un plan a Villa y éste lo había aprobado sin cambios. Alessio le comentó lo que decía Carranza y Ángeles sonrió. Curiosamente, el plan de la batalla, en un sentido estricto, no había existido; en la propuesta original de Ángeles, Villa debería haber esperado la llegada de la artillería antes de cargar y esto no ocurrió. Paredón fue ante todo una carga salvaje de caballería, dada con tremendo valor, ímpetu y singular fortuna.

La batalla de Paredón fue objeto de estudio por parte de los analistas estadounidenses. Pilcher recoge un informe del capitán William Mitchell, realizado para la Military Information Division, que narra la manera cómo los villistas usaban la caballería no sólo en las cargas sino también en las aproximaciones, dejando atrás a los caballos con alguien a cargo, a cubierto del fuego, pero cercanos. El asunto de los caballos merecería un estudio en sí mismo. *El Paso Herald* del 16 de mayo estimaba que hasta ese momento, en cuatro años de combate, habían muerto cerca de 300 mil caballos, probablemente una cifra exagerada.

El 20 de mayo, mientras Villa se encuentra reorganizando la División en Amargos, José Inés Robles toma Saltillo, abandonada por los federales, sin disparar un solo tiro. En su huida hacia San Luis Potosí han saqueado meticulosamente la ciudad e incendiado varios edificios. Hay un ambiente lúgubre en los barrios burgueses. "Las calles de Saltillo estaban regadas de ropa vieja y zapatos rotos", porque los federales se habían quitado los uniformes y saqueado los comercios para vestirse de civil.

Un día más tarde, el 21, Villa, acompañado de los Dorados y Vito Alessio, marchó hacia la capital de Coahuila. Irán en tren hasta la estación Zertuche y luego a caballo porque un puente estaba quemado. Llegarán a las siete en medio de un ambiente de fiesta. Vito Alessio Robles, que había salido de allí escoltado por 100 soldados federales siete meses antes para ir a prisión en el D.F., ahora regresa escoltado por los Dorados. Un mitin espontáneo se celebra en la noche. Villa habla desde las ventanas del hotel Coahuila, luego intervienen Roque González Garza y Raúl Madero.

Pancho recibirá noticia de que hay oficiales federales ocultos en Saltillo que quieren ponerse en contacto con él para rendirse. Consulta con Venustiano Carranza, que le envía comunicación ordenando que aplique la pena de muerte a los oficiales federales capturados. Villa hace la excepción con un tal Fuentes, que quiere sumarse a la División del Norte. Al día siguiente, el 22, Villa hace un reparto de dinero a los pobres de Saltillo y saca de circulación los billetes locales del huertismo. Por cierto que se cuenta que en la cárcel de Saltillo los federales habían metido antes de huir un león del circo que andaba escapado. Por eso los presos no escaparon. El león estuvo muerto de hambre rugiendo durante tres días y aterrando a los presos hasta que llegaron los villistas. Los que cuentan la historia dicen también, exagerando, que las huestes de Villa "se cenaron al pinche león".

Como siempre, en Saltillo también los triunfadores se harán una foto de familia, donde posan los generales de las dos divisiones. Pancho Coss a la izquierda de Villa y a su derecha Toribio Ortega, Chao a un lado y de pie José Isabel Robles y Vito Alessio. No todo será camaradería entre los dos ejércitos constitucionalistas. Villa tiene órdenes de Carranza de poner como gobernador interino al licenciado Jesús Acuña, que lo acompaña, y como jefe de armas a Severiano Rodríguez. Esos nombramientos no gustan demasiado a los de la División del Noreste, que sienten como una intromisión en su territorio estas decisiones. Pancho Coss inicialmente las objeta, pero Villa, ejerciendo el poder que le daba el haber conquistado la plaza después de Paredón, y no queriendo más conflictos con Carranza, sostuvo la decisión diciendo que era cosa del primer jefe. De alguna manera apoyaba la jerarquía constitucionalista, a pesar de que las decisiones de Carranza no le gustaban. Y menos le gustaron las primeras acciones de Acuña, cuando hizo una lista, que trató de que no se supiera que había salido de su mano, de candidatos para un préstamo forzoso, en la que dejaba fuera nombres de sus amigos. Villa estaba muy enfadado.

Poco después arribó a Saltillo Pablo González, luego de haber tomado Tampico. Villa tenía con él varias cuentas pendientes y reclamó a González y a Coss, con tono de superioridad, dice uno de los testigos, que no lo hubiesen ayudado en los combates de Torreón, San Pedro de las Colonias y Paredón, cumpliendo los compromisos previos de cerrar el acceso a los refuerzos federales. Pablo contestó a Villa "con gran energía sin dar una explicación, aunque justificando su actitud. Esta respuesta del general González molestó grandemente al jefe de la División del Norte, quien volvió a hablar con tono todavía más golpeado. A las palabras de Villa don Pablo respondía en tono mayor, llegándose a temer por momentos que los dos generales hiciesen uso de sus armas. Sin embargo, con la intervención amistosa de Villarreal y de otros jefes, se logró que Pancho Villa y don Pablo dieran por terminada la disputa", dirá Valadés basado en el testimonio de Villarreal. Habrá una nueva cena con Pablo González para organizar el relevo de los villistas, que vuelven a Torreón, por la División del Noreste, que ocupará Saltillo. En la conversación Villa habla del esbozo de su plan: mientras él marcha hacia Zacatecas, la del Noreste lo hará hacia San Luis Potosí y la del Noroeste de Álvaro Obregón bajará por Jalisco, luego las tres divisiones coordinadas avanzaran hacia la ciudad de México.

Si las relaciones entre Villa y Pablo González nunca mejoraron, con el otro Pancho, Pancho Coss, quizá porque se parecían, las relaciones se hicieron al menos fraternales. Coss, coahuilense y minero de origen magonista, maderista de la primera época, cuenta que Villa lo llamó a su cuartel general y le dijo:

—Oye, compañerito Coss, me dicen que aquí en Saltillo hay muchos, muchísimos curitas, y para cumplir con la revolución vamos a echarlos fuera […] No quiero hacer alboroto […] así es que te vas con tiento […] Luego que los tengas, me avisas, los ponemos en un tren sin maltratarlos y los mandamos al otro lado del río.

Coss preguntó entre sus conocidos quiénes eran las beatas más conocidas de Saltillo y les dijo que los curas corrían peligro y que quería salvarlos. "Y cuando ya tuve muchos los dejé en mi carro y me fui al general Villa". Poco después un tren especial pondría en la frontera un buen grupo de jesuitas junto con algunos ciudadanos extranjeros.

Para celebrar la victoria se organizó un baile en la Escuela Normal. Pancho Coss cuenta: "A Villa y a mí nos gustaba bailar mucho y no lo hacíamos tan mal, pues en Saltillo nos abrían sala y todas las muchachas andaban atrás de los dos Panchos". Valadés rescata que en rumboso baile "el general Villa no se perdió de bailar una sola pieza, haciéndole competencia solamente al general Coss. Villa, vestido con su traje de campaña, tomaba una tras otra muchacha de la sociedad de Saltillo, y parecía entusiasmado más y más. El jefe de la División del Norte bailaba dando pequeños saltos, pero no por ello perdía el compás. A veces se mecía suavemente llevando a su pareja de un lado a otro del salón. Los valses, especialmente, parecían entusiasmarle. Cuando terminaba una pieza, cortésmente llevaba a su compañera al sitio de donde la había tomado, le daba ceremoniosamente las gracias e iba en busca de otra, haciendo que la música tocara sin descanso. Hubo momentos en que todas las parejas suspendieron el baile, para dejar el salón libre a los generales Villa y Coss, quienes entre los aplausos de la concurrencia, bailaron seguidamente dos o tres bailes". La fiesta aparentemente reconcilió a Villa al menos con una parte de los jefes de la División del Noreste, quienes regresaron a Monterrey para esperar la llegada de Carranza.

Villa, a más de las "agraciadas señoritas de la ciudad" se ha hecho acompañar por una muchacha que conoció en una quermés en Torreón, Otilia Meraz, y que lo ha seguido a Saltillo. Ella había sido amante de Darío W. Silva y cometió la indiscreción de contárselo a Villa. Pancho humilló a su asistente poniéndolo a servir la mesa. Luego lo carcomía la conciencia. Silva había sido uno de los más fieles compañeros desde la estancia en El Paso. La historia terminará mal para Otilia, a la que despedirá a su regreso a Torreón, y eso fortalecerá la amistad entre Pancho y Silva, tras la obligada disculpa.

El 29 de mayo Villa estará en Torreón, precedido por Felipe Ángeles, que intentará darle forma a tres batallones de infantería utilizando a prisioneros y a oficiales sacados de otras brigadas. Hay nuevos roces con Carranza por los manejos del rastro en Torreón y por los ferrocarriles que administraba la División del Norte. Un día después de su llegada, Pancho escribe un telegrama a Carranza pidiéndole con mil y un circunloquios que haga que Pablo González se movilice hacia el sur. Para evitar más roces le pide además que le envíe gente para hacerse cargo de la administración hacendaria y acepta que nombre a quien se haga cargo de los trenes. Carranza había destituido a Eusebio Calzada como responsable y ordenado que otra persona se hiciera cargo de los ferrocarriles de El Paso hasta la zona ocupada por los villistas en el estado de Zacatecas. "Usted es el jefe. Si usted desea que Calzada renuncie, renunciará; pero le aviso que ha trabajado a mi satisfacción. No tengo tiempo de ocuparme de los ferrocarriles. Si el hombre que nombrare usted como su sucesor no cumpliese a mi satisfacción, será fusilado". Al final Calzada siguió en su puesto. Ese mismo día Pancho hizo público un manifiesto en que salía al paso de unas "intrigas en el extranjero" de personajes que usan su nombre para provocar "divisiones y discordias". Remataba diciendo que no tiene ambiciones personales y que espera que a la derrota de Huerta se produzcan elecciones democráticas. Con eso pensaba haber resuelto todas las tensiones con Carranza, pero se equivocaba.

En el camino de retorno a Chihuahua Villa pasó por Parral y Las Nieves. En Parral lo recibieron los hermanos Herrera, Maclovio y Luis; hubo peleas de gallos, bailes, carreras de caballos. En Las Nieves, territorio de Urbina, se hospedó en la hacienda de Canutillo, que está próxima a la aldea. Observa vacas y ganado por todos lados, una riqueza enorme. Villa no podrá menos de pensar que Urbina está convirtiendo la revolución en un negocio personal.

El 2 de junio, ya en Chihuahua, Villa recibe un mensaje en que Carranza le pide a Manuel Chao como jefe de su escolta y le ordena a Villa que le ponga 300 hombres a su mando y lo envíe a Saltillo. A Chao tampoco le gusta el asunto, que suena a que Carranza quiere meter una cuña entre ambos, y deciden ignorarlo.

Se celebra en Chihuahua, organizada por Federico Cervantes, una exhibición de monta del grupo de oficiales de Ángeles, que incluye salto de obstáculos. Los norteños no pueden permitir que los oficiales de Ángeles sean mejores que ellos a caballo. Villa y Fierro tratan de emularlos, pero la silla norteña es mucho más pesada y Fierro se queda encaramado sobre un obstáculo. Quizá fue en esos días cuando Pancho descubrió en las caballerizas un caballo de Felipe Ángeles llamado *Pancho Villa* que trató de montar, pero el caballo, cuando quisieron ponerle la silla, se encabritó. "Qué bueno es el general Ángeles para ponerle nombres a los caballitos. Éste es igualito a mí".

Comenzaba a prepararse la campaña contra Zacatecas. Sommerfeld está muy activo en Washington comprando municiones a través de Flint & Company y en la Oficina Financiera se analiza la posibilidad de comprar municiones en Nueva York. A pesar de las informaciones publicadas en *El Paso Herald* de que la aduana de Nueva York está deteniendo las municiones destinadas a los villistas y que, sin embargo, se permite el paso de armas para Carranza, el flujo continúa. Villa, en esos momentos, tiene en Torreón un arsenal de cuatro millones de cartuchos, de los que se han repartido sólo 160 mil al ejército, así como 58 cañones y 86 ametralladoras. Por cierto que durante el reparto de municiones también se entregaron 10 pesos a cada soldado. Lo que equivale al salario de un tercio del mes de un trabajador no calificado.

Los primeros días de junio se irán en fiestas y homenajes. El 3 de junio hay una conferencia de Santos Chocano en el Teatro de los Héroes. Villa será aplaudido a rabiar al entrar. El 6 asiste a la boda de su hermano Antonio, que se casa con Paula Palomino, huérfana del revolucionario muerto en Casas Grandes cuya viuda e hijos vivieron en la casa de Pancho. Una foto registra el hecho. En las escalinatas de un edificio público (¿la Catedral de Chihuahua?) un nutrido grupo acompaña a los novios. Pancho y Luz Corral serán los padrinos, la Güera, muy güera, vestida de blanco y Villa muy modoso pero sin corbata; Hipólito estará a mitad de la escalera; al fondo, los dos hermanos

González Garza. Ocho días más tarde Antonio partirá para sumarse al ejército, su mujer lo acompañará hasta Torreón y luego regresará a Chihuahua. Debe ser por estos días que Luz regresó permanentemente a Chihuahua. Villa la había mantenido en El Paso so pretexto de que estaba reconstruyendo la casa de la calle Décima, cosa por demás cierta, pero sin duda lo hacía porque estaba viviendo en Quinta Prieto con Juanita Torres. A la llegada de Luz con tres de sus hijos: Reynalda, Micaela y Agustín, Pancho retornará con ella y se instalarán en la Quinta Luján, abandonando a Juanita y la Quinta Prieto. Poco después estará lista la casa renovada de la Calle Décima, el viejo solar. No serán sus únicas relaciones porque tiene amores con Librada Peña, de Valle de Santiago, con la que se casará en Santa Bárbara, Chihuahua. Librada era mormona y más tarde su iglesia le prohibió mantener la relación con Villa.

El mismo día de la boda de Antonio el *New York Times* reportaba que Victoriano Huerta había recibido nuevos cargamentos de municiones y no pensaba renunciar. Por otro lado se contaba que Huerta estaba en comunicación diaria con Pancho Villa de una manera poco convencional. Villa había intervenido las líneas telegráficas de los federales y mandado un mensaje a Huerta insultándolo. Le decía que no huyera de la capital, que esperara por él, que tenía mucho interés en encontrarlo. Huerta ordenó que esos mensajes no se destruyeran y que se le entregaran personal e inmediatamente. Villa siguió mandando mensajes aún más vitriólicos que los anteriores. Se dice que en Palacio se bromeaba sobre estos recados que arribaban a diario.

NOTAS

a)　Fuentes. Francisco Urquizo narró tres veces la única batalla en la que combatió en la División del Norte, prestado por Carranza como jefe de Estado Mayor a la brigada de Calixto Contreras, en *Páginas de la revolución, Fui soldado de levita de esos de caballería* y *Memorias de campaña*. Por cierto que Urquizo dice que Carranza lo hizo a petición de Calixto, que se estaba distanciado de Villa; de ser así, la cuña carrancista duró muy poco (*Recuerdo que*). Martín Luis Guzmán: *Memorias...* Prólogo de Florencio Barrera a Vito Alessio Robles: *Convención*. Sánchez Lamego: *Historia militar de la Revolución Constitucionalista*. Brondo: *La División del Norte*. Vargas Arreola: *A sangre y fuego con Pancho Villa* (prólogo de Aguilar Mora). Rodolfo Toquero: "La batalla de Paredón". Pilcher: "Pancho Villa rides into mexican legend, or The cavalry mith and military tactics in the mexican revolution", que recoge un informe del capitán William Mitchell para la Military Information Division. Vito Alessio Robles: "Gajos de memoria". Scott: *Some memories*. Calzadíaz: *Hechos reales de la revolución*, tomo 1 y 2. Cervantes: *Francisco Villa y la revolución* y *Felipe Ángeles en la revolución*. *El Paso Herald* del 16 de mayo; Miguel Alessio Robles: "Una victoria que abre las puertas de Saltillo". Federico

Los mandos de las divisiones del Norte y Noreste en Saltillo. Pancho Villa y Pancho Coss en el centro. Chao, Toribio Ortega (al otro lado de Villa) y José Isabel Robles (en la segunda fila de pie y con traje) entre los presentes. *La Semana Ilustrada*.

Máximo García, acompañado de Pablo González y José Isabel Robles tras la toma de Saltillo.

La boda de Antonio Villa con Paula Palomino, atestiguan Villa y Luz Corral. En los escalones superiores los hermanos González Garza.

Cervantes: "Las memorias de Francisco Villa". Luis Aguirre Benavides: *De Francisco Madero…* Urquizo: "Pancho Villa, Torreón y el Chino Banda".

Vito Alessio (coincidiendo con el gral. Scott) atribuye los cortes en la vía férrea que dificultaban el acceso a Paredón, a las tropas de Pablo González, porque que así interrumpían el suministro de carbón a la División del Norte. Al narrador esto le parece una lectura a partir de hechos posteriores.

Saltillo. Johnson: *Heroic Mexico*. Valadés: "Treinta años de vida política. Memorias del general Antonio I. Villarreal". Valadés: "Habla uno de los famosos Panchos de la revolución". Almada: *La revolución en el estado de Chihuahua*, 2. Papeles de Lázaro de la Garza F 8. Darío W. Silva, futuro inventor de la pólvora "silvarita", acompañó a Villa hasta 1915; más datos sobre Otilia Meraz, calificada como "liviana", en Johnson: *Heroic Mexico*.

Además. Cervantes: "Caballos de campaña". Luz Corral: *Villa en la intimidad*. Hart: *El México revolucionario*. La extraña historia de las conversaciones con Huerta en el *New York Times*: "Villa hits Huerta by wire".

b) Bauche. El conflicto con su hermano hará que Manuel Bauche se quede en Saltillo con Carranza y termine como secretario de Pablo González (Juvenal). La ruptura propicia que las memorias queden incompletas. Joaquín, que había sido el primero en conseguir un avión para la revolución, morirá como villista en Celaya.

TREINTA Y TRES

TELEGRAFIANDO

El 7 de junio Villa regresará a Torreón, que será base de su futura campaña. Un día más tarde lo hará Venustiano Carranza, procedente de Durango. No había avisado de su paso y nadie lo esperaba en la estación. Los asistentes de Carranza se apresuraron a tomar nota de que Ángeles pasó a caballo en dirección contraria "para no recibirlo". "Fue motivo de ardientes comentarios". Carranza decidió irse a Saltillo y apresuró el paso, no sin antes enfrentarse a los responsables del ferrocarril villista. El tren de Carranza estaba muerto cuando pidió que lo pusieran en movimiento, le respondieron que ellos recibían orden del cuartel general de la División del Norte. Revólver en mano los ayudantes de Carranza hicieron moverse el tren y el primer jefe ordenó que fusilaran a los responsables del asunto. Finalmente no lo hicieron, pero se llevaron presos a Saltillo al superintendente y a uno de sus ayudantes. Carranza estaba "haciendo amigos" entre la División del Norte.

Ese mismo día Villa llamará urgentemente a Silvestre Terrazas en Chihuahua para encargarle "una misión muy delicada", que tiene que ver con sus diferencias con Carranza; le encargó ir a Saltillo a conferenciar con él. Carranza había ordenado que no se usara sin su permiso directo ningún carro de ferrocarril o locomotora, lo cual pondría a Villa virtualmente "prisionero en Torreón". Al día siguiente Silvestre tuvo la primera de tres entrevistas con Carranza en Saltillo. "Se expresó muy duramente de Villa" y no retiró la orden.

El 10 de junio Toribio Ortega escribió una carta privada a Carranza señalando: "Por varias fuentes ha llegado a mi conocimiento que varias personas han tratado de crear en su entorno mala atmósfera contra Villa. Diciendo que quiere la supremacía". Después de hablar de su trayectoria y de cómo cuando se puso a las órdenes de Villa en Ojinaga tenía prevenciones, resume que Villa no es ningún ambicioso, que tiene un gran cariño por él y que vería con profundo sentimiento que Carranza tratara de "desplazarlo por otro".

El ambiente se iba enrareciendo. Ese mismo día el servicio secreto reportaba que había habido una reunión "de incógnito" entre Chao y Maclovio Herrera en Ciudad Juárez. La desconfianza inundaba la División del Norte. La crisis estaba a la vuelta de la esquina. Ese mismo día, a las 5:25 de la tarde, llegó al cuartel general de la División del Norte en Torreón un telegrama en el que Carranza ordena a Villa que refuerce la operación de Pánfilo Natera sobre Zacatecas en "caso de que sea necesario".

Hora y media más tarde Villa contestó con un seco: "Procedo a cumplir superiores órdenes".

11 de junio. Carranza a Villa. Insiste en que se envíen dos baterías de artillería para apoyar a Natera y tres mil hombres de las fuerzas más cercanas.

Era curioso, Carranza, por más que de vez en cuando lo había intentado, no se había metido a fondo en los procesos militares de la División del Norte y Zacatecas parecía un hueso bastante duro de roer por las defensas y la concentración de fuerzas federales. ¿Por qué el empeño de hacerlo ahora? Barragán, en el Estado Mayor de Carranza, confesará que la idea era restar elementos a Villa y "demostrar a la opinión pública que no solamente este jefe era capaz de obtener triunfos de importancia".

Ese mismo día Villa le telegrafió a Carranza. Propone que "se haga el movimiento de toda la División" y que le diga a Natera que suspenda el ataque.

Carranza parece no haber leído el telegrama, porque el 12 de junio insistirá. Si no han salido todavía, mande cinco en lugar de tres mil hombres al mando de J. Isabel Robles.

En la noche las líneas telegráficas de Torreón a Saltillo transportan un nuevo mensaje de Villa a Carranza: "Robles no puede ir por encontrarse enfermo. Hay deslaves en la vía férrea. Ordeno se hagan reparaciones".

Silvestre Terrazas regresará en esos momentos, un jueves de Corpus. Villa se encontraba celebrando el santo o cumpleaños de Manuel Madinabeytia. Al recibir noticia de las conversaciones frustradas, Villa se enchiló:

—Nos vamos a Saltillo a colgar a ese viejo y a sus achichincles. Y los colgamos a todos.

Terrazas tratará de suavizar el asunto y le dirá a Pancho que no se puede poner a la altura de Pascual Orozco. Villa sufrirá en los siguientes días un ataque de bilis que trató de curarle el doctor Raschbaum con remedios caseros y limonadas.

El 13 de junio se celebró una conferencia telegráfica que Roque González Garza tomó taquigráficamente:

Villa: "Saludo a usted afectuosamente. No puedo auxiliar al señor Natera antes de cinco días. ¿Quién les ordenó a esos señores fueran a meterse a lo barrido sin tener seguridad del éxito completo, sabiendo usted y ellos que tenemos todo para ello?"

Después de decirle que Robles está enfermo (lo que no era cierto) y que no puede mandar a Urbina porque no congenia con Arrieta (lo cual sí era cierto), y ya enfurecido: "Si quiere que alguna persona reciba las fuerzas de mi mando, desearía saber quién es ella, para que si la juzgo apta y capaz para que cuide de ellas como yo mismo, está bien".

Carranza: "Retorno a usted afectuosamente su saludo". Y le dice que si hubiera cumplido las órdenes ya se hubiera tomado Zacatecas.

Para ese momento ya se sabía que el ataque de Natera y la División del Centro, el 12 de junio, había fracasado. Natera, con los Arrieta y Triana, había atacado la plaza sin artillería, apenas sin ametralladoras, por el norte y el sur. Aunque tenía unos siete mil hombres contra los 1,800 con los que Mejía Barrón defendía la plaza, había sido un gran fracaso. Tras tres días de choques se había visto obligado a retirarse cuando a la plaza sitiada llegaron refuerzos, los seiscientos jinetes de la brigada del colorado Benjamín Argumedo, el Orejón, un ex sastre que nunca quiso decir donde había nacido y del que Felipe Ángeles decía que era temible por la calidad de su caballería.

En la conferencia Carranza argumentaba que si Villa no hubiera recibido los apoyos que Carranza le dio en Torreón con fuerzas de Durango, no la hubiera podido tomar. No le propone que se subordine al general Natera; se trata de que "él tome la plaza y se expedite el camino para usted al sur". E insiste, víctima del principio de autoridad que lo obsesiona: "Natera se sostendrá dos días en esa posición, mande a Benavides, Ortega, Contreras o el que usted quiera".

Se había tornado un duelo de autoridad, que había iniciado como una maniobra política. Barragán anota: "La razón que más pesaba en el ánimo del señor Carranza para impedir que Villa se posesionara de dicha plaza (Zacatecas) era la de que al conquistarla, continuaría su avance hacia la capital de la República".

Villa tiene colmada la paciencia y cierra la entrevista con un: "Estoy resuelto a retirarme del mando de la División del Norte. Sírvame decirme a quién la entrego".

Paralelamente, y con el pretexto de que se había anunciado una confiscación de minas propiedad de estadounidenses en el estado de Durango, George Carothers había tomado el tren desde Torreón a Saltillo y solicitado una entrevista con el primer jefe. El asunto se originaba en una orden de Urbina y también paralelamente de Ávila en Chihuahua, diciéndole a los dueños estadounidenses de las minas que si no reiniciaban labores serían expropiados. No era asunto menor: el villismo necesitaba las minas produciendo, no sólo por razones de estabilidad social, también por razones impositivas. Carranza lo retuvo durante horas sin concederle la entrevista y, cuando se la dio, secamente le informó que Villa había renunciado al mando de la División del Norte. Carothers regresó a Torreón tras informar telegráficamente a su gobierno.

Ángeles cuenta que esa misma mañana del 13 de junio estaba en la recámara del coronel Roque González Garza cuando le avisan: "Le habla a usted el general Villa". Lo llevan a la pieza que sirve de estación telegráfica. "Estaba llena de empleados y oficiales cuyas fisonomías alertas y serias revelaban la gravedad de una situación que para mí era desconocida. Todos se encontraban en pie con excepción del telegrafista [...] y del general Villa. Enfrente del general había una silla vacía que me invitó a ocupar. 'A ver qué hace usted con estos elementos, mi general, yo ya me voy.'" Los presentes le explican a Ángeles la situación que se ha creado. Ángeles responde que Venustiano Carranza: "Va a aceptar al instante (la renuncia de Villa). Imposible, dijeron algunos. Va a aceptar, repetí". Aunque nadie parece creerle.

Momentos después arriba un telegrama de Carranza dirigido a Villa: "Aunque con verdadera pena, me veo obligado a aceptar se retire usted del mando en jefe de la División del Norte, dando a usted las gracias en nombre de la nación, por los importantes servicios que ha prestado usted a nuestra causa. Esperando pasará usted a encargarse del gobierno del estado de Chihuahua". Y le pide que convoque en la oficina telegráfica a los generales Ángeles, Robles, Urbina, Contreras, Aguirre Benavides, Ceniceros, José Rodríguez, Maclovio Herrera, Toribio Ortega, Servín y Máximo García.

Ángeles registra que el ambiente se enrarece: mentadas de madre e insultos. Trinidad Rodríguez dice: "Yo me voy a comer raíces a la sierra". Ángeles reflexiona: "La División del Norte va a disolverse […] tal vez va a rebelarse".

A las 10 de esa misma mañana Obregón recibe "un mensaje del general Villa, haciéndome una relación de las dificultades que tenía él con la primera jefatura y los obstáculos, que según él, le presentaba el señor Carranza, con el objeto de entorpecer la marcha de la División del Norte hacia el centro, insinuándome que llegáramos a un acuerdo para continuar las operaciones sobre el centro sin tomar en cuenta a la primera jefatura. Contesté a Villa negándome a celebrar el pacto que me proponía y tratando de hacerlo desistir de sus propósitos".

Nuevo telegrama de Carranza a los generales que supuestamente estaban reunidos: "Me indiquen el jefe que entre ustedes debe sustituirlo" (a Villa).

Pocas horas después los generales darán respuesta a la petición de Carranza: "Le suplicamos atentamente reconsidere resolución […] pues su separación (de Villa) sería sumamente grave y originaría muy serios transtornos no sólo en el interior sino también en el exterior de la República". Firmaban Toribio Ortega, Eugenio Aguirre Benavides, Maclovio Herrera, Rosalío Hernández, S. Ceniceros, M. Servín, José Rodríguez, Trinidad Rodríguez, Mateo Almanza, Felipe Ángeles, J. I. Robles, Tomás Urbina, Calixto Contreras, Orestes Pereyra, M. García, y los coroneles Manuel Madinabeytia y Raúl Madero. Maclovio Herrera no había sido consultado porque no se encontraba en Torreón y se usó su nombre sin avisarle, pero una vez que conoció lo sucedido escribió un telegrama que decía: "Señor Carranza: me entero de su comportamiento para mi general Francisco Villa. Es usted un hijo de mala mujer. Maclovio Herrera". Chao, que tampoco estaba en Torreón, se sumaría el día 15 en un telegrama personal a Carranza a la decisión de los otros mandos de la División del Norte ("Confirmo en todas sus partes y hago mío el mensaje que le dirigieron a usted anoche los generales de esta División").

Pero Carranza no estaba dispuesto a ceder y poco después volvió a sonar el telégrafo: "He tomado en cuenta las consecuencias que su separación pudiera tener a nuestra causa. Por lo tanto procederán a [...] nombrar al jefe y luego mandarán los refuerzos a Zacatecas como he ordenado".

La respuesta no se hizo esperar y los mandos de la División del Norte contestaron: "Podríamos, siguiendo al general Villa [...] dejar el mando de nuestras tropas, disolviendo con ello a la División del Norte, pero no podemos privar a nuestra causa de un elemento de guerra tan valioso. En consecuencia vamos a convencer al jefe de esta División para que continúe la lucha [...] como si ningún acontecimiento desagradable tuviera lugar y amonestamos a usted para que proceda de igual manera".

Era una manera elegante de decirle a Carranza que no iba a poder pasar y que mejor diera por olvidado el asunto, pero bueno era Carranza para estas cosas; en su esencia autoritaria no había lugar para lo que consideraba semejante indisciplina. Se las pintaba solo para el más puro principio de autoridad, de manera que contestó: "Siento manifestar a ustedes que no me es posible cambiar la determinación que he tomado [...] Espero que tanto ustedes como el general Villa sabrán cumplir con sus deberes de soldados".

La confrontación afectaba la estructura disciplinaria que Carranza había intentado imponerle al constitucionalismo, basada en la supuesta herencia de la legalidad maderista, pasada a sus manos y refrendada en el Plan de Guadalupe, pero, lo que era más grave, violaba la democrática realidad de que la revolución en el norte había surgido de ciudadanos en armas que guiaban voluntarios, y que a su vez habían elegido a su jefe en una asamblea.

Los mandos de la División del Norte conversaron con Villa la situación y lo que han contestado. Villa les contó historias de los anteriores conflictos con Carranza, de los que poco se había hablado previamente y que venían de lejos. Les enseña unos telegramas de Zubarán, el hombre de Venustiano en Washington, que hacía campaña contra la División del Norte, y les dio noticia de intrigas para que no les llegaran municiones.

Como si nada hubiera sucedido en el cuarto del telégrafo, todos ellos acudirán a una exhibición que se hace para celebrar el cumpleaños de Felipe Ángeles. Federico Cervantes y Joaquín Bauche Alcalde, que en 1907 había estudiado esgrima con el gran maestro francés Mérignac, dieron una muestra de combate con sable. Villa, que los observaba cuidadosamente, decía pasándose las manos por el revólver: "Mejor nos atenemos a esta cosa".

El general Villarreal le contaría años más tarde a Valadés que Carranza se encontraba sumamente excitado, no pudiendo ocultar su odio al general Francisco Villa, a quien llamaba bandido, al mismo tiempo que culpaba a Felipe Ángeles por la actitud que habían asumido los generales villistas.

Al día siguiente, 14 de junio, los mandos de la División del Norte confirmarán en un nuevo telegrama a Carranza su actitud: "La decisión irrevocable de continuar bajo el mando del general Villa (la tomamos en ausencia de éste)… Nuestras gestiones cerca de ese jefe han tenido éxito y marchamos prontamente al sur".

Ni así cede Carranza y en respuesta les dice que él puede nombrar al jefe de la División del Norte, pero por cortesía les ha tomado parecer, y cita en Saltillo a seis de ellos: Ángeles, Urbina, Maclovio, Ortega, Hernández y Aguirre Benavides. Pero ya hartos de lo que parecía convertirse en un diálogo de sordos, la noche del 14 de junio los generales y coroneles firmantes darán por zanjado el asunto con el siguiente texto enviado a Carranza. "Su último telegrama nos hace suponer que usted no entiende o no quiere entender nuestro dos anteriores", y culminan informándole que bajo el mando de Villa marchan hacia Zacatecas, por eso no pueden ir a Saltillo los generales que él manda llamar.

Varios autores de filiación carrancista han dudado de la unanimidad de reacción de los mandos de la División del Norte. Por ejemplo, Terrones Benítez dice que disentían Eugenio Aguirre Benavides, Orestes Pereyra y Trinidad Rodríguez; incluso menciona que Pereyra le dijo que después de Zacatecas podía incorporarse a las tropas de Carranza para ir hacia la capital. No parece coherente, Eugenio y Orestes se mantuvieron firmemente con Villa y Trinidad Rodríguez era, además de compadre de Pancho, uno de los más fieles villistas.

Será ese mismo día que el agente estadounidense Thord-Gray describa a Villa en un informe: "Beber, pero no emborracharse; amar sin pasión; robar, pero sólo a los ricos". Será este personaje que "ama sin pasión y sólo roba a los ricos", el que el 15 salga en su tren hacia Fresnillo, a mitad de camino de Zacatecas, mientras mantiene una eufórica agitación telegráfica con sus agentes en la frontera y Estados Unidos y el gobernador Fidel Ávila en Chihuahua, organizando ventas de ganado, metales preciosos y algodón y compras de municiones y uniformes.

Al día siguiente la División del Norte se moviliza. Urbina deja Torreón en vanguardia y tras él Felipe Ángeles y la artillería. Simultáneamente, en Ciudad Juárez, por órdenes de Villa, incautan la Tesorería y la oficina selladora de billetes y detienen por breves días a la burocracia carrancista; retienen las máquinas reselladoras que validan los billetes y confiscan 14 millones de pesos en dinero constitucionalista y 43 mil dólares. A partir de ese momento Silvestre Terrazas se hace cargo el control de los bienes intervenidos que no estaban en manos de jefes de brigadas o de la Oficina Financiera de la División del Norte. Queda en libertad Alberto Pani, que se irá a El Paso.

Mientras la División del Norte avanza hacia Zacatecas, Villa, febrilmente, durante casi una semana se ve obligado a deshacer embrollos y presiones. Mientras niega en público, e instruye a su gente para que haga lo mismo, que existan tensiones con Carranza, le manda un telegrama en clave a Fidel Ávila e instrucciones a Bonilla. No se ha desconocido a Carranza, pero no se le permitirá intervenir en la dirección de la guerra. Carothers interpretará correctamente la situación en un telegrama al Departamento de Estado: Villa "no intenta nada hostil contra Carranza […] siempre que no interfiera con sus operaciones militares". Pancho le escribirá un telegrama al carrancista Pesqueira, agente confidencial en El Paso, diciendo: "Niegue usted de manera categórica la especie de que existe diferencia entre el señor Carranza y yo". Los rumores se desatan. Arturo Elías, el cónsul huertista, dice que el general Felipe Ángeles ha sido declarado presidente provisional. Sommerfeld conferencia con el general Scott y el secretario de Guerra estadounidense y le dicen que prefieren a Villa que a Carranza: "Villa […] hizo muy bien, porque Carranza es un autócrata y un egoísta", y de pasada anuncian que permitirán el paso de municiones hacia Juárez muy pronto.

Muchos historiadores contemporáneos han elaborado la teoría de que detrás de la ruptura Villa-Carranza se encontraba la mano de Felipe Ángeles. John Womack, que todo lo que sabe sobre el zapatismo lo ignora sobre el villismo, escribió: "Los villistas eran vaqueros, muleros, bandidos, ferrocarrileros, vendedores ambulantes y peones refugiados; no tenían intereses definidos ni lazos locales. Para ciertos operadores ambiciosos como el general Felipe Ángeles, este desorden era una oportunidad". Almada asegura: "Fue el principal responsable de la fricción". Douglas Richmond afirma: "El peligroso intrigante Felipe Ángeles estimulaba las ambiciones de Villa para su propio provecho". Manuel González Ramírez declara: "Felipe Ángeles sacó partido de las debilidades e impreparación de Villa con propósitos de incitarlo a la insubordinación y luego a la rebeldía contra Carranza".

La teoría de que Ángeles es la mano que mece la cuna de Villa llega a obsesión maligna en el caso de Breceda o Mena Brito, quienes detrás de cada acto "censurable" de Villa ven la voluntad de Ángeles. Curiosamente, la teoría del "diabólico Ángeles" no se sustenta en ninguna documentación, testimonio, carta o lo que sea. Parece ser hija de la permanente subestimación del caudillo agrario, quien a juicio de los historiadores necesitaría de una mente superior conspirativa a sus espaldas. Alan Knight, en cambio, afirma: "Es evidente que estas eminencias grises ejercían el poder, pero a instancias, no a expensas del caudillo al que servían; éste marcaba el compás […] Los caudillos podían ser analfabetos, pero no eran tontos […] después de todo, las revoluciones populares son hechos raros y extraordinarios". Más allá de la "rareza" de las revoluciones, para todo aquel que haya seguido la narración de los hechos parece quedar clara la génesis de la ruptura y el papel más bien solidario que inductor de Ángeles.

El 19 de junio Carranza cesó a Felipe Ángeles como subsecretario de Guerra y declaró que las brigadas lagunera de Aguirre Benavides, J. I. Robles, Contreras y Máximo García ya no pertenecían a la División del Norte, para separarlas del mando de Pancho, pero la decisión será irrelevante y no pasará del papel.

Notas

a) Fuentes: Miguel Alessio Robles: *Obregón como militar*. Vito Alessio Robles: *La Convención Revolucionaria de Aguascalientes*. Silvestre Terrazas: *El verdadero…* Archivo de González Garza 34/3329. Juan Barragán: *Historia del Ejército y la Revolución Constitucionalista*, 1. *Investigation of Mexican Affaires*. Archivo Histórico de Durango. Salas: *Semblanza militar de los cc generales de división Maclovio Herrera y Francisco Murguía*. Escárcega: "Francisco Villa: signo de contradicciones". Obregón: *8 mil kilómetros en campaña*. Valadés: "Treinta años de vida política. Memorias del general Antonio I. Villarreal". Cervantes: *Ángeles*. Terrones Benítez: "La batalla de Zacatecas". Katz: *Pancho Villa*. Papeles de Lázaro de la Garza, D 31 a D 34, D 43, D 48, F 48, F 61, F 62, F 65, F 69, F 72 y H 23.

Los telegramas se reprodujeron en un folleto editado por la División del Norte, también se encuentran en el archivo de Federico González Garza 34/3338 y se reproducen total o fragmentariamente en Magaña: *Emiliano*, 5, Vito Alessio Robles: *La Convención…* y Mena Brito: *El lugarteniente gris*. La edición en *El Demócrata* del archivo de Ángeles y en Osorio: *Correspondencia de Francisco Villa*. Roque González Garza se los mostró a Valadés en: "El rompimiento entre Villa y Carranza es relatado hoy". El recuento de Ángeles en un escrito fechado en Chihuahua dos meses más tarde (agosto de 1914) que está en Ángeles: *Documentos* y en "Justificación de la desobediencia de los generales de la DN en Torreón, en junio del 14", reproducido en Cervantes: *Ángeles*.

Los conflictos con la burocracia carrancista en Urbano Flores: "Remembranzas". Archivo González Garza 34/3349. Alberto Pani: *Apuntes autobiográficos*. Carlos García Torres: "Un episodio vivido de la Revolución Mexicana".

Ángeles conspirador. John Womack: *Zapata y la Revolución Mexicana*. Almada: *La revolución en el estado de Chihuahua* II. Manuel González Ramírez: *La revolución social de México*. Knight: *La Revolución Mexicana*. Breceda: *México revolucionario*. Mena Brito: *El lugarteniente gris*.

Minas. En mayo del 14 Tomás Urbina ordenó a las minas que reanudaron sus operaciones o se enfrentarían al embargo. En julio lo harían Fidel Ávila y Silvestre Terrazas, dando a las minas un mes para reanudar operaciones o enfrentar la confiscación. Lechter lo veía como un intento para sacar de México a los estadounidenses.

b) El desorden. La afirmación de Womack respecto de la heterogeneidad clasista del villismo, lo que él llama "desorden", resulta recurrente en muchos de los historiadores que han estudiado la Revolución chihuahuense, que les sirve para explicar por qué el villismo, a falta de arraigo campesino, nunca produjo una reforma agraria. Recordemos la frase de Womack: "Vaqueros, arrieros, bandidos, peones de ferrocarril, buhoneros, peones refugiados, los villistas carecían de intereses de clase definidos o de ataduras a algún terruño". Una estadística hecha sobre las rodillas, basada en las biografías recogida por Osorio (*Pancho Villa, ese desconocido*), el centenar de entrevistas del Programa de Historia Oral (PHO del INAH), las entrevistas de Oscar J. Martínez (*Fragments*) y decenas de referencias sueltas, da una idea interesante sobre la composición social de los cuadros de la División del Norte: se trata de ferrocarrileros, panaderos, abigeos, vaqueros, carniceros, ex soldados, pequeños comerciantes de pueblo, bandoleros, maestros de escuela, arrieros, rancheros con poca tierra y algo de ganado, peones sin tierra, mineros, albañiles; y casi todos tienen en común la movilidad laboral. Si algo define a los villistas es que, al igual que Pancho, en su enorme mayoría han tenido a lo largo de su vida adulta varios oficios y una gran movilidad geográfica. El que no sean campesinos tradicionales u obreros industriales no implica la ausencia de cortes de clase social, implica redefinir la estrecha manera de analizar a la sociedad que ha privado en el último siglo. ¿Qué tenían en común estos vaqueros proletarios errantes y marginales? Estaban radicados regional y no localmente, tenían una ausencia de arraigo al puesto de trabajo, unas relaciones de supervivencia basadas en las afinidades y el compadrazgo, relaciones familiares muy sólidas pero distantes que no los fijaban a mujeres e hijos (abundan las historias poligámicas), una relación muy fuerte con una red solidaria campesina, una percepción de la sociedad como básicamente arbitraria e injusta, una relación con la violencia cotidianizada, unos enemigos comunes. Si uno se acerca a las explicaciones que dan la esencia de lo campesino (la servidumbre de la tierra), o lo proletario (las cadenas laborales, lo urbano o suburbano) estamos hablando de hombres extrañamente "libres".

Explicar las peculiaridades de Chihuahua y explicar a estos hombres, es explicar el "desorden".

Resulta relativamente sencillo definirlos a partir de sus enemigos comunes: la oligarquía agraria industrial chihuahuense y su instrumento militar (los rurales, la acordada), la estructura militar porfiriana, los grandes comerciantes extranjeros (españoles) y los pequeños comerciantes (chinos y libaneses) y el clero católico.

TREINTA Y CUATRO

ZACATECAS: LA CAÑADA EN MEDIO DE LOS CERROS

Zacatecas se encontraba defendida por el general Luis Medina Barrón, un veterano de 43 años, soldado profesional que había librado la guerra de exterminio contra los indios yaquis y combatiente en 1910 contra la insurrección maderista. Unos días antes de la batalla, en los enfrentamientos contra las tropas de Natera, había muerto su hermano Javier a causa de una herida recibida en La Calera. Para este nuevo embate, ahora contra todo el peso de la División del Norte villista, Medina Barrón tiene originalmente 3,500 hombres y cuenta además con la llegada de refuerzos importantes que le ha prometido el general Maas, que ha formado en el papel una división de siete mil hombres a cargo del general Olea. El 16 llegará la avanzada, catorce trenes, la mitad de ellos con fuerzas de caballería, unos 4,000 hombres y una batería de 75 mm que se instala en el fuerte de El Grillo (ya había otra en el cerro de La Bufa); a ellos se sumarán 600 irregulares de caballería, colorados dirigidos por el Orejón, Benjamín Argumedo, que vienen de Palmilla. El 20 de junio llegará el general Olea, que trae con él otros 1,800 hombres del 89° y el 90° batallones de línea, soldados de leva. Y todavía esperan una columna dirigida por Pascual Orozco que avanza desde Aguascalientes. Al final los federales contarán con un poco menos de 10 mil hombres, entre ellos Hernando Limón, uno de los asesinos de Abraham González, y 12 piezas de artillería.

Pero la fuerza de Medina no está en el número de hombres, sino en la disposición de la ciudad. Zacatecas está encerrada en una cañada dominada por cerros y montañas, con tres vías de acceso: por el norte, el oriente y por la vía férrea al sudoeste. Por cualquiera de ellas hay que sortear los cerros que controlan los alrededores de la ciudad. Además había alambradas de púas y fortificaciones con piedras, trincheras en los cerros de La Pila, El Grillo, La Bufa, El Crestón Chino, La Sierpe, Los Clérigos, El Cobre, Las Balsas, El Padre, El Observatorio, la mina Cinco Señores y El Refugio; a más de contingentes atrincherados en el Panteón Nuevo, en el Panteón Viejo y en la estación del ferrocarril. Las reservas estaban concentradas en el cuartel de Santo Domingo, El Cobre, La Ciudadela, comandancia de policía, Palacio Municipal, la Alameda. La artillería eran cañones de 80 mm en los cerros y además muchas ametralladoras y cañones de 75 mm llevados de San Luis Potosí.

La luz eléctrica era encendida unas horas en las noches por la comandancia militar para amedrentar a la población, mientras por una ciudad parcialmente rodeada desde hace treinta días pasean por todas las esquinas soldados federales con sus gorritas de plato y salacots.

El 16 de junio había salido de Torreón, en medio de la fiesta y la lluvia, la División del Norte, con una tropa que no tenía capotes. Primero los trenes de Urbina y tras ellos, en cinco trenes, Ángeles con los cañones. Llueve otra vez cuando llegan a La Calera, a 25 kilómetros de Zacatecas, el 19 en la mañana. Urbina, en ausencia de Villa, ordena a ese empapado ejército el dislocamiento inicial.

Los federales, desde el cerro de El Grillo, ven la llegada de los trenes villistas y contemplan azorados las imágenes de los millares de hombres en los techos de los vagones y la salida de los caballos de su interior. Se había hecho correr entre los federales el rumor de que con la División del Norte venían soldados estadounidenses. Los mirones no encontrarán confirmación a los rumores. Tampoco estará activa la fuerza aérea villista de un solo avión, porque está fuera de servicio.

El día 20 el general Felipe Ángeles dispone reconocimientos y se producen tiroteos esporádicos en la primera línea de defensa: los cerros El Refugio, El Padre, La Sierpe y un pequeño cerro al este de La Sierpe y al norte de El Grillo. Ángeles piensa que el mejor ataque será desde el norte porque la artillería villista puede batir a la artillería federal y apoyar el avance de la infantería contra los cerros. Ordena acantonar la artillería en Morelos, luego toma posiciones en Veta Grande y allí establece el cuartel de la artillería y el de su brigada de infantería. Chao se reporta con Urbina. Maclovio Herrera y su brigada arriban pidiendo órdenes, Ángeles le informa que él no puede darlas, Urbina está a cargo hasta la llegada de Villa. Los primitivos sitiadores, las tropas de Natera y los hermanos Arrieta, van viendo el impresionante despliegue de trenes de la División del Norte de Fresnillo a La Calera. A ellos les dan instrucciones de situarse en el sur, en Guadalupe, para cerrar la salida de los ya sitiados.

Ángeles, gracias a los reconocimientos, se dará cuenta de que los soldados federales están quemando el forraje en los alrededores de la ciudad y se van reconcentrando en Zacatecas.

Tiroteos en toda la primera línea. Sólo actúa la artillería de La Bufa y El Grillo. Los federales sufren por un mal aprovisionamiento de municiones. Deserta un grupo de colorados del cerro al sur de El Refugio.

Finalmente la División del Norte y la del Centro de Natera despliegan 19,500 hombres, cinco mil de los cuales cierran el cerco por Guadalupe en la salida de la ciudad al sur y al oriente, por el camino que va a México. *El Niño* se coloca sobre la vía férrea. Las restantes brigadas y la infantería se distribuyen en arco. Aguirre Benavides viene dirigiendo la brigada de Robles, porque José Isabel seguía convaleciente de su herida, y Raúl Madero la suya, la Zaragoza.

Está lloviendo de nuevo esa noche. Otra vez, en un verano que parece maldecir a los villistas con el clima. Los soldados se guarecen bajo nuevas cobijas muy grandes que tenían una franja negra y el letrero *División del Norte*.

El 21 en la mañana Urbina dispone de las últimas brigadas que arriban: la González Ortega de Toribio, la Cuauhtémoc de Trinidad Rodríguez, quien en su aproximación barre la zona, estrenando las 20 ametralladoras que Trini había comprado y que comanda el capitán Horst Von del Holz, un noble alemán que lo viene siguiendo desde Ojinaga.

Hacia las tres de la tarde la gente de Maclovio Herrera, que estaba acampando, recibió un cañonazo que les hizo tres muertos. El sordo Maclovio, encabronado, sacó la pistola y ordenó el ataque: "Ahorita entramos, muchachos. Ahora le damos en la madre a esos hijos de la chingada". El capitán federal Ignacio Muñoz, que es jefe accidental de la posición de Cinco Señores, ve avanzar a la brigada de Maclovio Herrera que llega a la estación de ferrocarril con muchas bajas. Maclovio es herido en un brazo. El combate amenaza con generalizarse, porque la brigada Chao ha entrado en acción apoyándolo, así como 10 piezas de la artillería de Ángeles. La resistencia de los federales y la falta de conexión con el resto de la División los hace replegarse. El resto de la artillería tomará posiciones más cerca, en las crestas del lomerío, en un caserío llamado Mina de la Plata, donde aguantan el fuego artillero sin responder para no revelar sus posiciones. Ángeles dirá que mejor que tiren contra el caserío donde se estaban emplazando que contra la infantería.

La ausencia de Villa tiene preocupados a los mandos. ¿Por qué Villa sigue en Torreón? ¿Absoluta confianza en la División del Norte? Natera pregunta a Ángeles cómo será el ataque, a todos les urge saberlo.

Poco después, hacia las cuatro de la tarde, las tropas de Natera y de los Arrieta chocan con el coronel colorado Antonio Rojas (aquel al que Villa perseguía en 1912 cuando se fugó de la cárcel) al tratar de tomar posiciones en Mesa del Águila. Al oscurecer los villistas se ven forzados a replegarse. En la noche tomarán contacto con las tropas de Maclovio Herrera cerrando el cerco.

Las escaramuzas del día fueron cosa mayor. Todas las tropas de la División del Norte intervinieron, casi todos los fuertes de Zacatecas fueron batidos. Era un asalto en forma, dirán los federales. No saben lo que se les viene encima.

Se dice que en el interior de la plaza sitiada los colorados saquean y se distribuye mezcal y tequila en las trincheras. Aunque el teniente Yáñez asegura que a los defensores del cerro de La Sierpe, que eran como 600, nunca les llevaron alcohol, el capitán Muñoz insiste en que hubo un "criminal reparto de bebidas embriagantes".

Durante la noche hay tiroteos esporádicos y ataques nocturnos de los villistas a las fortificaciones en algunos sectores. Los hombres de la División del Norte parecen tener prisa por lanzar el enfrentamiento definitivo.

Al iniciarse el día 22, Ángeles escribirá en su diario: "Siguen los reconocimientos". La brigada de Toribio Ortega va presionando hacia el cerro El Padre.
La artillería villista abre fuego y desmontan varias piezas de los federales. El
bombardeo hizo un daño mayor en lo moral que en lo efectivo, porque las
espoletas de las granadas fabricadas en Chihuahua eran defectuosas.

El capitán Muñoz, muy dado a las polémicas, dirá que "nunca en calidad
de tiro fue superior la artillería de Villa a la de los defensores de Zacatecas.
Si hubo superioridad fue en el número de piezas. Villa traía 40 cañones (en
realidad 39) y los federales disponíamos allí de 10". Realmente eran 12 dispuestos en La Bufa, El Grillo y la estación. Y habría que tomar en cuenta la
mala calidad de las granadas chihuahuenses contra los proyectiles europeos de
los federales, y que los cañones de Ángeles tuvieron problemas en los frenos y
había que repararlos y la artillería villista tuvo que tomar posiciones muchas
veces bajo fuego.

Poco antes de salir de Torreón, Villa recibió a una delegación de la División
del Noreste, que sin permiso de Carranza venía a mediar en el conflicto. Se
trataba de Miguel Alessio Robles y José Ortiz, que pensaban que "la razón
militar la tenía Villa, pero Carranza tenía motivos políticos para obrar así". Lo
encontraron cuando estaba desayunando un atole de harina de maíz con rajas
de canela. Villa les dijo que en ese momento salía para Zacatecas donde ya se
estaba combatiendo, y les prometió que cuando se ocupara la ciudad convocaría a una reunión de jefes de la División del Norte para que hablaran con ellos.
Los comisionados viajaron en tren con él. A cuatro o cinco kilómetros de la
ciudad se detuvieron y Villa les preguntó si lo acompañaban o se quedaban en
el tren. Alessio y Ortiz iban desarmados, eran paisanos, no habían combatido
nunca antes y decidieron quedarse en el tren. Villa montó a caballo y acompañado de sus secretarios Trillo y Pérez Rul y de los Dorados, avanzó hacia la
zona de combate. Alguien anotará que entre los miembros de su escolta iban
tres estadounidenses William Edwars, Donald MacGregor y Paul Ganzhorn,
soldados de fortuna y pistoleros.

Una de las primeras noticias que Pancho recibió tras contactar con Urbina
y recibir información sobre la disposición de la División, era que Toribio
Ortega se encontraba muy grave. Toribio venía muy enfermo desde Gómez
Palacio, con fiebre tifoidea. Al inicio del cerco había permanecido cobijado
entre unas piedras, pero la noche del 21 al 22, bajo una lluvia muy fuerte,
Toribio, que andaba sin capote, se mojó mucho. A la madrugada ya no podía
caminar. Darío Silva lo vio en esos momentos y se sorprendió de la gravedad
de su estado. Saldrá de la primera línea en camilla. Porfirio Ornelas tomará el
mando de la brigada. Villa contempló el estado de su amigo y ordenó que de
inmediato fuera trasladado a Chihuahua en un tren especial.

Pancho aparecerá por las posiciones de artillería donde se encuentra
Ángeles en la tarde, después de comer; llega trotando en un caballito que le

prestó Urbina. Juntos revisan el campo y Villa hace pequeñas correcciones. En la noche los cañones serán llevados a sus nuevas posiciones. El reflector de La Bufa, manejado por un mercenario inglés llamado Donald Saint Clair, ilumina las zonas que los rebeldes lentamente van ocupando. Villa recorre los campamentos de las brigadas. Supuestamente no se ha dado la orden de asalto, pero son frecuentes las escaramuzas, la gente anda caliente. La estación será tomada y retomada varias veces. Villa ordena que el ataque final se inicie el día siguiente a las 10 de la mañana; está preocupado porque no se adelante, las bajas sufridas en los dos días anteriores son inútiles, quiere que el ataque sea simultáneo.

Si la toma de Torreón fue la clave de la Revolución Constitucionalista y uno de los enfrentamientos más terribles y más enconados, Zacatecas, en la imaginación popular y la memoria social, es *la batalla*; canciones, corridos y películas así la celebran. Sin embargo, el enfrentamiento no habrá de durar más allá de 72 horas y la batalla propiamente dicha, sólo ocho horas y media.

El 23 de junio, hacia las 9:30 de la mañana, Villa dispone que su escolta y parte del Estado Mayor se fragmenten y se unan a diferentes brigadas; se queda con un pequeño grupo de hombres: Rodolfo Fierro, el Chino Banda, Vargas, Nicolás Fernández, Madinabeytia y Santoscoy.

Las brigadas entran en acción. Por el norte, atacando La Sierpe (el llamado cerro de tierra negra), Ceniceros, la brigada Morelos de Urbina, la Robles con Aguirre Benavides, el tercer batallón de Gonzalitos y parte de la brigada Zaragoza con Raúl Madero.

Por el noroeste, atacando el cerro de Loreto, la brigada Villa de José Rodríguez, la Cuauhtémoc de Trinidad Rodríguez y los de Camargo de Rosalío Hernández.

Por el oeste, los zapadores de Servín y el coronel Almanza.

Por el suroeste Maclovio, la brigada de Ortega y Chao.

Por el sur oriente, cubriendo la ruta de escape de Guadalupe, la División del Centro de Natera, que deberá tomar los cerros El Padre y El Refugio y la estación de ferrocarril.

Poco antes de las 10 se abre el fuego a causa de la impaciencia de la gente. Algunas brigadas avanzan hasta su línea de salida a caballo. En el norte los cañones villistas concentran el fuego en el cerro de Loreto para proteger a la infantería. Trinidad Rodríguez deja las posiciones de la artillería porque comenta que no le gusta estar bajo fuego de unos enemigos invisibles. "Yo ya me voy de estos rastrillazos", dirá, y toma la dirección de la brigada Cuauhtémoc en el asalto. Cuando los atacantes están a media falda del cerro, se corrige el tiro de artillería para dar en la punta, donde están las trincheras. En 25 minutos los federales son despojados de la posición, pero Trinidad Rodríguez ha quedado gravemente herido de un balazo en el cuello que toca la médula espinal; cae de la yegua en la que va montado y atorado en el estribo es arrastrado varios metros.

Son las 10:25 de la mañana cuando la infantería villista toma la primera posición de las defensas de Zacatecas.

A las 11 de la mañana Villa está en el puesto de mando de la brigada Villa cuando le traen a su compadre, el general Trinidad Rodríguez, gravemente herido. Desconsolado, al verlo casi muerto, ordena su evacuación en tren hacia Chihuahua. Dos de los dirigentes claves de la División han caído en 24 horas, Toribio y Trinidad. Villa sólo sabrá después de la batalla que Rodríguez fue bajado agonizante del tren, en Torreón, donde murió.

Ángeles mueve la artillería hacia Loreto y a él se une Villa. Las granadas federales tiran alto. Ángeles dirá que mejor que tiren contra el caserío donde se encuentran, porque así dejarán avanzar a la infantería y "nosotros sentiremos más bonito".

A las 10:40 la brigada de Maclovio toma el cerro de El Padre en el sur.

Las tropas de Servín estaban trabadas ante la fusilería y la artillería del cerro de tierra negra llamado La Sierpe. A la batería de Ángeles llegó primero Urbina para conferenciar con él y luego Villa, demandando apoyo artillero. Se movió la artillería hacia las faldas del recién tomado reducto de Loreto. Villa y Ángeles se adelantan a buscar posiciones en las faldas del cerro. Ángeles subirá al tejado de una casa donde llueven balas. Los defensores de La Sierpe contraatacan casi en el cuerpo a cuerpo. Cervantes, por órdenes de Ángeles, emplaza dos cañones con cierto éxito y sus granadas caen en el lugar donde están las trincheras enemigas. Quince minutos después del inicio del fuego artillero, y después de tres o cuatro terribles asaltos, los federales comienzan a abandonar la posición. El capitán federal Yáñez contará que los defensores de La Sierpe sólo recibieron comida una vez en los últimos cinco días, seis costales de carne seca y pan, y que de los 750 soldados dejaron un centenar muertos en la cumbre. Hacia las 12 una bandera villista coronaba el cerro.

Paralelamente, en el sur de la ciudad las tropas de Natera toman El Refugio. Van aproximándose a la estación.

Desde la posición de Loreto la artillería villista podía batir El Grillo. Montan la batería para disparar sobre el fortín. Villa, "sobre un montón de piedras", está presente en la operación. Un cañonazo impacta a tres metros de ellos. Es quizá durante este momento de la batalla que algunos periodistas se acercaron a Pancho. En una colina Villa estaba con una navaja sacándole punta a un palito. Volaban cerca las balas y desistieron de la conferencia de prensa. Cerca de él, Eduardo Ángeles, el sobrino de Felipe, que tiene 16 años, observa: "Aunque uno fuera un cobarde, viendo a Villa se volvía valiente". Villa y Ángeles comerán en la casa de Loreto que han usado como fortín.

La brigada Zaragoza, que accidentalmente dirige Raúl Madero, topa en El Grillo con unas fuertes defensas y frena su avance. Lo mismo sucede a las brigadas Villa y Cuauhtémoc que acaban de tomar Loreto y están muy desgastadas.

Es entonces cuando Rodolfo Fierro le dice a José Ruiz:

—¿Por qué no vamos a tomar ese cerro?

—¿Con quiénes?

—Con éstos —dijo Fierro y señaló una docena de hombres que estaban cubiertos al lado de una zanja—. ¿O tienes miedo?

—¿Miedo yo?

Fueron subiendo de piedra en piedra. Ruiz llegó hasta la plazoleta que coronaba el cerro donde los defensores se cubrían. Villa, al ver lo que estaba sucediendo, les envió 200 hombres de la reserva. Pero ni aun así. Ruiz fue herido en la región inguinal y Fierro recibió una herida de bala que le perforó la pierna. Apareció herido por el puesto de mando. "Fierro anda chorreando sangre", se comentaba. Pero no quería dejar el frente y tras vendarse malamente consiguió una motocicleta y siguió dirigiendo a sus hombres. La herida en la pierna de Fierro chorreaba sangre hasta el estribo, pero así seguía en la línea hasta que Villa, al descubrirlo, lo mandó llamar y le exigió se presentara al puesto de los doctores Villarreal y Silva. Existe una foto de Fierro tendido en el suelo, cubierto con una sábana, o más bien enrollado, y con un pie al aire; un médico, de rodillas a su lado, mira la cámara. Alguien que parece Natera lo observa en cuclillas. Fierro parece amortajado.

Comienza un duelo artillero contra los fortines de El Grillo y La Bufa, que atacan Ceniceros y Gonzalitos. Un cañonazo mata a los artilleros al lado de donde están Villa y Ángeles. Este último tiene que mantener quietos a sus hombres porque hay una reacción de miedo cuando quedan cubiertos de tierra. Se frena el ataque sobre El Grillo.

Villa quiso ir él mismo a impulsar a los atacantes, pero Ángeles lo detuvo y envió a Cervantes. Raúl Madero pedía refuerzos. Hacia la una de la tarde la artillería comienza a debilitar las posiciones federales en El Grillo. El capitán Juan Muñoz, que atacaba con la brigada Cuauhtémoc, recuerda que avanzaban en tres líneas de tiradores y la artillería villista, con gran precisión, iba haciendo saltar las piedras delante de ellos, volaban las esquirlas. El capitán federal Cortina dirá que cuando se produjo el ataque generalizado, la moral de sus tropas era detestable, estaban hambrientos y crudos. Hacia la una y media comenzaron a escurrirse los federales de El Grillo, se produjo la desbandada, el frente se desmoronaba.

Eran las tres de la tarde cuando en el sureste la brigada de Maclovio Herrera tomó la estación. Quedan en el norte de la ciudad sólo las defensas de La Bufa, quizá las más potentes de todos los cerros fortificados. Cuando se inicia el ataque se produce una explosión en el centro de la ciudad. Felipe Ángeles verá el reloj, son las tres y media de la tarde.

Los primeros en entrar en Zacatecas fueron de las avanzadillas de la brigada de Pánfilo Natera, que se habían infiltrado y llegado hasta el Palacio de Gobierno (exactamente, dirá Muñoz, a un depósito a dos cuadras del mercado). A lo largo de los años se han manejado dos versiones: o fueron los federales los que volaron el polvorín en la huida o un grupo de villistas, al tratar de abrir una puerta a tiros, hizo involuntariamente explotar la dinamita. El hecho es que la explosión que escuchará Ángeles sacudirá a la ciudad. Vuela el Palacio, se abren puertas y ventanas y en varias cuadras a la redonda saltan los vidrios por la trepidación. Murieron 37 hombres de Natera, nueve personas de una familia que vivía en la casa de al lado, y en las ruinas se localizarán los cadáveres de 89 soldados federales.

Al día siguiente una foto recogerá los rostros azorados de un grupo de mirones armados, sin duda miembros de la División del Norte, contemplando los escombros de lo que fue el Palacio, que voló. La foto es impresionante, no queda ni un muro en pie, ni pared ni columna, sólo escombros.

A las cuatro de la tarde, Benjamín Argumedo, que vestía traje de charro negro y galoneado, un gran uniforme para morir, cargó con 600 hombres a sable por la calle de Juan Alonso hacia la villa de Guadalupe. Lo acompañaba el derrotado general Medina Barrón, querían romper el cerco y huir, pero fueron a dar de frente con las tropas de los hermanos Arrieta, que los rechazaron. De 600 hombres que traía Argumedo sólo sobrevivirán 100. La calle quedó cubierta de cadáveres.

En el centro, aunque los federales no saben del intento de huida de sus generales, también se rompe el frente por la zona en la que ataca Maclovio. La brigada Chao progresa por la cañada a un costado de La Bufa. La artillería villista ha desmontado los cañones de los defensores. Los infantes huyen a la ciudad. Hacia las 4:30 la desbandada es absoluta. Faustino Borunda, de la brigada Urbina, es el primero en coronar La Bufa y allí se alzó la bandera. Su defensor, el coronel federal Altamirano, morirá poco más tarde al pegarse un tiro en el camino a Guadalupe, imposibilitado de huir.

Es el caos, porque muchos federales se desnudan, tiran sus uniformes y tratan de robarle la ropa a los civiles. La ciudad está prácticamente tomada a las 5:35.

Villa esta vez no quiere que se le escapen. Unos 800 hombres, entre los que se encuentran varios generales y los restos de los colorados, intentan abrirse camino hacia Guadalupe pasando por el panteón. El general Olea dirá: "El enemigo, posesionado de las lomas y de las azoteas de las casas, nos fusilaba a su gusto". Unos cuantos lograron salir, entre ellos Argumedo. Después de eso las brigadas de José Carrillo y los Arrieta cerraron totalmente la salida y se produjo la matanza. Pazuengo cuenta: "Trataban de romper el sitio inútilmente, sin pasar uno sólo, se iba haciendo una pila de muertos, un caballo sólo pasaba brincando muertos".

Natera dirá que de los seis mil que trataron de salir por el sur, no salieron más de mil. El último reducto es el hospital militar, que sobrevive a la debacle unos minutos más que el resto de las defensas.

En algún sitio que no puede precisar, el autor de este libro leyó que días más tarde Argumedo le tiró sobre la mesa al ministro de Guerra en México las águilas del distintivo de general que había recogido en el suelo en las afueras de Zacatecas, en la huida hacia Aguascalientes. Algún general federal se las había quitado para que no lo identificaran.

Las fortificaciones, al ser tomadas, ofrecen un espectáculo terrible: muertos por todos lados, muchos con el fusil en la mano, con un tiro en la frente. El coronel Eulogio Ortiz diría que nunca había visto tanto muerto y tanta sangre en un combate que sólo duró nueve horas. De los 750 defensores de La Sierpe, sólo salieron de la ciudad 50. Verdaderamente, el espectáculo de la muerte debe haber sido terrible para que un grupo tan curtido de veteranos que habían pasado por Torreón, como eran los hombres de la División del Norte, lo resintieran; en todos los testimonios aparecen frases como las de Vicente Martínez: "La calle quedó parejita de muertos", o la de Félix Delgado: "No hallaba en donde poner pie, de tanto muerto". Eduardo Lizalde dirá muchos años más tarde en una novela, en boca de uno de sus personajes: "No puede haber más muertos que en Zacatecas".

Villa ordenó que se detuviera el saqueo. Primero a Natera, que es el que se lo reporta, luego a Borunda, al que le ordena que la escolta de los Dorados se haga cargo. "Pena de muerte al que no acate". "Luego —dirá Gilberto Nava— recibimos la orden de lo de las cantinas, mandar quebrar todas las botellas de vino [...] destruir lo que hubiera de licor". Pancho ordenó que se requisaran en los patios del ferrocarril todos los muebles robados y se devolvieran a sus dueños.

Las bajas federales son muy importantes. Natera exagera cuando habla de seis mil muertos, pero Villa se queda corto cuando reporta cuatro mil. El día 26 se han levantado 4,837 cadáveres. Se han capturado más de cinco mil prisioneros, dos mil de ellos heridos, 12 cañones, ametralladoras, doce mil Máuser, nueve trenes, 12 carros con parque y obuses. Las pérdidas villistas ascienden a 500 muertos y 800 heridos.

Villa ordena que 3,000 prisioneros comiencen a despejar las calles de cadáveres. El capitán I. Muñoz se encuentra junto a un grupo de detenidos cerca de la estación; los vencedores, aplicando la ley Juárez, están fusilando a los oficiales. Los van llevando al panteón y los ejecutan de un tiro en la cabeza. "Un grupo de hombres se detuvo en la puerta del panteón. El general Felipe Ángeles venía a la cabeza, el sombrero tejano café llevando el ala derecha levantada y sujeta por un cordón, seguido de un grupo de oficiales de su Estado Mayor [...] Increpó duramente a los asesinos; condenó con energía ese vil asesinato y ordenó que los que aún quedábamos con vida, fuéramos llevados a la estación". En esas y en otras purgas serán fusilados los generales Víctor Monter y Jacinto Guerra.

Alessio registra que Rodolfo Fierro, sostenido por un par de hombres, porque no lo habían acabado de curar, disparaba con pistola contra una fila de detenidos federales que estaban pasando; dice que él lo vio desde el tren de Villa y le recriminó su actitud, logrando que Fierro guardara la pistola. Villa ordena que no se fusilara a los oficiales artilleros. Gracias a esto el capitán Cortina sobrevivirá. J. B. Vargas cuenta que al mando de un grupo estaba buscando al capitán Limón, "un oficial que en Chihuahua había fusilado gente por ser simples simpatizantes".

Villa permaneció en El Grillo todo el 23 dirigiendo la persecución de los restos de la guarnición federal. A la mañana siguiente se instaló con su escolta y el cuartel general en la casa de José María Gordoa. Estaba muy afectado por la muerte de Trinidad Rodríguez, la grave enfermedad de Toribio Ortega y la muerte de su amigo el coronel León Rodríguez, Leoncito.

Se organizan y se improvisan hospitales, el tren sanitario es insuficiente. El doctor Lyman B. Rauschbaum, médico de cabecera de Villa, atiende en el hospital improvisado de los villistas en el centro de la ciudad. Villa visita el edificio de la Escuela Normal de Zacatecas, donde "se enteró del buen tratamiento que allí se daba a los heridos de ambos bandos". Se fue muy contento, pero volvió en la tarde de otro talante, acompañado por Banda y J. B. Vargas. Estaba encolerizado porque se había enterado de que entre los heridos había ocultos oficiales federales que se habían quitado el uniforme, y pidió que se los entregaran. El doctor López de Lara y la profesora Beatriz González se negaron argumentando que estaban heridos. Villa se enfureció más todavía. Vargas golpeó al doctor con un cinturón, "por mi propia iniciativa, no por la del general Villa". Pancho ordenó el fusilamiento de ambos y de pasada del ingeniero Rojas, que decía que no se debería tratar así a una mujer. Los tres salieron escoltados rumbo al panteón. Una enfermera, llorando le pidió a Villa que no los fusilara, que la señorita era maestra. El argumento tocó las fibras más sensibles de Villa. Vargas recuerda que "cuando los llevábamos a fusilar, aunque yo pensé que se trataba de un simulacro", llegó un Packard con la contraorden de Villa. Poco después los tres retornaron al hospital y siguieron atendiendo heridos.

Después de la batalla fueron detenidos en un colegio lasallista los curas profesores. El cónsul francés intercedió por ellos con Manuel Chao, que al par de días les mandó un oficial muy amable, quien les dijo que si en lugar de dar clases de religión enseñaban las leyes de Reforma, las que en su día habían confrontado a la república juarista con el clero, y en vez de misas organizaban actos cívicos, se podían quedar dando clases. Se negaron y los expulsaron del país. Villa pidió por ellos rescate de 100 mil pesos y los curas colectaron limosnas por las calles para completar la suma. El 3 de julio los metieron en un carro de carga y los enviaron a Estados Unidos.

No fueron los oficiales federales, los médicos y los curas lasallistas los únicos en sentir la furia organizada y muchas veces bárbara de la División del Norte. Fuentes, un ex oficial federal que había aceptado Villa después de

Saltillo sumándolo a los Dorados, se emborrachó, como hacía con frecuencia, y mató a uno de sus compañeros. Villa ordenó de inmediato su fusilamiento. Lo llevaron al paredón y, cuando simulaba estar llorando, el oficial a cargo de la escuadra le preguntó si tenía alguna última voluntad que pedirle. El tal Fuentes le hizo jurar entre lágrimas que lo que pidiera se lo iba a cumplir, y cuando le sacó el juramento se puso a reír y dijo: "El encargo que quiero hacerles es que se vayan todos a chingar a su madre, incluido Pancho Villa". Lo ejecutaron. Cuando le contaron la historia, Pancho se arrepintió de haberlo mandado fusilar. Es más, le gustó la gracia del pelado ese, y andaba por ahí diciendo que a tipos tan valientes era un desperdicio fusilarlos.

El Dorado Arturo Almanza escribió un épico corrido narrativo sobre la batalla, una de cuyas cuartetas dice: *Vuela, vuela palomita/ llévate unas flores secas/ y dile al borracho Huerta/ que entramos en Zacatecas*.

Villa hizo entrega de la plaza y del estado de Zacatecas a Pánfilo Natera y le mandó el parte de operaciones a Carranza, como bien decía el telegrama, "como si nada hubiera pasado". El texto lo escribió Felipe Ángeles, que de pasada aprovechó para enviarle otro a Victoriano Huerta, con sólo tres palabras: "¡Viva la República!", la frase que pronunció Huerta, borracho, cuando se presentó el 18 de febrero de 1913 con Madero, Pino Suárez, Ángeles y Federico González Garza, que estaban detenidos.

Pancho se entrevistaría poco después en el cuartel general con los hermanos Arrieta y los oficiales de su brigada, a los que les entregó ropa, calzado y provisiones, y repartió dinero. Villa le dijo a Domingo que le había dado pruebas de que "compañero sí soy", al venir a colaborar con ellos en la toma de Zacatecas. Arrieta mantuvo las distancias y se negó a pertenecer a la División del Norte. Pero en ambos hechos Villa parecía dar clara muestra de que, en lo que a él tocaba, el incidente con Carranza estaba zanjado.

Notas

Sirva como final, para dejar a un lado tanta muerte, contar la siguiente historia. Durante seis meses había acompañado a Villa en su tren un trompetista de Jiquilpan llamado Rafael Méndez. En Zacatecas, Pancho se conseguirá un suplente: Rafael Ancheta, vendedor de vinos y músico que tocaba el chelo y el piano, reclutado por los federales de leva y más tarde capturado por los villistas, que lo llevaron frente a Pancho, quien viéndole las manos lo condenó a fusilamiento. Ancheta le informó que era músico. Villa lo llevó hasta un vagón en el que traía arrumbado un piano y el tipo le tocó, para demostrarlo, *Dinorah*, de Meyerbeer. Villa se dio por convencido, pero lo que ahora quería de él era que le tocara "Las Tres Pelonas". ¿Se la sabe? Y ahí lo dejó tocándola una y otra vez, con lo que Ancheta salvó la vida. Por cierto que los villistas saldrán de esta batalla con una nueva pieza para incorporar a su repertorio, "La marcha a Zacatecas" que,

Felipe Ángeles, el autor no ha
podido fechar la foto.

Tomás Urbina.
Archivo Magaña.

Trinidad Rodríguez, herido
en Zacatecas, muerto un día
después en Torreón.

Fierro herido en Zacatecas.
Darío Silva cuenta una
rocambolesca historia en la
que lo hirieron en el cerro de
La Bufa, se desmayó y cuando
se despertó iba en camilla
llevado por federales, a los
que les disparó y se escapó.

compuesta una docena de años antes por Genaro Codina, era originalmente un homenaje a un gobernador porfirista, "La marcha Aréchiga", y que rebautizada se ha de volver emblemática del avance de los norteños, tocada alegremente por las mil y un bandas militares de las que se han apropiado a lo largo de la campaña.

a) Fuentes:

La perspectiva de la batalla desde el punto de vista villista en Felipe Ángeles: "Diario de la batalla de Zacatecas" (en "Documentos relativos…" y Cervantes: *Ángeles*). Federico Cervantes: "Descripción de la batalla de Zacatecas", "Asalto y toma de Zacatecas", "Cómo fue el ataque a Zacatecas" y *Francisco Villa y la revolución*. Aguirre Benavides: *Las grandes batallas de la División del Norte*. Martín Luis Guzmán en *Memorias de Pancho Villa* sigue esas dos líneas en términos generales. Parte de la División del Centro de Natera a Carranza en el apéndice de Barragán: *Historia del Ejército y la Revolución Constitucionalista*, 1. Ontiveros: *Toribio Ortega y la brigada González Ortega*, registra los partes de la brigada por regimiento. Alberto Calzadíaz: *Hechos reales de la revolución,* tomo 1, con varios testimonios directos. Brondo: *La División del Norte*. Juan B. Vargas: "Villa en Zacatecas". Eduardo Ángeles PHO 1/31. Herrera: "Cómo era y cómo murió el general Rodolfo Fierro". Mantecón: *Recuerdos de un villista*.

Desde el punto de vista de los federales, el Archivo Histórico de la Defensa Nacional, Exp. XI/481.5/334, t. II, muy completo. Varios de los partes militares en Aguirre: *Grandes batallas*, e Ignacio Muñoz: *Verdad y mito de la Revolución Mexicana*, 2 y 3. Muñoz fue capitán federal en esta batalla y dice que la División del Norte "tuvo 3,000 muertos y seis mil heridos que llenaron los hospitales de Zacatecas, Torreón, San Pedro, Durango, Chihuahua, Parral y Jiménez". Exagera sin duda. El número de heridos de toda la campaña, desde Sacramento, no debió llegar a los cinco mil.

Además, Terrones Benítez: "La batalla de Zacatecas". Pacheco Moreno: "La verdad por encima de todo". Samuel López Salinas: "La batalla de Zacatecas". Sergio Candelas: "La batalla de Zacatecas". La Edición del 75 aniversario de *La batalla de Zacatecas*, coordinada por Enciso, contiene los testimonios del general federal Olea y de Darío W. Silva. José G. Escobedo: *La batalla de Zacatecas*. J. Parra Arellano: "Ratificaciones a las memorias de F. Villa". Ramos Dávila: "Versiones sobre la batalla de Zacatecas". Elías Torres: *La cabeza de Villa y 20 episodios más*. Alejandro Contla: "Mercenarios extranjeros en la Revolución Mexicana". Taylor: *La gran aventura en México*. Pazuengo: *La revolución en Durango*. Adalberto López PHO 1/43. Miguel Alessio Robles: "Obregón como militar" y "¡Viva la República!". Meyer: *El rebelde del norte. Pascual Orozco y la revolución*. Gilberto Nava PHO 1/26. Vicente Martínez PHO 1/73. Félix Delgado PHO 1/79. Cuauhtémoc Esparza: *La toma de Zacatecas*. Vito Alessio Robles: *La Convención…* J. González Ortega: "Villa en Zacatecas".

La historia del trompetista Méndez en un recorte de prensa en el archivo de Haldeen Braddy. Elías Torres: *Vida y hechos*. Ernest Otto Schuster: *Pancho Villa's shadow* (cuenta que en 1915 le tocará en el piano a Villa: "Tierra Blanca", "La marcha a Zacatecas", "El pagaré" y "La Adelita"). Historiadores Galácticos: "Genaro Codina". Existe una muy buena novela cuyo punto de arranque es la toma de Zacatecas, *Siglo de un día*, de Eduardo Lizalde, y una película, *Juana Gallo*, que provocó las iras de Federico Cervantes porque además de que no le gustan las coronelas "sin romanticismo", se ignoraba en la película a Villa y Ángeles (F. Cervantes: "Juana Gallo, mixtificación de Zacatecas").

b)   La polémica sobre el número de defensores. Sánchez Lamego dice que no pasaban de cinco mil hombres. I. Muñoz, sin embargo, da la cifra de 10,400, y lo avala por el hecho de que él hizo el estadillo de fuerzas por órdenes del Estado Mayor. Aguirre Benavides dirá que 12 mil hombres y 13 cañones. El general Olea dice que llevó a Zacatecas 1,800 hombres, pero Muñoz dice que fueron 5,300. Los números no cuadran. Muñoz asegura que él llegó con Argumedo el 16 (con 4,600, o sea cuatro mil, más 600 de Argumedo que se incorporaron en Palmillas), que sumados a los 3,500 que ya tenía Medina Barrón y a los 1,800 de Olea, darían unos 9,900.

En cuanto a las fuerzas villistas, la División del Norte, según Muñoz, tendría 36 mil hombres: 24 mil de la DN y 12 mil de la División del Centro de Natera. Calzadíaz habla de 27 mil hombres, que son las fuerzas que se registran tras la revista de Torreón, pero eso incluye las fuerzas de Natera, las guarniciones de Chihuahua y Durango y los dos mil heridos que hay en hospitales. Cervantes, en cambio, dice que 20 mil hombres incluidos los de Natera (no llegan, 19,500); su cifra se ajusta más o menos a la realidad. Cuando Natera atacó por primera vez tenía siete mil, que deben estar mermados, y la DN no había crecido mucho desde Paredón.

c)   Ignacio Muñoz (1892-1965). Uno de los más extraños narradores de la Revolución Mexicana. Ignacio Muñoz, personaje que incursionó en el periodismo mexicano de 1925 a 1945. Maderista, capitán del ejército, benévolo con Victoriano Huerta, combatiente federal en Zacatecas, escribió el texto: "La batalla de Zacatecas vista desde las trincheras". Capturado y reciclado, villista con Maclovio Herrera, antivillista cuando se produce la ruptura, carrancista accidental, nuevamente capturado; villista en las batallas del Bajío. Fundador de un sui generis ku klux klan y de un Sindicato de

Redactores de Prensa; grafómano y amante de la polémica. Autor de cuatro tomos de anécdotas, discusiones y debates sobre la Revolución Mexicana: *Verdad y mito de la Revolución Mexicana*, una biografía de Heraclio Bernal y varios libros de cuentos.

d)   Sin aviones. Poco antes de la batalla de Zacatecas, Parsons se vio obligado a hacer un aterrizaje forzoso. Se fue a la frontera para comprar las piezas que necesitaban para las reparaciones, incluido un nuevo motor. Harto de los peligros y las incomodidades sufridas en la campaña, al llegar a Ciudad Juárez hizo los arreglos para despachar lo que De Villa necesitaba para reparar el avión, se montó en el tranvía de El Paso y nunca regresó a México. Poco tiempo después De Villa también renunció, acabando con el primer cuerpo aéreo villista. (Taylor: "Aviadores de Pancho".)

TREINTA Y CINCO

CONFERENCIANDO

Aún no se despejaba en Zacatecas el olor a muerte cuando Felipe Ángeles le propuso a Pancho Villa que le diera cuatro brigadas de caballería y con ellas tomaría Aguascalientes.

—Le voy a dar siete, mi general —contestará Villa.

Ángeles pensaba que el siguiente domingo se encontraría ante Aguascalientes y comenzó a dar instrucciones. Ese 25 de junio las brigadas de Aguirre Benavides, Severino Ceniceros, Calixto Contreras, Máximo García, Pánfilo Natera, Isaac Arroyo y Raúl Madero recibieron la orden de estar a primera hora del día siguiente listas en Guadalupe.

Villa contará: "Cuando nos preparábamos para el avance, recibí noticias de Torreón de que por orden del primer jefe se había mandado cortar la vía de Monterrey a la altura de la estación Hipólito, y que el envío de cien carros de carbón que venían destinados a nosotros, y que era el combustible para nuestros trenes, había quedado suspendido. Esta inconsecuencia de Carranza de suspendernos el carbón, me pareció ya un acto tan marcado de hostilidad y tan a propósito para dejar a mi columna en medio del camino sin recursos ni para avanzar ni para retroceder". No sólo se cortaba el suministro de carbón, se bloqueaban armas y municiones que venían desde Tampico.

Villa, enfurecido, pensaba que podía avanzar sobre Monclova y tomar el carbón por la fuerza, pero eso hubiera significado el rompimiento total con Carranza. Y la dictadura de Huerta, aunque herida de muerte, todavía coleaba. Pensaba Villa que seguir hacia el sur lo exponía a agotar recursos, porque sólo tenían municiones para un par de encuentros más, y sobre todo no le gusta la idea de alejarse de sus bases de operaciones con hostilidad en su flanco.

Pancho le escribe un telegrama a Obregón: "Muy urgente. Tengo la pena de informarle a usted que el señor Carranza sigue poniendo a esta División toda clase de obstáculos y dificultades para la marcha al sur del país". Reseña que le pidió a Venustiano y a Pablo González carbón de las minas del norte de Coahuila después de la toma de Zacatecas y no se lo dieron; se queja de que le bloquean el paso de parque a través de Tampico. Afirma: "... de ninguna manera me internaré más al sur", y señala que la División del Noreste (Pablo González) permanece en Saltillo y Monterrey "en una inactividad desesperante". Anuncia que se regresa al norte y le escribe para que tome en cuenta esta situación y tenga cuidado en el avance hacia el sur, pues las otras dos divisiones no lo harán. Anuncia en breve las conferencias interdivisionales Norte y Noreste en Torreón e invita a la del Noroeste. Supone que Carranza estará representado.

Tras una noche de desvelo Villa le da contraorden a Ángeles y le dice que con esas mismas brigadas regrese a Chihuahua. De alguna manera deben haber pesado en el ánimo desconfiado de Villa los movimientos de tropas de Pablo González hacia Torreón, que si tomaban esa plaza podían dejarlo cortado de Chihuahua. Pero sobre todo, Villa, que no quería forzar el rompimiento, esperaba que las otras divisiones, sobre todo la del Noroeste, tomaran partido y crearan una nueva situación.

El Estado Mayor de Ángeles: Durón, Cervantes, Herón González, lo incitaba a avanzar sobre la ciudad de México. El combustible lo podían comprar en Estados Unidos; si chocaban con Carranza, que fuera de una vez. Ángeles los refrenaba: "En la ciudad de México sólo está el desprestigio", decía, y movía la cabeza sin añadir nada.

Villa, y sobre todo Ángeles, no llegarían a saber que ese mismo día el general Olea le telegrafiaba a Victoriano Huerta diciéndole: "Hermano, si no puedes mandar cuando menos 20 mil hombres, creo difícil contener al enemigo en su avance hacia el sur". Olea contaba para defender Aguascalientes con el millar de colorados que traía Orozco y que nunca llegaron a apoyar a los sitiados de Zacatecas, y los mil hombres de Tello en Palmita. Si la propuesta de Ángeles se hubiera llevado a cabo, no sólo caía Aguascalientes, se desmoronaba el frente.

Ese mismo día Villa enviará un telegrama a Lázaro de la Garza para que a través de Sommerfeld haga llegar al presidente Wilson y al general Scott su versión de los hechos: "Después de la toma de la plaza de Zacatecas pensaba continuar mi avance hacia el interior de la República hasta la ciudad de México, pero desgraciadamente los acontecimientos de última hora me han obligado a actuar de otra manera y he resuelto, de acuerdo con todos los jefes de la División del Norte que comando, regresar hacia el norte, dejando mis fuerzas estacionadas a lo largo de las ciudades sobre la vía férrea del ferrocarril central desde Torreón hasta Juárez". Explicaba que había dejando en Zacatecas a Natera y enlistaba sus razones. Primera: "La evasiva del general Pablo González [...] para avanzar hacia el sur hacia San Luis Potosí simultáneamente con la columna a mi mando"; segunda: "La negativa del señor Carranza a proporcionarme carbón a pesar de tener en todas las minas de carbón de Coahuila inmensas cantidades de ese combustible"; y tercera: "Carranza no proporcionará a esta división el parque y sólo él puede introducirlo desde el puerto de Tampico" (lo cual no era totalmente cierto, porque continuaba el contrabando desde El Paso).

Las brigadas que dirigidas por Ángeles habrían de ir hacia el sur comenzaron a movilizarse hacia Torreón y Chihuahua; el propio Ángeles confesaría: "Nuestro regreso al norte se hace indispensable".

Mientras tanto las conversaciones entre los enviados de la División del Noreste, que encabezaba Miguel Alessio Robles, con los generales de la División del Norte, progresaban; del lado de los villistas el doctor Silva, el jefe sanitario de la División, es el principal interlocutor. Alessio presionaba para que los norteños no desconocieran a Carranza, cosa en la que en principio había acuerdo, y juntos decidieron citar a una conferencia de las dos divisiones en Torreón (a la que se refería Villa en sus cartas). Como parte de la labor de distensión le envían un mensaje a Carranza informando de la toma de Zacatecas y reciben una felicitación en respuesta, pero al día siguiente conocen el cese de Felipe Ángeles como subsecretario de Guerra (que estaba fechado el 19). Parecía una provocación. Miguel Alessio se quedó frío. "Yo quería que la tierra me tragara". Carranza además nombrará general divisionario a Pablo González, su favorito, el día de su cumpleaños; días más tarde hará lo mismo con Álvaro Obregón (el 29) y omitirá darle el mismo rango a Pancho Villa.

Ante el riesgo de una ruptura definitiva, Villa y los mandos de la División del Norte conferencian con la brigada de los Arrieta. Los del norte tratan de poner de su lado a los de Durango, pero los viejos conflictos entre los Arrieta y Urbina se mantienen. Aunque los hermanos Arrieta se separan aparentemente sin conflicto y se retiran hacia Durango, Urbina le escribirá el 28 al gobernador Pastor Roix: "Dígale a Domingo Arrieta que para evitar conflictos entre nuestras tropas comunique los fallos de mis soldados para castigarlos conforme a la ley [...] porque [...] me veré obligado a fusilar a varios empleados de los compañeros de Arrieta porque siguen recogiendo reses de mi propiedad". Villa insistirá diez días más tarde, pero la tensión crece. Se producen deserciones entre las tropas de Durango que no quieren verse obligadas a combatir a la División del Norte.

Los últimos días de junio y los primeros de julio transcurrieron en un extraño *impasse*. En los ratos de descanso, en la noche, en el tren del Estado Mayor, mientras suena el telégrafo, se juega a las cartas. Villa suele jugar póker con Carothers, que acostumbra perder.

El 2 de julio, desde Ahualulco, Jalisco, llega la esperada respuesta de Obregón a Villa. Explica su retardo por el pésimo servicio telegráfico que "tenemos, debido a las continuas lluvias". Le pide que sea paciente con Carranza y avisa que no irán a las reuniones de Torreón porque "la premura del tiempo no lo permitiría". Anuncia que sigue hacia el sur para tomar Guadalajara, "aunque lo juzgo aventurado si no continúan hacia el centro las divisiones de usted y del señor González". Y en el conflicto no se compromete, llamando a Villa a que "continúe su honrosa carrera subordinado al primer jefe".

El 4 de julio dan comienzo las conferencias de Torreón. Representando a la División del Noreste estaban los generales Antonio I. Villarreal, Cesáreo Castro y Luis Caballero, y como secretario Ernesto Meade Fierro. Como representantes de la División del Norte participan el general José Isabel Robles, el doctor Miguel Silva, el ingeniero Manuel Bonilla y, como secretario, el coronel Roque González Garza. Villa ha elegido como sus voces a los más mesurados de sus hombres. Miguel Alessio deja un par de retratos de Robles: "Ojos negros que brillaban con la llama de un talento clarísimo", y de Villarreal dice que "se parecía al último rey moro de Granada".

Los delegados se instalaron en los altos del Banco de Coahuila. Silva presidirá la conferencia. Una vez que se presentaron las quejas de la División del Norte por parte de Bonilla y Robles, se tomaron los dos primeros acuerdos: ratificar la adhesión a Venustiano Carranza y un voto de confianza al general Villa, reconocido como jefe de la División del Norte. Parecía que las cosas volvían al punto de partida que los villistas querían, donde se había originado el conflicto.

Se acotaba el poder de Carranza, o más bien se limitaba el peso de las figuras de su entorno. La conferencia aprobó una propuesta para que Venustiano formara un gabinete con el acuerdo de los grupos y le propusieron una lista: Fernando Iglesias Calderón, Luis Cabrera, Antonio I. Villarreal, Miguel Silva, Manuel Bonilla, Alberto J. Pani, Eduardo Hay, Ignacio L. Pesqueira, Miguel Díaz Lombardo, José Vasconcelos, Miguel Alessio Robles y Federico González Garza; una lista equilibrada entre partidarios de Carranza, independientes, obregonistas, como Hay, y maderistas de la primera época adscritos al villismo.

Durante la conferencia, Pancho se abstuvo de intervenir, se limitaba a llegar en su automóvil a la una de la tarde a las puertas del edificio del banco y esperaba que los delegados terminaran el trabajo para llevarlos a comer.

Los delegados reformaron parcialmente el Plan de Guadalupe. Venustiano Carranza, al triunfo de la revolución, sería presidente interino, teniendo inmediatamente que convocar a elecciones tanto presidenciales como de gobernadores.

El asunto no era menor. Los villistas y parte de los generales del noreste pensaban que Carranza tenía intenciones de perpetuarse en la presidencia. Villa había enviado a un personaje neutral después de la batalla de Zacatecas, Abel Serratos, a conferenciar con Venustiano para hacerle una serie de preguntas: ¿Qué va a hacer llegando a México? ¿Se va a quitar el título de primer jefe y cumplir con el plan de Guadalupe? ¿Va a convocar inmediatamente a elecciones? Carranza no le contestó. La desconfianza era grande. Expresando el sentir de Villa durante las conferencias, Carothers le escribía al secretario de estado Bryan: Pancho "considera que Carranza está rodeado de políticos que le ponen plumas a su nido y que de ahí saldrá un gobierno más despótico que el anterior". Y Bryan le escribía al presidente Wilson un telegrama sugiriendo pedirle a Carranza que llegue a un acuerdo con Villa. Pancho, por su parte, le escribía al general Scott sondeándolo sobre cuál sería la actitud del gobierno estadounidense si decidía romper con Carranza. Scott contestó que no tenía un punto de vista oficial, pero sugería buscara un entendimiento con Carranza y avanzara hacia la ciudad de México; con ella tomada, será más fácil llegar a algún tipo de acuerdo.

La conferencia aprobó que ningún jefe del Ejército Constitucionalista pudiese figurar como candidato a la presidencia. La última resolución tomada decía en su parte final: "Las Divisiones del Norte y del Noreste se comprometen [...] a implantar en nuestra nación el régimen democrático; a procurar el bienestar de los obreros; a emancipar económicamente a los campesinos haciendo una distribución equitativa de tierras o por otros medios que tiendan a la resolución del problema agrario, y a corregir, castigar y exigir las debidas responsabilidades, a los miembros del clero católico romano que material o intelectualmente hayan ayudado al usurpador Victoriano Huerta".

Por primera vez se formulaba un programa social más allá del Plan de Guadalupe.

Tres acuerdos privados quedaron fuera de los resolutivos: que la División del Norte fuera reconocida como cuerpo de ejército, que Villa recibiera el nombramiento de general de división, que Ángeles fuera repuesto en su cargo de subsecretario de Guerra, aunque él inmediatamente renunciaría.

El 8 de julio culminó la conferencia y los delegados del Noreste salieron hacia Saltillo comprometiéndose a hacerle llegar a Carranza los resolutivos.

Villarreal, que nunca quiso a Pancho Villa, rescata una anécdota contada por él durante las comidas. Sea o no cierta, vale porque registra la imagen de Pancho que Villarreal tenía y que prevalecerá en los siguientes meses.

—Ya verán, compañeritos, que fui a darle el pésame a la viuda de mi compañerito. Cuando llegué a la casa de mi comadrita oí que en una casa vecina estaban tocando el piano y cantando, sin respetar al difunto. ¿Cómo es eso, comadrita? ¿Qué clase de vecinitas tiene usted que no saben respetar el dolor del prójimo? —le pregunté a mi comadrita, y entonces me dijo que ya había mandado varios recados suplicando que no siguieran tocando el piano y cantando, pero que no le habían hecho caso. Entonces fui a ver a las vecinitas, a suplicarles que dejaran de cantar, pero me recibieron muy mal, diciéndome que eran muy libres en su casa, para hacer lo que quisieran.

—¿Saben ustedes con quién hablan?

—No, ni nos interesa.

—Pues sepan que hablan con Francisco Villa.

Me enojé tanto con esas mujeres que no sabían respetar el dolor del prójimo, que le di un puñetazo en la cabeza a la dueña de la casa y me salí muy disgustado, pero contento porque ya no seguirían molestando a mi comadrita.

Mientras esperaba la respuesta de Carranza, Villa le telegrafió a Obregón, que estaba a punto de ocupar Guadalajara, contándole que le tomaría un mes reorganizar sus fuerzas antes de seguir hacia el sur desde Torreón.

Carranza contestó el 13 de julio a los conferencistas diciendo: "La Primera Jefatura del E. Constitucionalista a mis órdenes aprueba, en lo general, los acuerdos tomados en las conferencias de Torreón". Pero no respondía a las sugerencias de integrar un gabinete unitario y de consenso, no hablaba de que al terminar el interinato no podría ser presidente constitucional, y desde luego ignoraba el llamado a las reformas sociales: "Respecto a la cláusula octava (la que enunciaba la necesidad del reparto agrario, la disposición hacia los obreros, buscando su mejora económica y el castigo al clero intervencionista) que se aprobó en las conferencias, debo expresar que los asuntos emitidos en ella, son ajenos al incidente que motivó las conferencias".

El corazón de la respuesta anunciaba que a la caída del gobierno de Huerta se convocaría a una "junta a todos los señores generales del Ejército Constitucionalista con mando de fuerzas, a la que asistirán también los señores gobernadores de los Estados, pudiendo los que no concurren, nombrar delegados que al efecto los representen. La Junta citada tendrá por objeto estudiar y resolver lo conducente a las reformas de distinta naturaleza que deben implantarse y llevarse a la práctica durante el gobierno provisional, así como también con el objeto de fijar la fecha en que deberán de llevarse a cabo las elecciones generales y locales en la República".

La respuesta de Carranza produjo mucha irritación en la División del Norte. Roque González Garza reseñará: "Los lugartenientes de Villa criticaron al general Pablo González y a los delegados que habían asistido a la Conferencia, considerando que habían sido muy débiles al permitir que Carranza se burlara de los acuerdos tomados [...] Los generales pedían a Villa permiso para avanzar rápidamente hacia la ciudad de México, creyendo que la marcha sería arrolladora".

Villa enfrió los ánimos. En versión de Roque, dijo: "Creo que debemos suspenderlo definitivamente (el avance), dejando que los generales González y Obregón lleguen a la capital. Nosotros nos quedaremos aquí, tranquilos, esperando que la nación dé su fallo".

El narrador se desconcierta, no se acaba de creer la tranquilidad con que Villa se tomó el asunto. ¿Qué traía en mente? Aceptar que fueran las otras divisiones las que tomaran la capital significaba la marginación militar de la última fase de la campaña. Significaba soslayar su odio a Huerta y la venganza; significaba menoscabar el prestigio militar de la División del Norte. Un argumento de peso era el que ellos habían hecho la parte más importante de la campaña y que ahora le tocaba a Obregón y Pablo González rematarla. ¿Preveía que iban a topar con hueso y requerirían los servicios de la División del Norte? ¿Ese era el cálculo táctico? ¿Quería dejar descansar a sus desgastadas fuerzas en previsión de lo que luego podría suceder?

La decisión de Villa de permanecer a la espera, la creciente tensión, produjeron un vacío informativo que rápidamente se llenó de rumores. Lo mismo se decía que Lázaro de la Garza, en colaboración con un pirata financiero llamado Winfield, había robado la "emisión completa de billetes villistas", llevándose incluso las placas de impresión (en esos momentos Lázaro había regresado a Chihuahua), que se contaba que Pancho Villa había muerto, según reportaba el *New York Times*, apuñalado por una mujer. El propio Villa se vio obligado a responder telegráficamente desde Torreón al diario neoyorquino: "No es verdad que estoy muerto. En el momento me encuentro mejor que nunca peleando contra los enemigos del pueblo". Circulaban en Ciudad Juárez rumores de que Villa estaba huyendo para Estado Unidos porque su gente se le había volteado cuando algunos de sus subalternos le encontraron papeles comprometedores sobre la venta a estadounidenses de territorio nacional. Se decía que había ley marcial en territorio villista, cosa que no era cierta e incluso corrían chismes sobre que la División del Norte estaba sufriendo deserciones de Ciudad Juárez a Torreón y que en La Laguna cerca de mil villistas vendieron sus armas a los Arrieta, cuando lo que sucedía era lo contrario.

¿Quién estaba detrás de la campaña de calumnias? Sin duda los cónsules huertistas en Estados Unidos y los diarios al servicio de la dictadura. ¿Pensaban que podrían agrandar la brecha entre Villa y Carranza?

A mediados de julio, Pancho dejó Torreón y regresó a Chihuahua, para luego ir a Ciudad Juárez: una serie de fotos lo retrata sonriente, así como al barbero que llevaba en el tren. Villa parecía estar muy tranquilo. Muy planchado y elegante. Calmado.

Carranza, tras las conferencias de Torreón, había solicitado a la División del Norte la devolución del dinero incautado, las máquinas selladoras y el personal que Villa había retenido. Pani había perdido el tiempo en gestiones con Ornelas, jefe de armas de Ciudad Juárez, pero cuando Pancho llegó a la ciudad el financiero carrancista fue requerido por el jefe de la División. "La casa estaba llena de gente hasta la estancia donde él se encontraba". Villa escuchó la petición y aunque lo interrumpió con frecuencia echando pestes contra Venustiano y la camarilla política que lo rodeaba, aceptó devolver los dineros. Villa decía que don Venustiano lo quería matar y le aseguraba que era inútil que se comunicara en clave a Monterrey, porque "yo tengo quien me ponga luego todos los telegramas en cristiano". Contradictoriamente, afirmaba que las tensiones con Carranza se suavizaron después de la conferencia de Torreón. Pani decidió dejarle a la División del Norte un millón de pesos. Por cierto, se produjo una situación graciosa cuando Villa, que entregaba billetes sin contarlos, le preguntó: "¿Ingeniero, pues qué ustedes cuentan el dinero?". Urbano Flores, uno de los liberados, abundará en los detalles de las entrevistas y contará cómo Pancho les propuso que fundaran con él un banco minero estatal y comentó que tenía listos más de un millón de durmientes para reparar las vías férreas.

En esos días la dictadura se desmorona. El 15 de julio Victoriano Huerta renuncia a la presidencia y, siguiendo la tradición de los dictadores de no morir con las botas puestas, sale de la ciudad de México escoltado por el general

Blanquet y seiscientos soldados hacia Veracruz. Villa verá el fin de esta historia a la distancia, desde lejos, desde muy lejos.

Un día después, a las 10:15 de la mañana, morirá de fiebre tifoidea, a los 44 años, Toribio Ortega, el flaco guerrillero de Cuchillo Parado, tras una larga agonía después de ser trasladado a Chihuahua desde Zacatecas.

De lo malo, lo mejor es que se produce una reconciliación con Juan N. Medina. Villa lo manda llamar en El Paso a través de Carlitos Jáuregui. Hay una teatralidad endiabladamente elegante en las frases con las que celebran el encuentro. Villa lo recibe con un:

—¿Por qué se fue usted así de mi lado?

—Para que pudiera encontrarme el día en que me necesitara.

Medina será nombrado presidente municipal de Ciudad Juárez el 18 de julio. Por sugerencia suya, Pancho manda a buscar a un par de jóvenes que se han acercado al villismo, Martín Luis Guzmán y Carlos Domínguez, a los que envían a sondear a otros militares constitucionalistas, entre ellos Lucio Blanco, Eulalio Gutiérrez y Dávila Sánchez.

Villa se encuentra en Ciudad Juárez, ha viajado a la frontera para enfrentar una situación complicada. En las semanas anteriores las aduanas estadounidenses en la zona de El Paso han estado decomisando importantes envíos de cartuchos que Pancho intentaba pasar de contrabando y arrestando a los contrabandistas con la colaboración del ejército estadounidense. Quirk dirá que la presencia de Villa en Juárez se debía a que quería controlar "un enorme envío" de armas que venía en camino y que "los ferreteros de El Paso embarcaban municiones con destino a México libremente y los vistas aduanales de Estados Unidos se limitaban a hacer una revisión superficial, si acaso hacían revisiones". No era así, era todo lo contrario, el embargo se había recrudecido. En un mes habían sido capturadas 60 mil balas de Máuser y las aduanas estaban persiguiendo un importante envío de 225 mil balas que venía de Galveston. Villa estaba intranquilo porque además intentaba mejorar la calidad de los obuses para la artillería de la División del Norte y Sommerfeld estaba comprando 10 mil granadas francesas en Nueva York, que habría que meter a México. Afortunadamente el embargo no impedía que Villa comprara legalmente en Estados Unidos sombreros, uniformes e impermeables, carbón, petróleo y dinamita, con lo que hacia fines del mes había suficiente carbón en Chihuahua para mover los trenes villistas y se habían adquirido 50 mil dólares de impermeables.

¿Cómo se habían financiado las últimas operaciones? Zachary Cobb, el jefe aduanero de El Paso, informaba a sus superiores que Villa había obtenido medio millón de dólares al vender 35 mil reses sin marcar (realmente se trataba de un adelanto sobre 300 mil reses prometidas). En esta operación, que tenía su origen en el ganado expropiado a las haciendas de los Terrazas, Lázaro de la Garza había obtenido enormes ganancias al usar como compradores a "un tal Garret (su cuñado) y una Ophelia".

Por esos días *El Paso Morning Times* estableció los costos de la División del Norte en 15 millones de dólares anuales. Quizá la cifra sea exagerada. Pero no en exceso, aunque no todo el financiamiento salía de la Agencia Financiera y Comercial y de sus cuentas bancarias en el Río Grande Valley Bank y El Paso Bank and Trust Co.

Pancho aprovechó la pausa para reorganizar la División del Norte, cubrir los huecos de los caídos. Dividió la brigada Villa en tres y estableció campamentos en las bases naturales de Camargo, Jiménez, Parral y Chihuahua. Se organizó el reclutamiento de mineros en Chihuahua y se abrieron los cuarteles a cientos de voluntarios. Una circular firmada por Madinabeytia ordenaba que las casas que los oficiales de la División del Norte tenían asignadas para su uso particular no pudieran rentarse ni venderse. Las que ya estaban en renta deberían pagar a las tesorerías municipales, los que insistan en rentar serían dados de baja; quedaba prohibida la venta de automóviles, muebles, coches que para su uso particular tuvieran los mandos. La circular advertía que la cosa iba en serio y que se haría intervenir a los tribunales militares.

Villa tomó otra medida importante sustituyendo a Lázaro de la Garza al frente de la Agencia Comercial y Financiera de la División del Norte por Ignacio Perchez Enríquez. Fuera porque conocía de los abusos económicos, los negocios turbios, los manejos personales de Lázaro y hubiera decidido frenarlos, o porque había decidido utilizarlo en Estados Unidos para conseguir créditos bancarios que le permitieran comprar directamente a las grandes empresas de armamento en Nueva York, Villa ordenó a Lázaro regresar a Chihuahua y éste respondió al día siguiente diciendo que tomaría el primer tren. Sin embargo ese "primer tren" no llegaría en varios meses y Lázaro, quizá temeroso de la reacción de Villa se instalaría en Los Ángeles argumentando una enfermedad de su esposa. Durante el siguiente mes intercambiaría telegramas con Villa diciendo que la enfermedad de su esposa le impedía dejar Los Ángeles para dirigirse a Nueva York (y no a Chihuahua) y le decía que le había comprado un Pierce-Arrow para regalárselo. En los telegramas mezclaba historias fantásticas de banqueros en San Francisco con supuestas reuniones con miembros del Departamento de Justicia estadounidense que le aseguraban que el embargo pronto se levantaría. Pero Lázaro comenzaba a jugar con una doble baraja; mientras le escribía a Villa hablando sobre el coche que le había regalado, le telegrafiaba a Carranza felicitándolo por la entrada del Ejército Constitucionalista a la ciudad de México.

Villa se había quedado temporalmente sin otro de sus operadores financieros y compradores cuando el 1° de agosto George Carothers, representante de Wilson ante Pancho, fue acusado de malos manejos económicos y tuvo que ir a Washington a defenderse. Lo acusaban, y con razón, de haber sido testaferro del consorcio Hearst en la compra de propiedades a mexicanos, a buen precio, y de haber actuado como intermediario del dueño de la jabonera de La Laguna, dejándose nombrar gerente para conseguir el favor de Villa.

El 23 de julio el vacío de poder creado por la huida de Huerta será cubierto por un gobierno interino presidido por el ex ministro de relaciones exteriores Francisco Carvajal, apoyado por los restos del ejército federal. Carranza se apresuró a decir que no trataría con el interino Carvajal nada que no fuera la rendición incondicional y Villa, el 31 julio, abrió la puerta para una reconciliación escribiéndole a Carranza: "Me es muy satisfactorio enviarle mis más sinceras felicitaciones por su inquebrantable actitud que interpreta claramente el sentir de todos los verdaderos revolucionarios", y diciéndole que contaba con los 30 mil hombres de la División del Norte para proseguir campaña "en contra del llamado gobierno de Carvajal", asegurando que estaba listo "para cuando usted me lo indique". En la nota decía que necesitaba la carga de municiones "que viene por Tampico" (y que Carranza le tenía bloqueada). Carranza no aceptó el guante que se le tendía y mantuvo el bloqueo, en cambio invitó a Villa a reunirse con él en Tampico, cosa que Villa, repleto de desconfianza, no aceptó, diciendo con elegancia que estaba dispuesto a aceptar la invitación "en cuanto pueda dejar completamente arreglados los asuntos que me están encomendados".

Luis Aguirre Benavides, el secretario de Villa, cuenta que en esos días Pancho recibió la visita de un enviado del presidente interino Francisco Carvajal que venía a negociar con la División del Norte la rendición de fuerzas federales en varios estados de la República, porque los federales encontraban sumamente duras las condiciones de Carranza y Obregón. Le proponía que no reconociera a Carranza como presidente y que Carvajal, en cambio, convocaría a elecciones de inmediato. Luis dice que se escribió un telegrama dirigido al cónsul en El Paso para que lo transmitiera a la presidencia en ese sentido: "Villa [...] no reconocerá a Carranza en la presidencia y ofrece sostenerlo a usted para que convoque desde luego a elecciones [...] si usted tiene dificultades será nombrado en su lugar el general Felipe Ángeles", y que Villa insistía tan sólo en la rendición incondicional del ejército, en tanto que la disolución del ejército federal lo consideraba un asunto de Carranza. Luis dice que él estuvo en contra y que sugirió que Villa lo consultara con Felipe Ángeles. Al final Villa fue convencido por Ángeles de que no se podía actuar a espaldas del resto del ejército revolucionario. Villa sobrepuso las consideraciones de Ángeles a la furia que lo dominaba contra Carranza y el telegrama nunca se envió.

El 13 de agosto se rindió el gobierno de Carvajal y se firmaron los tratados de Teoloyucan, en los que se aceptaba la disolución del ejército federal. Por el gobierno había de firmar el general J. Refugio Velasco, el hombre de Torreón. Un efecto indirecto es que muchos de los dirigentes colorados que se habían plegado al huertismo, haciendo su campaña en el norte contra Villa, se declararon fuera de los tratados, no podían esperar nada del norte carrancista ni del villista y Almazán y Argumedo fueron a cobijarse bajo el ala del zapatismo, mientras que Orozco, José Inés Salazar y Caraveo se exiliaron. El 15 de agosto las avanzadas del Ejército Constitucionalista entraron a la ciudad de México.

No era la única conspiración en el tormentoso estado en que se encontraba la República. Fuerzas salidas del pantano social trataban de aprovecharse de la cuña que había entre los constitucionalistas. El abogado Bonales Sandoval, hombre de Félix Díaz y de los generales porfiristas marginados en su momento por Huerta, aprovechaba su vieja relación con Villa (en algún momento había sido su abogado) conspirando en El Paso y ofreciéndole a Villa información sobre las "maldades carrancistas", la opinión adversa que de Villa tenía Obregón y los obstáculos que los agentes carrancistas le ponían a la División del Norte en Estados Unidos. Villa debió conocer esa información el 17 de agosto, cuando pasó unas horas en El Paso; curiosamente, uno de los viejos maderistas, el bóer Viljoen, lo buscó para entrevistarse con él y ofrecerle sus servicios.

De esa breve estancia hay un registro en el noticiero cinematográfico *Pathe's weekly*, donde se ve a Villa y Carothers saliendo de la casa de J. F. Williams en El Paso después de conferenciar con el general Scott. Una segunda toma muestra a Villa, Carothers y Michie, el asistente de Scott, después de salir de la casa de Villa en Juárez. La relación entre Villa y Scott se sostendrá a lo largo de los años. En los papeles de Scott hay archivadas 54 cartas de Pancho Villa.

Villa volvió a Chihuahua un día más tarde y respondió a las reclamaciones de los cónsules inglés y estadounidense diciendo que devolvería la hacienda de Los Remedios a la viuda de Benton una vez que se levantara la cosecha. La hacienda estaba siendo trabajada por los vecinos de Santa María de Cuevas.

Tras detenerse en Chihuahua unas horas, saldrá hacia Parral, donde lo reciben los hermanos Herrera en la estación del tren mientras suena la recuperada y rebautizada "Marcha a Zacatecas". Viaja con él su hermano Antonio. Comerá en la casa de Maclovio y José de la Luz. Ni una palabra se hablará sobre el conflicto con Carranza. Se suceden las fiestas, una verbena en el rancho de Botello, una comida en el palacio de Pedro Alvarado; durante el viaje Villa regalará láminas acanaladas para reconstruir el mercado Hidalgo, de Parral. El último día se produce un encontronazo entre los Dorados y la escolta de Maclovio, que está a punto de terminar a balazos. Eulogio Ortiz, que acompañaba a Villa, se enfrentó al coronel Pedro Sosa de la brigada Juárez, que lo golpeó y lo desarmó en un baile. La discusión fue fuerte, porque Villa quería que le entregaran a Sosa, y Maclovio que le entregaran a Ortiz, que lo había abandonado antes para irse con Villa. En determinado momento los Herrera ordenaron al capitán Muñoz que rodeara el edificio del Foreign Club, donde se encontraba Villa. Afortunadamente la cosa no fue a mayores, aunque las relaciones se "venían enfriando".

Luego Pancho viajó a Las Nieves, donde tenía su base la brigada Morelos. Urbina lo había invitado para que le bautizara un hijo. Serenatas rancheras, jaripeos, bailes y peleas de gallos. Corrió el alcohol, excepto en la escolta de Villa. Allí Pancho habrá de enterarse de la entrada de Carranza a la ciudad de México.

Los villistas no son los únicos excluidos de la victoria. Emiliano Zapata le escribirá a Villa desde Yautepec el 21 de agosto: "Siempre le he creído hombre patriota y honrado, que sabrá sostener la causa del pueblo bien definida en el Plan de Ayala [...] tengo entendido que el señor Carranza pretende burlar los principios del referido Plan al intentar sentarse en la silla presidencial sin la votación de los jefes revolucionarios de la República [...] la formación de un gobierno provisional es la base". Zapata esperaba correspondencia de Villa que llegaría a través de Gildardo Magaña, pero aun así, antes de recibirla, el 25 de agosto insistía en la idea de un gobierno provisional electo por los jefes revolucionarios (en sintonía, por tanto, con los acuerdos de la conferencia de Torreón) y dejaba bien claro que si se intentaban pisotear los principios del Plan de Ayala estaban dispuestos a que "la guerra siga hasta el fin".

Notas

a)   Fuentes. Valadés: "Treinta años de vida política. Memorias del general Antonio I. Villarreal" y "Los acuerdos reservados de las conferencias de Torreón" (basados en los testimonios de Roque González Garza y Villarreal). Matute: *Documentos relativos al general Felipe Ángeles.* Cervantes: *Felipe Ángeles en la revolución.* Puente: *Vida de Francisco Villa.* Martín Luis Guzmán: *Memorias...* Durón, citado por Mena Brito: *El lugarteniente...* Papeles de Lázaro de la Garza, 9 A 25, E 14, E 19, E 21, E 26, F 19, F 88, F 90, F 91, F 96, F 100, F 102 I 1, I 2, I 3, I 5, I 6, M 13, N 6. Miguel Alessio Robles: "Un mensaje comprometedor". Pani: *Apuntes.* Obregón: *8 mil...* Pazuengo: *La revolución en Durango.* Avitia: *Los alacranes alzados.* Archivo Histórico de Durango. Puente: *Villa en pie.* El volumen 3 de la correspondencia de Bryan a Wilson. *Pathe's weekly* 18 de agosto de 1914. Luis Aguirre Benavides: *De Francisco Madero...* Abel Serratos PHO 1/22. Las comunicaciones Obregón/Villa se encuentran en Archivo de la Defensa Nacional; la correspondencia Villa/Scott en la caja 16 de los papeles de Scott (una copia en el archivo de Braddy). "Hear Villa is killed". SRE LE795 L.3 (4). Flores Urbina: "Remembranzas. Entrevista con el general Francisco Villa en la ciudad de Chihuahua". Martín Luis Guzmán: *El águila y la serpiente.* I. Muñoz: *Verdad y mito de la Revolución Mexicana,* 3. Ontiveros: *Toribio Ortega y la revolución en la región de Ojinaga.* Osorio: *Pancho Villa, ese desconocido.* Brondo: *La División del Norte.* Robert Quirk: *La Revolución Mexicana 1914-1915. La Convención de Aguascalientes.*

Chalkley: *Zach Lamar Cobb: El Paso Collector of Customs and Intelligence during the Mexican Revolution.* Braddy: "Myths of Pershing's Mexican campaign".

Sobre las conferencias de Torreón. Valadés/Roque, Valadés/Villarreal. *El Paso Morning Times,* 30 de junio de 1914, "Mediation to settle row between Carranza and Villa". Vito Alessio Robles: "Convención revolucionaria de Aguascalientes".

Los conferencistas de Torreón: Silva, Villarreal, Robles, Roque, Meade, Bonilla, Castro y Caballero.

b) El destino de Huerta. Victoriano salió de Coatzacoalcos a La Habana en un crucero alemán. Tras una breve estancia en España e Inglaterra estableció su exilio en Estados Unidos en junio de 1915. Se dedicó a conspirar con los alemanes, con su reciente compañero Pascual Orozco y se decía que sus dos mejores amigos extranjeros eran Hennessy y Martell. Detenido por los estadounidenses y enviado a la prisión militar de Fuerte Bliss en El Paso, murió el 13 de enero de 1916 por las complicaciones de una cirrosis hepática.

Villa con Villarreal durante las conferencias.

c) El reparto agrario. Tanto en las conferencias de Torreón como en la carta de Zapata, uno de los temas que prefiguraba la crisis con Carranza, más allá de las voluntades autoritarias del coahuilense, era el problema del reparto de la tierra. Si para Zapata éste era no un problema, sino el problema central, Pancho Villa tenía al respecto una actitud extraña. El decreto de diciembre de 1913 en Chihuahua, al inicio de su gobierno, había dado un golpe mortal al viejo régimen agrario de las grandes haciendas, y aunque se había repartido una parte de la tierra para proteger a viudas y huérfanos, la enorme mayoría había quedado bajo la sui generis administración estatal villista (División del Norte, gobierno, generales administradores y comisiones locales). Después de la toma de Torreón otro fuerte golpe había tocado la estructura agraria de La Laguna, aunque sin afectar mayormente a las haciendas algodoneras; todo tipo de medidas se había tomado: reparto, renta, administración de la División del Norte, ocupaciones permitidas (como las que se dieron a fines del 14 en Ocuila, Peñón, Blanco, Pasaje y otras zonas).

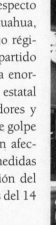

Sin embargo, la verdadera radicalidad de lo que estaba sucediendo en Chihuahua no sería claramente visible y se encontraba en que la desaparición del poder de los hacendados y su brazo armado, el estado, la Acordada y los rurales, permitieron a las comunidades recuperar los derechos de agua, las zonas de pasturas, el libre tránsito, ajustar los deslindes de tierra con los que las habían defraudado, abolir las deudas, aumentar los salarios y cobrar justamente sus derechos de medieros.

Mucho más profundo en lo cotidiano aunque mucho menos vistoso que el reparto de tierras. Katz dirá acertadamente que "Villa no encaja en una casilla conveniente". Para analizar el villismo hace falta acuñar nuevos materiales, producir neologismos sociológicos que expliquen y se ajusten a lo que se está narrando. Ni los análisis de la "guerra campesina" producidos a mitad del siglo XX, ni el marxismo proletarioso, mucho menos el neoliberalismo estatalista, han sido capaces de explicar esta singular experiencia socio-político-militar,

En la salida de Villa de Torreón a Chihuahua, ante el vagón, y una foto del barbero, 16 de julio de 1914.

Victoriano Huerta.

cuya razón de ser tiene que ver con la geografía chihuahuense y con la situación militar. Curiosamente, una de las razones que hacían que Villa no promoviese el reparto
agrario, es que no quería que su ejército se "campesinara", volviendo a los combatientes pequeños propietarios y ligándolos a la tierra y los ciclos de las cosechas. Más allá
de que a lo largo de estos años se produjeron en las zonas ocupadas varios repartos
agrarios de menor cuantía, y que se garantizó la propiedad de la tierra a viudas y huérfanos de combatientes, o que en el momento de escasez de mano de obra se cedió el
cultivo sin renta, las mejoras a la población en los territorios villistas no se produjeron
sustancialmente por la vía del reparto agrario sino por otros caminos.

TREINTA Y SEIS

FUSILAR AL CURRO

El 22 de agosto Villa regresó a Chihuahua. Dos días más tarde recibirá a Álvaro Obregón, que a pesar de los intentos disuasorios de Carranza quería entrevistarse con Villa. "Tenía un deseo íntimo de conocer personalmente a Villa", dirá; aunque "Carranza me ratificó que nada bueno podía esperarse de Villa y sus consejeros". Viajó con su Estado Mayor y quince escoltas, tras dejar el mando militar de la ciudad de México a Cabral. El pretexto era suavizar tensiones y resolver el conflicto de Sonora. Pero, como correctamente señala Matute: "Ante la imposibilidad de que Carranza y Villa dialogaran, él se convertía en el único interlocutor viable, y su papel como tal le otorgaba un lugar muy destacado".

El 24 de agosto Obregón registra: "En la estación fuimos recibidos por el general Villa en persona y algunos de sus generales [...] Raúl Madero, Manuel Chao, José Rodríguez". Pasarán el día siguiente en la casa de Raúl Madero. Obregón habla de una primera entrevista con Villa en la que el sonorense dice que Pancho le dijo: "Mire, compañerito: si hubieras venido con tropa nos hubiéramos dado muchos balazos, pero como vienes solo, no tienes por qué desconfiar; Francisco Villa no será un traidor; los destinos de la patria estarán en tus manos y en las mías; unidos los dos en menos que la minuta dominaremos al país, y como yo soy un hombre oscuro, tú serás el presidente". Obregón asegurará que oyó más que habló ("procuraba hablar lo menos posible"). No hay duda de que Pancho quería meter una cuña entre Obregón y Carranza, pero suena poco a Villa eso de "dominaremos al país".

En un anecdotario más frívolo, Vargas Arreola cuenta que ambos generales estuvieron jugando a las cartas y que Villa hacía trampas viendo las cartas en el reflejo del vidrio, y que cuando Obregón se dio cuenta y las cubrió mejor, empezó a ganar. Al día siguiente estuvieron tirando y Villa "con una puntería pasmosa, hizo blanco en todas las botellas".

Por esos días Villa ha terminado de adaptar su casa en la calle Décima en Chihuahua. Bautizada como Quinta Luz, la casa tiene ahora un segundo piso; está guardada por torreones con aspilleras, tiene un gran establo y un túnel, pasadizo secreto que lleva a unas cuadras del edificio; una de las salas tiene algunos murales muy primitivos, al lado de los Niños Héroes e Hidalgo están dos retratos de contemporáneos muertos: Toribio Ortega y Trinidad Rodríguez.

Santos Vega, el que le consiguió trabajo de albañil en Parral y le prestó 20 pesos en su época de bandolero, ha trabajado como albañil en la obra.

Luz Corral ha ordenado hacer un pequeño monumento en memoria de su hija muerta y colocado en uno de los cuartos un óleo con un retrato del rostro de Luz Elena con alitas de ángel. Jorge Una, ebanista alemán, construyó un oratorio con maderas de la huasteca potosina. Cuando Pancho lo descubre se enfada enormemente: "Eso no es más que un parapeto".

Poco después se producirá la ruptura de Villa con Juanita Torres, cuando Pancho descubre que la hermana y la madre de Juana tomaron 40 mil pesos del guardadito del Banco Minero de Chihuahua que conservaba en la Quinta Prieto; Villa, sin dudarlo, las encarceló. Luego interceptó una carta de Juanita en la que decía que Villa era un bandido y vivía con él por necesidad; tras obligarla a leer la carta en voz alta, la corrió de la casa.

El 27 de agosto Pancho Villa y Obregón se encuentran a mitad del puente internacional entre Juárez y El Paso con el general Jack Pershing, invitados a un banquete. Los escolta a Fort Bliss, donde comanda la 8ª brigada de caballería.

La foto de Robert Aultman registra en primer plano a los tres hombres: Obregón muy tiesito en uniforme, Villa de civil con corbata de lazo, Pershing con una sonrisa torcida. En un segundo plano varios personajes: a la derecha de Obregón, Serrano; entre Obregón y Villa, Emilio Madero y el secretario de Villa, Luis Aguirre Benavides; entre Villa y Pershing, el doctor Lyman B. Rauchsman (probablemente como traductor); a la derecha de Pershing un joven teniente que se muere de tanta sonrisa y que más tarde se hará famoso, George Patton.

La entrada a Estados Unidos, más que por razones de protocolo, tenía que ver con la manera como los dos generales viajaban hacia Sonora. Esa misma noche Villa y Obregón salieron en tren de El Paso hacia Nogales, Arizona, con una escolta de Dorados armados y con permiso de Estados Unidos. Carothers, que se habría librado de las acusaciones por corrupción en Washington, habría de seguirlos en tren al día siguiente.

El conflicto de Sonora, motivo formal del viaje de Obregón, ya había llamado la atención de la conferencia de Torreón. Se enfrentaba el gobernador José María Maytorena con los carrancistas Plutarco Elías Calles y Benjamín Hill. Maytorena y sus yaquis, como una manera de protegerse de sus opositores, había sellado una alianza con el villismo para que le funcionara como santo patrono y paraguas. No era accidental que un auxiliar de Maytorena hubiera ordenado la fabricación de dos mil botones con la imagen de Pancho Villa, que circulaban entre los adeptos al gobernador.

El 28 en la noche Obregón y Villa llegaron juntos a Nogales, Arizona, y al día siguiente en la mañana Villa entró en Nogales, Sonora, en medio de agasajos populares. Maytorena lo esperaba en la raya fronteriza y le dijo: "No es buena compañía la que usted trae".

Ese mismo día se celebrará una conferencia entre los tres, en la que estarán presentes los comandantes de los yaquis afectos al gobernador (Urbalejo y Acosta) y se llegará a unos primeros acuerdos: Maytorena sería jefe de las fuerzas del estado (incluidas las de Calles), pero a su vez militarmente estaría subordinado a la División del Noroeste. Parece ser que el primer compromiso no fue del agrado de nadie y el 30 de agosto Obregón y Villa, actuando de mutuo acuerdo, modificaron las conclusiones *ordenando* se suspendieran las hostilidades y manteniendo a las fuerzas separadas. Calles reportaría a la División del Noroeste y las fuerzas yaquis lo harían al gobierno de Maytorena. La clave del acuerdo es que alto el fuego se imponía con la amenaza de que si lo violaban las divisiones del Norte y el Noroeste los atacarían simultáneamente.

El 31 Villa y Obregón saldrán de régreso a Chihuahua y tres días más tarde ampliarán el acuerdo proponiendo que Maytorena deje el gobierno regional y lo suceda el general Cabral, quien habría de dar garantías a todas las partes. Las fuerzas de Calles pasarían al estado de Chihuahua. Parecería que Villa estaba harto de Maytorena y en nombre de esta nueva alianza con Obregón quisiera de una vez por todas librarse de los conflictos de Sonora. Juan G. Cabral era un hombre con reputación de justo, que parecía darle confianza a todas las partes.

Obregón regresará a la ciudad de México el 4 de septiembre acompañado de Carothers, Silva y Miguel Díaz Lombardo. En sus memorias dirá que a pesar de que él venía muy favorablemente impresionado, Carranza no varió un ápice su posición hacia Villa. El día 7 de septiembre Obregón le telegrafiará a Villa reportando que el "general Rábago será conducido allá conforme sus deseos", porque lo habían detenido en México y Villa quería juzgarlo en Chihuahua por el asesinato de Abraham González. Le contará también que había conferenciado con Carranza y entregado el memorando que él y Villa habían redactado en Chihuahua conjuntamente, en el que insistían que el cargo de Venustiano sería "interino"; los jefes divisionales no podrían ser presidentes ni gobernadores si no se separaban seis meses antes de su cargo y el presidente interino no podría ser candidato a la presidencia; había una vaga mención a la reforma agraria, muy vaga. ¿De quién era la iniciativa, de Villa o de Obregón? ¿Había viajado Obregón para obtener este respaldo? El 13 de septiembre Carranza dio contestación al memorando con una lapidaria frase: "Cuestiones de tan profunda importancia no pueden ser discutidas y aprobadas por un reducido número de personas", y convocó a una reunión de generales para el 1° de octubre.

Mientras tanto los conflictos en Durango se seguían agravando. Si bien los hermanos Arrieta habían decidido en principio no resistir el avance de tropas de Urbina si se producía, después de recibir instrucciones de Carranza acordaron hacerle frente.

Y la mediación seguía. Villa conferenció con un enviado de Wilson en Santa Rosalía. Fuller hablaba bastante bien español y era el portador de una carta del presidente estadounidense. Villa confirmó que no quería la confrontación.

Obregón intentó utilizar sus nuevas relaciones con Pancho y el 9 de septiembre le dirigió un telegrama en el que argumentaba que con la caída de Huerta se acababan las justificaciones para que los estadounidenses siguieran en Veracruz y proponía: "Dirijamos notas al presidente interino república pidiéndole gestione ante el gobierno estadounidense la retirada de sus tropas". Villa respondió el mismo día sugiriendo que Obregón redactara la nota y la firmara en su nombre. "Acepto con entusiasmo". Pero un día después le decía: "Suplícole aplazar [...] nota [...] por razones que verbalmente le daré a conocer". El hecho es que en las conversaciones con Fuller los estadounidenses le habían asegurado que ya estaba en marcha la salida de territorio mexicano. Obregón, sin embargo, le contestó que ya era tarde: "No tuve inconveniente en darlo a conocer a algunos periódicos que ya lo han publicado. Ruégole decirme si puedo dar publicidad segundo mensaje". Villa no tenía tanto sentido del humor como para aceptar la broma y no contestó el último telegrama.

Nuevos elementos se sumaban a la creciente sensación de que Carranza no era un hombre capaz de generar concordia y que Obregón no resultaba confiable: la llegada de cartas de Zapata y el retorno a Chihuahua de Martín Luis Guzmán y Carlos Domínguez, que Villa había mandado a México a sondear a otros jefes militares y a cabildear a favor de Ángeles para la presidencia provisional. Traían una muy buena impresión de Lucio Blanco y Eulalio Gutiérrez y confirmaban la buena disposición de Santoscoy, que había combatido ya con la División del Norte. Martín Luis había estado hablando mucho con Lucio Blanco y le interesaba en particular que el general que hizo el primer reparto agrario en la revolución y que dirigía las caballerías de la División del Noreste conociera a Villa. Una de las posibles evoluciones de la situación era que se nombrara un presidente provisional, y Villa parecía dispuesto a apoyar a cualquiera que no fuese Carranza. Martín le informó que Ángeles estaba vetado como candidato de "conciliación" por ser demasiado cercano a Villa, y le propuso que estrechara relaciones con Blanco, entre otras cosas que, por ejemplo, le regalara su pistola. Villa aceptó diciendo que la cuidara, que era un revólver "muy chiripero". (¿Que se disparaba por chiripa? ¿Por casualidad?) Fuera lo que fuese, la pistola viajaría a México.

Y de la ciudad de México retornaba a Chihuahua Álvaro Obregón. El pretexto era que el problema de Sonora no sólo no disminuía, sino crecía. Se habían producido choques entre las fuerzas de Maytorena y las de Hill y Calles. Villa estaba muy enfadado, se sentía traicionado. Obregón, en sus memorias, reconoce que el viaje tenía segundas intenciones, porque creyendo que el enfrentamiento entre Villa y Carranza sería inevitable, "encaminé mis esfuerzos [...] a tratar de restar (a Villa) algunos de los buenos elementos". Lo acompañaban esta vez sólo el teniente coronel Serrano, los capitanes Robinson y Villagrán y Julio Madero. Cabral los alcanzará en pocos días. En el entorno obregonista se piensa que Carranza los está enviando al matadero. Serrano habrá de decir que "de ésta no vuelven".

El 16 de septiembre se encontraban en Chihuahua. Los recibió Rodolfo Fierro a nombre de Villa y los convocó a presenciar el desfile que se celebraba por el aniversario de la independencia. A las 10 de la mañana, invitado por Pancho, que está convencido de que Obregón ha venido como espía de Carranza, contemplaron desde el balcón la parada militar. Pancho le dijo que desfilarían 15 mil hombres y 60 cañones. Se trataba, según Obregón, de "hacer una demostración de fuerza que pudiera impresionarme". Luego visitaron el palacio estatal donde Villa tenía almacenados cinco millones de cartuchos y armas. En la noche Obregón conversará con Serrano y le preguntará: ¿Cuántos desfilaron? Serrano contestará: 5,200 con 43 cañones. Las cifras de ambos coinciden. Han hecho bien su tarea. Obregón no sabe que ese mismo día desfilaron otros tantos en Torreón y hubo desfiles importantes en Ciudad Juárez y Parral.

Tras el desfile Obregón fue a comer a casa de Raúl Madero con Eugenio Aguirre Benavides, Roque González Garza y José Isabel Robles. Villa comió con su hermano Antonio, con Fidel Ávila y Manuel Chao y mandó a casa de Raúl de observador, no muy enmascarado, a Manuel Baca. Obregón hablaba de lo funesta que sería la división entre las dos facciones del constitucionalismo. En general había acuerdo de que lo sería. Aguirre dijo durante la comida que Villa no entendía razones, Robles y Raúl lo pararon en seco: la culpa de lo que sucedía era de Carranza. Aguirre asintió.

Ese mismo día Villa le escribirá a Carranza: "Con gran pena me he enterado" (por la prensa) que se ha combatido a los zapatistas en Atlixco e Izúcar de Matamoros, cerca del DF. Le sugiere intervenga para evitar esos choques y se ofrece voluntario para que cuando vaya al DF, "muy pronto", medie con los "hermanos del sur", con los que sin duda "llegaremos a un acuerdo satisfactorio y definitivo". Si las tensiones en Durango y Sonora no eran suficientes, ahora venía a sumarse el enfrentamiento con los zapatistas.

Esa noche en el salón blanco del Teatro de los Héroes se celebró un baile. Carlos Robinson, miembro de la escolta de Obregón, cuenta: "Asistía la representación de todas las clases sociales […] Por primera vez las grandes damas y las sirvientas, bajo el mismo techo y con la misma categoría de invitadas. ¡Sólo Villa era capaz de hacer ese milagro! […] A las 11 se presentó Villa. Su aparición, como de costumbre, causó la sensación consiguiente. Silencio de pronto, estupefacción. Miedo que hacía esfuerzos por disfrazarse de agasajo. Villa vestía carnavalescamente. Llevaba mitazas, chaqueta y gorra galoneada". Obregón traía su acostumbrada chaquetilla militar. Ambos generales se pusieron a bailar. Brondo registra que "Villa bailaba con entusiasmo". A una señal suya comenzaron a sonar "Las tres pelonas". Los miembros de la escolta de Obregón, Julio Madero y Francisco Serrano, "se dejaron llevar por aquel baile absurdo", que Robinson describe como "una mezcla de jota, jarabe y zapatea-do huasteco". Obregón y Villa se encontraron a mitad del salón sacudiendo ferozmente los pisos del teatro. Se bailó hasta las cuatro de la mañana.

Al amanecer, saliendo de la fiesta, Obregón envió a Julio Madero en el tren rumbo a Ciudad Juárez y El Paso, y de ahí a Sonora con instrucciones para Benjamín Hill y Plutarco Elías Calles de que sólo aceptaran órdenes directas suyas cuando se encontrara fuera de Chihuahua.

Al día siguiente, 17 de septiembre, Obregón estaba comiendo con Raúl Madero cuando Villa el lo mandó llamar. Lo recibió en la sala de audiencias de Quinta Luján. Estaba furioso y le mostró un telegrama llegado de Ciudad Juárez que decía que Calles y Hill estaban a punto de atacar a Maytorena. Villa, a iniciativa de Luis Aguirre Benavides, propuso que Obregón le enviara un telegrama a Benjamín Hill para que saliera hacia Casas Grandes, Chihuahua, y terminara la confrontación. Obregón le dijo que no obedecerían ese telegrama aunque lo firmara él, porque Julio Madero les había llevado instrucciones. Aun así firmó el telegrama, a sabiendas de que no le harían caso.

Villa, indignado, pidió por teléfono 20 hombres de la escolta de los Dorados para fusilar a Obregón.

—Desde que puse mi vida al servicio de la revolución, he considerado que será una fortuna para mí perderla —dirá Obregón que respondió.

La noticia vuela. La secretaria de Villa, Soledad Armendáriz, escucha-rá a través de la puerta que "se dijeron malas palabras, uno al otro". Luis Aguirre Benavides, "bajo una fuerte impresión", llamará por teléfono a Raúl Madero ("se me ocurrió que su presencia…"). Canova, el agente estadouni-dense, que se encuentra en Chihuahua para entrevistar a Villa, arriba antes de la hora y descubre que Obregón y Villa están discutiendo fuertemente; durante unos instantes se queda en una salita anexa, luego, espantado, se irá de la Quinta Luján.

Villa y Obregón caminaron en silencio por el cuarto.

—Ahorita lo voy a fusilar —dirá Villa.

—Favor que me va a hacer —dirá Obregón.

Hacia las 6:30 de la tarde Villa salió del cuarto. Enrique Pérez Rul, otro de los hombres de la secretaría, registrará que en el anexo estaban Trillo, taqui-mecanógrafo, Luis Aguirre Benavides, secretario, el ayudante de Villa Darío W. Silva y el general Felipe Dussart. Villa les dijo que iba a matar a Obregón. Dussart, personaje servil, comenzó a decir "muy bien, muy bien". Villa lo mandó a la chingada y amenazó con correrlo a patadas.

Pancho fue hacia su recámara y le contó a Luz Corral lo que pensaba hacer.

—Está bien, fusílalo si quieres. Pero no olvides que dentro de 100 años todo el mundo dirá que Pancho Villa no supo respetar la vida de su huésped —dirá Luz.

Alertado por la llamada de Aguirre, Raúl Madero apareció por la Quinta Luján. Poco después llegaría Roque González Garza, que en el vestíbulo descubrió al mayor Serrano, quien le pidió por la vida de su jefe. "Algunos oficiales lloraban; de un momento a otro esperaban ver salir al general sonorense al patíbulo."

González Garza entró al cuarto: "Villa, muy excitado, estaba frente al general Obregón. Raúl Madero, frotándose las manos nerviosamente, estaba a unos cuantos pasos de los dos generales".

Villa repitió su amenaza, acusaba a Obregón de intentar voltear a Robles, Aguirre Benavides, Chao.

—Mi general, yo creo que precisamente lo que Carranza quiere es que usted fusile a mi general Obregón, para después presentarlo a usted como un asesino, como un bandido —dijo González Garza.

Roque recordará que Villa pareció vacilar un instante. Hizo un gesto mohíno. Dio la media vuelta y, cavilando, llegó hasta el confidente dorado tapizado de rica seda y sin levantar la vista se sentó poco a poco. Luego subió los dos pies al asiento, no sin hacer un esfuerzo al quebrarse las rodillas, y abrazándose las piernas y casi sacando entre ellas la cabeza, continuó severo, mudo como una esfinge. De pie, el general Obregón, intensamente pálido, pero sereno, con los brazos cruzados sobre el pecho, fijo en los movimientos de Villa, como queriendo adivinar los pensamientos que cruzaban por la mente del gran intuitivo. Y casi detrás de él, el general Raúl Madero, nervioso, fatigado por la terrible escena de la que había sido único testigo [...] Obregón decía que continuaba creyendo que todavía era posible arreglar el conflicto con buena voluntad y que consideraba que era de urgente necesidad la realización de una convención de los jefes revolucionarios. Villa quería adivinar la sinceridad del general sonorense.

Durante dos horas los cuatro personajes discuten. Roque deja la habitación.

En el comedor, sentados a la mesa, se encuentran varios de los jefes de la División del Norte, entre ellos Rodolfo Fierro, José Rodríguez, Manuel Chao, Felipe Ángeles, Eulogio Ortiz y Tomás Urbina.

Urbina les dirá:

—Ustedes están haciendo que Obregón se nos escape, pero miren, recuerden lo que ahora le dice Urbina, si Obregón se nos va, nos va a dar mucha guerra después.

Roque regresó y Villa volvió a salir del cuarto. González Garza contará que el sonorense, para pasar el tiempo, les contó chistes verdes y les dio una prueba de buena memoria:

—¿Tiene papel y lápiz a la mano? [...] Escriba usted 50 nombres propios, numerados del uno al cincuenta... Léame la lista, dando, por supuesto, el número que corresponde a cada palabra. [...] A ver, Madero, ahora deme usted un número cualquiera de la lista que tiene, y yo le diré la palabra que le pertenece.

"Madero hizo la prueba una, dos, muchas veces. El general contestaba, sin vacilación alguna y con exactitud asombrosa [...] No fue sino hasta que terminó la prueba cuando el general dio muestras de alguna inquietud. Recordó entonces cuál era su situación y con insistencia veía hacia la puerta".

Villa conversará con los mandos de la División. Ángeles estaba en contra de fusilar a Obregón, mientras que Urbina, Rodríguez y Eulogio estaban a favor. Villa dirá muchos años más tarde que Ángeles fue el que lo convenció de que no lo hiciera.

Villa entonces regresará al cuarto y como si nada hubiera sucedido, sonriendo, pero con los ojos húmedos, le soltará en seco a Obregón:

—Francisco Villa no es un traidor. Francisco Villa no mata a hombres indefensos, y menos a ti, compañerito, que eres invitado mío. Vamos a cenar, compañerito, que ya todo pasó.

Y así, como si nada, dio por zanjado el incidente.

Al día siguiente Pancho ordenó la salida de dos mil hombres de la brigada de José Rodríguez hacia Casas Grandes. En El Paso corría el rumor de que Álvaro Obregón estaba preso en Chihuahua. Para desmentirlo, Obregón recorrió la ciudad en el coche de Villa. Parece ser que Canova le ofreció a Obregón pasarlo a El Paso con el consentimiento de Villa. Obregón rechazó la oferta. Durante dos días el asunto permaneció en el aire. Curiosamente, el 21 de septiembre Villa recibió un telegrama del general Treviño notificándole su ascenso a general de división por órdenes de Carranza. ¿Cómo lo interpretaría Villa? Ese mismo día se hizo público un documento conjunto firmado por los dos generales, una carta a Carranza en la que le informan que han sometido a consenso la convocatoria a la reunión de México y la respuesta al memorando. No están de acuerdo con la junta porque no es representativa, y en la convocatoria queda fuera el tema central de la revolución: la cuestión agraria. Sin embargo dicen que asistirán, pero que entienden que lo primero que hará la junta será un referéndum sobre la figura de Carranza y luego la convocatoria a elecciones generales para finalmente tratar el problema agrario.

Esa noche Obregón retornó a México; salieron también de Chihuahua rumbo al sur Eugenio Aguirre Benavides, Severino Ceniceros, José Isabel Robles y Roque González Garza, como avanzada a las conferencias del DF. Pero todo habría de complicarse de nuevo porque Carranza ordenó suspender el tráfico rodado al norte de Aguascalientes y entre Torreón y Monterrey, dio órdenes de que si se movían los villistas se destruyeran las vías. Le ordenó a Pánfilo Natera que cortara las vías entre Zacatecas y Torreón bajo el argumento de que Villa había estado "procediendo de mala fe y con el propósito manifiesto de rebelarse contra la primera jefatura". Lo acusaba de seguir comprando armas, fomentar la rebelión de Maytorena, hostilizar a los Arrieta y continuar el reclutamiento. Natera contestará a Carranza pidiendo explicaciones. Carranza tratará de establecer el principio de autoridad: "Si en cada caso que se ofrezca el gobierno ha de consultar a todos los jefes, no hay gobierno posible". Natera le sugiere suspender las órdenes y envía en tren una comisión de la División a hablar con él.

Villa recibió también un telegrama de Carranza en donde le decía que sabía que Obregón estaba preso y demandaba explicaciones. Villa reaccionó diciéndole al telegrafista que mandara a Carranza a la chingada, que lo desconocía como primer jefe de la república. Ordenó que detuvieran el tren de Obregón en Bermejillo y lo devolvieran a Chihuahua.

Unos dirán que fue en Estación Cevallos, otros que en Corralito, donde el tren en que viajaba Obregón se detuvo. González Garza bajó a la estación, preguntando al conductor la causa.

—Mi coronel, el jefe de estación tiene un mensaje del señor general Villa, ordenándole que el tren sea devuelto inmediatamente a Chihuahua. La orden es terminante y tendremos que regresar.

Las versiones de González Garza y Robinson son coincidentes. Obregón cuenta que le dio el dinero que traía encima a un periodista estadounidense de apellido Butcher para que fuera entregado a las familias de su escolta si lo fusilaban. El tren entró a Chihuahua en la madrugada del 23 y Villa le mostró a Obregón el mensaje donde desconocía a Carranza y le dijo que la División del Norte no iría al encuentro de generales en la ciudad de México. Obregón debería haber pensado que Carranza estaba empeñado en que Villa lo fusilara. Pero esta vez no hubo amenazas.

Poco después se publicará un Manifiesto de Chihuahua fechado simplemente en septiembre, en que señala que la División del Norte ha sido objeto de las intrigas de Carranza. Su junta en la ciudad de México está viciada porque él nombra a los gobernadores y generales que tienen que asistir, no ha mantenido lo de "interino" que le confería el Plan de Guadalupe, sino que se ha nombrado jefe del ejército constitucionalista, encargado del poder ejecutivo. Ha exagerado el justo castigo al clero que colaboró en el cuartelazo y con Huerta, permitiendo que algunos gobernadores nieguen el derecho al culto. Se ha negado a convocar elecciones. Se invita a desconocer a Carranza como primer jefe y llama a los generales con mando a que elijan a un civil y se comiencen "las reformas económico-sociales que la revolución exige".

Villa, en lo que parecía una situación de preguerra, trató de pulsar sensibilidades y telegrafió a los hermanos Arrieta en Durango: "Venustiano Carranza ha ofendido el honor y la dignidad de […] la División del Norte, y además ese señor, por sus ligas con los científicos y su marcada tendencia a proteger y a proyectar a un grupo de favoritos, está imposibilitado para llevar a cabo el programa que todos los revolucionarios prometieron al pueblo". Los Arrieta reunieron a su Estado Mayor y tras varias horas de alegatos decidieron alinearse con Carranza, aunque de manera elegante le pidieron a Villa que no rompiera el frente de la revolución, que explicara bien eso de las ofensas; le piden que "serene su ánimo". Calixto Contreras y sus villistas estaban acuartelados en la Estación del Chorro y al conocer la respuesta de los Arrieta se movilizaron hacia Durango. Los hermanos le explicaron a la gente que si se combatía sería contra los villistas y les dieron la opción de separarse; tal fue el desencanto, que salieron de Durango con una escolta de 50 hombres; el resto de los cuatro mil hombres de su fuerza se sumaron a Contreras. El 29 de septiembre asumió la gobernación de Durango Severino Ceniceros, lugarteniente de Calixto Contreras.

Mientras esto sucedía, hacia las 11 de la noche del 23 salieron de la casa del jefe de la División de Norte, Obregón, Serrano y González Garza en un automóvil, dirigiéndose a la estación donde ya el tren esperaba. Carlos Robinson contará que Rodolfo Fierro fue a despedirlos, y dijo: "Muy pronto voy a tener la suerte de conocer a qué saben los carrancistas". Robinson contestó que él no tenía ganas de saber a qué sabían los villistas porque se indigestaría.

Viajaron en un tren rápido, tan sólo la locomotora, un carro de primera donde iba la escolta de Obregón y un pullman. González Garza cuenta que Obregón estaba cambiado: "Había acabado el macho, el que resignada y valientemente, esperaba la muerte. Había aparecido un nuevo Obregón, nervioso, desconfiado". Pensaba que González Garza iba a detener el tren y matarlo. Roque le dijo:

—General, no solamente siento que dude usted de mí, sino que también de mi general Villa. Conoce usted muy poco al general Villa.

Obregón, que no estaba convencido, se bebió media botella de tequila en un par de tragos. No estaba totalmente errado.

La mañana del 24 de septiembre, en las oficinas de Villa, Enrique Pérez Rul recibió al jefe de telégrafos de Chihuahua que le mostró el siguiente telegrama: "General Mateo Almanza, Jefe de las Operaciones. Torreón. En cuanto llegue tren especial que conduce a Obregón en compañía de González Garza, aprehenda a Obregón y fusílelo inmediatamente. Conteste. El General J. de la División del Norte. Francisco Villa".

Bajo su responsabilidad, Luis Aguirre Benavides detuvo la transmisión y junto con Pérez Rul consultó con Villa, preguntándole si era de él el telegrama. Villa contestó:

—Sí, ¿por qué me lo pregunta?

Pérez Rul manifestó que el jefe de telégrafos había querido ratificarlo. Y dice que Villa contestó:

—Sí, es bueno el telegrama y debe transmitirse para que cumpla esa orden. Yo mismo lo deposité en la oficina.

Los secretarios de Pancho trataron de convencerlo de que si mandaba matar a Obregón, iba a aparecer como un asesino y Obregón como un mártir.

—Usted está equivocado, habla así por su buen corazón, pero no se fija en que Obregón es un tal que va a ensangrentar a la República mucho más que Pascual Orozco; que Obregón va a causar más daño que el propio Victoriano Huerta —diría Villa.

Pero no haría falta el telegrama no cursado de Villa. Por su cuenta Urbina había decidido que Obregón no saldría vivo del territorio de la División del Norte. Roque cuenta:

> Al llegar a Gómez Palacio, los viajeros observaron gran movimiento de tropas en la estación. Apenas se detuvo en tren, el general Almanza, seguido de los miembros de su Estado Mayor, subió al pullman [...] haciendo esfuerzos por sonreír le tendió la mano a Obregón:
> —Mi general, tengo el gusto de saludarlo en mi nombre y en el de mi general Urbina, quien [...] lo invita para que se detenga unas cuantas horas en Lerdo y tener el honor de comer con usted.
> Obregón trató de rehuir la invitación argumentando la prisa que tenía para llegar a México, pero tras dimes y diretes, Almanza confesó:
> —General, tengo entonces la pena de decirle que traigo órdenes de llevarlo a usted por las buenas o por las malas, así que es usted mi prisionero.

Roque González Garza trató de impedirlo diciendo que sus órdenes, personalmente dadas por Villa, eran que tenía que poner a Obregón rumbo a la ciudad de México. Al no encontrar respuesta, Roque telegrafió a Villa y se comunicó por teléfono con José Isabel Robles y Eugenio Aguirre Benavides, que acababan de llegar a Torreón, quienes se presentaron en la estación y subieron a su tren a Obregón.

Mientras tanto Villa había cedido a los argumentos de sus secretarios y el mayor Daniel R. Delgado cursó un telegrama al general Almanza, ordenándole que en cuanto llegara a Torreón el tren que conducía a Obregón y a otros generales, diera al primero toda clase de ayuda y de consideraciones y le facilitara los elementos para continuar su viaje.

Obregón se había salvado por segunda vez. Al llegar a La Colorada, Obregón se despediría:

—Coronel, tenga usted la seguridad de que continuaré luchando por la unión de todos los revolucionarios llevando la firme creencia de que la División de Norte tiene la razón.

Poco le habrían de durar sus amores. González Garza, según Valadés, "permaneció en la estación de la Colorada, viendo cómo se alejaba el tren de Obregón (que llegaría a la ciudad de México el 26) hasta que, perdiéndolo de vista, se hizo cargo de la vanguardia de la División del Norte, y tres horas después enviaba un parlamentario con la bandera blanca hasta la línea de las fuerzas del general Pánfilo Natera, pidiendo a este general que definiera su actitud, ya que tenía ordenes del general Villa de avanzar sobre Zacatecas".

Natera no dudó y, contándole de los telegramas de Carranza, dijo que su brigada estaba a las órdenes de Villa y de la División del Norte.

Villa trató de consolidar la situación en la medida en que la ruptura definitiva con Carranza era un hecho, y le escribió a Villarreal en Monterrey, a Lucio Blanco, Buelna, Hay, Pesqueira, Julián Medina, que él no pretendía la presidencia o la vicepresidencia, y sugería que Carranza entregara el mando de la república a Fernando Iglesias Calderón hasta que convocaran elecciones.

En Estados Unidos las simpatías de la prensa parecían inclinarse hacia él, en particular la prensa de Hearst. El *New York American* editorializaba: "Pancho Villa, el hombre fuerte de México", y en otros periódicos aparecían fuertes notas de simpatía.

Mientras se producían las visitas de Obregón, Villa había reanudado la relación con Lázaro de la Garza, que en Nueva York había conseguido créditos bancarios hasta por un millón de dólares. El 9 de septiembre insistió en que Lázaro regresara a Chihuahua ("conviene se venga a la mayor brevedad posible"), pero aquél escurrió el bulto poniendo como pretexto que su esposa estaba "seriamente enferma" y limitándose a informar de las posibilidades de comprar armas a Dyas & Co. de Los Ángeles, que luego serían contrabandeadas a través de Juárez; comentó también los riesgos de que la guerra europea produjera un aumento de precios en los alimentos (y en las municiones y armas, cosa que así sucedió) y las buenas perspectivas del mercado del hule. El 19 de septiembre le pidió a Villa permiso para quedarse en Nueva York y el 20 Villa lo designó presidente del Banco de Estado de Chihuahua, con Federico Moye como director y Andrés Pfeiffer como gerente, un cargo más bien honorario, pero que le permitiría ostentar la representación ante los financieros estadounidenses.

Villa parecía haber sorteado la crisis. Había un empate en Sonora, se habían consolidado sus posiciones en Durango, Natera y Zacatecas estaban del lado de la División del Norte, pero se abría un nuevo frente, si no el más peligroso, sí el más doloroso. El día del rompimiento con Carranza, Maclovio Herrera había enviado desde Parral un telegrama llamando a Villa a "desistir de su actitud". La actitud de Maclovio era poco explicable. Poco antes José de la Luz y otro de sus hijos se habían reunido con Villa en Chihuahua, y tras un encuentro muy cordial, Villa les dio 200 mil cartuchos y 159 mil pesos. El telegrama se recibió cuando Villa no estaba en Chihuahua, había ido a su ranchito El Fresno, a 10 kilómetros de la ciudad. En la noche se produciría una conferencia telegráfica entre Herrera (en Parral) y Villa en (Chihuahua). Villa le pedirá que cambie de actitud, Maclovio le responde que si tiene tantas ganas de pelea, y como Veracruz está tomado por los gringos, que se vayan a romperles la madre a los estadounidenses a El Paso, y la brigada Juárez irá por delante. El tono fue subiendo. Maclovio le dijo a Villa que era un cobarde, que lo dejó tirado en Tierra Blanca y tuvo que ir por él para que volviera al terreno de batalla, obligándolo a regresar. La conferencia terminó peor, "entre injurias, insultos y amenazas". Se decía que el sordo Maclovio, cuando conferenció con Villa, estaba borracho.

El 27 de septiembre la ruptura sería definitiva. Los Herrera proponían que "nos retiremos todos a la vida privada antes que llevar al desprestigio a la División del Norte", y hacían público un cartel, aparecido en las calles de Parral, donde Maclovio y Luis, a nombre de la brigada Benito Juárez, rompían con el "bandolero traidor Pancho Villa". Ignacio Muñoz cuenta que Maclovio mandó reunir a los jefes, oficiales y clases en el teatro Hidalgo de Parral un sábado, muy cerca de las cuatro de la tarde. Leyó los telegramas intercambiados con Villa y el telegrama que Villa le envió a Carranza y luego dijo que había roto relaciones con la División del Norte y los llamó a sumarse a su posición. "Después, casi con cólera, tuvo expresiones fuertes contra el general Villa, concluyendo con invitarnos a que lo siguiéramos [...] Casi todos simpatizábamos con Villa más que con Carranza", pero era Maclovio, "el querido jefe, el que hablaba [...] con esa fidelidad característica del soldado". La brigada Benito Juárez siguió a los Herrera.

Villa montó una columna para enfrentarlos, a cargo de Raúl Madero. Hubo un último intento de conciliación telegráfica entre Jiménez y Parral, que nuevamente acabó con insultos. Maclovio desafió a Villa a que se encontraran con igual número de hombres en un lugar llamado Mesa de las Sandías. Ignorándolo, Raúl inició las operaciones, pero entre las tropas de los Herrera se produjeron muchas deserciones, nadie quería combatir a sus compañeros de la División del Norte y se desbandaron en Parral. Maclovio pensaba salir por Las Nieves, en el entendimiento de que Urbina estaba dispuesto a secundarlo. Tras tres días de marcha las tropas de Urbina los recibieron a tiros y al grito de "viva Villa". Luis y Maclovio irían a refugiarse en Mesa de Sandías.

Villa atribuía la ruptura de Maclovio a una seria dificultad que él había tenido con Luis Herrera en Durango; además estaba el choque en Parral a causa del enfrentamiento de sus coroneles, y se decía que Carranza le había ofrecido a José de la Luz la gobernación de Chihuahua. Pero la historia resulta, en el mejor de los casos, poco clara. Maclovio ha sido la mano derecha de Villa durante un año, están unidos por compadrazgos, glorias y sinsabores. El narrador se siente desconcertado, pero no parece ser el único: el historiador inglés Alan Knight dedica 53 líneas a explicar que no hay explicación para la ruptura, ni razones de clase, ideológicas o políticas que la aclaren, los argumentos que se usaron son justificativos del hecho en sí.

El 29 de septiembre Carranza le escribió a los generales de la División del Norte anunciándoles que "combatiré a la reacción que hoy aparece encabezada por el general Villa, instrumento, inconsciente quizá, del porfirismo", y sugiere que aceptará irse a la vida privada si así se lo solicitan los jefes en la junta del 1° de octubre.

Era el prólogo al encuentro en la ciudad de México, al que no asistirán zapatistas ni villistas. Lo harán 69 generales y gobernadores. La reunión estaba dominada por Luis Cabrera, el gran operador civil de Carranza, que disponía, quitaba, explicaba paternalmente, a pesar de que se había convocado como una reunión de militares. Luis Cabrera, el mismo que en la primera oportunidad había declarado, usando toda la artillería verbal, que Villa era el nuevo representante de la reacción y enlistaba: "el judío Sommerfeld", Ramón Prida, las juntas conservadoras de Texas, Bonales Sandoval, portavoz de Félix Díaz.

Villa contestó con un telegrama: "Bonales Sandoval, connotado felicista ha sido fusilado. Sírvase tomar nota cómo castiga la División del Norte a los políticos intrigantes". Cuando Cabrera denunciaba, Bonales, que había sido capturado con documentos y cartas que lo comprometían en una conspiración de los felicistas, hacía una semana que había sido llevado a una corte marcial extraordinaria y fusilado. Villa había sido abordado de nuevo por Bonales en el tren, cerca de Jiménez, cuando iba rumbo a Torreón, y portaba nuevos mensajes de Félix Díaz. En el registro aparecieron cartas de Porfirio Díaz. Fue fusilado el 26 de septiembre, a un lado de la vía. Villa dejaba claro que contra Carranza sí, pero no con los conservadores.

Finalmente, y bajo presión de las fuerzas menos afines a Carranza, los gobernadores y generales, en el DF, acordaron promover una segunda reunión en Aguascalientes, a la que asistieran villistas y zapatistas. De haber avanzado en solitario, la ruptura se habría consolidado y el país estaría de nuevo inmerso en la guerra civil. La cita era para el 5 de octubre.

NOTAS

a) Fuentes. La narración más minuciosa de este periodo se encuentra en los reportajes de Valadés: "González Garza cuenta como rescató a Obregón", "El rompimiento entre Villa y Carranza es relatado hoy", "Un capítulo trascendental: Obregón prisionero de Villa". Archivo Relaciones Exteriores LE774R L.3. LE789R L.43 (16), LE847R L.12, LE799 L.8. Papeles de Federico González Garza 35/3440. Tobler: *Transformación social y cambio político 1876-1940*. Estrada: *Border Revolution*. Archivo Histórico de Ciudad

Juárez, caja 384. Katz: *Pancho Villa, Siete leguas*, sitúa la historia del viaje a Parral el 13 y la comida el 14, debe ser el 20 y el 21. Calzadíaz: *Hechos reales de la revolución*, tomo 1. Mena Brito: *Carranza, sus amigos, sus enemigos*. Las cartas de Zapata en el archivo Magaña (CESU). Rosa Helia Villa: *Itinerario de una pasión*. Terrazas: *El verdadero Pancho Villa*.

Juanita Torres. Martín Luis Guzmán en el libro del *Centenario*. Corral: *Villa en la intimidad*. Luis Aguirre Benavides: "Francisco Villa íntimo". La última mención de que Juanita aún vive con Villa se produce en un telegrama de L. de la Garza del 27 de agosto, en que dice que trae regalos para ella y su hermana (papeles de Lázaro de la Garza 9 E). Braddy: *Loves…*, dice que Juanita murió en 1916 en Guadalajara. Tuvo dos hijos con Villa, Francisco y Juanamaría (Carrasco: *Vida del general Francisco Villa*).

Fort Bliss, 27 agosto 1914. Foto de Robert Runyon. Pershing, Obregón, Villa. En la segunda fila, Serrano, Julio Madero, Luis Aguirre B, el doctor L. Rauchsman, general Núñez, George Patton.

Obregón en Chihuahua: los testimonios tienden a confundir la primera visita con la segunda, las dos salidas en tren de Chihuahua, etcétera. Obregón narró la experiencia en *8 mil kilómetros en campaña*. González Garza en José C. Valadés: "Un capítulo trascendental: Obregón prisionero de Villa" y "González Garza cuenta cómo rescató a Obregón". Carlos Robinson: "Hombres y cosas de la revolución". Luis Aguirre Benavides: *Las grandes batallas de la División del Norte*. Enrique Pérez Rul: "Rectificaciones a las memorias de Francisco Villa" y "Cómo salvé la vida al general Obregón". Silvestre Terrazas: *El verdadero…* Luz Corral: *Pancho Villa en la intimidad*. Hernández Llergo: "Una semana con Francisco Villa en Canutillo". Matute: *La Revolución Mexicana, actores, escenarios y acciones*. Quirk: *La revolución…*, dirá que Villa lo invitó para arreglar la situación en Sonora, pero la iniciativa fue sin duda de Obregón. Womack: *Zapata*. Mason Hart: *El México revolucionario*. Vargas: *A sangre…* Los telegramas de los Arrieta en el Archivo Histórico de Durango. Miguel Alessio Robles: *Obregón como militar*. Calzadíaz: *Hechos reales de la revolución*, tomo 1. Osorio: *Correspondencia*. Obregón (*8 mil…*) dice que Villa no asistió al baile, pero Terrazas: "Villa concurrió también a la fiesta", igual que Brondo. Obregón sitúa el primer encontronazo el mismo 16 en la tarde y el baile el 17, pero las demás versiones lo aplazan hasta el 17; el baile fue el

27 de agosto de 1914, foto de Aultman. La foto está fechada erróneamente el 14 de agosto.

27 de agosto de 1914, Obregón y Villa en Bowie, Arizona, camino a Sonora.

16. Vilanova: *Muerte de Villa*, y la cronología de la *Historia de la Revolución Mexicana* de Salvat dicen que el nombramiento de divisionario es del 7 de septiembre, pero la referencia es del 9 de septiembre, anunciado en el periódico oficial de Coahuila el 16 de septiembre. Martínez y Chávez: *Durango: un volcán en erupción*. Vito Alessio: *La Convención*.

Todos salvaron a Obregón. Pérez Rul afirma que él intercedió por la vida del general Obregón; en las narraciones de Robinson, Serrano es el salvador que convence a Villa; Vargas lo será en *A sangre y fuego*.

La ruptura con Maclovio en Martín Luis Guzmán: *Memorias de Pancho Villa*. Almada: *La revolución en el estado de Chihuahua 2*. Calzadíaz: *Hechos reales de la revolución*, tomo 2. Modesto Jiménez: "Pancho Villa sigue cabalgando". Ostas Urbina: *Datos biográficos de Luis Herrera*. Salas: *Semblanza militar de los cc generales de división Maclovio Herrera y Francisco Murguía, La convención*, 16 diciembre 1914. Saturnino Villanueva: "En defensa de Villa". Rubén García: "Conferencia tremenda de Villa con

Villa y Carranza caricatu-
rizados en torno a la idea
de que ambos querían ser
presidentes.

Villa disparando una pistola.
El crédito es de Casasola, no
hay datos sobre la fecha en
que fue tomada.

el general Herrera". I. Muñoz. *Verdad y mito de la Revolución Mexicana 2*. Knight: *La Revolución Mexicana*.

Y además: "Villa executes Díaz agents", Elías Torres. "El almuerzo trágico" en *Hazañas y muerte*. Hay un artículo de Urquizo bastante fantasioso en el que cuenta que Villa primero le dio un banquete a Bonales y luego lo fusiló ("Era grande Pancho Villa"). Vito Alessio: *La Convención*. "Pancho Villa the Strong man of Mexico", *New York American* 26 de septiembre 1914.

b)   La pistola chiripera. Martín Luis Guzmán, del encuentro con Villa rescata una singular visión: "Este hombre no existiría si no existiese la pistola —pensé—. La pistola no es sólo su útil de acción; es un instrumento fundamental, el centro de su obra y su juego, la expresión constante de su personalidad íntima, su alma hecha forma. Entre la concavidad carnosa de que es capaz su índice y la concavidad rígida del gatillo hay una relación que establece el contacto de ser a ser. Al disparar, no será la pistola quien haga fuego, sino él mismo; de sus propias entrañas ha de venir la bala cuando abandona el cañón siniestro. Él y su pistola son una sola cosa. Quien cuente con lo uno contará con lo otro y viceversa. De su pistola han nacido y nacerán sus amigos y sus enemigos" (*El águila y la serpiente*).

TREINTA Y SIETE

CONVENCIÓN

El novelista Mauricio Magdaleno, un niño en aquellos días en Aguascalientes, registra cómo sus maestros querían darles vacaciones antes de que empezara la conferencia, la excitación de la pequeña ciudad y, sobre todo, el eterno, el constante silbido de las locomotoras de los trenes especiales que traían a los delegados. Se veían generales por todos lados acompañados de sus escoltas. El mayor Baudilio Caraveo describe: "En esos días Aguascalientes parecía un campamento militar. A veces era un lugar de unión y cordialidad; otras, de antagonismos, desconfianza y agresividad por lo que se tramaba en los bajos fondos". Bandas de música por todos lados, no había alojamientos, gente armada en las calles, escaseaba la comida, la estación de ferrocarril era un hormiguero. Rondaban por ahí Agustín Víctor Casasola, Abraham Lupercio, H. J. Gutiérrez, Carlos Muñana, aunque no hay mucho que fotografiar, según ellos.

Lo que habría de conocerse como Convención de Aguascalientes era básicamente la representación de un pueblo en armas. Se había acordado que sólo estarían representados generales y gobernadores. Como dice Vito Alessio: "Sólo serían admitidos como delegados los que habían luchado con las armas en la mano". Vasconcelos diría: "La primera tontería de la asamblea había sido declararse convención de militares". Pero se equivocaba, excluir a los civiles a favor de los militares tenía una lógica bastante justa. El constitucionalismo no era un proyecto político desenvuelto en militar, era la reacción militar al golpe de Huerta, que no creó disidencia política significativa, no había habido un prólogo de movimientos civiles, combates en la prensa, huelgas obreras o movilizaciones estudiantiles. La revolución, desde sus inicios, se había expresado como resistencia armada, pueblo en armas. En esa medida era justo que los que representaban a ese pueblo en armas fueran los que decidieran el destino de la revolución.

Como en todas las grandes asambleas, se perdió más tiempo en los prólogos que en los debates. Los entretelones jugaban un papel no menor.

En la tarde del 6 de octubre se celebró en el teatro Morelos una reunión previa, en la que se revisaba el derecho de representación. Carranza no envió representante personal y Villa optó por Roque González Garza. Roque recuerda que en Zacatecas, donde se había instalado, Villa lo instruyó:

—No tengo más que decirle, coronel, que sostenga todos los puntos aprobados en la Conferencia de Torreón. Si esos puntos se aprueban por la Convención,
no tenemos más que decir. Además, coronel, quiero que trabaje usted para que
ningún militar sea Presidente de la República; que los generales comprendan
que terminada la revolución, deben dejar el poder en manos de los más capaci-
tados, y éstos han de ser los civiles. Nosotros no servimos para eso.

El primer conteo mostró que había 152 delegados, 35 de ellos de la
División del Norte. La proporción no expresaba la fuerza militar existente. Los
villistas habían pedido que sólo tuvieran voto los generales con al menos mil
hombres de tropa, pero luego se aceptó a generales sin mando y a gobernadores o representantes de ellos.

En un teatro Morelos que Vito Alessio registra como un "escenario con
una decoración cursilona", con dos bandas de música en la entrada, se pasaron los primeros cuatro días discutiendo las credenciales. Algunas de ellas no
resistieron la primera revisión, como la de Carlos Bringas, que sin haber tenido mando en la brigada Chao reaparecía tres meses después como general con
Pablo González, o la de Castellanos, también de las tropas de González, que
había sido policía secreto bajo Huerta. Vito Alessio, que sería el gran cronista
de la Convención, registraba que Felipe "Ángeles era el delegado más culto", y
que por ahí andaba Urbina, "arisco, hosco, hostil".

Villa observaba desde lejos. El 12 de octubre le escribía a Sommerfeld
diciéndole que no veía forma de que se pudiera evitar el conflicto, porque él
no iba a permitir que Carranza se perpetuara en el poder.

El 14 de octubre, en la primera asamblea, se nombró la mesa directiva. El
presidente será el ex magonista de la División del Noreste Antonio I. Villarreal;
dos villistas en la vicepresidencia: José Isabel Robles y Pánfilo Natera; y Mateo
Almanza y Marciano González en la secretaría junto a Samuel N. Santos, que
le cederá el cargo un día más tarde a Vito Alessio Robles. Robles, un hombre
de gran estatura y tremendas ojeras, que lo hacen ver un tanto fantasmal, era
descrito por Martín Luis Guzmán de una manera muy benévola: "Odiaba a
los cobardes y a los aduladores, despreciaba a los tontos y sentía como algo
irresistible el atractivo de los inconformes. Había nacido para la oposición,
para la censura".

El primer resultado de las votaciones mostró que la aparente mayoría carrancista de la Convención no era tal, que no sería ratificado el primer jefe. La
prensa carrancista del Distrito Federal así lo informaba. Un testigo comentó
que, para celebrar estos primeros escarceos, "en Aguascalientes reinó toda esa
noche una batahola infernal, una algarabía desenfrenada, con gritos estentó-
reos y balazos a las lámparas del alumbrado público, predominando entre
todas las aclamaciones los ¡vivas! a Villa". Entre los incidentes que mayor tensión crearon fue que hubo delegados que se vieron obligados a gritar "¡viva
Villa!" a punta de pistola. Algunos villistas se enfrentaron a las escoltas de

Marciano González y Marcelino Murrieta y les arrancaron las insignias. La fiesta se convirtió en borrachera.

Mientras su nombre era invocado en Aguascalientes, Villa, en Zacatecas, mantenía su habitual río de correspondencia. Lo mismo le avisaba al coronel Díaz Couder que dejara en paz la fábrica Concha de Peñón Blanco, que estaba en explotación por el general Contreras ("evitemos todo motivo de disgusto"), que controlaba la confiscación de algodón en varias haciendas. Durante el mes de octubre intentó de nuevo lograr que Lázaro de la Garza regresara a Chihuahua "tan pronto como fuera posible", pero Lázaro se escurría y enviaba todo tipo de explicaciones y disculpas desde el hotel Knickerboker en la 42 y Broadway, en Nueva York: que tuvo que poner de su bolsillo 40 mil dólares para evitar que se perdieran 20 mil que se habían adelantado de un préstamo bancario para comprar uniformes ("No estoy reclamando nada con esto pues quiero que sepa usted que correspondo a los muchos servicios que he recibido de ud."), y decía que en tres días iría a Chihuahua; una semana más tarde decía que debía permanecer en Nueva York. Villa no logró que regresara sino hasta el 17 de noviembre.

Será por esos días en Zacatecas que llegará Luz Corral para acompañar a Villa. La acompañan dos hijas de Pancho, Reynalda, que ha regresado de un colegio donde estuvo internada en San Francisco y tras vivir un tiempo con Martina fue adoptada por la güera Corral al inicio del año, y Micaela, hija de Petra Vara, que estuvo un tiempo con Hipólito en Ciudad Juárez y luego Villa se la llevó a Luz a Chihuahua para que la criara. Con Luz también viene Agustín, el hijo de Asunción Villaescusa, quien tras meterse en un convento le entregó el niño a Luz para que lo cuidara. Villa no sabía que había adoptado también al pequeño y se puso muy contento. Un día al Agustín lo vistieron de rey, con coronita y manto, y Villa se enfureció con Luz y sus compañeras gritándole viejas ridículas. Luz le cambió el traje al niño que lloraba por uno de general.

En la Convención llevará la voz cantante Villarreal, pidiendo el fin de hostilidades entre Hill y Maytorena en Sonora, la suma de los zapatistas y "diremos a Carranza y Villa: la revolución no se hizo para que determinado hombre ocupara la presidencia de la república". Ese será el tono, la conciliación pasa por un arreglo sin Villa y sin Carranza, y mientras Villa parecía dispuesto a asumirlo, Carranza no.

Obregón y Hay darán el primer paso formal para independizar la asamblea de todos los órdenes hasta ese momento existentes al proponer que se firme sobre el blanco de la bandera el juramento de los convencionistas y la reunión se vuelva soberana. Pero para que las cosas pudieran funcionar era necesario que la fuerza que no estaba representada, la de los zapatistas, se incorporara. Ángeles propondrá enviar una comisión a invitarlos, que finalmente integran él mismo, Lucio Blanco, Calixto Contreras y el joven Buelna; esta comisión parte el 16 a Cuernavaca. Los debates quedarán de hecho pospuestos hasta que arribe la respuesta de los zapatistas.

En la tradicional lectura de telegramas se lee uno de un agente carrancista que dice que Félix Díaz ha cruzado la frontera para unirse a las tropas de Villa. Eugenio Aguirre Benavides se levantó como con resorte gritando: "Que pase, para que le ocurra lo que a Bonales Sandoval". La información era evidentemente falsa.

Villa llegó a Aguascalientes el 16 de octubre a bordo de su tren. El rumor corrió por la ciudad. En una población conservadora como aquella, Villa tenía buena fama entre el pueblo llano porque no impedía los cultos ni cerraba iglesias; entre los jacobinos del obregonismo esto era mal visto y Villa era denunciado como clerical y reaccionario. En las calles muchas mujeres llevaban botones con el retrato de Villa. Corrió el rumor de que Pancho era madrugador y al amanecer comenzaron a presentarse personas cerca del tren que estaba en la vía más lejana. Por todo el barrio se oía la música de charangas que tocaban "La Valentina", "La Adelita" y "La cucaracha". Villa estaba tomando café con un grupo de soldados cuando se sorprendió por la bola de gente que arribaba a la estación, los vivas y los aplausos.

Villa arribará al teatro en medio de gran expectación. ¿Irá a aceptar la soberanía de la Convención y ponerse a sus órdenes? Es recibido con la marcha de honor en la puerta del teatro. Pero no todo es confianza, entre el público se han colocado soldados villistas armados con la consigna de "esperar órdenes". Villa se sitúa en la galería entre los demás delegados, una foto lo registra en las primeras filas; a su lado el tuerto Eduardo Hay, un poco atrás Obregón. Villarreal lo invita a sentarse a la derecha de la directiva.

Su discurso muy sencillo: "Ustedes van a oír de un hombre enteramente inculto las palabras sinceras que le dicta el corazón [...] Francisco Villa no será vergüenza para todos los hombres conscientes porque será el primero en no pedir nada para él". Pancho, según Martín Luis Guzmán, dirá: "Me emocioné y lloré". Los delegados se han puesto de pie, tardaron en acallarse los aplausos.

Tras el discurso, Obregón trepa al escenario para abrazarlo. Cruzan un par de enigmáticas frases que habrán de ser significativas o lo son ahora en el recuerdo de los que no vivimos esos años:

—La historia sabrá decir cuáles son sus verdaderos hijos —dice Villa.

Y Obregón le contesta:

—Exactamente, señor.

Villa mira a la galería, como siempre a mitad del desconcierto y el halago, a causa de los aplausos, toma con torpeza la pluma para firmar la bandera. Mientras está firmando los tres personajes de la mesa directiva de la Convención que testifican, curiosamente no observan el acto. En la foto se ve claramente cómo José Isabel Robles tiene la mirada perdida; Vito Alessio Robles, con ese aspecto frankensteiniano que producen sus enormes ojeras, contempla la cámara; y Mateo Almanza tiene la mirada despistada, dirigida hacia los colegas. Los actores de la historia nunca sabrán cuándo están cruzando la puerta en la foto definitiva. Pancho, al firmar, ha aceptado las reglas de esta nueva república de generales populares. Ese mismo día dejará la ciudad para regresar a Guadalupe, Zacatecas, donde establecerá su cuartel.

En la Convención, los delegados afines a Carranza piden un aplazamiento de las sesiones durante tres días, bajo el supuesto de esperar a los zapatistas, muchos delegados sospechan que detrás de la propuesta está la voluntad de Carranza de pedir cuentas a su gente y posiblemente de ordenar el retiro de muchos de ellos. El receso se aprueba con el voto en contra de la División del Norte.

Mientras esto sucede, en el territorio bajo administración del villismo se producen historias singulares. A fines de septiembre el presidente municipal de Ciudad Juárez, el coronel Juan N. Medina, el hombre que cuida la extrema retaguardia de Pancho, recibe una carta firmada por 25 prostitutas mexicanas reclamando que a pesar de que él representa "instituciones democráticas", en Juárez se practica la discriminación, porque en El Gato Negro se les prohíbe la entrada a los "bailes de especulación" diciendo que no admitían mexicanas allí, y dado que "los bailes públicos son para que asistan las mujeres públicas sin distinción de nacionalidad", exigen justicia. Medina inició una investigación y descubrió que 65 prostitutas estadounidenses y mexicanas pagaban cuota de tres pesos a la tesorería de Ciudad Juárez y cinco pagaban cuota de ocho pesos, lo que correspondía a putas de primera y segunda. Una vez constatado que pagaban sus impuestos, Medina contestó que no existía disposición que permitiera al encargado de un salón discriminar por nacionalidad, aunque si existe en el reglamento que prohíbe transitar en grupo. Por lo tanto pueden acudir a cualquier baile de especulación. Ahora bien, si saben de extranjeras que vienen a Ciudad Juárez a ejercer la prostitución sin permiso, pueden hacer la denuncia. Pero como el dueño de un local está en libertad de negar el acceso a quién considere inconveniente, la presidencia de Ciudad Juárez no puede intervenir en este asunto.

El sábado 17 y el domingo 18 fueron de receso en las sesiones de la Convención. La prensa carrancista de la ciudad de México denunciaba que la ciudad de Aguascalientes estaba rodeada de tropas villistas y los delegados no tenían libertad para actuar. Si bien es cierto que las tropas de Rodolfo Fierro estaban en Rincón de Romos, a donde se habían movido por la falta de pastos en Zacatecas, también lo es que no habían ejercido presión alguna sobre los convencionistas, y lo mismo podía decirse de tropas afectas a Carranza que se encontraban a no más de 10 kilómetros de la ciudad.

No ayudó a destensar el ambiente que la mañana del lunes 19 en torno al teatro hubiese una guardia militar de tropas de Villarreal, con el argumento de "garantizar la neutralidad" de Aguascalientes. Las confrontaciones crecían. Roque González Garza ofreció disminuir el número de auxiliares y escoltas de los generales de la División del Norte y exigió reciprocidad. La intervención de Obregón, conciliando, salvará el diálogo.

Carranza, por su cuenta, estaba decidido a sabotear la asamblea y ordenó la detención en la ciudad de México de un grupo de periodistas, entre ellos Malváez, Zamora Plowes, Martín Luis Guzmán, y varios políticos maderistas afines al villismo, como Enrique Llorente, Manuel Bonilla y Abel Serratos. El escándalo en la Convención fue mayúsculo. Se decía que los iban a deportar, corría el rumor de que se los mandaban al general Nafarrate en Matamoros para que los fusilara. El carrancista Iturbe aclaraba que Carranza le había dicho que tan sólo los pondrían en la frontera. La asamblea ordenó que se estableciera comunicación con las guarniciones militares de todas las estaciones ferroviarias, el tren se detuviera y fueran llevados a San Luis Potosí. ¿Quién mandaba en el país, la Convención soberana o el presidente Carranza? Este pulso con Carranza dio claramente la respuesta: dos días más tarde los detenidos llegaban a Aguascalientes.

Ese mismo 19 de octubre se fundó en la ciudad el diario de la Convención, que sería dirigido por Heriberto Frías, el mítico escritor antiporfirista que había escrito la historia de la rebelión de Tomóchic y las crónicas militares de la guerra de independencia y el 47. Frías había dirigido anteriormente el maderista *Correo de la Tarde* de Mazatlán. Su reivindicación resultaba absolutamente oportuna, pues a los 44 años se encontraba prematuramente envejecido, casi ciego y sin recursos económicos.

Mientras tanto en la Convención se hicieron intentos para mantener la puerta abierta y se invitó a Carranza a que asistiera o nombrara un delegado; éste ignoraría la petición. Se decía que Venustiano afirmaba que "pese a traidores, no abandonaré el poder aunque se derrumbe el cielo". La prensa adicta al primer jefe en la ciudad de México, descargó sus baterías contra los viejos aliados: Obregón, Eduardo Hay, Villarreal, a los que tachaba de traidores. Al grado que hombres de Obregón, como Julio Madero y Serrano, pidieron que se censurara la prensa capitalina por divisionista y mentirosa.

Hacia el día 20 la Convención creó una comisión para el programa del gobierno provisional, a la que se incorporaron Eugenio Aguirre Benavides, Roque González Garza y Obregón, y se reservaron dos puestos para los zapatistas, a los que se estaba esperando. Comenzaba el cabildeo para nombrar un presidente. Villarreal decía contar con 60 delegados, casi todos del noreste. Hay con 30. A la División del Norte parecía no importarle quién fuera, con tal de que no fuera Carranza. Vito Alessio comentaría más tarde: "En aquellos días todos los delegados estaban dispuestos a sacrificar sus simpatías".

Un día más tarde Urbina mandaba un mensaje a la Convención, diciendo que había recibido un oficio en que se le ordenaba retirarse del territorio de Aguascalientes y solicitaba permiso para faltar a las sesiones. Se le aclaraba que el retiro era de sus tropas y él era bienvenido.

Entonces, un telegrama firmado por Lucio Blanco y Ángeles anunció el éxito de su gestión. Habían tenido que sortear la desconfianza y el aislamiento de los zapatistas, y sobre todo la dureza de su adhesión al reparto agrario como esencia de la revolución y condición previa para hablar. ¿Van los convencionistas a firmar el Plan de Ayala o no? Los delegados eran respetables desde el punto de vista de Zapata, le simpatizaba el joven Buelna, en Ángeles respetaba al adversario leal de otras épocas, a Lucio Blanco y Contreras los reconocía como revolucionarios agraristas. Terminarán siendo ganados por el argumento supremo: ¿Quién va a llevar a la Convención sus puntos de vista si no asisten?

La buena noticia se empaña. Llorente y Martín Luis Guzmán, dos de los presos liberados por la intervención de la Convención, se encuentran en Guadalupe para entrevistarse con Villa en su tren y tras un "Buenos días", Villa les responde hosco que de buenos nada, porque "están sobrando muchos sombreros", y se suelta echando pestes contra Maclovio, el "orejón", que por su culpa "mis muchachitos se están matando unos a otros". "Sordo jijo de la chingada".

Maclovio Herrera había atacado Parral. Supuestamente Sóstenes Garza, segundo de Chao, había entrado en contacto con él convenciéndolo de que mientras la Convención estuviera negociando no tenía sentido matarse, y se creó una tregua de hecho. Pero el 23 de octubre (¿siguiendo indicaciones de Carranza, que querría romper la Convención?) sorprendió "en sueños a hombres que reposaban". Con un millar de combatientes atacó un corralón donde dormían hombres y mujeres y se guardaba la caballada. Unos 60 soldados de la brigada Chao estaban con sus familias y fueron masacrados. Se resistió en el cuartel de Guanajuato y con la luz del día los villistas pasaron al contraataque. La tropa de Maclovio, al ver el combate a la División del Norte, cosa que ignoraba, se dispersó en rendiciones y deserciones. El general Emiliano G. Sarabia, con muchos de sus hombres, se presentó ante los villistas diciendo que quería cambiar de bando. Maclovio y Luis Herrera huyeron con 40 hombres.

El telegrafista interrumpe a Villa cuando está contando la historia, trae en la mano el parte de la derrota de Maclovio. Villa, encabronado, ordena que se envíe un telegrama para que fusilen a 160 prisioneros. Luego se quedará dudando, eran gente de la División del Norte y en un rapto de furor los había mandado fusilar. Vuelve a buscar al telegrafista para que envíe un texto en sentido contrario. Villa, angustiado, dará vueltas esperando la confirmación. Finalmente la contraorden llega.

El 25 de octubre, un domingo, mientras muchos de los delegados han viajado a Querétaro, la ciudad de México o Guadalupe para conversar con sus jefes de filas, el tren con los delegados zapatistas pasó de largo Aguascalientes para ir a visitar a Pancho Villa en Guadalupe. El 26 de octubre la delegación, de acuerdo con instrucciones recibidas de Emiliano Zapata, se entrevistó con Pancho, buscando el entendimiento y la garantía de Villa de que apoyaría las demandas del Plan de Ayala. La reunión fue cordial. Villa les aseguró que juntos le entrarían a las reformas sociales. Quedó amarrada la alianza norte-sur. Una foto registra el encuentro. Los zapatistas recibirán viáticos de Villa.

Por cierto, en esa jornada le regalará a su viejo amigo el coronel Gildardo Magaña una fotografía dedicada, con salacot, pañoleta roja al cuello y bigote repeinado, con las guías para arriba. ¿De dónde ha sacado Villa el salacot que le da un cierto aire de soldado de opereta? Ignacio Muñoz cuenta que en 1913 se dotó al ejército federal de esos cascos de corcho coloniales británicos impermeables, los llama *sarakof* y dice que fueron negocio del hijo de Huerta, Jorge, que ganó 30 mil pesos en el asunto. ¿Cómo han llegado hasta Villa? ¿En qué botín de guerra fueron adquiridos?

En las primeras horas del 27 llegan a Aguascalientes los 23 delegados zapatistas. Son recibidos en el teatro Morelos con grandes aplausos. Vienen encabezados por Soto y Gama, Paulino Martínez, Juan Banderas y Gildardo Magaña. Paulino hace un discurso elogioso en el que menciona a "los verdaderos representantes de la lucha social: Zapata y Villa"; e insisten: si quieren contar con ellos, la Convención debe asumir el Plan de Ayala y el reparto agrario.

La asamblea quedaba ahora completa, con una representatividad discutible: la División del Norte tiene de 33 a 37 delegados; los zapatistas, con muchas menos tropas en armas (aunque ellos dicen que los alzados son 60 mil campesinos), de 23 a 26; y las divisiones del Noroeste y el Noreste, cerca de 60 cada una.

El 28 de octubre se aprobaron los principios sociales del Plan de Ayala, después de un prólogo en el que un encendido discurso contra la bandera que han firmado ("es el trapo de Iturbide, el triunfo de la reacción clerical"), a cargo de Soto y Gama, con todo y manoseo del emblema, estuvo a punto de lograr que los patrióticos generales allí mismo lo perforaran a balazos. Obregón, esa misma noche, pidió que se celebrara una reunión a puerta cerrada para mostrar un comunicado de Carranza en el que respondía a la invitación que se le había hecho, declinando para "no coartar", y proponía que Villa y Roque González Garza se retiraran de la asamblea como condición para que él se retire e incluso se vaya del país, pero la asamblea debería meditar si él era el obstáculo. Llamaba a la Convención "junta" y amenazaba con la lucha armada si Villa no se expatriaba al mismo tiempo que él. Los carrancistas andaban aireando una y otra vez el tema de que "la reacción se agrupa tras Villa". Mediante Obregón, Carranza enviaba 50 mil pesos para viáticos destinados a los generales convencionistas, lo que ocasionó muchas fricciones porque muchos delegados acusaron a Obregón de andarlos centaveando.

Ajeno a la nueva maniobra de Venustiano, Villa permanecía en Guadalupe. Luis Aguirre Benavides, secretario de Villa, cuenta que un día "de inacción y de fastidio" se presentó un hombre alto, rubio, de ojos azules, llamado Francisco L. Múgica y apodado el Gaucho. El personaje conquistó a Villa. Lucía un pasado bastante tormentoso: tuvo que emigrar porque debía dos vidas en Argentina y llegó a México en un circo con un espectáculo que fracasó. Su paso por la ciudad de México había sido singular. Tras haber asesinado en el hotel Iturbide a un tal Carlos Gilberto Schnerb, fue llevado a la cárcel de Belén, pero durante el levantamiento antimaderista un cañonazo hizo un agujero en su celda y escapó, uniéndose a los insurrectos. Detenido en la época de Huerta, pasó de nuevo a la cárcel. Fingiéndose loco logró que lo enviaran al manicomio de La Castañeda y terminó de loquero. La llegada de los carrancistas a México permitió su liberación.

Una foto en el archivo Casasola muestra al Gaucho Múgica vestido con un traje de gaucho de lujo, o de circo, con muy floreados bordados, las boleadoras a la cintura y el sombrero bien calado; bastante ridículo.

Villa le encargó al Gaucho una misión delicada, ir a visitar a Enrique Llorente, que estaba en la cárcel en México, para llevarle dinero. Pero parece ser que El Gaucho aprovechó la ocasión para trabar relaciones con el jefe de la policía de la ciudad de México, el general Cosío Robelo. De alguna manera los presos tuvieron noticias de la historia y le enviaron a Villa, a través de un tal Cabiedes, noticias de que el Gaucho había cobrado de Cosío Robelo o de Pablo González para matarlo.

Villa comisionó al mismo Cabiedes y al coronel Leopoldo Gallardo para que averiguaran más y éstos toparon con la doctora Victoria Lima, ex amante del Gaucho en cuya casa éste había dejado el dinero que le habían dado. Los enviados de Villa llevaron a la doctora Lima engañada, diciendo que podría convencer a Villa de que perdonara a su amante. Temblando, la mujer le pidió perdón a Villa por la parte que había tenido en el complot y confirmó que el dinero venia de Pablo González y Cosío Robelo. "Váyase, señora, yo no fusilo mujeres", le dijo Pancho.

Cuando el Gaucho regresó a Guadalupe, Villa lo recibió en presencia de George Carothers ("quiero que de fe de ello"). El Gaucho le extendió la mano y Villa, sin tomarla, le soltó un:

—A usted, hijo de la chingada, lo han comisionado los carrancistas para matarme. Yo conozco los tratos de Pablo González con usted —y le sorrajó un golpe en la cara con el cañón de su pistola.

En el posterior registro, además de una daga y una pistola, aparecieron papeles que lo acreditaban como agente confidencial de la policía del Distrito Federal, firmados por Cosío Robelo, documentos firmados por Pablo González dándole permanente derecho de antesala y cartas de Cosío para delegados carrancistas de la Convención. El Gaucho se justificó diciendo que le estaba sacando dinero a los carrancistas. Finalmente confesó que había recibido dinero para matarlo, pero que habiendo conocido a Villa se había arrepentido. Pancho, que ya no creía nada, lo mandó fusilar.

El 29 de octubre se comentaba en la Convención el asunto del Gaucho. Pablo González, acusado por la prensa de haber estado detrás del complot, publicó desde Querétaro una ratificación negando todo: "Que sepa la nación que Pablo González no ha sido, no será un vulgar asesino".

Poco después de lo del Gaucho Múgica, Martín Luis Guzmán le contó a Villa que el general sinaloense Felipe Rivero metía un tiro a 20 pasos en el casquillo de una bala del mismo calibre. Villa preguntó si había escuchado bien. Martín Luis hablaba de oídas. Pero Villa no podía dejar pasar una hablada como esa. En un terraplén a 100 metros de la vía se puso a probar y con absoluta meticulosidad fue colocando el casquillo. Después disparó su primer tiro y la bala golpeó el casquillo, pero no penetró. Concluyó que lo que se decía de Rivero era falso. Le propusieron que tirara de nuevo y dijo que era malgastar bala.

El complot del Gaucho movió abundante mala sangre y no colaboró a destensar la situación del asesinato del coronel Manuel Manzanera, un villista que desertó y aceptó representar en la Convención a los hermanos Arrieta, con los que Urbina llevaba mucho tiempo cruzado. Capturado por Candelario Cervantes y José Carmen Ortiz (el Ruñis) por órdenes de Urbina, fue sacado de Aguascalientes y fusilado.

Uno de los delegados, David Berlanga, le pidió explicaciones públicas a Villa. Francisco J. Aguilar recordaba que estaba en uno de los palcos con Rodolfo Fierro cuando la intervención de David García Berlanga, y Fierro estuvo a punto de sacar la pistola, al grito de "yo mato a ese tal por cual", lo que impidió Aguilar diciendo que no saldrían vivos de allí.

Se cuenta, aunque las fuentes no resultan muy confiables, que Villa envío a la Convención un grupo de 60 Dorados a cargo de Manuel Banda, para que se mezclaran vestidos de catrines entre los convencionistas y se trajeran a los que lo insultaban para hablar con ellos en Guadalupe. Lo evitó José Isabel Robles, que le reclamó a Villa diciendo que una cosa así acabaría con la Convención, a lo que Villa, abandonando la idea, respondió que "nomás era cosa de darles un susto".

El hecho es que las pistolas, que habían permanecido en sus fundas los primeros días, se estaban soltando. Martín Luis Guzmán cuenta que él y Lucio Blanco acudieron a una de las sesiones en las que se iba a pasar un documental cinematográfico sobre la revolución, y descubrió la posibilidad de ver la película en un lugar mejor que el salón que ya se encontraba lleno: tras la pantalla. Cuando llegaron hallaron a los utileros ya acomodados y se hicieron traer unas sillas. Conforme se iban sucediendo las imágenes en la sala se producían vivas, aplausos, porras. Cuando apareció Carranza, un viva solitario, cuchicheos, "mueras, golpes, aplausos, siseos" y aparece Pancho Villa y los vivas a Villa y a la División del Norte se produjeron. Finalmente se reproducen de nuevo imágenes de don Venustiano. "En la escena en la que se veía a Carranza entrando a caballo en la ciudad de México (se armó) una especie de batahola del infierno que culminó en dos disparos" que perforaron el pecho de Carranza y accidentalmente casi los de Lucio Blanco y Martín Luis, que estaban tras la pantalla.

El cine no era la única diversión. Ignacio Muñoz reseña que durante la Convención un grupo de generales villistas: Borunda, Fierro, Banda y Rafael Castro, jugaban a la "lotería de la muerte" en el hotel París de Aguascalientes. Muñoz dice que ahí nació el nefasto juego luego llamado ruleta rusa, lo que no es cierto porque ya existían antecedentes en Chihuahua. Fierro "bebía una que otra cerveza en agasajos en los que se reunían los jefes y era de los que tomaban a risa el aventar al aire la pistola amartillada para que si se disparaba al caer, a ver a quién le tocaba la bolita". Mantecón describe una variante del juego, los toritos, que consistía en libar diversos licores y, cuando se estaba "a punto", los jugadores se congregaban en medio de una mesa, uno de ellos extraía de su funda su pistola 44, la amartillaba y la hacia girar con el índice en el gatillo hasta que se disparaba. En una de esas murió en Ciudad Juárez Refugio Gracidas, que había sido uno de los responsables de la matanza de chinos en Torreón y era Dorado de Villa desde 1913.

Villa, cuando descubría estas historias, castigaba duramente a los jugadores. Fierro jugaba además en el Salón Fausto, donde también se jugaban cartas; en una de esas partidas se enfrentó a Paco Púas por asuntos de baraja y salieron a relucir los revólveres, y si los presentes no lo paran ahí quedan fríos ambos. Púas fue a ver a Villa para contarle el incidente y Villa le dijo que Fierro era un jefe de todo su aprecio, pero si quería matar a uno de sus Dorados y éste se defendía, "Ya estaría de Dios".

En el salón había un billar que también fue lugar de enfrentamientos. El coronel Tomás Domínguez se lió a tiros contra los carrancistas Francisco de Paula Mariel y el coronel Flores por un problema de atuendo; Mariel quedó herido y Villa, que no quería indisciplina, condenó a Domínguez al fusilamiento, aunque luego se arrepintió y lo dejó ir.

Las cosas se calentaban con cierta facilidad, Ramírez Placarte recoge la anécdota de que a García Vigil, un grupo de villistas, pistola en mano y medianamente borrachos, lo hicieron bailar cancán sobre su sombrero texano nuevo, y el 19 octubre Marcelino Murrieta se quejaba de que villistas borrachos lo habían obligado a gritar "¡viva Villa!" a punta de pistola.

Historias como éstas, a cuya responsabilidad Villa era ajeno en muchos casos, y que de haber estado en Aguascalientes hubiera sometido a los bárbaros a una más estrecha disciplina, colaboraron a fortalecer la leyenda negra que cargaba el villismo.

Con Felipe Ángeles y los zapatistas había llegado en el tren José Vasconcelos, intelectual maderista distanciado y excluido por Carranza, bastante conspiradorzuelo. No conocía a Villa, aunque éste lo había propuesto a Venustiano en la lista de posibles ministros, sin duda sugerido por los maderistas de Villa. Era uno más de los detenidos por Carranza en México. Villa lo invitó a cenar en su tren en Guadalupe con Llorente y Martín Luis Guzmán. Vasconcelos cuenta: "Villa, de suéter y erguido, más bien alto que bajo, robusto, saltones los ojos y por boca casi un belfo, me recibió con un abrazo… ¿Por qué no vino antes?". Vasconcelos se desconcierta porque Villa no bebe alcohol ni fuma, piensa: "No bebe porque le preocupa estar alerta, por si lo madrugan". Villa le dirá que desde que "no como carne se me ha quitado lo sanguinario" (está siguiendo a ratos la dieta del maligno doctor Rauchsman).

Vasconcelos y Villa se ven en esta primera reunión con simpatía, aunque cuando el intelectual redacta la historia, construye un ambiente terrorífico, con un personaje ficticio, un supuesto sicario de Villa llamado Pancitas, como protagonista. Más tarde, el abogado de 33 años de origen oaxaqueño será uno de los grandes fabricantes de la leyenda negra de Villa.

Carothers estaba instalado en Aguascalientes y el carrancismo lo había puesto en la mira. Roberto Pesqueira entregó una nota de protesta en Washington, en la que Carranza aseguraba que George C. Carothers se había vendido a Villa. Lo acusaban también de estar apoyado por la cadena Hearst, mortal enemiga de Wilson, y los intereses financieros de los Guggenheim; de pasada denunciaban al periodista de *Los Angeles Times*, Harrison Gray Otis.

En tanto, la deteriorada figura de Carranza, a pesar de todas las maniobras, parecía estar en absoluta minoría dentro de la Convención, ante el tema en debate del candidato a presidente provisional. Tres grupos se podían precisar: uno apoyaba al general Antonio I. Villarreal; para un segundo grupo la candidatura, aún sin definir, giraba en torno a Obregón; el otro avalaba al candidato de la División del Norte. En principio Villa había sugerido al doctor Miguel Silva, y le dijo a Roque: "Si se trata de elegir Presidente de la República, yo propondría al Dr. Miguel Silva, y me gustaría que usted lo apoyara, porque el doctor es un verdadero revolucionario y haría feliz a mi patria". Pero Silva rehusó terminantemente. Villa y sus generales barajaron una terna en la que estaban José Isabel Robles, Lucio Blanco y Juan G. Cabral. Roque González Garza contó que "a Robles, Villa le tenía gran afecto; pero […] llegó a la conclusión de que Robles era muy joven, acababa de cumplir veintitrés años. Villa no conocía personalmente al general Lucio Blanco, pero le tenía gran afecto, (finalmente) el candidato de Villa resultó el general Juan G. Cabral, hombre recto, originario de Sonora; aunque ligado militarmente a Obregón, amigo de la División del Norte y sin querella alguna con la gente del villismo".

En ésas estaban cuando a Villa se le ocurrió una jugada maligna y le ordenó a Roque que corriera el rumor de que la División del Norte propondría a Álvaro Obregón. El hecho causó gran sorpresa y Roque cuenta que Obregón le hizo entonces una visita a González Garza para preguntarle directamente y al recibir la confirmación se puso muy nervioso. Más tarde la propuesta nunca hecha se retiró.

El 27 de octubre Carranza le dirá a Zubarán: "Puede usted decirle a la prensa que la Convención no tiene el carácter ni las atribuciones que algunos han supuesto […] La Convención no tiene facultades para actuar sino en acuerdo con la primera jefatura", pero jugando con dos barajas, al día siguiente se leyó en la Convención un mensaje suyo en el que tras mucha retórica ponía como condición para retirarse las renuncias de Villa y Zapata.

Durante tres días, una comisión discutió agriamente la propuesta de Carranza y el 30 de octubre un dictamen impulsado por Obregón resolvió aceptar las condiciones de Carranza. Excluido Zapata, sobre el que no tenían poder, propusieron el cese de Villa como jefe de la División del Norte y el de Carranza como presidente.

Los villistas no podían aceptar la propuesta de Carranza sin consultar a Pancho, y Felipe Ángeles, desde el vagón de José Isabel Robles en Aguascalientes, sostuvo una conferencia telegráfica con Villa, en la cual dijo que Carranza había puesto como una de las condiciones para su dimisión que Villa fuera retirado del mando de la División del Norte. Fue más allá, sugiriendo un telegrama de respuesta: "Estoy dispuesto a separarme del mando de mi División y espero respetuosamente las órdenes de esa Convención". El asunto debería haber sido hablado previamente, sin llegar a conclusiones. Ni Ángeles ni Villa creían que Carranza abandonaría tan fácilmente la presidencia, pero renunciar al mando de la División era desenmascararlo y aislarlo. Ángeles le pedía a Villa que "meditara detenidamente sobre este asunto". Villa respondió: "Buenos días, mi general y demás compañeros (en el vagón estaban además Felipe Ángeles, José Isabel Robles, Orestes Pereyra, Severino Ceniceros y Matías Pazuengo), por mi parte propongo para la salvación de mi patria no sólo retirarme de la División, sino que presto mi consentimiento para que la Convención, que tiene los destinos de la patria en sus manos, ordene que nos pasen por las armas, tanto a mí, como al señor Carranza, para que los que queden a salvar la república, conozcan los sentimientos de sus verdaderos hijos. Salúdolo cariñosamente…". Los generales levantaron un acta y metieron el telegrama de Villa en un sobre cerrado para leerlo en la Convención.

Esa misma noche estuvo a punto de estallar la violencia cuando unas palabras despectivas de Obregón contra los zapatistas hicieron que Juan Banderas, el Agachado, le dijera: "En estos momentos se lo va a llevar a usted la chingada". Otros delegados los sujetaron, impidiendo que sacaran las pistolas.

El Paso Morning Times anticipaba la ruptura. "Carranza está listo para combatir. Tiene 10 mil soldados en León, 26 millas al sur de Aguascalientes". Se recibían noticias de una concentración de fuerzas afines a Carranza en Lagos. De Torreón salieron cuatro trenes con tropas villistas para perseguir a Maclovio Herrera.

Al día siguiente se produjo en la Convención la votación para que Carranza cesara como presidente y Villa dejara la dirección de la División del Norte. Se acordó por 98 votos a 20. Es curioso el pequeño número de delegados que participó en la votación, y es curioso que 20 votos fueran contra la propuesta. ¿Eran votos de recalcitrantes carrancistas?

El 1° de noviembre se inició la elección del presidente. Una primera terna reunió a José Isabel Robles, Antonio Villarreal y Juan C. Cabral. La División del Norte anunció que no votaría por uno de los suyos, para que quedara claro que no buscaban la presidencia (Robles). Los zapatistas vetaron a Villarreal por indicación explícita de Zapata (los zapatistas de origen libertario le estaban cobrando su deserción del magonismo). Y entonces, cual un conejo salido del sombrero, Obregón terció proponiendo a Eulalio Gutiérrez, que tenía fama de neutral. La embajada estadounidense, mediante Carothers y Canova, decía que sería bien visto cualquiera de los tres primeros, al igual que Lucio Blanco, Aguirre Benavides o Eulalio Gutiérrez.

La votación final quedaría así: 88 para Eulalio, los zapatistas se abstuvieron, 37 para Cabral (los votos de la División del Norte) y uno para Eduardo Hay.

¿Y el ganador de dónde salía? En medio de las grandes estrellas de la revolución este general sin brillo será el presidente, y lo será con votos que no son suyos, prestados. Eulalio Gutiérrez, descrito por Vito Alessio, era "cuadrado de espaldas, fornido, busto grande, piernas cortas y pies enormes, su fisonomía era de una viveza extraordinaria con rasgos de tibetano o mongol, por los bigotes lacios o caídos y sus pequeños ojos oblicuos. Fue pastor de cabras hasta la edad de 12 años y poseía toda la malicia y la desconfianza de los que han estado en íntimo contacto con la naturaleza. Después fue comerciante en Saltillo y en Concepción del Oro, dedicándose también a la minería". Magonista en los alzamientos previos a 1910 de Viesca y Las Vacas, revolucionario maderista, el primero en levantarse contra Huerta. Dinamitero de convoyes ferrocarrileros. Poseedor de una "jerga llena de colorido", era llamado por amigos y enemigos *Ulalio*.

A la espera de una respuesta de Carranza, Lucio Blanco se entrevistó con Villa y declaró que sus tropas estaban a disposición de la Convención. Por Guadalupe pasarán también Cabral, su compadre Ávila y el nuevo presidente Eulalio Gutiérrez.

El día 3 de noviembre se da lectura en Aguascalientes al telegrama guardado en sobre cerrado en el cual Villa renunciaba y propone que los fusilaran a él y a Carranza para acabar con la discordia. Al terminar de leerse el texto, se escucharon entre el público gritos de "¡Viva Villa!". Los delegados carrancistas comenzaron a retirarse y el propio Venustiano Carranza salió de la ciudad de México argumentando que iría de visita a Teotihuacán, pero se dirigirá a Puebla y luego a Veracruz. No dirá una palabra sobre su oferta de renunciar a la presidencia.

Poco caso hará de la carta de Buelna, quien tras decirle que él ha firmado la bandera y no le queda otro camino, le sugiere: "Salve usted nuevamente a la nación y sálvese a sí mismo". Pero no todas las actitudes serán iguales. Entre los carrancistas hay vueltas y vueltas, todo tipo de dudas, intercambio de telegramas a centenares.

Una comisión integrada por Obregón, Hay, Eugenio Aguirre Benavides y Villarreal salió a entrevistar al primer jefe, pero fue detenida en Querétaro por tropas de Pablo González. Finalmente lo encontrarán en Córdoba. En el momento de su arribo los recibió una manifestación en favor de Carranza. El general Obregón dijo a los manifestantes que los comisionados estaban dispuestos a enfrentarse a Carranza o a Villa, si cualquiera de ellos no cumplía con los acuerdos de la Convención, pero si llegaba el momento de tener que elegir entre Villa y Carranza, él apoyaría a éste último.

Mientras tanto, en Aguascalientes, por órdenes de la Convención, Felipe Ángeles ocupó la ciudad con tres brigadas, la Natera, la Aguirre Benavides y la Robles. Villa dirigirá un nuevo mensaje a la Convención: "Impuesto debidamente de los acuerdos tomados por esa soberana Convención, en que constan los relacionados con mi retiro de la jefatura de la División del Norte, les manifiesto que respetuoso como siempre de las decisiones de esa asamblea, por considerarla emanada de la voluntad popular, estoy enteramente de acuerdo con su resolución", y entrega el mando de la División del Norte a José Isabel Robles. Un día después (el 6 de noviembre) Eulalio Gutiérrez toma posesión de la Presidencia. Los Dorados fungen como su escolta, como guardia presidencial.

Obregón y los enviados tendrán su reunión con Carranza, quien los recibió fríamente en los jardines de la cervecería Moctezuma de Orizaba. Por más que le explicaron que los acuerdos habían sido tomados con el objeto de evitar una nueva guerra civil, no lo moverán. Él no va a ceder la presidencia que se ha dado a sí mismo. El general Hay estaba exaltado y trataba de explicarle a Carranza que su renuncia era necesaria. Insistía:

—Señor Carranza, no hay más remedio que usted y Villa salgan del país.

Indignado don Venustiano, contestó:

—Yo, y no ustedes, soy el que va a echar a Villa y mientras que ustedes estén hablándome de que Villa y yo salgamos del país, me están ofendiendo, ya que me ponen al igual que ese bandido.

No podrán moverlo.

La Convención fija plazo hasta el día 10 para que Carranza decline. Obregón y Villarreal se encuentran en la ciudad de México. Obregón "expresó al general Villarreal que no estaba dispuesto a tomar participación alguna en la guerra que parecía inevitable, por lo cual había resuelto ponerse al frente de los cuatro mil indios que estaban a sus órdenes y marchar por tierra a Sonora, sin atacar a ninguna facción beligerante, pero si dispuesto a defenderse en caso de ser atacado, y que al llegar a territorio sonorense, licenciaría a sus fuerzas y se retiraría a la vida privada". Villarreal le dijo que haría lo mismo. Pero Obregón nunca cumplirá y finalmente, indeciso, se quedará en el DF.

Carranza ordena que los generales convencionistas se hagan cargo de sus tropas. El plazo para que abandone la presidencia termina el 10 de noviembre a las seis de la tarde. Eulalio Gutiérrez, en un último intento de conciliación, le manda un largo telegrama en el que le reclama que no ha cumplido mientras que Villa "está aquí" en Aguascalientes "porque estamos pendientes de la resolución de usted", y le asegura que tan pronto como confirme, "Villa se retirará de una manera absoluta". Carranza contesta dándole vueltas y remata con un: "Yo nunca he reconocido la soberanía de la Convención". La Convención, en justa retribución, lo declara en rebeldía. La guerra civil ha estallado.

Tres días atrás Villa había entregado el mando de la División del Norte, hoy, Eulalio Gutiérrez lo convoca para darle el mando de los ejércitos de la Convención. Villa le escribe a Zapata. En vista de que Venustiano ha desconocido los resultados de la Convención y habiendo pasado el plazo "ha llegado el momento de que se rompan las hostilidades de manera decidida". Le propone que bloquee el paso entre México y Puebla para cortar a los carrancistas, "es muy importante que realice este movimiento a la brevedad. Su amigo, compañero y seguro servidor".

Obregón duda otra vez. Su fuerza militar está con Diéguez en Jalisco y en Sonora con Calles y Hill, que no dejarán a Carranza; Blanco se le ha ido con sus caballerías. Villarreal también vacila; con los generales Hay y Aguirre Benavides, sale de la ciudad de México. Al llegar a Querétaro encuentra que el general Pablo González está ya en pie de guerra. Desde Silao los comisionados conferencian telegráficamente con Eulalio Gutiérrez, quien les informa que la Convención, obligada por las circunstancias, ha nombrado a Villa general en jefe. Villarreal y Hay se consideraron desligados de la Convención y Aguirre Benavides sigue hacia Aguascalientes a ponerse al mando de su brigada. No sería el amor a Carranza sino el miedo a Villa el que provocaría la deserción de los que habían quedado en medio. No todos los mandos lo tenían claro. José María Caraveo le escribirá a su hermano Baudilio: "O caminamos para adelante poniendo nuestra confianza en Dios, o nos sentamos sobre un nopal".

El 16 de noviembre la División del Norte tomó León sin disparar un tiro. Villa capturó a Julio Madero, del Estado Mayor de Obregón, y lo puso en un tren hacia el norte. Lo habían descubierto al cruzarse su tren con el suyo; formaba parte de una comisión, otra más de negociación, no lo fusiló por deferencia a los Madero. El 18 Ángeles y Urbina llegaron a Querétaro con la vanguardia y la artillería. Elegantemente se cedió el paso de sus trenes.

Al iniciarse el movimiento de tropas villistas hacia la ciudad de México se produjeron situaciones sorprendentes. Pablo González, que controlaba Querétaro, perdió dos mil hombres en una semana por deserciones; la brigada de Pancho Murguía, gente del norte, que estaba de guarnición en Toluca, sufrió una deserción de un tercio de sus fuerzas y se vio obligado a abandonar la ciudad. Los 20 mil hombres que tenían los generales de Pablo González entre Guanajuato y la ciudad de México, se replegaron hacia Pachuca sufriendo a causa de las deserciones, reacomodos de bando y corretizas. Llegaron a Tampico sólo con tres mil hombres. Desertan las tropas de Carrera Torres y las de Hidalgo de Flores, cae capturado Teodoro Elizondo en San Francisco del Rincón y queda fuera de combate la 3ª división. En la ciudad de México, de los ocho mil hombres del ejército del Noroeste, sólo cuatro mil son fieles a Carranza; el resto, guiados por Lucio Blanco, parecen quedarse del lado de la Convención. En Pachuca se produjo el hecho quizá más inusitado, el general Nicolás Flores, gobernador de Hidalgo, se quedó tan sólo con su Estado Mayor, las fuerzas se declararon provillistas y abandonaron la ciudad sin detener a sus jefes.

I. Muñoz hará el resumen: "Carranza estaba vencido, materialmente aniquilado. Sus tropas no presentaban combate [...] estaban desmoralizadas por completo".

Días más tarde, en una conversación, Zapata, Villa y Roque González Garza repasarán el momento:

—Yo luego calculé: donde van a esperarse y hacerse fuertes es en Querétaro —dirá Zapata.

—Ahí esperábamos nosotros la batalla —señalará Roque González Garza.

—Yo esperaba que por ahí en el Bajío, hubiera unos seiscientos o setecientos muertos; pero nada, puro correr —rematará Villa.

El 21 de noviembre Villa llega a Querétaro. En un desfile militar se produce un pequeño accidente. Ignacio Muñoz cuenta: "Su caballo, un hermoso animal retinto, se encabritó frente a la plaza principal. Villa [...] era un domador de potros brutos. Calando los ijares de la bestia, la fustigó templando el freno. El animal, que era de sangre, se rebeló airado, dando con el jinete por tierra. Villa se levantó empolvado y colérico. Su primer impulso fue sacar la pistola, seguramente para matar al animal. No sé cómo logró dominarse. Uno de los hombres le dio el caballo que montaba, tomando de la rienda al que había derribado al guerrillero duranguense. Continuó el desfile sin otro incidente".

El 23 llegará a Tula después de un segundo accidente, este mucho más grave, al grado de que corrió el rumor de que Villa había muerto. Su tren, que tenía vía libre, alcanzó al tren de Chao, que no tenía luces de posición. La máquina quedó incrustada en el pullman del otro tren. Adán Uro, que iba en el tren de Villa, dice que fue "una mortandad tremenda". Muñoz registra: " Se oían gritos, lamentos de personas heridas [...] los restos humeantes entre los que sobresalía la chimenea de la máquina de Villa, con el águila dorada maltrecha, muy cerca del fanal hecho pedazos [...] Villa colérico se bajó del tren para averiguar qué había causado el choque e interrogó a la tripulación, el fogonero estaba muerto, Chao estaba herido leve.

Ese mismo día los estadounidenses abandonaron Veracruz y le dieron a Carranza la capital que no tenía. Se hizo público un manifiesto de Obregón en el que ya no hay dudas respecto de su posición: "El monstruo de la traición y el crimen, encarnados en Francisco Villa, se yergue, amenazando devastar el fruto de nuestra revolución".

El 24 de noviembre Lucio Blanco, al mando de lo que formalmente era la caballería de la División del Noroeste de Obregón, que habían cubierto el vacío de poder, abandona la ciudad de México hacia Toluca. Lucio sigue sin definirse y no quiere enfrentarse a los zapatistas con los que había tenido choques.

Tras la salida de Lucio Blanco, en Palacio Nacional aparecen pegados en las paredes pasquines escritos a máquina: *De las barbas de Carranza/ voy a hacer una toquilla/ pa' ponérsela al sombrero/ del general Pancho Villa.* La vanguardia de los zapatistas entra a la ciudad de México encabezada por Everardo González.

Villa iba a triunfar. Lo pensaba Canova, el enviado de Wilson, lo creía Pershing desde la frontera: "Villa puede ser el hombre del momento"; lo pensaba el embajador Hohler de Gran Bretaña: "Todo el país parece estar del lado de Villa". Lo afirmaban las profecías de la madre Matiana: cuatro Panchos gobernarían México: De la Barra, Madero, Carvajal y ahora… Villa. Sin embargo, Roque González Garza en una carta a su hermano Federico, no peca de triunfalismo: la Convención ha sido un éxito, pero "la alianza con Eulalio Gutiérrez es delicada".

Las cuentas que se sacan sobre las fuerzas militares en futura pugna son exageradas. Azcona dirá que Carranza contaba con 101 mil hombres contra 24 mil de lado de Villa, sin contar a los zapatistas. El historiador militar Sánchez Lamego dirá que eran 90 mil del lado de la Convención (60 mil de la División del Norte y otras fuerzas y 30 mil zapatistas) y 35 mil con Carranza. Más cerca de la verdad sería decir que los convencionistas duplicaban a los carrancistas en razón de 60 a 30 mil hombres.

Y en el caso del villismo la maquinaria de guerra seguía alimentada por la Oficina Financiera de la División del Norte, que desde Juárez, encabezada por Hipólito, organizaba las más extrañas operaciones, vendiendo pieles de chivo de Durango, distribuyendo frijoles, vendiendo ganado.

Los trenes avanzaban hacia la ciudad de México. José Vasconcelos, colado en el carro del nuevo presidente, hizo en sus memorias, a posteriori, una descripción absolutamente rocambolesca, racista y desprovista de veracidad del avance hacia el sur de Villa: "… ocupaba ciudades y aldeas, violando mujeres, atropellando honras y haciendas, ultrajando a los indefensos, cometiendo tropelías […] Insaciable de dinero que ocupaba en sus propios vicios y lujo […] A la oficina de Eulalio instalada en el carro pullman que nos conducía a la metrópoli, llegaban noticias […] experimentábamos el efecto de una pesadilla azteca (como si de pronto) los trece millones de indios empezasen a absorber y a devorar a los tres o cuatro millones de habitantes de sangre europea".

Ajenos a lo que Vasconcelos habría de contar años después, los trenes villistas llegaban a Tula, a 80 kilómetros de la ciudad de México. El general José Rodríguez estaba preocupado por si habría suficiente comida en el DF. Es que "somos muchos", decía.

La plebe, sabia y maldiciente, le había añadió a "La Adelita" una cuarteta: *Si Carranza se casa con Zapata/ Pancho Villa con Álvaro Obregón/ Adelita se casa conmigo/ y se acaba la revolución*"; ahora puso de moda una nueva canción: *Ya se van los carranclanes/ con sus mulas del Saltillo/ porque viene Pancho Villa/ picándoles el fundillo.*

Notas

a) Fuentes. Las mejores crónicas de la Convención son las de Vito Alessio Robles (Tobías O. Soler), publicadas con variaciones en *La Prensa* en 1942, en el libro *La Convención revolucionaria en Aguascalientes* y "Convención revolucionaria de Aguascalientes", una serie en la revista *Todo*. Gildardo Magaña, en el tomo 5 de su *Emiliano Zapata...*, hace un largo resumen desde la perspectiva zapatista, *Crónicas y debates de las sesiones de la Soberana Convención de Aguascalientes*. Luis Fernando Amaya: *La soberana Convención revolucionaria*. Felipe Ávila: *El pensamiento económico, político y social de la Convención de Aguascalientes*. Basilio Rojas: *La soberana Convención de Aguascalientes*. Santiago R. De la Vega: "El general Francisco Villa en la Convención de Aguascalientes". Luciano Ramírez: *Aguascalientes en la encrucijada de la Revolución Mexicana* (centrado en el papel de David Berlanga). Valadés: "Plan para la convención de Aguascalientes, discusiones" y "La solemne apertura de la Convención y sus acuerdos" (versión de Roque González Garza). Mauricio Magdaleno: "La ciudad de la Convención". Baudilio Caraveo: *Historias de mi odisea revolucionaria*. Valadés: *Historia de la Revolución Mexicana 3 y 4*. Vasconcelos: *La Tormenta*. Osorio: *Correspondencia*. Quirk: *La Revolución Mexicana 1914-1915. La Convención de Aguascalientes*. Martín Luis Guzmán: *Memorias de Pancho Villa* y *El águila y la serpiente* (Guzmán llegó a territorio convencionista en la segunda mitad del proceso). Valadés: "Memorias del gral. I. Villarreal". Copiador 278 *Archivo Histórico de Durango*. Gilberto Nava PHO 1/26. Ramírez Plancarte: *La ciudad de México durante la revolución constitucionalista*. Papeles de Lázaro de la Garza E 33, F 111, F 112, F 115, I 14. Manuel Soto: "Donde se le apareció el diablo a Rodolfo Fierro" y "A un paso del paredón estuvo el general Tomás Domínguez". Miguel Alessio Robles: "La Convención de Aguascalientes" y "La ruptura de los convencionistas". José C. Valdés: *Las caba-*

Felipe Ángeles y Lucio Blanco durante la Convención.

Ángeles firma la bandera, Convención, 16 octubre 1914.

Villa en la galería de la Convención, a su derecha, Hay, un poco atrás, Obregón, 16 de octubre de 1914.

Villa con la junta directiva de la Convención, 16 octubre 1914.

Villa firma la bandera mexicana en la Convención ante
las miradas perdidas de Vito
Alessio Robles, José Isabel
Robles, Marciano González,
Mateo Almanza, 16 octubre
1914.

Los presos políticos de
Carranza con la comisión que
iba hacia Cuernavaca (Buelna,
Ángeles); en las últimas filas
Martín Luis Guzmán. Foto H.
Gutiérrez.

Bessie Mae Sanderson, Archivo
Histórico de Ciudad Juárez.

Consuelo Armendáriz, Archivo
Histórico de Ciudad Juárez.

María Ortega, Archivo
Histórico de Ciudad Juárez.

llerías de la Revolución. Obregón: *8 mil kilómetros en campaña*. I. Muñoz: *Verdad y mito…* 1, 2 y 3. Cervantes: *Francisco Villa y la revolución*. Alan Knight: *La Revolución Mexicana*. Womack: *Zapata y la Revolución Mexicana*. Vargas: *A sangre y fuego*. Mantecón: *Recuerdos de un villista*. Cumberland: *La Revolución Mexicana. Los años constitucionalistas*. Luz Corral: *Pancho Villa en la intimidad*. Azcona: *Luz y verdad*. Sánchez Lamego: *Historia militar de la Revolución en la época de la Convención*. Adán Uro PHO 1/41. Puente: *Villa en pie*. Papeles de Federico González Garza 37/3653. Roque González Garza PHO 1/18. Alonso: *Francisco Villa, el Quinto Jinete del Apocalipsis*, "Carranza assails Carothers". M. G. Anderson: *Revolution by headlines*.

El caso de las prostitutas de Juárez en el Archivo Histórico de Ciudad Juárez Caja 382. En el mismo expediente se encuentran sus registros sanitarios y las fotos.

Gaucho Múgica. Se suman a las fuentes anteriores: Casasola: *Historia Gráfica de la Revolución Mexicana*, III. Elías Torres: "El gaucho que iba a matar a Villa" y "La justicia de Villa" en *Hazañas y muerte*. Puente: *Villa en pie*. Luis Aguirre B: *De Francisco Madero a…*

Eulalio. "Un homenaje al general Eulalio Gutiérrez" y Ávila: *El pensamiento económico, político y social de la convención de Aguascalientes*.

La ruptura de Maclovio. Puente: *Vida de Villa*. I. Muñoz: *Verdad y mito…* II. Calzadíaz: *Hechos reales de la revolución*, tomo 3, *Siete leguas*. Maclovio con un pequeño grupo irá hacia Coahuila. De ahí sale a buscar a los carrancistas a Culiacán y poco después Carranza convoca a Maclovio y Domingo Arrieta a Veracruz, donde se encuentra su gobierno.

b)   Heriberto Frías culminará su trayectoria política como villista. El 9 de mayo de 1915 dejará la dirección de *El Monitor* en el DF y, detenido por Carranza, será condenado a 12 años de cárcel por "convencionista". El 7 de mayo 1916 Carranza lo indultará y se exiliará para volver a México bajo la revuelta de Aguaprieta, Obregón lo nombrará cónsul en Cádiz, España. Murió en la ciudad de México en 1925.

c)   La ideología. El historiador inglés Alan Knight, dado a las provocaciones, afirma: "En el ámbito nacional no se distinguían las dos facciones por identidad ideológica o de clase". La afirmación no es precisa, pero tiene la virtud de romper con la falta de sutileza de los más primitivos análisis clasistas, que resolvían todo con el recurso de usar a la "pequeña burguesía radical" como comodín. Aquí el caos, como siempre, tiene historia, tiene historias. Los batallones rojos, expresión del "proletariado emergente", estarán del "lado equivocado". Buelna, que estaba en contra del reparto agrario, se queda del lado de la Convención y Blanco, el primer agrarista del norte, no sabe dónde colocarse en el mapa político militar y se mueve como alma en pena por el paisaje. Múgica y Cárdenas (tras ciertas dudas iniciales) serán obregonistas; el jacobinismo anticlerical está en Diéguez, Villarreal y en Baca Calderón, y no en Zapata y sus huestes amparadas en la virgen de Guadalupe. Fuera de que todos, incluso sus afines herederos, entienden su mediocre estatalismo y su vocación de orden, su amor por la "línea de mando" y el principio de autoridad, nadie comprende a Carranza, que al fin y al cabo es el nacionalista radical más consecuente, más juarista (en ese sentido y sólo en ese). El saqueo de Durango por las fuerzas de Urbina espanta a los letrados y la terrible relación con la muerte que Pancho Villa ostenta da escalofríos a los historiadores (con la salvedad del no convencional Aguilar Mora). Y desde luego casi nadie entiende Chihuahua (con la notable excepción de Katz y los chihuahuenses Vargas y Osorio) o La Laguna (con la honrosa excepción de Salmerón). Pero, sobre todo, casi nadie quiere contar la historia, todos están ansiosos por interpretarla a partir de las hipótesis que han decidido previamente.

El narrador ha terminado de escribir este libro con respetos adquiridos y desprecios renovados. Sorprende la autoconmiseración que se desprende de las palabras de Matute: "El debate actual sobre la revolución (es) una discusión académica entre historiadores (cuyo eje pasa por) liberarla de la generación en proceso de extinción (la de sus actores) y de

Elena Monarrez, Archivo Histórico de Ciudad Juárez.

Rosa Rangel, Archivo Histórico de Ciudad Juárez.

Villa en Guadalupe.

Villa con salacot, foto de Paul Vanderwood.

Villa al frente de los Dorados en la estación de Zacatecas. Octubre 1914. Foto de H. Gutiérréz. En la primera fila, a la derecha de Villa, que ocupa el centro de la foto, Martín López y Jesús M. Ríos, jefe de la escolta; a la izquierda, Candelario Cervantes, Nicolás Fernández.

los ideólogos oficiales que la habían llevado a un callejón sin salida. (Lástima que) los productos del historiador no llegan demasiado lejos sino muy lentamente". Nada más lejos de la realidad. En México la historia está a debate y produce un enorme interés entre una población urgida de revisar mitos e identidades.

Con la delegación zapatista en Guadalupe.

Aguascalientes, reunión en el vagón del tren,
Luis y Eugenio Aguirre Benavides,
José Rodríguez, Fierro, Fidel Ávila.

TREINTA Y OCHO

LA ALTURA DE LAS BANQUETAS

El 26 de noviembre entró Emiliano Zapata en tren a la ciudad de México sin acompañamiento de sus fuerzas y se hospedó en el modesto hotel San Lázaro. Hizo unas declaraciones muy parcas a la prensa: "Yo y toda mi gente caminamos de acuerdo con el general Villa [...] No deseo entrar a la capital antes que el general Francisco Villa". Un par de días después, el 28, Zapata se retiró a Morelos, con el argumento de que iría a combatir hacia Puebla. ¿Desconfianza? ¿Suspicacia?

Ese día Felipe Ángeles llegó a la ciudad de México con seis mil hombres, la vanguardia de la División del Norte, se instaló en la hacienda de Los Morales y de inmediato declaró que no quería entrar a la capital, "sería tanto como reclamar para mí solo aplausos y honores que no ambiciono". Poco después dio a conocer las instrucciones de Villa contra el saqueo, muy duras, y más lo habían sido las de los zapatistas dos días antes.

Federico Cervantes hablaba con sus compañeros del Estado Mayor de Ángeles de "las paseadas que íbamos a darnos en la capital; el general Ángeles que me escuchaba se volteó hacia mí y con sonrisa benévola me dijo que estaba equivocado, que si el general Villa seguía sus consejos, marcharíamos al cabo de tres días, para terminar la campaña, hacia Veracruz".

Los trenes de la División del Norte iban llegando uno a uno y se situaban entre Tacuba y la hacienda de los Morales. El 2 de diciembre el tren de Villa llegó a Tacuba, en las afueras de la ciudad de México. Era obvio que Villa estaba demorando la entrada de las tropas a la ciudad como una cortesía hacia los zapatistas, pero lo mismo hacían aquéllos; de alguna manera se andaban midiendo los nuevos aliados.

Osuna tomará dos series de fotos en torno al vagón de Pancho, una de ellas en la que Villa trae puesto el salacot. Los Dorados usan uniformes nuevos y sombreros tejanos de ala ancha. Villa lucía a veces ese casco, que por cierto prohibirá días más tarde José Isabel Robles, ministro de la guerra, condenando de pasada las gorras de plato y las huaripas, nomás sombrero texano y de charro en el ejército convencionista, cosa a la que obviamente nadie hará caso, menos ahora que la Casa Internacional de la ciudad de México le fía a los generales norteños ropa y sombreros. Los mirones se agolpan en la estación para ver a Villa. Mirones y curiosos. En el tren del Estado Mayor, Malváez, director de *Vida Nueva*, muchos fotógrafos, Baca Valles, George Carothers, que ha traído su vagón enganchado en el tren de Villa, el general José Rodríguez, incluso hay una foto en que se ve a Villa desde el vagón atendiendo a un gentío mientras, solitario y absolutamente aislado, el general Tomás Urbina contempla desde una ventana la situación. No sólo había fotógrafos, también camarógrafos; quedan para la historia las breves imágenes de Villa sin saber qué hacer ante la cámara, o aquellas otras frotándose las manos y tronando los dedos.

El mismo día 2, Villa recibirá una nota de Zapata proponiéndole una entrevista. El general Abel Serratos contará que Villa lo mandó llamar y tuvieron una conversación: un agente suyo le había comunicado desde Morelos que había muchas suspicacias de los surianos, que Zapata se había reunido en un banco con tres generales y estaban dispuestos a replegarse a Morelos y romper la alianza. Serratos remarcaría que había muchas intrigas en el cuartel general zapatista.

Villa decidió entonces enviar a Roque González Garza a Morelos con Juan Banderas y Serratos; se unirá al grupo, sin haber sido invitado, George Carothers. Llevan a Zapata una carta personal de Villa en la que "asegura su sinceridad". Zapata ofrecerá en respuesta, poco después, una invitación para una reunión en Xochimilco.

El 3 de diciembre llega el presidente Eulalio Gutiérrez. Su tren queda cerca del de Pancho. Allí se entrevistarán. Vito Alessio Robles es llamado a conferenciar con ellos y cuenta que cuando iba a subir al tren una mujer se le acercó para pedirle que interviniera para que no fusilaran a su marido, Reyes Retana. En eso se escuchó cerca la descarga. Villa y Eulalio le comentarán más tarde que se trataba de un falsificador de billetes y encontraron en su casa las prensas y los clichés. Parecía que estaban de acuerdo en fusilarlo. Gutiérrez ahí mismo nombró a Vito Alessio, a pesar de la resistencia de éste, jefe de policía de la ciudad, "un cargo que fue una pesadilla".

Vasconcelos dará una versión absolutamente diferente, muy inexacta. Contará que intervino para defender a los falsificadores y fue a ver a Eulalio, quien le dijo que las relaciones con Villa eran delicadas. El vagón de Villa se encontraba a 500 metros del presidencial y cuando Vasconcelos llegó las escoltas le impidieron el paso porque Villa estaba dormido (eran las 10 de la mañana, probablemente estaría reunido con Gutiérrez y Vito Alessio). Cuando estaba discutiendo con ellos se produjo el fusilamiento. "¡Maldije a Villa y le juré odio!" Al final resultará que el tal Nájera, por el que iba a interceder, sí era culpable. Por cierto que con esos pesos falsificados le había regalado a Vasconcelos un reloj de oro. Villa lo contará más sencillamente: "Los falsificadores eran hijos de buenas familias o que así se nombran". Los mandó a consejo de guerra y los fusilaron a las 10 de la mañana. No se tocó el corazón. Ricos que atentaban contra la economía de guerra, ni pestañear.

Villa acompañó a Eulalio a las cinco de la tarde al Palacio Nacional, pero lo dejó en el elevador; no quería entrar a Palacio antes de haber conversado con Zapata. Existe una curiosa fotografía de ambos. Villa de perfil con un suéter de lana cruda y salacot, y Gutiérrez de espaldas. Según algunas fuentes Eulalio tendrá problemas con Eufemio Zapata en Palacio Nacional por una descortesía. Al regreso Villa debe de haber visto los carteles, mandados poner por Salvador Alvarado, que dejaron a su salida los carrancistas, en los que se muestra una foto de Villa preso en 1912.

Al día siguiente, 4 de diciembre, Pancho Villa sale de Tacuba en automóvil a las ocho de la mañana, y por San Antonio Abad y Tlalpan llega a Xochimilco a las 12:10. Lo acompañan Roque González Garza, José Isabel Robles, Rodolfo Fierro, Enrique Pérez Rul, Madinabeytia, Agustín Estrada, Nicolás Fernández y una pequeña escolta de los Dorados. La consigna era "ni un trago de licor para nosotros". También van, en coche aparte, invitados o pegados, los representantes de los Estados Unidos, Carothers y Canova.

En Xochimilco cohetones y bandas de música tocando dianas, muchedumbre, niños que les llevan flores. Villa, como de costumbre, no puede dejar de conmoverse y reparte entre los niños todo lo que trae en el bolsillo. En el edificio de la prefectura de la calle Juárez lo recibe con un abrazo Otilio Montaño; bravos y gritos entre la multitud. Poco después Zapata llega en auto por la carretera de Cuernavaca. Según Serratos, en la plaza se dieron la mano antes del abrazo. "Mano de amigo". Canova registra que Villa no llevaba ninguna joya, Zapata llevaba dos antiguos anillos de oro en la mano izquierda.

La entrevista se celebrará durante la comida en la casa de Manuel Fuentes, 4ª calle de Hidalgo. La conversación fue tomada taquigráficamente por Gonzalo Atayde, secretario de Roque González Garza. En lo que Vito Alessio Robles, con cierta gracia, llamaría el diálogo entre dos antiguos peones, Pancho Villa y Emiliano Zapata, en este su primer encuentro, se sondean.

Villa sólo estará acompañado en la mesa principal por Roque González Garza, el maderista original y su voz en la Convención; no quiere a su lado a los intelectuales, quiere despacharse este encuentro sin estorbos ni mediaciones. Zapata, en cambio, sienta en la mesa de las conversaciones a Paulino Martínez, Alfredo Serratos, Alberto S. Piña, su hermano Eufemio, Palafox, Banderas (el Agachado), que cede su lugar más tarde al capitán Manuel Aiza, Amador Salazar, dos mujeres, una de ellas su hermana María de Jesús, y un niño pequeño, su hijo Nicolás. Como si quisiera, a él que las palabras suelen faltarle con frecuencia, indicar que esta es una reunión familiar, que recibe a Villa en familia.

Será una conversación medio ladina y a veces con equívocos; se mueve entre lo brutalmente directo y lo ambiguo, entre decir verdades y tantearse. Pasa de la confesión personal interrumpida a la pregunta vaga.

Después de que Villa externa que siempre tuvo la preocupación de que los zapatistas "se fueran a quedar olvidados", marginados del proceso revolucionario, Zapata le revira:

—Ya han dicho a usted los compañeros: siempre lo dije, les dije lo mismo, ese Carranza es un cabrón —y ahora sí, rápidamente, en eso están de acuerdo.

—Son hombres que han dormido en almohadas blanditas. ¿Dónde van a ser amigos del pueblo que toda la vida se la ha pasado de puro sufrimiento? —preguntará Villa.

—Al contrario, están acostumbrados a ser el azote del pueblo —afirmará Zapata.

Y entonces Pancho define lo que habría de ser el futuro de ganar los carrancistas:

—Con estos hombres no hubiéramos tenido ni progreso, ni bienestar, ni reparto de tierras, sino una tiranía en el país. Porque usted sabe, cuando hay inteligencia y se llega a una tiranía, y si es inteligente la tiranía, pues tiene que dominar (dirá quizá recordando la larga noche de la dictadura de Porfirio Díaz). Pero la tiranía de estos hombres era una tiranía taruga y eso sería la muerte del país.

Y tras repasar algunas historias de lo poco que peleaban los del noreste y lo mucho que peleaba la División del Norte, que Zapata apenas si interrumpe, Villa va al meollo del asunto:

—Vamos a ver si quedan arreglados los destinos de aquí de México, para ir luego a donde nos necesiten —dirá.

—En las manos de ustedes dos está —tercia Serratos en lo que en México se llama andar de lambiscón.

Y se produce un diálogo en el que cada cual piensa en lo suyo, en cómo le ha ido en la fiesta. Villa dirá:

—Yo no necesito puestos públicos, porque no los sé lidiar. Vamos a ver dónde están esas gentes (¿las que sí saben lidiar con lo público?). Nomás vamos a encargarles que no den quehacer (que no estén chingando, que no estén dando la lata, que no se metan en lo militar, pensando en Carranza y Zacatecas).

Y Zapata contestará:

—Por eso yo se los advierto a todos los amigos, que mucho cuidado, si no, les cae el machete (¿pensando en que el poder corrompe y que hay que tener a los que lo toman, aunque sean cuates, atados en cortito?).

El taquígrafo registra las risas.

Zapata remata:

—Yo creo que no seremos engañados. Nosotros nos hemos limitado a estarlos arriando, cuidando, cuidando, por un lado (¿A quiénes? ¿A los compañeros de viaje, a los intelectuales zapatistas? ¿A los ilustrados de la clase media? ¿A los profesores y licenciados?) y por otro a seguirlos pastoreando.

Pero Villa está en lo suyo:

—Yo muy bien comprendo que la guerra la hacemos nosotros, los hombres ignorantes y la tienen que aprovechar los gabinetes; pero que ya no nos den quehacer.

Zapata dirá:

—Los hombres que han trabajado más son los que menos tienen que disfrutar de aquellas banquetas (las de la ciudad de México, y entonces registra su relación con la ciudad). Nomás puras banquetas. Yo lo digo por mío; de que ando en una banqueta hasta me quiero caer.

Villa acuerda:

—Ese rancho (la ciudad de México) está muy grande para nosotros.

Luego hablan de la futura guerra, Villa se ofrece para encargarse de "la campaña del norte" y afirma (como diciendo que el norte es lo suyo):

—Para los toros de Tepehuanes, los caballos de allí mismo.

Y después de comentar que el enemigo se limita a defender la figura de Carranza, que "de patria no veo nada", recordará que durante la Convención pidieron su renuncia y que "estuve *ensuichado*", aunque no sería mala idea "que se arreglara todo lo nuestro" para retirarse, "allá tengo unos jacalitos que no son de la revolución", y pasa sin transición a hablar del problema de la tierra.

—Mis ilusiones son que se repartan los terrenos de los ricos. Dios me perdone —dirá burlándose—. ¿No habrá por aquí alguno?

El taquígrafo registra voces que afirman: "Es pueblo, es pueblo".

—Pues para el pueblo queremos las tierritas —y añade en un ataque de pesimismo—. Ya después que se las repartan comenzará el partido que se las quite.

—Le tienen mucho amor a la tierra. Todavía no lo creen cuando se les dice: "Esta tierra es suya" —dijo Zapata—. Creen que es un sueño.

Villa resumió:

—Nuestro pueblo no ha tenido justicia, ni siquiera libertad. Todos los terrenos principales los tienen los ricos. Y él, el pobrecito, encuerado, trabajando de sol a sol. Yo creo que en lo sucesivo va a ser otra vida, y si no, no dejamos estos Máuser que tenemos.

La parte medular de la conversación remata con Villa contándole a Zapata que tiene 16 millones de cartuchos, 40 mil Máuser y 77 cañones.

—Está bueno —dirá Emiliano.

—Porque luego que vi que este hombre (Carranza) era un cabrón me ocupé de comprar parque —intenta explicar Villa.

—Estos cabrones luego que ven tantito lugar, luego luego se quieren abrir paso y se van al sol que nace. ¡Al sol que nace se van a ir mucho al carajo! —afirmará Zapata.

Parecía que empezaban a caerse bien. Villa le dice a Zapata que "Hasta que se vino a encontrar a los verdaderos hombres del pueblo", y Zapata a Villa que "celebro que me haya encontrado con un hombre que de veras sabe pelear".

Villa le ofrece a Zapata un trago de su vaso de agua. Zapata cortésmente se niega, debe haber pensado que Villa estaba loco.

Luego hablaron del sombrero de charro de Zapata ("Yo sólo me hallo con uno de estos") y del kepí de Villa, que entonces llamaban, quién sabe por qué, una gorra rusa; de Orozco y su padre ("Lástima que Orozco no fue porque yo al que le traía ganas era a él"); de los años que llevaban peleando. Villa dice que 22, eso remontaría su visión de cuánto tiempo llevaba enfrentando al sistema a 1892, cuando tenía 14 años. Suma toda su etapa de bandolero y la vuelve parte de "la pelea". Zapata dice que él desde los 18.

León Canova, agente especial del presidente Woodrow Wilson, presente aunque a distancia, en su reporte oficial al Departamento de Estado dio una descripción de Pancho: "Villa es alto, robusto, pesa alrededor de noventa kilos y su piel es tan rubicunda como la de un alemán". No le gustó tanto la imagen de Zapata.

Al final de la comida Zapata brinda con un tequila del que toma la mitad y le ofrece la copa a Villa, éste no se atreve a rechazar y se moja los labios. El asunto será motivo de versiones varias y polémicas. Blanco Moheno dirá que era mezcal. "Una no me va a matar, por el gusto de estar con usted general Zapata". Quirk dirá que al final de la conversación Zapata mandó pedir una botella de coñac, Villa pidió un vaso de agua. Zapata no se lo tomó en serio y sirvió dos vasos del coñac proponiendo un brindis por la unión de los ejércitos campesinos del sur y el norte. Villa, titubeando, le dio un trago y casi se ahoga, los ojos llenos de lágrimas, luego pidió de nuevo su vaso de agua.

Villa descubrió en Xochimilco la comida del sur: el mole de guajolote, los tamales y los frijoles sazonados con epazote y chile verde. Parece ser que ese amor lo acompañará los restantes días de su vida y que Zapata le envió al norte maíz y especias en los siguientes meses, incluso un molino para nixtamal, un cargamento de chiles variados y hierbas de olor.

Hacia las dos de la tarde, como afuera estaba sonando muy fuerte una banda de música y no se podía hablar bien, dejaron la sala y fueron a un salón contiguo tomados del brazo y acompañados por Palafox. Allí permanecerán reunidos una hora.

Roque González Garza recuerda que Villa le contó que se había llegado a un pacto de cuatro puntos: 1) Alianza formal militar entre la División del Norte y el Ejército Libertador del Sur. 2) Adopción del Plan de Ayala por los norteños excluyendo los ataques a Madero que el plan contenía. 3) Villa proporcionaría armas y municiones a los zapatistas. 4) Promoción de un civil a la presidencia de la república.

La despedida de Zapata y Villa fue con abrazos y lágrimas. El encuentro finalmente se había producido.

El 5 de diciembre Eulalio formó gobierno. La paradoja es que era presidente gracias a los votos de quienes lo combatían. Un gobierno a su vacilante situación y medida. Lucio Blanco en Gobernación; José Vasconcelos en Instrucción Pública; José Isabel Robles en Guerra con Eugenio Aguirre Benavides como subsecretario; Chao sería gobernador del Distrito Federal y Vito Alessio Robles jefe de la policía; Felícitos Villarreal ministro de Hacienda; en Agricultura el zapatista Palafox; Rodrigo Gómez, otro zapatista, en Justicia; Comercio para Valentín Gama; Mateo Almanza jefe de la guarnición de la ciudad de México y García Aragón intendente de Palacio.

Y al fin, los hombres de la Convención, zapatistas, villistas y lo que comenzaría a llamarse la tercera posición, entrarán juntos a la ciudad de México desfilando el domingo 6 de diciembre. Los zapatistas salieron de Tlalpan, de los cuarteles de San Lázaro, de San Ángel; los villistas de Tacuba y la hacienda de los Morales. Se concentran en la calzada de la Verónica (hoy Melchor Ocampo). Villa viste uniforme oscuro, unos dirán que aceituna, otros que azul marino, gorra de kepí. Zapata traje de charro con un águila nacional bordada de oro en la espalda, sobre la chaquetilla amarilla. No entran a pie, ni en automóvil, ni en carrito, ni en carroza. Los surianos, la División del Norte, los convencionistas, marchan a caballo. En la descubierta no está Ángeles, que se hizo cargo de la logística de la División y organizó la distribución de las brigadas.

Avanzan por la calzada de Tlacopan, Rosales, Reforma, Juárez, San Francisco, que sería Madero unos días más tarde, para llegar a Palacio Nacional en el Zócalo, donde estaban Eulalio Guzmán y el gabinete. Millares de pañuelos, millares de mirones. Villa dirá: "Como nunca se había visto".

Gracias a una foto, supuestamente de Casasola, el autor de este libro ha podido identificar a los generales que abren la descubierta sobre la avenida San Francisco. Tras dos cornetas zapatistas en pequeños caballos, Lucio Blanco, mirando un reloj que marca las 12:10. En un segundo plano Otilio Montaño observando los balcones del lado izquierdo, aún con la venda de la última herida en la frente. El jovencísimo Rafael Buelna. Urbina, mirada fiera, al frente con salacot. Zapata, Villa (que va conversando con Emiliano), entre ellos Everardo González y a su derecha Rodolfo Fierro en un caballo blanco, con un puro en la mano y la mirada retadora. Y en la esquina de la derecha el secretario de Villa, Luis Aguirre Benavides (a la derecha y fuera de cuadro, en muchas versiones de la foto, Madinabeytia y Pérez Rul). Los ocho generales que abren la marcha eran hace cinco años un campesino, un maestro rural, un estudiante, un cuatrero, un caballerango, un bandolero, un campesino y un maquinista de tren. Nadie podrá explicarse la Revolución Mexicana si no se explica esta foto. Esa foto y sus ausencias, sobre todo la gran ausencia de una clase media ilustrada y radicalizada. ¿Dónde están los periodistas, los médicos, los profesores? A diferencia de otros procesos revolucionarios contemporáneos, campesinos y obreros no necesitaron aquí de intermediarios ni de traductores.

La situación de Lucio Blanco era muy peculiar. Había logrado sustraer el obregonismo y sumar a las fuerzas de la Convención a parte de las caballerías de la División del Noroeste y tenía tras de sí la fama del primer reparto agrario. Cuando Carranza dejó la capital se colocó en una situación ambigua a más no poder. Asumió el gobierno del DF, insistió en que se sostuvieran los acuerdos de Aguascalientes respecto de la remoción de Villa y Carranza e incluso dijo que resistiría a la Convención con las armas si Villa no era retirado. Estaba como fuera de tiempo. Finalmente terminó aceptando lo inevitable y, tras ser nombrado secretario de Gobernación por Eulalio, compareció en el desfile.

Tras la descubierta iba Eufemio Zapata en un carro, abriendo paso a las brigadas zapatistas. Luego Ángeles y Raúl Madero, que encabezan en el desfile a la División del Norte. Ramírez Plancarte observaba el desastre marcial de los zapatistas y la sorprendente disciplina de la División del Norte que le pareció muy superior a la de los carrancistas; se admiró de los suéteres y las cueras de gamuza con flecos "que les daban el feroz aspecto de comanches" y los paliacates al cuello. Los villistas observaban a los zapatistas. Victorio de Anda dirá: "Unos caballos malositos, pero con una voluntad muy grande". Seis inmensas y brillantes horas dura el desfile en el cual van además 66 cañones. Gilberto Nava dirá gozoso: "Nos adoraban a todos los de la División del Norte".

Al llegar a Palacio para reunirse con Eulalio Gutiérrez, Zapata y Villa pasaron por un salón donde había cuatro sillas acomodadas cerca de una pared, en la que hay pintado un mural que el autor no logra identificar; entre las sillas llamó su atención una en especial, garigoleada y repleta de dorados, con el águila del imperio de Maximiliano en el respaldo. Gómez Morín la describe con gracia: "Comparada milimétricamente con otras sillas es relativamente pequeña, pero el estuco desportillado de sus tallas, el raído terciopelo guinda de su forro y sus chimuelas guirnaldas doradas acusan un porfiado uso". El caso es que alguien descubrió la silla. ¿Quién indujo la foto? ¿Los fotógrafos que los acompañaban? ¿Villa? ¿Zapata? ¿Ambos? Mraz piensa que la foto que se tomará "es una foto dirigida, pero no por Casasola (si es que él la tomó) sino por Villa y/o por Zapata". Rito Rodríguez dirá que la idea fue de Villa, que mandó pedir un fotógrafo y le dijo cuando lo tenía enfrente: "Espéreme tantito, amiguito", para ladearse un poco antes de que disparara la cámara.

Se dice que se produjo la siguiente conversación entre los dos generales:

—Siéntese usted —dijo Villa.

—No, siéntese usted, mi general —respondió Zapata, y Villa habría accedido.

Cecilio Robles, un viejo villista, ofreció una versión más simple. Cuenta que Villa dijo: "Voy a ser presidente de la república un tantito", y se sentó en la silla.

La foto, más allá del largo debate simbólico que la ha acompañado, es interesante. Villa sentado, apoltronado en la susodicha silla, con uniforme oscuro y mitazas de cuero. Zapata, sentado a la derecha de Villa desde el punto de vista del fotógrafo, observa la cámara con una de esas impresionantes miradas tristes y acuosas que caracterizan al personaje. Villa parece bromear mientras observa algo fuera del marco de la foto. Flanqueándolos, también sentados, Urbina a la izquierda de Villa (mechón de pelo rebelde, ojos muy claros) y Otilio Montaño, con la frente aún vendada, a la derecha de Zapata; Rodolfo Fierro se cuela en el extremo derecho de la fotografía, de pie, ladeando la cabeza tímidamente, con el sombrero en la mano.

Existe una segunda versión, menos popular, de la foto. En ella Zapata está hablando con Villa y éste parece hallarse fascinado por el sombrero de charro que Emiliano tiene en las rodillas. A Villa, al que enloquecían los sombreros, debe de haberle causado un choque el sombrero del suriano, un "sombrero jarano de pelo de conejo de anchas alas, de los llamados de 20 onzas".

Lo que hace singulares esas fotos, además de la silla, son los mirones. Toda la grandeza mexicana está ahí, desde el niño con la boca abierta y los ojos cerrados que aparece sobre el hombro de Zapata, hasta el gringo con lentes de miope y despistado, pero vestido de charro, que nadie ha podido identificar; del negro con cananas al personaje de la mirada extraviada a la izquierda de Urbina; de la mujer de pie, cerca del respaldo de la silla donde está Villa, que parece una oficinista fuera de lugar, a los mirones que apenas se insinúan en una tercera fila. Es una foto de la maravillosa y barroca familia que la revolución ha hecho a partir del anonimato.

Eufemio Zapata había declarado previamente: "Hice yo una solemne promesa a mis soldados, de que al tomar la capital de la República quemaría inmediatamente la silla presidencial, porque todos los hombres que ocupan esa silla, que parece tener maleficio, olvidan al momento las promesas que hicieron […] desgraciadamente no he podido cumplir mi promesa, pues he sabido que don Venustiano Carranza se llevó la silla". Villa lo confirmará cuando dice que junto con Zapata "estuvimos bromeando en el Palacio Nacional tocante a las vanidades de Carranza, que había cargado a Veracruz con la silla presidencial". Eufemio le confesará más tarde a Martín Luis Guzmán que hasta que la vio no se dio cuenta del error, porque siempre había pensado que la silla presidencial era una silla de montar.

Pero ¿de qué silla estamos hablando? Si Venustiano Carranza se había llevado a Veracruz la silla presidencial, ¿de quién era esta silla? Partamos del supuesto de que existen *las* sillas. ¿Cuál era ésta? Vito Alessio Robles parece aclararlo cuando cuenta que en uno de los salones había "una silla presidencial. Se me informó que era una anticuada reliquia histórica que debería estar en un museo". Francisco Muro, un villista, se preguntaba: "¿Y esta silla es por la que tanto pelean?"

En el México republicano, inclusive en el de Díaz, no existía un salón de recepciones organizado en torno a la silla presidencial; si la silla existía, sería una común y corriente, como tantas que se ven en las fotos de Madero, Huerta o Carranza, pensadas para ser usadas en un despacho, un comedor, una sala de reuniones, el palco de un desfile. ¿Qué se llevó entonces Venustiano a Veracruz? Se llevó el mito. Y Eufemio quería quemar el mito. Y Pancho y Emiliano construyeron el mito con una silla inventada, para quitársela a Carranza con una fotografía. Es curioso, era la silla simbólica que ninguno de los dos quería para sí.

La foto fue publicada mucho más tarde porque en aquel momento no había periódicos en la ciudad, pero una vez difundida, esta foto de una silla presidencial que no lo era, hizo crecer todo el memorial sobre "la silla presidencial". De esta silla surge el referente que nos ha de acompañar a los mexicanos los siguientes 100 años: la idea de que se combate por la silla, la imagen de la silla como centro del país, como cúpula de la pirámide, como centro del poder.

Aunque el desfile terminó a las cinco de la tarde, a las dos comenzó una comida ofrecida por Eulalio en uno de los salones de Palacio Nacional. En la mesa de honor el presidente sienta a Pancho Villa a su derecha y a su izquierda a Zapata, que tiene cara de que no está a gusto en el homenaje, distanciado y tristón. Eulalio coloca al lado de Villa al nuevo ministro de educación, José Vasconcelos, y a la derecha de Zapata a Felícitos Villarreal, ministro de Hacienda. Como siempre en las fotos, hay una segunda fila tras los hombres sentados y comiendo, una abigarrada mezcla de guardaespaldas, meseros y mirones.

Zapata descubre en el banquete al intendente de Palacio, muy solícito, el general Guillermo García Aragón, que le ofrece la mano. Zapata se niega a saludarlo. El general suriano estuvo "muy inquieto" durante toda la comida por su presencia. García Aragón había combatido a sus órdenes y en un determinado momento se pasó con todas sus fuerzas al huertismo para luego, al borde de la caída de Victoriano Huerta, volver a dar el chaquetazo y más tarde sumarse a la Convención en Aguascalientes. Otro motivo de tensión eran las miradas que el general zapatista, de pelo muy corto y mirada atravesada, Juan M. Banderas, le dirigía a Vasconcelos, al que entre dientes amenazó con matarlo. "Éste me la debe. Me tanteó cuando estuve preso. Juro que no pasan dos días sin que me lo *quebre*". Banderas, maderista de la primera hora, había sido gobernador de Sinaloa, pero Madero lo había destituido "por sus desmanes" y lo había metido a la cárcel. Liberado por Huerta cuando la invasión a Veracruz, se había peleado con él y se sumó al zapatismo. Vasconcelos cerrará el banquete con una loa a los dos invitados principales, una de cuyas frases recogerá Martín Luis Guzmán: "Pancho Villa y Zapata consuman, al comer juntos en esta mesa, la conjunción del pueblo".

Al día siguiente, lunes 7 de diciembre, se celebra una reunión para tratar asuntos de la guerra. Eulalio con José Isabel Robles, el ministro de la Guerra, se reunirá con los zapatistas; Villa será invitado a la reunión y se sumará a la una de la tarde. La situación militar es buena: Carranza se ha instalado en Veracruz y trata de reunir fuerzas, pero el ejército de Pablo González, en su retirada, se estaba desintegrando. Parece ser que en la reunión se acordó realizar un movimiento de pinzas sobre Puebla con zapatistas y villistas. Villa seguiría sobre Veracruz desde Apizaco.

Ese mismo día habrán de aflorar las tensiones producto de la reunión de los tres ejércitos en la capital. Al atardecer, se presentan en la inspección de policía los familiares del general García Aragón a denunciar que "una fuerza zapatista se había presentado en su domicilio". Vito Alessio envió a un grupo de agentes a averiguar y le reportaron que estaba en uno de los cuarteles de San Lázaro por órdenes del general Zapata. Le informó al presidente, quien le dice que lo deje en sus manos. Villa, más tarde, le contará que los zapatistas "ya se lo echaron", tras un consejo de guerra sumarísimo en la Escuela de Tiro de San Lázaro.

Eulalio Gutiérrez dará más tarde una versión dolosa, en la que decía que el general Guillermo García Aragón, vicepresidente de la Convención, "fue arrestado por fuerzas del general Villa a indicación del general Zapata, con el que tenía cuestiones personales (ni tan personales). Inmediatamente que tuve conocimiento ordené al general Villa que lo pusiera en libertad y éste ofreció cumplir la orden, pero pocas horas después entregó el prisionero al general Zapata, quien lo mandó ejecutar". Octavio Paz Solórzano desmontará la historia cuando dijo que la cosa era muchos más simple, un conflicto entre zapatistas y zapatistas renegados y que "Zapata no se lo pidió a Villa por la sencilla razón de que García Aragón no era villista".

En esa misma noche Vito Alessio recibió un recado de Pancho Villa pidiéndole 10 automóviles para las 11:30 de la noche. ¿Con policías? Sólo con choferes. Vito pensó que podía tratarse de un intento de rescatar a García Aragón. Se trataba de la "redada" de los niños.

Cuando se encontraron, Pancho le contó que la noche anterior había recorrido las calles del centro y le partió el corazón ver a multitud de niños casi desnudos cubiertos de periódicos. Era diciembre, hacía frío. "Yo también sufrí de niño".

Entonces el jefe de policía y Villa fueron a recorrer el centro y comenzaron a recoger niños abandonados; muchos, huérfanos de guerra. Algunos huían perseguidos por los Dorados, otros se acercaban. Los fueron llevando a la estación, donde Villa les entregaba un traje de mezclilla y una cobija y les daba personalmente dos tortas compuestas a cada uno. Muchos lo miraban con recelo. En la noche salieron en tren para Chihuahua. Uno de los muchachos capturados y llevados al tren, muy precoz, decía que Carranza se llevaba los caballos y Villa hacía leva de muchachos.

Pancho le había enviado horas antes a Luz Corral un telegrama diciéndole que movilizara a los militares y a los ricos de Chihuahua y les sacara dinero para adecuar la Escuela de Artes y Oficios y hacer un internado para los niños que enviaba.

No todos los niños se quedaron en la escuela, varios se escaparon al paso de los días saltado la barda. Deberían extrañar la ciudad de México y su terrible libertad. Meses después el presidente municipal de Ciudad Juárez recibió un telegrama en que le informaban que se habían fugado varios de los alumnos de la escuela de Artes y Oficios, y daban la filiación de Andrés, Abdón, Moisés, Eulogio, de 12 a 14 años, vestidos con el uniforme azul de mezclilla de la escuela; pedían que si los encontraban los regresaran.

El martes 8 diciembre se dedica a Francisco Madero. A las 10 de la mañana se encontraba una banda de música en Plateros e Isabel la Católica. Villa llegó, subió a una escalera y mostró al público una placa. Y sin mayor ceremonia, mientras la banda tocaba el himno nacional, la colocó bautizando Plateros y San Francisco, que la prolongaba, como avenida Francisco I. Madero. Hay una serie de fotos que muestran a Villa encaramado, con suéter de lana y casco, colocando la placa; bajo el suéter asoma la pistola en su funda. Al pie del nombre de Madero, un pequeño letrero avisaba, muy al estilo de la División del Norte, que quien retirara la placa sería "fusilado inmediatamente". Las placas habían sido colocadas previamente por los carrancistas, pero los zapatistas las retiraron. Esta vez tendrían que respetarlas.

En el panteón francés se celebró el segundo homenaje, una manifestación de duelo ante la tumba. Villa llegó cubierto con salacot y saludó de mano a todo el mundo en la puerta del cementerio; luego se quitó el sombrero. Salvador Toscano lo filmaba y Villa no sabía qué hacer con las manos. Había aprendido a quedarse quieto mientras le toman fotos, pero no sabía posar para una cámara de cine.

El suéter de lana gruesa de color verde olivo que llevaba ese día, se lo había tejido Luz. Era para los fríos de Chihuahua y los fríos de la muerte de Madero. Entre el público se encontraban Sara Pérez (viuda de Madero), Felipe Ángeles, José Isabel Robles, Raúl Madero y Dionisio Triana. Todo estaba repleto de coronas de flores.

Villa habló: "Aquí en este lugar juro que pelearé hasta lo último por esos ideales; que mi espada (¿cuál espada? Víctima de la retórica de su entorno, ni Villa se salva) ha pertenecido, pertenece y pertenecerá al pueblo. Me faltan palabras". Y se soltó llorando con grandes lagrimones. Uno de los hermanos de Madero trató de pasarle un pañuelo, pero Villa sacó el suyo, una sábana casi. La cámara cinematográfica registra el llanto de Pancho y cuando se eleva sorprende a un Rodolfo Fierro descubierto, apesadumbrado y con un ramo de flores en la mano, una imagen inusitada. Miguel Silva tomará finalmente la palabra.

En el teatro se estrenó *El norte y el sur unidos*, donde villistas y zapatistas se daban la mano en el escenario. Así andaban las cosas cuando se produjo la historia de "la cajera francesa". Villa se alojaba en el hotel San Francis, cerca del Caballito, y la oficina de la División del Norte estaban en Liverpool 76; al amanecer iba caminando de un lugar a otro y en el trayecto desayunaba en el restaurante del hotel Palacio. Una mañana se le insinuó a la mesera (luego ella andaría mostrando una notita de Villa escrita a mano), que espantada por la fama de los norteños no se presentó al día siguiente al trabajo. Villa le preguntó a la dueña, una señora francesa de apellido Fares, que sin conocerlo comenzó a burlarse de él y le dijo que la cajera estaba "bien guardadita" y tenía un precio que no cualquiera podía alcanzar. Puente agrega que la patrona, además de meterse de celestina, se negó a recibir los billetes revolucionarios.

Villa se encabronó tanto que ordenó a sus ayudantes que aprehendieran a la dueña, una mujer de unos 40 años, y la llevaran a las oficinas de Liverpool. Celia Herrera, dada a hacer melodrama violento de cualquier historia, rebautiza al hotel como Imperial, la mesera se torna una "joven cajera francesa, esposa del gerente del hotel", que huye hacia su cuarto cuando Villa la llama y el propio Pancho sube a sus habitaciones y la secuestra pistola en mano. René Marín hace crecer el asunto: Villa "abusó sexualmente de la francesa". Vito Alessio, que investigó la historia como jefe de policía, reduce el hecho a otra dimensión: "Villa secuestraba a una vieja celestina francesa que pretendía cobrarle fuerte cantidad por entregarle a una cajera agraciada".

La noticia circuló en un ambiente propicio a los rumores y Villa fue acusado de haber "secuestrado a una señorita francesa". Se armó el escándalo, que llevó a una nota diplomática de la legación francesa preguntando al presidente por el destino de su connacional. Villa soltó a la francesa y en desagravio le propuso comprarle su hotel a cambio de que se fuera de México. Semanas más tarde Luis Aguirre Benavides, que tenía la misión de cerrar la operación, descubrió que la finca que la mujer estaba vendiendo no era suya y allí quedó el asunto, abandonado y olvidado.

Sin embargo, la historia de la francesa tendría una cola inesperada. El teniente coronel David G. Berlanga, de 28 años, nacido en Coahuila, profesor normalista que representaba en la Convención al gobernador de Aguascalientes, declaró el 7 de diciembre, en la sesión permanente de la Convención, "Villa ha sido, es y seguirá siendo un bandido". No era la primera vez que Berlanga hacía declaraciones brutales contra Villa. Durante la Convención su tono había sido particularmente enconado. Esa misma noche salió a cenar al restaurante Sylvain, en la calle 16 de Septiembre. Cenaban en el mismo restaurante algunos ayudantes de Villa y cuando les presentaron la cuenta firmaron un vale por el consumo y la comida. El mesero le consultó a Berlanga, que era asiduo. Éste le echó tremenda bronca a los ayudantes, dijo que la División del Norte estaba formada por un montón de salteadores y bandidos y pagó de su bolsillo para quedarse con la nota como prueba. Aquí las versiones difieren, mientras unos cuentan que los reprimidos fueron con el chisme a Villa y este ordenó a Fierro que buscara a García Berlanga y lo fusilara, otros sostendrán que Fierro tomó la iniciativa, a espaldas de Villa, de acudir al restaurante al día siguiente y detener a García Berlanga, llevarlo al cuartel de San Cosme, de donde lo llevó más tarde al panteón de Dolores y lo fusiló.

Martín Luis Guzmán habrá de contar que Rodolfo Fierro se presentó más tarde en la Secretaría de Guerra y le pidió una conversación en privado, donde confesó: "Acabo de matar a David Berlanga… y créame usted que lo siento. […] Por orden del jefe". Mostraba su arrepentimiento no por el hecho, sino por el valor de García Berlanga, que cuando fue puesto frente al paredón pidió un puro cuya ceniza no se caía, porque no le temblaba la mano. Ana María, su hermana, inició una investigación en los diferentes despachos de los militares de la ciudad de México, pidiendo que al menos le permitieran recuperar el cadáver, que no apareció en el panteón de Dolores sino hasta enero.

La reunión en la ciudad de México de una serie de caudillos militares, cuyas rencillas acumuladas en el pasado no estaban resueltas, seguiría produciendo enfrentamientos. Los rumores de que el general Juan Banderas quería liquidar al ministro de Educación Vasconcelos seguían. El Agachado seguía contando a todo el que lo quisiera oír que Vasconcelos le había cobrado por defenderlo y no lo había hecho. Vito Alessio, actuando como jefe de la policía, le pidió a Villa que intercediera en el asunto, pero El Agachado respondía a las fuerzas zapatistas y lo más que Villa pudo hacer (decía de Banderas que era "un cabrón que cumple lo que ofrece") fue a ofrecerle a Vasconcelos una escolta de Dorados. Curiosamente, el hermano de Vito, Miguel Alessio, contaba la historia al revés, diciendo que "Vasconcelos era acechado y perseguido por los principales corifeos del villismo". La confrontación habría de tomar una forma diferente.

El 9 de diciembre, hacia las 12 de la mañana, el general Garay, de las fuerzas de Buelna, se dejó caer en el hotel Cosmos, en San Juan de Letrán, donde vivían Banderas y sus oficiales, y en el vestíbulo le dio un tiro al Agachado. Los hombres de Banderas devolvieron los disparos y Garay cayó muerto. El tiroteo siguió en la calle. Vito Alessio se apareció a mitad de la balacera y logró detenerla "a duras penas", sin haber podido evitar la muerte de varios pacíficos transeúntes. Detuvo a Banderas, que se encontraba herido en su cuarto, quien le contó que todo había empezado una hora antes, cuando él insultó a Buelna en la entrada de su hotel, acusándolo de ser culpable de su detención por Madero en 1911. Buelna estaba desarmado cuando el Agachado lo injurió y aun así trató de echarse encima de él, pero lo pararon. En su cuarto, Buelna contó el asunto a algunos compañeros; Garay, su segundo, descendía más tarde en el elevador, muy enfadado, cuando vio en las escaleras a Banderas y con sólo un grito de advertencia tiró del revólver e hizo varios disparos sobre él, pero falló. Aquel, agazapado, respondió el tiroteo y lo mató. Durante varios días Buelna buscó a Banderas por la ciudad de México, hasta que Villa le dio órdenes de salir de operaciones hacia Nayarit y Sinaloa (por cierto que de pasada sacó también a Fierro de la ciudad, enviándolo a Jalisco).

Rosa Helia Villa sugiere que en esos días Pancho Villa mantuvo una relación con la actriz más famosa del espectáculo en México, María Conesa. Pero parece ser que el asunto quedó en conato. Fuentes Mares narra que la Conesa cantaba un cuplé titulado "Las percheleras", con un estribillo que decía: "La navaja que se mete y que se saca". Mientras cantaba, María Conesa bajaba del escenario y acompañada de varias tiples se dedicaba, navaja en mano, a destrozar corbatas y cortar botones del personal asistente. En una ocasión se lo hizo a Pancho, que formaba parte del público. Parece ser que Pancho, en versión de Fuentes Mares, se enamoró a primera vista de la *vedette* y la trató de conquistar, pero María se hizo humo. Ella recordó: "Recíbelo, pero no salgas del camerino, me aconsejaba Manuel" (su esposo). Pancho la "saludaba con una infinita cortesía, todo replegado en sí mismo [...] Como las visitas se hacían cada vez más frecuentes, las miradas más audaces y la voz más tierna, decidí huir. Durante una semana estuve escondida fuera de la capital".

"Hermanos de raza". ¿En qué momento topó Pancho Villa con la frase? ¿A cuál de sus jilgueros, oradores de quiosco y séquito se la debe? (Katz dice que la usó en el balcón de Chihuahua en diciembre de 1913, el narrador no lo registra.) El caso es que en 1915 la usaba con frecuencia para referirse a la plebe, a la plebe como él. A mediados de diciembre de 1914, celebrándose la toma de Guadalajara por el convencionista Medina, Villa habló en el balcón de Palacio Nacional usando la frase. La raza se había reunido al sonar del campaneo y pedía que salieran al balcón Villa y Zapata, y que hablara Pancho. Muchos de los grandes jefes se le unieron.

Por cierto que en su discurso, muy breve y muy agradecido por la plebe, usó la palabra *redotar* (derrotar) y se defendió de las acusaciones de reaccionario, que lo calentaban bastante. Ese mismo día Maclovio Herrera había publicado un manifiesto en Veracruz titulado "Villa, he ahí al enemigo", en el que recordaba su época de bandolero como Doroteo; decía que Villa había tenido más esposas que un sultán y que de triunfar convertiría la república en un enorme campo de rapiña.

Para que Pancho pudiera ser escuchado tuvieron que hacerles gestos a los campaneros, que se estaban dando gusto en la Catedral. Hablaba en falsete, muy claro, eso sí. Nellie Campobello dirá que tenía la voz "metálica y desparramada. Sus gritos fuertes y claros, a veces parejos y vibrantes. Su voz se podía oír a gran distancia. Sus pulmones parecían de acero".

Y aunque todo parecía ir sobre ruedas, las tensiones internas entre los convencionistas crecían. Las muertes de García Aragón, García Berlanga y Garay hacían sentir al gobierno de Eulalio Gutiérrez que la situación se les estaba saliendo de las manos. Miguel Alessio cuenta que el ministro de la guerra José Isabel Robles se entrevistó con Villa para decirle que "saliera a batir al enemigo", como parte de un acuerdo que habían tenido en el consejo de ministros de que Villa abandonara la ciudad de México.

El mismo día del tiroteo de San Juan de Letrán, el 9 de diciembre, Zapata dejó la ciudad de México rumbo a Puebla, que ocupó el 15. El apoyo en trenes que le habían prometido no se produjo, la artillería llegó tarde y tuvieron que transportarla en mula. Había un ambiente de conspiración en el que más de uno trataba de envenenar las relaciones entre Villa y Zapata. Pancho contará: "Ya no volví a tener un día sin que dejaran de llegar a mi conocimiento denuncias y delaciones en que mis mismos amigos resultaban estar complicados; a cada momento se querían provocar fricciones con los zapatistas". Miguel Alessio sostiene que a "Villa le encantaba la ciudad de México. No quería salir de ella. Estaba embriagado por sus placeres". Pero la verdad se encontraba en el extremo opuesto. A Villa no le gustaba la ciudad de México y estaba harto de chismes, calumnias y conflictos; le urgía salir a acabar con el carrancismo y si algo lo frenaba era que no le atraía el plan original de marchar sobre Veracruz dejando la espalda, que miraba al norte, descubierta.

Los carrancistas habían pasado por la ciudad de México dejando tras de sí muy mala fama; la plebe usaba las letras de Álvaro Obregón para escribir "vengo a robarlo", y llamaban a los carrancistas, en broma, los "héroes de Casas Grandes", porque habían expropiado alegremente todas las mansiones de la oligarquía huertista. Pero la fama de los villistas, y en particular de Tomás Urbina, hacía palidecer la fama de aquellos. Martín Luis Guzmán registra: "Era sólo contra los ricos contra quien se enderezaban las actividades del compadre Urbina, (los robos) los practicaba él con perfección muy superior a la de todos los generales que aquellos días lo emularon. Su visión para escoger víctimas era certera. Sus maniobras silenciosas, cuanto infalibles. No fallaba golpe". Martín, que no había seguido al villismo en Chihuahua, no sabía de la tradicional práctica de los préstamos forzosos con los que la División del Norte se había mantenido. Un secuestro causó particular escándalo en la ciudad de México, el de Jesusito García y su sobrino Francisco Salinas, ricos zacatecanos, para forzarlos a entregar un préstamo forzoso que Nicolás Fernández hace ascender a la inverosímil cantidad de 30 millones de pesos. Vasconcelos convierte el secuestro en una oleada de secuestros: "Noche a noche los villistas plagiaban vecinos acaudalados, fusilaban por docenas a pacíficos desconocidos y era notorio que cada mañana, en el propio carro de Villa, los favoritos, el Pancitas (una fabulación de Vasconcelos, basada probablemente en Baca Valles), el Fierro y otros más, se repartían los anillos, los relojes de los fusilados la noche anterior". Delirante esta puesta en escena.

La consolidación de esta versión tremendista se generalizó al paso de los años. Ramírez Plancarte se hizo eco y Celia Herrera enloqueció de felicidad: "A la estación de Tacuba […] son llevados en la noche indefensos civiles de todas las clases sociales, que son asesinados a los lados del tren". Knight le dará sustento académico: "Mientras las relaciones públicas vacilaban y se ignoraba a los villistas respetables, los viejos compadres militares de Villa impusieron su compás: una francachela salvaje, ditirámbica. La violación, el tiroteo y el asesinato distinguieron su ocupación en la ciudad de México". Después sólo se trataba de repetir y citar.

En la casa de los Lanz Duret había una tertulia en la que participaba la viuda de Justo Sierra. Miguel Alessio, que acudía frecuentemente, cuenta que allí jugaban muy seriamente a los espantos. El gran personaje de los cuentos de brujas era Rodolfo Fierro, del que hace una descripción: "Alto, el color de la tez morena. Los ojos anchos bajo sus espesas cejas despedían miradas aterradoras. El pelo lacio caía en mechones negros sobre su frente. Su boca grande. Los labios húmedos descubrían el brillo de sus dientes blancos, como si fueran los de un leopardo que acechaba constantemente a su presa. El tipo más pavoroso de la revolución". Vasconcelos deliraría más tarde con esas primeras impresiones de la ciudad de México, en una mezcla de satanización del villismo y patético antiindigenismo: "El calzado del norte y el uniforme kaki que los carrancistas llevaban de Texas, salvó a la república de volver a vestir la manta cruda de los aztecas. Nos salvó del retorno indígena el salvajismo de Fierro, que noche a noche fusilaba, por su cuenta y gusto, diez, veinte coroneles zapatistas indígenas".

El 10 de diciembre Vito Alessio Robles acompañó a Felipe Ángeles a una reunión de emergencia con Villa en Liverpool 76 (la casa de Ángel del Caso). Villa, que había estado ocupado organizando las adquisiciones de combustible para mover los trenes de la División del Norte y el retiro del dinero carrancista para cambiarlo por dinero de Chihuahua, les mostró unos telegramas recibidos de Emilio Madero desde Torreón, diciendo que los carrancistas habían llegado a San Pedro de las Colonias y amenazaban la zona lagunera, relativamente indefensa.

Villa había tomado una decisión clave. Le ordenó a Ángeles que embarcara sus fuerzas, a las que sumó dos brigadas, para que fuera a Torreón, que "es base de mis operaciones y aprovisionamientos", y avanzara sobre Saltillo y Monterrey. Ángeles no estaba de acuerdo, dijo que había que pegar a la cabeza, hacia Veracruz, contra Carranza; que las fuerzas de Raúl Madero eran suficientes para contener la amenaza a La Laguna. Villa reiteró la orden: hacia el norte. Los zapatistas batirían a Obregón, Alvarado y Coss en Puebla. El desacuerdo persistía. Ángeles volvió a proponer que la fuerza fundamental de la ofensiva fuera sobre Veracruz. Pero Villa estaba absolutamente convencido, la prioridad era erradicar cualquier tipo de amenaza que se produjera en los territorios del norte, su base natural. Ángeles se subordinó. Casi de inmediato regresó a la hacienda de los Morales y ordenó que comenzara a ser embarcada la artillería.

Un día más tarde, el 11 de diciembre, los trenes comenzaron a salir de Buenavista. Se señaló Irapuato como punto de concentración de las brigadas villistas. Urbina iría hacia San Luis Potosí, a la huasteca, para llegar a Tampico y acabar con el petróleo de Carranza; Felipe Ángeles se encontraría con Raúl

Madero en La Laguna y de ahí marcharían hacia Monterrey y Coahuila. Villa mismo, desde Irapuato marcharía sobre Guadalajara. Cuando se inició la movilización hacia el centro de la república, los cuarteles del norte se llenaron de voluntarios que querían sumarse a Villa y su magnetismo; si hubiera tenido armas hubiera podido organizar un ejército de 50 mil hombres.

Mientras Villa reorganizaba su columna en Irapuato, en la ciudad de México la desaparición de Paulino Martínez habría de crear enormes tensiones. Paulino, uno de los más importantes delegados zapatistas en la Convención, periodista de oposición, rompió con Madero, anduvo con Vázquez Gómez y con Orozco, pero se separó de ellos cuando el golpe de Huerta y se vinculó al zapatismo.

El domingo 13 había ido al teatro Ideal con sus hijas. Al retorno, un mensajero le trajo una tarjeta del secretario de la Guerra, José Isabel Robles, pidiéndole que se presentara de inmediato. El portador de la nota fue reconocido como el chofer de Robles, un personaje inconfundible porque era cacarizo, "como salpicado de granos de pólvora".

Como no regresaba de su cita, la familia se comunicó con Eufemio Zapata y éste con Robles, quien negó haberle mandado la tarjeta. A la mañana siguiente el presidente y general Gutiérrez comunicó al hijo de Paulino que su padre "había sido asesinado a palos en un pueblo cercano a la ciudad de México y el cadáver había sido incinerado", pero a pesar de tener tanta información no mencionó quién había sido el autor del crimen. Había furia entre los zapatistas. El general Palafox amenazó con detener al presidente. Meses después le contaron a la esposa que un "grupo de ranchistas" (fueran lo que fueran) lo había secuestrado, llevado a Jalapa y después a Teocelo, donde había sido fusilado. Octavio Paz dirá que el asesino de Paulino fue el general Joaquín de la Peña, un personaje sobre el cual el autor no ha encontrado referencias.

Sin embargo, varias versiones trataron de involucrar a Villa en el asesinato. Se dirá que "algún rencoroso puso en manos del centauro un ejemplar de *La Voz de Juárez* [...] del 21 de febrero de 1913 (que contenía un escrito de Paulino donde protestaba por la posible liberación de Madero y Pino Suárez) [...] porque constituiría un serio peligro para la paz que ahora se trataba de restablecer y hacía un llamado al patriotismo de Félix Díaz para que lo impidiera". Villa enfureció al leerlo y ordenó el asesinato de Paulino. Luis Aguirre Benavides, en otra versión creada tras separarse de Villa, dijo que todo había obedecido a que Isabel Robles se quejaba de los desmanes de los zapatistas en el DF y lo grave que resultaba esto para la Convención. Villa mandó a Fierro para arreglarlo y éste lo arregló de la única manera que sabía. Fierro se subió al coche y se lo llevó al panteón Español o al cuartel de San Cosme. Vasconcelos contará que "Fierro en persona confesó a Eulalio que había hecho fusilar al ilustre viejo... por gusto".

La historia es inconsistente. En esos momentos las relaciones de Villa con los zapatistas eran fraternales y cautelosas, estaban marcadas por el respeto, incluso por la deferencia. Paulino no era la imagen del desmán zapatista, sino todo lo contrario. Y por si esto fuera poco, Rodolfo Fierro no estaba en la ciudad de México y nunca había hablado con Eulalio, menos para hacerle confesiones. Más bien, parece que el asesinato de Paulino tenía por objeto meter una cuña entre la División del Norte y los zapatistas, y así le escribe Zapata a Villa un par de días más tarde: "Nuestros enemigos están trabajando muy activamente para dividir el norte y el sur […] por lo cual me veo obligado a recomendarle tenga el mayor cuidado sobre el particular".

Este fue el último eslabón de una cadena de hechos de sangre que la Historia que se construyó posteriormente habría de narrar de una manera mucho más elaborada y fantástica, afirmando la existencia de un complot de Villa y Zapata para desembarazarse de varias personas.

¿Cómo se construye una calumnia atractiva? Elías Torres escribió un artículo titulado "Trágica permuta", donde minuciosamente narró un supuesto pacto secreto que se dio tras la comida de Xochimilco el 3 de diciembre. Cuenta que Villa vio a Marcelo Caraveo y Benjamín Argumedo (ni estaban en México, ni en el banquete, diría Octavio Paz Solórzano más tarde, polemizando con esta versión) y le dijo a Zapata que se los entregara, a lo que éste se negó. En la comida posterior en el Palacio Nacional, Zapata descubrió como intendente al general Guillermo García Aragón, que los había traicionado pasándose a las tropas de Figueroa, y Villa vio a Paulino Martínez. Al final de la comida Zapata le sugirió que se los permutaran para ejecutarlos. La versión es absurda e inconsistente. García Aragón no era villista y Villa había estado junto a Martínez en Guadalupe, y además uno de los discursos de la comida de Xochimilco, en que se habló bien de Villa, fue del propio Paulino.

De alguna manera esta versión se consolidó. González Ramírez hablará del "capítulo informal" de la alianza en Xochimilco, e incluye la muerte por fusilamiento del coronel Manuel Manzanera (que sucedió mucho antes) y luego insiste en que Villa y Zapata se pidieron mutuamente a García Aragón y Paulino Martínez: "Fue público y notorio que […] convinieron en entregarse mutuamente algunos prisioneros, los que entregados fueron pasados por las armas". Quirk lo registra y le da sustento académico: "Tan tranquilamente como si estuvieran jugando a cara o cruz, los dos jefes escogieron a las víctimas humanas". Ramírez Plancarte se suma a la versión. Miguel Alessio (futuro biógrafo de Obregón) añade: "Villa no tardó en darle rienda suelta a sus instintos y mandó asesinar […] al periodista Paulino Martínez". En este contexto todo vale. Luciano Ramírez dirá: "Con la llegada de varios miles de soldados tanto del norte como del sur, una oleada de saqueos, asesinatos y atropellos de distinta índole se sucedieron en la capital de la república en esos primeros días de diciembre". Knight, basado en Cumberland y en Canova, dice que hubo

200 asesinatos en la ciudad de México en ese tiempo. Una revisión de prensa y archivos hace parecer desmesurada la cifra, y resultar absurda la implicación de que fueron actos políticos.

Es el momento central en que se construye la leyenda negra de Villa, que se consolidará en 1918-1919. Un personaje moralmente discutible, como Nemesio García Naranjo, secretario de Educación con Huerta, dirá: "Villa no fue a la revolución arrastrado por un ensueño, porque las bestias son incapaces de soñar […] Villa hizo la revolución sin finalidad, por la revolución misma, porque en un lugar donde se han roto los diques podía su espíritu volar con salvaje e incontenible libertad". Appelius lo llamaría: "Reencarnación de Huitzilopochtli" y Basilio Rojas: "El pavoroso sujeto". Vera Estañol comentará: "Tipo acabado del criminal regresivo en lo físico como en lo moral, dotado de gran poder magnético sobre las clases bajas y la canalla", y en una variante: "El tipo acabado de delincuente nato, el hombre regresivo por excelencia". Y años más tarde Salvador Novo dirá: "La figura siniestra de Villa no ha podido borrarse bajo el recuerdo de quienes padecieron bajo sus botas", y "Fue telúrico, azote ciego; que no tuvo capacidad para distinguir lo que arrollaba a su paso". Y Vasconcelos, en 1940, confrontando a los narradores de la revolución que tocaban la figura de Villa: "A Villa […] le han glorificado no pocos literatos que padecen complejo de complicidad moral con el criminal". B. Traven, en un cuento, inventaba una historia según la cual Villa, desayunando en Torreón en 1915, lo hacía con las cabezas cortadas de enemigos colgadas del balcón de enfrente, porque "no se le abre el apetito si no tiene esa clase de adorno ante sus ojos". Nellie Campobello justamente registraría: "Su leyenda negra cubría hasta el más inocente gesto de su vida diaria".

Pero Pancho no estaba únicamente bajo el fuego que le atribuía cualquier desmán o hecho de sangre en la ciudad de México (y hay que reconocer que la muerte de García Berlanga y el asunto de la francesa le daban alas a sus enemigos), también lo estaba bajo la fuerte propaganda de los carrancistas y en particular de las facciones de Villarreal y Obregón, que justificaban su traición a la Convención con el argumento de: "Villa reaccionario".

El 16 de diciembre salió el diario *La Convención* en el DF, reanudando la edición de Aguascalientes, nuevamente dirigido por Heriberto Frías. Un día después reseñará la entrada de Villa en Guadalajara ante el repliegue de Diéguez, recibido con confeti y bien visto por la oligarquía y el clero. "Las mujeres hermosas agitaron sus pañuelos […] los próceres de la oligarquía y el agio fueron reverentes a postrarse ante el caudillo".

Villa, desde Ocotlán, días antes había declarado la libertad de cultos. Pragmático, permitiría la reapertura de las iglesias en Jalisco ("Los templos son de ustedes, pueden abrirlos a la hora que les dé la gana") que el jacobinismo de Diéguez, su rival carrancista, cerraba. Se volvía así a los ojos del clero el "salvador de la religión".

Frente a las acciones de Diéguez y Murguía, la política clerical de Villa era evitar los excesos. Por cierto que Knight registra que el agnóstico Ángeles abrirá en Monterrey las iglesias que había cerrado Villarreal. Puente describía la actitud de Villa: "Se alegra de que se combata el fanatismo; pero no quiere un pueblo sin religión. Cuando uno de los gobernadores le participa haber mandado quemar los confesionarios y haber prohibido por decreto la confesión auricular, le aconseja que mejor *no meterse con las viejas*. El catolicismo es para él como una parte de su patria; no lo practica y no lo entiende". ¿Y no quiere Villa un pueblo sin religión? Más bien, enmendando a Puente, no quiere que la religión se vuelva un motivo de conflicto. No le gustaban mucho las ceremonias religiosas y en 1913 usó la mano dura contra un clero al que veía como colaborador de la dictadura de Huerta y cómplice de los latifundistas: Expulsó a monjas y curas españoles de Chihuahua, mandó a la frontera a los curas de Saltillo y después de la toma de Zacatecas permitió el saqueo del palacio del obispo y llenó un vagón de sacerdotes y pidió rescate por ellos. Pero una cosa era poner al clero en su lugar, como hizo con el cura de Satevó, y otra cerrarle las iglesias a los que querían usarlas.

La izquierda carrancista, en la ruptura del fin de 1914, tenía no sólo miedo a los "perversos instintos" villistas, también pensaba honestamente, más allá de ardides propagandísticos, que estaba en manos de la reacción y que Villa no tenía un programa social, por tanto resultaba ajeno a la "verdadera revolución" que el ala jacobina del carrancismo intentaba, a pesar del propio Carranza. En las "Mañanitas de la División del Norte", de Enrique C. Villaseñor, la idea de que los villistas eran reaccionarios flota en todas las cuartetas: "Estos son los generales/ con los que el bandido Villa/ anima a los clericales"; o "Con el tambor de los yaquis/ las hordas de reaccionarios/ olvidaron las bravatas/ las armas y los rosarios". Villarreal le escribía a Carrera Torres que en Chihuahua, Villa había llevado a cabo el reparto agrario distribuyendo a sus amigos y parientes tierras y minas.

Desde las páginas de *La Convención*, en la ciudad de México, Heriberto Frías reproducía medidas y leyes agrarias en Chihuahua para mostrar que la acusación era falsa. Pero serían los normales actos de Pancho los que establecerían quién era quién y dónde se situaba la relación de Villa con la oligarquía. Villa formó gobierno local en Jalisco, en el que por cierto incluyó a alguien que no podía ser tildado de clerical, el futuro novelista Mariano Azuela, como secretario de Educación, y llamó a la concentración de las guerrillas en la ciudad. Disolvió las milicias armadas por particulares (no quería guardias blancas enmascaradas) y enseguida le sacó el machete a los ricos del pueblo y el 7 de enero les impuso un préstamo forzoso de un millón de pesos, creando un fuerte malestar. El doctor Ramón Puente fue el encargado del expolio de la oligarquía de Jalisco, que generó protestas entre los grandes hacendados y comerciantes, y para pararlas en seco el gobierno ordenó fusilar a dos altos oficiales huertistas y a tres hermanos hacendados Pérez Rubia. Villa, a su vez, en un banquete organizado en su honor le disparó un tiro a Joaquín Cuesta, el hermano del mayor cacique de La Barca, hermano del ahijado de Porfirio Díaz.

Parece ser que las relaciones amorosas de Pancho Villa molestaban aún más a la conservadora sociedad jalisciense. Pancho conoció en Guadalajara a Margarita Sandoval Núñez, nativa de La Barca, cuando acompañaba a su madre a reclamar una herencia, y públicamente entró en relaciones amorosas con ella. Margarita lo acompañará durante esa fase de la campaña, luego al norte y será la madre de su hija Alicia.

El éxito de la campaña de Jalisco, en la que Diéguez rehuyó el encuentro, se opacó por la traición de Triana en Lagos de Moreno. El general Martín Triana se pasó a los carrancistas, pero esto no era grave, Villa lo despreciaba desde la batalla de Torreón, sino que en su fuga le pegó dos tiros por la espalda al general Faustino Borunda, y en la huida sus tropas hirieron en el cuello, de muerte, al recién ascendido a general André U. Vargas. Esa misma noche Villa se presentó en Lagos y dispuso un tren especial a Chihuahua para que se llevara los cadáveres de esos fieles amigos.

NOTAS

Villa en Tacuba, 2 diciembre de 1914, foto Osuna, AGN.

Villa en Tacuba. Al pie del tren el general José Rodríguez, 2 de diciembre de 1914, foto Osuna, AGN.

Villa en Tacuba, 2 de diciembre de 1914, foto Osuna, AGN.

a) Fuentes: Ramírez Plancarte: *La ciudad de México durante la revolución constitucionalista.* Vito Alessio Robles: *La convención revolucionaria en Aguascalientes.* Amaya: *La soberana convención revolucionaria.* Investigation of Mexican Affaires. Salvador Toscano: *Memorias de un mexicano.* Rocha: *Los papeles perdidos de Pancho Villa.* Nellie Campobello: "La voz del general" en *Cartucho.* Casasola: *Historia Gráfica de la Revolución Mexicana* 3. Victorio de Anda PHO 1/46. Brondo: *La División del Norte.* Amaya: *Venustiano Carranza, caudillo constitucionalista.* Baudilio Caraveo: *Historias de mi odisea revolucionaria.* Gilberto Nava PHO 1/26. Martín Luis Guzmán: *El águila y la serpiente.* Vito Alessio: "Convención revolucionaria de Aguascalientes". Sánchez Lamego: *Historia militar de la revolución en la época de la Convención.* Manuel W. González: *Contra Villa.* Vargas: *A sangre y fuego...* Roberto Fierro PHO 1/42. Archivo Municipal de Cd. Juárez, caja 381. Nastri: "Chile con asadero, plato preferido de Pancho Villa". Fuentes Mares: *Memorias de un espectador.* Rosa Helia Villa: *Itinerario de una pasión.* Villalpando: "Conesa". Natividad Rosales: "Conesa". Puente: *Vida de Francisco Villa.* Miguel Alessio: "El gobierno de la convención". Vasconcelos: *La tormenta.* Calzadíaz: *Hechos*

Villa en Tacuba, a su lado Miguel Baca Valles, 2 de diciembre de 1914, foto Osuna, AGN.

Villa en Tacuba a bordo de su tren, con George Carothers; en la ventana del lado izquierdo asoma un despistado Urbina, 2 de diciembre de 1914, foto Osuna, AGN.

Villa y Eulalio Gutiérrez, ciudad de México, diciembre de 1914.

Carothers en Morelos en la entrevista con Zapata. A la derecha de Zapata, Palafox; a la izquierda, Benjamín Argumedo.

Desfile de los convencionistas en la ciudad de México, 6 de diciembre de 1914, México DF.

Con Urbina y Buelna, antes de iniciarse el desfile, México DF, 6 de diciembre de 1914.

La descubierta del desfile militar en la ciudad de México, 6 de diciembre de 1914.

La foto de la silla. Primera versión. Casasola 1914.

La foto de la silla. Segunda versión. Casasola 1914.

La foto de la silla. Acercamiento. Villa observa el sombrero de Zapata. Casasola 1914.

Banquete en palacio, 6 de diciembre de 1914.

Banquete en Palacio, Vasconcelos, Villa, Eulalio Gutiérrez, Zapata, F. Villarreal, 6 de diciembre de 1914.

Banquete en Palacio, a la espalda de Villa, de pie, entre mirones y meseros, Rodolfo Fierro.

El general Guillermo García Aragón.

reales de la revolución, tomo 2. Valadés: *Historia de la Revolución Mexicana* 4. Cervantes: "Remembranzas históricas. La entrevista Villa-Zapata". Womack: *Zapata y la Revolución Mexicana*. Papeles de Lázaro de la Garza, G19, Archivo histórico de Durango. Miguel Alessio Robles: "La entrevista ente Villa y la comisión de civiles". Almada: *Revolución en el estado de Chihuahua* 2.

Para la entrevista. Womack: *Zapata y la Revolución Mexicana*. Alfredo Serratos: "El abrazo Villa-Zapata". Vasconcelos: *La Tormenta*. Puente: *Villa en pie*. Vito Alessio: *Convención...* Jaurrieta en Calzadíaz: *Hechos reales de la revolución,* tomo 2. Quirk: *La Revolución Mexicana 1914-1915*. Blanco Moheno: *Pancho Villa que es su padre*. Manuel González Ramírez: *La revolución social de México*. La versión del amor de Villa por los tamales, que contiene información no muy confiable en Enrique Bermejo Mora: "Cómase un tamal, mi general". Una versión mecanografiada de la entrevista en el archivo Martín Luis Guzmán, CESU, caja 3 exp. 1 y Roque González Garza: "Versión taquigráfica de una conversación entre Villa y Zapata". Elena Espinosa: "Muchachitos".

La silla. M. Gómez Morín: "La mirada de Zapata sin silla" registra que la silla "hoy en día se encuentra impecablemente olvidada en los sepulcros museográficos del Castillo de Chapultepec". Cecilio Roble PHO 1/7. Puente: *Memorias*. Mraz: "Historia y mito del Archivo Casasola". Francisco Muro PHO 1/97. Vito Alessio: *Convención...* Martín Luis: *Memorias...* Rito Rodríguez: "¿Por qué se sentó en la silla presidencial el general Francisco Villa el 5 de febrero de 1915?". Salvador Toscano: *Memorias de un mexicano*.

La cajera. Luis Aguirre Benavides: *De Francisco Madero...* Celia Herrera: *Francisco Villa ante la historia*. Puente: *Villa en pie*. René Marín en Luciano Ramírez: *Aguascalientes*.

Sobre los asesinatos. T. Hernández: "La verdad sobre el crimen..." (recoge las citas de Octavio Paz Solórzano.), "Para la historia". Elías Torres: "Trágica permuta". Quirk: *La revolución*, lo sustenta en que habló en 1954 con Soto y Gama (que no estuvo en esa comida), quien le dio los nombres de las víctimas.

Placa en la calle San Francisco de ahora en adelante llamada Madero, Casasola.

En la tumba de Madero, Villa llora ante la viuda, Sara Pérez.

Martín Luis Guzmán: *El águila y la serpiente*. Miguel Alessio: "El gobierno de la Convención". Rafael F. Muñoz glosa con grandísima libertad la historia del enfrentamiento de Garay contra Banderas en el cuento "El perro muerto". Valadés: *Las caballerías de la revolución*. Carlos Rivas Coronado: "Los horrores del carrancismo en la ciudad de México", Fernández en Urióstegui: *Testimonios del proceso revolucionario en México*. Pani: *Apuntes*. Celia Herrera: *Francisco Villa ante la historia*. Valadés: "Paulino Martínez, historia de un revolucionario". Miguel Alessio: "¿Cómo, después de esto, vamos a felicitar a Villa?".

David García Berlanga.

La leyenda negra. García Naranjo: "El bandolerismo de Villa". Appelius: *El águila de Chapultepec*. Basilio Rojas: *La soberana Convención de Aguascalientes*. Vera Estañol: *Historia de la Revolución Mexicana*. Salvador Novo en el prólogo de Celia Herrera: *Francisco...* Manuel González Ramírez: *La revolución social de México*. B. Traven: "Aperitivo insólito para el general Villa" en *Canasta de cuentos mexicanos*. Nellie Campobello prólogo a *Mis libros*.

Jalisco. Archivo Villarreal, *La Convención* 18, 20, 22, 23, 26, 27 diciembre de 1914, 6 de enero de 1915. Enrique C. Villaseñor: "Mañanitas de la División del Norte". Aldana: *Jalisco*

El general Juan Banderas, el Agachado.

Garay.

desde la revolución. Villa tendrá una hija con Margarita Sandoval, Alicia, nacida en 1916 en La Barca. A causa del hostigamiento de los nativos irán a Estados Unidos, donde vivirán en Los Ángeles y Houston (Héctor Almazán: "Mi padre…").

b) La silla y los muralistas. Arnold Belkin hizo en 1978/1979 un gran cuadro para el Museo Nacional de Historia sobre la foto de la silla. A más de identificar a los dos hijos de Zapata, Nicolás y Mateo (no estoy muy seguro de esta identificación), substituye mirones por personajes que aunque no estuvieron allí lo merecían: Ángeles, Gildardo Magaña, John Reed. Los personajes centrales se repiten en el costado. Belkin, "como metáfora de la vulnerabilidad", muestra las entrañas de Zapata Villa, y Ángeles (Arnold Belkin: "La llegada de los generales Zapata y Villa al Palacio Nacional el 6 de diciembre de 1914"). Éste es uno de los pocos murales que tienen a Villa como pro-

Mural de Belkin, fragmento.

tagonista. A los muralistas de la generación del 21 no les gustaba Villa. Rivera lo ignora (hay una pequeña imagen del rostro, rodeado de las otras figuras del movimiento de 1910-1920, sonriente, el único que sonríe, y quizá un tanto ladino, en el Mural sobre la Historia de México en Palacio Nacional, pintado entre 1929 y 1935). Fermín Revueltas no lo pinta. Siqueiros no lo quiere (e incluso combate al villismo con la División de Diéguez en la campaña de Jalisco) y Orozco lo caricaturiza en un cuadro pintado en 1931.

Versión de Pascual Orozco,
Museo Carrillo Gil.

c) El debate sobre Veracruz primero. Los villistas de pro: Cervantes, Calzadíaz, etcétera, han construido a posteriori un debate sobre si la División del Norte debió marchar a Veracruz primero, en el que plantean la debilidad militar del zapatismo y el error del pacto de Xochimilco, al haber dejado en sus manos la tarea de rematar a Carranza. El debate se extiende a la inconsistencia militar del zapatismo y a cómo en posteriores acontecimientos fueron incapaces de cortar la red de aprovisionamiento de Obregón entre Veracruz y el Bajío. Se sugiere incompetencia militar, pero también ausencia de pensamiento estratégico y falta de respeto al pacto con la D del N. Womack apunta en el mismo sentido, aunque con diferente explicación: (a fines de diciembre) "la tan cantada coalición Villa-Zapata era un fracaso a la vista de todos. Aunque la Convención seguía funcionando como cuerpo político, Zapata abandonó prácticamente el cumplimiento de todos sus deberes militares para con ella y se retiró a Tlaltizapán".

d) Los villistas respetables. Knight: "No pudieron hacer causa común con el vulgo y la plebe. No podían mezclarse civilización y barbarie". Ojo, como todas las tesis de este caballero, es extremista. ¿Quiénes eran los "villistas respetables"? ¿Los maderistas incorporados como Bonilla, Escudero, Llorente? ¿Ángeles? ¿Terrazas? ¿Dónde estaba la civilización y dónde la barbarie? El país en que se combatía había sido testigo del despojo más bárbaro, sangriento, canallesco y gandalla, ilegal y abusivo, del que los mexicanos tenemos historia. El viejo orden sólo era viejo, y su apariencia de orden encubría un caos social dominado por el abuso. En ese sentido, toda esta disquisición sobre los "villistas respetables" es una tontería.

Pancho Villa y la Adelita (1927), un óleo sobre tela muy pocas veces exhibido en México en el que aparece Frida Kahlo con un elegante vestido azul, acompañada de un hombre sin rostro, escena de la cual es testigo un retrato de Pancho Villa.
Pancho Villa y la Adelita, Frida Kahlo.

TREINTA Y NUEVE

LA CONSPIRACIÓN DE ENERO

El 21 de diciembre Villa regresó en tren de Guadalajara a la ciudad de México y se trasladó a vivir al número 76 de la calle Liverpool. Será entonces que recibe las primeras informaciones, que le trae el siempre fiel Silvestre Terrazas, sobre una conspiración en la que estaría comprometido el presidente Eulalio Gutiérrez; probablemente eran los vagos ecos de una reunión que han tenido en El Paso los hermanos Aguirre Benavides para asistir al funeral de su padre, en la que Eugenio le contó a Luis que había un pacto entre Blanco, Isabel Robles y él para abandonar a Villa. ¿Qué tan precisa es la información que trae Terrazas? ¿A quién señala en particular? En aquellos días chismes y rumores descalificaban, descubrían y anunciaban conspiraciones en cada rincón de la ciudad. Paradójicamente, será entonces cuando Pancho le sugiera a uno de los más tenaces conspiradores, José Vasconcelos, que se vaya con Ángeles al norte, para que cuando se tome Monterrey lo nombren secretario de gobierno y quede así a salvo de las amenazas del Agachado.

Vito Alessio Robles, al margen de la conspiración, pero desde su puesto de jefe de policía, recibió información que la apuntaba claramente, se entrevistó con el presidente Eulalio Gutiérrez y le sugirió que hablara con Villa y Zapata y, si no controlaba la situación, sería mejor que renunciara. Eulalio hizo oídos sordos, estaba fuertemente involucrado en un complot, buscando una alianza con Obregón y Villarreal. Vito le dirá: "No creas una sola palabra de lo que te ofrezca Obregón [...] Vamos atravesando un río anchuroso ¿Y a la mitad pretendes cambiar de caballo?". Vito sacaba la conclusión de que Gutiérrez "estaba sometido a muchas presiones", entre otras las de su hermano el general, que en San Luis Potosí no se definía entre Carranza y la Convención, y los ofrecimientos de Obregón y Villarreal.

El 15 de diciembre Zapata tomó Puebla, pero no siguió hacia Veracruz sino que se retiró a Tlaltizapán. El 23 Pancho y Emiliano conferenciaron telegráficamente. Zapata se encontraba en las cercanías de Cuernavaca. No se conoce el contenido de esa conferencia, pero volvieron los rumores de que se iniciaba la tan anunciada ofensiva sobre Veracruz. Un periodista así se lo informa a Sarabia, el gobernador de Durango: Villa ha terminado el plan de campaña y "dentro de pocos días comenzarán operaciones sobre Veracruz".

El día de Navidad el general Martín Espinosa, presidente de la comisión permanente de la Convención, le llevó la bandera que habían firmado todos al hermano de Eulalio en San Luis Potosí. Los rumores decían que había sido por iniciativa presidencial. Era público, incluso se habían filtrado y publicado en la prensa los intentos del presidente de hacer que generales carrancistas lo reconocieran. Se sabía, o se decía (a estas alturas tales verbos se confundían en exceso) que tenía correspondencia con Obregón y Villarreal. Pero también se pensaba que Eulalio estaba aislado, se le sentía aislado, el villismo tenía plena confianza en Aguirre Benavides y José Isabel Robles. El 26 se hizo público un manifiesto de la Presidencia dirigido a los generales convencionistas, en el que mostraba alarma por los secuestros y los asesinatos y les pedía que controlaran a sus subordinados.

La primera crisis se produjo en la noche del 26 al 27de diciembre. Chao, gobernador del DF, informó a Pancho Villa que el presidente Gutiérrez lo había invitado a dejar la ciudad y salir hacia San Luis Potosí. Villa ordenó la vigilancia de las estaciones ferroviarias: Colonia, Buenavista, Peralvillo, que fueron ocupadas por destacamentos de 100 hombres de la División del Norte.

A la mañana siguiente Villa convocó a los miembros de la comisión permanente de la Convención y les informó que Eulalio los estaba traicionando, que la noche anterior tenía intenciones de salir de la ciudad en un tren especial para reunirse con Obregón. "De mí no se burla ningún tal por cual".

En un intento de conciliación se reunieron esa misma tarde en la casa y oficina del presidente, la antigua casa de los Braniff, en el Paseo de la Reforma, donde despachaba, porque no le gustaba la presencia de Eufemio Zapata en Palacio Nacional (quien había aprovechado para poner en uno de los patios una caballeriza de los zapatistas). Asistieron Villa, Urbina, Roque González Garza, los miembros de la permanente y Eulalio, acompañado de José Isabel Robles y Vito Alessio, y se sumará "de puntillas" Martín Luis Guzmán, que cuenta: "La irritación de Villa era notoria. Eulalio tenía la cara congestionada por la cólera y las orejas encendidas." Se producirá el siguiente diálogo:

—Usted es un hijo de la chingada que nos estaba traicionando —dijo Villa.

—Me iba a ir de aquí porque no quiero hacerme cómplice de los asesinatos que se están cometiendo todos los días —dijo Eulalio.

—¿Y a dónde iba usted?

—A la punta de un cerro.

—Sin órdenes mías no puede salir ni un tren.

—Me iré aunque sea en burro —dijo el presidente.

Discuten por el control de los ferrocarriles. Villa dijo que sus trenes y sus tropas necesitaban moverse y para eso lo nombró general en jefe. Luego ordenó a Fierro que lo pusiera preso y se cambiaran las guardias en torno a la casa. Robles intervino conciliando:

—La gente se entiende hablando. Si el presidente tiene quejas que se las diga. Yo le respondo que el general Gutiérrez no saldrá de la ciudad de México.

Villa pareció calmarse.

—A ver, ¿diga cuáles son las quejas que tiene de mí? Yo lo obedezco a usted en la buena y en la mala fortuna. Usted me manda a mí. ¿Qué le he hecho? Si mis fuerzas no son también suyas, ¿no nos comprende un mismo gobierno?

Eulalio reclamó la muerte de Berlanga, las amenazas contra el ministro Vasconcelos. De lo primero Villa acepta que lo mandó matar porque "era un falderillo que me andaba ladrando. Me cansé de tanta hablada y le di una patada"; de lo segundo aclara que al contrario, lo anda protegiendo.

La conversación los va desgastando. Villa no tiene pruebas de que Eulalio esté realmente en contacto con Obregón. Al final, a iniciativa de Robles, Villa y Eulalio se dan un abrazo. Más tarde Eulalio dará su versión acusando a Villa de haberse presentado en su casa con diez hombres armados, Fierro y Urbina entre ellos, y dos mil hombres de caballería que la rodearon, acusándolo de ser cabeza de un gobierno débil.

De cualquier manera, en esos momentos el enfrentamiento no trascendió y pareció que las cosas se calmaban. Al día siguiente, en las oficinas de la calle Liverpool una comisión de civiles formada por Iglesias Calderón, Francisco Escudero, Miguel Silva, Miguel Díaz Lombardo y Miguel Alessio entrevistó a Villa. Alessio recuerda que era una mañana fría. Fueron a tratar de conciliar los choques entre Pancho y el presidente, pero Villa, sin más, les propuso que formaran parte del gobierno.

En los siguientes días Vito Alessio, preocupado porque la corte de Eulalio lo seguía calentando hacia la ruptura (él pensaba que en particular Vasconcelos), buscó un encuentro con el presidente Eulalio Gutiérrez, del que era viejo amigo: "Si sigues los planes quiméricos que te presentaron irás al más completo fracaso. Con ellos lo único que lograrás será el triunfo completo de Carranza". "Estás resultando más villista que Villa", le contestó el otro.

Desde el lado carrancista las presiones continúan. El 28 de diciembre Villarreal le escribe a Lucio Blanco: "Lamento que aún no te hayas cerciorado por completo de la perversidad incorregible de Doroteo Arango [...] Lo que van a sacar tú y Eulalio si sigue politiqueando con Doroteo Arango es que les corten el pescuezo".

Eulalio hace cambios en su gabinete el 1º de enero de 1915. Vito Alessio es nombrado gobernador del DF en sustitución de Manuel Chao, que se sumará a la campaña de las huastecas apoyando a Urbina. Ese mismo día Vasconcelos da noticia de un banquete en Palacio: "Llegó Villa resonando las espuelas, arrogante, en un traje militar azul". Es una comida con el cuerpo diplomático. Vasconcelos comiendo espárragos, que se le escurren del plato,

Villa peleando con una pata de pollo. Vinos franceses y champán. No debería andar el ambiente muy cálido. Eulalio hace brindis, Villa remata: "Comida acabada, compañía deshecha", y se va.

El 4 de enero Villa llama a los oficiales federales que no hubieran participado en el golpe militar y asesinato de Madero y no hubiesen cometido hechos deshonrosos en la guerra civil, para sumarlos al ejército. Contradice así una declaración del ministro de la Guerra, José Isabel Robles, una semana antes, en la que decía que ningún federal se incorporaría, y una orden del 25 de diciembre que establecía el cese de los federales enlistados en el ejército convencionista, firmada por Mateo Almanza.

Usando al general José Delgado, Pancho organizó la reunión de generales y oficiales de origen federal, con las exclusiones mencionadas, que se realizó el 5 de enero en el cuartel de San José de Gracia a las 3 de la tarde. "He dejado de lado rencillas", dijo Villa. Almada da la cifra de 1,500 generales y oficiales que se sumaron a la convocatoria, pero el número está brutalmente exagerado. Miguel Rodríguez y Eduardo Ocaranza se encontraban entre los oficiales más interesantes de los captados, así como Caso López, Agustín García Hernández, Ignacio Morelos Zaragoza. La medida tenía también un sentido económico porque se suspendía el pago de medios haberes que se daba después de los tratados a los federales derrotados.

Urbina fue de los que peor llevaron el asunto: "Ahora mi general Villa nos va a poner a las órdenes de los que nos perseguían". A los ex federales tampoco les hacía demasiada gracia su incorporación. El capitán Ignacio Muñoz dirá más tarde: "Nos ponían bajo las órdenes de individuos que en el ejército de línea apenas habrían servido para lustrarnos el calzado", pareciendo olvidar que esos "individuos" los habían derrotado.

La inclusión de estos oficiales en el ejército revolucionario tenía un sentido no exento de peligro, se intentaba darle cuerpo al alud de voluntarios y rellenar las bajas. En paralelo, se estaba produciendo en todo el norte otro reclutamiento. El 4 de enero, en Torreón, Baltasar Piñones le informaba al gobernador de Durango que la "recomendación especial del general Villa sobre el particular es la de lograr el enganche del mayor número posible de voluntarios", y que viera a unos 30 hombres de Santiago Papasquiaro que se habían ofrecido como voluntarios.

Desde las filas carrancistas el asunto se magnificó. Era un buen pretexto para "mostrar al reaccionario Villa" uniéndose a los federales. Y cuando se hacía la lista se metía en un mismo saco tanto a los federales recién reciclados como a los militares maderistas de 1910, como Medina o Servín, o a los de 1913 como Ángeles, Gonzalitos, Cervantes, Vito Alessio.

El 5 de enero los carrancistas recuperaron Puebla. Ese mismo día Villa salió de la ciudad de México para conferenciar con el general Scott, jefe del Estado Mayor del ejército estadounidense, en El Paso. Se pensaba que iba a ponerse a la cabeza del ejército para enfrentar a los carrancistas en algún punto del país, pero apareció en Irapuato en ruta hacia el norte. Llegará a Juárez directo a las oficinas de la División del Norte en la calle Lerdo.

El 7 se encuentran en el puente internacional. Una primera reunión en la que Villa iba acompañado de Rodolfo Fierro, Félix Sommerfeld y el coronel Luis Gaxiola, que actuarían como intérpretes, se celebró en un cuartito en el mismo puente. Luego en la *Inmigration Detention Station* dónde se sumaron Silvestre Terrazas, Pérez Rul, Díaz Lombardo y Ramón Puente.

La entrevista duró unas horas. Aunque la prensa decía que se estaban negociando los permisos para importar armas, el tema eran los combates entre los carrancistas y la gente de Maytorena en Naco y Agua Prieta, la zona fronteriza de Sonora. Las balas perdidas habían matado a un estadounidense y herido a otros 27.

Scott contaría: "Nos encontramos en un gran cuarto donde había unos 200 mexicanos [...] Yo quería que ordenara a Maytorena que firmara un acuerdo que garantizara la seguridad de la frontera [...] Villa no quería dar la orden [...] Como dos alces, durante dos horas con los cuernos entrelazados hasta que al final se cansó [...] Todo el mundo en el cuarto sabía que Villa mantendría su promesa".

Carothers informó que Villa le había pedido a Scott ocho horas de retirada de sus fuerzas lejos de las balas. Con las manos libres, Maytorena acababa con el problema, Scott se mantuvo firme y aseguró que si las balas seguían cruzando la frontera se vería obligado a intervenir.

La primera ronda de conversaciones no produjo resultados. Scott hizo una declaración a la prensa, Villa se negó a comentarla. Hay una foto tomada en las escalinatas de la Aduana cuando iban saliendo. Villa llevaba un traje de tres piezas muy arrugado y sin corbata. Fierro, más elegante, trae una mascada al cuello. Una segunda foto los muestra caminando por El Paso tras la salida de la Aduana. De ahí tomarán un tranvía en la calle Ramón Corona para ir a las carreras de caballos. En el Hipódromo de Juárez, Villa parece estar contento, observa sonriente la carrera acodado en el riel. Un par de fotos de Robert Aultman muestran a Félix Sommmerfeld traduciendo entre ambos personajes, hablándoles casi al oído.

Félix, que ha estado actuando como comprador de armas para el villismo en Estados Unidos, vinculado a Lázaro de la Garza y la Agencia Financiera de la División del Norte, se había establecido en el hotel Astor de Nueva York y tres meses después de la Conferencia de Juárez-El Paso se relacionará con el espionaje alemán, que en esos momentos conspira con Huerta para devolverlo al poder. Ofrecerá sus servicios señalando su privilegiada situación de traductor para vendérselo a los alemanes, como si tuviera mayor influencia. Seguirá actuando como comprador de armas para Villa y no parecerá inquietarle la abundancia de amos.

Al día siguiente, 8 de enero, se realiza una segunda conferencia en Ciudad Juárez. Se combatía en Saltillo en esos momentos. El tema de Sonora culmina con Villa cediendo y firmando un telegrama a Maytorena: "Las conferencias con Scott de ayer (7) acordamos que usted firme el convenio propuesto por el general Scott". A Villa le interesa que se retire el embargo y Scott hace gestiones para que Villa garantice la situación de las empresas mineras estadounidenses en Chihuahua.

Villa contará que además de las discusiones sobre el conflicto de Naco, Scott le planteó las condiciones estadounidenses para el reconocimiento como gobierno de facto de la Convención, a lo que Villa dijo que eso era cosa del presidente Eulalio. No conocemos esas condiciones, pero de regreso a Chihuahua, Villa, hablando con Terrazas, le comentó: "Antes que ese reconocimiento, prefiero irme a la sierra a comer carne charrasqueada".

El último día de la reunión en Ciudad Juárez, Villa misteriosamente subió a Scott en su carro y lo paseó por la ciudad de arriba abajo; de repente le dijo que en la conferencia de El Paso había demasiada gente para hablar claro, pero que en la ciudad de México, tan sólo hacía unos días, un capitán de barco, representando al almirantazgo japonés, lo sondeó para saber la actitud de Villa si Japón atacaba a los Estados Unidos. Villa le respondió que apoyaría a los gringos ante esa agresión y que los recursos de México estarían contra ellos.

No era la primera vez que esto sucedía. Después de la batalla de Zacatecas, el almirantazgo japonés mandó un enviado que se entrevistó con Villa en la Quinta Luján de Ciudad Juárez y tras abundantes halagos le ofrecieron armas y parque, se disculparon porque las fábricas japonesas le habían vendido material de guerra a Huerta y lo sondearon sin sacarle nada.

Carothers, años más tarde, repetiría la historia con pequeñas variantes, señalando que Villa no estaba muy seguro de si Scott había entendido la historia y por eso se la repitió a él, precisando que los japoneses querían saber su actitud respecto de una intervención conjunta contra Estados Unidos, y que los preparativos de ese tipo de intervención aún tardarían dos años. El resultado directo de esta confidencia fue que entre abril y junio de 1915 se decidió aumentar la cifra de soldados estadounidenses en la zona fronteriza, ante el riesgo de que alguna potencia europea tratara de involucrar a México en la guerra mundial.

Mientras Villa negociaba en la frontera, Eulalio Gutiérrez le escribía a Obregón. No avancen hacia México mientras se desarrolla "el plan de campaña que pretendemos dirigir contra el general Francisco Villa". El 9 de enero el presidente se entrevista con John Sillman en Palacio Nacional, se queja de Villa y de Zapata y anuncia que algo muy importante sucederá en los próximos días. Más allá del críptico lenguaje, Sillman registra claramente el mensaje y se comunica al Departamento de Estado diciendo que Eulalio trama un pacto con Obregón, quien por cierto no le hará las cosas fáciles a Eulalio y responderá su carta del 7 diciendo que "cuando ustedes, con hechos, declaren la guerra a Villa y sus secuaces […] pondré todo lo que está de mi parte para que se suspenda el derramamiento de sangre".

Se decía que Villa regresaría a la ciudad de México en 24 horas para ponerse al mando de la División del Norte y marchar sobre Puebla. No resultó cierto. Villa se quedó en Chihuahua y el 10 de enero se reunió en Quinta Gameros con los diversos encargados de las finanzas en el territorio de la División del Norte (Díaz Lombardo, Escudero, Pérez Rivera, Ramón Puente), donde planteó la necesidad de recolectar grandes cantidades de fondos para la campaña contra Carranza. Hipólito había informado que contaban con tres millones de pesos plata y además había dinero en Nueva York y adelantos pagados a la Winchester, pero era insuficiente. Se reunió dinero de los Madero y de Pedro Alvarado, de Parral; se aumentaron las reservas hasta 20 millones de pesos plata. Villa convocó al general Gabino Durán para que fuera a la región de Batopilas y "fiscalizara" la producción de oro y plata. Se comisionó a Puente para que vaciara las arcas de los oligarcas de México y Guadalajara.

Villa se encontraba en Chihuahua el 11 de enero cuando recibió el parte de la batalla de Ramos Arizpe. Felipe Ángeles, tras haber tomado Saltillo el 8, había dado una batalla definitiva en aquel frente, derrotando a Villarreal y a Maclovio Herrera. Monterrey estaba al alcance de la mano. Ángeles contó con unos 7 500 hombres repartidos en cuatro medias brigadas de infantería, con Orestes Pereyra como jefe de Estado Mayor y al mando del cura Triana, Raúl Madero, Máximo García y Martiniano Servín (el Chojo), que había muerto en el combate. La caída de Servín, el primer jefe artillero de la División del Norte, había sido un golpe grande para Villa, pero el mensaje que acompañaba el parte de Ángeles lo sería más.

Ángeles enviaba un telegrama diciendo que iba hacia Chihuahua el mayor Aguilar con un paquete lacrado con "cosas" que se encontraron en el vagón de Villarreal, y transmitía un adelanto en un telegrama cifrado. Villa, hacia las 10 de la noche, ordenó la movilización de su escolta y arrancaron los trenes. En Bermejillo se cruzaron con el tren que traía los restos de Martiniano Servín y con el mayor Aguilar, portador del misterioso paquete. Ángeles, al capturar el vagón particular de Villarreal en la batalla de Ramos Arizpe, había descubierto la correspondencia del presidente Eulalio Gutiérrez con el enemigo (según Taracena, no era lo único que había descubierto, también una gran cantidad de ropa interior femenina. ¿De Villarreal?).

Villa fue leyendo y releyendo los papeles de Villarreal y a mediodía del 12 de enero llegó a Torreón. Hizo correr la voz de que iba hacia Monterrey pero se dirigió a Aguascalientes, donde estaba a cargo de las fuerzas el segundo jefe de la brigada Robles, el general Víctor Elizondo, del que no se sabía si estaba comprometido en la conspiración, pero Villa pensaba que José Isabel debía estar al tanto y Elizondo también.

A media tarde del 13 de enero el tren de Villa entró en Aguascalientes. Mientras los Dorados y una fuerza de choque bajaban los caballos y se organizaban, Villa envió a Candelario Cervantes, quien se presentó de improviso en el cuartel de Elizondo, a una cuadra de la estación, y convocó al general al tren de Villa. Pancho le puso enfrente los papeles de Monterrey: ¿Qué hay de esto? Elizondo, sin inmutarse, dijo que no sabía nada del asunto. Lo detuvieron. Pidió que lo llevaran a recoger sus cosas al hotel y en un descuido se cortó las venas; aunque lo atendieron a tiempo y lo salvaron quedó muy débil.

Villa dirá: "Hasta el último momento abrigué la esperanza de que el general José Isabel Robles, uno de los jefes más queridos para mí [...] no se resolviera a ponerse abiertamente en contra nuestra". La familia de José Isabel vivía en Chihuahua, en la casa de Villa, amparada por Luz Corral, y poco antes de la defección le habían dicho que tenían que salir de Chihuahua con urgencia por un asunto de enfermedad. Luz movió sus influencias para conseguirles transporte en tren, porque no se viajaba fácilmente entonces sin un pase, a causa de que todos los trenes estaban ocupados militarmente, y lo logró. Villa, medio en broma, se lo reclamó. El hecho es que de todas las defecciones esa es la que más le dolería.

Villa envió un telegrama a José Isabel y un mensaje a Roque González Garza, quien convocó a una reunión de la permanente de la Convención para discutir la posibilidad de destituir al presidente. La reunión se trabó en el debate de las dudas, en la falta de pruebas, y no llegó a conclusión alguna.

Los hechos se encargarían de aclarar el panorama.

La noche del 14 al 15 enero se celebraba un consejo de ministros del gobierno de la Convención, presidido por Eulalio Gutiérrez. Hacia las dos de la mañana Vito Alessio se encontró con José Isabel Robles, quien le mostró un telegrama de Villa en el que decía que si era cierto que estaba en tratos con Obregón, fusilara a Eulalio. El telegrama de Villa acabó de decidirlos.

Eulalio dará una explicación de su salida de la capital. Se había acordado el 13 dar de baja a los generales Villa y Zapata, pero "Villa con toda anticipación, y con un objeto especial, había dejado en la capital seis mil hombres al mando de Madinabeytia. Enterado el general Villa que se le dio de baja, dio órdenes secretas para que nos aprehendiera y se nos fusilara inmediatamente [...] por lo que el gobierno tuvo que salir violentamente". Y en un manifiesto de ruptura con el resto de los convencionistas, fechado en Palacio Nacional el día 13 enero dirá que había "llegado al dominio de la opinión pública" un trato para eliminar a Lucio Blanco por parte de Villa y la voluntad de Zapata de matar a Vasconcelos, y que el general Martín Triana iba a ser fusilado por Villa, pero se salvó en una lucha en la que murieron gentes de su Estado Mayor. Extrañas excusas para un hombre que llevaba varias semanas negociando con los generales enemigos.

A las tres y media de la madrugada el presidente Eulalio Gutiérrez, con sus ministros de Gobernación, Guerra y Educación, Lucio Blanco, José Isabel Robles y Vasconcelos, salió hacia Pachuca. Los acompañaban las brigadas de Mateo Almanza y Eugenio Aguirre Benavides, además de la suya, los hombres de Blanco y los de Robles. Los soldados, unos 10 mil hombres, desconocían el sentido de las órdenes. Se llevará además 10,453,473 pesos. Curiosamente, en lo que será una comedia de errores, las tropas que permanecieron fieles a Villa y a la Convención, la brigada de Agustín Estrada, la guarnición de Madinabeytia, la guarnición zapatista y los policías de Vito Alessio, no sólo ignoraban la situación, sino que eran muchos menos. Hipotéticamente, no debería haber costado mucho trabajo a Eulalio y los complotados tomar la ciudad de México. ¿Dudaban los tránsfugas de la fidelidad de sus tropas? ¿Pensaban que no aceptarían enfrentarse a la División del Norte?

Roque González Garza, al ver en la madrugada desfilar las columnas del presidente, se fue directamente a Palacio, tomó el mando y comenzó a reorganizar la situación. Los zapatistas, en cuanto veían cosas extrañas, se retiraban a su territorio original y una parte de los destacamentos así lo hizo. Roque habló con Estrada y Madinabeytia y éste avisó telegráficamente a Villa que el presidente había desertado.

Pancho, que finalmente había decidido moverse a Guadalajara, fue interceptado por un telegrafista en Lagos de Moreno con el aviso de que había mensajes urgentes. Villa contará más tarde, en una carta a Zapata: "La traición de Gutiérrez y demás individuos me sorprendió cuando [...] acababa de llegar a Lagos [...] No sabía si podía dejar traidores a mis espaldas. Por un momento estuve indeciso en mi resolución de seguir a México o auxiliar la plaza de Guadalajara que estaba en grave peligro". José Cervantes registra que él, junto a un grupo de mirones aterrados, contemplaba cómo Pancho se iba congestionando conforme leía los telegramas. Caminaba como león insultando a Eulalio: ¿Qué más quería ese tal por cual si ya era presidente de la república? ¡Ladrón, sinvergüenza! ¡Hasta la máquina de los billetes se llevó!

Villa decidió poner su cuartel general en Aguascalientes. Durante los siguientes tres días, recuerda Enrique Pérez Rul, nadie dormía en el tren de Villa. Se trataba de tener una visión de quién quedó de qué lado; si ya era difícil, ahora más. ¿Qué daño se había hecho? ¿Dónde se abrieron huecos?

La tarde del 16 González Garza logró por fin establecer conexión telegráfica con Pancho Villa en Aguascalientes. Se estaba discutiendo en la Convención un candidato a la presidencia alternativo a Eulalio Gutiérrez, Roque mismo era uno de los candidatos más calificados. Villa temía que Madinabeytia y Estrada quedaran atrapados frente a una alianza de Obregón y Eulalio, y les dijo que salieran para el norte y se trajeran con ellos la Convención. Roque respondió que no era necesario, pensando en mantener la unidad con los zapatistas, y que la situación en la ciudad estaba controlada.

Bajando las escalinatas de la Aduana de El Paso, Fierro, Villa, Luis Aguirre Benavides, Scott, 7 de enero de 1915.

Hipódromo de Ciudad Juárez, Sommerfeld conversa con Scott, Villa contempla la carrera, 7 de enero de 1915. Foto de W. H. Horne.

Félix Sommerfeld traduciendo entre Pancho Villa y el general Scott. Fotos de Robert Aultman, 7 de enero de 1915.

NOTAS

a)   Fuentes. Federico Cervantes: *Felipe Ángeles en la revolución*. Vito Alessio Robles: *La Convención revolucionaria en Aguascalientes*. Vasconcelos: *La tormenta*. Papeles de Scott, caja 4 Family correspondence; caja 5, Eisenhower. *Intervention, New York Times*, 9 enero 1915. Scott: *Some Memories*. Terrazas: *El verdadero...* Meyer: "Villa, Sommerfeld, Columbus y los alemanes" (sobrevalora el papel de Sommerfeld en el conflicto de Naco; basado en Scott dice que fue el encargado de darle la orden a Maytorena. Como traductor fue simplemente el mensajero que confirmaba el telegrama de Villa). Sandos: "A German involvement in Northern Mexico". Obregón: *8 mil kilómetros en campaña*.

Batalla de Ramos Arizpe. Vito Alessio: *La Convención...* Emilio Madero: "El general Ángeles en la batalla de Ramos Arizpe". "La batalla de Ramos Arizpe" de José de Lara en *Felipe Ángeles en la revolución*, de Cervantes. Sánchez Lamego: *Historia militar de la Revolución en la época de la convención*. José C. Valadés: *Historia General de la Revolución Mexicana* 4. Julio Rojas González: "¡Pancho Villa y Felipe Ángeles, listos para la pelea!". Taracena: *La verdadera Revolución Mexicana*. Valadés/Villarreal 12, quien se queja amargamente del continuo sabotaje de los rieleros, que eran villistas.

El testimonio de la huida de Eulalio y las acciones de Roque González Garza en Valadés: "González Garza relata la fuga de Eulalio Gutiérrez", y Quirk: *La Revolución Mexicana*. Miguel Alessio Robles: "La ruptura de los convencionistas" (reiterando la versión de Eulalio) y "Cómo después de esto vamos a felici-

Villa, Michie (asistente de Scott) y Carothers, Ciudad Juárez, 8 de enero de 1915.

tar a Villa". Ceja: *Cabalgando...* Sánchez Lamego:
Convención, apéndice 6 de Basilio Rojas: "La soberana Convención de Aguascalientes". Calzadíaz:
Hechos reales de la revolución, tomo 2. José Cervantes
Ramírez: "El día en que Villa se puso verde de cólera". Juvenal: *¿Quién es Francisco Villa?* Puente: *Vida
de Francisco Villa.* Luz Corral: *Villa en la intimidad.*
Cumberland: *La Revolución Mexicana. Los años
constitucionalistas.*

Ramos Arizpe, tras la batalla, enero de
1915.

Estado Mayor de la brigada de Raúl
Madero. Ramos Arizpe, enero de 1915.

CUARENTA

REPARANDO EL DESASTRE

Desde Aguascalientes, Villa trató de poner orden en el caos. Tenía abiertos tres frentes de guerra: Monterrey, donde combatía Ángeles (que el día 15 de enero tomó la ciudad y organizó un reparto de víveres entre la población); la Huasteca, donde se encontraban Urbina y Chao; Jalisco, donde Diéguez amenazaba de nuevo. Confrontaba además los diez mil supuestos hombres de Eulalio Gutiérrez en el centro-este del país, cuya situación militar era una incógnita. Obregón y los carrancistas controlaban el este y el sur del país, dominaban de nuevo Puebla, presionando hacia la ciudad de México (y los zapatistas no parecían capaces de contenerlos), donde Pancho tenía estancados a Roque, Estrada y Madinabeytia.

Villa empezó por organizar el abasto, en particular de balas. El día 14 ordenó que se le depositaran a Lázaro de Garza "uno o dos millones de pesos" de la Pagaduría de la División del Norte para que hiciera una compra muy importante en Nueva York, directamente a las fábricas de municiones. J. B. Vargas dirá que se trataba de comprar 100 millones de cartuchos. Lázaro había fundado una empresa en Nueva York para cobrar jugosas comisiones, la "L. de la Garza & Co., Inc., and Import, Export and Commission Business". Villa ordenó además la compra de carbón para mantener activos los trenes. Sólo en enero, y solamente una empresa de El Paso, C. Awbrey Co., vendió 13 mil dólares de carbón a los villistas.

El 16 de enero Obregón recibió un telegrama de Eulalio sugiriéndole marchara hacia el norte, y en San Luis Potosí sumarían fuerzas. Obregón le contestó que él no reconocía a la Convención y que a lo más estaba dispuesto a influir en el ánimo de Carranza cuando se acercaran a él. Los dejó en el aire. El ex presidente y sus hombres flotaban en territorio hostil, sin base social y sin amigos.

Un día después el tren de Villa llegó al amanecer a Querétaro, sin ser advertido por la guarnición del carrancista Alfredo Elizondo, de la división de Pablo González. Los exploradores de Martín López reportaron movimiento de caballería en las afueras de la población. Mientras comenzaban a bajar los caballos del tren, Villa se afeitaba en su carro. Cuando le reportaron la situación, se quitó la toalla, pescó una carabina y en camisa salió al mando de "50 hombres de mi escolta" en persecución de la brigada que abandonaba

Querétaro. "La orden de detenerse dada por mi clarín, la obedeció casi toda la tropa con excepción de Elizondo y parte de su Estado Mayor, que emprendieron precipitada fuga, pero a los que después se capturó, y toda aquella gente rindió sus armas incorporándose a mi escolta". El grito ¡*"Viva Villa"*! produce muchas deserciones. Quedan en poder de Villa 1,800 hombres capturados con sus fusiles y 386 pistolas. "Cuando yo le dirigía una mirada a aquel cerro de Máusers que se habían juntado enfrente de nosotros cuyo número, como digo, pasaba de mil, comprendí el peligro tan grande a que me había expuesto, si en realidad entre la tropa hubiera habido un gran entusiasmo por desertar de nuestras filas". Más tarde le contará a Zapata, sorprendiéndose de su buena suerte: "Le aseguro a usted que fue un acto de temeridad".

Eugenio Aguirre Benavides trató de tender un puente hacia sus viejos compañeros, Emilio y Raúl Madero y Orestes Pereyra, quienes lo dejaron arribar a Monterrey con un salvoconducto. Les propuso que dejaran a Villa y se sumarán a Eulalio. Ante la negativa, escribió una nota a Felipe Ángeles: "Usted no podrá aprobar que nuestro país vaya bajo la tiranía de un hombre como Francisco Villa". Ángeles le respondió el 22 de enero reclamándole que, a pesar de que juró defender los acuerdos de la Convención, ha violado el juramento. Está por darle la razón a Soto y Gama cuando decía que la bandera nacional había sido tomada simplemente como una bandera política. Acusa a Eulalio Gutiérrez de cobardía, porque mientras se peleaba por él, él negociaba. Le advierte que el error "le pesará toda la vida". "Ustedes tienen muchas acusaciones tardías contra el general Villa; pero no saben que trabajan por su gloria". Le profetiza el desastre, como se lo profetizó a Maclovio Herrera en Chihuahua.

Villa recibe de Madinabeytia la noticia de que Luis Aguirre Benavides ha desaparecido. "Ya Luisito me abandonó". Esa es una de las deserciones que más le duele. Luis había sido un excelente secretario y consejero durante aquel año terrible de 1914. ¿Cómo entender estos abandonos? ¿Cómo los entiende Villa? ¿A quién creerle ahora? Desconfiado por naturaleza, las deserciones de sus compañeros lo harán aún más. Sin embargo, éstas serán más dolorosas que peligrosas. Manuel Banda llegó con la confusa noticia de que los prófugos convencionistas habían derrotado a las tropas de Agustín Estrada y a los guanajuatenses de Serratos en San Felipe Torres Mochas. Pancho logró comunicarse a la estación telegráfica de Torres Mochas y conectó con el propio Estrada, que le contó que había sido una gran victoria. Lo que Banda había visto era a las brigadas que desertaban de las fuerzas de Eulalio. Villa le dijo al Chino que debería fusilarlo por hablador y lo dejó incomunicado toda la noche.

Era un desastre para las fuerzas del ex presidente de la Convención, sin país y sin Convención. Hubo multitud de deserciones en la brigada de Robles, los combatientes, cuando sabían que iban a combatir a la División del Norte, cambiaban de bando; escuadrones enteros, incluidos sus oficiales superiores. Mateo Almanza resultó herido, la brigada Zaragoza de Aguirre Benavides se desmoronó, corría el rumor de que Eugenio había sido herido de muerte por sus propias tropas; no resultaría cierto.

Mientras las fuerzas de Eulalio se desintegraban, Villa no siguió su viaje hacia la ciudad de México desde Querétaro, sino que retornó al norte, donde se sentía más a gusto, y estableció su base en Aguascalientes. Villa rearmó el esquema militar: "Allí mismo organicé inmediatamente una fuerte columna que puse al mando de Tomás Urbina (con la brigada Chao y la brigada Morelos), quien en un plazo muy breve se apoderó de San Luis Potosí" para romper la base posible de los nuevos enemigos e impedir su alianza con los carrancistas. Movilizó también las tropas de Serratos hacia Guanajuato. Tenía a Ángeles, Orestes Pereyra y Raúl Madero en Monterrey. "Con esos desarmados de Querétaro formé la brigada Benito Artalejo", de caballería, a cargo de uno de los Dorados, José I. Prieto, y una brigada de infantería a cargo de José Ruiz, que serían enviadas a Michoacán. Fierro, Calixto Contreras y Julián Medina marcharon hacia Jalisco, donde Diéguez, apoyado por el otro Pancho, Murguía, los derrotará a causa de su "inferioridad numérica, agotamiento de municiones y la falta de un jefe enteramente hábil", y los sacará de Guadalajara el 18 de enero.

El 25 de enero los zapatistas abandonaron la ciudad de México y el 28 entró Obregón. La Convención se refugió en Cuernavaca. Llegó tarde un mensaje de Villa ofreciendo trenes para llevar a los delegados a Torreón. En esos días Federico Cervantes, por órdenes de Ángeles, se entrevistó con Zapata en Cuernavaca. Obregón había tomado el DF y Ángeles pidió a Zapata que cortara su línea de abastecimientos si salía de la ciudad de México. Zapata respondió que él no podía comprometer a sus tropas. Como Womack dice: "Zapata abandonó prácticamente los deberes militares para con (la Convención)".

El 28 de enero, en Irapuato, Villa organizó contingentes que mandó a Aguascalientes, y bajó hacia Querétaro en dos trenes con los Dorados, Nicolás Fernández, Martín López y la secretaría (Silva, Pérez Rul, Trillo). ¿Qué está haciendo? ¿Está provocando a Obregón al ponerse a su alcance con sólo 300 hombres? ¿Está demostrando el poco aprecio que le tiene? Finalmente decidió detenerse en Querétaro y no seguir hacia la ciudad de México. Tres días después retornará a Aguascalientes. Allí se proclama leal a la presidencia de la Convención, pero de hecho forma un gobierno *sui generis* para los territorios ocupados en el norte, con Miguel Díaz Lombardo (abogado, profesor de la escuela de jurisprudencia, ministro de Educación en el gabinete de Madero, pequeño, delicado en el vestir, calvo; heredero de Miramón; enviado a Francia por Madero para neutralizar al exiliado Porfirio, regresó tras el cuartelazo) en Relaciones Exteriores y Justicia, Francisco Escudero en Gobernación y Comunicaciones, y el general Luis de la Garza Cárdenas en Hacienda y Fomento. La justificación para la creación de este gobierno era el corte de las comunicaciones entre la Convención en Morelos y el norte. En esos días, y sin que él tenga noticias, nace Celia Villa, hija suya y de Librada Peña.

Durante la tercera y la cuarta semana de enero Lázaro de la Garza, en Chihuahua, le informa a ese Villa errante de los intentos para conseguir municiones: una oferta de Sudamérica, las gestiones de Sommerfeld e Hipólito en Nueva York. Pide nuevos fondos.

El 30 de enero Urbina se acercó a San Luis Potosí para enfrentar a Aguirre Benavides y los restos de los derrotados de Torres Mochas. Las tropas de Eugenio desertaron masivamente antes que combatir a los villistas, hombres de la División del Norte al fin y al cabo. Urbina tomó San Luis. Fue capturado herido Mateo Almanza y, tras echarle en cara la traición a sus compañeros, Urbina lo mandó ahorcar de un poste. Al día siguiente se lo comunicó telegráficamente a Villa. Los gutierristas intentarían rehacerse y en Dolores, Hidalgo, en una batalla de tres días, "muy dura", Agustín Estrada, combatiendo sin víveres y sin municiones, los destrozó. El complot de enero se había acabado, estaba militarmente desaparecido, pero le había costado a la División del Norte indecisiones, movimientos erráticos, y le había restado a la Convención importantes fuerzas y un grupo excelente de generales. Sobre todo, le había dado un respiro a Carranza y Obregón, que lo necesitaban.

El 4 de febrero, en Aguascalientes, Martín Luis Guzmán se entrevistó con Villa. Una serie de casualidades lo ha hecho quedar en el territorio villista y en el camino del caudillo, porque Martín era muy afín al grupo de los conspiradores y de Eulalio, y a ellos se habría sumado de haber podido. Villa lo recibió amablemente, le pidió que le contara qué había pasado en la ciudad de México. Tuvo malas palabras para Vasconcelos, por su doblez, y para Blanco. Con Eulalio, sin embargo, no había encono. Gutiérrez se lo había advertido, si podía lo iba a dejar tirado, y así lo hizo, no había bronca con él. Dentro de su imbecilidad le reconocía una cierta honestidad. No puede hablar mal de José Isabel (que se rendirá días más tarde y Villa le emitirá un salvoconducto) y de Aguirre Benavides. No entiende cómo se han distanciado. Villa le ofrece trabajo de secretario para cubrir el hueco que ha dejado la desaparición de Luis Aguirre Benavides. Martín Luis le pide permiso a Pancho para ir a ver a su familia, Villa se lo da a sabiendas de que va a desertar. Sus relaciones estaban teñidas, según Martín reconoce, por el miedo y la desconfianza. "Yo nunca me libré de recelos respecto a Villa", confesará el futuro novelista. Una paradoja más en una historia repleta de ellas, que sea este personaje, que nunca pudo romper la distancia y acercarse, que nunca pudo entender a Villa, el que se vuelva al paso de los años su biógrafo más leído. No volverán a verse.

El 4 de febrero, siguiendo su habitual campaña de desinformación previa a entrar en acción, Villa informa que irá de Aguascalientes a Irapuato, pero su plan es ir hacia Jalisco. Llegó a Atotonilco con el cuartel general, los trenes y la infantería. Por delante iba José Rodríguez, con el que Pancho se comunicaba usando sus nuevos aviones.

Hipólito Villa compraría en esos meses tres aviones Wright Modelo B y un Wright con fuselaje, un Wright SS y un Christofferson, que aunque eran obsoletos y estaban en malas condiciones, le dieron a Villa una fuerza aérea aparentemente impresionante; contrató a varios pilotos de la compañía de John S. Berger, pagando 500 dólares en oro al mes por sus servicios y un bono por cada combate.

Pero las posibilidades de modernización de la División del Norte no terminaban allí. El 10 febrero Enrique Llorente, desde el hotel Powhatan en Washington, le hizo a Pancho Villa la más inusitada oferta de abastos en lo que iba de guerra. "Se nos ofrece en venta un submarino [...] propiedad de uno de los mejores astilleros del país", y acompañaba la propuesta con una foto. Por sólo 340 mil dólares la empresa armadora lo situaría en Cayo Hueso. "Ahí lo entregarían, tiene tres lanzatorpedos y nos lo garantizan; 8 nudos de velocidad, con un alcance..." El submarino medía casi 35 metros de largo. En la foto que acompañaba la propuesta, sobre la cubierta de la máquina de guerra, a lo lejos, se ve la figura de un marinero que da la dimensión de la nave. En la parte de atrás de la foto se lee: "Se puede entregar en muelle después de inspección, por 325 mil dólares, si el lugar de entrega es Kay West, 340 mil incluidas nuevas baterías que cuestan 26 mil dólares y todos los gastos incluida la tripulación de un oficial y siete marineros".

¿Y para que puede querer Francisco Villa un submarino? Para bloquear los puertos del golfo de México (Veracruz, Tampico) e impedir la entrada de armas y parque a los carrancistas. ¿De dónde lo había sacado Llorente? Supuestamente la empresa armadora lo había construido para el zar de Rusia, pero uno de los muchos bloqueos de armamento de la administración Wilson impidió la venta. ¿Dudó Villa? ¿Se preguntó qué cosa eran los torpedos y cuantos barcos podía hundir el sumergible? Fuera o no grande el interés de Villa, el dinero era mucho y había mayores prioridades en esos momentos. Por ejemplo el carbón.

Un día más tarde Villa le telegrafió a Lázaro de la Garza desde La Barca, donde Rodríguez había rechazado a los carrancistas, ordenando que se pusiera dinero a disposición de José D. Rodríguez para la compra de carbón. Y Lázaro le contestó argumentando dificultades para conseguir dinero para pagarlo. Villa insistirá enviando dos telegramas en un día, y finalmente un par de compras se realizarán a S. C. Awbrey & Co. y a un particular de El Paso.

Según diversas fuentes, Villa entró en Guadalajara el 12 o 13 de febrero. El autor resuelve la duda gracias al recetario de doña María Luisa Santana, que al lado de una receta de pastel que usa almendras molidas, escribe una nota que registra: "El 13 de febrero entraron los villistas". Pancho lo confirma: "La tomé sin resistencia el 13 de febrero, pues el enemigo había salido hacia el sur dos días antes". Villa ordena a Rodríguez que pase de largo y entra solo con su escolta y las tropas de Jalisco de Medina. Gente en los balcones, flores y campanas. Sin embargo, a Villa le urgía salir para que no se rehiciera el enemigo, y tras dejar a Medina como gobernador, siguió el avance buscando a Diéguez.

Julián Medina tendrá su cronista en un doctor de 41 años, Mariano Azuela, teniente coronel médico militar que se le había unido en octubre del 14. En los siguientes meses escribirá una estupenda novela, *Los de abajo*, de la que un día habrá de contar: "Escrito en plena lucha entre las dos facciones en que la ambición dividió a los revolucionarios, a raíz del triunfo sobre Victoriano Huerta, este libro satisface uno de mis mayores anhelos, convivir con los verdaderos revolucionarios, los de abajo, ya que hasta entonces mis observaciones se habían limitado al tedioso mundo de la pequeña burguesía". Durante esos meses su vida girará entre los "rancheros de Jalisco y Zacatecas". El libro se convertirá en el origen de la literatura de la Revolución Mexicana. Lamentablemente para la historia que se está narrando, Azuela no habría de ver a Villa más que un par de veces y de lejos.

Pero mientras Azuela recogía impresiones que se habrían de volver narrativa, ¿qué leían los villistas en vísperas de celebrarse las batallas que definirían la tercera fase de la Revolución Mexicana? De hacer caso a las lecturas propuestas por *Nueva Era*, eran unos afrancesados. Aguilar Mora registra, escarba y descubre los materiales de erotistas hoy desvanecidos. Aparecen en las listas, desde luego, Víctor Hugo y *Los miserables*, y Eugenio Sue y *Los misterios de París*, pero la sorpresa del narrador es recuperar dos clásicos de su infancia: *Los Pardaillán*, de Zévaco, una serie maravillosa de capa y espada, y *Rocambole*, de Ponson du Terrail, la historia de un bandido singular. ¿Casualidad?

Villa salió de Guadalajara el 14 de febrero. Un villista registra que, contra la costumbre de Pancho de dejar a las soldaderas atrás, "hermosas muchachas se incorporaron a la columna". Había concentrado todas las fuerzas que operaban en el estado de Jalisco; aún así no contaría con más de 10 mil hombres, y de ellos 5,500 de brigadas de infantería de reciente formación. Diéguez tenía bajo su mando directo cinco mil quinientos y seis mil más de la división Murguía.

Vargas cuenta: "El enemigo no había escogido mal lugar para su defensa", pero Villa será más preciso: "Me aguardaron en Sayula en posiciones ventajosísimas". La cuesta de Sayula cierra un valle ascendiendo unos quince kilómetros, con los flancos cubiertos por los cerros. Manuel Diéguez había acertado en la posición, pero en cambio no actuaba de común acuerdo con Pancho Murguía, que se había quedado estacionado unos 15 kilómetros al sur.

Villa llegó a Sayula y procedió a hacer un reconocimiento del terreno donde se encontraban parapetados los carrancistas. Para fijar mejor las posiciones del enemigo, al día siguiente hizo que la artillería bombardeara la cuesta, sin producir grandes daños. La madrugada del 17 comenzaron los combates, presionando sobre los carrancistas de Amado Aguirre y Abascal, que estaban atrincherados en una loma llamada Los Magueyes, pero con los flancos descubiertos. Una serie de cargas de caballería, en las que intervinieron 2 500 hombres va debilitando la infantería de Diéguez. Hacia las tres de la tarde la infantería villista le había roto las líneas a los carranclanes. Al caer la noche el flanco derecho fue arrollado y la columna carrancista estaba a punto de partirse en dos y ser masacrada.

Durante la noche la primera línea de ambas fuerzas se reforzó. Los carrancistas recibieron tres batallones al mando de Baca Calderón y Enrique Estrada, e igual se reforzaron los villistas. Cerca de la media noche Diéguez envió a sus ayudantes en busca del general Murguía, con órdenes de que se hiciera cargo del flanco izquierdo, lo que hizo hacia la una de la mañana con unos tres mil hombres.

No acababan las fuerzas de Murguía de ocupar sus posiciones, cuando la artillería villista abrió fuego la mañana del 18 de febrero sobre el centro de las posiciones de Diéguez. El general Villa lanzó a sus infantes, al mismo tiempo que de diferentes partes se desprendían gruesos contingentes de caballería para envolver los flancos enemigos. Villa, mandando personalmente a su gente, dirigía sus "terribles cargas", especialmente sobre el centro, y llegaba a 20 metros de las líneas de infantería carrancista, donde cada vez era más difícil rechazarlos. Estos ataques en oleadas produjeron grandes pérdidas, pero apenas se retiraba la caballería entraba en acción la infantería.

Los villistas tenían que cruzar un enorme valle, donde eran blanco de los fuegos de los constitucionalistas, para luego ascender por la cuesta. Hombres y caballos rodaban por los precipicios, mientras el general Villa ordenaba nuevas cargas, teniendo siempre en movimiento su línea. A las 12 del día se abrió un hueco entre las columnas de Aguirre y Abascal, y los carrancistas estaban escasos de municiones. Una columna de infantería dirigida por el propio Villa cruzó entre las líneas y quedó en medio del fuego de los carrancistas, murieron varios de sus ayudantes y la silla de su caballo quedó destrozada.

Comprendiendo que, aunque la victoria estaba en desbaratar el centro de la línea, no podía hacerlo sin debilitar sus flancos, tanteando al enemigo Villa ordenó cargar especialmente sobre la derecha de los constitucionalistas, donde se encontraban las fuerzas de Murguía y donde el terreno ayudaba más a los movimientos de la caballería. Murguía resistía mal la carga de la caballería villista encabezada por los Dorados, muchas veces se vio obligado a entrar en combate pistola en mano. Villa entonces lanzó un nuevo asalto sobre el centro. La caballería villista cargó brutalmente sobre el centro de la cuesta, pero aunque en un primer asalto fue detenida, no acababa de ser rechazada la carga cuando Villa ya tenía una segunda dispuesta.

En los momentos que los villistas avanzaban nuevamente sobre el centro, el general Diéguez envió uno de sus ayudantes con el general Murguía para pedir refuerzos. Murguía ordenó que inmediatamente salieran mil infantes a las órdenes del coronel Díaz Couder a ocupar posiciones en el centro, pero cuando llegaron, los villistas habían tomado el atrincheramiento, puesto en fuga a los soldados de Diéguez y sembrado la confusión en toda la línea.

A las cuatro de la tarde los carrancistas se retiraron en desorden. Los soldados de Diéguez corrían en todas direcciones, mientras Villa hacía avanzar nuevos contingentes. Murguía, al frente de su caballería, hizo el amago de atacar, pero al darse cuenta de que el enemigo había ocupado el centro, levantó a su gente y se retiró hacia Zapopan. Se había combatido durante siete horas.

Villa ordenó que la brigada Chao y Rodolfo Fierro remataran a los que se fugaban. Fue una "tremenda matazón". Fierro, que estaba muy irritado por haber perdido semanas antes frente a esas mismas tropas, le dio alcance a la retaguardia y la masacró.

Villa, que lo iba siguiendo, veía a cada rato fusilados al borde de los caminos y dio la orden de que se dejara de fusilar a los cautivos. Pero en la noche, en el campamento de Fierro seguían los fusilamientos y Villa hizo averiguaciones y le dio órdenes a Vargas de que parara el asunto. Vargas se dirigió a Fierro: "No mates más, dice el jefe". Rodolfo Fierro estaba enloquecido, no sólo disparaba contra los rendidos, también mató de un tiro a un combatiente villista muy joven que se quejaba de una herida en la mano. El asunto estuvo a un tris de costarle la vida, porque uno de sus compañeros, enfurecido, estuvo a punto de darle un tiro en la cabeza. Finalmente la decisión de Pancho Villa imperó y se obedeció su orden de que los derrotados no fueran fusilados, sino que los pusieran a reparar las vías y los puentes.

Los villistas sufrieron fuertes pérdidas en la batalla, se habla de 700, de dos mil. Aunque las bajas sobre el terreno no fueron de más de dos mil constitucionalistas, en la huida sufrieron entre heridos, detenidos, desertores y dispersos, bajas que ascendieron a más de cuatro mil en el caso de la brigada de Diéguez, quien además perdió su artillería y casi todos sus trenes; tres mil en el caso de Murguía.

En lo siguientes días Villa avanzó hacia Ciudad Guzmán (entonces Zapotlán el Grande) persiguiendo a Diéguez, que se replegó hacia Manzanillo, en la costa del Pacífico, buscando municiones y cobijo. Murguía continuó y llegó a Tecomán con sólo diez cartuchos por combatiente.

El 20 de febrero Villa se estableció en Tuxpan, Jalisco. Ahí contactó por telégrafo con Chihuahua, se enteró de la situación ventajosa de Ángeles en Monterrey y de que Roque había sido nombrado presidente de la república convencionista, cosa que causó júbilo entre los norteños. En una reunión de jefes de guerra en la que participaron Calixto Contreras y Fierro, Villa propuso ir sobre el enemigo hasta apoderarse de Colima y Manzanillo; se trataba ya no sólo de derrotar sino de destruir a las fuerzas enemigas, para que no se recobraran, pero la complejidad del mapa militar provocada por la deserción de Eulalio, tiene que haberlo hecho dudar.

Durante los siguientes días retornará a Guadalajara e intentará que las operaciones de compra de municiones en las que están involucrados Hipólito y Lázaro de La Garza, que se encuentra visitando bancos en Torreón y Aguascalientes, se concreten.

En los combates de Jalisco comenzó a destacar por su valor Baudelio Uribe, un güero nativo de Jiménez que había sido carnicero en Gómez Palacio y hará mancuerna con Martín López, unidos por un valor a prueba de absurdos y un singular amor por el alcohol. Ernesto Ríos, futuro jefe de los Dorados, cuenta que "Villa los quería como a sus hijos, eran de los pocos que no marginaba por borrachos. Los maltrataba, los encerraba, los golpeaba, pero no los alejaba de su lado. Eran dos jovencitos güeros, pero muy borrachos. Y se llevaban fuerte con el jefe. El güero Uribe llegaba al carro del ferrocarril de Villa y preguntaba: ¿Ya se despertó la fiera? Y ahí se le aparecía Villa en la puerta, que parece que no dormía nunca y no le hacía nada. Otras veces lo llamaba la Colmillona". En Torreón Villa le puso tremenda golpiza porque, borracho, había cerrado un burdel para él solo. Pancho le dio "una pistoliza padre, lo dejó bañado en sangre". Luego se compadeció y mandó a que su escolta lo llevara al hotel y poco después lo invitó a almorzar, pero Uribe, cuando le llevaron el recado, contestó que se fuera a chingar a su madre. Para parar los desmanes de Martín López, lo encerró una vez en un cabús, con ley seca, y ahí lo tuvo tres días. Cuando fue a ver cómo estaba descubrió que la puerta estaba cerrada por dentro y se produjo el siguiente diálogo:

—Soy el general Villa. ¡Ábreme!

—Tú no eres el chino Villa, vete —decía borracho Martín. Había encontrado el modo de que le trasegaran mezcal por una ventana y él lo recogía en una palangana.

Baudelio era muy salvaje. Le gustaba jugar a la ruleta rusa, con una variante: alrededor de una mesa tiraban al aire un revólver amartillado y a veces hería y a veces mataba; el que resultaba herido tenía que pagar la parranda. Lo solía hacer en el salón Delmónico, en Chihuahua. Cuando Villa se enteró estuvo a punto de fusilar a todos los jugadores.

El 4 de marzo Pancho se entrevistó en Guadalajara con un enviado especial del gobierno estadounidense, el juez Duval West. Lo acompañaban Díaz Lombardo y Carothers. Conferenciaron en el tren especial de Villa. Años más tarde Villa contará: "Mientras estuve en Guadalajara en 1915, se me acercó un agente del gobierno de USA con la proposición de que, en caso de que yo estuviese de acuerdo en vender los estados de Chihuahua y Sonora, ceder el ferrocarril de Tehuantepec a Salina Cruz y, posteriormente, disponer de Bahía Magdalena por venta o cesión a ellos, toda la ayuda necesaria, financiera o de cualquier otro tipo para derrotar a mi adversario, me podría ser dada. Mi primer impulso fue matar a aquel agente ahí mismo, pero me contuve para replicarle". Villa supone que la misma oferta se le hizo a Carranza. Más allá de

492 PACO IGNACIO TAIBO II

si Duval hablaba a nombre del gobierno estadounidense o de inversionistas de aquel país, de si se había mencionado la cesión de Chihuahua y Sonora, o Villa en sus memorias se la había añadido a las propuestas de Duval, el hecho es que quedó convencido de que existía una propuesta de este tipo formulada por las autoridades estadounidenses.

Duval, en su informe oficial, sólo reseñó que Villa le habló de que México era para los mexicanos y no se mostró mayormente interesado en hacer concesiones al capital extranjero. En su informe al secretario de Estado, con una perspectiva bastante inocentona decía que el territorio villista era seguro si los Estados Unidos le proporcionaban armas, el principal peligro sería "la falta de respeto de Villa por las leyes, la propiedad y las mujeres".

Unos días más tarde Villa respondería públicamente a unas declaraciones de la prensa estadounidense, en un tono muy diferente al que había tenido ante la intervención en Veracruz. "He leído con desagrado en el *Washington Post* de hoy una declaración que falsamente se atribuye a mí, diciendo que yo no me opondré a una intervención armada por parte de varias potencias para reducir al orden a Carranza, siempre que yo mandara dicha expedición; nada más falso, grotesco y disparatado [...] siempre he querido que nuestras dificultades las arreglemos nosotros mismos, y si por desgracia alguna nación invade nuestro territorio tendría que combatir contra ella sin medir el peligro". Había cambiado radicalmente su posición frente al gobierno estadounidense.

En Jalisco, Villa recibirá noticias de que Maclovio Herrera ha sido derrotado nuevamente. Poco después le escribiría a Llorente: "Maclovio pudo haber sido un perjuicio serio para el estado de Chihuahua, pero los constantes reveses que ha sufrido, y muy especialmente la derrota que le infligieron las fuerzas del general Hernández en San Carlos, lo imposibilitaron para dañarnos de manera seria... casi desearía que invadiera el estado de Chihuahua".

Probablemente por entonces recibió un telegrama de Felipe Ángeles señalando que la plaza de Monterrey estaba en riesgo. El 7 de marzo Villa viajó a Torreón y de ahí a Monterrey con cuatro mil hombres. En la segunda semana de marzo Villa llegó a la estación Unión de Monterrey en su carro de ferrocarril. Recibido por la gente al grito de "¡Viva Villa, hijos de la tiznada!", de inmediato abrazó a Felipe Ángeles y Raúl Madero. Tras una breve inspección, que parecía mostrar que el enemigo se encontraba distante y la plaza no estaba seriamente amenazada, Villa, que había visto a la caballería en las afueras de la ciudad en línea de tiradores, le dijo a Ángeles:

—Usted está mal, hay que mantener la ofensiva.

Y le dijo que no existía riesgo, que nunca le hubieran tomado Monterrey. Ángeles respondió que no había pedido apoyo, que había señalado que estaba corto de municiones y que la caída de Monterrey podría poner en peligro Torreón. Villa le dijo que eso era una petición de ayuda.

Ángeles, según los testimonios, argumentó que para guarnecer una plaza de esas dimensiones, y según las ordenanzas, se necesitaban más hombres y más municiones, porque sólo contaban con trescientos por hombre.

Villa, muy disgustado, contestó:

—General, aquí no estamos con ordenanzas del ejército; somos soldados revolucionarios y lo de las ordenanzas nos sobra.

Y señaló que hubiera podido acabar con Diéguez y Murguía y los hubiera llevado a Manzanillo, donde les hubiese tomado los trenes y la infantería porque ni barcos para irse tenían. Los acontecimientos le dieron la razón. En esos días Fierro fracasó ante Diéguez en Tuxpan, mientras que las tropas de Ángeles y Madero hicieron correr a los carrancistas en Ramones.

Villa permanecerá enfadado, pero como confesaría años más tarde: "No quise seguir disgustándome con el general Ángeles, porque soy su admirador y más que nada porque fue leal amigo de Maderito".

Una fuerte tormenta de nieve sacudía la región. Villa conoció en Monterrey la salida del Ejército de Operaciones de Obregón de la ciudad de México hacia el norte el día 10. ¿Venía a buscarlo? ¿O simplemente la ciudad de México no le gustaba e iba a establecer una base de operaciones en el centro del país, que le permitiera conectar con las fuerzas de Jalisco? Obregón decía de la ciudad de México: "Ni es nudo ferrocarrilero, ni hay comida, y para conservarla hay que distraer una fuerza numerosa. Tener a México DF o no tenerla da igual".

Y mientras medía en su cabeza las intenciones de Obregón, Pancho recibió una invitación de Raúl Madero, que le había organizado un banquete con hombres de negocios de la ciudad.

Villa le preguntó:

—¿Cuánto quieren gastar?

—Unos treinta mil pesos.

—Es mucho dinero, no creo que vaya a comer tanto.

Y ordenó a Raúl: "Que esos señores se gasten el dinero en maíz y frijol para la gente". Lo único que Villa aceptó fue una corrida de toros de homenaje, con entrada gratis. Raúl preparó entonces una reunión con Carlos García Cantú, presidente de la Cámara de Comercio, junto con otros industriales y comerciantes. La comisión se reunió con Villa en el Palacio de Gobierno. Villa traía una chamarra de estambre y una mascada de seda negra al cuello, mitazas bien boleadas. Villa los miró de lado y dijo que eran muy pocos. Le contestaron que eran la directiva, pero insistió y los volvió a citar junto con sus socios para el día siguiente. Mientras continuaban los combates en Nuevo León contra Pablo González, el 15 de marzo los industriales y comerciantes se reunieron con él en el salón verde. Villa lanzó un extraño discurso:

—Los he mandado llamar porque quiero que dejen de ver a los pobres con malos ojos. Los pobres lo hacen todo y sin embargo los tratan muy mal.

Les digo que ayuden a dar de comer a los desvalidos y si no lo hacen ya saben el castigo que les aguarda.

El presidente dijo que estaban dispuestos a vender mercancías a bajo precio. Villa le gritó que mentía y le mostró ropa vendida muy cara: unos pantalones, unos calzoncillos, las versiones difieren.

—Ustedes son una punta de sinvergüenzas, han estado ocultando el maíz y los frijoles.

Villa iba subiendo de tono, se iba calentando solo. Les dijo que se fueran a un lado de la sala los nacionales y al otro los extranjeros.

—Creían que les iba a echar un discurso de catrín de botín calado. Todos ustedes son una punta de hijos de la chingada. Traigo un tren para llevármelos a Chihuahua.

Les pidió un millón de pesos y amenazó con fusilar al presidente de la cámara. Éste argumentó que necesitaba más tiempo para reunir el dinero y Villa se quedó con la directiva en prenda. El millón se iba a recoger entre 135 empresas. Nunca se lo acabaran de pagar.

El 18 de marzo Villa contestó una carta de Zapata enviada hacía un mes. Le daba noticias de lo que había sucedido, le aseguraba que en cuanto pudiera acercase al sur le echaría una mano, "ayudarlo con alguna cosa". Y fue al corazón del asunto: "… muchos hombres intrigantes y pérfidos han tratado de acercarse a mí para inculcarme desconfianzas y recelos respecto a usted; pero yo le aseguro con toda la ingenuidad de mi corazón que no les he dado crédito, que castigaré con mano dura a los que pretendan dividirnos". Villa le dice que Obregón ha dejado la ciudad de México y espera que Zapata se apodere de ella (ya lo había hecho, el 11 de marzo.) Y firmaba, su "amigo y compañero".

Una semana más tarde se reanudaron las comunicaciones telegráficas entre el norte y la ciudad de México y Villa recibió un saludo de Roque González Garza, en una conferencia telegráfica, que le pedía el visto bueno para el nuevo gobierno de la Convención. Villa no lo objetó, pero sugirió que dejara la ciudad de México, porque ahí la gente se corrompe, y se fuera al norte. Roque le dijo que no era oportuno y pidió dos mil soldados para guarnecer la ciudad. Villa se habría de quejar de que aunque los carrancistas sólo tenían seis mil hombres entre la ciudad de México y San Juan del Río los zapatistas no habían hecho nada.

Villa aprovechó la estancia en Monterrey, trabajando con Enrique Pérez Rul, para poner al día su correspondencia, promulgar 19 decretos y autorizar a Llorente para que organizara un "servicio de vigilancia" en Estados Unidos. Entre los decretos se encontraba uno que advertía a los propietarios (mayoritariamente extranjeros, principalmente estadounidenses) que si no reabrían las minas y abandonaban la paralización de trabajos mineros sin causa justificada, sus minas serían expropiadas, y les daba 60 días para hacerlo. Como dice William K. Meyers: "Villa estaba perdiendo la paciencia". La Asarco había reinvertido dos millones 700 mil dólares en México, pero fue fundamentalmente comprando a otros sus minas y haciendo nuevas reclamaciones de zonas de explotación, aprovechando la crisis, pero mantenía paralizada la producción. Esta situación, además de crear inestabilidad económica en Chihuahua, Zacatecas y Durango, no colaboraba a sanear las finanzas del estado militar del norte.

En Monterrey Villa asumió que su problema central de abastos era la permanente crisis de municiones y pidió por telégrafo a Hipólito y a Llorente que enviaran a Irapuato el parque que habían conseguido y que había pedido un mes antes. Existía un cargamento en El Paso, pero estaba bloqueado por "causas inexplicables". Y además Lázaro de la Garza no respondía a las llamadas que le hacían desde El Paso y Llorente no lo podía localizar. Villa ordenó a Jáuregui que buscara a De la Garza en Nueva York, donde por órdenes de Villa estaba tratando de celebrar contratos directamente con las fábricas para el abastecimiento de cartuchos, para lo cual se depositaría en metálico una gran cantidad de dinero a fin de garantizar la compra de 10 millones de cartuchos. Lázaro y Sommerfeld retiraron del Guaranteed Trust Co. de Nueva York los depósitos que había hecho la agencia financiera de la División del Norte mediante Hipólito, y temporalmente se hicieron humo. Hipólito hizo intervenir al servicio secreto de Estados Unidos para buscarlos. Con dinero de los hermanos Madero y "unos amigos del general Ángeles" se consiguió rescatar una pequeña parte de esas municiones.

El desvanecido Lázaro, mientras tanto, se había vuelto confidente del hombre de las aduanas en El Paso con el que mantenía una gran correspondencia; le contaba que Villa estaba muy corto de municiones y trataba de conseguirlas en Nueva York. Cobb había pasado de ser un profundo admirador de Villa a su detractor, y repudiaba públicamente las confiscaciones que la División del Norte había hecho.

El 24 de marzo Villa salió de Monterrey. Poco antes le escribió una carta a Llorente, en la que le decía: "Aunque reconozco la importancia de los trabajos de la prensa, he sufrido tantos timos de parte de algunos señores periodistas que no desearía protegerlos en lo más mínimo". Por esos días había declarado al *Chicago Tribune*: "No me importa lo que escriban sobre mí mientras sea la verdad".

NOTAS

a)   Fuentes. Papeles de Lázaro de la Garza J 2, K 5, K 7, K 8, K 9, K 10, K 13, K 17, K 22, K 25. Estrada: *Border Revolution*. Vargas: *A sangre...* Carta de Villa a Zapata 18 marzo 1915, en *Documentos inéditos sobre Emiliano Zapata y el cuartel general*. Gilberto Nava PHO 1/26. Puente: *Vida de Francisco Villa*. Calzadíaz: *Hechos reales de la revolución*, tomo 2. Luis Aguirre: *De Francisco Madero...* Soto Hernández: "Se subleva el general Robles". Robert Quirk: *La Revolución Mexicana*. Martín Luis Guzmán: *Memorias de Pancho Villa y El águila y la serpiente*. Cervantes: *Felipe Ángeles en la revolución*. Womack: *Zapata y la Revolución Mexicana*. El decreto de Villa en el *Periódico oficial de Durango* del 7 de febrero, fechado en Aguascalientes el 2 de febrero. Taylor: *Aviadores de Pancho*. Las lecturas villistas en *Vida Nueva* 1° de enero de 1915 y en Aguilar Mora: *Una muerte sencilla, justa, eterna*. Archivo estatal de Saltillo. Katz: *Columbus*. Villa: Manifiesto de Río Florido. Ernesto Ríos PHO 1/83. Santos Luzardo: *Por los caminos de Pancho Villa*. Archivo Enrique Llorente. *Periódico Oficial de Coahuila* 7, 13 y 31 de marzo, 3 y 7 'de abril de 1915. Papeles de Federico González Garza.

El submarino. Papeles de Enrique Llorente, NYPL.

Meses más tarde Santos Chocano le ofreció a Villa un destroyer y un cañonero comprados en Centroamérica y pagaderos en oro o papel del estado.

Campaña de Jalisco. Recetario de María Luisa Santana. Aldana: *Jalisco desde la revolución*. Amado Aguirre: *Mis memorias de campaña*. Valadés: *Hazañas*, 2 (la perspectiva de Murguía exagera sobre las fuerzas de Villa: "... cerca de veintiocho mil hombres, de los cuales catorce o quince mil tomaron parte en la acción"). Muñoz: *Verdad y mito de la Revolución Mexicana* 3.

Villistas entrando a Guadalajara.

Monterrey. Benjamín Herrera: "Cómo era y cómo...". Ceja: *Cabalgando con Villa*. Sánchez Lamego: *Convención*. Valadés: "Un audaz plan de Fco. Villa" (testimonio de Gómez Morentín). Álvarez Salinas: *Pancho Villa en Monterrey*. Bustamante: *Del Ébano a Torreón*. Jaurrieta: *Con Villa*. Pérez Rul en Calzadíaz: *Hechos reales de la revolución*, tomo 8. Chalkey: *Zach Lamar Cobb*. William K. Meyers: "Pancho Villa and the multinationals. United States interests in villista Mexico".

En Sayula, tras la batalla, las fuerzas de la DN.

b) La rendición de Robles. Villa (circular 2 de abril): "... el general José Isabel Robles en conferencia en Mazapil con el general Margarito Salinas comisionado por mí para entrevistarlo, decidió retirarse a la vida privada entregándonos desde luego 4 ametralladoras y todas las fuerzas que traía a su mando, las cuales se incorporaron..., he ordenado a las tropas de la Convención no persigan ni originen ninguna molestia a J. I. (*Periódico oficial Coahuila*, 7 des abril, "El general Robles se rinde al general Villa, retirándose a la vida privada": *La Voz de la revolución*, Durango, 4 de abril de 1915). Robles se hará cargo en 1916 de la 2ª brigada Integridad Nacional con tres mil hombres, que no actuará en el norte.

Curiosamente, la profecía de Ángeles se cumplirá fatalmente. Tres de los cuatro generales que le dieron sustento militar a la deserción de Eulalio: Isabel Robles, Blanco y Eugenio Aguirre Benavides, serán asesinados por carrancistas. Uno al poco tiempo (el 2 de junio del 15, Eugenio morirá fusilado, acusado de traición, por tropas de Nafarrete); otro, años más tarde (José Isabel Robles, preso cerca de Tenango del Valle por fuerzas carrancistas; se dice que al borde de la locura fue fusilado en el Campo de Marte de la ciudad de Oaxaca en abril del 17); y Blanco terminará en un consejo de guerra del que casi no se salva, para morir a manos de Obregón en 1922. El cuarto, Mateo Almanza, tal como se contó, herido en Torres Mochas por los villistas, terminó colgado de un árbol cuando lo capturó Urbina en San Luis Potosí.

c)   Azuela se replegó con la DN tras las derrotas del Bajío. Residía en Chihuahua en septiembre-octubre 1915 (campaña de Sonora) cuando comenzó a escribir *Los de abajo*. Viajó a Juárez, "desesperado por terminar la novela". Se exilió y publicó *Los de abajo* en *El Paso del Norte*, por entregas, a partir de octubre de 1915. Aceptó la amnistía en diciembre de 1915. (Mariano Azuela: *Los de abajo*, "Cómo escribí *Los de Abajo*".)

El autor ha estado tentado de entrar en el debate entre los narradores realistas de la revolución y los círculos oficiales de la cultura mexicana. Contar lo que Aguilar Mora en el prólogo de *Cartucho* llama: "Una relación plural muy intensa y complicada entre el discurso autobiográfico, el histórico y el literario", la historia de estos testigos narradores, cronistas y su confrontación contra otras formas de ver la literatura que trató de excluirlos. Remite al lector al capítulo que les dedica Aguilar Mora.

d)   Aviones. Taylor cuenta que La División del Norte reclutó a Lester P. Barlow, quien "organizó un aeródromo móvil que consistía en un tren equipado especialmente para transportar y dar mantenimiento a las aeronaves. El tren llevaba plataformas donde se colocaban los aeroplanos y los automóviles, un taller mecánico, cama, coches comedores y cuartos de recreación para los pilotos (equipados con todas las comodidades de la época, incluso una victrola), vagones llenos de municiones y otros suministros y un vagón blindado y artillado para defender al convoy en caso de ataque".

"Los Villistas lanzaban bombas Schneider de 75 mm que pesaban entre seis y siete kilogramos cada una, fabricadas en los talleres del ferrocarril en Aguascalientes. Estos proyectiles estaban dotados de estabilizadores verticales e iban cargados de dinamita, nitroglicerina gelatinosa o pólvora. Se utilizaba un sencillo cartucho de rifle, extraída la bala, como detonador, que luego se insertaba en el remedo de bomba al momento de ser lanzada del aeroplano. También usaban proyectiles de ocho y nueve kilogramos llenos del mismo tipo de explosivos. Estos tenían forma de pera y llevaban estabilizador vertical como las otras".

La flotilla de los villistas tenía su base en Monterrey y volaba frecuentemente a Saltillo y Torreón.

Mariano Azuela, en *Los de abajo* cuenta: "¡Ah, los aeroplanos! Abajo, así de cerquita, no sabe usted qué son; parecen canoas, parecen chalupas; pero que comienzan a subir, amigo, y es un ruidazo que lo aturde. Luego algo como un automóvil que va muy recio. Y haga usté de cuenta un pájaro grande, muy grande, que parece de repente que ni se bulle siquiera… adentro de ese pájaro un gringo lleva miles de granadas… Llega la hora de pelear, y como quien les riega maíz a las gallinas, allí van puños de plomo pa'l enemigo… Y aquello se vuelve un camposanto: muertos por aquí, muertos por allí, y ¡muertos por todas partes!"

Hay una versión novelada de la historia de los aviadores villistas, Carlos Cantú: *Los halcones dorados de Pancho Villa*.

CUARENTA Y UNO

LA NUEVA BURGUESÍA VILLISTA

Un efecto secundario de la ruptura de los convencionistas fue la defección de Luis Aguirre Benavides, el primer secretario de Villa, que se quedó escondido en la ciudad de México. Entrevistado más tarde por Obregón, no aceptó incorporarse a sus fuerzas, y sí, en cambio, escribir una serie de artículos en la prensa sobre Villa ("de lo que me arrepentiré toda mi vida", por haber violado la confidencialidad que le debía un secretario).

Luis, en estos artículos, que habrían de publicarse en abril de 1915 en El Paso, acusaba a Pancho de ladrón y de haberse vuelto millonario con todo lo expropiado: las minas de oro y plata de Batopilas, el molino de la Harinera de Chihuahua, la mina de Naica, las minas de la sociedad Ignacio Rodríguez, las haciendas de los españoles y de los Terrazas entre Chihuahua y Juárez. Y extendía esta denuncia a los generales villistas. La hacienda del Pueblito (propiedad de Ignacio Irigoyen, asesinado por Villa en Chihuahua) explotada por el teniente coronel Plácido Villanueva. La hacienda El *Sauz* (ex Terrazas) la explotaba Manuel Chao. Las haciendas La Enramada, El Álamo, La Bonita (que eran de los españoles Erquicia), explotadas por el general Rosalío Hernández. Las haciendas Corral de Piedra, Santa Clara y otras al norte de Chihuahua hasta Ciudad Juárez, eran propiedad de Villa, que tenía sus administradores. Las fincas del distrito de Ojinaga eran explotadas por el coronel Porfirio Ornelas; las del distrito de Casas Grandes, por el coronel Manuel Ochoa. Urbina explotaba en Durango más de 20 haciendas. Gabino Durán explotaba las minas de oro y plata de Batopilas (de cuyos beneficios pasaba grandes cantidades a Villa y éste los transfería a Hipólito, que a su vez los depositaba en Estados Unidos); Hipólito administraba la mina de Naica. Las minas de la Sociedad Ignacio Rodríguez Ramos (Almoloya, El Cigarrero) las administraba Miguel Baca Valles. Fierro explotaba las minas de cobre de Casas Grandes. Silvestre Terrazas administraba la cervecería de Chihuahua; el Nuevo Mundo estaba a cargo de Juan B. Baca. El molino de la Harinera de Chihuahua lo explotaba Vidal de la Garza, hermano de Lázaro. La fábrica de ropa La Paz la explotaba Pedro Rodríguez; la de Hilados y tejidos de Río Florido, José Martínez Valles. Los casinos y casas de juego de Ciudad Juárez los administraba Villa (realmente lo hacía Hipólito).

La denuncia sugería, aunque no se decía explícitamente, que estas explotaciones, administraciones y controles las hacían Villa y sus subordinados en calidad de propietarios y para su propio beneficio.

A la acusación se sumó un personaje que en México tenía un amplio prestigio, el periodista estadounidense John Kenneth Turner, autor de *México bárbaro*, quien aceptó dos mil dólares del carrancismo para escribir una serie de artículos en la prensa estadounidense (reproducidos en *El Paso del Norte*) titulados "Villa como hombre de estado", donde decía cosas como: "Hipólito es un hombre corpulento, muy moreno, de voz gutural y largos mostachos caídos. Antes de la subida al poder de Pancho, Hipólito andaba por las calles de Chihuahua montando la grupa de un burro, golpeando con las rodillas el par de botes de leche mal sujetos, pues era repartidor de leche. Ahora viste como el duque de Venecia [...] Hipólito tiene una empacadora de carne en Ciudad Juárez y controla las aduanas". Contaba que Eugenio Aguirre Benavides había tenido en Durango el monopolio del juego y Urbina lleva en "las manos peludas trece anillos de brillantes". Contaba algunos de los negocios no del todo lícitos de los compradores de Villa, como que Sommerfeld ganaba 72 centavos y medio de las tasas de importación de dinamita y el gobierno villista sólo 27 centavos y medio de cada peso, y "se dice que Lázaro de la Garza se ha vuelto millonario dos veces en seis meses".

Estas dos series de artículos fundamentarían en años posteriores (y consolidaría en el mundillo de los historiadores) una teoría, la de que en torno a Villa y al despojo de la oligarquía de Chihuahua y Durango habría crecido una nueva burguesía, la de los generales expropiadores, la nueva burguesía villista.

Eric Wolf dirá: "Muchas propiedades pasaron a manos de los generales de Villa, quienes las usaron para asegurarse a sí mismos un elevado nivel de vida, convirtiéndose de este modo en [...] una nueva burguesía dentro del ejército del norte"; y Alan Knight: "Para muchos líderes norteños sus metas no contemplaban el poder nacional ni la afirmación política comunitaria o de derechos agrarios, se limitaron a su hacienda confiscada y al retiro amable, en compañía de otros veteranos, a una vida fácil de triunfal ex condotiero o de coronel brasileño. Al alcanzar esta meta prematuramente, Urbina pagó su impaciencia con la vida; Villa logró disfrutarla aunque brevemente en Canutillo en 1920". Enrique Krauze, que por la superficialidad de su investigación cae en todas las trampas de los lugares comunes que se han aplicado al villismo, no podía dejar de caer en ésta: "Villa repartió muchas haciendas como botín de guerra entre sus lugartenientes", y MacLynn dirá: "Los caudillos del norte llevaban una existencia [...] imitando la vida de los hacendados que habían derrotado. La constante ambición de un caudillo del norte era confiscar una propiedad para vivir como los señores".

Pero Alan Knight, duda: "Hablar de una nueva burguesía formada por los generales villistas convertidos en hacendados es, cuando menos, prematuro y quizá injustificado".

Muy injustificado. Entre 1913 y 1915, que es cuando se producen las expropiaciones, los cuadros y generales villista no pudieron "imitar a los hacendados que habían derrotado", ni pasar a un "retiro amable", entre otras cosas porque pasaron esos años librando batallas constantemente, casi sin periodos de calma.

Lo que Luis Aguirre Benavides describe en detalle, y sabía bien de que hablaba, porque desde su cargo de secretario particular de Villa había manejado muchas veces las cuentas de estos negocios, y quizá por eso su insinuación era más injusta (mientras que en el caso de Kenneth Turner se trataba de *inocencia* a sueldo), era el sistema de financiamiento de la maquinaria de la División del Norte. Las haciendas y empresas, las propiedades administradas por Villa y la Agencia Financiera de la División del Norte, con Hipólito a la cabeza, produjeron ganancias que no fueron a los bolsillos de Pancho o de su hermano, sino que financiaron el aparato militar, al convertirse en salarios para la tropa, comida, municiones, carbón, trenes, etc. La empacadora de carne de Ciudad Juárez comprada a Sherman y Weaver en 20 mil pesos oro, y entregada a Juanita Torres "como regalo", entregaba sus ingresos no a Juanita sino a Silvestre Terrazas en la secretaría del gobierno; con el monopolio de las aduanas Aguirre Benavides mantenía su brigada, y Abel Serratos pagaba la suya de los ingresos del rastro y de las carnicerías de Guanajuato; los ingresos de las haciendas que administraba Rosalío Hernández mantenían a los Leales de Camargo, y el dinero que Durán obtenía de Batopilas iba directo a la Agencia Financiera en Juárez. Silvestre Terrazas administraba para el gobierno de Chihuahua y Fierro quizá se compró un anillo con una piedra de 10 quilates con los impuestos que sacaba a las minas de Casas Grandes, pero en dos años apenas si pasó por ellas y sus ingresos financiaron la brigada de caballería con la que incursionaría en la retaguardia obregonista.

Maquinaria improvisada, eficaz, muy eficaz, pero peligrosa, donde lo privado y lo estatal (la División del Norte, un estado dentro del territorio villista, muchas veces más poderoso que los gobiernos estatales y desde luego que el efímero estado nacional de la Convención) a veces, muchas veces, se confunden. Por las manos de los señores de la guerra pasan muchos billetes y muchos lingotes, y aunque su primera obligación es mantener la maquinaria de guerra engrasada y funcionando, posiblemente dilapidan, derrochan; algunos gastan en comidas, borracheras y putas unos fondos que no tienen contabilidad ("¿A poco ustedes cuentan el dinero, ingeniero?", le dijo Villa a Pani).

Fondos de los que frecuentemente Villa disponía libremente (como cuando entregaba a sus generales una parte de lo sacado del Banco Minero a puñados que se guardaban en paliacates o sombreros) y de los que los administradores sólo respondían ante Villa y ante el hecho esencial de que sus hombres comieran, estuvieran calzados, hubiera pastura para los caballos, carbón y balas; dinero para las viudas y para pagar los enormes gastos de los trenes sanitarios. Villa mantenía funcionando este extraño entramado con la frecuente amenaza de "poner orden". Y había generado en la práctica una definición de "abuso": la ruptura de las prioridades, primero los combatientes y el combate, luego el bolsillo.

Con excepción de Urbina, al que el afán de enriquecerse finalmente le costará la vida (tenía en Las Nieves un verdadero latifundio, 300 mil carneros), y de los compradores de Villa en Estados Unidos (Sommerfeld, Carothers, De la Garza), ni Ochoa, ni Chao, ni Terrazas, ni Hernández, ni Durán, y no digamos Ornelas y Aguirre Benavides, se hicieron ricos. Primitivo Uro, que era una de las piezas claves de este entramado, murió en la pobreza. Hipólito, que concentraba los odios y las miras de los detractores del villismo, no hizo más que una pequeña fortuna con las comisiones que le daban las empresas de armas a las que compraba, y esa fortuna, que invirtió en las joyas de su mujer, terminó entregándosela a Pancho para financiar la guerrilla villista en 1916.

Notas

a)   Fuentes. Luis Aguirre Benavides: "Francisco Villa íntimo". John Kenneth Turner: "Villa como hombre de estado". Rosalía Velázquez: *México en la mirada de John Kenneth Turner.* Eric Wolf: *Las luchas campesinas del siglo xx.* Alan Knight: *La Revolución Mexicana.* Krauze: *Entre el ángel y el fierro.* Frank McLynn: *Villa and Zapata. El Paso Morning Times,* 13 marzo 1914. Serratos PHO 1/22. Juvenal: *¿Quién es Francisco Villa?*

CUARENTA Y DOS

CELAYA: EL MITO DE LA MODERNIDAD

Más allá de la retórica, que se resumía bien en la frase de uno de los hombres de Estado Mayor de Obregón, Aarón Sáenz, cuando decía que iban a "desbaratar el quimérico y rimbombante aparato invencible y formidable del villismo", Obregón parecía no tener mucha prisa en enfrentar a Villa. La lentitud y cautela de su avance era notable: el Ejército de Operaciones conducido por Obregón había salido el 10 de marzo de la ciudad de México hacia Tula y le tomó dos semanas llegar a San Juan del Río y Querétaro, a sólo 250 kilómetros, que ocupó el 27. El sonorense se movía con exceso de cautela.

Villa se encontraba en Salinas Victoria, Nuevo León, cuando decidió concentrar el golpe central en el sur. Valadés piensa que "el solo hecho de que el perfumado o catrín, osara salirle al paso, pareció a Villa como una mera vanidad, que creyó castigar pronta y duramente".

Villa salió hacia Torreón. La llegada de su tren a la estación fue anunciada, como en estos últimos tiempos, por una banda de guerra que primero tocó "Mary, Mary" y luego "La Adelita". Mantuvo una conferencia telegráfica con su hermano Hipólito, presionándolo para que consiguiera municiones con la máxima premura. Urgido de conseguir dinero, el 1° de abril ordenó que se triplicaran las contribuciones a los comerciantes chinos y árabes de Torreón, y luego ordenó el repliegue en Salamanca de las brigadas de Estrada y Serratos y la concentración en Irapuato de las brigadas de infantería que actuaban en Jalisco y Michoacán. Pasó por Zacatecas el 2 de abril, sobre todo para pulsar la fidelidad de Pánfilo Natera, que gobernaba allí, e inmediatamente comenzó a "esparcir informes falsos […] se decía que íbamos a recuperar Tuxpan […] se mandaban mensajes sin cifrar […] y se hablaba de más para que los espías lo captaran".

En el cuartel general villista se sabía que los carrancistas de Jalisco habían recibido órdenes de concentrarse con las tropas de Obregón, y Villa desconfiaba de que los zapatistas pudieran impedir que le llegaran refuerzos de Veracruz. Cuanto más esperase Villa, más se fortalecía el "perfumado".

Villa había sido siempre un maestro de la concentración de tropas en un punto, para imponer la superioridad numérica. Lo había hecho en Chihuahua y también en Torreón y Zacatecas. Pero ahora parecía estar dominado por una urgencia no habitual en él. Parecía que el enfrentamiento real y el valor simbólico de chocar con la primera espada de Carranza eran superiores a su sentido común y sus tácticas habituales. Quizá por eso apresuró sus movimientos, por eso y porque subestimaba a los sonorenses.

El 29 de marzo, durante una revista de la tropa en Monterrey, Felipe Ángeles se había caído del caballo y se luxó un tobillo. Desde la cama envió un mensaje a Villa en Torreón, sugiriéndole que no enfrentara al ejército de Obregón, y al día siguiente, cojeando, tomó un tren para entrevistarse con él y reiterar su punto de vista. Ángeles insistía en que se mantuvieran tropas de contención en el centro de la república y que la fuerza principal de la División del Norte acabara con la resistencia carrancista en el noreste. Villa, que después de lo de Monterrey no juzgaba infalibles los consejos de Ángeles, ignoró sus sugerencias.

Las cifras de los futuros combatientes han sido manejadas por cronistas, testigos e historiadores con extraordinaria frivolidad, en buena medida porque Villa, en su campaña de desinformación, lanzó habladas a diestra y a siniestra. Se ha pensado y se ha repetido que en Celaya Villa tenía superioridad numérica respecto del ejército de operaciones de Obregón, que contaba con unos 11 o 12 mil hombres, pero no hay tal.

Pancho contaba en Irapuato con unos 11,500 hombres: la brigada de Agustín Estrada que había actuado en la contención de Obregón, las tropas de Guanajuato de Serratos, la brigada Robles de Canuto Reyes, la brigada Guerrero de Murga y la Trinidad Rodríguez de Isaac Arroyo. A esto habría de sumar la infantería que se trajo de Jalisco para formar la nueva brigada Ángeles, integrada por tres batallones comandados por el cura Dionisio Triana, Gonzalitos, Pedro Bracamonte, mandados por el general Eduardo Ocaranza, el único ex federal al que Villa dio un mando importante. Ocaranza había recibido en Torreón, combatiendo para Huerta, un balazo en el rostro, que le había arrancado muelas y dientes, dañado la bóveda palatina y la campanilla y hablaba de una manera extraña a causa de esta herida. Por último, la brigada Artalejo, dividida entre la caballería de Pablo López y la infantería que llegaría de Michoacán al iniciarse la batalla, comandada por José I. Prieto.

Villa sólo tenía superioridad en la artillería, con 22 cañones contra 13 de Obregón, quien en cambio tenía más ametralladoras, y aunque Villa las cuantifica en 100, no eran más de 36.

La ventaja de la artillería disminuía porque los compradores villistas, con Hipólito a la cabeza, no encontraban obuses para los St. Chaumond franceses y los Mondragón mexicanos, pues en el mercado estadounidense la guerra europea se tragaba todo. Los últimos que había tenido la División del Norte fueron los que capturó Ángeles a Villarreal en Ramos Arizpe, un vagón entero, hacía un par de meses. Se estaban usando proyectiles fabricados en Chihuahua, de pésima calidad, con fulminante de cartucho de pistola. Villa también había convocado a la flotilla aérea.

Quizá la diferencia, más allá de la cifra de combatientes o las armas pesadas, estaba en que Obregón había concentrado su mejor infantería, mientras que Villa contaba con una División del Norte llena de remiendos y en la que, como dice Valadés, "en vez de seleccionar y mandar al combate a tropas veteranas, ordenó que éstas quedasen entreveradas con las guerrillas indisciplinadas y los reclutas de última hora".

La diferencia entre la División del Norte que actuó en Zacatecas y la que actuaría en Celaya, estaba sobre todo en los mandos. Faltaban los difuntos Toribio y Trinidad Rodríguez; había desertado Maclovio y no estaban Ángeles y Urbina; Raúl Madero se encontraba en Monterrey, Orestes Pereyra en Torreón, Natera en Zacatecas; Isabel Robles y Eugenio Aguirre Benavides desertaron en la crisis de la Convención. La División del Norte de Celaya era un remedo.

En Irapuato la estación ferroviaria se encontraba congestionada por los trenes. Iba llegando la infantería y allí apareció Villa con su Estado Mayor: Madinabeytia, Giner, Nicolás Fernández y Martín López, los Dorados y el secretariado: Pérez Rul y Trillo.

Pancho impuso la ley seca y la única diversión que permitió fue una corrida de toros, en la que un público emocionado disparó en ocasiones contra los toros.

Antes de entrar en combate, el 4 abril 1915, Villa, preocupado por los billetes falsificados originados en Estados Unidos, probablemente por la misma casa que los había impreso, la Columbia Bank Note de Chicago, decretó la pena de muerte contra falsificadores de moneda y obligó a que todos los que hicieran transacciones de más de mil pesos justificaran el origen del dinero.

Recibió noticias de Primitivo Uro de que el 2 de abril había salido de Juárez un tren con 800 mil balas. Le seguiría otro con 700 mil cartuchos, casi todos de 7 mm y calibre 30, que no llegarían a tiempo para la batalla.

El 4 de abril la vanguardia del Ejército de Operaciones de Obregón, y la caballería de Coahuila de Maycotte, llegaron a El Guaje, un rancho y apeadero ferroviario a unos 18 kilómetros al oeste de Celaya. Ese mismo día Villa salió de Irapuato rumbo a Salamanca, donde pasaría revista el día siguiente.

El clima era muy agradable. Vargas registra: "Sol espléndido y calorcito". Villa anda intranquilo porque los zapatistas no han cortado la vía férrea o interrumpido la comunicación telegráfica de Obregón con Veracruz y Carranza, y siguen pasando los trenes; en una reunión de generales se dan noticias de que cuatro trenes entraron a Celaya, uno de ellos cargado de municiones. Pancho había estado recibiendo constantemente información de la movilización del Ejército de Operaciones gracias a espías y amigos. Los datos eran de una enorme precisión. Su mejor oreja era un tal Figueroa, viejo amigo de Villa que regentaba en Celaya una casa de huéspedes. Por eso Villa decidió acelerar el ataque.

Pancho tendió cortinas de humo y siguió desinformando al hacer unas declaraciones a la Associated Press, publicadas el 6 de abril en *El Paso Herald*, en las que contaba que irían 20 mil hombres con él al frente a combatir a Diéguez y 12 mil enfrentarían a Obregón en Celaya.

El 6 abril Villa mueve su tren a Sarabia y avanza a caballo para situar el cuartel general en Cortazar, mientras hace avanzar al grueso de la División desde Salamanca en tres columnas: la infantería en tren, flanqueada por dos columnas de caballería, la de Agustín Estrada y la de Abel Serratos.

En una reunión en la ranchería de Baúles, Villa ordena que se despliegue una vanguardia de caballería a cargo de Estrada y Canuto Reyes. Hacia las nueve o diez de la mañana, la vanguardia choca con las tropas de Maycotte en la hacienda El Guaje. Pero el contacto fue más que eso, porque la infantería descendía de los trenes y marchaba hacia el combate. Fue una acción que mucho tuvo de espontánea porque los villistas tenían ganas de pelear. El Estado Mayor de la brigada Bracamonte trató de frenar esa carga de infantería desorganizada mientras avanzaban las líneas de tiradores.

Gustavo Durón, que venía a cargo de la artillería villista, dirá años más tarde que la acción de El Guaje "fue un cebo de Obregón para meternos en Celaya", y aunque una batería les soltó algunos tiros, los demás cañones ni se emplazaron. Villa personalmente dirigía el combate. Pero Obregón, que le había dado órdenes al general Castro, y éste a Maycotte, de que si la columna villista era grande rehuyera combate, se mostró desconcertado cuando recibió un mensaje de Maycotte diciendo que la situación era muy comprometida.

En Celaya, según Aarón Sáenz, los partes eran confusos. Obregón, personalmente, avanzó con un tren de refuerzos con 1,500 infantes. Hacia las doce comienzan a ver a los prófugos de la caballería de Maycotte, que le cuentan que su jefe está sitiado en la hacienda y casi están envueltos por la caballería villista. Una parte de esa caballería, al ver el tren carga sobre él. Obregón contará: "Ordené que nuestro tren retrocediera con la misma velocidad que el enemigo traía". Los jinetes perseguían y flanqueaban el tren disparando sobre sus ocupantes. Hacia las cuatro de la tarde Obregón regresó a Celaya. La caballería de Estrada, que iba en cabeza en la persecución, al rebasar la hacienda de Burgos se metió en unos trigales y topó con la línea carrancista, unos indios pimas del general Talamantes, que los obligaron a retroceder.

El primer enfrentamiento había sido desastroso para los carrancistas. Obregón, en su parte, dirá que de los 1,500 hombres de su brigada, Maycotte sufrió en El Guaje 352 muertos y 157 heridos, pero Valadés dice que quedaron 566 muertos en el campo y añade 300 presos y 200 desertores. La brigada Maycotte quedó maltrecha, reducida a un tercio de su fuerza original.

El júbilo recorría las filas villistas. Se decía que esa noche cenarían en Celaya. Los trenes villistas se detuvieron en la hacienda de Crespo. Se entró a tomar posiciones sin haber reconocido el terreno. Sólo se cubrió un semicírculo al oeste de la plaza, no había fuerzas suficientes para cercarla.

Benjamín Hill, mientras tanto, había dispuesto en Celaya el primer arco defensivo, con la artillería cerca de las primeras líneas, y lo hizo a tiempo para cubrir la retirada del tren de Obregón. Además, ordenó a Castro que concentrara en la ciudad su caballería. Asimismo, hizo retornar a la caballería de Alejo González y Elizondo, que estaba en Acámbaro y avanzaba sobre Dolores para cortar las comunicaciones villistas. Además, en vista del ataque "inesperado", Obregón llamó a Porfirio González, que avanzaba con otra brigada de caballería de 1,500 hombres hacia San Luis Potosí.

Obregón estableció su cuartel general en el templo de San José. Villa tenía el suyo en la hacienda de Burgos, en la extrema izquierda del arco de ataque.

Al caer la tarde se produjo otra confrontación cuando una caballería de Castro trata de aliviar la presión sobre su flanco derecho y chocó de nuevo con los villistas de Agustín Estrada. De los 600 hombres de Castro, sólo 100 se reincorporaron a la guarnición; los demás quedaron dispersos. Obregón dirá: "Ordené a Castro que reconcentrara la caballería y la dejara descansar en el centro de la ciudad", y que, como infantes, cubrieran la zona del círculo que estaba desguarnecida.

Durón, mientras tanto, emplazó la artillería villista a 600 metros de la línea enemiga, sobre el camino real y la vía del tren. Hacia las once de la noche, Villa y los Dorados andaban repartiendo tablones para tenderlos sobre los canales de irrigación en el futuro asalto. En la noche llegaron los miembros de la brigada Artalejo, que venían de Michoacán al mando de José J. Prieto; los llamaban "los rayados" porque vestían mezclilla azul a rayas. Venían sin armas y sin parque. No había muchas municiones que darles, escaseaban en todas las brigadas.

Un villista contará: "Al tomar posiciones frente a los carrancistas sufrimos muchas bajas por el fuego de la fusilería y ametralladoras". Se debe a que los carrancistas les tiraban a campo descubierto. En reacción, y al calor del combate, hubo continuos asaltos nocturnos impulsados por oficiales menores. Villa envió a sus enlaces, Candelario Cervantes, Juan B. Vargas, Francisco Natera (el padre de Pánfilo) a detener esos ataques inútiles. Natera fue alcanzado por un tiro en una pierna y murió a causa de la herida; Candelario Cervantes, con una herida en el pecho, quedó tendido en el terreno, donde lo dejarán creyéndolo muerto.

El capitán I. Muñoz cuenta que desde el lado villista "parecía como si nuestros soldados pretendieran de una vez […] en un solo movimiento, apoderarse de la plaza enemiga". Y Calderón, en Celaya, consignará: "Éramos presa de una enorme inquietud. Durante toda la noche no dejó de oírse el fuego de fusilería aunque no generalizado". Al amanecer muchos villistas se replegaban con las cananas vacías.

El 7 de abril, a las cinco de la mañana, la artillería de la División del Norte abrió fuego en todo el frente, sin concentrarse en un punto. La artillería de

Obregón respondió. Villa dirá que "era tan fuerte el cañoneo [...] que por obra de aquellos disparos el caballo se me espantaba y se me paraba de manos hasta tener yo que contenerlo para que se estuviera quedo en su sitio, esto mientras a los fuegos de los cañones se unía el de todas las ametralladoras". Durón contará que la orden era abrir fuego a las cinco de la mañana porque "teníamos que entrar a riñón en Celaya [...] Ruido de artillería y ametralladoras imponente". Y al amanecer se inició el asalto con un dispositivo de ataque de tres columnas de infantería secundadas por la caballería: Dionisio Triana (con la caballería de Canuto Reyes), Gonzalitos (con la caballería de Agustín Estrada) y San Román (con la caballería de Contreras) atacando de oeste a este por todo el frente. No se dejaron tropas de reserva. ¿Por qué este asalto generalizado? ¿No hubiera sido lo normal buscar el punto débil de las defensas y ahí concentrarse? ¿Pensaba Villa que los carrancistas iban a ceder fácilmente? Estaba repitiendo el esquema de Sayula.

La artillería villista resultaba muy superior. Frente a ella, la de Obregón cedió hacia las siete de la mañana. Cuando parecía desmoronarse el sector norte, Maximilian Kloss ordenó retirar sus baterías. Obregón, indignado, dio órdenes de detener a su jefe de artilleros y fusilarlo. Kloss se salvó por un pelo.

El coronel Maximilian Kloss, que ha sido descrito por muchos como el asesor extranjero (prestado por el ejército prusiano) de Álvaro Obregón, era un emigrante alemán que vivía en Sonora, donde se había unido a Obregón en 1912. Teniente de la reserva en su tierra natal, hablaba un español chapurrado y parecía un amable gordito con aspecto de tendero, era descrito por Urquizo como un "alemán, fornido, rubio, de rubicunda faz, vestido correctamente al estilo de los federales".

A pesar de la victoria contra la artillería, las cargas de caballería de los villistas, una tras otra, fueron infructuosas. Durón contará que "a la derecha y la izquierda de mis cañones vi actos de extraordinario valor y de arrojo". La infantería villista iba cayendo como moscas ante el tiro del enemigo cubierto en zanjones. Obregón registrará que al amanecer el campo estaba "literalmente sembrado de cadáveres".

Coincidiendo con el inicio del duelo de artillería a las cinco de la madrugada, habían regresado de Acámbaro las brigadas de Alejo González y Alfredo Elizondo tras 50 kilómetros de marcha. Extenuados, fueron colocados al oriente de Celaya como reserva.

Como a las siete de la mañana las tropas villistas descansaban agotadas por las escaramuzas de la noche anterior y los combates del amanecer. No por mucho tiempo.

Hacia las nueve volvieron a la carga. Obregón dirá que él avanzó en persona al frente porque estaba en el cuartel de Manzo cuando se recibieron noticias de que la línea cedía por falta de municiones. Dio órdenes de que se entregara la reserva de parque. En esos momentos varios batallones dejaron sus trincheras por falta de municiones (todos ellos, de diferentes zonas, sin concierto) y Obregón cubrió los huecos con la reserva.

Parecía que la línea iba a ceder. Obregón fue hacia el frente con su Estado Mayor; más tarde dirá que "las posiciones de defensa habían quedado casi completamente abandonadas". Quién sabe de dónde ha sacado un trompeta de diez años, Jesús Martínez, del 9º batallón, "el único que pude conseguir en esos momentos". Le ordena que toque diana, y en las versiones obregonistas, como la de Aarón Sáenz, se cuenta que "confundía al enemigo tocando diana en nuestra línea de fuego".

El toque mágico parece resolverlo todo, pero ¿quiénes oyeron los toques de Martínez en medio del tiroteo? ¿A qué distancia? ¿Cómo los interpretaron? Más bien, la presencia de Obregón y su Estado Mayor en la primera línea hizo detener la desbandada.

Manzo dirá que cuando a Obregón se le ocurrió la genial idea de la trompeta ya los villistas estaban entrando a Celaya. El hecho es que se reorganizó la línea al toque de diana y el asalto villista fue frenado.

Villa mandó dos brigadas de caballería para apoyar a Estrada, que estaba perdiendo muchos hombres en los ataques de flanco enfrentando a los yaquis y los batallones de Sinaloa cubiertos por los canales de riego, las loberas (trincheras personales, un agujero de un metro en el suelo donde se metía un tirador), las acequias y las ametralladoras. Durón registra: "Los yaquis, buenos tiradores, fríos, flemáticos, se entregaban a la carnicería despiadada". Vio algo asombroso: cargas de caballería que se convertían en cargas de infantería porque los jinetes villistas llevaban a los infantes para acercarlos a las líneas enemigas.

Calderón dirá que era más peligroso estar en el centro de la ciudad que en la línea de fuego, a causa de la artillería villista. Pero Durón señala que sus cañones eran poco eficaces, no tenía granadas de fragmentación, eran de percusión y muchas piezas se estropeaban a mitad de la operación. Durón resultará herido y se retirará buscando auxilio médico, quedando a cargo el general José María Jurado.

Villa se acercó a la línea de fuego sin saber las penurias que pasaba en esos momentos Obregón, y creyó descubrir un punto débil en la zona que cubría en el centro el obregonista Novoa. Mandó a Estrada replegarse y cargar por ahí. La carga de Estrada terminó en el sacrificio.

El capitán Muñoz cuenta: "El fuego de las ametralladoras era intenso. Se veía cómo retrocedían a buscar parque, dirán ellos, pero estaban cediendo, eran como las nueve de la mañana".

La ausencia de municiones es grave por ambos lados. Brigadas enteras se quejan de la falta de parque. Villa ordena a Ocaranza que lance un nuevo ataque. Cuando están recorriendo las líneas se encuentran grupos que se repliegan buscando municiones, con las cananas vacías. Giner, que era el segundo del Estado Mayor de Madinabeytia, está con Villa cuando se produce un retroceso de unas tropas en el ala derecha de la línea. Villa le ordena:

—Mire esa gente que se viene retirando. Monte en su caballo, llévese algunos oficiales y hágalos entrar otra vez. Y al que no obedezca, mátelo.

Giner va a todo galope y descubre que jefes y oficiales se quejaban de la falta de parque. Mandó a un oficial a reportarlo a Pancho. Contaría más tarde: "Organizábamos grupos con 15, con 20 cartuchos el que más. Dábamos unos disparos y a correr… peleando en retirada".

Villa vuelve a intentarlo, esta vez en el norte de la línea, y lanza por allí un nuevo ataque, pero son frenados por el terreno anegado y las balas de los defensores.

Hacia las diez de la mañana Obregón ordenó la carga de su caballería de reserva, por el sur y por el norte, flanqueando a los villistas. Calderón dirá que la caballería de Castro no tenía órdenes específicas de Obregón, que sólo intentaba quitarse la presión.

Pero Villa no tiene reservas, suspende las cargas y retrocede, ordenando el repliegue. Martín López, con dos hombres, sale al frente y combate cuerpo a cuerpo. Será la brigada de Calixto Contreras la primera que establezca la contención para evitar la presión sobre los que se retiran, que no se dejaban envolver y se replegaban con toda la artillería, combatiendo.

Agustín Estrada, que ha llevado el peso de la mayor parte de la batalla durante los dos primeros días con su brigada de serranos de Guerrero, se hace cargo de las contracargas para frenar a los perseguidores. Una bala expansiva le destroza el brazo derecho, pero continúa en el combate. ¿De qué estaban hechos esos hombres? Una bala en la frente lo mata. Sus ayudantes logran sacar el cuerpo. V. de Anda dirá lo que el villismo pensaba aquel día de la muerte de uno de sus más destacados combatientes: "Fue un desastre".

La División del Norte se retiró dispersa buscando sus trenes. Obregón no pudo explotar la victoria por el estado de las brigadas de caballería de Castro, agotadas o muy vapuleadas, y por la feroz resistencia de la caballería villista en repliegue. En seis horas no avanza más de 14 kilómetros.

Pedro Salmerón hará el balance de un enfrentamiento que varias veces estuvo a punto de darle la victoria a los villistas: "Sólo una situación fortuita decidió la batalla". Habría que añadir que Villa fue vencido por el exceso de confianza, que lo hizo no dejar reservas y desgastar su caballería en los primeros enfrentamientos.

Las bajas de la batalla no son claras. Obregón dice en el parte que murieron 1,800 enemigos, y en un informe a los cónsules extranjeros habla de tres mil; Aarón Sáenz dice que los villistas tuvieron 1,500 muertos y 500 prisioneros; algunas cifras villistas, exagerando, establecen sus propias bajas, incluyendo heridos y prisioneros, en un número cercano a los tres mil, entre ellos la grave pérdida del general Agustín Estrada. Obregón, en su parte, minimiza las bajas propias, que cifra en 526 muertos y 340 heridos (que deben haber sido sólo las pérdidas en el enfrentamiento de El Guaje).

Así fue el primer enfrentamiento de Celaya, pero varios historiadores quisieron ver en la batalla la confrontación entre lo antiguo y lo moderno, y así se la inventaron. Mason Hart dirá: "Obregón usa mallas de alambre de púas, complicadas y caras, nidos de ametralladoras con campos de fuego cruzados que dirigió contra las cargas de caballería [...] así como fuego indirecto de artillería con armas muy superiores a la mezcolanza villista de armas modernas con cañones de bronce [...] La táctica [...] señala la presencia de asesores extranjeros". Pero en la primera batalla de Celaya no había alambre de púas, ni había asesores extranjeros, ni Villa tenía cañones de bronce, e incluso su artillería era superior a la de Obregón.

Eric Wolf y Quirk insisten: "Obregón había aprendido algo de la guerra europea que no pudo entender Villa [...] nada pueden las cargas de caballería contra alambres de púas, ametralladoras y trincheras".

Parecería, en esta delirante versión donde la hipótesis de modernidad contra atraso se antepone a la narración, que la modernidad eran las loberas de los yaquis y los pimas y no los aviones de Pancho. Siguiendo una tradición con la que el narrador de este libro se ha enfrentado frecuentemente, los lugares comunes sustituyen la investigación de los hechos.

Ajeno a la polémica sobre la modernidad y el atraso que habría de provocar muchos años más tarde, durante la noche Villa recorría en un automóvil el camino de Celaya a Salamanca, recuperando a los dispersos, animando y reorganizando a la gente.

NOTAS

a)   Fuentes. En este caso en particular hay que moverse cautelosamente porque muchas de las fuentes confunden la primera con la segunda batalla de Celaya. Las versiones carrancistas son abundantes: Álvaro Obregón: *8 mil kilómetros en campaña*, con el comentario del general Francisco Grajales en el prólogo del libro, donde se reproduce el parte. "Batallas de Celaya" y el *Diario de campaña*, de Aarón Sáenz, miembro del Estado Mayor de Obregón y probablemente uno de los redactores de los *8 mil kilómetros*.

El villismo se expresa en Martín Luis Guzmán: *Memorias de Pancho Villa*. Vargas: *A sangre y fuego*... Gustavo Durón: "Los combates de Celaya". Calzadíaz: *Hechos reales de la revolución,* tomo 2. Escárcega: "Giner, subjefe de la División del Norte". Francisco Ruiz Moreno PHO 1/66. Jaurrieta: *Con Villa*. V. de Anda PHO 1/46.

Ignacio Muñoz: *Verdad y mito de la Revolución Mexicana* 2 y 3, reproduce los testimonios del mayor carrancista Ricardo Calderón, del artillero villista Gustavo Durón y del coronel José Perdomo, Arturo Villegadas y Matías Rodríguez. Además, José C. Valadés: *Historia general de la Revolución Mexicana* 4 y 5. Sánchez Lamego: *Historia mi-*

El corneta de Celaya.

litar de la revolución en la época de la Convención. Adrián Cravioto: "¿Por qué perdió la División del Norte en Celaya?" y "La primera batalla de Celaya". Miguel Alessio Robles: *Obregón como militar.* Salmerón: *La División del Norte.* Cervantes: *Felipe Ángeles en la revolución.* Archivo Histórico de Saltillo. Papeles de Lázaro de la Garza C 11, F5. Papeles de Enrique Llorente, NYPL. Urquizo: *Recuerdo que…*

b)   Los combatientes. Salmerón: Obregón tenía unos 12 mil hombres y Villa entre 8 mil y 12 mil. Sánchez Lamego: *Convención…* es capaz de dar la formación casi exacta del obregonismo, pero se refiere vagamente a las fuerzas de Villa, que cifra en 10 mil. Gracia: *Servicio médico del obregonismo*, dice que Villa declaró 32 mil y Obregón tenía sólo 11 mil. Linda Hall se suma a la teoría de que los villistas eran muchos más, hasta 32 mil, de los cuales sólo 12 mil tomaron parte en la batalla. Martín Luis: *Memorias…* da 8 mil contra 12 mil de Obregón, cifra en la que coinciden Durón e I. Muñoz, y con la que el autor está de acuerdo.

CUARENTA Y TRES

LA SEGUNDA BATALLA DE CELAYA, LAS BALAS DE PALO

Uno de sus generales le preguntó a Pancho Villa: "¿Con qué baraja hemos perdido?". Y Villa respondió: "Sí, nos ganaron con una baraja vieja. Valía más haber perdido con un chino". En la versión de Ramón Puente, Villa hará la siguiente reflexión: "Con este fracaso me sentí tan humillado que al principio prefería haber perdido con un chino y no con Obregón; pero cuando se calmó mi afrenta, se acabó en mí también la vanidad de haberme creído general".

No hay ninguna duda de que Villa hubiera preferido perder con un chino que con Obregón, pero la versión de Puente sugiere que el primer encontronazo en Celaya llevó a Villa a un ataque de humildad. Que se dijo a sí mismo que no era tan buen general como otros decían y él se había creído. Más bien parecería, por los hechos que serán narrados, que Villa atribuyó la derrota a la ausencia de balas y a su apresuramiento, al haber dejado la ciudad sin aislar, permitiendo que entraran los refuerzos. Pensaba también que habían estado muy cerca de quebrarle las defensas a Obregón, cosa que era cierta, y que en esto de la guerra la moneda daba vueltas en el aire muchas veces antes de caer y pudo haber caído al otro lado. Pensaba, pues, que la derrota no era definitiva.

En los siguientes días, en uno de sus frecuentes ataques de cólera, Villa habló con el cónsul español y le dijo que iba a fusilar a todos los gachupines de Irapuato porque le habían suministrado armas a Diéguez. Finalmente el cónsul lo convenció de que no lo hiciera.

El novelista Mauricio Magdaleno contará aquellos días en que la División del Norte se rehacía en Irapuato: "Las poblaciones hambrientas que acamparon en colas de kilómetros en torno de sus trenes lo amaron con extremo de inconsciencia e inventaron el dicho aquel que corrió de punta a punta de la república: Villa nos dio la tortilla, Carranza nos apretó la panza". E Ignacio Muñoz completa: "Yo vi llorar profundamente conmovido a Pancho Villa cuando en Silao e Irapuato, en abril de 1915, repartía diariamente dinero y alimentos a una fila interminable de pobres que se reunían por millares [...] Y siempre repetía: Pobres de mis hermanitos, pobre de mi pueblo. ¿Cuándo dejará de azotarlo la miseria?"

Pancho conferenció con Urbina incitándolo a presionar El Ébano para quitar a Carranza los recursos del petróleo, pero no lo convocó a reunirse con él. El 8 de abril, una circular fechada en Irapuato y firmada por Villa fue dirigida a todos los gobernadores para que sólo ellos y los jefes de Juárez y Chihuahua dieran pases de ferrocarril. Quería tener los trenes libres (unos trenes que se habían modernizado: usaban jaulas especiales que al abrirse por los costados se volvían rampas para bajar los caballos) a fin de movilizar nuevas fuerzas y mover municiones desde la frontera, porque ese era el primer problema a resolver.

Antonio Fuente, miembro de la Agencia Financiera y Comercial en Ciudad Juárez, contaba que por el mes de marzo se empezó a hacer una gran concentración de parque de todos calibres, especialmente 7mm, que se mandaba al sur. El telegrafista recibía todos los días mensajes urgentes del propio Villa a su hermano solicitando parque. Una noche, a principios de abril, tuvieron que buscar con urgencia a Hipólito porque Villa quería una conferencia telegráfica con él. Media hora estuvieron hablando los dos hermanos. La situación era trágica, se iba a perder la batalla por falta de parque. Se rumoreaba que estaba detenido un embarque de una fábrica de armas gringa de dos o tres millones de cartuchos de 7 mm.

Luz Corral cuenta que se aparecieron por su casa en Chihuahua Carlitos Jáuregui e Hipólito Villa para pedirle prestado el dinero que tenía para comprar muebles. Estaban reuniendo efectivo de emergencia. Ella se comunicó con Pancho por telégrafo, quien le contestó que lo hiciera, y les prestó 60 mil pesos. Hipólito y Jáuregui juntaron aquí y allá unos cientos de miles de pesos para mandárselos a Lázaro de la Garza, quien, reaparecido, el día 10 y el 13 de abril pedía dinero desde El Paso a Villa para poder pagar las balas: "Tanto el general Ornelas como yo comprendemos la urgencia que tiene para conseguir parque y tenga la seguridad…". Lázaro pedía 150 mil o 200 mil dólares para que pudiera salir el parque de Nueva York, y conforme fuera llegando, pagarlo. Decía que necesitaba una fianza por el valor total de la operación.

De la Garza, a pesar de que luego diría que salió "de México en 1914 y no he tenido tratos con Villa desde entonces", estaba metido en otra más de aquellas grandes operaciones en las que no se sabía ciertamente qué tanto eran realidad o qué componente tenía de fantasía. Había hecho un contrato para comprar 12 millones de balas con la Western Cartridge de Illinois, a tres y medio centavos el cartucho. "Mi idea era mandar las balas a la División del Norte al costo" (diría, sin que el autor de este libro se lo crea). La negociación iba a ser llevada por el Río Grande Valley Bank de El Paso como garante. Los hermanos Madero y él pidieron un préstamo en el Guaranty Trust de Nueva York por 93 mil dólares para garantizar el contrato. Lázaro diría que no había dinero de Villa en el asunto.

Mientras se esperaban los envíos de Nueva York al campo de la División del Norte, arribó el tren de Chihuahua que no había llegado a tiempo para la primera batalla, con municiones de Máuser insuficientes, granadas para artillería de muy poca calidad y parque para revólveres y pistolas de calibre 44 y 45. Ya comenzada la batalla, el día 13, Lázaro de la Garza pidió permiso para ordenar un tren especial que llevara las balas de Nueva York a El Paso y el día siguiente, el 14, Villa autorizó el gasto desde el campamento de Crespo. Pero el envío nunca salió de Nueva York.

Nuevamente las cifras que historiadores y testigos ofrecen para las tropas villistas que participarían en la segunda batalla de Celaya son exageradas. Obregón, Gracia y Sánchez Lamego hablan de 30 mil hombres; Valadés, más mesurado, de 22 mil. La realidad es que tras la primera batalla Villa tenía en Irapuato unos nueve mil hombres, una vez que se reunieron los dispersos, y a ellos sumaría los refuerzos de San Luis Potosí con Carrera Torres y Cedillo, los de Jalisco que comandaban Valdivieso y Casas, y los zacatecanos de Pánfilo Natera, que venía dispuesto a vengar la muerte de su padre. Sumaban entre 14 y 15 mil hombres.

Los obregonistas habían recibido el refuerzo de Joaquín Amaro, que llegó el 9 de abril de Michoacán, los veteranos jarochos y oaxaqueños del general Gavira, dos batallones rojos formados por obreros de la ciudad de México y la brigada de caballería de Porfirio González, con lo que eran entre 15 y 18 mil. Obregón había enviado mensajes a Diéguez y Murguía para que retornaran de Jalisco, cosa que no harían a tiempo. La artillería seguía igual que en la primera batalla: 36 cañones contra 13 piezas de Obregón, que en cambio había aumentado el número de sus ametralladoras a 86.

Valadés dirá que "Villa quería empujar al general Obregón hacia las llanuras (porque) deseaba tener la oportunidad de dar una batalla campal donde lucir la efectividad y poder de sus caballerías". De allí que el día 9 le enviara una carta fechada en Salamanca, donde apelando a su humanitarismo le pedía que saliera de Celaya para combatir, en cualquier lugar que eligiera, para evitar daños a la población civil. Obregón recibió también a los cónsules de Gran Bretaña, Francia, Alemania y Estados Unidos, que portaban un mensaje de Villa similar, a quienes contestó que no necesitaba que le dieran lecciones y que Villa podía venir a buscarlo, que su humanitarismo resultaba "muy poco sincero", y pues que tenía tomadas sus posiciones, si pudiera lo sacara.

Villa se había reunido con los representantes diplomáticos invitándolos a cenar un nacatamal potosino de 20 kilos. Al representante de Francia se le ocurrió sugerir bañar los tamales de dulce con coñac que había llevado de obsequio, sin saber que Villa era abstemio.

El 12 de abril el campo obregonista estaba de fiesta porque había arribado Nozagaray con 600 hombres y un tren de pertrechos con las aún más deseadas municiones, dos furgones. Los zapatistas no habían cortado la línea de abastecimientos desde Veracruz. Ese mismo día Villa pasó revista a las tropas en Salamanca. Se entregaron 175 cartuchos por hombre y Cruz Domínguez sustituyó a Agustín Estrada al mando de la brigada Guerrero.

Obregón desplegó de una manera muy simple sus fuerzas: la infantería en un círculo atrincherado dividido en tres sectores; como reserva situó en Apaseo los seis mil hombres de caballería de Castro y Maycotte.

Sin dar suficiente descanso a sus hombres, habiendo recibido pocas municiones y sólo con cuatro o cinco mil combatientes de refresco, Villa se lanzó de nuevo al combate. Movió el 12 una parte de la caballería hacia Salvatierra, pensando que por ahí cerraría la salida de Obregón, situó sus fuerzas ocho kilómetros al oeste de Celaya y mandó exploradores hacia el río La Laja y Acámbaro, buscando las reservas de caballería de Obregón, a las que no podía ubicar.

El día 13 de abril se inició la segunda batalla de Celaya. Hacia las seis de la mañana comenzó el despliegue de los villistas, más o menos como en el primer enfrentamiento. En Crespo los trenes comenzaron a descargar a la infantería, tres columnas. Hacia las cuatro a la tarde Villa recorría la línea formada por las brigadas de infantería que mandaban Bracamonte, Triana y Gonzalitos y nuevamente dirigía el general Eduardo Ocaranza. Desde Celaya se veían las nubes de polvo que producía la aproximación. Mientras en la primera batalla se atacó en semicírculo, en la segunda Villa pensó cercar Celaya.

Como a las 5 de la mañana el general Gavira llegó con su brigada de juchitecos desde Tula, para fortalecer a Obregón. Sus tropas fueron utilizadas como refuerzos, distribuyéndose en el sur de las líneas defensivas. Obregón limpió de vagones las vías del tren, puso su observatorio en el techo de la fábrica La Favorita (Grajales la llama La Internacional), donde tenía un telégrafo de señales, y ordenó un desgaste artillero. La artillería de Villa, esta vez fragmentada en tres baterías a cargo de Durón (el ala derecha), el grupo de Saavedra y el de Jurado, respondió al duelo artillero que le habían impuesto los carrancistas. Poco eficaz el ataque artillero de Villa, porque la tropa que buscaban como blanco estaba dispersa, y darle a las casas de las afueras de Celaya de poco servía. Parecía, por los movimientos previos, que Villa deseaba utilizar el ataque nocturno, pero necesitaba para ello llegar cerca de las posiciones obregonistas.

Se dirá que la batalla empezó el 13 entre las tres y las cinco de la tarde, con presión en todos los frentes.

La línea de defensa de Obregón tenía a los batallones de Sonora y Sinaloa en el centro; al norte, cubiertos por la red de canales, los batallones rojos. El grueso de la fuerza bloqueaba el camino a Salvatierra. Se estaban usando como trincheras los bordos de los canales de riego. Los obregonistas esperaban cubiertos por los bordos, metidos en las loberas. Gavira contará que "los villistas atacaron por todos lados a la vez con mucha furia, empleando las características cargas de caballería". Llegaban a la línea de fuego, perdiendo velocidad a causa de la geografía del campo de batalla, zanjones y bordos, canales de riego. Iban frenando hasta estar a tiro, a 200-300 metros de los Máuser. Causaban poco daño y tenían muchas pérdidas.

Ocaranza resultó levemente herido en la cara al volarle una bala el lóbu-
lo de la oreja. "Estos amigos quieren componerme la fachada", dijo el ya de
por sí desfigurado general villista. Herón González fue herido en una pierna.
Ocaranza trató de organizar una carga, pero la gente estaba muy desgastada y
saltó solo de las trincheras, sin que los hombres lo siguieran. La gente "tenía
que moverse arrastrándose para evitar ser cazada como liebre". Las loberas
de los yaquis les permitían estar totalmente a cubierto, asomando el brazo y
la cabeza, y nunca les faltaron municiones porque habían enterrado en cada
zanja una caja de balas de Máuser.

Se llegó a la fábrica de alcoholes que estaba a un kilómetro de Celaya. Sobre
el puente del río La Laja habían hecho retroceder a los carrancistas hacia el
interior de la población, pero a media noche, el resultado era relativamente
desfavorable. Nuevamente Pancho Villa había sido frenado en su ataque, enfrentado la cerrada defensa de Obregón.

Por la noche los villistas adelantaron las líneas hasta 400 o 500 metros de las
trincheras de los obregonistas y se ordenó el repliegue de la caballería.

Al alba del 14, con la facilidad que daba el terreno plano, Obregón registró
la peligrosa cercanía del enemigo. El empuje más fuerte de la infantería villista
había llegado no por el centro, donde lo esperaba Obregón, sino por el norte,
cubierto por los batallones rojos, que eran bisoños. Villa también había visto la
oportunidad y mandó lo mejor que tenía, los serranos de la brigada Guerrero,
que combatían enchilados queriendo vengar a Agustín Estrada (su jefe, muerto
en la primera batalla), para que cargaran en esta zona que parecía la más débil
del esquema defensivo de Obregón. La carga estuvo a punto de quebrar la línea.
La presencia de Obregón y Benjamín Hill y el apoyo de los batallones yaquis de
Sonora permitieron rechazar a los villistas.

Reinaldo Mata cuenta: "Al más bragado se le resfriaba el coraje. Durante
la última carga […] nos tomaron con fuegos cruzados y concentraron sus
ametralladoras".

Villa siguió pulsando las defensas y atacó la zona de la vía del tren. Las
cargas de caballería llegaron hasta la estación. Martín López tenía que frenar a
sus hombres, porque ya no los acompañaba la infantería formada por bisoños
de leva, que ante la cantidad de fuego se desmoronaron. Villa perderá parte de
la caballería que tuvo que intervenir para evitar la desbandada.

La tarde del 14, en la hacienda de Burgos Villa tuvo una reunión de
Estado Mayor en la que participaron Madinabeytia, Ocaranza, Pánfilo Natera
y Valdivieso. Los ataques no habían dado resultado. Villa había medido las
defensas de Obregón y no había encontrado hueco. Tenía que insistir. Situó
su cuartel general en la hacienda del Troje y lanzó un segundo ataque sobre la
zona del río La Laja, donde estaban las tropas de Amaro. Cuatro mil hombres
participaron. "El asalto fue muy agresivo". Tras dos horas de combate las tropas de Amaro no habían cedido. Villa envió dos mil soldados más. Obregón

reforzó a Amaro con las tropas del general Laveaga. Al final del día seis, mil villistas y seis mil carrancistas seguían frente a frente.

Los villistas estaban teniendo un grave problema con las municiones. Durón cuenta: "Yo vi entrar a la línea de fuego a muchos soldados […] que llevaban sólo ocho o 10 cartuchos por toda dotación"; pero más grave que eso era que una parte de los cartuchos recién llegados estaban defectuosos. José López cuenta: "Nos dieron puras balas de palo […] Una vez, entre nosotros mismos, las comprendimos […] Eran balas de palo recubiertas con plomo, pero muy bien hechas las desgraciadas". Gilberto Nava añade: "El parque de remesas anteriores sí era bueno, pero todos los que se municionaron con el parque nuevo, no mataban, porque traían balas de madera, con el casquillo de cobre niquelado, pero de madera por dentro". V. de Anda precisa: "… era parque que no caminaba más de veinte metros, veinticinco metros, ya de a tiro fallo de pólvora". Otros combatientes dirán que el alcance de las balas no daba más allá de los 40-50 metros. El ferrocarrilero Gutiérrez Reynoso verá a los heridos de Celaya, que en el repliegue contaban que las "balas no tronaban y que caían a poca distancia". Félix Delgado resume: "Nos estaban matando mucha gente y nosotros no matábamos nada".

Se le avisó a Villa de inmediato. Parece ser que una parte de las municiones que se habían entregado en Salamanca "traían sólo una cuarta parte de la carga de pólvora que deberían tener", y durante el reparto se mezclaron con cartuchos de buena calidad. "El bueno y el malo venían entreverados". Estanislao Aragón resume la desesperación de los combatientes: "… una caja y otra caja, y todo salía malo".

En la memoria colectiva de los villistas que combatieron en Celaya quedó fijado que "los americanos mandaron parque de palo".

En la noche cayó un aguacero tremendo. Las caballerías cesaron sus cargas, pero se mantuvo el duelo artillero. "Toda la noche se combatió encarnizadamente". Gavira dirá que el día culminó "resistiendo los empujes villistas y su tremendo cañoneo mal dirigido, pues explotaban sus granadas en el corazón de la ciudad […] nuestros soldados no estaban allí".

Villa no había detectado a la fuerza más importante de caballería de Obregón, pensaba que combatían como infantes. Pero en Celaya, a las doce de la noche, Obregón conferenciaba telegráficamente con Castro, que se encontraba enfermo. Le dijo que quería la carga de caballería al amanecer. Castro se la encomendó a Fortunato Maycotte, su segundo.

Al amanecer del día 15 Villa envió a la extrema derecha del frente, reforzando a la brigada Guerrero que dirigía Cruz Domínguez, una columna de caballería dirigida por Baudelio Uribe y dos baterías. La ofensiva en la margen del río iba ganando terreno. Se combatía en toda la línea nuevamente. Tras las cargas de caballería avanzó la infantería. En la retaguardia avanzaba Natera. Eran las ocho de la mañana.

Entonces los defensores atacaron en la zona norte, que ocupaban las tropas de Cedillo y Carrera Torres, los potosinos. Un contraataque de la caballería villista les hizo 300 muertos. En esos momentos un tren se dirigía a la ciudad. Los sitiadores se sorprendieron porque pensaron que estaba cortada la comunicación. Intentaron detenerlo quemando la vía, pero el tren pasó entre las llamas.

La batalla de Celaya contiene un pequeño enigma. ¿A qué hora ingresó a la ciudad, y cómo lo hizo, la caballería obregonista que había permanecido en reserva en Apaseo (al oriente de Celaya)? Obregón, en sus memorias, no dará razón. ¿No se encontraba cercada la ciudad? ¿Lo hicieron durante la noche? ¿Alguien les cedió el paso? Entre los testimonios villistas abundan las teorías conspirativas, que señalan que alguno de los generales que cubría el norte y el oeste de la ciudad traicionó. Se acusaba a José I. Prieto, que comandaba la brigada Artalejo, de recibir un cañonazo de Obregón ("No hay general mexicano que pueda resistir un cañonazo de 50 mil pesos", dijo o dirían que dijo Obregón años más tarde), y se apoyaba la afirmación contando que Prieto en el futuro sería socio de Álvaro en negocios en la ciudad de México. Pero esa brigada resistió y fue una de las últimas en retirarse del cerco. Las denuncias apuntaban también al cura Triana, cuya brigada se desmoronó sin combatir, o a los potosinos de Cedillo que dejaron el flanco abierto. La victoria tiene muchos padres, pero la derrota necesita culpables.

El hecho es que a eso de las diez de la mañana, con un retraso de cuatro horas, la caballería de Maycotte avanzó desde el noreste de la ciudad rompiendo la línea de los batallones de Carrera y Cedillo, que se desbandaron y dejaron el flanco de la brigada Artalejo abierto.

Por el sur, tropas de caballería de Amaro, Gavira y Nozagaray, que habían combatido como infantes, iniciaron también un movimiento envolvente y la infantería del centro avanzó en línea de tiradores.

Triana movió a su gente dejando el paso a la infantería carrancista. Casi toda su brigada cayó prisionera. Informado de que una caballería estaba atacando infantes villistas que se replegaban, Madinabeytia, con ayuda de Banda y Fernández, reunió unas 300 personas del Estado Mayor y trató de salirle al paso. Su intervención en San Juanico, en un tiroteo muy confuso en que las tropas de Triana y los carrancistas estaban prácticamente mezclados, salvó un batallón. Madinabeytia discutía con Triana, que gritaba que estaba rodeado. Finalmente, combatiendo, se fueron replegando juntos.

El movimiento de la caballería carrancista fue desmoronando lentamente las líneas villistas al aparecer en su retaguardia. Sin reservas, Villa no pudo impedir el caos que se formaba en torno a él.

Durón se dio cuenta de que su artillería, que había dejado atrás al llevar una batería a posiciones avanzadas, no disparaba, y regresó. Vio que los yaquis habían capturado cuatro cañones. Un grupo de infantería que regresaba le permitió rescatarlos.

Arturo Villegadas cuenta que en otra zona del frente Villa reunió algo de gente de manera sorprendente:

—Fórmense, mis hijitos —decía con voz que iba de la persuasión al grito de mando—. Fórmense, muchachitos, porque los van a matar. Fórmense, amigos. Fórmense, hijos de la chingada.

Villa reunió unos 200 o 300 Dorados, soldados y oficiales.

Ante el ataque de la caballería de Maycotte, una batería de once cañones quedó sin servidores. Las piezas eran arrastradas hacia el monte por las mulas. Los hombres de Maycotte mataron las mulas para dejar los cañones sobre el terreno. Entonces se produjo la contracarga de los Dorados. En un cuerpo a cuerpo que Villa dirigía pistola en mano, los hicieron correr, recuperaron las piezas y unos armones con granadas, que se llevaron amarrados a cabeza de silla con lazos. De pasada, al perseguir a la caballería obregonista, Giner, el asistente de Madinabeytia, capturó su bandera, aquella de las tibias cruzadas y la calavera pirata sobre fondo negro.

En el ala izquierda obregonista, donde atacaba Gavira, la línea villista se mantenía y sólo hacia las cinco de la tarde logró Gavira romper el frente, persiguiendo a los combatientes hasta la serranía, donde se desvanecieron.

Grupos aislados defendían el repliegue caótico de la infantería por el centro; en Crespo los trenes se llenaban y partían hacia Salamanca. Villa, que había sido herido en una mano, y al que le habían matado dos veces su caballo, recorrió la línea. Cuando ya poco se podía hacer, llegó una columna de caballería carrancista para tratar de apoderarse de los últimos trenes. Los Dorados, con Villa y Nicolás Fernández, los rechazaron a tiros de pistola. Los serranos de la Guerrero fueron los últimos en abandonar el campo de batalla.

El último tren con heridos cayó en manos de los yaquis, que lo incendiaron con los ocupantes dentro. La persecución duró hasta las seis de la tarde, con la caballería de Obregón disparando contra los trenes.

Un anónimo corrido villista sobre la batalla de Celaya informaba que poco antes del combate, en la estación de Irapuato, cantaban los horizontes. Tras constatar que la maravillosa metáfora no es tal, que Los Horizontes era un grupo musical, el autor registra la frase que rinde honra: "Hoy combatió muy formal/ la brigada Bracamontes". La brigada Bracamonte, dirigida por el general villista sonorense Manuel F. Bracamonte (sin la ese final), combatió al lado de su jefe por última vez, porque Bracamonte quedó atrapado en Celaya durante la máxima penetración que lograron los villistas, junto con el coronel Joaquín Bauche Alcalde, más de 130 oficiales villistas y muchos soldados.

Benjamín Hill dio orden de que los jefes y oficiales capturados dieran un paso adelante para identificarse y serían puestos en libertad. Con el argumento de que "enemigo muerto no regresaba", cuando lo hicieron los cercaron y los llevaron al paredón. Bracamonte, antes de ser fusilado, le dijo a sus paisanos sonorenses, oficiales de las tropas de Obregón: "Nos van a fusilar, muy bien, pero recuerden que nosotros andamos con Villa porque con él está la revolución y ustedes en cambio andan con Venustiano Carranza por pura hambre". Fue al paredón comiendo cajeta de Celaya.

Hill pidió voluntarios para dirigir el pelotón de ajusticiamiento y se ofreció gustosamente Maximilian Kloss, que utilizó un escuadrón de yaquis. El responsable de dar el tiro de gracia a los 130 oficiales villistas, registra que muchos de ellos estaban más encabronados que espantados y morían al grito de "¡Viva Villa, hijos de la chingada!"

Obregón exageró las cifras de bajas villistas en la batalla. Dijo que había habido seis mil prisioneros (luego hizo descender la cifra a cuatro mil, en un telegrama a Carranza) y cuatro mil muertos. Como Salmerón apunta correctamente, si esas cifras fueran ciertas nunca hubiera podido producirse el siguiente enfrentamiento en Trinidad. Las bajas fueron menores, los carrancistas perdieron entre muertos y heridos cerca de mil hombres y los villistas, sumando las deserciones y los capturados, unos tres mil. Pancho Villa, mediante la pluma de Martín Luis Guzmán, conociendo los datos que daba Obregón de las bajas villistas, diría: "O sea que para las expresiones de su gloria había yo perdido toda mi gente y tres o cuatro mil hombres más".

Las cifras obregonistas, incluido el parte de Obregón, dicen que los villistas perdieron en la segunda batalla de Celaya 30 (Miguel Alessio), 32 (Obregón) o 38 (Gavira) piezas de artillería. Si los villistas empezaron el combate con 36 y recuperaron once sólo en el contraataque de Villa contra Maycotte, donde no se encontraba toda la artillería, ¿cómo podrían haber perdido 30 o 38?

Nuevamente, la segunda batalla de Celaya, igual que la primera, sufrió la visión simplificadora de historiadores y estudiosos. Jeffrey Pilcher, un analista militar estadounidense, tratará de establecer la tesis de que "Pancho Villa cabalga hacia la leyenda mexicana sobre el mito de la caballería", y habla de las 30 cargas de caballería de Celaya cuyo fracaso explica resumiendo: "Jinetes contra ametralladoras", y añadiendo una extraña perogrullada: "El caballo es tan importante en la cultura del ranchero que no se atreve a perderlo ante el fuego de la ametralladora". Adolfo Carrasco enlista el metafísico alambre de púas, las muy reales ametralladoras, cuyo mando atribuye a asesores estadounidenses, y tras acertadamente señalar que "la caballería villista quedó trabada en las zanjas", se inventa unos supuestos biplanos de Obregón que dañaron seriamente la artillería villista. Para resumir: ametralladoras contra cargas de caballería, sugiriendo de nuevo lo primitivo contra lo moderno.

Wolf partirá de un falso supuesto, el de la superioridad numérica de los villistas, y reseñará que "la victoria no fue para los Dorados, sino para sus enemigos [...] un ejército especializado". Lamentablemente para la tesis de Wolf, si algo había de especializado en el panorama bélico mexicano era la maquinaria militar de la División del Norte, mucho más profesional que el Ejército de Operaciones de Obregón. Wolf se pierde partiendo de la problemática de otras experiencias de guerra campesina, quiere ver en el villismo una horda caótica de rancheros indisciplinados que nunca fue. No tiene ni idea.

Otro tipo de determinismo ataca de nuevo. Adolfo Gilly, buen amigo del autor, en un viejo trabajo, dirá que Villa "estaba condenado a la derrota con la certidumbre de una fatalidad [...] El país estaba maduro para las nuevas relaciones sociales que llevaba en sus armas y en sus proclamas el obregonismo. Como los campesinos que sostenían a la División del Norte no encontraban y no podían encontrarla, porque el país no la había generado, una dirección obrera que les permitiera salvar sus relaciones integrándolas en una perspectiva superior y más vasta". Lamentablemente, la teoría del proletariado ausente en el campo villista o la no significativa presencia de los batallones rojos en el carrancista, no explica las batallas de Celaya. La macro visión no ajusta con la microhistoria.

Pedro Salmerón piensa que "la batalla de Celaya fue definitiva, pero en ese momento ni Obregón ni Villa la vieron así". El autor cree que ambos tenían razón y sería el siguiente enfrentamiento el que habría de decidir el destino de la Revolución Mexicana, un combate que no tardaría demasiado en producirse a pocos kilómetros de Celaya, en una zona entre Silao y León cuyo eje iba de la estación Trinidad a la hacienda de Santa Ana.

NOTAS

a)   Fuentes. Nuevamente la confusión entre la primera y la segunda batalla dificultan seguir la secuencia de los hechos. Además, al combatirse en un arco muy extenso, las versiones de lo sucedido difieren a partir del punto de vista del testigo.

A las fuentes que se utilizaron para la primera batalla de Celaya: Obregón: *8 mil...* Aarón Sáenz: *Diario de campaña*, "Batallas de Celaya". Martín Luis Guzmán: *Memorias de Pancho Villa*. Vargas: *A sangre y fuego*. Gustavo Durón: "Los combates de Celaya". Escárcega: "Giner, subjefe de la División del Norte". Ignacio Muñoz: *Verdad y mito de la Revolución Mexicana* 2 y 3. José C. Valadés: *Historia general de la Revolución Mexicana* 5. Sánchez Lamego: *Historia militar de la revolución en la época de la Convención*. Adrián Craviota: "¿Por qué perdió la División del Norte en Celaya?" y "La primera batalla de Celaya". Miguel Alessio Robles: *Obregón como militar.* Salmerón: *La División del Norte,* habría que sumar: Gavira: *Su actuación política-militar revolucionaria.* Reinaldo Mata en Calzadíaz: *Hechos de la revolución,* tomo 2. Puente: *Vida de Francisco Villa. Periódico oficial* de Coahuila. Luz Corral: *Villa en la intimidad.* Papeles de Lázaro de la Garza J 7, K 27, K 28, K 29. K 34. Elías Torres: *Hazañas...* Turner: *Bullets.* Puente: *Villa en pie.* Magdaleno: *Instantes de la revolución.* Palomares: *Anecdotario.* Avitia: *Corrido histórico mexicano* 2. Jorge Flores: "Mosaico histórico". Jeffrey Pilcher: "Pancho Villa rides into

mexican legend. Or: The cavalry mith and military tactics in
the mexican revolution". Adolfo Carrasco: "Vida del general
Francisco Villa". Wolf: *Las luchas campesinas del siglo xx.* Gilly:
Arriba los de abajo. Elena Espinosa: *Muchachitos.* Ronald R.
Gilliam: "Turning Point of the Mexican Revolution".

Maximilian Kloss.

b)   Balas "chuecas". Calzadíaz: *Hechos reales de la revolución,* tomo 3, "Yo cuidé los
caballos de mi general". Eulogio Salazar PHO/1/37. Gutiérrez Reynoso: "El ocaso
de la División del Norte". José López: PHO ½. Gilberto Nava PHO 1/26. Vicente
Martínez Alvarado PHO 1/73. Félix Delgado PHO 1/79. Slattery: *Felipe Ángeles and
the Mexican Revolution.* V. de Anda: PHO 1/46. Max Masser: "Siete años con el general
Francisco Villa".

Salmerón: *División del Norte,* sostiene que: "Tan fuerte fue el golpe moral que los
soldados villistas se negaron a aceptar que hubiera razones lógicas [...] e inventaron el
mito de las balas de salva". El autor piensa que no es posible que la historia se reitere
tanto desde la base y desde tan diferentes ángulos sin que esté fundamentada.

CUARENTA Y CUATRO

LA BATALLA DEL MANCO DE SANTA ANA

El repliegue de la batalla fue un desastre, pero Obregón, bien porque no se lo acababa de creer o por su cautela excesiva, no explotó la victoria y permaneció inmóvil en Celaya, argumentando la falta de municiones. Villa se concentró en Salamanca y luego en Irapuato. Ahí se quedó un día fraguando, en una reunión de Estado Mayor, un nuevo plan de batalla. Dos veces había sido derrotado por Obregón. Dos veces habían estado a punto de quebrarle las líneas y dos veces había resistido y triunfado en el contraataque. ¿Qué estaban haciendo mal la División del Norte y su jefe?

El 16 abril, en Salamanca, Villa contemplaba la enorme línea de trenes que cubrían la vía férrea de Irapuato a León, muchos de ellos con heridos que subían a Aguascalientes. La escasez de municiones era patética. Ese mismo día volvió a telegrafiarle a Lázaro de la Garza: "Muy urgente", pidiendo inmediatamente noticias sobre la salida del tren especial de Nueva York con tres o cuatro millones de cartuchos. De la Garza ofrecía que tras esa remesa les venderían diariamente medio millón de cartuchos. Villa respondió: "Espero que ya vengan en camino, aquí espero contestación". El tren nunca saldría de Nueva York. Lázaro diría en un alarde de cinismo que al no garantizarse el trato tuvo que devolver el dinero e incluso empeñar las joyas de su mujer.

Pancho no acababa de entender por qué Obregón no aprovechaba la victoria, y pensando que lo haría, ordenó un repliegue profundo hacia Aguascalientes, manteniendo Salamanca como retaguardia, a la espera del contacto. Luego dudó, y ordenó a Fierro, que estaba en Jalisco con Canuto Reyes, que mandara la mitad de sus tropas a León y la otra mitad las enviara a Aguascalientes, hacia donde Villa se dirigió. El 17 de abril llegó a Irapuato la fuerza de Fierro y Pablito Seañez. Obregón hizo algunas tímidas exploraciones en tren a partir del día 19.

Felipe Ángeles, repuesto parcialmente de la torcedura que le había producido la caída del caballo, salió de Monterrey para encontrarse con Pancho en Aguascalientes e insistió en que lo sensato sería retroceder a Torreón y obligar a extender las líneas de Obregón, cortando las vías férreas y reorganizando la División del Norte; o en su defecto, abandonar el Bajío, León y Lagos de Moreno, y dar la batalla a la defensiva fortificados en Aguascalientes. Incluso había hecho un diseño del plano de la zona. Villa no estaba de acuerdo y le ordenó hacer un reconocimiento del terreno entre Silao y León. Ángeles, con su asistente, el coronel Luna, buscó el punto del posible enfrentamiento. Tras pelearse con algunos generales parranderos, estudió las posibilidades de la zona. Su informe fue completamente adverso, el frente era demasiado extenso, sin apoyos en los flancos, y carecía de defensas naturales. Villa insistió en dar la batalla allí. Ángeles no quería repetir la fallida estrategia de Celaya. Villa no quería ceder León.

El 20 de abril, hacia las tres de la tarde, la retaguardia villista, la brigada Artalejo de José I. Prieto, tomó contacto con los exploradores obregonistas en las afueras de Irapuato y los rechazó, aunque luego los villistas se replegaron hacia Silao, siempre en contacto. La paradoja fue que Obregón, que iba a la ofensiva persiguiendo a Villa, se comportó como si estuviera a la defensiva.

Dos días más tarde, en Aguascalientes, Villa repartió personalmente pistolas Colt a los oficiales de las brigadas. Arribó Juan N. Medina, que habiendo tenido conflictos en Chihuahua con el gobernador Ávila, venía detenido. Villa, que no se podía dar el lujo de desperdiciar a uno de sus mejores organizadores, le encargó la ciudad de Torreón, su retaguardia clave. Llegaron noticias de Urbina en El Ébano, donde se encontraba trabado (en el cuartel general se decía que era porque Urbina se preocupaba más por saquear San Luis Potosí que por combatir), y noticias del avance hacia Ciudad Victoria de Severino Ceniceros y Máximo García.

En ese continuo desfilar de telegrafistas con mensajes y correos, Pancho recibió la noticia de la muerte de Maclovio Herrera. Los acontecimientos se produjeron de una extraña manera. Las primeras versiones decían que el 17 de abril, cuando estaba cerca de una locomotora revisando las líneas de la defensa de Nuevo Laredo contra los villistas de Rosalío Hernández, sus propias tropas le dispararon, el caballo se encabritó y aplastó al jinete. "Se lanzó hacia el tren con el sombrero en la mano, haciendo señas de que no tiraran. Desgraciadamente el caballo metió la pata en un agujero de tuza y dio una voltereta cayendo encima de mi general." Pero había muchas dudas en torno a su muerte. La historia del caballo quizá explicaba la muerte de Maclovio, pero no la de su asistente, la Cuina, que tenía un balazo en la espalda. Hubo quien dijo que a Maclovio le había entrado una bala por la espalda y no había salido, había quedado oculta por un parche que Maclovio llevaba en el pecho.

A la hora de identificar culpables, lo mismo se apeló a la teoría del "fuego amigo" por error, que (como dice I. Muñoz) a "una celada por los mismos carrancistas que luego quisieron justificarse pretendiendo que sólo se trató de una deplorable equivocación. Lo asesinaron tropas del general Ricaut, sobrino de Venustiano Carranza". Una versión de Valadés insinúa un atentado de su escolta, en la que se encontraba Alfredo Artalejo, que tras haber sido miembro de su Estado Mayor se quedó con Villa y luego se le reincoporó, para desaparecer poco después de la muerte de Maclovio.

Villa no puede dejar de recibir la noticia sin una doble sensación: por un lado la alegría ante la desaparición del amigo traidor, por otro la nostalgia del comandante que con Villa fue casi todo y sin él casi nada. La vida se va poblando de fantasmas.

Entre noticias y rumores, la discusión de Villa y Ángeles sobre la estrategia de la futura batalla siguió en Aguascalientes. Felipe Ángeles le decía a Villa que había que replegarse y concentrar el máximo número de tropas. Concentrar las tropas y derrotar a los enemigos uno a uno. Pancho le propuso que él se hiciera cargo de la campaña Ángeles no aceptó, cedió y se cuadró ante el mando superior. Villa le haría caso, sin embargo, en lo de intentar una concentración superior de las brigadas de la División del Norte, e hizo venir de Monterrey la brigada de José Rodríguez, que acababa de ser derrotada en Matamoros.

En Silao, un grupo de generales se presentó ante Madinabeytia y pidió hablar con Villa: Ocaranza, Arroyo, Paliza. Le contaron que los movimientos de Dionisio Triana, el Cura, fueron sospechosos durante la segunda batalla de Celaya y creían que había habido traición. Villa, a su vez, había interceptado un mensaje del general obregonista Martín Triana, tío del Cura, a su sobrino. Los dos elementos hicieron dudar a Pancho sobre la fidelidad de su general. Villa pasó revista a su brigada. Se dice que se produjo el siguiente diálogo:

—¿Esto es lo que queda de su brigada?

Triana le respondió que muchos habían desertado o estaban muertos o heridos. Y luego dijo:

—Verá, ya me cansé.

—¿Ya se cansó? —preguntó Villa.

Villa le sugirió que se retirara a Chihuahua con sus oficiales y más tarde, una vez que pasara el temporal, retornara. Triana rechazó la oferta y dijo que no quería ir a Chihuahua sino a Estados Unidos. Villa lo arrestó, le quitó el mando de su tropa y distribuyó esa fuerza entre otros jefes.

Las presiones para que lo fusilara eran grandes, aunque nunca se pudo probar la supuesta traición. En opinión del autor, inexistente. Villa cedió. El 20 de abril J. B. Vargas se hizo cargo de la ejecución. Poco antes el Cura Triana entregó un papelito que llegó a las manos de Villa, en el que decía: "Igual es morir que vivir; pero me alegro de irme a otro mundo donde tal vez no encuentre verdugos ni tiranos".

Las avanzadas de Obregón fueron fortaleciéndose y cubriendo lentamente el terreno que Villa abandonaba. El 23 de abril se le sumó el general Enríquez, que llevaba un millón de pesos y otro de cartuchos, y el domingo 25 se incorporaron la división de Diéguez en La Piedad y la de Murguía, con siete mil hombres, en Pénjamo. El ejército de operaciones obregonista está concentrado en una sola pieza. Maycotte iba picoteando la retaguardia de Villa, pero éste abandonó Silao y concentró sus fuerzas en León. Ese mismo día de nuevo hicieron contacto las vanguardias cerca de El Sauz.

Mientras Obregón concentra en Silao sus fuerzas, Villa establece su cuartel general en la casa del general y gobernador Serratos en León. Llegan las últimas tropas de Ángeles de Monterrey y parte de la brigada Fierro. Villa apresuraba a Urbina para que derrotara a los carrancistas en El Ébano y se le sumara. Entre los dos ejércitos había pocos kilómetros de distancia.

El 29 de abril el tren explorador de Obregón, con él a bordo, avanzó desde la estación Trinidad, 19 kilómetros al noroeste de Silao, haciendo un reconocimiento, y entró en contacto con los villistas que se replegaban. A la altura de León de los Aldamas cayeron sobre él las columnas de Isaac Arroyo y de Canuto Reyes, y la brigada de Villa con José Rodríguez adelantó posiciones. El tren se replegó en medio de un tiroteo mayor, disparando un cañón que traía en la góndola delantera. La caballería villista llegó incluso a rebasar el tren, a pesar del fuego de ametralladoras de las góndolas, y uno de los coroneles, Petronilo Vázquez, logró subir a una plataforma y ahí quedó muerto.

Esa misma mañana Francisco Murguía, siguiendo órdenes de Obregón, tenderá su primera línea de combate, apenas sin resistencia, a lo largo de una cadena de haciendas: La Sardina, La Sandía, San Cristóbal, Jagüeyes, El Lindero, El Talayote y la que considera la más importante, Santa Ana del Conde; todas ellas al noroeste de la estación Trinidad y en una extensión de cerca de 14 kilómetros. Ése es el terreno que Obregón ha elegido para enfrentar a Villa haciéndolo salir de León.

A Villa no le pasó inadvertido el movimiento de Murguía y envió la brigada Chao, de Eulogio Ortiz, a rodearlos por el oriente de Trinidad para caer sobre su retaguardia. Murguía, sorprendido, se comenzó a replegar de las posiciones ganadas hacia Santa Ana del Conde. Hacia las tres de la tarde, como lo contó uno de los segundos de Murguía a José C. Valadés, se encontraban "en la hacienda La Sandía, cubierta por Murguía con una línea de tiradores que formaba una herradura protegida por bordos de tierra. Con gran confianza en sus cargas, los villistas lanzaron cerca de cinco mil jinetes (quizá muchos menos, no debieron llegar al millar) sobre la línea ocupada por Murguía. Tal era el valor de los atacantes que en no pocas ocasiones llegaron hasta los bordos, pero el terrible fuego de la fusilería y de las ametralladoras los hacía retroceder nuevamente. Apenas había pasado una carga y nuevamente avanzaba sobre las posiciones de Murguía un nuevo núcleo de caballería".

Villa envió nuevas fuerzas de caballería para flanquearlos y ni siquiera la llegada de las fuerzas del general Rómulo Figueroa impidió la derrota. Murguía se retiró a Romita hacia la medianoche. El primer *round* había sido favorable para los villistas.

El problema de las municiones era la piedra angular de la próxima batalla. Lázaro de la Garza le telegrafió a Villa dándole la noticia de que, al correr el rumor de que la retirada de Celaya se debió a la falta de parque, los especuladores de Nueva York habían hecho subir el precio de los cartuchos; pedían 72 dólares por millar, y aunque había existencias para entrega inmediata, Lázaro sugería que no se compraran a ese precio. Informaba también que otra empresa ofrecía 15 millones de cartuchos a 62. Sugería comprar cinco millones de los 15 que había disponibles y esperar que bajara el precio. Y claro, pedía dinero para comisiones y señalaba que la costumbre indicaba que él fuera a Nueva York, y Sommerfeld garantizara la entrega con su presencia; también le pedía a Villa que el alemán no le hiciera la competencia. ¿Acaso Villa desconfiaba y los hacía comprar a los dos por separado?

Los primeros depósitos que llegaban debido a esas gestiones, estaban del otro lado de la frontera y había problemas legales para cruzarlos. Para evadir a los aduaneros de El Paso se organizó una red que pasaba por Columbus.

En esos días la flotilla aérea de los villistas estaba haciendo vuelos de exhibición organizados para divertir a las tropas villistas en su campamento de Aguascalientes, y una ráfaga de viento derribó el avión de Newel M. McGuire, quien perdió la vida. Otro piloto estadounidense, Jack Mayes, que había arribado a Aguascalientes con uno de los más recientes modelos del bimotor Curtiss, falleció durante un vuelo de prueba al apagársele el motor; fue a dar contra un muro de adobe en el mismo aeródromo en que McGuire había perdido la vida. Siguieron misiones de exploración donde también hubo pérdidas en combate. Farhum T. Fish fue víctima de francotiradores yaquis que le dispararon desde las trincheras enemigas y, herido en una pierna tuvo que aterrizar; también Bonney resultó herido. Sus informes fueron estudiados por el Estado Mayor, con Ángeles y Villa encima de los mapas. El mismo Villa hará una exploración a caballo con su escolta y Madinabeytia, para tratar de desentrañar los movimientos enemigos. ¿Qué pretendía Obregón?

Muy pronto habría de saberse. La noche del 2 al 3 de mayo, Obregón ordenó una nueva progresión sobre Santa Ana del Conde y las haciendas que llegaban a las estribaciones de la sierra. Murguía avanzó a las cuatro de la mañana. En Santa Ana se encontraba el general Manuel Madinabeytia, jefe del Estado Mayor de Villa, con tres mil jinetes. La vanguardia obregonista se topó con una emboscada, pero la llegada del grueso de la columna resolvió la situación y la infantería de Murguía tomó la hacienda hacia las nueve de la mañana. El segundo *round*, para Obregón.

Daba la sensación que en todos estos combates para tomar posiciones Obregón se consolidaba, pero al costo de importantes pérdidas. Villa en cambio parecía interesarse, en principio, en dejarlos acercarse más a León, quizá siguiendo los primeros consejos de Ángeles de dar la batalla a la defensiva y esperar la oportunidad de aislarlos y cortarles el abasto de municiones.

A lo largo de mayo el gobierno villista producirá varios decretos, firmados por Pancho y Escudero, que constituyen el programa socialmente más avanzado del villismo. Las directivas comienzan por obligar a que en todas las minas del país bajo control villista se pague el salario en plata, oro o en dólares; se establece el cambio oficial del dólar respecto del peso en dos a uno y quedan abolidas y prohibidas las tiendas de raya, o cualquier otra forma de obligar al trabajador a que consuma en las tiendas de la empresa. Las minas habían venido resistiendo la medida fuertemente, diciendo que su forma de operar eran en beneficio de los trabajadores.

A este primer decreto seguirá otro que establece el salario mínimo de un peso y un manifiesto defendiendo la libertad de cultos y contra la persecución religiosa. "Nosotros respetamos y hacemos respetar todos los credos religiosos", decía, en confrontación con los carrancistas que perseguían a los católicos, a los curas y cerraban las iglesias. Villa dejaba clara su posición, nada de cerrar iglesias, el jacobinismo no era lo suyo; expulsar unos cientos de curas, marginarlos de la política activa y quitarle al clero bienes dudosamente habidos, estaba dentro de sus reglas, pero ese era el límite.

Poco más tarde seguirá la ley agraria y después el decreto de expropiación de los bienes de todos los huertistas. Para pagar pensiones a viudas y huérfanos se expropiaban los bienes de los asesinos de Madero, Abraham González y Pino Suárez; esto es, de los orozquistas, los felicistas, los complotados en el golpe de La Ciudadela y los huertistas. De la expropiación se entregaría un tercio a las viudas y huérfanos, un tercio al estado en que se hallen esos bienes y un tercio al gobierno nacional. Un último decreto expropiará la hacienda de Guichapa, propiedad de estadounidenses, para ser "explotada por el gobierno".

Aunque los decretos aparecerían firmados indistintamente en León o Aguascalientes, Villa tenía su cuartel general en León, en el edificio de La Casa de las Monas, casa del general y gobernador Abel Serratos, en la calle 5 de Mayo. Un domingo, hacia las 12, se produjo un robo de piezas de manta y pescaron frente a la casa a los rateros. Villa, tras asomarse al balcón, mandó un ayudante para que le llevaran a los ladrones. Se había juntado la bola. Lloraron y le suplicaron. Villa los mandó con escolta y encuerados a recorrer las calles, ante el escándalo de los locales, que por cierto se dirigían a misa de 12 en la catedral.

Los historiadores obregonistas hacen que las cifras de combatientes en cada una de las batallas del Bajío siempre sean favorables a Villa, pero cuando ofrecen listas de las bajas exageran las villistas. Es un contrasentido. Si en cada batalla perdía la mitad de su División, ¿cómo es posible que en la siguiente sus tropas superaran a Obregón?

Tras los desastres de Celaya, que lo dejaron con 11 mil hombres, Villa llegaría a los momentos cruciales de los combates de Trinidad con 25,500 hombres (19,500 jinetes y 6 mil infantes) sumando las tropas de José Rodríguez, Felipe Ángeles y Raúl Madero, y las de Rodolfo Fierro. Obregón, en cambio, contaba con 34,700: 9,400 jinetes, 14,300 infantes mandados por Benjamín Hill, más las divisiones de Diéguez y Murguía, que sumaban 11 mil hombres.

Tras recibir un tren con abastecimientos y otro de municiones llegado de Veracruz, porque seguía abierta la línea férrea con México, Obregón comenzó a fortificarse, a atrincherarse, con la estación Trinidad como eje, en el kilómetro 401 entre Silao y León. Organizó una red de loberas y emplazamientos de ametralladoras y dispuso a la caballería de reserva en los flancos.

Después de nueve días de espera, el miércoles 12 de mayo Obregón ordenó a Contreras y Amarillas tomar el cerro de La Cruz en la izquierda villista (10 kilómetros al oriente de la estación Trinidad). Villa, que había decidido poner su cuartel general en el mirador de la hacienda de los Otates, viendo con sus prismáticos comentó: "Miren nomás, muchachitos, cuanta neblina de carranclanes".

Pancho decidió emplear sus mejores jinetes con el general José Rodríguez para impedir la captura del cerro, Valadés cuenta que "a pesar de las dificultades del ascenso por lo escabroso del terreno, y a pesar también del fuego de la artillería que bombardeaba incesantemente desde la hacienda de La Loza, el general villista hizo llegar sus jinetes casi a la cima en medio de la admiración de los mismos carrancistas".

Poco después, de un bosque que se encontraba a un kilómetro de las líneas de Murguía y de Diéguez, salieron "como demonios" un millar de jinetes, al frente iba el general Rodolfo Fierro. Éste iba bebido, se había tomado una botella a pico. Puente contaba que "había sido sobrio pero en el furor de los combates necesitaba el estímulo del alcohol".

Amado Aguirre narra: "Partió aquella columna a trote largo sobre el 20° batallón y cuando estaba a una distancia de 400 o 500 metros, abrió el fuego con las carabinas, partiendo a galope tendido, dejando la carabina prendida en la bandolera al disparar los cinco tiros de su carga, desprendiéndose dos pistolas, disparando con ellas, con las riendas liadas en la muñeca del brazo izquierdo".

Aarón Sáenz completa: "… con un ímpetu casi salvaje, con los caballos tendidos, a todo galope, cual si se tratara de una apuesta de carreras, desenfrenados, inconscientes [...] se lanzaron sobre nuestra caballería, que sólo tuvo tiempo para revolverse con ellos y juntos correr hacia la hacienda (de La Loza)". Las ametralladoras de Obregón hicieron estragos. Valadés cuenta:

Los soldados carrancistas, en sus loberas, contestaron con descargas terribles que hacían rodar a los dragones, quienes sin poder romper la línea enemiga continuaban en ondulación para arremeter un poco más adelante en la posición donde eran recibidos con igual firmeza. En algunos puntos, la carga era tan tremenda, que caballos y jinetes saltaban sobre la línea de fuego para caer abatidos tras las trincheras; en otras partes, era tal el ímpetu de la carga, que cuarenta o cincuenta jinetes entraban a terrenos de los carrancistas para continuar la carrera desenfrenada dentro de ellos, en donde eran cazados fácilmente por el fuego de las ametralladoras que tenían que voltear sus bocas para acribillar a balazos a los villistas por la espalda. Como una corriente impetuosa y gigantesca, la caballería villista recorrió cuatro o cinco kilómetros, estrellándose siempre como las olas se estrellan ante los acantilados.

Algunos llegaron hasta la infantería carrancista. Fierro estaba herido pero siguió peleando, "arrimándose a las bardas de piedra con su gran caballo colorado patas blancas, a matar yaquis con su pistola".

Amado Aguirre resume: "Para quienes vimos esta acción de armas, la caballería villista igualó [...] a la mejor que haya existido en las grandes batallas que registra la historia". Obregón también dejará constancia de su asombro: "En ninguna de las campañas en que me he encontrado presencié una carga de caballería tan brutalmente dada como la de los villistas ese día. Basta decir que lo nutrido del fuego duró, aproximadamente, cinco minutos y quedaron en el campo más de 300 muertos". Entre los cadáveres se encontraron 80 Dorados con sus Colt 45 nuevecitos.

Al regresar a la hacienda de Los Otates los supervivientes del ataque, Villa estaba enfurecido. No había dado órdenes de lanzarse contra la infantería de Obregón, y muchos de los Dorados de su escolta estaban muertos. Fierro estaba herido, con sangre en la cara y un muslo perforado, y también estaba bebido. Villa, que odiaba el alcohol, estuvo a punto de ordenar que lo fusilaran, pero finalmente, al ver su estado, ordenó que se lo llevaran a un hospital en Chihuahua, aunque detenido.

Los carrancistas no tomaron el cerro de La Cruz, pero derrotaron el contraataque de la caballería villista. El tercer *round*, para Obregón. Villa ha mostrado su mayor debilidad: su impaciencia y la de sus generales. Diseñada la batalla a la defensiva, no se resistieron a lanzar su caballería contra una infantería guarnecida.

Ángeles interrogó a los prisioneros para saber dónde se encontraba el general Obregón. Villa se reunió con Calixto Contreras, José I. Prieto, Ocaranza, Fructuoso Méndez y los hermanos Cedillo. Se reconstruyó la línea villista con la vía del ferrocarril de por medio; una línea de 22 kilómetros en la que se establecieron líneas telefónicas.

Durante los siguientes días, como si ambas partes se hubieran asustado de la violencia del encontronazo, sólo se produjeron combates parciales, el más importante el día 14 en la madrugada, cuando el general Murguía, al frente de 700 hombres de caballería, ocupó la hacienda El Resplandor. Se produjeron varios contraataques infructuosos.

Un acontecimiento en Chihuahua habría de afectar gravemente a Pancho en esos días. El 16 de mayo Antonio Villa, su hermano menor, salía de una corrida de toros y tenía urgencia de ir a ver a su hijo que tenía diez días de nacido; Baca Valles se ofreció a prestarle su coche y Antonio subió con el teniente coronel Pulido. En la esquina de la calle Sexta les soltaron una descarga, Antonio quedó muerto y Pulido gravemente herido. El asesino fue un tal

Simón Martínez, caballerango de Chao, que disparó por error, porque lo que quería era matar a Baca Valles, y luego huyó a los Estados Unidos. Toño tenía "contados amigos y no le conocimos enemigos", contará Luz Corral. Villa, en campaña, no puede acudir al entierro y no habló del asunto en casi ningún lado. A raíz de esta historia corrió el rumor en el campo carrancista de que Villa había querido suicidarse.

A pesar de la muerte de su hermano, al que estaba íntimamente unido, Villa no abandonaba su principal obsesión por el abasto de parque. A largo de la prolongada preparación de la batalla de Trinidad, intentó por mil y un caminos hacerse de municiones. El gobernador provisional de Durango le remitió 30 mil cartuchos para Mauser de 7 mm y 20 mil de 30/30. Villa había hecho un recuento de lo que se había comprado, lo que se estaba consiguiendo y lo que se tenía en León y estaba furioso. El 17 de mayo ordenó que se cerrara el contrato en Nueva York por cinco millones de balas, a un costo inicial de 180 mil dólares. Diez días después Sommerfeld le escribió a De la Garza que no había fondos, y si no se entregaba una fianza de 35 mil dólares se perdería la remesa. Lázaro se lo comunicó a Villa, añadiendo que se había peleado con Hipólito y que había gran desconfianza hacia él. La desconfianza estaba plenamente justificada, había tratos abiertos con la casa Krupp, Peters Cartridge Co., Western Cartridge Co., Winchester, mediados por el National City Bank de New York y un banco en Saint Louis, y no se concretaban. Finalmente, hacia el final de la batalla, Lázaro reportó que los tres millones de cartuchos que había arreglado con la Peters dando 40 mil dólares de garantía, no quisieron seguirlos mandando porque tenían informes de que no se pagarían. Otras remesas estaban detenidas en el camino, algunas otras habían llegado a Juárez. Finalmente sólo una parte arribaría a la División del Norte, en principio medio millón de cartuchos 30/30 y 200 rifles.

El 21 de mayo le llegaron refuerzos a Villa. Las tropas de Raúl Madero que habían evacuado Monterrey. Con ellas, Pancho abandonó la defensa y al día siguiente fintó el movimiento de una columna de caballería que cortaría la vía de aprovisionamiento de municiones entre Pachuca e Irapuato. Obregón respondió enviando a la caballería de Murguía hacia Dolores con el objeto de proteger la vía férrea.

Y el 22 de mayo, cuando Obregón había restado un importante contingente del frente, Pancho lanzó un ataque general. Los cañones de ambos bandos estuvieron tan activos que se dispararon más de cuatro mil cañonazos. La artillería de Felipe Ángeles estaba particularmente atinada y el general Gavira habría de decir que "nunca había llovido tanto fuego de granada sobre nosotros".

Obregón, dándose cuenta de que había caído en una trampa, hizo retroceder violentamente las fuerzas de Murguía. Al amanecer de ese mismo día comenzó el avance de la infantería de Villa. Se atacaba con bombas de mano, pero enfrentaban a una infantería muy fogueada y en excelentes posiciones.

Aún así, la infantería villista, apoyada por una columna de caballería, avanzó una y otra vez sobre las loberas de los carrancistas. Tres veces fueron rechazados.

Paralela al ataque de la infantería, Villa inició una maniobra envolvente y con la caballería atacó la retaguardia de Obregón, causando en ella grandes estragos y llegando a las haciendas de Los Sauces, La Loza y Santa Ana. Obregón ordenó al general Cesáreo Castro que con tres mil jinetes saliera al paso del enemigo. Castro se lanzó con gran ímpetu sobre el enemigo, pero la superioridad numérica de éste comprometió seriamente la acción durante breves instantes. La caballería villista había logrado grandes ventajas y hacía retroceder a los carrancistas cuando el retorno providencial de la caballería de Pancho Murguía, con dos mil 500 jinetes, los salvó al lanzarse sobre la caballería de José Rodríguez en una carga tremenda, que los hizo retroceder.

Ese 22 de mayo Gavira reportaba que en la zona que él defendía, los villistas realizaron 14 cargas de caballería; 80 dirá Mena Brito exagerando, como siempre. Obregón había rechazado la infantería villista y también el ataque de la caballería de Rodríguez gracias al oportuno retorno de Murguía, pero a costa de mil bajas y una gran escasez de municiones. El cuarto *round*, para Obregón, pero muy discutible.

De Tula llegó un nuevo tren para abastecer a los carrancistas con un millón de cartuchos y el general Murguía presionó a Obregón para que lanzara el contraataque antes de que el desgaste fuera mayor, pero este último repetía el esquema de las batallas de Celaya y sentía que aún no había llegado el momento. Para él era una guerra de paciencia.

No lo era para Pancho Villa, que no sabía combatir a la defensiva. Una mañana de fines de mayo Felipe Ángeles fue convocado por Pancho Villa a su alojamiento en León. Encontró al general de la División del Norte desnudo y tendido en el suelo. Villa le contó que tenía un plan, replegar la infantería y con la caballería flaquear a Obregón y rodearlo, quitarle Silao y dejarlo aislado. Cuentan que Villa dijo:

—Mi general, usted quedará como jefe de la infantería. Usted detiene las desesperadas cargas que darán los carrancistas al sentirse *retaguardiados*.

A Ángeles le gustó el plan, pero observó una debilidad: el frente se quedaba sin reservas. Villa tenía que regresar pronto de su operación. Sin dilación, Pancho pasó a los hechos y el 30 de mayo pasó revista a la brigada Fierro (sin su general, herido y en Chihuahua), la Villa (de José Rodríguez), la Chao y la Madero de Raúl. Ángeles y Madinabeytia se hicieron cargo del cuartel general en Los Otates.

Con el propio Villa al mando y Manuel Chao de segundo, la caballería partió de León y se movió sigilosamente en la noche por caminos y cañadas. El 31 los hombres se concentraron al pie del mineral La Luz. Se dio como contraseña un moño rojo y blanco y las mangas de las guerreras remangadas. Como a las 10 de la mañana del 1° de junio cayeron sorpresivamente sobre la retaguardia de Obregón por la hacienda de Nápoles. En la punta iba el güero

Eulogio Ortiz con la bandera en la mano. Barrieron las líneas de infantería de soldados juchitecos e hicieron retroceder a la caballería carrancista. Villa se quedó en un punto cercano a Nápoles y dejó que Chao prosiguiera la operación. Pocas horas después tomaban Silao a las tropas del general Fortunato Maycotte, quien se retiró hacia Irapuato con grandes pérdidas. Se hicieron con los trenes de las soldaderas y capturaron un vagón lleno de parque de Mauser. Se prendió fuego a la estación de Silao. Con esta operación quedó totalmente copado el Ejército de Operaciones de Obregón. Simultáneamente, Villa movilizó por la derecha de los carrancistas a las fuerzas del general Rodríguez, poniendo así cerca de siete mil jinetes a la espalda de Obregón.

El quinto *round*, para los villistas.

Seguía Santa Ana, y allí Villa aplicó la presión de la brigada que llevaba su nombre con los veteranos chihuahuenses de José Rodríguez. La mañana del 1° de junio avanzó furiosamente sobre la caballería de Murguía. Valadés cuenta:

> No había terminado la primera carga, cuando nuevas tropas de refresco cargaron también. Murguía se defendía desesperadamente. En varias ocasiones, seguido de su jefe de Estado Mayor, coronel Arnulfo González, y de sus ayudantes, contra-cargaba sobre el enemigo; pero las fuerzas numéricas de éste ascendían y había necesidad de ir retrocediendo, siempre en orden y defendiendo el terreno palmo a palmo. Hubo momentos en que villistas y carrancistas se trenzaron en tal forma, que la gente de uno y otro bando, quedó confundida. El mismo general Murguía se vio de pronto rodeado por un grupo de jinetes enemigos; pero en lugar de in-mutarse, les gritó *Por aquí, muchachos, síganme*, y los villistas, atolondrados por el momento, siguieron al general Murguía, hasta que éste, alcanzando a sus fuerzas se volvió sobre ellos violentamente, haciéndolos pedazos.

Sin embargo los villistas se estaban llevando la mejor parte, Obregón tuvo que enviar al general Pedro Morales, el cual llegó a tiempo para proteger a Murguía, quien había tenido muchas bajas.

Los villistas que ahí combatían, de la brigada de Calixto Contreras, nuevamente tenían problemas con las municiones. Al parecer las balas buenas se mezclaron con pequeños restos de la munición defectuosa de Celaya y algunas balas caían a 30 metros. "¡Qué jijos pasa, este rifle no sirve!", dirá un combatiente muchos años más tarde, recordando la experiencia. Se combate no sólo por posiciones, se pelea por los tajos de agua, porque hay carencia en ambos bandos.

El ataque se concentró en Santa Ana y el día 2, bajo un muy eficaz fuego artillero que había hecho estragos en la hacienda, la caballería de Villa y la infantería se acercaron tomando los bordos tras combates cuerpo a cuerpo. Murguía, que se había encargado de la defensa de la posición, continuaba sosteniéndola por la noche.

Valadés dirá que la ventaja táctica de Villa era grande, que "las caballerías de Obregón estaban casi agotadas, si no es que destrozadas" y la hacienda de

Santa Ana, el eje del esquema ofensivo de Obregón, "estaba semienvuelta por el enemigo y para su defensa sólo se contaba con la infantería", por lo que ordenó el traslado de los defensores de El Resplandor, que estaba a punto de caer, y los concentró en Santa Ana la madrugada del 3.

El campo de batalla estaba lleno de cadáveres. Cervantes rescata el testimonio del capitán Espinoza, que cuenta lo gordas que son las moscas verdes, la cantidad de ratas, la hediondez de los muertos insepultos y los piojos que no saben caminar de lo hinchados que están, casi del tamaño de un grano de arroz.

La brigada sanitaria villista que había organizado el doctor Villarreal funcionaba en su mejor nivel, 14 brigadas repartidas en todos los frentes de guerra, cada una con un coronel médico militar, cuatro médicos, ocho practicantes y 24 camilleros, en un tren de cuatro carros, con literas, mesas de operaciones, esterilizadores y abundante material médico. En Trinidad se atendieron dos mil heridos, siendo trasladados los más graves al norte, incluso hasta El Paso. Villarreal fue ascendido a general por estos actos.

Ángeles, en ausencia de Villa, ofreció un comunicado de prensa que se reprodujo incluso en Estados Unidos. Obregón estaba cercado. Su suerte se desvanecía.

El día 3 de junio comenzó con un terrible cañoneo sobre las posiciones carrancistas, lo cual indicaba que Villa se preparaba para un asalto general. Villa se situó en un cerro al sur de la estación Trinidad y envió un mensaje a Ángeles: "No les voy a dejar pasar ni una tortilla".

A las siete de la mañana Obregón llegó a Santa Ana para una reunión de Estado Mayor a la que asistieron Diéguez, Murguía y Castro. Desde allí se podía obtener una buena perspectiva del frente. Al terminar el encuentro, en el que el balance no era favorable, los generales regresaron a sus zonas de combate. Obregón, entonces, vio aproximarse una columna villista con apoyo de artillería. Desde el bando villista Praxedis Giner cuenta: "Al observar detenidamente la posición del enemigo, nos dimos cuenta que próxima a la casa principal de la hacienda corría una cerca de piedra, en dirección norte/sur que estaba cubierta de soldados carrancistas de caballería". Pasaba en esos momentos por ahí para tomar posiciones la batería de Miguel Saavedra, que hizo alto y emplazó las piezas. El primer disparo fue corto.

Obregón comentó que había que andarse cuidando de la artillería, que seguro era de Felipe Ángeles, quien tenía buena puntería. Acababa de dejar su punto de observación, cuando al atravesar el patio de Santa Ana la siguiente andanada cayó sobre "el blanco escogido, haciendo una gran polvareda y confusión entre la tropa".

El mismo Obregón contaría más tarde: "Sentimos ante nosotros la súbita explosión de una granada que a todos derribó por tierra. Antes de darme cuenta de lo que ocurría me incorporé y entonces pude ver que me faltaba el brazo derecho". El doctor Gracia, jefe de los servicios sanitarios carrancistas cuenta: "Como a las nueve de la mañana fue mutilado por un fragmento de granada al nivel del tercio inferior del brazo derecho que además contundió el hemitórax adyacente. Tomó con la mano izquierda la pistola y disparó sobre su sien izquierda, frustrándose el suicidio porque no había bala en la recámara. Le arrebataron la pistola". Aarón Sáenz contará que el teniente coronel Garza le quitó la pistola de la mano y que Obregón gritó al caer un "¡viva México!". El narrador no se lo acaba de creer, pero aquí queda el testimonio.

Lo atendieron los doctores López y (Jorge) Blum. Obregón, creyendo que se moría, envió a buscar a sus generales a Aarón Sáenz, quien al encontrarse con Murguía le pidió un médico y en voz baja le dijo que habían herido al comandante en jefe. Desde las líneas villistas se verá un extraño revuelo en la hacienda y cómo salía un grupo rumbo a Trinidad transportando un herido, que pensaron que era un alto oficial, sin saber que se trataba de Álvaro Obregón.

Existe una foto donde se ve la columna de oficiales a pie que lleva la camilla. Una foto inocente, sin tensión, muestra un grupo de soldados a pie, abigarrados y bastante desordenados, que llevan la camilla flanqueados por otros y por un grupo de hombres a caballo. La camilla, más que verse, se adivina en el centro del grupo. El pie de foto dice que se trata de los oficiales del Estado Mayor; más bien parece una descuidada peregrinación. A la una de la tarde llegó Obregón al campamento de Trinidad, donde lo operó el coronel Senorino Cendejas.

El sexto round había sido para los villistas, pero Pancho, desconociendo la situación, no explotó ese mismo día tres ni el día siguiente la combinación de su exitoso cerco con el descabezamiento del Ejército de Operaciones por la herida de Obregón. Si lo hubiera hecho, probablemente hubiera ganado la batalla de Trinidad.

La noche del 4 se reunieron los generales carrancistas. Las versiones tradicionales dirán que Benjamín Hill tomó el mando y siguió el plan de Obregón, pero parece que no fue tan sencillo. No era una decisión fácil, estaban aislados de su retaguardia y los combates de los últimos días habían mermado sus fuerzas. Hill en principio proponía retirarse a Irapuato. Lo apoyaban Diéguez y Castro y se desconoce cuál fue la posición del general Francisco R. Serrano. Pero Pancho Murguía, que estaba en contra, forzó la situación diciendo que él atacaría León con ellos o sin ellos. Finalmente se impuso sobre sus compañeros y a las cuatro de la mañana del 5 de junio toda la infantería carrancista estaba lista para pasar a la ofensiva.

La primera acción fue la movilización de dos mil jinetes a las órdenes del general Rómulo Figueroa, que saliendo de la hacienda de Santa Ana atacaron la izquierda villista.

Valadés cuenta: "Los clarines de órdenes del centro de la línea tocaron *Ataque* y *fuego* y los clarines de Murguía repetían *Ataque* y *fuego* y luego *Galope y carga en forrajeadores.* Murguía, al frente de sus caballerías y parte de las del general Cesáreo Castro, y con la infantería del 8°, 17° y 20° batallones, inició el avance, al mismo tiempo que la artillería carrancista emplazada en el cerro de El Mirador abría sus fuegos sobre las posiciones villistas".

La primera reacción de la línea del frente villista fue muy débil, quizás a causa de la sorpresa de que un enemigo que había permanecido un mes a la defensiva tomara la iniciativa, y comenzaron a retroceder. La reacción inicial la dieron grupos de jinetes que contraatacaban dando tiempo a la infantería para que se reorganizara y la artillería villista comenzara a actuar.

Pero en esos momentos, en la zona defendida por el coronel Canales y Congo, de las tropas de Cedillo, que luego sería calificado por los villistas como traidor, la línea se quebró y sus hombres abandonaron el combate; tras ellos toda la brigada de los hermanos Cedillo se desvaneció, retirándose y dejando un hueco de 11 kilómetros en la línea. La ausencia de reservas, que se encontraban incomunicadas en la retaguardia obregonista, hizo imposible tapar el hueco.

Ángeles se comunicó con Villa para que ordenara el repliegue y él mismo organizó la retirada de la artillería. Villa retornó con Martín López y parte de los Dorados y fue testigo de los hechos.

La división de Pancho Murguía avanzaba hacia León a pesar de las constantes cargas de la caballería de Canuto Reyes, que intentaba frenarlo, del fuego terrible de la artillería villista y de la resistencia que oponían la infantería villista, que retrocedía 50 o 100 metros para volver a ocupar posiciones y continuar la lucha. El general Margarito Orozco pasaba por la primera línea, prendida en la manga de su brazo mocho la consigna por escrito de Villa: "Haré responsable a todos los jefes y oficiales que no reorganicen a su gente y contraataquen".

Al llegar Murguía a la hacienda El Resplandor, Benjamín Hill ordenó el avance del resto de sus fuerzas, que ocupaban la izquierda y el centro de la línea de fuego. Las versiones oficiales dicen que Murguía se extralimitó en sus órdenes y que Hill tuvo que avanzar sin quererlo para cubrirlo, mientras Diéguez contenía a la caballería villista, que sin tener claro qué estaba sucediendo lo presionaba en la retaguardia.

A mediodía Murguía tenía a su frente la ciudad de León. Los villistas se habían replegado hasta la vía férrea de León a Aguascalientes, parapetándose en los terraplenes, donde se emplazaron las ametralladoras. Dando la batalla por perdida, Villa se quedó a cargo de organizar la salida de los trenes y dio la orden de que se hiciera un lugar en los vagones a las viudas y a las soldaderas para que no abusaran de ellas los carrancistas.

En la estación se produjo un fuerte combate. Murguía intentó flanquear a los resistentes con la caballería, mientras Villa y Ángeles, en la extrema retaguardia, estaban combatiendo pistola en mano. Durante media hora resistieron para luego replegarse. Ángeles recibió la orden de irse a Aguascalientes y reorganizar allí la División.

El último reducto de resistencia fueron los hombres de la brigada de Calixto Contreras, que se dirigieron al centro de la ciudad dispuestos a continuar la defensa. En la tarde, en tres horas de combate fueron desalojados. Hacia las seis de la tarde los carrancistas se habían posesionado de León, que saquearon sin misericordia.

Aunque algunas fuentes obregonistas exageraron las bajas de manera absurda (Miguel Alessio: "Se capturó toda la infantería del ejército villista"), la batalla, estando ganada por Pancho y la División del Norte, se había perdido. Moralmente el villismo estaba terriblemente herido. Aún así, no estaba ni mucho menos destruido.

Notas

a)   Fuentes. Desde el punto de vista de Villa: Cervantes: *Felipe Ángeles en la revolución y Francisco Villa y la revolución*. Archivo Histórico Durango. Calzadíaz: *Hechos reales de la revolución*, tomos 2, 3 y 8 (ofrece variados testimonios) y "General Felipe Ángeles". I Muñoz: *Verdad y mito de la Revolución Mexicana* 2 y 3. Vargas Arreola: *A sangre y fuego* (caótico, a ratos parecería que cuenta otra batalla). Hernández: "General Miguel Saavedra Romero". Valadés/ Gómez Morentín: "Un audaz plan de Francisco Villa". José López PHO 1/2. Praxedis Giner PHO 1/75. Las *Memorias* de Villa de Martín Luis Guzmán terminan en la preparación de la batalla de Trinidad.

La mejor descripción de la batalla de Trinidad desde el punto de vista carrancista, siguiendo a Murguía, en Valadés: "Hazañas" 3, 4 y 5. Gavira: *Mi actuación*. Obregón: *8 mil...* Miguel Alessio: *Obregón como militar*. Aarón Sáenz: *Diario de campaña* y "Obregón herido en Santa Ana". Gracia: *Servicio...* Amado Aguirre: *Mis memorias de campaña*.

Además: Sánchez Lamego: *Historia militar de la revolución en la época de la Convención*. Valadés: *Historia de la Revolución Mexicana* 5. Puente: *Dictadura*, "Reflejos". Mena Brito: *El lugarteniente gris de Pancho Villa*. Elías Torres: "Que fusilen a mi compadre". Papeles de Lázaro de la Garza J 13, K 35, K 38, K 40, K 46, K 48. Linda Hall: *Alvaro Obregón. Poder y revolución en México 1911-1920*. Urquizo: "La sonrisa del cura Triana". Papeles de Enrique Llorente. Taylor: "El cuerpo de aviadores de Pancho Villa". *Periódico oficial Coahuila*, 15 mayo 1915, *Gaceta Oficial del Gobierno Convencionista Provisional*, 10 mayo, 7 junio 1915. Chemadura: "Los encuerados de Villa". Valadés: *Historia* 5. Slattery: *Ángeles*. Luz Corral: *Pancho Villa en la intimidad*. Juvenal: *¿Quién es Francisco Villa? New York Times* 18 mayo 1915. Ceja: *Cabalgando...* Estrada: *Border Revolution*.

Muerte de Maclovio Herrera. I. Muñoz: *Verdad* 2. Sánchez Lamego: *Generales...* Orihuela: "La muerte del general Maclovio Herrera". Romero: "El gral. Maclovio Herrera". Modesto Jiménez: "Pancho Villa sigue cabalgando". Machuca: *La revolución en una ciudad del norte*. Valadés: "La muerte de Maclovio Herrera".

b)   Ángeles y Villa. En la tradición de convertirlo todo en un esquema y rehuir la investigación, es muy popular en las historias del villismo el mito de que Ángeles era el

Villa en la batalla de Trinidad.

asesor militar infalible de Villa y este último el lerdo; o el mito inverso: la genial intuición de Villa y la grisura de Ángeles y su acartonamiento militar. Slattery: "Su consejo había dado resultado en las victorias de Torreón, San Pedro, Paredón, Zacatecas y Ramos Arizpe y había sido ignorado cuando propuso atacar Veracruz, en la derrota de Celaya, en las tácticas de León y de nuevo en Aguascalientes". Una revisión más precisa mostraría que ambos se equivocaron y ambos acertaron con irregular fortuna. En rigor en Trinidad, Ángeles acierta al sugerir los riesgos de la operación a la espalda de Obregón en Silao, que los dejará sin reservas, pero también pierde la batalla cuando la infantería de la que estaba a cargo no resiste el previsible contragolpe carrancista.

Katz, en el balance que hace de los errores militares de Villa, dice que en parte eran resultado de su "limitada perspectiva norteña".

c) Siendo realmente "el manco de Santa Ana", Obregón se volvería en la historia "el manco de Celaya" para evitar las alusiones al cojo ex presidente y dictador de México del siglo XIX, Antonio López de Santa Anna. Pero bien podía haber sido el manco de Trinidad. La reflexión no es originalmente mía, es de I. Muñoz y de Berta Ulloa (*Historia de la Revolución Mexicana* 5). Por cierto que a raíz de la herida, en el territorio villista corrió el rumor, y se publicó en la prensa, de que Obregón había muerto cuando lo llevaban a Veracruz para curarlo.

d) Sobre la vida sexual de Rodolfo Fierro. En León, Rodolfo Fierro vivía en el hotel México, acompañado por "una mujer rubia", pero también estaba casado en segundas nupcias con Chonita, que vivía en Chihuahua. Son frecuentes las narraciones que lo asocian con la entrada en un prostíbulo con un grupo de compañeros, y cerrarlo para su uso durante un par de días.

Pero un tal Enrique Picard, propietario de los almacenes Las Tres B en Chihuahua, contaba que en julio de 1914 le avisaron que lo quería ver Rodolfo Fierro. Rodolfo le dijo al aterrado propietario, porque la fama de Fierro era terrible, que lo buscaba porque sabía que tenía a la venta cosméticos europeos. "Entramos al almacén y me compró lápiz para los labios (que no fuera muy rojo, un tono suave). Se lo entregué y acto continuo aplicó un poco a sus labios. Luego me preguntó si tenía algo para un lunar que me mostraba en una de sus mejillas. Se lo di y pronto también lo aplicó sobre el lunar. Luego, con voz amenazante, me anticipó que no debería yo decir a nadie nada de aquello. *No* —le aseguré—, *pierda usted cuidado*." (Manuel Soto: "Espantosa muerte del general". Celia Herrera: *Francisco Villa ante la historia*.)

e) Restos. Hoy en Santa Ana sólo queda la tradición oral, la huella de los cañonazos en el chacuaco del molino, una estatua con un tiro en la nuca y el basamento donde alguna vez hubo una placa que señalaba el lugar donde le volaron el brazo a Obregón.

CUARENTA Y CINCO

LA ÚLTIMA BATALLA DEL CENTRO

El 5 de junio se concentraron en Lagos de Moreno las fuerzas de la División del Norte vencidas en Trinidad y el cuartel general organizó la retirada escalonada hacia Aguascalientes. Ni Murguía ni Benjamín Hill presionaron la retirada villista. Ángeles había sugerido previamente el repliegue y la fortificación de Aguascalientes. ¿Era el mismo plan que ahora Pancho Villa ha adoptado?

Villa llegó a Aguascalientes el 11 de junio a las tres de la tarde. Lo había precedido Díaz Lombardo en la mañana, trayendo la declaración en que el presidente estadounidense Wilson llamaba a las facciones contendientes para que obraran de común acuerdo negociando la paz y hacía un velado aviso de la posibilidad de intervención. Se celebró una reunión político-militar en la que Ángeles estaba presente. Roque González Garza había enviado un telegrama diciendo que se inclinaba por hacerle caso a la demanda de Wilson. Díaz Lombardo contestará la nota de Wilson en consenso con los presentes: "Ante la inminencia que un poder extraño (intervenga) estamos dispuestos nuevamente a invitar a la concordia". No se concretaba más. ¿Quería decir que los villistas derrotados en el Bajío estaban dispuestos a negociar si Carranza lo estaba? Villa volvió a declarar a la prensa estadounidense que él saldría del país si Carranza lo hacía, pero su oferta cayó en el vacío.

Curiosamente, según retrata Gutiérrez Reynoso, "había un ambiente de confianza y de seguridad", quizá debido a que se había concentrado allí lo mejor de lo que quedaba del villismo: Felipe Ángeles, José Rodríguez (que le había proporcionado en Trinidad los éxitos parciales más importantes), Rafael Buelna (que había estado paralizado en Sinaloa por falta de municiones y cuando las iba a recoger en Zacatecas le cancelaron la orden para que se reuniera con Villa en Aguascalientes), Ocaranza, Gonzalitos, Prieto, Natera, Calixto Contreras, Manuel Banda, Canuto Reyes, Fierro (que regresaba de su estancia en el hospital de Chihuahua), y se esperaba la llegada de Urbina.

La angustiosa petición de municiones durante las batallas previas de Celaya y Trinidad habían hecho que en Juárez y en Torreón se concentrarán cantidades importantes que, al no llegar a tiempo para los combates en el Bajío, ahora lentamente se reunían en Aguascalientes. Por primera vez Villa iba a combatir en esos meses sin carencia de parque. El 11 de junio Lázaro de la Garza, desde Torreón, le escribiría a Villa: "Dos días antes de mi salida para ésta le mandé medio millón cartuchos siete mm, medio millón 30/30 y doscientos Winchester [...] Todo arreglado en Nueva York de acuerdo a sus instrucciones". Y efectivamente, el 12 llegó un tren con municiones de Ciudad Juárez. Villa le pidió entonces a Lázaro de la Garza que se presentara en Aguascalientes, a lo que éste contestó que viajaría "en el primer tren". Nunca lo haría. Sí, en cambio, presionaría pidiendo dinero: "Para pagar las municiones de New York se necesitan de 7 a 8 mil dólares diarios lo cual no es muy pesado dadas las entradas de la exportación", y anunciaba un viaje a California "a pasar una temporada", sugiriendo que tenía que ver problemas de salud de su hija.

Villa, repleto de desconfianza, ha mantenido a Félix Sommerfeld haciendo negocios en paralelo. Desde los primeros combates en Celaya y durante los siguientes seis meses Sommerfeld hará compras a la Western Cartridge Co. por 390,000 dólares que se envían a Hipólito en El Paso, siempre advirtiendo que si no cumplían los pagos se podía perder el contrato.

El 12 de junio será día de movimientos en el cuartel general, tras promulgar en la ciudad de Aguascalientes un bando prohibiendo a los soldados ingerir bebidas alcohólicas,

Villa conferenció varias veces con Primitivo Uro en Chihuahua, urgiendo el envío de las municiones, y recibió un mensaje de Federico González Garza avisando la llegada de una comisión de Wilson, que se presentó el 13 en la mañana con Carothers y de nuevo Duval West, a quienes se sumó el cónsul estadounidense en Aguascalientes, Faston Schmutz, que andaba inquieto por el reparto agrario que el gobernador villista había hecho desde marzo. Diría de Villa poco después, quejándose del maltrato a extranjeros: "No es posible esperar nada bueno de un hombre que ha sido un peón, un bandido".

Villa se entrevistó con Duval West sólo con Felipe Ángeles, y con Enrique Llorente como intérprete. Algunas fuentes villistas insisten en que Duval reiteró la oferta hecha en Guadalajara que comprometía parte del territorio nacional (Bahía Magdalena en Baja California, como una base militar para la escuadra del Pacífico estadounidense) y 500 millones de dólares a cambio del reconocimiento. ¿Estaba Duval haciendo estas propuestas a nombre propio? Villa debe de haber quedado muy descontento con los resultados de la reunión, porque ahí mismo decidió enviar una comisión para entrevistar al presidente Wilson.

Finalmente llegaron a Aguascalientes, provenientes de El Ébano, las derrotadas fuerzas de Tomás Urbina. El compadre de Villa estaba desmoralizado, "se le veía hosco, huraño, no participaba de los reconocimientos que Villa hacía con el Estado Mayor". Ángeles comentó que Urbina había recibido una carta de Obregón, cuya copia habían capturado en Ramos Arizpe.

Felipe Ángeles saldrá poco después rumbo a Ciudad Juárez y El Paso, adonde llegará el 18 a reunirse con Hugh Scott. Ha sido elegido por Villa para intentar entrevistarse con el presidente Wilson. La selección no deja de ser extraña. ¿Por qué Villa prescinde de su mejor general para enviarlo en una misión diplomática? ¿Existen contradicciones entre él y Ángeles, y prefiere poner entre ambos una respetable distancia?

Villa hará un viaje rápido a Chihuahua para intentar organizar nuevas fuerzas y luego retornará para alentar la fortificación de los alrededores de Aguascalientes, que no pasó inadvertida a los espías carrancistas, que reportaban que había "intensos trabajos de fortificación". Pancho dispone ya de un millón de cartuchos en reserva y concentra a sus tropas en Peñuelas, unos 15 kilómetros al sur, y sobre la vía férrea. En Encarnación de Díaz, Benjamín Hill establece el cuartel general del Ejército de Operaciones, a 48 kilómetros de Aguascalientes, 35 a vuelo de pájaro, que era lo que cubrían J. Floyd Smith, Gover Cleveland y William Anthony, los nuevos aviadores estadounidenses que habían llegado como refuerzos para la escuadrilla de Villa, a la que se habían añadido mejores aviones.

Obregón, que después de la pérdida del brazo en Trinidad se ha estado reponiendo en el tren hospital, comienza dar señales de mejoría y frecuentemente se reúne con sus generales. El 24 de junio estará en Encarnación. Los trabajos de defensa que se estaban haciendo en Aguascalientes "me indicaban la necesidad de avanzar cuanto antes, para no dar tiempo a que los contrarios ganaran grandes ventajas; pero la falta de parque nos imposibilitaba" el avance; por eso esperaba con impaciencia un cargamento de municiones enviado de Veracruz y escoltado por José Obregón y Abundio Gómez.

El 22 de junio el cuartel general villista recibió información de que la Convención, diez días antes, había destituido a Roque González Garza sustituyéndolo por Francisco Lagos Cházaro como presidente. "Para Villa fue un golpe muy fuerte", que además debilitaba sus nexos con los zapatistas.

Villa achacaba la derrota en las tres batallas del Bajío a que no se había cortado la línea de abastecimientos de Obregón. Rumiando esta idea, y sumándola a la necesidad de rescatar a Roque González Garza y los villistas que estaban en el centro del país, Villa comenzó a esbozar un plan extraordinariamente imaginativo, pero también muy arriesgado: lanzar una brigada de caballería para colocarla en la retaguardia obregonista. Los objetivos de esta loquísima marcha al sur eran bajar a Querétaro destruyendo las vías, conectar con Roque González Garza y los restos del ejército de la Convención y retornar sobre la retaguardia de Obregón, todo ello operando en territorio enemigo. Irían en principio hacia el sur, tomando el camino de Villa Hidalgo, paralelos al tren, y entre Silao e Irapuato virarían hacia Querétaro y San Juan del Río, donde conectarían con Roque. Villa dio el mando de la columna a Canuto Reyes y Rodolfo Fierro.

El 26 de junio la brigada de tres mil hombres salió de Peñuelas. Marchando clandestinamente, alejados de ciudades y caminos, Fierro y Reyes llegaron a Lagos de Moreno sin haber sido advertidos, pero con un día de retraso, y la noche del 29 de junio se dieron de bruces con la brigada de Diéguez, que cubría el flanco del Ejército de Operaciones. Ambas fuerzas, desconcertadas, se enfrentaron en mitad de la noche. Diéguez quedó herido y se salvó sólo porque Reyes y Fierro, siguiendo instrucciones de Villa, decidieron no librar combate en forma sino seguir hacia el sur; lamentablemente no se dieron cuenta de que mientras ellos salían de Lagos, entraba el tren de municiones que esperaba Obregón. El 3 de julio Fierro tomó León, aislando al Ejército de Operaciones y dejando completamente incomunicado a Obregón con Veracruz y la ciudad de México. El movimiento de esta columna en la retaguardia enemiga, que el analista militar Sánchez Lamego califica de "hazañas extraordinarias", mereció el elogio de Obregón, que reconocía que había logrado "la destrucción completa de nuestra única vía de aprovisionamiento, en una longitud de 171 kilómetros. ¡Esto se llama saber destruir!"

Esta situación, sumada a la escasez de parque, carbón y alimentos, hizo que Obregón tomara la decisión de atacar Aguascalientes cuanto antes. Villa pensaba mientras tanto que Obregón, dada su timidez, con una columna en su retaguardia no proseguiría marcha al norte.

Aún así, al regresar de Chihuahua, a diferencia de los anteriores combates, Pancho siguió poniendo atención a la estructura defensiva y ordenó que terminaran el cerco de trincheras de unos 25 kilómetros al sur de la plaza, que partiendo de los suburbios seguía por el panteón de La Luz para continuar por San Bartolo, Calvillo y Palo Alto hasta el cerro de El Gallo. Barrancas, cercos de piedra, cascos de hacienda, zonas arboladas, se integraron en este sistema defensivo. Construyó loberas y protegió algunas zonas con alambre de púas, minando el centro de la línea. Los puestos artillados eran buenos, el más importante en el cerro Las Liebres, pero por primera vez su artillería sería inferior a la de Obregón en número de piezas, y contaría sólo con 20 ametralladoras, a pesar de que Ángeles había creado en Aguascalientes un taller de reparaciones. Los flancos estaban cubiertos por un suelo guijarroso que hacía casi imposibles las cargas de caballería.

Después de la salida de la columna de Fierro y Reyes, Villa cuenta con unos 14 mil hombres. Nueve mil de infantería, que incluyen los refuerzos de San Luis Potosí y Zacatecas, brigadas formadas con reclutas no fogueados, y cinco mil de caballería, entre ellos las tropas de la brigada Morelos (3,500) de Tomás Urbina, cuyo valor, en razón de la situación de su jefe, puede ser mucho o muy poco.

Para el 1° de julio Villa se encuentra en Encarnación de Díaz, en la hacienda de San Bartolo, jugando rebote con Giner, cuando llegan noticias de una conspiración en Juárez, en la que supuestamente están envueltos agentes huertistas. Villa envía de inmediato a Madinabeytia, quien habrá de descubrir que el responsable militar de Ciudad Juárez, Tomás Ornelas, amigo y protegido de Villa, había chalaneado durante semanas con los carrancistas la rendición de Ciudad Juárez. Madinabeytia, que tenía órdenes de cortar por lo sano, destituyó a Ornelas y nombró en su lugar a Manuel Ochoa, de la vieja guardia de

Villa de 1910. Ornelas huyó a El Paso en automóvil junto al jefe de policía Monfort y sus familias.

Pancho Villa, según Giner, estaba bebiendo un jugo de uvas con azúcar y comiendo "un bistec, una especie de suela, carne magra, horrible". Al día siguiente moriría en París el viejo dictador Porfirio Díaz, sin que la noticia afectara o inquietara a nadie. Qué cerca y qué lejos está el alzamiento maderista de 1910.

Pancho comenzaba a tener problemas de combustible y los trenes se paralizaban. Tenía en reserva cinco mil rifles y los envíos de municiones que llegaban permitieron una reserva de cuatro millones de cartuchos, pero está corto de provisiones, se calcula que tiene para ocho o diez días.

Poco más o menos lo mismo tenía Obregón, cuyas reservas de comida no daban para más de ocho días, porque los pueblos de la zona estaban exhaustos. Contaba con las divisiones de caballería de Cesáreo Castro y Francisco Murguía, y las de infantería de Benjamín Hill y Fermín Carpio. Serán más o menos las mismas fuerzas que en Trinidad (con la excepción de Diéguez, que fue dejado atrás), por muchas que fueran las bajas de la última batalla. Obregón dijo que no fueron más de 17 mil y Valadés hizo crecer la cifra a 20 mil, pero deben haber sido muchas más, no menos de 25 mil. "Como reserva de parque, después de haber dado la dotación reglamentaria, quedaban menos de 100 mil cartuchos, o sea en una proporción de 5 cartuchos por hombre, y 58 cañones".

El plan inicial de Obregón, consistía en dejar los trenes en Lagos de Moreno, custodiados por una parte de la División de Diéguez (herido en el combate contra Fierro, que se había quedado con tres mil hombres), mientras todo el ejército avanzaba pie a tierra formando un semicírculo, por el oriente, para evitar las posiciones fortificadas villistas y obligarlos a librar la batalla en los llanos de Tecuán.

Casi diario había escaramuzas de las vanguardias. El día 2 julio el enfrentamiento fue mayor en Peñuelas, donde la caballería obregonista se vio forzada a retirarse unos 20 kilómetros hacia el sur. En ese encuentro fue herido en la cabeza el coronel Jesús María Ríos, jefe de los Dorados; la herida ameritó una trepanación en el hospital de campaña y luego su envío a la retaguardia. A causa de ella, Ríos perdió la memoria y no quedó muy bien; luego acusará a Cipriano Vargas de haberle disparado a traición y se separará del villismo.

El 3 de julio Urbina le envió un oficio a Villa en el que solicitaba ausentarse del servicio por motivos de salud. Otros dirán que Urbina le pidió permiso a Villa para retirarse a Las Nieves porque su abuela estaba enferma. Villa le comentó a Díaz Lombardo: "Mi compadre anda mal". Por lo pronto dará por no recibida la petición.

Tres días después la columna carrancista con Obregón, que ya ha tomado el mando efectivo y total del ejército, aunque aún no podía montar a caballo a causa de la cicatrización de la herida en el brazo, avanzó pie a tierra por un terreno muy accidentado. Se habían distribuido a los soldados los víveres que quedaban en existencia, que alcanzaban apenas para cinco días. Había que marchar 60 kilómetros para tomar posiciones en el flanco de Villa.

Hacia las nueve de la mañana de ese 6 de julio la vanguardia de la división de Murguía tomó contacto con la primera línea de defensa de Aguascalientes en las cercanías de los Sauces. En instantes se formalizó el combate. Murguía tomó el rancho de San José. Manuel Chao, que dirigía el sector villista, pidió refuerzos y el cuartel general sacó tropas de otras zonas. Murguía se disponía a continuar el avance cuando Obregón le ordenó suspender la marcha para dar tiempo a que el resto del ejército se posicionara.

Ese día el coronel Armando Barboa, jefe del Estado Mayor de Urbina, en medio del tiroteo y la confusión presentó a Villa una solicitud de Urbina para irse a curar a su rancho de Las Nieves. Pancho, para no hacer más grande el problema, aceptó y se fue "mordiendo los labios". Urbina, que llevaba borracho varios días, acopló su vagón a un tren mixto y partió. Unos dirán que se fue a Las Nieves sin despedirse de Villa, otros que al irse le regaló una botella de licor a Villa, que éste mandó tirar. Urbina dejó todas sus tropas al mando de Santos Ortiz, Petronilo Hernández, Faustino Borunda y Carlos Almeida. Villa se llevó al hombre más cercano a Urbina (un tal Orozco, del que se decía que era medio hermano de Tomás) como parte de su escolta. En el cuartel general la retirada de Urbina produjo un mal ambiente. Por razones diferentes también se fue Buelna, quien con una pequeña escolta, 100 cajas de balas y 50 mulas abandonó Aguascalientes para operar en la zona de Sinaloa.

El Ejército de Operaciones de Obregón pernoctó en la hacienda de Rosas y durante la noche del 6 al 7 los villistas construyeron unas precarias trincheras y tendieron líneas de tiradores frente a la hacienda para hostigarlos, por lo que Obregón ordenó un ataque para aprovechar la superioridad numérica antes de que el enemigo recibiera refuerzos, y logró dispersarlos.

A lo largo del día 7 se produjeron nuevos encuentros con desiguales resultados. Las fuerzas de Benjamín Hill, apoyadas por tres baterías, tomaron San Bartolo; los villistas, a cambio, hicieron replegarse a la caballería de Maycotte. Del lado villista el general Ocaranza cayó herido, y tomó el mando de la infantería el general sonorense Fructoso Méndez.

Hacia las siete de la noche el grueso de la columna obregonista llegó frente a Congregación de Calvillo, donde se detuvo ante una enorme barranca que impedía el paso de la artillería. No habían encontrado en el camino agua, leña ni forraje. Hasta las once de la noche no terminó de concentrarse el ejército. Obregón dirá: "¡Nunca habíamos presentado al enemigo mejor oportunidad que esta vez, para infligirnos una derrota!"

Al amanecer del día 8 el ejército carrancista hizo un movimiento general hacia el oriente, donde los exploradores habían encontrado una presa, de modo que las tropas pudieron tomar agua. A las ocho de la mañana se dio la orden de marcha, buscando Obregón que la barranca cubriera el flanco izquierdo y toda la caballería el derecho, pero el general Castro, antes de recibir órdenes de moverse para unirse a Murguía, había cruzado la barranca, perdiendo el contacto con el grueso de la columna. Una brigada de caballería villista de un millar de hombres, la Morelos, aprovechó la situación y atacó a Castro causándole graves bajas y estuvo a punto de capturarlo.

Obregón ordenó entonces a Castro que se uniera al grueso del ejército y creó un gran rectángulo defensivo de seis por cuatro kilómetros, con la hacienda El Retoño en el centro y apoyando su ala izquierda en la barranca.

La caballería villista, que había obligado a retirarse a la caballería de Castro, giró para hacer frente a la de Murguía, que llegaba a apoyarlo. Villa sumó al ataque cuatro mil hombres de infantería que estaban atrincherados. Nuevamente había abandonado el plan original de esperar a Obregón en su reducto y salió a encontrarlo, aunque bien es cierto que el movimiento de Obregón tenía la intención de flanquear sus defensas. Castro se incorporó al mediodía con grandes pérdidas, mientras los villistas avanzaban capturando exploradores y rezagados, hasta formar en la tarde una línea de fuego paralela a la carrancista.

Villa estaba moviendo su caballería tratando de ocupar la retaguardia de las fuerzas carrancistas, dejándolas así prácticamente sitiadas, y después de combates parciales, al atardecer casi había logrado ejecutar su plan. Obregón, en el centro del rectángulo en que había dispuesto a sus fuerzas, percibía los riesgos al terminar el tercer día de batalla. Murguía había combatido casi 12 horas consecutivas, habiendo tenido que poner en movimiento toda su caballería, y estuvo a punto de perder la fuerza del general Eduardo Hernández, que había tratado de ocupar la hacienda de Bellavista. A esto se sumaba la ausencia de buenos mapas de la zona.

Ambos ejércitos pasaron la noche en calma, uno frente al otro, sólo una barranca los separaba. Villa comenzó a mover parte de su artillería para aproximarla a la zona de combate.

La noche del 8 al 9, a la una de la madrugada el secretario de Villa, el coronel Enrique Pérez Rul, le mandó un informe a Hipólito en Ciudad Juárez, probablemente para la difusión, en el que hacía un resumen del enfrentamiento. El combate de ayer fue el "más rudo y terrible", pero fue menos intenso que el del día anterior. Los carrancistas utilizaron todo, pero "de nuestra parte" solamente entraron en acción unos 10 mil hombres de caballería. La artillería no intervino el primer día, pero sí el segundo, con cuatro baterías. En estos momentos el enemigo se encuentra "sitiado" y en plena desmoralización. El frente de batalla tiene 20 kilómetros y los carrancistas trataron de salir y fueron batidos por las brigadas Agustín Estrada, Bañuelos y los Dorados. Están en una zona sumamente estrecha y sin agua. En los bolsillos de algunos muertos enemigos sólo se encontraron semillas de calabaza y pedazos de nopal. La tarde del día anterior el general Isaac Arroyo se apoderó de la hacienda de San Bartolo. No han podido romper el cerco. Murió el general carrancista Martín Triana. Y terminaba diciendo que esperaba poder comunicar muy pronto que "ha terminado del modo más brillante esta batalla".

No era sólo por razones de una propaganda poco eficaz, dado que los sitiados no podían conocerla, reflejaba sin duda el punto de vista de Villa.

Al amanecer del 9 de julio los villistas tenían casi cercado el cuadro obregonista y habían emplazado tres baterías de grueso calibre con las que abrieron fuego al rayar el día. La artillería obregonista fue situada para contrarrestar el fuego enemigo y el duelo artillero se prolongó todo el día.

Sin que el combate se generalizara, los villistas realizaron algunos ataques muy enérgicos sobre diversos puntos de la línea. El parque comenzó a agotarse entre las filas de los soldados de Obregón.

La caballería de Murguía, destacada en la hacienda de San Miguel (el punto más al norte que dominaba el Ejército de Operaciones) fue atacada furiosamente por los villistas. Ante las peticiones de auxilio Obregón envió a reforzarlo a la infantería del 20º batallón de Lino Morales y a los juchitecos de Gabriel Gavira con dos cañones de montaña.

Durante todo el día se sucedieron los combates en esa zona, donde se peleaba hasta por "un poco de agua y de forraje". Las provisiones se habían agotado y el lugar, dirá Gavira, "era de los más ingratos que puedan verse; no había un solo arbusto para evitar el sol; nubes de polvo nos tenían los ojos inyectados y la boca partida".

En la zona del rectángulo obregonista bajo fuego de artillería, la división de caballería de Castro descansaba en el centro y sólo la brigada Maycotte, que cubría parte de la línea oriental (la más expuesta), tuvo enfrentamiento con una brigada villista.

La escasez creciente de agua y parque obligó a Obregón a decidir un movimiento general de ofensiva para el día siguiente, pues sólo quedaban municiones para asaltar las trincheras villistas y un poco más, y provisiones para un día. Obregón convocó a Hill, Castro, Murguía y Carpio a una reunión en la que los convenció de que había llegado el momento de pasar a la ofensiva y trazó un arriesgado plan.

Hacia la medianoche los villistas atacaron vigorosamente las posiciones defendidas por Carpio y Maycotte sin éxito. Esa misma noche Obregón envió un mensaje a Diéguez informándole de su situación: casi sin parque, sitiado a 20 kilómetros de Aguascalientes. Le decía que se precaviera en caso de derrota y que sus tropas en Lagos de Moreno deberían protegerlo en caso de retirada. Salmerón comenta que el mensaje más bien era un aviso, porque las fuerzas de Diéguez no eran suficientes para armar una contención, de que se atuviera al huracán que le caería encima. El mensaje muestra lo indeciso de la situación.

Si los villistas hubieran tomado los bordes de la barranca los futuros aconteci-mientos hubieran variado notablemente.

A las seis de la mañana las brigadas 1ª y 8ª de infantería, a las órdenes directas de Hill, se desplegaron en línea de tiradores atacando El Maguey, en el extremo norte de la barranca de Calvillo, donde se encontraba el centro de la línea villista. La línea del frente debía moverse detrás de esas dos brigadas para que, en cuanto los villistas hubieran sido desalojados del centro, el ge-neral Carpio ordenase una brusca conversión, atravesando la barranca en el momento que las fuerzas villistas se movieran. Por su parte, las caballerías del general Castro protegerían la retaguardia de la infantería.

Al mismo tiempo Murguía emprendería el ataque contra los villistas atrin-cherados frente a sus posiciones en San Miguel. Por último, Obregón comi-sionó a Laveaga para que con siete (otras fuentes dirán que tres) batallones de yaquis y de Sinaloa tomara la parte superior opuesta de la barranca y con el sol iniciara el ataque.

Obregón cuenta lo sucedido en El Maguey: "A medida que el fuego arre-ciaba y la línea de combate se extendía, nuestros soldados aceleraban el paso, con la seguridad de que el peligro de sus vidas se prolongaría sólo por el tiem-po que se tomaran para llegar a las trincheras enemigas. Así sucedió: en menos de quince minutos, algunos de nuestros más intrépidos soldados llegaron a las cercas de piedra que servían de fortificación a los reaccionarios, y éstos, abatidos ante el avance resuelto de los nuestros, se consideraban impotentes para emprender una lucha cuerpo a cuerpo, y emprendieron la huida por el camino de Soyatal que conduce a Aguascalientes".

Murguía inició su avance a las siete de la mañana, cuando ya había comen-zado el combate en los otros puntos, y se lanzó sobre las posiciones enemigas en San Miguel con su infantería; ordenó que a la vez el general Heliodoro Pérez, haciendo un movimiento rápido, cayera con sus jinetes sobre la espalda del enemigo para cortarle la vía férrea de Aguascalientes a Zacatecas. Haciendo retroceder a los villistas que "habían perdido completamente la moral", logró dispersarlos.

Rota la línea villista por el centro, el ataque continuó por los flancos atra-yendo (según esperaba Obregón) al grueso de los villistas para contrarrestar el movimiento, momento que aprovechó Carpio para ejecutar el movimiento acordado y cruzar la barranca, desalojando a los villistas de sus trincheras.

Villa, al ver que la ofensiva de la infantería obregonista estaba progresan-do, ordenó una última medida: que cargaran las brigadas Morelos (con Santos Ortiz) y Ortega (mandada por Porfirio Ornelas) para flanquearlos. La acción fracasó por lo malo del terreno, el guijarro famoso. Santos Ortiz se echó para atrás, desguarneciendo su línea, y cuando Villa le reclamó, se excusó:

—Mi general, ¿pues qué quiere que haga? Si ya se salió mi jefe Urbina, que ya no peleaba más, que ya no seguía.

El frente por el cual avanzaban los obregonistas, una vez cruzada la barranca, desde las fuerzas de Carpio hasta las de Murguía, tenía unos 25 kilómetros de extensión. Los obregonistas avanzaron hacia Aguascalientes sin dejar de combatir, por un terreno áspero y boscoso que los obligó a detener la marcha dos veces para rehacer la línea. Villa lanzó un contraataque en el cerro de San Bartolo, pero ya era inútil, el centro se estaba desmoronando. ¿Cómo había escapado Obregón de la trampa? Villa debería sentirse desesperado, nuevamente una batalla que parecía ganada se le escapaba de las manos. Dio la orden de retirada.

Gavira dio órdenes de avanzar deprisa, y faltando unos tres kilómetros para arribar a la ciudad apareció el general Obregón con su escolta. Gavira rindió parte de novedades, solicitó y obtuvo permiso para avanzar a paso de carga. "Puse a toda mi gente a la carrera, pues veíamos desde la altura que ocupábamos el desbarajuste y la locura que se habían apoderado de aquellos infelices villistas. Bajamos como un alud y nos dirigimos a la Estación."

Villa y los Dorados coordinaban la retirada sobre el terreno. J. B. Vargas, con una pequeña escolta de 40 hombres, trató de enfrentar a la vanguardia de Murguía que acosaba la estación de Chicalote. Villa salió de la estación con su caballo al paso y todavía lo vitoreaba la gente que andaba por ahí. Le encargó a Orozco la coordinación de la salida de los trenes; primero salieron los de infantería y los heridos y luego el cuartel general. Por un error y confusión de mandos entre Villa y Pérez Rul, el tren hospital de Villarreal, en el que viajaba herido Martín López, bloqueó dos trenes con municiones bajo presión de los carrancistas, que ya estaban tiroteando la estación. Villa estaba tan enfadado que dio orden de fusilar al doctor Villarreal, quien logró escaparse y sin deshacer el malentendido se fue al norte, estableciéndose como doctor en El Paso. Sus historias volverían a cruzarse al paso de los años.

Estos vagones, que contenían un número de municiones respecto del cual los testigos nunca han podido ponerse de acuerdo (seis millones, cuatro millones, tres millones doscientos mil, dos millones o uno) fueron capturados por las tropas de Murguía.

Las caballerías de Murguía y Castro continuaron la persecución del enemigo a lo largo del día, llegando incluso a enfrentarse a soldaderas que les disparaban desde los trenes.

A las 12 de la mañana del 10 de julio las tropas de Obregón entraron triunfalmente en Aguascalientes. Gavira se encargó de impedir el saqueo. Según Obregón, las bajas villistas, difíciles de contar, podrían calcularse en unos 1,500 muertos y heridos, 2,000 prisioneros y 5,000 dispersos; además se capturaron ocho trenes, nueve cañones, 22 ametralladoras y 4,000 fusiles. Fuentes obregonistas cifrarán sus bajas en sólo 500 hombres.

Notas

a) Fuentes. La lógica de la batalla definitiva ha hecho que la atención de los historiadores se centre en Celaya y Trinidad, y que la batalla de Aguascalientes haya pasado
casi inadvertida o haya recibido escasa atención de los especialistas y testigos. Pocas
son las fuentes, la documentación villista es prácticamente inexistente. La visión general más completa se encuentra en el tomo V de *la Historia general de la Revolución
Mexicana* de José C. Valadés, junto con la *Historia militar de la revolución en la época de
la Convención* de Miguel A. Sánchez Lamego. El prólogo a la batalla, desde el punto
de vista del villismo, en los tomos 3, 6 y 8 de *Hechos reales de la revolución,* de Alberto
Calzadíaz. Las versiones obregonistas de la batalla en Álvaro Obregón: *8 mil kilómetros en campaña,* y el prólogo de Grajales. Gabriel Gavira: *General de brigada Gabriel
Gavira. Su actuación político-militar revolucionaria.* Juan Barragán: *Historia del ejército y
la revolución constitucionalista.* Valadés: *Hazañas* 5, con el punto de vista de Murguía
(que confunde los días de las acciones). Las versio-
nes villistas en Juan Bautista Vargas Arreola: *A sangre
y fuego con Pancho Villa;* el telegrama de Pérez Rul en
Federico Cervantes: *Francisco Villa y la revolución.*

Y además, Papeles de Lázaro de la Garza J 20, K
11, K 50, K 51. Sandos: "A German involvement in
Northern Mexico". José C. Valadés: *Las caballerías de
la revolución.* Lawrence D. Taylor: "El cuerpo de aviadores de Pancho Villa. Los aviadores extranjeros de la
División del Norte. 1914-1915". De Anda PHO 1/46.

Rodolfo Fierro y los mandos de la
columna expedicionaria. Fierro a
caballo, a su izquierda el coronel Adán
Mantecón y los generales Canuto Reyes
y José Ruiz.

Alan Knight: *La Revolución Mexicana.* Gutiérrez Reynoso: "El ocaso de la División del
Norte". Gracia: *Servicio…* Escárcega/ Praxedis Giner, Elías Torres: "Que fusilen a mi
compadre". De la O HHolguín: *El guerrero mestizo.* Mantecón: *Recuerdos de un villista.*
Praxedis Giner PHO 1/75.

CUARENTA Y SEIS

LA MUERTE DE URBINA

La noche del 12 de julio una caravana de 10 kilómetros de trenes comenzó a llegar a la estación de Zacatecas. La caballería villista iba cubriendo el despliegue de trenes en los 121 kilómetros entre Aguascalientes y Zacatecas, para evitar que cayeran en manos de las fuerzas de Obregón. Miguel Gutiérrez Reynoso vio arribar el tren de Villa: "... era la máquina número 135 [...] una locomotora que traía el águila dorada por delante de la chimenea, con filetes tricolores en la cabina del maquinista y en el tanque de agua. Como demostración de la saña puesta por los carrancistas [...] los costados del tanque y de la cabina estaban perforados por las balas y un gran número de hilillos de agua saltaban del tanque". Los nervios están a flor de piel. Al escucharse una explosión Villa salta de su tren con la pistola en la mano; no era nada, se habían caído unas latas de manteca. Al día siguiente se produjo un tiroteo. Del tren del cuartel general salió Villa nuevamente armado, había sido un pequeño incidente: para ver quién se quedaba con unos borregos, tropas de dos brigadas se tirotearon.

En la estación de Zacatecas se construyó un gran campamento. Allí transcurrieron unos "días de relativa calma". Comer, dormir, curar heridas, reamunicionarse. La brigada fantasma de Fierro y Canuto Reyes operando en la retaguardia carrancista, y la natural lentitud y conservadurismo de Obregón, le darán a Villa tiempo sobrado para intentar rehacerse. Pero enfrentará entre julio y septiembre dos terribles obstáculos: las batallas del centro de la república no sólo han sido grandes fracasos militares, también han roto la fibra moral de buena parte de los mandos de la División del Norte. Eso y una crisis económica hasta ahora desconocida, que afecta la capacidad de Villa para hacerse con recursos y afecta las poblaciones del territorio.

Pancho trató de que los gobernadores aún adeptos al villismo consiguieran recursos; días antes le había escrito a Sarabia, de Durango: "Necesitando la mayor cantidad de oro [...] sírvase hacer gestiones con empresas, amigos nuestros, industriales, con excepción compañías mineras estadounidenses, para obtener un préstamo pagadero por el gobierno". También había mandado recoger oro y plata en Chihuahua al general Gabino Durán. A fines de julio de 1915 Villa apenas si logró reunir efectivo para sacar una carga de 250 mil cartuchos que tenía detenida en la frontera.

La opinión oficial estadounidense es muy crítica. El jefe de Aduanas de El Paso, Cobb, muy antivillista para entonces, reportaba que "sus recursos se han reducido notablemente". El cónsul estadounidense en Chihuahua, Marion Lechter, que nunca lo había querido, decía que Villa "era un Frankenstein". Carothers comienza a distanciarse de Villa; en sus informes al Departamento de Estado reporta que se dice que Pancho fusiló a 30 rieleros, que es "difícil tratar con él" a causa de los reveses militares… Al mismo tiempo que reporta que tiene una gran influencia y que Villa piensa de él como un amigo: tuvieron una reunión en agosto en el vagón del tren de Carothers y Villa le puso la mano en la rodilla y le declaró que serían amigos por siempre. Dos días después Carothers advertía que Villa podría comenzar a incautar bienes de estadounidenses, y en septiembre decía que "había perdido el control". Los negocios ya no eran como antes. En esa misma época circulaba un informe de Lind a sus superiores en Estados Unidos, en el cual decía que Carothers era un pillo que había estado mezclado en toda clase de negocios turbios con Villa.

La gira de Ángeles por Estados Unidos, que tenía como objeto neutralizar la adversa opinión estadounidense, se había iniciado el 18 de junio en El Paso con una conversación con Carothers, solicitándole que intermediara para conseguir una entrevista con el presidente Woodrow Wilson. Villa le había abierto también la puerta con el general Scott con el mismo objeto. Ángeles viajará a Boston tras haber hablado con Scott y luego se reunirá con Fuller en Nueva York, pero Wilson no querrá verlo. De manera muy imprecisa pueden seguirse sus huellas en Nogales, Sonora (donde habló con Maytorena), y en Chihuahua y Ciudad Juárez a finales de julio y principios de agosto.

Durante la tercera semana de julio de 1915 Villa mantuvo una intensa correspondencia con el gobernador de Durango desde Torreón; promovió el reclutamiento, registró la llegada de Luz Corral y sus hijos a Durango y trató de evitar el acaparamiento de maíz: "Sé de una manera positiva que en ese estado de Durango hay fuertes cantidades de maíz en existencia, y sin embargo sé que hicieron pedido para sacarlo y se les ha negado hasta a los empleados de la Proveeduría General del Ejército del Norte, y como considero que es asunto de los acaparadores a quienes no debe prestarse apoyo ni protección, sírvase dar órdenes para que se permita el comercio libre de ese grano y remítase desde luego 3 mil hectolitros de maíz, pues aquí en La Laguna el pueblo está sufriendo grandemente por ese concepto y hay que ayudarlo".

No es su única medida para evitar las penurias que la cercanía de los frentes de guerra y la escasez están produciendo en el territorio villista: al administrador de la Compañía de Luz de Chihuahua se le ordena dar un mes de luz gratis a los usuarios. Ni es la única muestra de dureza: expropiará la Laguna Soap Company de Gómez Palacio, porque sus dueños eran reaccionarios, y declarará la ley seca en Durango y La Laguna (donde está concentrando los restos de la División del Norte), con prohibición de venta de licores y cierre de vinaterías, bajo pena de muerte.

Villa, desde Torreón, ordena que los comercios surtan gratis a la población, pero no sólo de comida se trata. Miguel Gutiérrez Reynoso cuenta: "Se disponía de carbón de Coahuila, pero era de mala calidad y el rendimiento de las locomotoras era insignificante. Pronto escaseó el carbón [...] y los trenes volvieron a los tiempos de la leña". La crisis económica en el territorio villista es profunda. Villa ordena una limitación de precios a los grandes comerciantes en Chihuahua el 1º de agosto, éstos reaccionaron ocultando productos y produciendo artificialmente carestía. Villa escribe: "Estamos en serio peligro de que la gente se amotine por falta de comida", y responsabiliza a los comerciantes de Chihuahua del acaparamiento.

Villa comisionó a Felipe Ángeles, que se encontraba en la frontera tras la gira por Estados Unidos, para que se hiciera cargo de la situación. Ángeles procuró reabrir comercios, convocó a una asamblea general de comerciantes y revocó la orden de clausura. Pidió un esfuerzo a pesar de la inflación. Como resultado de estas medidas el 15 de agosto se crea la Cámara de Comercio de Chihuahua. Villa compró la empacadora de carnes de Ciudad Juárez y la puso nuevamente en funcionamiento.

Moviéndose por todo el territorio recuperará su antiguo Doroteo Arango en la firma del certificado de boda de Máximo Gómez en Lerdo, el 24 de julio de 1915. Algunos lo explicarán diciendo que Villa pensaba que en un acto legal como ese debería usar su nombre real. Pero estaba burlándose de la burla, jugando. Por cierto que la fiesta en Lerdo duró tres días, con baile incluido, y Pancho estaba acompañado por Luz Corral.

Luego Villa irá de Torreón a Camargo, porque ha percibido movimientos extraños de la columna de Rosalío Hernández, que en lugar de mantener posiciones se replegaba. Rosalío terminará saliendo hacia su rancho en la frontera con Coahuila. No se confirma su deserción, pero hay enormes dudas sobre su fidelidad. Será el primero de una serie de dolorosos abandonos.

Villa continuó moviéndose de Chihuahua a La Laguna. Pánfilo Natera no se concentró con sus tropas en Torreón, como le habían ordenado, sino que mandó recoger los heridos de su División a finales de julio de los hospitales y los concentró en Paraíso, Zacatecas. Villa, mosqueado, mandó una columna a cargo de Isaac Arriaga para que le pidiera razones. El 2 de agosto Natera abandona la División del Norte siendo gobernador de Zacatecas. La brigada Trinidad Rodríguez lo persigue y poco después choca con sus tropas, capturando parte de su familia y a su banda de música. No fue el único desastre. Villa se encuentra en Juárez, y dos días después de llegar se entera de la caída de Durango en manos de los carrancistas hermanos Arrieta. Urbina había dejado abierto el flanco al no haber apoyado a las tropas de Petronilo Hernández. Primero Zacatecas, ahora Durango; el territorio amigo se va estrechando.

El 9 de agosto Villa convocó en Chihuahua a los dueños de las minas estadounidenses para que le entregaran un impuesto de guerra, con la amenaza, en caso contrario, de expropiar. Desde días antes el ministro Escudero intentaba sacarle un préstamo de 300 mil dólares a las empresas mineras, a lo que se negaron argumentando que la mayoría estaban cerradas y fuera de operación. Villa ordenó la reapertura forzosa y volvió a amenazar con la expropiación. El gobierno estadounidense llamó a Scott para que interviniera. Scott, a su vez, telegrafió a Villa pidiéndole que pospusiera todo hasta que pudieran hablar. Se entrevistaron en El Paso los días 10 y 11, en la casa del vicepresidente del National City Bank. Villa aceptó revocar la medida a cambio de mil toneladas de carbón.

A mitad de la conferencia Scott recibió la visita de Luis Terrazas, quien le pidió que intercediera para liberar a su hijo Luis Jr. Le contó una historia truculenta: parece ser que Luis era alcohólico y Villa lo tenía detenido bajo órdenes de no proporcionarle botella alguna, diciendo que le iba a quitar sus malos hábitos, a más de haberlo colgado varias veces tratando de obtener medio millón de dólares que tiene ocultos. Scott le responderá a Terrazas argumentando que no puede intervenir en asuntos internos mexicanos, que bastante se ha debilitado frente a Villa defendiendo los intereses de los mineros estadounidenses.

Se decía, aunque no era cierto, que Villa y Scott eran compadres. Sin serlo, el general estadounidense sin duda le tenía simpatía. Scott escribirá más tarde en sus memorias que Villa no robaba para sí. "Todo lo que obtenía lo gastaba de inmediato en comida, ropa y municiones para sus hombres, a los que cuidaba dentro de lo mejor de sus habilidades. Nunca escuché que Villa hubiera tomado parte en el saqueo de la ciudad de México, pero si escuché que Carranza enviaba vagones de ferrocarril llenos con muebles a su casa en Coahuila".

Advertido por su amigo Garza, desde El Paso, que Sommerfeld y Valdespino le decían "Villa está muy sentido contigo, pues ni sus telegramas llamándote le has contestado, dice que ahora que ves la cosa mal no estás con él", Lázaro de la Garza se apresuró a escribirle a Pancho: "Mucho me extraña que usted crea que no estoy con la causa [...] si permanezco allá es porque las pequeñas comisiones que se me han encomendado es porque así lo requieren. Saldré para San Luis Missouri porque hay un contrato de 15 millones que está a mi nombre, no se pierda la fuerte suma que hemos dado [...] usted ordenará qué más debo hacer". Y poco después sugería la posible venta de mercancías a Europa para conseguir fondos.

Lázaro había montado una mezcla de ficción y realidad y trataba de mantener en pie ese circo de tres pistas en que se habían convertido sus negocios. Villa, a pesar de sus suspicacias, necesitaba las municiones para mantener activa la División del Norte. Un mes más tarde Lázaro telegrafiaría a Pancho: "Arreglé con la Western para que mande parque con documentos al Banco Río Grande donde urge usted provea fondos para sacarlo inmediatamente que llegue yendo por nuestra cuenta desde salir fábrica. Han embarcado un millón en esta forma. En las pruebas que presencié no eran del todo satisfactorias (ellos dicen que los rifles están muy gastados)". El contrato existía realmente, avalado por el Banco de El Paso, pero Lázaro se había cubierto las espaldas para poder salirse de la operación si la Agencia Financiera no pagaba a tiempo.

Mucho más significativo que los anteriores, sería otro telegrama de Lázaro desde Nueva York, pidiéndole a Villa dos carros de ferrocarril para mudar sus muebles a El Paso, "donde radica mi familia", y quejándose de que el jefe de armas de Juárez se opone. Villa optó por mantener la relación y envió a Benjamín Ríos con Ramón Vargas a Nueva York para controlar el dinero que Lázaro había retirado del Garantee Trust.

Mientras todos estos movimientos telegráficos se producían, el 18 de agosto, después de haber recorrido más de mil kilómetros abriéndose paso entre un enemigo victorioso y numéricamente diez veces superior, la columna de Rodolfo Fierro y Canuto Reyes, que había estado operando a espaldas de Obregón, arribó a Torreón, cuartel general de la División del Norte, con el ex presidente de la Convención González Garza y sus fuerzas prácticamente intactas. Roque y su grupo no traían más de 15 cartuchos por cabeza.

Villa se encontrará con Roque y Fierro en Torreón, a donde llega proveniente de Ciudad Juárez, y sin perder tiempo, apenas saludando a sus amigos y el éxito de su inmensa aventura, el 20 en la noche siete brigadas suben a los trenes (la Villa, la 2ª Chao, la 1ª Morelos, la Madero, la Juárez de Durango y los Cazadores de Agustín Estrada) para descender el 22 de agosto a poca distancia de Durango. La orden es "a media rienda" cuando se encuentran a 15 kilómetros de la ciudad, y pronto sus líneas rebasaron Durango, y los Arrieta, sin dar combate, salieron huyendo. La caballería de Villa les tomó los trenes.

Es la primera victoria en cuatro meses de combates.

El 23 de agosto la División del Norte entró en Durango y combinó fuerzas con Buelna. Villa de inmediato decretó un préstamo forzoso con el que "algunos de los capitalistas durangueños se negaron a colaborar". Pancho ordenó entonces la confiscación de la hacienda de Homer C. Coen y la detención de varios capitalistas. "Para los ricos de Durango era el peor momento de la revolución." Los encerró en las caballerizas de la casa de Maximiliano Damm, donde estaba el cuartel general. Ante las amenazas de fusilamiento, la mayoría cedió. Otros fueron llevados a Torreón y Chihuahua hasta que pagaron los impuestos de guerra. La Candelaria Mining Company se quejaba años después de que había pagado 100 mil pesos en oro para la manutención del ejército villista. Villa se quedó en Durango hasta el 31 de agosto y al irse nombró gobernador a Máximo García.

En esos días se entera de la extraña muerte en Estados Unidos de Orozco. Pascual, que había estado conspirando en el exilio con Victoriano Huerta, y del que se decía que traía consigo 50 mil dólares que aquel le había dado, salió de El Paso el 30 de agosto rumbo a Marfa y fue perseguido por un grupo de *rangers* texanos que lo atacaron. La versión oficial pecaba de poco transparente. Orozco y sus cuatro compañeros habían muerto y ninguno de los *rangers* resultó herido. ¿Había sido un asalto?

El funeral se celebró en El Paso y Pancho le envió un telegrama a la viuda diciendo que en vida fueron enemigos, pero que con la muerte desaparecía el encono y autorizaba a enterrarlo en cualquier lugar del territorio nacional que ella eligiera.

El pasado reciente se desvanece en una larga lista de muertos, todo parece remoto en sólo dos años. Amigos y enemigos se difuminan.

La imagen de Orozco muerto debe de haber llevado a Villa a la imagen de Urbina vivo. Los rumores sobre la posible deserción de su compadre Tomás Urbina crecían. Víctor Urbina, su primo, que había estado con él en Las Nieves, contaba que andaba agüitado, que le dijo que ya no que quería seguir con Villa en la "carrillera", que se separaba. También se decía que María Esparza, a causa de que Urbina le había matado a su amante, le escribió una carta a Villa diciendo que su esposo recibía dinero de los carrancistas y se quería voltear. Se contaba que Villa, necesitado de fondos, le mandó pedir dinero con Trillo y Urbina se hizo el loco. Y añadían que Pancho le había reclamado los malos andares y abusos del Mocho Barboa, jefe de su escolta de los Plateados, a lo que Urbina le respondió que si robaba y mataba era bajo sus órdenes.

Fueran ciertas estas historias o elaboraciones de testigos para explicar los futuros sucesos, el caso es que el 3 de septiembre Pancho Villa se encontraba en su cuartel general en Torreón, en una casa frente a la cual estaba el Circo Bea, que esa noche tenía función. Y se produjo una conferencia telegráfica con Urbina en Las Nieves. Villa le pidió explicaciones de por qué, sin consultar al cuartel general, se retiró la 2ª brigada Morelos del frente de Durango, permitiendo que los Arrieta tomaran la ciudad, y Urbina contestó que fue cosa de Petronilo Hernández y él no sabía nada del asunto. La respuesta no debió satisfacer en lo más mínimo a Villa, que le dijo que lo volvería a llamar al día siguiente entre 10 y 11 de la mañana.

Muchas cosas unían a Pancho Villa y Tomás Urbina. Era quizá el único con el que Pancho, como dice Puente, "había dormido inerme compartiendo las mismas hambres y las mismas fatigas", pero estaba convencido de que el hombre se había quebrado.

Villa ordenó entonces a su secretario Enrique Pérez Rul que volviera a comunicarse con Urbina al siguiente día por telégrafo fingiendo ser él, y ordenó que se preparara un tren especial con tres carros en los que acompañado de Rodolfo Fierro, Pablito Seáñez y algunos Dorados salió de Torreón. Al pasar por Jiménez dejó el vagón del cuartel general para que no lo reconocieran y en Parral habló unos minutos con Manuel Chao, ordenándole al telegrafista de Parral, un tal Abelardo Ronquillo, que mandara un telegrama falso dirigido a Urbina: "General: no se mueva hasta que yo llegue allí. General Manuel Chao".

El tren se detuvo en las afueras de Parral y avanzaron a caballo hasta un punto desde donde se divisaban Las Nieves y Canutillo. Esperaron en el lecho de un arroyo a la madrugada. Se dice que en casa de Urbina había una fiesta y Villa mismo, ensarapado, con dos de sus ayudantes, se acercó a Las Nieves y vio el baile a través de una ventana.

No tenía Urbina demasiados hombres de armas, una parte de su escolta estaba en Villa Ocampo pagando una manda. Sólo se encontraban su asistente Justo Nevárez, José Fierro y algunos guardias en la azotea. Al amanecer Villa y sus hombres avanzaron sobre Las Nieves y al dar un centinela la voz de alarma se armó el tiroteo contra los Plateados de la escolta de Urbina que estaban en las afueras de la casa de la hacienda. Al grito de "¡Viva Villa!" los atacantes cargaron y muchos Plateados se rindieron ante el alud. Urbina gritaba: "¡No disparen, soy Urbina!". Y a los suyos: "¡No disparen es la gente de mi compadre!"

Hay varias versiones respecto de dónde fue sorprendido Tomás Urbina. Unos dicen que estaba en el patio de la hacienda con una niña de 8 a 10 años. Tiró de la carabina, pero Fierro le dio un tiro en el brazo y Tomás se metió en las caballerizas. Nellie Campobello contará que "a los primeros balazos ellos comenzaron a poner colchones de lana en las puertas […] Tomás Urbina Reyes tenía la muñeca de la mano izquierda seca. En el momento de los balazos lo hirieron […] partiéndole completamente el antebrazo".

Otros contarán que se encontraba en el interior de la casa y al comenzar el tiroteo una bala dio en el azucarero y Urbina, desesperado, trató de quitarse el azúcar de los ojos y tiró a sus hijos bajo la mesa cuando le pegaron en el brazo derecho; pidió su rifle, pero ya era inútil.

Y no faltará quien, como Benjamín Herrera, diga que fue sorprendido mientras estaba cagando en la parte de atrás, "en cuclillas en un rincón del patio". Cumplimentando así una larga tradición mexicana de héroes sorprendidos.

Nadie se pondrá de acuerdo en el sitio donde recibió el tiro o los tiros: en el costado, en el brazo izquierdo, en el brazo derecho, en el hombro izquierdo. Pero todos coincidirán en que sus heridas no eran de gravedad.

Urbina fue llevado a presencia de Villa, que llegaba a la puerta de la casa pistola en mano. Urbina se le abrazó y cuentan que dijo: "Yo nunca me esperaba esto de usted, compadre". Villa lo tomó del brazo y se lo llevó a la recámara. Cara a cara, con "tono conciliador".

Se contarán muchas cosas de lo que Urbina y Pancho Villa se dijeron, pero estaban solos y nadie más que ellos sabría lo que hablaron y cómo lo hablaron. Villa contará años más tarde un fragmento del diálogo que recordará así:

—¿Por qué ya no quiso seguir conmigo, compadrito?

—Porque estoy muy cansado —respondería Urbina.

—No, compadre, lo que está es muy rico, ¿verdad? Tengo pruebas de que usted me vendió la batalla de El Ébano, de acuerdo con mis enemigos Jacinto

Treviño y Pablo González. ¿Cuánto le dieron las compañías petroleras? ¿Por qué se fingió enfermo en Aguascalientes?

En medio de tantos dimes y diretes el narrador prefiere la sobriedad del secreto y le gusta más la versión de Nellie Campobello: "Se fueron a la esquina. Allí estuvieron hable y hable. Nadie oyó nada, ni supieron lo que estaban tratando; aquella conversación de Urbina herido y de Villa duró más de dos horas. Cuando se despidieron en la esquina, Villa traía a Urbina del brazo y se venían riendo; se veía que estaban contentos". Otros dirán que contentos estarían, pero cuando salieron se vio "que ambos estuvieron llorando". Conociendo a los personajes, es muy posible que así haya sido.

Villa ordenó capturar al Mocho Barboa, jefe del Estado Mayor de Urbina, que estaba en Canutillo. Nicolás Fernández se hizo cargo, pero los Plateados de Urbina huyeron a tiempo. Se recibieron órdenes de desmontar y forrajear. Urbina se quedó acostado dentro de la casa mientras afuera Villa y sus acompañantes comían y platicaban, todo parecía haberse arreglado. Luego Villa ordenó que se arreglara una diligencia con mantas y petacas.

Acompañado de Villa, que le permitió que se apoyara en su brazo, Urbina salió de la casa y montó en la diligencia que lo llevaría a curarse la herida en la estación Rosario. Martín López lo acompañaba como escolta. J. B. Vargas cuenta que Villa quedó ensimismado.

Villa permaneció en Las Nieves con sus hombres, que de inmediato comenzaron a reclamarle que estaba dejando ir a un renegado. Fierro y José Ruiz insistían en que Urbina era un traidor y a sus reclamos se sumaban Banda, Seáñez y Rivas. E insistían. Villa terminó cediendo: "Bueno, ustedes saben lo que hacen, a ustedes les toca decidir".

Una hora después de la partida de Urbina, Rodolfo Fierro, el eterno ejecutor, ordenó a su gente montar y salieron en persecución del carricoche, que viajaba lentamente por un camino muy malo, lleno de charcos.

En un lugar llamado Puerto de Catarina o Arroyo de las Catarinas, 30 kilómetros al noroeste de Las Nieves, lo alcanzaron. Fierro habló con Martín López, que se hizo a un lado, y ordenó entonces a Urbina que bajara del carro.

Urbina le rogó a Fierro que lo dejara hablar con Villa. Fierro lo ayudó a bajar y ordenó que la diligencia siguiera. Se dice que se produjo el siguiente diálogo:

—¿Qué te traes tú? —preguntó Urbina, que en la revolución había sido el primer jefe de Rodolfo. Fierro contestó:

—¿Con cuánto lo compraron? —y le dio un balazo en la nuca.

Luego le disparó a Justo Nevárez, jefe de la escolta. En una casa que estaba como a 80 metros consiguieron unas palas y allí, al borde del camino, los enterraron. Cuando Urbina fue exhumado, descubrieron que a él y a su acompañante los habían enterrado sentados. Dejaron un recordatorio con fecha 4 de septiembre.

Al día siguiente Fierro regresó a reportar. Alberto Calzadíaz recoge este diálogo:

—¿Cómo le fue, mi general?

—Urbina me pidió de favor, en vista de que iba muy grave, que mejor lo pusiera de una vez en descanso. Pues lo hice con todo el dolor de mi corazón —respondió Fierro.

La mujer de Urbina sufrió un ataque. Villa ordenó un cateo, encontraron mucho dinero, "seis costales de yute llenos de dólares". Se cargó todo en carros de mulas. Uno de los testigos rematará: "Ya entrada la noche nos fuimos a Parral, una noche oscura y lluviosa".

Villa años más tarde pasó por donde se encontraba la tumba de Urbina, al borde de un camino, la tumba o un recuerdo de ella, y se quedó ahí un rato en silencio.

Pancho se entrevistará luego con Manuel Chao en Parral, que ha estado reuniendo dinero, probablemente de las compañías mineras. Ese dinero y lo que se sacó de Las Nieves fue entregado a Julio Pérez Rul, de la tesorería de la División del Norte, para financiar la nueva campaña.

Jiménez, Camargo. Villa hace un nuevo intento por recuperar a Rosalío, que continúa en su rancho tras abandonar Camargo. Se envían enlaces para entrevistarlo. Rosalío no quiere ir a ver a Villa, piensa que tras la caída de Monclova la correspondencia que tuvo con Obregón ha llegado a Villa. Dice que no peleará contra Villa pero tampoco contra otros desertores de la División del Norte. "Se había brincado la tranca del corral", le dijeron a Villa los enviados. Villa, en el teatro Hidalgo, reorganizó las fuerzas de Rosalío y les dio nuevos mandos.

De ahí salió para Chihuahua, donde debía recibir una carta del 8 de septiembre de Raúl Madero desde Estados Unidos, quien le escribió planteando que no tenía sentido seguir la lucha.

El 13 de septiembre, en Torreón, Villa manda buscar a Felipe Ángeles. Éste no asistirá a la cita y poco después cruzará la frontera. Se cuenta que tuvo una última entrevista con Villa en Juárez. ¿Existió realmente esa entrevista? Si es así, no queda registro. El caso es que Ángeles ya no regresará a incorporarse a la División del Norte, aunque frente a los rumores de que desde el destierro iba a pedir amnistía a Carranza, escribirá un artículo titulado "Autodefensa", donde dirá: "En el destierro pasaré mi vida entera, antes que inclinar la frente, o moriré ahorcado en un árbol a manos de un huertista o de un carrancista". El hecho es que hacia fines de septiembre de 1915 ya se encuentra establecido en El Paso trabajando en un pequeño ranchito.

Toribio Ortega, muerto. Trinidad Rodríguez, muerto. Benito Artalejo, muerto. Eugenio Aguirre Benavides, muerto por los carrancistas después de que abandonó a Villa. Mateo Almanza, colgado de un poste telegráfico por traidor. Maclovio Herrera, muerto tras haber traicionado a Villa. José Isabel

Robles, amnistiado. Urbina, ajusticiado. Rosalío "se saltó la tranca". Raúl
Madero dice que la lucha ya no tiene sentido y Felipe Ángeles se exilia. Villa
debe de estar desolado. Da una buena idea de la tenacidad del personaje el
hecho de que ante la pérdida de tantos y tan esenciales compañeros, no le pasa
por la cabeza la rendición o el abandono. "A ningún gobierno escucha, a nadie
atiende, y lo que es más grave, a nadie cree", dirá Santos Chocano en una carta
en la que rompe con Villa. Pero no dirá que a Villa le sobran razones para la
desconfianza y la incredulidad.

Al fin, la tan esperada ofensiva obregonista se produjo y con la habitual prudencia y lentitud de movimientos, los carrancistas tomaron Saltillo
y Piedras Negras. El 17 la guarnición villista encabezada por Juan N. Medina
dejó Torreón, que caerá el 19, y se refugió en Chihuahua. Ese día, en la capital
del vilismo Pancho se reunió con Díaz Lombardo, que le contó que Maytorena
había huido de Sonora. Se extiende el nombramiento de gobernador a Carlos
Randall. Llega también el general Felipe Riveros, gobernador de Sinaloa. En
una larga reunión nocturna en Quinta Gameros, que durará hasta el amanecer,
Villa, Díaz Lombardo y Escudero, Riveros, Terrazas, Manuel Chao y Roque
González Garza deciden enviar otra comisión a Estados Unidos para discutir
con el presidente estadounidense las ofertas de mediación que éste ha hecho.
Villa no confía en lo más mínimo en una salida que no sea militar, pero aún
así envía a Chao y González Garza en su representación. ¿Les está abriendo la
puerta para el abandono?

El territorio villista se va achicando, pero aún es mayor que el que tenía
a fines de 1913. El que ya no es el mismo es Villa, ni lo es su División del
Norte. Aún así, Pancho, en la cabeza, va formando un nuevo plan de guerra.
Enloquecido, sorprendente, sin duda inesperado. Pero quizá viable.

El dinero en papel villista se cotizaba por los suelos. A fines del tercer
trimestre de 1915 el peso papel se pagaba a $0.003. Un villista contará que
"ya no valían para nada los dos caritas. En los cines de El Paso regalaban los
billetes con un sello en rojo que decía *souvenir*".

NOTAS

a)   Fuentes. Ybarra: "Un susto de Villa". Miguel Gutiérrez: "El ocaso de la División
del Norte". Escárcega: "Giner, subjefe de la División del Norte". Knight: *La Revolución
Mexicana*. Archivo Histórico de Durango. Carothers citado en Mark Anderson: *Pancho
Villa's revolution by headlines* (comunicaciones con Bryan y Lansing). Chalkley: *Zach
Lamar Cobb: El Paso Collector of Customs and Intelligence during the Mexican Revolution,
1913-1918*. Papeles de Hugh Scott, caja 18 NAW. Hugh Scott: *Some Memories*. Avitia:
Los alacranes alzados. Slattery: *Felipe Ángeles and the Mexican Revolution*. *La Voz de
la Revolución*, 30 de junio, 4 de agosto de 1915. Felipe Ángeles: "Autodefensa" (en

Documentos relativos). Almada: *Revolución Chihuahua* 2. Katz: *Pancho Villa*. Calzadíaz: *Hechos reales de la revolución*, tomo 3, Sánchez Lamego: *Generales*... Papeles de Lázaro de la Garza 9 B 59, K 60, K 61, K 62 y 63. Despedida de Raúl Madero en archivo Maytorena, citado por Lerner: "Una derrota diplomática crucial, la lucha villista por el reconocimiento diplomático estadounidense, 1914-1915". Vera Estañol: *Historia de la Revolución Mexicana*. Meyer: *El rebelde del norte. Pascual Orozco y la revolución*. Eduardo Ángeles PHO 1/31.

Hay una muy minuciosa narración basada en el testimonio del jefe de Estado Mayor de Roque, Juan M. Durán, del increíble viaje de la columna de González Garza, Fierro, Canuto Reyes, de la ciudad de México a Torreón, en un texto de Valadés; y una muy precisa de Federico Cervantes PHO 1/1.

La desconfianza que le tiene Carranza a Natera la cobrará en marzo de 1916 cuando lo detengan en Querétaro acusado de varios delitos. Quedará libre el 6 de junio al no comprobársele nada.

Tres *rangers* estadounidenses, a caballo ante los cadáveres irreconocibles de un grupo de mexicanos tendidos en tierra, entre los que se supone está Pascual Orozco, posan para la foto.

b) La máquina. Parece ser que no hay acuerdo sobre el número de la máquina de Villa, porque en 1946, la que decían era la máquina de Villa, la 137, todavía andaba por los patios del ferrocarril y causaba inquietud porque no le funcionaban bien los frenos ("Causa alarma la máquina que fuera de Pancho Villa").

c) Sobre la muerte de Urbina. Hay discrepancias en la fecha, algunos autores la sitúan el 4 de septiembre, otros el 10 y algunos más el 19, día de San Miguel. Anteriores y posteriores acontecimientos hacen aparecer la fecha del 4 como la correcta. Hay discrepancias menores también en cuanto a la forma en que se atacó

Tomás Urbina, Archivo Magaña, CESU.

la hacienda, dónde estaba herido y si Fierro salió de Las Nieves con Urbina o lo alcanzó más tarde.

Nellie Campobello tiene dos cuentos en *Cartucho*: "Tomás Urbina" y "Los hombres de Urbina", y además un artículo: "La muerte de Tomás Urbina". Ignacio Muñoz: "Cómo aprehendí a Urbina". Mantecón: *Recuerdos de un villista*. José de la O HHolguín: *El guerrero mestizo*. Juvenal: *¿Quién es Francisco Villa?* Jaurrieta: *Con Villa*... Benjamín Herrera Vargas: "Cómo murió Urbina, compadre de Villa". Juan Bautista Vargas: *A sangre y fuego*... Versión de E. Ríos en Benjamín Herrera: *Fierro*. Salvador Martínez Mancera: "No fue Villa personalmente quien mató a Tomás Urbina". Stewart: *L. A. Soldier*. Calzadíaz: *Hechos reales de la revolución*, tomo 3, contiene numerosos testimonios de primera mano.

d)   Poligamia Urbina. Sin llegar al grado de Pancho, Urbina mantuvo varias relaciones matrimoniales paralelas. El 5 de septiembre de 1896 se casó con Juana Lucero en Villa Ocampo de Indé. El hijo de ambos, Ignacio, sería ahijado de Villa. En mayo de 1911 se casó por la iglesia con Francisca Ávila en San Bernardo, Durango. A María Esparza, la conoció en 1913 en el asalto a Guanaceví. La mujer cocinaba en una fonda (Benjamín Herrera: no era un café de chinos sino un prostíbulo). "Usted está muy bonita para ser cocinera". Cuando le dice que es dejada de un marido borracho y con dos hijos, Urbina le contesta que se hará cargo de ellos. Le ofrece matrimonio y la envía a Las Nieves. María Esparza es descrita por sus contemporáneos como "güera y baja de estatura". Los cronistas narran que María le puso cuernos a Urbina con Alfonso, el talabartero que le hacía las sillas de montar. En esa época Juanita Lucero vivía en un rancho cercano, la hacienda Carreteña con sus dos hijos. De la O. Holguín narra otra relación en el invierno 1913-1914 en Las Nieves, con Chonela Valenzuela, una mujer a la que Urbina dejó viuda de un tal Apolonio para quedarse con ella (quizá se trate de María, y el tal Apolonio y Alfonso sean la misma persona).

e)   Los tesoros de Urbina. Hay multitud de artículos sobre Urbina y los tesoros. Urbina, tachado como gran ladrón y saqueador, dejó detrás de sí la leyenda. HHolguín, a través de Luis Martínez Navarro, rescata la voz de la viuda María Esparza, que después de la muerte salió de la casa con dos maletas llenas de joyas. Poco después, en Estados Unidos, se comunicó con Carranza y le preguntó cuánto le daba por el tesoro de Urbina, que ella sabía dónde estaba guardado. Carranza ofreció el 40%. Luego la viuda de Urbina denunció uno de los entierros en Canutillo, a la prensa de El Paso. Se hablaba de un tesoro de cinco millones de pesos.

El general Francisco Murguía se entrevistó con María, quien le informó que el entierro estaba en una zanja, enfrente del "cuarto de la máquina". Ella nunca sabrá más de Carranza, de Murguía o del dinero. El 3 de abril de 1916 Murguía reportó haber recuperado "parte" de los dineros de Urbina enterrados en Canutillo. Arnulfo González, gobernador del estado, más tarde dirá que se creó una comisión especial para buscar los restos del tesoro de Urbina. Villa tenía la teoría de que Murguía se había quedado con todo.

Emil Holmdahl andaba detrás de su tesoro en 1924-25 con el actor Emil Jennings. Fracasó, claro. Luis Córdoba Peña relata que en los años 30 intentó hallarlo y recoge dos historias sobre un enorme tesoro de 16 cajas de monedas de oro en una cueva. (SRE LE 810 R L.1, AHDN. Juvenal: *¿Quién es Francisco Villa?* Eulogio Salazar Villegas PHO 1/37. Carlos M. Orlaineta: "Cómo ocultó su fabuloso tesoro Tomás Urbina", "Los propósitos de restitución de los fabulosos bienes que acumuló Urbina han quedado frustrados por ahora". Teodoro Torres: *Pancho Villa, una vida de romance y tragedia.* Regino Hernández Llergo: "Una semana con Francisco Villa en Canutillo". HHolguín: *El guerrero.*)

CUARENTA Y SIETE

RETRATOS A MITAD DEL CAMINO

Pancho Villa es en blanco y negro. Para la generación del narrador, a lo más será en sepia, a causa de las versiones viradas de las fotos del archivo Casasola. Y no puede dejar de sorprendernos leer de repente que tenía el bigote castaño rojizo (Puente: "el bigote es alicaído y rojizo").

Rubén Osorio, en una serie de entrevistas con supervivientes del villismo, rescató algunas descripciones afortunadas. Por ejemplo, Concepción García decía de Villa que era "alto, muy fornido, de ojos claros y güero *enchilao*. Ni güero ni prieto, sino güero *colorao*". Domitilo Mendoza insistiría en la definción: "Era güero azafranado, como son los de Durango". Güero de rancho, lo llamarán algunos. Y el doctor Monteverde aportará una nota surrealista a esta singular definición diciendo que Espartaco también era güero de rancho, como todos los tracios.

El capitán Chávez dirá: "Más alto que mediano, robusto, de color rojizo requemado, pelo ensortijado, como si lo tuviera muy chino, frente ancha, muy despejadota [...] cuello corto, maxilares potentes". Y el sargento Domitilo Mendoza añadirá: "Era panzón, grueso, no muy alto, cachetón [...] Se mantenía con la boca abierta, como que se le *caiba* la quijada. *Renguiaba* mucho porque estaba *balaciado* en las piernas. También tenía la mirada muy pesada y desconfiaba de medio mundo".

El fotógrafo y periodista Alexander Powell, que no lo quería mucho, describe a Villa como "fornido, de mediana estatura [...] con el pecho y los hombros de un boxeador y la cabeza más perfecta con forma de bala que haya visto [...] El pelo negro era tan rizado como el de un negro [...] un pequeño bigote negro servía para enmascarar una boca que es cruel hasta cuando sonríe".

Ramón Puente dirá: "El tipo de Villa parece gallardo, sin dejar absolutamente de ser vulgar, la cabeza es redonda, la frente amplia y el pelo castaño ensortijado, pero la boca es grosera, un tanto toscos y abultados los labios y los dientes manchados de un amarillo ocre por el agua ferruginosa muy común en Durango". Encarnación Brondo registra también los dientes amarillos a causa del agua de los charcos de Durango bebida en su etapa de bandolero.

Pero casi todos los que lo definen hablan de sus ojos. Nellie Campobello dirá: "Cuando Villa estaba enfrente sólo se le podían ver los ojos, sus ojos tenían imán". O: "… todo él eran dos ojos amarillentos, medios castaños, le cambiaban de color a todas las horas del día". Federico Cervantes completará: "Sus ojos cafés tenían una rara expresión: grandes y boludos, como de dominio o de reto, casi de fiereza cuando se irritaba; pues entonces, inyectados, los abría desmesuradamente en forma amenazadora; en cambio, acostumbrados a soportar la luz intensa del sol y a escudriñar el horizonte hasta de noche, o a leer en los rostros ajenos la actitud o el pensamiento, cuando hablaba afablemente o reía, casi los cerraba, frunciendo el ceño". Puente hablará de "mirada magnética" y el capitán Chávez mencionará unos "ojos pequeños pero de mirada terrible". De los ojos color café, Powell escribió: "… no son realmente ojos, sino leznas que parecen enterrarse en tu propia alma".

Puente añadirá a este retrato algunas características esenciales del personaje: "Tenía un innegable don de gente [...] y una palabra persuasiva. Solía ganarse con labia, como solía decir, a todo el que quería, y desplegaba siempre en sus relatos una viva imaginación". El novelista Rafael F. Muñoz añadirá una definición con la que el autor no está de acuerdo, pero que aquí deja en nombre de la pluralidad: "Villa era un individuo tremendamente ilógico [...] ante dos hechos iguales reaccionaba de manera distinta". Puente aportará una extraña dimensión: "Tiene también presentimientos extraños. Difícil sería averiguar hasta dónde lo hieren y hasta dónde lo irritan esos estados de conciencia".

Enrique Pérez Rul, también conocido como Juvenal, su secretario tras la salida de Luis Aguirre, dejará un retrato de hábitos y gustos de Pancho Villa que será publicado después de haberse separado de él. Le gustaba bailar, cantar "sonecitos abajeños" y "echar tonada" (lo que confirma Soledad Armendáriz: "No cantaba muy bien, pero le gustaba cantar").

"Duerme muy bien y a la hora que quiere".

"La pasa mal el borracho que se le para delante".

"Desconfiado y marrullero".

"Villa aborrece a los tacaños".

"Odia la disciplina".

Y en cuanto a la historia de México: "Venera a Hidalgo", conoce a Morelos, sabe de Juárez y de su confrontación con el clero.

Pero de todos los retratos probablemente el mejor lo dejaría Ramón Puente, gracias a esa particular habilidad suya de encontrar las palabras precisas, en medio de un universo poblado de lugares comunes: "Valor hasta la temeridad; desprendimiento hasta el derroche; odio hasta la ceguera; rabia hasta el crimen; amor hasta la ternura; crueldad hasta la barbarie; todo eso es Villa en un día, en una hora, en un momento, en todos los momentos de la vida".

NOTAS

a)   Fuentes. Puente: *Memorias de Francisco Villa*. Concepción García y Soledad Armendáriz en Rubén Osorio: *Pancho Villa, ese desconocido*. Chávez: "Quiero decir la verdad sobre mi general Francisco Villa". Alexander Powell en Boot: *The Savage Wars of Peace: Small Wars and the Rise of American Power*. Encarnación Brondo: *La División del Norte*. "Domitilo Mendoza, sargento primero" entrevista de Carlos Gallegos en Ontiveros: *Toribio Ortega*. Nellie Campobello en "Villa" y en el prólogo de *Cartucho*, omitida en la edición definitiva rescatada por ERA. Federico Cervantes: *Francisco Villa y la revolución*. Rafael F. Muñoz PHO 1/25. Juvenal: *¿Quién es Francisco Villa?* Puente: *Villa en pie*.

Autor desconocido.

Supuestamente Villa en la cárcel,
Ilustración de *Caras y caretas*.

Pancho Villa en versión del Taller
de Gráfica Popular.

CUARENTA Y OCHO

LA AVENTURA SONORENSE

Villa, en una posterior carta a Zapata, explicó sus intenciones detrás de la peligrosa aventura que había imaginado: reconcentrar fuerzas en Chihuahua, invadir Sonora y sumar combatientes de la región para luego avanzar "por Sinaloa, Tepic, Jalisco y Michoacán, hasta tener el placer de llegar a donde usted se encontrará". Era un plan enloquecido, que alteraba la simplista geometría obregonista, pero que dejaba abierta la espalda por donde podrían ingresar las columnas de Obregón hasta el corazón del villismo en Chihuahua. Pero Villa sentía que sólo en el gran riesgo se podía equilibrar la balanza que las derrotas de los últimos meses habían desequilibrado peligrosamente a favor de los carrancistas.

Contaba con que las tropas del nuevo gobernador de Sonora, Carlos Randall, tenían en su poder Nogales, y Urbalejo controlaba el sur: Hermosillo y Guaymas. Francisco Urbalejo era un personaje confiable, un yaqui nacido en 1880 que había sido federal, perseguidor de yaquis, reconverso y en 1910 había llegado a Chihuahua con las tropas de Sanjinés para participar en la toma de Ciudad Juárez. Villa no sabía que Maytorena, antes de irse, había dado instrucciones a Urbalejo y a José María Acosta de que lo apoyaran dentro de Sonora, pero que si quería llevarlos fuera del estado pusieran pretextos e incluso se dispersaran.

El gran objetivo era derrotar a Plutarco Elías Calles y sus tres mil hombres en Agua Prieta y comenzar la ofensiva hacia el sur. Julián Medina estaba dando lata a los carrancistas en Sinaloa y Villa pensaba formar con Banderas, el Agachado, una nueva columna que incursionara en esa zona; además se podía contar con Buelna. Quizás el eje del noroeste cuajara…

Scott recibió por esos días un informe de un americano que había hablado con Villa y evaluaba la situación concluyendo que aunque la División del Norte estaba "muy desorganizada, no estaba en ningún sentido destruida". Era cierto, la gran maquinaria de guerra no estaba destruida, aunque además de las mermas producto de las deserciones y de la baja moral, Villa enfrentaba un retraso en la salida de la expedición por razones económicas. El papel moneda villista se había derrumbado, la mejor cotización que podía obtener en septiembre del 15 era de cinco centavos de dólar por peso, y aunque se estaban acuñando monedas de plata en la Casa de la Moneda de la División del Norte, la cantidad era insuficiente. Los problemas los aquejaban por todos lados. El 25 de septiembre Madinabeytia no podía sacar dos trenes de Durango por falta de carbón. Villa había ordenado la confiscación de la Asarco de Chihuahua, pero resultaba imposible ponerla a producir bajo intervención. No se podía contar con Lázaro de la Garza, que aunque aún estaba involucrado en las operaciones y mantenía un relativo control sobre las compras de municiones de Villa en los Estados Unidos (en particular de un contrato del que es garante el *Rio Grande Valley Bank & Trust Co.* de El Paso, del que Lázaro había entregado un depósito de tan sólo 17,500 dólares de un millón prometido), estaba sirviendo a otros amos. Sin que Villa lo supiera, Lázaro, a través de "García" y "Garza" en Los Ángeles, estaba sondeando las posibilidades de comprar armas y municiones para Obregón. No sólo abandonaba a Villa, estaba intentando pasarse al bando contrario.

Más tarde Lázaro, con los cartuchos comprados, y en vista de que Carranza había sido reconocido y existía un embargo sobre los villistas, se los vendió a J. P. Morgan, quien a su vez los vendió al ejército francés. Lo cual representó una comisión de 24 mil dólares para De la Garza. Tras esta operación, como diría Luz Corral, "apoderándose de esta fortuna el encargado [...] se quedó viviendo en Los Ángeles como un magnate".

Poco antes de salir los primeros contingentes para la campaña de Sonora, Villa pasó la noche con gente de su confianza sacando un depósito de dos millones de cartuchos del palacio de gobierno en Chiahuahua y organizando un entierro cerca de San Andrés. El 23 de septiembre partieron hacia Casas Grandes los trenes de la infantería de José San Román. Se entregaron a los infantes dos cobijas, una lona, una manta, un uniforme, un par de zapatos, ropa interior. Los abastos, a juicio de los combatientes habían mejorado mucho, no como en el Bajío, donde había escaseado la comida; aquí la Proveeduría de la División del Norte, a cargo de Primitivo Uro, funcionaba como reloj. Se reorganizaron los servicios sanitarios de la División del Norte, llegaban abundantes pertrechos de Estados Unidos. Tras la infantería salieron los primeros convoyes con la artillería. Villa, en la estación, fue fotografiado por la prensa estadounidense. Pasó revista. A muchos de los soldados veteranos los llamó por sus nombres y recordó su lugar de origen. Tanto Puente como I. Muñoz asociaban la palabra *prodigiosa* a la memoria de Pancho. Lo era. Villa le había dicho una vez a su secretario Enrique Pérez Rul: "Tengo una memoria tan fresca como un chanate" y éste, sin dejar de reconocer la buena memoria del general, se había quedado pensando cómo tendrían la memoria los chanates.

El 6 de octubre salió de Chihuahua una columna de seis mil hombres al mando de Orestes Pereyra y Juan Banderas, rumbo a Sinaloa. Villa los despidió. Con ellos pensaba cerrar por el sur la pinza del ataque a Sonora. Buelna había intentado entrevistarse personalmente con Villa para conocer sus planes de primera mano, y a pesar de que le había ordenado que se quedara en el sur, lo volvió a intentar. El 25 de septiembre Villa le había escrito al gobernador de Durango: "Si Buelna no ha salido para acá (Chihuahua) sírvase decirle que conviene no venga [...] porque puede quedar cortado de sus tropas [...] Que conferencie telegráficamente conmigo". Buelna ignoró la sugerencia y encontró a Pancho en Chihuahua, donde conferenciaron varias horas. Aparentemente Pancho logró convencerlo de que se sumara a este último esfuerzo, pero sólo en apariencia, porque tan pronto como Villa salió de Chihuahua, Buelna tomó el tren para Juárez con su hermano y se retiró de la lucha.

Se cubrió militarmente la frontera sur de Chihuahua. Las fuerzas eran escasas, pero Villa confiaba en la lentitud de los obregonistas, y tenía razón. Murguía, que ocupará Torreón el 28, no se moverá hacia Durango hasta mediado octubre.

Finalmente, el 7 de octubre salen de Chihuahua los trenes del cuartel general hacia Ciudad Juárez, donde Pancho permanece cuatro días. Recibe informes detallados de Juan N. Medina, quien le cuenta que Pablo Seáñez mató a balazos al general Luna en una riña en el cabaret El Gato Negro, una casa de juegos donde tocaba en esos días la banda de la brigada Villa y se jugaba ruleta, redina (una ruleta vertical), póquer, bacará, albures y siete y medio. Villa, que no podía perder más gente, mandó a Pablito Seáñez (al que llamaban Pico de oro porque un balazo en la boca que había sufrido en Torreón le había volado varios dientes y se los habían puesto de oro) a Casas Grandes.

Pancho Villa anda triste, dirá un periodista de *El Paso Morning Times* (un diario que ha estado recibiendo una subvención del gobierno villista), pero en la conversación se anima cuando responde una entrevista en Ciudad Juárez, que se publica el 9 de octubre y se reproducirá una semana más tarde en *Vida Nueva*. "Estoy completamente agotado, el mes pasado ha sido el más fatigado de mi vida y mis energías han llegado a su límite... Es posible que haya cometido muchos errores [...] Hace un año parecía que teníamos el triunfo en nuestras manos [...] Sí, mis fuerzas han disminuido. No tenemos los hombres ni el dinero que anteriormente poseíamos. Todos los que hicieron dinero a nuestro lado han huido porque ya no pueden obtener más ganancias." ¿Está pensando en Lázaro de la Garza, en Carothers, en Sommerfeld? Tras dejar bien claro que él no ha montado negocios a la sombra del poder, dice: "Aunque no sea un ángel, le doy las gracias a dios porque no he hecho dinero mientras mis conciudadanos mueren en el campo de batalla por la causa que yo represento". Y respondiendo a la afirmación del periodista de que pronto se va a reconocer a Carranza: "Yo no me lo puedo creer [...] Lo que tiene que suceder sucederá".

El 12 salió para Casas Grandes acompañado de Juan N. Medina, hacia el final de la vía férrea y último punto de concentración de la expedición. Aunque algunos testigos dicen que "la presencia de Villa en Nuevo Casas

Grandes pareció galvanizar a la gente", Pancho se encontró con que dos generales de la brigada de José E. Rodríguez, Pallán y Navarrete, habían desertado el día anterior con 800 hombres de caballería.

La noche del 12, cuando proseguía la concentración de tropas en Colonia Dublán, al norte de Nuevo Casas Grandes, explotó un depósito de dinamita en un tren; hubo muchísimos heridos de la segunda brigada Villa. ¿Sabotaje o accidente? En la noche Pancho arribó con su escolta. Las ambulancias no se daban abasto recogiendo a muertos y heridos. Villa no habría de retirarse hasta que se levantó totalmente el campo.

No será el único problema. "Algunos generales", cuyos nombres no habremos de conocer, discutieron el desconocimiento de Villa. Los afectaba la suma de derrotas, el plan de esta campaña de Sonora que muchos no entendían, la desmoralización por las deserciones. Villa, en versión de Puente, cuenta:

> Tuve un incidente que me demostró hasta dónde se había maleado la mayoría de mis jefes. Cuando llegué al pueblo se me avisó que algunos de mis generales estaban en una junta donde se tramaba un plan para asesinarme. Haciéndome el desentendido, me presenté en esa junta, y después de cambiar las primeras palabras, les dije con naturalidad:
>
> Señores, yo no me hago ilusiones de lo que valgo, sé muy bien que mi vida está en sus manos, y si ustedes creen que yo estorbo, dispongan de mí y mátenme; pero les aseguro que si dan ese paso, menos podrán triunfar y conseguir algún día la realización de los ideales que perseguimos, porque yo no creo que ustedes tengan la poca dignidad de entregar a toda esta gente con Carranza.
>
> Esta sorpresa les desconcertó, y como en realidad no estaban seguros de la tropa, que se les hubiera amotinado en caso de haber llevado adelante su propósito, todos se apresuraron a redoblarme las seguridades de su fidelidad.

Antes de iniciarse la campaña Villa conoce los movimientos de las fuerzas de Obregón, que ha ordenado a Diéguez que pase de Mazatlán a Guaymas en el cañonero General Guerrero y avance hacia Hermosillo, y a Calles que amplíe la zona de su influencia hacia Nogales. Diéguez tomará Guaymas a los villistas sonorenses, pero Calles permanecerá encerrado en Agua Prieta.

Villa da la orden de "no soldaderas". Medina ejecuta: las mujeres que han ido acompañando a los combatientes serán embarcadas en tren y retrocederán para esperar en la estación Delicias a los combatientes. La orden resultó absolutamente sensata, porque la travesía hacia Sonora fue terrible, causó un gran conflicto entre la tropa y en particular con José Rodríguez, que llevaba con él a su "encantadora y joven" amante, quien se negó a seguir la orden y se vistió de hombre aunque fue descubierta. Entre la tropa se preguntaban si la consigna no valía para los del Estado Mayor. Villa dio orden de que la fusilaran, aunque luego se retractó y permitió que la mujer se quedara en Casas Grandes.

Sólo faltaban por llegar las brigadas de caballería de Fierro y Robles, que habían salido el día 10 hacia la concentración y se habían detenido en Villa Ahumada para hacer acopio de víveres, cobijas, monturas, sogas, medicinas. Hacía mucho frío y Fierro, que en los últimos tiempos bebía en demasía, se lo venía quitando con tequila. El 13 de octubre, al oriente de Nueva Casas Grandes, Fierro llegó con la vanguardia a la Laguna de los Mormones, una laguna artificial construida con propósitos de riego. Despreciando el camino seguro que la bordeaba Fierro, que seguía bebiendo, se encaprichó en cruzarla por el centro aunque estaba muy crecida. Rafael F. Muñoz describe al Rodolfo Fierro de ese día: "Sombrero texano arriscado en punta sobre la frente, tal como lo usan los ferrocarrileros, los del riel. Rostro oscuro, completamente afeitado, cabellos que eran casi cerdas, lacios, rígidos, negros; boca de perro de presa, manos poderosas, torso erguido y piernas de músculos boludos que apretaban los flancos del caballo como si fueran garras de águila".

En mitad de la laguna existe un tajo de unos 18 metros de ancho y cinco de profundidad; la charca en esa zona estaba medio congelada: "Este es el camino para los hombres que sean hombres y que traigan caballos que sean caballos", cuentan que dijo Rodolfo Fierro. Cuando cruzaba, la yegua se fue al fondo y Fierro salió nadando y riendo. Cuentan que entonces le pidió otro caballo a su asistente Manuel, una yegua alazana que traía para remuda, y trató de cruzar por el mismo lugar. El coronel Mantecón le insistió con el argumento de que era inútil, que se podía rodear la laguna en unos minutos. "Fierro dijo que él ya se había mojado y que íbamos a pasar por ahí", y montó su yegua negra a pelo. Al poco tiempo el caballo comenzó a cansarse al no hacer pie en la laguna y entramparse en el lodo y Fierro, pese a las advertencias de sus compañeros, no les hizo caso diciendo que aquello era un charco. Dicen que sus últimas palabras fueron: "Cómo que no, síganme". Al llegar al tajo la yegua perdió pie y dio una maroma lanzando a Fierro debajo de ella. Es de creerse que las patadas del animal dejaron a Fierro sin sentido.

Luego se diría que lo que hizo que el caballo perdiera pie y lo llevara a él al fondo, era que traía muchas monedas de oro de 20 dólares, de los llamados "ojos de buey", en un cinturón debajo de la canana y en las cantinas de la silla de montar. Rafael Muñoz lo convierte en "kilos de oro". La verdad es que sólo traía una cartuchera, de esos cinturones que llaman víboras, en la que se podían guardar algunas monedas.

"Nomás salió a flote su sombrero tejano". Los hombres que lo acompañaban se metieron tratando de buscarlo, pero nada. Mantecón fue hacia Casas Grandes para avisar al general Villa. Pancho lo recibió en su tren. Dice que se produjo el siguiente diálogo:

—Con la novedad, mi general, que acaba de morirse el general Fierro.

—¿Y dónde le dieron el balazo?

—No murió de balazo, murió ahogado.

—Ahogado... ¿ahogado de borracho?

Hacia el oscurecer arribó Villa al lugar del suceso. Villa, con Martín López, daba vueltas y vueltas. Pancho, sin hablar, observaba el gran charco y en silencio se le salían las lágrimas. Ofreció entonces a los que lo sacaran que se podían quedar con lo que trajera Fierro. Esa noche no durmió.

Cinco días más tarde, tras el fracaso de un grupo de chinos (y esta historia sigue pecando de exotismo), un buzo japonés logró sacar a Fierro, estaba atorado en el fondo por las espuelas en unas raíces. El 20 de octubre llegó el cadáver a Juárez, lo precedieron los rumores de su muerte, que se hicieron extensivos a la muerte del propio Pancho Villa. Entre las pertenencias que se entregaron a su viuda estaba un anillo con una piedra de 18 quilates ("tan sólo 10", dirá J. B. Vargas).

Poco después, a un costado del tren se reunió la brigada Fierro, y Villa sometió a la aprobación el nombramiento como jefe de José J. Valles, que fue aceptado. Esa misma noche se sabría que Ángel Flores había derrotado en El Fuerte, Sinaloa, a la columna de Banderas, y Pereyra y avanzaba hacia el norte. En esos momentos la campaña de Sonora dependía de Villa.

La muerte de Fierro y la filtración de que había habido un intento de deponer a Villa produjeron rumores de todo tipo en El Paso, el eterno amplificador de lo que sucedía en México, la ciudad de los más exóticos chismes. Se decía que existía un complejo complot para derrocar a Villa y entregar toda la frontera norte a las fuerzas de Carranza. Que Villa había retornado de Casas Grandes a Chihuahua. Se decía que Hipólito había sido sacado de un tren en Villa Ahumada y fusilado después de que se amotinaron los oficiales y soldados. Se decía que Hipólito venía hacia Juárez para abandonar a su hermano y cruzar hacia el lado estadounidense, donde controlaba grandes sumas bancarias de la Agencia. Al día siguiente un artículo de *El Paso Morning Times* informaba a Villa de la posibilidad de que el gobierno estadounidense reconociera a Carranza.

Ajeno a todos los chismes, y sin acabar de creerse la información, el 15 de octubre Pancho comenzó la movilización hacia Sonora de los 12,500 hombres que tenía la División del Norte en acción, fragmentado el contingente en grupos más o menos pequeños para facilitar el abasto. Los acompañaban 500 vacas. Banda recorría los trenes en Casas Grandes capturando desertores.

La marcha será muy lenta, en jornadas muy cortas, pero sin problemas en los primeros 50 kilómetros.

La falta de agua fue un problema grave. Un ejército como éste secaba un pozo en minutos y no podía vivir de conejos. El ganado que transportaban al inicio fue sacrificado por la falta de agua. De las 500 reses incluidas en la expedición ya sólo quedaban dos docenas; se mataron caballos y mulas, se quedaron atrás carros y carretas inutilizadas. Son contradictorias las versiones sobre el clima imperante, aunque varios testigos hablan de heladas y nevadas y de un inmenso frío, el historiador estadounidense Thomas Naylor hace una

revisión y señala que nada de fríos y glaciares, que octubre fue un mes maravilloso y, fuera de unas cuantas lluvias, el clima era caluroso.

El 19 entraron al cañón del Púlpito, el punto más inaccesible de la sierra
que separa Chihuahua de Sonora. Valadés describe: "Camino sobre roca flanqueado de paredes de granito de hasta 200 metros de altura, se avanzaba en
un delgado cordón, había zonas donde el cañón tenía dos metros de ancho,
las piezas de artillería van dando tumbos".

A lo largo de tres días la columna cruzó el cañón de ocho kilómetros de
largo, pasando por gargantas de seis o siete metros de ancho. A veces se forzó
el paso dinamitando rocas. Los generales se bajaban del caballo para empujar
los carros. A lo largo de dos kilómetros se creó un caos. Se perdieron seis piezas de artillería. Lo que salió del cañón fue un ejército en harapos.

Se cuenta que Villa, al conocer la pérdida de artillería, "nomás se quedó
mirando el cerro". Algunos analistas estiman que al salir del cañón Villa contaba con una cuarta parte menos de los hombres debido a deserciones y pérdidas. Durante el cruce los alcanzó un correo de Hipólito Villa desde Juárez,
con más información sobre la posible ruptura con los estadounidenses y los
problemas financieros.

A la salida del cañón, Villa, sobre un garañón, pasó revista a las fuerzas.
La caballería se dividió en dos columnas, la infantería avanzó por un camino
carretero muy malo hacia el interior de Sonora. La aridez de la zona es terrible. Villa mojó su pañuelo en agua sucia de una cueva para humedecerse los
labios. La marcha de los siete mil hombres parecía una locura.

Villa hablará más tarde de "las innumerables fatigas y penalidades que
sufrieron mis fuerzas en una jornada de 25 días a través de la árida y abrupta
Sierra Madre, transportando 42 cañones de grueso calibre por lugares donde
no hay caminos carreteros y hasta se dificulta el paso a los jinetes".

Tiroteos contra una patrulla de exploradores carrancistas en las cercanías
de Baviste; se trataba de una columna de Calles que tenía como misión dina-
mitar el cañón del Púlpito y había llegado tarde.

El 26 de octubre Villa llega a Colonia Morelos, 75 kilómetros al sur de
Agua Prieta. Ante una asamblea de 30 vecinos Pancho pronuncia un discurso. Aunque habitualmente sus relaciones con los mormones eran buenas, se
encuentra muy enfadado con los estadounidenses. Villa comienza diciendo
que los mexicanos deben liberarse en su propio país y se lanza despotrican-
do contra los anglomormones. La asamblea decide no permitir el regreso de
los yanquimormones que habían tomado posesión ilegal de la tierra. Villa les
ofrece armas y municiones para defenderse. Cuando regrese después de "la
batalla de Agua Prieta", se compromete a darles fondos para la reconstrucción
del molino y la presa. Villa y los 30 vecinos firman el documento.

Al día siguiente un enviado de Silvestre Terrazas, un tal Unzueta, que ha
viajado por el lado estadounidense de la frontera, le trae recortes de periódicos

y confirmaciones del reconocimiento del gobierno de facto de Carranza por Estados Unidos el 19 de octubre. Trae también cartas de la comisión (González Garza, Ángeles, Chao) diciendo que les cerraron las puertas. Villa escucha con aparente calma y mientras Medina traduce los periódicos del inglés, va rumiando. Probablemente se entere que Manuel Chao se retira de la lucha. En Nueva York ha publicado un manifiesto el 22 de octubre, un "Volante al pueblo mexicano", donde declara mantenerse al margen de la política y le desea a Carranza que logre pacificar el país. No hay menciones a Villa en el texto. Es una deserción amable, pero al fin y al cabo una deserción. Silvestre Terrazas le cuenta que el reconocimiento ha producido desbandada en Chihuahua y sólo la entereza del general Limón y de Escudero (y sin duda la del propio Terrazas) han frenado el asunto. El reconocimiento implicaba entre otras cosas que la compra de armas de los villistas en Estados Unidos era ilegal. La prensa estadounidense también decía que Villa se exiliaría en Estados Unidos, parecía saber más de él que él mismo. Por si esto fuera poco, se conoce la deserción de Severino Ceniceros. Como Villa le diría años más tarde a Elías Torres: "Tan valientes amigos como yo tenía, me chaquetearon todos a la mera hora". En medio de todo, una buena noticia: el 21 de octubre Urbalejo ha tomado Naco, la otra población fronteriza importante en la zona.

Durante los siguientes días, y a pesar de los pesares, la progresión de las columnas hacia Agua Prieta siguió como un reloj y el 30 de octubre Villa arribó al rancho de Slaughter. Descubierto por exploradores de Calles, la noticia llegó a Douglas, al otro lado de la frontera. Carothers, que se encontraba en la ciudad fronteriza, telegrafió al Departamento de Estado que las tropas villistas estaban 18 millas al este de Douglas y que una patrulla estadounidense había hablado con ellos en la línea. Esa noche un grupo de villistas que se acercaba al río Bravo a tomar agua se encontró con el periodista John Hart, que se fue con ellos para entrevistar a Villa.

Calzadíaz sitúa la entrevista en el mineral de El Tigre.

—¿Es usted el general Villa?

—Ya me está viendo.

—¿Es verdad que va a asaltar la plaza de Agua Prieta?

—Eso es asunto mío.

—¿Cuántos cañones trae, general?

—Cuéntelos cuando los oiga rugir.

Luego Villa preguntó si era verdad que el gobierno estadounidense había reconocido a Carranza, y cuando se lo confirmaron, con un *hasta luego* echó a andar su caballo. Que se pudrieran todos, que se abriera una zanja de millares de kilómetros, como diría años más tarde, entre los dos países, que se guardaran sus viejos halagos y sus zalemas donde les cupieran.

Lo que Villa no sabe es que la cosa es mucho peor, los estadounidenses han dado permiso a Obregón para transportar tropas mexicanas plenamente armadas por el interior de los Estados Unidos. Mientras Villa se acerca a Agua Prieta, el general Serrano y el general Eugenio Martínez conducen en tren, de Eagle Pass (Piedras Negras, en Coahuila) a Douglas (Agua Prieta) una columna de tres mil a cuatro mil hombres por territorio estadounidense. El general Scott dirá más tarde: "Intenté usar mi influencia para impedir que tropas carrancistas cruzaran territorio estadounidense, pero no era lo bastante poderoso [...] En la campaña de Sonora lo traicionamos".

El 31 de octubre, tras 16 días de marcha desde Casas Grandes, 38 desde la salida de los primeros contingentes de Chihuahua, la columna villista se encuentra frente a Agua Prieta. "Por fin, al cabo de tres semanas de fatigas, desgarrados, muertos de hambre y de frío, llegamos frente a las trincheras de Agua Prieta", dirá Pancho. Y lo que ve no es para reanimarlo.

Agua Prieta es una pequeña ciudad, un poblado casi, de cinco manzanas por siete. Pocos edificios; eso sí, un templo masónico, el Curious Café y un teatro, el Ramona; dos hoteles, el Central y el México, tablones sobre la tierra suelta, sótanos por todos lados, pasadizos secretos, túneles, depósitos de municiones. En un frente de tan sólo dos kilómetros y medio Calles había colocado 200 minas de dinamita y ocho mil metros de alambre de púas, en algunas zonas electrificado, loberas y trincheras de un metro de profundidad cubiertas con planchas de acero y arena; 18 nidos de ametralladoras, reflectores para iluminar un posible ataque nocturno y la frontera estadounidense atrás para abastecerse. Una fortaleza "tan buena como las que se utilizaban en la guerra europea", dirá un observador estadounidense. Cuenta con una guarnición de 1,500 hombres más los refuerzos que llegarán por tren de otros tres mil o cuatro mil y cinco baterías de artillería.

Curiosamente, los estadounidenses se prepararon en Douglas tanto o más que Calles en Agua Prieta. ¿Esperan que la indignación de Villa por el reconocimiento lo lleve a combatirlos? Hacen crecer la guarnición a tres regimientos de infantería, uno de artillería de campaña y tropas de caballería. Se cavan trincheras desde Douglas hacia los cerros que hay al este de la ciudad y la artillería toma posiciones.

El 1° de noviembre Villa se encuentra en la hacienda de Gallardo, frente a Agua Prieta. Desde Estados Unidos se ve claramente el avance de sus tropas. A mediodía la artillería carrancista comienza el bombardeo. La vanguardia va recogiendo panfletos firmados por Calles en los que ofrece amnistía, un billete de tren y una recompensa en metálico a los villistas que se entreguen con sus armas. Tanto se aproximan a las trincheras cubiertas con alambre de púas, que son tiroteados por la caballería de los carrancistas y luego reciben ráfagas de artillería. Villa despliega su artillería. Cuando empiezan los disparos, una batería que se queda corta revela, al volar algunas minas, los campos que cubren el acceso a la plaza. El polvo y el humo, la tierra suelta, oscurecen el campo de batalla.

A las nueve de la mañana, J. B. Vargas, herido leve en una pierna, va hacia la frontera, y a una milla al este de Douglas, cerca del rastro, encuentra a un grupo de trabajadores a los que pide que le conecten unas mangueras y las dejen llegar al lado mexicano. El ejército lleva 24 horas sin agua, porque les habían destruido los pozos de la zona que funcionaban con molinos de viento. Unas mujeres estadounidenses les cambian a los villistas cubetas de agua por sombreros de palma. Se les acerca un oficial estadounidense que pide de parte del general Funston una entrevista con Villa. Más tarde, en ese mismo lugar y con la alambrada de por medio, se entrevistan Villa y el general Funston; oficia de traductor Juan N. Medina. Un periodista apellidado Roberts le presenta al general estadounidense. Villa le reprochará la actitud traidora del gobierno de Wilson. Funston amenaza veladamente a Villa porque sus balas llegarían a Douglas, Villa respondió que si no quería que las balas llegaran a Douglas lo dejara atacar la plaza desde el lado estadounidense. La entrevista duró diez minutos; el general estadounidense reportó simplemente que la actitud de Villa fue "muy satisfactoria", no dijo más.

A las once de la mañana según unos, a la 1:35 de la tarde según otros, comenzó un duelo artillero sin demasiada efectividad, que mató muchos caballos de los carrancistas y destruyó un montón de casas, pero no afectó las defensas. En el momento de iniciarse la batalla comenzaron a llegar a Douglas y cruzaron la frontera los refuerzos de Obregón al mando de Serrano que habían cruzado territorio estadounidense. Tuvieron bastantes bajas porque en los momentos que entraban a descubierto se estaba produciendo el bombardeo. La banda de música de Calles comenzó a tocar. Villa le respondió con una última andanada de artillería.

En la tarde se combatía sin progreso en todo el perímetro. Muere el general San Román, jefe de la infantería. La caballería villista, llevando en ancas un millar de infantes, los deposita a 200 metros de la línea de trincheras. El humo de los cañones oscurece Agua Prieta. Villa se la va a jugar en un ataque nocturno.

Cuando en la noche se lanza el asalto se encendieron los reflectores. El general Rodríguez ordenó el repliegue. Villa siempre pensó que los reflectores que destruyeron su ataque nocturno, estaban situados del lado estadounidense. No era cierto, aunque sí lo era que la electricidad venía de Douglas y que probablemente los reflectores eran manejados por estadounidenses mercenarios.

Villa resumirá: "Aquel ataque donde centenares de infelices perdieron la vida contra los alambres electrizados, aprovechando los carrancistas la corriente del lado americano, no pudo ser en peores condiciones, pues para hacer más negro el cuadro, nuestro cónsul en Douglas huyó con el dinero que le mandó el gobernador de Sonora para la compra de alimentos y caramañolas; y muchos de nosotros tuvimos necesidad, para calmar la sed que nos destrozaba, de beber agua del drenaje, colada en nuestros pañuelos, y rebanar, para comer, las ancas de nuestras propias cabalgaduras".

Al día siguiente Pancho convocó a una reunión de generales en un punto llamado La Morita. Asistieron Ocaranza, Juan N. Medina, Madinabeytia, José Rodríguez, Isaac Arroyo, Gonzalitos, Baudelio Uribe. La falta de agua hizo crisis, el ejército y los siete mil caballos y mulas que lo acompañaban habían secado todo alrededor de Agua Prieta. Si la brigada de Diéguez avanzaba hacia el norte, podían quedar entrampados. Se decidió abandonar el cerco frente a ese hueso tan duro roer apoyado por los gringos y marchar hacia Nogales. Los generales estaban enfurecidos con los estadounidenses. Se contaba que en el ataque soldados estadounidenses dispararon ametralladoras contra los villistas desde el rastro; la historia, por más que se repita, no debe ser cierta, pero el rumor había calado profundamente. Villa dirá: "… impedí a mis fuerzas se lanzaran desde luego sobre territorio americano, como querían hacerlo con toda justificación".

Todavía se produjeron esporádicos tiroteos y combates artilleros, pero el 3 de noviembre se levantó el cerco saliendo la artillería y parte de la vanguardia. El 4, aprovechando la neblina, los siguió la retaguardia. Habían dejado en el campo 223 muertos y llevaban consigo 376 heridos. Serían perseguidos por una caballería con Lázaro Cárdenas al frente, que Isaac Arroyo dejó avanzar y derrotó en el contraataque.

Pancho estableció su campamento en Villaverde, a unas cuantas millas de la Cananea Copper; los pastos al sudoeste de la ciudad eran buenos. Aparecieron en el campamento dos médicos estadounidenses de apellidos Thigpen y Miller, que venían de Bisbee, ofreciéndose para atender a los heridos. Villa al principio agradeció la oferta, pero alguien debe de haberle dicho que se trataba de agentes secretos estadounidenses, porque Villa se enfureció y los detuvo acusándolos de espías y condenándolos al fusilamiento. Poco después ordenó la detención de Hamilton, secretario del superintendente de la Cananea Copper, y Wiswall, manager de la Cananea Cattle, en la cárcel local. Luego se entrevistó con ellos. Villa, muy enfadado, les informó que usaría la empresa para reaprovisionar su ejército y cobraría impuesto sobre el cobre que se tenía listo para enviar a Estados Unidos. Hamilton le dijo que tendría que cruzar la línea para obtener lo pedido y fue a Naco, Arizona. Finalmente Villa les sacó un camión con comida que se repartió en los campamentos, con 20 mil libras de harina, cinco sacos de café y sacos de sal, 1,500 novillos y 175 caballos.

Se produjo una segunda entrevista. Los gerentes de la Cananea, diplomáticamente, intercedieron ante Villa pidiendo la vida de los médicos detenidos. Villa les respondió enfadado que no eran médicos sino espías. Cuando le mostraron pruebas de que eran doctores, Pancho dudó: "Creí que eran espías". Finalmente negoció su libertad a cambio de 25 mil dólares. La empresa convenció a Villa de que les hiciera un recibo para deducirlos de impuestos y luego le sacó al gobierno carrancista restituciones parciales. Carothers informará un día más tarde, exagerando el asunto, que Villa ha pedido un préstamo forzado de 25 mil dólares a cuatro empresas estadounidenses que se encuentran en su territorio.

Villa reconstruye su brigada. Primero los abastos. Se conservan las listas de las compras en Douglas y El Paso (vía Douglas). Curiosamente, en El Paso su agente era Sam Dreben, su viejo ametralladorista, que había trabajado para todos y que ahora compra y le vende 200 cajas de sardinas y 1,444 sacos de harina. En la lista de la Meadows Drug Store de Douglas aparecen insólitas compras para un ejército en campaña: junto al mercurio cromo, el bicarbonato, las vendas, el algodón y las gasas, aparecen un dólar gastado en vaselina blanca, 60 hojas de papel y cincuenta sobres.

El 5 de noviembre Villa hace público un largo manifiesto en el que declara que "Venustiano Carranza trata de vender a nuestra patria". Con la habitual retórica de este tipo de escritos, debida a las infames plumas de sus asistentes (Katz y Almada se lo atribuyen a Federico González Garza, que no estaba con él en Sonora. Probablemente se deba a la pluma de Enrique Pérez Rul, que lo acompaña), hace historia de la revolución y de la División del Norte. Rechaza que los llamen reaccionarios, acepta que ha incorporado a sus filas a ex federales "cuando nos convencimos de la rectitud de sus principios [...] y ahora nos queda un grupo reducidísimo". Luego entra en tema: "El reconocimiento de Carranza ha causado estupor al mundo entero", y dice: "... copio de algunos periódicos norteamericanos algunas de las condiciones impuestas por Wilson a Carranza", y enlista: concesión de 99 años de la bahía de Magdalena y del ferrocarril de Tehuantepec, aprobación norteamericana de los nombramientos de ministros de Relaciones Exteriores, Gobernación y Hacienda; control de los ferrocarriles nacionales, Pablo González como futuro presidente de México, devolución de propiedades confiscadas a extranjeros. Y remata: "... la actitud de Wilson me releva de dar garantías a los extranjeros". A pesar de que el manifiesto fue publicado en la prensa de Chihuahua días más tarde a toda plana, los agentes estadounidenses lo ignoraron. Alguien tan poco amistoso como Frank Miller, subjefe de la guarnición de Columbus, dirá más tarde: "Hay que reconocer que tenía motivos para la amargura". Pero el manifiesto no sólo suena a amargura, también suena a una declaración de guerra contra los estadounidenses y sus intereses en México.

Días más tarde la División del Norte se va movilizando. Pasan por Cananea, donde Villa pronuncia un discurso a los trabajadores, que lo vitorean, y organiza el saqueo de los ricos: de tiendas, minas, y todos los fondos del Banco de Cananea. A pesar de que en Cananea había cinco mil chinos, los villistas no los molestaron. Luego va hacia Nogales, donde se reúne con el gobernador Carlos Randall. Un periodista estadounidense, John Harris, habla de "entusiasmo popular".

Villa se estaciona en la Aduana, curiosamente del otro lado de la frontera con Nogales, Arizona. Allí conocerá la derrota en Hermosillo de Francisco

Urbalejo, que ha tenido que ceder la capital a Diéguez, y la muerte de otro más de los generales históricos de la División del Norte, Orestes Pereyra, que fue capturado y fusilado el 9 en El Fuerte, Sinaloa. Su muerte será celebrada por los carrancistas y en Durango causará sensación. La desaparición del caudillo agrarista del villismo provocó telegramas con textos como: "Dícese precio del algodón va a subir".

Villa abandona la región el 14 de noviembre. Deja un grupo de 500 hombres al mando de José Rodríguez para que mantengan abierta la ruta a Chihuahua y avanza con el resto hacia el sur. Rodríguez se va replegando ante la salida de una fuerza expedicionaria de Agua Prieta. Los villistas se ven obligados a dejar tras de sí a los heridos en el hospital de Naco, que será tomada por los carrancistas el 15 de noviembre. Los tiros pasan a Naco, Arizona, y un reporte dice que no había casa que no tuviera perforaciones de bala, "algunas hasta 50", pero Estados Unidos, en la lógica de la doble moral que se estaba articulando, no presentó reclamación alguna. A Naco llegará Álvaro Obregón para dirigir personalmente la campaña de Sonora en la zona norte.

Villa avanza el 16 de noviembre hacia el sur, hacia Hermosillo. El 18 llegará a Alamito, 16 kilómetros al noreste de la capital, y será recibido con una barbacoa por Urbalejo, que vestía sombrero de Panamá y cazadora blanca, a pesar del frío.

No les ha dado tiempo de hacer la digestión cuando a las cuatro de la tarde se produce un ataque de la infantería carrancista comandada por Ángel Flores, que logra tomar los carros de las familias de los yaquis de Urbalejo. Tras media hora de combate, en la que la tropa de Urbalejo sufre 600 bajas, Villa, que se encuentra sólo con su escolta, se repliega hacia estación Zamora junto con los yaquis, para reorganizarse. En su parte Flores registra que Villa "huye hacia el norte" e inventa que han combatido contra dos mil jinetes que mandaba Madinabeytia. Los yaquis han perdido dos trenes, uno de reparaciones y otro de provisiones. Los carrancistas se repliegan a Hermosillo.

Los villistas se concentrarán en Carbó con los yaquis de Urbalejo, a excepción de la brigada de Rodríguez, que anda jugando a las escondidas con Obregón en el norte del estado. Se preparaba el asalto a Hermosillo para el 20 de noviembre. Villa estaba mosqueado con los yaquis, cuyo valor en combate desconocía, y no les tenía confianza. Algunos de los oficiales de su brigada, nativos de Sonora, lo desengañaron y lo convencieron de la "fuerza y honestidad de esas tropas".

El primero en llegar con la infantería había sido José Herón González, Gonzalitos, un personaje que había crecido en las batallas del Bajío como jefe militar y era hombre clave en esta campaña de Sonora. Rafael R. Muñoz lo describe: "Un muchacho menudito, cuya pequeña estatura veíase ridícula ante los gigantones de la División del Norte. Fino como una señorita, de andar garboso, cutis apiñonado, que no resistía sin partirse el cierzo y el sol de campaña [...] Andaba muy estiradito, con los hombros echados hacia atrás, la cabeza erguida [...] su sombrero, uno de esos desechados por el ejército americano, con el ala levantada por el lado izquierdo y sujeta a la copa con una escarapela tricolor [...] era un atleta [...] daba consejos cuando nadie se los pedía, órdenes a quienes no dependían de él". Ignacio Muñoz añade: "... bajito, delgado, de voz casi aflautada, sin bigotes y a quien había que sacarle las palabras con tirabuzón".

El día 20 la columna villista avanzó hacia Hermosillo, desplegada en orden de batalla, a medio trote. Se había ordenado quemar arbustos para controlar gracias al humo la línea de avance que cubría unos 10 kilómetros. "Semejaba una línea de locomotoras avanzando a todo vapor por llanos y lomeríos hacia Hermosillo." El primer choque se produjo en la estación Pesqueira. La furia de los yaquis de Urbalejo se debía a que querían recuperar a sus familias secuestradas por los carrancistas y llevadas a Hermosillo. Gavira se replegó ante un enemigo que venía desbordado, quemando todo. "El enemigo se nos echó encima en el momento en que empezaba nuestro movimiento hacia atrás". Hubo pérdidas "muy importantes": 250 soldados y 15 oficiales.

Pero la victoria tendrá un alto costo. Rafael Muñoz cuenta: "Al norte de Hermosillo la llanura se cubre con un matorral espeso y del alto de un hombre: el mezquitillo, el palo de hierro, los garabatos, las chayoteras erizadas de espinas, la palma [...] La vía del ferrocarril va por una angosta faja desmontada, y se sabe su existencia por los postes telegráficos [...] Estaba ya pardeando cuando el general Gonzalitos se presentó al jefe de las caballerías a sugerirle que fuera por delante como en la batalla de Marengo. Le contestaron, sin saber muy bien dónde quedaba Marengo, que Villa había dado orden de que se avanzara tras la infantería esperando que ésta contacte con el enemigo". Herón decidió irse como explorador en un "caballote cuarta y media más alto que otro de la División", parecía un jockey. Rebasaba a la vanguardia de los yaquis cuando fue fusilado por un grupo de carrancistas que se retiraban. Su cuerpo fue recuperado al día siguiente.

Villa detuvo la columna para reorganizarla, pero los yaquis habían llegado a las goteras de la capital en el oriente y habían tomado el control de los cerros. Han perseguido a los carrancistas 40 kilómetros. Diéguez no las trae consigo; Obregón, cuando le advirtió del avance villista, le había dado facultades para replegarse hacia Sinaloa. Diéguez pensó entonces en huir hacia Mazatlán y, de no ser porque Ángel Flores lo convenció de que en una retirada así Villa los masacraría, la batalla de Hermosillo hubiera dado un vuelco.

El 21 y el 22 Villa continuó atacando con furia en toda la línea de fuego; 30 horas de combate casa por casa. Los carrancistas decían que Villa había ofrecido a los yaquis el libre saqueo de la ciudad. Se produjeron importantes deserciones. Gavira y Diéguez veían cerca la derrota y seguían pensando en la posibilidad de retirarse hacia Sinaloa, pero los jinetes de Madinabeytia les cortaron la salida.

El primer día de la batalla Villa pidió a José Rodríguez que se le incorporara; Rodríguez estaba en Bacoachi después de haber roto el cerco de los carrancistas en Cananea. Rodríguez ignoró el mensaje o no lo recibió. Villa mandó entonces una comisión para juzgarlo, comisión que nunca regresó. Aunque se dice que lo que sí retornó fue un recado de Rodríguez diciendo que ya no lo reconocía como jefe ni reconocía a la División del Norte. Los futuros acontecimientos desmienten esta versión. Rodríguez saldrá de Sonora después de mil andanzas, combates, saqueo de pueblos mineros, sin sombra, huyendo de todos.

Al amanecer del 23 inesperadamente cesó el fuego y Villa dio la orden de repliegue de toda la línea hacia Alamito. Fuera porque Pancho había decidido dar un respiro a la División para atender a los heridos, darle reposo a los hombres que habían realizado una marcha infernal y preparar la ofensiva para el día siguiente, o bien porque Martín Unzueta le ha traído mensajes en que le informaban que la comisión en Estados Unidos consideraba ya inútiles todo tipo de gestiones pues los estadounidenses habían tomado partido definitivamente por Carranza.

Ante esto, y malinterpretando la orden, las tropas yaquis de Luis Buitimea, cuyos hijos y mujeres habían sido capturados, decidieron rendirse. Villa no entendió lo que estaba pasando y convocó a una conferencia a los restantes jefes yaquis.

Rumiando, esa noche escribió una carta personal. Al amanecer del día siguiente un jinete con bandera blanca le llevó al general Ángel Flores la nota de Villa, en la que le decía que Carranza había firmado un pacto para vender la nación a los gringos. "Según la prensa", como se ha dicho más arriba, el pacto cedería Bahía Magdalena por 99 años, el ferrocarril de Tehuantepec, la zona petrolera, los gringos le darían el visto bueno a los nombramientos de ministros, se harían pagos de indemnizaciones a extranjeros y devolución de lo confiscado, el ferrocarril nacional quedaría bajo su control hasta que se cubriera la deuda, Pablo González sería el presidente provisional y a cambio se recibiría un pago de medio millón de dólares de los estadounidenses. "Con este tratado […] aceptamos el protectorado yanqui". Señalaba que a eso se debía el que hubieran dejado pasar tropas para Agua Prieta y apelaba a su patriotismo. "Cuando Estados Unidos quiera podrá pisar el territorio nacional. ¿Va a permitirlo?". Terminaba pidiéndole su opinión.

Villa estaba convencido de que existía este pacto secreto que había mencionado dos veces, y eso explicaba por qué los estadounidenses lo habían traicionado y adoptado una posición beligerante a favor de Carranza; se lo confirmaban las conversaciones sostenidas con Duval en Guadalajara y los actos de las últimas semanas. En poco valoraba el nacionalismo de Carranza y no se puso a pensar en algunas de las incongruencias del supuesto pacto, por ejemplo, que medio millón de dólares era mucho menos de lo que él tenía en escondrijos destinados a financiar la revolución.

Mientras tanto Diéguez, tras informar en su parte que luego de 30 horas de combates en Hermosillo el enemigo había sido rechazado y huía hacia el norte, dirá a sus tropas que sólo resta un esfuerzo para el golpe final. Pero no eran los combates y la habilidad del general carrancista lo que definía la batalla, sino las dudas de Villa.

En una campaña que ha estado repleta de indecisiones, una más. Pancho Villa se halla afectado por las experiencias del Bajío; quizá no es menos fuerte o menos hábil que sus enemigos, pero la duda y la inseguridad lo persiguen como un nuevo fantasma. ¿Podría ser menos? En cuatro meses ha perdido a dos docenas de sus jefes, sus mejores amigos; ha sido derrotado cinco veces por un ejército al que menospreció ("Mejor hubiera sido perder con un chino"). Tomará tiempo reponerse de tantos golpes.

Villa estará hasta el 25 en los alrededores de Hermosillo esperando una respuesta a sus cartas, que no se dará. Nuevas deserciones de los yaquis. Villa envía a los civiles a buscar la frontera para regresar a Chihuahua clandestinamente vía Estados Unidos y da la orden de retirada escalonada. Ese mismo día 25 se produce en Nogales un enfrentamiento entre los villistas y el cónsul estadounidense, que estuvo a punto de acabar en balacera; Randall lo explicará diciendo que los villistas estaban muy enojados por el bloqueo de importaciones de comida.

El 27, en La Colorada, Villa reúne a los generales y propone que se dé por terminada la expedición a Sonora y que en Chihuahua se vería cuál era el destino. Tiene noticias de que una columna de 10 mil hombres al mando de Treviño avanza de Torreón a Chihuahua y dice: "Supe que el enemigo, contando con la ayuda de los americanos, pensaba movilizarse en trenes por los Estados Unidos para tomar Ciudad Juárez". Juárez, la primera y más importante "base de aprovisionamiento". Asimismo, recibe información de otro complot en Chihuahua, encabezado por el general Lauro Guerra, que terminó en detención y fusilamientos.

Fines de noviembre y primeros días de diciembre, Villa ha desaparecido. La tierra parece habérselo tragado en el corazón de Sonora. Los informes de *El Paso Morning Post*, el periódico más influyente de la región, dicen que fue a Bacoachi a reunirse con Rodríguez. Hay rumores, recogidos por los medios, de que Villa va a atacar Estados Unidos en represalia por la traición. El 27 de noviembre unos lo sitúan al este de Hermosillo y otros anuncian que va hacia el sur para atacar Sinaloa. Los mejores fabricantes de noticias escriben que ha ido a la zona de Bacatete acompañado de Urbalejo a conferenciar con los yaquis para ofrecerles guerra santa. Otros rumores dicen que está organizando una guerrilla para asolar la zona cercana a Tucson en Arizona.

La verdad es que Villa, al alejarse de Hermosillo, se dirigió al norte, a Nogales, pero luego giró hacia el este en Querobabi, a la búsqueda de Rodríguez. Luego abandonó la idea y giró de nuevo hacia el sur. Pasó por La Colorada, 50 kilómetros al sur de Hermosillo, en la región opuesta a donde los exploradores de Diéguez debían buscarlo. En Tecoripa lo abandonan Urbalejo y sus doscientos yaquis, que no quieren combatir fuera de Sonora. En Mátape, una nueva partición: se separa del cuerpo central un grupo con los siete cañones que les quedan, desmontados en piezas. Siguen hacia el sudeste. Le quedan a la División del Norte unos tres mil hombres de los doce mil que iniciaron la campaña.

El 1° de diciembre el grupo que escolta los cañones avista el pueblo de San Pedro de la Cueva, donde unos 90 vecinos (otros dirán que 66) se emboscan y les disparan. Caen muertos seis (algunos dirán que 16) villistas. Nunca quedará claro el porqué de la emboscada. Más tarde alguien dirá que los vecinos no pensaron que fueran villistas (¿qué pensaron, entonces?). Tras un intercambio de gritos y explicaciones se detuvo el tiroteo. Macario Bracamonte (otros dirán que era Margarito Orozco), que va al mando de la partida, les dice que Villa se va a encabronar y que mejor abandonen el pueblo. Otros dirán que los emboscados, al ver la avalancha de los villistas que se les venía encima, se fueron por los cerros río arriba.

Poco después arribó la columna principal con Villa, a quien habían avisado que se disparó contra sus tropas y venía furioso. El pueblo fue tomado y Villa escuchó la versión de Bracamonte. Mientras algunos villistas estaban saqueando (otros dirán que estaban registrando en busca de los emboscados) alguien disparó contra el sobrino de Pancho, Manuel Martínez, que quedó muerto.

—¿Qué ha pasado por aquí? ¿Qué se traen por aquí? —dicen que preguntó Villa, y ordenó que fusilaran a los hombres del pueblo. Fueron sacándolos de las casas dejando libres a niños, muchachos y mujeres.

A las siete de la mañana del día 2 se produjo el fusilamiento de 77 hombres. Una terrible foto que reproduce Alberto Calzadíaz muestra a las viudas y los huérfanos de la masacre ante la pared donde fueron fusilados sus maridos y padres, en la que existen unas pequeñas cruces pintadas a mano sobre las huellas de los balazos.

Luego se contará que un hombre escapó de la furia de Pancho vestido de mujer; que otro habló con Villa, quien lo dejó ir; habrá uno más cuya mujer le explicó a Pancho que ella y su marido acababan de llegar de Estados Unidos; otro que dijo que había estado con Villa en Chihuahua. El cura intercedió tres veces por uno de los fusilados y a la tercera, Pancho, al que le habían contado que el sacerdote azuzó a los emboscados, le descerrajó un tiro. Por cierto que en la masacre de San Pedro murieron tres chinos cuyos nombres nunca fueron consignados en la lápida que hizo el pueblo: Federico, Jesús y Rafael.

El día 2 la columna llegó a Batuc, donde la recepción, a diferencia de San Pedro, fue muy buena. Luego de nuevo el cruce de la Sierra Madre por vericuetos ignorados, apenas con comida. Gilberto Arzate cuenta cómo fueron "cruzando por un terreno muy malo [...] que mucha gente se moría de sed y de hambre porque no se encontraba nada". El coronel Nieto dirá que "el frío era tremendo, estábamos entre puros cerros, heridos, faltos de alimento [...] nos volvió a llover, en algún momento nevó".

Villa le contará a Puente que en "cierta ocasión, unos muchachos de los que iban heridos, me suplicaron que los dejara junto a una quebrada, porque no podían sufrir más, era una tarde de ventisca y con la nieve no se siente la muerte. Cuando nos despedimos, uno de ellos, con una voz casi del otro mundo, me dijo una palabra que me hizo mucha mella: *Adiós mi general, usted nunca se raje*".

El villista José Nieto ofrecerá el epílogo cuando cuenta que el primer alivio del grupo con el que andaba lo tuvo en Tutuca, donde los tarahumaras les dieron de comer y les ofrecieron cobijo. "Nuestra casa era el estado de Chihuahua".

NOTAS

a)   Fuentes:

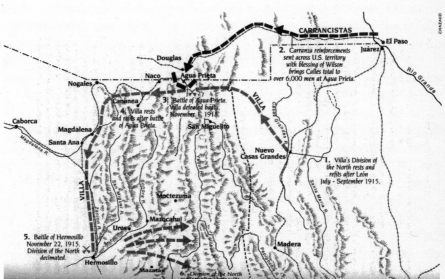

Mapa de la campaña de Sonora.

Eisenhower: *Intervention*. La carta de Villa a Zapata del 8 de enero de 1916 en los papeles de Haldeen Braddy y en el folleto de Katz: "Pancho Villa y el ataque a Columbus, NM". José C. Valadés: "Visita al rancho de Urbalejo". Clendenen: "The punitive expedition of 1916, a reevaluation" (sobre fuentes estadounidenses, da otras razones para la expedición a Sonora: acabar con la autoridad carrancista en Sonora, obtener otro punto de ingreso fronterizo a USA, eliminar la amenaza en el flanco villista). Puente: *Vida de Francisco Villa contada por él mismo.* Muñoz: *Vámonos con Pancho Villa.* Papeles de Lázaro de la Garza J 30, 9 B 64, 9 B 65, 9 E 30. Archivo Histórico de Durango. William K. Meyers: "Pancho Villa and the multinationals". Vargas: *A sangre y fuego...* Valadés: *Las caballerías de la revolución* (Buelna terminó poniendo un restaurantito en El Paso). Gutiérrez Reynoso: "El ocaso de la división del norte", Manuel Soto: "Otra deslealtad y más reveses a Pancho Villa". Knight: *La Revolución Mexicana*, "Mutiny threatens Villa's authority". Scott: *Some memories.* Thomas Naylor: "Massacre at San Pedro de las Cueva: The significance of Pancho Villa's Disastrous Sonora Campaign". John Heath: entrevista a James Barker. Papeles de Enrique Llorente. Obregón: *8 mil...* Abner Pickering: "The battle of Agua Prieta". Terrazas: *El verdadero...* Salinas Carranza: *La Expedición Punitiva.* I. Muñoz: *Verdad y mito de la Revolución Mexicana* 2 y 3. En "Para la historia", 27 de octubre y 3 y 21 de noviembre de 1931, hay un resumen de la campaña villista de Sonora bastante preciso. Una traducción del discurso en Colonia Morelos forma parte de los papeles de las alforjas de Columbus en la Haldeen Braddy collection. José A. Nieto: *Un villista más.* Valadés: *Historia de la Revolución Mexicana* 5, tiene abundante información sobre la campaña, aunque con muchas imprecisiones y confusión en las fechas.

Los partes de Calles y los partes de Diéguez de Alamillo y Hermosillo, en Amado Aguirre: *Mis memorias de campaña* (hay que tomarlos con pinzas, Sonnichsen), "Pancho Villa and the Cananea Copper Co.", "Historic events in Arizona Guard History". Aguilar Camín: *La frontera nómada* (no utiliza una sola fuente villista). Juan Barragán: *Historia del ejército y de la revolución constitucionalista* 2. Calzadíaz: *Hechos reales de la revolución* tomo 3 (dedica a la campaña de Sonora 93 páginas de su libro). Salvador Gavira: *Su actuación política militar revolucionaria.* Federico Cervantes: *Felipe Ángeles en la revolución.* Rafael Muñoz: "El general Gonzalitos". Fernando López Portillo: "Villa dirige una carta al general Ángel Flores". *Documentos para la historia de Chihuahua* 3. Mensaje de Diéguez en Hermosillo AHDN XI/481.5/272. Almada: *La revolución en el estado de Chihuahua* 2. Ángel Encinas: "Lo que no se ha dicho de la matanza de Villa en San Pedro de la Cueva". Gilberto Suárez: "Francisco Villa ante la verdad histórica". Gilberto Arzate: "Las dos satisfacciones más grandes del general Francisco Villa".

Katz ("Pancho Villa y el ataque a Columbus") enfatiza enormemente el manifiesto de Naco y señala que en la creencia de Villa de este supuesto pacto Wilson-Carranza está la génesis de Columbus.

b) La deserción de Chao. I. Muñoz en "Cómo engañó Chao a Villa" tiene una versión extraña. Éste le contó, antes de la muerte de Urbina, que dejaría a Villa. Había recibido ofertas de Carranza, pero no era el caso. Villa se entrevistó con él en Parral. Y Chao le dijo que estaba enamorado de una hermana del general Eulogio Ortiz, que lo traía loco, pero que si se juntaba con ella iba a haber plomazos, que le diera permiso de llevársela y casarse en la frontera mientras Villa intercedía por él. Villa le extendió un pase de vía libre y así escapó. Luego Chao le mandó un telegrama en son de burla desde El Paso, Texas. La teoría resulta extravagante, Chao estaba en Estados Unidos comisionado por Villa. (Papeles de Enrique Llorente. I. Muñoz: *Cuentos de mar.*)

c)   Sobre la muerte de Fierro. La fascinación de un personaje como Fierro probablemente esté incrementada, además de por el aura de salvajismo y brutalidad que rodea su imagen, porque es el sujeto de dos de los mejores cuentos que se han escrito sobre la Revolución Mexicana: "Oro, caballo y hombre", de Rafael F. Muñoz, y "La fiesta de las balas" (que se incluye como un capítulo en *El águila y la serpiente*), de Martín Luis Guzmán. Curiosamente, los dos contienen muchas inexactitudes. Además: Manuel Soto: "Espantosa muerte del general Rodolfo Fierro". Adán Mantecón: *Recuerdos de un villista.* Benjamín Herrera: "Cómo era y cómo murió el general Rodolfo Fierro" (basado en el testimonio de Manuel Levario). Francisco Ruiz Moreno PHO 1/66. Miguel Gutiérrez Reynoso: "El ocaso de la división del norte". G. Asúnsolo: "La trágica muerte de Fierro", "Again report Villa slain". Fierro estaba casado en el momento de su muerte con Cholita, que vivía en Ciudad Juárez y con la que tenía una hija. La laguna en la que murió hoy lleva su nombre: Laguna Rodolfo Fierro.

CUARENTA Y NUEVE

EN LA DERROTA

Al alba del 11 de diciembre la vanguardia de la derrotada División del Norte llegó a San Pedro Madera encabezada por Valdivieso, Ocaranza y Madinabeytia, "los rostros atezados por los vientos y la nieve". Eduardo Andalón dirá que de los cinco mil de a caballo que partieron con él a Sonora sólo regresaron organizados 150. Los trenes que llegaban de Juárez y Chihuahua se volvían a ir con la infantería y se dirigirían a Bustillos, punto de concentración marcado por Villa. Lo primero que hace Pancho al arribar es comunicarse telegráficamente con Roberto Limón y con Terrazas para saber cómo va el avance de los carrancistas en Chihuahua, que ya habían llegado a Camargo.

Viene tan enfadado, rabioso casi, contra Estados Unidos, que se presenta en las oficinas de la MNW Railway and Madera y dice que la va a confiscar; se lleva lo que hay en la caja y detiene a los estadounidenses que están allí y los envía a la penitenciaría de Chihuahua. La empresa había sido beneficiada por Villa en su etapa de gobernador con préstamos para reconstruir sus tendidos, préstamos que nunca pagó. James Barker, el administrador del rancho de Hearst, recuerda que Villa apareció inesperadamente en Madera. "No era amistoso con los estadounidenses, de hecho estaba alardeando a todo el mundo que quería a los estadounidenses, hasta a los perros de los estadounidenses, muertos [...] Eso fue después de que lo traicionaron, eso pensaba y probablemente tenía razón [...] Había llegado sorpresivamente y nos llamó por teléfono, ordenando que nos reportáramos inmediatamente [...] que nos enviaría a Nicolás Fernández [...] que no podíamos jugar al coyote con él [...] Dejamos el rancho". Villa ofrecerá una recompensa de 10 mil pesos por la cabeza de Baker. La cosa iba en serio. En esos días le dirá a su amigo el doctor Harle que mejor salga de México, que hay un fuerte y cabrón sentimiento antigringo entre las tropas.

Cuando llegó a Chihuahua descubrió que la ofensiva estadounidense contra el villismo era más fuerte de lo que suponía. Mientras Pancho ha estado en Sonora, una campaña de estrangulamiento fue dirigida en Estados Unidos por el encargado de las aduanas de El Paso, Zachary Cobb, que según Clendenen "odiaba fuertemente a Villa". Cobb arremetió contra la Agencia Financiera y la acusó de traficar propiedades robadas a través de El Paso, y escribió al

Departamento de Estado: "Hay que cerrar la puerta [...] Debemos quebrar a la banda de ladrones comerciales que opera aquí que están en la columna vertebral de la amenaza villista". Su intervención provocó la de la policía estadounidense, que ejecutó una orden de arresto contra Hipólito acusado de poseer joyas robadas por valor de 30 mil dólares, joyas que le serían confiscadas. Royce G. Martin depositó una fianza de cinco mil dólares y en el juicio que se produjo se demostró, presentando recibos de las compras, que las joyas pertenecían legalmente a Luz Corral y a Mabel Silva, la esposa de Hipólito (Mabel era taquillera del teatro Hidalgo de El Paso; Hipólito y ella se habían casado en febrero de 1915), y que incluían una medalla militar que le había dado su hermano. Pero la operación caló en la opinión pública porque *El Paso Herald* del 15 de noviembre reportaba que los agentes aduanales habían visto medio millón de dólares en dinero y oro en la caja fuerte. La acusación parecía absurda, la Agencia Financiera estaba pasando un mal momento económico, aunque seguía recaudando el dinero del hipódromo y el juego de Juárez y vendiendo el último algodón sacado de La Laguna, así como ganado, pero lo que recaudaba lo convertía al instante en carbón, armas, comida y municiones.

El 22 de octubre Cobb sugirió además un embargo de carbón y coque contra Villa e incluso presionó a productores y exportadores y a compañías mineras mexicanas para que no importaran. El Departamento de Estado aceptó la sugerencia, lo mismo que muchas de las compañías, excepto la Alvarado Mining. El 23 de octubre de 1915 en El Paso había cien carros embargados de carbón en las aduanas estadounidenses. Cobb fue un paso adelante y el 29 de octubre trató de impedir que el vacío material ferroviario rodante mexicano villista cruzara la frontera hacia México. Tres días después informaba al Departamento de Estado que había detenido en Juárez los envíos de ganado mexicano para que no hubiera impuestos de exportación para los villistas, y recomendaba que se hiciera un nuevo embargo. Esperaba que esto produjera el colapso de Juárez y su guarnición. Cobb también intervino pidiendo permiso al Departamento de Estado para el paso de tropas carrancistas de Eagle Pass a Douglas.

¿Y quién era este personaje que se telegrafiaba con el Departamento de Estado y le escribía al secretario del tesoro estadounidense? ¿Un simple jefe de aduanas de El Paso? Zach o Zack Lamar Cobb estaba ligado a las familias House y Kirby, que tenían enormes intereses en tierras y minería en México. Sus socios del despacho jurídico representaban los intereses de la familia Terrazas y el gobierno de Wilson lo había convertido en el operador de su ofensiva político-económica contra la División del Norte.

Carothers, que se había hecho rico como exportador de armas para el villismo, decía que Villa era ahora "irresponsable y peligroso" y que las medidas que Cobb proponía deberían aplicarse en otros puntos fronterizos. Villa había intentado pasar heridos de Sonora a Juárez por el ferrocarril fronterizo de Estados Unidos y Cobb, pensando que eso fortalecería la moral de los villistas, recomendó a las autoridades de inmigración que denegaran el permiso. Se presentaron protestas y el Departamento de Estado le dijo que no había autoridad legal para ejercer bloqueos excepto en el caso de las municiones. El secretario de Estado, Lansing, le recomendó prudencia y advirtió su "ansiedad para terminar con Villa", sin criticarla, sin desmarcarse de ella.

El 12 de diciembre Villa telegrafió a Luz Corral, que se encontraba en Ciudad Juárez, para que regresara a Chihuahua y reabriera Quinta Luz. Nadie sabía cuáles eran sus planes, no podían adivinarse a partir de sus órdenes. Julio Pérez Rul, el tesorero del gobierno, por órdenes de Villa hizo entrega de dinero a Candelario Cervantes para que fuera a comprar municiones en Columbus a The Ravel Brothers Hardware Store. Pancho le dijo a Carlitos Jáuregui que tomara cinco mil dólares y una escolta, se fuera a Los Ángeles con una de sus hijas (¿cuál de todas?) y viviera bajo nombre supuesto hasta que lo mandara llamar. El 14 de diciembre Villa se encontraba en Ciudad Juárez avanzando en su tren hacia Chihuahua; desde ahí envió decenas de mensajes telegráficos.

Villa arribó a Chihuahua la noche del 15 al 16 de diciembre con una escolta de no más de 10 personas. Terrazas registra que sólo llegaron a recibirlo "una docena de personas". La ciudad estaba a oscuras como parte de una política de ahorro y Villa ordenó de inmediato que se normalizara el servicio de alumbrado. Trazará el panorama en palabras prestadas por Ramón Puente: "Cuando llegamos a Chihuahua, no había más que desorden, en todas las caras se pintaba el miedo y era raro el que no trataba de escapar, a tal punto, que el grupo de los fieles se quedó reducido a un puñado y aquella cobardía por todos lados se respiraba, hasta parecía contagiarme, pues aunque yo me hubiera imaginado perder, y me hubiera hecho el cálculo de comenzar de nuevo mis fatigas, la realidad era más dura de lo que yo me suponía [...] Estos fueron para mí los ratos más amargos, quería pensar con calma y todo lo veía negro, y cuando intentaba hablar para explicar mi sentimiento, mi ignorancia no me daba palabras".

Villa estableció el cuartel general en Quinta Luz. Todo el día y la noche estuvieron las luces encendidas. Había regresado a la casa de la calle Décima, origen de todas las andanzas desde 1910. ¿Casual? Indudablemente no. Pancho, a lo largo de aquellos años, había construido un potente pensamiento simbólico.

Al día siguiente Villa envió una comunicación a los carrancistas en Camargo, proponiéndoles una negociación: él abandonará el mando de sus tropas si acuerdan una alianza contra los yanquis, que son el "enemigo natural", los verdaderos enemigos de México. No obtendrá respuesta.

Fidel Ávila, gobernador de la Chihuahua villista, le escribe a Obregón: "He hablado con Villa [...] abrigo la creencia de que el general Villa se retirará completamente del ejército convencionista", y le propone una conferencia. Obregón contestará el 17 desde Hermosillo: "El porvenir de México está escrito en la espalda del bandolero Villa". Más allá de la retórica ¿A qué se refiere? ¿A que lo quiere fusilar por la espalda? ¿A que Villa debe huir? El caso es que no habrá negociación. La puerta de Estados Unidos también se cierra: el cónsul británico pide la detención de Villa si pisa territorio estadounidense, para que encare la responsabilidad en el asesinato de Benton.

Un jefe villista propone que en la retirada se destruya todo el material rodante y las máquinas. "¿Acaso los trenes son de Carranza?", responderá Villa enojado; si destruye sus trenes, que son la mayoría de los que hay en el país, se destruyen inútilmente las comunicaciones. El papel moneda villista ya no circula. Villa concede permisos de cinco días a sus asistentes, los Pérez Rul, y Trillo. En algún momento entre el regreso de Sonora y ese momento enviará a Juan N. Medina a una extraña misión de compra de armas en Japón. La historia suena absurda, pero tanto Luz Corral como Carlitos Jáuregui la confirman. ¿Comprar armas en Japón? Todo es posible en estos alucinados días.

Estaban presos en Chihuahua Pancho Obregón, hermano mayor del caudillo sonorense, y el coronel Miguel Triana. Villa mandó detener a Luis Terrazas Jr., que había gozado de cierta impunidad después de que le sacaron el dinero del Banco Minero. Lo apresó Manuel Baca, quien le dio hasta las doce de la noche del 18 para que hiciera un préstamo forzado. Terrazas entregó 800 mil dólares y, de pasada, sobornando a sus vigilantes, se fugó. Villa ordenó entonces el fusilamiento de uno de los ricos de Durango, Bracho, del que se decía que también se iba a fugar, y mantuvo preso al hermano de Obregón, al que no le tenía mala fe, pero pensaba usarlo en un posible canje.

Los rumores abundaban y eran variados: se decía que se uniría a su familia en Estados Unidos y abandonaría las armas. El propio Pancho aportaba historias contradictorias y variantes sobre lo que iba o quería hacer. Giner recoge una en la que Villa le dijo a un grupo de generales que estaba grave de disentería y se iba a recluir en algún lugar que le habían preparado Fidel Ávila y Escudero, y que en seis meses los convocaba de nuevo. En Chihuahua se contaba que había viajado a la frontera, y en Juárez se decía que estaba a punto de arribar. Surgió el rumor de que Villa estaba dispuesto a retirarse a Cuba. Se afirmaba que los muebles de su casa habían llegado a El Paso la tarde del 18.

El *New York Times* informaba que, tras un consejo de guerra celebrado en Chihuahua, Villa anunció que estaba dispuesto a abandonar México y cesar la guerra contra el carrancismo. Había llegado el tiempo de su retirada. Se hablaba de una rendición del ejército al general Obregón y que éste había accedido y ofrecía plenas garantías a los que dejaran las armas. Se decía que Ávila tomaría el mando. Se ponían en boca de Pancho las siguientes palabras: "No tiene caso. Por cinco años he luchado contra los enemigos de nuestra gran república y he perdido [...] he combatido a tres dictadores y he derrotado a dos".

Una buena parte de los chismes, dimes, diretes y rumores tenía su origen en que Pancho había enviado a su familia fuera de México. El 17 se despidió de Luz en Chihuahua, le dijo: "Que no digan que Pancho Villa pasó la frontera a esconderse en un país extraño, y tal vez con el dinero que creerán que me llevé de México". En la despedida anunció que pasarían cinco años antes de que se volvieran a ver. ¿Por qué cinco y no cuatro, o seis? Esta extraña precisión imprecisa que cubre como un manto todos los testimonios del villismo.

El 18 cruzan la frontera en Ciudad Juárez rumbo al exilio sus hijos Agustín, Reynalda y Micaela, Luz Corral, su hermana Martina Arango, Paula Palomino (la viuda de Antonio), Hipólito, su esposa Mabel y su hija, la familia de Madinabeytia y la del general José Rodríguez. Villa les ha dado indicaciones de que tras una breve estancia en El Paso vayan a la Argentina, no los quiere exiliados en Estados Unidos. Finalmente la familia Villa dejará El Paso el 21 de diciembre hacia Nueva Orleans y llegará a La Habana el 29 de diciembre. No pasarán de allí.

Una nueva reunión en la Quinta Luz. Esta vez asisten el gobernador Ávila, el general Limón, Silvestre Terrazas, secretario de gobierno, y los generales que aún se encontraban en la ciudad. Villa anunció que aún podían poner en pie de guerra 15 mil hombres y resistir en Chihuahua. Era cierto, podían reunir a los 15 mil, pero ya no serían los 15 mil de la División del Norte de hace unos meses. Villa iba midiendo sus palabras en el aire conforme las decía y estaba midiendo a sus compañeros. Avila y Limón intentaron disuadirlo. Había que entregar Chihuahua y Juárez y dar por terminado el movimiento. A Villa le cayó mal esta visión derrotista. Suspendieron temporalmente la reunión y Pancho se quedó a solas con Ávila, su compadre. Al fin y al cabo, para eso están los compadres, para la intimidad y las confesiones. Le preguntó quién le había metido en la cabeza esas ideas, y cuando Ávila le dijo que era su visión de la situación, Pancho la aceptó, dándola por buena. Salieron del cuarto y Villa comisionó a Ávila y Terrazas para que negociaran la rendición. Le pidieron la orden por escrito, no fueran otros a pensar que estaban actuando a sus espaldas.

La noche del 18 corrió el rumor de que Villa iba a repartir el oro que quedaba en las arcas de la División del Norte a los soldados. Muchos voluntarios que habían venido con la División desde la campaña del centro, retrocediendo hacia Chihuahua, esperaban ese dinero para volver al sur. Quedará en rumor.

La mañana del día 19 se reparten panfletos invitando al pueblo chihuahuense a concentrarse ante el palacio de gobierno. Villa hablará allí. Los carrancistas están a unas horas de tren de Chihuahua.

Unos dirán que era una "numerosísima reunión que llenó casi toda la plaza Hidalgo", otros dirán que habría "unas 300 personas"; unos contarán que fue a media mañana, otros, que al caer la tarde; todos coincidirán en que nevaba o había nevado: "… el tiempo era terrible. La noche anterior había nevado un poco. Se dejaba sentir un frío intensísimo". Unos dirán que "empezaba una ventisca fría con muy ligera escarcha" cuando Pancho Villa se asomó al balcón central; otros, que fue al balcón que da al parque, en uno de cuyos costados está el Teatro de los Héroes. Ignacio Muñoz cuenta: "Habló Villa con su lenguaje pintoresco y emocionado. A ratos había sabor de lágrimas en sus palabras. Los que estábamos allí escuchábamos casi conteniendo la respiración. Era la tragedia del caudillo vencido, la que manaba de sus palabras, heraldos entonces de una tremenda situación espiritual". Villa cuenta la historia de cómo Carranza se vendió a los gringos y cómo a él le ofrecieron lo mismo. Informa que no se va resistir ni en Chihuahua ni en Juárez, pero que él se irá a las montañas. Otro Muñoz, Rafael, recogería una frase: "Me aguardo para cuando se convenzan ustedes de que es necesario continuar el esfuerzo".

Ignacio cierra: "Obscurecía casi cuando Villa terminó su discurso. La ventisca jugaba con la nieve. Villa y sus acompañantes, con la cabeza descubierta, recibían en el rostro las plumillas de la nieve. Nosotros, en silencio, recibíamos en el corazón las últimas palabras del guerrillero".

Hacia las cinco de la tarde llega a Chihuahua Cruz Domínguez con los 500 dragones que habían estado haciendo la última contención. Reportan directamente a Quinta Luz, donde Villa sale a la calle a recibirlos; le calzan las espuelas mientras habla con ellos. Hay un gentío frente a la casa de Pancho.

Silvestre Terrazas había intentado llegar al frente en Camargo, pero se topó con Cruz Domínguez, quien le advirtió que no se acercara a las vanguardias, pues lo iban a fusilar. Villa se reunirá con él en la noche en Quinta Luz y le entregará un documento (fechado el 16 de diciembre y escrito en papel del cuartel general) en el que Pancho, usando los mismos argumentos que en su carta a los generales de Sonora, insiste en la teoría de que Carranza se ha entregado a los gringos haciéndoles multitud de concesiones. Villa estaba convencido de que las dimensiones de la intervención estadounidense a favor de Carranza eran todavía mayores de lo que se había mostrado y le decía a Terrazas que durante los combates de Agua Prieta había escuchado el rugir de cañones de calibres estadounidenses.

El historiador inglés Alan Knight piensa, por el contrario, que todo era un recurso político de Pancho, que "recurrió al antinorteamericanismo cuando peligró su suerte militar y política", cuando "estaba perdiendo la guerra". Los que han seguido paso a paso la historia, han podido constatar que el supuesto "recurso" no es tal, sino la convicción que se ha ido fraguando en torno a una cadena de hechos y sospechas, a lo largo de los meses.

En el documento, Villa hacía un llamado a los carrancistas para detener su marcha al norte, uno más, y ofrecía que de hacerse así dejaría el mando del ejército y abriría líneas telegráficas para una posible conferencia. El documento, que había mecanografiado Pérez Rul al dictado de Villa, parecía a estas alturas inútil.

Pancho le sugirió a Terrazas que en lugar de intentar hablar con los que avanzaban desde Camargo, negociara la rendición con el cónsul carrancista en El Paso. Tuvieron un último diálogo:

—Me voy rumbo a la sierra.

Y cuando Silvestre trató de disuadirlo:

—Es imposible que me atrapen [...] aunque me echaran todos los ejércitos del mundo jamás me encontrarían.

Terrazas insistió en que saliera de México y Villa le contestó que el conflicto con los estadounidenses se avecinaba y predice que los generales sonorenses y Obregón le dan a Carranza "una patada y lo asesinan". Se despidieron con un abrazo.

Villa no debe tener muy claro el siguiente paso, excepto que no va a salir de México y no va a entregarse. ¿Entonces? ¿Volver a la vida guerrillera? ¿Esconderse en las montañas de Chihuahua? ¿Esperar que sus pronósticos se cumplan? Cervantes cita un documento ("Circular de Villa a sus generales") escrito por Villa en esos días que dice: "Compañeros, hemos fracasado [...] la patria necesita paz [...] Deseo remontarme a la sierra nada más que con mi escolta en espera de que el pueblo ayude a Carranza y se restablezca la paz [...] si dentro de seis meses no ha podido pacificar el país surgiré con más bríos [...] deseo que todos obren según su criterio, amnistiándose, causando alta en las fuerzas de Carranza, yéndose al extranjero, en fin, como quieran [...] Si una vez terminado el plazo no hay paz, espero que acudirán nuevamente a mi llamado". Hacia las nueve de la noche Villa reunió a sus generales para informarles que él seguiría la guerra hasta "derrocar a Carranza o morir". Con esto desmentía los rumores de que Fidel Ávila había pedido en su nombre permiso para ser asilado político en Estados Unidos. "No me disgustaré si alguno se va", dirá, y ofrecerá garantías a los que se retiren. En cambio le propone a los que quieran continuar la guerra que se concentren en la hacienda de Bustillos. La mitad de los generales presentes desertarán a pesar de que se quedaron callados en la reunión. Al general Delgado lo comisiona para que se haga cargo de los troqueles para acuñar moneda que se guardarán en algún lugar seguro en la sierra. Les dice que tiene entierros de plata que permitirán financiar la resistencia. Pocos días antes, cerca del rancho La Boquilla, que había comprado un par de años antes, acompañado de su hermano Hipólito y de Joaquín Álvarez había hecho un entierro muy importante de oro y dineros.

Ignacio Muñoz encontrará a Villa en las afueras de Quinta Luz, discutiendo en la puerta de su casa con un coronel, viene a pedir permiso para curarse en Estados Unidos de una herida que sufrió en Celaya, el general Ocaranza lo acompaña para avalarlo. Villa le dice que haga lo que quiera, pero que no tiene dinero. Muñoz cuenta que Villa dijo que se iba a la sierra, que le evitaba a Chihuahua y a Juárez la confrontación, pero volvería. Osorio recoge otro testimonio en el que Villa dijo: "Me voy a la sierra donde andaré con un huarache en la mano y pelearé como dios me ayude. Nunca abandonaré la lucha y si muero será peleando y dentro de mi país". Aguilar Mora resumirá: "La lucha perpetua como definición de la revolución". Villa añadirá: "Mi signo era pelear toda la vida".

La noche del 19 hay saqueos, el ayuntamiento los atribuye a los villistas de última hora: "Vamos robando, al cabo no somos de aquí".

A las cuatro de la madrugada del 19 al 20, hay un movimiento enloquecido en Quinta Luz. De los que han salido con permiso aparece Trillo, mas no llegan los Pérez Rul. Villa está intranquilo porque piensa que si los capturaron los carrancistas los van a matar. No sabe que se han ocultado en Chihuahua para rendirse cuando llegue el enemigo. La última tarea de los hermanos fue encostalar y guardar los archivos de la División del Norte. Terrazas registra que el enorme archivo de Villa incluía entre otras cosas notas estadounidenses sobre las condiciones en que se le reconocería. Villa, que nunca fumaba, aceptó un cigarro liado de hoja de su asistente Ismael Medina.

Amanece, en la casa se almuerza. Villa recibe el reporte de que un nuevo tren no autorizado, con familias de combatientes que se van a la frontera, se está preparando junto al autorizado. Hay caos en la estación, la fuga de civiles era ya desbandada.

Villa llegó a la estación con su escolta y autorizó la salida de los trenes que fueran necesarios. Hacia las tres de la tarde le contaron que en uno de los trenes iba el general José Delgado, que había sido director de la casa de moneda villista (ex federal general porfirista de zapadores, dado de baja "por hechos punibles" y reciclado por Pancho en la ciudad de México). Lo buscan en los vagones y finalmente lo encuentran. Va vestido muy elegantemente, con abrigo y guantes, sombrero y bastón al estilo inglés. Se produce el siguiente diálogo con Villa a caballo en el andén:

—¿Pero adónde va, mi general? ¿No quedamos anoche que nuestra marcha sería a Bustillos?

—Sí, mi general, pero usted también nos prometió que el que quisiera seguirlo, muy bien, y el que no, lo dejaría en libertad.

—Pero, ¿también mis pesos me abandonan?

Unos contarán que Delgado trató de huir y se le cayó una talega de pesos fuertes; otros, que Villa allí mismo le dio dos tiros en la frente y que cuando interrogaron a su escolta se supo que había enviado el dinero a Marfa, Texas, junto con los troqueles, y además descubrieron que se estaba robando una maleta llena de oro.

Se dice que Villa encontrará en la estación al general Ocaranza, pero de ser así, estaría sólo despidiendo a su familia, porque Ocaranza no se exiliará, sino que se reunirá con Villa poco después en Bustillos.

De todas las deserciones, las fugas, las traiciones, la más canallesca es la de Lázaro de la Garza, el ex cerebro de la Agencia Financiera, quien desde la comodidad de una casa que se ha mandado hacer en Los Ángeles, una de las primeras casas en la ciudad en contar con interfón, le escribe a Venustiano Carranza en Saltillo: "Con gusto he sido informado que se ha firmado rendición incondicional facción villista realizándose con esto mis deseos expresados en

telegrama anterior de felicitación por reconocimiento [...] calurosamente re-
pítole mis felicitaciones". Según las cuentas del propio Lázaro, sólo en el año
1915 había recibido de comisiones de la División del Norte casi 70 mil dólares, más 13,500 dólares de gastos de representación y más de 5,200 de viáticos; eso sin contar negocios paralelos y comisiones que recibió de las empresas
vendedoras de armas. Según esos mismos datos, en 1915 manejó 424 mil
dólares, aunque muchas de las operaciones financieras no pasaron por sus
manos, haciéndose pagos directos.

Pancho Villa abandonará Chihuahua el 20 de diciembre. J. B. Vargas, uno
de los Dorados, que la recuerda como "ciudad polvorienta y hospitalaria", se
preguntó: "¿Cuál sería nuestro destino?" Y la pregunta no es retórica: ¿qué será
del villismo sin Chihuahua? Villa tiene una respuesta, en este continuo volver
a empezar que ha sido su vida de revolucionario: Chihuahua es más grande
que su capital, quedan las sierras y las veredas. Muchas sierras, muchos cerros,
muchas cañadas, muchas veredas.

Silvestre Terrazas cuenta que Villa fue uno de los últimos en salir de la
ciudad y que, trepado en el cerro de la Cruz, vio entrar desde allí las primeras
fuerzas carrancistas. La versión es imposible, porque no fue sino hasta el 22
que la vanguardia de la caballería de Jacinto Treviño, encabezada por la brigada de Francisco González, se acercó a la ciudad y recibió la plaza el 23 de
Manuel Madinabeytia, que al final aceptaría la amnistía junto con el ya amnistiado viejo Rosalío Hernández.

La historia no es cierta, pero es bonita.

NOTAS

a) Fuentes. Calzadíaz: *Hechos reales de la revolución*, tomo 3, hace una minuciosa
descripción de esos días de diciembre, parcialmente basada en la de Vargas Arreola:
A sangre y fuego..., pero más rica. Silvestre Terrazas: *El verdadero Pancho Villa*, dedica
los seis últimos capítulos de su libro a los acontecimientos aquí narrados de los que
fue actor principal. Ignacio Muñoz: *Verdad y mito de la Revolución Mexicana* 3, cuenta
bien la noche de la despedida al pueblo de Chihuahua. Aguilar Mora le dedica en su
libro *Una muerte sencilla...* un capítulo excelente: "La despedida de Villa". La actitud
ante los estadounidenses en Madera, en la entrevista a James Barker de John Heath y
en Roy Hoard en Jessie Peterson: *Intimate recollections*. Hurtado: *Estudios y relatos sobre la Revolución Mexicana.* Luz Corral: *Pancho Villa en la intimidad.* Puente: *Memorias
de Francisco Villa.* "Vida de Francisco Villa contada por..." y *Villa en pie.* Muñoz/
Puente: *Rayo y azote...* Bush: *Gringo doctor.* Katz: "Ensayos mexicanos". Álvaro
Obregón: *8 mil kilómetros en campaña.* Ignacio Muñoz: *Cuentos.* Soto Hernández:
"Deserción de Canuto Reyes; Villa abate a José Delgado", "Villa decides to leave
Mexico". McGaw: *Southwest saga.* Sánchez Lamego: *Generales...* Federico Cervantes:

Francisco Villa y la revolución. Almada: *La revolución en el estado de Chihuahua 2.* Escárcega: "Giner, subjefe de la División del Norte". Valadés: *Hazañas* (donde coloca a Villa erróneamente combatiendo al frente de los suyos en Horcasitas, tratando de detener el avance de la columna de Murguía). Osorio: "Tercera toma de Torreón". Papeles de Lázaro de la Garza A 43. Islas: "Una carta..." Eduardo Andalón PHO 1/80. Archivo J. B. Treviño/ Cesu. Hay unas mínimas referencias a los hechos narrados en el Archivo Histórico del Ayuntamiento de Chihuahua.

Sobre la campaña de Cobb: Chalkey: *Zach Lamar Cobb: El Paso Collector of Customs and Intelligence during the Mexican Revolution.* Mabel Silva en Paterson y Knox: *Intimate...* SRE LE 843/1 y LE 811 R L.3 (1). Mason Hart: *El México revolucionario.*

¿Medina hacia Japón? Existe una críptica nota en Luz Corral: *Villa en la intimidad,* que dice que fue a Japón con una comisión de Villa que no pudo cumplir y que luego estuvo con Chao en Costa Rica. Otra nota suelta en Iturbe / Jáuregui dice que Juan N. iba a ser mandado a Japón a comprar armas en una misión que fracasó.

El discurso de Villa al disolver la División del Norte: Terrazas, que lo narra, no estaba allí, estaba negociando la rendición rumbo a Camargo. Muñoz, que lo cuenta, sitúa en el balcón a Pérez Rul, incluso pone en sus labios un discurso, pero Pérez Rul se había escondido dos días antes. Rafael Muñoz: *Rayo y azote...,* también estaba presente.

Silvestre Terrazas dice que no duda de la honorabilidad de Delgado y que seguro fueron calumnias las que empujaron a Villa a perseguirlo.

Villa retratado por S. R. de la Vega.

b) La familia exiliada de Villa. Iba rumbo a la república Argentina vía Nueva Orleáns, pero no pasó de La Habana, donde radicó desde el 29 de diciembre de 1915 hasta el 14 de octubre de 1916, en que fue a vivir en San Antonio, Texas. Mientras estuvieron en La Habana, Luz y la familia fueron sometidos a constante vigilancia por agentes carrancistas; hay en el archivo de la SRE una docena de expedientes relativos. En La Habana, Hipólito sería detenido el 6 de abril de 1916 (después de Columbus) a causa de una petición estadounidense de extradición por complicidad en el corte de líneas ferroviarias en USA. El juicio no prosperó, pero pasó tres meses en la cárcel. George Holmes vendrá desde El Paso a depositar la fianza para sacarlo. Las joyas serán vendidas más tarde por Hipólito para financiar la etapa guerrillera de Pancho.

Martina Arango, la hermana de Villa.

c) Rafael F. Muñoz. I. Muñoz sobre Rafael F. Muñoz: "Tenía doce años de edad cuando la famosa División del Norte desaparecía para siempre [...] un mozalbete que nunca lo trató (a Villa) y que jamás figuró (en las filas de la DN)". I. Muñoz se lo encontraría años más tarde en la redacción de *Novedades* y le cuestionaría la imprecisión de sus trabajos. Dice que Rafael le contestó: "Yo no escribo para hacer historia, escribo para comer".

La historia no es exacta ni es justa. Rafael F. Muñoz tenía 16 años cuando Villa disolvió la División del Norte. Nacido el 1° de mayo de 1899, hijo de un ranchero, estudió en Chihuahua, en el DF y en Estados Unidos. A los 16 años era reportero en un diario de Chihuahua (1915). Exiliado en 1919 por conflictos con Carranza, vivió en el sur de Estados Unidos. Regresó tras la revuelta de Agua Prieta. Periodista en México. Escribió la mejor crónica sobre la muerte de Villa. Trabajó en *El Heraldo*, *Gráfico*, *El Universal*. Terminó dirigiendo en 1929 *El Nacional*. En 1928 escribió su primera colección de relatos para la editorial Botas. En 1931 publicó en Madrid *Vámonos con Pancho Villa* y en Buenos Aires *Se llevaron el cañón para Bachimba*. Que todo fuera publicado en el exterior, da buena idea de lo difícil que resultaba divulgar historias villistas en el México callista. Al revalorizarse la novela de la Revolución Mexicana, a raíz del redescubrimiento de *Los de abajo* de Azuela, las obras de Muñoz circularon ampliamente. Es autor del libro más leído en México sobre Villa, *Rayo y azote*, en el que completa la versión de Puente (lamentablemente sin darle crédito) tras las derrotas de 1915, pasando de la voz en primera a la voz en tercera. El texto fue escrito a vuelapluma, probablemente en 1927 (y no en 1947, como dice equivocadamente en las líneas que dividen la narración).

d) Los archivos desaparecidos. No sólo el archivo de la División del Norte había de desvanecerse en la forma narrada en este capítulo. Enrique Pérez Rul (Juvenal), secretario de Villa con grado de coronel de Estado Mayor, era el responsable del archivo; después de la revolución fue recaudador de rentas en Baja California y fundador del semanario *Mercurio*. A pesar de que varias veces fue interrogado por la prensa, nunca dio noticias del archivo.

Gabriel Gavira toma Ciudad Juárez y en sus memorias deja una escueta mención: "Remití a la secretaría de guerra el archivo de Hipólito Villa" (se trataba nada menos que de los archivos de la Agencia Financiera de la División del Norte); una comunicación en los Archivos Históricos de Durango confirma la captura y transporte en tren del archivo. En 2004, Pedro Salmerón y este autor intentamos descubrir en los Archivos Históricos de la Secretaría de la Defensa Nacional las huellas de los papeles de Hipólito. Nada. Habían desaparecido. No había razón de su envío ni de su recepción.

A esto habría que añadir la pérdida a causa de un incendio en 1941 de los archivos del gobierno villista de Chihuahua. Los tres archivos más importantes del villismo se han esfumado.

e) ¿Qué hubiera sido de un gobierno villista? Un debate hipotético. El historiador inglés Alan Knight se plantea y responde la pregunta: "Sin duda hubiera sido diferente del que ganó, pero no por más igualdad social o fervor revolucionario", y sostiene la hipótesis de que ese gobierno de los bandoleros sería una serie de cacicazgos regionales con desintegración de lo nacional. "No gobernarían, pero tampoco dejarían gobernar a otros".

El debate no es tan vacuo como puede parecer a primera vista. Toda la lectura de los años 60 (posterior al 68) de la Revolución Mexicana que hizo la generación del narrador, estaba basada en la tesis del "perdimos y esta es la mierda que nos heredaron los que nos ganaron", basada en una fuerte identidad con las figuras de Flores Magón, Villa y Zapata.

Posteriormente, neocarrancistas como Aguilar Camín y Krauze releyeron la Revolución Mexicana con una visión estatalista que se sintetiza en la frase de Aguilar referida al obregonismo: "Si alguna moral social es conveniente recuperar de la Revolución Mexicana es quizá la que sustenta este proyecto de la construcción del Estado".

Existen dos elementos que permitirían imaginar un gobierno villista, con todas las dificultades que entrañan las ucronías, y ambos han sido narrados o lo serán en estas páginas. Uno de ellos es el gobierno de Chihuahua y Durango de 1914 y 1915 y el otro es la experiencia de Canutillo.

CINCUENTA

DESPUÉS DE LA DERROTA

Mientras Villa se alejaba de la ciudad de Chihuahua, Manuel Banda, Roberto Limón, Silvestre Terrazas y Fidel Ávila negociaban la entrega de Ciudad Juárez. Desde El Paso intervino en la mediación José Isabel Robles. El 23 de diciembre el carrancista Treviño ocupó la ciudad. Millares de villistas se rindieron, más de 7,500 en Juárez y otras poblaciones de Chiuhuahua, entre ellos cuatro bandas de música y más de 20 generales, pero, curiosamente, sólo se entregaron 5,631 rifles. El botín incluyó 85 locomotoras y dos mil carros. Fueron capturados también los últimos restos de la aviación villista: tres bimotores Wright y un Main. La guarnición militar de los triunfadores decretó el estado de sitio y de pasada prohibió los bailes después de las 10 de la noche.

Eso de rendirse, por razonable que fuera, no iba con los irreductibles. Manuel Ochoa, viejo veterano de 1910 y del cruce del Bravo en 1913, jefe de la guarnición de Juárez, no aceptó rendirse y se fue solitario a buscar a Villa, que había decretado Rubio y la hacienda de Bustillos como puntos de encuentro de quienes quisieran resistir.

Villa le dirá a Giner en Bustillos: "Estoy muy enfermo de disentería, los médicos me aconsejan que me sosiegue", y durante una semana Pancho rumiará la derrota. Piensa que con un pequeño esfuerzo podrá convocar al número de combatientes necesarios para expulsar a los carrancistas de Chihuahua y así se lo comentará a Zapata en una carta poco después. Luego ¿qué seguiría? Pero había algo más, algo nuevo: "... quedamos convencidos de que el enemigo común para México es actualmente los Estados Unidos". Así lo dirá en una reunión con 27 generales que se realizó en Bustillos el 23 de diciembre. ¿No resulta sorprendente que incluso en esas condiciones Villa pueda reunir a 27 generales y varios millares de hombres? El coronel Nieto dará una de las claves: "Los que quedamos con él éramos unos cuantos hombres, todos cansados, sin ganas de pelear; al quedarnos con el general Villa fue por lealtad". Y será Puente el que resuma: "Es un derrotado, no le hace. Es casi un proscrito, no importa". El 2 de enero, en Rubio se licencia a la infantería, Villa paga personalmente en metálico. Nuevamente pide que esperen y algún día serán llamados.

Pancho, en aquella época, había vuelto al atuendo de la sierra; adiós a los uniformes; cabalgaba Turena que le había heredado Ángeles, o un alazán no menos fino llamado *Canciller*; se cubría con un cobertor de rayas fabricado por los tarahumaras y sólo le quedaba ya de elegante "un fino Stetson". No debía importarle demasiado, en los dos últimos años, cuando tenía una cama, dormía en el suelo, y los cuellos de las camisas y los uniformes con galones siempre le resultaron incómodos. De alguna manera, éste era el único retorno al pasado. Knight, como siempre en la búsqueda de originalidad interpretativa, dirá que lo habían dado por difunto, mas "el villismo cambió pero no murió", volvió a su "segunda infancia". "El villismo comenzó y terminó como movimiento popular y local, arraigado a la sierra, encabezado por jefes plebeyos y demostrando que tenía bastante consistencia y nervio. Quedó demostrado que la prodigiosa expansión del 14 era efímera, superficial y atípica". ¿Es eso lo que estamos viendo? Una especie de teoría del destino manifiesto del bandolero agrario. ¿O será más bien la secuencia de una historia de vaivenes, altibajos, cambios y movimientos? Villa asume como forma de lucha armada la guerrilla cuando es derrotado en la guerra regular por los carrancistas y se niega a rendirse. No más, no menos.

Por esos días, Pancho da instrucciones a Andrés Rivera Marrufo: "Mira, allá en tu rancho cerca de Chavarría, haz un túnel, que no se vaya a saber, y metemos el parque que podamos". Villa visita San Andrés, pero mientras andaba por la población, clandestinamente se bajaban cajas de municiones del tren rumbo al escondite que se había preparado.

Saliendo de Rubio, el mismo 2 de enero Villa se instalará en San Jerónimo, unos kilómetros al sur de Namiquipa, en una hacienda propiedad de los hermanos Almeida, viejos simpatizantes. Ahí establecerá su base. Ha enviado a sus casas a los hombres de infantería, desmoviliza grandes grupos con la consigna de que estén a la espera, que se les irá a buscar. Con los restantes comienza a organizar una dispersión: "Les recomiendo a todos ustedes, mantenerse a la expectativa y dar descanso a la caballada y tropa. Cuando se tenga que emprender la campaña recibirán aviso". Le estorba un ejército pesado al que hay que mantener y que consume los recursos de una base territorial; desconcentra en partidas, les da base regional al norte y al occidente de Chihuahua.

El 4 de enero, con un enorme retraso respecto de sus compañeros, la columna de José Rodríguez llegó a Casas Grandes. Abrumados por la información de que Chihuahua se ha rendido, ha caído Juárez y miles de hombres se han amnistiado, deciden llevar a votación los futuros pasos y se opta por capitular en Ciudad Juárez. Lo harán el día 6. Pero los generales no se rajan: José E. Rodríguez, Baudelio Uribe, y el sonorense Beltrán, Severiano Ceniceros, van hacia San Jerónimo, la base principal, a seguir el destino de Villa. Martín López y Candelario Cervantes recogen las armas de los que optaron por amnistiarse y, cargados de fusiles y cananas, también van en busca de Villa.

Desde San Jerónimo se mueven cargamentos de armas que por orden de Villa se guardan o se entierran, uno de ellos en una cueva cerca del cañón del

Rosal. Sorprendentemente, a la hacienda siguen llegando pequeños grupos, partidas, los que se niegan a rendirse, los que han oído que Villa va a resistir, los que no quieren amnistiarse. Es una especie de purificación. Como respondiendo al grito de "síganme nomás los necios, no quiero más que a los tercos", las sombras de Villa lo seguían sin pensárselo demasiado.

Pero no sólo hay desmovilización y desconcentración, también existe un plan de relaciones y contactos. El 8 de enero Villa le escribe una carta a Emiliano Zapata fechada en San Jerónimo. Tras narrar las intenciones y el fracaso de la campaña de Sonora, Villa describe minuciosamente la colaboración estadounidense con los carrancistas, en lo que llama "la mayor ofensa para el pueblo mexicano". Cuenta la reunión de los generales en Bustillos y, tras definir a los gringos como "el enemigo común para México", habla de los supuestos tratados secretos de Carranza con Wilson. Habla de su reorganización guerrillera y propone una reunión en seis meses, con "las fuerzas que se haya podido reunir en el país", en Chihuahua, para "atacar a los americanos en su propia madriguera". Villa remata su carta inquiriendo: "... en vista de no tener barcos, le suplico me diga si está de acuerdo en venirse para acá con todas sus tropas y en qué fecha para tener el gusto de ir personalmente a encontrarlo". El general Ocaranza será el responsable de llevar la carta. ¿Le está pidiendo Villa a Zapata que recorra casi tres mil kilómetros de territorio enemigo? ¿Le está pidiendo al zapatismo que abandone su base territorial? Si lo primero es casi imposible, lo segundo es absurdo.

Siguiendo la lógica de la carta a Zapata, ese mismo día Villa envía a José E. Rodríguez a Sinaloa con 50 mil pesos, para reorganizar la zona, y el coronel Juan B. Vargas saldrá a buscar a Benjamín Argumedo.

Las tres comisiones fracasarán. Vargas no podrá encontrar a Argumedo antes de que Murguía lo haga y lo fusile. La noche del 13 de enero, Eduardo Ocaranza, acompañado de Baudelio Uribe, viajaba hacia el sur. En un lugar llamado La Joya la escolta se insubordinó y le dio muerte. Baudelio Uribe, con algunos leales, se enfrenta a los desertores, pero se ve forzado a huir y retorna con Villa. La carta a Zapata nunca será entregada ni leída.

Días antes, José Rodríguez fue emboscado por Tomás Rivera, su ayudante de campo, en Bavícora, el rancho de los Hearst. Nellie Campobello cuenta: "Su jefe de Estado Mayor lo traicionó, lo hizo para quitarle el dinero que traía en la silla del caballo: José Rodríguez se puso muy triste, por eso se dio el balazo en el cuello; nada más que cuando se iba a disparar le quitaron la pistola". Rodríguez, detenido y con la herida en el cuello, fue enviado a Juárez. Por el camino unos rancheros estadounidenses lo remataron junto al general Almeida.

El plan "nacional" se desbarata en origen y Villa pierde a dos de sus mejores generales, Ocaranza, que ha demostrado su enorme valía en las campañas del Bajío, y José Rodríguez, su compadre, compañero de tantos años. A la espera de resultados Pancho deja pasar los días en San Jerónimo organizando aquí y allá y jugando a las cartas con el comerciante francés Desiderio Lafont.

Ramón Puente se encuentra en San Jerónimo y Villa tiene tiempo para conversar con él; de estas conversaciones saldrá años más tarde un esbozo biográfico:

> Esta es a grandes rasgos la historia de mi derrota, mas yo no puedo de ninguna manera tenerme por vencido, sé perfectamente que muchos de los que fueron mis amigos, me negarán […] pero sé también que otros muchos me aguardan y creen en mí como en un hombre incapaz de cambiar sus convicciones con la facilidad con que se muda de camisa, o como algunos políticos cambian de chaqueta. Carranza ciertamente me cogió gran ventaja; más astuto como buen ranchero y más sabio por viejo, me devolvió a la nada de donde salí, pero sin acordarse de que en esta carrera, que es muy larga, su caballo se puede cansar antes que el mío, porque yo ni me he engreído con las comodidades ni jamás me ha importado el sacrificio.

Mientras tanto los carrancistas, sabiendo lo duro de roer que puede ser el hueso villista en su zona de influencia, optan por una cautelosa operación a mediano plazo, muy a lo Obregón. Desde el 6 enero de 1916, Ignacio Enríquez, un obregonista sonorense de Chihuahua, se hizo cargo del gobierno provisional. En nombre de una supuesta legalidad, bajo la teoría de que los enemigos de Villa son sus amigos, y buscando en el campo una base social que no pueden hallar entre los rancheros, Enríquez hará un ajuste benefactor a la vieja oligarquía. Ciento cuarenta y dos de los grandes terratenientes, entre ellos Falomir, los Terrazas, los Creel, recuperan en los meses de enero y febrero parte de sus bienes expropiados durante la etapa villista: haciendas, casas, terrenos, minas. Paralelamente, se forman las defensas sociales, con un decreto del 16 de enero, como milicias locales que no tendrían más misión que proteger sus comunidades, dejando al ejército las manos libres para operar en columnas volantes. Alguien dirá: "Todos los que éramos de las defensas sociales, habíamos sido villistas".

Cuatro días llevaba en su cargo Enríquez cuando un acontecimiento brutal habría de incidir en la incierta situación del estado. Charles Watson, el manager de la Cuasihuarachic Mining arribó a El Paso el 8 de enero junto con un grupo de técnicos y funcionarios para reorganizar la reapertura de sus minas; su presencia coincidió con una cena que se daba al general Obregón en el hotel Paso del Norte. La invitación incluía a todos los estadounidenses que tuvieran intereses financieros en Chihuahua. Acudieron el general Pershing; representantes de Wilson; Zach Cobb, el estrangulador de Villa en las aduanas de El Paso; los banqueros y comerciantes que hasta hacía dos meses negociaban con el villismo; Barker, el hombre de Hearst; los dueños de la Potosí Mining Compay. Todos los que ganaban dinero en México estaban allí. Una multitud poblaba las salas del hotel. Obregón ofreció garantías a los estadounidenses. Dijo que Villa ya no era un peligro. El representante del presidente Wilson hizo un discurso señalando lo mucho que el gobierno estadounidense quería ayudar a que el gobierno de Carranza fuera estable y eso implicaba la reapertura de negocios.

Al día siguiente Barker despidió al grupo de Watson en la estación de Juárez y notó que el tren no tenía escolta militar. Habiendo arribado a Chihuahua esa misma tarde el grupo de estadounidenses, 20 en total, salieron el día 10 en tren hacia el occidente del estado. Hacia la una de la tarde el tren estaba cargando agua en Santa Isabel cuando dos jinetes observaron a través de las ventanillas a los estadounidenses e hicieron preguntas al maquinista: ¿De dónde eran? ¿Adónde iban? Los jinetes eran parte de la partida de Pablo López y Rafael Castro, que se encontraba en las cercanías, y llegaron a tiempo para informar a sus jefes. Tras una cabalgata memorable, Pablo organizó una emboscada. A unos ocho kilómetros de Santa Isabel, hacia la 1:30 de la tarde, un tren remolque descarrilado en la vía impedía el paso. Una parte de los pasajeros descendió y entonces al grito de "¡viva Villa!" se inició el asalto.

Uno de los que bajaron, Thomas B. Holmes, comenzó a correr, los asaltantes le dispararon pero se salvó escondiéndose entre los matorrales. Los villistas comandados por Pablo López entraron a los vagones e hicieron bajar a los estadounidenses y luego los obligaron a desnudarse. Pablo impidió que sus hombres saquearan a los pasajeros mexicanos y pronunció un discurso antigringo. Luego, sin más, ordenó que fusilaran a los otros 19 estadounidenses a un lado de la vía.

Con la llegada de los ataúdes a El Paso, la tensión creció enormemente. Lejos se estaba de las seguridades que Obregón había ofrecido días antes. Barker registra que los texanos "enloquecieron de rabia". Hubo ataques a mexicoamericanos e intentos de linchamiento. Las autoridades detuvieron a 50 villistas o ex villistas residentes en la ciudad, como Manuel Banda y Díaz Lombardo. Había soldados golpeando mexicanos en las calles; la chusma creció a 1,500 hombres que recorrían los barrios del sur de la ciudad buscando a quién linchar. La tensión llegó a Ciudad Juárez y cientos de mexicanos cruzaron los puentes, "se vino toda la mexicanada" armada con garrotes. Pershing declaró la ciudad bajo ley marcial. Hacia las nueve el ejército había tomado el control.

Pancho Villa desmintió varias veces su intervención en el asesinato de los 19 estadounidenses en Santa Isabel, incluso le mandó más tarde un mensaje al responsable de la Associated Press en Los Ángeles, diciendo que nada había tenido que ver en el asunto. La mayoría de sus biógrafos asegurarán que no tuvo noticias del ataque hasta después de consumado. Pero meses más tarde Pablo López, cuando esperaba su fusilamiento en la penitenciaría de Chihuahua, comentó a un periodista: "No sé cuántos serían los estadounidenses muertos. Al matarlos lo hicimos atendiendo instrucciones del general Villa".

Es posible que Villa no supiera de la operación, montada sobre la marcha por una de las muchas partidas en las que estaba fragmentada la incipiente guerrilla y sin ninguna posibilidad de comunicarse con el cuartel general (Pablo López sólo tuvo media hora para montar la emboscada una vez que supo que los estadounidenses viajaban en ese tren), pero sin duda Villa había incitado, al menos en la cabeza de Pablo así había quedado con toda claridad, a tomar venganza contra los estadounidenses, en particular contra las empresas mineras gringas que lo habían traicionado. Ernesto Ríos, el jefe de los Dorados, dirá con precisión: "A Villa no dejó de molestarle, pero ya estaba hecho".

Pablo tenía fama entre los propios villistas de ser "medio salvaje". El 12 de enero, un día después de los acontecimientos de Santa Isabel, el general Julio Acosta, en Ciudad Guerrero, le escribió una nota a Villa pidiendo que sacara de su zona al coronel Pablo López por los abusos que cometía en los pueblos.

Venustiano Carranza emitió un decreto en Querétaro el 14 de enero declarando fuera de la ley a Villa, Pablo López y Rafael Castro. En él decía que "cualquier ciudadano puede aprehender […] y ejecutarlos sin formación de causa". ¿Estaban antes dentro de la ley? El decreto era papel mojado y sólo funcionaba de cara a la galería.

El 18 de enero de 1916 los cuerpos de Miguel Baca Valles, capturado y fusilado por los carrancistas en las cercanías de Parral un día antes, cuando intentaba rescatar a su familia, y de José Rodríguez, fueron expuestos en la estación de ferrocarril en Ciudad Juárez y serían filmados por un camarógrafo de la Pathé, "como muestra de que se castigaba a los que habían asesinado a estadounidenses". Algún periódico sensacionalista informó que los cuerpos que se exhibían eran los de Villa y Baca, detenidos cuando habían querido pasar la frontera. Atraído por el olor de la muerte, por allí andará Walter H. Horne, el fotógrafo de El Paso que pocos días antes había registrado el triple fusilamiento de villistas en la misma estación del tren. Una de las fotos, la de la muerte de Francisco Rojas, es tremenda, porque registra el momento en que las balas que perforan el cuerpo destruyen los ladrillos a su espalda, llenando la escena de polvo suelto y sangre. Horne le escribió a su mamá: "El negocio es simplemente grande… estoy haciendo cinco mil postales diarias… habrá más ejecuciones en Juárez mañana en la mañana". En una sociedad sin televisión, las postales de muertos y fusilados parecían ser un gran negocio. Este pornógrafo de la violencia, al que la fotografía no parecía interesarle demasiado, fundaría una empresa nacional manufacturera y distribuidora de postales de temas mexicanos, la Mexican War Photo Postcard.

Villa se encontraba dos días antes, el 15 de enero, en Los Tanques, donde había reunido 200 hombres y había mandado a Candelario Cervantes a conseguir municiones en Estados Unidos por segunda vez; parecía haber problemas con el abastecimiento de municiones que habitualmente proporcionaba Sam Ravel.

Por aquellos días, mucho se hablaba en el entorno de Pancho de un posible ataque a Estados Unidos. Villa había comentado que pensaba ir hacia la zona de Ojinaga, Presidio, las minas de Shafter. Se trataba de atacar a Estados Unidos y no tanto de saquear las minas de plata. Si Villa quería plata podía buscarla en territorio chihuahuense. Jesús Murga contará que la posibilidad de un ataque a Estados Unidos se había venido barajando casi instantáneamente después de la concentración en Bustillos, y Ocaranza, antes de salir a buscar a Zapata el 8 de enero, había participado en la discusión de un plan, con planos sobre la mesa y todo. La idea de atacar El Paso, a pesar de la fuerte guarnición militar estadounidense con que contaba, cruzó la cabeza de Villa después de los motines antimexicanos en reacción al fusilamiento de Santa Isabel. Francisco Piñón Gil cuenta que Pancho le dijo que no retornara a estudiar en Estados Unidos porque le iba a "echar" a los gringos. Y por si esto fuera poco para demostrar las intenciones de Villa, el 17 de enero le escribió a Llorente diciéndole que clausurara las oficinas en Washington y Texas y se fuera a San Antonio, donde no era conocido. Ramón Puente resume: "Comienza a propalarse insistentemente un rumor casi risible por lo descabellado: Villa va a retar a los Estados Unidos".

Es muy posible que Pancho estuviera armando una expedición para atacar Estados Unidos en esos momentos. Entre el 19 y el 21 de enero, en Santa Clara se les unió otra partida, de unos 240 hombres. El 24 de enero se encuentra en Arroyo de San Felipe, donde desertan los coroneles Cárdenas, Julián Pérez y 30 hombres. Villa estaba furioso. Las deserciones ponían en peligro cualquier operación, al crear el riesgo de que los desertores le informaran al enemigo. Y no le faltaba razón. Barker, al inicio de febrero, se encontró en El Paso a un desertor (sin duda uno de los de San Felipe, porque no hubo deserciones después) que se había robado la paga de una guerrilla y le dijo que estuvo en una reunión en la que se hablaba de atacar la frontera. Barker advirtió a las autoridades estadounidenses a través de Zack Cobb, pero no le hicieron caso. Más bien por esto y no porque estuviera (como dice Katz) "temeroso de cómo reaccionarían sus hombres si se enteraban que participarían en un ataque contra los Estados Unidos, Villa no les informó su verdadero propósito".

De esa época es la clave villista que conocemos y que se siguió usando por varios años. Una clave alfabética muy simple donde se trastocaban las letras. Por ejemplo, la "a" se volvía "r", y para aumentar el valor criptográfico, una serie de personajes y lugares recibían otros nombres: la palabra jueves significaba "los alrededores de Torreón" y Jacinto B. Treviño era "plátano".

Tras la decepción de San Felipe, el 30 de enero Pancho Villa, con toda tranquilidad, pasó revista en Laguna de Trincheras. Continuaba ordenando dispersiones y proponiendo nuevas citas. ¿Qué traía en mente? Dejar que las aguas se aposentaran y ver quién quedaba de qué lado. Prepararse para una guerra de guerrillas larga. Dar un golpe contra los Estados Unidos. Habían pasado casi seis semanas sin que los carrancistas se animaran a perseguirlo. Se ha movido en un círculo que no tiene más de 70 kilómetros de radio desde el punto original de concentración en San Jerónimo. Era como si estableciera un reto: "Vengan por mí cuando quieran". Alberto Calzadíaz dirá: "Sepa dios por qué los carrancistas no lo molestaban". Quizá porque la táctica de Obregón implicaba concentrar fuerzas e ir creando lentamente un cerco sin apresurar la confrontación; el coronel Rojas estaba en Ojinaga, el general Gavira en Juárez, Cavazos en la sierra Baja, Hernández en Santa Rosalía. Y Villa se aparecía aquí y allá y los acosaba a todos, cuando no era una de sus partidas, eran los rumores.

El 31 de enero, a las 11 de la mañana, el tren de Juárez entró en la estación Laguna, cerca de Villa Ahumada, y cayó en una emboscada que había tendido la pequeña columna de Pancho. Accidentalmente el cocinero de Villa reconoció al general Tomás Ornelas, el viejo amigo de Pancho que había intentado vender Ciudad Juárez a los carrancistas, escondido en el cabús. Sabiendo lo que le iba a suceder si lo capturaban, trató de meterse debajo del asiento y se revolvió como fiera. Estaba pálido hasta la exageración.

—Mire nomás que curro viene ¡Qué camisita de seda! ¡Qué buen traje trae! Qué bien vestido anda, mire qué buen sombrero y buena camisa trae, con el dinero que se robó —dijo Villa, y luego ordenó que lo bajaran del tren.

Villa lo hizo caminar a la vera del tren empujándolo con el caballo y lo mató de dos tiros. Más tarde encontraron la pistola de Ornelas en el tanque de agua potable del carro en que viajaba. Dicen que Villa observó más tarde que "hubiera dejado vivir al pendejo, pero se merecía el castigo por su ingratitud".

Unos 15 días después se producirá el primer encuentro entre perseguidores y perseguido. El 13 de febrero una columna al mando de Cavazos avanzó desde Santo Tomás. Dos días más tarde Martín López, con 300 hombres, ocupó la hacienda de Santa Ana, al sur de Namiquipa, y tomó posiciones en el casco, escondiendo tiradores en las azoteas. A la mañana siguiente dos escuadrones de caballería villistas localizaron a los carrancistas y los fueron provocando obligándolos a que los persiguieran. Dentro del patio de la hacienda los estaban esperando. Las tropas de Cavazos encadenaron los caballos y se fueron acercando a la hacienda en un doble semicírculo de tiradores. Villa, desde la distancia, los observaba mientras los rodeaba. A una señal salieron los hombres de Martín López en carga de caballería a toda rienda. Los carrancistas flaquearon y luego salieron huyendo. En ese momento Villa, con su escolta, aprovechó para rematarlos. Cavazos dejó muchos heridos y muertos y 187 prisioneros. Se les pasó lista. Los que eran carrancistas de origen, soldados de leva, fueron asimilados a la tropa; los que habían sido villistas, 87 de una tropa de Buelna, fueron fusilados.

En esa misma noche del 16 de febrero Candelario Cervantes, que acababa de ser ascendido a general, reportó su comisión: había ido a buscar a Sam Ravel en Columbus y éste lo "recibió a la mala". Le dijo: "No quiero nada que ver con bandidos, no tengo parque, no les debo dinero y no quiero tratos". Villa estaba encabronadísimo. Ravel había hecho negocios anteriormente con él y en una de las transacciones le dejaron un depósito de 2,500 dólares para futuras compras. Para aumentar su rabia, esa noche llegó León Cárdenas, un ex magonista al que Villa le acababa de dar dinero para una imprenta y para que se estableciera en Ciudad Juárez como agente confidencial, enlace o lo que se prestara, y León le mostró una foto del periódico que le daba noticias del destino de Rodríguez y Baca, expuestos sus cadáveres en la estación de ferrocarril de Ciudad Juárez. Como si esto fuera poco, le traía noticias de una nueva deserción, la esposa de Madinabeytia, que estaba en Cuba con Luz, había recibido un telegrama de su marido citándola en El Paso. Manuel Madinabeytia no sólo había negociado con los carrancistas que le perdonaran la vida a cambio de amnistiarse, había cambiado de bando. Su jefe de Estado Mayor durante tantos años, el parralense Madinabeytia, terminará combatiendo a Villa. Pancho mandó agentes a que le confirmaran el asunto, porque no se lo acababa de creer.

Y con todo esto sobre las espaldas, de nuevo se puso en movimiento, quizá porque la acción era lo único que lo alejaba de la tristeza. Rafael F. Muñoz cuenta: "Decían que Villa había muerto, que habían encontrado su caballo ensillado, con la montura cubierta de sangre allá por Ojinaga, después de que los soldados carrancistas le habían seguido leguas y leguas, tiroteándolo a cada rato. O bien vaqueros de Durango, cuatrocientos kilómetros al sur, decían haberlo visto enterrado después de un fracaso ataque al mineral de Pedriceña". Villa mismo elaboraba estas historias. El 21 de febrero mandó a Cipriano Vargas a extender el rumor de que "le estaban desertando todos" y que sólo con los fieles se iba hacia Durango.

"Se podía decir dónde había pasado Villa el día anterior, pero nunca dónde pasaría el día siguiente". El mismo Muñoz cuenta, aunque el narrador nunca ha podido ver el parte y tenga dudas sobre su verosimilitud, que un jefe militar pasó un comunicado a Carranza: "Tengo el honor de manifestar a usted que, según todos los informes que he recabado y que considero completamente verídicos, Villa se encuentra ahora mismo en todas partes y en ninguna". El parte podría no ser cierto, pero la sensación sin duda lo era. Villa había dejado de ser para los carrancistas el jefe de un territorio y un ejército al que cercar y derrotar, para volverse la enigmática e inalcanzable sombra propietaria de un halo mítico, en el mejor de los casos, para ellos, desconcertante. Se contaban horrores no comprobables: que había matado a una anciana de 80 años, que robaba a los miserables. Pero sobre todo, se contaba, como diría uno de los cuentistas que siguió sus correrías, Hernán Robleto, que "el general Villa pasaba como un relámpago por la sierra, casi sobrenatural, circundado de leyendas".

Y qué mejor remate, para este momento, que una imagen más prosaica, más vulgar, como la que describe un campesino de la sierra dándole rostro al fantasma: "No venía rasurado, parecía que se había caído de cara en un charco".

NOTAS

a)   Fuentes. Almada: *Revolución* 2. Puente: *Villa en pie*. Silvestre Terrazas: *El verdadero*… Gavira: *Su actuación político militar revolucionaria*. General Richkarday: *60 años en la vida de México*. Taylor: *Aviadores de Pancho*. Federico Cervantes: *Francisco Villa y la revolución*. Las cifras de los rendidos en Juárez coinciden. Gavira: 7,693 villistas y 20 generales, Richkarday: 7,643 y 24 generales, Calzadíaz: *Hechos reales* 3: 4,000 mil villistas. Giner PHO 1/75. Andrés Rivera Marrufo PHO 1/63. Ceja: *Cabalgando*… Raun: "The Columbus raid and the El Paso…" Jaurrieta: *Con Villa*… Calzadíaz: *Hechos reales* 3, 5, 6, 7. Machuca: *La revolución en una ciudad del norte*. Luz Corral: *Pancho Villa en la intimidad*. Nieto: *Un villista más*. Muñoz: *Vámonos con Pancho Villa*. Hernán Robleto: *La mascota de Pancho Villa*. Puente: *Vida de Francisco Villa contada por el mismo*.

El proyecto "nacional". Vargas: *A sangre y fuego*… La carta a Zapata del 6 de enero y una nota manuscrita de Benjamín Herrera al respecto, en los "Papeles de las alforjas", copia en el archivo de Haldeen Braddy. Campobello: "La sonrisa de José" en *Cartucho*.

Villa se vengó más tarde de Rivera, el asesino de Rodríguez. La familia de Rodríguez, que estaba en La Habana con Luz Corral, volvió a México.

San Jerónimo. El narrador lo ha visto escrito indistintamente con G o con J. No aparece ningún *Gerónimo* en el *Diccionario de historia, geografía y biografía chihuahuenses* de Almada, y sí con J. He optado por esa grafía.

Las defensas sociales. Martha Eva Rocha: "Las defensas sociales…", el decreto en *Chihuahua, documentos para su historia* 2. Roberto Fierro PHO 1/ 42. Los motines en El Paso en Chalkley: *Zach Lamar Cobb: El Paso Collector of Customs and Intelligence during the Mexican Revolution*, y Romo: *Ringside seat*.

Sobre Santa Isabel. McGaw: *Sothwestern Saga*. Elías Torres: "La matanza de Santa Isabel". Sandos: "Pancho Villa and american security", sugiere que Villa tenia cuentas pendientes con los de la Railway Co., que le habían negado un préstamo de 1.5 millones de dólares. Su narración fue reconstruida a partir de los testimonios de Holmes y de dos pasajeros mexicanos, Cesar Sala y Manuel Silveyra. Pablo López a la prensa en la penitenciaría de Chihuahua, meses después en Herrera: *El fusilamiento*, y *El Demócrata* del 7 de mayo, que reproduce una entrevista con Pablo López en la cárcel, en la que confirma que Villa les dio la orden, citada por Katz: *Pancho Villa*. Barker entrevistado por Heath. Ernesto Ríos PHO 1/83. El diario de guerra encontrado en las ropas de Francisco Prado, capturado después de Columbus, registra escuetamente el hecho: "enero 10. Hoy atacamos dos trenes en Santa Isabel, matando a 17 gringos". Sommerfeld le escribió a Villa pidiéndole que castigara a los asesinos de Santa Isabel y le dijo a Scott que cortó sus relaciones con Villa después del reconocimiento. Le dice

además que "la eliminación de Villa era necesaria para que la paz se restableciera […]
parece que en los últimos cuatro meses el barniz de civilización que Villa adquirió en
los últimos cuatro años ha desaparecido" (Scott/ Box 21).

Los cadáveres de Juárez y Walter Horne. Orellana: *La mirada circular,* citando
prensa estadounidense. Fusilamiento de Baca en el cuento de Muñoz: "Cadalso en
la tierra" (*Cuentos completos*), sugiere que lo ejecutó su hijo. Walter H. Horne (1883-
1921) arribó a El Paso en 1910. Hizo una fortuna distribuyendo fotos de la revolución, particularmente fotos de muertos, y más tarde fotos de soldados de la Expedición
Punitiva. Es autor de la serie "Triple Execution in Mexico", en la estación de ferrocarril
de Juárez (Charles Merewether: "México: "From empire to revolution. Photographers".
Romo: *Ring seat to a revolution*).

Hacia EUA. Katz: *Pancho Villa.* Puente: *Memorias
de Villa.* Murga entrevistado en Osorio: *El verdadero…*
Francisco Gil Piñón PHO 1/9. Valadés: *Historia de la
Revolución Mexicana* 5. Papeles de Enrique Llorente.
Puente: *Villa en pie.* Raun: *The Columbus raid.*

La clave. Ceja: *Cabalgando con Villa,* y el testimonio de Gómez Morentín en Valadés.

Sobre la muerte de Ornelas. Soto Hdz. "Otra deslealtad y más reveses a Pancho Villa". Ignacio Muñoz:
Verdad y mito de la Revolución Mexicana. Vargas: *A sangre y fuego.* Jaurrieta: *Con Villa…* Raus: *The Columbus
raid,* citando un informe de inteligencia militar estadounidense. Campobello: "La camisa gris" en *Cartucho.*

Fusilamientos en Ciudad Juárez, enero
de 1916, fotos de W. Horne.

Hay un texto literario de Elías Torres: "El prisionero de Villa", que cuenta la historia de un prisionero
de 14 años tomado en la hacienda de Santa Ana, un tal Galván, al que Villa perdona
y quien muere después de Columbus; Villa entonces se enterará, por una foto que
trae en el bolsillo, que es hijo de Dolores Galván, de Satevó, y por tanto hijo suyo. La
historia no parece verosímil.

Ravel. Calzadíaz: *Hechos reales* 5. Almada: *Revolución* 2, cuenta una historia que
suena paralela con nombres cambiados: Villa había tomado algunas barras de plata
del mineral de El Tigre durante la expedición a Sonora y se la manda para comprar
municiones a Columbus a un yanqui de apellido Johnston, que se robó el dinero y se
hizo ojo de hormiga. Johnston y Ravel deben ser el mismo.

b)   Los Baca. Personajes con el mismo apellido tienden a ser confundidos por los
cronistas. Hasta donde el autor ha podido aclararse, son varios.

Miguel Baca Valles. Socio y compañero de Villa en la etapa del bandolerismo,
matancero de Parral, más tarde verdugo en Chihuahua; "bastante grueso", aparece
al lado de Villa en las fotos en Tacuba al entrar a la ciudad de México. Luz Corral no
lo quería nada, decía que a espaldas de Villa andaba asesinando usando el nombre

Miguel Baca Valles asoma sobre la silla de montar de Villa en Tacuba, a la entrada a la ciudad de México de la División del Norte. Foto de Osorio.

de su marido, que tenía el gatillo muy ligero. Una vez se le enfrentó muy duramente. Hay noticias contradictorias sobre su muerte. Calzadíaz dice que morirá en las cercanías de Parral capturado y fusilado por los carrancistas en vísperas de la disolución de la División del Norte, cuando había salido de Chihuahua para ir a recoger a su familia, el 17 o 18 de diciembre de 1915. Otros autores sitúan su fusilamiento en enero de 1916 y reseñan que fue capturado al cruzar la línea y su cadáver mostrado a la prensa al lado del de José Rodríguez.

No hay que confundirlo con Manuel Baca (sin Valles), al que llamaban el Abuelo, que era de las tropas de Orozco y lo abandonó cuando el alzamiento contra Madero. Será miembro de los Dorados y moriría en marzo de 1915 en Ciudad Guerrero.

Manuel Baca González, de Namiquipa, amigo y compinche de Villa antes de la revolución, llamado Mano Negra por una herida que sufrió en la mano en Tierra Blanca, que no se le acababa de curar y que le obligó a traer la mano en cabestrillo durante mucho tiempo. Autor de las ejecuciones en enero de 1914 en Chihuahua. J. B. Vargas dice que era "esbirro y asesino". Por cierto que Villa lo mete en la cárcel en Chihuahua a fines de 1915 porque a su juicio se había pasado de matón y represor; su hija Angelita intercede con Luz para salvarlo. Katz dará noticia de que después de que Villa cayó herido, sus paisanos lo mataron en Santo Tomás. Ojo, no confundir, o sí, con el Gabriel Baca del que habla Rafael Muñoz en su cuento ("Cadalso en la nieve"), al que se le atribuyen los asesinatos del cementerio de Santa Rosa en las afueras de Chihuahua y que narra cómo lo fusila un hijo suyo.

Por cierto que Almada, en su diccionario de Chihuahua, no da noticias de ellos, sólo de Juan Baca, que era el administrador villista de *El nuevo mundo* en la ciudad de Chihuahua.

CINCUENTA Y UNO

EL CAMINO HACIA COLUMBUS.
LA INTERVENCIÓN MÁS ANUNCIADA

El 17 de febrero Villa se encuentra en la hacienda de San Jerónimo, la base que ha seleccionado desde el principio de la campaña guerrillera, con unos 2,600 hombres. Desde el amanecer del día anterior había empezado la selección de una columna cuyo destino no era conocido. En Namiquipa, Martín López, lista en mano, concentraba en la plaza y reclutaba: "No quiero hombres ni enfermos ni cansados", sólo voluntarios. Cuando recibe al grupo de Namiquipa en San Jerónimo, Villa dirá: "Tenemos una misión muy peliaguda". Se hace una primera selección de cerca de 400 hombres bien armados y que tuvieran buenos caballos. Los futuros expedicionarios tienen problemas de escasez de municiones; los que no van a participar en la marcha entregan sus cartuchos a los otros, que reúnen hasta 150 balas por persona. En el último minuto se suman 60 hombres a la columna en formación, a los que habrá que añadir el Estado Mayor. Villa le había comentado a un grupo: "Vamos a pegarle a los gringos en su propia tierra y de paso buscar al que nos estafó con el parque". El rumor recorre la columna. El destino será atacar un punto de Estados Unidos, pero ¿cuál? Villa no comenta sus planes con nadie. Parten hacia el noroeste.

Ese mismo día llegan a Namiquipa. Tras dedicar un tiempo a herrar los caballos, el 18 en la noche salen del pueblo. Al día siguiente Villa ocupa la hacienda de Hearst en San José de Babícora, una ex hacienda jesuita del siglo XVII, de un millón de acres, "donde nos hicimos de buena caballada". Se dedican a herrar los nuevos caballos. Por aquí y por allá Pancho va dejando caer expresiones contra los gringos. En la noche del 20 la columna vuelve a partir.

La vanguardia, unos 90 hombres, irá a cargo de Candelario Cervantes, conocido como Mano Negra, al que Vargas describe como "bajito de estatura, ojos brillantes y muy moreno"; luego las partidas de Pablo López (el matador de estadounidenses en Santa Isabel), Nicolás Rodríguez (uno de los veteranos de la revolución de 1910), Francisco Beltrán (que dirige a un grupo de sonorenses) y Juan Pedrosa, en total 313 hombres; luego, en la retaguardia, Villa con la escolta, los 105 Dorados dirigidos por Ernesto Ríos y 65 jefes y oficiales incorporados al cuartel general. En total 573 hombres que marchan en la oscuridad hacia el norte. Villa no comunica sus planes. Han pasado sólo dos meses desde el momento en que en el balcón del Palacio de Chihuahua disolvió la División del Norte, diez meses desde la batalla de Celaya.

Les van siguiendo las huellas tropas de Luis Herrera, el hermano de Maclovio. Villa no lo aprecia, piensa que a diferencia de su hermano, que era muy valiente, es rudo, cobarde y muy aficionado a las bebidas espirituosas. Pero después de Namiquipa le pierden el rastro. Durante los próximos días Villa se habrá esfumado.

El historiador Alan Knight insinúa que "los carrancistas permitieron a Villa ir hacia Columbus", que "le habían permitido moverse y acampar donde quisiera". La hipótesis resulta absurda. Uno de los hombres en la marcha diría más tarde: "Si nosotros que íbamos en la columna no sabíamos, ¿cómo lo iban a saber los carrancistas en Chihuahua?"

La columna se desvanece en la sierra Madre. El 22 de febrero Villa convoca a reunión a su Estado Mayor y por fin les comunica con precisión su destino: Columbus, Nuevo México, en Estados Unidos, al otro lado de Palomas. Van a tomar Columbus. Van a atacar Estados Unidos. Los testigos no registran disidencia ni discordancia. A madrear a los gringos, a cobrar lo de Sonora, la traición, el reconocimiento de Carranza; a vengarse del libre paso a los carrancistas armados que cruzaban en trenes dentro de Estados Unidos para llegar a Agua Prieta; a devolver la afrenta a los que se quieren comer la nación que les va a entregar Carranza. Si hubo dudas en esa tropa de hombres que llevan al menos tres años combatiendo, muy ocultas han de haber quedado.

Ciénaga de Palangas, en el espinazo mismo de la sierra Madre, hacia los límites de Sonora y Chihuahua. Se pasa lista diaria, no habrá deserciones. Un hombre disparó contra un oso y Villa se enojó mucho porque las marchas deberían hacerse con sigilo. Villa venía montando un caballo de mucha alzada que se llamaba *Canciller*.

Luego hacia el noreste, regresando. La primera parte de la cabalgata ha sido para despistar a posibles seguidores. El joven Jesús Paiz, que acompaña a su padre, registra: "Viajando de noche sólo". De noche y, como recuerda Villanueva, uno de los Dorados, por los senderos de la montaña, con orden de no encender hogueras y haciendo campamento de día.

Llegan al rancho Ojitos, llamado por algunos rancheros Ojos del Salto y por otros Salto de Ojos, propiedad de un gringo amigo de Villa. Agua y comida.

El 1º de marzo la vanguardia tropieza con dos estadounidenses que llevan provisiones hacia su molino. Cervantes ordena fusilarlos antes de que llegue el cuerpo principal de la columna con Villa. "Al atardecer Maud estaba cocinando mientras esperaba a Ed y Frank que regresaban con provisiones de Pearson", cuando se presentaron unos cincuenta o sesenta mexicanos y le ordenaron que subiera a un caballo que traían ensillado, pero sin jinete. La mujer narrará que el 2 de marzo, "tras una marcha nocturna, llegaron a Cave Valley, a 45 kilómetros del rancho. Allí acampaba Pancho Villa con su ejército de 2,500 a 3 mil hombres" (¡!). Villa dio órdenes de que de ninguna manera la molestaran. Tras un breve descanso, la columna parte, y según el diario de un combatiente llamado Prieto, al final de la jornada arribará a la colonia mormona de Pacheco. Después de oscurecer, Villa ordenó una marcha que duró toda la noche. La columna avanzó tomando todo tipo de precauciones hacia el noroeste. "Salimos de la colonia Pacheco sin provisiones". Villa, ese día, envió un grupo de cinco hombres, entre los que se contaban los coroneles Cipriano Vargas y Carmen Ortiz, para que investigaran la situación de Columbus y de Palomas, el poblado fronterizo limítrofe del lado mexicano. Tenían, según José Rodríguez, uno de los combatientes que caería preso en Columbus, la misión de "averiguar cuáles son las propiedades de [...] Samuel Ravel y dónde vive y duerme. Levantar un croquis de la población, estación de ferrocarril y, sobre todo, del campamento militar [...] Averiguar cuántos elementos componen la guarnición de Columbus y las horas de los relevos de las guardias". La comisión hará su base en un burdel, el Palomas Bar, y alternarán su misión con relaciones con las putas, que no serán de las peores informadoras.

El mismo día que Villa da instrucciones a su grupo de espías, en la estación del ferrocarril de Columbus desciende del tren, que llega de El Paso, George L. Seese, un periodista de la Asociated Press, con su reciente esposa, una mujer de 16 años; Seese tiene 31. Rentan un cuarto en una pensión por una semana. Pasea por Columbus y de vez en cuando se le ve en la loma que domina la ciudad, observando con binoculares hacia México. Frank Tompkins dirá más tarde que Seese poseía información que nadie más tenía, que estaba en contacto con Gavira en Juárez y el general le pasaba datos.

¿Quién era el periodista estadounidense? Seese, de la oficina de AP en Los Ángeles, había sido enviado a El Paso para cubrir la historia de la masacre de Santa Isabel; allí fue abordado por un mexicano, que se dijo representante de Villa, quien le aseguró que Pancho nada había tenido que ver con la historia y que pensaba castigar a Pablo López. Luego le contó que Villa pensaba ir a Estados Unidos y mostrar pruebas del asunto. Seese incluso consultó a las autoridades respecto de si Villa podía entrar en Estados Unidos legalmente. El 18 de febrero el supuesto agente de Villa aceptó llevarle una carta a Pancho sugiriendo la idea de ir a ver a Wilson en Washington. Una semana más tarde se recibió una supuesta respuesta del propio Villa en la que consideraba el plan viable, era posible acompañar al periodista a Washington. Si la carta y la respuesta se produjeron, eran falsas, porque Villa ya había salido de su base de San Jerónimo el 18 sin dejar datos de dónde andaría. La versión de Seese (contada por Tompkins) continúa narrando que la oficina de la AP en Los Ángeles prohibió el 2 de marzo a su corresponsal seguir con el asunto y Villa fue notificado, lo cual de nuevo es imposible. Poco después el general Scott avalaría esta versión: "Es seguro que un miembro de la AP hizo arreglos para que Villa fuera a Columbus para conducirlo a Washington para entrevistarse con el presidente".

Entonces, ¿por qué Seese fue a Columbus? Y supongamos que las otras historias fueron elaboradas a posteriori, o el propio Seese las haya elaborado para justificar su fuga. De las muchas explicaciones posibles, una es la de que venía huyendo de los padres de su esposa, que no le habían permitido casarse porque ella era menor de edad y Seese era casado. Pero una sombra de duda persiste. ¿Sabía Seese que Villa podía atacar Columbus? Lo cierto es que Seese había contado la historia por ahí.

Revisando cuidadosamente la información y cruzándola, resulta sorprendente descubrir lo mucho que sabían en Estados Unidos respecto de la marcha de Villa hacia el norte y su posible destino, y la mucha soberbia que les impidió actuar. El 3 de marzo el jefe de aduanas de El Paso, Cobb, informaba que Villa había estado dos días antes en Madera con 300 hombres (era inexacto) dirigiéndose hacia Columbus (¡!) y que el objetivo era ir a Washington. Dos días más tarde, el 5, el general Pershing recibió una nota del general carrancista Gavira diciendo que Villa estaba en las cercanías de Palomas; aún no lo estaba, ni remotamente, se encontraba a tres días de marcha, pero la nota mostraba que también los carracistas tenían indicaciones de que de alguna manera Villa iba hacia Columbus y estaban en plena colaboración con el gobierno estadounidense en lo que a la cacería de Villa se refiere.

Mientras tanto, en el diario de Prieto se registra: "Marzo 7. Llegamos al amanecer a Boca Grande, habiendo caminado toda la noche y parte del día anterior sin ningún incidente". Del 18 de febrero al 7 de marzo, dieciséis días cabalgando en la sierra, hasta la llegada a Boca Grande. Villa ha intentado disimular su objetivo haciendo en 16 días, con todos los rodeos del mundo, una marcha que se hace en cinco. Al llegar a Boca Grande, la vanguardia de Candelario Cervantes descubre a las nueve de la mañana un grupo de 17 vaqueros marcando 30 cabezas de ganado para la Palomas Land and Cattle Co. Los villistas se apropian de las vacas y también de los caballos. El capataz Arthur McKinney y el cocinero Corbett reclamaron el despojo llamando a Cervantes: "Bandido jijo de la chingada", y "éste, que era de muy pocas pulgas, los mandó fusilar". Cuando Villa arribó ya estaban muertos. Pancho preguntó qué había pasado y no hizo ningún comentario. "No se volvió a hablar del asunto." Los hombres hambrientos de la columna mataron y comieron vacas en un abrir y cerrar de ojos. Maud recordará aterrada: "… los villistas comían carne cruda". Algunos hombres cambiaron sus agotados caballos por las remudas que acababan de capturar.

Los 16 vaqueros desarmados quedarían como prisioneros, pero le pidieron a Villa que les permitiera unirse, Villa aceptó y les regresaron las armas. Se trata de no dejar nada tras de sí que pueda dar noticias de su paso. Pero dos testigos han observado lo ocurrido, un vaquero llamado Antonio Muñoz escapa al norte y otro de los capataces de la Palomas Land, Juan Favela, observa los acontecimientos y huye.

Ese mismo día 7 Cobb informó que Gavira había declarado en Juárez que Villa se había movido hacia la frontera y "recomendaba a las autoridades estadounidenses tuvieran cuidado con él". Cobb incluso alertaba a su colega de la aduana de Columbus, Rigs, quien a las ocho de la noche situaba a Villa con gran precisión con 400 hombres al sudoeste de Columbus, cerca del río; 15 millas al oeste y 50 al sur, donde habían robado ganado de la Palomas Land. Lo sabía porque al final de la tarde el vaquero Muñoz llevó la noticia a Columbus de que había escapado de una banda villista al sur de Palomas. El coronel Slocum, el jefe de la guarnición, le ofreció 20 dólares para que averiguara más y ordenó aumentar las patrullas y las guardias. También se le acercó Juan Favela, capataz de la Palomas Land and Cattle, confirmando la historia. Paralelamente (Je)Sus Carreón, que años más tarde sería alcalde de Columbus, decía que Villa estaba al sur de Palomas y le había robado 50 mulas que traía desde Chihuahua hacia el lado estadounidense. Fuera esta última historia cierta o elaborada a posteriori, al menos por dos conductos, si no es que tres, la presencia de Villa al sur de Palomas, y por lo tanto muy cerca de Columbus, había sido denunciada. Por si esto fuera poco, el 7 de marzo *El Paso Times* sugería que Villa intentaba atacar Palomas.

Pero el sentido de esa aproximación de Villa a la frontera no estaba tan claro. Podían ser ciertos los rumores de que quería cruzar para ir a Washington, o la simple posibilidad de que atacara el puesto militar carrancista en Palomas. Slocum, más tarde, justificó su futura actuación diciendo que si bien era cierto que los rumores de que Villa estaba cerca se repetían, sabía que Villa había ido hacia el este. Slocum se entrevistó con la guarnición carrancista de Palomas, pero estaban aterrados y no se querían mover. Incluso un viejo personaje reapareció en la historia: George Carothers, quien llamó por teléfono a Slocum y le dijo que pensaba que Villa se encontraba en las cercanías de Columbus. Slocum le contestó que según su información se encontraba a unas 75 millas del poblado, quizá basado en información del ejército que decía que Villa había estado el 6 en Boca Grande llevándose caballos del rancho Gibson.

Quizás alertado por la información previa y alimentado por las historias que se contaban en Columbus, la mañana del día 8 Seese fue al mostrador de la Western Union y mandó un telegrama a la oficina de la AP en El Paso, pidiendo le mandaran un telegrafista, que antes tenía que recoger un paquete para él en la oficina de Newman Investments y luego tomar el tren de El Paso que llegaría a Columbus poco después de la media noche. Seese explicó que tenía una historia importante para la AP y necesitaba un telegrafista especial. En la oficina le dijeron que ellos podían tomar cualquier dictado, pero Seese insistió que era una historia importante y larga. El telegrafista Van Camp llegó la noche del 8 y se le consiguió plaza en el Commercial Hotel.

Ignorando que su presencia había sido detectada, Villa se encontró ese día 8 en Boca Grande a los hombres que había mandado a espiar la población estadounidense: Vargas, Carmen Ortiz, Eligio y Alberto García, quienes le dieron indicaciones exactas de la ubicación del hotel de Ravel, el banco y el campamento militar, e incluso le comentaron que había una guarnición de 75 carrancistas en Palomas. Villa preguntó: ¿A qué hora pasa el último tren por Columbus? Le dieron la información, sin embargo no fueron muy precisos en establecer el tamaño de la guarnición estadounidense. Villa no sólo cuenta con esos datos, conoce Columbus personalmente, y el último día uno de los vaqueros, un joven de 17 años, Basilio Muñoz, que era un villista de corazón, le ha contado cosas.

Maud recordaba la llegada a uno de los campamentos de los espías que venían de Columbus y decía que escuchó conversaciones de que su ataque habría de coincidir con la llegada a Columbus de un gran cargamento de armas y municiones. También escuchó a Villa hablar de los muertos en la cárcel de El Paso, acusando a los estadounidenses de haber provocado deliberadamente el incendio.

El 5 de marzo, habían muerto 27 presos en la cárcel de El Paso, que estaban siendo despiojados con una mezcla de creosota, gasolina y formaldehido y un guardia, al encender un cigarrillo, inició el fuego; 19 de ellos eran mexicanos. Había ambiente de motín en Juárez. Villa pudo conocer la noticia si los que llegaban de Columbus le habían llevado los periódicos del día 7.

Se produjo una conferencia del Estado Mayor. Se extendió el plano que Carmen Ortiz había hecho de Columbus con ayuda de sus amigas del Palomas Bar. El plano era muy detallado, se precisaba la línea fronteriza, el campamento militar, la casa de Slocum, la tienda de los Ravel, los dos hoteles. Villa dio órdenes a Cervantes y a Nicolás Rodríguez que detuvieran a Sam Ravel y le prendieran fuego a todas las propiedades de ese hijo de la chingada. Les recomendó a todos que "mucho cuidado con las mujeres y los niños y ancianos. Me los respetan". Designó a Pablo López jefe y le encargó el ataque a la estación de ferrocarril, el telégrafo y el teléfono. José Manuel Castro quedó encargado de sacar el dinero del banco y prenderle fuego. Beltrán atacaría el campamento y Ríos los hoteles Commercial y Hoover.

Al caer la tarde del 8 de marzo de 1916 la columna salió de la hacienda de Boca Grande rumbo al oriente, para desconcertar a los que pudieran haberlos visto; luego, al oscurecer, retomó rumbo hacia el norte.

Notas

a)   Fuentes. Villa seleccionó en San Jerónimo a la columna con la que marcharía hacia el norte. Lejos de la teoría de Katz: *Pancho Villa,* refrendada por Raun: "Pancho Villa, the Columbus raid, and the El Paso jail fire, a critical review", de que la fuerza que llevó a Columbus era todo con lo que contaba. El posterior testimonio de Maud Hawk confirmará la escasez de municiones.

Sobre la condición de voluntarios de los atacantes. Lauro Trevizo dice que en el camino a Columbus se hizo una recluta semiforzosa en Namiquipa de 32 hombres, a los que acusaba de haber sido villistas y luego haberse amnistiado con los carrancistas. Osorio (*Pancho Villa, ese desconocido*) refuta: no parece así porque los detenidos de Namiquipa que dan su testimonio, ni eran amnistiados ni eran obligados, estaban a la espera. "La mayoría de los atacantes de Columbus habían sido reclutados a punta de pistola y se les dijo que pelearan o serían fusilados", dice en la cuarta de forros del libro de Hurst: *The villista prisioners*; se basa en los testimonios de los nueve detenidos heridos en Columbus, pero qué iban a decir, si les iba la vida, cómo les fue. La idea está muy extendida. Como ha podido verse, la composición de la columna incluía voluntarios y un montón de veteranos, a excepción de los vaqueros. Si se observan los testimonios de los 17 últimos presos en Estados Unidos, se verá que eran todos ellos revolucionarios del 1910 o del 1913.

Aunque la orden de movilización a todos los combatientes de Namiquipa y las Cruces, que señalaba que deberían ponerse a las órdenes de Candelario Cervantes, estaba fechada el 20 de febrero, todos los demás testimonios muestran que la columna se formó entre el 17 y el 18. El narrador no encuentra explicación para esta discordancia.

El número de hombres en la columna. En los papeles de Pershing, Box 372 (una copia de los cuales está en el archivo de Braddy), hay una estimación: vanguardia, Candelario Cervantes 90, Nicolás Fernández 60, Villa, escolta cuartel general 80, Pablo López 100, Juan Pedrosa 40, Beltrán 125, o sea 495. Orozco, entrevistado por Sandos ("A German involvement in Northern Mexico, 1915-1916. A new look at the Columbus raid"), da la cifra de 450 a 500; Calzadíaz: *Hechos reales* 5, y Hurtado Olín: *Estudios y relatos sobre la Revolución Mexicana*, dan otro número: 403 hombres. Pero los presos villistas ofrecen la misma cifra de la columna: 403, pero, correctamente, suman la escolta de Villa (105) y los 65 jefes y oficiales que van agregados al Estado Mayor, o sea 573. Esa cifra me parece coherente, es la misma que usa Calzadíaz: *Hechos reales* 7.

David Romo le prestó al autor el manuscrito de John Wright: "My Mother, Maud Hawks Wright", a eso habría que sumar la intervención de Maud en la comisión investigadora Fall (*Investigation on Mexican affairs*). En el testimonio de la señora Moore, también ante la comisión Fall, dice que una mujer fue atendida junto con ella después del ataque a Columbus, que había sido prisionera de los villistas, se llamaba Maud Hawks Wright, vestía un bonete escocés y estaba muy muy sucia; había estado prisionera nueve días; contaba que los villistas comían carne cruda y que dentro de lo que cabe la habían respetado y tratado bien, liberándola tras el combate.

Los quemados de El Paso. Romo: *Ringside seat*. Benjamín Herrera: "El fusilamiento del general Pablo López". Gerald Raun: *Pancho Villa*. Muñoz: *Vámonos con Pancho Villa*, también cuenta la historia pero la sitúa durante la campaña de Sonora. Como motivación para atacar Columbus es absurda, Villa había tomado la decisión muchos días antes. Sólo Maud Hawks menciona que Villa conocía la noticia.

La historia del corresponsal Seese de la AP en Scott: *Some memories*. Stevens: *Here comes*. Frank Tompkins: *Chasing Villa. The story behind the story of Pershings expedition into Mexico.* McGaw: *South West saga* y "Was Pancho Villa paid 80 000 for making raid on Columbus?" El testimonio del telegrafista Murphy en Sandos: *A German...*

Sobre la información previa con que contaban los americanos. Chalkley: *Zach Lamar Cobb: El Paso Collector of Customs and Intelligence during the Mexican Revolution, 1913-1918.* Eisenhower: *Intervention! The United States and the Mexican revolution.* Harris: *Pancho Villa and the Columbus raid.* Slocum a la comisión investigadora en Tompkins. Un soldado de la guarnición aseguraba años más tarde que Sam Ravel le había advertido a Slocum que Villa iría por allí una semana antes. (Carta de Jacobson en el *Southwesterner.*)

Las narraciones de los presos de la Punitiva, que habían estado en Columbus, recogidas en el juicio de 1920 y reproducidas en Calzadíaz: *Hechos* 7, son una fuente valiosísima para reconstruir la marcha de San Jerónimo a Columbus, junto con el trabajo de Hurtado y Olín: "El general Francisco Villa, Columbus y la Expedición Punitiva", y el testimonio del Dorado Villanueva: "Former member of Villa's bodyguard settles old argument; 364 bandits raided Columbus". El testimonio de Jesús Paiz en *Investigation on Mexican affairs.* El diario de Prieto en los "saddle bag papers", copia en el archivo de Haldeen Brady. Calzadíaz: *Hechos reales* 6, con los testimonios de los civiles estadounidenses. Calzadíaz: *Hechos reales* 7, con el testimonio del capitán Muñoz. Calzadíaz: *Hechos reales 5,* con el de Martín Rivera. Katz: "Pancho Villa y el ataque a Columbus". Knight: *La Revolución Mexicana.* I. Muñoz: *Verdad y mito de la Revolución Mexicana* 2.

El apellido aparece escrito indistintamente Rabel o Ravel. He optado por la segunda basado en el testimonio de su sobrino. El hijo del menor de los hermanos contaría muchísimos años más tarde que los Ravel nunca habían tenido negocios previos con Villa, pero todos los demás testimonios lo afirman (Francis J. Munch: "Villa's Columbus raid: Practical Politics or German design?" y *Genealogy of the Ravel family*).

CINCUENTA Y DOS

COLUMBUS

"Me hace usted reír, tía, ¿cómo cree que un bandido como ese va a atacar una ciudad americana? Vaya, vaya...", le dijo el coronel Moore a su tía Susana un día antes del combate en Columbus.

Además, de todas las ciudades americanas, este pueblucho. El teniente Lucas, acantonado en la guarnición de Camp Furlong, que había estado en Filipinas y no le gustaba la frontera comparada con los "encantos del oriente", lo definía así: "Era un racimo de casas de adobe, un hotel, unas cuantas calles donde se hundía uno hasta las rodillas en la tierra, con cactus, mezquites y serpientes de cascabel [...] Tenías muy poco que hacer con mucho tiempo para hacerlo". El pueblo, fundado en 1891, había llegado en 1905 a los cien habitantes y en 1915 tenía 700. Estaba en el borde fronterizo, frente al poblado mexicano de Palomas, 45 kilómetros al sur de Deming, en el condado de Luna, Nuevo México.

Columbus básicamente era un campamento militar fronterizo con 532 soldados y 21 oficiales del 13º batallón de caballería, en torno al cual había crecido una ciudad que el día del *raid* estrenaba su primera sala de cine. El mayor Tompkins, que habrá de ser una figura clave en la historia a ser narrada, añadía: "El pequeño pueblo de Columbus y la guarnición no tenían luz. No había electricidad, gas y pocas lámparas de kerosene. En una noche oscura un centinela no podía ver a cinco metros de sí".

Ramón Puente nos ofrece una descripción geográfica del espacio: Columbus está cortado "por la vía de ferrocarril que lo atraviesa de oriente a poniente y por una carretera que lo cruza de sur a norte: los sectores del oeste son los poblados del caserío, los del este ocupados por el campamento militar [...] el terreno es plano, pero en la porción del suroeste hay unas pequeñas colinas que se llaman Coots Hills".

Villa había estado varias veces en Columbus e incluso había vivido en un cuarto rentado en uno de los dos hoteles, propiedad de Sam Ravel. El sujeto de los odios de Pancho era un emigrante judío lituano que tras haber sido empleado comercial en El Paso puso en Columbus una tienda junto con su hermano Louis, la Ravel Brothers Mercantile, en Boulevard Street. Sam y Louis Ravel vendían materiales de ferretería, herrería, utensilios de cocina, botas, ropa, telas y rifles, pistolas y munición. Durante varios años (desde 1913 al menos) los Ravel habían sido proveedores de Villa, enriqueciéndose con la venta de armas y municiones. En el momento del ataque tenían dos tiendas y dos hoteles. Arthur, el tercer hermano, de 12 años, trabajaba como empleado.

Pasada la medianoche, ya el 9 de marzo, la columna de invasores dirigida por Pancho Villa llegó a la frontera tres millas al sudoeste de Columbus. A lo lejos vieron pasar el tren que venía de El Paso, curiosamente, en él iban nada menos que Luis Cabrera, ministro de Hacienda de Carranza, y Roberto Pesqueira. El tren, llamado por los militares estadounidenses el "especial de los borrachos", porque traía su carga nocturna de soldados que habían ido de permiso a El Paso, se detuvo un momento en Columbus, de él descendió el teniente Lucas, uno de los narradores de esta historia.

Mientras tanto, otro teniente, el villista Cruz Chávez, cortó los alambres de la línea fronteriza a cuatro kilómetros al oeste de la garita de Palomas y la columna avanzó en fila, sigilosamente, hasta llegar a unos 400 metros del campamento del 13º regimiento.

El número de villistas que participó en el combate de Columbus ha sido material de extraña controversia histórica. Prácticamente no hay autor que haya tratado el tema que se exima de ofrecer una cifra, por cierto, extrañamente precisa; no "entre 400 y 500", sino "484", que es el número que Sadler dará en el prólogo al libro de Tompkins; uno más, "485", según Eisenhower, Osorio y Sandos, todos basados en la estimación que ofrece Pershing en su balance de la Expedición Punitiva. Se salvará Boot, que dirá "más de 400". En cambio, serán "403" según Trujillo, Ceja Reyes y Benjamín Herrera; "240" según Ramón Puente, "70 u 80" según Castellanos, "600" según Harris. La estimación aparentemente más exacta la dará el teniente coronel Villanueva Zuloaga, de los Dorados, que ofrece datos muy precisos pero tiene problemas para sumarlos: "390 que salieron de San Jerónimo más los 60 de Namiquipa, más los 16 vaqueros" (y su suma da 463, no, como debería ser, 466); de los cuales Villa dejó 20 hombres cerca del agujero de la alambrada, 15 un par de millas al sur de Columbus y 80 guardaron los caballos, lo cual daría la cifra de 351 atacantes (y no, como dice, 364.) Las exageraciones estadounidenses ofrecen cifras de tres mil según algunos periódicos, "mil" según el *Deming Graphic* del día después, al igual que el primer informe del general Funston; 500 a tres mil según Tompkins.

El autor no está a salvo de entrar en estos debates de menudencias, conforme avanza más este libro; han acabado fascinándolo. Villa llegó a Columbus con 403 hombres de la columna, más los 105 de su escolta y los 65 jefes y oficiales que iban agregados al Estado Mayor, o sea 573. A estos habrían de sumarse los 16 vaqueros que reclutaron forzosamente cerca de Colonia Pacheco. Eso daría unos 589 invasores. Pareciera minucia, hasta que se sitúa en perspectiva histórica: ése es el número de mexicanos que intervinieron en la única invasión de un ejército latinoamericano a Estados Unidos.

Villa ordena que se dejen los caballos en una zanja (bajo la loma) y ahí se quedará él durante el ataque; el joven Paiz le cuida las riendas. El grupo que va a atacar desmonta; cada seis caballos, un soldado para sostenerlos. Ni el Estado Mayor ni la escolta de Villa intervendrán en el combate, la orden es que sólo lo hicieran en "situaciones muy apuradas", y permanecen como reserva en las afueras del pueblo. Los invasores van descabalgados por el tajo, en fila india, con el rifle en la mano.

Entraron en dos columnas dirigidas por Francisco Beltrán y Martín López, Pablo López y Candelario Cervantes, una que iba hacia la derecha, hacia el campamento militar, otra que rodeaba para entrar al pueblo.

El teniente Benton, de la guarnición de Columbus, mientras estaba de patrulla descubrirá poco después un extraño corte en la cerca fronteriza de alambre de púas. En lugar de advertir a la guarnición, intenta averiguar qué ha pasado y permanece custodiando ambos lados de la frontera.

A las 4:25 de la madrugada se inicia el combate a los gritos de "¡viva Villa!", "¡viva México!" y "¡yanquis jijos de la chingada!" El asalto tomó totalmente por sorpresa a los defensores y habitantes del pueblo. Algunos centinelas y los cocineros eran los únicos que estaban despiertos en Camp Furlong. Probablemente el primer tiro lo dio un centinela estadounidense, el cabo Griffith, un tiro al aire, que le costó la vida.

El teniente Lucas despertó y "a través de la ventana abierta vi pasar a alguien montando a caballo" (o no era un villista o algunos invasores, tras el inicio del tiroteo, entraron a caballo en el pueblo). Lucas se escabulle hacia el campamento. El teniente Castleman se despierta cuando un impacto destruye el cristal de su ventana, toma su pistola abre la puerta y va a dar de bruces con un mexicano que le apunta un rifle y que, sorprendido, le dispara y falla; Castleman lo mata de un tiro en la cara y trata de llegar al campamento. Serán los únicos oficiales en reunirse con la guarnición, el resto, que también vivía en casas en el pueblo, fue sorprendido y quedaron cortados. El mayor Tompkins no se incorporó a sus tropas porque su casa "estaba rodeada de bandidos" y había tres mujeres que no podía dejar solas. El capitán Rudolph E. Smyser se escondió con su mujer y dos hijos en la parte trasera de su casa hasta que acabó el ataque, al igual que el teniente William A. McCain, que se cubrió con su mujer y su hija tras un mezquite en la parte trasera de su hogar, donde se les unió el capitán George Williams.

El grupo de Candelario Cervantes avanza hacia el hotel Commercial. Disparan una descarga sobre la ventana del cuarto de Ravel, señalado por Carmen Ortiz. Ríos y Nicolás suben al primer piso, se enzarzan en un duelo con dos estadounidenses que bajaban pistola en mano, a los que matan. Laura Ritchie, la esposa del administrador del hotel, contará: "Parece que todo lo que

les importaba era Sam Ravel". Los coroneles Cipriano Vargas, que morirá poco
después, y Ortiz interrogaron en medio del tiroteo a un par de niños, luego
unas mujeres les dijeron que Sam Ravel había ido a ver al dentista en El Paso.
A causa de la balacera, seis de los huéspedes quedan muertos o heridos. Un
hombre grita en español en la escalera, había matado al coronel Valenzuela.
Candelario Cervantes repetía: "Lo primero es agarrar a ese hijo de la chingada
de Ravel".

Un coronel villista flaco y güero, que será identificado como Juan B.
Muñoz, auxilia a un grupo de mujeres estadounidenses a huir por un callejón. En la memoria de los supervivientes las imágenes son sólo fragmentos
caóticos, mientras se escuchan tiros por todos lados y nadie sabe quién está
combatiendo contra quién.

Cervantes detiene al hermano de Ravel, Arthur, de 13 años, y lo obliga a
que los conduzca a la ferretería. Allí estaba escondido bajo unos cueros el otro
de los Ravel que andaban buscando, Louis, al que no localizan. Cervantes trata
de abrir la caja fuerte de la tienda de Sam sin lograrlo. Se cuenta que los villistas lanzaron pequeñas latas de kerosene que provocaron incendios. Sería eso
o una bala perdida que hizo arder un tanque de cincuenta galones de gasolina
en la tienda de Lemmon and Rommey, el caso es que el fuego se propagó al
Commercial Hotel.

Mientras tanto, en el campamento militar los sonorenses de Beltrán topan contra una desorganizada pero eficaz resistencia de los cocineros, a la que
habrá de sumarse el teniente Lucas con soldados de la tropa F, que tras llegar
hasta donde estaban guardadas las ametralladoras encerradas bajo llave (con
el argumento de que podían ser vendidas a los revolucionarios mexicanos en
500 o 600 dólares), trató de resistir a los atacantes. Lucas, con dos hombres,
se puso a disparar una ametralladora Benet-Mercie que pronto se encasquilló y
tuvo que buscar otra. Finalmente los hombres de Lucas llegaron a tener cuatro
ametralladoras que disparaban hacia los villistas, y junto con los fusileros de
Castleman, poco antes del amanecer los obligaron a replegarse. Aun así, las tropas de Beltrán, en un contraataque, cargaron sobre ellos haciéndolos retirarse.
Ahí es donde se produce el mayor número de muertos entre los soldados villistas y los estadounidenses, según el testimonio de un civil, Edwin Dean.

El fuego se había extendido por el centro de la población y permitía que
los atacantes se destacaran contra la noche. Les disparaban desde el otro hotel
y desde las casas. Laura Ritchie, la administradora del hotel, contará: "Algunos
de los huéspedes sacaban sus armas, pistolas y rifles para hacer fuego contra
los invasores". Según lo que más tarde cuentan los presos, la mayoría de las
bajas, por lo menos en el grupo de Candelario Cervantes, se las hicieron civiles
que disparaban desde las casas y no el ejército. Por eso los villistas incendiaron el otro hotel, el Hoover. "Hubo que prenderle fuego para sacar al que nos
hacía blanco muy certero". Así fue herido Pablo López, una bala que le entró

en la cadera derecha y salió por la izquierda tirándolo del caballo; un tal Báez lo recogió. Jess Fuller, el alcalde de Columbus, le reclamó más tarde al coronel Slocum que se hubiera dejado tomar por sorpresa y se atribuyó muchas de las bajas villistas, porque les disparó a gusto desde su casa, muy cerca del Commercial Hotel. En la zona de Benson hubo 18 villistas muertos.

El grupo que fue hacia el banco no pudo abrir la caja fuerte y perdió mucho tiempo en el intento. Los sonorenses que atacaban el campamento militar se replegaron con un gran botín. Edwin Dean comentó: "Se llevaron todo cuanto podían encontrar". Según el informe oficial robaron 30 mulas, variado equipo militar que incluía 300 Mauser y 80 "caballos finos". No lo eran tanto, Salinas dirá que se trataba de caballos gordos, que no resistieron el viaje por México y de todos ellos sólo uno llegó vivo a Durango.

Al iniciarse el tiroteo Seese arribó al Hotel, tomó al sorprendido telegrafista Van Camp y se escondieron en la estación. Desde allí comenzaron a mandar una versión tremendista de la historia del *raid* de Columbus: "... como menos de 50 soldados defendían el pueblo de 500 villistas".

Hacia las 6:30 el clarín de Julio Peña dio la orden de retirada por órdenes de Candelario Cervantes. Pershing, en un futuro reporte, lo atribuye a que los villistas se habían dado cuenta de que la guarnición era mayor de lo que pensaban. Quizá se trataba simplemente de que habían fallado en encontrar a Ravel y asaltar el banco. El mayor Tompkins sacará una conclusión digna de opereta: "La victoria fue posible gracias al soberbio entrenamiento, disciplina y espíritu del 13º de caballería".

Los heridos que se habían ido llevando a la zanja donde estaba Villa fueron cargados en caballos. Se quedaron cubriendo su salida Fernández y Cervantes, que hacia las 7:15 se replegaron; media hora antes había salido Villa. El combate no había durado más de tres horas.

En la retirada, Candelario Cervantes llega al rancho de los Moore, cuatro kilómetros al sudoeste de Columbus, "... cuando íbamos rumbo al cerrito por donde dimos vuelta para cruzar la línea divisoria, nos detuvimos en una casa a un lado del camino"; Cervantes le preguntó al dueño si estaba ahí Ravel y el otro le contestó que él no era el guardián de Ravel y tomó su rifle. Candelario le descerrajó un tiro. Una señora salió corriendo sin que nadie le hiciera caso. En ese mismo lugar un grupo de villistas trató infructuosamente de arrancar un coche viejo.

A pesar de que ya estaba bien amanecido, se podían ver las llamas en Columbus. La "invasión" había terminado.

La historia es juguetona. Este chapucero ataque debería contarse entre las más mediocres acciones militares de Villa. Mal organizado y peor ejecutado, sin que los atacantes tuvieran una mínima idea del tamaño de la guarnición que iban a combatir, sin saber si el sujeto de sus furias estaba en la ciudad, sin dinamita para volar las cajas fuertes, pasaría a la historia. Así como pasaría a la historia una de las más mediocres acciones del ejército estadounidense, irresponsable en sus labores de inteligencia previas, carente de vigilancia a pesar de las múltiples advertencias, sin mandos en el momento del combate.

Aunque para el autor y para el lector que ha seguido la secuencia de los acontecimientos podría parecer obvio por qué Villa atacó Columbus, el tema ha sido y sigue siendo motivo de un intenso debate académico que de vez en cuando tiene elementos esotéricos. Villa quería golpear a los estadounidenses, estaba convencido desde el regreso de Sonora de que los yanquis se la habían jugado. Lo había anunciado claramente: la intentona de ir hacia los Tres Ríos, las habladas de que iba a atacar El Paso, la acción de Santa Isabel, así lo indican. Era para él una justificada venganza, y las negativas de Sam Ravel a cubrir sus deudas le dio una razón más. El ataque estuvo pensado como una incursión y, si de pasada se conseguía dinero y municiones y se traía la cabeza de Ravel para México, tanto mejor. El autor no cree que hubiera ningún cálculo de provocar una intervención extranjera en México que desenmascarara a Carranza. Katz así lo pensará: "Lo que Villa quería y finalmente consiguió fue una intervención estadounidense limitada". El narrador no acaba de creérselo, pero tampoco de excluirlo. Villa, contra lo que algunos de sus más simplistas biógrafos creen, pensaba en más de un nivel.

Notas

a) Fuentes.

Ramón Puente: *Villa en pie*. Boot: "The Savage Wars of Peace: Small Wars and the Rise of American Power". Tompkins: *Chasing Villa*. Calzadíaz: *Hechos reales de la revolución 6*, "¿Por qué Villa atacó Columbus?" Bill Mc Gaw: *Southwest saga*, "Did Villa raid…" y "Did Villa ride a Motorcycle…" Miguel Alessio Robles: "El asalto a Columbus". Bill Rakocy: *Villa raids Columbus*. Katz: "Pancho Villa y el ataque a Columbus". Harris: *Strong man*. Hurst: *The villista prisioners of 1916-17*. Hurtado y Olín: *Testimonios y relatos*. Elías Torres: *Hazañas y vida*, "El asalto a Columbus" (basado en los testimonios de civiles estadounidenses) y "Sangre fuego y desolación". Los testimonios de Jesús Paiz y la señora Moore en la investigación de la comisión Fall, *Investigation on Mexican affairs*. José C. Valadés: *Historia de la Revolución Mexicana 5*. Alberto Salinas: *La Expedición Punitiva*. Ernesto Ríos PHO 1/83. Francisco Muro Ledezma PHO 1/97. SRE LLE801/32 (recortes de prensa sobre la Punitiva y Columbus). Bush: *Gringo doctor*. Ramón Rentería: "Mexican view: Vengeance brought Villa to Columbus". Eisenhower: *Intervention*. Trujillo: *Cuando Villa entró en Columbus*. Osorio: *Pancho Villa, ese desconocido*. Ceja Reyes: *Francisco Villa, el hombre* y *Cabalgando con Villa*. Benjamín Herrera: "El fusilamiento del general Pablo López". Castellanos: *Francisco Villa, su vida y su muerte*. Villanueva Zuloaga en "Former member of Villa's bodygard…", "Villa attacks Columbus, NM". Braddy: *Cock of the walk*, Edgcumb Pinchon: *Viva Villa! A recovery of the real Pancho Villa, peon, bandit… soldier… patriot.* Lansford: *Pancho Villa, historia de una revolución.* Medina: *Francisco Villa. Cuando el rencor estalla.* Scott: *Some memories.*

La versión estadounidense del número de soldados y habitantes puede obtenerse en: Tompkins: *Chasing…* Los números de la guarnición estadounidense no coinciden; en esto los narradores estadounidenses de Columbus parecen villistas. Utilizo la cifra de McGaw, que coincide con el dato de Ceja Reyes, pero aumenta los oficiales a 71, añade 68 comisionados administrativos y menciona a los 50 carrancistas al mando del

capitán Alfredo Melrose en la garita de Palomas (que parece eran 75). Tompkins da la cifra de 266 combatientes. Max Boot dice que el coronel Slocum tenía 500 hombres y 350 estaban en el campo esa noche. Respecto del número de habitantes civiles las cifras también varían, van de los setecientos mencionados a dos mil.

Un soldado ante la zona devastada.

El robo de los caballos. Ni en eso hay acuerdo. El reporte oficial dice que 80, pero son 94 según el *New York Times.* Salinas, en su libro sobre la Punitiva, pondrá la cifra en "30 o 40 caballos" y Miguel Alessio dirá que eran 50.

Hay una cierta confusión con los trenes. La retirada coincidió con la llegada del tren que venía de El Paso, o el de Douglas a El Paso pasando por Columbus. ¿En cuál iban Pesqueira y Cabrera? ¿En el nocturno o en éste?

Un reloj de pared con impactos de bala.
Foto de W. Horne.

Dos documentales aportan información: *Early Columbus and Pancho Villa's raid* y *The hunt for Pancho Villa;* y dos novelas: *Vámonos con Pancho Villa,* de Rafael F. Muñoz, y *Columbus,* de Ignacio Solares.

b) ¿Estaba? Una de las mil y un polémicas que el ataque a Columbus produjo y que a lo largo de los años se mantiene, tiene que ver con la presencia de Villa durante los

La zona del centro de Columbus ardió
totalmente.

acontecimientos. Pancho Villa no estaba allí, dirán Edgcumb Pinchon, Mc Neely, Lansford, Elías Torres, el doctor Bush ("esto seguro"). Tom Heady (en Paterson) dirá que estaba en Chihuahua enfermo y allí lo vieron algunos viejos conocidos estadounidenses.

Pero McGaw, basado en los testimonios de Juan Favela, que lo vio en Palomas y alertó a las autoridades de Columbus, dirá que "Pancho estaba parado en el porche de la oficina de Palomas Land and Cattle", y la señora Parks asegura que estuvo de pie durante media hora al lado de Pancho, que dirigía el combate en Columbus: "Traía un uniforme de brigadier, con gorra en la que había un águila bordada en oro sobre fondo negro"; la mujer añade que había visto muchas fotos de Villa y que no cabía la confusión (sin duda había visto muchas fotos, porque ese uniforme es de una foto antigua; Villa no usó el viejo uniforme de general en la época de la guerrilla). George Carothers decía que Villa afirmaba haber estado allí, pero Carothers y Villa no volvieron a verse jamás. J. B. Vargas dice que Villa dirigió el combate desde el segundo piso del depósito del tren, pero Vargas no estuvo en Columbus. Rentería, uno de los presos que serán ahorcados, en el juicio afirmó que Villa había estado en el pueblo. Orozco (citado en Sandos) dice que éste vio al Dr. Rauschbaum y a Villa entrar personalmente al banco y salir con unos sacos cargados de dinero (pero Rauschbaum no estuvo en Columbus y la caja del banco nunca fue abierta).

Algunos dirán que Villa no cruzó la frontera. Medina y Elías Torres lo sitúan en Palomas, desde donde dirigió la acción, pero Palomas se hallaba en manos carrancistas.

Lo cierto es que todos los testigos villistas que estuvieron en Columbus lo sitúan en las afueras de la ciudad, en la zanja donde quedaron los caballos. Scott obtuvo el testimonio de un cirujano que curó al niño que le sostenía el caballo a Villa y asegura que ninguno de los dos entró al pueblo. Hurtado asegurará que Villa se quedó en el tajo y en el mismo sentido lo harán Villanueva y Durazo (en Calzadíaz: *Hechos* 6). Jesús Paiz dijo en el juicio que le había estado sosteniendo el caballo en la zanja: "No estaba en el pueblo; no dentro del pueblo, estaba afuera". El autor ha optado sin dudas por estas últimas versiones.

c)   ¿Montaje alemán? En los últimos años multitud de trabajos han aparecido en el mundo académico estadounidense (que de vez en cuando enloquece y se repleta de serios profesores tornados cronistas de nota roja en busca de notoriedad) varios trabajos sugiriendo que el ataque a Columbus fue armado, sugerido, inducido por el espionaje alemán. Katz estudió el asunto seriamente y descubrió pruebas del interés alemán en provocar una intervención en México, pero no de que hayan tenido las manos metidas en Columbus. Dernburg, jefe de la propaganda alemana en Estados Unidos, sometió al Almirantazgo un plan al respecto (mayo de 1915). Partía de una conversación con Felix Sommerfeld, que le había dicho que él podía haber provocado la intervención al ser el traductor solitario en las conversaciones entre Villa y Scott. El alto mando alemán dijo que sí. La intervención podía detener el flujo de armas a los aliados y bloquear la anglofilia de los estadounidenses al tenerlos ocupados. Ese mismo mes, en Washington dos agentes alemanes, J. M. Keedy y Eduardo Linss, actuaban como agentes de Villa, probablemente recomendados por Sommerfeld. No hay ninguna prueba en los archivos alemanes de que hayan estimulado, sugerido o apoyado el golpe de Columbus. Casi inmediatamente después del ataque, el jefe de la oficina mexicana del ministerio de Relaciones Exteriores de Alemania buscó la manera de proveer de armas a Villa. No parece haberlo logrado.

Otros autores como Francis J. Munch y Meyer exploran el tema, pero si bien encuentran la relación de Sommerfeld con el contraespionaje alemán "entre agosto de 1914 y abril de 1915", recibiendo dinero y sin duda usándolo en las transacciones económicas en las que estaba envuelto Villa con empresas manufactureras de muniçiones, no pueden establecer en 1916 la conexión con Villa, que se había roto hacía un buen tiempo.

El más aventurado es George Sandos, que con pedacería especulativa trata de sugerir una importante presencia alemana en torno de Villa. Su pieza maestra es aquel doctor conocido como Lyman B. Rauchs o Rauchsman o Rauschbaum, incluso Whischmann (como lo recuerda Brondo), pero éste hacía mucho tiempo que se había alejado de Pancho, aunque Sandos lo hace reaparecer con grado de coronel y dice que Villa, antes de comunicarle sus planes a la gente, se los presentaba a él, o que en diciembre de 1915, mediante Rauchsman, Villa intentó realizar un retiro en el banco de Columbus y le dijeron que no tenía fondos. Y entonces Villa decidió hacer el retiro personalmente.

(Jim Tuck: "Pancho Villa was a German Agent?" James Sandos: "A German involvement in Northern Mexico, 1915-1916. A new look at the Columbus raid". Katz: "Pancho Villa y el ataque a Columbus". Michael C. Meyer: "Villa, Sommerfeld, Columbus y los alemanes". Francis J. Munch: "Villa's Columbus raid: practical politics or German design?" SRE LE 810 R L.1.)

d)   El ataque a Columbus opacó otras historias menores de ataques villistas en la zona fronteriza. El 7 de mayo una partida de 200 hombres al mando de Plácido Villanueva cruzó el río en las cercanías de Ojinaga y combatió en Glenn Springs. Tras haber saqueado el rancho de Deemer, atacaron a fuerzas regulares e irregulares gringas. El 17 de junio, otra partida al mando de De la Rosa atacó San Benito, en Texas, e incendió la población (Muñoz: "¿Historia, novela?").

e)   Literarias. "Llueve hacia arriba. La gallina muerde al zorro y la liebre fusila al cazador. Por primera y única vez en la historia, soldados mexicanos invaden Estados Unidos. Con la descuajaringada tropa que le queda, quinientos hombres de los muchos miles que tenía, Pancho Villa atraviesa la frontera y gritando ¡Viva México! asalta a balazos la ciudad de Columbus". (Eduardo Galeano: *Memoria del fuego, 3.*)

Entre las explicaciones exóticas al porqué de Columbus, pero avalada por la fantasía de la literatura, habría que añadir la del poeta Marco Antonio Jiménez ("Dos cuidados de la guerra"), que tras reproducir un diálogo entre Apollinaire y Villa llega a la siguiente conclusión en boca de Pancho. "Pero recuerde que la causa no terminará hasta no ver cabalgar talegas de puro bien de pobre. Pactemos no morir hasta que los montes propalen el conocimiento y la concordia. Por lo pronto ya pardea el lomerío, mañana avanzaremos". (En marzo de 1916 Guillaume Apollinaire recibe una mortal herida de obús. Enfurecido, Villa atacó Columbus.)

CINCUENTA Y TRES

TRAS LOS VILLISTAS

Tras la salida de los atacantes de la población, los primeros en reaccionar fueron un grupo de vecinos que el coronel Slocum trató de frenar sin lograrlo, pero no fueron más allá del rancho de Moore.

Los invasores pasaron la línea divisoria a las a 8:10 de la mañana. Los testimonios villistas abundan en la idea de que no hubo persecución tras el ataque a Columbus: "Nadie nos persiguió. No hubo ningún combate", dirán. "En ningún momento fuimos nosotros alcanzados por nadie que nos persiguiera. Vimos una fuerza de caballería que llegó a la línea divisoria. Pero de ahí no pasó". Quizás esto se deba a que los mexicanos no se retiraban en una columna, sino que se dispersaban en varios grupos que tendrían perspectivas diferentes, con una orden de concentración en el futuro.

La versión estadounidense está basada en el testimonio del mayor Frank Tompkins, quien sin duda dirigía esa fuerza de caballería estadounidense del 13º regimiento. El coronel Slocum había subido a la loma de Cootes para observar la retirada de los villistas y Tompkins le pidió permiso para perseguirlos. "Nos tomó 20 minutos" montar 29 hombres de la tropa H. Al llegar a la frontera, donde la cerca estaba cortada, unos 250 metros hacia el sur, Tompkins vio un pequeño cerro donde había un grupo de mexicanos que daba cobertura a la retirada. Y en la versión del mayor estadounidense cargaron sobre ellos. Mariano Jiménez, uno de los villista cuenta: "Avanzaban hacia nosotros gritando hurra y alzándose sobre los estribos para apuntar las carabinas. Los esperamos al estilo mexicano, con las riendas en la izquierda y el rifle en la derecha, dejándolos llegar tan cerca como era posible con sus gordos caballos. Dispararon, respondimos y se retiraron a Columbus". En ese choque los villistas tuvieron dos bajas, una de las cuales fue un soldado llamado Cruz Chávez que murió esa misma tarde en La Ascensión. Beltrán reportó a Villa que había capturado 12 caballos de los perseguidores y les había hecho 12 prisioneros.

Pero en la versión de Tompkins la carga hizo dispersarse a los mexicanos, les causaron 32 muertos y capturaron varios caballos. Salinas Carranza, comentando años más tarde el informe de Tompkins, dirá: "¿No se habrá dado cuenta de que su libro va a ser leído también por militares? ¿Cree que una tropa bisoña en número de 29 hombres puede causar 32 bajas?"

Este es el último registro de un combate en las fuentes villistas. El mayor Juan B. Muñoz dirá: "Nadie nos persiguió en nuestra retirada [...] Lo habríamos sabido pues nosotros éramos los de la retaguardia. Si a nosotros que éramos la mera retaguardia no nos persiguieron, ¿cómo podían haber batido al general Villa que nos llevaba media hora de ventaja?". Rafael Muñoz, narrando la retirada, dirá: "Cuando Pancho Villa corría no lo alcanzaba nadie".

Pero en la versión de Tompkins, el mayor pidió permiso en una nota a Slocum para continuar la persecución en territorio mexicano y le contestaron que usara su juicio. Lo hizo y avanzó. El segundo encuentro, según él, se producirá cuando sean ya 56, porque se habrán sumado 27 hombres de la tropa F de Castleman. Tompkins contará que en 30 minutos alcanzaron a los mexicanos y a "400 yardas de ellos, y habiendo hallado abrigo para los caballos, desmontamos y rompimos el fuego, obligando a la extrema retaguardia a replegarse [...] matando e hiriendo a varios". Salinas comentará: ¿Descabalgaron para combatir a un enemigo que huía?

Según esto se combatió alrededor de 45 minutos contra 300 villistas. "Mis hombres contaron entre 75 y 100 muertos en territorio mexicano". No hubo bajas en la caballería estadounidense, aunque el mayor Tompkins y su caballo recibieron leves heridas y una bala le atravesó el sombrero. Tompkins dirá que después de eso, y con los caballos cansados, se retiró. Salinas habrá de comentar: "¿Qué caballo se fatiga y aún desfallece en cuatro horas?". Sadler, en el prólogo de la 2ª edición del libro de Tompkins, colaborará a dar forma a esta historia sin duda fraudulenta: "Por más de seis horas las fuerzas inferiores en número de Tompkins galoparon 15 millas en México y mataron docenas de villistas antes de retornar a Columbus cuando se quedaron escasos de municiones".

El general Pershing, muy cauteloso, no habla de la persecución de Tompkins en su informe y sólo reseñará que el propio Villa, ya en territorio mexicano, se quedó en un cerrito con una escolta de unos 30 hombres para cubrir la retirada de los grupos que se habían demorado.

A Tompkins le darán en 1934 la cruz de servicios distinguidos, 18 años después de los sucesos, cuando Columbus es mito y no hay villistas presentes que puedan opinar sobre el asunto.

Poco después de que se habían retirado los invasores llegaron de Deming a Columbus 20 automóviles cargados de gente armada "hasta los dientes para seguir a los villistas". Habían sido alertados por Grost, el dueño de la mueblería, que tras haber sido herido había llevado el aviso.

Curiosamente, será Otis Aultman, el más villista de todos los fotógrafos, el primer reportero gráfico en llegar a Columbus, trabajando para la AP. Manejó 75 millas desde El Paso en tiempo récord. "El pueblo estaba en ruinas y la gente histérica". Walter Horne también estaba allí y rápidamente se fue a fotografiar a los muertos. Captó un enorme zanjón en el que varios hombres arrojaban cadáveres de los 73 villistas que habían caído en el ataque a Columbus.

Tomó también una foto de un reloj de pared perforado por las balas. Otro de sus colegas captó a los siete prisioneros que estaban esperando juicio. En la segunda fila puede verse al joven Paiz.

Muy poco después, la tarde del 9 de marzo, llega a Columbus George Carothers. Entre otras cosas revisa los documentos encontrados en las alforjas de un oficial villista muerto (Prieto). No tiene duda, y así lo afirma, que Villa ha dirigido el ataque. Carothers, que en su día se hizo rico con Villa, hoy asegura que no sólo Villa estuvo en Columbus sino que también es responsable de la matanza de Santa Isabel. "Se puede establecer el hecho de que (Villa) nos ha declarado la guerra desde el pasado diciembre". Poco después, el 13 de marzo, le escribirá una carta al general Scott en la que llama a Villa loco, "ansioso de matar estadounidenses". Scott se verá obligado a renegar públicamente de sus simpatías por Villa. Ser villista a partir de estos momentos en Estados Unidos no es negocio ni es rentable políticamente.

Mientras tanto, los atacantes se concentraron en el punto acordado, un lugar llamado Vado de los Fusiles, donde abandonaron los carros de mulas sacados del campamento militar. Rafael Muñoz cuenta que Villa dijo: "A ver si ahora se confirma que Pancho Villa estaba muerto". Se da un descanso y se pasa lista de presentes, faltan 100 de los que entraron en Columbus entre muertos, presos y dispersos (de estos, 23 llegarían al día siguiente), vienen varios heridos. O sea, que las bajas en Columbus y en la persecución no podrían ser más de 70, más los siete prisioneros. La información villista se acerca mucho a la estimación del capitán Lucas, que da 67 muertos y cinco prisioneros heridos; otras fuentes exageran el número, como Tompkins, McGaw, Racozy o el propio Pershing. Lo que sorprende es que haya tan pocos heridos y tantos muertos; habitualmente en un combate la cifra de heridos triplica la de los muertos; al parecer no le faltó razón a Calzadíaz cuando aseguraba años más tarde que a los mexicanos heridos en Columbus "los remataban a balazos".

En Columbus se estaba procediendo a otro recuento de bajas, los caídos en el combate del lado estadounidense. La lista oficial incluía 10 civiles, entre ellos una mujer, esposa de un oficial, que se había encerrado en el hotel que se incendió, y dos muchachos mexicanos. Los militares muertos son 13, pero existe una foto del velorio en el libro de Racozy, en la que se ven fragmentariamente los ataúdes y al menos hay 17.

NOTAS

a) Fuentes. Reporte de Pershing en Hurst: *The villista prisioners*. Max Boot: *The Savage Wars of Peace: Small Wars and the Rise of American Power*. Tompkins: *Chasing Villa*. Alberto Salinas: *La Expedición Punitiva*. Calzadíaz: *Hechos reales* 6. Aurora Nuñez y Amanda Taylor: "Otis A. Aultman Captured Border History in Pictures". Harris:

La tumba colectiva de los villistas muertos en Columbus. Foto de W. W. Horne.

Los siete villistas presos en Columbus, cinco serán fusilados. Charles Poe Photo collection.

Strong. Scott y Carothers en los papeles de Scott (caja 19), copia en el archivo de Braddy. Bill Rakocy: *Villa raids Columbus*. McGaw: *Southwest Saga*. El testimonio de Homero Esparza en Osorio: *Pancho Villa, ese desconocido*. Rafael F. Muñoz: *Vámonos con Pancho Villa*.

b) "Los papeles de la alforja". Tras haber sido leídos por Carothers *in situ*, el general Frederick Funston los estudió en los cuarteles generales del ejército del sur en el fuerte Sam Houston. De ahí se perdieron. Causó abundante humo y tinta la desaparición temporal de los papeles que habían sido clasificados de forma extraña y cuya tarjeta de referencia estaba encubierta por otras. Muchos investigadores, como Braddy, Clandenen y Sandos, hablan de los "papeles perdidos".

Braddy llegó a decir que nunca habían existido. Varios historiadores hicieron mención de ellos, pero a partir de referencias indirectas, lo cual creó un enigma respecto de su verdadero valor. En enero de 1975 aparecieron en los National Archives de Washington, donde estaban traspapelados, y fueron recuperados por Harris y Sadler, quienes en 1975 escribieron un reporte: "Pancho Villa and the Columbus Raid. The missing documents". Las alforjas contenían una serie variada de documentos de la secretaría de Villa, desde 52 comisiones para oficiales sin firma, de septiembre de 1915, hasta cartas en las que le pedían a Villa resolver problemas personales, pasando por su discurso sobre los mormones, la carta a Zapata de enero de 1916 y el diario de Prieto. Una copia de los "Papeles de la alforja" en la colección Braddy.

CINCUENTA Y CUATRO

LA BALA FRÍA

De julio de 1915 a junio de 1916 grupos de mexicanos, villistas o simplemente bandoleros, atacarían 38 veces el territorio estadounidense, provocando la muerte de 37 estadounidenses, entre ellos 26 soldados, más bajas que en Columbus. Estas incursiones se ventilaron en la prensa como historias menores. Lo que hacía que el asalto a Columbus no fuera un ataque cualquiera, era que había sido obra de Francisco Villa. En medio de un clima cercano a la histeria, el senador Fall llamaba a formar una milicia de medio millón de hombres para intervenir en México. El secretario de la guerra Newton Baker, recién estrenado en su cargo, ordenó a Funston que creara una columna militar en Columbus para perseguir a Villa.

Hugh Scott, que conocía bien a Pancho, le preguntó a Baker: "Señor secretario, ¿quiere que Estados Unidos le haga la guerra a un solo hombre? Suponga que se sube a un tren y se va a Guatemala, Yucatán, o América del Sur. ¿Lo perseguiríamos? [...] Usted lo que quiere es que su banda sea capturada o destruida". Con unos objetivos tan vagos como esos, y más respondiendo a la presión pública y sin tomar en cuenta para nada a sus nuevos aliados carrancistas (a los que les cobraría ahora el apoyo en Sonora y el rápido reconocimiento), el 11 de marzo la Casa Blanca anunció que una fuerza sería enviada de inmediato en persecución de Villa, comandada por el general brigadier Jack Pershing, cuya larga carrera de combate, su mediano conocimiento del español y sus previos contactos con Pancho Villa cuando comandaba la guarnición de Fort Bliss, en El Paso, parecían calificarlo para el asunto. Pershing tenía 55 años y muy poco que perder en la vida.

Carranza, camino a Guadalajara, recibió un telegrama en que le informaban de lo sucedido en Columbus. Se levantó los lentes, no sabía bien qué hacer. Le anunciaban también una declaración de Pershing diciendo que iba a entrar a México a perseguir a Villa. Carranza pospuso su viaje y regresó a Querétaro. Para salvar la imagen ordenó a su ministro de relaciones exteriores, Cándido Aguilar, que negociara con su homólogo Lansing un acuerdo de reciprocidad para la posibilidad de perseguir a forajidos más allá de las fronteras, ya firmado por México en el siglo XIX. Con sólo esta proposición, y sin firmar ningún tipo de convenio, el gobierno estadounidense decretó la intervención.

El 13 de marzo Lansing respondió a la nota del gobierno mexicano diciendo que los pasos de fuerzas armadas en la frontera persiguiendo "hombres fuera de la ley" serían recíprocos, y que dado que aceptaba la sugerencia mexicana, la interpretaba como permiso. El pacto estaba en vigor. Si los estadounidenses iban a ayudarlo a librarse de Pancho Villa, Carranza estaba dispuesto a pagar los costos políticos de haber autorizado una intervención militar extranjera en territorio nacional. No era ni mucho menos la actitud que había tenido dos años antes frente a la invasión de Veracruz.

¿Esperaba Villa esta cadena de reacciones? Sin duda. Era coherente y confirmaba lo que había venido denunciando en los últimos cinco meses. Puede ser que estuviera decepcionado por la poca eficacia del ataque a Columbus. Ravel había escapado, habían sufrido muchas bajas, no habían podido abrir las cajas fuertes del banco, habían consumido muchísimas municiones sin recuperar ninguna. Culpaba a Candelario Cervantes y a Nicolás Fernández por haberle dado mala información. Pero lo que menos parecía preocuparle era que iba a tener que combatir en dos frentes.

Siguiendo la costumbre ordenó a la partida que se dispersara y fijó como punto de encuentro La Ascensión, el 10 de marzo, a donde llegarían en la noche. La mañana del 12 estarían en la hacienda de Corralitos.

Entre las muchas historias delirantes que se cuentan, hay una en particular que merece la pena rescatarse, por la cantidad de datos que acumula y por la manera como se arma. Es la que tiene que ver con el periodista de la AP, George Seese. Al hacerse público el reportaje, el nombre de Seese circuló ampliamente y, reconocido por el padre de su nueva esposa, fue acusado de bigamia porque estaba casado previamente en Nueva York. El padre amenazó con ir a Columbus y darle un tiro. Seese salió de allí huyendo a Canadá. Le entregó a Van Camp un sobre con dinero y le dijo que fuera el domingo 12 al garage de Evans, que ya estaba el coche pagado para ir a una cita con Villa en lago (laguna) Guzmán, 50 millas al sur de Columbus. Ahí debería entregarle a Villa 80 mil dólares. Evans, el taxista, dice que así lo hicieron. Villa llegó unos minutos tarde, acompañado de dos hombres a caballo, y uno de ellos contó los billetes, Van Camp regresó y tomó un tren a Chicago.

Si bien es cierto que Villa pasó cerca de Laguna Guzmán poco antes del domingo, ninguna fuente entre los villistas parece confirmar esta reunión. El autor de la versión, George McGaw, dice que era dinero del gobierno estadounidense que pagaba la intervención en Columbus. La historia se cae por sí misma. ¿Villa necesitaba 50 mil dólares para provocar una intervención? Él, que en esos años mantenía entierros de varios millones de dólares guardados a lo largo de Chihuahua y Durango. ¿Era el general Villa, que hacía unos meses había comandado la División del Norte, un guerrillero que podía ponerse a sueldo?

Lo que es cierto es que posiblemente en las cercanías de Laguna Guzmán, como cuenta el coronel Nieto, Villa se separó de la columna para hacer uno de los entierros habituales. No podían ser armas o municiones, que no habían obtenido en Columbus, y no se trataba de dinero obtenido en la incursión. ¿Existió la reunión con el enviado de Seese? Si es así, ¿por qué le entregaba dinero a Villa?

Mientras tanto Pershing obtuvo cuatro regimientos de caballería, 7°, 10°, 11° y 13°, y dos de infantería, 6° y 16°, que serían usados para proteger los campamentos, y ocho cañones de montaña. La campaña estaba diseñada como una operación de caballería, al estilo de las previas de las guerras apaches. Sumó un escuadrón de ocho aviones bajo el mando del capitán Benjamin D. Foulois. El escuadrón contaba con ocho viejos Curtiss IN-3, los llamados Jennies.

Villa, con sólo 380 hombres, llegó el 13 a Galeana tras pasar por Colonia Dublán y fue alejándose hacia el sur de la frontera. Al día siguiente participará en un mitin muy concurrido en el pueblo: "No más cartuchos para los mexicanos, ahora para los gringos".

El día 14 llega a El Valle, donde dirá en un acto público: "Los estadounidenses están por entrar a México a combatirnos". Hay leva de soldados.

El novelista Rafael F. Muñoz dice que Villa dijo en respuesta a las declaraciones a la prensa de Pershing:

—¡Ay qué la chicharra! Mi amigo Pershing, que me llamaba el Napoleón mexicano, que me llevaba a revisar sus tropas al fuerte Bliss y parecía satisfecho de retratarse conmigo, ahora me va a coger vivo o muerto.

El 15 de marzo, tras otras de esas cabalgatas infernales, llegará a San Miguel Babícora, la hacienda de Hearst. Parecía un acto de justicia. Mientras los periódicos de la cadena Hearst clamaban: ¡Pancho Villa vivo o muerto!, Pancho ocupaba su hacienda. José María Jaurrieta contará cómo años más tarde le dijeron que cabalgaba un caballo histórico, el Turena, que le regaló Ángeles y con el que había montado en Zacatecas, con un texano muy fino en la cabeza, pero envuelto en un cobertor común y corriente a rayas, de lana, de los que tejen en la sierra tarahumara.

Ese mismo 15, a mediodía, la primera parte de las tropas de Pershing cruzó la frontera estadounidense en Columbus hacia Palomas. Habían pasado seis días del ataque. Llevaban al mayor Frank Tompkins al frente (al que se le pagaba así la "heroica" persecución de Columbus), en la posición de honor. Poco después de la medianoche otra parte de la columna cruzaba desde Culberson's Ranch, Nuevo México, dirigida por el propio Black Jack Pershing a caballo. El punto de contacto era La Ascensión, por donde se decía que había pasado Villa. Pershing tenía bajo su mando 4,800 hombres. Una columna de esas dimensiones necesitaba, cada semana, 23 toneladas de raciones, misceláneos y ropa, 40 toneladas de combustible y 70 toneladas de forraje para los caballos. Los abastecimientos comenzaron a organizarse, pero "resultaron un caos durante meses".

Un mensaje del ministro de Guerra Obregón, enviado a los gobernadores carrancistas, iniciaba: "Habiendo un convenio de nuestro gobierno con el de los Estados Unidos [...] para que tropas de uno y otro puedan atravesar la línea divisoria en persecución de bandidos..." Adolfo de la Huerta, en respuesta a Obregón, reportaba el descontento entre los mandos militares constitucionalistas por haber dejado pasar a la Punitiva. El subsecretario Serrano informaba que Diéguez y los yaquis estaban "rabiosos".

La columna estadounidense se iba a reunir en La Ascensión, pero recibieron información de que Villa había pasado por Casas Grandes y se dirigieron hacia Colonia Dublán, a 125 kilómetros de la frontera, en el oeste de Chihuahua, donde llegaron el 17. Allí habrán de establecer su base y desde ella Pershing diseñó lo que sería el esquema de la primera fase de la campaña. Tres columnas móviles de caballería, que avanzarían hacia el sur, una de ellas cortándole el paso a Villa a Sonora (¿quién sabe por qué Pershing pensaba que Villa podría dirigirse hacia Sonora, un territorio hostil, que además no conocía como el de Chihuahua y Durango) y las otras dos en movimiento hacia el sur, siguiendo la ruta de los rumores. Las comandaban James Erwin (que pronto sería substituido por Dodd), el coronel Brown y el mayor Evans, unos 1,200 hombres en total. Con pésimos mapas, bajo el calor de los días del desierto y los fríos nocturnos, mal equipados por el Departamento de Guerra, que pensaba que no necesitaban ropas de abrigo en el clima mexicano.

Pershing, en Dublán, supo del paso de Villa por Babícora y mandó la columna de 700 hombres del 7º de caballería del coronel Erwin tras él. Cuando llegaron, Villa se había desvanecido. El primer intento había fallado. Erwin avanzó hacia el sur siguiendo sus huellas.

El 16 los villistas ocuparon Namiquipa, casi 250 kilómetros al sureste de colonia Dublán. Cerca de ellos pasará una columna de carrancistas que pareció ignorarlos. Ese mismo día los capitanes Dodd y Foulois hicieron un vuelo de reconocimiento. Calzadíaz cuenta que en la tarde voló sobre el pueblo un aeroplano de color amarillo.

—Pepe, avísale al jefe que ahí viene un aeroplano por el norte.

Un grupo de generales, con Villa al frente, contempló las evoluciones. Luego se hizo el silencio.

—Ahí vienen los güeros y pronto veremos cuántos sombreros salen sobrando, ya veremos a cómo nos toca.

Los pilotos del avión nunca se enteraron de que habían descubierto el paradero de Pancho Villa.

Un par de días de descanso en una zona en la que se sentían seguros. En la brigada se atiende a los heridos, dirige el trabajo un enfermero de apellido Riquetti o Enriqueti, un italiano que vivía en Namiquipa, con la ayuda de los curanderos del pueblo. En la noche Villa envía a Pablo López, baleado en las dos piernas en Columbus, hacia el sur junto con otros heridos, escoltados por

Jesús Manuel Castro. Villa escribe un par de notas, una a Llorente, en Estados Unidos, que incluye un "pliego" para Roque González Garza, diciendo que con el ataque a Columbus se ha vengado "el honor de los hombres libres de México"; la segunda nota era un mensaje a los jefes carrancistas, proponiéndoles un cese el fuego mientras los estadounidenses estuvieran en territorio mexicano.

El 19 de marzo Villa se estaba bañando en un chorro de agua cerca del Molino cuando a las cinco de la tarde apareció por el barrio de la Hacienda la partida de carrancistas de Ervey González (otros dirán que eran las fuerzas del coronel Salas) y chocaron contra los villistas de Candelario Cervantes. Villa concentró 125 hombres que andaban descansando en el barrio del Molino y dijo: "Ahorita los coleamos. Una línea desplegada de dos kilómetros en esa loma para que piensen que somos muchos". Con eso los hicieron correr y fueron detrás de ellos como fieras. Les hicieron 43 muertos, detuvieron a 24 soldaderas y se quedaron con 100 rifles y 100 caballos.

Salieron la noche del mismo 19, llegaron el 20 al Rosal, el 21 a Quemada y el 23 a Rubio, nuevo punto de concentración. Allí Villa esperó infructuosamente a Nicolás Fernández, con el que estaba citado desde que se separaron, pero que chocó con los carrancistas en Las Ánimas y perdió buena parte de su tropa. Trae cerca una de las columnas de la Punitiva, la del mayor Evans, que llegará a Rubio dos días después.

Los soldados estadounidenses de caballería cargan diez paquetes de pan duro, pero las alforjas reglamentarias solo permiten llevar seis, 11 onzas de tocino, el equipo individual de cocinar, el costal de la cebada del caballo, peine y cepillo para el pelo, 90 cartuchos en el cinturón, 60 en una canana sobre el hombro izquierdo y "persiguen a unos soldados que llevaban unos cuantos cartuchos, una frazada y un morral con tortillas y carne seca". Los estadounidenses hacían sus marchas de las seis y media de la mañana a las siete y media de la tarde, recorriendo de 28 a 35 kilómetros al día. Salinas Carranza, ironizando, comentará que "nuestras soldaderas a pie recorrían esa distancia".

Pershing, en su balance de la Punitiva, dirá: "La información sobre Villa obtenida de las tropas del (gobierno de) facto, en la que se basaban los movimientos de nuestra columna, era tan completamente variante respecto a los hechos y en esos momentos tan conflictiva, que era claramente evidente que pretendían impedir que los estadounidenses capturaran a Villa [...] Prácticamente cada fuerza mexicana que habíamos encontrado hasta ahora había pretendido cuestionar nuestro derecho a estar en México". ¿Era cierta esta perspectiva? Quizá no distinguía entre la voluntad de Carranza y Obregón y la disposición de los mandos medios.

Villa, en esta primera fase, desciende hacia el sur, no parece llevar demasiada prisa, ha tomado varios días de descanso, pareciera que, sin buscar el choque con los estadounidenses, quisiera dejarlos acercarse, atraerlos para encontrarlos más tarde en el interior de Chihuahua. Se mueve ahora hacia el poblado de Aguascalientes, al sur y luego al oeste; el 26 estará en San Diego del Monte, rumbo a San Isidro, a cuyas cercanías llegará la noche del 26.

J. B. Vargas se encuentra con él en las cercanías de Ciudad Guerrero. Viene de la fallida misión de tratar de recuperar al general Argumedo. Le informa a Villa cómo desaparecieron los restos de la Convención. Y de pasada le sugiere que es un buen momento para darle un susto al general Cavazos, que está celebrando su cumpleaños en San Isidro. Villa responde que trae otro plan y le da orden de descansar con los dos escuadrones que lo acompañan.

Villa reunió a sus comandantes y ordenó un ataque simultáneo. Nicolás Fernández, con el general Beltrán y Martín López, al amanecer tomaría la guarnición de Miñaca, y simultáneamente el general Pedrosa y Candelario Cervantes atacarían Ciudad Guerrero, a seis kilómetros de San Isidro, donde estaba Cavazos en una fiesta. Villa permanecería en el panteón de Guerrero como reserva con caballos frescos, la escuadra de Vargas y su escolta.

La versión más minuciosa (no necesariamente la verdadera) del combate la hizo el historiador de Ciudad Guerrero, Gustavo Casavantes, que cuenta que al amanecer del 27 de marzo, al grito de ¡Viva Villa! entraron al pueblo, disparando y arrojando "bombillos" de dinamita. Defendía la plaza el mayor Rodríguez, de las tropas de Cavazos, y las defensas sociales. El jefe de los sociales fue a advertir a Cavazos. Aquí las crónicas difieren, mientras una cuenta que Cavazos y Alanís, en vez de apoyar a sus compañeros en Guerrero se retiraron con su gente al Mineral de Calera, poniendo así 12 kilómetros de por medio con el enemigo, otras dicen que finalmente Cavazos avanzó con 200 carrancistas. Villa ordenó aguantar hasta que estuvieran a 20 metros para disparar, tanto por la escasez de parque como para sorprenderlos. Serían unos 70 entre los que traía Vargas y la escolta de Villa, pero la sorpresa actuó en su favor y los de Cavazos huyeron despavoridos. Mientras tanto, el ataque en Ciudad Guerrero se concentró en el cuartel que dominaba el centro de la ciudad y desde cuya azotea se defendían. "A la azotea subieron a pelear parte de los defensores y no sobrevivieron, por que los que no encontraron la muerte a balazos, fueron arrojados, heridos o ilesos, no importaba, a estrellarse en el suelo duro de la avenida Madero, cuando los vencedores se apoderaron de la plaza."

En algún momento, y muy cerca del final del combate, Villa resultó herido. Hay tres versiones sobre los hechos. La primera dice que el jefe de los sociales, que regresaba de advertir a Cavazos, se topó con Villa en el camino del rancho El Torreón, cerca del cementerio, y le soltó un tiro que le dio en la pierna derecha, debajo de la rodilla. Amaya salió huyendo. Villa cayó herido del caballo. La segunda es que una bala perdida, lo que llaman bala fría, tras haber rebotado en una piedra hirió a Villa, entrándole por la parte trasera de la pierna. Una tercera versión dice que se trató de una traición, que un tal Modesto Nevarez o Nevares, que habían levantado en la leva en El Valle, le disparó por la espalda, pensando en luego irse con los carrancistas, pero que al definirse la batalla a favor de los villistas disimuló su intervención. Cervantes rescata el testimonio de Modesto: "… en el arroyo, cuando estuvo a tiro fue herido por detrás, pues era nuestra intención matarlo y pasarnos con los carrancistas […] con un rifle viejo […] Remington. La bala entró por detrás en la pierna derecha a la altura de la rodilla y salió por la espinilla rompiendo hueso". Efectivamente, la bala fracturó la tibia pero no salió, se quedó cuatro pulgadas debajo de la rodilla.

Nicolás Fernández, que había tomado Miñaca sin disparar un tiro, porque habían pescado a la guarnición dormida y le habían capturado 30 mil cartuchos, por teléfono se comunicó con Ciudad Guerrero y Martín López le dijo que Villa estaba herido.

En las contradictorias memorias de los testimoniantes, el pequeño pueblo de Ciudad Guerrero proporciona varios doctores y curanderos para la herida de Villa. Algunos dirán que ése era el pueblo del doctor Rauschbaum, y aunque él no estaba los recibió su esposa Adela Sáinz, pero un nativo dirá que allí nunca vivió un médico alemán y que a donde lo llevaron fue a la "casa del jefe villista Pedro Sáenz y de su esposa Lupe Sáenz, lugar céntrico en la cuadra de los portales de la plaza Juárez". Elías Torres y Nellie Campobello volverán al alemán, "un médico holandés" llamado Pablo Das. Y Ramón Puente dirá que fue el misterioso enfermero Pascual Cesaretti el que se hizo cargo de Villa intentando operarlo. Nicolás Fernández cuenta: "No quiso que yo se la sacara, sino que llamamos a un italiano que se llamaba Enriqueti y era de por el rumbo de Namiquipa; dijo que no tenía con qué sacar la bala y como no había otra cosa, yo le di unas tenazas de herrar que son muy anchas, de modo que tuvo el italiano que abrirle la pierna al general con una navaja. Luego Enriqueti no quiso operar mientras el general tuviera pistola y yo se la pedí y me la dio a la buena, sabiendo por qué se la pedía. El italiano tenía mucho miedo y veía al general más que a la bala y no atinaba a sacarla. Entonces el general se puso a morder un trapo, porque le dolía mucho la pierna y volteó la cara". Aunque en la narración de Fernández sacan la bala, el hecho es que Cesaretti fracasó.

Lo único que parece indiscutible es que el general yaqui Francisco Beltrán le hará las primeras curaciones, chupándole la herida dizque para sacar la mala sangre, realmente para sacar los pedazos de cuero de las mitazas que la bala había incrustado y que podían producir una infección. Beltrán le lavó la herida con un cocimiento de corteza de álamo que producía fuertes dolores en la curación. En la casa de un médico extranjero se consiguieron vendas y un polvo "que supongo era permanganato de potasio", con que lavaban la herida.

El desconcierto recorría la columna. El villismo era Villa. La sensación de eternidad que rodeaba al caudillo se desvanecía. Estaban en guerra con medio mundo. El jefe estaba herido y esa herida iba a cambiar la operación que Pancho tenía en mente respecto de la Punitiva.

NOTAS

a)   Fuentes. Para la perspectiva estadounidense. Braddy: *Pershing's Mission in Mexico* y "Myths of Pershing's mexican campaign". Max Boot: *The Savage Wars of Peace: Small Wars and the Rise of American Power.* Glines: "In Pursuit of Pancho Villa" (que habla de las operaciones del aeroescuadrón). Eisenhower: *Intervention.* Barker entrevistado por Heath. La versión de Pershing, narrada en primera persona en un largo documento en el Ms 154, Box 4, en los papeles de Haldeen Braddy.

Un cartel llamaba al reclutamiento de 25 mil hombres so pretexto de la Expedición Punitiva y la captura de Villa.

Para el punto de vista villista. Calzadíaz: *Hechos reales* 6 y 7, que seguirá los movimientos iniciales de Villa basado en el testimonio de los combatientes de Namiquipa. Juan Torres: "Quiénes hirieron a Pancho Villa". Nieto: *Un villista más. Los olvidados.* Jaurrieta: *Con Villa...* Teodosio Duarte: *Memorias de la revolución.* Vargas: *A sangre y fuego...* Gustavo A. Casavantes: "Francisco Villa ataca y Toma Cd. Guerrero, Chih.". Puente: *Villa en pie.* Salinas Carranza: *La Expedición Punitiva.* Campobello: *Apuntes.* Cervantes: "El fin de Pablo López". Rivas: *El verdadero Pancho Villa* (con una larga versión de vecinos y de Nicolás Fernández). Nicolás Fernández en Urióstegui: *Testimonios...* Elías Torres: "Adiós gringos, que les vaya bien". Federico Cervantes: "Quién condujo al general Villa herido" (rescata el testimonio de Nevares). Ceja: *Cabalgando...* Herrera: "El fusilamiento de Pablo López". Valadés: *Historia de la Revolución Mexicana 5.* Muñoz: *¡Vámonos con Pancho Villa!* Además: Archivo Histórico de Saltillo, C12, D7, exp. 125. Katz: *Pancho Villa.*

La base del escuadrón aéreo de la Punitiva.

b)   La truculenta historia de Seese: McGaw dice que Villanueva le confirmó la historia, aunque años después éste lo negó. Se habla de que hubo un segundo encuentro con Villa por el que éste recibió otros 50 mil dólares (en Canutillo, o sea después de 1920), en el que estuvo presente Tom Mahoney, editor del *Post* de El Paso. Mahoney cuenta que Seese fue despedido de la AP por la historia de bigamia y que cuando en 1954 trató de entrevistarlo, trabajaba en un pequeño periódico en el estado de Nueva York y dijo que no quería hablar del asunto porque "lo destruiría". La lógica bastante demencial y complotífera de McGaw, es que el gobierno estadounidense propició el ataque a Columbus, y que le sirvió para movilizar al ejército estadounidense, sacarlo de su apatía y más tarde volcarlo en la Guerra Mundial. Gracias a esto se movilizó a la guardia nacional y se permitió que las milicias estatales se integraran a la federación. La expedición fue un ensayo en muchos niveles, aviones, abastos, infraestructura, automóviles, y mecánicos. La AP siempre negó que estuviera envuelta en la historia y que sus directivos la hubieran propiciado. (McGaw: *South West saga* y "Was Pancho Villa paid 80,000 for making raid on Columbus? El testimonio del telegrafista Murphy en Sandos: "A German involvement in Northern Mexico, 1915-1916. A new look at the Columbus raid".)

c) Pershing.

John J. Pershing nació en Missouri en 1860. Estudiante mediocre de West Point (el número 30 entre 71), se graduó en 1886, participó en las últimas campañas contra los apaches y sioux en 1890. Se decía que había estado en Wounded Knee. Será oficial del 10º de caballería que estaba formado por soldados negros, de ahí su apodo de *Black Jack*. Combatió en Cuba en 1898 y en Filipinas, las últimas guerras contra el imperio colonial español. Salió de Filipinas en 1903 padeciendo malaria y con el rumor de que dejaba atrás una mujer filipina e hijos. Matrimonio tardío a los 47 años, con la hija del senador Warren, Helen, en 1905. Saltó en el escalafón a general de brigada por órdenes directas del presidente Roosevelt. De nuevo a las Filipinas en 1907, como gobernador de una provincia hasta 1914, cuando se estableció en las afueras de San Francisco al mando de la 8ª brigada, enviada a Fort Bliss en

John J. Pershing.

El Paso en 1914, donde conocerá a Villa. El 27 de agosto de 1915 su mujer y sus tres hijas murieron en un incendio, lo cual dejó destrozado al personaje; sobrevivió su hijo de seis años, Warren. (Richard O'Connor: *Black Jack Pershing*. Gene Smith: *Until the last trumpet sounds*. Braddy: *Pershing's Mission in Mexico*.)

CINCUENTA Y CINCO

EL BUEY EN LA BARRANCA

Mientras lo estaban curando, Villa recibió el aviso de que una columna de la caballería estadounidense se encontraba cerca de Ciudad Guerrero. Convocó entonces a una junta de oficiales y les informó que él se iba a ocultar mientras mejoraba la herida, y había que elegir a quien quedaría al mando, excluyendo a Martín López "porque es muy joven" y a Julio Acosta, "porque es muy corajudo". La selección estuvo entre Nicolás Fernández y el general Francisco Beltrán, al que finalmente eligieron, quedando Fernández a cargo de organizar el traslado de Villa. Se acordó también que se corriera el rumor de que Pancho estaba muerto y se dio como punto de concentración San Juan Bautista, Durango, el 6 de julio, a dos meses y medio después de ese momento.

Ese mismo 27 de marzo, hacia la medianoche, lo subieron en la calesa del comerciante francés Albert Pons, un carrito con un tronco de mulas, Salinas lo llamará "un carricoche encamisado", por el que pagaron 1 500 pesos a los dueños y pusieron un colchón atrás. La gente estaba medio espantada, Villa la calmó. Rafael Muñoz dice que dijo:

—Nomás me voy un rato hasta que se me desentuma la pata. Pero todos digan que Pancho Villa está muerto y que ustedes vieron que lo llevaban a enterrar.

Modesto Nevares cuenta: "Se me nombró para conducir el carro en que lo llevamos hacia el sur". Villa, muy adolorido, viajó acostado. Cuando salieron de Ciudad Guerrero, Villa iba guiando. La escolta, en esta primera etapa, es de 150 hombres. Van hacia las montañas por el camino viejo a Miñaca y por el puerto de Santo Niño; llegarán a San José de Baqueachi por una ruta poco transitada. Hacia las seis de la mañana arriban al rancho Los Álamos donde pasan todo el día 28. Estaba nevando. Villa tenía fiebre. La columna estadounidense que anda por La Junta está a media jornada de ellos. Marchan la noche del 28 y la mañana del 29 llegan al rancho El Porvenir.

La columna estadounidense era el 7º de caballería (reconstruido después de Custer), a cargo del coronel George A. Dodd, de 63 años, siempre con un puro en la boca, que había pasado su vida como militar persiguiendo indios. Tras 600 kilómetros recorridos en 14 días con viento helado y pocas raciones, Dodd fue informado de que Villa se encontraba en Ciudad Guerrero.

La Expedición Punitiva contaba con un grupo de guías estadounidenses que habían estado relacionados con Villa, como Sam Drebden, Emil Holhdahl y Jim Barker, quien había sido prestado por Hearst y guiaba la columna, pero la noche del 28 un guía local los hizo avanzar en círculos y el coronel Dodd no se presentó en Guerrero sino a las 8 de la mañana del 29.

Eligio Hernández se había quedado atrás con 100 hombres para contener a los perseguidores y proteger la huida de Villa, con instrucciones de no trabar combate. Fuera porque, como algunos dicen, estaba borracho, o porque lo tomaron por sorpresa, se enfrentó a la columna de Dodd que llevaba cerca de 400 hombres.

Según las fuentes villistas se trató de un pequeño combate, más con el objeto de distraer que de enfrentarse a fondo. Eligio fue muerto por disparos de ametralladora y, según Dodd, 56 villistas más cayeron muertos y 35 fueron heridos (los números estaban fuertemente exagerados, porque en toda la campaña no llegaron a 30 los villistas detenidos, heridos o no). Los estadounidenses tuvieron cinco bajas, capturaron dos ametralladoras y caballos, y rescataron a unos carrancistas presos.

Ahí los estadounidenses descubrieron que Villa había salido hacía muy poco del pueblo, con destino desconocido. Dodd no lo siguió "porque los caballos estaban muy cansados". En Guerrero, entre los vecinos hubo agitación y llamados a sacar a los gringos a tiros. En Estados Unidos se festejó la "victoria" grandemente y la noticia fue recibida en el Congreso con aplausos y los congresistas de pie. Le tomaría cinco días a Obregón enterarse de lo que estaba pasando y comunicárselo telegráficamente a Carranza: "Sábese que a Guerrero llegaron fuerzas americanas mucho después de haberse retirado bandoleros".

El grupo que conducía a Pancho Villa avanzaba bajo una fuerte nevada, con ramas atadas detrás del guayín para borrar las huellas. Nevares cuenta:

> Cuando habíamos pasado San Antonio y seguimos al sur se puso tan malo que no pudo soportar por más tiempo el carro. Entonces le hicieron una parihuela con cuatro ramas de un árbol, dos de ellas más grandes, ataron con tiras las más cortas atravesadas sobre las largas, formando un marco lo bastante grande para que cuatro hombres cargaran los extremos en los hombros […] seis hombres se iban turnando, todos ellos de su Estado Mayor. Su cuñado (Marcos Corral) cabalgaba junto a la litera y llevaba el caballo de Villa, que era un tordillo. No paramos ni de día ni de noche. El general Villa estaba sumamente decaído […] su cara se había vuelto delgada y pálida, comía poco y parecía irse debilitando día con día.

Aún así iba guiando la expedición sin decir cuál era el destino.

Caía una fortísima nevada y había lluvia constante. En las parihuelas el cuerpo de Pancho quedó cubierto de nieve. A las cinco de la mañana del 30 de abril llegaron a Cienaguita (o Cienaguilla) donde se produjo un pequeño

PACO IGNACIO TAIBO II

enfrentamiento. La escolta durmió bajo techo, excepto Villa y sus cuidadores, que para no hacerse notar lo hicieron bajo una encina.

Tenía la pierna herida bañada en desinfectante y cubierta de algodones. Toda la carne alrededor de la herida había ennegrecido. Hacía mucho frío, aunque salió el sol y se produjo el deshielo. Con el agua del hielo derretido le lavaron la herida, le apretaron los bordes y brotaron pequeños fragmentos de hueso hasta que sangró de nuevo.

A las dos de la tarde, mientras los 150 hombres de la escolta se quedaban en la población, a lomo de una mula (o un burro) y acompañado por un pequeño grupo, Villa salió con rumbo desconocido.

Fernández, con el carricoche y el rumor de que llevaba a Villa consigo, se alejó de Pancho para atraer posibles perseguidores viajando hacia el sur. No era el único en hacer labores de distracción, un día antes Martín López pasó por Pedernales llevando algunos heridos y carros con comida y haciendo correr el rumor de que Villa iba con él.

Villa, que guiaba a pesar de la herida, conducía un pequeño grupo de cuatro hombres formado por sus dos primos Joaquín Álvarez (paisano suyo de San Juan del Río) y Bernabé Cifuentes; su cuñado Juan Martínez, esposo de Martina; y su otro cuñado, Marcos Corral. Se dirigían al rancho de los Avendaños (o los Albedaños), la casa de los padres del difunto general José Rodríguez, cerca del pueblo de Santa Ana, bajo la sierra del mismo nombre.

Villa le dijo al padre de Rodríguez que se iba a ocultar en una cueva en la sierra y el viejo respondió que garantizaba con su vida el secreto y quedó como enlace. Años más tarde Luz Corral, en compañía del viejo Rodríguez y otros vecinos, visitó la cueva en la sierra de Santa Ana y se tomaron un par de fotografías. Han pasado los años, pero los acompañantes siguen pareciendo villistas de la época de la guerrilla. El rostro de Rodríguez parece sacado de una pintura de El Greco.

El frío era intenso. Villa se quedó con Joaquín Álvarez y Bernabé Cifuentes. Al pie de la sierra se despidieron Marcos Corral y Juan Martínez, con la misión de simular un falso entierro, para lo cual se llevaron el sombrero y la montura de Villa.

Comenzaron la ascensión de la sierra. Llegaron a un bosque de Pinos, en la parte más alta. Villa iba muy adolorido, pero sabía a dónde los conducía. Conocía previamente el lugar, lo llamaba cueva del Coscomate. Prosiguió la penosa marcha sierra arriba. Luego Villa ordenó a sus dos acompañantes que enlazaran un arbusto que crecía sobre un barranco. Lo subieron amarrado en una silla, tirando de las cuerdas hasta la boca de la cueva, que "se encuentra al pie de un cantil cubierta por dos árboles llamados en la región tascates".

Taparon la entrada con ramas de pino. Tenían tres cantimploras de agua, un poco de tasajo y tres kilos de arroz. En el memorial villista la cueva tiene un nombre, la llamarán cueva de Santa Ana, "cueva del Coscomate en la sierra de Santa Ana", "una abra en la sierra de Coscomate", "Santana al norte de Noncava". ¿Cómo lo saben? ¿Tienen nombres las cuevas en una zona no habitada? Una cueva más entre cientos.

Sería el 1 o el 2 de abril. Dos días antes se había hecho público que Villa mantenía con su dinero personal a seis jóvenes estudiando en una academia militar estadounidense en San Rafael, California, y otros seis en academia Pall-more (entre los que estaba su hijo adoptado Piñón y uno de los hijos de Tomás Urbina). Carlos Jáuregui los había llevado en 1913 y la historia se había mantenido en secreto.

¿Y ahora dónde estaba Pancho Villa, se preguntaban los hombres de la Expedición Punitiva? Para resolver los problemas de comunicaciones con sus columnas de caballería, Pershing se vio obligado a dejar Colonia Dublán y bajar hacia el sur acompañado de un par de oficiales de Estado Mayor, un ordenanza y un cocinero. Detrás iban dos carros con corresponsales de guerra. El 29 de marzo llegaron al rancho San Gerónimo, 300 kilómetros al sur de la frontera, a 2,500 metros de altura en la sierra Madre. "El viento arrojaba arena y la nieve cortaba como cuchillo", escribió Frank B. Elser del *New York Times*, "Pershing no tenía tienda, ni mesa, ni siquiera una silla plegable". El general estadounidense dirá: "Conforme avanzábamos más hacia el sur los mexicanos [...] consideraban una desgracia nacional si los estadounidenses capturábamos a Villa [...] a lo largo del río Santa María los habitantes eran simpatizantes de Villa [...] Y muchos extranjeros, incluidos algunas estadounidenses con intereses en México, esperaban que no tuviéramos éxito".

Al inicio de abril la columna de Howze, con los soldados negros del 10º de caballería, reportó que había topado con una partida de unos 150 villistas en Aguascalientes, Chihuahua, y que cubiertos por las ametralladoras cargaron, pero los villistas rehuyeron el combate. La historia será contada de una manera muy diferente por Alberto Caballero y Adalberto López. Se trataba de un grupo de unos 80 hombres, organizado espontáneamente, de villistas amnistiados, carrancistas de la guarnición de Guerrero, que acordaron atacar a los gringos sin que lo supieran sus superiores. En el encontronazo capturaron a varios soldados negros que fueron liberados y a un sargento estadounidense que fue fusilado.

El 1º de abril, en Bachiniva, Pershing conferenció con el mayor Tompkins.

—¿Dónde puede estar Villa?

—En Parral —respondió Tompkins—. Villa se refugió varias veces ahí en condiciones difíciles.

Pershing dirá más tarde: "Vagos rumores y afirmaciones positivas de los nativos indicaban que Villa había partido en casi cualquier dirección y hablaban de su presencia en varios lugares al mismo tiempo". A la caza del fantasma movió sus columnas: Tompkins, con tropas del 13º de caballería (los agraviados en Columbus), hacia Parral; el coronel Brown cubriría su flanco izquierdo; y a su espalda, a tres días de distancia, las fuerzas del coronel Allen.

El 4 de abril las columnas de Tompkins y Brown se reunieron y recibieron noticias de Pershing, quien les confirmaba que Villa, herido, iba rumbo a Parral. Los mandos carrancistas habían advertido a Pershing que no avanzara más hacia el sur pues no respondían del comportamiento de la ciudad de Parral si sus columnas se acercaban. Fueron desoídos. Al mismo tiempo, y contradictoriamente, les informaban que Villa había muerto y que se estaba buscando el cadáver. El general Cavazos había descubierto la supuesta tumba de Villa y encontrado los restos de una vaca. Mientras se descubría la superchería, el rumor circuló de variadas maneras. En los días siguientes las columnas de Tompkins y Brown descubrieron rastros de una partida de villistas y persiguieron una cadena de murmullos que decían que por allí habían pasado Nicolás Fernández al mando de 100 hombres. Era cierto.

En la versión de Tompkins, el 10 abril lo visitó un oficial carrancista y le dijo que le garantizaba el acceso a Parral y transmitió rumores de que Villa se encontraba curando su herida en Balleza, 30 millas al oeste de Parral y hacia la frontera de Durango. Justo al lado opuesto de donde se hallaba.

En la cueva de Santa Ana, el arroz y el agua potable se habían acabado muy pronto. Cada tercera noche uno de los ayudantes bajaba al bajío por agua, descendiendo del escarpado cerro. Muchos kilómetros de ida y de vuelta para subir tres cantimploras que, racionadas, sólo duraban tres días.

Sus dos custodios le hacían a Pancho curaciones con pencas de nopal. La herida sin duda estaba infectada. Villa comenzó a alucinar por la alta fiebre. En un momento de lucidez, pensando que se iba a morir, hizo jurar a sus compañeros que si fallecía quemarían su cadáver para que sus enemigos nunca lo pudieran encontrar, no pudieran mostrarlo y nadie dijera que lo pudo atrapar.

El 11 de abril la columna de Howze, ignorando su presencia, pasó cerca de donde se encontraba Villa y estableció campamento al pie del cerro, a muy corta distancia de la boca de la cueva; los soldados negros que la componían, aquella noche cantaron canciones cuya memoria quedó en la cabeza del afiebrado Villa y sus compañeros. Meses más tarde Pancho trataba de averiguar qué era aquello de "se jaló el buey con tapadera" que cantaban los gringos, y preguntaba por aquí y por allá sobre aquella extraña canción de letra absurda. Era "It's a long way to Tipperary". Más tarde se contaría, con lujo de detalles, que Villa los vio pasar a lo lejos y sacudió el sombrero. Otros dirían que desde la boca de la cueva vieron una de las columnas de Pershing con los gemelos (¿tenía gemelos?). El narrador, cuando se topa con estas historias, no puede hacer menos que quitarse también el sombrero.

Mientras los soldados negros de Howze cantaban, la columna del 13º de caballería de la Punitiva llegó a Parral a mediodía del 12 de abril. Tompkins se entrevistó con el general Ismael Lozano, quien le dijo que nunca debería haber entrado al pueblo y le pidió que se fuera.

Y repentinamente la multitud que se había congregado comenzó a gritar "¡Viva Villa"! y "¡Viva México!" Tompkins se burló gritándoles también "¡Viva Villa!" En minutos los estadounidense se encontraban en medio de un motín popular acaudillado por una adolescente, Elisa Griensen, a la que seguían, como dice el cronista oficial de la ciudad, "24 alumnos de 5º grado de primaria de la escuela # 99, sus madres y unos cuantos niños del pueblo". Los adolescentes pedían a los soldados mexicanos que dispararan contra los invasores y comenzaron a volar las piedras. Un sargento que estaba al lado de Tompkins recibió un tiro y cayó muerto. Los adolescentes los seguían gritando "¡Viva México!". Había civiles disparando. Las versiones son contradictorias. Mientras Tompkins dice que los soldados carrancistas les dispararon conforme abandonaban la población, las fuentes mexicanas lo niegan, incluso añaden que José de la Luz Herrera, el padre de Maclovio, y sus hijos Ceferino y Melchor, trataron de contener a la multitud que lanzaba piedras.

Tompkins volverá a mentir en cuanto a las cifras de soldados mexicanos muertos en los enfrentamientos durante su huida y hablará de 25 y luego de otros 45. Lo cierto es que murieron dos soldados estadounidenses y seis fueron heridos (incluido Tompkins), muy probablemente por disparos de civiles.

La confrontación duró hasta la tarde, cuando la caballería estadounidense se refugió en Santa Cruz de Villegas, a una docena de kilómetros de Parral, donde quedaron rodeados de tropas carrancistas que los amenazaban y llamaban a retirarse hacia el norte.

Ese mismo día el ministro de Guerra carrancista, Álvaro Obregón, informó a los generales jefes de zonas militares y a los gobernadores sobre el incidente de Parral, atribuyéndolo a que "la indignación del pueblo se debió a que fuerzas americanas entraron de improviso en la ciudad". En otro telegrama a los jefes militares de la zona fronteriza recomendaba la "mayor prudencia".

Pershing estaba en Satevó cuando supo lo que había sucedido en Parral. La rabia lo dominó y pidió que el gobierno mexicano castigara a los atacantes, y solicitó a su gobierno permiso para tomar los ferrocarriles, el estado y la ciudad de Chihuahua. Movió su cuartel general móvil a Namiquipa, menos de 300 kilómetros al norte de Parral. Actuaba, consecuentemente, como el jefe de una fuerza militar invasora. El gobierno estadounidense ignoró sus peticiones.

Mientras Pershing enfurecía, Pancho Villa, en la cueva, cuando aún no habían pasado dos semanas de su arribo, comenzó a mejorar e incluso intentó caminar, pero no pudo levantarse. La relación con el viejo Rodríguez se mantuvo y muy de vez en cuando bajaban para recoger comida y agua que les dejaba en unas peñas.

En esos días se produjeron un par de acontecimientos más que resultan incidentales a esta historia. A mediados de abril el general Treviño estaba negociando la rendición de Canuto Reyes, y el general carrancista sonorense Laveaga, la de Calixto Contreras. Discutían las condiciones, en particular los derechos de tierras de la gente de Cuencamé, a la que pocos días más tarde se le ofreció la posibilidad de regresar a sus tierras. Obregón había prohibido este tipo de gestiones, ofreciendo rendición incondicional y poco más a los villistas que seguían en armas. Ambas negociaciones fracasaron. Calixto Contreras fue asesinado el 22 de julio, cuando iba a tratar sobre su rendición, condicionada a que le permitieran pelear contra los gringos de la Punitiva. Contreras se dirigía a la hacienda de El Chorro, donde lo hirió de muerte un francotirador carrancista, el coronel Morán, y murió poco después.

Y el 14 de abril se inició el juicio a los nueve heridos capturados en Columbus. En 20 minutos el juez condenó a muerte a siete de ellos: Juan y Pablo Sánchez, Eusebio Rentería, Taurino García, Francisco Álvarez, José Rangel y Juan Castillo. Fueron ahorcados el 8 y el 10 de junio. A José Rodríguez le conmutaron la pena por presidio de por vida y Jesús Paiz (el que había sostenido las riendas del caballo de Villa durante el ataque), de 12 años, hijo de un capitán de los Dorados de Villa, que había perdido una pierna a causa de sus heridas, quedó en libertad. Curiosamente Paiz, cuando salió de la cárcel, terminó trabajando de planchador en una tintorería en el pueblo de Columbus.

Por fin, el 22 de abril, la columna de Dodd volvió a tomar contacto con una partida villista en Tomochic. Atrapado entre las tropas del carrancista Cavazos y la Punitiva, el grupo de Candelario Cervantes había estado siguiéndole el movimiento a la columna de Dodd. Aquí la versión estadounidense y la villista difieren radicalmente. Según los mexicanos, una vez que tuvieron una buena posición, atacaron. El combate duró tres horas y al caer la noche los gringos se retiraron. Los villistas los persiguieron hasta que al amanecer vieron una polvareda que pensaron era la columna de Cavazos; cuando se dieron cuenta de que no había tal, sino una tolvanera, ya habían abandonado la persecución. Los estadounidenses sufrieron ocho muertos y la pérdida de acémilas con provisiones; los villistas tuvieron tres muertos y cinco heridos. Según Dodd, hacia las 4:30 de la tarde alcanzó a una columna villista que les hizo disparos, y se retiró dejando 30 mexicanos muertos (¿cómo lo supo si retiró?).

El 22 abril, Adolfo de la Huerta le telegrafió al gobernador de Durango: "Noticia muerte de Villa parece confirmarse por varios candidatos dignos de crédito". De la Huerta se estaba haciendo eco de fuertes rumores que recorrían el norte. Los leñadores y lecheros que llegaban en las mañanas a Chihuahua, y que Villa había usado como fuente de espionaje, esta vez trajeron la noticia de la "verdadera muerte" de Pancho y se publicó en letras rojas en algún diario. Mientras los rumores sobre la defunción de Villa crecían, las tensiones entre el gobierno estadounidense y el de Carranza aumentaban. Los generales Funston y Scott se reunieron el último día de abril con Obregón y Jacinto Treviño en Juárez. Los mexicanos pedían la salida de la Punitiva y decían que Villa estaba muerto. El 3 de mayo Scott y Obregón volvieron a reunirse en un hotel en El Paso. Probablemente de esta segunda reunión salió el acuerdo de limitar los movimientos de Pershing e impedir que sus columnas se movieran más hacia el sur del estado. Pershing escribió a uno de sus comandantes que el departamento de Guerra "le impedía moverse más al sur, este u oeste de sus posiciones actuales a no ser que considere que mis tropas están a distancia de combate del enemigo". Pershing ordenó la retirada, creó su nueva base en San Antonio y organizó sus fuerzas de caballería en cinco distritos del noroeste de Chihuahua. Parral fue lo más al sur que la Punitiva llegó en México, a 800 kilómetros de la frontera.

Los rumores que la prensa recogía hablaban de guerra. Los carrancistas pedían la retirada de la Punitiva y se decía que los acuerdos tomados no habían sido aprobados por Carranza. El punto máximo de tensión se alcanzó el 9 de mayo, cuando el gobierno estadounidense ordenó la movilización de 150 mil hombres de la guardia nacional a la frontera (al final sólo 112 mil lo hicieron).

El 4 de mayo Obregón tenía en sus manos un informe del general Luis Gutiérrez sobre las confrontaciones con villistas en los últimos tres meses. Le escribió un resumen a Carranza y añadió una nota: "Juzgo conveniente no mostrar este informe a general Scott, pues como usted ve, ha sido un fracaso para nuestras fuerzas la campaña de Chihuahua en persecución de bandoleros". En esos días, agentes carrancistas mantenían a Pascual Cesaretti, el enfermero, bajo vigilancia en Torreón. Esperaban que los llevara hacia un Pancho Villa herido. Un día después Obregón le contó a Carranza que Luis Herrera le informaba de "la eficacia de la persecución efectuada por los estadounidenses contra las bandas villistas y me hablaba con tal entusiasmo que como mexicano me sentí mortificado". ¿Era la mortificación de Obregón un genuino ataque de patriotismo o un ataque de impotencia porque sus fuerzas se habían mostrado francamente ineficientes?

Pero aunque así pareciera, ni Villa era invisible ni los mexicanos eran todos antigringos. Una parte de la población, sobre todo los que trabajaban para empresas estadounidenses en Chihuahua, delataron e informaron del movimiento de las partidas villistas, sirvieron como apoyo y trabajaron como guías.

Un día después de las negociaciones de sus jefes con Obregón, el 4 de mayo, Pershing envió el destacamento del coronel Robert Howze hacia Cusihuiráchic, donde los dueños de la empresa minera reportaban la presencia de una gran partida villista. A unas millas del pueblo se encontraron con una guarnición de carrancistas borrachos que les informaron que a 20 millas de allí, en el rancho Ojos Azules, se encontraban los villistas. Guiados por un grupo de scouts apaches, los sorprenderán al día siguiente. Los apaches iban en la vanguardia y los villistas estaban durmiendo. Liberaron a cuatro carrancistas que estaban prisioneros. Según su reporte (que resulta absurdo) les hicieron 61 muertos y 50 heridos, sin haber tenido una sola baja.

Los guías apaches son parte de las curiosas historias de la Punitiva. Fueron muy populares durante la guerra contra Gerónimo, tras su rendición fue disminuyendo su número y en 1915 sólo 34 estaban en servicio, pero Pershing amplió el número con 17 más. Tenían su base en Fort Huachuca y durante la expedición acompañaron al 10º de caballería. No hacían distinciones entre amigos y enemigos, carrancistas o villistas, y había que vigilarlos con mucho cuidado durante las marchas. Para ilustrar su visión de la situación mexicana, se contaba que el sargento Chicken, jefe de los *scouts*, una vez, al entrar a un pueblo, movía los dedos cerca del gatillo nerviosamente y decía: "Mucho mexicano, tirémosles a todos". Fueron útiles sobre todo para capturar desertores americanos y en una ocasión localizaron una partida de villistas, o simples cuatreros, cuando seguían la huella de unos caballos robados. Mataron a dos y recobraron sillas, rifles y uno de los caballos de los estadounidenses. Cobraban la paga regular de un soldado de caballería y 40 centavos diarios más, porque tenían sus propios caballos y equipos.

Existe una maravillosa foto de los guías apaches de la expedición, en particular del hosco Es Ki Ben De, quien, peludo y uniformado como soldado de la caballería estadounidense, mira a la cámara desde su cara arrugada acompañado por el sargento Chicken, que combatió en Ojos Azules.

Pershing no sólo combatía con sus columnas a los villistas y confrontaba a una población mexicana cada vez más ofendida por la invasión territorial, también enfrentaba los graves problemas logísticos de una expedición que llegó a tener 12 mil hombres meses más tarde. Le habían negado el uso de los ferrocarriles, aunque sus agentes disfrazaban los envíos haciéndolos pasar como destinados a civiles de la zona, y carecía de camiones.

La experiencia del escuadrón aéreo estaba resultando un desastre, para poco servían desde su base en Dublán-Casas Grandes, 200 kilómetros al sur de la línea fronteriza. Enfrentaban fuertes vientos, no tenían buenos mapas, el equipo de navegación era deficiente, el mantenimiento pésimo y los pilotos no podían lograr que los Jennies se elevaran lo suficiente para alcanzar la parte alta de las sierras. En el primer mes sólo operaban dos aviones, otros dos se destruyeron al chocar en tierra, y sus tripulantes resultaron heridos; se limitaban a funcionar como enlaces entre las columnas de Pershing. Hacia el 14 de abril se les ordenó regresar a Columbus, donde les proporcionaron cuatro Curtiss N-8s poco más que inútiles para el servicio y finalmente dos R-2 con los que tuvieron gran cantidad de problemas mecánicos. Y ni huellas de Villa. Paradójicamente, ellos habían sido los que se encontraron más cerca de Pancho cuando el teniente Rader estrelló su avión en Ojitos.

Tras un mes en la cueva, desde lo alto la sierra de Santa Ana, Pancho y sus dos compañeros podían ver los movimientos de la caballería estadounidense y aun los aeroplanos. Bernabé y Joaquín bajaban para recoger la provisión que el viejo Rodríguez les llevaba, un costalito de tortillas que dejaba en una peña.

Una vez vieron una res y la mataron. Villa los insultó. El cadáver iba a atraer zopilotes y era una huella de su presencia. Llevaron los restos a varias leguas y los enterraron, cubrieron la tumba con piedras y le pusieron una cruz. Lo cual más tarde hizo que alguien dijera que había encontrado la tumba de Villa. *El Paso Morning Times* referirá que los estadounidenses encontraron y abrieron la tumba a las que los guió un prisionero diciendo que Villa había muerto después de que le amputaron la pierna.

El *Kansas City Journal* comentaba: "Desde que salió la expedición Pershing, Villa ha sido mortalmente herido en la pierna y murió en una cueva solitaria. Fue asesinado por uno de su banda y su tumba fue identificada por un seguidor de Carranza que esperaba recibir una interesante recompensa del presidente Wilson. Villa también fue asesinado en un pelea a puñetazos […] fue tiroteado en una cabalgata salvaje y su cuerpo cremado". Y remataba diciendo que todas estas experiencias que de ordinario hubieran afectado la salud de un hombre ordinario, a Villa no le impedían seguir vivo.

Emil Holmdahl, capitán de Villa en la primera campaña de Chihuahua, se había separado tras la ruptura con Carranza. Organizó una extraña compañía de soldados de fortuna para entrar a México y combatir en quién sabe qué bando, y pasó 18 meses en la cárcel en Leavenworth por violar las leyes de neutralidad. Al salir se ofreció como guía de la Expedición Punitiva. El 14 de mayo conducía una patrulla para comprar maíz, a cargo del teniente George S. Patton, y al llegar al rancho San Miguelito caminaban despreocupados hacia la casa de la hacienda cuando aparecieron tres jinetes que trataban de huir mientras disparaban. Patton, del que se decía que tenía una puntería excepcional, mató a dos e hirió a uno con tres tiros de pistola. El herido, que fue rematado por Holmdahl, era el coronel Julio Cárdenas.

El asunto había sido puramente accidental, pero Patton informará que, basado en delaciones, con 10 hombres del 6º de infantería viajando en tres automóviles Dodge, dirigió un *raid* en San Miguelito contra las tropas de Cárdenas.

Patton ató los tres cadáveres sobre el cofre de los automóviles y guardó la silla repujada de plata de Cárdenas y su sable. Su llegada a Dublán a las cuatro de la tarde causó sensación y fue rodeado de corresponsales que querían una versión de primera mano. Patton fue ascendido a teniente primero y Pershing se refería a él como "mi bandido".

Hacia mediados de mayo, una columna que los hombres escondidos no pudieron identificar pasó por el fondo de la barranca. Joaquín Álvarez, que había ido a recoger agua, escondió los jarros y subió a avisar. Seis días estuvieron por ahí dando vueltas mientras el agua se terminaba en la cueva. El 26 se alejaron y Bernabé pudo finalmente conseguir agua.

El 25 de mayo la Punitiva tendrá un nuevo golpe de suerte. Candelario Cervantes se ocultaba en las montañas cercanas a Namiquipa, en las propiedades de Hearst. Su partida se había reducido peligrosamente a 30 hombres y la gente de Namiquipa colaboraba con los gringos. Ese día un cabo, acompañado de un pequeño grupo de soldados, salió de su campamento cerca de Las Cruces con el fin de ir de cacería (otros dirán que era una expedición de reconocimiento para elaborar mapas; otros dirán que iban a comprar maíz para los caballos). En el trayecto se encontraron con un grupo de villistas que les hizo fuego. El cabo resultó muerto, tres de los soldados fueron heridos y el resto huyó. El jefe y su segundo dejaron a la tropilla y se acercaron a los soldados que yacían en el suelo para recoger sus armas, cuando uno de los heridos se incorporó de repente, hizo fuego casi a quemarropa con su Colt 45 y dio muerte a los dos. El grupo de villistas huyó. Más tarde los cadáveres fueron arrastrados a cabeza de silla hasta el campamento. El cuerpo estaba tan destrozado que tuvieron problemas para reconocerlo. En los cuarteles en Namiquipa, Barker y otros identificaron a uno de los muertos, porque tenía un dedo de la mano derecha chueco, como el general Candelario Cervantes, uno de los hombres que había dirigido el ataque a Columbus. El otro era su segundo, Domínguez. La identificación se confirmó porque se reconoció el caballo que traía, un caballo blanco de gran alzada que se había llevado de Boca Grande un par de días antes de Columbus.

El 16 de junio Jacinto Treviño, comandante de las tropas carrancistas en Chihuahua, le telegrafió una nota oficial a Pershing señalando que, de acuerdo con sus instrucciones, cualquier movimiento de la Punitiva hacia el sur, el oeste o el este sería considerado un acto de guerra por el gobierno mexicano. "Sus fuerzas serán atacadas por las mexicanas si no se sigue esta indicación". Pershing replicará: "Usaré mi propio juicio para decidir cuándo y en qué dirección se mueven mis fuerzas".

Se estaba al borde de la guerra y lo que sucedió en Carrizal el 21 de junio calentó más aún el ambiente. Ese día tropas estadounidenses y carrancistas se empeñaron en un combate en las afueras del pueblo de Carrizal. Los estadounidenses se replegaron con 44 bajas y dejaron atrás 24 prisioneros, que fueron liberados poco después. Los carrancistas perdieron al general Gómez y a más de 30 combatientes. La tensión entre ambos gobiernos creció.

A mediados de junio Gemichi Tatematsu ofreció sus servicios a E. B. Stone, de la Oficina de Investigaciones en El Paso, para envenenar a Villa. Stone le sumó otros dos japoneses: Lucas Hayakawa y Hidekischi Teschiya.

El envenenador japonés sabía quizá que, como había dicho Luz Corral a fines de 1913, "teníamos tres cocineros japoneses (a causa de la gran cantidad de amigos y compañeros que comían en la casa) Tanaka, Takiuchi y Fuchibari". ¿Era esa una garantía para llegar a Villa? ¿Intentó Tatematsu acercarse a Pancho? Nunca lo sabremos. Ésta es sólo una de las cuatro leyendas fronterizas (equivalentes chihuahuenses de las leyendas urbanas) que se conocen.

Se cuenta también que Pershing tenía un fondo de 20 mil dólares para pago de informadores, espías y guías locales. Uno de sus jefes de inteligencia era el capitán Nicolás Campanole, que había hecho sus primeras armas en Asia y hablaba japonés. Campanole llegó a tener 25 agentes. Y el manejo del idioma le sirvió para reclutar un grupo de japoneses que, habiendo trabajado en una mina que los villistas habían saqueado, conocían bien a Pancho. Les ofreció cinco dólares diarios de sueldo y estuvieron de acuerdo en conectarlo. Se dirá que en junio lo lograron (difícilmente, porque Villa estaba en la cueva). Campanole les propuso que envenenaran a Villa y uno de los médicos de la Punitiva les dio el veneno. Estuvieron haciendo pruebas en el campamento con un perro. Según la leyenda, se reunieron con Villa y le envenenaron el café, pero Villa, que no confiaba en nadie, le dio el café a uno de sus oficiales. Los japoneses huyeron.

Un par de meses más tarde el cónsul carrancista en El Paso notificó a Carranza que el japonés Tsutomu Dyo había envenenado a Villa en Taramente, cerca de Parral, y añadió que era el mismo que se había ofrecido para hacerlo cinco meses antes y entonces no se había llegado a un acuerdo económico con él.

Por si esto fuera poco, un periódico de Chihuahua dio la noticia de que un médico japonés había envenenado a Villa. Y Pershing le escribió a Carothers informándole del japonés famoso que andaba envenenando a Villa.

Aún se tendría que añadir que alguien refirió que unos espías japoneses, otros japoneses, se lo contaron a los servicios secretos mexicanos en Juárez poco más tarde.

¿Existió el envenenador japonés? ¿Fue financiado por las arcas de la Punitiva? Posiblemente. Una historia no deja tantas huellas sin que haya un resquicio de verdad en el fondo, en el profundo fondo, pero es obvio que ningún japonés llegó a la cueva de Santa Ana a ofrecerle café a Villa.

Por estas y muchas otras razones, los rumores proseguían. Se decía que estaba muerto: que habían encontrado su caballo ensillado, con la montura llena de sangre en el lejano noreste de Chihuahua, por Ojinaga, después de que los soldados carrancistas lo habían seguido leguas y leguas tiroteándolo a cada rato. O bien vaqueros de Durango, cuatrocientos kilómetros al sur, decían haberlo visto enterrado después de un fracasado ataque al mineral de Pedriceña. Puente cuenta que los rumores de la tumba de Villa (las tumbas) llegaron a Carranza, que autorizó una misión del Doctor Atl para que averiguara con precisión el hecho, porque Atl, que era un hablador, decía que tenía "datos precisos".

La muerte de Ramón Tarango en Ciudad Guerrero provocó nuevamente el rumor de que Villa había muerto, y el *New York Herald* tituló en primera plana: *¡Villa ha muerto, Viva Pershing!* Zach Cobb pidió a un dentista de El Paso, P. G Sayer, una muestra de los arreglos dentales que le había hecho a Villa, a fin de identificar otro cuerpo. El ejército estadounidense le pidió al camarógrafo M. L. Burrud, de la Mutual, que identificara un supuesto cadáver de Villa en

Chihuahua. La población lo bombardeó con lechugas podridas, tomates y basura. Se salvó de milagro. El muerto no era Villa.

Pero Los chihuahuenses no sólo bombardeaban con desperdicios, también destruían aviones. Puede ilustrar la poca cooperación que la Punitiva encontraba en territorio dominado por los carrancistas, la narración del capitán Foulois, jefe de los servicios aéreos, que habiendo tenido que ir a Chihuahua para negociar un envío de víveres y municiones, fue detenido. Cuando más tarde llegó al campo al norte de la ciudad para ver sus dos aviones, descubrió que el arribo de los aeroplanos había convocado a una gran multitud de mirones civiles y militares carrancistas que se aglomeraban alrededor de los aparatos. Con cigarrillos hacían agujeros en la tela. Cuando el teniente Dargue y Carberry trataron de pararlos, la multitud agujereó la tela con cuchillos y machetes. Los niños comenzaron a rondar alrededor del avión aflojando tornillos y nudos.

Los dos pilotos sintieron que su única defensa era hacer una retirada estratégica. Encendieron los motores y comenzaron a buscar la manera de despegar. Carberry lo logró, pero llenó de polvo a la multitud con su hélice y provocó que los mirones lo persiguieran lanzándole piedras. Con el aparato dañado logró volar 10 kilómetros y aterrizar en una empresa minera. El teniente Dargue estaba despegando cuando toda la sección superior del fuselaje detrás de la cabina voló y golpeó el estabilizador vertical. El avión vaciló y aterrizó un poco adelante. Los cuatro pilotos se quedaron a pasar la noche en el consulado estadounidense y salieron a la mañana siguiente.

Al inició de junio, Villa perderá a uno de sus más fieles compañeros. Pablo López, tras el enfrentamiento de Columbus, se separó de la columna. Herido y con una pequeña escolta fue moviéndose hacia Satevó, donde se ocultó en una cueva del cerro de La Silla. El general Tomás Olivas, que se había amnistiado, denunció su ubicación. Los carrancistas al mando de Benjamín Garza sellaron el pueblo de Satevó y capturaron a uno de sus ayudantes, Escareño, cuando iba por agua y medicinas. Escareño resistió la tortura sin denunciar a su jefe, pero poco después detuvieron a un segundo mensajero que tuvo que salir de la cueva porque Pablo necesitaba urgentemente medicinas y comida. El hombre confesó y los carrancistas fueron directamente hacia el escondite. Pablo ya no estaba allí, se había alejado arrastrándose. Durante 36 horas estuvieron peinando la zona hasta que el 20 de abril lo encontraron. Comenzó el intercambio de disparos y dicen que Pablo gritó: "Si son mexicanos me rindo, si no, moriré peleando". (O la variante: "Si son mexicanos, me rindo, si no, ni madres".) La frase se hizo famosa y recorrió la frontera.

Pablo López fue conducido a la penitenciaría de Chihuahua, donde declaró a la prensa: "Los gringos vendían sus almas por dinero [...] Mi familia no se ha enriquecido con el dinero de la revolución, todos ellos, incluido Martín, carecen de lo más indispensable para vivir". Más tarde escribió a sus padres:

"Su hijo no muere por traidor sino porque se les concede a mis enemigos que mi presencia se borre de mi patria".

El 5 de junio de 1916, hacia las 10 de la mañana, Pablo López salió de la penitenciaría de Chihuahua rumbo a la muerte. Varias fotos de autores anónimos registraron los últimos momentos de Pablo, previos al fusilamiento: En una de ellas, acompañado de un oficial contempla a la cámara. Parece muy tranquilo, está terriblemente flaco, la muleta bajo el brazo izquierdo, un pequeño bigote, camisa blanca, rostro de adolescente. A su espalda la pared de adobes descascarada por los balazos. ¿De otros fusilamientos? Hay una cierta ternura arrogante en el rostro adolescente.

En una segunda foto brilla la camisa de Pablo de un blanco inmaculado; con su sombrerón, un sombrero huichol, y la muleta que poco después habría de arrojar. Contempla desdeñosamente a los mirones. El jefe del pelotón está de pie a su lado con la espalda contra la pared, como si quisiera compartir destino. Existe una tercera foto, en la que se encuentra recostado en la pared, con mirada dura, apoyado en su muleta.

Era un lunes, serían las 10:30 de la mañana y se había reunido la multitud, un gentío inmenso, para ver su muerte. Se fumó un puro. Su última voluntad fue beber un vaso de agua mineral.

De repente dijo: "Saquen ese gringo de aquí, yo no voy a morir enfrente de un perro". Era Marion Lechter, el cónsul estadounidense de Chihuahua, que venía a certificar de propia vista que el ejecutor de Santa Isabel muriese.

Tenía 27 años. Él dirigió las órdenes clásicas del pelotón de fusilamiento: "Preparen, apunten, fuego". Del público salieron gritos dirigidos a los soldados que lo mataron: "¡Ahora cómanselo, perros!"

Aguilar Mora dirá muchos años más tarde:

Estos rasgos de intensidad en la muerte de Pablo López no fueron únicos. Aparecen en decenas de crónicas y narraciones de fusilamientos. Los historiadores, ensayistas y cronistas que declaraban machistas a los mexicanos que esperaban hasta con humor el relámpago de esas balas tiznadas y pesadas, como los gringos, siguen negándole a las víctimas la capacidad de decidir los límites de su vida. El término *machista* aplicado a estos valientes es la manera más despectiva y económica que han encontrado muchos intérpretes de la revolución para confesar su incapacidad de comprensión.

Nellie Campobello cuenta que Martín López tenía una colección de tarjetas postales de la muerte de su hermano. "En todas las esquinas se ponía a besarlas; por eso lloraba y se emborrachaba [...] Se metía en las cantinas, se iba por media calle, se detenía en las puertas, siempre con los retratos en la mano; adormecido de dolor, recitaba una historia dorada de balas: *Mi hermano, aquí está mi hermano, mírelo usted, señora, éste es mi hermano Pablo López, lo acaban de fusilar en Chihuahua…"*

En la cueva, mientras tanto, Joaquín está sordo, Bernabé medio demente. Villa tiene el aspecto de un faquir. Sufren desmayos de hambre. Las patrullas estadounidenses buscaban hasta debajo de las piedras. Un viejo villista dirá: "A veces incendiaban hasta el último jacal creyendo que Villa estaría oculto en los techos…"

Hacia mediados de junio, aunque la pierna no mejoraba, había cedido la calentura y Villa decidió salir. Animó a sus compañeros ofreciéndoles "caballos maiceados, hartas gordas y mucho que comer". Una mañana, mediado junio, Villa fue sacado de la cueva conducido por Alvarez y Cifuentes en una camilla rústica y con la pierna amarrada con un sarape, porque no podía caminar a causa de la debilidad.

Llegaron al rancho del Guaje, donde encontraron una burra. Álvarez recordaba que él estaba muy débil, pero subió a Villa al burro con un solo brazo, o sea que Villa estaba en los huesos.

Descubrieron las huellas de un toro y a distancia lo venadearon. La carne le cayó a Pancho muy pesada y le subió la fiebre. Luego se enfadó y ordenó que los restos fueran sepultados porque los zopilotes los iban a denunciar. Clavaron un palo en la tumba, donde pusieron el letrero "Villa". Siguiendo la costumbre adquirida en estos últimos meses, la tumba fue encontrada y se armó gran revuelo en la prensa, hasta que descubrieron lo del toro o la vaca.

Tras varios días mejorando su dieta después de las hambres de la cueva, fueron a un rancho cercano, según unos a Ciénaga de Ortiz y según otros a Santa Cruz de Herrera, donde vivía el tarahumara Gorgonio Beltrán, viejo compañero de la lucha contra Orozco (que algunos cronistas han confundido con el sonorense Francisco Beltrán). Gorgonio los trató a "cuerpo de rey", y cuando Pancho pudo empezar a medio caminar ayudado por un palo que hacía de bastón, le pidió a Gorgonio que lo ayudara a retomar el contacto con sus hombres.

El mayor Tompkins valorará generosamente esta primera parte de la Expedición Punitiva: "Fue la nuestra una campaña brillantemente planeada y gallardamente ejecutada". Pero la verdad es que llevaban en México 15 semanas, no tenían idea de dónde se encontraba Villa y habían enfrentado militarmente a los carrancistas, con los que no querían chocar. Maravilloso.

Louis Sadler (en el prólogo a Tompkins) hizo muchos años después un resumen muy benévolo de la campaña: "Durante 13 semanas la caballería estadounidense penetró 400 millas en el interior de México, se vio envuelta en dos combates y varias escaramuzas menores con contingentes villistas, y dos enfrentamientos mayores con cientos de tropas del gobierno carrancista". George Sandos completa: "Vigor y disciplina caracterizan a la persecución estadounidense", y hace una evaluación, diciendo que había logrado su objetivo de dispersar a Villa y castigar al villismo con 125 muertos y 85 heridos (a junio 9). W. D. Smithers hace crecer más la cifra: "A pesar de los obstáculos [...] la expedición de Pershing hizo un gran trabajo. Penetraron 400 millas en el corazón del territorio villista y mataron a varios cientos de ellos".

Acontecimientos posteriores mostrarían lo baratas que resultan estas aseveraciones, que implicaban que la Punitiva había afectado seriamente al villismo. Mucho más cerca de la realidad se halla la valoración que haría el corrido anónimo *La persecución de Villa*, uno de los más populares y que mejor ha resistido el paso del tiempo, que a la letra decía: *¿Qué pensarían estos americanos?/ Que combatir era un baile de carquís, con su cara llena de vergüenza/ se regresaron otra vez a su país"*. Y mucho mejor todavía esta segunda cuarteta: *Aquellos soldados muestrábanse biliosos/ por las marchas penosas bajo el sol/ y burlándose de ellos Pancho Villa/ les enviaba recados de dolor.*

Notas

a) Fuentes. La ruta de huida de Villa hacia la cueva narrada por Nicolás Fernández en Urióstegui: *Testimonios del proceso revolucionario en México.* Y Urquizo: "Francisco Villa y Nicolás Fernández", cuyos testimonios hay que seguir con cuidado. Salinas Carranza: *La Expedición Punitiva,* da una trayectoria bastante precisa. Nevares en Cervantes: "Quién condujo al general Villa herido", que se reitera con pocas variaciones en "La Punitiva y el escondrijo de Villa". I. Muñoz: "Cómo Villa se salvó de grave persecución" en *Verdad y mito de la Revolución Mexicana* 3. Ernesto Ríos en la carta a Juan Hurtado. Jaurrieta a partir de una narración del propio Villa en *Con Villa...* Luz Corral: *Villa en la intimidad,* reconstruyó años más tarde el recorrido y habló y se tomó fotos con el padre del general Rodríguez. Hay varios testimonios recogidos por Calzadíaz: *Hechos reales* 6, que dicen que la cueva estaba en la sierra del Gato y que Villa llegó a ella con siete hombres (Bernabé y Joaquín, Tiburcio Maya, Ernesto Ríos, Juan, Marcos y Reynaldo, a los que sacó de allí), no muy creíble (Ríos entrevistado PHO 1/83 no lo cuenta así), y que eso sucedió el 17 de abril (eso significaría que Villa estuvo dando vueltas por la zona cerca de 20 días). Tanto Rafael Muñoz: *Vámonos con Pancho Villa,* como Nellie Campobello: *Apuntes,* hacen más largo el viaje de acceso a la cueva en ocho días.

El Tiburcio Maya del que habla Calzadíaz no llegó a la cueva, pero sí estuvo en el grupo que arribó a la casa de Rodríguez. Luego sería capturado por Cavazos y muerto en tortura, sin ofrecer información a los carrancistas (Calzadíaz: *Hechos reales* 6).

Además, en la perspectiva de Villa: "Yo cuidé los caballos de mi general". Elías Torres: "Adiós gringos, que les vaya bien" y "¡Villa ha muerto, Viva Pershing!". Braddy: *Pershing's...* Ceja: *Cabalgando...* Valadés: *Revolución* 6. Juan Torres B: "José de Lille, amigo y médico de Villa". Casavantes: *Francisco Villa ataca y toma Cd. Guerrero, Chih.* Rivas: *El verdadero Pancho Villa.* Eisenhower: *Intervention...* Calzadíaz: *Hechos reales*

7. R. Muñoz: *Vámonos con Pancho Villa* y el epílogo de Nicolás Fernández. Puente: *Villa en pie*. Vargas: *A sangre y fuego…*, "Villa educating youths". Antonio Avitia: *Los alacranes alzados*.

Habría que añadir, para los movimientos de la Punitiva: Braddy: "Myths of Pershing's mexican campaign". Clendenen: "The punitive expedition of 1916, a re-valuation" (escrita en 1961, es una reevaluación muy singular, no utiliza una sola fuente mexicana). Boot: *The Savage Wars of Peace*. Heath: Entrevista a James B. Barker. La versión de Pershing en un largo documento de 27 cuartillas narrado en primera persona (una copia se encuentra en la colección de manuscritos de Haldeen Braddy). Tompkins: *Chasing Villa* y el prólogo de Sadler. El mapa con explicaciones de los encuentros de W. D. Smithers en la Special Collections Dpt. de UTEP. Atkin: *Revolution*. Alberto Caballero: "¡Viva México!". Adalberto López PHO 1/43. Villanueva: "Carta al general Rubén García". Katz: *Pancho Villa*. Teodosio Duarte: *Memorias de la revolución*. Muñoz: *¿Historia…?*, en *Obras incompletas, dispersas o rechazadas*. Griffith: "In pursuit of Pancho Villa". Stewart: *L. A. soldier*. Braddy: *Pershing's mission…* Martin Blumenson: *Patton: The Man Behind the Legend, 1885-1945*. Martín H. Barrios: "Las muertes de Pancho Villa". Arzate: "Las dos satisfacciones más grandes del general Francisco Villa". Frank B. Elser: "Pershing Halts; Never was aided by the mexicans". Sandos "Pancho Villa and american security".

El autor pudo consultar los cuestionarios que Braddy envió a testigos de ambos lados para hacer el libro *Pershing's Mission in Mexico* y copia del cuaderno que Pershing llevaba en 1916, en el cual tomó notas de amigos y conocidos de Villa, carreteras y caminos, pistas sobre su paradero, en la colección HB en la UTEP. La historia de los soldados negros que cantaban *Tipperary* ha sido registrada por Braddy: *Myths…* Américo Paredes: *The ox…*, y Salinas Carranza: *Expedición…* Aunque Calzadíaz: *Hechos* 7, dice que Villa nunca oyó a los estadounidenses cantar.

Sobre un tren fuerzas carrancistas ven de lejos a los soldados de la Punitiva. Foto de Otis Aultman.

Además: "Seven villistas are convicted of murder". Hurst: *The villista prisioners*. Avitia: *Corrido histórico mexicano*. Brownlow: *The war, the west and the wildernes*. Chalkley: *Zach Lamar Cobb*. Archivo Histórico de Durango.

Existen dos documentales de televisión, "La cacería de Pancho Villa", de PBS (producido por Galán y Espinosa), y "The rivals. Villa versus Pershing", del Discovery Channel.

Calzadíaz se basa ampliamente en el testimonio de Juan B. Muñoz, un capitán de los Dorados de 25 años, que fue capturado posteriormente por la Punitiva. Curiosamente, el jefe de inteligencia de la columna Pershing escribiría más tarde una carta a los defensores de Muñoz certificando que "cuando estaba prisionero en

Una caricatura en la prensa estadounidense muestra a Villa herido en la pierna burlándose de un Pershing impotente.

Los carteles de "Se busca a Villa, vivo o muerto", ofreciendo recompensas de cinco mil dólares por cualquier información que condujera a su captura

Pershing en el campamento de Dublán con el tte. Collins, foto de William Fox.

Caravana de automóviles de la Punitiva.

Una caricatura publicada en la prensa estadounidense mostraba a Pershing en territorio mexicano dentro de un nido de víboras.

México hizo grandes servicios a la expedición ayudando en la captura de varios de los atacantes de Columbus" (Hurst/*The villista prisioners…*).

El envenenador japonés: "Chile con asadero, plato preferido de Pancho Villa". Pershing a Carothers, 16 agosto 1916. Cesu/ Treviño c3 exp 14 doc 901. Romo: *Ringside seat to a revolution*. Harris y Sadler: *The archaeologist was a spy*.

Para las versiones mexicanas del motín de Parral, además de los citados: Edgar Kock: "Mis recuerdos de Parral y Pancho Villa". Elisa Griensen en carta a Braddy (archivo Haldeen Braddy). Saturnino Villanueva: "En defensa de Villa". Los mensajes de Obregón en el AHDN y el Archivo Histórico de Durango.

Para los guías apaches: James Shannon: "With the Apache Scouts in Mexico" y Harold B. Wharfield: "Apache Indian Scouts". La foto mencionada en Herbert Molloy Mason: *The great pursuit*. Para muestra del delirio con que se ha tratado el villismo, uno de sus biógrafos, Fernando Medina: *Cuando el rencor estalla*, describe así a los apaches de la Punitiva: "… apaches y pieles rojas al mando de descendientes directos de los grandes jefes Caballo Blanco y Oso Sentado, con todo y sus vistosos plumajes, a cazar a flechazos al mexican bandit". Sólo que Sitting Bull y Crazy Horse (toro, que no oso, y loco, que no blanco, eran sioux, sería difícil que fueran padres o abuelos de los apaches Kin Ben De, Chicken y demás). Calzadíaz: *Hechos reales 6*, no parece tenerles gran respeto: "A decir verdad, estos apaches no dieron pie con bola".

Para la aviación de la Punitiva. Glines: "In Pursuit of Pancho Villa". Braddy: "Pershing's air army in Mexico". Y el propio informe del capitán Foulois que se reproduce como apéndice B del libro de Tompkins.

b) La muerte de Pablo López. No soy el primero en conmoverme y tratar de encontrar claves en esta historia aparentemente secundaria. Primero Nellie Campobello en dos cuentos, entre los mejores de *Cartucho* ("Las tarjetas de Martín López" y "La muleta de Pablo López"), y luego Aguilar Mora, quien la narra y reflexiona sobre cómo mueren los villistas en *Una muerte anunciada, justa, eterna*. B. Herrera: "El fusilamiento del general Pablo López". Alberto Salinas Carranza: *La Expedición Punitiva*.

Alberto Calzadíaz: *Hechos reales de la revolución* 5 y 6. Miguel Alessio Robles: "La Expedición Punitiva". Federico Cervantes: "El fin de Pablo López". Rubén Osorio: *Pancho Villa, ese desconocido.* Las fotos de la muerte de Pablo López en Jesús Vargas: *Chihuahuismos.* Casasola: *Historia* 4. Y Salinas Carranza: *Punitiva.*

Guías apaches; en la extrema izquierda el sargento Chicken.

c) ¿Cuántos días estuvo en la cueva? A pesar de las divergencias, el autor está convencido de que las que se ofrecen en el capítulo precedente son correctas y se ajustan a las fechas de la larga caminata de ingreso y el reencuentro con los suyos en San Juan Bautista. Pero, Luz Corral: duró 22 días. Ernesto Ríos: 17 de abril al 17 de julio (entró mucho antes y salió antes). Estanislao Aragón: "Estuvo allá más de un mes". Nicolás Fernández: "Dos meses y doce días" (en una versión, en otra "33 días"). Cervantes: seis semanas. Valadés: siete semanas.

Uno de los Jennies de Foulois.

d) Carrizal. El 17 de junio Pershing ordenó al capitán Charles T. Boyd, del 10º de caballería, que comandara una patrulla 100 kilómetros al sur, desoyendo las advertencias del general Treviño, aunque le dijo a Boyd que evitara contacto hostil con tropas carrancistas. Los 82 estadounidenses, la mañana del 21 de junio llegaron al pueblo de Carrizal y encontraron 400 carrancistas en formación de combate. Boyd podría haber rodeado el pueblo, pero decidió ir de frente. Un enviado del general Gómez le informó que si seguía avanzando lo haría

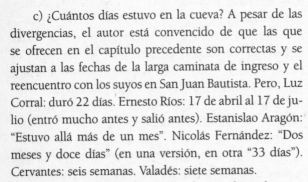

El fusilamiento de Pablo López.

sobre los cadáveres de los mexicanos, a lo que Boyd respondió: "Dígale a ese hijo de perra que vamos a pasar". Desmontó y ordenó el avance hacia unas acequias donde los mexicanos estaban cubiertos. Cuando se encontraban a unos 200 metros, los carrancistas abrieron fuego de rifle y ametralladora. Casi todos los hombres de la tropa quedaron heridos, todos los oficiales muertos, las balas "caían como lluvia". La caballería mexicana terminó de dispersar a los sobrevivientes. Quedaron sobre el terreno 12 estadounidenses muertos, 10 heridos y 24 (17 según otras fuentes) presos que fueron entregados en El Paso ocho días más tarde. Los muertos entre las tropas carrancistas ascendían a 30. (La mejor descripción en Boot: *The Savage Wars of Peace.* Daniel González: "Una descripción del combate de Carrizal". Alberto Caballero: *Anécdotas de la revolución, ¡Viva México!* Archivo Histórico de la Defensa Nacional 481.5/72.)

e) El Plan de san Diego. Las supuestas conexiones de Villa. José Santos Valdés ("Villa y el plan de San Diego") presenta como prueba de la conexión una foto en la que supuestamente Villa se reunió con Edelmiro Ramírez en Cerro Gordo, Durango, el 20 de junio de 1916 para discutir el plan, pero en ese momento Villa estaba aún en la cueva y la foto es trucada, es un fotomontaje que incluye una foto conocida de Villa tomada en 1913. El plan era medio delirante y llamaba a la guerra de castas. ¿Existió realmente? ¿Fue una provocación? Los *rangers* habían estado asesinando mexicanos en Texas y había un ambiente de linchamiento. (Benjamin Heber Johnson: "Revolution in Texas". Charles H. Harris III y Louis R. Sadler: *The Texas Rangers and the Mexican Revolution: The Bloodiest Decade, 1910- 1920.* Veáse el capítulo que le dedica Jorge Aguilar Mora en *Una muerte sencilla...*)

CINCUENTA Y SEIS

RESURRECCIÓN

Villa se hizo con un grupo de diez hombres (como siempre, unos dirán que eran 25 y otros que sólo seis) y tan rápido como lo permitía su pierna herida avanzó en busca de la concentración. Gorgonio le informó que debajo de Río Florido estaba la partida de Nicolás Fernández, del que se decía que, pensando a Villa muerto, había iniciado contactos para rendirse con el general Ignacio Ramos, que lo perseguía, y le habían ofrecido dinero si se rendía y que sería jefe de operaciones del estado de Chihuahua.

Pancho, ante la perspectiva de que cundieran el rumor y el desánimo, y aunque todavía estaba mal, montó a caballo y mandó un mensaje a Fernández. Por el camino conectó con Baudelio Uribe en Río Florido y en Peñuelas con Agustín García, que traía un puñado de hombres. Villa podrá entonces recibir información que le permita hacerse una idea de cómo ha dañado la Punitiva a su gente mientras ha estado en la cueva. El recuento de las bajas no es tan grave como había pensado, pero es doloroso: Eligio Hernández, Candelario Cervantes, Pablo López, el coronel Julio Cárdenas.

Desamparado, perseguido, con el rumor de Villa muerto causando estragos en sus filas, desmoralizado, traicionado, con diez mil gringos siguiéndolo, otros diez mil carrancistas acosándolo, las defensas sociales organizadas pisando su propio territorio y su propia base social, los desertores convertidos en su peor enemigo porque compartían con él el conocimiento del país, el villismo milagrosamente no se desmoronó en la primavera de 1916. Y los harapientos restos de la División del Norte se reunieron el 1° de julio, según la cita acordada con su jefe tres meses antes, en San Juan Bautista, Durango.

Ahí estaba el joven loco y borracho Baudelio Uribe, que sería conocido como Mochaorejas, con 30 hombres; los 125 combatientes de Nicolás Fernández, que se encontraba sorprendido de ver a su jefe vivo; estaba Agustín García con 30 hombres y Jerónimo Padilla con 20, Ernesto Ríos y el coronel Joaquín Álvarez con lo que quedaba de los Dorados, unos cincuenta hombres a los que se habían sumado los hermanos Murga; José Chávez con 40 compañeros y aquel jovencito de ojos azules, gran facilidad de palabra, trato bondadoso y una aura de magnetismo, llamado Martín López, llorando la muerte de su hermano. Había acudido el grupo de José Meza y al día siguiente llegarían los hermanos Vargas y los 40 sonorenses de Francisco Beltrán, "general yaqui de cara rojiza y brillante como un perol de cobre", como lo describe I. Muñoz. Poco más de 400 hombres mal armados, con pocas municiones, hambreados. Y estaba su orgulloso jefe, Francisco Villa, que parecía faquir de tanto peso que había perdido, con la barba descuidada, demacrado, con la pierna aún herida y cojeando. Un jefe que muy orgulloso decía cosas como: "Sí señor, les gané porque soy más viejo que el hilo negro". Se habían reunido para, como dice Jaurrieta, "dar principio a la parte más terrible y sangrienta de la revolución".

Dos días más tarde la renacida División del Norte atacaba a los carrancistas de la brigada Juárez (la de un ausente Luis Herrera) en Río Florido y colgaba de un árbol al ex villista coronel Lazo. "Todos andábamos con muchas ganas de pelear", dirá uno de los combatientes. Con la táctica de meterle velocidad al rayo se fueron sobre la hacienda Corrales y derrotaron al general Ignacio Ramos, al que fusilaron el día 4 de julio para celebrar el día de la independencia de Estados Unidos; obtuvieron un buen botín en armas y cartuchos. Villa viajaba en una "chispa" de dos asientos, un carrito de un solo caballo.

Un día después, el 5, arribaron a Jiménez, que tomaron sin necesidad de disparar un solo tiro porque la guarnición la había evacuado. Un informe de los carrancistas decía que Villa tenía barba y necesitaba que lo subieran al caballo. Obtuvieron gran cantidad de parque y sobre todo de provisiones, porque Villa aseguraba, con ese singular lenguaje suyo, que "las guerras de fiado son de mal agüero". Detuvieron dos trenes de pasajeros, en los que venían del norte muchos villistas que se habían amnistiado pensando que Villa estaba difunto, pues los rumores de su muerte habían calado, y al descubrir vivo al jefe lo aclamaron en la estación y se le unieron. Ramón Puente dirá que miles se le unieron. Serían muchos menos.

Su hijastro Piñón recuerda que estando en Jiménez Villa le contó que tenía dolores en la pierna y comenzó a sacarse de la herida, con una navaja pedacitos de hueso: llegó un niño que le pidió se los regalara como reliquia y Villa se los envolvió en un pañuelo.

En Jiménez se produjo un asesinato brutal. Mataron a la viuda del coronel Miguel González, a sus hijas Sara y Antonia y a un niño pequeño. Nicolás Fernández hizo averiguaciones y supo que el crimen lo había cometido Carmen Delgado, el Ruñis, llamado así porque estaba picado de viruela. Entró a la casa a pedir café, y al descubrir que Antonia había tenido un hijo del capitán carrancista Jesús Bazán, asesinó a la familia a pesar del salvoconducto de Villa, que había autorizado el matrimonio. Nicolás no se lo contó a Villa, por prudencia, hasta varios días más tarde, y Pancho determinó que el Ruñis iría con ellos como prisionero y así estuvo varios meses. Meza, jefe de los sociales de Jiménez, atestiguará más tarde que Villa no había ordenado el asesinato.

El muerto no sólo había revivido, sino que en menos de dos semanas, con una movilidad sorprendente, había derrotado a los carrancistas cuatro veces y tomado una población de regular importancia. Para Carranza, ahora, era esencial derrotarlo para mostrar a los estadounidenses que no necesitaba su presencia y Obregón lanzó todas las fuerzas que tenía en Chihuahua y Durango en su persecución.

Villa salió muy pronto de Jiménez tras haber sacado dinero a los comerciantes extranjeros y seis días más tarde, el 12 de julio, cuando se dirigían a San Juan Bautista, en las cercanías de Parral fue alcanzado por el general Matías Ramos. Villa iba en un cochecito despintado, llevando a un lado las muletas, un *voguecito* con el caballo amarrado atrás para que lo usara si hacía falta. La columna se cerraba con unas carretas que transportaban heridos.

Los carrancistas se concentraron en atacar los carros, que iban a toda marcha rumbo a la loma del Pamito, porque unos arrieros les habían dicho que allí iba Villa. Marcos Torres se acercó en pleno tiroteo al *voguecito* y, colocándose al lado de Villa, lo invitó a saltar del coche. Pancho, con una mano prendió la cabeza de la silla y con otra la crin del caballo y se trepó. La escolta, pistola en mano, lo cubría cabalgando a su espalda para evitar que lo atraparan.

Los carrancistas detuvieron una de las carretas y pensaron que habían capturado a Villa al confundirlo con el coronel Pablo Salinas, que iba herido. Fuera cierto o no que el asunto no fue accidental, los rumores y consejas se desatarán diciendo que Villa era hechicero y tenía pacto con el diablo, y por eso en el último minuto se había cambiado por Salinas.

Villa optó nuevamente por la dispersión. Nicolás Fernández y José Chávez fueron hacia el sur a reclutar más hombres. Martín López fue a Cumbres del Gato a recuperar armas y cajones de parque (de uno de los guardaditos). José María Fernández partió a recoger caballada en la región del Conchos.

La pierna herida se había convertido en un terrible estorbo y a mediados de julio Pancho se internó con algunos hombres en la sierra de Huerachi. Muchos atribuyeron la operación al enfermero de origen italiano que muchas veces acompañó a la columna de Villa, Pascual Cesaretti (al que las fuentes villistas llaman indistintamente Riqueti, Riquetti, Enriquetti y Enriquette). Otros dirán que fue Jerome Triolo, al que Villa mandó buscar en El Paso y que la extracción de la bala se produjo en la cueva. Hay incluso una versión de Luz Corral que dice que la operación fue en la casa de la viuda del general Ochoa, Cuca, y la hizo un médico inglés.

El caso es que fue un fracaso a medias. "La herida estaba infectada: al simple contacto salía un chorro pestilente de sangre y pus, la solución de permanganato de poco o nada servía". La operación se hizo sin cloroformo, sólo con anestésicos locales, porque Villa se negó a dejarse dormir. La bala estaba pegada al hueso. Tras dos intentos infructuosos, al menos se hizo una curación que logró que la infección cediera.

Y sin esperar a una recuperación completa, con Noriega, Durazo, su jefe de Estado Mayor y una pequeña escolta, Pancho se fue hacia la frontera, se dijo que para entrevistarse con Felipe Ángeles (pero Ángeles, en esa época, estaba viviendo en Nueva York). Realmente lo hizo para acercarse a los estadounidenses. Pasó al poniente de Casas Grandes, donde estaba uno de los cuarteles de Pershing, en Colonia Dublán. Y se cuenta que con un burro y disfrazado de mendigo recorrió la periferia del campamento de Pershing. La historia puede o no ser cierta, pero trascendió más tarde y así se contaba.

¿Y qué estaba haciendo Pershing en Dublán en esos días? "El campamento era muy incómodo", se quejaba el mayor Frank Tompkins, "a causa de los fuertes vientos, frecuentes tormentas de arena, el calor tropical del verano, las heladas de invierno", bandadas de mosquitos. Se vivía en refugios de adobe. Había poco que hacer: beisbol y boxeo, beber alcohol, jugar e ir de putas. Pershing se hizo cargo y organizó algo llamado popularmente "la estación de remonta", un burdel en el que había inspecciones para detectar enfermedades venéreas, tarifa uniforme de dos dólares, y para entrar había que llevar en la mano un condón. Ayudó a reducir las enfermedades transmitidas sexualmente. Boot cuenta que las putas le agradecieron el arreglo y cocinaron una maravillosa cena el día de acción de gracias.

En un territorio controlado por los carrancistas y las patrullas de la Punitiva, Pancho se movía con singular alegría; no en balde, como una vez le había dicho a Silvestre Terrazas: "No hay un árbol, ni una peña, ni una cerca de piedras que yo no conozca. Sé donde hay cuevas y de dónde sale buena agua para beber. Me amarras una venda, me llevas y me dejas en mitad de un cañón, que no se vea más que un cerro para un lado y otro para otro, y te digo donde estoy. No hay una vereda por donde no haya caminado, y cuando me salgo de ellas, nadie puede seguirme".

De manera que evadiéndolos a todos fue hacia la capital, a Chihuahua, para conseguir herraduras y volver a pulsar la fidelidad de su red de contactos. Muñoz recogió una serie de anécdotas que cuentan que las partidas villistas tenían la consigna de decir que Villa estaba con ellos. Al pasar por un rancho a la medianoche, decían a los mirones: "Ahí va Villa adelantito". Y Villa, nuevamente había desaparecido.

A mediados de agosto el gobierno le informó al gobernador de Durango que "fuerzas del general Maycotte lograron localizar dónde se encuentra oculto Villa", y decían que era cerca de Mapipí. Pero Villa no estaba en Durango sino en Chihuahua. El 26 de agosto atacó Satevó enfrentando a las defensas sociales, a las que derrotó. En la tónica de lo que sería esta nueva campaña, colgó de inmediato a su viejo compañero Tomás Olivas, ex jefe de Estado Mayor de la brigada Villa, y los ex villistas capturados fueron fusilados. Formó a los restantes detenidos y les largó el siguiente brevísimo discurso: "¿Por qué razón andan haciendo armas en mi contra? Oigan bien lo que les digo: se largan a cuidar de sus familias o los fusilo".

En Satevó se produjo un incidente que se convertiría en piedra angular de la leyenda negra de Villa. Pancho había capturado al hermano de José Ruiz, quien lo había traicionado huyendo a El Paso y ordenó fusilarlo. La abuela de Ruiz, doña Lugarda Barrio, lo increpó llamándolo cobarde y desagradecido. Belén Prieto, que estaba en Chihuahua en el momento del suceso, contaba que Villa, entonces, "mandó quemar en el panteón a doña Lugarda, pariente de nosotros y abuela del general Ruiz [...] Nada más porque le tenía idea. Pero doña Lugarda fue muy valiente, fíjese que en el panteón, cuando ya la habían rociado con petróleo, hasta les dio cerillos para que la prendieran porque no llevaban. Les dijo: 'Bandidos, si no traen cerillos, aquí tengo yo', y sacándolos de la bolsa de su delantal se los dio". De esa versión se hicieron eco más tarde Celia Herrera y Elías Torres. Pero otra versión, ratificada por el propio Ruiz, es que un villista empujó a la mujer cerca de una hoguera donde unos vecinos cocinaban carne y se prendió fuego su ropa, muriendo más tarde a consecuencia de las quemaduras.

En los primeros días de septiembre Martín López tomó Cusihuiráchic y Villa estableció el campamento de la sierra de Huerachi previo al inicio de la campaña con unos 500 hombres divididos en seis guerrillas. En los próximos días crecerán hasta ser un millar. Allí habrían de llegar los hermanos Murga y un jovencito, estudiante del Colegio Militar, al que la Expedición Punitiva motivó a alzarse, José María Jaurrieta, al que Pancho encargará, por ser leído y escribido, la secretaría de la columna: una bolsa de ixtle con una libreta para notas taquigráficas, lápices y un rollo de documentos que eran el archivo de esa nueva División del Norte.

El campamento fue muy bien organizado. Para evitar sorpresas había vigilancia nocturna, se usaban como reconocimiento santos y señas, rondines montados, puestos avanzados. Los hermanos estaban a cargo porque, como decía Villa, esa sierra "sólo la conocían los hermanos Murga y los osos".

Jaurrieta, en su primer contacto con Pancho, observó que tenía "la dentadura oxidada por el agua de Durango", que andaba con muletas, porque aún no se restablecía del todo de la herida en la pierna y que saludaba tendiendo la mano derecha suelta, de manera que cargaba el peso del brazo en el saludo.

Villa dejó a Martín López en Huerachi y se movió con una pequeña escolta hacia la sierra Azul, desde donde controlaba con sus prismáticos la ciudad de Chihuahua. Vieron entrar a la ciudad a los lecheros con sus burros y a los carboneros, los eternos espías de Villa. Pancho mandó a Braulio Villagrán para que trajera los periódicos: "Villa sitiado", decía un parte del general Cavazos en *El Demócrata*. En la nota, Cavazos felicitaba a Treviño por haberlo embotellado. Villa se reía a carcajadas.

Los informes de los espías no fueron exactos, reportaban unos 500 carrancistas en los cuarteles cuando realmente había muchísimos más (Jaurrieta
dice que "cerca de cinco mil" y que el día que atacaron Chihuahua llegarían a
nueve mil). Accidentalmente, Villa descubrió que en la cárcel de Chihuahua se
encontraban Marcelo Caraveo y José Inés Salazar, ex colorados que se habían
sumado a Carranza para pelear contra la intervención y habían sido traicio-
nados al presentarse. Según Villa le dijo a Jaurrieta, muerto Pascual Orozco
y con él el orozquismo, "no representaban otro papel que el de hermanos
chihuahuenses".

—Qué bonito se ve el rancho, ¿verdad? Pero seguro que hierve de changos
—le decía a Jaurrieta.

Por aquellos días, los carrancistas, los nuevos federales, ya no eran llamados pelones, porque comenzaba a popularizarse el término *changos* para
hablar de los soldados federales de leva, muchos de ellos del sur del país, no
acostumbrados al extremismo del clima chihuahuense, "débiles para soportar
las crueles marchas y contramarchas".

La tarde del 14 de septiembre llama a botasilla el clarín de órdenes en el
campamento de Huerachi. En medio de la lluvia, Villa da cuidadosas instrucciones. Aproximarse a Chihuahua por el norte, por el río Chuvíscar y concentrarse en la colonia Dale en los suburbios de la ciudad.

Recorrido en medio de una lluvia terrible siguiendo las veredas de la parte
más elevada de la sierra, con la prohibición de hacer hogueras porque al arder la leña húmeda soltaba humo blanco. Marcharon durante todo el 14 y el
15 y en las primeras horas de la noche se infiltraron oficiales villistas que se
apropiaron de las contraseñas de los carrancistas y las pasaron a los que luego
iban llegando. Se escuchaba la música de las bandas y las orquestas previas a
la celebración de la fiesta nacional de la independencia.

El capitán carrancista Vega contará más tarde que en los zaguanes de varias
casas de Chihuahua aparecieron panfletos en los que se decía que Villa estaría
con su querido pueblo para dar el grito de independencia, que se prepararan
los changos. Pensaron que era una bravata de las que Pancho acostumbraba.
Curiosamente no era la única señal que Villa había dado del asalto; había
enviado un correograma a Treviño diciéndole que "el día 15 vendría a acompañarlo a festejar el grito", a lo que Treviño dijo a sus oficiales que eran puras
habladas. Si se trataba de tomar la plaza por sorpresa, ¿para qué advertirlo?

El novelista Rafael Muñoz dirá que "una caravana envuelta en sombras
que parece una procesión de fantasmas, camina por el cauce del río seco, a
pesar de la gran cantidad de pedruzcos, la caravana no hace ruido [...] han
entrado con los cascos de sus animales envueltos en trapos". Villa se queda en
el rancho del Buey. Tres columnas ingresan a la ciudad.

Hacia las once un centinela sorprendido preguntó:

—¿Quién vive?

—Tu tiznada madre —recibió como respuesta.

Los grupos, que se habían concentrado en unos corralones en las afueras de la ciudad, al grito de "¡Viva Villa!", cargaron.

Fiesta popular en las plazas de la ciudad de Chihuahua engalanada con banderas tricolores y foquitos. Los altos mandos militares estaban tomando champán en el salón rojo del Palacio de Gobierno. El general Jacinto B. Treviño se preparaba para dar el grito cuando apareció un jinete uniformado de gala y con sable gritando que todo el mundo se fuera a su casa. Alertas contradictorias, reflectores, despliegue militar, gente corriendo por todos lados. Nellie Campobello dirá: "Nadie podía creer lo que veía".

Villa colocó su puesto de mando en la presa Chuvíscar. Martín López atacaba el cuartel cercano del 12. José Chávez y los Murga fueron hacia la penitenciaría. Los villistas de Baudelio y Padilla entraron por el centro de la ciudad y tomaron el Palacio de Gobierno que los carrancistas habían dejado abandonado. El cabrón loco de Baudelio subió su caballo, llamado Flor de Durazno, por las escaleras de mármol del Palacio. Nicolás Fernández entraba al centro para desde allí impedir que los carrancistas reforzaran a los de la penitenciaria y el cuartel. El absurdo era que los villistas no sabían que estaban combatiendo a una fuerza casi diez veces mayor que ellos y que los defensores de Chihuahua también lo ignoraban. Para la celebración del 16 de septiembre se había producido en Chihuahua una fuerte concentración de tropas, más de nueve mil hombres, porque a la guarnición habitual se habían sumado la división de los Arrieta y otras tropas.

El general Treviño, jefe de operaciones de Chihuahua, y algunos de los mandos, se habían replegado hacia el cerro de Santo Rosa, que estaba fortificado. Se oía el "sálvese quien pueda" por todos lados. Treviño reaccionó y trató de llegar a Palacio, pero le tirotearon el coche y recibió un rozón en una oreja.

Los carrancistas estaban totalmente desorganizados. Una parte de los oficiales habían sido sorprendidos en un burdel. En el centro de la ciudad, la cantina La Casablanca, propiedad de Jesús Salas Barraza, estaba llena de oficiales carrancistas que celebraban. En esa y en el Salón Saturno apagaron las luces y se quedaron calladitos. Algunos villistas de los amnistiados, conociendo a Pancho, cuando empezó el ataque se fueron corriendo por las azoteas. Caos. Llovía fuerte. Treviño llamó por teléfono y en uno de los cuarteles le dijeron que se había amotinado la guarnición, que no se sabía quién estaba de qué lado.

Villa, paralizado por sus muletas, en su puesto de observación no tenía una clara idea de lo que estaba pasando y se veía inquieto. Le pidió a Jaurrieta que se acercara lo más que pudiera a la penitenciaría y regresara a informar.

En la cárcel se había logrado tomar el control del edificio para liberar a los presos, pero en el combate había muerto el administrador y no se encontraban las llaves de las celdas; algunas fueron abiertas a punta de balazos y una parte de los presos, cerca de 80, quedaron libres. Jaurrieta se tropezó por el camino con los asaltantes. José Inés Salazar, recién liberado, le contó que a Caraveo se lo habían llevado preso a México.

Villa y Salazar se abrazaron al encontrarse. Si en Tierra Blanca estaban enfrentados a muerte, los tiempos habían cambiado. Villa dirá elegantemente: "Sólo vine porque supe que lo iban a fusilar".

Treviño ordenó que las tropas se acercaran al Palacio; en las azoteas se instalaron ametralladoras para batirlos. Jaurrieta, desde el cuartel general, recogió la reacción de su jefe: "Nos quedamos pasmados al observar los efectivos de infantería y caballería que rompían sus fuegos sobre nuestra línea de defensa". Tan sólo eran 40 o 50 los villistas que ocupaban el Palacio. Nellie Campobello dirá que Villa dijo: "Son bigornias los carranclanes". La frase queda, el sentido se le escapa al narrador. ¿Qué cosa es una bigornia? No lo sabe, pero sin duda, los carrancistas lo son. Mira que dejar que Pancho Villa se les meta en Chihuahua en 16 de septiembre.

Al amanecer los defensores de Chihuahua tienen que voltear los cañones que están en el cerro de Santa Rosa para apuntarlos hacia Palacio; se dispararán sólo 9 cañonazos. Los villistas se repliegan. La salida sobre un empedrado en el que se resbalaban los caballos, bajo fuego de artillería y ametralladoras, es terrible. Será un milagro que ese grupo rompa las líneas. Durante la huida muere Chon Murga.

El repliegue será ordenado, haciendo acopio de comida, saqueando depósitos de municiones. Se concentran en la estación Chavarría. En la retirada son incendiadas las fincas propiedad del padre del gobernador Enríquez.

Hace tres meses todos los que hoy corrieron lo daban por muerto. El ex difunto Pancho Villa debería estar particularmente contento. Aunque en este empujón no hubiera podido tomar Chihuahua, había demostrado quién era el zorro y quiénes las gallinas.

Villa se movió hacia el noroeste y en su retirada, el 18 de septiembre tomó su refugio histórico, San Andrés. Allí Villa trató de engañar a la guarnición de Bustillos y por telégrafo, usurpando la personalidad de un supuesto coronel Zuazua, ordenó que se reconcentraran en San Andrés. El teniente que mandaba el retén le respondió que acaba de llegar un soldado que decía que San Andrés había sido tomada por Villa. Pancho, actuando maravillosamente en su papel de Zuazua, le informó que ese hombre era un desertor, que lo fusilará de inmediato y obedeciera las órdenes. Capturaron a los 25 sin disparar un tiro. Los soldados fueron fusilados.

En San Andrés Villa producirá un manifiesto singular, quizá la pieza programática más genuinamente suya. Allí no lo acompaña ninguno de los intelectuales que participaron en otros documentos del villismo, como bien dice Rubén Osorio, y Jaurrieta, su secretario, no es más que un jovencito recién salido del Colegio Militar, que quizá tenga buena ortografía y una excelente sintaxis (como probarán sus futuras memorias), pero no más que eso. De tal manera, el que será conocido como Manifiesto de San Andrés, más allá de la redacción, es obra de Villa.

Tras una exótica introducción en la que alaba el comportamiento de Bélgica en la guerra mundial, hace un llamado a derrotar la intervención, "el aborrecido yankee", y señala que los carrancistas son unos traidores que han permitido la invasión. A partir de ahí, la parte sin duda más interesante del documento es el programa. Elecciones libres, con pena de muerte para los que cometan fraude y un candado para impedir el paso de los caudillos. Ninguno de los jefes armados podrá presentarse como candidato.

Los diputados y senadores que hagan negocios turbios "que redunden en provecho propio con perjuicio de la colectividad", serán pasados por las armas.

Propone el regreso a las Leyes de Reforma del juarismo, una medida que fue siempre bandera de los intelectuales villistas y que los grupos del exilio mantienen. Propone declarar nulos todos los actos legales y convenios del carrancismo, y curiosamente excluye el matrimonio (él, Villa, nada menos), "que es intocable por respeto a la sociedad".

El corazón del programa es el proyecto antimperialista. Abolición de la deuda pública. Los extranjeros no podrán tener tierra en México, y en particular los chinos (a los que hace responsables de colaboración con la Punitiva) y los estadounidenses ("responsables del desastre nacional, que con miras bastardas han fomentado la guerra fratricida"). Se nacionalizarán ("decomisarán") las minas extranjeras, las líneas ferroviarias; se cerrará la frontera con Estados Unidos para promover la manufactura nacional y se cortará el telégrafo "a 18 leguas de las fronteras de los Estados Unidos". Sólo le falta una idea que propondrá en serio y en broma un par de meses más tarde: abrir una zanja que separará los dos países.

Poco después irá hacia Santa Isabel, que tomará sin mayores problemas. Lo suyo, más que un repliegue, es un paseo triunfal. Lo sigue una columna de Matías Ramos al que derrotará en Cusihuiráchic, dejándolo herido. Treviño le informa a Álvaro Obregón que Villa va rumbo al noroeste y añade que "estos fracasos de nuestras fuerzas se deben a la escasez de municiones", y se queja de que los villistas traen balas nuevas que han metido desde Estados Unidos (cosa que en ese momento no era cierta).

El 4 de octubre Villa celebrará su santo en San Isidro con un coleadero y peleas de gallos, amenizado por una banda de música que habían robado a los carrancistas. Poco después la columna toma Bachíniva, donde uno de los miembros recuerda que se hicieron con una carga de manzanas. Detienen a Santos Merino, que había servido de guía a los gringos y había vendido a Tiburcio Maya (quien conocía el paradero de Villa en la cueva y bajo tortura, que lo llevó a la muerte, no lo confesó). A Villa se le hace poco colgarlo y lo manda quemar en una hoguera.

El 10 de octubre toman Namiquipa. "Cayeron los villistas sobre todo el pueblo y lo ocuparon sin tirar un tiro". Villa estaba muy encabronado, culpaba a los del pueblo por la muerte de Candelario Cervantes y decía que los gringos "los fregaron a ustedes". Dio carta blanca para el saqueo, pero el daño no fue muy grave porque había muchos oficiales villistas nativos del pueblo que impidieron que las cosas fueran a mayores.

Desde allí se mueve por todo el distrito de Guerrero levantando hombres en armas y barriendo con todos los caballos que encuentra.

Pershing, que estaba en Dublán en el momento de la toma de Chihuahua, le escribirá a Funston diciéndole que el prestigio y las fuerzas de Villa estaban creciendo y pidió permiso para avanzar hacia la capital del estado, pensando que la oposición carrancista sería de menor importancia y la población sin duda los recibiría bien. Funston, en principio se mostró de acuerdo, pero el presidente Wilson bloqueó la iniciativa.

El 23 de octubre Villa le escribe a Treviño burlándose, le dice que como tiene que rendir parte, y que como 300 hombres se quedaron con él, le envía algunos soldados para que le ayuden. De pasada lo llama traidor por dejar pasar a los gringos.

Si el primer ataque a Chihuahua tuvo mucho de baladronada, de reto, y se hizo contra fuerzas muy superiores, la nueva campaña tiene un diseño más claro: ir derrotando los generales de Treviño y aislar la capital del sur, cortarle su conexión con la ciudad de México y Torreón. Y luego volver a Chihuahua. Villa parece haber olvidado de momento a la Punitiva, confinada en el noroeste del estado.

Fue entonces cuando los exploradores reportaron la salida de Chihuahua de una fuerte columna de caballería a cargo del general Cavazos, que avanzaba sobre la vía del ferrocarril del noroeste. Villa mandó a Nicolás Fernández a San Andrés con la orden de contenerlo, mientras despedía a José Inés Salazar, que se iba en misión de reclutamiento por la zona de Casas Grandes (zona de fuerte influencia orozquista). Más tarde se reunió con Fernández y esperaron dos días el ataque que no se produjo. Luego Villa, impaciente, ordenó el avance sobre Cavazos. El contacto se produjo en la hacienda La Baiza a medio camino entre San Andrés y Santa Isabel. Cavazos dispuso a sus hombres en las lomas que están cerca de la hacienda, en línea de tiradores montados. Villa descubrió que el dispositivo de Cavazos tenía una fisura, el arroyo de Chavarría; opuso una línea a la otra y por el hueco lanzó una carga de Dorados mientras ordenaba el fuego en la línea para obtener la atención de Cavazos. Entraron los Dorados como rayos por el flanco derecho de los carrancistas y entonces, con Villa a la cabeza, cargó la línea cuando ellos se descomponían. "El coleadero" duró mucho tiempo y en una larga extensión, con la desventaja para los carrancistas de que sus caballos eran escuálidos. Un desastre para Cavazos.

Tras la derrota, Treviño, en Chihuahua, le escribió a Obregón solicitando que lo asistieran tropas de Sonora y que Murguía se adelantara desde Torreón, pues "la recluta de bandidos villistas está funcionando". Concluía: "El levantamiento villista crece por momentos". Y crecía, Villa iba destrozando a los generales carrancistas, esos que eran llamados por los villistas "mugrientos, mugrosos, sebosos y changos".

El 29 de octubre una segunda columna que venía de Chihuahua al mando del general Carlos Osuna, los sorprendió al amanecer en Santa Isabel. Los villistas dormían en sus laureles y entraron en las callejuelas del pueblo las tropas de Osuna, que no venían con la moral muy alta porque habían pasado durante kilómetros al lado de los cadáveres de sus compañeros de la brigada Cavazos. Osuna controló en principio la situación porque su vanguardia capturó la caballada villista en los cuarteles que estaban a la entrada del pueblo. Un grupo de soldados que dormía a la intemperie en las afueras los descubrió y abrió fuego y dió la alarma. La vanguardia de Osuna se retiró dejando libres los caballos. Los villistas ensillaron y se fueron en tres columnas de ataque sobre los carrancistas que comenzaban a desplegarse. Los alcanzaron en El Fresno. La orden era acercarse lo más posible, línea de tiradores, fuego y carga. A los primeros disparos los jefes de la columna Osuna salieron huyendo a caballo y dejaron atrás a la infantería. Villa, a caballo, recorría la línea cuando se oyó el grito de "¡A colear!". Y le dio al coronel Álvarez de los Dorados la orden: "Hasta acabar con ellos". Los persiguieron hasta el rancho El Fortín, a 40 kilómetros de la ciudad de Chihuahua. Un gran botín de guerra. Esa noche la columna durmió en Santa Isabel y Villa se preguntó en broma: "¿Será noche de quitarse los zapatos?"

Al día siguiente Villa le dirá a Jaurrieta: "En tres días le estamos sonando la tambora a Treviño en merito Camargo". Y la frase no es un despropósito verbal, tan común en Pancho. Tomando Camargo, Jiménez y Parral, el tambor sonará en Chihuahua, donde está Treviño.

Villa se encontrará en las afueras de Camargo el 30 de octubre, 60 kilómetros al sur de Chihuahua. Ya son 1 500 los hombres que lo acompañan, aunque bastante "raquíticos", porque se les han unido viejos combatientes de los Leales de Camargo. José Chávez, que era nativo de la población, dirige el ataque y Villa permanece en reserva cerca de la estación. En media hora de tiroteo hacen huir al general López Ortiz con doscientos hombres. Domingo Arrieta le telegrafía a Obregón diciendo que "el resto gente quedó dispersa una parte y parte quedó en el interior de la plaza por no haber obedecido la orden de salida que yo di personalmente". Baudelio Uribe tiene como 60 presos. Villa ordena su ejecución.

Poco después avanzaba hacia la vanguardia Baudelio Uribe, la columna más pequeña de toda la brigada, con sólo 30 hombres. Topó con las fuerzas de Maycotte, que obviamente lo envolvieron, salvándose de milagro. Baudelio llegó a matacaballo a Camargo a informarle a Villa que traía detrás de sí a un viejo conocido de las batallas de Celaya, el general Fortunato Maycotte, quien venía sin exploradores y con todas sus fuerzas persiguiéndolo.

Villa los observó venir desde un cerro en las afueras de Camargo y dicen que dijo: "Bueno, bueno, qué se habrán pensado estos locos".

Tres columnas carrancistas al mando de Maycotte y Domingo Arrieta fueron enfrentadas por tres columnas villistas en un lugar llamado La Enramada. La de los Arrieta se quebró en el primer impacto, luego sólo fue problema de tiempo hacer tambalearse a las otras dos. Los carrancistas dejaron abandonados 800 fusiles.

Villa mandó entonces cortar la vía férrea entre Torreón y Jiménez y luego fue por Maycotte, al que le quería cobrar deudas de los enfrentamientos del Bajío. Al día siguiente entró en Jiménez, cayendo en sus manos algunos trenes. A Maycotte le dio tiempo de huir hacia Torreón con otra parte del material rodante.

El 3 de noviembre Obregón le contestará a Jacinto B. Treviño el mensaje en que el jefe de operaciones de Chihuahua le decía que los fracasos se debían a la falta de municiones. El ministro de la Guerra le reclamaba duramente que no reportaba los fracasos sufridos, "tratando siempre de ocultarlos". Y le señalaba que la falta de cartuchos nada tenía que ver con la imprevisión y el descuido que había sido la causa del ataque a Chihuahua del 16 de septiembre. El fracaso de Osuna "lo previmos desde aquí", por la estupidez de dividir en dos columnas las fuerzas. "Si faltan balas hay que tomar la ofensiva antes de que la carencia favorezca al enemigo". Finalmente Obregón se suaviza: "Quizá yo en su lugar hubiera cometido iguales o mayores errores…".

Villa mientras tanto prosigue con su estrategia. La orden de salida hacia Parral se ejecuta en dos trenes. "El que suba una vieja a los trenes, se muere con ella". Los hombres en los techos, los caballos adentro. Villa viaja en el cabús del segundo tren, en una hamaca.

El 5 de noviembre los villistas ocupan Parral sin mayores problemas. La brigada Juárez, al mando de Luis Herrera, había evacuado la plaza. Villa entraba a caballo cuando un federal moribundo le disparó un tiro y mató al caballo, que al desplomarse le cayó a Pancho encima. Se decía que Villa estaba herido. Lo que sucedía es que se le había abierto la herida de la pierna. Villa tuvo que participar en el desfile a bordo de un automóvil abierto y entre las aclamaciones de la población. Una adolescente lo interceptó. Villa la regaña:

—A mí nadie…

—Yo soy Elisa Griensen.

—¿Tú eres la que echaste a balazos a los güeros?

Ella afirma.

—Ando herido de una rodilla, si no, me hincaba.

Más tarde, en un discurso en el quiosco de Parral, la felicitará públicamente.

Villa se aloja en el hotel Hidalgo y durante doce días tiene tomada Parral
sin que carrancistas ni escuadrones de la Punitiva se acerquen. Hubo un fuerte reclutamiento, se aumentó la caballada, se pusieron a trabajar talleres de
costura. Villa se hizo con 26 barras de plata de la mina la Palmilla. El capitán
Nieto cuenta: "Ese dinero lo enterró Villa en Sierra del Gato, en un cerro muy
alto, en una cueva". Tenía entonces la costumbre de "cambiarlo de lugar, muchas veces lo repartía en dos o tres lugares diferentes […] Se fijaba en algo que
le hiciera recordar la carguita".

Había llegado el momento de resolver el problema de la maldita herida
en la pierna. Pancho mandó a buscar a un viejo conocido, el doctor De Lille,
partero y cirujano de 37 años, con consultorio en la calle del Colegio núm. 6,
quien se dio cuenta de que la bala seguía adentro y por eso la herida se abría.
Villa tenía fiebre y el médico aconsejó operar. Villa accedió, con la condición
de que se hiciera sin cloroformo. Tras un lavado de todos los remedios caseros
que le había puesto y del permanganato, que poco efecto había surtido, el
doctor le sacó la bala. Con ella salieron pedacitos del hueso roto. La bala había
golpeado algo, una piedra, antes de entrar, y estaba achatada. Villa comenzó a
recuperarse rápidamente. Al salir de Parral se llevó con él a De Lille, hombre
de mala salud, delicado, que si comía carne le sentaba muy mal, tenía problemas de digestión y sufrió cabalgando con los villistas durante unos meses.
Ahí anduvo con Pancho al sereno, durmiendo en el suelo y filtrando el agua
de los charcos con un pañuelo. Le acabó curando la herida a Villa. Finalmente
Pancho lo dejó libre y el doctor regresó a Parral, a vivir rodeado de la fama de
haber sido el médico que había operado a Villa, hasta que murió en 1919.

La cadena de derrotas que Pancho le había infligido a los generales carrancistas, derrotando a seis en tres semanas, hizo que, como narra Rafael Muñoz,
"las tropas federales se reconcentraran en las poblaciones de importancia y
los jefes de ellas no se sentían nunca seguros, a pesar de vivir rodeados de
sus *changos*. Les parecía que en cualquier momento Villa podía llamar a sus
puertas, a tiros y gritos como él lo hacía y que sus vidas estaban siempre en
peligro […] La sierra baja fue completamente evacuada. Las defensas sociales
[…] abandonadas a su propia suerte […] El cerro de Santa Rosa que domina
por completo (Chihuahua) fue convertido en una ciudadela (con) trincheras
y alambrados, tendidos".

Treviño pecaba de cauteloso, Murguía se lo reclamó en un telegrama el 9
de noviembre. Habían quedado en atacar a Villa en tres columnas de tres mil
hombres cada una. A Treviño le tocaba organizar una. "¿Ya la organizó?" No
lo había hecho, se había encerrado en la capital. Pero curiosamente Pancho
Murgía tampoco lo había hecho y avanzaba muy lentamente, demasiado, desde Torreón.

Villa, mientras tanto, reorganizó sus fuerzas y algunos dicen que llegaban hasta cinco mil hombres; probablemente exageren y en mucho. Treviño tiene en Chihuahua y Juárez siete mil, Murguía avanza con 15 mil desde Torreón. Desde Chihuahua todo se ve diferente, el coronel Federico Treviño, hermano de Jacinto, cuenta que Murguía había prometido ir como rayo a Chihuahua, pero parecía no tener prisa. Se detuvo en Estación Ortiz una semana "dizque reparando el puente y la vía del ferrocarril".

Pero no sólo Treviño abusaba de la cautela al ordenar a Osuna que sus caballerías se replegaran ante el avance de Villa y "no presente combate en forma seria". El 15 de noviembre Carranza le dijo a Pancho Murguía que no avanzara hacia Villa, porque si fracasaba podían caer Chihuahua y Juárez.

Villa contemplaba la ciudad de Chihuahua desde el cerro Grande el 22 de noviembre, y a eso de la las 12 de la mañana comenzaron los cañonazos sobre los exploradores, desde el fortín de Santa Rosa. El novelista Rafael Muñoz cuenta que fue un amanecer frío, una mañana sin sol, los comerciantes cerraron las tiendas y las reabrieron con los precios aumentados. Se decía que Villa no tenía parque y las defensas carrancistas eran muy buenas. Mas a pesar de las seguridades que daban los defensores, la burguesía de Chihuahua tenía miedo. Hubo una fuga en masa hacia Ciudad Juárez, donde estaba el general Gavira. Los trenes iban repletos, "como cigarreras".

Villa atacó tentativamente por el sur de la ciudad para bloquear el paso de refuerzos y evitar que los hombres de Treviño evacuaran la plaza y se reunieran con las fuerzas de Murguía. Estaba seguro de que ahora sí iba a tomar Chihuahua.

Aquí no habrá duelos artilleros como en Zacatecas. Aquí, para los villistas se trata de hurtarle el cuerpo a la artillería del cerro de Santa Rosa, de huirle a los obuses de 75 mm. Por eso Martín López buscó las primeras casas de la barriada del Pacífico y la avenida Zarco, y los yaquis de Francisco Beltrán tomaron la colonia Dale y avanzaron hacia la Penitenciaría.

Las primeras bajas se produjeron casi de inmediato. Martín López fue sacado de la primera línea con tres heridas en el pecho y en un brazo. Baudelio tomó el mando de sus tropas.

Chávez estaba sacando a los carrancistas de la línea de defensa del río Chuvíscar, en un llano al norte de la ciudad, cuando una carga de caballería lo sorprendió por el flanco. Villa, con los Dorados, fue a cubrir el hueco y se dio de frente con el mismísimo Jacinto Treviño. Llegó a tiempo, porque la línea se desmoronaba y los villistas salían corriendo buscando las lomas. Buscó el choque, que su caballería se estrellara contra la carrancista. Dejaron a un lado las inútiles carabinas y sacaron las pistolas. Jaurrieta dirá que los minutos parecían siglos. Allí se quebró la caballería de Treviño. Villa tenía varias perforaciones de bala en la ropa y Treviño huyó con una herida en el cuello, pero los carrancistas no se dispersaron, retrocedían contraatacando, en orden.

Fernández quedó a cargo de la posición en la noche. Tres veces lo atacaron al día siguiente los carrancistas. Poco a poco se progresaba dentro de la
ciudad. Ingresó Baudelio y Beltrán tomó la estación del Pacífico, pero no se
quebraban las defensas. Villa colocó su cuartel general en el cerro La Presa.
Ahí llegará José Inés Salazar a reportar que no ha podido sumar gente, pero
retorna a ponerse a disposición de Villa. "No se apure, mi general, es cierto
que le fue del tormento, pero así es la vida", le dijo Pancho.

Durante cinco días se combatió, en el día los villistas se replegaban para
evitar la artillería y de noche atacaban. En las últimas horas de la tarde del
25 Villa simuló una retirada. Treviño se precipitó a informarle a Obregón:
"Debido a las pérdidas de elementos que sufrió ayer el enemigo, tanto en bajas
como municiones, hoy permaneció inactivo". Agradeció las felicitaciones e
informó que la columna de Murguía aún no aparecía.

Los carrancistas batían con la artillería los grupos aislados de jinetes que
permanecían en las afueras. Al parecer, Villa se iba moviendo hacia el norte.

Jaurrieta cuenta muy bien la aparición, en el cuartel de Pancho, de un
adolescente raquítico de 50 kilos, de ojos muy azules, un güero requemado
por el sol, con un brazo en cabestrillo y el pecho cubierto de vendajes con
manchas de sangre. Era Martín López, que venía a pedirle a Villa 300 hombres
para tomar el fortín de Santa Rosa. Los que allí estaban no sabían qué decir.
Villa no pudo convencer a Martín y lo más que logró, aparentemente, fue convencerlo de que pusiera su jefatura en el cerro contiguo y le dio dos Dorados
de escolta para que lo cuidaran. De poco sirvió, porque los dos fueron heridos
en el próximo combate. Villa ordenó a Beltrán que secundara a Martín y el
yaqui, con la corneta colgando del cuello que siempre usaba, dijo que no, que
él seguía donde estaba. "Déjenlo, los yaquis nomás pelean donde quieren",
dicen que dijo Villa, y ordenó a Silvestre Quevedo, el ex colorado que había
desertado con sus tropas para sumarse a Villa, que lo apoyara.

A las 10 de la noche del 26 los hombres de Martín escalaron el cerro de
Santa Rosa sin ser descubiertos, sigilosamente se acercaron a las alambradas,
las cortaron y, hacia la mitad del ascenso, rompieron fuego y aullaron el "viva
Villa" habitual, sorprendiendo a los artilleros. Desde el cuartel general Villa iba
viendo cómo el circulito de fuego iba ascendiendo y finalmente coronaba la
posición. "Ya tomamos Chihuahua".

Llevaban tres noches en vela y Villa, tras enviar a Nicolás Fernández a
reforzar la posición con otros 300 hombres, se fue a dormir. O casi, porque
entonces llegaron exploradores a informar que la columna de Murguía estaba
en Estación Ortiz. Villa ni les hizo caso. "Más trifulca", le dijo a Jaurrieta sin
mover la cobija que le tapaba la cara.

A las 3 de la madrugada del 27 Treviño le reportará a Obregón: "Iniciaron
los bandidos sobre todas las posiciones un ataque desesperado y después de
dos horas y en vista de haberse agotado por completo las municiones me vi

obligado a empezar a retirar nuestras fuerzas, lo que se efectuó con relativo orden". El relativo orden fue una desbandada. La caballería de Osuna huyó hacia el norte y Treviño hacia el sur con su Estado Mayor, en trenes, tratando de conectar con la columna de Murguía. Se fueron sin avisar a las tropas que controlaban la Penitenciaría.

Al amanecer del 27 de noviembre la ciudad había sido tomada. Mientras Pershing sufría el invierno en una tienda de campaña en Dublán, Villa se fue a dormir al Palacio de Gobierno de Chihuahua.

"Villa hizo y dejó hacer". Rafael Muñoz, que era un adolescente, observó la desbandada de civiles, entre los que él iba, y narró en una crónica excelente cómo a su juicio Villa, "desesperado por la traición de los que se decían sus amigos y que en los días de derrota lo abandonaron", se había brutalizado. Hubo saqueo, incendios que duraron días. En las calles de Morelos y Allende, donde había numerosas lavanderías, se produjo una matanza de chinos, en la que se dice que al menos murieron 50.

Villa se instaló en Quinta Luz y expolió a los ricos. Uno de sus mayores intereses era hacer acopio de víveres para una larga campaña y los villistas sacaron todo lo que pudieron hacia el oeste en trenes.

Un enviado de Pancho fue a buscar a su casa a uno de los ex secretarios de Villa, Miguel Trillo, hijo de una familia pobre de la ciudad, que se había retirado de la lucha tras la disolución de la División del Norte. Trillo decidió acompañar de nuevo a Pancho, en un momento en el que, como dice Rafael Muñoz, "había pena pero no gloria". También se reincorporó el coronel Miguel Saavedra (el histórico de 1910, del cruce de 1913, el que le voló el brazo a Obregón), amnistiado en diciembre de 1915, pero que siendo "villista de corazón" no pudo resistir y retornó.

Pancho será entrevistado por el periodista Mortensen en Quinta Luz para el *New York World*, haciéndose pasar por alemán. Villa declara que sacará a los de la Punitiva de México o los obligará a luchar y una vez que se hayan ido hará una zanja, un agujero entre los dos países "tan ancho y profundo que ningún americano podrá jamás venir a robar tierra mexicana, oro o petróleo". En esos días el ministro de Hacienda Pani reflexionaba: "Villa resultaba el enemigo común de los invasores extranjeros y del gobierno constitucionalista", pero si la Punitiva no salía de México, Villa iba a convertirse en héroe nacional.

NOTAS

a) Fuentes. Katz: *Pancho Villa*. Jaurrieta: *Con Villa…*, es quizá la mejor fuente para una visión de esta etapa; se complementa con Sánchez Lamego: *Generales de la revolución*; lamentablemente las cronologías a veces discrepan. Rafael F. Muñoz reunió sus notas sobre el villismo en un texto muy poco conocido: "¿Historia, novela?", que se publicó en sus *Obras incompletas* y que puede leerse en paralelo con *Rayo y azote* y *Vámonos con Pancho Villa*.

Archivo Histórico de la Defensa (parte oficial del ataque a Chihuahua el 15 de septiembre exp XI/481). Archivo Torreblanca (Boletín núm. 5, correspondencia Jacinto Treviño a Álvaro Obregón). Archivo Treviño/ Cesu (C3 E14 d 857, C4 E15 d 940, C4 E16, d 971, C3 E14 d890, C4 E 16 d 984).

Ignacio Muñoz: *Verdad y mito de la Revolución Mexicana* 3. Ernesto Ríos PHO 1/83. Rivas: *El verdadero Pancho Villa*. Puente: *Villa en pie*. Ceja: *Cabalgando...* Heliodoro Valle: "Planes de Obregón para liquidar a Francisco Villa". Boot: *The savage*. Eisenhower: *Intervention*. Terrazas: *El verdadero... Romance histórico villista* (un campesino de San Andrés irá siguiendo día a día la campaña con cuartetas rimadas en un tono muy popular). Elisa Griensen en carta a Braddy. Celia Herrera: *Francisco Villa ante la historia*. Elías Torres: *La cabeza...* Francisco G. Piñón en Osorio: *El verdadero...* Calzadíaz: *Hechos reales* 3 y 7. Foix: *Pancho Villa*. Braddy: "Myths of Pershing's mexican campaign". Nina Kyriacopulos en Paterson: *Intimate...* Luz Corral: *Villa en la intimidad*. Elías Torres: "El médico de Villa". Vega Díaz: "El 16 de septiembre de 1916", "Cómo se salvó Villa de grave persecución". Nicolás Fernández en Urióstegui: *Testimonios del proceso revolucionario en México*. Campobello: *Apuntes*. Vargas: *A sangre y fuego...* Martha Eva Rocha: "Las defensas sociales en Chihuahua". José Gómez: "La entrada de villistas en Chihuahua". Nieto: *Un villista más. Los olvidados*. Teodosio Duarte: *Memorias*. Machuca: *La revolución en una ciudad del norte*. Elías Torres: *Hazañas...* Cervantes: *Francisco Villa y la revolución*. Federico R. Treviño: "Los combates del 23 al 27 de noviembre de 1916 entre villistas y carrancistas". Hernández: *General Miguel Saavedra Romero*. Puente: *Hombres de la revolución*. Pani: *Apuntes autobiográficos*. Juan Torres: "José de Lille, amigo y médico de Villa".

b) Quemados. Si bien la acusación contra Villa en el caso de doña Lugarda resulta una falacia, no hay duda de que Villa en esos meses ordenó quemar a personas o amenazó con hacerlo. Está documentado el caso del traidor Santos Merino. *El Demócrata* del 25 de octubre de 1916 rescata un salvoconducto de Villa en el que dice que el portador tiene diez días para presentarse, y si no, será considerado enemigo, exponiéndose a que su familia sea quemada; firmado el 30 septiembre de 1916.

Un grupo de villistas detenidos en Namiquipa en los primeros meses de 1916.

c) Chinos. El antecedente del antichinismo de Villa se encuentra en la matanza de chinos en Torreón en la revolución maderista, durante el ataque a la ciudad del 13 al 15 de mayo de 1911. Pancho nada tuvo que ver, estaba combatiendo en Juárez. Los chinos eran propietarios de varias tiendas de abarrotes, "mayoreo y menudeo", tenían incluso su propio banco. Se dijo que al atacar las partidas

José Inés Salazar.

En Mapimí, uno de los pocos momentos de la guerrilla, Villa echándose un clavado.

Pancho Murguía.

rebeldes, los chinos se parapetaron armados en las azoteas del hotel San Carlos y del banco chino y disparaban contra los maderistas. Al tomarse ambos edificios la matanza fue brutal, arrojaron a los prisioneros desde la azotea y la persecución se extendió al resto de la comunidad. Se calcula que cerca de 300 chinos murieron (Machuca: *La revolución en una ciudad del norte*). Pero no hubo tal, todo se basaba en rumores. La comunidad china no se armó, no se formaron grupos de voluntarios, no se presentó ninguna resistencia (Juan Puig: *Entre el río Perla y el Nazas*, narra con minucia el asunto. También Francisco L. Urquizo: "A tiro por chino"). Edgar Kock: "Mis recuerdos de Parral y Pancho Villa", dice que el origen del antichinismo de Villa estaba en que unos chinos en Casas Grandes envenenaron el agua y a causa de eso murieron soldados y caballos villistas (¿en 1910?). Por cierto que el padre de Kock tuvo a 52 chinos en su casa y los protegió con un salvoconducto que el propio Villa le había dado, logrando que Villa los perdonara. Osorio dice que el antichinismo de Villa en 1916 se debe a que muchos chinos colaboraron con la Punitiva en labores manuales en los campamentos.

CINCUENTA Y SIETE

PANCHO CONTRA PANCHO

El 23 de noviembre, un día después de haberse iniciado los combates en Chihuahua, Pancho Murguía, que dirigía la más lenta columna de auxilio de la historia, le escribió una nota al presidente Carranza, que a su vez la consultó con Álvaro Obregón. Le decía que a partir de informes de soldados y de particulares podía asegurar que "el fracaso completo de Arrieta y Maycotte se debió a falta absoluta de tacto militar y de organización". Insinuando cobardía de ambos generales, cuenta que dejaron más de 800 armas con parque. "Esta gente no ha conocido la más ligera noción de disciplina". Culpa al jefe de la guarnición de Camargo, Mariano López Ortiz, de que ni siquiera tenía vigilancia ni avanzadas. "El espíritu comercial se despierta en nuestros generales para dedicarse a asuntos particulares", y otros se dedican a escribir sus "biografías gloriosas". Estaba que ardía el otro Pancho con lo que iba encontrando a su paso. "Hay jefes que no saben de sus tropas ni de lo que carecen". Carranza le dijo a Obregón que le abriera un proceso a Maycotte, Arrieta y López Ortiz por las responsabilidades, lo que Obregón le informó el 24 a Murguía.

Pero cuando escribió esa nota Murguía ignoraba que el desastre iba a ser mucho mayor y que Villa había tomado Chihuahua. Él es la carta fuerte del carrancismo para evitar que Villa controle el estado y desde ahí reinicie una campaña nacional. José C. Valadés se pregunta: "¿Quién era ese hombre, pequeño de cuerpo, de anchas y vigorosas espaldas, de encrespado cabello, siempre enfundado en una guayabera de kaki y con una mascada blanca atada al cuello, buen jinete sobre un caballo con manchas de alazán y blanco, con una mirada de águila y que llevando siempre la 45 en la mano saltaba sobre el enemigo seguido de sus ayudantes?"

Francisco Villa responderá: "Fue el único toro que me dio gusto, porque los otros que me echaron eran puros bueyes".

Pancho Murguía, nacido en 1873 en Zacatecas, exiliado de niño en San Antonio Texas por las actividades políticas de su padre, de oficio fotógrafo, maderista de los primeros días, formado a la sombra de la División del Noreste, gran colaborador de Obregón en las derrotas de Villa en 1915. Tiene poco más de 40 años cuando entra en esta campaña; de mirada entre triste y fiera, bigote retorcido y las puntas hacia arriba, chaparro, moreno, calzonudo, con pantalones anchos metidos en las botas como todos los hombres de caballería. Era un carnicero que frecuentemente ordenaba colgar a capturados, sospechosos y mirones. Recibió por eso el apodo de Francisco Mecate o Pancho Reata.

Murguía contaba con 16 mil soldados, cinco millones de cartuchos y dos millones de pesos. No dependía de mandos superiores para sus movimientos y podía quitar y poner autoridades civiles. El 30 de noviembre se reunió en Bachimba con Jacinto Treviño y los prófugos de Chihuahua, un millar de hombres de infantería y caballería. Osuna había llegado a Juárez con otros dos mil.

Obregón tenía dudas sobre si las fuerzas de Murguía serían suficientes para parar a Villa, un descalabro sería terrible. Conversando telegráficamente con Carranza en Querétaro, le informó que había sacado para reforzarlo 1,500 hombres de Diéguez en Jalisco. Villa había capturado 20 cañones, tenía trenes. ¿No sería mejor que Murguía se quedara en Jiménez? Y, aunque no lo dice, dar por perdida temporalmente la capital. Carranza opinó que Murguía debía avanzar hacia Chihuahua con los hombres de Treviño.

Villa pensaba que con las tropas que había reunido difícilmente podría enfrentar las que traía Murguía; no quería comprometerlas y estaba pensando salvar los trenes y las provisiones, balas y armas producto del saqueo de Chihuahua, en función de una campaña más larga. Mandó entonces una columna de no más de 1,500 hombres dirigida por José Inés Salazar, que estaba fresco, acompañado por un telegrafista y un aparato de campaña que podía colgarse de los hilos en cualquier lugar para mantenerse en contacto con clave. Dos días después se recibía un mensaje en el que se decía que se estaba combatiendo en la estación Horcasitas y se había derrotado al enemigo. Villa no se lo creía. En la noche Martín López apareció con su escolta y se supo la verdad.

La vanguardia de Murguía había llegado a la estación Horcasitas como a las ocho de la mañana del 1º de diciembre. Poco a poco iban arribando otras fuerzas de caballería, mientras el tren explorador se adelantaba unos kilómetros más.

Se sentía un frío intolerable y los soldados empezaban a prender fogatas, preparándose para descansar; Murguía estaba reorganizando la columna cuando el tren explorador que se encontraba a cuatro o cinco kilómetros de la estación empezó a retroceder, escuchándose los primeros toques de clarín: "¡Enemigo al frente!"

Simultáneamente, en ambos bandos se dio la orden de cargar. Salazar avanzaba con rapidez al frente de una línea de jinetes que llegó a unos treinta metros de distancia de las caballerías de Murguía. Valadés cuenta: "Hombres y caballos chocaban contra caballos y hombres. Los jinetes rodaban por tierra, unos muertos otros heridos; los otros arrojados por la fuerza del galope. Los soldados de ambos bandos se trenzaban. A veces retrocedían unos para volver a la carga con mayor ímpetu. Jefes y oficiales hacían uso de sus pistolas haciéndose descargas villistas y carrancistas, casi a quemarropa. En otras ocasiones era tal el vigor de la carga, que los villistas pasaban al lado de los carrancistas para volver grupas violentamente y arremeter sobre la espalda del enemigo".

Salazar, vestido de charro y montado en un caballo negro, estaba dominando a las caballerías de Murguía cuando comenzaron a sumarse al combate los hombres de infantería que llegaban a la estación en nuevos trenes. Eran las cuatro de la tarde. Los villistas no podían con fuerzas como ésas, pero estaban dando tiempo a Villa para sacar de Chihuahua todo lo útil. Cumplida su tarea, Salazar se replegó. En el campo quedaron poco más de doscientos muertos, sin heridos, porque fueron rematados por la división de Murguía.

La prensa carrancista presentó el combate de Horcasitas, que había sido un enfrentamiento menor, más con la intención de frenar que de dar realmente una batalla en forma, como un gran triunfo de Murguía, y varios historiadores y cronistas (Rafael Muñoz, Valadés, Sánchez Lamego) lo convirtieron en el primer encuentro entre Murguía y Villa, como si el ausente Pancho Villa hubiera estado allí.

Villa mandó a Martín López con el recado de que las tropas de Salazar no entraran en Chihuahua sino que se desviaran hacia el oeste y fueran hacia Santa Isabel, y esa noche comenzó a evacuar Chihuahua en forma. Primero los trenes al mando de Porfirio Ornelas, que salieron hacia el noroeste, rumbo a Santa Isabel, cargados de municiones, armas y alimentos producto de una última requisa en las tiendas. Luego la infantería rumbo a Satevó. Villa y su escolta esperaron para ver entrar a Murguía en Chihuahua desde una loma en las afueras de la avenida Zarco. Estaba muy enojado o simplemente divertido, vaya usted a saber. Le gritó a la nada: "Pelado, desgraciado, te cambio Chihuahua por Torreón".

El 4 de diciembre de 1916 Murguía entró a Chihuahua y recibió la jefatura de la zona de manos de Jacinto Treviño, quien herido en los combates anteriores, pidió permiso para pasar a la ciudad de México a curarse. Algunos se preguntaron si tan harto había quedado de Chihuahua que no podía curarse allí.

Pershing, en Dublán, escribió: "Sólo puedo sentir el embarazo de estar sentado aquí mientras Villa ronda sólo a unas pocas millas al sur de nuestra posición". Cinco días más tarde le dijo al general Funston: "Un golpe veloz debe hacerse de inmediato contra este hipócrita [...] Nuestro propio prestigio en México debe considerarse. A la luz de las operaciones de Villa durante las dos últimas semanas, más inactividad de este comando no parece deseable". El presidente Wilson denegó la petición, ya tenía suficiente de intervención en México. Villa ahora era un problema de los carrancistas. Baker comentará años más tarde: "A partir de ese momento todo lo que hicimos fue quedarnos sentados [...] A partir de ese momento la Expedición Punitiva fue una desgracia".

Murguía levantó la ley marcial en Chihuahua y pidió a los habitantes "que no colaboraran con el bandido". A cada rato se le presentaban jefes con mando pidiendo su retiro del ejército, existía un "estado de desmoralización y completa desorganización". En un informe a Obregón reportaba que Chihuahua cayó porque le ocuparon 50 "bandidos el cerro de Santa Rosa, no se contraatacó (y) abandonó el general Treviño la plaza dejando comprometida a mucha gente". Murguía dispuso que su infantería permaneciera en la estación del ferrocarril de la ciudad de Chihuahua y su caballería en las afueras, mientras esperaba la llegada de un tren de municiones con dos millones de cartuchos y un millón de pesos para pagar a la tropa. El tren llegará el día 5, no sin antes haber sido emboscado en el cañón de Bachimba por una partida villista que fue rechazada por la escolta de 500 soldados yaquis con ametralladoras que viajaban en él.

Villa mantuvo una reunión con sus generales en Santa Isabel y les hizo una sorprendente propuesta. Luego dio órdenes de concentración en Satevó y salió con una máquina y un cabús hacia la hacienda Chavarría. En una casa cerca del rancho vivía Andrés Rivera, al que se le había dado la comisión de cuidar un depósito que estaba en un corral al que se le había hecho un sótano; el suelo del corral estaba cubierto de una capa de estiércol de 15 centímetros que servía para ocultar la trampilla de acceso. Bajaron del tren como a tres kilómetros, luego regresaron por el lado contrario para llegar al rancho de Rivera. Al retirar la trampilla de cemento con dos asas, se bajaba una escalera. Había muchísimas cajas de madera de la casa Winchester, con municiones calibre 30/30 y Mauser del 7. Seis horas se pasaron llevando balas al tren Villa y los seis hombres que lo acompañaban. Era éste uno de los muchos entierros de municiones que no habían descubierto las delaciones durante la etapa de la Punitiva.

No era la única manera de abastecerse. También había comisionado a Braulio Páez, uno de los Dorados, para que organizara una red de suministros. Braulio se estableció en Chihuahua y puso dos cantinas, una a cargo de su padre, y comenzó a mercar balas a los soldados carrancistas, incluso fusiles, a cambio de licor o de dinero; mensualmente se hacía llegar a la guerrilla villista lo recogido. Hasta que Páez, sobrado de confianza, comenzó a comprar no bala a bala sino cananas enteras y hasta cajas de municiones. Los mismos que se lo vendían, descontentos porque Páez no les daba suficiente alcohol, lo denunciaron a Pancho Murguía, que lo detuvo y mandó fusilar en marzo de 1917. También en el sur Villa había creado una red a cargo de Chon Lucero, cuñado de Urbina, que compraba balas al menudeo en Parral con métodos similares.

Después del desentierro en Santa Isabel, se simuló una salida de los trenes hacia Ciudad Guerrero, mientras los combatientes iban a pie hacia Satevó. Villa fue de los últimos en abandonar Santa Isabel en un Ford. En el camino iban viendo rezagados y los Dorados, que cerraban la columna, los empujaban a todos rumbo a la concentración, que se realizó el 8 de diciembre. A causa de esta información falsa, Murguía fue siguiendo una pista que lo llevó a trenes vacíos.

Rafael Muñoz cuenta: "Una idea audaz, la más audaz de cuantas había concebido en tantos años de lucha [...] una cadena de caminatas asombrosas, de dispersiones y reconcentraciones de fuerzas ejecutadas con una precisión admirable [...] Dispersó más de seis mil hombres en pequeñas partidas [...] se desmenuza, se pierde. ¿Está en la montaña cubierto de nieve en esos días de implacable invierno? ¿Está en el desierto? ¿Irá hacia occidente?".

Se trataba, efectivamente, de cambiarle Chihuahua por Torreón a Murguía en una campaña vertiginosa. Los villistas iniciaron una cabalgada de 500 kilómetros en línea recta, 750 u 800 reales, que inicialmente los llevaría a Camargo sin tocar las estaciones del ferrocarril central, donde había retenes de Murguía, y sin aproximarse a puestos telegráficos.

El día 9 de diciembre pasaron por el rancho El Conchito, llegaron el 10 a Santa Gertrudis y el 11 pararon en un presón, sin pastura y sin comida. En la noche la columna de Pancho arribó a las proximidades de Camargo. Se veían las hogueras del campamento enemigo cerca de la estación. Había una helada terrible que Villa definió como "una de las meras prietas". No se podía encender fogatas para no delatarse, pero era tanto el frío que a media noche no quedó otro remedio que hacerlo. Al amanecer Baudelio Uribe atacó la estación mientras los Dorados tenían la misión de capturar a Rosalío Hernández (el compadre de Villa que había desertado en el 15). Fueron a su casa, pero Rosalío no estaba; de la buena escuela villista, vivía de día en su casa, pero en la noche salía a dormir con seis de los suyos por ahí.

Se produjo una matazón tremenda. Los carrancistas, muchos de ellos soldados del sur, estaban totalmente atontados por el frío. Villa se hizo de nuevo de trenes militares. Con la toma de Camargo había cortado a Murguía de su red de abastecimientos. El otro Pancho, sin noticias del paradero de Villa, trataba de poner orden en Chihuahua y se quejaba con Carranza de "que Villa se alimentaba del descontento causado en la población por la corrupción de las autoridades carrancistas y el robo a civiles". Le habían contado que Treviño había saqueado Chihuahua y vendía alimentos robados en Ciudad Juárez a través de un intermediario de apellido Cuéllar.

En la estación de Camargo se producirá un acontecimiento que llenará de sombras a Pancho Villa y contribuirá a fundamentar la leyenda negra que lo persigue. Es difícil saber lo que pasó, pero parece que en los trenes capturados había un grupo de soldaderas carrancistas (14 según unos, 90 o 200 según las crónicas menos confiables), que en lugar de ser liberadas estaban detenidas porque se decía que habían denunciado a los villistas civiles cuando la ciudad fue retomada por los federales. Cuando Villa iba pasando a su lado, del grupo salió un tiro que mató a su asistente, Florentino Baray, que estaba al lado de Pancho. Bien fuera que Villa ordenara fusilarlas o que el coronel Ramón Tamargo, a quien Villa había ordenado investigar quién había hecho el disparo, tomara la iniciativa, el caso es que las mujeres fueron llevadas detrás de la estación y ejecutadas. Mena Brito, siempre dado a la exageración antivillista, dice que Villa "en persona inició la matanza de aquellas infelices y de sus hijos, muchos de los cuales fueron arrancados de los brazos de sus madres y estrellados contra el suelo hasta romper sus cráneos". Rafael F. Muñoz escribió un cuento muy esperpéntico que, junto con el reportaje de Elías Torres: "Orgía de sangre", construyeron la visión que pasó a la historia. Aunque el hecho debe de haber sido como aquí se ha narrado, no hay duda de que la barbarie, que siempre había estado en su cercanía, comenzaba a cercar a Pancho Villa, quien sin voluntades moderadoras a su lado no podía o no quería disiparla.

El día 15 de diciembre Pancho se aproximó a Parral. Baudelio Uribe, simulando estar borracho y acompañado por otro villista que lo regañaba, se metió al cuartel y le dio un tiro a Jacinto Hernández, que había sido de los plateados de Urbina. El coronel carrancista Pedro Lazo fue sacado de su casa en paños menores y fusilado en la parte de atrás. Tomaron la ciudad sin mayores problemas. Villa convocó a los ricos de Parral para imponerles un impuesto revolucionario. Como había reticencia, mandó que encerraran en las jaulas que usaban en el ferrocarril para el ganado a los jóvenes pudientes de la ciudad.

Y entonces, con dos trenes y utilizando varias plataformas abandonadas por los Arrieta, desembarcó sus tropas en Bermejillo, el 18 diciembre. ¡Nuevamente tenía trenes! Y está en la lógica de una campaña de posiciones, pero basada en la movilidad. No ha pasado un año desde que disolvió la División del Norte en Chihuahua. De Bermejillo va por tierra hacia Gómez Palacio, donde estaba la brigada Juárez de Luis Herrera, que recibió orden de replegarse y concentrarse en Torreón. Los carrancistas no los esperaban.

Un villista contará que el 20 de diciembre de 1916, "como a las cuatro de la tarde [...] más de mil jinetes sudorosos, llenos de tierra, pálidos, con los dientes apretados, irrumpieron por el camino real de Lerdo. Tenían los sombreros echados sobre las espaldas, sostenidos del cuello por los barboquejos", como contraseña. Era la brigada de Lorenzo Ávalos.

Villa llevaba de 2,500 a tres mil hombres. En Torreón lo esperaban el general Severiano Talamantes, la caballería de Maycotte, la brigada Juárez y el coronel Juan Gualberto Amaya; no menos de cuatro mil combatientes y varias piezas de artillería. La sorpresa impidió que hicieran preparativos defensivos Se dice que Villa dijo:

—Veinticuatro horas son buenas pa' tomarles Torreón.

Villa, desde Gómez Palacio, preparó el ataque. Algunas granadas sueltas les cayeron. El general Talamantes extendió su infantería en torno de la ciudad, mientras que el general Maycotte trató de hacer un movimiento con su caballería, para flanquear a los villistas, pero Ávalos le salió al paso y tras de darle una terrible carga, le hizo volver a la plaza.

A las cinco de la mañana del 21 comenzó el combate. Nicolás Fernández atacó por el lado derecho de la vía del tren y en el primer impulso tomó el cerro de las Calabazas y la Polvorera. Baudelio Uribe avanzó por el centro, pero le hicieron mucha resistencia desde la Casa Colorada matándole 50 hombres y su caballo, entre aquéllos el cuñado de Villa, Juan Martínez, el esposo de Martina. Y un millar de hombres encabezados por Eligio Reyes avanzó por unos llanos al sur llamados El Pajonal, y entraron rápidamente hasta llegar a la Alameda.

Pancho estaba sumando todas las experiencias de haber combatido en Torreón dos veces. Nada de confrontar directamente las zonas fortalecidas; flanquear y aislar. El 22 los carrancistas contraatacaron en el cerro de las Calabazas. Villa, viendo que el avance de la infantería carrancista era muy regular y él era poco afectado por el fuego de los defensores, acompañado por Jaurrieta y cuatro miembros de su escolta se lanzó a todo galope; cruzaron por un llano donde les llovió fuego de artillería. Cuando llegaron al cerro detuvo una desbandada de villistas que huían. "Vamos a tomar el cerro tal como ellos lo hicieron, el que dé un paso atrás se muere". Y le hicieron caso. Villa dejó a Nicolás Fernández y se fue a comer a Gómez Palacio tras despedirse diciendo: "En la noche se va a poner bueno". En Gómez dio la orden de lanzar a la primera luz el ataque definitivo. Al oscurecer Talamantes y Maycotte conferenciaron:

—Yo conozco bien a Villa, esta noche nos lanza todo lo que tiene y mañana se retira.

Talamantes no hizo caso. Una parte de la caballería de Maycotte comenzó a dejar la ciudad. Villa no atacó en la noche.

A las ocho de la mañana del 23 se inició el ataque. Talamantes ordenó la evacuación de la plaza y salió entre los últimos; dos días más tarde, apesadumbrado, se suicidó en la estación Enconada, camino a Saltillo. A las 10, José Inés Salazar mandaba un correo a Villa diciéndole que Torreón había caído. En el *Romance villista* se consigna: *El enemigo evacuó/ como siempre ha evacuado./ Siempre que lo hagan así/ ¿a quién le darán cuidado?*

Más o menos en ese momento los carrancistas de Murguía tomaban Ciudad Guerrero y capturaban los trenes villistas que encontraron vacíos.

Abandonado por sus compañeros, Luis Herrera murió en combate por el rumbo de la Alameda, durante el último ataque, "en completo estado de ebriedad". Sus soldados rescataron el cadáver y lo llevaron a un hotel; los cronistas ofrecen indistintamente el nombre de hotel Francia u hotel Iberia. Allí lo descubrió el general villista Eulogio Ortiz, quien ordenó que colgaran su cadáver en uno de los árboles o postes que había frente a la vieja estación de ferrocarril. Nellie Campobello oirá decir a un villista herido que "le pusimos un retrato de Carranza en la bragueta y un puñado de billetes carrancistas en la mano [...] Tenía el desgraciado la cara espavorida, como viendo al diablo". Vargas lamentará: "Esos detalles crispan los nervios". Los villistas encontraron también el cadáver del general Carlos Martínez, pero no lo vejaron.

Cuando los carrancistas dejaron la ciudad abandonaron un grupo de infantería yaqui en unas loberas de los cerros del sur. Villa montó una estratagema y usando un par de soldados que también eran yaquis, los convenció de que bajaran a los cuarteles, donde los desarmó.

En el combate de Torreón tomaron prisionero a un oscuro personaje, un ranchero que andaba con las defensas sociales, Jesús Salas Barraza. Villa o uno de sus hombres le disparó un tiro que por suerte no lo mató. Rafael Muñoz contaría que "la bala tocó a Salas en la comisura del labio superior, rozando la membrana de la nariz y perforando la carne salió bajo el cerebelo sin tocar la columna vertebral. El hombre cayó sangrando y Villa lo dejó allí creyéndolo muerto". Salas volvería a esta historia muchos años después.

Baudelio Uribe no asesinaba a los prisioneros, se conformaba con cortarles las orejas. Baudelio no era matón, sólo mochaba las orejas a los que eran carrancistas y habían sido villistas. La idea de mochar orejas la sacó Baudelio de una corrida de toros que vio en Torreón cuando la División del Norte se retiraba después de Aguascalientes, en la que toreaba Nacho Gómez. Después de tremenda faena, Baudelio, un güero alto, de más de 1:80 de altura, que estaba entre el público, se tiró al ruedo y él mismo le cortó las orejas al toro y se las dio al novillero. J. B. Vargas lo vería ejerciendo de mochaorejas con unos 600 prisioneros y le causó repugnancia el asunto, pero no dejaba de verle cierta lógica: carrancista desorejado bien se cuidaría de volver a caer en manos del villismo a sabiendas de que la marca lo destacaba para ser fusilado, y eso era mejor que matarlo.

El botín fue formidable. En la estación del tren estaba el oro y 750 barras de plata de la compañía minera de Santa Bárbara, que había quedado custodiada por Herrera cuando dejó Parral; también 400 mil pesos en plata que controlaba el general Carrasco en otro tren; y en el tren de Maycotte encontraron sacos de dinero destinados a pagar las tropas de Murguía.

Villa convocó a una junta de los principales comerciantes, industriales y agricultores, a quienes hizo saber que estaban obligados a proporcionarle un préstamo de dos millones de pesos, de los cuales solamente logró recoger uno. También cobró un impuesto de 100 mil pesos a los españoles, franceses y alemanes. Con Manuel Banda, Nicolás Fernández y Aurelio Murga, se desvaneció un día para organizar el entierro de cuatro millones de pesos en plata a un kilómetro de la estación Baca, pasando Parral.

Aunque el ataque a Torreón le supuso fondos económicos muy importantes, que le permitieron conseguir provisiones en grandes cantidades, caballos, pastura, y para sus hombres ropa, botas, cobijas para aquel cabrón invierno, Villa tendrá un grave problema. Las municiones que se quemaron en el ataque a la plaza eran muchas más que las tomadas al enemigo derrotado; estaba peor que cuando empezó. Y además, el enfrentamiento con los estadounidenses le dificultaba montar redes fronterizas de contrabando.

Pancho Villa, al que a sus espaldas sus subordinados llamaban La Fiera o El Viejo, antes de salir de Torreón se tomó la molestia, proscrito y todo, de ir ante un notario a denunciar a un tal Pedro Meraz, que había sido el administrador del rancho La Boquilla y aprovechando la huida de Villa a la guerrilla se había apropiado de algunas propiedades que él tenía en Lerdo.

Al extenderse por la región lagunera la noticia del triunfo de Torreón, cientos de hombres que habían sido parte de la División del Norte abandonaron su trabajo y se fueron para ser reclutados por su ex jefe. La brigada Madero de Padilla creció de 40 hombres a cerca de 800. Reaparecieron incluso dos amnistiados, los generales Manuel Madinabeytia y Julio Aviña, a los que Villa aceptó, pero no sumó de momento a la columna.

Durante un par de días Pancho dudó si cambiar el eje de la campaña y atacar la zona petrolera de Tampico, pero decidió ir a lo conocido y combatir a Murguía. Envió a los heridos a Parral y el 26 de diciembre avanzó hacia el norte en sus 16 nuevos trenes.

A Jiménez entraron los villistas con 5,800 hombres. Una de las primeras medidas de Pancho fue encargarle a Jaurrieta que le entregara 15 mil dólares a la señora González, viuda de un coronel villista, con la instrucción de que dispusiera de un tercio para sus necesidades y el resto lo guardara hasta nuevo aviso. Resulta sorprendente esta extraña y compleja red financiera hecha de entierros, préstamos, viudas depositarias, alforjas con billetes, que Villa monta y desmonta continuamente y cuya eficacia se basa en su memoria.

Villa cobró impuesto a los ricos del pueblo, entre ellos a Celsa Caballero viuda de Chávez, de 70 años de edad, a la que le requirió 15 mil pesos. Cuando la viuda se negó fue acompañada en auto a su casa y sacaron de allí el dinero. Mena Brito, cuyos escritos no suelen ser muy confiables, acusaba a Villa de haber ordenado llevarla de nuevo al cuartel general que estaba en el hotel Charley Chi (que él llama *Chale chic*), enfrente de la estación, y que dos días más tarde fue quemada junto con dos chinos en el interior del lugar. Pero las fechas que ofrece no corresponden a la estancia de Villa en la ciudad.

En Jiménez, durante el breve paso, Villa entabla relaciones con Austreberta, la hija del sastre Rentería, de 16 años, hermana de un villista, Alejandro. Machuca cuenta que "la gente chismosa había inventado que Villa le había quemado los pies al papá, que andaba como gato escaldado […] pero no hay tal […] el papá de antes ya estaba enfermo y tenía los pies deformes". Villa, tras esconderla en Parral y visitarla en sus breves pasos por la ciudad, devolverá a Austreberta a la familia para cumplir una promesa hecha a un Alejandro agonizante.

Un mensaje interceptado en la estación de Jiménez el 2 de enero, sacó a Villa de sus operaciones financieras y amorosas: el general Murguía avanzaba a su encuentro. Baudelio le propuso a Villa que le diera 100 hombres para caerle por la espalda a Murguía y cortarlo de Chihuahua, pero Villa pensaba que

Murguía venía con la moral baja, mientras que la moral de los villistas después de Torreón estaba muy alta. Había que soltarle una carga brutal de caballería.

El primer día del año 1917 Villa desplegó su caballería muy cerca de Jiménez, en Santa Rosalía, al norte de la estación Reforma. Dio el mando a los generales José Inés Salazar, Nicolás Fernández y Martín López y situó a la infantería sobre la vía férrea.

Al amanecer del 3 de enero de 1917 Villa tenía desplegada en las cercanías de Jiménez una línea de combate de más de ocho kilómetros de longitud. Cubría su centro con cerca de mil infantes bajo sus directas órdenes, mientras que sobre los flancos había reunido dos columnas de cerca de dos mil hombres cada una. Sobre su retaguardia, el guerrillero dejó cerca de quinientos jinetes a las órdenes del general Ávalos.

Murguía venía con unos ocho mil hombres y tenía la espalda cubierta, porque Obregón había ordenado que todas las fuerzas del norte se concentraran en Ciudad Juárez. Desembarcó sus tropas la madrugada del mismo día, avanzó cautelosamente sobre la estación Reforma y ordenó que se retiraran los trenes para evitar la tentación de la huida. Poco después de las seis de la mañana, las avanzadas villistas tomaron contacto con la vanguardia de Murguía y, sin comprometer la acción, retrocedieron hacia la estación Reforma. Rafael Muñoz narra bien el espíritu que dominaría la batalla: "Ninguno buscó la ventaja de un cerro escarpado ni de una trinchera, ni del cañón que lanza la muerte desde lejos".

José Inés Salazar, que estuvo a cargo en la primera fase la batalla, avanzó sobre la derecha de Murguía, que estuvo a punto de quebrarse. El otro Pancho se vio obligado a dejar el centro de la línea y salir a su encuentro con la caballería del general González, que hizo flaquear la primera embestida de Salazar y sus jinetes y luego retroceder.

Villa, que había tomado el mando de la División, avanzaba por el centro con la infantería "a pecho descubierto" sobre la infantería de Murguía, que había formado un semicírculo, protegida por ametralladoras emplazadas en los techos de los carros del tren explorador. Villa y sus hombres hicieron retroceder a una parte de la infantería carrancista, que se replegó a los vagones de un convoy. Pero en su flanco izquierdo aparecieron quinientos yaquis del 5º batallón. Los indios, desplegados en línea de tiradores, avanzaron poco a poco haciendo mucho daño a los villistas, quienes al sentirse flanqueados empezaron a retroceder, a pesar de que el general Villa, furioso, pistola en mano, trataba de obligarlos a permanecer en la línea conquistada. Finalmente optó por hacer retroceder a toda su gente, a la que tendió sobre el terraplén de la vía férrea, y al mismo tiempo emplazaba varias ametralladoras. El fuego de los villistas era tan terrible, que detuvo el avance de los yaquis.

Las fintas y los ataques se sucedían. Las tropas de Murguía no solamente estaban en ventaja numérica, también, en aquel inmenso frente que se había elegido, se movían mejor de uno a otro lado. Por la derecha de Villa apareció el general Heliodoro Pérez con quinientos jinetes. Villa tendió una línea de tiradores y los recibió con una granizada de balas, haciéndolos replegarse. Entonces apareció una nueva columna de infantería carrancista.

Villa levantó a su gente y en orden, sin dejar de combatir, retrocedió a su primera línea de defensa. Debería estar extrañando a los viejos mandos de la División del Norte. Los jefes guerrilleros no tenían la disciplina de combate de los viejos; puede ser que valor les sobrara, pero en una batalla de esa envergadura, con un frente demasiado extenso, los combates parciales le estaban dando a Murguía la oportunidad de reforzar una y otra zona, mientras que las tropas de Villa actuaban sin concierto.

Por la derecha, que aún no había entrado en acción, la caballería villista arremetió sobre las tropas del general Pedro Fabela, pero Murguía movió hacia allá la caballería de González en el momento en que los 1,500 jinetes villistas casi habían arrollado a Favela.

Entonces Francisco Murguía, que había visto desde una loma cercana el resultado, dispuso una ofensiva general en toda la línea. Pérez cargó sobre las primitivas posiciones del general Villa en la vía férrea, obligando a los villistas a desalojar el reducto e iniciar la fuga. Murguía, por su parte, desalojó al enemigo del lomerío que ocupaba en su extrema derecha, y como a la una de la tarde la acción había sido ganada por los carrancistas. Sólo un contraataque para cubrir la retirada impidió la debacle.

Las bajas del combate de Reforma nunca fueron claras, pero el resultado final fue que Villa perdió el impulso que lo llevaba hacia el dominio total de Chihuahua y el gobierno recuperó la iniciativa.

Acompañado por José Inés Salazar, Villa marchó a bordo de un automóvil en dirección a Parral, adonde llegó a eso de las siete de la noche. Inicialmente ordenó la fortificación de Parral, pero luego decidió no dejarse cercar ni embarcarse en una lucha prolongada, aún a costa de perder los trenes. El cuartel general informó a los habitantes de Parral que catorce trenes de mercancías del saqueo de Torreón estaban a disposición de la población. Le tomó seis horas a los pobres de Parral vaciar los vagones, mientras Villa los observaba gozoso desde su carro de ferrocarril. Luego dio la orden de salida y de dispersión de sus fuerzas.

Murguía dio a sus tropas un día de descanso en Jiménez y luego avanzó hacia Parral a pie, porque los villistas habían destruido vía férrea. Con la llegada de las tropas de Murguía el 6 de enero, Nellie Campobello cuenta que "a los heridos (graves de Torreón, que Villa se había obligado a dejar atrás) los sacaron del hospital [...] con las monjitas, no podían matarlos así nomás y los llevaron a la estación, los metieron en un carro de esos, como para caballos, hechos bola; estaban algunos de ellos muy graves [...] Los heridos se estuvieron muriendo de hambre y de falta de curaciones, casi no dejaban ni que se les diera agua. Todas las noches pasaba una linternita y un grupo de hombres que cargaba un muerto".

En Chihuahua, por órdenes de Murguía, se creó una segunda división bajo el mando del general Eduardo Hernández, de una manera muy precipitada. Eran ocho mil hombres, muchos reclutados de las defensas sociales, muchos ex villistas. Eugenio Coli dirá: "Nos volteamos, éramos villistas, pero los jefes así nos dijeron". Esta columna chocó con los villistas el 11 de enero en La Joya y el 12 en cerro de Mujeres, sufriendo una terrible derrota.

Murguía mandó expediciones para buscar a Villa y regresó a Chihuahua. Cuando su caballería pasaba por Parral, los hombres gritaban: "¡Vamos a traer la cabeza de Villa!". Una mujer salió al portal y le dijo a uno de los oficiales: "Oye, cabrón, traeme un huesito de la rodilla herida de Villa para hacerme una reliquia".

A partir de ese momento, el silencio. Villa se había visto obligado a fragmentar su ejército, no había recursos económicos en la región para mantener una tropa tan grande. Durante meses, en la sierra no hubo azúcar, café o sal. Mandó grupos con caballos a zonas agrestes para engordarlos, repartió a los heridos en poblaciones de confianza, dividió las partidas. Fue hacia el sur de Chihuahua y trató de atacar poblaciones en Durango, pero Murguía se le anticipó y lo persiguió con una columna de tres mil hombres a caballo. Se decían cosas muy fuertes sin verse la cara. Murguía había dicho que colgaría a Villa de un árbol en Chihuahua. Villa, que lo quería ver al alcance de su pistola.

Pancho anduvo por San Andrés, Bachíniba y Guerrero. En Santa Isabel reapareció Manuel Madinabeytia. Villa le entregó el mando de una nueva partida que se habría de formar en Durango y 10 mil cartuchos. No estuvo bien visto, Madinabeytia era considerado un desertor; no sólo se había ido, había combatido del otro lado. Villa redujo nuevamente su ya dispersa tropa y le dio el mando del grupo más grande a Nicolás Fernández, mientras él, mediado febrero, se iba a reclutar grupitos aislados que operaban en los límites de Zacatecas y Durango. Luego regresó a la zona de Las Nieves. Sin duda estaba rumiando y curándose la herida. Debe haberle pesado el retorno a la guerrilla, luego de tomar Chihuahua y Torreón; si hubiera derrotado en la estación Reforma a Murguía, hubiese controlado todo el estado de Chihuahua y Durango, creando una gran base territorial. Le dolía no poder repetir en 1917 lo que fue 1913.

Durante los últimos días de enero y el mes de febrero, el cuartel general carrancista lo perdió de vista. Las columnas volantes de Murguía eran evadidas por las partidas villistas que se movían permanentemente. Murguía quiso creer que el villismo estaba destrozado y que a Villa no lo seguían más que unos cuantos hombres.

Eran los meses de los debates de la nueva Constitución en Querétaro, el enfrentamiento entre el moderado Carranza y sus jacobinos. La toma de

Torreón le había producido un sobresalto a los constituyentes y sin duda colaboró a que los radicales triunfaran en materia de agrarismo y derechos laborales. Valadés señala: "Solamente así podían situar al general Villa a la derecha; solamente así podían señalar al enemigo, arrogante y creciente, como brazo de la reacción. A Villa el asunto le traía sin cuidado. Lo que estaba sucediendo en Querétaro era un debate de carrancistas con carrancistas".

En enero del 1917 la Punitiva recibió órdenes de salir de México y el último soldado cruzó la frontera el 5 de febrero por Palomas, hacia Columbus, mientras sonaban las bandas militares con el *When Johny was marching home*. Diez mil seiscientos noventa soldados estadounidenses con 9,307 caballos, a los que acompañaban 2,030 mexicanos que habían colaborado en la campaña y 533 cocineros, sirvientes, lavanderos y asistentes chinos, todos ellos buscando refugio de la ira y las represalias de Villa.

El resumen público de Pershing era que la Punitiva había resultado un éxito, que logró dispersar la banda de Villa y fueron capturados o se mató a sus hombres más importantes. Sus opiniones en privado diferían enormemente de esa visión, Braddy dice que decía que la Punitiva no sólo no capturó a Villa sino que "lo convirtió en un héroe entre los campesinos". El propio Braddy recoge tres testimonios de soldados estadounidenses, Thomas Sherburne: "Estuve en tres guerras [...] la Expedición Punitiva fue la peor de todas"; mayor Conklin: "La campaña fue la más severa prueba de dureza física, que el ejército sufrió jamás"; capitán Hawkins: "Sufrimos más privaciones aquí que en Europa". Se habían gastado 130 millones de dólares.

En tres meses Black Jack Pershing estará involucrado en la guerra mundial en Francia. Pero parece ser que no se quiso ir de México sin acabar de saldar cuentas, porque se rumoreaba que le ofreció 10 mil dólares a Emil Holmdahl para matar a Villa. Holmdahl (el ex capitán villista que había terminado siendo orozquista, preso en Estados Unidos por violar las leyes de neutralidad y luego guía de la Punitiva) dudó y terminó rechazando la oferta, diciendo que costaría mucho trabajo aislar a Villa de sus guardaespaldas y además le gustaba el tipo. Pershing le dio entonces (siempre según la versión no muy creíble de Holmdahl) tres monedas de oro de 20 dólares y le dijo que fuera a ver al jefe de la guarnición de Fort Bliss, en El Paso. El general Bell le ofreció 100 mil dólares por matar a Villa, mismos que le pagaría la Russell Sage Foundation, dirigida por el padrastro de Slocum, el ex jefe de la guarnición en Columbus. Parece ser que Holmdahl no aceptó.

Hacia fines de febrero Villa había sumado fuerzas y en Canutillo reunió unos 1,500 hombres. Luego se dirigió al punto de concentración al sureste de Parral. Nicolás Fernández, con la columna principal, había atacado y retomado Parral, Camargo y Jiménez, quitándoselas a las pequeñas guarniciones de Murguía, que operaba él también con lógica guerrillera, dándole escasa importancia al control territorial.

Villa se reunió con Nicolás y concentró otras guerrillas. Luego provocó a Murguía, haciendo que sus espías le pasaran falsos informes de su debilidad y falta de municiones. Pancho Murguía se montó de nuevo a caballo y el 3 de marzo salió de Chihuahua con la mayor parte de su división, sus mejores tropas, bien pertrechadas.

El 11 de marzo Villa se encontraba con Nicolás Fernández, quien le reportó un conflicto que tuvo con Sara González, la viuda que le guardaba los dólares a Villa, porque había derrotado al carrancista Pascual de Anda en Jiménez, el nuevo novio de la viuda, y sacó el cadáver de su casa, donde lo estaban velando. Y a pesar de que ella mostraba un salvoconducto firmado por Villa, colgaron el cuerpo en la plaza. Sara quemó el salvoconducto encima del cadáver. Villa estaba enfadado y cuando llegaron noticias de que se aproximaba una fuerte brigada carrancista con cañones, envió a Nicolás a contenerla.

El encuentro fue en un lugar llamado el alto de Las Canteras, aledaño a la estación Rosario, un mineral al que se llega por un ramal de tren que sale de Parral a Durango.

Murguía venía desconfiado. Ninguna de las dos fuerzas tuvo tiempo para escoger el terreno. Murguía traía unos cinco mil hombres y las fuerzas de Villa deberían llegar a 2,500.

Dos horas después de haber enviado a Nicolás, Villa reconsideró y, junto con el grueso de la tropa, marchó al frente. Serían las tres de la mañana. Pancho le quitó el mando directo a Nicolás Fernández diciéndole que ésa no era la forma de atacar a Murguía y se hizo cargo, disponiendo la fuerza de otra manera y esperando que Murguía, como siempre, intentara con la caballería un ataque de flanco. "Es un flanco tremendo el que nos va a meter el tío ese". Pancho conferenció con Martín López. Máynez dice que Villa dijo: "Mira, Martín, vete y los toreas. No gastes mucho parque, pero date un agarrón y luego te haces el derrotado en sus meras narices. Luego te reconcentras aquí, pero te metes por aquella vereda, allá en donde se miran aquellas ramas de mezquites, y allí aguardas. La contraseña para empezar es el ruido de estas dos señoras que tengo aquí", y le mostró dos granadas de mano.

El 12 de marzo Murguía combatió la carga de Martín a la defensiva, extendiendo a su infantería sobre la vía férrea. Esperó una carga tras otra y a la tercera los villistas empezaron aparentemente a retroceder en desorden.

Villa ordenó que todas las escoltas, incluso la suya, se pusieran a las órdenes de Baudelio Uribe. Del gusto que le dio, Baudelio se quitó la chaquetilla del traje de charro negro y se la dio a su asistente, quedándose en camisa a pesar del frío; se puso una cartuchera de tres líneas de Mauser y con seiscientos hombres, lo mejor del villismo de entonces, se dirigió a buscar a la caballería de Murguía que perseguía a Martín: "Dentro de poco van a sobrar sombreros", le dijo a Villa, repitiendo una de las frases favoritas de Pancho.

Más de seis veces chocaron las líneas. Murguía, personalmente, dirigía su caballería. A cada rato salían de la zona caballos sin jinete. Villa seguía con prismáticos el encontronazo. La infantería carrancista avanzaba mientras tanto sin saber que la esperaban emboscados villistas que habían recibido la orden de esperar y ocultarse, tanto que se le podía ver la cara a los carrancistas cuando se abrió fuego, y luego se luchó cuerpo a cuerpo.

La caballería de Murgía cedió al ataque de Baudelio y entonces los villistas atacaron el flanco de la infantería de Murguía y otro grupo dirigido por Padilla les cortó el paso por el lecho del río. "Hicieron esfuerzos sobrehumanos para hacer una retirada organizada, pero fue inútil".

Murguía comprendió que no tenía más remedio que abrirse paso entre las caballerías enemigas y reunió al millar de hombres que le quedaban, tratando de buscar el punto débil de la línea villista. Pancho se dio cuenta de las intenciones y se arrojó con los Dorados sobre la columna sin lograr quebrarla, pero cerrándole el paso. Villa y Murguía se vieron envueltos personalmente en el combate. "Avanzaban, descargaban sus pistolas, replegaban y volvían".

Villa se dio cuenta entonces de que para rematar a Murguía había que montar a los que combatieron como infantería. Dio las órdenes y la presencia de la nueva caballería villista deshizo la orgullosa columna de Murguía. Al grito de "sálvese el que pueda", lo que quedaba de orden en las filas carrancistas se perdió. Valadés cuenta: "Soldados y caballos corrían por todas partes; los que se habían salvado del desastre se dejaban caer a las barrancas, otros corrían por las lomas cercanas. Murguía mismo se puso a salvo gracias a las pezuñas de su caballo"; reagrupó los restos de su caballería en el rancho de San Ignacio para defender la retirada de sus cañones, pero fue rechazado. Fue entonces cosa de persecución y exterminio. Los villistas los persiguieron 20 kilómetros hasta la estación Stalford.

Las bajas de la división carrancista ascendieron a más de 2,500 hombres. No hubo tiempo para hacer fosas, los cadáveres se tiraron en el pozo de una mina. Había cerca de 600 soldados capturados. Fueron fusilados todos. Como no había municiones, se hizo fusilando con un solo tiro; varios heridos salieron de entre los muertos y escaparon a Parral, donde los capturaron de nuevo y les perdonaron la vida, con el argumento de que no se debe matar al mismo hombre dos veces.

En la huida, cuenta Valadés, el grupo de Murguía

[...] fue alcanzado por varios jinetes villistas a cuyo frente iba el general Chico Cano, que les gritó: *Atrás, media vuelta, tales por cuales* [...] Cano, convertido en un energúmeno, se lanzó sobre el general en jefe carrancista, a quien no reconoció, y gritándole: *Quihúbole pelado, que no oye que media vuelta, tal por cual,* desenvainó el sable, propinándole al general Murguía dos o tres cintarazos en la espalda. Murguía no dijo ni una sola palabra. En esos momentos, en el fondo de

la barranca al borde de la cual caminaba, acababa de descubrir a numerosos soldados de infantería carrancista, y haciendo un hábil movimiento lanzó su caballo
al barranco […] Los villistas […] hicieron una y varias descargas sin resultado
alguno […] Poco antes de llegar a Parral, el general Murguía, que marchaba al
frente con Martínez Ruiz y varios oficiales […] hizo un alto y dirigiéndose a sus
subalternos les dijo con tono severo: *Que esto que han visto ustedes nadie llegue a*
saberlo. ¡Y mucho cuidado!

Fue tan grave la derrota que, según su jefe de Estado Mayor, Murguía se
quería suicidar. Se retiró hacia Chihuahua recogiendo al paso las pequeñas
guarniciones.

Al día siguiente Villa ocupó Parral. Nuevamente el sur de Chihuahua quedaba en sus manos.

Poco después de la batalla de Rosario, Villa se hizo de un nuevo secretario
que se sumó al equipo de Trillo y Jaurrieta. Llegó de El Paso un estudiante
llamado Alfonso Gómez Morentín, que había hecho un largo camino desde la
ciudad de México. Camerino Rodríguez lo describe como "güero, delgado,
alto, muy serio, ojos castaño claro". Camargo estaba en esos momentos de
fiesta. Villa se encontraba en una loma en las orillas de la población presenciando el desfile de sus tropas, que momentos después habrían de seguir hacia
el norte en persecución de los federales. Estaba sentado sobre un pequeño
montón de piedras, con la vista clavada en los hombres.

—Luego platicaremos, Gomitos —dice que dijo Villa, colocándole el apodo que lo habría de acompañar durante tres años—, ahora estoy reparando los
daños que hicieron los carrancistas.

En su fuga hacia el norte, los soldados carrancistas habían causado estragos. Los vecinos aseguraban que los campos no serían cultivados durante la
próxima siembra, porque los federales se habían llevado las mulas y los caballos. Villa organizó un desfile e hizo que sus hombres entregaran las mulas que
montaban, que fueron repartidas entre los rancheros.

Villa pensó rematar la victoria que había obtenido contra Murguía tomando nuevamente Chihuahua y avanzó hacia el norte. Se enviaron exploradores
hacia la capital. Manuel Banda, que se había sumado en Torreón, fue encargado de destruir la vía entre Chihuahua y Camargo para impedir el paso de
refuerzos a Murguía. Murió en un estúpido accidente al recibir el golpe de un
riel en la cabeza cuando una locomotora estaba levantando la vía.

En las cercanías de Chavarría, Villa, acompañado de su escolta, se dirigió
al depósito del parque. Antes de llegar logró hacerse con los periódicos de
Chihuahua y le pidió a Gómez Morentín que se los leyera. Morentín cuenta
que Villa reía al escuchar un reportaje en el que se aseguraba que la retirada
del general Murguía hacia el norte era solamente "una medida estratégica",
ya que "el principal núcleo villista está compuesto por no más de doscientos

hombres". Pero otra noticia hubo de destantearlo y "la sonrisa del general se transformó en un gesto terrible". Se decía que los federales habían descubierto un depósito "donde Villa escondía varios millones de cartuchos".

Una casualidad había favorecido al atribulado Murguía. El mayor Rafael Mendoza, de los Dorados, herido en la campaña previa y enviado a Bustillos a curarse, estaba borracho cuando fue capturado, y a cambio de que no lo ahorcaran le reveló a Murguía donde tenía Villa oculto su parque para la siguiente campaña. Rafael se había enterado del asunto en una borrachera con Martín López. Le dieron libertad y se fugó a Estados Unidos.

El 25 de marzo los rumores y los espías le decían al general Murguía que Villa se aproximaba a la ciudad de Chihuahua y ordenó la concentración de todos sus elementos. Esa misma noche tenía dentro de la plaza los refuerzos que le había enviado Carranza de Sonora y toda su división. Repitiendo el esquema de Treviño defendía la ciudad por las alturas del sur y sobre todo el cerro de Santa Rosa, donde instaló su artillería. Desde la presa hacia el oriente había loberas. Murguía organizó además dos columnas en las Quintas Carolinas y en el Plan de Álamo, para un posible contraataque. La alarma era tan grande que Obregón ordenó la movilización de cinco mil hombres más hacia Chihuahua, los generales José Gonzalo Escobar, Eugenio Martínez y Francisco Sobarzo. Eran los viejos y confiables batallones sinaloenses y sonorenses.

En vísperas del anunciado ataque Villa realizó una reunión de generales en El Charco. Había que tomar Chihuahua para obtener municiones, pero no se podía tomar Chihuahua sin parque. Villa se encontraba atrapado en la paradoja. Y además, con fuerzas inferiores a las de los defensores, sólo "dos mil hombres cansados y mal amunicionados".

Los estaban esperando. Un grupo de soldados disfrazados de vaqueros dio la alarma: había movimiento de caballada en la parte alta de las montañas. Era un 29 de marzo. Villa se apareció por el sur y por la noche se vieron fogatas en los alrededores. Pancho ordenó que se formara en el sur una parte de la columna, mientras el grueso se concentró en la hacienda de El Charco, al oriente. Era un albur llamar la atención de Murguía por el sur y el oeste y mover clandestinamente su caballería hacia el norte. En el Charco se le retiró el parque a los de Durango, los menos organizados de la columna, para repartirlo entre los que iban a cargar.

El viernes 30 de marzo, Rafael Muñoz cuenta: "A las cinco de la mañana, cuando el sol rueda ya sobre los filosos picos de la serranía, la caballería villista se presenta de nuevo ante ese perfil inconfundible de los tres cerros de Chihuahua: el del Coronel alargado y giboso; el Grande, que parece un puño de roca que surge amenazante de la llanura; Santa Rosa, el cono de basalto, coronado con los picos grises de doce cañones".

Una columna de 500 villistas se aproximó, descendieron en el límite norte de la ciudad, encadenaron los caballos dejando un hombre de cada tres cuidándolos y los demás avanzaron en línea de tiradores hasta tomar contacto cerca de la estación.

Valadés dirá: "Nada de escaramuzas preliminares y de largos movimientos para tomar posiciones, como si se estuviera jugando una partida de ajedrez. No, el uno atacaba ciegamente, con todas las fuerzas disponibles sobre un solo punto que consideraba vulnerable. El otro resistía un momento, reunía todo su poder ahí mismo, contracargaba y el encuentro se decidía en pocos minutos".

Villa intentaba, aparentemente, entrar a la ciudad por el oriente, que no estaba fortificado, y de pasada apoderarse de los trenes. Murguía reforzó la posición con un regimiento, pero el movimiento sobre la estación del Pacífico era solamente un nuevo engaño. Otra columna villista avanzó sigilosamente por el lado de los panteones Viejo y Nombre de Dios. Murguía volvió a mover su infantería poniendo su cuartel general en el panteón y formó una línea de defensa en forma de herradura, mientras su caballería quedó sobre la vía férrea. Villa inició el ataque sobre los cementerios de Chihuahua y apenas iniciado el tiroteo las caballerías villistas a las órdenes de Lorenzo Ávalos, Martín López y Nicolás Fernández se lanzaron sobre la estación.

A las nueve o diez de la mañana, una segunda carga con tropas frescas arremetió sobre uno de los flancos carrancistas. La caballería de Murguía retrocedió hacia el centro de la ciudad. Pero su infantería resistía en los panteones, gracias al fuego de las ametralladoras.

Villa había dirigido personalmente el combate durante seis horas, sin haber obtenido mayor ventaja. Su infantería estaba extenuada por la fatiga, el campo se encontraba regado de cadáveres, las municiones escaseaban. Valadés dirá: "Lo único que sobraba en aquellos momentos terribles era el valor por ambas partes".

Murguía se puso al frente de la caballería y contraatacó, haciendo pesar el número. Los villistas empezaron a retroceder, primero en orden, pero sin poderse reorganizar; en ese contraataque un grupo de caballería quedó cercado en el centro de la ciudad. Pancho ordenó la retirada.

El general Murguía, con la ciudad bajo control, dio la orden de ahorcar a todos los prisioneros. Rafael Muñoz, el futuro novelista, entonces reportero de 17 años, narra el terrible espectáculo del 31 de marzo como si lo hubiera visto. En los árboles del puente de Nombre de Dios, varios de una misma rama, 43 villistas fueron ahorcados. "Qué feos nos vamos a ver", dijo uno de los últimos. "Pa' lo que importa, aquí no hay nadie que nos conozca", respondió otro.

Murguía se entera de que entre los capturados "hay un general". Se trata de Miguel Saavedra. Murguía llega en su Cadillac a entrevistarlo. Seca como siempre la relación con la muerte:

—¿Qué quiere que haga yo con usted?

Saavedra ofreció dejar las armas. Murguía dijo que ya había tenido esa oportunidad. El villista contestó con un simple:

—Usted ordene.

Saavedra era uno de los históricos. Había estado con Villa en Ciudad Juárez en 1911, era uno de los hombres repletos de cañanas de aquella foto que recorrió medio mundo y había sido uno de los ocho que cruzaron con Villa en 1913, era el jefe de la batería que en Trinidad le había volado el brazo a Obregón. Se había quitado el sombrero, o lo había perdido, traía la guayabera amarilla atada a la cintura, pantalón de montar de gabardina. Le echaron la lazada, un bote de caballo y el hombre se elevó en el aire. La muerte de Saavedra tiene elementos de épica. Antes de morir escribió una nota a su mujer, que vivía en Chihuahua, diciendo que ella le había advertido que moriría como un perro y qué se le iba a hacer. Su frase se hará famosa, tan famosa que se repetirá de mil y una maneras. La más original la cuenta Kock, adolescente de Parral que dice que abajo del árbol donde lo ahorcaron le pusieron una caja de zapatos de cartón vacía en la que escribieron: "Al que sea perro, que lo ahorquen".

Las cifras de bajas que se ofrecen son muy confusas. Los carrancistas dirán que Villa atacó con dos mil hombres, pero que tuvo tres mil bajas; que dejó 200 prisioneros, pero fueron 43 los ahorcados.

Villa fintó un movimiento sorpresa hacia Ciudad Juárez, pero ante el riesgo de quedar entrampado entre la caballería que lo perseguía y la caballería de Fabela fresca, que estaba al norte de Chihuahua, giró hacia el occidente. La caballería de Eduardo Hernández los persiguió empujándolos hacia la sierra Azul, al nordeste de Chihuahua.

La retirada fue en completo desorden. Se produjo una gran deserción. Gómez Morentín cuenta: "La marcha fue lenta y cansada. Nadie hablaba. El silencio del jefe era respetado por todos". En la concentración en San Andrés, Villa dio por terminada la campaña y citó para dentro de seis semanas en Santa Gertrudis. Él se fue con sus secretarios Trillo, Jaurrieta, Gómez Morentín y cuatro escoltas. Como acostumbraba, marchó hacia el poniente cuatro kilómetros y luego regresó al punto de partida.

Al reconcentrarse unas semanas más tarde, fue hacia Namiquipa, quería darle una lección a un pueblo que había pensado le era fiel y donde habían proliferado las defensas sociales, y capturar a un tal José María Espinoza, su jefe, quien había delatado a los estadounidenses un entierro de 600 rifles que tenía Villa escondido en el cañón del Rosal en una cueva cerca del pueblo. Lo buscaron en su casa, pero Espinoza estaba en Estados Unidos gozando del premio. Años más tarde caería bajo las balas del mayor de rurales Anastasio Tena. La actitud del jefe se transmitió a sus subordinados y los más salvajes, Carmen Delgado y Baudelio Uribe, ordenaron que se concentraran las mujeres en una casa e incendiaron otras casas vacías. Con el argumento de que "Villa no dio esas órdenes", algunos miembros de la escolta, encabezados por Nicolás Fernández y Elías Acosta, intentaron impedir males mayores. Villa ordenó más tarde que soltaran a las mujeres y encargó su custodia al coronel

Belisario Ruiz para que no hubiera violaciones. Detuvo a Carmen y Baudelio por los desmanes cometidos y los metió en un cuarto con centinela de vista. Luego los autores de la leyenda negra villista dirán que esas mujeres fueron incendiadas vivas.

Jaurrieta fue enviado a conseguir municiones en Estados Unidos y Villa partió hacia Cruces, San Buenaventura y luego a la abandonada hacienda de Hearst en Bavícora, sin saber que Murguía estaba usando arrieros como espías y lo había localizado. Un mes y medio después del ataque a Chihuahua, Murguía llegó en su tren a Casas Grandes y se acercó con sigilo a la hacienda de San Miguel Bavícora. La captura de un correo de Villa confirmó su presencia.

A las cuatro de la mañana del 18 de abril sonó diana y la gente comenzó a desperezarse. Fuera del casco de la hacienda estaban los yaquis de Beltrán y las tropas de Lucio Contreras, el hijo del recién muerto Calixto. A las seis de la mañana Baudelio vio avanzar una línea de tiradores por una ventana y dio la alarma.

Los villistas salieron de las caballerizas cargando sobre los tiradores, que ya eran batidos desde las azoteas, pero encontraron tras ellos las ametralladoras y la caballería carrancista, que los obligaron a replegarse. En ese momento llegaron al casco las tropas de Beltrán el sonorense y le dieron un respiro a los sitiados. Los Dorados resistían, pero se les estaban acabando las municiones. Pancho decidió hacer una salida. Los hermanos Vargas o Valdivieso, según quien lo cuente, cubrieron la retirada desde la azotea disparando una subametralladora Rexler o una ametralladora Hotchkiss.

Para dar idea de lo enconado del combate, que duró menos de una hora, en su parte Murguía dirá que consumió 127 mil cartuchos de Mauser y casi 30 mil de 30/30. Ciento cincuenta mil tiros, dos mil quinientos por minuto.

Villa, a pelo sobre su caballo, rompió el cerco con la escolta en carga cerrada por la puerta de la hacienda. "Pasaron por encima de los cadáveres a caballazos, pistoletazos".

Aunque no lo había podido capturar, Murguía con esta acción le había dado a Villa una sopa de su propio chocolate. Las bajas fueron muchas, en el combate habían muerto Gorgonio Beltrán y unos 30 de los Dorados y estaba herido Baudelio Uribe. Murguía dirá, exagerando, que aunque tuvo muchos heridos allí cayeron 500 villistas; lo que sí fue cierto es que fusiló a todos los prisioneros. Villa pudo sacar de la hacienda la plata que traía, pero los federales se quedaron con el papel moneda que acababa de recibir de Estados Unidos.

Villa rodea la laguna, cruza la sierra. Escaso de municiones, fragmenta sus fuerzas en tres columnas y con un escuadrón de su escolta llega a la hacienda de Rubio. A fines de abril y con cuatro hombres sale rumbo a la sierra Azul. Recupera 50 mil pesos en un cerro llamado El Embudo, parte del viejo botín del Banco Minero que Villa tenía escondido desde 1913, u otro de los guardaditos.

Cuando reaparece al día siguiente en Rubio, el 24 de abril, con cuatro talegas de lona amarradas a los lados de su montura, comenta que se "huele algo".

El coronel Julián Pérez jefe del segundo escuadrón de Dorados, sabiendo que Villa iba por dinero lo vendió al general Eduardo Hernández, quien con 300 carrancistas se esconde dentro de las casas de la hacienda.

Villa mandó por delante a Carmen Delgado, que vio hombres en las azoteas armados y no le gustó la cosa. Se acercó y Pérez salió a la puerta del casco y trató de agarrar la rienda del caballo del Ruñis; éste quebró el corcel, Pérez echó mano a la pistola y le respondieron a tiros. Se oyó el grito de "¡Muera Villa!" y se armó la balacera. Alcanzaron la puerta del potrero. Villa descabalgó y cubrió a los suyos, porque algunos estaban heridos. Los emboscadores no lograron perseguirlos, porque muchos de la escolta que no estaban en el complot, se liaron a tiros con su jefe y los carrancistas. En el enfrentamiento murió Manuel Ochoa, otro de los villistas históricos, uno de los ocho que cruzaron el Río Bravo en 1913.

A partir de ese momento Villa andaba muy desconfiado y cuando lo localizaron Jaurrieta y Murga, les dio una cita en la zona de la sierra de Huerachi diciéndoles que fueran ellos dos solos. Poco después conectaron a Nicolás Fernández y de nuevo Villa le mandó un grupo para sondearlo. Como uno de sus hombres dirá: "No confiaba ni en su pinche sombra". No era para menos, había caído en dos emboscadas en tan solo un mes.

El 27 de abril, en un diario de Bisbee se hicieron públicas unas declaraciones de Murguía, en las que indicaba que capturaría a Villa y lo exhibiría en un circo dentro de una jaula. Pero lejos estará Murguía de poder cumplir sus buenos deseos.

Villa se concentró en Satevó. Acudieron a su llamado sólo unos 300 hombres con Nicolás Fernández, unos 200 con Martín López y unos 80 de los Dorados, con Joaquín Álvarez. La columna estaba en condiciones precarias. Pancho decidió atacar Parral para sacarle un fuerte préstamo a las compañías mineras. Se dice que dijo: "Con que pudiéramos entrar hasta la estación, allí tengo unos centavos. Si podemos quedarnos unos días podemos comer frijoles con sal". Pero sus espías le informaron que hacia la ciudad iba una columna de 1,200 hombres a las órdenes de otro viejo conocido, el general Joaquín Amaro. Ahora se trataba de evitar que Amaro reforzara la guarnición de Parral. Con fuerzas inferiores no le quedaba más que la astucia.

A través de pequeñas partidas que lo provocaban y se retiraban, Villa fue conduciendo a Amaro hacia el cañón de San Felipe, donde se había emboscado. Pancho atacó por ambos flancos causando estragos. El general Pedro Fabela, con fuerzas de caballería, y el general José Gonzalo Escobar, con un batallón de infantería en la retaguardia de Amaro, habían quedado fuera de la emboscada.

Fabela le propuso a Escobar que los infantes montaran en ancas para aproximarse a los villistas en la loma de la boca del cañón. La cosa salió mal porque el fuego de los villistas hizo que la caballería se replegara y dejara a los infantes al descubierto. Luego una carga de caballería acabó con ellos.

La persecución fue terrible. Miguel Martínez Valles cuenta que los "mantearon". "Un soldado amarra el extremo de una soga larga a la cabeza de su silla y otro amarra a la suya el otro extremo, entonces corren a todo galope contra los que van corriendo y los barren con la soga. Imagínense los destrozos que hacían si atrás de la primera mancuerna de jinetes iban otras diez manteando". Detrás de los jinetes con soga otros con armas iban rematando.

Amaro dejó en el campo 500 muertos, armas y municiones y llegó a Parral con los restos de su columna, perseguido hasta las goteras de la población por la caballería villista. Villa recogió el botín de guerra, renunció a Parral y se desvaneció nuevamente.

Villa marchó hacia el norte desesperado por la falta de municiones. El 12 de mayo atacó la presa La Boquilla, donde se encontraban los generales Ernesto García y José Riojas, cuyas fuerzas dispersó rápidamente obligando a los carrancistas a lanzarse a las aguas de la presa. Y dos días después, con Baudelio Uribe, atacó Ojinaga desalojando a una guarnición de 300 hombres que huyó a Estados Unidos. Envió a Jaurrieta a Presidio para que comprara municiones, pero no se las vendieron, aunque consiguió dinero cambiando cheques de impuestos revolucionarios en el First City Bank.

Por más que el cuartel general carrancista declarara el 28 de mayo que habían sido "dispersados los grupos villistas en el estado", Villa estaba en todas partes, aparecía, golpeaba y desaparecía.

En los primero días de junio, el cuartel general en Chihuahua recibió noticias de la reaparición de Villa; el general Espinoza decía que lo había derrotado en El Pueblito (cerca Ojinaga), pero poco después de este informe el general J. Muñoz, de guarnición en Jiménez, en el otro extremo de Chihuahua, comunicó que estaba siendo atacado "por el guerrillero en persona". Muñoz, quien había tenido unas cuantas horas antes aviso de la proximidad del general Villa, se dispuso a hacerse fuerte en la estación ferrocarrilera, sobre la cual cargaron los villistas. Las cargas de los jinetes de Villa se estrellaban en las loberas que había construido el general Muñoz, por lo cual, después de combatir varias horas y comprendiendo la inutilidad de sus esfuerzos, Pancho guerrillero se retiró hacia la sierra de Las Adargas y dispersó a su gente.

Seis semanas más tarde, Gómez Morentín narra la siguiente conversación:

—Mi general, una polvareda al oeste.

—¿Al oeste?

—Sí, mi general.

—Bueno, ha de ser Albino Aranda; que manden unos exploradores.

En el curso del mismo día fue recibiendo informes de los vigías:

—Mi general —decía el vigía—, una polvareda al sur.

—Bueno, ha de ser Nicolás; que manden unos exploradores.

—Mi general —volvió a informar el vigía—, hacia allá, hacia el rumbo de Durango.

—Bueno, ha de ser Lencho Ávalos —respondía el general—, que manden unos exploradores.

Poco a poco se fueron reuniendo cerca de dos mil hombres.

Las anteriores campañas habían durado siete meses, Villa había sumado triunfos espectaculares, la toma de Chihuahua y Torreón, la victoria del mineral de Rosario, San Felipe, pero también derrotas. No estaba mermado, sus fuerzas disminuían y crecían, pero no había logrado consolidar un territorio liberado, una zona, una retaguardia, un abasto de municiones. Para Murguía y el gobierno carrancista, había habido de todo, pero la pesadilla villista no se acababa. Era interminable.

NOTAS

a) Fuentes. Pancho contra Pancho está narrado por José C. Valadés desde varios ángulos, *Historia de la Revolución Mexicana* 6, "Las hazañas de Murguía", "Pancho Villa contra Pancho Murguía" y sus artículos basados en las narraciones de Alfonso Gómez Morentín. Resulta una fuente indispensable, aunque repleta de errores en las fechas y la secuencia. Rafael F. Muñoz hizo otra versión del enfrentamiento entre los Panchos en un diario que se reproduce en I. Muñoz: *Verdad y mito de la Revolución Mexicana* 4, sin citar la fuente, que complementa y enriquece en *Rayo y azote...* e "¿Historia o novela?" Pero la precisión sólo se logra contrastando con las fuentes villistas, que son ricas. Jaurrieta: *Con Villa...* Puente/ Villa. Calzadíaz: *Hechos reales* 7. Vargas: *A sangre y fuego... Romance histórico villista.* Cervantes: *Francisco Villa y la revolución.* Rivera Marrufo PHO 1/63. Campobello: *Apuntes.* Amanda Hernández: "General Miguel Saavedra Romero". Camerino Rodríguez: *Un villista en los últimos días de la revolución.*

Además. Treviño/ Cesu Exp. 18, documentos 1147 y 1171. Ramón Rosains: "Hombres de la revolución: general Francisco R. Murguía"; los comunicados de Obregón, Murguía, Treviño y Carranza en el Archivo Torreblanca, reproducidos en el *Boletín* núm. 5. Santos Luzardo: *Por los caminos de Pancho Villa*, "La Siete Leguas". Raimundo Salas: *Semblanza militar de los cc generales de división Maclovio Herrera y Francisco Murguía.* Sánchez Lamego: *Generales...* Osorio: "Tercera toma de Torreón por el general Francisco Villa". Mena Brito: *Carranza.* Mauricio Iglesias en Osorio: *El verdadero...* Celia Herrera: *Francisco Villa ante la historia.* Nellie Campobello: *Cartucho* ("Los heridos de Pancho Villa", "Ismael Maynez y Martín López"), J. Bautista Vargas: "Memorias de un dorado". Francisco Gil Piñón PHO 1/9. Elías Torres: "Orgía de sangre". Rafael F. Muñoz: "Un disparo al vacío". Cumberland: *La Revolución Mexicana. Los años constitucionalistas.* Katz: *Pancho Villa.* Eugenio Coli PHO 1/133. Avitia: *Los alacranes alzados.* Elías Torres: *Vida y hazañas...* Richmond: *La lucha nacionalista de Venustiano Carranza. 1893-1920,* Archivo Histórico de la Defensa Nacional, SRE LE- 800 R L.16 (2).

Pancho Murguía con Pablo González.

Salida de la Expedición Punitiva de México.

Los últimos meses de la Punitiva en México y su salida en Braddy: *Pershing's Mission in Mexico.* Braddy: *Myths…* Gene Smith: *Until the last trumpet.* Boot: *The Savage Wars of Peace.* John Heath entrevista a James Baker, Pershing Box 347. C. V. Glines: "In Pursuit of Pancho Villa". McGaw: "True story of Villa's Missing head". Pani: *Apuntes.*

b) Nellie. Varios cuentos de *Cartucho* hacen referencia a esta época. Nellie Campobello vivía en esos años en Parral con su hermana y su madre viuda. Aunque lo parece, no se trata de un testimonio, es un fundido de vivencias y ficción, una reconstrucción literaria. La historia de los tres meses de Gloriecita, si hacemos caso a las fechas, puede haberse producido en la toma de Parral por Villa durante la insurrección orozquista (1912) y la niña tendría un año. El propio personaje narrador, la niña que cuenta (7 a 13 años), es un recurso literario que sustituye a la observadora que acumula en la memoria, que debe de haber sido una Nellie de 12 a 23 años. *Cartucho* ofrece al lector pocos elementos informativos, pero construye un clima, una cotidianeidad, como nadie en la narrativa de la revolución lo ha hecho; es un libro de cuentos brillante, que como dice Aguilar Mora, representa "una nueva dirección para la vida del lenguaje y para los destinos de la narración". Un libro que habría de ser marginado y excluido por miedo a la brutal franqueza del texto, por "sexismo, luchas por el poder literario, el repudio de Villa".

Nellie Campobello.

Nellie nació Francisca Luna en 1900, según el acta parroquial que rescata Jesús Vargas, en el barrio del Rayo, Parral. Hija soltera, cuyo padre era sobrino de su madre; allí en 1911 nace su última hermana, Soledad (Gloria). En 1915-1916 Nellie se enamora de un hacendado que estaba casado y termina en Chihuahua, donde tienen un hijo en 1919, que muere a los dos años; su compañero, Alfredo Chávez, fue defensa social en Parral, pero terminará haciendo negocios con Villa en la época de Canutillo. En Chihuahua Nellie será testigo del juicio de Ángeles. Alguna vez en su vida comentó fantaseando que había nacido en Villa Ocampo y era hija de Pancho Villa. Escribió, además de *Cartucho,* unos *Apuntes sobre la vida militar de Francisco Villa* y varios artículos periodísticos. (De la O Holguín: *La danza de la tribu.* Jesús Vargas prólogo a *¡Francisca yo!* Aguilar Mora: "El silencio de Nellie Campobello", prólogo a la nueva edición de *Cartucho.*)

c) Salazar. La recuperación por parte del villismo de José Inés Salazar es uno de los pocos reencuentros con la izquierda agraria maderista. José Inés, magonista original con Praxedis en Palomas, desarmado por Villa en el maderazo, colorado y huertista. (Ralph H. Vigil: *Revolutions and confusion.*)

CINCUENTA Y OCHO

A SECUESTRAR A CARRANZA VESTIDOS DE GUARDABOSQUES

—Ahora, muchachos, como codornices —dijo Pancho Villa.

La marcha de "codornices" era un invento villista. En lugar de avanzar en columna, lo hacían en línea por los inmensos llanos chihuahuenses, sin levantar polvadera, evitando denunciarse. Llegaron así hasta Río Florido, al sureste de Parral, donde sorprendieron y eliminaron un destacamento federal.

Gómez Morentín había regresado de Nueva York con un proyecto de plan político en el que habían colaborado Antonio I. Villarreal, Felipe Ángeles y varios otros villistas exiliados. El plan desconocía la recientemente promulgada Constitución de Querétaro y pedía el restablecimiento de la Constitución de 1857. Ángeles mandaba el recado de que sólo así la guerra de guerrillas se transformaría en revolución.

En una reunión de oficiales Villa pidió a Trillo que lo leyera y luego consultó a sus hombres. No se presentaron mayores objeciones y el Plan, que llevaría el nombre de Río Florido, fue aprobado y firmado.

Tiempo atrás, Pancho Villa, escondido en la sierra cerca de Santa Gertrudis, recibió periódicos viejos y le pidió a Miguel Trillo que se los leyera. En uno de esos periódicos, un magazine ilustrado, una crónica de color contaba la vida que hacía el nuevo presidente, don Venustiano Carranza en la capital; la hora en que se levantaba, cómo se desayunaba, los paseos que hacía todas las mañanas a caballo con un par de compañeros por el bosque de Chapultepec, en las cercanías de su vivienda. ¿Vivía en el castillo de Chapultepec? ¿Cabalgaba sin escolta? ¿Todos los días con la misma rutina? Villa debió de haber concluido que Carranza era bastante pendejo.

Durante un tiempo, el mismísimo Pancho Villa fue dándole vueltas en la cabeza a lo que había leído, y fantaseando, contándose una historia a sí mismo. Y la historia que se contaba cada vez era mejor. En la concentración de Río Florido tomó la decisión final. Y como si se tratara de contar un cuento de hadas, reunió a sus secretarios y les explicó el plan. Gómez Morentín comentará más tarde: "Las palabras de aquel hombre, dichas en la cumbre de una montaña, a muchas leguas de distancia de la ciudad de México, hubieran causado risa, si aquel hombre no hubiera sido Pancho Villa".

Villa le dijo al coronel Trillo y a José María Jaurrieta que disfrazados de rancheros marcharían hasta la estación del ferrocarril más próxima y de ahí tomarían un tren con destino a la ciudad de México. Comprarían en el pueblo de Tacuba un mesón viejo con corralón, capaz de acomodar más de cincuenta bestias. Simulando ser tratantes de animales, los propietarios del mesón harían viajes constantes por los estados de Hidalgo, México y Puebla, para comprar mulas y caballos. Él, con 50 de sus muchachos, iría por tierra hasta la ciudad de México. Marcharían disfrazados de defensas sociales y se hospedarían en el mesón como si fueran tratantes de animales. Trillo tendría que conseguir 50 uniformes de guardabosques (en otra versión de guardias presidenciales). "Y en las mañanas, cuando salga el barboncito…"

Estaba hablando de recorrer miles de kilómetros en el interior de un territorio enemigo donde su rostro era conocido y tenía precio su cabeza. De la ciega confianza que tenían en Villa sus hombres, la muestra estaba en que lo único que Trillo preguntó era si no sería mejor comprar el mesón en Azcapotzalco.

Villa no tenía muy claro qué haría con Carranza una vez que lo hubiera secuestrado. En los próximos días comentaría las dificultades que tendrían para traerlo de regreso a Chihuahua o la posibilidad de llevarlo a Morelos para que ahí lo juzgara Emiliano Zapata. Pero el final feliz de la historia no le impediría empezarla. Tocaría de oído, como tantas veces había hecho.

Esa misma noche Villa le entregó dinero al coronel Trillo y a Jaurrieta, quienes acompañados de dos guías salieron rumbo al oriente, para llegar a una estación ferrocarrilera desde donde continuarían hasta la capital de la república.

Villa seleccionó entonces a cincuenta de sus hombres, entre ellos los hermanos Murga, su cuñado Marcos Corral y el coronel Bonifacio Torres, y les dijo que se iba a una muy peligrosa expedición al sur, que si se prestaban de voluntarios. No hubo dudas. Pasó revista al grupo verificando la dotación de municiones y las cabalgaduras.

Nicolás Fernández y Martín López seguirían sus incursiones en Chihuahua y Durango y Gómez Morentín iría a Estados Unidos llevando el plan de Río Florido. Dando cita para dos meses más tarde, Villa se despidió con un:

—Hoy mismo salgo con cincuenta muchachos de mi escolta pa' una exploracioncita.

Momentos después partió al galope, seguido de sus hombres, rumbo al norte de Sinaloa. Alfonso Gómez Morentín, acompañado de un grupo de siete hombres, salió hacia el norte, llevando correspondencia para los villistas en Nueva York, y vio a Villa desaparecer rápidamente hacia el oeste, como siempre hacía, disimulando su viaje hacia el sur. Era algún día de junio de 1917.

Era el inicio de lo que sería una cabalgada infernal de más de dos meses cruzando territorio enemigo, sin abastos y sin aliados, recorriendo tres mil kilómetros.

De Río Florido bajaron hacia Durango. Simulando ser una partida de las fuerzas de Maycotte y llevando la bandera negra con el cráneo y las tibias cruzadas que ellos usaban, salieron de Torreón de Cañas, al oriente de Las Nieves. En San Lucas, Villa permaneció escondido en una casa. Al día siguiente fueron tiroteados por la partida villista de Galaviz y por más que izaron bandera blanca, fueron llamados cobardes y no hubo otra que contestar a los tiros y menos mal que alguien los reconoció. Villa regañó a Galaviz porque en la escaramuza había muerto un primo suyo, Juan Mendoza.

Haciéndose pasar por defensas sociales de Durango cruzaron todo el estado y pasaron rozando San Juan del Río y Nombre de Dios. Viajaban generalmente de noche y sólo una que otra vez de día. En algún momento del viaje se perdieron y amanecieron casi dentro de la ciudad de Durango, lo que les hubiera costado la vida si los descubren. Villa diría que "andaba muy incómodo porque esos son terrenos míos". Acamparon en Magistral, en las afueras de Durango.

Luego Villa condujo a su gente hacia el estado de Zacatecas y al aproximarse a Sombrerete subieron a la sierra, donde descansaron una semana; siguieron avanzando haciéndose pasar por defensas sociales. Villa cuenta: "El paso por Zacatecas fue muy pesadito, porque empecé a encontrar la falta de buenos guías. Un guía nos hizo crearle mucha confianza, y aunque soy enemigo de las confiancitas, cuando abrí los ojos estábamos casi a las puertas de Villa Nueva, donde había un destacamento federal que nos hubiera agarrado de sorpresa".

Entraron al estado de Aguascalientes. Ramón Murga dirá que "Villa iba disfrazado, se dejó crecer la barba y traía un sombrero hasta las orejas". Cruzaron la vía del ferrocarril cerca de Rincón de Romos, 40 kilómetros al noreste de la capital. Pancho tenía una mujer allí, María Arreola Hernández, con la que tuvo un hijo. Villa dirá que los "malvados guías que de Aguascalientes pa' llá no supieron llevarme por caminos desconocidos para los carrancistas, y ya mero me entregaban en dos o tres veces en manos del enemigo". En Rincón de Romos chocaron contra la tropa del jorobado Arreola, que había sido villista y que les hizo varios muertos y heridos. El grupo de 50, que ya había perdido un hombre, sufre nuevas bajas cuando Villa envía a los heridos con algunos hombres de regreso a Chihuahua.

"Ya no había guías; nadie nos quería llevar pa' delante. Ya andaba desanimadito, pero por fin me resolví a seguir por nuestra cuenta. Anduvimos muchos días por la sierra, evitando pasar hasta por las rancherías". Descansan unos días en el cerro de los Gallos.

En julio del 1917 Villa seguía desaparecido y los rumores de su presencia en el sur de Durango y Zacatecas comenzaron a circular, por absurdos que pudieran parecer, entre las guarniciones federales. Sin hacer fuego en las noches, en marchas nocturnas, con hambre, con miedo a entrar en los pueblos. Villa entregó dinero a los 40 hombres que le quedaban para que si se producía una dispersión pudieran regresar clandestinos en tren a Chihuahua.

Fueron emboscados en un lugar llamado Los Negritos hacia las dos de la tarde, mientras dormían. Se fortalecieron circularmente en lo alto del cerro y de casualidad atraparon un venado que les supo a gloria porque llevaban varios días sin comer carne. La verdad es que si los cercaban doscientos o mil quinientos no les importaba, "lo que nos importaba era la carne del venado". En el ataque sorpresivo había muerto Julián Reyes. Se avanzó con una línea de hombres de a pie seguidos de uno montado que llevaba el caballo de su compañero. Al iniciar el combate los cercadores salieron corriendo, doce prisioneros fueron muertos y se salvó uno que sirvió de guía para llevarlos a la sierra de Peñuelas, cerca de Aguascalientes. El viaje duró un par de días. Allí permanecieron tres días descansando.

Trillo y Jaurrieta, mientras tanto, habían rentado poco después de llegar a la ciudad de México un caserón en Tacubaya, a la salida hacia Santa Fe, y se crearon una leyenda de rancheros de provincia que compraban y vendían mulas y caballos, haciendo los primeros negocios sin ganancia para que hubiera mucho movimiento. Comenzaron a recabar información. Efectivamente, Carranza cabalgaba de seis a siete de la mañana por el bosque de Chapultepec, algunas veces acompañado de Pablo González y otras por Jesús Agustín Castro, el subsecretario de Guerra, con una escolta de dos o tres ayudantes a unos 100 metros de ellos. De ahí se iban por los llanos de Anzures. Carranza vivía en aquella época en la casa de Braniff en Reforma.

Trillo y Jaurrieta encontraron una casa grande en la calzada de la Verónica y entregaron un adelanto por la renta, pidiendo que los esperaran un mes. La casa se encontraba a unos 400 metros de donde Carranza paseaba. Localizaron los uniformes y los caballos y esperaron un mensaje de Villa desde Tula para comprarlos, pero el mensaje no llegaba.

De Aguascalientes, Villa y sus supervivientes pasaron a Jalisco, cerca de San Juan de los Lagos, y vieron a lo lejos las luces de Guadalajara. Se encontraron con un grupo de la defensa social y haciendo plática les dijeron que cuando ellos agarraban villistas, nomás los colgaban. Los detuvieron por sorpresa y los ejecutaron en unas ruinas. Murga cuenta que por esos días "no había comida y los aguaceros nos hicieron sufrir mucho".

En Huejuquilla el Alto se hicieron pasar por una partida de las fuerzas de Amaro, para comprar herraduras, ropas y alimentos. Les ordenaron que se acercaran al pueblo y el jefe y cinco más entraran a conferenciar. Villa "se embutía hasta las orejas un enorme sombrero de palma", porque vio a alguien que había sido su gallero en Aguascalientes. El jefe de los sociales les dijo que dejaran las armas. Entraron al pueblo mientras él pedía telegráficamente información a Durango. Villa le gritó y el coronel carrancista le reclamó que un teniente se alebrestara. Murga, que simulaba ser el jefe, calló a Villa con unos cuantos insultos. Los dejaron hacer compras y les dieron un guía que los llevaría supuestamente a Zacatecas.

En el camino hacia el sur toparon con una partida de carrancistas a los que les compraron sus caballos. El jefe les contaba muy ufano que villista que caía en sus manos, se las cortaba. Villa ordenó que los pasaran a cuchillo.

Pancho decidió entonces disminuir el número del grupo y envió a 20 hombres a cargo de Bonifacio Torres de regreso a Chihuahua. Siguió rumbo a León, Guanajuato, donde el pequeño grupo tuvo en las afueras de la ciudad un nuevo choque. Villa dirá: "... empecé a ver que habíamos perdido la partida y que la capital nos quedaba todavía muy lejos". Disolvió al grupo y, a excepción de cuatro, les ordenó que tomaran un tren en León hacia Chihuahua. "Con todo que soy muy coyote y muy quemado, ya me daban las 12 en los estados de Jalisco y Guanajuato, al grado de que tuve que desbandar a mis hombres y quedarme únicamente con cuatro para salir de la ratonera". Con los hermanos Murga, José HHolguín y su cuñado Marcos Corral, inició el regreso a caballo. Un regreso que duró tres semanas y fue menos conflictivo. Carranza nunca sabría lo cerca que estuvo de ser secuestrado por Pancho Villa.

Ahí por el Estado de Durango, nos dimos un agarroncito con federales, pero no les quise hacer mucho frente, porque la caballada venía cansada. Como venían pisándonos los talones, resolví borrar nuestras huellas. Por ahí por la región del Florido agarramos el caminito, dejando las huellas de nuestros caballos y les hice una estratagema que me ha hecho reír hasta que ya. Me conseguí cuatro burritos y les amarré en el lomo unas ramas de árbol hasta el suelo. Nosotros íbamos adelante y los burritos atrás, y con las ramas que arrastraban borraban por completo nuestras huellas. Así anduve como media legua y luego me embosqué para ver qué resultado daba la estratagema. Pasó lo que había pensado que pasaría. Los federales llegaron hasta donde estaban nuestras últimas huellas y luego se encontraron con que ya no había nada. Yo los miraba desde un cerrito, mientras que mi gente seguía caminando con mucha ventaja. Los changuitos se volvieron locos de no encontrar más huellas, hasta que al fin, creyendo que yo me había devuelto por el mismo camino, se regresaron hacia el rumbo que traían.

Cuando llegó a Chihuahua, se veía raro, tenía la barba crecida.

Al inicio de agosto Villa acudió a la concentración que había citado en San José del Sitio. Gómez Morentín retornaba de Nueva York con la noticia de que Felipe Ángeles se ofrecía a retornar e incorporarse a las filas del nuevo ejército revolucionario que se llamaría Ejército Reconstructor Nacional, si Villa lo invitaba.

Ese mes Pancho perdió a un grupo de valiosos compañeros. Marcos Corral murió en un enfrentamiento cuando trataban de tomar el tren del general Guillermo Chávez en Estación Encinillas. Cayó el coronel Silvestre Quevedo: en una enredosa conspiración interna, acompañada de calumnias, lo hizo fusilar Aurelio Murga, con lo cual Juan y Ramón se separaron del villismo y entregaron, al amnistiarse con Murguía, la plata de Torreón.

Septiembre y octubre se fueron en combates menores, la captura de un tren y otras escaramuzas. Pero en noviembre Villa llamó a levantarse y construyó una gran columna de no menos de mil hombres, con la que se dirigió hacia el norte.

Valadés se pregunta: ¿Adónde se dirigía? ¿Cuál era el sentido de aquella nueva marcha a lo largo de la serranía? El cuartel general carrancista en Chihuahua sólo tuvo conocimiento del paso de las huestes villistas por la sierra de Polvorilla y más tarde por el cañón de Palomas, pero volvió a perder la pista del guerrillero. Después de haber pasado por el cañón de Palomas, enfiló a lo largo del Río Bravo, caminando siempre hacia el norte.

El 17 de noviembre estaba a unos cuantos kilómetros de Ojinaga. Ernesto Ríos cuenta: "Estuvimos acechando la plaza fronteriza desde la noche anterior muy quietecitos. Como a las dos o tres de la mañana les caímos por sorpresa, la guarnición carrancista ni siquiera nos sintió". Murguía, días antes, había ordenado la movilización de las fuerzas a las órdenes del general Juan Espinosa para fortalecer la guarnición del general Rómulo Figueroa.

El 20 de noviembre, aniversario de la revuelta maderista, se atacaba con la caballería por los dos costados de la plaza con una fuerte resistencia de los sitiados, entrando varias veces hasta el centro de la población y produciéndose el cuerpo a cuerpo.

Villa había llegado iniciado el asalto y sólo participó en el ataque nocturno definitivo. Los defensores cruzaron el río a Presidio, Texas, donde fueron desarmados y conducidos a un fuerte. Ríos resumirá: "Tomamos la plaza de Ojinaga para ver qué agarrábamos, porque nos hacían falta muchas municiones. Lo que conseguimos no valió la pena, unos cuantos miles de cartuchos".

Villa se puso a tiro de piedra de los yanquis, como si los estuviera retando a meterse de nuevo en México. La expedición Pershing había salido de México hacía sólo nueve meses. Norman Walker, el periodista de *El Paso Times*, fue avisado por Kyriakópulos (que desde 1916 hacia labores de correo para Villa), que a su vez había sido avisado por Gómez Morentín, y comentó que "Pancho tenía un sentido inusitado de lo espectacular". Villa traía medio millón de barras de plata de la Alvarado Silver Mining y quería cambiarlas por cartuchos o contrabandear las municiones.

Trillo telegrafió a Washington pidiendo apertura de la frontera para comprar cosas, a cambio de garantías a ciudadanos estadounidenses. Ni le contestaron. Jaurrieta se entrevistó con un coronel estadounidense en el vado del río, quien le dijo que tenía órdenes de no dejar pasar nada, ni siquiera los auxilios médicos y botiquines que le pedía. Jaurrieta cruzó más tarde clandestinamente a Presidio, donde Pancho tenía un contacto estadounidense previamente apalabrado, para conseguir municiones. El gringo se echó para atrás por miedo a la policía. No quedaba otra que tratar de conseguirlas en Chihuahua, en el mercado negro.

Villa arribará poco después a Huerachi y de allí irá a Río Florido para encontrarse con Nicolás Fernández. De allí salió con cuatro personas (Ernesto Ríos, Tamayo, su primo Joaquín Álvarez, Domingo Colomo) para "arreglar un asuntito". Disfrazados de carboneros, arreando una docena de burros, viajaron por veredas. Ríos dirá que "Villa había inventado las veredas, porque las conocía todas; igual que los caminos, las barrancas, los aguajes, las cuevas". Llegaron a San Pablo de Meoqui, donde acamparon en las afueras; una mujer llegó reclamándole una gallina que sus hombres le habían robado. Pancho, después de registrar infructuosamente a todos, en la noche descubrió que alguien había metido la gallina en su mochila. Al rato le ordenó a Ernesto Ríos que le llevara dinero a la mujer.

La prensa de la ciudad de México, mientras tanto, reportaba que "la nueva actividad villista será fácilmente dominada", y como primicia informativa decía que Villa se hacía llamar Ceferino González.

NOTAS

a)   Fuentes. Es muy difícil precisar los pasos del trayecto de Villa hacia la ciudad de México, los testigos cambian los lugares y la secuencia frecuentemente. Valadés/Gómez Morentín. Jaurrieta: *Con Villa...* Elías Torres: "La audacia del guerrillero" y "El golpazo en la mera capital" en *Hazañas y muerte...* Calzadíaz: *Hechos* 2 y 7. Ramón Murga, José Arballo, Francisco Piñón y Adolfo Rivera Marrufo en Osorio: *El verdadero...* AHDN XI/481.5/76. Martínez: *Fragments of the mexican revolution*. Sánchez Lamego: *Generales...* AHDN XI/481.5/100, Valadés: *Historia de la Revolución Mexicana* 6. Santos Luzardo: *Por los caminos de Pancho Villa. El Nacional* 26 diciembre 1917. SRE LE 838R L. 16 (4).

Venustiano Carranza.

En las cercanías de Ojinaga con Jaurrieta y Trillo y el doctor Santelis, 15 de noviembre de 1917.

CINCUENTA Y NUEVE

1918. EL AÑO DE LA PESTE

Tras la victoria y el fracaso en Ojinaga la concentración se produjo en el rancho del Espejo. Luego Villa viajó hacia Estación Laguna, al norte de Chihuahua, para cortar las vías hacia Juárez. Tomó la estación y puso a controlar el tráfico a su telegrafista. Pronto un tren cayó en manos de los villistas que se emboscaron en la estación y las casas cercanas y quitaron un riel para descarrilarlo. En el tren venía el general Chávez con su escolta, que viajaba a Sonora vía Juárez con unos 75 hombres.

El asalto fue respondido desde los techos y ventanillas de los vagones por el fuego de la escolta. Un grupo de villistas tomó el último vagón y se abrió paso a tiros. Chávez trató de huir a caballo, pero cayó en manos de Silverio Tavares. "Soy un pobre desgraciado", dijo, pero cuando lo ejecutaron había monedas de oro por 30 mil pesos y buena cantidad de joyas en las bolsas del general sonorense. Sólo unos cuantos oficiales salieron con vida del desastre, mientras que Villa quedó en posesión de una fuerte suma de dinero.

Poco después, en una emboscada en el Espejo derrotaron al brazo derecho de Murguía, Pedro Fabela, que los venía persiguiendo. En un solo día Villa había vencido a dos de los mejores generales de Murguía.

Y no era el único problema del jefe de operaciones carrancista en Chihuahua. Entre sus filas la descomposición era terrible y no sólo por parte de la tropa que se robaba hasta las gallinas. Juan Gualberto Amaya reconocerá que la operación "degeneró en una verdadera campaña de rapiña" y "muchos de mis estimados compañeros de armas cayeron en tentación". El 7 de julio de 1918, un informe confidencial estadounidense decía que Murguía poseía millones de pesos de origen muy oscuro en bancos estadounidenses, que usaba la empresa Hermanos Orozco, unos coahuilenses, para armar negocios sucios, y que con ella llegaron a ganar en año y medio cinco millones de pesos, cargando los precios en las facturas de forraje y comida. Destacaban también en los negocios turbios: el jefe de intendencia de la división, el teniente coronel Castro, conocido como el Panzón; Domingo López, pagador general, que más tarde se retiró a Torreón con más de un millón de pesos y compró una manzana de casas y una gran joyería; y no estaba manca la amante de Murguía,

Manuela Corona, una prostituta de Jalisco. Vito Alessio Robles incluye en la lista de ladrones estatistas al gobernador y general Arnulfo González.

Villa fue hacia el norte perseguido por una columna mandada por Rosalío Hernández y Francisco González. No parecían tener ganas de combatir. Cuando la columna villista se detenía, ellos también lo hacían. En el trayecto Nicolás Fernández se había quejado de Pablo Seáñez porque había tratado de violar a una mujer en un vagón volcado durante el asalto al tren, y se lo impidió Silverio Tavares, segundo de Fernández, pero luego Seáñez, con 10 hombres, se regresó a cumplir su desmán. Las fricciones entre Tavares y Pablito estuvieron a punto de acabar a tiros.

Pablo Seáñez tenía problemas con Villa, no marchó con la columna y se separó con su escolta de 10 hombres, y cuando Pancho lo regañó por el asunto del tren, no le hizo caso. En el rancho Las Lagunillas de Taboada, Seáñez llegó con ocho horas de retraso. Villa le envió una orden para que se colocara a la vanguardia y le respondió que acababa de llegar y no se movía hasta dar descanso a los caballos. Villa se presentó en la casa donde estaba con su escolta y le dijo que las órdenes se cumplían inmediatamente. Seáñez estaba borracho y debe de haber intentado sacar la pistola. Villa le metió un tiro en una mano y como Seáñez se revolvía, otro tiro de un miembro de la escolta lo mató.

Las victorias de Villa obligaron a Murguía a dejar Chihuahua en febrero de 1918, al mando de 1,500 hombres y con dos piezas de artillería; la columna estaba formada por dragones ex villistas que conocían el terreno. A fines de febrero o mediados de marzo Murguía atacó en Laguna de la Estacada. Villa había ordenado a Canuto Reyes que se atrincherara en el pueblo mientras él, con una columna de caballería, estaría fuera de la población para luego flanquear y atacar a Murguía por la espalda.

Pero los dos generales comenzaban a saberse sus artes y sus mañas y Pancho Murguía avanzó con cautela explorando el terreno y dejando también a su caballería en reserva. Cuando se generalizó el combate y Villa apareció sobre los flancos, Murguía le lanzó la reserva formada por mil jinetes. El enfrentamiento sólo duró 40 minutos, llegando a la lucha cuerpo a cuerpo, con grandes pérdidas para ambas partes. Los villistas se replegaron.

Un día después Villa reconcentró a sus tropas en Canutillo y esperó a las brigadas de los generales Fabela y Eduardo Hernández que lo venían persiguiendo. El casco se llenó de aspilleras encubiertas y camufladas. Los exploradores carrancistas ni se lo olieron. Villa había montado ametralladoras en el techo de la iglesia y en el de la casa grande y estaba a la espera. El contacto se produjo con las primeras luces del día y Hernández, "llevado de su entusiasmo y considerando la debilidad moral del enemigo", se lanzó "fieramente" sobre el casco de la hacienda. A galope, en dos columnas, avanzaron sobre Canutillo, "los ojos del general no parpadeaban". Cuando las columnas estaban en las callecitas de la hacienda sonó el primer disparo, "después una lluvia de plomo".

Tras seis o siete minutos los carrancistas se replegaron y tendieron una línea en la cordillera a 500 metros de Canutillo. Villa sacó de la hacienda por atrás a una parte de su tropa, cubriéndose en un arroyo que dominaba la zona, mientras Martín López contenía a los carrancistas. Hacia la tarde la artillería estaba bombardeando el casco de la hacienda y la infantería estaba situada, pero los carrancistas no atacaban y en la noche Villa mandó un correo a Martín y le dijo a Canuto Reyes que tomara el mando y que atacara de flanco subiendo la sierrita; mientras, él se haría cargo de los que estaban en la hacienda con Martín. La sorpresa tomó a los carrancistas desprevenidos, Reyes por el flanco de la sierra y Villa y los suyos subiendo la loma a pie. Vicente Martínez cuenta que "los de Martín López hacían lazadas, iban y venían la primera línea y sacaban al enemigo".

Los federales rompieron filas y se retiraron hacia Jiménez dejando artillería y pertrechos en el campo de batalla. Una hora duró el último combate. El general Pedro Fabela llegó a Parral en camilla.

Tras el enfrentamiento de Canutillo, Murguía pareció haber perdido el empuje que lo caracterizó durante dos años; su campaña era reactiva y ya nunca se puso al mando de una columna personalmente. Parecía haber desistido de su sagrada misión: capturar a Pancho Villa.

Y éste, con 1,500 hombres, bajó hacia Durango sembrando la zozobra en la región y obligando al general Joaquín Amaro, jefe de las operaciones, a regresar apresuradamente de la ciudad de México. Amaro, con una columna de 500 hombres, salió de la capital en su busca y lo encontró en las cercanías del pueblo de Tepehuanes, donde se le sumaron 300 voluntarios de las defensas sociales dirigidos por un ranchero llamado Jorobas.

El 11 de marzo Villa ocupó dos cerros frente a la población, que le daban una buena ventaja, y enfrentó a las tropas de Amaro, que se había cubierto en las márgenes de un pequeño río. Una hora llevaban pegándose tiros villistas y carrancistas, con la peor parte para los que estaban debajo de la colina, a los que además les estaban lloviendo pedruscos, cuando una columna que Amaro había dispuesto a retaguardia de los villistas los atacó desconcertándolos y haciéndolos retirarse. Las crónicas locales cuentan que "Villa pudo escapar acompañado escasamente de 20 hombres hacia el estado de Chihuahua", y que los capturados fueron colgados en los árboles del cerro del Pitorreal.

Después de la derrota de Tepehuanes, Pancho Villa volvió a desaparecer. Durante el mes de abril y el inicio de mayo no dio señales de vida, aunque la prensa reportó que había atacado las minas de manganeso en El Fresno (cerca del rancho La Boquilla que había comprado en 1911) y fusilado a siete mineros "que trabajaban sus minas"; dejó un recado sobre los cadáveres en el que decía que los había matado porque estaban laborando en sus propiedades.

El siguiente enfrentamiento habrá de darse cuando una columna volante a las órdenes del general Juan Espinosa y Córdova, que recorría la sierra y las márgenes del río Conchos tras las huellas del guerrillero, el 20 de mayo, al pasar cerca de Aldama, en "un villorrio miserable que llamaban El Pueblito se enfrentó en una escaramuza a los villistas, nada del otro mundo. Pero tras el enfrentamiento el general Espinosa, al entrar explorando en un pequeño bosque, fue a dar frente a frente con Baudelio Uribe. Ambos tiraron de pistola y quedaron heridos, pero los balazos que recibió en el vientre Uribe eran de muerte. Villa no se lo acababa de creer.

Tras esta acción los federales no lo localizaban, decían que había pasado por Meoqui y que encontró el pueblo vacío, o que había bajado a las minas de Santa María del Oro, Durango, y que lo había rechazado Gavira. Les informaban que atacaría Villa Ahumada y hacia allá iban las columnas. Dos o tres semanas después se dirá que Villa atacó la estación de Moctezuma, pero nadie lo vio; podía haber sido una de las muchas partidas villistas. El mayor Manuel T. González contaba que cuando los villistas entraban en combate tenían la consigna de decir: "¡Aquí está Pancho Villa!", como una manera de alentar, pero también de despistar.

Villa reaparecerá en Parral a las cuatro de la madrugada del 8 de julio, enfrentando a demasiados viejos amigos: los restos de la brigada Juárez de Maclovio, los restos de la brigada Morelos de Urbina, que comandaba Petronilo Hernández, y las defensas sociales que dirigía el ex villista Gabino Sandoval. La primera carga de los villistas los llevó a la estación del ferrocarril, a tres cuadras de la casa de los Herrera, pero allí los frenaron. A las 11 de la mañana se produjo un nuevo ataque. Los defensores pidieron ayuda a Jiménez, y cuando ya Pancho y sus hombres habían dominado la situación y sólo quedaba un reducto en el Cerro de la Cruz, Villa recibió un correo en el que le informaban que se acercaban refuerzos y dio órdenes de suspender el combate.

El caso es que Pancho no encontraba cómo romper el eterno empate de aquella guerra de guerrillas, a la que lo obligaba la escasez de municiones, la pérdida de muchas bases a causa de los sociales, el acoso de las columnas de Murguía formadas por ex villistas y el terrible empobrecimiento de la región asolada por varios años de guerra civil.

Villa dio por terminada la campaña y fragmentó a sus tropas, dando un nuevo futuro punto de concentración para septiembre. Se refugió en La Jabonera con su escolta y dejándolos, en la hacienda abandonada, se fue de curioso y espía a las goteras de Chihuahua, un poco como reto, un mucho para retomar contactos y mantener su red de informadores y amigos, y en un acaso comprar un par de detonadores eléctricos para hacer voladuras de trenes con dinamita.

A su regreso contempló cómo Ernesto Ríos y los Dorados, en La Jabonera, estaban domando caballos. Villa contempló divertido cómo sus Dorados rodaban por el suelo. "A caballazos les vamos a ganar". Villa decidió ir a la cercana población de Conchos y robarse al herrero. En una noche de tormenta llegó al río Conchos, que venía crecido, y su escolta no se atrevió a cruzarlo. Entonces Pancho, ante la sorpresa de sus acompañantes, Daniel Tamayo y el Ruñis, y al grito de "Ahora vuelvo", se desnudó totalmente, se lió la camisa y el pantalón a la cabeza como un turbante turco y desapareció en la noche y en el río. Poco después regresó con un espantado herrero montado en ancas, quien viendo aparecer en su vida a Pancho Villa desnudo debe de haberse medio muerto del espanto.

· La entrada de la *Siete Leguas* en esta historia, es como todo, sujeto de múltiples versiones. Según unos era hija de la *Muñeca*, una yegua que Villa había secuestrado de un establo de Lanza y Escandón en la calle Guerrero, a su paso por la ciudad de México, y de *Fripón*, un caballo árabe fino que había tomado en la escuela de Agricultura y que lo ayudó a encontrar a la *Muñeca* en el establo ya mencionado, porque relinchaba al estar cerca de ella. Pero de ser así, cuando la historia se narra sólo tendría dos años y medio. Otros dirán que se trataba de la misma *Muñeca*. Y habrá incluso quienes digan que era una yegua que le cambió a un soldado que la usaba como animal de carga. Según Estanislao Prieto, incorporado a la escolta de Villa como caballerango después de la batalla de Zacatecas, simplemente no existió. "No es más que un mito, como ha habido tanto compositor metido en esto. Lo cierto es que Villa nunca bautizó sus caballos. Simplemente decía "Tráeme el prieto", o "Necesito el alazán". Y el novelista estadounidense William Lansford dirá que fueron muchas, porque "a partir de cierta época siempre dio a su montura favorita el nombre de *Siete Leguas*".

El caso es que se cuenta que un día Villa se estaba bañando en Valle de Allende cuando un observador que estaba en una atalaya le dijo que por el camino venía una fuerza de caballería. Villa se vistió y dio orden de ponerse en alerta. Al rato estallaban los disparos en el bosque. Villa salió huyendo y fue a dar a un retén de tres soldados cerca de la fábrica de hilados de Talamantes, que le hicieron fuego casi a quemarropa, pero la yegua los arrolló. Villa se refugió en la fábrica, y descubrió que la yegua tenía el pecho manchado de sangre. Pancho y el conserje de la fábrica, un tal Antonio García, descubrieron que bala había salido tras la paleta de mano derecha. Villa le dijo al viejo que el animal había corrido herido siete leguas, y así la rebautizó. A la yegua la curaron con alcohol y bálsamo prieto durante unos doce días.

Fuera allí, o entre Pilar de Conchos y Ciénaga de Alvírez (cuya distancia es de siete leguas), como también se contará, el caso es que la yegua entró a formar parte de esta historia. Vargas la describirá como "fina de forma y paso elegante, piernas delgadas y ancho pecho, arrogante. Villa la domó personalmente. En la campaña de Chihuahua del 17 era su caballo". Años más tarde, Graciela Olmos, la Bandida, le dedicó un corrido, en el que por razones de métrica la volvió caballo.

Al inicio de agosto, Pancho fue descubierto por una columna de carrancistas que venía persiguiendo a Martín López y que fue emboscada por Villa en La Jabonera. Pancho le ordenó a Martín que cruzara el pueblo y luego se abriera en dos columnas, mientras él, con el resto de la tropa, preparaba el cerco. Los atacaron y los remataron con cargas de caballería. Un carrancista testimonió que de 410 sólo se salvaron 100. Luego atacó un tren en Estación Horcasitas y fusiló al general Justino Cotero, que viajaba a bordo; combatió a Fabela en Santa Cruz de Herrera y el 13 de septiembre enfrentó a José Murguía, hermano de Francisco, en el cañón de Palomas y lo derrotó. Fue esta la última acción de la división de Pancho Murguía en Chihuahua. Villa se remontó a la sierra, cabalgando día y noche tomó Magistral y voló la planta eléctrica propiedad de estadounidenses.

Pero estas pequeñas victorias no resolvían nada. Los carrancistas seguían arrojando sobre Chihuahua nuevas brigadas, trayéndolas de partes del país que controlaban tranquilamente. No era un problema de hombres el que tenían, según una circular de la Secretaría de Guerra y Marina de marzo del 18, la que prohibía realizar cualquier reclutamiento militar en la república, ni siquiera para cubrir bajas.

Y en cambio habían asesinado en una "traidora encerrona" a José Inés Salazar. En año y medio Villa ha perdido a dos de los históricos de 1910: Miguel Saavedra y Manuel Ochoa. Han caído su cuñado Marcos Corral, su tío, Aurelio Murga, Silvestre Quevedo, Pablito Seáñez, Baudelio Uribe. La lista es demasiado larga.

El 16 de septiembre Pancho Villa había decidido tomar Parral, pero pensó que con las fiestas las calles estarían llenas de niños y caer por sorpresa podría crear un desastre. Decidió en cambio ir sobre el general Fabela, que tanto había dicho que acabaría con Pancho Villa. Al alejarse de las goteras de Parral la columna villista entró de lleno en una tormenta que "ya nos mataba", porque llovió brutalmente durante las dos horas de marcha y luego toda la noche de una manera que no dejaba dormir. Volvió a insistir en la madrugada del 17 al 18 y a las cuatro obligó a que los carrancistas se replegaran a la estación del ferrocarril, donde se cubrieron, obligando a los villistas a atacar a pecho descubierto. Hacia el mediodía del 18, ante la proximidad de refuerzos, Villa cedió y se retiró.

Pero siguió amagando la zona. Dos días más tarde, al oeste de Jiménez, Villa, que llevaba una columna de unos dos mil hombres con 100 heridos, supo que por ahí rondaban las tropas de "su compadre" Joaquín Amaro y preguntó a sus generales si se animaban. El argumento supremo era que, aunque se decía que Amaro, que venía con Escobar y Fabela, tenía 3,500 hombres, si los descubrían en el repliegue corrían riesgo los heridos, "nos los queman". Martín López, que estaba borracho, dijo que sí, pero que no se dispararía hasta no poder agarrarlos de las greñas.

Villa se adelantó a la columna de Amaro y la emboscó cerca de Salaíces y de San Felipe, y cuando se encontraba a unos 400 metros, la tomaron entre dos fuegos, que se iniciaron a la señal de una bomba que prendió Villa. Los carrancistas resistieron cinco descargas y luego los villistas se les lanzaron encima y aquellos "empezaron a correr tirando los fusiles". El combate empezó como a las dos de la tarde y terminó con la oscuridad. Allí murió Joaquín Álvarez, el muchacho que lo había acompañado en la cueva.

Aprovechando la victoria, Pancho tomó casi totalmente Jiménez, dejando al carrancista Mateo Muñoz aislado en la estación el 21 de septiembre. Los villistas saquearon la ciudad, particularmente los comercios de chinos y árabes, y sólo se fueron cuando llegaba una columna de Murguía.

Por esos días arrasaba Chihuahua y el norte de Durango una epidemia de influenza española que ya había hecho estragos en la región lagunera. "No hubo hogar que no sufriera la pérdida de algún familiar". En Torreón murieron 300 personas en 44 horas. Duró hasta mediado noviembre. Belén Prieto cuenta que "muchas personas creyeron que el aire había sido envenenado para que se calmara la revolución [...] Fue cuando pegó la gripe. Murieron muchos por este rumbo".

Los villistas se concentraron en San José del Sitio y Pancho dio órdenes de que inmediatamente se procediera a un nuevo fraccionamiento. Villa quedó en la sierra acompañado solamente por su secretario y una pequeña escolta, y tras andar aparentemente errando dio la orden de marcha. "Por los caminos más extraviados, los que recorría casi con los ojos cerrados, el general anduvo por varios días". Estaba en los alrededores de Chihuahua. Se detuvieron en un pequeño poblado casi en las goteras de la ciudad, donde los vecinos del pueblo lo estaban esperando. Desde una de las casas se podían ver las luces de la capital. Gómez Morentín cuenta:

Después de un breve descanso, el guerrillero ordenó al dueño de la humilde casa que diera unas cobijas a uno de sus asistentes, y se internó en el monte. Tres días permaneció Villa en el poblado, sin preocuparse de que lo vieran los lecheros y carboneros que constantemente pasaban por ahí con rumbo a la ciudad de Chihuahua y respetuosamente le saludaban. Durante el último día, recibió a un sin número de espías que llegaban de diferentes poblaciones de Chihuahua para informarle las actividades de los federales.

¿Estaba simplemente recabando información? ¿Estaba viendo desde lejos la ciudad que era el centro del mundo que él conocía y apreciaba? En una de las conversaciones con su asistente le habló de que "todas las compañías mineras del estado de Chihuahua le daban anualmente una cantidad fija, con la condición de que sus propiedades no fueran molestadas por los revolucionarios". Eso significaba una renta para la guerrilla de cerca de un millón de pesos al año. Villa se sabía de memoria lo que cada compañía había pagado y lo que adeudaba. Era tan importante el asunto, que unos meses antes

Arnulfo González, entonces gobernador de Chihuahua, había recibido a una comisión de mineros de Nueva York que le ofrecían por su conducto al gobierno de Carranza un préstamo de 200 millones de dólares a cambio de que "se arregle la salida de Villa sin menoscabo" de las posiciones del gobierno federal. Andrés Carlos González cuenta que su padre, por encargo de una empresa estadounidense, negoció con Villa la reapertura de una mina.

Al final de esa breve estancia viendo Chihuahua desde lejos, Villa enviará a Gómez Morentín a buscar en El Paso a Felipe Ángeles, dándole una primera cita en Villa Ahumada. Su intención era capturar el pueblo y luego tomar Ciudad Juárez, donde recibiría a Ángeles.

El 23 de noviembre, con una columna de más de dos mil hombres, Pancho cayó por sorpresa sobre Villa Ahumada. El pueblo, no mucho más que una sola calle, muy ancha, en medio de la vía del ferrocarril. La estación, una sola casa de dos pisos donde las locomotoras tenían que detenerse para tomar agua antes del cruce del desierto; a su lado el tanque de agua, los corrales. El tren siempre pasaba a las 12 de la noche. Rafael F. Muñoz, en uno de sus mejores cuentos, describió la cárcel de Villa Ahumada, en la entrada del desierto chihuahuense, como la mejor cárcel del mundo, porque había un letrero en la puerta que decía "Jijo del maíz el que se fugue", que los reclusos respetaban escrupulosamente, más porque no había a dónde ir, que por respeto a la norma. Después de muchos años de récord imbatido de seguridad, Villa puso en la calle a todos los presos.

Parte del botín obtenido en Villa Ahumada fueron dos trenes que venían de Ciudad Juárez. Pensando repetir la estratagema de 1913, Villa comenzó a embarcar a sus hombres en los vagones, pero la llegada de un tercer tren de carga echó por la borda el plan. El maquinista se dio cuenta de lo que estaba pasando y retrocedió hacia Juárez, avisando de la presencia de Pancho en Villa Ahumada.

Hacia fines de 1918, el año de la epidemia de gripe y la gran emigración hacia Estados Unidos, la situación económica del estado de Chihuahua era terrible. Puente cuenta: "Todas las pequeñas poblaciones de Chihuahua por donde pasan están en ruinas; los ganados se han agotado por completo y en ocasiones lo único que se encuentra es maíz para comerlo tostado, o carne de burro que se revuelca en ceniza para salarla. Se acaba el vestuario, el calzado, las raídas frazadas para soportar el invierno, y los soldados se ven obligados a protegerse con la misma nieve, durmiendo debajo de ella como los esquimales [...] Villa ha cambiado: El aire todo es entre melancólico y entusiasta". Víctor Orozco cuenta la historia de su abuela, Teresa Franco, que junto con otras mujeres fue a pedirle a Villa que no se llevara de leva a los hombres de San Isidro, y que Villa le contestó que no había nada que lo jodiera más que las mujeres pidiendo, chillando por sus hombres; entonces la maestra Franco le explicó que si se los llevaba quién iba a sembrar, y la próxima vez que pasara no habría ni tortillas ni frijoles. Villa le hizo caso y les dejó 20 pesos.

No era mejor la situación en Durango. El ganado había desaparecido, quedaban cabras, sólo dos minas funcionaban, el campo se había despoblado en un 50%.

Todo era producto de esta prolongadísima guerra, donde el carrancismo, corrupto en sus mandos en Chihuahua, por la base estaba operando como un ejército de ocupación, haciendo política de tierra quemada en territorio enemigo. Secundino Alvídrez cuenta cómo en Pilar de Conchos "los carrancistas perjudicaron mucho al pueblo porque llegaban y agarraban todo lo que querían. Se metían a las casas a la fuerza, molestaban a las mujeres y saqueaban todo. Se llevaban animales, ropa, comida, todo lo que había". Jesús Briones Gutiérrez añade: "... la gente no los quería porque eran muy abusones, cometían tropelías con el pueblo y se robaban todo lo que podían". Y Domingo Domínguez registra:

Cuando llegaba la gente del general Murguía, mientras unos peleaban con los villistas, otros se metían a fuerza a las casas y se llevaban todo lo que podían [...] El pueblo se quedaba echando pestes porque metían sin consideración la caballada a las labores y las dejaban todas destrozadas [...] Murguía mandó recoger a toda la gente pacífica que vivía en los ranchos y la tropa la traía para arriba y para abajo [...] porque decía que en los ranchos es donde se mantenía Villa [...] así que mandó a reconcentrar a la gente en los pueblos grandes y en las ciudades para que no le ayudaran. Lo quiso acabar por hambre [...] Se quedaron vacíos los ranchos porque unos se fueron a Camargo, otros a Parral y otros a Chihuahua.

A esto hay que añadir el hostigamiento de las defensas sociales. Entre 1917 y 1918 se constituyeron al menos en un centenar de pueblos, sobre todo en la sierra y centro de Chihuahua. Villa publicará el 15 de diciembre de 1918 un manifiesto a las defensas sociales de Chihuahua, en que los invita a unirse a él, porque si no tomará medidas para aniquilar el mal chihuahuense. Domingo Domínguez cuenta que cuando la epidemia de gripe, Villa atacó Conchos por el rumbo de la fábrica para sacar a las defensas sociales, y luego juntó a los viejitos y les dijo que él no quería pelear con ellos, que sacaran a sus hijos de las defensas.

En algunos lugares eran sus aliados, en otros no lo combatían, pero en muchos más, si no de una manera agresiva, le cerraban el territorio. El tema de las defensas sociales había sido fuente del último gran conflicto entre los dos poderes carrancistas de Chihuahua. Murguía las quería usar como fuerzas de apoyo militar e Ignacio Enríquez (que sustituyó desde julio a Arnulfo González) pretendía darles una connotación política. Las contradicciones entre Murguía y el gobernador Ignacio Enríquez a punto estuvieron de terminar en un encuentro a tiros entre sus fuerzas.

Pero ni la peste, ni las defensas sociales, ni las columnas móviles, ni la hambruna detuvieron a Villa. Murguía había fracasado. Los que conspiraban contra él en México, soplándole en el oído a Carranza, tenían razón: Pancho Reata no podía acabar con Pancho Villa. Nadie podía acabar con Pancho Villa. El novelista Rafael Muñoz cuenta que el día 12 de diciembre José Agustín Castro y Pancho Murguía paseaban en automóvil por Chihuahua. Murguía "no habló una palabra y estuvo mordiéndose el labio superior, del lado izquierdo, como él lo acostumbraba en sus espantosos momentos de cólera". Castro había llegado a sustituirlo como jefe militar de la zona (lo que haría realmente hasta febrero de 1919), mientras que a Murguía, tras unas vacaciones, lo destinarían a la zona de Nuevo León, Tamaulipas y Coahuila.

Notas

a)   Fuentes. Secretaría de guerra: *Recopilación de circulares*. Valadés sigue la campaña con gran precisión desde el punto de vista de Murguía en "Las hazañas de Murguía", y desde el punto de vista de Villa (Gómez Morentín) en "Dos buenos amigos", Santos Luzardo: *Por los caminos de Pancho Villa*. Jaurrieta: *Con Villa*. Edgar Kock: "Mis recuerdos de Parral y Pancho Villa". Nieto: *Un villista más*. Camerino Rodríguez: *Un villista en los últimos días de la revolución*, "El herrero de Conchos". J. C. Valadés: "Amaro iba a capturar a Villa". Antonio Avitia: *Los alacranes alzados. Historia de la revolución en el estado de Durango*. Calzadíaz: *Hechos reales* 7. Sánchez Lamego: *Generales…* Vargas: *A sangre y fuego…* Andrés Carlos González: "Two Encounters with Pancho Villa as told to his son Andy". Luz Corral: *Villa en la intimidad*. Amaya: *Venustiano Carranza, caudillo constitucionalista*, anotado por Vito Alessio Robles. Sánchez Lamego: *Generales…* De Anda PHO 1/46. Vicente Martínez PHO 1/73. Nellie Campobello: *Apuntes sobre la vida militar de Francisco Villa*. Rafael F. Muñoz: "Villa Ahumada", en *Relatos de la revolución*. Puente: *Villa en pie*. Orozco: *Diez ensayos sobre Chihuahua*. Hanna a Lansing (9 junio), citado en Loyo: *Amaro*. Osorio: *Pancho Villa, ese desconocido*. Rafael Muñoz: *Rayo y azote*. Martha Eva Rocha: *Las defensas sociales en Chihuahua*. Almada: *Revolución en Chihuahua* 2. Belén Prieto y Domingo Domínguez en Osorio: *El verdadero…* Leticia

González: "La epidemia de influenza española en la comarca lagunera", "Francisco Villa mató a 7 inocentes porque trabajaban sus minas", "Pancho Villa en su afán de matar dio muerte a un pobre". González: "La neblina del general Francisco Villa". Quintero: *Pancho Villa derrotado en Tepehuanes, Dgo., al intentar tomar la ciudad de Durango en 1918.*

Ángeles en Ciudad Juárez, fecha no precisada, foto de Otis Aultman.

b)   Ángeles en USA. Tras su comisión en Estados Unidos, Felipe Ángeles decidió no regresar y se estableció en noviembre de 1915 como exiliado político. Vivía en un pequeño rancho llamado El Bosque en las cercanías de El Paso, a trescientos metros del Río Bravo, con su esposa Clara y sus cuatro hijos. Entre 15 y 17 vivió presionado por el alcalde de El Paso, Thomas C. Leah, quien había amenazado a Villa; en respuesta Pancho ofreció una recompensa de mil pesos oro a cualquiera que lo entregara en el lado mexicano vivo o muerto.

El rancho de Ángeles fue montado con un préstamo bancario de 3 200 dólares y dos mil que le prestó Maytorena para las vacas, "con casa, garaje, lechería, pozo con su bomba, caballeriza, establo y depósito de pasturas (y gallinero)"; lo trabaja con sus hijos "hasta que san Carranza y san Obregón bajen el dedo". En mayo de 1916, escribió: "Vendo la leche que producen mis vaquitas primerizas y con eso podría vivir aunque pobremente". Pero las deudas del capital lo tienen ahogado económicamente y el clima político, producto del ataque de Villa a Columbus y la Punitiva, hacen peligrosa la región.

Durante esos meses está pendiente de la posibilidad de un enfrentamiento entre México y los estadounidenses: "La guerra internacional es inminente", y si se produce habría que actuar militarmente contra los gringos. "La única indecisión que tengo consiste en ir con consentimiento de Carranza o sin él [...] Podremos entrar por Sonora, por la costa occidental o por Veracruz".

Temiendo que los carrancistas intentaran secuestrarlo, finalmente se irá a Nueva York, adonde llegó el 12 de julio de 1916 y se entrevistó con la colonia de exiliados villistas: los hermanos González Garza, Enrique Llorente, Miguel Díaz Lombardo, con los que trata de construir una junta revolucionaria. Discuten sobre Villa, sus defectos y sus virtudes ("La confiscación de la propiedad y el despojo de toda clase de bienes, no fue más que una violenta venganza que destruyó la riqueza y que mermó enormemente el prestigio de la causa revolucionaria".) y terminan proponiendo una jefatura política a cargo de Maytorena y una jefatura militar a cargo de Ángeles.

Se queda viviendo en Harlem, en el 619 West de la 114, atrapado en la política del exilio y sus continuas rencillas, debates inútiles y planes que nunca se ejecutan. Intenta encontrar trabajo como minero en Pennsylvania. "Ya estoy viejo". Vive miserablemente en un cuartucho, hace sus amistades entre los indios y los negros, trabajando de cargador en mercados; hace pequeñas traducciones al español, su inglés es bueno, pero no entiende el slang. "Me había convertido al socialismo, pero me faltaba la experiencia personal [...] sobre lo que sufren los pobres y los convierte en ladrones". Ahí la adquiere. Y escribe: "La propiedad privada de los medios de producción produce la esclavitud industrial". En su correspondencia habla de las contradicciones del capitalismo: "... magistralmente tratadas por Marx en el primer tomo de El Capital. No recomiendo la lectura de este libro porque es profundo y, además, porque su tecnicismo es diferente del usado actualmente, lo cual aumenta la dificultad de su comprensión".

El 7 de diciembre de 1917 decide regresar a México junto con Roque González Garza. El proyecto fracasa. En 1918 Villa envió a Gómez Morentín a Nueva York a proponerle a Ángeles un encuentro. Tomaría Villa Ahumada y de ahí un ataque sorpresa a Ciudad Juárez y entonces Ángeles y varios más podrían pasar y reunirse con él. El plan habrá de fracasar, pero Ángeles se trasladó a El Paso aceptando la invitación: "Yo estoy dispuesto a jugar una probabilidad contra 999". En noviembre de 1918, en El Paso, conversa con Federico Cervantes y le dice que cruzará a territorio mexicano. Cervantes argumenta que si se reúne con Villa se interpretará que se subordinó a él y Villa, después de lo de Columbus, es un bandolero internacional. Ángeles dice que va a hablar con todos los revolucionarios en armas en México y que hablará con Villa para moderar sus procedimientos: "… en el fondo la intención de ese gran guerrillero era buena y su tenacidad y amor al pueblo humilde, eran una gran fuerza revolucionaria". En unas declaraciones a Cervantes, que se harán públicas, dice que visitará a los alzados para que se afilien a un proyecto común "demócrata progresista". (Cervantes: *Felipe Ángeles en la revolución*. Valadés: *Historia de la Revolución Mexicana 6*. Felipe Ángeles: "De la entrevista Creelman a la constitución de Querétaro". Felipe Ángeles: "El liberalismo es un ideal del pasado". Helia d'Acosta: "En defensa de Felipe Ángeles".)

c)   La *Siete Leguas* de la Bandida, Graciela Olmos (*Siete Leguas, el caballo que Villa más estimaba, cuando oía pitar los trenes se paraba y relinchaba*), fue copiado de un corrido anónimo anterior al que le añadió y cambió estrofas. Graciela Olmos, nacida como María Aedo en Casas Grandes, Chihuahua, o María Loreto en Silao, Guanajuato, habría de gozar una enorme fama efímera; fue amante y viuda del general villista Trinidad Rodríguez, muerto en la batalla de Zacatecas; luego fue compañera sentimental de Benjamín Argumedo, primero colorado y luego convencionista, el Tigre de La Laguna, muerto trágicamente en 1916 y hombre de corrido famoso. Dedicada a la prostitución en la ciudad de México, trabajó en la casa de La Murciana y luego en la de Ruth Delorege, en los años 30. Contando con cierta protección oficial, fue la patrona del burdel más famoso de la ciudad del DF, en las calles de Puebla. Habría de adquirir una trascendencia histórica como autora de corridos que le dieron continuidad mítica al proscrito villismo ("El corrido de Durango", "Siete Leguas") y de metáforas maravillosas que no lo eran: "En la estación de Irapuato cantaban Los Horizontes" (supuestamente un cuarteto musical). Por razones de métrica convirtió a la *Siete Leguas* de yegua en caballo, abriendo un debate nacional. (Elías Torres: "La *Siete Leguas*, yegua famosa", en *Vida y hechos*… Lansford: *Pancho Villa, historia de una revolución*, "Yo cuidé los caballos de mi general".)

SESENTA

EL REGRESO DE ÁNGELES

Ramón Puente escribió en 1919:

> Villa es algo extraño y desusado en nuestra moderna civilización, en que todo lo
> creemos obra de la inteligencia disciplinada y de la educación escolar [...] Nos
> espanta todo lo que no ha ido a la escuela, nos parece una herejía no saber leer
> y abominamos contra el que ignora nuestro sistema casi *standard* de hacer sabios
> [...] Villa viene de la noche cerrada de la ignorancia, tiene todavía medio cuerpo
> en esa oscuridad, pero en su celebración sencilla y ajena a todo prejuicio doctoral,
> había el germen robusto de ese impulso secreto que parece dirigir a los espíritus
> en la elaboración de su destino [...] o encauzar la corriente de una época en la
> historia de un pueblo.

Era un tiempo en que no había cobijo ni reposo, los carrancistas se llevaban hasta las gallinas y, como decía el villista Rivera Marrufo, "ahorita nos
dormíamos aquí y luego ya amanecíamos donde podíamos". Pero también fue
el tiempo del reencuentro con Felipe Ángeles.

Acompañado por Jaurrieta, Gómez Morentín, Pascual Cesaretti y dos
guías, Ángeles había salido del rancho de George Holmes, 35 kilómetros al
oeste de El Paso, el 11 de diciembre entre 10 y 11 de la noche. Iba armado
con dos pistolas 38 y un Springfield 8 mm. Viajan con dificultades en medio
de la nieve, porque han perdido la costumbre de las largas cabalgatas, rumbo
al suroeste. Les tomará casi tres semanas llegar a Cuchillo Parado evadiendo
a una partida de carrancistas. Allí el general Felipe Ángeles fue recibido con
fiestas por los viejos compañeros de Toribio Ortega. Tras 15 días de espera
fueron conectados por el general Ildefonso Sánchez, que les informó que Villa
había fijado Tosesigua como punto de reunión.

Desde Rancho de la Majada, Chihuahua, el 10 de enero de 1919 le escribirá a Maytorena pidiéndole "un caballo muy bueno, pero no delicado, de modo
que se pueda alimentar con el pasto de las praderas y de vez en cuando maíz
[...] un muy buen caballo de *cowboy* y un botiquín de campaña".

Mientras tanto, Villa hacía público un manifiesto el 15 diciembre en el que
describía a las fuerzas de Murguía como fuerzas de ocupación y advertía a las

defensas sociales de Chihuahua que se desactivaran y no colaboraran con el gobierno carrancista, que era la última vez que lo advertía. Y para demostrar que iba en serio, el día de Navidad atacó Satevó. Obligaron a las defensas sociales a refugiarse en la iglesia y con bombas de mano atacaron el edificio, hasta que el techo se desmoronó sobre ellos.

Ángeles llegó a Tosesigua poco antes de que Villa lo hiciera y fue recibido por Trillo. Poco después apareció Pancho, que no esperaba encontrarlo allí. Camerino cuenta que de inmediato "Villa ordenó que se formara toda la gente". Mediaba enero, había transcurrido un mes del cruce de la frontera.

Lo generales se abrazaron. Valadés, usando la memoria de Gómez Morentín, recoge el siguiente diálogo:

—Mi general, esta vida de guerrillas le ha sentado bien.

—Mi general, esa vida de Nueva York le ha sentado bien.

—No se crea, mi general, esa vida de buen burgués (¿Cuál? Ángeles bromeaba porque había pasado en la miseria sus últimos años.) me ha hecho mucho daño para la campaña; me siento caballero de salón; traigo el cuerpo entumecido y desde que crucé la línea vengo sintiendo los rigores del invierno que no sentía durante la última campaña que hice a su lado.

—*Pos*, mi general, ya sabe que tiene a su disposición buenos caballitos y como aquí estaremos todo el tiempo que usted disponga, ya puede irse desentumeciendo… Bueno, mi general, usted me organiza a la gente y mientras que me la organiza yo seguiré jugando con los changuitos. ¿Qué le parece?

—Lo que usted mande, mi general.

Muy británicos los dos. Cervantes más tarde reflexionará: "A Ángeles nunca lo vi emocionarse, menos llorar, como tampoco le vi arrebatos de cólera o de gran alegría; era un temperamento indígena de sorprendente ponderación que ejercía sorprendente dominio sobre lo afectivo".

Y se fueron a un rincón a platicar en la sombra, varias horas. Hacía años y meses que no se veían. Ángeles debía estar sorprendido de la guerrilla, tan diferente, famélica, sin trenes, sin artillería, comparada con la División del Norte que conoció.

Durante los siguientes días Ángeles se tomó en serio lo de organizar a los muchachitos y comenzó a darles clases de gimnasia a los 200 guerrilleros con los que andaba Villa, y ante el asombro de todos puso a correr a Pancho Villa. "Necesita usted adelgazar… Cincuenta metros". Y Villa, cojeando, corría ante el supremo desconcierto de la plebe. Y Ángeles: "¿Ya se cansó?". Y Villa: "¡Cómo me voy a cansar!". Y Ángeles: "Apriete los labios, mi general, todo el ejercicio con las piernas". Y luego Ángeles y él arrancaban juntos corriendo. Y luego se iban por ahí riendo, tomados del brazo.

Jaurrieta cuenta que Ángeles le ganaba a Villa en las carreras y en los saltos sin tomar vuelo, pero Villa le ganaba en el tiro con pistola, donde difícilmente fallaba a 150 metros.

Y luego conversaban sobre nuevas formas de organización del ejército. Ángeles hablaba de "tercios" y cabalgatas" en lugar de escuadrones y regimientos. Hubo un único choque en torno a las opiniones muy positivas que Ángeles tenía sobre el desarrollo de Estados Unidos, a lo que Villa reviró: "Mi general, se me hace que usted se ha agringado". Pasaron no menos de tres semanas.

Mientras Villa y Ángeles descansaban y planeaban, las guerrillas de Martín López y Nicolás Fernández incursionaron en otras regiones de Chihuahua y la de Michel en Durango. En sus cabalgadas, decían que Villa andaba con ellos.

Jaurrieta regresó a la frontera tras dejar la correspondencia familiar para Villa y finalmente la columna madre comenzó a moverse hacia el oeste. Pasaron a corta distancia de Chihuahua y por el poniente fueron hacia la sierra de Calabacillas y de ahí a Santa Gertrudis. Varias veces Ángeles y Villa discutieron la táctica de la campaña y Ángeles parecía no estar de acuerdo. Lo que sí funcionaba bien era el control de las columnas carrancistas y la información que sobre ellas se tenía. Durante la marcha Villa desaparecía días enteros, yendo algunas veces hacia el sur, otras hacia el norte, y por fin aparecía retrocediendo por el camino andado. Parecía estar enfermo de desconfianza.

El 23 de febrero llegó la vanguardia a Santa Gertrudis. Villa y Ángeles se instalaron en la casa grande de la hacienda. Ángeles, a petición de Villa, pasó revista a la tropa y dirigió un discurso; vestía, según un testigo, de uniforme caqui amarillento y usaba el sombrero de fieltro olivo claro que tenía en 1915. "Veo muchas caras nuevas", dijo el general recordando los rostros de 1913.

En Chihuahua, desde noviembre del año anterior había cambios políticos y el gobernador Andrés Ortiz fortificó la ciudad. En febrero Murguía entregó el mando de la zona militar a José Agustín Castro, quien se disculpó públicamente por las barbaridades que Murguía había hecho en los dos últimos años. Ortiz y Castro adoptaron una posición pasiva, fortificaron las ciudades, colocaron Chihuahua bajo ley marcial, no se permitía entrar a la ciudad de noche y dejaron a su suerte a las defensas sociales en el campo. Las guerrillas villistas iban aislando las ciudades, cortando comunicaciones.

El 1° de marzo, un manifiesto de las defensas sociales de San Antonio de Arenales decía: "El bandido Villa coje (sic) prisioneras a vuestras inocentes hijas y se las reparte a sus forajidos". Cosa por demás falsa, porque entre las muchas barbaridades que Villa cometía, esa no era una. Pancho tenía una actitud variable respecto a las defensas; si no lo molestaban y actuaban simplemente como autodefensa contra grupos de bandidos, las dejaba tranquilas e incluso les daba armas como a las de Valle de Allende. En caso de confrontación su actitud era de exterminio. La guerrilla villista podía sobrevivir enfrentando a los generales carrancistas, pero no si las defensas sociales le mermaban su base social y volvían el territorio un rompecabezas de delatores, emboscadas y enemigos enmascarados.

Nellie Campobello recoge un discurso de Villa a un grupo de defensores sociales capturados: "¿Qué les ha hecho Pancho Villa a los concheños para que anden *juyéndole*? ¿Por qué le corren a Pancho Villa? ¿Por qué le hacen la guerra, si él nunca los ha atacado? ¿Qué temen de él?" A Villa se le salían las lágrimas. "Los concheños nada más se miraban sin salir de su asombro".

Hubo una conferencia en la sierra, en Santa Gertrudis, en la que se concentraron guerrillas de Durango, Chihuahua y Coahuila, hasta 5 500 hombres mandados por Fernández, Martín López, Albino Aranda, Porfirio Ornelas, Michel. Se dirá que Ángeles era partidario de combatir en grandes ciudades y Villa de seguir la guerra de guerrillas y acumular fuerzas durante seis meses. Llegaron a un acuerdo, seguir así hasta abril, luego fragmentar y dar descanso a hombres y caballos para posteriormente iniciar una ofensiva sobre Chihuahua o Ciudad Juárez. Ángeles daba conferencias sobre historia de la guerra, sobre táctica militar, todas las noches. "Ángeles era una universidad ambulante."

Hasta el 10 de marzo duró el encuentro en Santa Gertrudis. Las partidas se dispersaron con un nuevo punto de concentración en abril para iniciar la nueva campaña. Villa y Ángeles permanecieron en el campamento.

Dos voluntarios que habían llegado para unirse a las fuerzas fueron presentados a Pancho, que tuvo un ataque de desconfianza. Según unos los interrogó. Primero juntos, luego por separado. Según otros, nomás los miró fijamente. Luego mandó a colgar a uno. Ángeles se enfadó diciendo que era una barrabasada. El segundo prisionero, al ver a su compañero colgando, confesó que los había enviado el general Rosalío Hernández para matar a Ángeles y a Villa y que tendría que llegar un tercero con un burro en las próximas horas. Así sucedió, fue capturado y confirmó la historia. Villa le llevó a los dos detenidos a Ángeles, que leía debajo de un encino, y el general le dijo que reconocía que había tenido razón y que colgara a los dos supervivientes, a lo que Villa respondió: "Ahora, ¿para qué?" Y ordenó se los devolvieran a Rosalío, su ex camarada, con una nota que decía: "Chalío: le devuelvo a sus muchachitos que lo hicieron muy mal; sólo que nomás van dos, porque el otro se quedó en la rama de un árbol de aquí", y añadió que la próxima vez que lo fuera a buscar no corriera como en las anteriores ocasiones.

También a Santa Gertrudis llegará Hipólito Villa. Tras su liberación en Cuba en 1916, Hipólito fue a San Antonio y se reencontró con su esposa Mabel en Corpus Christi, donde nació su segundo hijo, Frank. Recuperaron las joyas familiares perdidas e inmediatamente las empeñaron para financiar la guerrilla de Pancho, que en esos momentos reiniciaba sus actividades tras el encierro en la cueva. Aunque se dice que Hipólito entró a México en 1916, no hay noticias de su participación en la guerrilla villista, y lo más probable es que desde San Antonio haya sido parte de las redes clandestinas que Pancho mantenía en Estados Unidos. Rafael F. Muñoz, que lo califica de "tonto e inepto", dirá que en esos años sólo servía para organizar la red de contrabando que

Villa mantenía en El Paso con su compadre Kyriacópulos. Jesús María López cuenta que Villa mandó una vez fusilar a Hipólito y sólo lo salvó la intervención de Martín López.

En Santa Gertrudis, Ángeles comenzó a cojear y posteriormente no podría caminar. Villa ordenó al enfermero, un japonés, que lo viera, pero al día siguiente Ángeles no lograba ni ponerse el zapato. Mandó dos hombres que sacaran clandestinamente de Chihuahua al doctor Francisco Ornelas y lo llevaran al rancho de la viuda de Ochoa. La columna se fragmentó. Villa acompañó a Ángeles. En el rancho Ornelas operó a Ángeles de un tumor, Villa contempló la operación. Allí Ángeles dejó una maleta con escritos y libros. Cuando el general se recuperó, días más tarde, fueron hacia el punto designado para comenzar la campaña.

Ángeles les hablaba a los viejos en los pueblos por los que iban pasando. Piensa que se puede impedir la confrontación a muerte con las defensas sociales. Dice que por eso no presentan combate. Villa le dice que se equivoca, que no combaten porque son pocos. La sorpresa se produce en Santa María de la Cueva. Jaurrieta cuenta: "… cuando menos lo esperábamos, se dirigió el general Ángeles, solo y desarmado, hasta el campamento social, y estuvo conversando con ellos por lo menos media hora". Y luego regresó. Villa le recriminaba diciendo que ya estaba pensando en cómo rescatar su cadáver y Ángeles le decía que eran buenos, lo que pasaba era que tenía miedo de que Villa los fusilara.

A mediados de marzo de 1918 Pancho Villa entró en contacto con Lázaro de la Garza, tratando de recuperar parte del dinero que el financiero le había robado a la División del Norte. Villa, el año anterior, usando los servicios de Alberto Madero, lo había demandado ante una corte estadounidense por fraude. Esta vez Pancho atacó de una forma indirecta: "Ignoro las condiciones en que esté usted conmigo […] si reflexiona y piensa verá que debe ayudarme", y le pide ayuda en concreto para comprar 340 caballos en Ojinaga a 25 dólares. "No desconocerá lo obligado que debe estar para mí". El 29 de abril insiste y envía a verlo a Juan Bautista Vargas.

Ya en Estados Unidos, Vargas quedará abrumado por el palacio que Lázaro se había construido en Beverly Hills, Los Ángeles. Una casa que "se hizo famosa por sus complicadas combinaciones de timbres y espejos, que al aproximarse cualquier persona extraña a las puertas de los jardines vibraban simultáneamente en señal de alarma". Protegido en su castillo, temiendo que los villistas le pidieran cuentas, Lázaro dijo que todo lo había ganado legalmente con sus comisiones y se negó en redondo a colaborar.

La campaña dio comienzo en Parral. Ante la pasividad del gobierno, los villistas habían aislado la ciudad de una manera tan efectiva que durante tres meses no había llegado el ferrocarril. Villa ordenó la concentración el 18 de abril y el 19 ordenó el ataque. Nellie Campobello, que vivía en Parral, contaba

que "la polvareda de la caballería de Villa se vio venir por el Caracol". Martín
López entró por la estación del ferrocarril, Nicolás Fernández e Hipólito Villa
por los barrios de San Francisco y San Juan de Dios. La defensa estaba a cargo
del coronel Ríos Gómez, que contaba además con las defensas sociales y una
brigada de caballería de Manuel Madinabeytia, el ex general villista que de
nuevo había cambiado de bando. Los regulares defendían los cerros que cir-
cundaban la ciudad, mientras los sociales cubrían los templos.

Villa y su escolta tomaron el cerro de la Iguana y establecieron allí el cuartel general. Durante la noche los ataques fueron progresando. Al amanecer del
sábado de gloria los defensores estaban localizados en muy pocos puntos: la
altura del Rayo, la torre y azoteas de la parroquia, el edificio de teléfonos y el
cerro de la Cruz. En la tarde se intensificó el ataque al templo del Rayo y
se incendió la puerta para desalojar a los sociales de las torres y azoteas. El
fuego se comía las bancas y los santos, los altares y cortinajes. Desde lo alto de
la iglesia se dominó la azotea de Teléfonos, obligando a los sociales a desalo-
jarla. Los Dorados fueron cargando sobre los cerros dirigidos por Ernesto Ríos.
Martín López atacó el cuartel general carrancista e Hipólito y Nicolás la parroquia, cubiertos desde la azotea de la iglesia por los francotiradores. La catedral
de Parral quedó pronto envuelta en llamas y evacuada. Sólo quedaba el fortín de la Cruz.

Madinabeytia y los restos de los federales escaparon de la ciudad en la noche. Celia Herrera lo acusará de haber salido gracias a un pacto oscuro con su
ex jefe, pero futuros acontecimientos demostrarán que Villa no negoció nada
con Madinabeytia.

Pancho ordenó que no se malgastaran cartuchos atacando a los sitiados, a
no ser que quisieran romper el cerco. Así pasó la noche y el domingo en la
mañana aquéllos mostraron bandera blanca. El coronel Tavares les garantizó
la vida. Villa arribó cuando ya estaban desarmados. José de la Luz Herrera
trató de salir de entre los detenidos para saludar a Villa y recibió un seco: "Yo
no saludo a traidores". Pancho ordenó que amarraran y sacaran del grupo a los
tres Herrera y que los demás sociales fueran concentrados en la escuela de
niñas junto a los federales capturados. Jaurrieta pasó lista, había 85.

Rodolfo Alvarado, hijo del propietario minero Pedro Alvarado, había sido
detenido con los sociales y Baudelio Uribe quería fusilarlo. Villa intervino a
petición de Elisa Griensen, su tía, y del propio Pedro Alvarado, y ordenó que
lo soltaran de inmediato. Villa fue luego a la escuela donde estaban los presos
y les lanzó un discurso terrible, preguntándoles por qué jalaban con los carrancistas, por qué si ellos eran gente de abajo.

En las afueras de la escuela se habían reunido familiares para pedir por la
vida de sus esposos, padres e hijos. Villa les dijo que si las defensas sociales se
crearon para combatir el bandidaje, se jodieron, porque según ellos él era un
bandido y no debía quedarles duda de su suerte. Los asistentes palidecieron,

se escuchaba llanto, al propio Villa se le salieron las lágrimas. Y entonces decidió dejarlos en libertad a todos, les ofreció que pasaran al cuartel general por un salvoconducto y le propuso a Ángeles que hablara con los federales para ver quiénes aceptaban sumarse a la columna.

El cuartel general se instaló en la casa de José Manuel Gutiérrez, donde estaban presos los Herrera, quienes trataron de comprar a sus custodios infructuosamente ofreciendo 10 mil pesos.

Pancho Villa estaba comiendo, o estaba al siguiente día haciéndose limpiar las mitazas en la plaza de Parral, o estaba en el cuartel general, porque así es esto de las versiones múltiples, cuando Felipe Ángeles elogió a Villa por el perdón a los sociales y le pidió que dejara libres a los Herrera.

—Mire, general, no sigamos discutiendo este punto. Todos los delitos se perdonan menos dos, la ingratitud y la traición. Todos son suyos, pero los Herrera tienen que morir.

Villa acusaba a los Herrera no sólo de haberlo abandonado en la ruptura con Carranza, sino de haber dado provisiones y guías a los gringos durante la incursión punitiva. Le ordenó a Jaurrieta que les llevara papel y lápiz para que escribieran sus despedidas. A la mañana siguiente, un 21 de abril, ordenó que en el panteón de Parral colgaran con alambre, de unos mezquites, al viejo José de la Luz y sus hijos Melchor y Ceferino, de 32 y 34 años. Murieron entre insultos a Villa, que presenció la ejecución.

Pancho le había dicho alguna vez a Martín Luis Guzmán: "El vencido merece la misericordia del vencedor. Solamente los desleales, o más bien los traidores, no tienen en la guerra ningún derecho a la compasión de los hombres guerreros que los vencen, porque la guerra es así". J. B. Vargas dirá que "la drástica medida tomada por el general Villa [...] se lamentó mucho aun por los mismos elementos de sus fuerzas, porque muchos habían combatido con Maclovio".

Continuando su política de expoliar a los ricos para financiar la guerra, Pancho pidió préstamos forzosos a la Alvarado Mining Co. e hizo una colecta entre vecinos, de la que poco sacó, unos siete mil pesos, que entregó para que se hiciera una escuela, dejando el dinero a una comisión. Tiempo después el carrancista Diéguez se enterará del asunto y detendrá a los comisionados. Cuando le dieron explicaciones, afirmó: "Muy bien, una escuela se va a construir, aunque lo ordene un bandido".

El 22 de abril Ángeles le habló al pueblo de Parral en el quiosco: "La historia no dirá una sola palabra acerca de mí, porque no lo merezco; soy un polvo insignificante que el viento de mañana barrerá, pero el general Villa sí tiene derecho a palabras de la historia, que serán de elogio si cumple sus promesas, y si, después de haber luchado contra las dictaduras de Díaz, de Huerta y de Carranza, colabora para establecer las prácticas democráticas en este país". Le habla a los parralenses de lucha de clases, de su condición de explotados, del capitalismo y de que hay que humanizar la guerra, respetar la vida de los prisioneros.

La columna permanecerá en Parral unos días. La banda militar tocaba por el pueblo mañana y tarde, acompañada por Villa, que pasaba por los comercios revisando los precios a los que se vendía la comida a los pobres.

Pancho subirá luego al distrito de Valle de Allende, donde en vez de buscar el choque le enviará recado al jefe de las defensas sociales preguntándole "si querían ruido o silencio". No fue contestado el mensaje y la brigada avanzaba hacia Valle cuando salió del caserío un viejo villista, Ismael Máynez, que en el pueblo se estaba reponiendo de una herida. Traía una carta del jefe de las defensas en la que ponía a disposición de Villa las armas, municiones y la ciudad misma. Se les ordenó presentarse en la plaza del pueblo y formó una comisión para el desarme, respetando vidas e intereses. El resultado fueron 250 carabinas y 15 mil cartuchos.

Pancho aprovechará para concretar sus relaciones amorosas con Soledad Seáñez, de 23 años, una maestra de escuela y costurera en la fábrica de Talamantes, que confesará más tarde: "Yo nunca me enamoré de él". La ceremonia religiosa se celebró el 17 de abril de 1919 ante un cura que decía que no podía poner velaciones porque era semana santa. Villa le contestó que aunque fuera una velita, que luego pondría las demás; luego se celebró una recepción en un parquecito a la orilla de Río Florido, en la que participó Felipe Ángeles. La luna de miel la pasaron en Parral. Un Pancho Villa clandestino, pero a la vista de todos. A las tres de la madrugada del día 1° de mayo, en Valle de Allende, cerca de Jiménez, celebrarán matrimonio civil; los testigos fueron Ismael Máynez, José Jaurrieta y Baltazar Piñones.

Villa visitará clandestinamente a la Seáñez durante los siguientes meses; "disfrazado de vendedor de aguas frescas" le llevará poemas. "Nunca le dije Pancho, siempre Francisco", confesará años más tarde Soledad. Bajo persecución de los carrancistas, ella irá a esconderse a El Paso, donde nacerá Toño el 17 de abril de 1920.

Por esos días Villa se enteró de que Emiliano Zapata había sido asesinado en una emboscada y sintió que debería poner en remojo los pies; la muerte de Emiliano justificaba sus temores. Por cierto que el coronel Jesús Guajardo, el asesino, se volvió muy popular entre los periodistas de la ciudad de México porque tenía siempre dinero en los bolsillos y lo repartía generosamente. En junio del 19 andaba por ahí diciendo que también iba a ajusticiar a Pancho Villa. "Como que para los cuatros, no hay otro como yo". Decía que le habían dado destino como jefe de una brigada en las tropas de Amaro, que andaban tras de Pancho. Luego, un escándalo de faldas se tragó la historia y Guajardo nunca llegó al norte.

Mientras tanto Madinabeytia había tomado de nuevo Parral, apoyado por 200 hombres de refuerzo, y fortificó el Cerro de la Cruz. Esa misma tarde la columna de Villa salió de Valle de Allende hacia Camargo y en la noche desviaron el rumbo. A la vanguardia Villa, Ángeles y los Dorados. Para Pancho era importante capturar a Madinabeytia y le dijo a Ángeles que lo iba a meter clandestinamente en Parral:

—Cuando menos se lo piense usted va a ver el alumbrado de las calles a sus merititos pies.

Los espías reportaron que Madinabeytia se había hecho fuerte en un mesón. Ángeles reía de la malicia de Villa. A la una de la mañana, guiando por sendas y recovecos, Villa llevó a la partida al cerro de las Borregas, al sur de la ciudad. De inmediato se organizó un grupo de 100 hombres para que atacara a caballo el resguardo de Madinabeytia. Jaurrieta cuenta que el grupo en el que él iba le erró por una cuadra y Madinabeytia pudo huir a pelo de caballo. Otros cien hombres atacaron el cerro de la Cruz y tras tres o cuatro horas de resistencia decidieron replegarse dejando tras de sí una carta del general Ángeles. El botín había sido de doscientos rifles y parque.

La columna avanzó hacia Pilar de Conchos, donde Villa recibió un cheque de la American Smelting. Era el impuesto revolucionario por un año y Villa se comprometía a respetar sus minas. Y parece que un poco más, porque mientras las vías estuvieron muertas Nicolás Fernández custodiaba cargas de plata de Santa Bárbara y La Palmilla, que luego se embarcaban al norte. En Pilar de Conchos se concentraron unos 1,800 hombres. George McQuaters, de la Alvarado Mining Co., llegó en un Packard con la suma ofrecida, pero luego le pidió a Villa 20 mil dólares prestados de los 40 mil, para pagar los salarios de los mineros, porque no había dinero en Parral, y ofreció devolverlo en 30 días en las oficinas de La Palmilla. Villa aceptó diciendo que el "gringo era muy águila y había que darle cuerda hasta ver a donde quería llegar".

En los papeles de Haldeen Braddy se encuentran una larga serie de cartas de empresas estadounidenses con base en México que daban información al gobierno sobre los villistas o se quejaban; reportes de compañías que no aceptaban el impuesto revolucionario, referencias a Martín López, que parecía ser el cobrador. Rebasan el centenar, algunas muy formalmente dirigidas al propio Villa, fechadas en marzo de 1919, donde los gerentes explican la situación de las empresas y cómo no pueden satisfacer la demanda. Esto da idea de la larga red de financiamiento que Villa había creado en Chihuahua.

Villa se quedó en Pilar de Conchos con sólo 10 hombres mientras Ángeles aceptó dirigir las operaciones sobre Camargo. Un cambio respecto de su primera actitud de negarse a combatir; quizá la inercia de la columna lo animaba. Dos días después encontró a Martín López, que se había enfrentado a una caballería carrancista cerca de Camargo llevándola en retirada hasta las puertas de la ciudad. Cuando se iba a producir el ataque, a lo lejos aparecieron varios trenes militares, Ángeles decidió suspender la ofensiva y consultar con Villa, y llamó a Martín a retirarse.

No los persiguieron, no los acosaron. Villa los estaba esperando en Pilar de Conchos. Decidieron entonces amagar Chihuahua, para ver si los carrancistas salían de sus reductos.

En un punto llamado Hacienda el Charco se les presentó una partida de 26 soldados al mando del capitán Caloca; eran desertores de la tropa de Amaro que querían sumarse. Villa, que en esos días conocía como habían asesinado a Zapata, dijo:

—Uf, estos carrancistas quieren repetir su accioncita de Morelos.

Se discutió si había que desarmarlos o fusilarlos. Villa decidió concederles el beneficio de la duda y permitió que entraran armados al campamento y se presentaran con él. Pancho estudió al capitán Caloca y finalmente le dijo que se sumara a las fuerzas de Martín López. Cuando se despedían, añadió tendiendo la mano:

—Ándese con cuidado porque yo no soy Emiliano Zapata.

Caloca traía la oferta del ex colorado general Alanís, de que abriría un sector de las defensas de Chihuahua, por la zona de San Felipe, para que los villistas pudieran pasar. Villa no le hizo caso. Se acercaron a la capital y pasaron a no más de 500 metros de las defensas alumbrados por los reflectores. Los villistas le gritaban a los defensores: "¡Ora changos maloras, aquí está su papacito!", y tirotearon una batería sin que los defensores hicieran intento de combatirlos o perseguirlos.

Villa cortó la vía de ferrocarril y avanzó hacia el norte. El 6 de junio acampó en Villa Ahumada, en camino a Ciudad Juárez, probablemente con la oposición de Ángeles, quien más tarde dirá: "Yo me oponía que Villa fuera a la frontera. Se lo dije en repetidas ocasiones; le hice ver que no era querido por los estadounidenses".

Con la cercanía de los villistas a Estados Unidos, *El Paso Herald* comenzó a recibir información. Contaba que Ángeles se afeitaba diariamente aún en operaciones, usaba ropa limpia y llevaba un *kit de toilette* en una mula. Villa prefería una camisa de franela de cuello suave a la ropa almidonada, se afeitaba raramente y usaba trajes *hand me down* y zapatones sin punta.

En Villa Ahumada Hipólito cayó al suelo repentinamente víctima de un ataque. Usaron todo tipo de remedios y no reaccionaba. Villa le dictó a Trillo una carta para el doctor Andrés Villarreal, diciendo que no sabía si trataba de un envenenamiento o de un ataque cerebral y le pedía que viniera. Villareal residía en El Paso después de que, habiendo sido jefe de los servicios sanitarios de la División del Norte, abandonó a Pancho cuando éste ordenó su fusilamiento a causa de un malentendido durante la batalla de Aguascalientes. Villarreal dudó, no era para menos, pero terminó asistiendo a la cita y atendiendo a Hipólito. Villa y él terminaron abrazándose y reconociéndose como compadres. Jack Harris, un reportero estadounidense, recibió información confidencial de lo que se estaba tramando y bajó a Villa Ahumada.

Pancho lo recibió con un:

—¿Pero qué vientos lo han aventado a usted por aquí?

Y luego se negó a responder si atacaría Juárez. Lo más que le sacaron fue: "En 24 horas lo sabrá".

El lunes 9 de junio se inició el avance. El cuartel general se situó en Zaragoza y el jueves 12 hubo un choque con un tren explorador en el que iba Gonzalo Escobar y al que rechazó Martín López. Escobar, herido en la parte blanda del brazo, fue a curarse a El Paso y no regresó sino después de la batalla.

Se estableció el cuartel general en el pueblo de Senecú. Villa y Ángeles discutieron la situación. Ángeles insistía en que, si conocía bien a los gringos, iban a intervenir. Villa se hartó del asunto. Jaurrieta cuenta que, poniendo la cabeza en la maleta que le servía de almohada, dijo:

—Los gringos y los carrancistas son hermanos carnales. Voy a ordenar el asalto a Juárez de tal forma que los balazos no crucen la línea, y si a pesar de eso los americanos me atacan, para los gringos también traigo.

Ángeles se limitó a mover la cabeza de un lado para otro.

Villa no andaba físicamente bien, en el cruce del desierto de Samaluyacan se había enfermado, sudaba como loco y se pasaba una y otra vez el pañuelo sobre la frente; un pañuelo rojo, con el que también espantaba las nubes de mosquitos que había por allí.

Las comunicaciones telegráficas con Chihuahua también estaban cortadas. Llegaron rumores de que González, jefe de la plaza, quería rendirse. Villa le mandó un mensaje sin darle mucha importancia. "Van a tener más secos los balazos que ese palabrerío". El general Francisco González, hermano de Abraham, acababa de ser nombrado jefe de la guarnición. Estudiante de Notre Dame, tenía buena reputación entre los carrancistas. Había tendido trincheras de metro y medio y cercos de alambre de púas, aunque no electrificados, y blocaos de adobe redondos y con techo de paja; además, colocó reflectores y dos cañones en el fuerte Hidalgo, un lomerío al poniente de la ciudad. Contaba con un millar de soldados y 16 ametralladoras.

Había alboroto y sensación del otro lado de la frontera. Se decía que Villa tomaría Juárez y nombraría presidente provisional de la república a Felipe Ángeles. Se cuenta, y no debe ser cierto, que en vísperas de la batalla Norman Walker de la AP le dijo que el día siguiente no sería bueno para la batalla porque se iniciaban las finales del beisbol en Estados Unidos y esas noticias le harían competencia informativa. "Si espera hasta después de la Serie Mundial puede que alcance los titulares". Villa le dijo que los americanos eran gente extraña, a lo que Walker contestó: "Ellos piensan lo mismo de usted". Y Villa pospuso un día el combate.

La historia es poco creíble porque el combate no se pospuso, aunque ese comentario sobre la "gente extraña" puede ser verídico.

Villa tenía de 1,200 a 1,600 hombres, pero le había encargado a Villarreal que dijera, cuando lo devolvieron a El Paso, que llevaba 4 000. La cifra debe de haber calado en la opinión porque Muñoz la da por buena y Elías Torres también (incluso ofreciendo la composición por brigadas). Según *El Paso Morning Times*, que entrevistó a Villa antes de la batalla, eran 5,800.

Villa ordenó que formaran a la gente. Había entusiasmo, Ciudad Juárez era el centro mítico del villismo. Villa recorrió las líneas preguntando a los hombres si le tenían miedo a los gringos. "¿Nos rajamos y nos vamos hacia el sur?" Los generales le pidieron que no interviniera en el combate, porque seguía mal de salud, tenía fiebre por "el mal funcionamiento de sus órganos intestinales". Villa se resistió, pero Martín López se impuso. Ángeles no participará en la batalla, se quedará en Senecú.

Rafael F. Muñoz cuenta que la primera imagen que tuvieron en Juárez de los villistas fue la mañana del sábado 14: "Apareció una patrulla de caballería enemiga: 50-60 hombres que se detuvieron formando un arco [...] El sol les dio de frente y se veían rojizos bajo el cielo pardo".

Villa se estableció en la escuela de agricultura y se organizaron los sistemas de enlace. Pancho poseía planos exactos de las defensas, que le habían llevado sus espías, que cruzaron el río hacia el lado estadounidense y cruzaron de nuevo por la zona en la que ellos estaban. Dio entonces instrucciones muy precisas: aunque se establezca un semicírculo, el empuje principal tiene que venir del flanco izquierdo (este y noreste), que estará en el Hipódromo de Juárez; el resto de la línea de tiradores tiene que ser sólo de contención. Ahí hay que cargar muy duro para que los disparos caigan en paralelo al río. Si cae el flanco izquierdo, la resistencia carrancista se quiebra.

Hace que Ríos, con la caballería, los inquiete, pero manteniéndose fuera de tiro. La provocación funciona y les disparan con un cañoncito desde el fuerte Hidalgo.

A las 11:35 de la noche del sábado 14, a la luz de la luna, se produjo el avance de la fuerza principal, la caballería a cargo de Martín López, evadiendo los reflectores de los blocaos. Las fortificaciones eran menos potentes de lo que parecían a primera vista. Muñoz cuenta: "Una sinuosa trinchera de un metro de ancho y otro de fondo, y con alambre oxidado, que se reventaba cada vez que los soldados intentaban estirarlo demasiado; se formaron raquíticas malezas de púas de acero. Pequeños fortines de adobe, techados con paja, protegían los salientes de la irregular línea, y en las trincheras que atravesaban calles, penetraban en los campos de trigo espigando, se interrumpían en las zanjas bordeadas de lánguidos carrizales e iban a perderse en el oleaje de los montículos áridos; los soldados a cuatro metros uno de otro, esperaron por espacio de 20 días que la caballería incansable y tremenda del villismo asomara [...] había también un remedo de fortaleza, construida en medio de lomas más altas [...] le llamaban fuerte Hidalgo y más que un reducto era una quinta de recreo; almacenaba granadas de artillería y también botellas de coñac".

De otra manera han de verlo los villistas: la brigada de Martín portaba hachas para cortar el alambre, que les había pasado Kiryacópulos de El Paso el día anterior. Al grito de "¡Viva Villa!" llegaron al contacto y metieron las pistolas y las carabinas por las aspilleras disparando a los que disparaban. Jaurrieta dice que fue el acto de valor más grande que vio en su vida, ese ataque de caballería vuelta infantería. Hubo cerca de 90 bajas, entre ellos los veteranos de la escolta de Martín. Agonizaba el capitán Caloca y le pidió a Jaurrieta que le dijera a Villa que no había lugar para dudas.

Chocaron dos veces contra la línea sin poder pasar, pero a la tercera atacaron con bolsas de cuero con dinamita y fierros viejos, que se encendían con el cigarrillo y se lanzaban. El frente se desmoronó. Unos 150 jinetes penetraron. Cayeron 60 carrancistas prisioneros y allí mismo los fusilaron. Los defensores se fugaron hacia el interior de la ciudad. Las caballerías los persiguieron. Eran las dos de la madrugada. Los carrancistas se cobijaron bajo los cañones del fuerte Hidalgo.

Al romper las líneas carrancistas, y cuando parecía ganada la batalla, muchos villistas entraron en cantinas y salones y se lo bebieron todo, abrieron la cárcel, se dedicaron a tomar café caliente, tomaron la aduana.

A las tres de la madrugada Jaurrieta descubrió un depósito de parque, unos 18 mil cartuchos, gracias al soplo de un vecino, y fue a informarle a Villa. Era el momento de rematarlos, pero Pancho, que estaba muy lejos de la primera línea y no veía el pánico de los carrancistas, ordenó que no se siguiera progresando, por temor a que fueran grandes las bajas innecesarias. Martín López se instaló en un café de chinos y organizó una comida-cena-desayuno. Trillo, Jaurrieta y él decidieron invitar a Villa. Reinaba el caos en ambos bandos.

Al amanecer, un contraataque dispersó a los grupos villistas. Hubo 200 muertos de uno y otro lado en la calle de Comercio. La victoria de la noche anterior casi se vuelve derrota. Los villistas se replegaron hacia el cuartel general en la escuela de agricultura.

Villa entró a la ciudad sin saber qué estaba pasando y dio de bruces con una patrulla carrancista que los llenó de balas a él y a su escolta frente al Tívoli. Dispersaron la patrulla a tiros de pistola. Jaurrieta, que había perdido su caballo, sólo recibió de Villa, que venía a comer con ellos, un cáustico: "¿A usted también le dieron de almorzar?"

Villa estaba enfadado. Dijo que a las dos de la tarde se tomaría Juárez de nuevo, él dirigiría el asalto y "muérase quien se muera".

Mañana del domingo 16 de junio. Muñoz registra: "Los cadáveres despiertan una sensación morbosa, y a su vista el espectador va experimentando una serie de cambios precisos en sus emociones: le lleva hacia ellos la curiosidad incontenible, un vago interés por saber qué es lo que queda después de la muerte, si los ojos apagados perciben aún las imágenes […] Las mujeres que iban a misa aquella mañana de domingo inundada de sol, pasaban deprisa ante los primeros grupos, aventuraban más adelante algunas miradas entre los círculos de espectadores, y acababan por detenerse, tímidamente primero, con audacia después, y a fuerza de codos se ponían en la primera fila de los curiosos".

El domingo a las 4:30 de la tarde se abrió fuego y se atacó con el mismo dispositivo de la vez anterior, con la ventaja de que las defensas estaban muy dañadas. Comenzaron las oleadas de caballería. Muñoz cuenta: "Por la orilla del río se precipita un tropel de centauros de silueta fantástica: Cuatro patas, cuatro manos, tres cabezas: los villistas de infantería van enancados tras los dragones y cargan al galope. Se desbandan los federales […] Por el camino de San Lorenzo apareció Villa, jinete en caballo negro, espigadito, que corría y brincaba como si dentro tuviera el rabo del diablo: atravesaba las acequias de un salto, rascándose el vientre con los carrizos, se levantaba vertical sobre dos patas, y giraba como un trompo".

Al cuartel general en el hipódromo llegó herido Nicolás Fernández, "la bala le había saludado como un rozón al principio del pelo". Jaurrieta cuenta que se preparaba el asalto final para la noche cuando en el puente internacional de Laredo "se escuchó fuego de fusilería muy nutrido, sonaba a más calibre del Mauser de 7 mm que usábamos nosotros y los carrancistas". En esas conjeturas andaban en el cuartel general cuando una granada que venía del lado estadounidense impactó en una de las torrecillas del hipódromo. Los gringos estaban disparando desde Sunset Heights.

So pretexto de que cayeron balas en El Paso, el general James Erwin, comandante en Fort Bliss, ordenó el bombardeo e hizo cruzar la frontera a una cifra de soldados que las fuentes mexicanas hacen crecer hasta cuatro mil.

Hay una mínima resistencia por parte de los villistas. Alberto Jiménez dispara contra los soldados negros que vienen de Fort Bliss haciéndoles varias bajas. El dorado José Corral cae muerto enfrentándolos y en el Puente de Indios un grupo de villistas rezagados les hace frente. También se dice que tropas carrancistas dispararon contra las columnas que ingresaban a territorio mexicano. Los estadounidenses no dieron la lista de sus bajas.

Pancho ordenó el repliegue a Senecú, donde estaba el hospital con un centenar de heridos, pensando que aquello podía ser el comienzo de una nueva expedición punitiva.

Francisco González reconcentró sus fuerzas en el fortín Hidalgo y, como si con él no fuera la cosa, dejó que Villa se entendiera con los gringos. Gómez Morentín, jugándose la vida, llevó una nota a Erwin, escrita por Ángeles, exigiendo que explicara por qué, si el argumento era que las balas habían cruzado al lado gringo, no intervinieron sino hasta el 16, y preguntando si tenían o no autorización de su gobierno. Erwin no dio respuesta y expulsó al secretario de Villa de Estados Unidos "por infringir las leyes de migración".

Todavía el 17 los gringos bombardearon Senecú sin mayor puntería y la caballería cruzó el río frente al poblado. Capturaron a 30 o 40 de los heridos, que fueron entregados a los carrancistas.

Villa se fue replegando lentamente. Palo Chino, Tierra Blanca, Samalayuca, como si intentara atraer a los estadounidenses hacia el interior de Chihuahua, pero éstos retornaron a su base. Jaurrieta retrató a la columna: "Grupos cabizbajos, sin organización, sin cartuchos, hambreados, presas de una tristeza profunda retratada en todas las caras", muertos de sed por la marcha de 35 kilómetros. Tomaron Villa Ahumada, donde combatieron a los carrancistas, como diría J. B. Vargas, "sin entusiasmo". Viven de vacas carneadas y de queso asadero que compran a los vecinos. Traen "raquíticas cartucheras". Hipólito seguía en coma y lo trasladaron hacia la sierra de Palomas.

Los exploradores reportan una columna que viene de Chihuahua al mando del general Pablo Quiroga. Poco antes de la batalla de Juárez, el general Manuel Diéguez, viejo enemigo de Villa en las batallas de Jalisco, había sustituido a Castro como jefe de operaciones en Chihuahua y con él llegaba un cambio de táctica: ni seguir en corto como Murguía, ni abandonar el campo y concentrarse en las ciudades como Castro. Persecución y acoso, moverse en sus trenes por el estado. Villa se repuso rápidamente de la derrota de Ciudad Juárez. "¿No les parece que sería buena idea darles una probadita a esos pelados de Diéguez?"

El 21 de junio Pablo Quiroga tomó Villa Ahumada. La mañana del 22 avanzó en dispositivo de combate anunciado por una gran nube de polvo, con caballos de gran alzada comprados como desecho del ejército gringo. Villa lanzó tres columnas de caballería sobre ellos y se quedó sólo con un asistente en el techo de un molino. La carga de caballería hizo mucho daño a los carrancistas, los grandes caballos se desbocaban "parecía una escuela de equitación compuesta de alumnos noveles".

Villa bajó hacia Durango y hostigó la zona. Luego fragmentó su brigada. Jaurrieta había tratado de cobrar los 20 mil dólares que debía el estadounidense de la Alvarado Mining Co., para comprar armas, pero aquél no cumplió su promesa. En esos momentos, para la guerrilla villista no había más manera de conseguir munición que ganándola en combate u obtenerla comprándosela a soldados carrancistas en Chihuahua. Una de las últimas redes de contrabando de armas y parque que le quedaban en El Paso, en la que participaban los estadounidenses Holmes, Frank Miller y Dick Harrel, fue desarticulada cuando fueron detenidos.

Llegaron a tierra de Urbina, Las Nieves. Pero los villistas señalaban su presencia en todo el norte. Como dice Vargas, Villa "tenía el don de la ubicuidad y estaba [...] en todas partes del estado de Chihuahua".

El 13 de agosto Andrés Ortiz, gobernador de Chihuahua, ofreció 50 mil pesos por la captura de Villa. Fuera por eso o por la reciente muerte de

Emiliano Zapata, el caso es que a Villa las desconfianzas se le desataron nuevamente. Muñoz cuenta que "comienza a cabalgar al final de la columna para no
darle la espalda a nadie. Cuando se presenta la hora de comer observa atentamente a las mujeres que están echando las tortillas y sentado en cuclillas a su
lado come y en la noche sigue con su vieja práctica de amanecer en un lugar
diferente de donde se le vio acostarse a dormir".

En agosto, en los límites de Chihuahua y Durango, se realizó la concentración de las tres brigadas y Villa les expuso un nuevo y fantástico plan: Tomar la
ciudad de Durango. La operación se debía desarrollar con el máximo secreto.
"Uno de aquellos planes de campaña del general Villa que dejaban al enemigo
completamente anonadado".

Conforme se aproximaba al objetivo, Villa mandó mensajes a los grupos
que operaban en Durango para que cortaran los puentes que comunicaban la
capital con La Laguna. Sus órdenes no se cumplieron y no se interrumpió el
acceso desde Torreón.

La marcha se realizó en medio de terribles tormentas. Jaurrieta cuenta:
"La víspera de ocupar el pueblo de Canatlán, caminamos más de diez horas
con el agua, en muchas ocasiones, arriba de las rodillas de nuestros caballos". Ocuparon el pueblo sin resistencia, los carrancistas huyeron. Siguen
avanzando y unas horas después topan con un tren explorador que retrocede al verlos y los delata por telégrafo. En Torreón se monta una expedición
de auxilio. Finalmente divisan el cerro del Mercado, que domina la ciudad de Durango.

Cuando los villistas se aproximaban a las goteras de la ciudad los defensores evacuaron la plaza, pero Villa presintió que se acercaban refuerzos y no
avanzó. Y así fue, tres trenes aparecieron por el norte conduciendo unos dos
mil hombres de caballería e infantería, con ametralladoras en los techos de los
vagones. Martín López intentó frenar el convoy y los enfrentó en la estación
Labor. Villa, que estaba a punto de cargar contra los que huían de Durango,
regresó para apoyar a Martín y cortó la vía férrea. La sorpresa de los federales
al verse atacados al grito de "¡Viva Villa!" fue enorme y durante unos minutos,
asaltados por los dos costados del tren, parecieron confundidos. Martín López
y su brigada cruzaron una zona anegada y llegaron a unos metros de uno de
los trenes, pero fueron rechazados por las ametralladoras.

Gómez Morentín cuenta: "Pasada la primera sorpresa, y al darse cuenta
de que los atacantes de uno de los lados del tren no podían avanzar debido a
que el terreno, de origen volcánico, impedía el avance de la caballería villista,
cargaron toda su gente hacia ese lado y lograron hacer retroceder a los revolucionarios, que dejaron el campo cubierto de cadáveres. Después de derrotar
los ataques de uno de los costados, los federales cargaron furiosamente sobre
el otro lado, que estaba seriamente amenazado, al grado que los villistas lograron llegar hasta unos cuantos metros de distancia".

Las tropas que estaban evacuando Durango se repusieron y comenzaron a retornar. Villa decidió que no quedaba otra que la retirada. "Nos vimos obligados a replegarnos hacia el norte defendiendo la mesa de La Calera en toda su anchura. La retirada fue completamente ordenada". En la fuga, una última bala hirió a Martín López sin que nadie más se diera cuenta. El balazo le había entrado por la espalda alcanzándole el estómago. Era la herida número 23 que recibía Martín.

Villa venía siendo perseguido por tropas del general Pedro Fabela, que no lo atacaba "por amor o por miedo" y marchaban casi en paralelo.

Trillo logró llevarle el aviso a Pancho de que Martín estaba gravemente herido cuando ya habían logrado romper contacto con los perseguidores. Villa mandó que la columna siguiera adelante y con un pequeño grupo condujo a Martín a Canatlán, donde el curandero del pueblo trató de ayudarlo, pero se encontraba muy mal. Moviéndose en las noches, durante varias jornadas recorrieron la zona transportando al herido en un carrito, hasta que logran encontrar al doctor Morales, que diagnosticó una peritonitis muy avanzada. El doctor le dijo a Villa que a Martín no le quedaban ni 24 horas de vida, pero el herido se veía animado y Villa no se atrevía a decirle nada. Se retiraron hacia el norte con el médico acompañándolos. En Las Cruces, cerca de San Juan del Río, Durango, la zona natal de Villa, el médico le informó a Pancho que aquello no tenía remedio. Y dicen que Villa le contestó: "Si usted considera que no tiene remedio inyéctelo, para ver si tenemos tiempo de sepultarlo ahora que estos amigos se han quedado lejos". El doctor sacó de su maleta una jeringuilla.

Martín López murió un 4 de septiembre. Camerino Rodríguez observó: "Pancho se soltó llorando. Yo lo vi de lejos que sacó un paño y se limpiaba los ojos, y se paseaba arriba y abajo y se devolvía desesperado *patiando* las piedras". Un anónimo corrido registrará: *Pancho Villa lo lloraba/ lo lloraban los dorados, lo lloró toda la gente/ hasta los más encuerados.*

Villa, destrozado, puso al difunto "sus propias prendas". Lo sepultaron al lado de un pequeño jacal en un rancho llamado Agua Vieja. De todas las muertes que duelen, ésta es de las que más. Martín López es el hijo de Villa, el de verdad, para este hombre de tantos hijos, el hijo guerrillero desde los primeros días en San Andrés en 1910.

Los carrancistas que iban tras ellos, cuando descubrieron la tumba no se lo acababan de creer y desenterraron el cuerpo de Martín López para "ver el tiro en la barriga y le quitaron la tierra de la cara".

A fines de septiembre Villa sometió a consejo de guerra y fusiló a los jefes de las partidas de Durango, Bernabé Ávila, Isidro López y Alberto Salazar, que habían incumplido la orden al no cortar el acceso de los refuerzos de Torreón. El suceso se produjo en la hacienda La Zarca, donde Pancho disgregó nuevamente la brigada en varias columnas y citó en San José del Sitio.

Las dos primeras columnas que salieron traían la consigna de decir que en ellas iban Villa y Ángeles, para despistar. Los dos generales, con un grupo reducido de hombres, vagaron por la sierra hasta que llegaron al rancho de la viuda de Manuel Ochoa, donde Ángeles había dejado maleta con sus cosas.

En esos meses Pancho contrajo matrimonio con María Isaac Reyes en Rosario, Durango, y recuperó una relación que había mantenido en 1917 con María Arreola Hernández, originaria de Rincón de Ramos, Durango.

A mediados de octubre de 1919 la zona fue azotada por una potente tormenta. Hicieron campamento en la sierra de Cumbres del Gato. "Las últimas jornadas transcurren tranquilas, dentro de lo que cabe. No cesa de llover y nosotros a la intemperie"; así durante varias semanas. Las diferencias entre los dos generales se fueron agudizando. Ángeles cuestionaba las campañas cortas con tanta fragmentación y Villa le respondía que, como no tenían muchos elementos, necesitaban dejar descansar a la gente y la caballada. Gómez Morentín dice que Villa dijo: "Y si la caballada se nos cansa, ¿dónde la reponemos? No es lo mismo ahora que hace cinco años, cuando matábamos caballos por cientos y en unas cuantas horas los reponíamos de las haciendas. Pero ahora, mi general, ya ve usted que no hay caballada en todo Chihuahua y que dentro de poco vamos a tener que meternos a Coahuila o a Nuevo León, para proveernos, porque lo que es ya Chihuahua no sirve para hacer revoluciones".

Ángeles argumentó que al no seguir una campaña por lo menos seis meses daban tiempo a que los carrancistas se repusieran. Nunca pudieron ponerse de acuerdo. Ángeles tenía además con Villa otra discrepancia de fondo: no veía sentido en esta guerra de guerrillas tan prolongada. Una vez le dijo a Jaurrieta y a Villa que no había venido a combatir, sino a traer organización y paz, juntar a todas las disidencias armadas bajo el programa de la Alianza, incluso hablar con los carrancistas. Dicen que Villa respondió: "¡Ah, qué mi general, tan inocente!"

Finalmente Felipe Ángeles decidió separarse de la columna. Pensaba que su misión había fracasado. No puede volver al exilio, sólo le queda la muerte, piensa, o piensa y descarta. ¿Qué sigue? Nada será demasiado claro en la historia de esta separación. Villa le dirá: "No se corte de mi lado, general, porque lo van a colgar. Se lo dice a usted un señor coyote", pero terminará accediendo y proporcionándole una escolta y alimentos.

Supuestamente se habían citado para volverse a ver cinco semanas más tarde, pero ambos sabían que eso no era cierto. Se dice que más tarde Ángeles le mandó una nota a Villa en la que decía que había resuelto seguir adelante. ¿Adelante? Ernesto Ríos dice que la nota decía: "… tengo mejores perspectivas para lograr los propósitos que nos animan".

Villa le recomendó que bajara al valle por el lado sur de la sierra, que no se moviera sino hacia el sur y sin "confiancitas". Gómez Morentín cuenta: "El general Villa, tristemente, vio cómo el general Ángeles se alejaba. Parece que presiente que no lo volvería a ver. Casi todo un día estuvo como clavado el guerrillero en el punto más alto del campamento, siguiendo con la vista la pequeña polvareda que levantaba en su marcha el grupo a las órdenes del general Ángeles".

La separación debe de haberse producido en la tercera semana de octubre. El grupo de Ángeles iba guiado por el mayor Félix Salas, de la columna de Martín López, que tenía permiso para ir a ver a su familia.

Se cuenta que el grupo pasó hambre en su deambular y que Ángeles tenía un ataque de paludismo. Ángeles contará más tarde que "encontrándome yo en condiciones bastante difíciles en la sierra, en donde llegué a pasarme días enteros sin probar alimento, Félix Salas, antiguo jefe de la escolta de Martín López, me ofreció que me hospedara en su casa, que no era otra cosa que una cueva donde vivía en unión de su mujer (en la sierra de Nonoava)".

Salas, que estaba muy desmoralizado por la muerte de Martín López, su jefe, decidió amnistiarse y fue a Huejotitlán para entrevistarse con otro ex villista converso, Gabino Sandoval, jefe de las defensas sociales de Balleza, quien le ofreció la amnistía para él y cinco de sus hombres a cambio de entregar a Ángeles.

En la versión oficial, Sandoval salió a perseguir a Ángeles el 5 de noviembre y localizó al grupo en una cueva cinco días más tarde, donde se produciría una escaramuza; Ángeles, tomado por sorpresa, escapó con cinco hombres de su escolta.

Cinco días después, el 15 de noviembre, los capturaron en la Ciénaga de Olivos. Ángeles iba desarmado, según tuvieron que reconocer los testigos de cargo en el futuro juicio. Cervantes dirá que a causa de las hambres y el paludismo tenía "aspecto cadavérico". En su maleta llevaba dos libros: *La vida de Jesús*, de Ernest Renan, y una biografía de Napoléon.

De los cinco hombres que lo acompañaban, a Isidro Martínez allí mismo le dieron un tiro en el corazón y lo colgaron; las defensas sociales dijeron que de su familia no iban a dejar ni a los perros. A otros dos los fusilaron en Camargo sin juicio y a los dos restantes, Arce y Trillo, que eran militares ex carrancistas, los llevarán a Chihuahua para ser juzgados junto a Felipe.

Ángeles será conducido inicialmente a Parral por sus captores, donde le tomó una foto Agustín González. En la libreta del capitán Manuel Torres escribió un autógrafo: "Mi muerte hará más bien a la causa democrática que todas las gestiones de mi vida. La sangre de los mártires fecundiza todas las buenas causas". Su llegada en tren a Chihuahua el 22 de noviembre fue espectacular. Millares de personas de todas las clases sociales se concentraron en la estación del Central. Lo custodiaba una doble línea de soldados del 62º batallón, en medio de una gran tensión, porque las autoridades pensaban que villistas se podían mezclar con la multitud para intentar liberarlo.

Diéguez, que llegó a Chihuahua unos minutos antes que Ángeles, también en tren, trató de interceder para que no lo sometieran a consejo de guerra, porque no era militar, pero el telegrama de Carranza fue fulminante: "Cúmplase en todo con la ley sin admitir influencias de ninguna especie, ni a favor ni en contra".

El novelista Rafael Muñoz contará: "El general llevaba un pobre traje de *Palm Beach*" que alguien le había regalado en Jiménez; se había quitado el bigote. Lo internaron en el cuartel de caballería. Ángeles, que estaba cansado, se tiró en un catre y reanudó la lectura del libro de Renán.

El 23 de noviembre se inició el juicio. Carranza recibió centenares de cartas (una de ellas con mil firmas) y telegramas pidiendo la amnistía. Roque González Garza, desde su exilio en Estados Unidos, mandó un telegrama. Juan Barragán le contestó en otro que esperaba que "te presentaras campo enemigo, seguro correrías misma suerte que tu defenso general".

Algunos cronistas e historiadores piensan que Ángeles prolongó su juicio con mil y un recursos retóricos porque esperaba que Villa diera un golpe de mano y lo salvase; otros dirán que daba largas conferencias para lograr que Carranza se ablandara bajo presión y le conmutara la sentencia de muerte, que sin duda iba a producirse. No suenan convincentes los argumentos. Era su estilo, no podía evitar dar una lección a sus captores, la última. "Si ustedes me van a fusilar, es necesario que me justifique". Muñoz cuenta que el numerosísimo público se puso de parte del prisionero y lo ovacionaba con frecuencia.

Sin duda, a lo largo del juicio y en declaraciones a la prensa desinformó abundantemente para cubrir el paradero, los movimientos y la red de contactos de Villa. Su línea de defensa fue que había cruzado la frontera para promover el proyecto de la Alianza Liberal Mexicana y que no participó en combates: "Nunca entré a combatir al lado de Villa [...] A raíz de los acontecimientos de Ciudad Juárez me separé de él [...] permanecí mucho tiempo en Norias Pintas". De poco servirá, porque de manera veloz lo condenarán a muerte. El abogado defensor, López Hermosa, recibió un último encargo de Ángeles ya en capilla: que le dijera en la primera oportunidad a Carranza una frase: "Quien a hierro mata, a hierro muere". López estuvo en la ciudad de México y cumplió el encargo, lo que le costó que lo enviaran al destierro.

El 26 de noviembre Felipe Ángeles fue ejecutado a las 6:30 de la mañana en el cuartel del 21° de caballería de la brigada Cavazos, en la ciudad de Chihuahua. La guarnición fue puesta en estado de alerta, pues se decía que Villa llegaría de un momento a otro. Una foto, reproducida por Cervantes, muestra las calles de Chihuahua repletas de gente acompañando el féretro.

Mientras Ángeles vagaba por el sur, Villa envió a Manuel Banda a operar en La Laguna y enfrentó la desmoralización entre las fuerzas de Martín López. De 200 que formaban la brigada, sólo 25 se presentaron en la siguiente concentración. El nombramiento de Baltazar Piñones como jefe no había caído bien.

Diéguez ordenó que seis mil hombres en varias columnas comenzaran a perseguir a la guerrilla. Lo más cerca que estuvieron de capturar a Villa fue en un punto llamado "Presón de Trincheras", a sólo dos leguas del cuartel general villista. Villa dijo que era mejor que se juntaran para burlarlos, hizo una salida y les birló en la hacienda de Castrillón una partida de caballos. Cuando el cerco se estrechó, ordenó que se hicieran grandes fogatas, dejó tras de sí un campamento simulado y con prohibición de fumar infiltró a su gente entre los cercadores.

Volvió a chocar el 26 de noviembre en el rancho del Espejo con 600 carrancistas de una columna de caballería que intentaba cortarles el camino al norte. Villa los dejó tomar posiciones y los copó en las alturas, cayéndoles encima con 150 hombres. Villa contará que se limitaron a "colearlos" y por eso usó sólo parte de su tropa, porque era un "enemigo corriente". Ese mismo día fusilaban a Ángeles en Chihuahua. ¿Lo sabía Villa? ¿Había recibido noticias de su captura? El caso es que Pancho ordenó que no se hicieran prisioneros.

¿Por qué al norte? ¿Qué tan al norte? Concentrando y desconcentrando a sus tropas, evadiendo la vigilancia de tres aviones que los bombardearon y fueron eficazmente tiroteados, evadiendo escuadrones de federales que Diéguez había enviado en todas direcciones para ubicarlo, Pancho llegó a la concentración que se había programado en Cuchillo Parado, la tierra de Toribio Ortega, en el noreste de Chihuahua, donde pasó revista a 1 100 hombres. Allí leyó un periódico de El Paso donde el general Manuel M. Diéguez, anunciaba al país que había logrado exterminar completamente al villismo.

En tres jornadas muy difíciles por la sierra arribaron a un pueblo donde Villa, tras reunir a los vecinos en una plazoleta se identificó:

—Soy Francisco Villa y quiero saber quiénes son los hombres más viejos de este pueblo.

Seis o siete ancianos se acercaron y Villa les dijo:

—Estos viejitos van a montar en buenos caballos y se van conmigo, y hasta que regresen, nadie podrá salir de este pueblo; si alguien falta a esta orden, fusilaré a estos hombres que me llevo; si llegan fuerzas federales y los que se quedan denuncian mi paso, los fusilaré también.

La verdad, como la cuenta Ernesto Ríos, es que eran palabras para la galería, porque estaba pactado de antemano con los viejitos.

E inició una de esas cabalgadas salvajes. Con la caballada flaca y maltrecha fue a abrevar en el manantial de Carrizalejo, siguió por el cañón de la Alameda hasta entrar en el valle de Santa Rosa por el puerto de Santa Ana el 9 de diciembre. Gómez Morentín cuenta que Villa "no llevaba guías y parecía orientarse con el sol. Sus lugartenientes trataban de descubrir sus planes, pero el general, que desde la salida de Cuchillo Parado había echado pie a tierra sólo para cambiar de caballo, era una esfinge".

Cabalgaron siete días de marchas terribles, 700 kilómetros en línea recta, casi sin agua, cuando Villa, la noche del 12 de diciembre, señaló a sus hombres unas luces a lo lejos:

—Que la gente tenga 'hora el mayor descanso, porque pa' las siete de la mañana vamos a caerle a los changuitos de Múzquiz.

Frente al campamento villista se encontraba Múzquiz, en Coahuila, la llave de una de las regiones mineras más ricas del país. A las tres de la madrugada la columna entró por la calle Zaragoza. Pescaron a la guarnición dormida y en el combate murieron cinco soldados y un cabo y hubo siete heridos. En menos de media hora era el dueño de la plaza.

En la mañana Villa convocó en el ayuntamiento a los ricos del pueblo, les pidió 100 mil pesos y les dio hasta las tres de la tarde para reunirlos. Algunos quedaron de rehenes mientras otros traían dinero de Eagle Pass. Se respetaron los comercios de mexicanos y extranjeros, a excepción de los de árabes, que estaban haciendo negocios turbios con el general carrancista Paraldi, a quienes les sacaron todo.

Paraldi, desde Monclova, tuvo vagas noticias de que algo estaba pasando en Múzquiz y envió un telegrama preguntando quién había entrado en la plaza. Villa controlaba los telégrafos y le respondió que no pasaba nada, un oficial de la guarnición se había emborrachado y armó gran escándalo. Paraldi insistió y Villa contestó que él era el que había tomado Múzquiz y de pasada le envió un telegrama a Carranza diciendo que estaba metido en su estado.

La respuesta no se hizo esperar. Dos trenes avanzaron desde Monclova con tropas. La población le pidió a Villa que no combatiera intramuros. Villa dijo que no era su costumbre y mandó desplegar la caballería de Ornelas sobre la vía. Nomás los vieron los carrancistas y se replegaron en los trenes hacia Monclova.

Aunque se cuenta que allí supo de la muerte de Ángeles, no debe de haber sido así, sino anteriormente, aunque aquí habría leído los pormenores del fusilamiento de su amigo. Llegaban también noticias en los diarios de la campaña presidencial en la que tomaban parte de manera muy enconada los generales Álvaro Obregón, Pablo González y un civil, Ignacio Bonilla, el hombre que intentaba imponer Carranza. Dicen que Villa dijo:

—¡Para antes del verano tendremos otra bola!

Villa ordenó durante esos días el cierre de las cantinas y decretó la pena de muerte a los soldados que se emborracharan. Hubo repartos de ropa y comida a los pobres del pueblo y aceptó sólo 10 voluntarios. Tres días permaneció Villa en Múzquiz y salió con 14 carros de provisiones, 350 mil pesos y sombreros Stetson para sus hombres.

Los villistas viajaron por la comarca recuperando caballos y mulas. Recorrió la zona y descubrió una colonia de negros estadounidenses; luego pidió una entrevista formal con los jefes de la tribu de los kikapú, para ofrecerles una alianza formal contra los carrancistas, que los querían echar de sus tierras. Después de una primera entrevista en la que los kikapú le tomaron confianza, bajaron de la sierra. Venían ataviados con galas y pintados de colores de guerra. Villa les dijo que se formaran y dio diez pesos a cada uno.

Las tropas pasaron la nochebuena en la hacienda de Hechiceros, ya en Chihuahua. Villa contaba en esos momentos con 600 hombres, a los que dispersará durante dos meses; él, con un pequeño grupo, se movió a la región de Pilar de Conchos.

Contra Murguía, contra Castro o contra Diéguez. Parecía que Villa seguía siendo inatrapable. Chihuahua y el norte de Durango, así como la frontera coahuilense, seguían siendo un territorio en el que podía moverse a su antojo derrotando una y otra vez lo que le pusieran enfrente.

En Pilar de Conchos se le acercaron cinco mujeres para pedirle que bautizara a sus hijos; como poco después llegaron otras tantas, Villa trató de averiguar qué estaba pasando. Una de las mujeres le dijo que cumplía una petición de su marido muerto en la campaña de Durango. Gómez Morentín cuenta: "La noticia de que el general Villa iba a bautizar a varios muchachos se esparció rápidamente por todos los pueblos de la región, y a la vuelta de una semana, eran más de ciento cincuenta los bautizos que el guerrillero tenía que apadrinar. Villa parecía un hombre feliz, viendo como todos los días llegaban más y más mujeres cargando a sus hijos y pidiéndole que se los apadrinara". Mandó a traer al cura de Camargo y en una ceremonia colectiva se fue haciendo de un centenar de comadres.

NOTAS

a)   Fuentes. Ramón Puente: *Vida de Francisco Villa contada por él mismo*. Rivera Marrudo PHO 1/63. Alberto Calzadíaz: *Hechos reales de la revolución*, 5: "Martín López, anatomía de un guerrillero"; 7, "Villa contra todos y contra todo"; y 8, "General Felipe Ángeles" (hay contradicciones, errores en las fechas y testimonios fuera de lugar, pero expurgados cuidadosamente ofrecen una visión muy precisa de la guerrilla villista desde su interior). Gómez Morentín en Valadés ("Dos buenos amigos" y "La marcha final del general Villa"). Jaurrieta: *Con Villa, Memorias de campaña*. Federico Cervantes: *Felipe Ángeles en la revolución*. Nellie Campobello: *Cartucho* ("Las lágrimas del general"). Rafael Muñoz: *Rayo y azote*. Resulta muy importante el artículo, probablemente de Ramón Puente, de *La Semana* de Los Ángeles: "Estado de la revolución en el norte de la república y trabajos de unificación"; es el único que aporta datos sobre los movimientos de Villa hacia fin del año 1919.

Hipólito Villa y Mabel nunca se volvieron a reunir. Aunque sus hijos se los llevó a Juárez después de la rendición de Villa y éste se los llevó a Canutillo. Los dos niños pasaron una larga temporada con Villa hasta que la madre los recuperó. (Mabel en Paterson: *Intimate*.)

Además. Martha Eva Rocha: *Las defensas sociales en Chihuahua*. Camerino Rodríguez: *Un villista en los últimos días de la revolución*. Sanchez Lamego: *Generales...* Vargas Arreola: *A sangre y fuego...* Luz Corral: *Villa en la intimidad*. Santos Luzardo:

Cruzando el río Bravo. Porfirio Ornelas y un villista cruzan el río Bravo entrando a México. El autor no ha podido fechar las fotos.

Por los caminos de Pancho Villa. Celia Herrera: *Francisco Villa ante la historia* (sobre el fusilamiento en Parral de los Herrera). Edgar Kock: "Mis recuerdos de Parral y Pancho Villa". Valadés/ Ángeles (correspondencia con Maytorena). Leonardo Herrera: "Soledad Seáñez, viuda de Villa…", "Romántico, sentimental y devoto era Pancho Villa, dice su viuda". Soledad Seáñez PHO 1/109. Rosa Helia: *Itinerario de una pasión.* El acta de matrimonio Villa/ Seáñez en el archivo Vito Alessio. De Ita: "Soledad Seáñez viuda de Villa recuerda su vida con el centauro del norte". El *New York Times* del 14 de julio 1919 reporta la boda según un testigo que asistió en Valle de Allende. *Chihuahua textos para su historia.* Muñoz: *Rayo…* Canales: *La amnistía de Pancho Villa.* Valadés: "El hombre que se llevó a la tumba el secreto". M. Luis Guzmán: *Memorias…* Jesús Vargas: *Pedro Alvarado y Victoria Griensen.* Antonio Chavira: "Sucesos históricos de la revolución de 1910". Elías

Torres: *Hazañas y muerte.* "Villa bullets involved in suit used to slay teutons declares sr. De la Garza", Papeles de Lázaro de la Garza 9 C 6, L 1. Manifiesto a la nación, de San Andrés, octubre 1916. SRE LE 801 L. 41(18) y LE 804/8. Santos Landois: *Los vaqueros de Santa Rosa.* Jesús María López en Osorio: *Pancho Villa, ese desconocido.*

Sobre el tercer ataque a Ciudad Juárez hay dos folletos de la época: X. E. Enciso: "El ataque a Ciudad Juárez y los acontecimientos del 14 al 18 de junio" y Felipe Velasco (Don Nadie): "Heroica defensa de Ciudad Juárez". Además Rafael F. Muñoz en sus relatos completos dedica una larga historia al tema: "Villa ataca Ciudad Juárez" (en la que insiste en que fue Ángeles el que sugirió el ataque y no Villa; como se ha visto, estaba en contra). Harris: *Strog man.* Boot *The Savage Wars of Peace.* Tovar y Bueno: "Ciudad Juárez, baluarte de la Revolución Mexicana". Romo: *Ringside seat to a revolution,* hace una buena reconstrucción basado en *El Paso Herald.* Nellie Campobello: *Apuntes.* Elías Torres: "Los cañones americanos derrotaron a Fco. Villa" y "Nada de confiancitas, ge-

neral", en *Hazañas y muerte.* AHDN XI/481.5/78 (expediente sobre Ciudad Juárez que incluye la captura de Ángeles, su juicio y las demandas de amnistía). "Norman Walker". Francisco González: "Cómo fue el ataque de Ciudad Juárez que llevó a cabo el general Villa". Oscar Martínez: *Fragments of the mexican revolution.*

Sobre la muerte de Martín López. Víctor Ceja/*Cabalgando…* Campobello: "Las hojas verdes de Martín López" en *Cartucho.* Calzadíaz: *Hechos reales* 5 y 7. Vargas: *A sangre…* Osorio: *Pancho Villa…* "Tragedia de Martín" en Avitia: *Corridos*

Ilustración del encuentro con Walker.

3. Domitilo Mendoza, sargento primero", entrevista de Carlos

Gallegos en Ontiveros: *Toribio Ortega*, "La muerte del feroz cabecilla Martín López".

b) El final de Felipe Ángeles. Existen tres versiones y decenas de variantes sobre la separación de Felipe Ángeles y Villa. La primera dice que se produjo antes del ataque a Durango; la segunda, originada en declaraciones del propio Ángeles (que valida su biógrafo Federico Cervantes: "Se fue a Norias Pintas donde estuvo mes y medio; después emigró rumbo a La Boquilla, anduvo después por Parral y por Balleza, donde permaneció oculto. Volvió después por la hacienda de Talamantes y San José del Sitio"), afirma que se producirá tres meses antes de su captura, pero es posible que Ángeles haya querido despistar a sus captores sobre el paradero de Villa. En la tercera, en la que coinciden varios testimonios de combatientes que estaban en la columna (Gómez Morentín, Hipólito y otros testigos en Calzadíaz), la separación se produjo en algún momento a mitad de octubre; Calzadíaz precisa que al amanecer del 30 de octubre, pero esta fecha es tardía si se toma en cuenta lo que Ángeles hizo después. El autor ha optado por esta última versión, sobre todo porque una de las razones de la delación de Ángeles es la descomposición de la columna de Martín López, que hace a Salas desertar, y esto se produce en la concentración de octubre.

Marcos Corral, cuñado de Villa, muerto en agosto de 1917, Salvador Fuentes, Martín López.

Pancho Villa y Soledad Seáñez.

Si es confuso el momento, más aún lo son las razones de la separación. Los testimonios varían entre la diferencia de proyectos (Ángeles quería unificar y pacificar) y las discrepancias militares (la guerra de campañas cortas, concentraciones y dispersiones de Villa, permitía la resistencia eterna, pero no la acumulación de fuerzas y el cambio cualitativo). El narrador ha utilizado una combinación de ambas. Ángeles sin duda tenía un proyecto diferente, en el que era muy importante la divulgación del programa de la Alianza, pero en la inercia de la vida diario se involucró en la columna, sus combates y sus decisiones tácticas y estratégicas. Todo ello se hace más confuso en la medida en que en el juicio, Ángeles eligió como línea de defensa el "no vine a combatir".

Sobre la captura, juicio y fusilamiento de Felipe Ángeles. *Documentos relativos al general Felipe Ángeles.* Calzadíaz: *Hechos reales* 7, y el testimonio de Hipólito Villa y Martín D. Rivera en Calzadíaz: *Hechos reales* 8. Grigulevitch: *Pancho Villa.* Nellie Campobello: "La muerte de Felipe Ángeles" en *Cartucho.* Helia D'Acosta: "Así cayó Ángeles". Vargas: "Felipe Ángeles, el legado de un patriota". Domingo Domínguez en Osorio: *Pancho Villa.* Ernesto Ríos en Santos Luzardo: *Por los caminos de Pancho Villa.* La cobertura periodística del juicio y fusilamiento de Ángeles es muy extensa en *El Correo del Norte* de Chihuahua. Sánchez Lamego: *Generales…* Existen dos obras de ficción muy interesantes: la pieza teatral de Elena Garro, *Felipe Ángeles,* y la novela de Ignacio Solares: *La noche de Ángeles.* Gilly (*Arriba los de abajo*): "Una de las figuras más solitarias y trágicas entre los jefes de la revolución".

c) Lázaro de la Garza. En 1933 continuaba el juicio contra Lázaro de la Garza promovido por los Madero e Hipólito Villa, desde 1916, que reclamaban los fondos desviados por Lázaro en la operación con la Western Cartridge Co. Lázaro siempre argumentó que él contaba con la confianza de Villa y que el parque defectuoso de Celaya no fue su problema. En 1938 se suscitó una polémica pública entre Lázaro de la Garza, Juan Bautista Vargas y Enrique Pérez Rul sobre las balas que no llegaron a Celaya y el dinero robado a la Agencia Financiera de la División del Norte en Nueva York. En ese mismo año la Procuraduría abrió una investigación sobre el origen de la fortuna de Lázaro de la Garza en Estados Unidos y Torreón. El narrador desconoce el resultado de estos juicios e investigaciones, pero conociendo el sistema mexicano, no duda que Lázaro y sus herederos gozaron de los bienes malhabidos.

Alan Knight (sin duda basado en las declaraciones de Carothers en 1916) formula una opinión muy divertida sobre Lázaro: "Lázaro de la Garza, negociante próspero de Torreón, que se había destacado en los círculos financieros villistas desde 1913, estaba arruinado por la corrupción e ineptitud de Hipólito Villa, hermano de Pancho". (Papeles de Lázaro de la Garza 8 A1, 8 B 11, 9 B 91, 9 D 2. Calzadíaz: *Hechos reales* 3. Knight: *La Revolución Mexicana.*)

d) Personajes. Pancho Murguía saldrá temporalmente de esta historia. El 6 de junio de 1919 fue nombrado jefe de operaciones de Nuevo León, Coahuila y Tamaulipas. Jesús Guajardo terminará levantándose contra sus empleadores y el 18 de julio de 1920, casi en el mismo momento en que Villa se rendía, fue fusilado en Monterrey.

SESENTA Y UNO

LOS AGUAPRIETOS

Durante los primeros tres meses de 1920 Pancho Villa, inagotable, descendió hacia Durango, donde el 13 enero asaltó la hacienda de Santa Clara, reduciendo al destacamento. Días más tarde, en Huerachi, combatió con una columna de tropas que dirigía Joaquín Amaro, sin buscar una confrontación definitiva; en el primer encuentro Villa venció, Amaro se repuso y lo hace huir, persiguiéndolo hasta alcanzarlo el 26 de enero en Viñeta Del Pastor, donde tras un breve encuentro los villistas huyeron. Luego Pancho desapareció para reaparecer el 3 febrero y tomar nada menos que Lerdo y Gómez Palacio, sin combate y con tan sólo un grupo de trescientos hombres; esas ciudades las saquea. Un mes más tarde asaltará un tren cerca de la estación de Rellano, aniquilará a la escolta y se apoderará de 100 mil pesos.

Y luego una nueva dispersión. En este entreacto reaparece Alfonso Gómez Morentín, portando correspondencia. Alfonso recuerda que estaba nevando el día del reencuentro. Pancho se enterará a través de las cartas de la muerte de Juana Torres en Guadalajara, después de una larga enfermedad. Con esa singular manera de querer y recordar, Villa ha conservado un espacio en la memoria para una de sus tantas compañeras y esposas. Siempre ha guardado una foto de ella dentro de un dije-medallón que lleva consigo. La noticia lo golpea. Recibe noticias de que finalmente le ha llegado dinero a Luz Corral mediante un misterioso enviado de la American Smelting, que le lleva un "préstamo" de 25 mil dólares que la compañía le ha dado a Villa. Durante tres años Villa no había podido hacerle llegar dinero a su familia en San Antonio, Texas. El dinero que mandó se había perdido. Luz y sus hijos; Paula, viuda de Antonio; Martina, su hermana, viuda también, vivían de la venta de las joyas y el coche de Luz.

Su vida familiar será cualquier cosa menos sencilla. Poco después, en abril de 1920, nacerá su hijo Samuel, de María Hernández, de Parral; un mes más tarde nacerá Miguelito (hacia mayo), hijo de María Arreola Hernández, de Rincón de Ramos, Durango, y dos meses más tarde su hijo Eleno Villalva Reyes (12 julio 1920), de María Isaac Reyes, con la que se había casado en Rosario, Durango. De algunos de estos nacimientos tendrá noticia, otros le pasaran por ahora inadvertidos. Y si esto fuera poco, estaba casado a la distancia con

Luz Corral y en una relativa cercanía con Soledad Seáñez, en Valle de Allende, Chihuahua, desde el año anterior.

Días antes de que se iniciara la concentración de los villistas en Pilar de Conchos, comenzaron las tensiones entre los sonorenses y Carranza por razones electorales; los barones armados que apoyaban la candidatura de Obregón argumentaban que el viejo buitre de Cuatro Ciénagas quería imponer la candidatura de un tal Bonilla, llamado Flor de Té porque, siguiendo la letra de un cuplé de moda, nadie sabía de dónde había salido. Villa confirmó que sus especulaciones del año anterior eran ciertas. La alianza se rompía. Pancho entonces eligió al sonorense a quien le tenía más simpatía, quizá porque nunca había chocado militarmente contra él, Adolfo de la Huerta, gobernador de Sonora, y se dirigió al oeste con un pequeño grupo. Cerca del cañón del Púlpito, y tras haber enviado a De La Huerta un primer mensajero con quien le decía que se ponía incondicionalmente a sus órdenes, recibió noticias que hablaban de una ruptura entre el gobierno central y el estado de Sonora. Villa envió un segundo mensajero diciendo que estaba dispuesto a sumarse al movimiento armado contra Carranza. No habían pasado diez días cuando recibió noticias de Hermosillo. De la Huerta lo invitaba a pasar a Agua Prieta a ponerse a las órdenes de Plutarco Elías Calles, y el propio Calles le decía que se conectara con el general Eugenio Martínez, que se había alzado en Chihuahua, en lo que comenzaba a conocerse como el movimiento de Aguaprieta contra Carranza.

Eugenio Martínez y el coronel Silverio Tavares, representante de Villa, se reunieron en Estación Ortiz, en un encuentro dominado por la cautela, en el que no se llegó a ningún acuerdo. La revolución triunfará en pocas semanas y Calles llegó a Ciudad Juárez, donde envió un mensaje a Villa proponiéndole que, con una escolta de diez hombres, se reuniera con él en Chihuahua. Villa, que en materia de confianzas no tenía ninguna, envió por delante a Alfonso Gómez Morentín.

El 21 mayo 1920 Pancho sabría que, en contradicción con las otras señales de reconciliación, el gobernador de Chihuahua ofrecía una recompensa de 100 mil pesos por su captura, vivo o muerto, y se enteró también, gracias a un telegrama interceptado por sus telegrafistas, de que Venustiano Carranza había muerto en la sierra de Puebla cuando huía de México. Villa no sabrá bien a bien cómo perdió la vida el hombre al que hacía responsable de los últimos cinco años de guerra civil. Su némesis, su gran enemigo. ¿Cómo odia Villa? ¿Cómo queda Carranza en el recuerdo? Carranza parece desaparecer de su memoria. No hablará más de él.

En una reunión el 22 de mayo, Calles, flamante ministro de Guerra del nuevo gobierno provisional de Adolfo de la Huerta, escuchó las propuestas de Villa, que decía a través de Gómez que estaba dispuesto a retirarse a la vida privada, que deseaba residir en Chihuahua o en Parral, que se reconocieran sus grados a la oficialidad villista y que fueran licenciados los hombres que desearan retirarse. Calles propuso, diría Gómez Morentín, "que Villa, en lugar de quedarse en Chihuahua, se trasladara, acompañado de diez hombres, al estado de Sonora, donde podía vivir tranquilamente, ya que en ese Estado, según la expresión del Secretario de Guerra, *no tenía ni amigos ni enemigos* y que en esas condiciones el gobierno federal estaría en la posibilidad de darle todo género de garantías". Villa ni siquiera respondió a la oferta de irse con 10 hombres a vivir en Sonora, le debe de haber parecido una mala broma. Se dice que Villa dijo: "Todavía me tienen desconfianza". Pero no eran los únicos, tanta o más tenía Villa de los nuevos gobernantes. Más, de haber sabido que, a pesar de que Calles estaba negociando con su enviado, había dado órdenes al general Amaro de atacar a Villa fueran cuales fueran las negociaciones en curso.

Jugando con dos barajas, Calles le dará instrucciones al general Ignacio Enríquez de "no omitir esfuerzo para que Villa depusiera las armas", y Enríquez salió hacia el sur del estado con 700 hombres, que incluían al ex dorado Ríos, a buscar a Villa, enviando por delante a ex villistas amnistiados para que hicieran contacto. Pocos días después el gobernador provisional de Chihuahua, Tomás Gameros, informó a la prensa que el decreto de "se busca a Villa vivo o muerto", había quedado sin vigor. Devolviendo la señal de paz, Gómez Morentín, en El Paso, declaró que Villa estaba dispuesto a sumarse al movimiento reivindicador para dejar atrás el carrancismo.

Fueran peras o manzanas, Villa seguía campeando en una zona de Chihuahua y reclutaba combatientes. En esos días, acompañado de el Ruñis y Daniel Tamayo, se encontró con una docena de ex combatientes que levantaban la cosecha y, según Camerino Mendoza, les dijo: "Miren, mis hijos, ya parece que andamos arreglando y necesito su ayuda ahora más que nunca, o sea que ustedes dirán". La respuesta fue: "Seguro que sí, mi general".

Mientras las tropas de Enríquez y las suyas se van aproximando, Villa despliega en torno a él una legión de espías, vigías y observadores en los cerros, cañadas y lomas.

El 24 de mayo la columna de Ignacio Enríquez estaba frente a los villistas. Pancho llega con cien hombres y, contra lo que se había acordado Enríquez tiene 500. Del grupo de Villa se desprenden Ornelas y Trillo con bandera blanca. Ofrecen conferenciar a mitad de camino de sus fuerzas, en un cerro contiguo al molino de harina El Pueblito. A las diez de la mañana deberán presentarse los generales con sólo 10 hombres de escolta cada uno.

Camerino Mendoza, con bandera blanca marca el lugar. Villa llega a tiempo, montando briosa yegua (¿sería la *Siete Leguas*?). Enríquez viene detrás de su grupo. Puente contará que Villa observó que los hombres que acompañaban a Enríquez eran viejos villistas y así lo señaló. Enríquez dijo que eran "muy hombres", y Villa, sin poder resistir, contestará: "No lo crea usted, estos amiguitos nomás conmigo son muy hombres. ¿Verdad, muchachos?" Parece ser que Ríos y sus compañeros, bajando la cabeza, asintieron.

Villa tomó del brazo a Enríquez y lo apartó del grupo. Se sentaron en el suelo, ambos apoyando el brazo en una rodilla levantada. A pesar de los pesares había un aire amistoso en la primera fotografía que toma Trillo con una Kodak del propio Enríquez. Una segunda foto muestra en el centro de un grupo de hombres a caballo a Villa, Trillo, Enríquez. Toda la conversación no durará 15 minutos. Villa comentará más tarde a Trillo y Jaurrieta que "no arreglamos nada. Resulta que Enríquez no tiene autorización del centro para tratar conmigo". Se pactó un armisticio de 48 horas. Villa dijo: "Esto va a terminar a plomazos".

Camerino y su bandera tienen una última visión del encuentro: "Cuando íbamos de regreso al campamento dio el general Villa una mirada directa a donde iba Enríquez, que estaba moviendo el brazo en círculo y dijo: '¡Mira el desgraciado ya va figurando el corral que piensa hacernos, pero hay que jugársela de otro modo para que sepa que yo no soy su pendejo!'"

En El Valle, donde están estacionados los villistas, se organiza un baile, pero hacia la una de la mañana, mientras sonaban "La Adelita" y el "Cielito lindo", llegó un espía que habían dejado en El Dorado, que informó que las tropas de Enríquez estaban ensillando. Se montó una línea de tiradores de contención en las afueras del Pueblito. Jaurrieta dirá: "Nunca en mi vida he presenciado una evacuación más rápida". Cuando los sociales de Enríquez cargaban gritando, los tiradores, que los esperaban en silencio, los recibieron con una descarga cerrada. "Villa ya estaba muy lejos de ahí".

Pancho desaparecerá para reaparecer una semana más tarde en Parral, la noche del 1 al 2 de junio, para rescatar un grupo de oficiales villistas que habían caído prisioneros cuando hacían compras en la ciudad. Villa ordena que el ataque se concentre en una parte de la ciudad y que se evite derramamiento de sangre. Camerino cuenta: "Nomás oyeron el ¡Viva Villa! y corrían peor que venados en Parral". Villa se entrevistó con los administradores y propietarios de las compañías mineras que no habían pagado el impuesto revolucionario. Gómez Morentín resume: "Las compañías afectadas entregaron al general las cantidades que le debían por concepto de contribución de guerra, e inmediatamente el guerrillero dio órdenes para abandonar la plaza", alertado por la presencia en las cercanías de una nueva columna a cargo de Gonzalo Escobar.

Y sigue la continua cabalgada: Minas Nuevas, rumbo a San Felipe de Jesús, San Agustín, cerca de Pilar de Conchos, abastecerse de nuevos caballos en Santa Gertrudis, seguir hacia los ranchos del norte. Por esos días pasa por Valle de Allende y bautiza al hijo que ha tenido con Soledad Seáñez.

El 10 de junio Villa le escribe a Amaro una carta fechada en Julines, Chihuahua, diciendo que aunque sabe que el movimiento lo hizo para poner a Álvaro Obregón de presidente, Amaro es "gente decente" y abre la puerta a conversar. Amaro informará del asunto con un "pronto se habrán acabado las fechorías de ese bandido funesto", cerrando cualquier posible puerta al diálogo. Villa parece tener una buena impresión de De la Huerta, no le sucederá lo mismo con Obregón, el "perfumado", quien en 1920, al asumir la Secretaría de Guerra, tenía en su haber la muerte de 46 generales revolucionarios en consejos de guerra sumarios, fusilamientos sobre el terreno o ley fuga. Villa no se equivocaba, en el año 24 Obregón había duplicado la suma.

La guerra parecía interminable, eterna. No lo sería.

NOTAS

a) Fuentes. Los testimonios de sus asistentes J. M. Jaurrieta: *Con Villa, memorias de campaña,* y Gómez Morentín/ Valadés: "La marcha final del general Villa", permiten claramente seguir los pasos de Villa durante el primer semestre de 1920. A esto hay que añadir: Ramón Puente: *Villa en pie.* Luz Corral: *Pancho Villa en la intimidad.* Camerino Rodríguez: "Un villista en los últimos días de la revolución". M. A. Sánchez Lamego: *Generales de la revolución.* Calzadíaz: *Hechos reales* 7. Loyo: *Joaquín Amaro y el proceso de institucionalización del ejército mexicano.* Valadés: *Historia de la Revolución Mexicana* 6. Braddy: "Pancho Villa capitulation: an inside look". Ignacio C. Enríquez: "Mi entrevista con Villa". Archivo J. Amaro serie 01-05 Correspondencia, leg. 2. Las fotos de la entrevista Villa/ Enríquez fueron reproducidas en *Revista de Revistas.*

Sobre la vida amorosa de Villa en 1920: "Las esposas de Francisco Villa". Antonio Vilanova: *Muerte de Villa.* Leonardo Herrera: "Doña Soledad Seáñez viuda de Villa, la esposa legítima del señor Francisco Villa". Carrasco: *Vida del general Francisco Villa.* Soledad Seáñez PHO 1/109. Rafael F. Muñoz narra una de esas bodas de Villa en las montañas de manera esperpéntica e increíble. No coincide con ningún dato de ninguna de las relaciones conocidas. El cuento que habla de una relación que se produce en 1919, con un personaje llamado Roberta, se titula "La marcha nupcial".

SESENTA Y DOS

RENDICIÓN

El 29 de junio de 1920, Villa, tras atacar el tren de Ciudad Juárez y combatir con la escolta, descubrió entre los pasajeros a un viejo conocido, el carnicero de El Paso Pancho Taboada, que le traía una propuesta para tratar con un mediador del gobierno, un tal Elías Torres. Villa no se sorprendió, a lo largo de todo el mes los nuevos gobernantes han estado mandando señales de humo. Se dio el caso de un tal Roberto Muñoz que llevaba una carta de Raúl Madero para Villa y al que los nuevos federales habían dejado pasar, eso sí, sin detener las hostilidades. En San Antonio, su gente había recibido comunicación de su compañero de cárcel y de guerra, el zapatista Gildardo Magaña, que le proponía abrir un diálogo con el gobierno. Villa había recibido un mensaje del ex secretario de Hipólito, Manuel E. González, que acababa de salir de Fort Bliss, donde estuvo acusado de violar las leyes de neutralidad, al que habían contactado en El Paso. No era nada nuevo.

Villa le entregó a Taboada un papel con su firma y un mensaje verbal en el que aceptaba la conferencia y decía que les mandaría un enviado. El carnicero regresó a reunirse con Elías Torres.

¿Quién era Elías Torres y qué papel jugaba en esos momentos? Un ingeniero veracruzano, ex compañero de escuela del secretario de Relaciones Exteriores, periodista. ¿Iba por su cuenta o era un enviado extraoficial del presidente interino Adolfo de la Huerta? Torres contará que estaba en El Paso y asumió a iniciativa propia (quizá por razones periodísticas) la búsqueda de Villa. Reclutó para la tarea a un ex coronel villista, Daniel Delgado, y al carnicero Taboada y salieron el 23 de junio de El Paso para instalarse en Saucillo, de donde empezaron a mandar mensajes.

Al recibir la nota de Villa, Torres se movilizó al rancho de Taboada, donde ya los esperaba un mensajero que los guió hacia el noroeste. Subiendo la sierra iban encontrando enviados de Villa que les daban rumbo. La cita será en la hacienda de Encinillas, cerca de Camargo y próxima a la guardaraya con Coahuila, que Armendáriz describirá como una "hacienda perdida en lo alto de la serranía como un nido de águilas. Se asciende a ella por una rampa que la propia naturaleza labró en el basalto de la montaña, en forma de curvas sucesivas, zigzagueantes".

El 2 de julio, tras un par de horas de espera, Villa llega a caballo. Guayabera blanca manchada de sangre, pantalones claros, sombrero texano. Viene de un encuentro con un pequeño grupo de soldados del gobierno y la sangre es de un oficial herido al que salvó "por valiente".

Cuando Villa abrazó a Elías Torres verificó que no tuviera una pistola escondida. Se fotografiaron juntos en el campamento, a la sombra de un árbol donde se sentaron a conversar. Villa está gordo, con el sombrero echado hacia abajo, rehuyendo la mirada, en lo que sabemos es su gesto de desconfianza. Nicolás Fernández dirá que las primeras explicaciones de Torres hacen recelar aún más a Pancho, porque le pidió algo de De la Huerta y Torres dijo que no traía papeles. Elías Torres le da cuenta de su misión, de la posibilidad de que ahora que Carranza está muerto se pueda negociar una pacificación. ¿Y si son tanteadas? Villa ha sobrevivido tantos años gracias a una sabia desconfianza. ¿Por qué ponerse en manos de este hombre al que nadie avala?

Tras cuatro horas de conversación Villa le dicta a Trillo una misiva para De la Huerta. Dice que lo hace porque "me guía mi amor a la patria", y tras advertirle que necesita que Obregón "no trate detrás de la puerta conmigo", asegura que está dispuesto a darse un abrazo de hermano con De la Huerta, Obregón, Calles y Hill ("el viejo más simpático de ese póker", le decía a Elías). "Si ustedes se sienten avergonzados de ser mis amigos rechácenme [...] Mientras tanto voy a suspender las hostilidades." Y tras escribir que Elías le contará de las traiciones que ha sufrido en "estos días", firma: "Un hermano de raza que les habla con el corazón".

Había un pliego separado con condiciones que Torres no menciona: Villa seguiría siendo general de división encargado del fomento agrícola en Chihuahua, al mando de una policía rural de no menos de 500 hombres; habría elecciones libres en Chihuahua; recibirían una propiedad en el estado, señalada por él, en un lugar llamado Horcasitas, para repartirla entre los soldados que le acompañaban; no sería su propiedad, aclara, y se comprometía a terminar con el bandidaje, "haciendo de este estado el más pacífico de la república". No castigará de propia mano a enemigos, se reserva el derecho de señalar ante tribunales a los que se hayan enriquecido ilegalmente siempre que De la Huerta lo considere conveniente. Y añade de viva voz que como muestra de buena fe tendría que retirarse el general Amaro, que lo venía persiguiendo desde Saucillo y Conchos.

El 4 de julio Torres le telegrafió a De la Huerta y tomó un tren para la ciudad de México. Seis días más tarde se entrevistarán en el Castillo de Chapultepec, donde el presidente sufre lo que le han diagnosticado como un ataque de apendicitis, y lo recibe en su recámara. De la Huerta, tras leer la carta de Villa, de su mano escribe en la mesita de noche una nota: "No suscribo en todas sus partes los arreglos iniciados por usted", pero no "abrigamos la idea de obligarlo a humillaciones". Y aunque marcaba la distancia tímidamente con un "le hemos censurado algunos de sus procedimientos", lo invitaba a entrar en "la tranquilidad". Proponía entregarle la hacienda que perteneció a Urbina en Durango, con "cuarenta o cincuenta de sus asociados", y otra en Chihuahua para 250 soldados villistas, garantías plenas y sueldos durante un año. Después de lo cual las haciendas serían productivas. Y tras escribirle que no debe dudar de "la buena fe que me anima", firma "Su viejo amigo, Adolfo de la Huerta".

La idea de ofrecerle la hacienda de Canutillo como retiro surgió de la conversación con Torres, que recordaba que Delgado le había oído decir a Villa que le gustaba. Tenía además la ventaja de estar en Durango, no en Chihuahua. Desde luego, no podían ofrecerle mando militar ni civil en Chihuahua.

De la Huerta mandó a llamar a Plutarco Elías Calles, que vivía en la recámara de Carlota en el piso de arriba, y le dio a firmar una nota en la que aseguraba respetar los acuerdos del presidente y ofrecía garantías a Pancho. Calles, sin decir mayor palabra, firmó. La nota estaba escrita en papel membretado de la presidencia y más tarde la firmará Benjamín Hill.

Mientras el acuerdo parece estarse cocinando, las presiones se expresaron en la prensa. El 11 de julio se publicó en Estados Unidos una entrevista con Jesús Corral, hermano de Luz, en que desmentía los rumores de la rendición de Villa y decía que Pancho se estaba reorganizando. *El Demócrata*, en la ciudad de México, se hará eco de la entrevista el mismo día. Simultáneamente Calles, intentando sabotear las negociaciones del presidente, declaró a la prensa que las condiciones de Villa para firmar el armisticio no serían aceptadas.

Torres regresó a Torreón y nuevamente se puso en contacto con Villa. Éste le propuso una cita en Saucillo para tratar la rendición. Cuando Torres llegó al pueblo encontró allí las tropas del general José Gonzalo Escobar, jefe de la guarnición de Ciudad Juárez y subordinado de Amaro. Torres se sorprendió porque el presidente le había prometido que no habría fuerzas militares a fin de que Villa se acercara tranquilamente. Escobar le explicó a Torres que él quería la pacificación, entre otras cosas por razones personales, para que se acabara el odio, porque él presidió el consejo de guerra contra Felipe Ángeles, pero le dijo que desconfiara de Amaro, y le mostró un telegrama del 16 de julio dirigido a Escobar por su jefe: "Comuníquele que en tren de pasajeros del norte van personas que hablaron con Villa días pasados y que la prensa lo ha publicado". Y le dice que los vigile a ellos y a Taboada, vecino de Saucillo, para "sorprender al enemigo y normar nuestras operaciones".

Entre el 17 y el 20 de julio el general Joaquín Amaro recibió instrucciones contradictorias de cómo tratar a los villistas; por un lado del presidente De la Huerta y por otro del ministro de la Guerra, Plutarco Elías Calles, que le ordenaba combatir a Villa fueran cuales fueran las negociaciones. Y éstas fueron las que siguió. Envió dos columnas hacia Encinillas y reforzó con caballería a Escobar, dándole órdenes de atacar en cuanto viera a Villa.

Villa, oliéndose una encerrona y usando a sus múltiples informadores para saber los movimientos del ejército de los aguaprietos, no se presentó en Saucillo.

Torres telegrafió a De la Huerta el 17 desde Estación Concho contándole la historia: "Villa puede pensar que no hay sinceridad de parte de usted en estas negociaciones", y le decía que corrían peligro su vida, la palabra del presidente y las negociaciones, y que Amaro "está obrando con una inexplicable falsedad". A las dos de la tarde llegó la respuesta de Adolfo por intermedio del Estado Mayor presidencial (no de la Secretaría de Guerra) dirigida a Escobar, diciéndole que Torres tenía que hablar con Villa, que había que facilitarle su labor, que las fuerzas "deberán permitir que Villa se acerque, no hostilizarlo y facilitar en todo un posible arreglo" y que en telegrama paralelo se instruía a Amaro en el mismo sentido. Más tarde, llegará un telegrama de Amaro a Escobar ratificando la decisión presidencial y dando órdenes de no chocar.

Torres dirá más tarde que Villa le demostró que las órdenes de Amaro venían del mismo Calles, según telegramas que él interceptaba. En sus memorias De la Huerta parece confirmarlo: Calles dejó instrucciones a Ignacio Enríquez, gobernador de Chihuahua, y a otros jefes militares para que le tendieran "una celada" a Villa.

Elías Torres le mandó mensajes a Villa para que no se acercara y trató de hacer contacto directo con De la Huerta, para lo cual regresó la ciudad de México con ayuda de Escobar, que lo puso en un tren en Jiménez.

Las tensiones entre los sonorenses eran cada vez más fuertes. Miguel Alessio Robles, por encargo del presidente, envía una larga comunicación a Obregón en Sinaloa, informándole de las negociaciones. Obregón, candidato a la presidencia en esos momentos, responde en un telegrama al presidente: "… decirme si el gobierno que usted preside ha entrado en negociaciones con el bandolero Villa […] significarían el fracaso moral […] porque tendrían como base la impunidad […] Me permito protestar de la manera más respetuosa contra todo pacto…". E insiste un día después: "No se debe celebrar ningún tratado porque no hay derecho de cancelar todos los actos pasados de Villa […] Además se correría el peligro de que se pidiera su extradición (de firmarse el pacto)… Amaro dejaría de ser soldado antes que seguir sirviendo al gobierno […] y entiendo que la mayor parte de los jefes […] siente lo mismo". Ese mismo 18 de julio De la Huerta le telegrafiaba a Amaro: "Recoja a Elías Torres mi carta". Las presiones de Alvaro Obregón estaban funcionando, las negociaciones se cerraban. De la Huerta cambia el 19 de julio las órdenes para Amaro: "Proseguir persecución hasta exterminio de Villa". Y Serrano, subsecretario de Guerra, informaba a la prensa que le daba un mes a la rebelión villista.

Obregón, generoso en su victoria política, agradeció a Huerta el cambio de línea, pero dejando claro que alguien había metido la pata: "… revelas

PACO IGNACIO TAIBO II

un amplio criterio dispuesto siempre a modificar errores que todos somos susceptibles de cometer", pero el 26 de julio, a bordo del cañonero Guerrero en alta mar, en privado telegrafió a Hill y a Serrano protestando porque De la Huerta le hubiese encargado a ellos informarle de la historia de Villa. Después de repasar los "horrores" del villismo, concluyó: "No hay ninguna autoridad por alta que sea su investidura que tenga el derecho de celebrar con Villa un convenio". Aparentemente el capítulo se había cerrado con la victoria de las posiciones no negociadoras de Calles y Obregón, pero no fue así.

Mientras tanto Villa llevaba casi dos semanas desaparecido. Sabía que tenía que sacar la situación del empate en que Calles y Obregón la habían colocado y se encontraba a mitad de una más de sus extrañas maniobras. Desde el día 12 decidió salir de la zona en que está operando y dar un golpe de efecto que le permita romper el *impasse* y comunicarse directamente con De la Huerta. En una reunión de generales discuten si atacan de nuevo Torreón o van hacia la cuenca carbonífera de Coahuila, repitiendo la experiencia de Múzquiz del año anterior. Sóstenes Garza, nativo de Buenaventura, lo apoya. Finalmente Villa decide que hacia el oriente: Coahuila; pero eso implica el cruce del desierto. Pone en orden su pequeño ejército y, ante la reticencia de los de Durango, cambia los mandos de esa brigada.

Nellie Campobello no lo contará mal en sus *Apuntes*: "El sol se había comido las piernas de Villa. Ya no se alargaban y se encogían. Ahora ya sólo eran ruido entre las yerbas. Volvió a su peña y esperó. Aquella noche iba a lanzarse a su último vuelo. Y en verdad, la caballería increíble volaba sobre la arena blanca del desierto [...] La cara del hombre de las mitazas venía adelante. Sus ojos dorados se entrecierran y recogen la distancia a lo lejos. Nada ve; percibe, adivina. Las pezuñas de su caballo remueven la arena. Atrás sólo quedaba un hilo de polvo, largo como el infinito".

Y empieza una más de esas salvajes travesías a las que Villa ha acostumbrado a sus hombres. De Encinillas a Hechiceros viajando de noche. Los 858 hombres iniciaron la travesía sin reservas de agua y sin comida. Villa apuesta a que encontrará ambas cosas en el camino; apuesta a eso y a sus memorias, la propia y la prestada por dimes y diretes, historias, rumores y conocimientos de su gente.

El 14 llegaron al rancho Jesús María en los límites de Chihuahua y Coahuila, un día después a la Morita, al día siguiente a El Guaje, donde consiguen agua, comida y mulas. Camerino Mendoza dirá: "El general conocía todos los rincones del mundo", y cuenta cómo Villa, en el trayecto, les dice que van a pasar 24 horas sin agua y que la encontrarán en un lugar que él llama Las Chichis de Juana, que quizá Canales identifica como Charcos de Figueroa, adonde llegan el 20.

Jaurrieta cuenta el paso por el desierto: "¡Qué hornada! Casi 72 horas perdidos en el desierto, sin encontrar una gota de agua para mitigar la fiebre que hacía estragos de locura en la columna. Varios soldados, en un arranque de desvarío desenfundaron sus carabinas, señalando a corta distancia una línea de fuego enemiga. No había tal, era el espejismo, hubo necesidad de desarmar a aquellos hombres y darles de beber orines de caballo". Nicolás Fernández, cuya memoria a veces peca al agregar dramatismo, cuenta que unos 50 de ellos estaban a punto de morir de sed, "trabados de los dientes, negros de sed". Los ayudó con una punta del pañuelo mojada en sotol y sal que les frotaba en las encías. Otros usaban piedras para masticar, pero Fernández dice que eso resecaba más, que Villa les decía que se metieran un pedazo de mezquite verde en la boca. Nellie Campobello cuenta que cuando cruzaron el Bolsón de Mapimí, Villa le daba a Daniel Tamayo pedacitos de tortilla dura que guardaba en la bolsa. Pancho mismo participa en la historia cuando dicen que decía: "Aquí se acabó Sansón con todos sus feligreses". Quisiera lo que quisiera decir tal frase, resultaba apocalíptica.

Gómez Morentín narra:

Cuando la situación era más desesperada, el general Francisco Villa alcanzó al general Nicolás Fernández, que marchaba a la vanguardia, y le dijo:

—A ver, Nicolás, piensa en un rumbo hacia el cual podamos conseguir agua, aunque sea combatiendo.

El general Fernández se detuvo un instante y, después de ver hacia los cuatro puntos cardinales, exclamó:

—Mi general, me parece que hacia el Norte encontramos agua; permítame partir hacia allá y yo le traeré noticias.

La columna hizo un alto. Todas las miradas estaban fijas hacia la pequeña polvareda que levantaban los caballos de Nicolás Fernández y los hombres que lo acompañaban. Durante dos o tres horas reinó la ansiedad, hasta que la nubecilla de polvo, que se había perdido, reapareció.

—¡Allá viene Nicolás! —dijo el general Villa observando con los gemelos, y se adelantó al encuentro de Fernández.

—Mi general, sí seguimos caminando hacia el rumbo que yo llevaba, encontramos agua dentro de cinco horas.

—¿Cómo lo sabes, Nicolás? —preguntó Villa.

—Mi general, como a dos horas de camino se divisa una pequeña sierra; observé con los gemelos y pude ver cómo constantemente subían y bajaban nubecitas de polvo, son las manadas que suben y bajan en los lugares donde hay aguajes; tengo la seguridad de no equivocarme, mi general.

Fuera esa la historia o una fabulación, el caso es que tienen la suerte de descubrir un árbol que alguien recuerda como señal de un camino y de allí se dirigen al Presón de la Esperanza (Nicolás Fernández lo llama Presón de las Mercedes), en terrenos de la familia Madero. Villa ordenó tomar la fuente, con pena de muerte para el que permitiera a su caballo beber en demasía. Dos días permanecen en el Presón acampados y recuperando los caballos, a los que se les llevaba agua.

El 22 arribarán al rancho de Esteban Falcón (que tenía fama de cuatrero), perdido en medio de la nada; un pastor les sirve de guía. Sorprenden al dueño en calzoncillos y le quitan 300 caballos. El 24 llegarán a Fortín de los Zaldúa.

Tras una cabalgada de 13 días "nunca antes ni después igualada por nadie", a caballo día y noche, remudando bestias por el desierto, por las serranías, siguiendo veredas y pasos de montaña, sin dejar huellas, sin carga extra, ni alimentos ni agua, viviendo sobre el territorio, han cubierto una distancia en línea recta de 700 kilómetros. Es, de todas las hazañas bélicas de Pancho Villa, la más sorprendente, la más brillante, porque además se realiza supuestamente en territorio enemigo y sin librar un solo combate.

Jaurrieta registra que la llegada a Sabinas fue accidental: al hacer alto en la loma de una cordillera apareció a los pies la ciudad. Unos decían que era Monclova, otros Cuatro Ciénagas, pero era Sabinas. Una luz de petróleo vista a lo lejos los guía, son las 4 de la madrugada del 26 de julio. Serafín, el lechero, los conduce y les enseña el paso del río.

Villa dividió el grupo en tres columnas. Una bloqueó el acceso a Sabinas desde el norte, 300 hicieron lo mismo desde el sur y los restantes, a su mando, entraron a Sabinas desde el oeste después de cortar las líneas telegráficas. Villa le ordenará a Trillo que trate de pedir la plaza sin confrontación. En dos grupos se acercan al cuartel. Son pasadas las 5:30 de la madrugada, casi amaneciendo, cuando le piden rendición al destacamento. Los obregonistas de la guarnición, de 25 a 40 al mando de un capitán, no supieron si se trataba de fuerzas amigas o enemigas hasta que los tuvieron enfrente gritando ¡Viva Villa! Y contestaron a tiros. Poco duró el cuartel. Murieron los oficiales, y los soldados que no se tiraron al río fueron capturados.

Hacia las ocho de la mañana quedaron reparadas las líneas que se habían cortado y Villa se presentó en las oficinas con sus propios telegrafistas (en la columna venían, además de los combatientes, ingenieros de locomotora, médicos, telegrafistas y linieros) y le ordenó a Gómez Morentín enlazara con el presidente de la República. Así nomás. Alfonso pidió al telegrafista oficial las contraseñas y tras enlazar con Saltillo, San Luis Potosí y México DF, conectó con Palacio Nacional.

Poco después de las ocho de la mañana se produjo el siguiente diálogo surrealista. Gómez Morentín preguntó por telégrafo:

—¿Se encontrará ahí el señor presidente de la República?

—No, el señor presidente llega a las nueve de la mañana —contestó el telegrafista de Palacio Nacional.

—Cuando el señor presidente llegue, favor de decirle que el señor general Francisco Villa se encuentra en la oficina de Sabinas Hidalgo y que quiere tener una conferencia telegráfica con él.

—¿El general Villa?

—El mismo.

A las nueve de la mañana Adolfo de la Huerta estableció contacto. Existe una narración del secretario del presidente, Miguel Alessio Robles, sobre esa conversación telegráfica. Estaban presentes Benjamín Hill y Serrano, subsecretario de Guerra.

Parece que Villa pidió que el presidente se identificara, telegráficamente, claro, pero se produjo un malentendido. De la Huerta le dice que le mandó un retrato con Elías Torres.

—¿Quién es el ingeniero Torres?

—Ese ingeniero que vino a verme diciéndome que era muy amigo de usted.

—Me pongo a sus órdenes, señor presidente, la intransigencia de uno de sus jefes me ha obligado a apoderarme de esta ciudad, pero en perfecto orden, ningún mal ha sufrido la población, no ha habido un solo muerto [...] estoy a sus órdenes para continuar los arreglos interrumpidos.

De la Huerta, que conocía bien a Villa, no debe de haberse mostrado sorprendido. Villa hablaba desde la región carbonífera de Coahuila, mientras los hombres de Calles lo tenían "cercado" a 700 kilómetros, en Chihuahua.

—Quiero decir que estoy a sus órdenes y que con usted sí me rindo —dijo Villa.

—Usted no se rinde con nadie, véngase a hacer la paz conmigo —respondió el presidente.

—Sí, solamente quiero señalar las condiciones; no por mí, que estoy incondicionalmente a sus órdenes, por mis muchachos.

Sólo había una pequeña discrepancia. Mientras Villa quería retirarse a vivir a su ranchito, cerca de Santa Isabel, obviamente, Adolfo quería sacarlo de Chihuahua. En sus *Memorias*, De la Huerta dirá: "No me convenía que fuera a residir a Chihuahua pues tenía allá muchos enemigos que podían en cualquier momento liquidarlo, y yo podía aparecer como responsable. Por eso insistí que se fuera a esa hacienda que me habían pintado como separada de todo contacto con el resto del mundo".

Tras una larga conversación, De la Huerta informa a Villa que para poner todo en papel, como lo pide, le mandará al general Eugenio Martínez, que estaba en Torreón.

Martínez, zacatecano que había hecho la revolución con los hombres de Sonora y fue herido en Celaya por los villistas, es confiable, no responde directamente a Obregón y a Calles. En una época de generales de caballería, no lo parece, regordete, apacible; eso sí, bigotón y sombrerudo. De la Huerta hablará inmediatamente con él, quien no las trae todas consigo porque piensa que Villa no quiere realmente rendirse y lo está haciendo para que lo dejen "engordar" en Sabinas. Adolfo ordena que vaya con una escolta de 50 hombres y firme las condiciones que ha pactado con Villa. Martínez le pide que le permita ir telegrafiando desde cada estación.

Los más de 800 villistas se riegan por el pueblo de 2,500 habitantes causando sensación. Villa establece un riguroso orden, habla con *mister* Hearling, presidente de la Cervecería de Sabinas, y le ordena que la cierre, que se cierren todas las cantinas, y afirma que cualquiera que sea descubierto dando o vendiendo licor a sus hombres, será fusilado. Luego organiza una colecta no muy voluntaria con los ricos del pueblo: comerciantes, ferreteros. El presidente municipal, al ser requerido, le dice que no tiene ni para pagar la nómina de los maestros del pueblo. Villa le pide que lo demuestre, y cuando lo hace, Villa le ordena a Trillo que le entregue 1,500 pesos para cubrir los sueldos. Manda a cuatro de sus hombres a revisar todas las tiendas de ropa y comida en el pueblo y que le reporten las que hubiesen tenido mayores ganancias el año anterior. Requisa zapatos, sombreros, ropa interior, polainas, calcetines, comida, forraje, herraduras, clavos para herrar, pieles, mulas y caballos.

Algunos villistas aprovechan y van a la peluquería, de algún lado han sacado pañuelos rojos nuevos. Alguien del pueblo dirá que venían harapientos y con los caballos en muy malas condiciones. Camerino reflejará muy contento que primero se hicieron cargo de "nuestras bestias, a las cuales habíamos bañado y peinado, también nosotros muy bien arreglados esperábamos la llegada de nuestros visitantes".

Serrano, el subsecretario de Guerra (es significativo que sea él y no Calles, su superior, lo que indica que De la Huerta ha tomado cuidadosamente el control del proceso), ordena a Amaro que los contingentes que persiguen a Villa se detengan, que además no le haga al pendejo, Pancho está en Sabinas, no en Chihuahua.

Martínez sale con su tren de Torreón, donde, tras dudar si se lleva 500 soldados de los yaquis de Urbalejo, decide, para evitar suspicacias de Villa, que vayan sólo 75 soldados de escolta.

Villa, mientras tanto, se encuentra sentado en una enorme piedra de río esperando; ahí lo verán los vecinos que lo saludan quitándose el sombrero. Villa, con un ojo en el río y otro en el paso del tren, engulle paletas de limón compradas en una heladería cercana. Se toma retratos con los notables del pueblo, como si fueran amigos de toda la vida. Para pasar la noche se instala en la casa de Lucio Mirabeau Lamar, un propietario minero de origen irlandés, que en esos momentos está ausente de la población. Según el encargado, un japonés, Villa no usó las camas, sino que durmió en el suelo envuelto en unas cobijas e incluso cambió varias veces de cuarto a lo largo de la noche.

Durante las primeras horas de la mañana hubo un intercambio de telegramas entre Villa y Martínez desde su tren. El último telegrama llegó de Monclova o Barroterán preguntando a Pancho dónde quería realizar la confe-

rencia. Villa respondió que en el pueblo y que Martínez podía venir acompañado por una escolta de 150 hombres.

Nadie se pondrá de acuerdo en la hora en que llegó Eugenio Martínez. Fue
el 27, un día después de la toma de Sabinas, y puede haber sido a las 11 de la
mañana, "como a la una" o, como con gran precisión afirmará Gus T. Jones:
"a las 4:34". Lo que sí se sabe es que en la estación había una banda militar
(¿de dónde salió?) que tocaba la marcha de honor. Villa abrazó a Martínez y se
dejaron fotografiar por Sabino Villegas.

Martínez venía acompañado de su secretario Víctores Prieto, que había
sido representante del ministerio público en el juicio de Ángeles y fue el que
pidió la pena de muerte, cosa que Pancho no debía saber. Tras hacer entrega de
los soldados capturados en Sabinas, la comitiva se fue caminando hacia la casa
donde se había establecido Villa. La reunión se celebró en el patio trasero. Villa
se sentó en un cajón, de espaldas a la pared, "como siempre lo hacía", y frente
a él Martínez. Luego se quedaron solos bajo un árbol y manoteaban mucho.
Los villistas formaron un semicírculo a unos metros. Villa tenía bloqueados los
accesos a Sabinas por el norte y el sur con 300 hombres en cada punto.

Nieto, un soldado villista, recordará que Villa y Martínez estaban solos,
sentados bajo un pequeño árbol (que los habitantes de Sabinas recuerdan muy
bien, a espaldas de la casa Lamar, hacia el río). "Nosotros, de lejos, no sabíamos de qué hablaban, algunas veces Villa se paraba y caminaba a su alrededor,
como pensando en algo, o discutiendo algo que no aceptaba, algunas veces
discutían algo fuerte […] la plática duró horas y nosotros fumando."

El único registro de la conversación es el que Martínez le debe haber contado a Gus T. Jones. Villa abrió la conferencia diciendo que no se trataba de
una rendición sino de una conferencia de paz entre él y el nuevo gobierno.
Dijo que no quería ninguna posición para él en el nuevo gobierno, nada de
dinero, quería que lo dejaran solo y que les dieran seguridades. Martínez dijo
que él y sus hombres debían desarmarse. Villa le respondió que nada de eso,
y que si no tenía la autoridad para seguir la conferencia hablara con De la
Huerta. En determinado momento de la conversación Villa le tendió a Martínez
una carpeta que sacó de su bolsillo, con un recuento de los muertos que había
hecho en batallas y los que había matado personalmente; la lista totalizaba 43
mil, estaba harto de matar. Echó pestes contra algunos generales obregonistas
a quienes llamó traidores y tramposos. Dijo que si el gobierno quería la paz,
bien, pero si no, seguiría combatiendo. Tenía miedo de que los futuros cambios políticos (la llegada al poder de los republicanos) en Estados Unidos
produjeran una intervención. Había escogido Sabinas porque confiaba en
Martínez, que era el jefe militar de la zona. Sin duda lo estaba conquistando.

Comieron en el río. Villa vestía (según el general Richkarday) "una mo-
desta guayabera de dril, pantalones de kaki y fuertes mitazas de cuero con
hebillas plateadas, ligeramente enmohecidas por las lluvias de la sierra, zapa-

tos de una pieza y un sencillo sombrerito de palma desprovisto de insignias y de adornos".

Federico Cervantes registra que Villa reaccionó a la exigencia de Martínez de que previamente la columna debería desarmarse, ordenando que se levantara el campamento, y la tropa comenzó a moverse, supuestamente en dirección a Piedras Negras. Ninguno de los otros testigos recuerda la acción (es probable que aunque se hubiera hablado del asunto, no se haya llevado a cabo). Cervantes asegura también que fueron alcanzados a poco por un correo que decía que regresaran, que el presidente estaba de acuerdo en sus condiciones. Supuestamente Martínez había hablado con De la Huerta, con el que tenía permanente comunicación por telégrafo desde su vagón de tren, quien le había ordenado que adelante, que no presionara con el asunto de las armas.

Fuera así o no, en la tarde la conferencia continuó. Villa dijo que quería un año de salario para sus hombres pagado por adelantado, que le proveyeran un rancho que él pagaría, en cualquier parte, y permiso para mantener sus armas por razones defensivas. Hasta que se formalizara todo, quería conservar una escolta de 50 hombres. Martínez aceptó las condiciones. A Villa no le gustaba la idea de que le dieran la hacienda de Canutillo porque la gente comentaría que dejó las armas a cambio de un rancho.

Villa, conservando su estilo, le dijo a Martínez que las cosas que había requisado en Sabinas ascendían a 20 mil pesos oro, sin contar los caballos y no quería que el gobierno se hiciera cargo de la deuda, que la pagaran los patrones a cuenta de las grandes ganancias del año anterior.

En la noche Villa se quedó ocupando la casa de Lamar, mientras Martínez dormía en su tren. En algún momento de la tarde el general Escobar llegará a Sabinas, cuando las pláticas ya se han iniciado.

A las 11 de la mañana del 28 de julio, redactada por Víctores Prieto, secretario de Martínez, se firma el acta de rendición. "El general Villa depone las armas para retirarse a la vida privada…" Le entregan la hacienda de Canutillo, donde "deberá tener su residencia", le permiten tener una escolta de 50 hombres armados con sueldos a cargo de la Secretaría de Guerra; a los combatientes que depongan las armas se les entregará un año de haberes y tierras en propiedad o se aceptará su incorporación al ejército. El texto terminaba con el compromiso de Villa de "no tomar las armas contra el gobierno constituido".

No hay constancia del discurso que Pancho Villa le hace a su gente. Nieto dirá simplemente que les informó que la lucha se había terminado "y tiramos los últimos balazos al aire para decirle adiós a la revolución". ¿Qué piensa Villa en esos momentos? Han pasado 10 años de combates casi ininterrumpidos desde que aceptó la propuesta de Abraham González y cinco desde que lo quebraron en la batalla de Trinidad. Porfirio se fue y se murió de aburrimiento en París, a Orozco lo mataron los gringos. Huerta murió de borracho, a Carranza lo mataron estos que ahora andan negociando con él y que eran sus ahijados.

El ingeniero Holguín sacará la cuenta de que Villa hizo campañas militares a razón de 68 mil kilómetros, la mayoría de ellos a caballo. Diez años de guerra son demasiado. Debe de haber en él una mezcla de cansancio y hastío.

En la noche De la Huerta telegrafía a Eugenio Martínez. "Con positiva satisfacción me he enterado de su mensaje en que comunica que general Villa aceptó retirarse a la vida privada". Hábilmente, De la Huerta rehuye la palabra "rendición".

La reacción de Obregón no se hace esperar y envía mensajes a gobernadores y jefes de operaciones pidiéndoles que protesten ante De la Huerta. Pero esta vez el presidente ha logrado la rendición de Villa, no sólo una promesa; sólo manifestarán su desacuerdo Enríquez, gobernador de Chihuahua, y el general Amaro. Hill y Serrano le contestan a Obregón diciendo que el presidente tiene razón (parece ser que el telegrama de Hill era muy fuerte). De la Huerta ya no titubea, tiene la pacificación del país en las manos. En sus *Memorias* dirá que a los jefes que le consultaron les dijo que simplemente respondieran de recibido. Obregón aceptará su derrota política ante los hechos consumados. Plutarco Elías Calles ni siquiera interviene, el 28 julio se encontraba en El Paso.

El 29 de julio salen de Sabinas. Martínez en su tren. Villa y sus 807 hombres han rechazado la oferta de viajar en trenes con jaulas para los caballos, porque aún queda un resto de desconfianza. Van a Tlahualilo, donde quién sabe por qué se ha fijado el punto de reconcentración y desarme. Mucha gente del pueblo fue a verlos cuando salían por el río. Villa se compromete a ir telegrafiando a Martínez desde cada punto al que arribe para que no queden dudas.

La primera parada de la columna será en San Buenaventura, de donde era Sóstenes Garza, que organiza un banquete y ahí en su tierra se queda. Villa desaparece por unos días, el pretexto es que va a reunir grupos dispersos. Los rumores se desatan.

El 4 de agosto llegan a Nadadores, donde se reincorpora Jaurrieta, que estaba en una comisión en Estados Unidos, probablemente avisando a las redes de villistas del otro lado de la frontera lo que estaba sucediendo. Luego arriban a San Pedro de las Colonias. Ahí estaba Martínez, que había regresado de informarle a De la Huerta en la capital y el general José Gonzalo Escobar. Raúl Madero los invita a su rancho El Cuatro. Años después Raúl confesará a un periodista que la cosa no le hacía mucha gracia, sabía que el gobierno se iba a poner nervioso por ese encuentro, pero no se podía hacer otra cosa. Villa, de nuevo con uno de sus coroneles, al que ha dejado de ver después de la disolución de la División del Norte y quien pasó en el exilio buena parte de esos años. Existen fotografías de esa comida, eran trece a la mesa.

En San Pedro hay cerca de 20 periodistas, Villa se negaba a recibirlos, aunque al final aceptó hablar con todos juntos. ¿Qué desean, amiguitos? No quiere hacer declaraciones a la prensa. En broma se apoya en los hombros de

Eugenio Martínez y Gonzalo Escobar y dice: "Pueden ustedes decir que ya acabó la guerra, ahora andamos unidos las gentes honradas y los bandidos". No permite que lo filmen las cámaras de cine porque había llegado a un compromiso de exclusividad en Sabinas con Cinema Martínez y Compañía, pero se toman muchas fotos. Los cortos que se filmaron se titularon: "Rendición de Francisco Villa en Sabinas, Coahuila" y "Villa íntimo".

Aparecen viejos camaradas. Manuel Chao que ha retornado del exilio, Máximo y Benito García. También llega Elías Torres. Un par de fotos lo muestra conversando animadamente con Villa. Al principio el general no lo quería recibir porque pensaba que él había sido el culpable de la encerrona que le había puesto Amaro. Parece ser que el malentendido se deshizo y quedaron en buena relación, porque poco después, el 9 de agosto, le escribe una carta en la que le da poder y le pide recoja de Gabino Vizcarra unos cheques por 900 mil, 600 mil y 400 mil pesos del Banco Alemán de Torreón, girados contra el First National de El Paso a favor de Luz Corral de Villa. Se trata de los famosos cheques de 1913 que los bancos de Torreón se negaron a validar.

Las fotos en San Pedro muestran a veces un Villa sonriente, muy sonriente, pero también con la ropa en muy mal estado, con síntomas de agotamiento y tensión. Como si saliera de un mal sueño.

El 5 de agosto llegan a Cuatro Ciénagas. La guarnición está avisada. Le ofrecen para alojarse con su escolta el palacio municipal y la mayoría se quedó en las afueras del pueblo. Villa pide una casa. "Si es posible que no tenga barda, donde mi escolta se pueda defender de los rayos del sol". Espías del ejército verifican que los hombres de Villa vienen con muy pocas municiones, y son unos 480. El presidente municipal les da un banquete. Villa habla: "No crean ustedes que porque yo haya asumido esta actitud de paz, haya sido porque Francisco Villa ya no podía sostenerse revolucionando en su país; Villa puede sostenerse el tiempo que quiera, pero yo no quiero que ese gobierno vaya a ser la rémora para la pacificación".

El 10 de agosto, en el rancho El Amparo, lo entrevista Ramírez de Aguilar para *El Universal*: "Me retiro a la vida privada, a la vida del trabajo". A Villa no le gustó la crónica de la rendición que hizo Ramírez y más tarde le diría a Trillo: "Búsqueme al güerito mustio y tráigamelo aquí para que no sea hablador". Pero Ramírez de Aguilar ya estaba a cien kilómetros de allí.

El 13 arriban a Tlahualilo, que será el punto de reconcentración. Allí comienzan a reconocerse los grados de los villistas y a pagarse los salarios, a entregar las armas y muchos de ellos a dispersarse; otros muchos seguirán con Villa y sus generales. Villa pasa revista a los que se han de amnistiar. Se licencia el ejército. Villa personalmente hace los pagos, pregunta por los futuros destinos. Durante todo el tiempo que los hombres pasan ante la mesa una banda de música está tocando sus piezas favoritas; los músicos se han de llevar parte de las monedas de dos pesos de oro con que se estaba pagando.

Villa no quería que los papeles de Canutillo se pusieran a su nombre, pero al final no le quedó otra que aceptar. Si no, ¿a nombre de quién? Las otras haciendas quedaron a nombre de sus generales: para Nicolás Fernández y sus hombres, San Isidro en Chihuahua, una ex hacienda de Terrazas; para Lencho Ávalos y los suyos, San Salvador, Durango; y para Albino Aranda, El Pueblito, en Iturbide, Chihuahua.

Villa, con un grupo muy pequeño de hombres, desapareció una semana. ¿Estaba desenterrando dinero? ¿Ocultando rifles y municiones? ¿Avisando a enlaces y contactos? ¿Estaba durmiendo al aire libre, hablando con los coyotes?

En Tlahualilo Villa recibió noticias de la muerte, a causa de una tuberculosis, de su hija mayor, Reynalda, de la que se había distanciado porque se había ido a vivir con un ministro presbiteriano o bautista que era un buen pillo.

Finalmente se hará público un documento, el "Manifiesto de Tlahualilo", fechado el 31 de agosto de 1920 y firmado por todos los oficiales villistas, que daba registro de las razones para dejar la guerra, porque en el actual gobierno había "hombres de buena fe" y se comprometían a nunca volver a tomar las armas salvo en caso de una intervención extranjera. Nos "retiramos para siempre a una vida de trabajo". Nieto, al que se le dan bien los resúmenes, dirá: "No nos estábamos rindiendo al gobierno, sino que aceptábamos el plan de Agua Prieta". Villa insistirá en una carta a sus colaboradores civiles, Puente entre ellos, en la que les dice que "hay que dar oportunidad a los señores del nuevo movimiento".

Tal como Pancho había previsto, los rumores decían que Villa había recibido un millón de pesos por rendirse; la calumnia era absurda, Villa había dispuesto muchas veces de esa cifra, y probablemente, si rescataba tesoros y guardaditos, volvería a disponer de ella. Más cerca de la realidad es lo que cuenta Jaurrieta, que el dinero que le tocó a Villa y al Estado Mayor por el licenciamiento, unos 55 mil pesos, se lo acabaron en esos días en Tlahualillo, entregándolo a viudas, amigos, mendigos, mirones y músicos.

Poco después Francisco Villa saldrá de Tlahualilo hacia Torreón, donde tomará un tren a Parral y de ahí cabalgará a Canutillo.

NOTAS

a) Fuentes. La versión de Elías Torres está en los capítulos "La pacificación de Villa", "En busca del centauro", "La entrevista con el centauro, "El centauro se rinde", de *Hazañas y muerte*, y en "Cómo se rindió Villa", publicado en el *El Demócrata* en 1923. Difiere ligeramente de las versiones de Adolfo de la Huerta en sus *Memorias* (las dos versiones, Valadés y Guzmán Esparza) y hay que manejarla cuidadosamente porque Torres tiende a magnificar su papel en la segunda fase de las negociaciones. Torres dirá que estaba con el presidente cuando Villa se comunicó telegráficamente con él, y que De la Huerta lo había invitado a Chapultepec a almorzar y por la prensa, que reproducía un cable de la AP, tenía noticias de la toma de Sabinas. Pero De la Huerta estaba en Palacio Nacional, el cable de la AP se publicó dos días después y Miguel Alessio Robles, que recogió la conversación telegráfica, no lo registra entre los presentes. La foto que ilustró la portada del libro, en la que se encuentra Torres con Villa, se tomó mucho después en Canutillo. Torres cuenta que De la Huerta, le ofreció por su mediación 100 mil pesos que nunca pudo cobrar. Posiblemente sea cierto.

El primer contacto. Archivo Histórico de la Defensa Nacional. Womack: *Zapata y la Revolución Mexicana*. Jaurrieta: *Con Villa*… Matute: *La carrera del Caudillo. Historia de la Revolución Mexicana*. Cervantes: *Francisco Villa y la revolución* pública el pliego. La nota de las garantías reproducida fotográficamente en Casasola: *Historia Gráfica de la Revolución Mexicana* 6. Rafael Muñoz: *Rayo y azote*., Loyo: *Joaquín Amaro y el proceso de institucionalización del ejército mexicano*, 1917-1931. Los telegramas de Obregón en el *Boletín* núm. 7 del archivo Torreblanca.

El cruce del desierto en Nellie Campobello: *Apuntes*. Puente: *Villa en pie*. Jaurrieta, Valadés/ Gómez Morentín: "El fin de la vida bélica de Villa". Nieto: *Un villista más*. Hay dos versiones del trayecto a Sabinas, que difieren en la zona intermedia. La de Cadena: *La gran travesía*, que avala Canales, se contradice con la de los que marcharon con Villa: Jaurrieta, Gómez Morentín y Nicolás Fernández en Urióstegui: *Testimonios del proceso revolucionario en México*, que apoyan Nellie Campobello: "El cigarro de Samuel" en *Cartucho*. Ceja: *Cabalgando*. La de Cadena sería: el 14 llegan rancho de Jesús María en los límites de Chihuahua y Coahuila, a la Morita (el 15), El Guaje (el 16), Cerro Blanco (el 17), Armendáriz (el 18), Alto de las Esperanzas (el 19), Charcos de Figueroa (el 20), Rancho el Barrendo (el 22), Santa Elena, Rancho de Falcón, hacienda de San Blas. El narrador ha optado por la de los testigos directos, que sería más al sur, cruzando un pedazo del Bolsón de Mapimí hasta llegar a la hacienda de Falcón.

Para los acontecimientos en Sabinas. *La gran travesía*, de Jesús Cadena. El testimonio de Camerino Rodríguez: "Un villista en los últimos días de la revolución". Alvaro Canales: "Siluetas de Pancho Villa en Sabinas" y "La amnistía de Pancho Villa en Sabinas". Luis M. Lamar III: "Visita de Villa". Miguel Alessio Robles en Calzadíaz: *Hechos reales* 7, reproduce la conversación telegráfica. Algunas fuentes insisten en situar a Martínez en Monterrey. Muñoz: *Rayo y azote*. Valadés: "La ruptura Calles, Obregón, De la Huerta. Según testimonio de Miguel Alessio Robles", dice que ésta era la segunda conversación telegráfica y la primera había sido cortada. Miguel Alessio Robles: "La rendición de Villa".

Existe una fuente que no ha sido usada frecuentemente, que es el informe del agente estadounidense Gus T. Jones a la comisión Fall, que sin duda está basado, por la precisión de sus datos, en una conversación de primera mano con alguien que estaba en la negociación Villa-Martínez y se encuentra en Braddy: "Pancho Villa's capitulation…".

Villa y Martínez en la estación de Sabinas, AGN, Fondo de autor.

Frente a la estación, entre los miembros de la comitiva Porfirio Ornelas y Víctores Prieto. Foto Sabino Villegas.

Una foto en Sabinas tras la rendición. Además de Villa y Eugenio Martínez se encuentran el general Escobar y Víctores Prieto, secretario de Martínez. Archivo Municipal de Sabinas.

Martínez, Villa y Elías Torres en San Pedro de las Colonias.

San Pedro de las Colonias, en el centro de la foto, al lado de Villa, Elías Torres; muy probablemente la foto es de Gustavo Casasola.

El acta de rendición en Calzadíaz: *Hechos* 7. Puente, Pancho Villa y Cervantes. Y además: Armando de María y Campos: "La rendición de Villa en 1920". Ignacio Richkardy: *60 años en la vida de México*, ofrece el registro de la vestimenta de Villa. Armendáriz: "Saucillo en la pacificación de Francisco Villa". Cervantes: serie de artículos en *El Universal* (que registran muy pocas variaciones respecto de su biografía): "Carta de Villa al presidente De la Huerta", "El presidente De la Huerta contesta a Villa", "La última hazaña del general Villa", "El gran rebelde pacta con el gobierno" y "Apoteosis del general Villa y sus hombres". El testimonio de Victores Prieto en Calzadíaz: *Hechos reales* 8, "General Felipe Ángeles". Vilanova: *Muerte de Villa*. La trayectoria final en Calzadíaz: *Hechos reales* 7 (con el testimonio del general Torres Rubio). Ceja: *Cabalgando*. Elías Torres: *Vida y hazañas*.

El "Manifiesto de Tlahualilo" en el apéndice de Jaurrieta: *Con Villa…* Katz: *Pancho Villa*, localizó la carta sobre los cheques de Torreón en los papeles de Elías Torres. La historia del millón de pesos en una nota de pie de página de los editores de la biografía de Villa de Ramón Puente.

b)   Las fotos que tradicionalmente ilustran la rendición en Sabinas, no corresponden a ese momento, fueron tomadas días más tarde por Gustavo Casasola en el camino de San Pedro de las Colonias a Tlahualilo. Casasola, cuando supo de la rendición de Villa, estaba en Monterrey y fue enviado por su padre a cubrirla. Las pocas fotos tomadas en Sabinas se deben a "Villegas", que Berumen identifica como un fotógrafo de Ciudad Juárez. ¿Por qué estaba en Sabinas? Son fotos en la estación (que el autor recorrió en 2004 comparándola con las imágenes y se encuentra en el mismo estado que entonces) y fotos de Villa con los notables del pueblo.

Hay también una película del encuentro de Tlahualilo. La foto de Villa y Martínez en torno al árbol está sacada de un cuadro de película, a pesar de que el autor, junto con Gerardo Segura, vio un árbol igual en Sabinas, que los nativos insisten en identificar como el *árbol*. En la película Villa muestra una sonrisa nerviosa,

parece acosado por la prensa, ha estado fuera de contacto con
los medios durante tres años.

c)   Elías Torres quedó vinculado a Villa a partir de su intervención en la rendición y escribió a lo largo de los años cerca de un centenar de artículos sobre Villa, varios recopilados
en antologías. Las dos más interesantes: *Hazañas y muerte de
Pancho Villa* y *Vida y hechos de Pancho Villa*; muchos se encuentran dispersos en periódicos, la mayoría publicados en
la década de los 30. El material es enormemente desigual,
depende grandemente de las fuentes, que nunca contrastan.

Probablemente una foto
de Agustín Casasola en
Tlahualilo.

La última foto muestra la salida de San
Pedro hacia Tlahualilo. Villa está de pie
al lado de hombres montados. Casasola.

En las cercanías de San Pedro
de las Colonias, foto de
Gustavo Casasola.

La foto con Eugenio Martínez
en torno al árbol famoso.

SESENTA Y TRES

UNA NUEVA VIDA

Es curioso, pero después de la enorme expectativa que se había montado en torno a la rendición de Villa, los periodistas parecieron dejarlo en paz. Silencio en torno al personaje. No está nada claro en qué momento Villa se presentó en La Purísima Concepción de El Canutillo, la vieja hacienda de José María Jurado, que durante mucho tiempo estuvo en manos de Tomás Urbina. Parecería que al cerrarse una página de la historia se clausurara el libro completo. Pancho debe de haber llegado en los primeros días de septiembre, aunque el general Enrique León, encargado de la zona militar, dirá que llegó el 25. Villa tiene en esos momentos 42 años.

La ex hacienda estaba situada al norte de Durango, a 20 kilómetros de la estación Rosario y a 75 de Parral, Chihuahua. Había de costar 600 mil pesos oro pagados por el gobierno a los gachupines hermanos Jurado (Miguel, Soledad, Luis y José María), y era una enorme propiedad rural que se componía de una serie de haciendas y rancherías, con un casco central en Canutillo al que se sumaba otra hacienda, la de Nieves (eterna sede de su difunto compadre Urbina) y la hacienda del Espíritu Santo, los ranchos de San Antonio, Villa Excusada y Ojo Blanco (este último estaba en el municipio de Hidalgo del Parral en Chihuahua), en total 83 436 hectáreas, pero sólo 1 784 eran de riego (las que a espaldas del casco de la hacienda regaban dos afluentes del río Florido, el Canutillo y el Nieves) y 77 mil eran un terreno erial que no tenía ningún valor agrícola; quedaban otras cinco mil para pastos sólo buenos para ovejas o cabras. El convenio de Sabinas había dotado a los Villistas de otras tres ex haciendas, donde se establecerían los rendidos: San Salvador de Horta en Durango, y San Isidro de las Cuevas y El Pueblito que estaban en Chihuahua. De alguna manera Villa había distribuido a sus generales de confianza en un círculo en torno a Canutillo.

El panorama era terrible cuando Villa y sus hombres arribaron al ruinoso caserío. Ramón Puente cuenta: "El primer cuadro es desolador: la mayor parte de las casas, inclusive la grande, están en ruinas, algo de lo menos inhabitable es la iglesia [...] las labores están abandonadas y el campo cubierto de cizaña". La hacienda estaba derruida, faltaban los techos y las ventanas de la casa grande, hubo que hacer una cocina al aire libre y rehacer las cuadras. Y venía el invierno. José C. Valadés hará el resumen: "De mediana calidad eran sus tierras; de ninguna hermosura o comodidad su casco".

Mientras estaban culminando las negociaciones en Tlahualilo, Pancho había ordenado a Gómez Morentín que fuera en comisión a Estados Unidos para entrevistarse con sus agentes, amigos y contactos Díaz Lombardo y Llorente, y de pasada avisara a Luz y a los parientes en San Antonio que podían volver a México. La familia salió de Texas el 10 de septiembre de 1920. Poco después Pancho recibió a Luz en la estación Adrián; el resto de la familia (Martina, su hermana viuda, la esposa de Antonio, Paulita, los niños) se quedó en Camargo hasta que la hacienda fuera habitable.

Luz se sorprende. Esperaba ver a un hombre canoso y que cojeaba, y se encuentra a un Villa rejuvenecido y muy tostado por el sol. Villa ha llegado hasta ahí escoltado por el coronel Enrique León Ruiz, acompañado de su hijo. Hay fotógrafos en el encuentro, Villa se retrata con el niño montado en la cabeza de la silla. Comen juntos en una mesa improvisada con los baúles cubiertos por un mantel. En ese mismo lugar Villa recibe una comisión de la American Smelting que le ofrece un banquete para celebrar la paz. Luego harán el viaje a Canutillo a caballo. Luz Corral dirá al llegar: "Qué triste aspecto, parecía un panteón abandonado".

Villa piensa que debe tener un gesto hacia Adolfo de la Huerta y en los primeros días de estancia en Canutillo decide regalarle algo que para Villa tiene un valor simbólico, su yegua *Siete Leguas*, que a fines de septiembre de 1920 viajó en tren a la ciudad de México desde Parral, acompañada de Baltazar Piñones, que llevaba también la historia del animal.

Días más tarde arriban a Canutillo Gonzalo Escobar, Eugenio Martínez y Víctores Prieto para hacer entrega oficial de la hacienda, lo que harán el 4 de octubre. En la fiesta que se hizo, Villa cantó una ranchera acompañado a la guitarra por Víctores Prieto. Vencedores y vencidos parecen quererse bien.

La iglesia sirvió como primera casa. Por cierto que Luz dejará testimonio de que había murciélagos y abundantes ratas. Luego se adaptará como casa un cuadrilátero que usa la estructura de la vieja casa grande, y la iglesia será utilizada como depósito. En uno de los lados estaba la oficina de Trillo y Villa, y una gallera donde se criaban gallos de pelea; en el segundo estaba la casa de Villa (una sala y dos recámaras) y la de Trillo; en el otro el comedor y la cocina y por el último se salía a las huertas y las caballerizas. Era un cuadrilátero de unos 30 metros cuadrados. En noviembre, un ingeniero estadounidense de apellido Parker, que iba a hacer prospecciones mineras a petición de Villa, registra que las casas, a excepción de la mansión, todavía no tienen techo.

En unos cuantos meses todo comienza a cambiar. Puente dice: "Villa está en todas partes". Se pusieron a trabajar y a la llegada del invierno habían logrado hacerla habitable. En el campo se empezó por rehacer las presas, limpiar los lechos de los ríos y los canales y roturar para sembrar.

Luz crea una biblioteca y un botiquín, que será por ahora toda la infra-estructura sanitaria de Canutillo, porque no hay médico. Reúne cerca de 500 libros, entre ellos historias de México, de Grecia, de la Revolución Francesa, *El tesoro de la juventud*, enciclopedias y novelas de Salgari. Una foto ha que-dado como muestra del librero en el que estaba la biblioteca de Villa en la hacienda; un librero de un solo cuerpo atiborrado de libros y papeles. En su despacho Pancho coloca una foto de Madero y más tarde conseguirá un busto de Felipe Ángeles.

No hay datos que permitan saber cuántos fueron los habitantes originales de Canutillo. Villa, los 50 hombres de la escolta y ¿cien, doscientos más? Katz se equivoca cuando dice que los peones que vivían allí no eran ex soldados, que éstos estaban en las otras haciendas, que eran campesinos que se en-contraban allí previamente; se equivoca porque previamente la hacienda no producía nada, era, como dice Puente, un "inmenso campo abandonado". Los dos primeros años no habrá cosechas. Villa se ve obligado a sacar de sus guar-daditos y reparte 10 mil pesos en zapatos, sarapes, franelas, ropa de mezclilla y sombreros de petate. Durante esta primera etapa habrá una fonda gratuita para que coman los que no tienen dinero.

El 4 de diciembre Villa recoge en Valle de Allende a Soledad Seáñez, que ha regresado de El Paso con Toñito. Soledad y su hijo llegarán a Canutillo el 12 de diciembre ¿Dónde la establece Villa, que en esos momentos está viviendo con Luz Corral? En casa de su primo Ramón Contreras. La bigamia resulta compli-cada. Su llegada debe de haber coincidido con una epidemia de disentería.

El 7 de diciembre Villa le pedirá a Obregón que los agrimensores que el gobierno había destinado a medir y repartir las parcelas individuales en Canutillo para los ex combatientes, y que casi terminaban su trabajo, no deja-ran la zona, sino que se hicieran cargo del mismo trabajo en las otras colonias agrícolas. Un día después el nuevo presidente, que acaba de reemplazar a De la Huerta, le devolverá el mensaje diciendo: "Ya transcribo asunto refiérese a la Secretaría de Fomento".

Y mientras tanto, en Canutillo, la perra que cuidaba las gallinas, contaba la Seáñez, no servía para nada porque se había enamorado de un coyote y lo dejaba entrar.

NOTAS

a) Fuentes.

Calzadíaz: *Hechos reales* 8. El archivo judicial de Chihuahua cifraba la cantidad pagada a los Jurado en exactamente 636 mil pesos, aunque el presidente De la Huerta decía que 550 mil pesos el casco y 50 los bienes; la diferencia hasta el millón que los Jurado recibieron, fue porque se les pagaron 400 mil pesos de indemnización por

Hay una foto tomada en Tlahualilo o en los primeros días de Canutillo que muestra a la plana mayor del villismo; muchos de ellos irían a Canutillo, otros se dispersarían. De izquierda a derecha, de pie: José Nieto, Ramón Contreras, Daniel Tamayo, José Jaurrieta, Alfonso Gómez Morentín, Lorenzo Ávalos, el general José García, el jefe de sus escoltas Ernesto Ríos, el coronel Silverio Tavares, Ramón Córdoba. Sentados: el general Ricardo Michel, Miguel Trillo, Pancho Villa, Nicolás Fernández, Sóstenes Garza y Porfirio Ornelas.

El casco y la hacienda.

El librero de Canutillo.

daños cometidos durante la revolución (De la Huerta a Austreberta Jurado, 25 de abril del 21, Tomo de documentos sobre Canutillo, Archivo Valadés). Hay una buena descripción de la Hacienda en AGN presidentes. Glenn P. Willeford: "The Life of General Francisco Villa at Ex- Hacienda La Purísima Concepción de El Canutillo". Vilanova: *Muerte de Villa*. Valadés: *Historia de la Revolución Mexicana* 7. Eustaquio Fernández PHO 1/226. Puente: *Villa en pie*. Luz Corral PHO 1/23. Rubén Osorio: *La correspondencia de Francisco Villa*, incluye una riquísima entrevista a Francisco Piñón. Leonardo Herrera: "Soledad Seáñez, viuda de Villa…". Ramón Puente: *Villa en pie*. Soledad Seáñez PHO 1/109. Katz: *Pancho Villa*.

Eugenia Meyer, Ma. Alba Pastor, Ximena Sepúveda y María Isabel Souza: "La vida con Villa en la Hacienda de Canutillo"; el texto, basado sobre todo en entrevistas a villistas, tiene el defecto de que funde informaciones sobre Canutillo de 1920 a 1923 y da sin querer la sensación de que fue desde los orígenes una próspera hacienda.

b)   La *Siete Leguas* vivió en las caballerizas de Palacio Nacional. Como allí nadie la montaba se estaba volviendo arisca; al final del interinato de De la Huerta, Lázaro Cárdenas, que se entrevistaba con De la Huerta, quiso conocer al animal y Adolfo se lo regaló. Un día, un viejo cardenista le pasó al autor de este libro una nota en la que decía que la *Siete Leguas* sobrevivió a Villa y terminó apaciblemente sus días en una cuadra de un rancho del general Lázaro Cárdenas, donde murió de vejez. ¿Los mitos se toman de la mano con un caballo como intermediario? (Cervantes: *Francisco Villa y la revolución* y "Caballos de campaña". Puente: *Vida de Francisco Villa contada por él mismo*).

c)   Villa millonario. Muy lejana la descripción de la situación económica de Canutillo que se ha hecho en este capítulo, de las versiones facilonas que dicen que Villa se había retirado en la opulencia. Véase en *Historia mexicana* el artículo de Enrique Beltrán ("Fantasía y realidad de Villa"): "Vivía en la cómoda casa de la finca, convertido en amo de nuevo cuño, con dinero abundante, mientras que sus queridos muchachitos se convierten en peones acasillados, cuyo respeto al nuevo patrón asegura la pavorosa pistola que adorna constantemente su cintura y la escolta de desalmados guardaespaldas que en todo momento lo rodean". O: "Vivía como rico" y "... era un Pancho nuevo y más civilizado" (Dulles: *Ayer en México*).

La *Siete Leguas*. La foto se encuentra en el archivo Casasola sin identificar a la yegua.

Dos fotos de la visita de Casasola a la hacienda.

Villa en Canutillo. La foto parece de los primeros días, pero puede ser de los años posteriores.

SESENTA Y CUATRO

CANUTILLO: EL PROYECTO

Si las primeras urgencias tenían que ver con la supervivencia, con reparar techos y arreglar cuadras, si había que pensar en poner la hacienda a producir alimentos para darle de comer a los que allí vivían, si en principio para Villa aquello no era más que un lugar de retiro en el que descansar de 10 años de lucha armada, poco a poco en la mente de Pancho Canutillo se fue convirtiendo en otra cosa, en un proyecto social, en una manera de vivir para él y para miles de campesinos, en una manera diferente de la hacienda porfiriana que había sufrido, y diferente de la hacienda capitalista norteña a la que había odiado y expoliado. Pero, ¿cómo era ese nuevo proyecto? Tenía que ser también diferente de la pequeña propiedad agraria a la que no le tenía confianza, y tenía que garantizar la vida de las viudas y debería incluir la educación. Poco a poco Pancho fue sumando certezas e intuiciones y puso todas sus energías en lo que adivinaba, y lo hizo a su manera, de la manera que sabía: tenacidad y tanteo, una estructura militar paternalista, rigor y mucha, mucha voluntad.

Villa inició el año felicitando telegráficamente a Obregón y el día 3 de enero el presidente le devolvió su "atento mensaje expresándole mis deseos por su felicidad en el presente año". Qué educaditos. Villa comienza a cultivar a sus viejos enemigos porque sabe que necesitará de ellos para desarrollar el proyecto que tiene en la cabeza sobre Canutillo.

En febrero llegará a visitarlo durante seis días Elías Torres, acompañado de Gustavo Casasola. Durante poco menos de una semana el fotógrafo registrará el día a día de la hacienda y sus primeras transformaciones: la creación de una pequeña herrería con fragua donde producir clavos, herraduras; los campos desbrozados, con Villa usando un tronco de mulas para arar preparando la futura cosecha de trigo. Y fotos de familia: Trillo, Elías y Pancho sentados a la sombra de un árbol; Elías con Villa en el techo recién reconstruido de la casa grande al lado de la iglesia; Villa a caballo con su hijo Agustín y finalmente una foto singular: Villa tirando al blanco ante la mirada certificadora de Elías Torres. A lo largo de esa semana el periodista registrará un reparto de dinero entre viudas en Canutillo. Villa parece haber asumido totalmente su nuevo papel de coordinador y jefe de una hacienda, muy lejos de la política, muy lejos de la lucha armada. Incluso sus arranques de violencia parecen haber desaparecido.

Un árabe vendedor de ropa se quejó con Villa de que uno de los hombres de la hacienda le había robado un traje. Se hizo una investigación y lo descubrieron. Villa mandó a llamar al ladrón y le dijo:

—¿Sabes lo que te va a pasar?

—Que me va a fusilar.

Luz Corral ofrecerá la conclusión: "No, ese Pancho Villa era el de antes y nomás lo regañó". No parecía faltarle razón, por esos días Villa se tropezó con Ernesto García, el que fue el último general de la brigada Juárez de Maclovio Herrera. "De todos los que me chaquetearon usted es el único que no me ha saludado." Pasaron horas platicando. Villa lloraba recordando viejas historias. Pero aunque no fuera el de antes, tampoco era el del origen. Villa le dijo al encargado de correos y telégrafos que las cartas que llegaban a la hacienda a nombre de Doroteo Arango, las devolviera con un recado de "No es conocido".

A partir de su llegada a Canutillo, y durante los primeros meses de 1921, Villa tuvo que organizar una complicada logística para reunir a su muy dispersa familia: primero fue la llegada de Luz Corral con Agustín (hijo de Asunción Villaescusa), Micaela (hija de Petra Espinoza), y la cubana (que se llamaba Sara y era hija de Martina, la hermana de Villa). Luego rescata en Chihuahua a Octavio (hijo de Guadalupe Coss). Más tarde llegó Juana María de manos de su abuela (hija de Juana Torres) y luego su tía le llevó a Celia (hija de Librada Peña) que había quedado huérfana desde muy pequeña. Además había adoptado a Samuel, hijo del general Trinidad Rodríguez, y a Francisco Piñón, ya más que un adolescente, que lo ayudaba en las labores de la administración.

Con Luz viviendo en el casco de la hacienda y Soledad en las cercanías, amplió su familia, aún más cuando el 9 de marzo entregó a Soledad Seáñez un niño de 11 meses, Miguelito (hijo de María Arreola), envuelto en una cobija, y le dijo: "Su mamá ya se murió, usted va a ser su madre". Por si esto fuera poco, Villa mandó a traer al hijo de Tomás Urbina, Ramón Urbina García, que vivirá con los hijos de Villa en el mismo cuarto.

Estos primeros meses Pancho lleva una doble vida matrimonial con Luz y Soledad, que recuerda que iban juntos al río Florido y "Villa era un gran nadador", lo mismo "nadaba boca abajo, de ladito, y se tiraba clavados desde arriba de los árboles. ¡Era un pescado!" Iban de día de campo y comían nueces y naranjas. Soledad Seáñez le tocaba música clásica que a Villa no le gustaba y le pedía "Las tres pelonas" y "La Adelita" y otras canciones mexicanas. Hacía competencias de sumas con la Seáñez, que ella solía ganar. Villa era un buen sumador y restador, pero no sabía multiplicar, desconocía las tablas.

Pero como si la bigamia le quedara chica, en febrero del 21 Pancho llevó a la hacienda a Austreberta Rentería, con la que había tenido relaciones en 1917. Villa le presentó la muchacha a Luz y le dijo que la empleara como costurera, pues mucha falta hacía. Luz la puso a coser con las hijas del general Ornelas. Una foto muestra a una Luz envejecida y pachona sentada en una de las galerías de Canutillo con el grupo de costureras, a su izquierda Austreberta. Parecen estar descansando tras la jornada laboral. Luz parece tranquila. Aún no estalla la tormenta.

Austreberta retornaba a la vida de Villa después de que con sus padres huyera a Durango y luego a El Paso para evitar que Villa la raptara. Tras su retorno a Parral, Austreberta se había fugado de su casa para reunirse con Pancho y su padre la andaba buscando enviando telegramas a diestra y siniestra.

La reconquista había sido ardua. Se conservan dos cartas de Pancho Villa dirigidas a Austreberta previas a su llegada a Canutillo: "Betita a cuanta pena se pasa para hablar con usted estube 2 dias en busca de ud en esa y me boy porque no es bueno ser tan impertineti sea por dios al examinar que usted no estaba en casa no podia mober fuerzas pues no fuera que me la escondieran que desgracia la mia verdad Betita constesteme al Canutillo y ponga al sobre particular y digame que ago y si lla no me quiere vida mia digamelo tambien á dios mi vida". La segunda dice: "Betita aquí me tiene en este pueblo y no se como hablar con tigo prenda querida solo tu me puedes aser andar paraca pide permizo para benir con esta señorita (se trataba de Dolores Uribe) para arreglar todos nuestros asunto bien vida mia. Francisco Villa. Que no sepa su familia que bienes a hablar conmigo".

Luz Corral no aceptará la situación y el 25 de febrero de 1921, tras un violento encontronazo con Pancho, que intentaba que reconociera a Austreberta como su verdadera esposa, abandonará Canutillo. "Yo había pasado seis meses en Canutillo, pero con la llegada de Austreberta Rentería volví a Chihuahua". Y lo deja claro: "Yo no lo quise admitir más como esposo". Su hijo Agustín ensilla su caballo y se va con su madre adoptiva a Chihuahua, aunque regresará muy pronto. No será la única deserción. Martina Arango, la hermana de Pancho, la acompañará también.

Durante la semana santa de marzo de 1921, Villa viajará a Chihuahua causando sorpresa, estupor y provocando no pocos chismes. Llegó en auto acompañado de un camión de escoltas. Visitó primero una colonia militar de villistas en las cercanías de Chihuahua, en El Pueblito, que dirigía el coronel Aranda, y durmió en Chihuahua en su casa de la calle Décima, donde estaba viviendo Hipólito. Llegó con un pagador de la Secretaría de Guerra porque, según el acuerdo de Sabinas, le debían seis meses a los villistas licenciados y había que cubrir el adeudo. Entre otras muchas cosas intentaba poner en orden los papeles de la hacienda El Fresno, pagar contribuciones y tratar de ver al abogado López Hermosa, que había defendido a Ángeles. De pasada organizaría que Luz y Martina se quedaran viviendo en la casa de la calle Décima, que necesitaba arreglos. Villa, tras dejar azorados a amigos y enemigos, regresó en un tren de pasajeros, donde le dieron un carro para él y su escolta.

En Canutillo un inmenso plan agrícola se pone en marcha. Pancho estará físicamente a la cabeza de él, las fotos lo registran impulsando el arado, herrando, marcando reses. El trigo será la cosecha más importante en las zonas de riego, se esperaban recoger 1,350 toneladas; al estar ociosos los cultivos, había que dejar la tierra en barbecho y no se tendrían resultados hasta 1922. Se producirá también maíz, frijol, lana, carne y leña. A la fragua que estaba funcionando se añadió un taller de talabartería que producía botas no muy buenas y huaraches, y un molino de nixtamal.

Canutillo le permitirá a Pancho recuperar una de sus pasiones. Domitilo Mendoza cuenta que "era muy bueno para lazar. A veces se ponía a echar piales y nadie le ganaba. 'Pialando reses bravas me ganaba la comida más antes', decía riendo mientras recogía la lazada".

Una foto de *América* tomada el 17 de junio, muestra a Pancho descansando en medio de los humos de la fragua, con los ojos llorosos, un chaleco café de lana cruda y su inevitable sombrero. Un testigo dirá que Villa trabajaba segando, arando, en la herrería, hacía albañilería, sembraba. Desde las seis de la mañana andaba de un lado para otro supervisando, pero también haciendo las labores de un peón. No era el único en meter el hombro, los cincuenta hombres de la escolta, además de hacer las tareas de vigilancia, participaban en el trabajo colectivo. Vilanova narrará un Canutillo militarizado, en el que "todos los hombres que trabajaban traían pistolas", pero las fotos muestran un Canutillo mucho más amable, donde incluso Villa suele ir desarmado. Aunque es cierto que nunca se descuidó la vigilancia y los cincuenta miembros de la escolta (Villa se quejaba al gobierno que los sueldos pactados en Sabinas no solían llegar con regularidad) cuidaban los accesos y no se podía entrar fácilmente a Canutillo.

Para dar hogar al número creciente de trabajadores se trazaron calles y se construyeron casas, se alinearon tres manzanas tras la iglesia, se hizo una pequeña oficina de correos, todo pintado de verde, los carros y también las puertas. Desde fines de marzo habían llegado a la hacienda, para substituir los arados de punta de hierro, 10 tractores comprados en Amarillo, Texas, a Jimmie Caldwell, agente de la Kibbe Tractor. Hay una foto de Villa y Caldwell, un güero maduro, fornido, de overol, posando ante las labores, ambos con facha de mal encarados, como si el fotógrafo los estuviera distrayendo. El vendedor llegó en abril para entrenar a peones y medieros.

¿Y cuál era la condición del número creciente de habitantes de Canutillo? Había 50 guardaespaldas que recibían sueldo de la Secretaría de Guerra, existía un grupo de originales propietarios de tierra que habían llegado con Villa desde Tlahualilo, estaban las viudas, también con pensiones, y además un nuevo grupo muy importante de medieros, que laboraban la tierra de la hacienda a cambio de la mitad de lo que cosecharan, y crecía el número de asalariados (que terminarían como medieros).

Parte esencial del proyecto era la tienda. La iglesia que había servido de primera vivienda se había tornado bodega y luego tienda comunal que distribuía gratuitamente lo que la hacienda producía. Maíz, azúcar, café, manteca, cerillos, cigarros, se cobraban a precio de costo, comprados al mayoreo en Parral. Pero mientras la hacienda se volvía productiva, en la mesa de Villa comían 25 personas todos los días lo que cocinaba un tal Pablo, sobre todo puerco y borrego. Y Villa, incansable y fascinado por la modernidad, se entrevistará con un vendedor de motocicletas Indian que le quería vender varias, con un vendedor estadounidense de máquinas de coser, con un vendedor inglés de tractores.

A partir del 7 de marzo Villa inicia con Adolfo de la Huerta (ahora ministro de Hacienda del gobierno de Obregón) la que será una larga correspondencia, cautelosa y al mismo tiempo muy abierta. No hay duda que de los tres grandes cuadros que habían resultado vencedores de la revuelta de Agua Prieta, De la Huerta es el que le inspiraba confianza. La carta, muy ceremoniosa, como todo lo que pasaba por Trillo, su más fiel secretario, empezaba poniéndose "a su disposición" y aclaraba: "… al papel no me gusta confiarle todas mis impresiones", para advertirle sobre los riesgos de los políticos que se acercaban. ¿A quién? ¿A De la Huerta? ¿O al propio Villa? ¿Quiénes eran? ¿Qué ofrecían? De la Huerta le contestaba en abril con la misma ambigüedad del "tomo nota del asunto", mientras se cambiaban afectos. Con la puerta abierta, el 10 de abril Villa entró en materia y le dirigió una segunda carta al ministro pidiendo se le devolvieran las pérdidas de la empacadora de carne de Ciudad Juárez, y abría la negociación para que se devolviera la mitad de esa cantidad, dada la situación del gobierno. Parece ser que De la Huerta se había comprometido con Hipólito a cubrir la deuda. Y Villa reportaba que tres días antes (principios de abril) había recorrido las otras colonias agrícolas villistas y entregado los saldos de lo que el gobierno les había ofrecido, menos 5,300 pesos que quedan en su poder y no se entregaron a "aquellos (los que desertaron) que han preferido llevar una vida desordenada y de vagancia". Aprovechaba para inquirir cómo se entregarán los cinco mil pesos mensuales destinados a las viudas de la División del Norte. El 26 de abril De La Huerta contestó la carta que le llegó de mano de Gómez Morentín y le informó que ya le lleva para firma a Obregón el acuerdo respectivo y que en la jefatura de Hacienda de Torreón habría un cheque por 40 mil dólares a cuenta de la indemnización, le pide una lista de viudas e inválidos para repartir los famosos cinco mil pesos y le informa que los 5,300 pesos puede quedárselos a cuenta de la deuda.

Mantener económicamente el proyecto de Canutillo involucraba importantes cantidades de dinero, sobre todo hasta que las cosechas empezaran a darse y la hacienda a producir. Villa apeló entonces no sólo a todo tipo de operaciones para sacarle dinero al gobierno federal, sino también a sus reservas económicas, los famosos guardaditos, los entierros. Es difícil, en un mundo de rumores, separar la ficción de los hechos en un tema que invita a la ya de por sí omnipresente capacidad de fantasear del villismo. El autor se propuso reunir minuciosamente todas las historias que tenían que ver con "los tesoros de Villa" y descubrió medio centenar de informaciones precisas, documentadas y avaladas por testigos serios, de al menos 11 de ellos, en lugares que iban desde Durango a Chihuahua capital, desde Coahuila a la Tarahumara y el desierto de Sonora. Elías Torres narrará que con permiso de De la Huerta acompañó a Villa a desenterrar una caja de botellas de vino llena de monedas de oro en una hacienda abandonada. "Posteriormente Villa pidió, ya directamente o por conducto de Trillo, varios permisos para sacar otros depósitos de dinero" (que se usaron para mejorar Canutillo y como ayuda a las viudas y huérfanos de sus hombres). Incluso parece ser cierto que el pago de los tractores fue hecho con dinero de uno de sus depósitos, que salió a buscar poco antes de que llegara la maquinaria. Brady registra leyendas y consejas de al menos una docena de tesoros, incluidas aquellas en las que se cuenta que los que acompañaron a Villa nunca regresaron. Nieto parece confirmar este rumor, aunque él participó en varios entierros y nunca le pasó nada. Entre las historias que narra hay una que se refiere a este periodo, pero no de desentierro, sino de entierro. Dice que un día, en Canutillo, Villa lo mandó llamar a su casa y lo sumó a una pequeña expedición que supuestamente llevaría comida a la sierra del Gato porque estaban pasando hambre. Cuando con una recua de mulas llegaron a un ranchito perdido en medio de la sierra, despidió a la escolta y dijo que la gente de por allí, que lo conocía y lo trataba con mucho respeto, se quedaría con él. Lo que parece obvio es que Villa volvió a enterrar cerca de Canutillo una parte de lo que había desenterrado a lo largo de su vida.

En el verano del 21 llega para entrevistarlo Frazier Hunt, un periodista famoso en Estados Unidos, que había tenido contacto previamente por correo con él e intervenido en el caso de la liberación de los últimos presos villistas que quedaban después de la Punitiva. Muchos años más tarde, en sus memorias, resumiría este contacto en un capítulo repleto de lugares comunes (los gatilleros, el miedo que inspiraba, lo fácil que les sería disparar). De entrada lo comparó con Lenin, Sun Yat Sen y Gandhi. Según Hunt, Villa parecía saber quién era Lenin, Gandhi le sonaba y no tenía la menor idea de quién podía ser Sun Yat Sen.

Villa, en la entrevista, reflexionó sobre el retraso de la revolución social: le habían impedido hacer mucho, pero había ayudado a algunos y ahora los peones estaban recibiendo la tierra y los latifundios se estaban repartiendo. Sólo se había empezado.

Habló de las transformaciones de Canutillo, de cómo se estaba sembrando trigo, ya 600 acres y pronto eso podría multiplicarse por seis, y la posibilidad de criar ganado, había pastos y podrían mantenerse hasta 40 mil cabezas. Mientras de vez en cuando se frotaba la herida vieja de la rodilla, le mostraba orgulloso la hacienda a Hunt: cómo todo estaba abierto, no habían puertas cerradas. "Se puede dejar una cartera por aquí y ahí se quedará sin tocarse".

El paseo culminó en la iglesia, que se había vuelto una tienda. Señalando las imágenes de los santos, Villa comentó: "Cuando llegué por aquí estos pobres tipos estaban flacos y hambrientos. Vea cómo están ahora gordos desde que traje el maíz para acá". Le mostró el terreno donde se haría una escuela y pronunció una declaración que repetiría decenas de veces en los próximos meses: "He terminado de luchar. Ahora sólo quiero vivir y morir aquí en paz… Nada me hará volver a tomar el rifle a no ser que haya una invasión". Y añadió: "O que el gobierno trate a mi gente injustamente".

El tema de la violencia, aunque muy soslayado, aparecía una y otra vez bajo la apariencia de tranquilidad. En abril había muerto misteriosamente un ayudante de Villa en la ciudad de México, el coronel Benjamín Ríos, atropellado por un automóvil sin faros ni placas. Y Villa había estado diciéndole a Soledad Seáñez: "Si me echan balazos, yo les echo balazos".

A mediados de mayo, el 18, Eugenio Martínez le informó a Obregón que Villa pedía permiso para ir a Durango con su escolta, donde tendría que arreglar asuntos referentes a las contribuciones de Canutillo. Aunque Obregón le contestó que no había "inconveniente", Villa finalmente envió un emisario que se topó con la respuesta por parte del general José Agustín Castro, gobernador del estado, de que ni el registro de Canutillo ni las contribuciones podían ser pagadas. El 4 de julio Villa le escribió directamente al presidente reclamando que las autoridades de Durango "no aceptan ni una cosa ni otra hasta que gobierno federal liquide contribuciones atrasadas que adeuda Canutillo por varios años, (aunque) las escrituras que el gobierno expidió a mi favor dicen que la hacienda pasa a mi poder libre de todo gravamen". Obregón, que lo último que quería era un conflicto, le escribió un día después a Castro: "Estimaré Ud. ordene sea aceptado importe contribuciones manda general Villa desde fecha diósele posesión legal hacienda de Canutillo".

El 22 de junio (julio según otras fuentes), en Parral, Villa se casó con Austreberta Rentería en una ceremonia civil de la que fueron testigos Alfonso Gómez Morenín, Nepomuceno Franco, Felipe Santiesteban y Miguel Trillo. Tres meses después del matrimonio, el 27 de octubre, nacerá Panchito, de quien el general decía constantemente: "Es mi misma cara".

La vida con Austreberta se parecerá enormemente a la vida con Soledad Seáñez. "Cuando estábamos a solas, le gustaba mucho cantar. Casi todos los días me cantaba una canción […] que se llamaba 'La fiebre'. Aparte de esta canción le gustaba mucho la música y la letra de 'Las tres pelonas'. Cuando consideraba que nadie lo escuchaba, se acompañaba con la guitarra, y no lo hacía mal, porque tenía un buen oído y era muy entonado. A veces me cantaba tantas canciones, que luego me preguntaba: ¿No te has cansado de oírme, hijita?"

Austreberta le dejará al periodista José C. Valadés un buen retrato de Villa a los 43 años: "Pancho era muy blanco, blanquísimo, aunque tenía la cara y las manos tostadas por el sol. Una vez me dijeron que su abuelo había sido español, lo cual le pregunté y me lo negó diciéndome que todos los de su familia habían sido mexicanos […] Pancho tenía una frente alta, unos ojos grandes, café oscuro, de mirada muy penetrante, unos labios un poquito gruesos, que casi le cubrían los bigotes, que eran espesos y un poco rojos. Era guapo, lo que podemos decir un norteño guapo. Era alto, grueso, y había engordado los últimos años de su vida, lo cual le preocupaba mucho, ya que constantemente me decía: Betita, estoy haciéndome gordo. A lo que yo le contestaba diciéndole que hiciera todos los días ejercicio, y como el pobre me quería tanto […] todos los días se ponía a correr en el patio de la hacienda. Me hacía que me sentara para que viera como cada día corría mejor. Pero no se conformaba con el ejercicio de la mañana, que a veces duraba una hora, sino que luego montaba a caballo y por la tarde iba a jugar al rebote.

Una nueva presencia periodística pondrá a prueba la paciencia de Villa para tratar con los medios, que habían causado su mal humor y había ordenado cazar a cualquier periodista que tratara de entrevistarlo y romperle la cámara. Sophie Anita Treadwell, de 37 años, reportera del *New York Tribune*, previo acuerdo con Villa, arribó a Canutillo en agosto de 1921. Venía precedida por la fama de haber sido la primera mujer corresponsal de guerra en Europa y ser la cronista del movimiento por los derechos electorales de la mujer; autora teatral, había escrito una destacada historia de la fuga de Carranza en 1920 y se decía que "tenía simpatía por los mexicanos".

Tras tres horas en coche de la estación Rosario a la hacienda de Canutillo, en las que registra silencio, vastedad, la sensación de eternidad, cuando Treadwell finalmente observa a Villa contempla un personaje que "se acercó, cojeando ligeramente (Puente dirá que en aquellos años la vieja herida en la pierna era de vez en cuando un tormento). No se parece a sus fotografías. Mejor parecido, de alguna manera diferente, pesado, con un pecho enorme […] Sus ojos son realmente notables".

Villa le entra de frente: "Aquí me ve, señora, un simple granjero que no sabe nada de lo que sucede en el mundo… Nada de lo que le podría decir sería interesante para usted". Y le relata sus sufrimientos por el tratamiento de la prensa: "Villa, el bandido, Villa el asesino, Villa, el enemigo de los americanos. Señorita, yo no soy un bandido, no soy un asesino y no soy enemigo de los norteamericanos".

A lo largo de las frecuentes conversaciones que mantuvieron, Pancho, empeñado en cautivar a la mujer y a sus lectores, afirmó que no había estado en Columbus, dijo que el ataque lo habían hecho hombres que habían formado parte de sus tropas, pero ya no lo eran y se quejó de la imagen que los norteamericanos tenían de él. "Esta injusticia pesa. Me gustaría que en vez de que me juzgaran en los periódicos, me juzgara un tribunal".

Pancho le mostró orgullosamente Canutillo, pero Sophie no pareció particularmente interesada ("La escuela. Pronto estará terminada. Ahora los niños estudian en una casa"). Escuchó una sorprendente declaración de puritanismo de Villa, que hasta para él resultaba exagerada, aunque justa en sus tres cuartas partes: "Aquí no se bebe, señorita. No se juega. No hay casas de relajo. Ni siquiera un lugar para bailar (por ganas no quedaría). Puro trabajo".

Pancho habló muy poco de política ("Una democracia es inútil a menos que la gente esté educada. Peor que inútil, peligrosa") y casi nada de su pasado revolucionario, aunque le contó a Sophie que estimaba el número de batallas en que había participado en mil trescientas.

Tras cuatro días en la hacienda, de los que quedó como testimonio una foto acompañada por Trillo, que actuaba como traductor, y Pancho Villa con un rifle en la mano, la Treadwell, ganada totalmente por el personaje, remató su reportaje: "Sí, creo en Francisco Villa; en la sinceridad de sus sentimientos por su país y su gente, los ignorantes, los desposeídos de México. A pesar de su profunda ignorancia, tiene dones extraordinarios para la organización, para el orden, de dirección". Y terminó sugiriendo que sería bueno encargarlo de una policía montada que cuidara de la seguridad del país. El artículo cerraba con un sorprendente Viva Villa.

Mientras tanto la correspondencia con De la Huerta deja constancia de la colaboración que se estaba estableciendo. El 23 de agosto el ministro le decía a Villa que no se preocupara por el título de propiedad, que la hacienda ya había sido indemnizada a sus antiguos propietarios y más tarde se lo harían llegar. Villa estaba bajo fuertes presiones económicas y reclamaba los 40 mil dólares de la mitad de la indemnización de Ciudad Juárez, que aún no habían llegado, y el día 15 de septiembre le escribió a De la Huerta que Trillo iría por el DF y pedía que le entregaran los 80 mil pesos que correspondían a la otra mitad,

En 1920 el director Miguel Contreras Torres había exhibido su película *El caporal* al presidente Álvaro Obregón y éste le ofreció apoyo para nuevas producciones. Contreras Torres visitó a Adolfo de la Huerta y le propuso hacer una película sobre Villa. De la Huerta le dijo que iba a encontrar muchos problemas, entre otros con Villa. "Quiere usted hablar de una lucha que no acaba de terminarse". Pero aun así le facilitó el camino para llegar a Canutillo, con una carta para Eugenio Martínez. Contreras Torres será recibido por Trillo, hablará con Austreberta, finalmente Villa lo recibirá en la biblioteca. Contreras lo había visto en 1916 en la plataforma de un tren en Irapuato, poco antes de la batalla de Celaya. "Estaba un poco más grueso". Le presentó un argumento en diez hojas y le dijo que quería que se interpretara a sí mismo. Villa respondió rápidamente: "Yo no sirvo pa' payaso. Creí que se trataba de otra cosa". Pancho se mantuvo firme, un poco de apoyo económico quizá, pero de actuar, nada.

No fue la única propuesta. Luz Corral dará noticia de que en Chihuahua los hermanos Suárez Porras (Salas Porras dice Contreras) la buscaron para que los conectara con Villa. Eran los intermediarios de una empresa estadounidense que en Hollywood buscaba permiso para filmar las memorias de

Pancho. Villa estudió el proyecto de guión y tras darle vueltas al asunto dijo que aceptaría si en pago los gringos hacían una escuela de agricultura y la sostenían cinco años, entregándola después al gobierno, con un costo total de un millón de dólares (en otra versión Villa pidió un millón de dólares para hacer diez hospitales y diez escuelas en el norte de Durango y sur de Chihuahua). Parece ser que la cosa quedó ahí. Ella sugiere que Obregón bloqueó el proyecto.

Parecería que el cine estaba tentado de capturar a Villa. En la visita del vendedor de tractores Caldwell se había infiltrado C. J. Kaho, que tenía la misión de filmar a Villa en Canutillo para la Fox News, pero fue descubierto y Villa expuso el rollo y luego le echó un cerillo, con lo que casi se flamea el bigote. Kaho dirá que lo que veló fue la película sin exponer, no la expuesta, que se salvó.

A su vez, Francisco Elías dirá que filmó en Canutillo una película con Villa y sus Dorados, financiado por un grupo de empresarios de El Paso, que se llamaba *Epopeya*. Pero el resultado no le gustó a De la Huerta, que la prohibió y se destruyó el negativo.

El 4 de octubre Villa le escribió a Amado Aguirre, ministro de Comunicaciones, informando que contrató cuatro mil postes telegráficos, y pedía franquicia telegráfica. Se la concedieron el 10 de octubre y Aguirre lo felicitó por mejorar las comunicaciones de la región. Tampoco iba mal el asunto de la escuela que llevaría el número 99 y en la que Villa había trabajado personalmente en la preparación de los cimientos. El edificio estaba en la casa grande, enfrente de la sala de guardia de los Dorados. El ministro de educación Vasconcelos le había mandado (olvidando viejos rencores) cuatro cajas de útiles escolares y sólo faltaban las bancas para que la escuela comenzara a funcionar el próximo año. El conflicto con el gobernador de Durango había concluido satisfactoriamente y Villa había podido pagar las contribuciones de Canutillo. Poco después, el 16 noviembre, le escribió a De la Huerta dando cuenta de la crisis de la zona por la falta de agua, que había impedido el regadío para la cosecha de algodón y registraba la "situación aflictiva de las clases *proletariadas*" de la región Lagunera. En la carta le contaba que convocó una reunión de agricultores en la que propuso dar trabajo a la gente en obras de regadío pagando un peso diario y no los 75 centavos que se pagaban, y parece que le tomaron la palabra.

Una sombra sobre la tranquilidad de Canutillo apareció cuando un tal Miguel Islas, capitán de los rurales de Chihuahua, llegó a la región. Pancho recibió informes de que el capitán, durante una borrachera, había dicho que iba a asesinar a Villa por instrucciones del general Ignacio Enríquez. Pancho se lo encontró en Parral, Islas iba armado y se presentó con él. A Villa le extrañó que Islas, que no lo conocía, lo tratara con familiaridad y lo llamara "mi general". Y le entró de frente diciendo que borracho había hablado de asesinarlo y que "le iba a costar cara su osadía". Luego le escribió a De la Huerta pidiendo que tomara nota de esta historia. De la Huerta le contestó el 22 de noviembre en clave y nuevamente el 30, diciendo que pensaba que Enríquez no estaba detrás de Islas, pero de cualquier manera se comunicaría con el gobernador de Chihuahua para que retirara al capitán de la zona y le informaría al presidente Obregón.

El último mes del año pasó mientras Villa trataba de arreglar que los cinco mil pesos de socorro de las viudas se pagaran puntualmente, y a cambio ofrecía hacer un fiel reporte de la distribución. Paralelamente, en su correspondencia con De la Huerta y Obregón preguntaba si podría añadirse a Canutillo la hacienda de San Ignacio, que estaba casi abandonada y con "escaso cultivo", perteneciente a la hacienda de la Rueda, de la viuda del general Abel Pereyra, para que fuera colonizada por miembros de su escolta.

Y la cosecha de trigo venía en camino, en las afueras de Canutillo comenzaba verse un horizonte de trigales.

Notas

a)   Fuentes. Rubén Osorio: *La correspondencia de Francisco Villa*, tiene un buen registro de las cartas que se escribieron en Canutillo; si se suma a esto el tomo documental sobre Canutillo en el Archivo Valadés, pueden fecharse los principales acontecimientos de la vida en la hacienda. El propio Valadés dedicó en 1943 una larga serie de artículos a la correspondencia de Villa con De la Huerta: "Dos amigos: Villa y de la Huerta", "Villa temía ser víctima de una agresión", "El gobierno obregonista le temía a Francisco Villa", "Pancho Villa banquero", "Pancho Villa contra Pancho Murguía", "Las últimas cartas de Villa a De la Huerta".

Elías Torres: *Hazañas y muerte de Francisco Villa.* Ceja: *Yo maté a Francisco Villa.* Eustaquio Fernández PHO 1/226. Luz Corral: *Villa en la intimidad.* Leonardo Herrera: "Soledad Seáñez, viuda de Villa...". De la O HHolguín: *Tomás Urbina, el guerrero mestizo,* "Romántico, sentimental era Pancho Villa, dice su viuda", "La primera esposa del guerrillero F. Villa". Beatriz Nastri: "Chile con asadero, plato preferido de Pancho Villa". Valadés: "La vida íntima de Villa". Alonso Cortés: *Francisco Villa, el Quinto Jinete del Apocalipsis.* "Domitilo Mendoza, sargento primero", entrevista de Carlos Gallegos en Ontiveros: *Toribio Ortega.*

Arando en Canutillo, Gustavo Casasola.

I. Muñoz: *Verdad y mito de la Revolución Mexicana* 3, "Villa at Canutillo". Nellie Campobello: "Villa" (en *Cuentistas de la Revolución Mexicana*, de Xorge del

Disparando la pistola, a su lado atestigua Elías Torres, foto de Gustavo Casasola.

A caballo con su hijo Agustín, foto de
Gustavo Casasola.

Marcando una res, foto de Casasola.

Con Elías Torres en el techo de la iglesia, foto de Gustavo Casasola.

Luz y Austreberta en Canutillo,
febrero de 1921.

Trillo, Villa, Elías Torres a la sombrita,
foto de Gustavo Casasola.

Con Jimmie Caldwell en Canutillo.

Forjando, Villa con Trillo en primer
plano, foto de Gustavo Casasola.

Villa en la herrería de Canutillo, foto
América, 17 de junio de 1921.

Campo). Vargas: "La cabeza de Villa está en Salaíces", "Villa raising 50 000 bushel crop". Alfonso de Gortari PHO/90. Eustaquio Fernández PHO 1/226. Meyer: "La vida con Villa en la hacienda de Canutillo". Federico Cervantes: "La nueva vida de Villa en Canutillo". Esperanza Velázquez: "El secreto del nacimiento..." Frazier Hunt: *One american and his attempt at education.* Puente: *Vida de Francisco Villa contada por él mismo.* Celia Herrera: *Francisco Villa ante la historia.* Valadés: *Vida íntima.* Archivo Amado Aguirre (CESU). Luis Vargas: "Un día de charla con Pancho Villa en la hacienda de Canutillo".

Tesoros. Elías Torres: "Los tesoros de Villa". Haldeen Braddy: "Pancho Villa's hidden loot", *Cock of the walk,* y "Villa goes to his bank..." Nieto: *Un villista más, los olvidados.*

Cine. Miguel Contreras Torres: *Nace un bandolero.* Luz Corral: *Pancho Villa en la intimidad.* Orellana: *La mirada circular.*

Sophie Treadwell: "A Visit to Villa, A Bad Man Not So Bad". Carter Cox: "Sophie Treadwell and the Centaur of the North". Su visita sirvió como material para su obra de Broadway, *Gringo* (1922) y una novela, *Lusita* (1931).

b) Los presos villistas. Hurst habla de 19 capturados en diferentes etapas de la Punitiva, mantenidos presos en Namiquipa y luego llevados a USA. Fueron juzgados en Luna County acusados de las muertes de los civiles de Columbus. Condenados a no menos de 70 y no más de 80 años de cárcel. El 4 de diciembre de 1920 los amnistíaron y luego, bajo presión local, se produjo un nuevo juicio. Curiosamente, los detenidos eran 22 en Namiquipa y se vuelven 19 en el reporte de Hurst. El 20 de septiembre de 1920 llega a la penitenciaría de Santa Fe (primero estuvieron en la cárcel de Silver City donde murieron cuatro de hambre según Calzadíaz y ninguno según Hurst, que no encontró registro en los archivos). Jaurrieta, enviado por Villa, negocia su liberación con el cónsul de México. Son 17 en ese momento. Jaurrieta regresa a ver a Pancho Villa y retorna con los 20 mil dólares que se necesitaban para reabrir el proceso. El 25 de septiembre de 1920 Frazier Hunt, el escritor estadounidense, arriba con una recomendación de puño y letra del propio Villa y un abogado. El juicio se reabrió en Deming el 27 de octubre de 1920 y quedaron libres el 25 de diciembre de 1920, tras una excelente defensa del abogado Renehem, que logró que se desecharan los cargos de asesinato y exhibió a varios testigos falsos. Los recibe Nicolás Fernández en Ciudad Juárez y llegan a Canutillo, donde Luz Corral les dio una comilona. Villa se encuentra en Parral en ese momento y manda buscarlos. Se hospedan en

Trillo, Villa, Sophie Treadwell en Canutillo.

Boda con Austreberta Rentería.

el hotel Hidalgo. Les pagan el año de haberes, lo mismo que a los que se rindieron con él. El 1° de febrero de 1921 se irán a sus casas. (Hurst: *The villista prisioners* y Calzadíaz: *Hechos reales de la revolución,* tomo 7.)

Los villistas presos durante la Punitiva, Namiquipa 1916.

c)   La ortografía. Leyendo las cartas del 21 a Austreberta, algunos críticos de Villa señalan los límites de su ortografía, la pobreza de su sintaxis, como si la buena ortografía diera garantía de probidad y la sintaxis culta ofreciera seguridades respecto de la honestidad del que la practica. Villa escribe como lo que es, un campesino pobre que dedicó dos tercios de su vida adulta al bandolerismo errante y el siguiente tercio a la guerra; que pasó su infancia cargando leña y no cursó ni un día de escuela; que aprendió a firmar como si las letras fueran un dibujo y continuó su aprendizaje leyendo penosamente en la cárcel *Los tres mosqueteros.*

SESENTA Y CINCO

SORTEANDO CONFLICTOS

Al iniciarse 1922 el grupo de haciendas y ranchos que se conocían como Canutillo tenía 3,500 habitantes, de los cuales 1,500 eran niños. Entre las innovaciones técnicas se había instalado una planta eléctrica que permitía un precario alumbrado público; estaba funcionando el telégrafo y había comunicación telefónica con los ranchos. Villa le había propuesto al director general de correos construir un cabriolé, porque las lluvias frecuentemente impedían el paso de automóviles, para organizar el reparto en toda la zona y se ofrecía para hacerlo en los talleres de Canutillo por 1,500 pesos. A los talleres se habían añadido unos telares para hacer cobijas de lana.

A lo largo del año Villa estará viajando por Chihuahua y el norte de Durango, poniendo nerviosos a los gobernadores Enríquez y Castro. No parecería ser esa su intención, sino mover proyectos y negocios, desarrollar Canutillo, conseguir dinero y repartirlo entre las colonias militares que estaba construyendo. Pero su cada vez más activa presencia inquietaba a los poderes locales.

En enero los asuntos de las contribuciones lo llevaron a Parral. Con su muy peculiar estilo, tomó la costumbre, cada vez que viajaba a la ciudad, de ponerse en la plaza frente al templo de la Soledad a repartir frijol y maíz a los pobres, con un cubo a cada lado. Se conserva una lista de compras firmada por Pancho en Parral: "sardinas, bromuro, cinco botes de dulces Larín".

Nellie Campobello cuenta que, en Parral, Villa se quedaba en la casa de los Franco. Allí lo fueron a ver la madre de Nellie, con ella y su hermano el mudo. Villa no andaba bien, le estaba molestando la vieja herida de la pierna, estaba tirado en un colchón. "Tenía la gorra puesta. Cuando Villa estaba enfrente, sólo se le podían ver los ojos, sus ojos tenían imán, se quedaba todo el mundo con los ojos de él clavados en el estómago". La madre le entregó un pliego que Villa leyó. La niña sólo estaba pendiente de los ojos. "Todo él eran dos ojos amarillentos, medio castaños, le cambiaba el color en todas las horas del día."

Para sostener su proyecto Villa seguirá intentando sacar dinero de donde pueda. El 20 de febrero le escribe a De la Huerta contándole la historia de cómo en su día (1913) Lázaro de la Garza debía cobrar un giro de 50 mil dólares del Banco de Londres de Torreón en el First National de Eagle Pass, y al no lograrlo se quedó con el giro. De la Huerta hace averiguaciones y el Banco de Londres acepta hacer un duplicado del giro.

Otro elemento esencial era aumentar la extensión de Canutillo. Los ingenieros, al terminar el reparto de la tierra, regresan al DF y Villa comienza a presionar al gobierno, y con el argumento de que hay más villistas que tierras en Canutillo (sin duda han estado llegando en el último año) intenta que le cedan o le permitan comprar la hacienda de San Ignacio (de lo que ya había hablado en diciembre anterior) para la brigada Martín López y la legión Madero, que ha instalado en la hacienda de la Polka, y "los generales García y Ornelas", asentados en La Carreteña, que es pequeña.

Finalmente, en febrero de ese año el tan querido proyecto de la escuela pudo ponerse en marcha. Bautizada como Escuela Felipe Ángeles, tenía seis salones donde se daban clases hasta de cuarto de primaria y vivían en ella los profesores. Funcionaba además una escuela nocturna para adultos. El director fue Jesús Coello Avendaño, que ganaba un salario, pagado por Canutillo, de 360 pesos mensuales, en tanto los maestos cibraban 300, buenos salarios si se piensa que un jefe de policía estatal ganaba 225 en aquella época. "Yo prefiero pagar primero a un maestro y después a un general", dirá Villa más tarde en una entrevista.

La escuela tenía tres maestros: Alfonso de Gortari, Salvador Varela y Alfonso Coello y 400 alumnos entre niños y niñas. Los que no eran de Canutillo estaban toda la semana viviendo en la hacienda y pasaban en sus casas sábado y domingo. En una época de cosecha, Villa mandó a Piñón al rancho el Torreoncito para decir a los padres que él pagaba una ayuda, pero que no pusieran a los niños a cosechar, que los mandaran a la escuela.

A las 7:30 cantaban el himno y saludaban el busto de Ángeles; de las ocho a la una estudiaban, salían, comían y dormían la siesta, de tres a siete de la tarde trabajaban ayudando en la hacienda. Uno de los primeros en llegar en las mañanas era Villa, sobre todo si había clases de canto, y se sentaba con sus hijos a tomar clase.

Vasconcelos recuerda que, aunque no volvió a ver a Villa, cuando era secretario de Educación recibió varias peticiones de útiles escolares. No sería la única escuela que Villa fundara: en 1922 Rodolfo Alvarado, hijo de Pedro, el propietario minero de Parral, se fue a ocultar en Canutillo porque había matado a un hombre en un pleito. Al final quedó libre y en agradecimiento le preguntó a Villa qué podría regalarle, éste le pidió el terreno para lo que sería la escuela primaria 282 en Parral, que se construyó con siete mil pesos que donó Villa.

El 5 de mayo Villa le escribió a Raúl Madero: "Todavía no fumo. Hasta septiembre, ¿eh?" No se trataba de una clave. Villa y Madero habían apostado un peso que perdería el que volviera a fumar. Pancho recordaba (en voz de Nellie Campobello): "Miren nomás, cuando Huerta el pelón me tuvo encerrado en México, me enseñé a chupar. Yo no era vicioso, pero ya ahora me chupo mis cigarritos". Hasta la apuesta, Villa, que no sabia liar un cigarrillo, había fumado muy irregularmente, pero desde entonces lo había dejado del todo. Las relaciones con Raúl se mantuvieron durante esos meses; eran las típicas relaciones de dos viejos amigos y vecinos agricultores. Tenían por correo conversaciones de campesinos: si vienen las avenidas del Nazas resolverán la irrigación y las cosechas serán mejores; el crédito no funciona, y de pasada gracias por el relojito y el método de piano que Raúl le mandó. ¿Hablaban de algo más? Eso se suponía en los ambientes políticos.

Una semana más tarde, el 13 de mayo, *El Heraldo de Durango* publicó un artículo en que se decía que Villa había entrado en contradicción con la política de Obregón y de Calles, que tenía programada una entrevista con el presidente que le fue suspendida, que "repudia actos de gobierno" y que "la entrada a Canutillo ha quedado estrictamente prohibida a todo" gobiernista. El oscuro origen de la nota se debía a que su nombre había sonado fuerte entre grupos organizados de Durango como candidato a gobernador, en particular entre los ferrocarrileros. Villa había rechazado la oferta diciendo que en Sabinas había pactado alejarse de los asuntos públicos. Villa le mandó un recorte del periódico a Obregón añadiéndole un par de breves frases: "Me abstengo de hacer ningún comentario" y "Se ve la mala intención". El 8 de junio Obregón le contestó quitándole importancia al asunto.

El 28 de mayo el reportero de *El Universal* Regino Hernández Llergo, acompañado de su esposa y el fotógrafo Fernando Sosa, llegó a Parral, donde el coronel Lara los presentó a Villa. Parece ser que Pancho, preocupado por los artículos de periódico en Durango y Chihuahua, tenía reticencia a dar entrevistas, pero finalmente aceptó. Los recibió en la casa a medio construir que tenía en Parral, donde estaba comiendo. "Pantalón de kaki, camisa de cuadros con un nudo en la falda y una gran pistola al frente". "Digan la verdad, bueno o malo, pero digan la verdad", repite como cantinela. En la conversación define la situación de Canutillo: "Toda mi gente tiene tierras, con sus títulos de propiedad, y todos trabajan, sacan provecho a su terrenito y me ayudan a mí". Y cerraba: "Allí nadie se emborracha".

Los cita dos días más tarde en la estación Rosario, porque se irá muy temprano al día siguiente, y pone como condición que no hablen de política en la entrevista. Villa aprovechó la reunión para venderle cinco mil pacas de "paja" a Lara, quien dijo que Almazán las necesitaba para sus caballos. En esos momentos tenía la mano derecha vendada.

De Rosario un Ford viejo llamado *la cucaracha*, que habitualmente repartía el correo y llevaba encargos entre Rosario y Canutillo, llevó a Hernández a Llergo y los suyos a la hacienda en hora y cuarto. Llegaron de noche y Villa los invitó a cenar: "Aquí nunca compramos víveres de fuera, todo lo que comemos se produce en Canutillo". Regino tomó nota de que cuando se caminaba con

Villa nunca dejaba gente a sus espaldas. "En Canutillo, todos sin excepción usan pistola". Comieron con Villa y Austreberta, Betita, que Hernández Llergo describe como una "señora alta, blanca y bien parecida, de grandes ojos negros y melancólicos". Villa echa pestes contra políticos ladrones que no trabajan, y en cambio: "Yo tengo mucho pueblo, por eso me temen". Más tarde comenta que los periódicos andan diciendo que quiere ser gobernador de Durango, dice también que ha recibido cartas y apoyos, pero que ha dado su palabra de que no se meterá en política mientras esté Álvaro Obregón.

Visitan la planta de luz, las bodegas de semillas. El molino de nixtamal cobra tres centavos la molida, se puede pagar en especie, las mujeres dejan un huevo a cambio. "Aquí no hay peones, todos son medieros, 1,800 y todos armados." En Canutillo se crían gallos de pelea, se cultivan papas y cacahuates. "¡Ah, señor, la agricultura es muy bonita!" Al rato Villa los deja botados para irse a trabajar en una trilladora que estaba reparando.

El día siguiente sus hijos serán el tema de la conversación. Por ahí anda Agustín (que ha regresado a la hacienda), que Pancho quiere que sea médico. De Octavio, quiere que sea militar; y el pequeño, del que toman una foto, Panchito, bebé de siete meses, quiere que sea abogado. Una de las fotos de Sosa muestra a Villa enseñándolo a caminar. Cuando les dice que quiere que estudien en el extranjero, Hernández le pregunta que si en Estados Unidos y Villa rechina: "A Estados Unidos, no. Lo primero que les enseño es a odiar al enemigo de mi raza". Una versión mucho más sincera sobre lo que pensaba sobre Estados Unidos, que las que había dado a Frazier Hunt y Sophie Treadwell meses antes. En otro momento de la entrevista dirá que contra "los gringos llegará un día en que habrá un enfrentamiento con ellos, es inevitable". Un año después le contará a un amigo, en ese juego de verdades e ilusiones que tanto le gustaba practicar para desconcertar a sus interlocutores, que tenía la idea de atacar el capitolio en Washington con 35 mil carabinas y "35 millones de negros" que reclamaban su liberación si él los dirigía.

Hernández Llergo, que siente que se ha creado confianza, se anima a preguntarle sobre los rumores de que quiere levantarse en armas: "Muchos de esos políticos de petate han ido a decirle a Álvaro Obregón que yo quiero rebelarme y no es cierto. ¡Déjense de chismes!" Como prueba de las buenas relaciones con el presidente, habla de las ametralladoras que Álvaro Obregón le regaló al inicio de abril, dos Thompson de mano, de cargador redondo.

La iglesia, convertida en tienda, atrás tiene un depósito de gasolina. Hay cajones frente al altar que está bien conservado. Villa dirá: "La iglesia no la he tocado, pero tampoco la he destruido. Está como me la entregaron". Regino se quita el sombrero al entrar a la iglesia. Villa, sorprendido, le pregunta: "¿Por qué se quita el sombrero?" (Sombrero que él no se quitaba ni para dormir.)

En la tarde les enseñará la escuela Felipe Ángeles. A tres cuadras del casco, son ahora cuatro salones, tres para niños y uno para niñas. Le piden permiso para tomar fotos (el artículo está ilustrado con varias) y Villa contesta que hay que pedírselo a los profesores. Hernández Llergo comentará en su reportaje que los salones tienen el nivel de la mejor escuela de la república: pizarras, ábacos, cuadros explicativos, mapas, libreros, mesas, servicios higiénicos. En la foto aparecen unos 75 niños y niñas con cara de sorprendidos. Villa explica que la escuela la financió él, que el gobierno sólo ha mandado libros. Aunque Villa constantemente estaba pidiendo maestros y bancas. De la calidad de la escuela habla que, cuando Obregón le ofreció a Villa hacerse cargo de la educación de su hijo Agustín, Villa le contestó que la primaria de Canutillo era muy buena.

Recorren las caballerizas, ven los caballos de la escolta. Villa habla de la escolta y de lo difícil que es lograr que se cumpla el pacto de Sabinas y les paguen a tiempo. No le están pagando sus haberes como general retirado, pero esos no los quiere cobrar. Los invita a estar a las tres de la mañana en pie para recorrer la hacienda, pero esa noche enfermará de gripe y pospondrán la gira.

Tendrán más conversaciones. "¿Usted cree que haya otro que haya querido más que al general Ángeles?" El busto está en la sala, de tamaño natural, de bronce. Visitan la pequeña biblioteca de la hacienda. Villa está leyendo *El tesoro de la juventud*. Regino registra: Diccionario español de Appleton; Salgari: *Las maravillas del año 2000;* Dante: *La divina comedia;* Schultz: *Geografía;* Rafael Ángel de la Peña: *Gramática castellana, El cocinero moderno* (que era propiedad de Austreberta, según decía Villa); Víctor Hugo: *El 93;* Rébsamen: *Pedagogía, El fantasma de la guerra;* el primer curso de inglés de Berlitz, *Alma americana.* Por aquí y por allá el material de sus lecturas favoritas, historias de Napoleón, de Alejandro Magno. Viendo un retrato donde aparece Rodolfo Fierro, Pancho comenta: "Fierro… un hombre muy malo… según dicen…", y se encoge de hombros.

Hablan de la visita de Díaz Lombardo dos meses atrás y de las frecuentes reuniones con Raúl Madero. Hernández Llergo saca a cuento los rumores sobre la intención de los ex convencionistas de ir a la lucha electoral. Villa contesta con un seco: "Mentira. No hablamos nada de política". Lo cual no era muy cierto. Díaz Lombardo, que había estado en contra de la rendición, el más villista de los intelectuales villistas, pensaba que se estaba preparando un "resurgimiento". Y le advirtió a Villa que iban a tratar de matarlo. Cervantes dice que Díaz Lombardo "le sugirió que se exiliara en Centro América" porque "su vida peligraba". Sin duda hablaron de las próximas elecciones. Con Madero la relación se encubría como una relación de compadres, casi vecinos, rancheros, viejos camaradas. El caso es que los rumores, fueran en un sentido u otro, perseguían a Villa. A los ojos de sus enemigos seguía siendo un hombre que definía en uno u otro sentido, en una u otra forma, la política nacional.

Regino, que recibió periódicos de México, le pregunta a Villa sobre la auscultación nacional que *El Universal* está haciendo sobre quién debería ser el próximo presidente de México. Villa cambia el tema y le habla de los hectolitros de trigo que produce el campo. Regino insiste, qué opina. Villa le dice que es una buena idea pero que no es muy práctica, que una auscultación no es precisa, le da vueltas al asunto sin querer comprometerse. Finalmente se expresa sobre los que van adelante: "Fito (de la Huerta) es muy buen hombre, y los defectos que tiene se deben a su bondad excesiva [...] No se vería mal en la presidencia de la república". "Calles tiene muy buenas cualidades pero también [...] algunos defectos. Su punto de vista político es el problema obrero a base de radicalismo". Son definiciones sacadas de palabras ajenas. La cosa es mucho más sencilla, en el decálogo de Villa lo que funciona es la confianza. A uno, De la Huerta, se la tiene; al otro, Calles, no. Cuando Hernández le cuenta que él tiene muchos votos, en esos momentos seis o siete mil, primero se sorprende, luego acepta e incluso piensa que tendría más si no "hubiera partidarios míos que están silenciados". Pero se descalifica a sí mismo como candidato presidencial: "Yo sé bien que soy inculto... hay que dejar eso para los que están mejor preparados".

Ese día Villa se define frente al socialismo y frente a la iglesia. "Los líderes del bolchevismo persiguen una igualdad de clases imposible de lograr. La igualdad no existe, ni puede existir. Es mentira que todos podamos ser iguales; hay que darle a cada quien el lugar que le corresponde. La sociedad para mí es una gran escalera en la que hay gente hasta abajo, otros en medio subiendo y otros muy altos... es una escalera marcada por la naturaleza y contra la naturaleza no se puede luchar. ¿Qué sería del mundo si todos fuéramos generales, si todos fuéramos capitalistas o todos fuéramos pobres? [...] Es justo que todos aspiremos a ser más, pero también que todos nos hagamos valer por nuestros hechos." "Yo no soy católico, ni protestante, ni ateo. Soy librepensador. Me gusta respetar todas las creencias [...] Un cura es un hombre de negocios como cualquier otro... Yo sería de aquella religión que no me hiciera tonto." La conversación se produce mientras caminan entre los trigales con un Pancho muy preocupado por la inquietante presencia de cuervos.

El cinco de junio los periodistas se despiden de Villa, al que se le ha agravado la gripe y está envuelto en cobijas. Regino contará años más tarde que Villa "decía que yo era el único periodiquero que había dicho la verdad". Al final de la entrevista van a Chihuahua a visitar la tumba de Felipe Ángeles. La serie de reportajes saldrá publicada a partir del 12 de junio con todo despliegue, encabezando a toda plana durante seis días la segunda sección.

En el último capítulo Regino hace un resumen en que expresa su admiración por el Villa que ha visto: "Vive sin rastacuerismo de rico improvisado [...] sin alardes y sin ostentaciones [...] hospitalario, cordial [...] no tiene ninguna inquietud política".

No sería esa la lectura general. La combinación de una serie de acontecimientos hará aparecer a Villa mucho más involucrado de lo que estaba en el proceso de la sucesión presidencial, que empezaba a ventilarse. Un mes más tarde, el 10 de julio, *El Universal* cerraba la auscultación nacional sobre quién debía ser el futuro presidente de México: Carlos B. Zetina tenía 142,872 votos, De la Huerta 139,965, Calles 84,129 y Villa 77,854. Más de uno hizo la suma de los votos de Adolfo y Pancho contra los de Calles. Probablemente Villa era consciente de que su situación era delicada.

Villa, en las conversaciones con Regino, había deslizado una referencia a sus *Memorias*:

—Sí, día a día, ahí tengo mis memorias completitas.

—¿Y nunca ha pensado en darlas a la publicidad?

—No. Hace más de un año vino aquí un publicista gringo ofreciéndome 50 mil dólares por mis memorias y no lo acepté.

Dirá además que después de su muerte ha dispuesto que "se las entreguen al más prestigiado historiador mexicano". ¿De qué estaba hablando? Hay multitud de referencias de que Pancho, en esos años, estaba dictando a Miguel Trillo sus memorias. ¿Había vuelto sobre los cuadernos de Bauche Alcalde para completarlos, corregirlos, mejorarlos, volverlos más Villa y menos Bauche? ¿Se trataba de una nueva versión? ¿O de una continuación que completaba la anterior? Ramón Puente cuenta que Villa quería un poco de calma para "dictar sus memorias *que serán la herencia de sus hijos*", y dice que las dictaba "por la tarde"; Elías Torres cita cinco líneas de lo que Villa en Canutillo le dictaba a Trillo (que no están en el manuscrito de Bauche); Austreberta Rentería, su última esposa, contaba a Valadés que Villa en las noches se ponía a escribir sus memorias en Canutillo: "Sentado al borde de su cama, contaba a su esposa los episodios más interesantes de su vida, y después se tendía boca abajo sobre el lecho, y haciendo un gran esfuerzo para disciplinar sus recuerdos y su inteligencia, empezaba a escribir lo que habría de dejar a la posteridad sobre su historia personal". Piñón aseguraba que había visto a Villa dictarle a Trillo las memorias y Soledad Seáñez le escribió a Vito Alessio Robles: "Las memorias y otros documentos los que recogieron en un *beliz* que traía el carro que lo asesinaron [...] Las memorias de mi esposo deben estar cerradas en el mes de mayo de 1923 y tiene muchísimas fotografías de los trabajos *echos* en Canutillo", y en otra entrevista aseguraba que las memorias habían sido quemadas en la Hacienda; pero la secretaria de Nellie Campobello le contó a Luis Vargas que muchos años más tarde ella tuvo en sus manos unas memorias de Villa diferentes a las de Bauche y que las estuvo transcribiendo.

¿Existieron estas nuevas memorias de Pancho Villa? ¿Fueron quemadas o desaparecieron? Como siempre, en una historia dominada por las versiones contradictorias los enigmas son mayores que las certezas.

A mediados de julio un fuerte conflicto se armará entre uno de sus generales, Ricardo Michel, y Pancho Villa, porque Michel había hecho destrozos en el monte de Canutillo descascarando encinos colorados para la tenería de su suegro Felipe Santiesteban. A pesar de que Villa y Michel hablaron del asunto, las relaciones se enfriaron. Villa trató de detener a Michel con su escolta para remitirlo a las autoridades, y éste y Santiesteban se escaparon de la estación Rosario a Parral, acusando a Villa en la prensa de quererlos asesinar. Ramón Puente dirá: "... los intereses van agriando los corazones y los veteranos comienzan a desertar, algunos se vuelven hasta sus enemigos, se prestan para servir de espías". Villa, el 13 de julio, le escribió una carta a Santiesteban reclamándole las cáscaras y diciéndole: "Y en cuanto a diferencias de hombres, estoy dispuesto a salir con Ud. para que la decidamos a balazos y así se nos quite lo chirinolero". Fuera lo que fuese lo de "chirinolero", la cosa iba en serio.

Villa intentó que su compadre Eugenio Martínez, jefe de la zona militar, mediara en el asunto, y le mostró pruebas de que las huellas de los ladrones de las cortezas de encino llevaban a El Rosario. La querella quedó en el aire.

Otras dos historias tensaron sus relaciones con el gobernador de Chihuahua. En marzo, Villa se hizo eco de las protestas de los chihuahuenses por la venta de los terrenos de los Terrazas a empresarios estadounidenses, y denunció al gobernador y al congreso local. "Se venderán sin duda los balazos, y esto se dice, será antes de tres meses". Obregón le respondió dándole la razón y aceptando que los contratos eran ilegales. Cinco meses más tarde Villa le escribió a De La Huerta informándole que los vecinos de Bosque de Aldama se quejaban de las actitudes del gobernador Enríquez de Chihuahua y pedían les enviaran fuerzas federales.

Hacia mediados de agosto Villa logró finalmente una inyección de dinero. Obregón, el día 19, firmó un acuerdo en el que se concedía a Villa una indemnización por "la destrucción de los predios rústicos denominados El Fresno y La Boquilla y la finca urbana Quinta Luz" en Chihuahua; 25 mil pesos que llegarán a manos de Villa sólo un día más tarde, lo cual da idea de la deferencia con que el gobierno trataba a Pancho.

Eso, y los problemas con la escolta, consumían la mayor parte de sus comunicaciones con el gobierno. Los 50 hombres no tenían uniforme, los salarios les llegaban con eterno retraso. Villa había tenido que posponer una vista a Parral en el cumpleaños de Elisa Griesen porque una visita de la contraloría de la Secretaría de Guerra había llegado a Canutillo para verificar que existieran los hombres a los que estaban pagando. Pancho se quejaba de que "el armamento que traen no es muy bueno" y agradecía a Obregón el envío de 10 mil pesos para equipar a la escolta y cuatro mil cartuchos Mauser.

Como si las peticiones de parque hubieran sido un augurio, el 4 de octubre de 1922 De la Huerta le advirtió a Villa, en un telegrama, que Pancho Murguía había entrado en armas en Chihuahua, "para que esté prevenido". Francisco Murguía, el histórico enemigo de Villa, había sido fiel a Carranza y lo acompañó hasta su muerte. Detenido por eso y por robo, peculado y pillaje, lo dejaron libre en 1921, cuando se exilió a Estados Unidos, donde preparó esta nueva aventura.

PACO IGNACIO TAIBO II

Villa no tuvo dudas. ¿Por qué habría de apoyar a los carrancistas contra los que había combatido a muerte? ¿A Murguía en particular? Rápidamente le contestó a De la Huerta: "Exploraciones que tengo infórmanme Murguía estuvo antier en La Zarca […] y tiene dos días de estar oculto en un lugar llamado La Cuchilla pequeña. No puedo hacer movimiento a batirlo porque no tengo autorización para ello. Ayer me dirigí al señor presidente solicitándola".

No era la primera vez que tomaba el partido del presidente Obregón en estos continuos alzamientos y confrontaciones comunes en la época. El año anterior, en agosto, se había ofrecido para tomar las armas si las tensiones con los estadounidenses llegaban a mal fin, y en febrero de ese mismo año había entregado a las autoridades militares de Parral a "dos individuos que trataron de hacer propaganda sediciosa conmigo mismo".

Se decía que Murguía en armas había llamado telefónicamente a Villa para proponerle que lo acompañara y que Villa le dio 24 horas para abandonar la región. En otra versión "Villa lo vio pasar por la orilla de las casas con destino al aguaje de El Huarache. No externó comentario alguno y mucho menos ejerció acción hostil en su contra". Pero más cerca de la realidad, también se contaba que Villa le había garantizado a Obregón que por allí Murguía no habría de pasar.

El 18 de octubre Villa le telegrafió a De la Huerta: "Estuve prevenido contra cualquier emergencia", y le informaba que Murguía se había movido hacia Coahuila. Poco después el otro Pancho fue capturado por las defensas sociales en Tepehuanes y fusilado el 1º de noviembre. A Murguía se le ofreció dirigir su pelotón de fusilamiento y respondió: "Podía pedir que me concedieran dar las voces de mando de mi ejecución, pero no encuentro lógica en esto. No voy yo a mandar mi propia muerte".

José C. Valadés recogió los recuerdos de Austreberta Rentería años más tarde y cuenta que Villa tomaba una pizarra que tenía siempre a su alcance y pedía a su esposa:

—A ver, Betita, quiero que me dictes unas cuentas.

—Pero, ¿para que tiene usted tanto empeño en hacer cuentas? ¿Pues qué no tiene gente capaz que se las haga?

—No le hace, hijita, no faltará quien me quiera engañar.

Pero en esos mismos meses no sólo hacía cuentas con Austreberta, Villa también había iniciado una relación en Parral con Manuela Casas, de Santa Rosalía, apodada la Charra, con la que se había casado por la iglesia y vivía en la casa que Villa tenía en Parral, donde habría de nacer ese año su hijo Trinidad.

En los frecuentes viajes a Parral, Villa jugaba una variante del frontón que se llama rebote. Y se lo tomaba muy en serio, vestido con zapatos de tenis y pantalones blancos. En Canutillo había también un frontón, que aún hoy permanece en pie en el costado oeste de la hacienda. Villa solía decir: "Éste es un juego para hombres fuertes".

El otro elemento que tensó las relaciones con los ricos de Parral fue el intento de Pancho de fundar un banco de crédito. Desde febrero Villa andaba con la idea de fundar un banco agrario. En principio, en febrero hizo gestiones con el gobierno, que De La Huerta dio por negativas por las "condiciones dificilísimas" que se estaban pasando. Villa gestionó más tarde una entrevista con Obregón a través de Hipólito, pero después de una conversación con De la Huerta decidió posponerlo hasta que el 30 de julio Villa envió a Trillo a la ciudad de México para ofrecerles información a De la Huerta y Obregón sobre el proyecto del banco que quería fundar en Parral, asociado con Enrique Beckman. Hacia el inicio de septiembre volvió sobre el tema diciendo que habían hecho la escritura para constituirlo, pidiendo financiamiento y avalando el préstamo con sus propiedades en Chihuahua y las de Beckman, que valían unos 300 mil dólares. El asunto parecía progresar porque De la Huerta le ofreció 100 mil dólares sobre un banco de Nueva York. Pero el dinero no acababa de llegar. Hacia fines de octubre De la Huerta decía que no había dinero porque no se habían cubierto los trámites ante la Comisión Monetaria, de la que él sólo era miembro del consejo. Villa sospechaba que detrás del bloqueo estaban el general Enríquez y la burguesía de Parral encabezada por Jesús Herrera, el hermano de Maclovio y Luis, el único superviviente de la familia.

Efectivamente, el 12 de octubre Jesús Herrera le escribió a De la Huerta dándose por informado del proyecto del banco de Villa, y señalando que se había visto con mucho desagrado el apoyo gubernamental a lo del banco. Parecía, dijo, que para Villa "las leyes no existen". Villa, conociendo estas maniobras, le escribió 10 días después a De la Huerta: "Pensando con mesura y prudencia he resuelto aplazar este negocio". Y aunque De la Huerta le contestó un día después que no se preocupara, "que no pueden obstruccionar personas que no tienen conexión con el gobierno federal", dejó aplazado el proyecto.

Villa sabía que no sólo se trataba de una disidencia financiera ventilada en los periódicos, había algo más. Francisco Piñón había casualmente descubierto en Chihuahua, mientras estaba convaleciente de una operación, que se estaba organizando un atentado contra Pancho y se lo comunicó de inmediato. Por lo visto se había formado un grupo de pistoleros del que formaban parte el Charro Mercado, un tal Primitivo Escárcega, el capitán Darío Martínez y Atenógenes López, el tío de Pablo y de Martín, al que habían convencido diciendo que Martín no había muerto de bala obregonista sino que lo había matado Villa. Se mantenían a la espera en un cerro cerca de Las Nieves y supuestamente los financiaba el gobernador Enríquez.

Pancho esta vez no optó por la correspondencia con el gobierno, sino que movió a sus hombres. Los conjurados se dispersaron y dos de ellos fueron encontrados en un prostíbulo en Parral, donde los acribillaron en lo que pareció una pelea de borrachos y putas. Allí cayeron a fines de octubre el capitán Martínez y Escárcega.

En esos mismos días, Villa, acompañado de su escolta, había ido a Durango para entrevistarse con el gobernador José Agustín Castro y discutir la polémica reclamación de las contribuciones al fisco que debía la hacienda de Canutillo. Villa argumentaba, y con razón, que cuando le entregaron Canutillo el convenio aseguraba que estaba libre de todo gravamen. Si algo se debía de antes, se lo hubieran cobrado a la familia Jurado cuando le pagaron la expropiación. Parece ser que en la entrevista se cruzaron palabras fuertes, y fuera del palacio Villa echó pestes contra el gobernador. Y no faltó alguien que se las fuera a contar.

Castro mandó un proyecto al congreso local para condonar las deudas, y un oscuro diputado, Jesús Salas Barraza, curiosamente uno de sus incondicionales, protestó porque se beneficiaran "los que han sembrado la ruina y la desolación". Finalmente el asunto se aprobó. Villa le reportará más tarde a De la Huerta que había entregado a la jefatura de Hacienda del estado de Durango 50 mil pesos. La intervención de Salas no cayó en el olvido.

Hacia el último trimestre de 1922, Rogelio Rodríguez asistió a una fiesta en Canutillo en la que se celebraba el santo de Pancho Villa, y se sorprendió por el estado seco de la parranda, que se celebraba sin alcohol. Probablemente fue en esa ocasión cuando Villa sacó de su cuarto los estandartes de la División del Norte. Puso una caja sobre una mesa y se subió a ella sin permitir que nadie lo ayudara. Se quedó allí arriba viendo las banderas una vez que las hubo colgado. Rodríguez escuchó a Villa decir: "Voy a abastecer gratuitamente y durante una semana al pueblo de Parral con todo lo que producimos en Canutillo: trigo, frijol, maíz, carne y leña [...] voy a pedirle al presidente de la república que mande un enviado para que conste". Y por si esto fuera poco, Rodríguez asistió a una extraña declaración viniendo de Pancho Villa:

—Se usa primero ésta —señalando la cabeza— y luego éstos —tomándose los testículos.

NOTAS

a)   Fuentes. Es esencial para seguir ordenadamente este periodo Rubén Osorio: "La correspondencia de Francisco Villa", y los documentos de Canutillo del Archivo Valadés. Además: Vilanova: *Muerte de Villa*. Eustaquio Fernández PHO 1/226. Max Masser: "Siete años con el general Francisco Villa". Francisco Piñón PHO 1/9. Campobello: "Villa". Valadés: "La vida íntima de Villa". Vasconcelos: *El desastre*. Calzadíaz: *Hechos reales 7*. Adolfo Carrasco: *Vida del general Francisco Villa*. Gabino Martínez: "La nueva clase gobernante". Puente: *Villa en pie*. Cervantes: "La nueva vida de Villa en Canutillo". Hurtado: *Estudios y relatos sobre la Revolución Mexicana*. Puente: *La dictadura*. Palomares: *Anecdotario*.

Trillo en Canutillo.

Con Regino Hernández Llergo
a caballo, Canutillo, 1922,
foto Fernando Sosa.

Con Regino y su esposa.

Villa con la mano cerca de
la pistola conversando con
Regino. Foto F. Sosa.

El reportaje.

Trillo y Villa leyendo
correspondencia. Foto F. Sosa.

Regino Hernández Llergo: "Una semana con Francisco Villa en Canutillo". Regino Hernández Llergo PHO 1/10. Por cierto, Regino se equivoca en un artículo en el cual fecha el inicio de la entrevista el 5 de mayo.

Al parecer, y así lo afirman sus nietas (Guadalupe y Rosa Helia) en el prólogo a las memorias de Villa-Bauche, los cuadernos de Trillo eran simplemente los viejos cuadernos de notas taquigráficas realizados en 1913, que habrían de volverse los cuadernos de Bauche. Sin embargo hay demasiadas referencias al hecho de que en Canutillo Villa estaba trabajando nuevamente en sus memorias, y son menciones que no pueden ser consideradas (como tantas otras en esta historia) copias unas de otras (Puente: *Villa en pie*. Elías Torres *Vida y hazañas*... Valadés: "Vida íntima". Piñón en "Planes de Obregón para liquidar a Francisco Villa". Francisco Piñón: PHO 1/9. Soledad Seáñez a Vito Alessio Robles, 6 agosto 1936, colección de Manuscritos BVAR. Rafael Heliodoro Valle: "Pronto aparecerá el archivo secreto del general Villa". Soledad Seáñez PHO 1/109. Luis Vargas: "Un día de charla con Pancho Villa en la hacienda de Canutillo").

Caso Murguía. Calzadíaz: *Hechos* 7. Jaurrieta: *Con Villa*... Blanca Eva Rocha: "Las defensas sociales en Chihuahua". Urquizo: "La última aventura de Murguía" (en *Obras escogidas*).

I. Muñoz: *Verdad y mito de la Revolución Mexicana*. Quizá por similitud de su apodo, frecuentemente se confunde a Manuela con Aurelia Severiana Quezada, apodada la Charra "por su belleza", que tuvo en 1916 dos gemelas de Villa, una llamada Guadalupe Villa Quezada, la otra se metió de monja. Luz Corral las ayudó años más tarde y las metió a un orfanatorio en Chihuahua (Almazán: *Mi padre*...).

Atentado. Existe registro del enfrentamiento en el burdel en *El Correo de Parral*. Jesús María López en Osorio: *Pancho Villa, ese desconocido*. Durango: Salas Barraza en Richkardy: *60 años en la vida de México*. Ceja: *Yo maté*... Archivo Histórico de Durango. Elías Torres: *Hazañas y muerte*...

Agustín Villa.

Villa y Panchito en Canutillo,
1922. Foto F. Sosa.

Canutillo 1922.

Dos caricaturas en el reportaje de *El
Universal*, con los pies de grabado: "Cómo
lo veían" y "Cómo lo vieron".

Manuela Casas.

Jugando frontón en Canutillo.

El sobrino de Jesús Herrera, don Roberto, director del Archivo Municipal de
Saltillo, comentaba que de adolescente había visto un telegrama de Villa entre los
papeles de su tío, en el que Villa decía que "habiendo rendido mis armas al supremo
gobierno en aras de la nación, le pido olvidar nuestros agravios y trabajar por México",
y que había una nota manuscrita de Jesús Herrara que decía: "Yo no hago tratos con
asesinos".

SESENTA Y SEIS

RECORTADO CONTRA LA LUZ

Al iniciar 1923 la hacienda de Canutillo marchaba sobre las pequeñas ruedas que Villa había venido construyendo. Era una granja modelo, con cerca de cuatro mil acres de tierra cultivable en las márgenes del río Florido. Se prometía una buena cosecha de trigo y se esperaba una colecta de 35 mil hectolitros de maíz. Había maquinaria agrícola para sembrar y cosechar. Las otras colonias villistas estaban también mecanizadas. Villa se volvió un comprador tan importante de maquinaria, que el gobernador de Texas, Pat Neff, prometió indultarlo por crímenes pasados si la compraba a su estado.

La cría de ganado prosperaba. Villa había comprado vacas en Estados Unidos mediante un tal George Hunt, contrabandista gringo al que Villa una vez le había financiado un rancho en La Isleta, en la mera línea de El Paso.

Se fabricaron más de 20 carros en los talleres para acarrear leña y mercancías, operaba la planta eléctrica, la tienda vendía bienes a precios de mayoreo, funcionaba un taller de reparaciones eléctricas, un taller mecánico para automóviles, la herrería, un taller de fabricación de sillas de montar, los telares para procesar la lana que se producía, un molino de maíz, una carpintería; tenían una oficina de correos que distribuía correspondencia de estación Rosario a Indé, pasando por Canutillo, conexión telegráfica con Parral y teléfono a Rosario e Indé.

Ernesto Ríos, el jefe de la escolta, dirá: "La idea de Villa no era hacer una propiedad para él, era colonizar esa hacienda a favor de todos los trabajadores". Básicamente, Canutillo funcionaba con una mezcla de los propietarios originales, que trabajaban su propia tierra, el trabajo de los 50 escoltas, los maestros, los mecánicos, artesanos y cocineros que cobraban un sueldo, y medieros que trabajaban tierras de la hacienda, pero en este caso se guardaban para sí dos tercios de la cosecha que levantaban y el tercio restante se reinvertía en mejoras y en el desarrollo general.

En el primer semestre de 1923 una familia normal (cinco personas) recibió entre bienes, servicios y dinero unos 4,000 pesos. Si se piensa que el salario de un peón agrícola en la región era de unos 30 pesos mensuales, 45 con suerte, y que una familia, sumando el trabajo de todos, podía ganar al mes de 75 a 100 pesos, en Canutillo ganaban más de 650 pesos mensuales, salario incluido. Villa se hartaba de decirlo: "Les vamos a pagar buenos salarios".

Y había muchos proyectos para ese año y el siguiente: comenzar la cría de borregos, echar a andar un tren a Indé y Tepehuanes, un molino de trigo, líneas telefónicas a los ranchos para conectarlos con Canutillo y la construcción de un "puente de la Paz" sobre el río Nazas en Gómez Palacio.

Piñón contará que "estaba prohibido tener o comerciar con alcohol en Canutillo" y que una vez que Villa detuvo a un traficante de sotol, destruyó el alcohol y cintareó al traficante en público. Puente registra que Villa decía que "los males de México son: alcoholismo en los de arriba y alcoholismo en los de abajo" y que le repugnaban "el pulque que embrutece y los mezcales que hacen rijosos a los individuos".

Hacia comienzos del año 1923 Villa estaba bien de salud, fuera de los achaques de la vieja herida en la pierna; se levantaba a las cuatro de la mañana y gozaba las labores del campo recorriendo Canutillo de un lado a otro, pero su amigo Ramón Puente decía que "su ánimo estaba como apocado." Pancho había intentado en los últimos meses sortear los conflictos con los gobernadores de Chihuahua y Durango, mientras mantenía la mayor cordialidad posible con el gobierno de Obregón y trataba de sustraerse a las trampas que le tendían intentando involucrarlo en la sucesión presidencial, pero veía cómo un exceso de sombras crecía en torno a él.

El asunto del banco quedó trabado después de que en octubre del año anterior intercambió cartas con De la Huerta, que quedó en conversar el asunto con Obregón, pero en enero Villa volvió sobre el tema en una entrevista en el diario nacional *Excélsior*, en la cual comentó que pensaba fundar un banco para dar crédito a los agricultores.

El 5 de enero le escribió una carta a la Popular Dry Goods en la que aclaraba que sus negocios y los de Hipólito se llevaban por separado. Ya antes le había escrito a Obregón: "Con toda atención suplícole no hacer ningún préstamo a mi hermano Hipólito [...] que rinda cuentas de sus compromisos como todos los demás". A lo que el presidente le contestó un día después con un escueto: "Tomo nota". El distanciamiento con sus hermanos (Martina se había ido a vivir con Luz Corral en Chihuahua) era absoluto. El 22 de febrero morirá Mariana.

En marzo Pancho estaba arreglando sus negocios con el gobierno. De la Huerta le había autorizado que lo que le prestaron para la operación del banco que ya no se haría, lo destinara a su proyecto de cría de borregos en un 50% y devolviera la otra mitad al gobierno para ayudar con el pago de las guarniciones de La Laguna y Durango, que normalmente salían de los impuestos del petróleo, y ahora, con la reducción de la producción de las compañías, no se podían cubrir. Antonio Islas Bravo comentará que Villa obtuvo de la caja de préstamos un préstamo de 50 mil dólares y lo pagó, mientras que todos los "amigos honorables de Obregón también (lo obtuvieron), y nunca pagaron".

Pero la paz se alteró muy pronto. A mediados de marzo el conflicto con Jesús Herrera estalló de nuevo cuando en Parral fueron detenidos el general

José García y el coronel Rosario Jiménez acusados de tener intenciones de cometer un atentado. Cuando Villa se enteró de la detención, le pidió a Eugenio Martínez dos carros de ferrocarril para ir a Parral a rescatarlos con su escolta. Martínez logró frenarlo y poco después los dos oficiales villistas estaban libres.

La polémica, esta vez, se ventiló en público. El 17 de marzo Villa escribió a la Cámara de Senadores. "Hace como año y medio que vengo sufriendo persecuciones a la sombra ordenadas por Jesús Herrera y me he estado concretando a conservarme a la defensiva con toda resignación [...] algunos muchachos han perecido seducidos por el dinero de Jesús Herrera para asesinarme [...] es así como Primitivo Escárcega y otros han perecido, el uno en los lupanares víctima del derroche [...] y los otros en manos de sus simpatizadores seguramente [...] Herrera posee aproximadamente un millón de pesos conseguidos a la sombra [...] de sus hermanos [...] Herrera ha estado sosteniendo gavillas hasta de 15 hombres para que me sigan males". Una carta en el mismo tono fue enviada a *El Universal* en la ciudad de México.

El 24 de marzo Jesús Herrera responderá en la prensa de Torreón diciendo que los cargos del "asesino de su familia" son producto de la frustración, al fracasar un plan para asesinarlo a él. Insinúa que Villa sólo lo hace para congraciarse con la opinión pública, y cierra con la brutal afirmación de que en caso de que Villa muriera, "ni sus hijos bastardos sufrirían ni moral ni materialmente su eterna ausencia".

Obregón ordenó que se enviaran cinco parejas de agentes de la Secretaría de Gobernación para que vigilaran Canutillo. La vigilancia costaba cuatro mil pesos mensuales y los agentes estaban subordinados a la jefatura militar de la zona de Chihuahua, a Martínez. Villa detectó el movimiento y se lo comunicó a De la Huerta. Martínez le dio seguridades a Villa de que el asunto no iba contra él.

El 8 de abril Villa le escribió a Obregón: "Por acá dedicados por completo a las labores agrícolas en un rinconcito del mundo". Y aprovechó para contarle los choques con Herrera y enviarle recortes de prensa. Poco después (el 18 de abril) una carta similar fue dirigida a Plutarco Elías Calles, pero señalando que Herrera, desde que Calles pasó por Torreón, estaba a la ofensiva. Muy sutil, no sugería nada, sólo narraba. Y el 24 de abril le escribió a Eugenio Martínez: "... compadrito: así pues, usted también cuídeme".

El tema quedó aparentemente zanjado cuando el 9 de mayo Obregón le escribió a Villa: "Mucho estimo la prudencia de usted en este asunto".

Ese mismo mes, De la Huerta, que regresaba de Ciudad Juárez, citó a Villa en Jiménez para conversar. Pancho llegó con escolta de 50 hombres. Existen dos versiones del encuentro, la que De la Huerta daría en sus *Memorias* y la que proporciona Luis León en una carta a Calles, donde le informaba de la reunión. Estaban presentes De la Huerta con su mujer y sus hijos, Eugenio Martínez, Trillo, Villa y León. Villa le sugirió a De la Huerta que se lanzara a la presidencia. "Yo creo que la cosa se viene, jefe, aquí me tiene a mí. Porque el pueblo lo llama para la presidencia." De la Huerta respondió que no pensaba hacerlo y que Calles era el candidato indicado. "Yo soy hombre de Calles", dijo. Hasta ahí las versiones son coincidentes, sin embargo, en la de León "Villa se felicitó de la unión entre Calles y de la Huerta, que entendía perfectamente […] y les dijo que le dijeran a Calles que cuando regresara de San Francisco le avisara para verlo en Jiménez". En cambio, en la versión de Adolfo, Villa contestó que a Calles no lo quería nadie, que era un hombre funesto. De la Huerta le dijo que estaba en un error. Villa terminó con un: "Usted me desprecia, pero quién sabe si Pancho Villa le sea útil en una noche oscura".

León hacía además valoraciones, afirmando que tenía la seguridad de que Villa no volvería a levantarse contra el gobierno. "Lo creo un poco cansado como guerrillero […] Villa tiene interés en sostener la administración actual […] Se siente algo aburguesado, y no piensa en nuevas aventuras rebeldes."

De la Huerta dirá que Villa se despidió llorando de él. Y que le dijo: "Es el único en que tenemos confianza". Curiosamente, el candidato ideal de Villa no era De la Huerta sino Raúl Madero, cosa que había comentado a sus amigos. Y curiosamente también Puente recoge que en una posterior visita de un grupo de estadounidenses a Canutillo, Villa les dijo que no quería más derramamiento de sangre, pero concluyó repitiendo: "Francisco Villa todavía puede servir en una noche oscura".

¿Estaba Pancho previendo una confrontación armada entre Calles y De la Huerta y ya había tomado partido? ¿Adivinaba la próxima rebelión? El 4 de junio le escribía a De la Huerta: "El trabajo es abrumador con motivo de ser el tiempo de los cortes y cosechas de trigo […] Debemos cuidarnos de las intrigas de la reacción […] Siempre estaré pendiente de la retaguardia de usted".

Y mientras tanto estaba leyendo *El consulado*, de Thiers, y andaba admirado con las hazañas de Napoléon, del que se sabía todas las batallas. Lo combinaba con el tomo IX de *El tesoro de la juventud*, y poco antes le había confesado a la periodista Esperanza Velázquez que había descubierto en el libro a un tal Buda, cuyas enseñanzas lo tenían muy sorprendido.

A principios de julio, acompañado de Austreberta, de Panchito y de la escolta, Villa saldrá de Canutillo en dos automóviles rumbo a Valle de Allende, donde el día 2 cumple el compromiso de bautizar a la niña María del Carmen, hija de Sabás Loyoza. Pasan en la hacienda de la Concepción en Valle de Allende varios días. Regresarán a Canutillo sin pasar por Parral.

Entre el 9 y el 12 de julio Villa se dedicará en Canutillo a las labores de la hacienda y a la correspondencia. En un periódico de El Paso se publica una carta suya en la que dice que no se meterá más en política: "Me he retirado por completo a la vida privada". Trillo retorna de ver a Obregón, donde por instrucciones de Villa ha ido a llevarle quejas del espionaje y a pedir garantías. Vuelve con la mejor de las impresiones, siente que se han desvanecido las dudas sobre Villa y se han ofrecido garantías respecto de su seguridad.

Se dice, pero estas pueden ser historias construidas posteriormente en la memoria de testigos y actores, explicando futuros hechos, que el doctor Coello le había advertido que había una conspiración contra él en Parral y Villa respondió: "Parral me gusta, hasta para morir". Pero no debe ser cierto. La frase era vieja y la había dicho más de una vez. Se dice que Enrique C. Llorente, su hombre en Nueva York en la época de gloria de la División del Norte, había estado en la hacienda para prevenirlo de que se fraguaba un atentado contra su vida.

Alguien habrá de recordar que la única vez que le levantó la voz a Soledad Seáñez en Canutillo, fue porque descubrió que la casa tenía todas las luces prendidas y grito que "como chingados hacían eso cuando a él lo andaban buscando para matarlo".

Ha vuelto a la vieja época del miedo y la desconfianza, aquella en la que al salir de una casa donde había estado conversando le pidió a la dueña que apagara las luces del corredor y del zaguán para no quedar recortado contra la luz.

Notas

a) Fuentes. Osorio: *Correspondencia*. Archivo Valadés, tomo de Canutillo. Ernesto Ríos PHO 1/83. Piñón en Osorio: *El verdadero...* Puente: *Villa en pie. Excélsior* 25 enero 1923. Puente: *Dictadura*. Vilanova: *Muerte de Villa*. Celia Herrera: *Francisco Villa ante la historia*. Piñón en Valle: "Planes de Obregón para liquidar a Francisco Villa". Osorio: *Correspondencia*, "Jesús Herrera también pide garantías". Valadés: *Historia de la Revolución Mexicana 7*. Puente: "La verdadera historia de Pancho Villa", entrevista con Rubén Osorio. Vargas: *La muerte de Pancho Villa*. Elías Torres: *Hazañas y muerte de Francisco Villa*, "Una carta del licenciado Antonio Islas Bravo". Leopoldo Aguilar García: "¿Villa, terrateniente y traidor?" Gabino Martínez: *La nueva clase gobernante*. Cervantes: "Francisco Villa y la revolución". Benjamín Herrera: "La cabeza de Villa está en Salaíces". De Ita: "Soledad Seamez (sic) viuda de Villa recuerda su vida con el Centauro del Norte; Fui su esposa, no su enamorada". Campobello: *Cartucho*.

El encuentro con de la Huerta. De la Huerta: *Memorias*. Luis León a Plutarco Elías Calles, 21 mayo 1923, Archivo Torreblanca. Osorio: *Correspondencia*. Hay una versión difundida por Vilanova y Calzadíaz, en la que Calles (cosa imposible porque en ese momento éste no estaba en México) coincide con Villa y entablan un diálogo cerca de las vías del tren:

—¿Qué hubo, pelado? ¿Cómo te va?

—Bien, ya ves. Ya estamos revueltos los soldados y los bandidos.

—El asunto va en serio, ¿ves esa gente? Quieren que sea su candidato. Y yo quiero saber si puedo contar contigo.

—Depende. Si están con la ley sí, si no, no.

Villa en Canutillo.

Tomada en 1923 en Canutillo, una foto con Jesús Artea.

Villa en Canutillo, la silla del caballo tiene su imagen.

b) ¿Villa alcohólico? Villa de vez en cuando tomaba anís porque decía que lo ayudaba en sus problemas digestivos. Puente, que no estuvo en Canutillo, deducirá de eso que "el abstinente se transforma de improviso en una especie de dipsómano", de ahí lo tomará Silvestre Terrazas, que tampoco estuvo en Canutillo, quien dirá que tomaba coñac, pero que nunca se emborrachó. Aguilar Mora, en el prólogo de Vargas: *A sangre…*, dirá que Villa, "que se había distinguido por su perfecta sobriedad, se volvió alcohólico". Estas versiones se contradicen con muchas otras que afirman que a Villa no le gustaba el alcohol. Y nunca bebió.

SESENTA Y SIETE

EL COMPLOT

Hacia marzo o abril de 1923, unos meses antes de lo que aquí se ha contado, un grupo de ciudadanos destacados de Parral buscó a un oscuro personaje llamado Melitón Lozoya para que reuniera una escuadra de pistoleros y les diera la tarea de asesinar a Pancho Villa.

La lista de los promotores del asesinato varía según quienes narren la historia, pero casi todos parecen señalar, a la cabeza, a Jesús Herrera, hijo de José de la Luz, hermano de Maclovio y Luis, director de la Oficina del Timbre en Torreón, que acababa de tener un intercambio de acusaciones públicas con Villa respecto del intento de matarse mutuamente. Otros: Gabriel Chávez, muy amigo y socio de Herrera y próspero comerciante y ganadero; el general Ricardo Michel, ex villista que había tenido un grave conflicto con Pancho; su suegro el industrial Felipe Santiesteban; Eduardo Ricaud, comerciante y gran maestro de la masonería de Parral, dueño de la tienda La Fábrica de Francia; el coronel Tranquilino Payán y Alfonso Talamantes. A la lista se suelen añadir los hermanos Ramiro y Jesús Montoya, Dionisio Arias y Guillermo Gallardo Botello (aunque éste siempre se disculpó diciendo que era inocente, que su relación era accidental). El grupo, que solía reunirse en el hotel Imperial de Parral, no lo intentaba por primera vez, había estado involucrado en dos complots previos. Soledad Seáñez, una de las esposas de Pancho, será enfática al respecto: "Detrás del asesinato estaba el dinero de Parral".

¿Qué motivaba a los inductores y posteriormente financieros del asesinato? ¿Venganza? El móvil es claro en los casos de Herrera, Michel, Chávez; no lo es en los otros implicados. ¿Miedo a Villa y a su creciente poder en la economía de la región? ¿Miedo al ensayo social que se estaba desarrollando en Canutillo?

Melitón Lozoya argumentó posteriormente que la iniciativa del atentado había sido suya y de nadie más, pero todos los datos con que hoy se cuenta apuntan hacia ese "segundo piso" como autores y financieros del complot.

¿Quién era el hombre en cuyas manos habían puesto el asesinato de Villa? ¿Qué méritos tenía? ¿Quién era Melitón Lozoya?

Melitón no parecía ser un serio candidato para dirigir la parte operativa del complot. En un país donde la vida valía poco, la revolución había enseñado a matar a centenares de millares de hombres, y estaba lleno de valientes y matones de verdad y de cantina, ¿Por qué elegir a este agricultor de la Cochinera, Durango, un rancho cercano a Parral?

Hay muchas versiones sobre las motivaciones de Melitón Lozoya para aceptar el encargo; se dirá que tenía agravios pendientes con Villa, quien durante la revolución había detenido a su hermano y amenazado con fusilarlo si no entregaba cuatro mil pesos. Se dirá que tenía un problema de límite de tierras de la Cochinera con el villista Ramiro Reyes, por quien Pancho intercedió, y que gracias a esto Melitón perdió el pleito. Celia Herrera, que acepta cualquier versión por descabellada que sea, con tal de que sea negativa para Villa, asegurará que Pancho le hizo un préstamo a Melitón de mil pesos, y que lo hizo para que luego lo asaltaran, cosa que fracasó, y Villa le reclamó airadamente a Melitón por el dinero en su casa de Parral.

Quizá la respuesta real está en una historia que narra Elías Torres: Melitón había sido el ejecutor de los bienes de la hacienda de Canutillo por encargo de la familia Jurado, cuando éstos la abandonaron porque el norte de Durango se despoblaba en medio de la guerra de guerrillas, y vendió y malvendió "caballada, ganado lanar, vacuno, porcino, existencia de trigo, maíz y todos los cereales que había, muebles, maquinaria de labranza". Hacia fines de abril de 1923 alguien le dijo a Villa que el que había dejado como una cáscara vacía la hacienda de Canutillo era Melitón y Villa lo mandó llamar para preguntárselo. Lozoya le dijo que lo había hecho antes de que la hacienda fuera entregada a Villa por el gobierno y Villa le dijo: "Pues tienes un mes de plazo para devolver todo lo que había, si no, te quiebro".

Fueran algunas de estas versiones ciertas todas ellas, o ninguna, pues en esta historia la certeza no suele abundar, el caso es que Melitón Lozoya odiaba a Villa y estaba dispuesto a organizar su ejecución.

El reclutamiento del grupo que había de cometer el atentado fue azaroso. Lozoya dirá años más tarde: "Busqué familiares a quienes les doliera el dedo" (el del gatillo). Todo suena absurdo. ¿Se va por ahí reclutando gente para matar a Villa así como así? Pues así fue. Melitón Lozoya entrevistó a Crisóstomo Barraza y a su hermano en La Cochinera; eran parientes suyos, pero se negaron de plano a meterse en la historia. Era muy grande para ellos. Luego trató de reclutar a Juventino Ruiz, quien también se negó. Tuvo suerte con su primo Librado Martínez, un tartamudo de 45 años, habitante de El Rodeo, que había perdido en la revolución a su padre. "También se le echaron para atrás unos de Guanaceví y otros de Balleza". En Amador reclutó dos campesinos, José Sáenz Pardo, de 34 años, y su medio hermano Juan López Sáenz Pardo, que habían perdido respectivamente a su hermano y padre combatiendo a los villistas. En Ojo de Agua reclutó a José Guerra, de 50 años, y a su hermano Román, que habían perdido a sus tíos en un enfrentamiento entre Villa y las defensas sociales de Durango. Por último incorporó a José Barraza, de 35 años.

Es un grupo mediocre de pistoleros: no son jóvenes, no tienen buenas armas, algunos ni caballo tenían (alguien dirá que Lozoya "nomás dio para juntar pistoleros de rancho"). Por otra parte, al haber hablado con mucha gente, corría el riesgo de que los que se rajaron comentaran el asunto. Quizás el único factor que los cohesiona, aparte del dinero que Lozoya debe de haberles ofrecido, es que todos tienen deudas de sangre con el villismo.

Lozoya y su *troupe* comenzarán a visitar Parral buscando la oportunidad de matar a Villa. El 10 de mayo Chávez les entregó rifles. Años después, uno de los asesinos dirá: "Los comerciantes de Parral y principalmente Chávez nos mandaban muy seguido latas y víveres así como suficiente pastura para las bestias". Rentaron varios mesones o cuartuchos en Parral; primero la propiedad de Mariano Espinosa, luego la casa de Manuel Vargas, el mesón de Jesús en el barrio El Rayo, luego el mesón de San Nicolás (el dueño del mesón les desconfió porque los vio armados). Terminaron estableciéndose en los corrales de Jesús Corral.

Por esos días, un jovencito de 15 o 16 años que los había estado observando y detectando sus movimientos, pidió que lo unieran al grupo. Se llamaba Ruperto Vara. Lo aceptaron. Todo era un tanto absurdo. Aunque Villa había visitado Parral varias veces en esas semanas, el atentado no se producía. Los promotores comenzaron a desesperarse. Llevaban gastados 20 mil pesos, de los cuales Jesús Herrera había aportado la mitad. Los asesinos cobraban 35 pesos a la semana, que les llevaba Talamantes.

Es en esos momentos que Jesús Salas Barraza entra en el complot. Era entonces diputado local por El Oro, Durango, cargo en el que se había enfrentado a Villa cuando éste chocó con el gobernador de Durango, y había sido coronel en la brigada Herrera. En 1918 quedó mudo varios meses por una herida que le hicieron los villistas en Torreón. Salas contaba que en octubre de 1922 trató de matar a Villa quitándole la pistola al coronel Guerrero mientras desayunaban en el hotel Roma de Durango, cosa que Guerrero impidió. Villa no pareció darse cuenta del asunto. Tenía la reputación de ser hombre violento y "un excelente tirador de pistola". Él, que era bastante hablador, decía de sí mismo que "era el mejor tirador de Durango".

Se dice que a fines de mayo de 1923 a Salas Barraza le llegó una carta de Jesús Herrera en la que le decía que "Melitón tiene tres meses de querer matar a Villa y no lo mata, por lo que me he convencido de que le tiene miedo. Están a su disposición 10 mil pesos. Dígame si acepta o no". Salas más tarde dirá que la oferta subió poco después a 50 mil pesos. Se sabía que había dicho en Durango que, de acuerdo con la ley Carranza, se podía matar a Villa legalmente y sin problemas, y si a él le daban 50 mil pesos con gusto actuaba. Fuera este el camino de ingreso al complot o una sugerencia de su amigo el gobernador de Durango José Agustín Castro, al que era muy cercano, Jesús Salas Barraza se incorporó al grupo de conspiradores.

Salas contará más tarde que se reunió con ellos el 28 de junio (la memoria le falla, debería ser mayo) en un club de Parral. Se encontraban allí "Santiesteban, Michel, Payán y otros" y en esa reunión se hizo cargo de la operación. Le confesaron que habían pensado atacar Canutillo, pero un asalto frontal a la hacienda, que estaba bien protegida, sería una burrada; luego que pensaron en una emboscada, pero nada había salido bien. Lo único que tenían era el grupo formado por Lozoya.

Salas, el 2 de junio, le escribe una carta sin firma al general Joaquín Amaro (entregada de mano por su hermano), que en esos momentos era jefe de la 3ª zona militar, hombre fiel a Obregón y Calles, perseguidor de Villa entre 1917 y 1919 con Murguía, saboteador de la pacificación de 1920. La carta dice que "un grupo de amigos [...] con una posición social nada despreciable me han confiado la dirección [...] para ponerle fin al latrofaccioso Francisco Villa".

Parece ser claro que mediante Salas Barraza se había creado una conexión superior, con lo que podría ser el tercer piso del complot, una conexión que llegaba a Amaro y a través de él a Gonzalo Escobar por un lado y al gobernador de Durango, Jesús Agustín Castro, por el otro. Salas tenía relaciones con ellos, les había servido de comprador de armas y habían tenido negocios de poco fuste. Entre los pistoleros, se decía que Melitón ya le había pedido permiso a Obregón.

Mediante Salas Barraza les llegan escuadras 45 flamantes, abundante parque y balas expansivas para rifles 30-30 y 30-40 (que en esos momentos sólo utilizaba el ejército). ¿Quién se las dio? En las bodegas de Dionisio Arias, practicaron el tiro con las nuevas armas Gabriel Chávez, Lozoya, Salas Barraza y otros futuros asesinos.

Chávez, hablando con el grupo de pistoleros, les había dicho que "ya todo estaba arreglado con el gobierno". ¿Qué era lo que estaba arreglado? ¿Colaboración y apoyo? ¿Impunidad? ¿Con qué gobierno? ¿Con quién en el gobierno? Lo que es evidente es que en esos momentos diversas instancias del gobierno estatal y federal conocían el complot. Lo conocía el general Castro, gobernador de Durango, al que Melitón Lozoya se lo había contado, aunque no había obtenido de él la colaboración necesaria. Lo conocía el general Joaquín Amaro porque Salas Barraza le había escrito contando el asunto con gran claridad; posiblemente lo conocía el general Plutarco Elías Calles, porque una copia de la carta de Salas a Amaro se encontrará años más tarde en su archivo particular.

Algunas versiones, para las que el autor no ha encontrado fundamento, dicen que a la busca de apoyo Jesús Salas Barraza visitó a Obregón y le sugirió que participaba en un proyecto para matar a Villa. Según unos Obregón se negó a saber del asunto, según otros contestó: "Ya conocen a Villa, si lo hacen, háganlo bien". Loyo, la biógrafa de Amaro, está convencida de que él, encargado del "trabajo sucio del más alto nivel del gobierno", fue el operador de Calles en el asesinato de Villa y que siguió órdenes de Calles y/u Obregón en esto.

Los complotados, mientras tanto, recibieron "aviso de un amigo nuestro de Canutillo" el 20 de junio, según el cual Villa viajaría a Parral, y montaron una emboscada. Pero Villa no apareció por la estación Rosario.

Salas escribió una segunda carta a Amaro el 7 de julio, hablando de su decidida determinación sobre "dicho asunto", más ahora, que ha tenido la oportunidad de saber que Villa se está reuniendo con personas "desafectas al régimen" como Antonio Villarreal, Raúl Madero, Llorente, Díaz Lombardo; más aún por la reclamación que Villa presentó pidiendo que le pagaran 200 mil pesos por las cuatro carnicerías que tenía en Chihuahua y que perdió a causa de la revolución. En la carta desliza la idea de que escribe para que le cubran económicamente las espaldas, "mi situación pecuniaria va al día", en caso de que sus hijos "quedaran huérfanos".

El 7 de julio el grupo se instala definitivamente en Parral. Han recibido el soplo de que Villa vendrá a la ciudad. Se han alquilado dos cuartitos contiguos, los números 7 y 9 de la calle Gabino Barreda, barrio de Guanajuato, por los que pagan por un año 900 pesos, y le rentan en 120 pesos a Guillermo Gallardo la huerta de Botello para guardar los caballos por tres meses, diciéndole que era para un negocio de pastura (o no tuvieron que decirle nada porque ya estaba en el asunto).

La casa estaba estratégicamente situada: Gabino Barreda cerraba la avenida Juárez, por la que sin duda vendría Villa si se quedaba en la casa de Manuela Casas, la Charra, y los cuartos tenían una muy buena perspectiva de toda la avenida. Además, el coche tendría que aminorar la velocidad para dar vuelta a la derecha, seguir un centenar de metros sobre Gabino Barreda y tomar Puente de Guanajuato, que daba a la salida de Parral tras cruzar el río por la avenida San Juan de Dios.

El día 7 los nueve hombres hicieron un agujero en el muro para interconectar los cuartos y desde las dos y media de la madrugada se concentraron en la casa. Vigilaban a través de un agujero en una de las puertas. Aunque diversas versiones dan noticia de supuestos conatos de asesinato contra Villa entre el 7 y el 12, e incluso aseguran que el carro de Villa pasó muy rápido, que se equivocaron de automóvil, que no tiraron porque había unos niños en las cercanías, esas versiones no tienen sustento. Villa no estaba en Parral, llegaría días más tarde. Los conspiradores se retiran de la ciudad para no provocar más sospechas, han fallado nuevamente.

El 17 de julio Melitón Lozoya pasa por Rosario (la estación de tren más cercana a Canutillo), va rumbo a Parral con su padre enfermo. Probablemente allí recibió la confirmación de que Villa se encontraba en Parral e inmediatamente convocó al grupo para un día más tarde.

NOTAS

a) Fuentes. Sobre el reclutamiento y la composición del grupo de los asesinos materiales. Guillermo Ramírez: *Melitón Lozoya*. Víctor Ceja Reyes, periodista de *La Prensa*, desarrolló una enorme investigación en los años 60, de la cual son clave: *Yo maté a Francisco Villa, Yo decapité a Pancho Villa* y *Francisco Villa, el hombre* (quizá la versión más ordenada de las investigaciones de Ceja con los sobrevivientes, donde se establece, entre otras cosas, que Melitón había hablado previamente con Herrera y Chávez). El General Richkarday: *60 años en la vida de México*, recoge la versión de Salas, del que era amigo; originalmente el texto había sido publicado en la revista *Todo*. Celia Herrera, pariente de Jesús, en *Francisco Villa ante la historia*, reconoce las conversaciones de Herrera con Lozoya y es una de las que dicen que Obregón estaba al tanto y se negó a participar; Vilanova: *Muerte de Villa*, es el otro.

Además: Intervención de Héctor Arras en el XIV Congreso de historia de la Revolución Mexicana. Heliodoro Valle: "Planes de Obregón…". Rodolfo Casillas: "Sobre la muerte de Pancho Villa", "Cómo ocurrió la muerte de Villa" y "El plan de Salas para matar a Villa". Andrés Carbajal: "El asesinato del general Francisco Villa". Justino Palomares: "La verdad sobre la muerte de Pancho Villa" en *Anecdotario*. Benjamín Herrera: "La cabeza de Villa está en Salaíces, Chihuahua". Reza Marrufo: "El asesinato del general Villa" (dice que Ruperto había estado con los sociales que atraparon a Ángeles, lo cual resulta absurdo; de ser así, tendría entonces 12 años). Elías Torres: *Hazañas y muerte de Francisco Villa*. Juan Fernández: "¿Quién asesinó al general Francisco Villa?" Salvador Martínez Mancera: "Interesantísimo relato de uno de los matadores de Villa". Otilio Orestes: "Ni los Lozoya ni Salas Barraza asesinaron a Villa".

La versión de Salas en Robleto: *La mascota de Pancho Villa* y "Hoy en la madrugada fue aprendido el jefe de los asesinos del gral. Villa". Hay múltiples versiones de cómo Salas Barraza se enteró del complot que estaba en marcha y se unió a él; entre otras, se dice que lo invitó Gabriel Chávez o Talamantes. Salas intentó en su versión simular que él había iniciado la operación y entre otras cosas decía que había buscado a "ocho individuos de su distrito que se dejarían matar por mí".

La conexión de Amaro y Calles en Martha B. Loyo: *Joaquín Amaro y el proceso de institucionalización del ejército mexicano*, más desarrollada en el manuscrito: "Obregón, Calles y Amaro en la muerte de Villa". En la primera correspondencia en febrero del 23 con Amaro, Salas le dice que va a cobrar una factura en México y el otro responde que está en la mejor disposición para recomendarlo en el negocio; la frase puede o no tener doble sentido. Loyo lo sugiere, pero en esa época Salas aún no está en el complot. De la carta de Salas a Amaro donde anuncia el atentado, se encuentra una copia en el archivo Calles, o sea que Calles sabía que el complot estaba en marcha, a no ser que se la hubieran enviado después. (Katz: "El asesinato" y Loyo.)

Las casas. Más tarde llevarían el número 15; años después serían una distribuidora de Carta Blanca y luego un café, El Sol. Actualmente un museo. La calle por la que se salía de Parral paradójicamente lleva hoy el nombre de Maclovio Herrera.

SESENTA Y OCHO

EL ASESINATO

El novelista Rafael F. Muñoz dice que Felipe Ángeles había dicho una vez: "Villa morirá de muerte natural a los 90 años… tiene una suerte loca y no le habrán de alcanzar las balas". También Pancho le había dicho un año antes a Regino Hernández Llergo: "No hay hombres valientes, sino afortunados". Pero eso son cosas que se dicen.

Villa no lo pensaba así. Había visto demasiadas muertes para creer en la suerte. En lo que sí creía era en el instinto, esa acumulación de sabiduría que manda señales que la razón no explica. Era un hombre que solía olfatear el peligro en el aire y esta vez detectaba riesgos, asechanzas. Había vivido toda su vida bajo reglas de extrema cautela y no iba ahora a abandonarlas.

Pancho Villa saldrá el 14 de julio de Canutillo en un viaje que culminará en Parral. Supuestamente había quedado con Soledad Seáñez en que iban a bautizar en Parral, el 20 de julio, a Miguelito, el hijo de María Arreola, que tenía menos de un año y ella cuidaba, pero en el último minuto le pidió que se quedara y sugirió que era posible un atentado. Le propuso que más tarde lo alcanzara con los padrinos. Quizá simplemente quería pasar unos días con Manuela Casas en Parral.

Se dice que Trillo le hizo ver lo caro que resultaba llevar a una escolta de 50 hombres, a lo cual Villa accedió y decidió llevar sólo cuatro escoltas, secretario y chofer, eran los que cabrían con él en el Dodge Brother, un automóvil de 1913 de siete plazas que le había costado a Trillo ese año 3 200 pesos. No debe ser cierto, la escolta de 50 hombres era la totalidad de los que había en Canutillo y Villa, en los frecuentes viajes por la región a lo largo de los años, solía viajar con grupos más pequeños.

Pero no hay duda de que Villa intuía algo, quizá por las tensiones políticas nacionales en las que querían involucrarlo, quizá por los movimientos de Luis Herrera en Parral. El caso es que antes de salir le dijo a su ahijado Piñón, que actuaba como administrador en la hacienda: "Cuando ya esté listo para regresar a Canutillo, le enviaré a usted un telegrama […] eso quiere decir que al día siguiente […] me mande con tres hombres de la escolta uno de mis caballos y caballos para todos los que andan conmigo excepto el chofer. Les ordena usted que al amanecer del día 20 nos esperen en las orillas de Parral". La clave que acordaron tenía que ver con el envío "de tres quesos" (no habría confusión porque no se producían quesos en Canutillo).

La primera parte del viaje terminó en Río Florido, donde el 17 de julio Villa bautizó al hijo recién nacido del general José E. García, haciendo un nuevo compadre, y salió de ahí para Parral, adonde llegó el 18. En Parral puso en el correo una carta escrita el día anterior a Esther Cardona Canales, que vivía en la calle Penitenciaría 817 en Chihuahua, una de sus ex esposas; en ella le decía que quería dejarle algo de herencia. "Yo presiento mi muerte y veo que te haré mucha falta". Parece ser que escribió otras cartas a otras de sus mujeres.

El 18, en Parral, Villa se dedicó a hacer trámites que nunca culminó para dejar hecho un testamento, recogió en el banco la bolsa del dinero para pagar la raya de Canutillo y le envió a Piñón el telegrama: "Sírvame mandarme sin falta tres quesos de los más secos y bien hechos". Villa suponía que el atentado, si los rumores eran reales, podría producirse en el camino de Parral a Canutillo.

El 19 de julio el grupo de pistoleros llegó a Parral a eso de las siete de la mañana, advertido de que Villa estaría en la ciudad; se acuartelaron en la casa de la calle Gabino Barreda. Melitón y Salas habían estado quién sabe dónde y hablando con quién sabe quién en esas últimas 48 horas.

Villa, mientras tanto, conversaba con José Miraso, el nuevo administrador del hotel Hidalgo, que Rodolfo Alvarado había regalado a Villa, y cuya propiedad había puesto a nombre de Manuela Casas, sugiriendo reparaciones y mejoras. Estando el hotel Hidalgo del otro lado del río, Pancho pasó al menos dos veces por la calle donde lo estaban emboscando, en camino y de vuelta a la casa de Manuela.

Según Salas, desde su escondite, como a la una de la tarde vieron pasar a Villa con Trillo y dos de los hombres de la escolta. Venían del hotel Hidalgo e iban a la casa de la amante, pero un montón de niños que salían de la escuela se cruzaron, entre ellos un pariente de Melitón, y no se atrevieron a disparar. Piñón negará la veracidad de esta historia, argumentando que ese día ya no había clases en Parral. Esa misma tarde pasó el Dodge Brother frente a ellos, pero lo hizo muy rápido, y tomados por sorpresa ni siquiera pudieron averiguar si Villa iba en el coche. Los pistoleros parecían estar viviendo en una farsa, no en el prólogo de una tragedia.

Los complotados durmieron esa noche en los cuartitos, sobre alfalfa y pienso; dejarán tras de sí latas de conserva abiertas, colillas, cajas de balas vacías. Salas Barraza escribirá una última carta fechada el día posterior y dirigida al general Richkarday, jefe de Estado Mayor en Nuevo León, en la que le dice que si muere interceda con Amaro para que se haga cargo de su familia.

A las cinco de la madrugada del día 20 de julio la guarnición militar de Parral había salido misteriosamente hacia la población de Maturana, con el pretexto de entrenar para el desfile del 16 de septiembre. Habitualmente, los ensayos del desfile se hacían en las afueras de Parral. ¿Por qué ese día las tropas fueron enviadas a hacerlos en la vía de Parral a Jiménez? Reza Marrufo dirá que la orden era descabellada. Además de que faltaba mucho tiempo para el 16 de septiembre, la población de Maturana era el lugar menos indicado para llevar a cabo ese tipo de ensayos militares, por lo estrecho y complicado que resultaba moverse en sus calles.

La mañana del día 20 los emboscados recibieron información contradictoria. Por un lado, tres Dorados a los que su vigilante Juan López encontró en la puerta de una tienda, le habían comentado que Villa estaba en Parral y sólo esperaba que llegara Trillo con el coche a recogerlo. Lozoya había visto el carro frente al hotel Hidalgo. Todo parecía confirmarse. Hacia las siete y media de la mañana Trillo pasó frente a la casa, probablemente para recoger a Villa. Pero poco después pasó Chávez por Gabino Barreda en su coche y les hizo una señal con el claxon, que significaba que Villa se había ido.

En camino hacia la casa de Manuela, Trillo dio de bruces con una zanja al inicio de la calle Gabino Barreda, frente al colegio Progreso, que la noche anterior había hecho un grupo de peones de obras públicas por orden del presidente municipal Genaro Torres, supuestamente para dragar un gran charco.

Villa había dormido con Manuela Casas, madre de su hijo Trinidad, que vivía en la calle Zaragoza, a dos calles de donde los emboscados lo estaban esperando. Despertó muy temprano para tomar un baño de tina y afeitarse. Desayunó huevos estrellados, un chile verde con queso, frijoles, tortillas de maíz y café de olla. Luego, tomando dos cueros de vaca que colocó en el suelo, se puso a jugar con su hijo, enseñándolo a gatear tirado en el suelo con él. Manuela recordará horas más tarde su buen humor.

Al salir de la casa Villa vestía pantalón recto color gris, camisa a rayas verdes y guayabera color beige, unas mitazas del color del cuero natural (señal de que en algún momento pensaba cabalgar); llevaba el revólver calibre 45 con cachas de concha y una daga. Cuando estaba a punto de partir dicen que un cochero se le acercó y le dijo: "No se vaya, jefe, que lo van a matar". Villa le contestó: "Eso son habladas".

Villa tomó el volante. Colocaron el maletín con el dinero de los salarios de Canutillo en el piso, en el sitio del copiloto, y lo cubrieron con un abrigo de mujer y un sombrerito de niño. Miguel Trillo se sentó a su lado; Rosalío Rosales, el chofer, viajará en el estribo, que era muy ancho, tomado de la parte superior del parabrisas; en el asiento trasero el capitán primero Ramón Contreras, jefe de la escolta (era nativo del pueblo de Villa y lo acompañaba desde la segunda batalla de Torreón), que ese día sustituía a Ernesto Ríos, el jefe habitual, quien había ido a Chihuahua a llevarle dinero a su madre, y Daniel Tamayo, del que se contaba que era extraordinariamente tímido, se negaba a comer en la mesa y se iba a la cocina; en los asientos convertibles Claro Hurtado, asistente de Trillo, y el mayor Antonio Medrano.

Los francotiradores habían colocado a Juan López Sanz Pardo en la banqueta de la plaza Juárez, a unos 40 metros de la casa. Tenía que darles el aviso: si se quitaba el sombrero era señal de que Villa viajaba en el coche, y dependiendo de la mano con que lo hiciera, indicaría si iba manejando o como copiloto. Años después los asesinos darían información contradictoria de cómo debería darse la señal, si sólo alzando el sombrero, si sacando un pañuelo, si tirando la botella que traía en la mano; si alzaba el sombrero, quería decir que Villa venía en el asiento trasero. Las instrucciones deberían ser complicadas, pues poco antes de que el coche de Villa llegara, Román Guerra salió de la casa y habló con Juan para que las señales quedaran claras.

Los tiradores estaban apoyados en pacas de alfalfa. En el cuarto de la derecha Melitón, Librado, Salas Barraza y José Guerra; en el de la izquierda José Sáenz, Román, José Barraza y Ruperto.

Hacia las 7:50 de la mañana el Dodge Brothers pasó por la calle Juárez y un poco delante de la esquina del callejón de Meza, López, a quien el reflejo del cristal de la sección superior del parabrisas impedía ver claramente, se tuvo que inclinar; vio a Villa al volante y se quitó el sombrero para indicar que Pancho Villa manejaba. Algunos dirán que gritó: "¡Viva Villa!".

Cuando el coche inició el giro hacia la derecha para tomar Gabino Barreda, iba muy despacio, porque el camino estaba totalmente enlodado. El agua impedía ver la zanja y las ruedas delanteras se atascaron. Villa ordenó a sus escoltas que bajaran a empujar el automóvil y tras unos instantes de esfuerzo lograron sacarlo. Villa permaneció al volante hasta que la escolta se acomodó nuevamente en los asientos traseros y el estribo. Estaban a menos de 10 metros de la primera puerta.

Villa pisó el *clutch*, metió cambio y viró hacia la derecha para continuar el recorrido, al mismo tiempo Librado Martínez, Ruperto Vera y José Sáenz Pardo abrieron las puertas de los cuartos y apuntaron los fusiles. Las primeras ráfagas destrozaron el parabrisas y acribillaron a Villa, que quedó con partes de pulmón y del corazón expuestos; el lado derecho del rostro apoyado en el respaldo, no le había dado tiempo de sacar la pistola. Recibió 12 impactos. Trillo intentó incorporarse para sacar el revólver y en eso lo hirieron en el pulmón, hizo un extraño arco y quedó con el cuerpo colgado de la ventanilla del coche, con una pierna atrapada bajo el muslo de Villa y la columna vertebral destrozada por las balas. Contreras dirá que dijo "¿También a mí?" Rosalío Rosales recibió un tiro en la frente y cayó muerto del estribo.

El coche se detuvo al chocar contra un poste de telégrafos, rebotó y quedó a mitad de la calle. Desde la casa seguía la balacera. Salas disparó la carga de su rifle dos veces (12 disparos) y tres veces las siete balas de la pistola.

Daniel Tamayo, en el asiento trasero, recibió 13 balazos, muchos de ellos antes habían perforado a Villa; quedó con el rifle entre las piernas y el cigarrillo encendido en la mano. Los tres supervivientes salieron del automóvil.

Claro Hurtado, herido en el estómago por una bala expansiva, logró alejarse, llegó al puente y se sentó frente a una casa. Ramón Contreras, herido en un brazo, pudo sacar la pistola y respondió disparando dos veces y matando a Román Guerra (que será identificado en la primera información como un vecino que iba pasando). Los asesinos lo metieron a uno de los cuartos tirando de sus piernas. Melitón Lozoya le disparó a Contreras sin acertar, y Ramón se ocultó herido bajo los árboles del puente. Un adolescente lo verá en el Puente de Guanajuato con el brazo casi cortado por los tiros y cubierto de sangre; poco después topará con Claro Hurtado, que le pidió sacara unos papeles de su bolsa y los destruyera. Luego le dijo que fuera a ver "cómo estaba el general". Los dos escoltas de Villa heridos pudieron ir hacia el puente porque el coche se interponía entre ellos y los tiradores.

Juan López Sáenz avanzó disparando con la pistola por la parte de atrás del coche. Martínez había disparado seis cargas del rifle dos veces, 12 disparos, y luego tres cargas de pistola, 21 disparos más.

A Rafael Antonio Medrano lo alcanzaron los disparos en la calle y gravemente herido se metió bajo el coche y simuló estar muerto.

A Salas Barraza se le encasquilló el rifle, tomó la pistola, avanzó hacia el auto y disparó contra Villa, dándole un tiro de sedal en la cabeza. Dirá más tarde que remató a Villa de cuatro tiros en la cabeza: "Me acerqué al automóvil con el objeto de apoderarme de la pistola de Villa para llevármela de recuerdo, pero me dio asco su cuerpo". La autopsia no mostrará los supuestos tiros de gracia. No será el único en atribuirse el tiro de gracia, se contará que José Sáenz Pardo caminó hacia el carro y le disparó un balazo sobre la ceja izquierda que le destrozó el occipucio y echó fuera parte del cerebro.

La sangre goteaba del piso del automóvil. La balacera había durado mucho. Se habían disparado contra el automóvil 150 tiros, los cartuchos quedaron tirados en el suelo de los dos cuartos. La gente no se atrevía a salir a la placita.

El grupo de asesinos, con toda calma salió de los cuartos. Después de robar un abrigo del coronel Trillo, Librado Martínez regresó a la casa para recoger un Springfield y balas. "Vimos a la Charra que venía corriendo. Ninguno de nosotros salió corriendo, ¿para qué? Además todo estaba arreglado; no le temíamos a nadie". Parece obvio que los atacantes sabían que no había que temer a la guarnición de Parral o a la policía de la ciudad.

Una comisión de investigación de la Cámara de Diputados registrará lo siguiente: "Se dirigen a la esquina llamada La Bajadita, como a cincuenta metros del lugar de los sucesos; que su marcha no tenía ni la más ligera precipitación, que encendieron tranquilamente algunos cigarrillos; que reían a carcajadas, que tomaron con toda calma sus caballos, que salieron paso a paso sin precipitación; que encendieron tranquilamente algunos cigarrillos".

Curiosamente, en los testimonios se cuenta que los siete asesinos (de los nueve que actuaron en el complot uno había muerto y Salas Barraza se quedó en Parral) se fueron en "dos caballos colorados, dos tordillos, un bayo, un alazán y un palomo". Eternamente esta fidelidad de la memoria para recordar en el México villista los caballos y no los rostros. Un barbero se cruzará con ellos en el paso del río y escuchará cómo uno de ellos le comenta a otro que no había a quien tenerle miedo, que no corriera. El grupo cabalgaba hacia Durango. En el camino un perro les ladró y lo mataron de un tiro en la cabeza. En un lugar llamado La Laborcita se dividieron, luego se disolvieron, cada quien fue a su rancho, a meterse bajo tierra. Días más tarde recibirán 300 miserables pesos.

En Parral la reacción es muy lenta. La gente, durante el terrible tiroteo, había cerrado puertas y ventanas y dudaban antes de salir a mirar. Llegó al lugar de los hechos Luciano Orduño, jefe de la policía, y un montón de curiosos, entre ellos Camerino Rodríguez, ex combatiente que trabajaba en la casa de la Charra como vaquero y que años más tarde dirá: "Todavía alcancé a ver los facinerosos que se retiraban en sus caballos, sólo pude reconocer a Melitón Lozoya porque montaba un caballo pinto de amarillo". Si es así, en ese momento no se lo dirá a nadie.

Un par de fotos recorrerá el mundo. Fueron tomadas hacia las ocho y media de la mañana por un fotógrafo que conservará el anonimato bajo las siglas "L.V." Resalta la dramática posición del cuerpo de Trillo, el parabrisas prácticamente inexistente, Pancho Villa muerto lanzado hacia atrás del asiento. El mismo fotógrafo tomará una foto de la moneda de un peso que Villa traía en el chaleco, mordida por una bala.

El coche fue remolcado por otro automóvil hasta el hotel Hidalgo, donde se dispondrán camas en las que depositar los cadáveres. "L.V." sigue actuando: fotos macabras, los impactos de las balas expansivas han destrozado un parte del tórax de Villa, al que tras desnudarlo, púdicamente le cubren la parte inferior del cuerpo. Una fotografía es particularmente tétrica: un mirón apoyado en la cabecera de la cama contempla atentamente el rostro de Villa, con cara de curiosidad. Una postal con un montaje de cinco fotos comenzará a ser vendida muy pronto en todo el mundo.

Por el hotel pasan centenares de personas a ver la carnicería. Se dice que Salas Barraza irá a verlo. El novelista Rafael F. Muñoz contará que coincidió con él: "Lo vimos muerto en una cama de bronce en un hotel de Parral".

Hasta después de muerto una historia construida por versiones discordantes persiguió a Villa. Tres médicos locales practican la autopsia y amortajan los cadáveres, los doctores Ernesto Quiroz, Ernesto Hefter y Ernesto González Palavicini. Registran que el cuerpo de Pancho Villa tiene "un tiro de gracia de pistola, cuando ya estaba muerto, seis heridas menores (y otras en) mano derecha, brazo derecho, codo izquierdo, hemitórax, intestinos, una expansiva en el corazón", en total 12 impactos (como dice Alberto Calzadíaz), pero Lara, el jefe de la guarnición, que rinde un informe, habla de nueve balazos, los mismos que cita *Excélsior* al día siguiente y que mencionará Martín Luis Guzmán muchos años más tarde. El *Diario de Parral*, *El Demócrata* y la *Extra* de México, en su segunda edición, hablan de 16 balazos. Torres, Martha Loyo y Pere Foix dirán que fueron trece.

Claro Hurtado llegará al hospital con ocho balazos y morirá minutos después. De Medrano se dirá que, herido grave, habrá de morir ocho días después, aunque Francisco Piñón asegurará que murió varios años más tarde, no una semana después, pero que estaba muy asustado y cuando salió del hospital se hizo el muerto.

Ramón Contreras será el único superviviente reconocido; con varias heridas, logró llegar a la casa de Manuela Casas. El médico militar José Raya le amputó el brazo para salvarle la vida. Curiosamente, un mes más tarde el brazo será enterrado en la fosa 9 del cementerio de Parral, cerca de la de Villa, como si pretendiera seguir intentando custodiar a su jefe. Declarará: "Yo también hubiera deseado morir". A partir de entonces será llamado el Manco. Fue jabonero, corredor de caballos en fiestas de pueblo con la rienda amarrada al muñón y dirán que murió en la rebelión escobarista de 1929. Pero *El Universal* lo descubrirá en 1938 y lo entrevistará largamente, y el cronista de Parral dará noticia de que Ramón sobrevivió hasta 1973.

La noticia del atentado llegó a Canutillo a las 8:10 de la mañana, pero muy pronto fue cortado el enlace telegráfico. ¿Quién interrumpió el telégrafo entre Parral y Canutillo? Hacia la una de la tarde pasó un nuevo telegrama, pero el enlace se volvió a cortar hasta las 3:45. La primera reacción de los villistas fue decir que iban a arrasar Parral. El coronel Ríos, a cargo de la escolta, le dijo por telegrama al gobierno que si llegaban federales a la hacienda no respondía de sus actos y dio la orden de montar emboscadas. Estanislao Aragón, uno de los caballerangos, contará que cuando recibió la noticia de la muerte de Villa no sabía qué hacer y, finalmente, junto con un amigo decide huir y se van caminando a Torreón.

El general Enríquez, gobernador de Chihuahua, se negó a que Villa, tal como había dispuesto, fuera enterrado en la cripta que había comprado en la capital del estado, y al día siguiente del asesinato, el sábado 21 de Julio de 1923, luego de una misa, a las 18:30 se armó un enorme cortejo fúnebre, encabezado por el carruaje familiar de los Alvarado, que llegó hasta el Panteón de Dolores de Parral.

De las viudas de Villa sólo asistió Manuela Casas. Austreberta Rentería, con casi nueve meses de embarazo (su hijo Hipólito "nació el pobrecito cuatro días después de la muerte de Pancho"), se quedará en Canutillo. La aparición de los Dorados en el velorio causó inquietud en Parral. Iban con sus pistolas al cinto y siete de ellos dispararon tres salvas para hacer los 21 tiros de despedida ante la fosa 632.

La oración fúnebre corrió a cargo de Jesús Coello, director de la escuela de Canutillo, quien se dirigió al general Martínez y le dijo: "Su uniforme y sus galones están manchados con la sangre de esta víctima cuyo asesinato tiene perfiles políticos, y usted no cumplirá ni como hombre, ni como militar, ni como compadre de Villa si no hace las aclaraciones necesarias caiga quien caiga". En el palacio municipal se izó la bandera a media asta.

El entierro de los villistas costó 650 pesos con 55 centavos. Si a eso se suman los listones negros, las esquelas, la renta del hotel Hidalgo para el velatorio y otras compras menores, lo gastado ascendió a 2,508 pesos que pagó Hipólito Villa el 23 de septiembre. Pero, sorprendentemente, los gastos del funeral de Villa, cosa que no se supo en la época, fueron pagados por el ministro de Hacienda, Adolfo de la Huerta. El general Cruz le confesó en esos días a Juan Gualberto Amaya: "No te imaginas el efecto que le ha producido a don Adolfo la muerte de ese bandido. A un grado que me ha llamado mucho la atención". Pero no sólo lo había conmovido, el presidente interino que en su día había pactado la rendición de Villa fue mucho más allá y sin comunicarlo al resto del gobierno, asumió el pago de su funeral. Por instrucciones suyas, Hipólito le remitió las facturas a Julieta Tovar, su secretaria privada, que le cubrió el pago.

Muy poco después comenzará a circular "El corrido de la muerte de Pancho Villa", que a la letra dice: *Fue muy triste su destino/morir en una emboscada/y a la mitad del camino*. Metafóricamente hablando: ¿a la mitad del camino? Ramón Puente, desde Los Ángeles, recogerá una frase más truculenta: "Cuando Villa cayó alguien decía con festivo cinismo que había muerto de muerte natural".

El árbol contra el que después se dirá que chocó el coche manejado por un Pancho Villa agonizante, nunca existió; el que durante mucho tiempo se mostró a los curiosos estaba como a unos quince metros de donde ocurrieron los hechos. Porque el coche de Villa no chocó contra un árbol. Una foto tomada horas después en Parral, muestra un poste telegráfico. La foto fue tomada por un ingeniero estadounidense, Dixon Lewis, que cuando se le pasó el miedo salió a la calle con su cámara. El árbol que se menciona estaba cerca de la casa, y el poste con el que realmente chocó a unos cinco metros.

Pero aunque no lo fuera, en ese lugar dijo la opinión popular que había ocurrido la tragedia y el árbol se volvió centro de peregrinación laica. Durante los siguientes días allí se depositaron flores y veladoras. Y así fue hasta que el fontanero Abelardo Baca, en 1926 lo tumbó para pavimentar la banqueta, que era muy estrecha. Las flores siguieron llegando a un nuevo árbol, unos metros más cerca de la casa, y en 1976 ese árbol fue cubierto con una jardinera a la que se le colocó una base de cemento y una plaquita conmemorativa.

El poste se volvería árbol, el árbol se cambiaría por otro, luego quedaría en tocón, luego llegaría un presidente municipal insensible y lo quitaría para poner en el suelo una estrella, pero como "llegaban muchos gringos a fotografiarse" y cerraban el paso, finalmente la estrella se movería en el asfalto unos metros más allá, hacia el puente, donde hoy está. Y donde hoy anónimamente se siguen depositando flores y velas encendidas.

NOTAS

a) Fuentes. Existen varios planos de lo acontecido en Parral, en Vilanova y Ceja. La mejor versión en *Revista de Revistas* una semana después del asesinato.

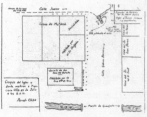

El plano del atentado.

Cuatro de los asesinos dieron su versión: Salas Barraza, Melitón Lozoya, Juan López y Librado Martínez; uno de los supervivientes, Contreras, y algunos mirones, aportaron datos insignificantes. Richkarday: *60 años en la vida de México*. Guillermo Ramírez: *Melitón Lozoya*. Martínez: "Y así cayó Francisco Villa". Reza Marrufo: "El asesinato del general Villa". Ceja: *Yo maté a Francisco Villa, Yo decapité a Pancho Villa* y *Francisco Villa, el hombre*. Rodolfo Casillas: "Sobre la muerte de Pancho Villa", "Cómo ocurrió la muerte de Pancho Villa" y "El plan de Salas para matar a Villa". Adolfo Carrasco Vargas: *Vida del general Francisco Villa*. Elías Torres: *Hazañas y muerte…* Calzadíaz: *Hechos reales* 7. Francisco Piñón entrevistado por Osorio: *Pancho Villa, ese desconocido*. Guillermo Ramírez: "José Miraso y la muerte de Villa". Víctor Ceja Reyes: "Faltan muchas verdades en el asesinato del centauro". Nieto: *Un villista más*. Ignacio Alvarado Álvarez: "Pancho Villa, el ideólogo" (que utiliza una entrevista con Manuela Casas), "Villa perdió la vida en una emboscada", "Ocho columnas volantes están persiguiendo con actividad a los asesinos del gral. Francisco Villa", "Balazos en el cuerpo de Pancho Villa", "Cómo pereció el ex jefe de la División del Norte", "Murió Francisco Villa". Machuca: *La revolución en una ciudad del norte*. Alvaro Medrano: "El único superviviente de la tragedia donde fue muerto, en Parral, el general Villa, se halla en México". Jesús Vargas: "Crónica de la muerte". Estanislao Aragón: "Yo cuidé los caballos…". Valadés: "La vida íntima de Villa", "¿Dónde está Francisco Villa?". Adolfo Carrasco Vargas: *Vida del general Francisco Villa*. Puente: *Villa en pie*. Ernesto Ríos PHO 1/83. Camerino Rodríguez: *Un villista en los últimos días de la revolución*. Salvador Martínez Mancera: "Interesantísimo relato de uno de los matadores de Villa".

Trillo colgando de la ventana del automóvil, foto de L.V.

Según Vilanova, la ropa que usaba Villa ese día se encuentra en el castillo de Chapultepec, el puñal en el Museo de Villa en Chihuahua.

Rafael F. Muñoz escribió un cuento: "La suerte loca de

El parabrisas destrozado, foto de L.V.

El mirón y el cadáver de Villa,
autor desconocido, Parral
20 de julio de 1923.

El cuerpo en el hotel Hidalgo,
foto de L.V.

La macabra postal. Casi todas las fotos
se reproducen en Casasola, *Historia
gráfica* 5, sin dar crédito al autor.

Pancho Villa", en *Cuentos Completos*, y otro Nellie Campobello, en *Cartucho*, "El cigarro de Samuel". Juan Tovar hizo una obra teatral, *La madrugada*, muy documentada y sugerente.

El pago del funeral. J. G. Amaya: "Los gobiernos de Obregón… y tomo de documentos referido a Canutillo" en el *Archivo Valadés*.

El dinero con la paga de Canutillo desapareció. Según Elías Torres se lo llevaron los asesinos, según otros quedó en el automóvil y se le entregó más tarde a José María Jaurrieta.

b)   El árbol. Rocha: "Que el árbol donde se estrelló el coche de Villa ya no existe". Conversación con Adolfo Carrasco, cronista de Parral, 3 octubre 2004. Oscar W. Ching: *La última cabalgata de Pancho Villa*. Vilanova: *Muerte de Villa*. La estrella puesta en la banqueta donde estaba el árbol que no era el árbol, recibió el reconocimiento del poeta Jorge Humberto Chávez ("Parral"): *En Chihuahua hay un pueblo nominado Parral/ donde es imposible encontrar un buen café. / Pero esta pareja de enamorados/ ¿por qué está ahí besándose/ impunemente de pie en la estrella metálica/ que señala el lugar/ donde se desangró mi general Francisco Villa/ la mañana del 20 de julio de 1923?*

SESENTA Y NUEVE

LA INVESTIGACIÓN

En la ciudad de México la primera noticia de la muerte de Pancho Villa la dio la página en inglés de *El Universal* del mismo día 20, utilizando como fuente un cable de la AP enviado desde El Paso. Las ediciones extraordinarias de los periódicos, que empezaban a circular a media mañana, tenían noticias del atentado y comenzaron a agotarse, produciendo una nueva edición tras otra y siguieron circulando hasta las 12 de la noche. Al morir Villa, el DF entró casi en estado de sitio, lo cual resultaba absurdo en una zona sin influencia villista. En Parral, Chihuahua y Torreón se agotaron las extras. La prensa desinformó en medio de la tensión: se decía que tres de los asesinos habían sido capturados después de un choque en que los habían herido, pero ese supuesto choque nunca existió. *Excélsior* contaba que habían sido 50 hombres los que cometieron el atentado y *El Siglo* de Torreón decía que eran 15; o que Villa estaba en Parral en una reunión "política". El país se sacudió y conmovió. José Raya, un villista, lo dirá más claro: "A la muerte de Villa el pueblo tembló luego luego". Canutillo estaba bajo amenaza de intervención militar.

Miguel Alessio Robles recibió la noticia de boca del propio presidente, que le dijo que a Villa lo había matado su escolta y que podía dar la noticia a la prensa; "se conocía que estaba contento". Más tarde comió con el mandatario y con el ministro de Hacienda, De la Huerta, que "estaba profundamente disgustado", en el Castillo de Chapultepec. Obregón hacía chistes, De la Huerta estaba muy callado.

El gobierno de Obregón prometió una investigación. Pero la investigación nunca se hizo. El cadáver de uno de los asesinos, Román Guerra, que quedó tirado en la calle, fue tranquilamente retirado por Ricaud, uno de los conspiradores, que le pagó el entierro. El muerto pasó por ser un mirón, un transeúnte casual. Nadie se preguntó quién era y qué estaba haciendo allí. Una mínima averiguación habría llevado hasta su hermano, otro de los asesinos materiales, y a su pueblo, y de ahí a las conexiones con la Cochinera y Lozoya. Nadie lo investigará.

No se investigó tampoco cómo fueron alquilados la casa y el lugar donde dejaron los caballos, que habría llevado por lo menos a la familia Gallardo.

A pesar de que Villa lo había acusado de querer matarlo y de que sólo un día después *La Prensa* de El Paso, que dirigía entonces Silvestre Terrazas, sugería que detrás del complot estaba Herrera, a éste nadie lo interrogará.

Los diarios hablaban de la formación de ocho columnas volantes del ejército para perseguir a los asesinos, pero éstas se formaron mucho más tarde, y no eran ocho sino sólo tres, y además no había nada que perseguir porque las pistas se habían enfriado.

El coronel Félix C. Lara, jefe de la guarnición de Parral, no dará explicaciones de por qué las tropas estaban en Maturana, pero dirá que "la persecución de los individuos no fue posible hacerla como son los deseos de esa superioridad" por "carecer de caballada"; sin embargo, en esos caballos inexistentes Lara mandó una compañía hacia Canutillo, que finalmente no llegó ante la amenaza de los villistas de disparar a todo el que se asomara. Más tarde se informó que el ejército había enviado unas patrullas, pero la comisión investigadora de la Cámara de Diputados constató que esas patrullas nunca salieron de Parral.

El general Eugenio Martínez, compadre de Villa, recibió un anónimo que le pasó a Obregón, en que se decía que uno de los asesinos era un tal José Vara, cuya madre trabajaba en la casa de Villa; esta investigación no se siguió. De haberse seguido hubiera llevado hacia Ruperto Vara, pero nadie lo buscará.

Bajo el supuesto de que las fuerzas del orden de Parral podrían estar involucradas, parecería obvio que el gobierno debió enviar una comisión de la policía reservada de la ciudad de México para hacer la investigación. Obregón y el secretario de Gobernación ni siquiera lo sugirieron.

El juez demoró nueve días en iniciar la actuación.

No es materialmente posible tanta ineptitud. Si bien no existen elementos concretos que puedan vincular al presidente Álvaro Obregón con el crimen, ni siquiera indicadores de que tuviera información previa de lo que iba a suceder, resulta obvio pensar que fue un decidido cómplice del encubrimiento de los asesinos. Que ni él, ni los gobernadores de Chihuahua y Durango, ni la Secretaría de Guerra ni la Secretaría de Gobernación, tenían interés en descubrirlos. Por lo menos en los primeros momentos. Si bien todo parecía confirmar que a los ojos del poder, como decía el general Rodolfo Casillas, Villa "vivo sería siempre una constante amenaza", en cambio Villa muerto estaba condenado a la ignorancia.

Lo que el ejecutivo federal y los gobiernos de Durango y Chihuahua no hacieron, lo intentó una comisión investigadora de la Cámara de Diputados, que entró en acción de inmediato, más rápido que los caballos inexistentes del ejército. Dos días después del asesinato, el domingo 22, en Torreón, recogieron una extraña historia de un tal mayor Zaldívar, quien lleno de dudas le dijo a la patrona de su casa que pronto tendría dinero porque estaba en algo que tenía que ver con Pancho Villa. Al producirse el asesinato desapareció. La comisión llegó a Parral el 25. Hicieron dos mil volantes que fueron pegados en calles y postes de la ciudad y las cercanías, pidiendo información y asegurando confidencialidad. Nadie respondió. En Parral había miedo. Aún así, reunieron algunos datos sueltos.

La comisión de diputados rendirá su dictamen el 1 y el 2 de agosto. Se quejaba del maltrato que había recibido por parte de la Secretaría de Gobernación y reportaba que a las autoridades de Parral les tomó una hora armar patrullas, y éstas no fueron para perseguir a los asesinos sino para "guardar el orden". Resaltaban la calidad del parque usado en el asesinato, calibre 30 expansivo y 45 de pistola automática (que en sí no era significativo, pero era sin duda caro y no común), y sobre todo afirmaban que el crimen se había preparado con antelación y no se trataba de un delito "del orden común" sino político, lanzando así la mirada de la opinión pública sobre el candidato Plutarco Elías Calles. Gandarilla, uno de los diputados de la comisión investigadora, recibió una carta anónima que leyó a los diputados de su bloque, que decía que "Salas B" era el asesino y que tras matar a Villa había ido a reportar a un "personaje" en Torreón y luego tomó el tren que lo llevó a Terán y visitó a Calles en su hacienda de Soledad de la Mota, y "estuvo cambiando oro por plata en diversas partes". Salas Barraza desmentirá más tarde públicamente lo de la visita a Calles.

El nombre de Plutarco Elías Calles estaba en todas las bocas. La conciencia popular de que Calles era la mano oculta tras el crimen, quedaba reflejada en chistes y caricaturas, y decenas de testimonios lo repetían y lo repetirían. El periodista estadounidense Frazier Hunt estaba meses después en un hotel de la ciudad de México cuando un corresponsal de la cadena Hearst le presentó a un hombre que decía haber matado a Villa y que Calles le había pagado 25 mil pesos por eso. También se plasmaba en el texto que le dedicó Vasconcelos (que nunca se caracteriza por la precisión de la información que maneja) en *El Desastre*, cuando dice que de "los 14 asesinos", uno era un caballerango de Calles.

El hijo adoptivo de Villa, Francisco Piñón, aseguraba que Adolfo de la Huerta le había confesado que Calles y Amaro habían sido los autores intelectuales y que presionaron a Obregón, que dejó hacer, a lo Pilatos. El coronel Lara le contará años más tarde a Justino Palomares lo que sigue: "Unos meses antes fui llamado a México por el general Calles, quien en sus primeras instrucciones me dijo de la conveniencia de eliminar al nuevo Cincinato de Canutillo, porque era un peligro para el país [...] Regresé a Parral y mi trabajo comenzó entrevistando a los destacados enemigos de Villa a los que había que unir unos cuantos oficiales diestros en el tiro. Todo salió a pedir de boca [...] Los particulares, después del tiroteo, los hospedé en el cuartel". Y según instrucciones de Calles reportó que los asesinos estaban siendo perseguidos. Palomares también recogió de otro general, Rueda Quijano, que Lara recibió por esto 50 mil pesos, el ascenso a general y un cambio de destino.

Pero mientras estas historias se irían narrando al paso del tiempo, en los días posteriores al asesinato, una serie de acontecimientos habría de centrar el interés de la opinión pública.

El 25 de julio Obregón le escribió a Calles: "Han querido despertar suspicacias que fundamentalmente supongo no prosperarán", y aseguraba que las acusaciones no estaban fundadas porque en los últimos meses Villa había mostrado lealtad al gobierno. Calles contestará en el mismo tono. ¿Era un diálogo entre sordos voluntarios? ¿Los dos conocían una parte de la historia y simulaban que el otro no la conocía?

El 29 de julio, una carta fechada con firma ilegible llegó a las manos de Obregón. En ella se acusaba de nuevo a Salas Barraza y al chofer del gobernador Agustín Castro. En otra posterior, el anónimo corresponsal decía que Salas había alardeado en las cantinas de Parral medio borracho. No eran los únicos en pensarlo, Vicente Martínez asegurará años más tarde: "Salas Barraza estaba de acuerdo con el gobernador Castro".

El 2 de agosto Obregón le escribió a Calles: "Estoy localizando al autor intelectual y material del plan", y afirmaba que detrás había otras personas, pero que Calles no se preocupara, pues se desvanecería "toda sombra de sospecha", y anunciaba pomposamente: "Tengo en mi poder datos concretos, inconfundibles, solamente que deseo permanezcan en absoluto ignorados". Y bien. ¿Quería aclarar las cosas o que permanecieran ignoradas?

Mientras los seis asesinos encabezados por Melitón Lozoya se desvanecían, retornando a sus mediocres vidas privadas con un poco más de dinero del que tenían antes, Salas Barraza comenzó a tomar un papel protagónico. Horas después de la muerte de Villa le mandó un telegrama al gobernador de Durango, su padrino político: "Hoy fue asesinado el general Villa, saludos, J. Salas". ¿Por qué Salas tendría que reportarle a nadie el crimen que había cometido? Asistió al velorio del cadáver de Villa en el hotel Hidalgo. Estuvo hasta el 21 en Parral, porque pasó un día en la casa de Jesús Corral Valles, que había sido uno de los que proporcionaron el corral para los caballos, y fue a Santa Bárbara y de ahí a Chihuahua a sondear, reportar, informar, tratar de sacarle algo al gobernador Enríquez por conducto del ingeniero Gustavo Talamantes. Enríquez le mandó un recado que decía: "Le daré toda clase de garantías". Sin embargo, Salas no se quedó en Chihuahua sino que de ahí fue a Durango.

En Durango, se entrevistó con su amigo el inspector de división de telégrafos Juan S. Serrano, quien hizo un triángulo con el general Abraham Carmona (que había tenido mando en Durango y era jefe de Artillería de la Secretaría de Guerra). Los tres eran miembros de la masonería y quizás a eso se deba que Serrano haya buscado a Carmona.

Abraham Carmona viajó a Durango, donde se entrevistó el 5 de agosto con Salas Barraza. En esos momentos Carmona tenía instrucciones de Obregón. ¿Qué instrucciones? No lo sabremos. Tras la entrevista, Salas le escribió una carta a Carmona (fechada el mismo día) en la cual asumía la responsabilidad del asesinato: "Me erigí en vengador". Decía que fueron nueve hombres, dio datos sobre la emboscada, atribuyó a que los ánimos estaban muy exaltados contra Villa y "no pude menos que aceptar la dirección de este puñado de valientes", y añadió que había escrito la carta para "salvar el buen nombre del gobierno [...] y evitar que caigan sobre algunos funcionarios públicos (las culpas)".

La confesión tiene una debilidad, ha sido sin duda pedida por Carmona, porque al final desliza: "… me permito recordarle el ofrecimiento que espontáneamente me hizo, a fin de influir en el ánimo del señor presidente de la república, para evitar que por la exaltación del momento no se me juzgue con la ecuanimidad que el caso requiere".

Salas había redactado también un documento, "Carta a sus compañeros", que más bien parece un borrador, en el que les informa que va a "hacer pública" su autoría del asesinato y que autorizó a un jefe del ejército para que se lo comunique al presidente.

Tras su confesión, Salas Barraza, asustado, sale de Durango y se detiene en Torreón, donde se entrevista con el general Escobar para hablar del "negocio consabido", y se queja en este encuentro de que Amaro le "volteaba la espalda". Pide una carta para el presidente y Escobar le da largas. Salas dice que pueden detener en cualquier momento a alguno de los hombres que lo acompañaron y éste podría contar cosas, y que ya detuvieron a uno pero ante el mutismo "tuvieron que dejarlo en libertad". Y cierra pidiendo la opinión de Amaro y "nuestro amigo el de las cercanías", porque la gente piensa "que yo fui el director intelectual y material de este asunto".

¿Quién es el amigo de las cercanías? Calles se encuentra en esos momentos en su hacienda de Soledad de la Mota, Nuevo León, convaleciente de una operación que le habían hecho en Estados Unidos.

Carmona viajó a México con la carta en la mano el 7 de agosto. De allá le telegrafió a Salas reportándose: "Por correo espero carta" (¿otra carta?), y se entrevista con Obregón. No hay constancia de lo que se habla en esta reunión.

Salas recibe el día 8 una carta de su mujer sugiriéndole que se vaya a Estados Unidos y posponga "la publicación" 10 o 15 días, hasta que ella pueda salir también.

El 8 de agosto Obregón le escribió a Calles dándole noticia de la confesión de Salas Barraza (antes de su detención). Por el tono, parecería que no estaban confabulados, nadie era capaz de tan inútil cinismo, pero no hay duda que ambos sabían cosas que el otro no sabía o pensaban que no sabía. Lo que es peor, ninguno quería que esas cosas se dijeran en voz alta.

El día 9 Carmona le mandó a Salas Barraza un telegrama en el que reporta haberse entrevistado con el presidente Obregón. Le decía que le leyó la carta al presidente dos veces y aquél dijo: "Nuestro amigo tiene un gran corazón". Simultáneamente le envió a su amigo el jefe de telégrafos Serrano otro telegrama en que le decía que Salas no debía salir del estado de Durango, donde tenía fuero como diputado local. ¿Qué había negociado Carmona con el presidente?

Obregón hará entrega de una copia de la carta a los periodistas, que el mismo día 9 la hacen pública, y hablará con el procurador Eduardo Delhumeau. El resultado será un mensaje urgente de la Secretaría de Gobernación al general Paulino Navarro en Durango, quien había acompañado a Carmona y estaba vigilando a Salas. Se le pedían reportes cada seis horas y se le ordenaba no arrestar a Salas porque era diputado por Durango, sólo hacerlo si trataba de cruzar la frontera. El general Paulino Navarro ("jefe de una oficina policiaca de Gobernación") detuvo a Salas en Monterrey cuando tomaba el tren para Laredo, Texas, hacia las 11 de la noche del día 9, y se le ordenó llevarlo a la ciudad de México.

Gilberto Valenzuela, subsecretario de Gobernación, contará muchos años después que al registrar Navarro el cuarto de Salas antes de detenerlo en el tren, encontró cartas comprometedoras, entre ellas una escrita por un tal Jesús (Heredia o Herrera), quien le decía que "el amigo y el socio de Soledad de la Mota, se hallan nerviosos por la tardanza de realizar el negocio pendiente", y pensaba que al descubrimiento de estas cartas se debió que Salas huyera hacia el norte, por cierto pasando por el cuartel del general Serrano en Monterrey. Valenzuela recordaba también que Navarro le había dicho que, tras detener a Salas pistola en mano en el tren, el general Amaro le sugirió que antes de llevárselo preso a la ciudad de México hablara con Calles.

Valenzuela fue más allá y contó que Obregón se negó a recibir los documentos de Salas que le llevó Navarro, diciendo que hiciera lo que la ley ordenaba. A la salida del despacho alguien le sugirió a Navarro que los quemara y así se hizo.

Parecía transparente que la detención fue necesaria para calmar a una opinión pública cada vez más escéptica e irritada.

Finalmente Salas fue llevado a Parral el 30 de agosto y luego a Chihuahua, donde lo metieron a la penitenciaría, condenado a 20 años de prisión. En los siguientes meses mantendrá correspondencia con el general Amaro, pidiéndole dinero y que interceda cerca del general Enríquez, gobernador de Chihuahua.

El 5 de septiembre Calles comenzará su campaña presidencial nada menos que en Monterrey, la plaza de Amaro.

Al producirse la rebelión delahuertista el 4 de abril de 1924, el gobernador de Chihuahua, Enríquez, el día que dejaba su mandato, amnistió a Salas Barraza, quien sólo había pasado ocho meses en la cárcel. Salas se unió en Torreón a las tropas de Calles con el grado de coronel y al final de la rebelión fue nombrado "jefe confidencial del general Obregón", cargo por demás inexistente; más tarde Amaro le daría empleo como policía en la Secretaría de Guerra.

Al menos dos de los asesinos materiales morirán en tiroteos en los siguientes años: Ruperto Vara acribillado a manos de un cabo del ejército en Alianza,

Chihuahua; Juan López Saez Pardo en 1938, de dos tiros en la cabeza. Melitón Lozoya fue premiado con un rancho que le entregó el general Miguel Acosta en el estado de México. Al paso de los años no soportará que Salas se lleve toda la publicidad del crimen y contará al periodista Guillermo Ramírez su versión de la historia. Salas Barraza morirá en mayo de 1951, a los 72 años, en el hospital militar de la ciudad de México. Poco antes de su muerte declaró que si Villa resucitara lo volvería a matar. Fue el único acto trascendente en la vida de un hombre oscuro y mediocre.

Del cúmulo de pequeñas investigaciones realizadas a lo largo de los años y aquí narradas, se desprende con claridad quiénes fueron los asesinos materiales, quiénes estaban en la conspiración de segundo piso, y el apoyo de Calles o sus allegados en el asunto. Queda medianamente transparente que Obregón entorpeció y tendió una enorme cortina de humo sobre la investigación, manejando la confesión de Salas Barraza ante la opinión pública como una manera de exculpar al gobierno y a su futuro candidato presidencial. Con Pancho Villa vivo, la futura confrontación entre Calles y Adolfo de la Huerta, que estalló al inicio de 1924, podría haber tenido otro resultado y la historia contemporánea de México hubiera cambiado.

Una sola sombra de duda permaneció sobre el asesinato de Francisco Villa, duda que a lo largo de los años fue sugerida sin gran fundamento. ¿Hubo un segundo grupo de tiradores la mañana del 20 de julio en Parral?

Piñón, el ahijado de Villa, así lo afirmaba, y decía que los agujeros en la capota del coche lo probaban. El cronista de Parral lo aseguraba y decía que siete tiradores militares enviados por Calles estaban situados el día del atentado en el techo de la finca ubicada en el número 2 de la calle Gabino Barreda. Un croquis de la época muestra que la casa número 2 era propiedad de un tal Mr. Finland y estaba en el momento de los hechos deshabitada. Juan Hurtado y Olín, en los años 70, aseguraba que se prepararon 25 hombres en Monterrey, a las órdenes de Júpiter Ramírez, de las fuerzas del general Amaro, y que tras varios meses entrenando fueron enviados a Parral. El general Enrique León Ruiz, citado por Calzadíaz, dirá que, ciertamente, un grupo de oficiales del 50 regimiento de caballería, a las órdenes del coronel Júpiter Ramírez, estuvo en un punto cerca del puente de los Carrizos entre Canutillo y Parral. No dice qué día sucedió esto, ni si actuaron o eran una fuerza en reserva. La versión la refuerza el propio Calzadíaz citando al general Lamberto Álvarez, que conoció en Durango en 1957 a un militar que a su vez le presentó a un segundo militar que había participado en el asesinato de Villa. Éste decía que la mayor parte de los emboscados eran soldados de la guarnición de Félix Lara.

En octubre del 2004 el narrador acompañó al doctor Rubén Osorio y juntos revisaron el Dodge Brothers en el museo dedicado a Villa en la calle Décima de Chihuahua. La Secretaria de Turismo del estado de Durango decía que el coche tenía 63 impactos. Visualmente, estaba claro que había dos tipos de impactos, aquellos causados por las balas expansivas y otros menos agresivos en apariencia, que deberían ser de pistola. Podían verse con claridad 11 impactos en la parte trasera y diez en el lado derecho del coche sesgados de arriba hacia abajo, uno en la izquierda, uno en el frente y dos en las varillas que sostenían el techo. La escasez de balazos en el frente obedecía a que el parabrisas desapareció destrozado por los disparos.

Los impactos en la parte trasera habían sido explicados como los que fueron disparados por el vigilante Juan López y los hechos desde las casas 7 y 9 cuando el carro de Villa rebotó contra el poste.

¿Pero los tiros de arriba hacia abajo en el lado derecho del automóvil?

Toda buena historia es, en el mejor de los casos, interminable.

NOTAS

Salas Barraza leyendo en la cárcel la noticia de su detención.

Plutarco Elías Calles.

El automóvil en el museo. Se pueden observar los impactos en la parte trasera.

a) Fuentes. Martín Luis Guzmán: "Villa y la revolución" en el libro del Centenario. Ramón Puente: *Hombres de la revolución: Calles*. Jesús Vargas: "Crónica de la muerte de Villa" en *Francisco Villa y la Revolución Mexicana en el norte*. Vilanova: *Muerte de Villa*. El Demócrata 22 julio 1923. El informe de la comisión de los diputados reproducida en Robleto: *La mascota de Pancho Villa* y en *El Universal*. Rodolfo Casillas: "Punto culminante de la tragedia", "Pancho Villa killed…", "9 heridas recibió…". José Raya Rivera PHO 1/69. Vasconcelos: *El desastre*. Frazier Hunt: *One american and his attempt at education*. Justino Palomares: "Anecdotario de la revolución". Vicente Martínez PHO 1/73. Vito Alessio: "Episodios de la revolución". Ignacio Richkardy: *60 años en la vida de México*. Torres: *Hazañas y muerte de Francisco Villa*.

La correspondencia de Salas y Amaro en los papeles de Amaro en el Archivo Torreblanca; una parte ha sido reproducida en la revista *Boletín* núm. 32. En el Torreblanca se encuentra también la correspondencia Obregón-Calles.

Además: Guillermo Ramírez: "Melitón Lozoya", "Hoy en la madrugada fue aprehendido el jefe de los asesinos del general Villa". El testimonio de Valenzuela en Pere Foix: *Muerte de Villa*, citando un artículo periodístico del 25 de mayo de 1951, tres días después de la muerte de Salas Barraza. Los tiros en el coche. Carrasco: *Vida del general Francisco Villa* y entrevista, Juan Hurtado y Olín PHO 1/30. Calzadíaz: *Hechos reales* 7. Otilio Orestes: "Se desvanece la leyenda del mayor Salas Barraza".

b)   Culpables. Hay una secuencia temporal en el conocimiento público. Salas Barraza se autoinculpa (1923). Melitón Lozoya reclama el patrimonio del crimen a fines de los 30 en libro del escritor de Durango Guillermo H. Ramírez: "Melitón Lozoya". Ceja Reyes identifica al resto de los asesinos materiales en una serie de reportajes periodísticos en *La Prensa* ("Hablan quienes mataron a Villa" y "Faltan muchas verdades en el asesinato del Centauro") en 1960 y en su libro *Yo maté a Francisco Villa* diez años más tarde. Con esto se cierra el conocimiento sobre el grupo de tiradores. A lo largo de todos estos años se filtran pequeñas historias sobre lo que en este libro se ha dado llamar el segundo piso. A fin de siglo Loyo: "Obregón, Calles y Amaro en la muerte de Villa", y Katz: *Pancho Villa,* explorando el archivo Torreblanca trazan la conexión con Amaro e insinúan la de Calles en lo que podría llamarse el tercer piso de la conspiración.

c)   Sobre la teoría de los masones. Medina: "La logia de Parral fue el sitio en que el imponderable Estado Mayor de la escuadra y el compás, de la 45 y el 30-30, trazó el plan de ataque". El hecho es que es muy probable que el segundo piso de la conspiración lo constituyeran masones; Ricaud lo era, desde luego, presidente de la Logia, y los militares que auxiliaron a Salas Barraza lo eran también. Sin embargo no existían conflictos que enfrentaran a Villa con la masonería. Parece más bien que varios de los asesinos de Villa y sus cómplices eran masones y no que los masones asesinaron a Villa.

LA CABEZA PERDIDA

El capitán José Elpidio Garcilazo contará muchos años más tarde que en noviembre de 1925 el coronel Francisco Durazo Ruiz, jefe de la guarnición de Parral, el 11º batallón de infantería, le ordenó que subiera a su coche rojo (tenía otro azul) y lo llevó a pasear por la ciudad. Viajaron en silencio hasta que el general le dijo que le quería encargar una delicada misión. Y nuevamente volvió el silencio. Finalmente le dijo:

—Oiga, Garcilazo, el general Obregón quiere la cabeza de Villa y yo le voy a encargar a usted el asunto —y cuando el capitán, espantado, inquirió a qué se debía tal dislate, recibió la respuesta tradicional:

—La orden viene de arriba. Nombre usted a uno de sus hombres de confianza.

Garcilazo era un capitán sin mayor mérito que, un par de años antes, había mandado el pelotón que fusiló a Manuel Chao; pero comprendía claramente lo que significaba andar jugando con la memoria de Villa. De tal manera que, sin curarse del todo del espanto, llamó al cabo Silva, sugirió que órdenes superiores indicaban que había que robar la cabeza de Pancho Villa e indicó que formara un grupo. Silva se lo tomó con toda calma y habló con algunos soldados de la guarnición, de tal manera que así pasó el fin de año sin que nada sucediera. A poco Durazo volvió a llamar al capitán Garcilazo y le pidió cuentas, para después sugerirle que hiciera a un lado a Silva y nombrara otra persona. La designación cayó sobre el cabo Figueroa.

Finalmente, el 2 de febrero de 1926 Durazo le dijo al capitán que si no salía el asunto habría que "borrar las huellas" (matar a los dos cabos que estaban en la operación), y le envió a su casa dos barretas y una pala. Garcilazo, dándose cuenta de que la cosa se ponía peligrosa con su jefe, porque Durazo era temible (en esos días se contaba que había matado de su mano a tres desertores), decidió pasar a la acción y dejando a un lado al cabo Silva le dijo al cabo Figueroa que buscara dos o tres soldados más, fuera al cementerio y estudiara discretamente la tumba.

La tarde del 5 de febrero, a casi tres años del asesinato de Pancho Villa, el capitán Garcilazo organizó su grupo, que según las versiones tendría entre cuatro y cinco hombres: cabo N. Figueroa, soldados Anastacio Ochoa, José

García, Nivardo Chávez y José Martínez, que llevaba el segundo apellido de "Primero" porque en el cuartel había un homónimo. Dispuso que recogieran las palas y las barretas, que tomaran una linterna sorda y un litro de alcohol y dio órdenes de no llevar armas.

Durazo, por su parte, organizó la protección para los profanadores, mandando al sargento yaqui Lino Pava a que de madrugada impidiera el paso a las cercanías del cementerio a lecheros y trasnochadores. Dio la misma orden al sargento Cárdenas Aviña: "Nos ordenaron vigilancia en las cuatro esquinas del camposanto". Garcilazo ignoraba estas segundas operaciones.

Esa noche Durazo no estaría en la guarnición de Parral, como una manera de alejarse de lo que sería sin duda un tremendo escándalo, sino en su rancho llamado El Cairo, en las cercanías del poblado de Salaíces, un lucrativo negocio de cría de caballos en el que tenía trabajando gratis a los soldados del 11º batallón.

Los violadores de la tumba de Villa saltaron la tapia del cementerio de Parral por la parte posterior, en un lugar llamado La Pila o La Noria, y fueron hacia la tumba 632 de la novena sección. El capitán Garcilazo se quedó en las afueras del panteón. Con las barretas comenzaron a destruir un lateral de la tumba. Los soldados iban muy lento y tenían mucho miedo. José García comenzó a beberse la botella de alcohol que habían llevado para desinfectarse; nadie les había dicho que el cuerpo estaba embalsamado y que no había riesgo porque habían pasado tres años del entierro. Finalmente lograron romper un costado del túmulo funerario y por ahí sacaron el cajón. Llenos de temor, lo rompieron, tiraron de la cabeza de Pancho Villa y Martínez Primero la cortó con un cuchillo. El sargento Cárdenas dirá que, como "estaban muy nerviosos", el soldado José García fue herido accidentalmente.

Serían las tres de la madrugada. Garcilazo había estado dando vueltas por las afueras del cementerio durante toda la operación y regresó al cuartel a esperar los resultados. Poco después llegó el espantado grupo de soldados y le hizo entrega al capitán de una camisa vieja en la que habían envuelto la cabeza de Villa. Garcilazo, a su vez, la entregó al jefe de la escolta de Durazo, que la guardó en el cuarto del coronel.

Al amanecer del 6 de febrero de 1926, Juanito Amparán, de oficio camposantero, descubrió que una fosa, una tumba muy sencilla de unos 40 centímetros de altura, con una losa blanca, sin cruz ni ningún otro signo distintivo, había sido violada. Era la tumba de Pancho Villa. Al llamado de su ayudante, el jefe de jardineros de Parral se apersonó en el cementerio y descubrió "que no habían sacado la caja, sólo escarbado y roto la tapa a la altura de la cabeza". La noche anterior había llovido y el terreno era un barrizal. Gracias a eso se pudieron observar las huellas que mostraban que los profanadores habían entrado por la barda sur del cementerio. Cerca de la fosa se encontró una botella tequilera abierta, con un líquido no identificado, y un algodón con manchas de sangre; huellas de huaraches y zapatones con estoperoles, que alguien llamó "de militares". Es curioso que la primera investigación la hayan hecho los jardineros y no los policías, que estaban aterrorizados ante la posible responsabilidad.

Una primera revisión del ataúd permitió al jefe de jardineros comprobar que la profanación de la tumba había sido no para robarse el cadáver de Pancho Villa, sino sólo su cabeza, que habían cortado del tronco.

Aún no se cumplían tres años del asesinato. Las portadas de todos los diarios del país reseñaron el hecho. El escándalo puso en tensión a la nación. Los militares supervivientes del villismo amenazaron marchar en armas sobre Parral.

Las primeras investigaciones apuntaron hacia un gringo, chaparro, como de cincuenta años, que había preguntado por la fosa, cosa no muy extraña porque la tumba se había vuelto objeto de un turismo exótico. El camposantero dio la filiación del gringo y dijo que se había pasado largo rato contando y oyendo anécdotas sobre Villa. La policía de Parral descubrió en las afueras del hotel Juárez un automóvil con placas de El Paso que tenía huellas de lodo. De inmediato fueron detenidos el estadounidense Emil Holmdahl y un mexicano llamado Alberto Corral, que resultó ser primo de Luz Corral, la viuda de Villa. La multitud trató de lincharlos. Los investigadores encontraron una botella con líquido en el coche y Holmdahl se lo tuvo que beber para demostrar que no era nada raro, se trataba de agua destilada.

En sus primeras declaraciones, Holmdahl, que había combatido hacía una docena de años con Villa y luego había sido guía de la Expedición Punitiva, decía que todo se trataba de un error. Años después le daría al periodista estadounidense Bill McGaw una versión de por qué se encontraba en Parral. Contaba que había estado buscando con Alberto Corral un pequeño tesoro de más de 10 kilos de oro en pequeñas barras y finalmente lo encontró, engañando a un grupo de bandidos que les cayeron encima. Pagó a sus guías y se fue con Alberto a Parral. Tenían una llanta floja y se quedaron en el hotel. Estaba en el garaje cuando Alberto lo llamó y dijo que 15 federales lo habían arrestado. Los llevaron a la cárcel y querían lincharlos. Un juez de la ciudad de México los exoneró. El oro había desaparecido. Curiosamente, Emil Holmdahl retornó a El Paso el 12 de febrero, tan sólo una semana después de los hechos, libre de persecuciones.

En los siguientes días decenas de versiones, a cuál más exótica, se ofrecieron como respuesta al paradero de la cabeza de Villa. Ya desde el día 7 de febrero *El Siglo* de Torreón se hacía eco de los rumores de que un millonario estadounidense de Nuevo México había ofrecido una fortuna por el cráneo de Villa. El cónsul mexicano en Chicago pedía instrucciones a la Secretaría de Relaciones Exteriores, porque muy serios rumores avisaban que la cabeza era esperada en esa ciudad por un grupo de científicos, quienes iban a estudiarla, y Charles Harris registra, equivocándose en la fecha, que los rumores asolaron

El Paso durante esos días, llegando a afirmarse que la cabeza estaba enterrada en una ladera del monte Franklin.

La imaginación popular se desbordaba. En Parral todo era rumores. Se decía que había descendido un avión en el cercano campo de Las Ánimas, como sucedía cuando un avioncito llevaba materiales y recogía muestras de la compañía minera San Rafael. Esta vez, se rumoreaba, había llegado el coronel Durazo con una escolta que espantó a los mirones y entregó una maleta al aviador. La historia no era cierta, Durazo aún no había regresado a Parral y a pesar de que se decía que estaba a cargo de la investigación, tres días después de los sucesos seguía en Salaíces.

Otros rumores dirigían las sospechas hacia la guarnición de Parral, donde se contaba que el médico Manuel F. Villaraoz había atendido el día siguiente al capitán Garcilazo de un corte y se dijo que había perdido uno de los dedos de la mano derecha. La historia no era cierta. El único herido era el soldado que llevaba el chistoso nombre de Martínez Primero, que se había herido en la mano al cerrar la puerta de un coche.

El escándalo nacional arreciaba. ¿Quién había robado la cabeza de Villa? ¿Quién la había mandado robar? ¿Para qué la querían? ¿Dónde estaba el macabro trofeo? ¿Cómo se podía arrancar de la memoria confrontaciones producidas por la revolución si se insultaba a los muertos? En el país de las historias delirantes, ésta era la más delirante de todas.

Durante los años siguientes se ofrecieron decenas de explicaciones y casi todas ellas incriminaban al coronel Durazo. Se decía que el presidente Plutarco Elías Calles había hecho un sorteo entre un grupo de militares y le había tocado a Durazo. Se decía que Durazo había leído un panfleto escrito en inglés y tradujo mal. Creyó haber leído que se ofrecía una recompensa de 50 mil dólares por la cabeza de Francisco Villa, cuando en realidad se trataba de un viejo volante que lo reclamaba vivo o muerto en 1916. El hijo adoptivo de Villa, Francisco Piñón, aseguraba que el general Arnulfo R. Gómez le ordenó a Durazo que robara el cráneo a cambio de 50 mil pesos que le ofrecían unos gringos.

Pero la mayoría de las versiones apuntaban hacia la teoría de que Durazo estaba en tratos con el intermediario de un millonario estadounidense que por razones de venganza ofrecía 50 mil dólares por la cabeza de Villa, y que la presencia de Emil Holmdahl en Parral no era accidental.

Se cuenta que Ernesto Weisel, chofer de Durazo, llevó la cabeza a Jiménez para entregársela a Holmdahl en el hotel Chow, pero el gringo sólo daba la mitad de los 10 mil dólares prometidos (en otras versiones, que fijan el encuentro en la estación de tren de Jiménez, se vuelven 25 mil pesos y en otras son sólo 10 mil pesos), de tal manera que la cabeza volvió a manos de Durazo. Holmdahl, al que la historia persiguió a lo largo de su vida, entrevistado ya en la vejez por McGaw, atribuía a la imaginación de un reportero estadounidense lo de los cinco mil o 50 mil dólares.

Los rumores que involucraban a Durazo iban creciendo y el general Santiago Piña Soria, comandante de la 5ª zona militar se entrevistó con él (se decía que había visto la cabeza) y le ordenó deshacerse del macabro despojo, so pena de fusilamiento. Durazo, muy espantado, tratando de librarse de la cabeza, pocos días después del atentado mandó a llamar de nuevo al capitán Garcilazo. La cabeza seguía bajo la cama del coronel, envuelta en la camisa, ahora dentro de un canasto de mimbre. ¡A su regreso de El Cairo el coronel había estado durmiendo sobre la cabeza!

Durazo estaba pálido y le dijo: "¡Llévese eso!". Garcilazo se la entregó al cabo Figueroa, quien la metió en una caja de municiones de 7 mm (otros dirán que de 30-30) y la clavaron para dejarla bien cerrada. Acompañado por el chofer de Durazo, el tal Wiesel, fueron hacia El Cairo, en la carretera de Parral a Jiménez y allí le indicaron a un soldado que trabajaba en las caballerizas que, por órdenes del coronel, enterrara la caja. "Se fue por el camino viejo en dirección al cerro del Huérfano, quizá caminó unos 100 metros, y excavó a un lado del viejo camino, casi a flor de tierra."

Al paso de los años, la voz popular consolidaría esta versión, confirmada por el capitán Garcilazo. José Raya Rivera dirá: "La cabeza de Villa se sabe que está aquí en El Cairo". En octubre del 2003, en la lonchería La Chispita de Salaíces, Chihuahua, el narrador habló con algunos vecinos del pueblo; los más viejos todavía contaban que la cabeza estaba enterrada "por el cerro", cerca del ejido de lo que antes fue El Cairo, y algunos precisaban: "Bajo la escuela secundaria General Francisco Villa", lo cual sería un acto de justicia accidental maravilloso.

Pocos días después del robo el teniente coronel Ignacio Sánchez Anaya, que era el subjefe de la guarnición, viendo los rumores que corrían aquí y allá, y en medio del escándalo nacional, inició una investigación clandestina de la que más tarde informó a la Secretaría de Guerra en la ciudad de México. En ella decía que la cabeza de Villa estaba en manos del coronel Durazo, que para esos momentos había pedido un permiso. Marcelo Caraveo, orozquista no muy villista, pero hombre de honor y comandante militar de Chihuahua, destituyó a Durazo poco después.

El grupo de profanadores de la tumba terminó muy mal. José García murió a los pocos días de gangrena. El cabo Figueroa pidió un adelanto de su salario, desertó y desapareció. Fidel Martínez, ex subteniente, el Shunco, testimoniaría más tarde que Durazo ordenó la muerte de dos de los soldados, porque temía que hablaran. Sea esto cierto o no, el caso es que otro de los soldados murió en una pelea tras un juego de baraja, acuchillado por un compañero. El cabo Silva murió alcohólico y el soldado Martínez Primero murió en circunstancias extrañas. Martínez había estado contando la expedición nocturna en el cuartel. Garcilazo reconoce que le dio un par de bofetadas y lo mandó arrestar y que "ya no supo luego de él [...] quizá lo ejecutaron". El 8 de febrero apareció muerto y lo sepultaron el 14, una semana después del robo. De Garcilazo se dijo que había muerto en Monterrey poco después, pero en verdad abandonó la guarnición, se ocultó y se fue a trabajar a la ciudad de México, donde muchos años después lo localizaró Víctor Ceja Reyes para entrevistarlo.

Durante años diversas versiones sobre el paradero de la cabeza de Pancho Villa siguieron haciéndose públicas. En 1929 circuló en la prensa la información de que el cráneo de Villa se exhibió en Estados Unidos en el circo Ringling Brothers y se cobraban 25 centavos para verla. El circo negó tal versión y nunca pudo encontrarse un testigo que la hubiera visto. Se diría que la exhibieron en el Museo Americano de Historia Natural de Nueva York, con un letrero que decía que la habían adquirido por sesenta mil dólares, y luego la retiraron (un par de años más tarde). Si es así, ningún fotógrafo registró el macabro trofeo y nadie reconoce haberla visto. Se dijo que un detective mexicano le siguió el rastro hasta la frontera de Tamaulipas y México donde estaba enterrada. El hijo adoptivo de Villa, Piñón, aseguraba que la cabeza fue pasada a los Estados Unidos en doble tanque de gasolina. Un anticuario estadounidense diría que la cabeza estaba en su poder (1967) en Nichols, Iowa, que se la había dejado un artista llamado Ivanhoe Whitted (identificado en otro artículo como Ivance Whitte), quien a su vez la había comprado a un aventurero que la había encontrado en un granero cerca de Columbus. El narrador ha visto fotos del supuesto cráneo de Villa en poder del anticuario y las perforaciones de bala no parecen coincidir con las heridas de Villa que se aprecian en las fotos del cadáver velado en el hotel Hidalgo en 1923.

En la década de los 60, el entonces general Durazo, acosado por la prensa, se vería obligado a fabricar una nueva versión. El Chololo, jefe del Estado Mayor del general Arnulfo R. Gómez (ambos murieron dos años después del robo en el alzamiento contra Obregón), andaba de visita por Chihuahua y la noche antes del robo estaba en Parral y él fue el autor material. Decía también que Gómez la había robado porque admiraba mucho a Villa, a pesar de que lo había combatido, y quería que un científico estudiara la cabeza. Argumentaba, finalmente, que él se había callado para no comprometer a un amigo, soportando estoicamente la acusación. Durazo cerraba declaraciones diciendo que la cabeza la tenía en su poder "un patriota".

En entrevista con el periodista Juan Ibarrola, Durazo le contó que un sargento a su mando se la robó para dársela a unos gringos del Museo Smithsonian, que la querían estudiar, pero al final el negocio no se hizo y el sargento desapareció. Ibarrola dice que mientras estaba conversando con el general vio una caja sobre la chimenea y en un descuido de su entrevistado, que estaba buscando un mapa, la abrió y descubrió un cráneo con perforaciones de bala. Cuando le preguntó a Durazo, éste se incomodó y dio por terminada la entrevista.

Por si esto fuera poco, Durazo le reveló al coronel López Salazar que dejaría en su caja fuerte un sobre cerrado, para ser abierto después de su muerte, donde contaría la verdad, admitiendo que hasta entonces no lo había hecho.

La noticia se filtró a los periódicos. En sus últimos días Francisco Durazo sufría constantes pesadillas en el cuarto de hospital donde murió y decía que (Pancho) "había venido a buscarlo". Tras su muerte, los parientes informaron a la prensa que no existía tal sobre, por más que lo buscaron.

No fue el único perseguido por el fantasma de la cabeza de Villa. En los últimos años de la vida de Holmdahl se hicieron públicas un par de historias que parecían sugerir que él se había quedado finalmente con la cabeza. Su amiga Aurora Steinhauer recordará muchos años después de lo sucedido, que cuando vivía en el hotel Sheldon de El Paso guardaba algo de gran valor en el cuarto, porque cuando salía se quedaba vigilando un yaqui que andaba con él. L. M. Shadbolt recordaba que en 1926 o 27, en el Sheldon, a Emil lo hospedaban gratis pero no le pagaban comida y bebidas. Emil andaba "bajo de fondos y sediento" y anduvo con él de parranda en Ciudad Juárez durante cinco días. Holmdahl traía una botella de tequila Cuervo en una mano y un paquete envuelto en papel en la otra. Y de repente dijo que tenía algo que enseñarles, desenvolvió el paquete y mostró la cabeza de Villa.

La historia hubiera quedado allí de no ser porque en los últimos años una serie de investigaciones sobre la sociedad Skull and Bones de Yale, sugiere que en la colección de cráneos que posee esta fraternidad estudiantil secreta se encuentra una cabeza de Pancho Villa que Emil L. Holmdahl vendió a Frank Brophy, un graduado de Yale y amigo de Prescott Bush (el abuelo de George W., también miembro de la sociedad, al igual que su padre), por 25 mil dólares. ¿Había vendido Holmdahl una falsa cabeza de Villa aprovechando su popularidad en el asunto? En los últimos años la demanda de que George Bush devuelva la cabeza de Pancho Villa a México ha venido creciendo entre los estudiantes mexico-estadounidenses, inclusive se muestra un mapa en la red del lugar donde se supone está la cabeza, los cuarteles generales de Skull and Bones llamados The Tomb, enfrente de la Yale University Art Gallery.

El narrador cree francamente que el cráneo de Villa reposa en las cercanías de Salaíces, enterrada en su caja de balas de Mauser de 7mm. Pero también cree que esta historia es interminable y que bajo la forma de nuevas versiones se seguirá reproduciendo. En último caso, todos los ciudadanos de Parral saben, porque se los decían para meterles miedo cuando eran niños, que es frecuente que una carroza de fantasmas descienda en las noches sobre el cementerio de su ciudad para saquearlo.

Notas

a)   Fuentes. Será Víctor Ceja Reyes quien fije la responsabilidad de Durazo y dará los nombres de los autores materiales en: *Yo decapité a Pancho Villa* y "La cabeza de Villa y su paradero". Garcilazo, tras la muerte de Durazo, será entrevistado por Ceja Reyes. El

Coronel Francisco
Durazo.

testimonio de Anastacio Ochoa llegará mediante lo que había contado a su amigo el sargento Zafra, que lo narrará años más tarde.

Adolfo Carrasco Vargas: *¿Dónde está Francisco Villa?* y "Vida del general Francisco Villa", dará otra composición del grupo: teniente coronel (era sargento) Roberto Cárdenas Aviña, cabo Miguel Figueroa, soldados Saniel Cruz y Felipe Flores, y el chofer de Durazo, Ernesto Wiser. Una lista más apegada a la de Garcilazo la dará Benjamín Herrera Vargas en "La cabeza de Villa está en Salaíces, Chihuahua" y "Durazo decapitó a Pancho Villa." Según Garcilazo, el soldado que cortó la cabeza al cadáver de Villa fue Nivardo Chávez, pero el capitán no estaba ahí en ese momento, estaba fuera del panteón.

Sobre la intervención de Holmdahl. Bill McGaw: "Villa's head nearly costs adventurer his", "Holmdahl, a soldier of fortune who has made a few of them", "True story of Villa's missing head" y un largo capítulo en *South West Saga*. También: William Stewart: "L.A. soldier's ghost walks with Villa's head", "Friends fill in gaps on L.A. adventurer" y "Skull of Pancho again in haunt". Douglas Meed: *Soldier of fortune, adventuring in Latin América and Mexico with Emil Lewis Holmdahl.* Arturo Blancas: "¿Dónde está la cabeza de Pancho Villa?"

Jesús Vargas, en "El aguafuerte", narra la versión de que la cabeza se fue a Chicago, basado en el reporte de la SRE. Haldeen Braddy: "The head of Pancho Villa" y "Myths of Pershing's…" Guillermo Asúnsolo: "Mexican Historians ponder fate of Villa's head". Andrés del Val: "Un gran negocio, la cabeza de Villa": "Durazo supo la verdad. Dejó documentos sobre la muerte de Villa y si no habló antes fue por…" Armando González Tejeda: "Contesta el general Durazo". John Carman: Villa's skull in Iowa?" Helia d'Acosta: "¿Dónde está la cabeza de Pancho Villa?" Ignacio Alvarado Álvarez: "Pancho Villa, el ideólogo", "Anticuario estadounidense que dice poseer la cabeza de Villa". Acero: "El general Durazo afirma que está en manos de un patriota", "Un anticuario tiene el posible cráneo de Pancho Villa", "Fue robada la cabeza del célebre guerrillero Pancho Villa", "Fue robada la cabeza del cadáver del célebre guerrillero Francisco Villa", "Nada se aclara en el robo de la cabeza de Villa". Juan Ibarrola: "Misterio y realidad sobre la cabeza de Pancho Villa". Rafael Heliodoro Valle: "En el archivo de Villa debe haber datos del tesoro". Medina: *Francisco Villa. Cuando el rencor estalla.* Vilanova: *Muerte de Villa.* Harris: *Strong man.* Elías Torres: "La cabeza de Villa". José Raya Rivera PHO 1/69. Manuel Arce: "¿Dónde está la cabeza de Villa?". Gonzalo de la Parra: "La verdad más aproximada sobre la cabeza de Villa".

Sobre la Skull and Bones. "Conservan la cabeza de Villa en la universidad de Yale", Alexandra Robbins: *Secrets of the Tomb: The Ivy League, and the Hidden Paths of Power.* Ron Rosenbaum: "At Skull and Bones, Bush's Secret Club Initiates Ream Gore". Zach O. Greenburg: "Bones may have Pancho Villa skull". Ernesto Cienfuegos: "George Bush… please return the skull of Pancho Villa". Robbins y Rosenbaum ofrecen opiniones contradictorias. Prescott Bush era miembro de la Skull and Bones, así como su hijo y nieto. Eso explicaría las presiones para que Holmdahl quedara libre.

b)   Luis Emilio Holmdahl, nativo de Iowa, se fugó de su casa a los 15 años y se unió al ejército estadounidense en Filipinas. Soldado de fortuna en China. Bombero en San Francisco después del terremoto. Fue oficial de rurales con Díaz y luego se sumó al ejército maderista una vez que triunfó la revolución. Tras el golpe se incorpora a las tropas de Villa y hace la campaña de Chihuahua hasta ser herido en Tierra Blanca. Más tarde, guía de la Punitiva. En 1914 Homldahl fue detenido

Emil Holmdahl.

en Estados Unidos por violar las leyes de no intervención. Habiendo abandonado el ejército estadounidense después de la guerra mundial, se lanzó de nuevo a México a buscar tesoros villistas. Algo sabía de los tesoros de Urbina, aunque no puede ser cierto que, como él dice, estuvo con la expedición de Villa a Las Nieves cuando fue muerto Urbina. Como tampoco debe ser cierto que años después buscó esos tesoros junto al actor Emil Jannings. Holmdahl murió el 4 de abril de 1963.

CASI FINAL

"De las revoluciones *guelve* uno enfermo. Yo anduve un tiempo como distraído. Con cualquier ruidito me asustaba. En las noches casi no dormía. Me despertaba bañado en sudor, con alferecía. Soñaba que me iban a matar. Clarito me veía trozado por las balas".

En el C. Burton Saunders Memorial de Berryville, un pueblo perdido en el sur de los Estados Unidos, al final del siglo XX los administradores del museo mostraban orgullosos, en una vitrina, las *verdaderas* espuelas de Pancho Villa.

De los sueños del villista Domitilo Mendoza a las falsas espuelas de Berryville, todo es memoria. En México (y en la franja sur de Estados Unidos, donde Pancho Villa sigue siendo objeto de intensa curiosidad) todo es memoria, y la memoria no es otra cosa que una sabia mezcla del eco del olvido involuntario y el recuerdo que persiste en regresar. Los jirones de esta historia aparecen y desaparecen en millares de esquinas a lo largo de los años, escondidos o casi, como pidiendo permiso para volver a ser, para ser contados.

En un mercado en Ciudad Juárez, junto con chamarras y sarapes se venden fotos imposibles.

—En esa época, la gente de Villa le cortó el brazo a Obregón para liberarlo de las esposas que llevaba y así pararon lo del fusilamiento —dice el vendedor.

—También tenemos fotos de cuando iba entrando a Chapultepec, cotorreando con Benjamín Argumedo.

Por más que le digo que Obregón perdió el brazo de un cañonazo en Santa Ana y que Argumedo en aquella época andaba huyendo de Villa porque era colorado y huertista, su versión le parece mejor que la mía.

La última vez que pasé por ahí, existían 422,000 entradas en el buscador que uso habitualmente en internet, relacionadas con el villismo (333,249 en el buscador de Google). Están asociados al nombre de Pancho Villa mariachis que se rentan, monedas conmemorativas, juegos de computadora ("Pancho Villa dead or alive", Sierra Madre Games, 12 dólares), varias decenas de películas, libros, giras turísticas, muñequitos, cantinas, la *verdadera* silla de montar, restaurantes en Moscú, caballos de carreras, taquerías, cocteles, el moto-club Los Centauros de Juárez, textos del ejército dominicano explicando la batalla de Torreón, páginas en finés, noticias sobre las tres piezas para mezzo soprano y piano tituladas "Pancho Villa", que Rob Zuidam compuso en Amsterdam en 1992, empresas constructoras, una oferta para comprar trabajos universitarios sobre Villa (click para ordenar *PANCHO VILLA*. Career of Mexican general & revolucionario. 20 páginas, 12 fuentes, 9 citas. $136) y hasta una exótica y no por ello menos apreciable convocatoria, en su irreverencia: "Soy nieta de Pancho Villa y todos los de Atotonilco me la pelan", en la zona de encuentros sexuales y citas.

No son menos potentes los altares de un subterráneo y sorprendente culto popular. Durante algunos meses Paloma y Jorge Lavalle abastecieron al autor de cosas que iban encontrando en tiendas perdidas atrás de la Merced, en el mercado de Sonora de la ciudad de México: soldaditos de plomo, pequeñas estatuas de yeso con un Pancho Villa kitsch y travesti, con las pestañas rizadas de pelo verdadero; medallas de plata dedicadas a Pancho Villa, "el astuto"; veladoras que "daban mucha suerte" y tienen estampada en blanco la imagen del caudillo con salacot y estampitas que de un lado muestran la foto o el dibujo y detrás una oración "al espíritu mártir de Pancho Villa", oración que si se reza "9 días seguidos al caer de la tarde" es muy efectiva, u otras que invitan a que "tú que supiste vencer a tus enemigos, me socorras en mis negocios y penalidades".

Adolfo Carrasco Vargas, cronista de Hidalgo del Parral, escribió un extraño artículo titulado: "La Extraña Incidencia Del Número 7 En La Vida Y Muerte Del General Francisco Villa". Encuentra doscientas relaciones con el número7: los miembros de su familia, las letras en el nombre de cada uno de ellos (Hipólito sin H para que cuadre), el nombre de Durango, nombre y segundo apellido del violador de Martina, los nombres de los bandoleros Ignacio (Parra) y Refugio (Alvarado); los años de lucha (1913 a 1920); julio, el mes del año 23; los mercenarios (eran 9); los que venían en el auto el día de su asesinato. Si hubiera hecho el esfuerzo lo mismo le hubiera salido con el 5 o con el 8.

De un culto a otro, Villa es generoso en las anchas alas que extiende: todo lo cubre. En la red corre el rumor de que Villa "fumaba mota", varias páginas que están a favor de la legalización de la mariguana lo aseveran y lo ilustran con una foto, claro, virada al verde, aquella del momento de la rendición, sentado fumando junto a Ornelas. Y se remiten a los versos de la cucaracha, aquella que "no tenía mariguana para quemar", como soporte ideológico. He oído la misma versión de boca de un villista de pro, Héctor Carreón, pero no me ha mostrado ninguna prueba. Por más que Adán Uro recuerde que "Villa no sabía liar ni un cigarrillo", la voz sigue corriendo.

Los objetos han sido convertidos en reliquias laicas, material de museos imposibles y muy posibles, o negocios del espectáculo. Días después de la muerte de Pancho Villa unos gringos pasaron por Parral y trataron de adquirir el Dodge Brothers, pero no encontraron a quién comprárselo. Ofrecían 15 mil dólares. Por azares varios el coche, repleto de balazos, fue a dar a las manos de

Luz Corral y se quedó en el patio de la casa de la calle Décima en Chihuahua como un mudo recordatorio de que la casa pertenecía a un hombre asesinado a balazos. Y allí quedó para que fuera admirado hasta que en 1952 el carro desapareció y la opinión pública, alertada por la prensa, armó un tremendo desaguisado, lo que en México se llama un "buen borlote". Después del robo de la cabeza, con estas cosas en México no se jugaba. Luz Corral, que vivió permanentemente en condiciones económicas muy cercanas a la miseria, explicó que se lo había rentado a un empresario llamado Houston para que organizara con él un *tour* por Estados Unidos y el coche estaba en un garaje en El Paso. La cadena periodística García Valseca hizo campaña porque pensaba que era el prólogo para que el coche se vendiera. Casi se arma un conflicto binacional. Finalmente, el automóvil regresó a la Quinta Luz. De esa no se perdió, pero David Romo cuenta que un gobernador chihuahuense de no muchas luces dijo que el coche estaba "muy estropeado por los balazos" y ordenó que lo arreglaran, con lo que estuvieron a punto de destruir su valor histórico y testimonial. Afortunadamente no pasaron de pulirlo un poco, si comparamos el estado actual con las imágenes de *Memorias de un mexicano* de Salvador Toscano.

Las huellas de Villa se prolongan en sus pistolas, reales y ficticias: el día 2 de agosto de 1955 se robaron del Museo Internacional de El Paso, en la calle Montero, la "supuesta y verdadera" pistola de Villa. Los ladrones entraron a las dos de la madrugada y rompieron la vitrina. Salieron en silencio, sin robarse nada más. Todo un homenaje. No era la misma pistola que llevaba encima cuando lo mataron, una Smith & Wesson calibre 44 de cañón largo, cuyas fotos se conservan en los archivos del diario *La Prensa* de la ciudad de México, y quedaron en manos de agentes del ministerio público, para de ahí ser robadas por algún funcionario fetichista o negociante. En el Pancho Villa Museum, en Columbus, se muestra un Colt calibre 45 de cinco tiros que supuestamente le regaló Abraham González a Villa en 1911. Tiene unos grabados primitivos y está chapado en oro y níquel, con cachas de madreperla que no deben ser originales. El número de serie es 148441. En los años 60, en la caja fuerte del juzgado tercero de la primera corte penal también estaba la pistola que le regaló a Villa en 1911 Jesús Moreno y que usó en Juárez, una Colt 44 con la inscripción *Gral. Francisco Villa. H. del Parral, 1911*, que debe ser uno más de los apócrifos restos que el villismo ha dejado a lo largo y ancho de México, porque Villa en 1911 no era más que coronel.

Todo Villa. De esa manera extraña en la que el pasado se presenta en el presente: parafernalia, eco, memorabilia. Pero si los restos materiales, las estatuas, las pistolas, las sillas de montar parecen clonarse y gozan de mucho aprecio, mucha menos suerte han tenido los personajes secundarios de esta compleja historia. Fuera de las grandes figuras que los libros han registrado, centenares de piezas clave en la enorme trama que fue Francisco Villa y el villismo se han disuelto sin dejar rastro. No es fácil saber qué pasó con unos y con otros.

Cuando su hermano Hipólito se alzó en la rebelión delahuertista, los nuevos federales tomaron Canutillo y saquearon la hacienda; eran tropas del general Ignacio Enríquez, el eterno enemigo chihuahuense de Pancho Villa; de alguna manera estaban tomando una venganza pospuesta, se llevaron los pabellones de los catres y los traían como distintivo en las gorras, y se llevaron un retrato al óleo en el que Pancho Villa se estaba casando con Soledad Seáñez, que por cierto era muy malo. Hipólito se salvó de esa y sobrevivió muchos años a su hermano. El hombre que había manejado los millones de dólares de la División del Norte, en 1962 estaba casi en la miseria, viviendo de su pensión de general de 800 pesos, que no le alcanzaba para dar educación a sus dos hijos. A mediados de los 50 le habían expropiado su hacienda para hacerla ejido y le dejaron "una tirita de siete hectáreas" a la que decía que los ejidatarios no lo dejaban entrar. Tuvo tiempo de declarar a la prensa: "A mí no me da vergüenza haber quedado pobre, aunque ahora al honrado no lo llaman así, sino pendejo". Murió en el rancho de Fresno en soledad absoluta y sólo descubrieron su defunción tres días después de su muerte.

El general Eugenio Martínez, el "rendidor" de Villa, acusado de haber participado en la rebelión de Serrano a fines de los años 20, terminará en el exilio a los 70 años, emborrachándose en París enamorado de una argelina llamada Arlette; ahí se lo encontrará Contreras Torres. Morirá en Madrid en 1932, cuando intentaba regresar a México.

Manuel Chao merece una novela. De El Paso, donde estaba exilado, comenzó un largo periplo que lo llevó a Nueva York, España, Montecarlo, París. Y las malas lenguas, que en México no faltan, dicen que llevó la tan gran vida que terminó pobre. Se enroló en 1922 en un movimiento revolucionario en Costa Rica que triunfó. Regresó a México y se levantó en 1924 con De la Huerta. En Jiménez fue capturado y, después de un juicio sumarísimo, fusilado muy cerca de Canutillo.

George Carothers, el enigmático gringo, murió en Lake Hiawatha en New Jersey, en agosto del 39, después de haber salido definitivamente de México en 1918. Nunca escribió sus memorias. Si tenía un archivo, nunca apareció.

Félix Sommerfeld terminó de contrabandista de armas, trabajando para Aureliano Blanquet en Guatemala. Luego se desvaneció.

Tras la revolución, Otis Aultman, el camarógrafo que mejor capturó la imagen de Villa, se volvió un fotógrafo tradicional. Durante muchos años su estudio en la calle San Francisco, en El Paso, fue la sede de un club informal formado por periodistas, aventureros y soldados de fortuna, que se dedicaba a contarse unos a otros lo que habían vivido en la Revolución Mexicana. Morirá al caer de una plataforma en el callejón por el que entraba a su tienda, en marzo del 43. Sus archivos se perdieron y danzando de un lado a otro fueron finalmente a dar a la Biblioteca Pública de El Paso.

Gómez Morentín, uno de los secretarios de Villa, murió asesinado en México en un supuesto crimen pasional entre homosexuales, después de haber sido administrador de correos.

En 1930 el periodista José C. Valadés visitará en su rancho al general Urbalejo, el último de los yaquis villistas; el viejo vendía leche y huevos por el monte y estaba al borde de la defunción por tristeza.

A la muerte de Villa, Luz Corral, la Güera, estaba viviendo en la casa de la calle Décima que llevaba su nombre y poco a poco la fue convirtiendo en museo villista. En medio de las penurias económicas mantuvo la casa abierta y contó a todos los que la visitaron sus historias. El 6 de julio de 1981 morirá, dejando estipulado en su testamento que la casa se volvería un museo propiedad de la nación.

Ella, con las otras viudas de Villa, protagonizará después de la muerte de Pancho una extraña batalla legal que sólo puede entender quien haya seguido atentamente la historia de los amores del general. Soledad Seáñez la resume mejor que nadie en una frase que siendo casi verdadera, peca de surrealista: "La verdad es que sólo habemos tres viudas legítimas de Pancho: doña Luz, Austreberta y yo". Sin duda eran más de tres, porque al final de su vida su estatus matrimonial era imposible de aclarar, pero en el larguísimo debate que siguió a la muerte de Villa sólo ellas tres, Manuela Casas y los hijos de Juanita Torres intervinieron. El tema de la viudez legítima era más que simplemente un reconocimiento de jerarquía republicana, había que desentrañar el caos matrimonial de Villa en función de la herencia. Y Villa no había dejado testamento.

Friedrich Katz califica la herencia de cuantiosa: Canutillo, seis casas en Chihuahua, dos casas en Parral, el hotel y dos ranchos pequeños (según el juzgado que en 1914 habría de llevar el intestado de Villa). No había tal, era mayor la apariencia que la realidad. Las propiedades que hereda Villa: la casa de Décima núm. 500 en Chihuahua (la Quinta Luz, en rigor propiedad de la propia Luz), el rancho las Ánimas que le costó 600 pesos en febrero de 1913, el hotel Hidalgo de Parral que le había regalado el millonario Rodolfo Alvarado (y que él a su vez le había entregado a Manuela Casas con la casa de Parral), una casa en la calle Ochoa de Chihuahua que le había costado 1,500 pesos. La mitad del rancho La Boquilla, que le había costado 5,000 pesos. Estos dos últimos comprados en 1922. Pero parte de esos bienes desaparecieron pronto porque a la muerte de Villa Canutillo fue tomado por Bienes Nacionales a cuenta de una deuda de 200 mil pesos que Villa tenía con el gobierno y otra con empresarios estadounidenses, de 50 mil pesos, por implementos agrícolas.

En el debate por la herencia las viudas se lanzaron a la búsqueda de padrinos en el aparato estatal. Luz Corral, el 30 de julio de 1923, le escribió a Obregón diciendo que obraban en su poder los documentos que la hacían casada con Pancho, que si Pancho se casó luego con Austreberta, no había divorcio previo, y pidió su apoyo para denunciar el intestado que supuestamente había sido denunciado ya por Hipólito y Austreberta. Obregón le contestó que pasara por la capital a tratar el asunto y con gusto escucharía.

Austreberta, a su vez, el 23 de agosto del 23 le escribió a Obregón pidiendo que intercediera por ella; luego, en otra carta, le pidió que le quitara Canutillo a Hipólito (del que ya se había distanciado) y nombrara un administrador. Obregón no quería líos y diciendo que no tenía autoridad transfirió el asunto a los jueces.

En torno a las viudas se fueron formando grupitos: Jaurrieta y Carlitos Jáuregui con Luz. Hipólito, al principio con Austreberta, que contaba con el apoyo de su compadre, el general Eugenio Martínez.

Obregón le propuso a Luz que Hipólito y ella se hicieran cargo de Canutillo de común acuerdo y más tarde la llamó para que dejara el hotel Hidalgo de Parral a Austreberta y a los dos niños que Villa tuvo con ella (sin darse cuenta de que se lo quitaba a Manuela Casas). Luz le respondió que ella conocía al menos 10 hijos de Pancho y a muchos los había criado, y que la hacienda la controlaba Bienes Nacionales para cubrir la deuda. Al final el presidente, con tal de salir del lío, propuso que se repartiera entre todos los hijos lo poco que quedaba.

Tras la rebelión delahuertista Austreberta consiguió un mandato judicial para quedarse con Canutillo. Obregón parecía tomar partido por Luz, a la que debía su intercesión cuando Villa quería matarlo. Manuela Casas también reclamaba la casa de Parral y el hotel para ella y sus hijos, que tanto derecho tenían como los de Austreberta. El primer *round* terminó cuando a Luz la reconocieron como heredera y le compraron en una miseria lo que quedaba de Canutillo. Austreberta se quejará amargamente: "Más tarde, después de su muerte, he tenido que luchar para poder educar a mis hijos. Me quedaba el hotel del Parral, pero me lo quitaron para dárselo a una señora que dizque había sido la única y auténtica esposa de Pancho".

El conflicto se reabrió en 1931, cuando un abogado, representando a la hija de Juana Torres, cuestionó el acta de Luz Corral y dijo que era posterior a la de Juana. Mientras tanto, Austreberta consiguió pensiones para sus hijos del gobierno de Chihuahua. Ella falleció en 1936.

Tan tarde como en noviembre de 1944, la Comisión de Defensa de la Cámara de Diputados resolvió que la pensión de viudez de Villa iría a Soledad Seáñez (porque cuando Villa se casó con Luz por lo civil estaba casado ya con Juanita Torres, y al morir ésta y quedar legalmente viudo, se casó con Soledad, y por lo tanto no era válido el matrimonio con Austreberta). Si Soledad no se volvía a casar, recibiría diez pesos diarios. Cosa que sucedió hasta que murió de una embolia en 1996 en Chihuahua, a los 100 años cumplidos.

No parece una historia, lamentablemente mexicana, de revolucionarios vueltos millonarios. La miseria parece rondar a Villa y a sus parientes. Mientras el autor estaba escribiendo este libro, una escueta nota en un diario daba cuenta de la existencia de una hija de Villa llamada Guadalupe, en la población chihuahuense de Cuchillo Parado, que tenía 87 años y se acreditaba con una vieja credencial de la Secretaría de la Defensa Nacional y recibía una pensión de 900 pesos, lo que no le alcanzaba para comida y medicinas.

La violencia pareció perseguir a otros hijos de Villa. Antonio Villa fue muerto de la misma manera que su padre, el 27 de septiembre de 1967 en Chihuahua. Cuando estaba bebiendo en un coche con una amiga, unos desconocidos llegaron y lo llenaron de balazos. Era inspector de Hacienda. El crimen permaneció oscuro. Agustín Villa murió en una pelea de cantina en Los Ángeles. Había participado como extra en la filmación de una película y, cargado de dólares, se metió en los bares hasta terminar trágicamente. Miguel Villa Arreola, que era piloto, murió en un accidente aéreo en 1950 cuando tenía 30 años; curiosamente, sería enterrado en la tumba vacía que Trillo había dejado en Parral. Octavio Villa Coss (el ahijado de Felipe Ángeles) era comandante aduanal y murió asesinado por orden de un contrabandista profesional (por los pistoleros de un latifundista, según otras versiones) en una cantina de Piedras Negras, en la década de 1960.

Algunos lugares del villismo permanecen. Se han vuelto pequeños museos de sitio cuidados por campesinos eruditos, que cuentan maravillosamente las pequeñas historias; así es en Torreón, en Hacienda La Loma, en la Coyotada. Pero en otros lugares ha operado una conspiración lingüística. Muchos de los pueblos que fueron los santuarios del villismo perdieron sus nombres: Tierra Blanca se llama ahora Estación Desierto, Río Florido es Villa Coronado, San Andrés (base inicial de Pancho) se llama Rivapalacio, Santa Isabel es General Trías, Rubio se volvió Colonia Obregón. Y una paradoja: el pueblo que llevaba el nombre del terrateniente Falomir se convirtió en Maclovio Herrera, y ese pueblo que porta el nombre del mayor amigo y enemigo de Pancho, es un pueblo de herederos de villistas, porque las tierras les fueron entregadas tras su desmovilización.

No sólo los lugares cambiaron de nombre, algunos se degradaron. La Elite, donde tomaba malteadas de fresa en El Paso con Pascual Orozco, es ahora una tienda de rebajas, en la que pueden apreciarse, si uno observa atentamente, escondidos en el caos de las ofertas de todo por un dólar, los viejos artesonados en el techo. El cuartel de la División del Norte en Chihuahua se volvió con el paso del tiempo un supermercado.

Pero el mayor absurdo habría de protagonizarlo Estados Unidos, donde en lo que fue Columbus hay un parque que lleva el nombre de Villa, como si en un alarde de desmemoria histórica los estadounidenses, que tienen una extraña varita mágica que todo lo que toca lo vuelve Disneylandia, quisieran homenajear al hombre que protagonizó la última invasión a su territorio. El puesto militar de Camp Furlong se cerró en 1926 y un enorme jardín de cactos cubre el lugar. Muchos edificios de la época del *raid* permanecen en pie, incluyendo el Hoover Hotel; se ha restaurado el depósito ferroviario y permanece en pie la vieja aduana. El 20 de noviembre de 1961 se inauguró el parque dedicado a Villa. El hecho provocó tal interés que asistieron 1,500 personas. La aduana se volvió el centro de visitas del Pancho Villa State Park. Allí se guardan viejas carabinas 30-30 y Mauser alemanes que supuestamente usaron los asaltantes, y unas botas altas que, según el director del museo (reinaugurado en 2006) pertenecieron a Villa, y nada menos que la silla del famoso "caballo" Siete Leguas. "Una impostura", afirmaba hace años Luz Corral.

Los "tesoros de Pancho Villa" trascendieron la muerte del personaje. Durante años se fue construyendo una subespecialidad dentro de la "villología", que era la de los narradores del destino de los tesoros. Los informantes más serios decían que sólo quedaban tres "entierros" sin recuperar. Lamentablemente no se ponían de acuerdo en cuáles eran. Leonardo Herrera, que se dedicó a cavar, no sólo a documentar las historias, sostenía que aún quedaban tres tesoros ocultos en las cercanías de Canutillo. En la proximidad del arroyo del Durazno, como a 5 kilómetros de la hacienda rumbo a Torreón de Cañas; en una cueva cerca del puente de Río Florido; y en una cueva como a tres kilómetros de donde estaba el rancho llamado Torreoncito. Max Maser hará disminuir la cifra a dos: "Todos los entierros los sacó para sostenimiento de su lucha armada, quedando sólo dos entierros que aún no han sido localizados, uno está ubicado en la sierra del Perico, cerca de la presa de San Marcos, por el rumbo de las cumbres de Majalca, y el otro en la Laguna de Trincheras en el cañón de Santa Clara, Chihuahua". José A. Nieto Houston, el coronel güero de Villa, en los 60 recordaba otros dos, uno en la cascada de Basasiachi, cerca de un arroyuelo que daba a la caída de agua, y otro en la sierra de Santa Ana, en un acantilado muy alto, en una pequeña cueva a la que se accedía con dificultad. ¿La cueva donde vivió oculto durante la expedición Punitiva? A Regino Hernández Llergo, Villa le confesó que tenía un tesoro guardado en Canutillo destinado a la educación de sus hijos. Si esto era cierto, nunca apareció. Hernán Robleto cuenta la historia de un entierro descubierto tras la muerte de Villa, en el que finalmente hallaron un niño muerto. El texto es muy literario y menos de fiar aún que la mayoría de los informes. Leonardo Herrera recorrió los lugares minuciosamente, probablemente buscó los supuestos tesoros de Villa y recogió una gran cantidad de anécdotas: una niña que vio en un cuarto de Canutillo alazanas de oro que paleaban como si fueran maíz; el padre de otro le contó que borraba los sellos de las barras de plata con soplete; el padre de un carpintero dijo que Villa puso a éste a hacer cajitas de 30 centímetros de largo y 10 de ancho en las que se guardaría el dinero. Ricardo Michel, a la muerte de Villa declarará al *Gráfico* que Pancho había enterrado más de siete millones de pesos.

La historia se prolongó en el tiempo. En 1953 un grupo de gringos andaba con detectores de metal buscando los tesoros de Pancho por la sierra Madre.

Tan tarde como en noviembre de 2003, los habitantes de La Goma, Durango (frente a La Loma, el lugar donde Villa fue nombrado jefe de la División del Norte poco antes de la batalla de Torreón), descubrieron que su cura, que había cerrado la iglesia por "reparaciones", lo que realmente estaba haciendo era encabezar una cuadrilla que demolió media iglesia buscando un inexistente "tesoro", que supuestamente había enterrado allí Pancho Villa. El cura huyó al ser descubierto, ante la perspectiva del linchamiento.

Muchos villistas que cansados de pelear se fueron a Estados Unidos, terminaron combatiendo en la primera guerra mundial, otros llegaron a formar en las Brigadas Internacionales en la guerra civil de España, y se contaba, aunque el narrador no ha podido comprobarlo, que había una brigada Villa en el ejército maoísta chino y un batallón de nombre Pancho Villa en Dien Bien Fu. Lo que sí es cierto es que hay un pueblecito que lleva su nombre en Rusia.

Once años después de su muerte Pancho Villa volvió al cine, y de nuevo de la mano de Hollywood. En 1934 se estrenó ¡Viva Villa!, con Wallace Beery protagonizándolo, Jack Draper de fotógrafo y Howard Hawks dirigiendo (la película la acabó Jack Conway); curiosamente, usaron material del proyecto de Einseinstein (¡Que viva México!). El novelista y guionista Ben Hecht logró reunir todos los lugares comunes de la estereotipada visión estadounidense sobre el México bronco y sin mucho respeto por los hechos históricos puso en pie una versión del bandido generoso y salvaje, socialmente motivado a la venganza. La filmación no estuvo exenta de problemas, desde la original objeción del gobierno mexicano contra Beery que solía hacer papeles de villanos o bufones, hasta el despropósito de uno de los actores estadounidenses, Tracy, que estando borracho mientras observaba en un balcón un desfile militar, orinó sobre las tropas y recibió una descarga de balas como justa reacción.

La respuesta mexicana al Villa gringo no se hizo esperar y en 1935-36 se realizó Vámonos con Pancho Villa, de Fernando de Fuentes, sobre la novela de Rafael Muñoz (quien por cierto actuaba en la película), en donde se reunió buena parte del talento nacional de la época: Xavier Villaurrutia escribió el guión, Silvestre Revueltas compuso la música, Draper fotografió y Gabriel Figueroa operó la cámara, Domingo Soler actuó como Villa.

Vito Alessio escribió en la prensa a finales de 1933: "¿Sería posible en los actuales momentos conocer la verdad desapasionada sobre la actuación del general?" Y señalaba la "previa censura" que la película había sufrido por parte de la Secretaría de Gobernación.

A esos filmes siguieron decenas de películas no muy afortunadas, con la maravillosa excepción de Reed, México Insurgente, de Paul Leduc.

En una carta escrita al final de 1919, Pancho Villa decía: "La historia de mis sufrimientos será una grandeza para mis hermanos los mexicanos, cuando terminen las pasiones". Pero se equivocaba, afortunadamente las pasiones no han terminado. Hablar mal de Pancho Villa en Chihuahua puede hacer correr sangre. Villa sigue siendo una pasión interminable, en cierta medida extraña. El narrador de este libro fue a Chihuahua hace años, y lo primero que hizo fue comprarse una camiseta que decía: "Viva Villa, cabrones". Se la puso varias veces en Boulder, Colorado. Una camiseta que ofendería profundamente al historiador Jean Meyer, que a fines de 2005 comparaba a Villa con los bandidos chechenos llamándolo "revolucionario criminal", o a los autores de los frecuentes artículos de internet que en estos últimos años lo equiparan a Bin Laden.

"En México Pancho Villa perdió la guerra, pero ganó la literatura", dirá José Emilio Pacheco. Curiosamente, no sólo ganará la batalla al volverse sujeto narrativo de una de las más interesantes generaciones de novelistas que haya tenido México: Mariano Azuela, Martín Luis Guzmán, Mauricio Magdaleno, Nellie Campobello, Rafael F. Muñoz, sino que además su historia se cruzó con la de Heriberto Frías, Ambrose Bierce, John Reed, Santos Chocano, José Vasconcelos e incluso un Salvador Novo niño al que le daban miedo los villistas.

El sistema priísta tuvo muchos problemas para incorporar a Pancho Villa a su retórica y utilitaria versión de la historia de la Revolución Mexicana, y por lo tanto, pedirle prestada legitimidad revolucionaria. La imagen, durante muchos años causaba permanentes resquemores, tensiones.

En 1956 el gobierno de Chihuahua le encargó a Ignacio Asúnsolo la realización de una estatua ecuestre de Pancho Villa. Cuando estaba terminada, antes de ser colocada en la glorieta de una avenida de la ciudad capital, el gobernador le transmitió al escultor que por órdenes de arriba había que modificar la estatua. Asúnsolo se rindió y cambió el bigote y el ceño. En la inauguración se habló de la estatua del guerrillero, "del combatiente de la División del Norte", omitiendo el nombre de Villa. Hasta el novelista Rafael Muñoz, viejo y timorato, se autocensuró y evitó hablar de Pancho. En el público se encontraba Luz Corral, que sonriendo preguntó en voz alta: "¿A poco una estatua cambia la verdad?" En la placa no se mencionaba a Villa sino "a un soldado de la revolución".

La estatua de Villa terminó haciéndose en 1969 en la ciudad de México, de mano de un escultor valenciano refugiado en México, Julián Martínez. Su obra fue motivo de una aguda polémica sobre si Villa debería llevar las riendas en la mano derecha. Las muchas fotos que lo muestran a caballo no resuelven el asunto, a veces en la derecha a veces en la izquierda.

En septiembre de 1966 se inició en la Cámara de Diputados una discusión que fue ampliamente ventilada en la prensa, respecto de si el nombre de Villa debería inscribirse en letras de oro en el recinto, tal como lo estaban decenas de otros nombres de figuras clave en la historia oficial y popular. El debate fue enconado. El 8 de noviembre se llegó a la sesión definitiva y durante siete horas se discutió el tema y finalmente se aprobó. La historia oficial intentaba integrar el último de los mitos populares. Pero la historia no terminaría así.

El 18 de noviembre de 1976, la tumba 632 del cementerio de Parral fue nuevamente abierta. Cumpliendo un decreto presidencial de Luis Echeverría, los descabezados restos de Pancho Villa fueron exhumados en Parral y llevados al Monumento de la Revolución de la ciudad de México, donde reposan entre otros los restos de Plutarco Elías Calles. Motivo por el cual los nativos ilustrados del DF sitúan en ese hecho la causa de frecuentes temblores de tierra.

Actuaba como testigo el periodista Oscar Ching, acompañado de un grupo de militares. Dos elementos debieron desconcertar a los exhumadores: el ataúd no se parecía al cajón original y tenía adornos metálicos y había dentro un botón de carey y un crucifijo. Ching llevó dos huesos al notario público para que atestiguara el traslado y, cuando en eso estaba, el director de un hospital local, el doctor René Armendáriz, de oficio ginecólogo, comentó que le parecía que el sacro era femenino y de una mujer joven. No le hicieron ningún caso, muy en la lógica militar. Habían venido a abrir la tumba 632 y eso hicieron. Con abundante parafernalia y ritual los restos recorrieron la ciudad de México en un armón descubierto en un día de lluvia, escoltados por cadetes del Colegio Militar, y se depositaron en una de las patas del Monumento a la Revolución, donde año con año son sujeto de homenajes oficiales.

Pero una historia que había comenzado a circular en *El Siglo de Torreón* comenzó lentamente a abrirse camino. Parece ser que Pedro Alvarado y Austreberta Rentería, de común acuerdo, trasladaron secretamente los restos de Villa en 1931 para evitar nuevas profanaciones. Adolfo Carrasco, cronista de Parral, publicó en un artículo un recibo de la presidencia municipal que así lo acredita. La nueva tumba estaría 120 metros hacia el oriente de la original y llevaría el número 10. Cinco años más tarde Austreberta Rentería murió y sus restos fueron colocados en la misma fosa.

¿Entonces? ¿Quién estaba en la tumba en que supuestamente debería estar Pancho Villa? Historiadores locales dan crédito a una historia según la cual en marzo de 1931 una mujer joven que iba a Estados Unidos a curarse de cáncer, murió en el hospital Juárez de Parral. Sin documentación a la vista, porque parece ser que la había dejado en el tren del cual tuvo que bajar en estado grave, ocupará el lugar de Villa en la fosa 632. Y esa mujer anónima debe ser la que reposa en el Monumento a la Revolución, mientras Villa se encuentra en la tumba 10 del cementerio de Dolores en Parral.

Parece claro que, más allá de los restos disueltos de una memoria colectiva que a toda costa se aferra a su nombre y a su estampa, Francisco Villa, manteniendo sus mejores tradiciones y su muy singular estilo, se volvió a fugar, logró escapar, tuvo éxito en huir, una vez más, del sistema.

NOTAS

a) Fuentes. "Domitilo Mendoza, sargento primero", entrevista de Carlos Gallegos en Ontiveros: *Toribio Ortega.*

El famoso jabón Pancho Villa.

Villa y la mariguana. "Behind The Immigrant Trailer Deaths", "Historia de la mariguana", entrevista Héctor Carreón. Adán Uro PHO 1/41.

El coche. Ceja Reyes: *Yo maté...* Joe Parrish: "Pancho Villa's death car cranks international row". Joe Parrish: "Car in which Pancho Villa was killed brought here for possible tour", "Mexican borders watch for missing Villa auto".

Pistolas. J. González Bustamante: "La pistola de Pancho", "Pancho Villa's pistol stolen from Museum". Skeeter Skelton: "Pancho Villa merchant of death".

Un mariachi.

Hipólito. "Pide justicia un hermano de Villa". Malaky Saad: "Habla el hermano de Pancho Villa". Víctor Ceja: "Faltan muchas verdades en el asesinato del Centauro". Katz: *Pancho Villa*, lo hace morir en el 57 pero las entrevistas citadas son del año 1962, y José Juan Ortega: "El general Hipólito Villa", da noticia de su muerte en 1964.

Los personajes. B. Herrera: "La cabeza de Villa está en Salaíces". Contreras Torres: *Nace un bandolero.* I. Muñoz: *Verdad y mito de la Revolución Mexicana.* Guillermo Sánchez de Anda: "Chao, revolucionario en dos países". *Mary A. Sarber:* "Aultman, Otis A.". Alonso Cortés: *Francisco Villa, el Quinto Jinete del Apocalipsis.* J. C. Valadés: "Visita al rancho de Urbalejo".

Una marca de tequila.

El destino de los hijos en Teodosio Duarte: *Memorias de la revolución.* Francisco Gil Piñón PHO 1/9. José G. Meixueiro: "Asesinaron a tiros a un hijo de Villa en Chihuahua", "Con recorrido de 60 kilómetros, jinetes recuerdan en Juárez a Francisco Villa". Adolfo Carrasco Vargas: *Vida del general Francisco Villa.*

Viudas. Katz trató extensamente el tema de las viudas de Villa en *Pancho Villa.* Vilanova: *Muerte de Villa*, cable de UPI 12 julio 1946. Valadés/ Austreberta, Valadés: "La vida íntima de Villa". Luz Corral: *Pancho Villa en la intimidad.*

Taquería Pancho Villa.

Tesoros. Regino Hernández Llergo: "Lo que no dije...". Robleto: "El tesoro del guerrillero" en *La mascota de Pancho Villa.* Leonardo Herrera: "¿Dónde están los tesoros del general Francisco Villa?" Max Masser: "Siete años con el general Francisco Villa". Cortés: *Francisco Villa.* Lomax: "The treasure of Pancho Villa". López: "Intentan linchar a prelado que buscaba tesoros en una iglesia". No sólo los tesoros de Villa han sido material narrativo, también los entierros de Urbina y Argumedo (F. L. Bustamante: "Un espíritu guarda enorme tesoro").

Además: Escárcega: "Francisco Villa: signo de contradicciones". Luis Bojórquez: "Pancho Villa vuelve a cabalgar y despertar pasiones". Braddy: *Pancho Villa rides again.* Blanco Moheno: *Pancho Villa que es su padre.* Cervantes: *Francisco Villa y la revolución.* Jordán: *Crónica de un país bárbaro.* Masser: 7 *años,* "Mil quinientas personas en un homenaje a Villa. ¡En Columbus!" Puente: *Villa en pie.* Jean Meyer: "Pancho Villa contra Rusia". José Emilio Pacheco: "Ficción de la memoria y memoria de la ficción".

Exhumación. Ching Vega: *La última cabalgata de Pancho Villa.* Adolfo Carrasco: "Vida del general Francisco Villa". Ignacio Alvarado Álvarez: "Pancho Villa, el ideólogo". David Piñón: "A 80 años de su muerte". El 9 de febrero del 26 *El Siglo de Torreón* recogía el rumor de que la familia, en previsión de profanaciones, quería cambiarlo de lugar. Osorio: "El origen de Doroteo Arango o Francisco Villa".

El recibo dice a la letra: "La Señora Austreberta Rentería Vda. De Villa, enteró a la Tesorería General del Estado, la cantidad de doce pesos, por pago del derecho perpetuo en el sepulcro donde está el cuerpo del General Francisco Villa, sepultado en la fosa 10 del Panteón de Dolores. Hidalgo del Parral Chih. A 20 de Abril del 1931. El Juez del Registro Civil, C. Carlos Ávila".

b) Pancho Villa en el cine. La lista es larga, a riesgo de omisiones: Villa se representó a sí mismo (1913 y 1914). Raoul Walsh (1912, 1914). George Humbert (1918). Phillip Cooper (1934). Wallace Beery (1934). Juan F. Triana (1935). Domingo Soler (1936). Maurice Black (1937). Leo Carrillo (1949). Pedro Armendáriz (1950, 1957 y dos veces en 1960). Alan Reed (1952). Rodolfo de Hoyos Jr. (1958). José Elías Moreno (1967). Ricardo Palacios (1967). Yul Brynner (1968). Telly Savalas (1971). Héctor Elizondo (1976). Freddy

Un menú francés.

Poción que todo lo cura encontrada por Gaby Vargas en un mercado de Chihuahua.

Villa fumando en Tlahualilo, virada en verde sirve de reclamo para la campaña de legalización de la mariguana.

Los cadetes del colegio militar escoltan el féretro de Villa hasta el Monumento a la Revolución. Archivo *La Prensa.*

Wallace Beery en
¡Viva Villa!

Pedro Armendáriz.

Telly Savalas.

Vámonos con Pancho Villa,
de Fernando de Fuentes.

Gilbert Roland.

Antonio Banderas.

Fender (1977). Gaithor Brownne (1985). Pedro Armendáriz, Jr. (1989). Antonio Aguilar (1993). Jesús Ochoa (1995). Carlos Roberto Majul (1999). Mike Moroff (1999). Peter Butler (2000). Antonio Banderas (2003). (Hal Erickson: *All Movie Guide*. García Riera: *México visto por el cine extranjero*. Vito Alessio Robles: "Viva Villa".)

c)   ¿Qué hace mi cara ahí? Una última nota. Cuando el autor de este libro se encontraba trabajando en el manuscrito, su hija se acercó un día con un libro en la mano diciendo: "Ahora entiendo todo", y le mostró la portada de la edición de *Rayo y azote* de Ediciones La Prensa, donde el Pancho Villa que alguien ilustró a partir de la famosa foto de Ojinaga, tiene la cara de este humilde escritor, que ni siquiera sabe montar a caba-

llo. Habría que añadir, para que no se sospechara ningún tipo de manipulación, que el dibujo data de 1955, cuando el autor tenía tan sólo seis años y nadie podría saber cómo sería y que andaría escribiendo a los 50.

Portada de *Rayo y azote* de Muñoz y Puente, La Prensa, 1955.

d)   La última foto. Por razones que el autor no se ha podido explicar, siempre quiso que este libro terminara con esta foto del rostro de Villa tomada por autor desconocido en la ciudad de México en diciembre de 1914. De alguna manera quería que esta historia culminara con Villa mirándonos, mirando el México de 2006 y nosotros mirándolo a él.

BIBLIOGRAFÍA

1) Archivos, museos, bibliotecas, colecciones documentales

AGN Archivos fotográficos "Derechos de autor", "Osuna" y "Enrique Díaz".
AGN Presidente Madero.
Archivo Amado Aguirre, UNAM/Cesu.
Archivo Federico González Garza, Condumex, México DF.
Archivo Gildardo Magaña, UNAM/Cesu.
Archivo Histórico Genaro Estrada, Secretaría de Relaciones Exteriores, México, DF.
Archivo Histórico de la Defensa Nacional, México DF.
Archivo Histórico del ayuntamiento de Chihuahua.
Archivo Histórico del estado de Durango.
Archivo Histórico municipal de Ciudad Juárez.
Archivo José C. Valadés.
Archivo municipal de Saltillo.
Archivo Treviño, UNAM/Cesu.
Archivo Venustiano Carranza, Condumex, México DF.
Archivos Plutarco Elías Calles y Fernando Torreblanca, México DF.
Biblioteca archivo, Vito Alessio Robles, Saltillo, Coahuila.
C. L. Sonnichson Special Collections Department, University of Texas en El Paso.
New Mexico State University. Rio Grande Historical Collections.
Casa de la cultura Museo Gráfico de Sabinas, Coahuila.
Casa Natal de Francisco Villa, Museo de sitio, INAH, La Coyotada, Durango.
Centro de Información del estado de Chihuahua.
Colección de artículos aparecidos en *Regeneración* relativos al villismo, Archivo Jacinto Barreda.
Colección de fotografías John Mc Neely, Biblioteca UTEP.
Colección de recortes de prensa, Biblioteca Lerdo de Tejada, Secretaría de Hacienda.
Colección de recortes de prensa, Silvino Macedonio, Fondo Reservado, Biblioteca Nacional.
Colección Otis Aultman, Biblioteca Pública de El Paso, Texas.
Fondo Basave, Biblioteca de México.
Fototeca Nacional del INAH, Pachuca.
Instituto Estatal de Documentación, Saltillo, Coahuila.
John Davidson Wheelan collection en la Texas A&M University.
Museo de la Revolución, Torreón.
Museo Hacienda de La Loma, Durango.
Museo Regional Francisco Villa, Parral, Chihuahua.
Museo Toma de Zacatecas, Zacatecas.
Papeles de Enrique C. Llorente, 1912-1915, Humanities Mss, New York Public Library.
Papeles de Haldeen Braddy, Colecciones especiales, UTEP.

Papeles de Lázaro de la Garza, Nettie Lee Benson Latin American Collection, Universidad de Texas, Austin.

Programa de Historia Oral (PHO). INAH. Biblioteca del Instituto Mora.

W.B. Hornaday: Mexican revolution photograph collection, collection Prints. Dpt. Colecciones especiales biblioteca UTEP.

2) Artículos, libros, manuscritos mecanográficos y páginas web

"5 300 hombres marchan a Torreón para concluir de exterminar a los rebeldes", *El Diario*, 29 marzo 1914.

"$5 000 000 in cash in Villa war chest", *New York Times*, 30 enero 1914.

"Abren en Columbus museo dedicado a Villa", *El Universal*, 12 marzo 2006.

Acero, Cuauhtémoc: "El general Francisco R. Durazo afirma que está en manos de un patriota", *Última Hora*, 24 julio 1960.

"Again report Villa slain", *New York Times*, 17 octubre 1915.

Aguayo, José Luis: "Una nota para la División del Norte", internet.

Aguilar, José Ángel, compilador: *En el centenario del nacimiento de Francisco Villa*, Instituto Nacional de Estudios Históricos de la Revolución Mexicana, México DF, 1976.

Aguilar, José Ángel: *Anecdotario de la revolución*, Instituto Nacional de Estudios Históricos de la Revolución Mexicana, México DF, 1983.

Aguilar Camín, Héctor: *La frontera nómada. Sonora y la Revolución Mexicana*, Siglo XXI, México DF, 1977.

_____: *Saldos de la Revolución*, Editorial Océano, México DF, 1984.

Aguilar García, Leopoldo: "Contestación al general Berlanga. ¿Villa terrateniente y traidor?", *El Universal*, 29 abril 1961.

Aguilar Mora, Jorge: "El fantasma de Martín Luis Guzmán". Fractal, *Internet*.

_____: *Una muerte sencilla, justa, eterna*, Era, México DF, 1990.

Aguirre, Amado: *Mis memorias de campaña*, Instituto Nacional de Estudios Históricos de la Revolución Mexicana, México DF, 1985.

Aguirre, Rafael: *Recopilación de circulares del año 1916*, Talleres Gráficos de la Nación, México DF, 1927.

Aguirre Benavides, Luis: "Francisco Villa íntimo" 24, 31 marzo 1, 3, 6, 8, extra, 8, 27, 28 abril, 11 mayo, 22 junio 1915, *El Paso del Norte*, El Paso, Texas.

_____: *De Francisco I. Madero a Francisco Villa*, A. del Bosque Impresor, México DF, 1966.

_____: "Villa cae sobre Ciudad Juárez", *Siempre*, 6 de mayo 1959.

_____: "Villa, o la lealtad", *Siempre*, 10 junio 1959.

_____y Adrián: *Las grandes batallas de la División del Norte*, Diana, México DF, 1964.

Alba, Víctor: *Pancho Villa y Zapata, águila y sol de la Revolución Mexicana*, Planeta, Barcelona, 1994.

Alcubierre, Beatriz y Carreño King, Tania: *Los niños villistas*, Secretaría de Gobernación, Instituto Nacional de Estudios Históricos de la Revolución Mexicana, México DF, 1996.

Aldana Rendón, Mario: *Jalisco desde la revolución*. T. I. Gobierno de Jalisco-Universidad de Guadalajara, Guadalajara, 1987.

Alessio Robles, Miguel: *Obregón como militar*, Editorial Cultura, México DF, 1935.

_____: "La convención de Aguascalientes", *El Universal*, 5 julio 1937.

_____: "La ruptura de los convencionistas", *El Universal*, 12 julio 1937.

_____: "El asalto a Columbus", *Excélsior*, 9 de agosto 1937.

_____: "La expedición Punitiva", *El Universal*, 16 agosto 1937.

_____: "Entre un diluvio de vítores y aplausos", *El Universal*, 21 enero 1938.

_____: "Una victoria que abre las puertas de Saltillo", *El Universal*, 24 enero 1938.

_____: "¡Viva la república!", *El Universal*, 14 febrero 1938.

_____: "Un homenaje al general Eulalio Gutiérrez", *El Universal*, 21 agosto 1939.

————: "Cómo, después de esto, vamos a felicitar a Villa", *El Universal*, 18 septiembre 1939.

————: "La entrevista entre Villa y la comisión de civiles", *El Universal*, 2 de octubre 1939.

————: "Un mensaje comprometedor", *El Universal*, 1 marzo 1948.

————: "El gobierno de la Convención", *El Universal*, 24 de mayo 1948.

————: "La rendición de Villa", *El Universal*, 27 diciembre 1948.

————: "La muerte del general Francisco Villa", *El Universal*, 5 junio 1950.

Alessio Robles, Vito (Tobías O. Soler): "La Convención de Aguascalientes", *La Prensa*, 23 y 30 agosto; 6, 13, 20, 27 septiembre. 4, 11, 18, 25 octubre; 1, 8, 15, 22, 29 noviembre, 6, 13, 20, 27 diciembre 1942; enero 3, 10, 17, 24, 31; y febrero 7, 14, 21, 28 de 1943.

Alessio Robles, Vito: *La Convención Revolucionaria de Aguascalientes*, México, Instituto Nacional de Estudios Históricos de la Revolución Mexicana, 1989.

————: "¡Viva Villa!", *El Universal*, 14 diciembre 1933.

————: "La vida íntima del general Villa", *Todo*, 2 junio 1936.

————: "Francisco Villa", *Excélsior*, 21 julio 1938.

————: "Los chocolateros de la revolución", *Todo*, 4 agosto 1949.

————: "Convención revolucionaria de Aguascalientes", *Todo*, 16, 23 febrero, 2, 9, 16, 23, marzo, 20, 27 abril, 4 mayo 1950 y 22 febrero 1951.

————: "Episodios de la revolución" *Todo*, 6, 13, 27 marzo, 3, 10, 17, 24 abril, 1, 8, 15, 22, 29 mayo, 5, 12, junio 1952, 23 y 30 diciembre 1954, 15, 23, 29 diciembre 1955 y 12, 29 enero 1956.

————: "Gajos de historia", *Excélsior*, 25 marzo, 22 abril y 28 octubre de 1954.

————: *Manuscritos*, tomo XXXII. Biblioteca Archivo VAR, Saltillo, sf.

Almada, Francisco R: *La revolución en el estado de Chihuahua*, 2 ts., Instituto Nacional de Estudios Históricos de la Revolución Mexicana, México DF, 1964-65.

———— : *Vida, proceso y muerte de Abraham González*, Instituto Nacional de Estudios Históricos de la Revolución Mexicana, México DF, 1967.

Almazán, Héctor: "Mi padre, factor decisivo contra el porfirismo: una hija de Villa", *Excélsior*, 7 agosto 1976.

Almazán, Juan Andreu: "Memorias", *El Universal*, 22, 23, 25 al 31 enero, 1 y 6 febrero y 18 marzo 1958.

Alonso Cortés, Rodrigo: *Francisco Villa, el Quinto Jinete del Apocalipsis*, Diana, México DF, 1972.

Altamirano, Graziella: "Movimientos sociales en Chihuahua, 1906-1912", en *La Revolución en las regiones*, T. I, Universidad de Guadalajara, Guadalajara, 1986.

————y Guadalupe Villa, compiladoras: *Chihuahua, textos de su historia*, 3 ts. Gobierno de Chihuahua-Instituto de Investigaciones Mora, Universidad Autónoma de Ciudad Juárez, México DF, 1988.

————: "Los años de revolución" en *Durango una historia compartida*, T. II, Instituto Mora, t. 2, DF, 1997.

Alvarado, Rafael: "Obregón y Villa ante la historia" *Todo*, 15 Julio 1943.

Alvarado Álvarez, Ignacio: "Pancho Villa, el ideólogo", internet.

Álvarez, Maurilio T.: "Pancho Villa", *Excélsior*, 9 mayo 1956.

Álvarez Salinas, Gilberto: *Pancho Villa en Monterrey*, Ediciones Con, Monterrey, 1969.

Amaya, Juan Gualberto: *Madero y los auténticos revolucionarios de 1910*, spi, México DF, 1946.

————: *Venustiano Carranza, caudillo constitucionalista*, spi, México DF, 1947.

————: *Los gobiernos de Obregón, Calles*, Spi, México DF, 1947.

Amaya C., Luis Fernando: *La Soberana Convención Revolucionaria*, 1914-1916, Ediciones Conmemorativas Soberana Convención Revolucionaria de Aguascalientes, Aguascalientes, 1991.

"Americans disarm angry rebel leader", *New York Times*, 18 mayo 1911.

"Amnesty offered by general Villa", *El PasoTimes*, 30 diciembre 1913.

Anderson, Mark Gronlund: *Pancho Villa's revolution by headlines*. University of Oklahoma Press, Norman, 2000.

Ángeles, Felipe y otros: *La batalla de Zacatecas*, spi, Zacatecas, 1998.

Ángeles, Felipe, Antonio Olea, Dario W. Silva y otros: *La batalla de Zacatecas*, spi, Zacatecas, Zacatecas,

1998.

"Angustiosa miseria vive una prima del Centauro", *La Prensa*, 21 agosto 1961.

"Anticuario estadounidense que dice poseer la cabeza de Villa", *El Heraldo de México*, 31 de agosto 1967.

Appelius, Mario: *El águila de Chapultepec*, Casa Editorial Maucci, Barcelona, sf.

Arce, Manuel: "¿Dónde está la cabeza de Villa?", recorte de prensa.

Arcos, Camerino: "Tribuna nacional. Con esto te alivias y la frazada de Lupe", *Novedades*, 13 diciembre 1966.

"Archivo del general Felipe Ángeles", *Heraldo de México*, 8 al 18 agosto 1923.

Arellano Z., Manuel: "*Siempre* descubre la última carta del general Francisco Villa al presidente Madero en 1913. Fugitivo en Texas suplica y amenaza", *Siempre*, 4 marzo 1964.

Arenas Guzmán, Diego: *El régimen del general Huerta en proyección histórica*, Instituto Nacional de Estudios de Historia de la Revolución Mexicana, México DF, 1970.

Armendáriz, José Luis: "Saucillo en la pacificación de Francisco Villa", internet.

Arreola, Antonio: "La legislación del villismo y la concepción norteña sobre la tenencia de la tierra", en *Francisco Villa y la Revolución Mexicana en el norte*, Universidad Juárez, Durango, 1998.

Arriaga Vizcaíno, Adolfo: *El sueco que se fue con Pancho Villa*, Océano, México DF, 2000.

Arzate Armendáriz, Gilberto: "Las dos satisfacciones más grandes del general Francisco Villa", Memoria del VI Congreso de Historia de la Revolución Mexicana, Chihuahua, noviembre 1975.

"Aseguran que nació en Colombia Pancho Villa", *El Nacional*, 27 julio 1978.

Así fue la Revolución Mexicana, ts. 7 y 8 (biografías y cronología), Salvat, México DF, 1985.

"Assails Villa, is taken to hospital", *El Paso Herald*, 16 diciembre 1913.

Aúnsolo, G.: "La trágica muerte de Fierro", *El Heraldo de Chihuahua*, 23 marzo 1945.

Atkin, Ronald: *Revolution. Mexico 1919-1920*, John Day Co., New York, 1969.

"Attack in Ojinaga", *El Paso Morning Times*, 31 diciembre 1913.

Ávila Espinosa, Felipe Arturo: *El pensamiento económico, político y social de la Convención de Aguascalientes*, Instituto Cultural de Aguascalientes-INEHRM, Aguascalientes, 1991.

Avitia Hernández, Antonio: *Corrido histórico mexicano*, Porrúa, México DF, 1977, 5 ts.

Avitia Hernández, Antonio: *Los alacranes alzados. Historia de la revolución en el estado de Durango*. spi, México DF, 2003.

"Ayer salieron para Torreón el señor Carranza y su gabinete", *Vida Nueva*, 7 mayo 1914.

Azcona, Francisco B.: *Luz y verdad: Pancho Villa, el científico y la intervención*, Coste & Frishter, New Orleans, 1914. Son dos folletos seriados.

"Balazos en el cuerpo de Pancho Villa", *La Prensa*, 21 marzo 1966.

Barlow, Lester P.: "Volando para Villa en México", *National Aeronautic Association Review*, abril 1926.

"Barlow, villista y pionero del ataque aéreo, falleció", *Últimas noticias*, 6 septiembre 1967.

Barra, Paula A.: "No todos los balazos fueron fotografiados por los Cassasola", *El Sol de Hidalgo*. 16 diciembre 1998.

Barragán Rodríguez, Juan: *Historia del Ejército y la Revolución Constitucionalista*, Instituto Nacional de Estudios sobre la Historia de la Revolución Mexicana (INEHRM), México, 1985, 2 t.

Barrios Álvarez, Martín H.: *Biografía de un balcón*, Editorial Velux, Chihuahua, 1951.

_____: "Las muertes de Pancho Villa", *Heraldo de Chihuahua*, 27 junio 1959.

_____: "El plan de San Luis y los levantamientos de San Andrés y Guerrero", *Heraldo de Chihuahua*, 30 enero 1960.

_____: "La fuga de Pancho Villa", *Heraldo de Chihuahua*, 25 enero 1963.

Barrón, Heriberto: "Lo que he visto en México", *La Prensa*, 23 febrero, 24 mayo 1932.

Barrón, Luis: *La tercera muerte de la Revolución Mexicana. Historiografía reciente y futuro en el estudio de la revolución*, Cide, México DF, 2002.

Basurto, Félix, César Rodríguez, Benjamín García Luna y otros: *75 aniversario de la batalla de Zacatecas*, Gob. del estado, Zacatecas, 1989.

Bauche Alcalde, Manuel: *Pancho Villa, retrato autobiográfico*, prólogos de Guadalupe y Rosa Helia Villa, UNAM-Santillana, México DF, 2003.

Beals, Carleton: *Porfirio Díaz*, Domés, México DF, 1982.

Beezley, William Howard: *Insurgent Governor: Abraham González and the Mexican Revolution in Chihuahua*, University of Nebraska, Lincoln, 1973.

Behr, Edmond: "Pancho Villa from bandit to military dictator", *El Paso Herald*, 6 diciembre 1913.

Belkin, Arnoldo: "La llegada de los generales Zapata y Villa al Palacio Nacional el 6 de diciembre de 1914", INAH, 1980.

Beltrán, Enrique: "Fantasía y realidad de Pancho Villa". *Historia Mexicana*, Núm 61, recorte de prensa.

Benedicto, Luis: "Los guerrilleros", *La Prensa*, 16, 21, 23, 28 febrero, 2, 3, 5, 7, 9, 14, 16, 20, 23, 26 marzo 1931.

Benjamin, Thomas: *La Revolución Mexicana, memoria, mito e historia*, Taurus, México DF, 2003.

"Benton was slain by pistol shots in Villa's office", *New York Times*, 1 marzo 1914.

Bermejo Mora, Edgardo: "Cómase un tamal, mi general". internet.

Berumen, Miguel Ángel: *Pancho Villa, la construcción del mito*, Berumen y Muñoz editores, Ciudad Juárez, 2005.

_____: *1911/II. Las imágenes*, Berumen y Muñoz, editores, Ciudad Juárez, 2004.

Blancas, Arturo: "¿Dónde está la cabeza de Pancho Villa?", *Novedades*, 8 octubre 1954.

Blanco Moheno, Roberto: *Pancho Villa que es su padre*, Diana, México DF, 1973.

Blumenson, Martin: *Patton: The Man Behind the Legend, 1885-1945*, William Morrow and Company, Nueva York, 1985.

Bojórquez, Luis: "Pancho Villa vuelve a cabalgar y despertar pasiones", *Novedades* 3 diciembre 1969.

Bolio, Edmundo: "El oro de Pancho", *El Nacional*, 14 agosto 1965.

Bonilla jr., Manuel: *Diez años de guerra*. Sinopsis de la historia verdadera de la Revolución Mexicana. Primera parte 1910-1913. Avendaño, Mazatlán, 1922 (Nueva edición de las dos partes en FIHR, México DF, 1976).

_____: *El régimen maderista*, Ediciones Arana, México DF, 1962.

Boot, Max: *The Savage Wars of Peace: Small Wars and the Rise of American Power*. Basic Books, New York, 2003.

Borrego, Enrique: "Francisco Villa gobernador de Chihuahua", *Novedades*, 25 enero 1936.

_____: "Pancho Villa y Sancho Panza", *recorte de prensa*.

Braddy, Haldeen: *Cock of the walk*. University of New Mexico Press, Albuquerque, 1955.

_____: "Pancho Villa's hidden loot", *Western Folklore*, Los Angeles, abril 1953.

_____: "The head of Pancho Villa", *Western Folklore*, Los Angeles, enero 1960.

_____: "Loves of Pancho Villa", *Western Folklore*, Los Angeles, julio 1962.

_____: "Myths of Pershing's Mexican campaign", *Southern Folklore Quarterly*, septiembre, 1963.

_____: "Dr Husk on Pancho Villa", *Western Review*, primavera, 1964.

_____: *Pershing's Mission in Mexico*, Texas Western Press, El Paso, 1966.

_____: Pershing's air army in Mexico, *Password*, Primavera, 1967.

_____: *Pancho Villa rides again*, Paisano Press, El Paso, 1967.

_____: "General Scott on Pancho Villa", *Password*, verano, 1968.

_____: "Pancho Villa capitulation: an inside look", *Password*, Primavera 1969, El Paso.

_____: *The paradox of Pancho Villa*, Texas Western Press, El Paso, 1978.

Breceda, Alfredo: *México revolucionario*, Ediciones Botas, México DF, 1941.

Brenner, Anita: *La revolución en blanco y negro*, Fondo de Cultura Económica, México DF, 1985.

Brondo Whitt, Encarnación: *La división del norte*, Centro Librero la Prensa, Chihuahua, 1996.

Brownlow, Kevin: *The war, the west and the wildernes*, Knopf, New York, 1978.

Bryan, Howard: *The night of the raid*, New Mexico, 1976.

Bush, I. J.: *Gringo doctor*, Caxton Printers, Caldwell, 1939.

Bustamante, Luis F: *Del Ébano a Torreón*, Tipografía El Constitucional, Monterrey, 1915.

_____: "El audaz plan de Villa para apoderarse de Carranza", *Todo*, 12 y 19 diciembre 1933.

_____: "Pancho Villa tuvo el apoyo e intereses norteamericanos", *Todo*, 19 diciembre 1933.

_____: "Los americanos contra Villa", *Todo*, 26 diciembre 1933.

_____: "El ataque a Columbus al grito de ¡Viva Villa!", *Todo* 9 enero 1934.

_____: "Villa se pronuncia por el plan de Aguaprieta", *Todo*, 16 enero 1934.

_____: "¿Quién ordenó el asesinato de Francisco Villa?", *Todo*, 12 noviembre 1935.

_____: "Salas Barraza no disparó contra Villa", *Todo*, 19 noviembre 1935.

_____: "Dos veces ofreció Calles subordinarse a Pancho Villa", *Todo*, 4 febrero 1936.

_____: "Por qué mató Pancho Villa por propia mano, al general Tomás Ornelas, que había sido su amigo", *Todo*, 3 marzo 1936.

_____: "Pancho Villa y el escándalo de la francesa", *Todo*, 17 marzo 1936.

_____: "La complicada psicología de Villa", *Todo*, 5 mayo 1938.

Caballero, Margarita: *Siete leguas*, cuarta edición, spi, Parral, sf.

Caballero Alcántara, Alberto C: "Anécdota de la revolución. ¡Viva México!", *El Universal*, 27 diciembre 1960.

Caddle, Bertram B.: "Villa captures the city of Ojinaga", *El Paso Morning Times*, 9 enero 1914, extra 4.

_____: "Villa directs his army at Ojinaga", *El Paso Morning Times*, 9 enero 1914.

_____: "Villa begins march to Torreón", *El Paso Morning Times*, 11 enero 1914.

Cadena Solís, Jesús R.: *La gran travesía*, spi, sf.

Calderón Arzamendi, R.: *Las batallas de Celaya*, manuscrito, Archivo Valadés.

Calero, Bernardo: "La doble muerte del general Francisco Villa", *Excélsior*, 20 enero 1928.

Calzadíaz Barrera, Alberto: *Hechos reales de la revolución*. I Tomo, Ediciones Patria, México DF, 1979.

_____: *Hechos reales de la revolución*. II Tomo, 1984, Ediciones Patria, México DF, 1975.

_____: *Hechos reales de la revolución*. III Tomo, Ediciones Patria, México DF, 1972.

_____: *Hechos reales de la revolución., El general Ignacio Pesqueira*, IV Tomo Editorial Patria, México DF, 1973.

_____: *Hechos reales de la revolución. El general Martín López hijo militar de Pancho Villa*, V Tomo. Ediciones Patria, México DF, 1975.

_____: *Hechos reales de la revolución. Por qué Villa atacó Columbus*. VI Tomo. Ediciones Patria, México DF, 1977.

_____: *Hechos reales de la revolución. Muerte del centauro*. VII Tomo, Ediciones Patria, México DF, 1980.

_____: *Hechos reales de la revolución. General Felipe Ángeles*, VIII Tomo, Editorial Patria, México DF, 1982.

_____: "Villa, el rayo de la revolución", *Siempre*, 15 junio 1966.

Camp, Jean: *Cabalgando con Pancho Villa*, Editorial Azteca, México DF, 1956.

Campaña de 1910 a 1911, Secretaría de Guerra y Marina, México DF, 1913.

Campo, Xorge del: *Cuentistas de la Revolución Mexicana*, Ediciones Luzbel, México DF, 1985, 8 ts.

Campobello, Nellie: "Perfiles de Villa", *Revista de Revistas*, 7 agosto 1932.

_____: "La muerte de Tomás Urbina" *Todo*, 20 febrero 1934.

_____: *Cartucho. Relatos de la lucha en el Norte*. En *La novela de la Revolución Mexicana*, Aguilar, México DF, 1963. Nueva edición con prólogo de Jorge Aguilar Mora en Era, México DF, 2004.

_____: *Francisco Villa, Antología*. Iced/Dif, Durango, sf.

_____: "El ataque a Torreón por el general Villa", 30 diciembre 1935 y 7 enero 1936, recorte, Archivo de la Secretaría de Hacienda.

_____: *Apuntes sobre la vida militar de Francisco Villa*, Ediapsa, México DF, 1940.

Canales Santos, Álvaro: *La amnistía de Pancho Villa en Sabinas*, El Dos, México DF, 2002.

_____y Elisa Gutiérrez Galindo: *Siluetas de Pancho Villa en Sabinas*, Gobierno de Coahuila, Saltillo, 2003.

Candelas, Sergio: *La batalla de Zacatecas*, Leega- Universal, México DF, 2003.

Cantú y Cantú, Carlos H.: *Los halcones dorados de Villa*, Diana, México DF, 1969.

Caraveo, Marcelo: *Crónica de la revolución* (1910-1929), Trillas, México DF, 1992.

Caraveo Estrada, Baudilio: *Historias de mi odisea revolucionaria*. Doble hélice, Chihuahua, 1996.

Carbajal, Andrés: "El asesinato del general Francisco Villa", *Novedades*, 26 julio 1961.

Carman, John: "Villa's skull in Iowa?", *Times Sunday Register*, 27 agosto 1967.

Carnes, Cecil: *Jimmy Hare News photographer*. McMillan, Nueva York, 1940.

"Carranza assails Carothers", *New York Times*, 29 octubre 1914.

Carrasco Vargas, Adolfo: *entrevista* en Parral, 3 octubre 2004.

———: La Extraña Incidencia Del Número 7 En La Vida Y Muerte Del General Francisco Villa, internet.

———: *Vida del general Francisco Villa*, manuscrito.

———: ¿Dónde está Francisco Villa?, internet.

Carrillo, Alejandro: "El monumento a Pancho Villa", *El Popular*, 20 agosto 1938.

Casasola, Gustavo: *Historia gráfica de la Revolución Mexicana*, Trillas, México DF, 1973.

Casavantes, Gustavo: "El día 27 de marzo de 1916, el general Francisco Villa ataca y toma Cd. Guerrero, Chih., en donde sale herido", *Memorias del X Congreso de Historia de la Revolución Mexicana*, Chihuahua, julio 1980.

Casillas, Rodolfo: "Figuras de la revolución. *Vae victis*", *El Universal*, 26 junio 1962.

———: "Sobre la muerte de Pancho Villa", *El Universal*, 5 febrero 1963.

———: "Cómo ocurrió la muerte de Pancho Villa", *El Universal*, 12 febrero 1963.

———: "El plan de Salas para matar a Villa", *El Universal*, 19 febrero 1963.

———: "Punto culminante de la tragedia", *El Universal*, 5 de marzo 1963.

Castellanos, Antonio: *Francisco Villa, su vida y su muerte*, 2ª edición, spi, sf.

Castro Martínez, Pedro: *Adolfo de la Huerta y la Revolución Mexicana*, Instituto Nacional de Estudios Históricos de la Revolución Mexicana, México DF, 1992.

"Causa alarma la máquina que fuera de Pancho Villa", *El Heraldo de Chihuahua*, 6 mayo 1946.

Ceja Reyes, Víctor: "Rumbo a Columbus", La Prensa, 25 mayo, 1, 3, 8 junio 1960.

———: "Episodios de Villa", *La Prensa*, 4, 8, 11, 13, 15, 18, 22, 25 abril 1960. (Los primeros artículos aparecen sin firmar.)

———: "Faltan muchas verdades en el asesinato del Centauro", *La Prensa*, 5 al 9 septiembre 1966.

———: *Francisco Villa, el hombre*, Centro Librero La Prensa, Chihuahua, 1979.

———: *Yo maté a Francisco Villa*, Centro Librero La Prensa, Chihuahua, 1979.

———: "La cabeza de Villa y su paradero", *Memoria del XVI Congreso de Historia de la Revolución Mexicana*, Chihuahua, julio 1985.

———: "La cabeza de Villa y su paradero", *Memorias del XVII Congreso Nacional de Historia de la Revolución Mexicana*, Chihuahua, julio 1985.

———: *Cabalgando con Villa*, Centro Librero La Prensa, Chihuahua, 1987.

———: *Yo decapité a Pancho Villa*, Centro Librero La Prensa, Chihuahua, 1987.

Cervantes, Federico y Raúl E. Puga: *Cómo fue el ataque a Zacatecas*, Gob. del edo. de Zacatecas, 2 vol, Zacatecas, 1990-91.

Cervantes, Federico: *Asalto y toma de Zacatecas*, spi, México DF, 1915.

———: "Las memorias de Francisco Villa", *El Gráfico*, 1 marzo 1938.

———: "Remembranzas históricas", *El Gráfico*, 20 enero 1939.

———: *Francisco Villa y la revolución*, Ediciones Alonso, México DF, 1960.

———: "Juana Gallo, mixtificación de Zacatecas", *El Universal*, 12 julio 1961.

———: "Comentario pasional a reproche merecido", *El Universal*, 1 septiembre 1962.

———: "El fin de Pablo López", *El Universal*, 13 julio 1963.

———: *Felipe Ángeles en la revolución*, 3ª ed, spi, México DF, 1964.

———: "Caballos de campaña", *El Universal*, 11 septiembre 1965.

———: "La Punitiva y el escondrijo de Villa", *El Universal*, 22 abril 1966.

———: "Quién condujo al general Villa herido", *El Universal*, 16 abril 1966.

Cervantes, Federico M.: "Carta de Villa al presidente De la Huerta", *El Universal*, 5 junio 1965.

_____: "El presidente De la Huerta contesta a Villa", *El Universal*, 15 junio 1965.

_____: "La última hazaña del general Villa", *El Universal*, 10 julio 1965.

_____: "Un yanqui denigra a Pancho Villa", *El Universal*, 17 julio 1965.

_____: "El gran rebelde pacta con el gobierno", *El Universal*, 24 julio 1965.

_____: "Apoteosis del general Villa y sus hombres", *El Universal*, 31 julio 1965.

_____: "Cómo se escribe la historia", recorte de prensa.

_____: "¿Discusión o diatriba?", recorte de prensa.

_____: "Ideología y obra del general Villa", recorte de prensa.

_____: "La nueva vida de Villa en Canutillo", *El Universal*, 28 agosto 1965.

Cervantes Ramírez, José: "El día en que Pancho Villa se puso verde de cólera", *Novedades*, 23 febrero 1969.

Cervera, Juan: "Historia de *Las tres pelonas*; recordando a Isaac Calderón", internet.

Chalkley, John F.: *Zach Lamar Cobb: El Paso Collector of Customs and Intelligence during the Mexican Revolution, 1913-1918*, Texas Western Press, El Paso, 1998.

Chavira, Antonio: "Sucesos históricos de la revolución de 1910", *Memorias del V Congreso de Historia de la Revolución Mexicana*, Chihuahua, noviembre 1975.

Chávez, Armando: "Villa y la toma de Ciudad Juárez", manuscrito.

Chávez, Jorge Humberto: "Parral", mecanográfico.

Chávez López, José María: "Quiero decir la verdad sobre mi general Francisco Villa", *Memorias del V Congreso de Historia de la Revolución Mexicana*, Chihuahua, noviembre 1975.

Chemadura: "Los encuerados de Villa", *La Prensa*, 15 diciembre 1940.

"*Chihuahua is in federal possession*", *El Paso Herald*, 1 noviembre 1913.

"*Chihuahua under fire 36 hours*", *El Paso Herald*, 8 noviembre 1913.

Ching Vega, Oscar W.: *La última cabalgata de Pancho Villa*, Centro Librero La Prensa, Chihuahua, 1977.

Cienfuegos, Ernesto: "*George Bush… please return the skull of Pancho Villa*", *La Voz de Aztlán*, internet.

Clendenen, Clarence C.: *United States and Pancho Villa: A Study in Unconventional Diplomacy*, Cornell University Press, Ithaca, 1961.

_____: "The punitive expedition of 1916, a re evaluation", *Arizona and the West*, Invierno de 1961.

_____: *Blood on the Border: The United States Army and the Mexican Irregulars*, MacMillan, New York, 1969.

"Cómo pereció el ex jefe de la División del Norte", *Revista de revistas*, 29 de julio 1923.

"Con motivo de una falsa información que publica *El Paso Morning Times*, el general Francisco Villa explica su conducta respecto a los sucesos de Chihuahua", *Periódico Oficial*, 21 diciembre 1913.

"Con recorrido de 60 kilómetros, jinetes recuerdan en Juárez a Francisco Villa", *La Jornada*, 16 noviembre 2003.

"Conservan la cabeza de Villa en la Universidad de Yale", *Excélsior*, 11 agosto 1988.

Contla Carmona, Alejandro: "Mercenarios extranjeros en la Revolución Mexicana", internet.

Contreras Torres, Miguel: *Nace un bandolero*, edición del autor, México, 1955.

_____: "Memorias y amnesias del general Almazán", *El Universal*, 21 enero 1958.

_____: "Almazán contra Villa. Torreón, la tumba del ejército de Huerta", *El Universal*, 6 febrero 1958.

Copia del contrato entre Francisco Villa y la Mutual Film Corporation, Archivo Federico González Garza, Condumex.

Corral, Luz: *Pancho Villa en la intimidad*, Centro Librero La Prensa, Chihuahua, 1977.

"Cortaron el agua", *El Paso Morning Times*, 3 noviembre 1913.

Cox, Carter: "*Sophie Treadwell and the Centaur of the North; Francisco **Pancho** Villa*", internet.

Cravioto, Adrián: "Por qué perdió la División del Norte en Celaya", *Todo*, 29 octubre, 5, 12, 19, 26 noviembre, 3 diciembre 1935.

_____: "La primera batalla de Celaya", *Todo*, 14, 21, 28 enero, 11, 18 febrero 1936.

Crónicas y debates de las sesiones de la Soberana Convención Revolucionaria, introducción y notas de Florencio

Barrera Fuentes, Instituto Nacional de Estudios Históricos de la Revolución Mexicana, México DF, 1965.

Cruz Jiménez, Teodoro: "¡Adelante la constitución!", *El Legionario*, 15 febrero 1958.

Cumberland, Charles C: *La Revolución Mexicana. Los años constitucionalistas*. FCE, México DF, 1975.

Cyrulic, John M: "A strategic examination of the punitive expedition into Mexico, 1916-17, internet.

D'Acosta, Helia: "En defensa de Felipe Ángeles", *Siempre*, 18 noviembre 1964.

_____: "Así cayó Ángeles", *Siempre*, 9 diciembre 1964.

Dávalos, Marcelino: "El fusilamiento frustrado de Pancho Villa en Jiménez", *El Universal*, 21 julio 1923.

"De frente a los enemigos", *El Paso Morning Times*, 1 noviembre 1913.

De la Huerta, Adolfo: *Memorias de Adolfo de la Huerta según su propio dictado*, Transcripción y notas de Rodolfo Guzmán Esparza, Gobierno del Estado de Sonora, Hermosillo, 1981.

De la O HHolguín, José: *Tomás Urbina, el guerrero mestizo*, Instituto Cultural del Estado de Durango, Durango, 2000.

_____: *La danza de la tribu*, Instituto Cultural del Estado de Durango, Durango 2003.

De los Reyes, Aurelio: *Con Villa en México, testimonios de camarógrafos americanos en la revolución*. UNAM-Instituto Nacional de Estudios Históricos de la Revolución Mexicana, México DF, 1992.

DeCastro, Adolphe: *Portrait of Ambrose Bierce*, Century Company, New York, 1929.

Delagos, Mario N.: "Pancho Villa y la enciclopedia", recorte de prensa.

Díaz Soto y Gama, Antonio: "Villa", *El Universal*, 24 agosto 1938.

_____: *La revolución agraria del sur y Emiliano Zapata, su caudillo*, El caballito, México DF, 1976.

Documentos inéditos sobre Emiliano Zapata y el cuartel general, AGN, México DF, 1979.

Dorado Romo, David: *Ringside seat to a revolution*. Cinco Puntos Press, El Paso, 2005.

Dromundo, Baltasar: "Romance norteño de La Adelita", *Revista de Revistas*, 25 noviembre 1934.

Duarte, Teodosio: *Memorias de la revolución*, Gobierno del Estado de Chihuahua, Chihuahua, 2001.

Dueñas Ramos, David: "Españoles salvados por una dama", *El Universal*, 16 agosto 1963.

Dulles, John W.F.: *Ayer en México*, FCE, México DF, 1977.

Durán y Casahonda, José: "Las mujeres de Pancho Villa", *Todo*, 2 de enero 1934.

"Durazo supo la verdad. Dejó documentos sobre la muerte de Villa y si no habló antes fue por…", *La Prensa*, 30 septiembre 1965.

Eisenhower, John S.D.: *Intervention! The United States and the Mexican revolution*, Norton, New York, 1993.

"El albazo de Rodolfo Fierro a Lagos fue un alarde de verdadera audacia", *El Demócrata*, 8 agosto 1923.

"El carrancismo daba un millón de pesos por la vida de Francisco Villa", *El Demócrata*. 31 julio 1923.

"El fatídico número 13 y la revolución", *El Heraldo Mexicano*, 15 julio 1911.

"El general Villa es solamente un soldado", *Vida Nueva*, 24 abril 1914.

"El general Robles se rinde al general Villa, retirándose a la vida privada", *La Voz de la revolución*, Durango, 4 abril 1915.

"El herrero de Conchos", recorte de prensa.

"El jefe de rurales F. Villa fue enviado a la capital por órdenes del general Huerta", *Nueva Era*, 5 junio 1912.

"El motivo de la aprehensión de Villa", Nueva Era, 8 junio 1912.

"El origen de La Adelita", *Revistas de Revistas*, 16 julio 1933.

"El padre y hermanos de Maclovio Herrera fueron fusilados por orden directa de Francisco Villa", *El Demócrata*, 9 agosto 1923.

"El tesoro de Urbina", *Excélsior*, 27 noviembre 1932.

Elisa Griensen a Haldeen Braddy, manuscrito, archivo Haldeen Braddy.

Elser, Frank B.: "Pershing Halts; Never was aided by the mexicans", *New York Times*, 21 abril 1916.

"En Torreón los rebeldes han sufrido una derrota radical", *Periódico Oficial de Coahuila*, 28 marzo 1914.

Encinas Blanco, Ángel: "Lo que no se ha dicho de la matanza de Villa en San Pedro de la Cueva", *XIII Simposio de Historia y Antropología de Sonora*, Instituto de Investigaciones Históricas, Universidad de

Sonora, Hermosillo, 1989.

Enciso, X. E.: *El ataque a Ciudad Juárez y los acontecimientos del 14 al 18 de junio*, spi, 2ª ed. El Paso, Texas, 1919.

Enríquez, Ignacio: "Mi entrevista con Villa", *Impacto*, 24 octubre 1962.

"Entrevista al general Francisco Villa", *El Paso Morning Times*, 9 octubre 1915.

Escárcega, Alfonso: "En Chihuahua hay una tumba que testimonia la ingratitud de quienes ostentamos las ideas de la Revolución Mexicana", recorte de prensa.

_____: "Giner, subjefe de la División del Norte", *Memorias del V Congreso de Historias de la Revolución Mexicana*, Chihuahua, noviembre 1975.

_____: "Francisco Villa: Signo de contradicciones", *Memorias del IX Congreso de Historia de la Revolución Mexicana*, Chihuahua, abril 1978.

Escobedo, José G: *La batalla de Zacatecas (treinta y dos años después)*, spi, México, 1946.

Esparza, Cuauhtémoc: "La toma de Zacatecas", en *Francisco Villa y la Revolución Mexicana en el norte*, Universidad Juárez, Durango, 1998.

Espinosa, Elena: "Muchachitos", *La Jornada de Morelos*, 5 febrero 2006.

Esquivel Obregón, Toribio: *Democracia y personalismo*, Conaculta, México DF, 1998.

"Estado de la revolución en el norte de la república y trabajos de unificación", *La Semana de Los Angeles*, 1, 8, 15 febrero 1920.

Estol, Horacio: *Leyenda y realidad de Pancho Villa*, Divulgación, México DF, 1956.

Estrada, Richard M.: *Border Revolution: The Mexican Revolution in the Ciudad Juárez-El Paso Area, 1906-1911*, tesis de maestría, Universidad de Texas en El Paso, 1975.

Estrada, Roque: "Vanidad y lealtad en conflicto", *La Revolución Mexicana*, junio 1934.

"F. Villa fue asesinado en una emboscada; el cuerpo quedó horriblemente amotinado", *El Universal*, 21 julio 1923.

Fabela, Isidro: *La victoria de Carranza*, Jus, México DF, 1979.

Fatout, Paul: *Ambrose Bierce, the devils lexicographer*, University of Oklahoma Press, Norman, 1951.

"Federals flee with 5,000,000 in cash; Chihuahua deserted", *El Paso Herald*, 2 diciembre 1913.

"Federals temporary repulsed", *El Paso Morning Times*, 24 noviembre 1913.

Fernández, Gustavo G.: *Mi actuación en la Revolución Mexicana*, Instituto Municipal de Cultura, Torreón, 1999.

Fernández, Juan C. V.: "¿Quién asesinó al general Francisco Villa?", *El Legionario*, 15 septiembre y 15 octubre 1957.

Ferrer Mendiolea, Gabriel: "Hace medio siglo: General Maclovio Herrera", recorte de prensa, 14 abril 1965.

Ferrer de M., Gabriel: *Vida de Francisco I. Madero*, Sep, México DF, 1945.

Flores, Jorge: "Mosaico histórico", *Excélsior*, 23 abril 1960.

Flores Magón, Enrique: "El rebelde Pancho Villa", *Todo*, 23 julio 1953.

Flores, Urbano: "Prisioneros del general Villa", *El Legionario*, 31 julio 1959.

Flores Urbina, Urbano: "Remembranzas. Entrevista con el general Francisco Villa en la ciudad de Chihuahua", *Revista Coahuilense de Historia*, mayo, junio 1990.

Foix, Pere: *Pancho Villa*, Trillas, México DF, 1950.

"Former member of Villa's bodygard settles old argument; 364 bandits raided Columbus", *El Paso Herald Post*, 21 febrero 1962.

Fox, Dorothea Magdalena: "I remember Villa when…", *El Paso Times*, 28 octubre 1962.

"Francisco Villa en el alma popular", *Revista de revistas*, 27 noviembre 1938.

"Francisco Villa mató a 7 inocentes porque trabajaban sus minas", *El Nacional*, 26 abril 1918.

"Fue robada la cabeza del célebre guerrillero Pancho Villa", *El Correo de Parral*, extra, 6 febrero 1926,

"Fue robada la cabeza del cadáver del célebre guerrillero Francisco Villa", *El Siglo de Torreón*, 7 febrero 1926.

Fuentes, Carlos: *Gringo viejo*, Fondo de Cultura Económica, México DF, 1985.

Fuentes Mares, José: *Memorias de un espectador*, Grijalbo, México DF, 1986.

Francés, José María: *Vida y aventuras de Pancho Villa*, Editorial Olimpo, México DF, 1956.

Galbraith, Kari: "Pancho Villa nunca perdía", *El Universal*, 2 enero 1944.

Galeano, Eduardo: *Memoria del fuego* 3, Siglo XXI, México DF, 1986.

Gallegos, José María: Sobre la captura de Ángeles, mecanuscrito.

Garber, Mary A: *The Otis A. Aultman collection*, El Paso Public Library Assoc., El Paso, Texas, 1977.

García, Rubén: "Conferencia tremenda de Villa con el general Herrera", *El Legionario*, 30 junio 1963.

———: "El presidente Madero y el general Navarro", *El Nacional*, 20 diciembre 1959.

———: "Decisivo triunfo en Torreón", *Informador*, 31 marzo 1960.

———: "Cartas entre los generales Villa y Maass (sic)", *El Nacional*, 24 abril 1960.

———: "Opinión yanqui sobre Villa", *Informador*, 25 agosto 1960.

———: "Villa y los generales Herrera", *Porvenir de Monterrey*, 28 diciembre 1960.

———: "Los dorados de Villa", *Informador*, 30 marzo 1961.

———: "Partes y versiones sobre la batalla de Torreón", *El Nacional*, 2 abril 1961.

———: "Réplica a don Federico. ¿Discusión o diatriba?", *El Universal*, 17 abril 1961.

———: "Una anécdota de Villa cuando era Doroteo Arango", *El Nacional*, 18 junio 1961.

———: "Billetes de generales enemigos del constitucionalismo", *El Nacional*, 6 diciembre 1962.

———: "El problema económico de la revolución. Billetes villistas", *Informador*, 8 octubre 1964.

———: "El presidente Carvajal y las presiones de Villa y Zapata", *Informador*, 27 agosto 1964.

———: *Anécdotas y sucedidos de la Revolución*, Costa Amic, México DF, 1972.

———: "Ni psiquiatra ni sinodal, pero Villa fue criminal", recorte de prensa.

———: "Villa sin ley ni patria", recorte de prensa.

García Jiménez, Juan: "Rincón de la anécdota: La Adelita", *La Prensa*, 10 enero 1963.

García Naranjo, Nemesio: "El bandolerismo de Villa", *Excélsior*, 17 marzo 1926.

García Orozco, Pascual: *La estampida del centauro*, Editorial Quinora, Chihuahua, 1979.

García Riera, Emilio: *Historia documental del cine mexicano*, Cal y Arena-U. de G., Guadalajara, 1992.

———: *México visto por el cine extranjero*, Era, México DF, 1987.

García Torres, Carlos: "Un episodio vivido de la Revolución Mexicana", *Novedades*, 6 agosto 1950.

Garibaldi, Giuseppe: "Cómo se efectuó la toma de Ciudad Juárez", *El Diario*, 14 junio 1911.

———: *A toast to rebellion*. Bobbs Merril, New York, 1935. (Hay otra edición del 37 de Garden City Publishing Co. NY.)

Garro, Elena: *Felipe Ángeles*, UNAM, México DF, 1979.

———: *Revolucionarios mexicanos*, Seix Barral, México DF, 1997.

Garza Morales, Antonio: "Sólo por películas conocí a mi padre, dice Alicia Villa", *Excélsior*, 21 noviembre 1988.

Gavira, Gabriel: *Su actuación político militar revolucionaria*, Editora del Gobierno de Veracruz, Jalapa, 1982.

"General's Villa victory complete", *El Paso Morning Times*, 25 noviembre 1913.

Gil Piñón, Francisco: "La muerte de William Benton", *Memorias del VIII Congreso Nacional de Historia de la Revolución Mexicana*, Chihuahua, julio 1977.

Gilliam, Ronald R.: "Turning Point of the Mexican Revolution", MHQ, marzo 2006, internet.

Gilly, Adolfo: "Felipe Ángeles: *Cada cual morirá por su lado*", *La Jornada*, 16 noviembre 2005.

———: *La revolución interrumpida*, El Caballito, México DF, 1979.

———: *Arriba los de abajo*, Océano, México DF, 1986.

Glines, C.V.: "In Pursuit of Pancho Villa", internet.

Gómez, Apolonio: "La amargura de un villista", *La Prensa*, 4 julio 1967.

Gómez, Marte R.: *La reforma agraria en las filas villistas*, Instituto Nacional de Estudios Históricos de la Revolución Mexicana, México DF, 1966.

———: *Pancho Villa, un intento de semblanza*, FCE, México DF, 1974.

Gómez García, José: "Diario del público: la entrada de villistas en Chihuahua", *El Universal*, 10 enero
    1962.

Gómez Madariaga, Adalberto: "Hechos históricos desconocidos", *El Legionario*, 31 enero 1959.

Gómez Morín, Mauricio: "La mirada de Zapata sin silla", *La Jornada*, 31 diciembre 2000.

González, Andrés Carlos: "Two Encounters with Pancho Villa as told to his son Andy", internet.

González, Francisco: "Cómo fue el ataque de Ciudad Juárez que llevó a cabo el general Villa", *El Demócrata*,
    14 agosto 1923.

González, Manuel W.: *Contra Villa. Relato de la campaña 1914-1915*. Botas, México DF, 1935.

González Arratia, Leticia: *La epidemia de influenza española en la comarca Lagunera*, Ayto. de Torreón,
    Torreón, 2002.

González Bustamante, J. J.: "La pistola de Pancho Villa", *El Universal*, 2 marzo 1964.

González Garza, Roque, Porfirio Ramos, Enrique Pérez Rul: *La batalla de Torreón*, Imp. Municipal de
    Torreón, Torreón, sf.

_____: "Versión taquigráfica de una conversación entre Villa y Zapata". *Novedades*, 6 noviembre 1966.

González González, Enriqueta: "La neblina del general Francisco Villa", *Memorias del VIII Congreso Nacional de
    Historia de la Revolución Mexicana*, Chihuahua, julio 1977.

González Ortega, J.: "Villa en Zacatecas", *El Universal* 24, 25 junio 1938.

González Ramírez, Manuel: *La caricatura política. Fuentes para la historia de la Revolución Mexicana*, t. II,
    FCE, México DF, 1955.

_____: *La revolución social de México*, FCE, México DF, 1960, 1966.

_____: "Francisco Villa y su falta de fe en la Constitución del 17", *El Nacional*, 30 enero 1966.

González Tejeda, Armando: "Contesta el general Durazo", *La Prensa*, 3 febrero 1960.

Goribar: *El maderismo en cueros*, Imprenta del Avisador Comercial, La Habana, 1912.

Gracia García, Guadalupe: *El servicio médico durante la Revolución Mexicana*, Editores Mexicanos Unidos,
    México DF, 1982.

Greenburg, Zach O.: "Bones may have Pancho Villa skull", internet.

Grieb, Kenneth J.: "Standard Oil and the mexican revolution", *California Historical Society Quarterly*, marzo,
    1971.

Griffith, Joe: "In pursuit of Pancho Villa, 1916-17", internet.

Grigulévich, Iósif: *Pancho Villa*, Editorial Progreso, Moscú, 1991.

Guilpain, Odile: *Felipe Ángeles y los destinos de la Revolución Mexicana*, CFE, México DF, 1991.

Gutiérrez Martínez, Felipe: "Apuntes y defensa de Ciudad Chihuahua en 1916", *El Legionario*, 30 septiem-
    bre y 30 noviembre 1962.

Gutiérrez Reynoso, Miguel: "El ocaso de la División del Norte", *Excélsior*, 17 junio 1969.

Gutiérrez Rojas, Víctor: *El fusilamiento del general Felipe Ángeles*, Secretaría de la Defensa Nacional, México
    DF, 1987.

Guzmán, Martín Luis: "Mi general Felipe Ángeles", *El Universal*, 17 febrero 1929.

_____: *Memorias de Pancho Villa*, Compañía General de Ediciones, México DF, 1951.

_____: *El águila y la serpiente*, Colección Málaga, México DF, 1978.

"Hablan quienes mataron a Villa", *La Prensa*, 19 agosto 1960.

"Hace 50 años. Francisco Villa en Columbus", *Excélsior*, 9 marzo 1966.

"Hace 50 años. 13 julio 1915", *Excélsior*, 13 julio 1965.

Hall, Linda y Don M. Coerver: *Revolución en la frontera*, Conaculta, México DF, 1995.

Hall, Linda: *Álvaro Obregón. Poder y revolución en México 1911-1920*, CFE, México DF, 1985.

Harris, Charles H. III y Louis Sadler: "Pancho Villa and the Columbus Raid. The missing documents", *New
    Mexico Historical Review*, octubre 1975.

Harris, Charles: *The border and the revolution*, New Mexico State University, Albuquerque, 1988.

Harris, Charles H. III y Louis Sadler: *The archaeologist was a spy*, University of New Mexico Press,
    Albuquerque, 2003.

Harris, Larry: *Pancho Villa and the Columbus raid*, McMath Co. El Paso 1949 (reimpreso en 1989 por High-Lonesome Books como *Strong man of the revolution*).

Harris III, Charles H. y Louis R. Sadler: *The Texas Rangers and the Mexican Revolution: The Bloodiest Decade, 1910-1920*, University of New Mexico Press, 2005.

Hart, John Mason: *El México revolucionario. Gestación y proceso de la Revolución Mexicana*, Alianza Editorial Mexicana, México DF, 1990.

Harvey, Dennis: "The lost Reels of Pancho Villa", internet, 7 diciembre 2003.

"He aquí las primeras palabras del general José Refugio Velasco: Torreón sin novedad", *El Diario*, 31 marzo 1914.

Heath, Donald R.: Entrevista a James B. Barker el 10 de marzo de 1967: "The Beginnings of the Hearst Estate and the Mexican Revolution", internet.

"Head on the city streets", *El Paso Morning Times*, 19 noviembre 1913.

Heber Johnson, Benjamin: *Revolution in Texas*, Yale University Press, 2003.

"Hear Villa is killed", *New York Times*, 9 julio 1914.

Hernández, Amanda: *General Miguel Saavedra Romero*, spi, Chihuahua, 1984.

Hernández, Teodoro: "La muerte de Paulino Martínez", *La Prensa*, 13 diciembre 1956.

Hernández Llergo, Regino: "Una semana con Francisco Villa en Canutillo", *El Universal*, 12 al 18 de junio de 1922.

———: "Lo que no dije cuando entrevisté a Pancho Villa", *El Universal*, 21 julio 1923.

"Heroin of Mexico revolt dies", *El PasoTimes*, 15 junio 1969.

Herrera, Celia: *Francisco Villa ante la historia*, spi, 1939 (5ª edición ampliada, Costa Amic, México DF, 1989).

Herrera Vargas, Benjamín: *Chihuahua, cuna y chispa de la Revolución Mexicana*, spi, sf.

———: "Cómo murió Urbina, compadre de Villa", *Memorias del VI Congreso Nacional de Historia de la Revolución Mexicana*, Chihuahua, noviembre 1975.

———: "La cabeza de Villa está en Salaices, Chihuahua", *Memorias del VIII Congreso Nacional de Historia de la Revolución Mexicana*, Chihuahua, julio 1977.

———: "Cómo era y cómo murió el general Rodolfo Fierro", *Memorias del IX Congreso Nacional de Historia de la Revolución Mexicana*, Chihuahua, julio 1978.

———: "Villa era un hombre agradecido", *Memorias del XII Congreso de Historia de la Revolución Mexicana*, Chihuahua, julio 1981.

———: "El fusilamiento del general Pablo López", *Memorias del XIV Congreso Nacional de Historia de la Revolución Mexicana*, Chihuahua, julio 1983.

———: "Durazo decapitó a Pancho Villa", *Memorias del XIV Congreso Nacional de Historia de la Revolución Mexicana*, Chihuahua, julio 1984.

Herrera Vargas, Leonardo: "Doña Soledad Seáñez viuda de Villa, la esposa legítima del señor Francisco Villa", *Memorias del VI Congreso Nacional de Historia de la Revolución Mexicana*, Chihuahua, noviembre 1975.

———: "¿Dónde están los tesoros del general Francisco Villa?", *Memorias del XII Congreso Nacional de Historia de la Revolución Mexicana*, Chihuahua, julio 1981.

Hicks, Granville: *John Reed. La formación de un revolucionario*, IPN-Domés, México DF, 1990.

Historiadores Galácticos: "Genaro Codina", internet.

"Historic events in Arizona Guard History", internet.

Hobsbawm, Eric J.: *Rebeldes primitivos*, Ariel, Barcelona, 1974.

———: *Bandidos*, Crítica, Barcelona, 2003, que corresponde a la 4ª edición corregida.

Hovey, Tamara: *Testigo de la revolución*, Diana, México DF, 1981.

"Hoy en la madrugada fue aprehendido el jefe de los asesinos del gral. Villa", *Heraldo de México*, 10 agosto 1923.

"Hoy en la tarde llegará el señor general Villa", *Vida Nueva*, 27 abril 1914.

Hunt, Frazier: *One american and his attempt at education*, Simon And Schuster, New York, 1938.

Hurst, James W.: *The villista prisioners*, Yucca Free Press, Las Cruces, 2000.

Hurtado y Olín, Juan: *Estudios y relatos sobre la Revolución Mexicana*, Costa Amic, México DF, 1978.

Ibarrola, Juan Jr.: "Misterio y realidad sobre la cabeza de Pancho Villa", *El Heraldo de México*, 31 agosto 1967.

Iglesias Calderón, Fernando: "Pancho Villa en parangón con Juana de Arco", *Excélsior*, 9 abril 1939.

_____: "Villa ganaba tres millones de pesos cada dos días", *Excélsior*, 16 abril 1939.

"Importante entrevista con el doctor Samuel Navarro", *El Paso del Norte*, 29 junio 1913.

"Insisten en que nuestro Pancho Villa era colombiano", *Universal Gráfico*, 3 mayo 1955.

"Intervention considered", *El Paso Morning Times*, 10 noviembre 1913.

Investigation of Mexican affairs, preliminary report and hearing of the comitee of Foreign relations, United States Senate, Washington 1920.

Irving, Clifford: *Tom Mix y Pancho Villa*, Planeta, Barcelona, 1984.

"Is he the son of a mexican revolutionary hero?", *San Francisco Chronicle*, 16 septiembre 2002.

Islas Bravo, Antonio: "La División del Norte", *El Universal*, 25 y 27 marzo 1935.

_____: "El general Francisco Villa", *El Universal*, 15 abril 1935.

_____: "Una carta...", *El Universal*, 22 septiembre 1946.

Ita, Fernando de: "Soledad Seamez (sic) viuda de Villa recuerda su vida con el Centauro del Norte; fui su esposa, no su enamorada", *Unomásuno*, 18 marzo 1983.

Iturbe González, Ricardo: "Cómo fue la fuga de Pancho Villa", *El Universal*, 12-14 octubre 1964.

Jaurrieta, José María: *Con Villa, memorias de campaña* (1916-20), Conaculta, México DF, 1997.

Jiménez, Marco Antonio: Dos cuidados de la guerra, mecanográfico.

Jiménez H., Modesto: "Villa y los Herrera", *Siempre*, 11 noviembre 1964.

Johnson, William: *Heroic Mexico. The narrative history of a Twentieth Century Revolution*, Harcourt Brace Jovanovich, San Diego, 1984.

"Juarez denies an attack inminent", *El Paso Herald*, 24 diciembre 1913.

"Juarez gay", *El Paso Morning Times*, 21 noviembre 1913.

Justice, Glenn: *Revolution on the Rio Grande: Mexican raids and army pursuits, 1916-1919,* University of Texas, El Paso, 1992.

Juvenal (Enrique Pérez Rul): *¿Quién es Francisco Villa?*, Gran Imprenta Políglota, Dallas, 1916.

Katz, Friedrich: *Pancho Villa y el ataque a Columbus*, Nuevo México, Sociedad Chihuahuense de Estudios Históricos, abril 1979.

Katz, Friedrich: "La última gran campaña de Francisco Villa", *Boletín*, marzo 1991.

_____: *Ensayos mexicanos*, Alianza Editorial, México DF, 1994.

_____ *Pancho Villa*, Era, México DF, 1998.

_____: *Imágenes de Pancho Villa*, Era-Conaculta-INAH, México DF, 1999.

_____: "El asesinato de Pancho Villa", *Boletín*, septiembre-diciembre 1999.

_____: *Villa el gobernador revolucionario de Chihuahua*, Gobierno del Estado de Chihuahua, Chihuaha, 2003. Traducción y notas de Rubén Osorio.

Katz, Friedrich, Rubén Osorio, Jesús Vargas y otros: *Pancho Villa, la revolución y la ciudad de Chihuahua*, Doble Hélice-Ayto. Chihuahua, Chihuahua, 2000.

Kazmi, Sophia: "Pancho Villa's son thrills church crowd", internet.

Klingeman, John: "Francisco Villa and the battle of Ojinaga", mecanográfico.

Knight, Alan: *La Revolución Mexicana*, Grijalbo, México DF, 1996.

Kock, Edgar: "Mis recuerdos de Parral y Pancho Villa", *Excélsior*, 25 - 30 abril 1972.

Krauze, Enrique: *Francisco Villa. Entre el ángel y el fierro*, FCE, México DF, 1987.

_____: *Álvaro Obregón. El vértigo de la victoria*, FCE, México DF, 1987.

"La confiscación", *El Paso Morning Times*, 27 diciembre 1913.

"La División del Norte. Ahí viene Pancho Villa con sus Dorados", *Siempre*, 23 noviembre 1960.

"La lealtad del señor gral. Villa", *Vida Nueva*, 30 abril 1914.

"La muerte del feroz cabecilla Martín López", *El Correo del Norte*, Chihuahua, 4 octubre 1919.

"La primera esposa del guerrillero F. Villa", *Heraldo de México*, 16 agosto 1923.

La revolución en Chihuahua en las páginas del periódico *El padre Padilla*, Gobierno del estado de Chihuahua, Chihuahua, 2001.

La Soberana Convención Revolucionaria en Aguascalientes, 1914-1989, Instituto de Cultura de Aguascalientes, Ags., 1989.

"La trágica muerte de Villa", *El siglo*, 21 julio 1923.

La última tragedia o El calvario de un general mexicano, 2ª ed., El Paso, agosto 1920.

"La verdad acerca de la captura y muerte del general Tomás Urbina", *El Demócrata*, 30 julio 1923.

"La 7 leguas", *El Nacional*, 20 noviembre 1933.

Lamar III, Luis M.: "Visita de Villa", mecanográfico (colección Elizabeth Spence).

Langle Ramírez, Arturo: *La cobija de Pancho Villa*, Comisión Nacional para el Fomento y Aprovechamiento de la Leche, México DF, 1985.

Langle Ramírez, Arturo: *El ejército villista*, INAH, México DF, 1961.

_____: *Pancho Villa*, México revolucionario AC, México DF, 1991.

Lansford, William Douglas: *Pancho Villa, historia de una revolución*, Argos, Barcelona, 1967.

"Las esposas de Francisco Villa", *El Siglo de Torreón*, 16 febrero 2003.

Lerner, Victoria: "Espías mexicanos en tierras norteamericanas, 1914-15", *New Mexico Historical Review*, 3 julio 1994.

_____: "Una derrota diplomática crucial, la lucha villista por el reconocimiento diplomático estadounidense, 1914-1915", *Estudios de Historia moderna y contemporánea de México*, junio-diciembre 2001.

_____: "Estados Unidos frente a las conspiraciones fraguadas en su territorio por exiliados en la época de la revolución", internet.

Levy Aguirre, Abraham: "El general Eugenio Aguirre Benavides. Recuerdos de familia", en *Revista Coahuilense de Historia*, Saltillo, mayo-junio 1979.

Lister, Florence y Robert H.: *Chihuahua, almacén de tempestades*, Gobierno del Estado de Chihuahua, Chihuahua, 1986.

Lizalde, Eduardo: *Siglo de un día*, Vuelta, México DF, 1993.

"Llegó anoche el gral. Dn. Francisco Villa", *Vida Nueva*, 20 abril 1914.

"Lo que dice Villa", *El Paso Morning Times*, 29 diciembre 1913.

Lomax, Harry J.: The treasure of Pancho Villa", *Male*, enero 1957.

López Azuara, Miguel: "Visión del transporte en México", *Excélsior*, 23 marzo 1962.

López de Lara, Laura (comp.): *El agrarismo en Villa*, Centro de Estudios Históricos del Agrarismo en México, 1982.

López-Pérez, Fernando: "Intentan linchar a prelado que buscaba tesoros en una iglesia", *La Jornada*, 21 noviembre 2003.

López Portillo, Fernando: "Villa dirige una carta al general Ángel Flores", *El Sol de México*, 29 octubre y 1 noviembre 1968.

López Salinas, Samuel: *La batalla de Zacatecas*, Botas, México DF, 1964.

López Valles, Concepción y Humberto Payán: *Pancho Villa. Centauro infinito*, Anaya Editores, México DF, 2003.

"Los propósitos de restitución de los fabulosos bienes que acumuló Urbina han quedado frustrados por ahora", *Universal Gráfico*, 15 abril 1927.

"Louis Fischbein led unique life", *El Paso Times*, 11 julio 1973.

Loyo, Martha: "Obregón, Calles y Amaro en la muerte de Villa", mecanográfico.

Loyo Camacho, Martha Beatriz: *Joaquín Amaro y el proceso de institucionalización del ejército mexicano*, 1917-1931, FCE, México DF, 2003.

Lozoya Cigarroa, Manuel: *Francisco Villa, el Grande*. Edición del autor, Durango, 1988.

Luzardo, Santos: *Por los caminos de Pancho Villa*, Edición del autor, Monterrey, 1996.

Luzuriaga, Guillermo; "Francisco Villa fue leal a Madero", *El Porvenir*, 29 julio, 31 agosto 1961.

Machado Jr., Manuel A.: *Centaur of the north*, Eakin Press, Austin, 1988.

Machuca Macías, Pablo: *La revolución en una ciudad del norte*, Costa Amic, México DF, 1977. Segunda edición corregida y aumentada, La Voz de Gómez Palacio, 1985.

"Madero declaró roto el arministicio", *El Heraldo Mexicano*, extra, 6 mayo 1911.

Madero, Emilio: "El general Ángeles en la batalla de Ramos Arizpe", *El Universal*, 16 febrero 1931.

Magaña, Gildardo: *Emiliano Zapata y el agrarismo en México*, Comisión para la Conmemoración del Natalicio del General Emiliano Zapata, México DF, 1979. 5 ts.

Magaña, Octavio: Historia documental de la revolución", *El Universal*, 10 febrero 1952.

Magdaleno, Mauricio: "Exhumación de Villa", *El Universal*, 21 enero 1936.

_____: "Villa está por sobre el vituperio", *El Universal*, 9 enero 1951.

_____: "Cómo conoció el autor a Pancho Villa", *Todo*, 7 julio 1953.

_____: "La ciudad de la Convención de 1914", *La Prensa*, 5 octubre 1964.

_____: *Escritores extranjeros en la revolución*, Instituto Nacional de Estudios Históricos de la Revolución Mexicana, México DF, 1979.

_____: *Instantes de la revolución*, Instituto Nacional de Estudios Históricos de la Revolución Mexicana, México DF, 1981.

"Maj. Fierro tells of federal flight", *El Paso Herald*, 13 enero 1914.

Mancisidor, Anselmo: "Anécdotas de la revolución", *Dictamen de Veracruz*, 4 diciembre 1960, 17 febrero 1966.

_____: "Remembranzas", *Dictamen de Veracruz*, 12-15 diciembre 1965; 23, 24, 26, 27 enero 1966.

_____: *Remembranzas. Hechos y hombres de la revolución*, Talleres Gráficos de la Nación, México DF, 1986.

Manifiesto del sr. general Villa a la nación y documentos que justifican el desconocimiento del c. Venustiano Carranza como primer jefe de la revolución, División del Norte, Chihuahua, octubre 1914.

Mantecón Pérez, Adán: *Recuerdos de un villista*, spi, 1967.

Mar, Juan del: "Sombras de Villa", *Todo*, 30 septiembre, 7 y 14 octubre 1937.

María y Campos, Armando de: *La Revolución Mexicana a Través de los Corridos Populares*, INEHRM, México DF, 1962.

Marshall, Peter: "The mexican revolution photography", internet.

Márquez Rodiles, Ignacio: "Pancho Villa y la escuela rural", *El Nacional*, 2 febrero 1948.

Martínez, Guillermo: "En las garras de la muerte. Pancho Villa", *El Mundo*, México DF, sf. (¿1924?).

_____: "La verídica historia de Pancho Villa", *El Mundo*, 28, 31 julio, 1, 2, 3, 4, 6, 9 agosto; 1, 3, 5, 7, 10, 15, 18, 21, 22, 24, 26, 28 septiembre 1923.

Martínez, Oscar J.: *Ciudad Juárez: El auge de una ciudad fronteriza a partir de 1948*, FCE, México DF, 1982.

_____: *Fragments of the mexican revolution*, University of New Mexico Press, Albuquerque, 1983.

Martínez Assad, Carlos, Mario Ramírez Rancaño y Ricardo Pozas Horcasitas: *Revolucionarios fueron todos*, SEP-FCE, México DF, 1982.

Martínez Guzmán, Gabino y Juan Ángel Chávez Ramírez: *Durango: un volcán en erupción*, Gobierno del Estado de Durango-FCE, México DF, 1998.

Martínez Guzmán, Gabino: *Crónica viva de la revolución en Durango (1912-13)*, UJED, Durango, 2002.

_____: *La nueva clase gobernante (Durango, 1920-24)*, UJED, Durango, 2003.

Martínez Mancera, Salvador: "Interesantísimo relato de uno de los matadores de Villa", *Universal Gráfico*, 8 julio 1937.

_____: "No fue Villa personalmente quien mató a Tomás Urbina", *Universal Gráfico*, 20 octubre 1937.

Martínez Ruiz, Ezequiel: "La serenidad, salvación de Murguía", manuscrito, Archivo Valadés.

Mason, Gregory: "Reed, Villa and the Village", *Outlook*, 6 mayo 1935.

Masser, Max: "Siete años con el general Francisco Villa", *Memoria del VI Congreso de Historia de la Revolución Mexicana*, Chihuahua, noviembre 1975.

Matute, Álvaro: *La carera del Caudillo. Historia de la Revolución Mexicana*, t. 8. El Colegio de México, México DF, 1980.

———compilador: *Documentos relativos al general Felipe Ángeles*, Domés, México DF, 1982.

——— : *La Revolución Mexicana, actores, escenarios y acciones. (Vida cultural y política, 1901-1929)*, Instituto Nacional de Estudios Históricos de la Revolución Mexicana-Océano, México DF, 1993.

McGaw, Bill: "Did Villa raid Columbus because merchant refused to sell him guns?", *The Southwesterner*, 24 junio 1961.

———: "Holmdahl a soldier of fortune who has made a few of them", *The Southwesterner*, octubre 1962.

———: "Villa's head nearly costs adventurer his", *Herald Post*, 11 agosto y 8 noviembre 1962.

———: "Was Pancho Villa paid $80,000 for making the raid on Columbus?", *The southwesterner*, mayo 1964.

———: "Villa got $80,000 to raid Columbus", *El Paso Journal*, 10 marzo 1976.

———: "True story of Villa's missing head", *El Paso Journal*, 1 diciembre 1976.

———: *South West Saga*, Golden West Publishers, Phoenix, 1988.

———: "Did Villa raid a motorcycle or mule in his raid on Columbus in 1916?", recorte de prensa.

McLynn, Frank: *Villa and Zapata. A biography of the mexican revolution*. Jonathan Cape, London, 2000.

McWilliams, Carey: *The mysteries of Ambrose Bierce*, American Mercury, Camdem, NJ, 1931.

Medina Ruiz, Fernando: *Francisco Villa. Cuando el rencor estalla*, Jus, México DF, 1972.

"Medina in jail", *El Paso Morning Times*, 2 diciembre 1913.

"Medina is jailed in El Paso", *El Paso Herald*, 2 diciembre 1913.

Medrano, Álvaro: "El único superviviente de la tragedia donde fue muerto, en Parral, el general Villa, se halla en México", *El Universal*, 25 noviembre 1938.

Meed, Douglas W.: *Soldier of fortune, adventuring in Latin América and Mexico with Emil Lewis Holmdahl*, Halcyon Press, 2003.

Meixueiro, José G.: "Asesinaron a tiros a un hijo de Villa en Chihuahua", *Novedades*, 29 septiembre 1967.

Mejía Prieto, Jorge: *Las dos almas de Pancho Villa*, Diana, DF, 1990.

———: *Yo, Pancho Villa*, Planeta, México DF, 1992.

Melgoza, José Luis: "Toribio Ortega, un gran olvidado de la Revolución Mexicana", *Memorias del XIII Congreso de Historia de la Revolución Mexicana*, Chihuahua, julio 1983.

"Memorias de un dorado", *Heraldo de México*, 19 al 31 agosto, 1, 3 al 10, 13 septiembre y 1 al 4 octubre 1923.

Mena Brito, Bernardino: "¡Viva Villa!", *El Universal*, 14 mayo 1935.

———: *Carranza. Sus amigos, sus enemigos*, Ediciones Botas, México DF, 1935.

———: *El lugarteniente gris de Pancho Villa*, edición del autor, México DF, 1938.

———: "El general Francisco Villa, contrarrevolucionario", *La Prensa*, 1, 3, 7, 9, 11, 14, 23, 28 noviembre, 5, 14, 27,30 diciembre 1938 y 4 enero 1939.

———: *Felipe Ángeles federal*, Ediciones Herrerías, México DF, 1956.

Mercado, Salvador R.: "Los verdaderos acontecimientos sobre la destrucción de la división del norte en el estado de Chihuahua", mecanográfico, anotado por Vito Alessio Robles.

———: "El general Mercado contesta a varias irregularidades", desplegado, Archivo Vito Alessio Robles.

Meyer, Eugenia: "Hablan los villistas", *Antropología e Historia*, julio-septiembre 1978.

Meyer, Eugenia, María Alba Pastor, Ximena Sepúlveda y María I. Souza: "La vida con Villa en la hacienda de Canutillo", *Secuencia*, Instituto Mora, mayo-agosto 1986.

Meyer, Eugenia: "El México bárbaro del norte" en *Francisco Villa y la Revolución Mexicana en el norte*, Universidad Juárez, Durango, 1998.

Meyer, Harold J.: *Hanging Sam: a military biography of general Samuel T. Williams, from Pancho Villa to Vietnam*, University of North Texas Press, Denton, 1990.

Meyer Jean: "Pancho Villa contra Rusia", *El Universal*, 30 octubre 2005.

———: *La revolución mejicana*, Dopesa, Barcelona, 1973.

Meyer, Michael C.: "Villa, Sommerfeld, Columbus y los alemanes", *Historia Mexicana*, núm. 112, Colmex, México DF.

_____: *Huerta. Un retrato político*, Editorial Domés, México DF, 1983.

_____: *El rebelde del norte. Pascual Orozco y la revolución*, UNAM, México DF, 1984.

Meyers, William K.: "Pancho Villa and the multinationals: United States Mining Interests in Villista Mexico, 1913-1915", *Journal of Latin American Studies*, Mayo 1991.

"Mexican borders watchs for missing Villa auto", *The National Observer*, 29 octubre 1962.

México 1916, Librerías de Quiroga, San Antonio, Texas, 1917.

Michel, Zenaido: "Páginas de mis memorias", *Informador de Guadalajara*, 3 septiembre 1961.

Milholland, David: "John Reed in Mexico & Latin America", internet.

"Millions are confiscated", *El Paso Morning Times*, 17 diciembre 1913.

Moguel Flores, Josefina: *Guía e índices del Archivo del licenciado Federico González Garza, 1889-1920*, Condumex, México DF, 2000.

Molloy Mason, Herbert: *The great pursuit*, Random House, Nueva York, 1970.

Monjarás-Ruiz, Jesús (comp.): *Los primeros días de la revolución*, Sepsetentas, México DF, 1975.

Montes de Oca, José G.: "Pancho Villa hizo un pacto con el diablo", *Excélsior*, 9 julio 1939.

Morales Jiménez, Alberto: *1910, biografía de un año decisivo*, Instituto Nacional de Estudios Históricos de la Revolución Mexicana, México DF, 1963.

Morris Jr., Roy: *Ambrose Bierce alone in bad company*, Crown Publishers, New York, 1995.

Mraz, John: "Historia y mito del Archivo Casasola", *Jornada Semanal*, 31 diciembre 2000.

Munch, Francis J.: "Villa's Columbus raid: Practical Politics or German design?", *New Mexico Historical Review*, julio 1969.

Muñoz, Ignacio: "Cómo aprehendí a Urbina", *Todo*, 30 julio 1935.

_____: *Cuentos de mar y de guerra*, Ediciones Populares, México DF, 1962.

_____: *Verdad y mito de la Revolución Mexicana*, Ediciones Populares, México DF, Tomo 1 (1960), Tomo 2 (1960), Tomo 3 (1962), Tomo IV (1965).

Muñoz, Rafael F. y Ramón Puente: *Rayo y azote*, La Prensa, México DF, 1955.

Muñoz, Rafael F.: *Se llevaron el cañón para Bachimba*, en *La novela de la Revolución Mexicana* de Aguilar, México DF, 1962.

Muñoz, Rafael F: *¡Vámonos con Pancho Villa!*, en *La novela de la Revolución Mexicana*, Aguilar, México DF, 1962.

_____: *Obras incompletas, dispersas o rechazadas*, Oasis, México DF, 1967.

_____: *Relatos de la revolución*, Cuentos completos, Utopía, México DF, 1976.

"Murió Francisco Villa", extra de *El Siglo de Torreón*, 20 julio 1923.

Muro, Luis y Berta Ulloa: *Guía del ramo Revolución Mexicana, 1910-1920, del Archivo Histórico de la Defensa Nacional*, Colmex, México DF, 1997.

"Mutiny or attack?", *El Paso Morning Times*, 15 noviembre 1913.

"Mutiny threatens Villa's authority", *New York Times*, 16 octubre 1915.

Múzquiz, Francisco y J. N. Palomares: *Las campañas del norte (sangre y héroes). Narración de los sucesos más culminantes registrados en las batallas de Torreón, Durango, Gómez Palacio y San Pedro*, Andrés Botas, México DF, 1914.

"Nada se aclara en el robo de la cabeza de Villa", *El siglo de Torreón*, 9 febrero 1926.

Nápoles, Cecilia: "El Paso women nursed Villa's wounded troups back in 1910", *Paso Times*, 7 enero 1951.

Nastri, Beatriz: "Chile con asadero, plato preferido de Pancho Villa", *El Sol de México*, 26 julio 1975.

Naylor, Thomas H.: "Massacre at San Pedro de las Cuevas: The significance of Pancho Villa's Disastrous Sonora Campaign", *The Western Historical Quarterly*, abril 1977.

Nieto, Andrés M.: *Un villista más, los olvidados*, spi, Monterrey Park, 1995.

"Norman Walker", internet.

"*Novedades* descubre interesantes documentos históricos", *Novedades*, 21 noviembre 1960.

"Nueve heridas recibió, todas mortales", *Excélsior,* 22 de julio 1923.

Nugent, Daniel: *Spent cartridges of a revolution. An anthropological history of Namiquipa,* Chicago University Press, 1993.

Nuñez, Aurora and Amanda Taylor: " Otis A. Aultman Captured Border History in Pictures", internet.

O'Connor, Richard: *Black Jack Pershing,* Doubleday, Nueva York, 1961.

_____: *Ambrose Bierce,* Little Brown, Boston - Toronto, 1967.

_____ y Dale L. Walker: *El revolucionario frustrado,* Grijalbo, Barcelona, 1973.

Obregón, Álvaro: *Ocho mil kilómetros en campaña,* FCE, México DF, 1973.

Ocampo, Antonio: "No existió La Adelita", *Todo,* 8 noviembre 1945.

"Ocho columnas volantes están persiguiendo con actividad a los asesinos del general Francisco Villa", *El Demócrata,* 22 julio 1923.

Ochoa, Rodolfo: "Buscan la verdad sobre las victorias de Villa", *Novedades,* 13 enero 1967.

"Ojinaga", mecanográfico (Archivo de Rubén Osorio).

Olea Arias, Heliodoro: *Apuntes históricos de la Revolución de 1910-1911: de Bachíniva a Cd. Juárez, Chihuahua,* spi, 1961.

Ontiveros, Francisco de Paula: *Toribio Ortega y la revolución en la región de Ojinaga* (nueva edición: *Toribio Ortega y la Brigada González Ortega,* Biblioteca Chihuahuense, Chihuahua, 2003).

"Opiniones del gral. Villa", *Vida Nueva,* 20 abril 1914.

Orellana, Margarita de: *La mirada circular. El cine norteamericano de la Revolución Mexicana.* Artes de México, México DF, 1999.

Oren, Arnold: *The Mexican centaur, an intimate biography of Pancho Villa,* Portals, Tuscaloosa, 1979.

Orestes, Otilio: "Ni los Lozoya ni Salas Barraza asesinaron a Villa", *Novedades,* 21 julio 1961.

_____: "Se desvanece la leyenda del mayor Salas Barraza", *Novedades,* 17 noviembre 1954.

Orihuela, Filemón: "La muerte del general Maclovio Herrera", *El Universal,* 30 noviembre 1967.

Orlaineta, Carlos: "Cómo ocultó su fabuloso tesoro Tomás Urbina", *Revista de Revistas,* 27 noviembre 1932.

Orozco, Víctor: *Diez ensayos sobre Chihuahua,* Doble Hélice ediciones, México DF, 2003.

Orozco Ríos, Ricardo: *Francisco Villa,* Planeta D'Agostini, México DF, 2002.

"Orozco frente a Villa", *El Paso Morning Times,* 10 noviembre 1913.

Ortega, José Juan: "El general Hipólito Villa", *El informador,* 23 mayo 1964.

Osorio, Rubén: "Tercera toma de Torreón por el general Francisco Villa. Aspectos históricos y Literarios", *Memorias del VI Congreso de Historia de la Revolución Mexicana,* Chihuahua, noviembre 1975.

_____: *Pancho Villa, ese desconocido,* Gobierno del Estado de Chihuahua, Chihuahua, 1990.

"The Death of a President and the Destruction of the Mexican Federal Army, 1913-1914, mecanográfico.

La correspondencia de Francisco Villa. Cartas y telegramas de 1911 a 1923. Biblioteca Chihuahuense, Chihuahua, 2004.

Osorio Zúñiga, Rubén: "El origen de Doroteo Arango o Francisco Villa", internet.

Ojinaga, "materiales para una exposición", mecanográfico.

La familia secreta de Pancho Villa, Gobierno del Estado de Chihuahua, Chihuahua, 2003. Primera edición en 2000, en edición bilingüe por la Soul Ross State University.

Pacheco, José Emilio: "Ficción de la memoria y memoria de la ficción", *Proceso,* 23 noviembre 2003.

Pacheco Moreno, Daniel: "La verdad por encima de todo", *El Universal,* 17 julio 1938.

Pagés Llergo, José: "El origen de La Adelita", *Todo,* 21 octubre 1937.

"Paints Villa as hero", *New York Times,* 14 mayo 1914.

Palomares, Justino N.: "El homenaje a Francisco Villa", *La Prensa,* 26 julio 1938.

_____: *Anecdotario de la revolución,* 2ª edición del autor aumentada, México DF, 1958.

"Pancho Villa en su afán de matar dio muerte a un pobre", *El Nacional,* 4 junio 1918.

"Pancho Villa killed at Parral (Chih.)", *El Universal,* english page, 20 julio 1923.

"Pancho Villa tuvo 19 esposas y a todas les cumplió", *El Nacional,* 16 mayo 1982.

"Pancho Villa's pistol stolen from Museum", *Herald Post*, 3 agosto 1955.

Pani, Alberto J.: *Apuntes autobiográficos*, Librería de Manuel Porrúa, México DF, 1951, 2 ts.

"Para la historia", *La Prensa*, 3, 6, 8, 9, 15, 17 enero, 27 octubre, 3, 21 noviembre, 1931 y 26 julio 1932.

Paredes, Américo: "The ox got drunk with blinders on", *Western Folklore*, enero 1961.

Parra, Gonzalo de la: "La verdad más aproximada sobre la cabeza de Villa", *El Universal*, 23 febrero 1951.

Parra Arellano, J: "Ratificaciones a las memorias de Pancho Villa", *Heraldo de México*, 17 agosto 1923.

Parrish, Joe: "Car in which Pancho Villa killed brought here for possible tour", *El Paso Times*, 29 enero 1952.

_____: "Pancho Villa's death car cranks international row", *El Paso Herald*, 29 junio 1952.

Pazuengo, Matías: *La revolución en Durango,* Congreso Estatal de Durango, Durango, 1988.

"Pensive Villa", *El Paso Times*, 9 abril 1956.

Perea, Héctor, Javier Guzmán: *Martín Luis Guzmán, Iconografía*, FCE, México DF, 1987.

Pérez Rul, Enrique: "Rectificaciones a las memorias de Francisco Villa", *Heraldo de México*, 20 agosto 1923.

_____: "Cómo salvé la vida al General Obregón", *El Universal,* 11 junio 1933.

Pereyra, Carlos: *El crimen de Woodrow Wilson*, Imprenta de Juan Pueyo, Madrid, 1917.

Pershing, John J.: Mecanoscrito de 27 páginas relativo a la Expedición Punitiva, Pershing Pepers, Box 373 (ojo, citado como Box 372), copia en el archivo Haldeen Braddy de las colecciones especiales de la Biblioteca de la UTEP.

Peterson, Jessie y Thelma Knoles: *Intimate recollections by people who knew him*, Hastings, New York, 1977.

"Pictures of Ojinaga battle", *El Paso Morning Times*, 10 enero 1914.

"Pide justicia un hermano de Villa", *Excélsior*, 22 febrero 1962.

Pilcher, Jeffrey M.: "Pancho Villa rides into mexican legend, or: The cavalry mith and military tactics in the mexican revolution", *Military History of the West*, Primavera 1966.

Pinchon, Edgcumb: *Viva Villa! A recovery of the real Pancho Villa, peon, bandit... soldier... patriot,* Grosset and Dunlop, Nueva York, 1933.

Piña, Joaquín: "Cuando lloró Francisco Villa", recorte de prensa.

Piñera, David (coordinador): *Visión histórica de la frontera norte de México*, t. 3, UABC, Mexicali, 1987.

Piñón Valderrama, David: "A 80 años de su muerte", *El Heraldo de Chihuahua*, internet.

Plana, Marco: *Pancho Villa and the mexican revolution.* Interlink Books, Nueva York, 2002.

Portilla, Santiago: *Una sociedad en armas*, Colmex, México DF, 1995.

Portilla, Segundo: "Las conexiones de Villa con las compañías petroleras de EU", *unomásuno*, 1 diciembre 1983.

Puente, Ramón: *Pascual Orozco y la revuelta de Chihuahua*, Eusebio Gómez de la Puente, México DF, 1912.

_____: *Vida de Francisco Villa contada por él mismo*, O. Paz y Cia. Editores, Los Angeles, 1919. Una nueva versión en: "Memorias de Francisco Villa", *El Heraldo de México*, 1 al 7 de agosto de 1923; una tercera editada en folleto: "Vida de Francisco Villa contada por él mismo, 1919, *Universal Gráfico*, y una cuarta en: "Vida de Francisco Villa contada por él mismo", *Excélsior*, junio-julio 1957.

_____: *Hombres de la revolución. Villa.* Mexican American Publishing Co. Los Angeles, 1931.

_____: "La verdadera historia de Pancho Villa", *Excélsior*, 23 marzo-19 abril 1931 (origen de *Villa en pie*).

_____: "Los detractores de Villa", *Excélsior*, 30 abril 1935.

_____: *Villa en pie*, Castalia, México DF, 1966.

_____: *La dictadura, la revolución y sus hombres*, Instituto de Estudios de la Revolución Mexicana, México DF, 1985.

_____: "Francisco Villa", en *Tres revolucionarios, tres testimonios*, EOSA, México DF, 1986.

_____: *Hombres de la revolución: Calles*, FCE, México DF, 1994.

Puig, Juan: *Entre el río Perla y el Nazas*, Conaculta, México DF, 1992.

Puga, Raúl: *Los colorados. Una novela diferente de la revolución*, Diana, México DF, 2000.

_____: *Los colorados. Segunda parte*, Diana, México DF, 2002.

"Quieren provocar rompimiento", El Paso Herald, 21 enero 1914.

Quintero Corral, Lucio: Pancho Villa derrotado en Tepehuanes, Dgo. al intentar tomar la ciudad de Durango en 1918, Ed. del autor, Ciudad Juárez, 1990.

Quirk, Robert E., La Revolución Mexicana 1914-1915. La Convención de Aguascalientes, Editorial Azteca, México DF, 1960.

Quiroz, Carlos: "Cómo se comentó en la cámara la muerte de Francisco Villa", El Universal, 21 julio 1923.

R. de la Vega, Santiago: "El general Francisco Villa en la Convención de Aguascalientes", El Universal, 21 julio 1923.

Rakocy, Bill: Villa raids Columbus, N. Mex., Bravo Press, El Paso, 1981.

Ramírez, Guillermo H.: "José Miraso y la muerte de Villa", La Prensa, 13 mayo 1939.

_____: Melitón Lozoya único director intelectual en la muerte de Villa. Editorial Herrera, Durango, sf.

_____: "Algo más sobre la muerte de Villa", recorte de prensa.

Ramírez de Aguilar, Jacobo: "Vida y hazañas del audaz guerrillero Pancho Villa", El Universal, México, 21 julio 1923.

Ramírez Garrido, Jaime: Axkaná: Martín Luis Guzmán, ICC, Campeche, 2003.

Ramírez Hurtado, Luciano: Aguascalientes en la encrucijada de la Revolución Mexicana. David G. Berlanga y la soberana convención, Universidad Autónoma de Aguascalientes, Aguascalientes, 2004.

Ramírez Plancarte, Francisco: La ciudad de México durante la revolución constitucionalista, Ediciones Botas, México DF, 1941.

Ramos, José Antonio: "Ambrose Bierce soldado de Villa", Gráfico, 6 noviembre 1932.

Ramos Dávila, Roberto: Batalla de Zacatecas, Centro de Investigaciones Históricas - Gobierno del Estado de Zacatecas, Zacatecas, 1996.

Ramos Nava, Daniel: "Algunas contradicciones en textos históricos relacionados con el general don Francisco Villa", Memorias del IX Congreso Nacional de Historia de la Revolución Mexicana, Chihuahua, julio 1978.

Raun, Gerald G.: "Refugees or Prisoners of War: The Internment of a Mexican Federal Army after the Battle of Ojinaga, December 1913–January 1914", mecanográfico.

Reachi, Santiago: Pancho Villa and the revolutionist, Exposition Press, Nueva York, 1976.

"Real bullets", El Paso Morning Times, 24 diciembre 1913.

"Rebel chief is declared a sport by the local fans", El Paso Herald, 16 noviembre 1913.

"Rebel leader demands surrender and being refussed begins assault", El Paso Morning Times, 6 noviembre 1913.

"Rebel quit Juarez to battle federals only 15 miles away", El Paso Herald, 22 noviembre 1913.

Redding, James F: "Rebels slain", El Paso Morning Times, 27 noviembre 1913.

Reed, John: Villa y la Revolución Mexicana, introducción de Jorge Ruffinelli, Nueva Imagen, México DF, 1983.

_____: México Insurgente, Ediciones de Cultura Popular, México DF, 1980.

_____: Hija de la revolución y otras narraciones, FCE, México DF, 1982.

_____: "Almost 30", traducción del autor, manuscrito.

"Reflejos", Excélsior, 6 septiembre 1962.

Rentería, Ramón: "Mexican view: Vengeance brought Villa to Columbus", El Paso Times, 4 julio 1976.

Reyes, Jesús Trinidad: "Villa as avenger, the murder of Claro Reza", recorte, archivo Rubén Osorio.

Reyes Mireles, Jesús: San Pedro de las Colonias, Gobierno de Coahuila, Saltillo, 1997.

Reza Marrufo, Ramón: "El asesinato del general Villa", internet.

Richkardy, Ignacio: 60 años en la vida de México, Edición del Autor, México DF, 1963.

Richmond, Douglas W.: La lucha nacionalista de Venustiano Carranza. 1893-1920, FCE, México DF, 1986.

Ríos, Ernesto: "Carta a Juan Hurtado", 23 septiembre 1972, PHO 1/83.

Rivas Coronado, Carlos: Los horrores del carrancismo en la ciudad de México, spi, México DF, 1915.

Rivas López, Ángel: El verdadero Pancho Villa, La Prensa, Chihuahua, 1970.

Rivero, Gonzalo: *Hacia la verdad. Episodios de la revolución*, Gobierno del Edo. de Chihuahua, Chihuahua, 2004.

Roberts, J. W.: "Another of Villa's ex friends reveals the bandit's true colors", *El Paso Herald Post*, 15 septiembre 1915.

Roberts, Sidney: "Why an old mexican land owner hates Villa", *Litterary Digest*, 8 noviembre 1919.

Robledo, Federico P.: *El constitucionalismo y Francisco Villa a la luz de la verdad*, Ediciones El Demócrata, Matamoros, 1915.

Robleto, Hernán: *La mascota de Pancho Villa*, Libromex, México DF, 1960.

Robbins, Alexandra: *Secrets of the Tomb: The Ivy League, and the Hidden Paths of Power, Little Brown,* Nueva York, 2002.

Robinson, Carlos T.: "Hombres y cosas de la Revolución", Hermosillo, 1936 (los capítulos sobre Villa en *El Sol de México*, 11 y 21 de julio de 1967).

Rocha, Rubén G.: "Que el árbol donde se estrelló el coche de Villa ya no existe", *El Heraldo de Chihuahua*, 27 febrero 1963.

Rocha Isla, Martha Eva: *Las defensas sociales en Chihuahua*, INAH, México DF, 1988.

Rodríguez, Camerino: *Un villista en los últimos días de la revolución,* Testimonios regionales, UACJ, Chihuahua, 1966.

Rodríguez, José María: "Capítulos selectos de la autobiografía y Memorias del doctor y general José…", *Novedades*, 17, 24 noviembre, 1, 8 diciembre 1963.

Rodríguez, Rito: "¿Por qué se sentó en la silla presidencial el general Francisco Villa el 5 de febrero de 1915", *El Legionario,* 15 enero 1958.

Rodríguez, Rito E.: "¿Cómo nació el nombre de los dorados de Villa?", *El Legionario*, 15 agosto 1957.

Rojas, Basilio: *La soberana convención de Aguascalientes*, Editorial Comaval, Naucalpan, 1961.

Rojas González, Guillermo: "Las bondades del general Ángeles", *El Heraldo de Chihuahua*, 3, 9-13 julio 1961.

_____: "Tras mi ventana. El general Buelna en El Paso", *Heraldo de Chihuahua*, 17 agosto 1961.

Romance histórico villista. Diario en verso de un soldado de Villa, spi, Chihuahua, 1975. (También en Avitia: Corrido Histórico Mexicano, t. 3.)

"Romántico, sentimental y devoto era Pancho Villa, dice su viuda", *El Universal*, 8 agosto 1958.

Romero, Arturo: "El general Maclovio Herrera. En el cincuentenario de su muerte", *Boletín Bibliográfico de la Secretaría de Hacienda*, 1 mayo 1965.

Romero, Jesús C.: "La cucaracha", *Mañana*, 13 diciembre 1952.

Rosains, Ramón: "Hombres de la revolución: general Francisco R. Murguía", *Boletín Bibliográfico de la Secretaría de Hacienda*, 15 enero 1963.

Rosales, José Natividad: "María Conesa", *Siempre*, 30 junio 1965.

Rosas, Alejandro: *Felipe Ángeles*, Planeta D'Agostini, México DF, 2002.

Rosen, Hyman E.: "Sam Drebden, warrior, patriot and hero", internet.

Rosenbaum, Ron: "At Skull and Bones, Bush's Secret Club Initiates Ream Gore", internet.

Rosentone, Robert: *John Reed, un revolucionario romántico*, Era, México DF, 1975.

Ross, Stanley: *Madero*, Grijalbo, México DF, 1977.

Rubín, Ricardo: "Villa frente al tiempo", *Excélsior*, 20 julio 1973.

Saad, Malaky: "Habla el hermano de Pancho Villa", *El Universal*, 29 abril 1962.

Sáenz; Aarón: "Los resultados de la derrota del villismo en agosto y septiembre de 1915", *El Porvenir*, 15 diciembre 1965.

_____: "El triunfo en León", *Excélsior* 7, 8 junio 1965.

_____: "En julio de 1915. La batalla de Aguascalientes", *Excélsior*, 13 julio 1965.

_____: "Batallas de Celaya", *El Legionario*, mayo, junio 1966.

Sáenz Garza, Aarón: *Diario de campaña, 1914-1915*, México desconocido, México DF, 2003.

Salas Loyo, Raimundo: *Semblanza militar de los cc generales de división Maclovio Herrera y Francisco Murguía,*

Secretaría de la Defensa Nacional, México DF, 1966.

Salcedo, José Socorro: *Luz y sombras en la muerte del general Francisco Villa*, Ed. del autor, Chihuahua, 1998.

Saldaña, María Isabel: *Pedro V. Rodríguez Triana. Un general de la revolución en Coahuila*, Conaculta-Instituto Coahuilense de Cultura-Universidad Iberoamericana, Torreón, 1997.

Salinas Carranza, Alberto: *La expedición punitiva*, Ed. Botas, México DF, 1936.

Salmerón, Pedro: "Pensar el villismo". Sobretiro de *Estudios de Historia Moderna y Contemporánea de México*, México DF, 2000.

_____: *Aarón Sáenz Garza, militar, diplomático, político, empresario*, Miguel Ángel Porrúa, México DF, 2001.

_____: *La División del Norte*, tesis profesional, UNAM, México DF, 2003.

_____: "Benjamin Argumedo y los colorados de la Laguna". Sobretiro de *Estudios de Historia Moderna y Contemporánea de México*, México DF, 2004.

Samper, Carlos: "Cuando Villa tuvo miedo", recorte de prensa.

Sánchez, Santiago Z.: "El primer combate de Villa en la revolución, *El Legionario*, 15 febrero 1957.

Sánchez Azcona, Juan: *La etapa maderista de la revolución*, Instituto Nacional de Estudios Históricos de la Revolución Mexicana, México DF, 1960.

Sánchez de Anda, Guillermo: *Chao, revolucionario en dos países*, Etoile, México DF, 2003.

Sánchez Escobar, Rafael: *Narraciones revolucionarias mexicanas histórico anecdóticas*, Talleres Tipográficos de la Casa de Orientación para Varones, Tlalpan, 1934.

Sánchez Lamego, Miguel A.: *Historia militar de la revolución constitucionalista*, Instituto Nacional de Estudios Históricos de la Revolución Mexicana, México DF, 1956-1960. (3 ts. y dos de anexos.)

_____: *Historia militar de la Revolución Mexicana en la época maderista*, Instituto Nacional de Estudios Históricos de la Revolución Mexicana, México DF, 1976. (Dos tomos.)

_____: *Generales de la revolución*, Instituto Nacional de Estudios Históricos de la Revolución Mexicana, México DF, 1979. (2 ts.)

_____: *Historia militar de la revolución en la época de la Convención*, México, INEHRM, 1983.

Sandos, James: "A German involvement in Northern Mexico, 1915-1916. A new look at the Columbus raid", *Latin American Historical Review*, febrero 1970.

_____: "Pancho Villa and American Security: Woodrow Wilson's Mexican Diplomacy reconsidered", *Journal of Latin American Studies*, Noviembre 1981.

Santa María, Luis: *Aventuras y romances de Pancho Villa*, Laboratorios Picot, México DF, sf.

Santana, María Luisa: *Recetario*, copia.

Santos Landois, Jesús: *Los vaqueros de Santa Rosa*, Archivo Histórico de Saltillo. sf.

Santos Valdés, José: "Sangre y metralla: la toma de Torreón", *El Sol de Durango*, 5 junio 1978.

_____: "Villa y el plan de San Diego", *Siempre*, 24 noviembre 1965.

Sarber, Mary A.: "Aultman, Otis A.", internet.

_____: *Photographs from the Border: The Otis A. Aultman Collection*, El Paso Public Library Association, El Paso, 1977.

Sarracino, Valeria: "La coronela", *Memorias del XIII Congreso de Historia de la Revolución Mexicana*, Chihuahua, julio 1983.

"Say Villa is an american", *New York Times,* 24 febrero 1914.

"Says that Mercado and other generals were ready to quit before Ojinaga battle opened", *El Paso Herald*, 14 enero 1914.

Scalise, Kathlene: "Surprising new information on Pancho Villa comes to light in obscure Wells Fargo files at UC Berkeley", *Public Affairs*, 3 mayo 1999.

Scheina, Robert L.: *Villa: Soldier of the Mexican Revolution*, Brassey's, Washington 2004.

Schuster, Ernst Otto: *Pancho's Villa shadow*, The Exposition Press, New York, 1940.

Scott, Hugh Lennox: *Some memories of a soldier*, The century Co. New York, Londres, 1928.

"Se confirma que los revolucionarios fueron rechazados en las cercanías de Torreón por fuerzas del general

Velasco", *El Diario*, 27 marzo 1914.

Secretaría de Guerra y Marina: *Recopilación de circulares del año 1918*, Talleres Gráficos de la Nación, México DF, 1927.

Sepúlveda, Ximena: *La Revolucion en Bachíniva*, Instituto Nacional de Antropología e Historia, 1975.

"Será atacada Juárez?", *El Paso Morning Times*, 10 noviembre 1913.

Serrano, T.F.: *Episodios de la revolución en México (Estado de Chihuahua)*, Modern Printing, El Paso, 1911.

Serratos Amador, Alfredo: "Bocetos para la historia. El abrazo Villa - Zapata", *Universal Gráfico*, 24-25 noviembre 1952.

"Seven villistas are convicted of murder", *Deming Graphic*, 21 abril 1916.

Seyffert, Paola: "History. Part of my family (Federico Seyffert)", internet.

Shannon, James A., "With the Apache Scouts in Mexico." *Journal of the U. S. Cavalry Association*, Abril 1917.

Shorris, Earl: *Bajo el estigma del quinto sol*, Edivisión, México DF, 1981.

Siller, Pedro y Miguel Ángel Berumen: *1911. La batalla de ciudad Juárez*/1. La historia, Berumen y Muñoz editores, Ciudad Juárez, 2004.

Siller, Pedro: *Materia de sombras*, Cuadro por cuadro, Ciudad Juárez, 2001.

Silva, Dario W: "Villa contra Carranza", *La Prensa*, 30 septiembre 1935.

_____: "Villa arrollador", *La Prensa*, 1 diciembre 1935.

_____: "Como se fugó el gral. Francisco Villa", *El Legionario*, septiembre 1952.

_____: "Villa renuncia al mando de la División del Norte", recorte de prensa.

_____: "Cómo entró a Chihuahua", recorte de prensa.

_____: "Villa contra Carranza", *La Prensa*, 30 septiembre 1935.

Singer, Mark: *Character studies*, Houghton Mifflin, Nueva York, 2005.

Slattery, Mathew T.: *Felipe Angeles and the Mexican Revolution*, Print Press, Dublin, sf.

Skelton, Skeeter: "Pancho Villa merchant of death", internet.

Smith, Gene: *Until the last trumpet sound. The life of the general of the armies John J. Pershing*, John Wiley and Sons, Nueva York, 1998.

"Socialism is being tried in Chihuahua", *El Paso Herald*, 27 diciembre 1913.

Solares, Ignacio: *La noche de Ángeles*, Diana, México DF, 1991.

Solares, Ignacio: *Columbus*, Alfaguara, México DF, 1996.

Solís Olivas, Erasmo: "La nobleza del guerrillero por autonomasia de la revolución", *Heraldo de Chihuahua*, 21 julio 1978.

Sonnichsen, C. L.: Pancho Villa and the Cananea Copper Company, *Journal of Arizona History*, Primavera 1979.

Soto Badillo, Carlos: *Por los caminos de Pancho Villa*, Talleres Gráficos del Estado de Durango, Durango, 1996.

Soto Hernández, Manuel: "Episodio revolucionario", *La Prensa*, 6, 13, 20, 27 diciembre 1959, 3, 10, 17, 24, 31 enero, 7 febrero 1960.

_____: "Mexicano idealista que inventó poderoso cañón", *La Prensa*, 20 marzo 1960.

_____: "Cambió la estrella del general Villa en Guadalajara", *La Prensa*, 21 febrero 1960.

_____: "Traición de Canuto Reyes", La Prensa, 3 abril 1960.

_____: "Espantosa muerte del general Rodolfo Fierro", *La Prensa*, 12 abril 1960.

_____: "En camino al ocaso de la División del Norte", *La Prensa*, 17 abril 1960.

_____: "Se subleva el general Robles", *La Prensa*, 12 junio 1960.

_____: "Otra deslealtad y dos reveses a Pancho Villa", *La Prensa*, 30 abril 1960.

_____: "A un paso del paredón estuvo el general Tomás Domínguez", *La Prensa*, 8 mayo 1960.

_____: "Donde se le apareció el diablo a Rodolfo Fierro", *La Prensa,* 15 mayo 1960.

_____: "Independencia de Gertrudis Sánchez", *La Prensa*, 29 mayo 1960.

_____: "Fases finales de la División del Norte", *La Prensa*, 5 junio 1960.

_____: "Prolegómenos de la incursión a Columbus", *La Prensa*, 24 abril 1960.

Sousa Lopes, María Aparecida: "Gobierno Nacional Revolucionario y agrarismo regional: los villistas en la Convención de Aguascalientes", *Actas del Quinto Congreso Internacional de Historia comparada*, UACJ, Ciudad Juárez, 1997.

"Star shine bright, says gen. Benavides", *El Paso Herald*, 12 enero 1914.

Stein, Max, comp.: *Pancho Villa terror of Mexico*, Max Stein, Chicago, 1916.

Stein Daniel, Karen: "An Africa to New Mexico Connection: Another Look at the Boers", internet.

Stevens, Louis: *Here comes Pancho Villa*, Frederick A. Stokes Co., New York, 1930, ed mexicana: *Ahí viene Pancho Villa*, El Gráfico, México DF, 1931.

Stewart, William C.: "Skull of Pancho again on haunt", *Fort Worth Star Telegram*, 6 marzo 1967.

_____: "Friends fill in gaps on LA adventurer", *Los Angeles Times*, 26 febrero 1967.

_____: "LA Soldier's ghost walks with Villa's head", *Los Angeles Times*, 19 febrero 1967.

Stout, Joseph: *Border conflict: Villistas, Carrancistas, and the Punitive Expedition, 1915-1920*, Texas Christian University Press, Fort Worth, 1999.

Suárez A., Gilberto: "Francisco Villa ante la verdad histórica", *Excélsior*, 4 agosto 1966.

Swaim, Don: "Ambrose Bierce and Pancho Villa", 1996, internet.

Tablada, José Juan: *Historia de la campaña de la División del Norte, México*, Imprenta del Gobierno Federal, México DF, 1913.

Talavera, Felipe: "Batalla de Tierra Blanca", manuscrito.

Taracena, Alfonso: *La verdadera Revolución Mexicana*, Jus, México DF, 1960.

Taylor, Lawrence D.: "El cuerpo de aviadores de Pancho Villa. Los aviadores extranjeros de la División del Norte. 1914-1915", internet.

_____: *La gran aventura en México, el papel de los voluntarios extranjeros en los ejércitos revolucionarios mexicanos (1910-1915)*, Conaculta, México DF, 1993.

Taylor Hansen, Lawrence D.: "El fracaso de la campaña militar porfirista en Chihuahua", Actas del Quinto Congreso Internacional de Historia comparada, UACJ, Ciudad Juárez, 1997.

"Tells of Bierce dying in battle in Mexico", *New York Times*, 26 abril 1931.

Terrazas, Silvestre: *El verdadero Pancho Villa*, Era, México DF, 1985.

Terrones Benítez, Adolfo: "La última batalla de Torreón", *El Legionario*, 15 noviembre 1955 a 15 febrero 1956.

_____: "La batalla de Zacatecas", *Revista del Ejército*, junio 1959.

Thord-Gray, Ivor: *Gringo rebelde*, Era, México DF, 1985. Prólogo de Jorge Aguilar Mora.

Tobler, Hans Werner: *Transformación social y cambio político 1876-1940*, Alianza Editorial, México DF, 1994.

Tompkins, Frank: *Chasing Villa. The story behind the story of Pershings expedition into Mexico*. The Military Service Publishing Co., 1934, Harrisburg. (Nueva ed. *Chasing Villa. The last campaign of the US cavalry*, High Lonesome Books, Silver City, 1996.)

Toquero, Rodolfo: "La batalla de Paredón", *El Nacional*, 18 mayo 51.

"Torreón está definitivamente fuera de peligro", *El Diario*, 5 abril 1914.

Torres B., Juan: "José de Lille, amigo y médico de Villa", *Memorias del VIII Congreso Nacional de Historia de la Revolución Mexicana*, Chihuahua, julio 1978.

_____: "Quiénes hirieron a Pancho Villa", *Memorias del XI Congreso Nacional de Historia de la Revolución Mexicana*, Chihuahua, julio 1981.

_____: "Sucesos de la revolución", *Memorias del XV Congreso Nacional de Historia de la Revolución Mexicana*, Chihuahua, julio 1985.

Torres, Elías: "Cómo se rindió Villa", *El Demócrata*, 1, 3, 4 agosto 1923.

_____: "El último chiste lo dirá usted en la otra vida a Carranza", *Gráfico*, 20 septiembre 1931.

_____: "Los crímenes de Villa", *La Revolución Mexicana*, junio 1934.

_____: *20 vibrantes episodios en la vida de Villa*, Sayrols, DF, 1934.

_____: "Viva la sal de Colima", *El Informador*, 20 enero 1935.

_____:"La mujer que abofeteó a Villa", *El Informador de Guadalajara*, 15 junio 1935.

_____: "Como fue herido Villa", *El Informador,* 7 julio 1935.

_____: *La cabeza de Villa y 20 episodios más*, Tatos, México DF 1938.

_____: "Los cañones americanos derrotaron a Fco. Villa", *El Informador de Guadalajara*, 23 junio 1940.

_____: *Vida y hechos de Francisco Villa*, Editorial Época, México DF, 1975

_____: *Hazañas y muerte de Francisco Villa,* Editorial Época, México DF, 1975 (también editado como *Cómo murió Pancho Villa*, Sayrols, 1975).'

_____: *Pancho Villa y sus peligros*, Gómez Gómez Hermanos, México DF, 1991.

Torres, Teodoro: *Pancho Villa, una vida de romance y tragedia*, Casa Editorial Lozano, San Antonio Texas, 1924.

Toulmin, H. A.: *With Pershing in Mexico*, Harrisburg, 1935.

Toussaint, Eugenio: *Quién y cómo fue Pancho Villa*, Editorial Universo, México DF, 1979.

Tovar, Juan: *La madrugada*, internet.

Tovar y Bueno, W.: "Ciudad Juárez, baluarte de la Revolución Mexicana", *La Prensa*, 19 a 22, 25 y 27 abril 1933.

Traven, B.: "Aperitivo insólito para el general Villa", en *Canasta de cuentos mexicanos*, Selector, México DF, 2002.

Treadwell, Sophie: "A Visit to Villa, A Bad Man Not So Bad", *New York Tribune*, 28 agosto 1921.

Treviño, Ana Cecilia: "Adelita, la inspiradora de la canción, no es un mito", *Excélsior,* 17 noviembre 1948.

Treviño, Federico R.: "Los combates del 23 al 27 de noviembre de 1916 entre villistas y carrancistas", *Excélsior*, 4 y 18 abril 1943.

"Troops rushed south", *El Paso Herald*, 3 noviembre 1913.

Trujillo, Rafael: *Cuando Villa entró en Columbus*, Porrúa, México DF, 1973.

Tuck, Jim: "Pancho Villa was a German Agent?", internet.

_____: *Pancho Villa and John Reed: Two faces of romantic revolucion*, The University of Arizona Press, Tucson, 1984.

Tudela, Mariano: *Pancho Villa, leyenda, aventura*. Plaza Janés, Barcelona, 1991.

Turner, John Kenneth (Juan Kennet Turner): "El perro en el pesebre", *El Paso del Norte*, 30 marzo 1913.

_____: "Villa como hombre de estado", *El Paso del Norte*, 3, 4, 6, abril 1915.

Turner, Timothy: *Bullets, bottles and gardenias*, South West Press, Dallas, 1935.

Ugalde, R.A.: *Vida de Pascual Orozco*, spi, El Paso, Texas, sf.

Ulloa, Berta: *La revolución más allá del Bravo. Guía de documentos relativos a México en archivos de Estados Unidos, 1900-1948*, El Colegio de México, México DF, 1991.

_____: *Revolución Mexicana, 1910-1920*, SRE, México DF, 1985.

_____: *La revolución escindida. Historia de la Revolución Mexicana*, t.col.mex, México DF, 1979.

_____: *La encrucijada de 1915. Historia de la Revolución Mexicana*, t.col.mex, México DF, 1979.

"Un anticuario tiene el posible cráneo de Pancho Villa", *El Mexicano*, 31 septiembre 1967.

"Un fiero gesto de Francisco Villa el guerrillero genial", *El Demócrata*, 3 agosto 1923.

"Un diario amarillista y bufón acoge y narra tontas especies", *Vida Nueva*, 7 mayo 1914.

"Un interesante libro de Scott", *El Paso Morning Times*, 31 enero 1914.

"Una de las más audaces hazañas de Villa fue la toma de Chihuahua", *El Demócrata*, 6 agosto 1923.

Urióstegui, Píndaro: *Testimonios del proceso revolucionario en México*, Argrín, México DF, 1970.

Urquizo, Francisco L.: "La sonrisa del cura Triana", *El Nacional*, 5 abril 1931.

_____: "Francisco Villa y Nicolás Fernández", *Mañana*, 29 diciembre 1951.

_____: "Pancho Villa, Torreón y el Chino Banda, *Mañana,* 22 marzo 1952.

_____: "Era grande Pancho Villa", *Heraldo de México*, 18 diciembre 1965.

_____: "Vengo por el dinero, dijo Fierro, y se lo llevó", *Heraldo de México*, 21 febrero 1966.

_____: "A tiro por chino", *Heraldo de México*, 30 octubre 1967.

_____: *La última aventura de Murguía, Obras escogidas*, FCE-Sep, México DF, 1971.

_____: *¡Viva Madero!*, Populibros La Prensa, México DF, 1978.

_____: *Recuerdo que...*, INER, México DF, 1985.

_____: *Páginas de la revolución, Obras escogidas*, FCE, México DF, 1987.

_____: *Memorias de campaña, Obras escogidas*, FCE, México DF, 1987.

Useta, Jorge: *Impresiones de guerra*, spi, Laredo, Texas, 1915.

Valadés, José C.: "La vida íntima de Villa", *La Prensa*, San Antonio, 21, 28 abril, 5, 12, 19, 26 mayo, 2 junio 1935.

_____: *Las memorias de Adolfo de la Huerta*, edición privada, Mérida, 1930.

_____: Testimonio de Gómez Morentín: "Cómo era el general Francisco Villa", "Un audaz plan de Francisco Villa", "Dos buenos amigos", "La marcha final del general Villa", "El fin de la vida bélica de Villa", *La Opinión* de Los Ángeles, 1, 8, 15, 22, 29 marzo 1931.

_____: "González Garza relata la fuga de Eulalio Gutiérez", *La Opinión*, Los Ángeles, California, 2 de octubre de 1931.

_____: "La primera visita al ex Presidente González Garza", *La Opinión*, Los Ángeles, 14 de agosto de 1932.

_____: "El rompimiento entre Villa y Carranza es relatado hoy", *La Prensa*, San Antonio, 21 de agosto de 1932.

_____: "Un capítulo trascendental: Obregón prisionero de Villa", *La Prensa*, San Antonio, 28 de agosto de 1932.

_____: "González Garza cuenta cómo rescató a Obregón", *La Prensa*, San Antonio, 4 septiembre 1932.

_____: "Plan para la Convención de Aguascalientes. Discusiones. Otra vez el general Villa con Obregón", *La Prensa*, San Antonio, 11 septiembre de 1932.

_____: "La solemne apertura de la Convención y sus acuerdos", *La Opinión*, Los Ángeles, 18 septiembre 1932.

_____: "Cómo estranguló el poder de Villa el general Obregón", *La Opinión*, Los Ángeles, California, domingo 16 de octubre de 1932.

_____: "Los compadres de Villa", *Todo*, 26 septiembre 1933.

_____: "Las hazañas de Murguía", *La Prensa*, San Antonio, 13 enero a 14 de abril de 1935.

_____: "Treinta años de vida política. Memorias del general Antonio I. Villarreal", *La Prensa* y *La Opinión* de Los Ángeles, 17 de noviembre de 1935 a 12 de abril de 1936.

_____: "El hombre que se llevó a la tumba el secreto", *Todo*, 28 octubre 1937.

_____: "Los acuerdos reservados de las conferencias de Torreón", *La Opinión*, 19 marzo 1939.

_____: "Amaro iba a capturar a Villa", *La Opinión*, Los Ángeles, 14 abril 1940.

_____: "Dos amigos, Villa y De la Huerta", *Novedades*, 7 y 14 marzo 1943.

_____: "Villa temía ser víctima de una agresión", *Novedades*, 14 y 21 marzo 1943.

_____: "Pancho Villa, ¡banquero!", *Novedades*, 21 marzo 1943.

_____: "El gobierno obregonista le temía a Francisco Villa", *Novedades*, 28 marzo, 4 abril 1943.

_____: "Pancho Villa contra Pancho Murguía", *Novedades*, 4, 11 abril 1943.

_____: "Las últimas cartas de Villa a De la Huerta", *Novedades*, 11 y 18 abril 1943.

_____: *Imaginación y realidad de Francisco I. Madero*, Antigua Librería Robredo, México DF, 1960.

_____: *Las caballerías de la revolución*, Leega-Júcar, México DF, 1984.

_____: *Historia General de la Revolución Mexicana*, Guernika-Sep, México DF, 1985.

_____: "La muerte de Maclovio Herrera", Archivo Valadés.

_____: "Correspondencia de Felipe Ángeles", Archivo JCV.

_____: "La ruptura Calles, Obregón, de la Huerta. Según testimonio de Miguel Alessio Robles", Archivo Valadés.

_____: "Paulino Martínez, historia de un revolucionario", Archivo Valadés.

_____: "La insubordinación del general Orozco", Archivo Valadés.

_____: "Habla uno de los famosos Panchos de la revolución", Archivo Valadés.

_____: "El movimiento de 1910 en Chihuahua. A partir del testimonio del general José de la Luz Blanco", manuscrito, Archivo Valadés.

_____: "Los tratados de Ciudad Juárez", manuscrito, Archivo Valadés.

_____: Testimonio de Juan M. Durán sobre la columna González Garza-Fierro, cinco artículos. Archivo Valadés.

Valle, Rafael Heliodoro: "Planes de Obregón para liquidar a Francisco Villa", *Excélsior*, 19 abril 1947.

_____: "En el archivo de Villa debe haber datos del tesoro", *Excélsior*, 20 abril 1947.

_____: "Pronto aparecerá el archivo secreto del general Villa", *Excélsior*, 3 diciembre 1947.

Van Warrebey, Glenn: *Las tácticas gerenciales de Pancho Villa*, Panorama, México DF, 1994.

Vargas, Jesús: *Chihuahuismos*, Ediciones Nueva Vizcaya, Chihuahua, 1997.

_____: "Crónica de la muerte de Villa" en *Francisco Villa y la Revolución Mexicana en el norte*, Universidad Juárez, Durango, 1998.

_____: *Pedro Alvarado y Victoria Griensen*, Gobierno del Estado de Chihuahua, Chihuahua, 2001.

_____: *Máximo Castillo y la revolución en Chihuahua*, Ediciones Nueva Vizcaya, Chihuahua, 2003.

_____: prólogo: *Felipe Ángeles, el legado de un patriota*, Gobierno del Estado de Chihuahua, Chihuahua, 2003.

_____: "Francisco Villa, el aguafuerte de la revolución", *El Heraldo de Chihuahua*, 23 de marzo - 15 de junio del 2003.

_____y Flor García: *¡Francisca yo! El libro desconocido de Nellie Campobello*, Nueva Vizcaya-UACJ, Chihuahua, 2004.

_____: "Francisco Villa, el bandolero que se hizo revolucionario", *La Fragua de los Tiempos*, 27 febrero 2005. (Multitud de ediciones de *La fragua* fueron consultadas en manuscrito.)

_____: "La muerte de Pancho Villa", original mecanográfico.

_____: "Los últimos días del gobernador Abraham González", mecanográfico.

_____: *La muerte de Pancho Villa*, mecanográfico.

Vargas, Juan B.: "Villa en Zacatecas", *El Universal*, 2 de julio 1938.

Vargas Arreola, Juan Bautista: *A sangre y fuego con Pancho Villa*, FCE, DF, 1988.

Vargas Lobsinger, María: *La comarca lagunera. De la revolución a la expropiación de las haciendas, 1910-1940*. Instituto de Investigaciones Históricas, UNAM, México DF, 1999.

Vargas Piñera, Luis: "¿Dónde están las memorias de Francisco Villa? Un día de charla con Pancho Villa en la hacienda de Canutillo", *Excélsior*, 7, 14 y 21 agosto 1938.

Vasconcelos, José: *La tormenta*, Editorial Jus, México DF, 1978.

_____: *El desastre*, Editorial Jus, México DF, 1979.

Vega Silva, Alfredo L.: "El 16 de septiembre de 1916", *Excélsior*, 15 septiembre 1973.

Velasco, Felipe (Don Nadie): *Heroica defensa de Ciudad Juárez*, Librería Papelería La Ideal, El Paso, Texas, sf.

Velázquez, Esperanza: "El secreto del nacimiento de Francisco Villa", *Excélsior*, 23 julio 1923.

Velázquez, Rosalía: *México en la mirada de John Kenneth Turner*, INAH-Conaculta, México DF, 2004.

Vera Estañol, Jorge: *Historia de la Revolución Mexicana*, Porrúa, México DF, 1976.

Vida y hazañas de Francisco Villa (en una segunda versión *Vida, muerte y hazañas del general Francisco Villa*, de la misma editorial), Librería de Quiroga, San Antonio Texas, sf.

Vigil, Ralph H.: *Revolutions and confusion*, Universidad de Nuevo México, sf.

Vilanova, Antonio: *Muerte de Villa*, Editores Mexicanos Unidos, México DF, 1966.

"Villa and Scott meet in El Paso", *New York Times*, 9 enero 1915.

"Villa at Canutillo", *Worth Star Telegram*, 2 abril 1921.

"Villa attacks Columbus, NM", *The Deming Graphic*, 10 marzo 1916.

"Villa, bandit and brute, may be mexican president", *New York Times*, 14 diciembre 1913.

"Villa bullets involved in suit used to slay teutons declares sr. De la Garza", *El PasoTimes*, 9 diciembre

1918.

"Villa buys second car; license is issued here", *El Paso Herald*, 17 diciembre 1913.

"Villa carries car of money with him", *El Paso Herald*, 3 noviembre 1913.

"Villa comes to visit his wife", *El Paso Herald*, 31 diciembre 1913.

"Villa confiscates soaniards'wealth; protests are filled", *El Paso Herald*, 12 diciembre 1913.

"Villa decides to leave Mexico", *New York Times*, 19 diciembre 1915.

"Villa did not refuse to accept messages in code from US consul Lechter", *El Paso Herald*, 15 diciembre 1913.

"Villa educating youths", *New York Times*, 31 marzo 1916.

"Villa executes Díaz agents", *New York Times*, 3 octubre 1914.

"Villa goes to his bank in the bills for money to buy tractors". *The San Antonio Light*, 28 marzo 1921.

"Villa hits Huerta by wire", *New York Times*, 6 junio 1914.

"Villa in Juárez celebrates victory", *El Paso Herald*, 26 noviembre 1913, 4ª edición.

"Villa in Juarez to visit family", *El Paso Morning Times*, 1 enero 1914.

"Villa is hiding supplies in the hills", *El Paso Herald*, 19 diciembre 1913.

"Villa keep promise", *El Paso Morning Times*, 16 diciembre 1913.

"Villa killed Bierce in 1913, friend says", *New York Times*, 19 noviembre 1927.

"Villa not at the border saturday", *El Paso Herald*, 18 enero 1914.

"Villa perdió la vida en una emboscada", *El Demócrata*, 21 julio 1923.

"Villa prepares to give battle", *El Paso Morning Times*, 22 noviembre 1913.

"Villa quitting Juarez, leaving the city to be retaken?", *El Paso Morning Times*, 23 noviembre 1913.

"Villa raising 50,000 bushel crop", *New York Times*, 14 mayo 1921.

"Villa renews battle", *El Paso Morning Times*, 9 noviembre 1913.

"Villa salió anoche", *El Paso Morning Times*, 24 noviembre 1913.

"Villa signs movie contract, is report", *El Paso Herald*, 9 enero 1914.

"Villa starts advance south", *El Paso Herald*, 21 enero 1914.

"Villa throws battle line, awaits enemy advance", *El Paso Morning Times*, 24 noviembre 1913.

"Villa waves his hat in joy", New York Times, 4 febrero 1913.

"Villa will direct charge of the rebels", *El Paso Herald*, 6 enero 1914.

"Villa will move on Chihuahua", *El Paso Morning Times*, 18 noviembre 1913.

"Villa would not accept presidency", *El Paso Herald*, 29 enero 1914.

Villa, Francisco: "Inexactitudes de El Paso Morning Times", *Periódico oficial del gobierno constitucionalista del estado de Chihuahua*, 21 diciembre 1913.

Villa, Marco Antonio: *Pancho Villa*, Brasiliense, Sao Paulo, 1984.

Villa, Rosa Helia: *Itinerario de una pasión*, Plaza Janés, México DF, 1999.

Villa Guerrero, Guadalupe: "De cómo Villa concibió su historia: una aproximación a sus memorias", en *Francisco Villa y la Revolución Mexicana en el norte*, Universidad Juárez, Durango, 1998.

Villalobos, Salvador: "Las primeras armas de la revolución", *El Legionario*, 15 diciembre 1957.

Villalpando, José: "La Conesa", *Siempre*, 22 junio 1966.

Villanueva, Saturnino: "Carta al general Rubén García", *El Universal*, 30 enero 1961.

Wasserman, Mark: *Capitalistas, caciques y revolución*, Grijalbo, México DF, 1987.

Wharfield, Harold B.: *Apache Indian Scouts*, edición del autor, 1964.

Willeford, Glenn P.: "The Life of General Francisco Villa at Ex-Hacienda La Purísima Concepción de El Canutillo", internet.

Willeford, Glenn P.: "American Red Cross Activities at the Battle of Ojinaga, December 1913–January 1914", mecanográfico.

———: "Ambrose Bierce, *the Old Gringo*: Fact, Fiction and Fantasy", internet.

Wilson, Christopher P.: "Plotting the Border: John Reed, Pancho Villa, and Insurgent Mexico", en *Cultures of United States Imperialism*, Duke University Press, Durham, 1993.

Wolf, Eric R.: *Las luchas campesinas del siglo xx*, Siglo xxi, México DF, 1982.

Womack jr., John: *Zapata y la Revolución Mexicana*, Siglo xxi, México DF, 1969.

Wright, John: "My Mother, Maud Hawk Wright", manuscrito.

"Y así cayó Francisco Villa un 20 de julio", *Siempre*, 28 julio 1965.

Ybarra, Rafael: "Un susto de Villa", *Magazine de La Prensa*, 16 junio 1939

_____: "Tanteada obregonista", *Magazine de La Prensa*, 23 julio 1939.

_____: "El visitante nocturno", *Magazine de La Prensa*, 13 agosto 1939.

_____: "El viajero nocturno", *Magazine de La Prensa*, 27 agosto1939.

"Yo cuidé los caballos de mi general", *El Sol de Durango*, 5 junio 1978.

"Yo enterré a Pancho Villa", *El Heraldo de Chihuahua*, 22 diciembre 1954.

Yockelson, Mitchell: "The United States Armed Forces and the Mexican Punitive Expedition", Prologue Magazine, internet.

Zamora Plowes, Leopoldo: "El talismán de la muerte", *Continental*, junio a noviembre 1927.

3) Películas, discos, programas de TV y videos

Biografías, el rostro oculto de Villa, Canal 11, México DF, 2004.

Early Columbus and Pancho Villa's raid, McVideo Productions, 1995.

Francisco Villa. El Ángel y el Fierro, producida por Diana Roldán para Clío, México, 1998.

Los rollos perdidos de Pancho Villa, documental producido y dirigido por Gregorio Rocha, México DF, 2004.

Old Gringo, Fonda Films Company de Luis Puenzo con Gregory Peck como Ambrose Bierce, 1989.

Memorias de un mexicano, filme de Salvador Toscano, producido por Carmen Toscano, México, 1950.

Pancho Villa, dirigida por Jezz Butterworth, producida por la Twenty Century Fox, con Antonio Banderas como Villa. Estados Unidos, 2002.

Pancho Villa and other stories, producida y dirigida por Phillip Rodríguez, University of California Extension Center for Media and Independent Learning, 1999.

Reed. México Insurgente, dirigida por Paul Leduc, México DF, 1970.

The *hunt for Pancho Villa*, dirigida por Héctor Galán, PBS Video, 1993.

The Mexican Revolution corridos, Arhoolie, 1, El Cerrito, California, 1993.

Vámonos con Pancho Villa, dirigida por Fernando de Fuentes, con Domingo Soler como Pancho Villa, México, 1935-36.

Viva Villa, dirigida por Howard Hawks y Jack Conway, con Wallace Beery como Pancho Villa, Estados Unidos, 1934.

ÍNDICE